ein Ullstein Buch

D1672202

Ullstein Buch Nr. 3309
im Verlag Ullstein GmbH,
Frankfurt/M – Berlin – Wien
Titel der amerikanischen
Originalausgabe:
Oriental Despotism
Übersetzt von Frits Kool

Ungekürzte Ausgabe

Umschlagentwurf:
Kurt Weidemann
Alle Rechte vorbehalten
Mit freundlicher Genehmigung
des Verlags Kiepenheuer & Witsch,
Köln-Marienburg
© by Karl August Wittfogel
Alle deutschsprachigen Rechte bei
Verlag Kiepenheuer & Witsch,
Köln-Marienburg
Vorwort zur Taschenbuchausgabe
© 1977 by
Karl August Wittfogel
Printed in Germany 1977
Gesamtherstellung: Ebner, Ulm
ISBN 3548 03309 1

CIP-Kurztitelaufnahme
der Deutschen Bibliothek

Wittfogel, Karl August
Die Orientalische Despotie:
e. vergleichende Unters. totaler
Macht. – Ungekürzte Ausg. –
Frankfurt/M, Berlin, Wien:
Ullstein, 1977.
　　([Ullstein-Bücher]
　　Ullstein-Buch; Nr. 3309)
　　Einheitssacht.: Oriental
　　despotism ⟨dt.⟩
　　ISBN 3-548-0309-1

Karl A. Wittfogel

Die Orientalische Despotie

Eine vergleichende
Untersuchung
totaler Macht

Mit einem Vorwort
zur Taschenbuchausgabe

ein Ullstein Buch

Für die Erlaubnis, aus folgenden Werken zu zitieren, ist der Autor dankbar.
H. Idris Bell, *Egypt from Alexander the Great to the Arab Conquest*, Oxford, Oxford University Press, 1948; J. A. Dubois, *Hindu Manners, Customs and Ceremonies*, tr. and ed. Henry K. Beauchamp, Oxford, The Clarendon Press, 1943; Dwight D. Eisenhower, *Crusade in Europe*, Garden City, Long Island, Doubleday, 1948; *Kautilya's Arthásāstra*, tr. R. Shamasastry, 2nd ed., Mysore, Wesleyan Mission Press, 1923; S. N. Miller, »The Army and the Imperial House«, in *Cambridge Ancient History*, Cambridge, England, Cambridge University Press, 1939; Vincent A. Smith, *Oxford History of India*, Oxford, The Clarendon Press, 1928; W. W. Tarn, *Hellenistic Civilization*, London, Edward Arnold, 1927; Alfred M. Tozzer, *Landa's Relacion de las Cosas de Yucatan*, Papers of the Peabody Museum of American Archaeology and Ethnology, Cambridge, Harvard University, 1941; John A. Wilson, »Proverbs and Precepts: Egyptian Instructions«, in *Ancient Near Eastern Texts*, ed. James B. Pritchard, Princeton, Princeton University Press, 1950.

Ein neues Vorwort zu einem Buche
das sich als sehr »beunruhigend« erweist

Als ich 1957 die »vergleichende Untersuchung totaler Macht«, *Die Orientalische Despotie,* veröffentlichte, ging ich von mehreren Voraussetzungen aus, deren Nachprüfung ich meinen Lesern nahelegte. Ich postulierte, daß im offenen Teil der Welt eine ungeheure Krise erwächst, daß zum Verständnis der Gesamtwelt das Verständnis ihres »orientalischen« Sektors nötig ist, und daß zu diesem Verständnis (und zum Verständnis der Beziehung zwischen »Ost« und »West«) zwei Personen einen sehr wichtigen und sehr wenig beachteten Beitrag lieferten: Marx und Lenin.

Inzwischen ist das Bedürfnis, Marx und Lenin – vor allem Marx – zu verstehen, sehr viel größer geworden. Inzwischen ist der Marxismus die *lingua franca* ruheloser Intellektueller in vielen Teilen der Welt geworden. Und die Krise, die sich als Krise politischer, sozialer und ethnischer Macht, als Krise von Ideen (einschließlich des Marxismus), und als Krise der Moral erweist, ist heute furchtbarer als sie es 1957 war – sehr viel furchtbarer.

Haben die Leser der *Orientalischen Despotie* begriffen, was ich in diesem Buche sagen will? In vielen Ländern, selbst hinter dem Eisernen Vorhang, bin ich als Urheber einer Theorie der »hydraulischer Gesellschaft« bekannt geworden. Aber jenseits dieses Punktes spaltet sich die Einstellung. In der Welt hinter dem Eisernen Vorhang und in damit verbundenen ideologischen Bereichen anderwärts besteht kein Interesse an dem Aufbau meiner Analyse; man bekämpft die Grundzüge meines Arguments, das als marxistisch ungehörig verdammt wird. Der ungarische Sinologe, Ferenc Tökei, der 1962 aus der Welt des Eisernen Vorhangs nach Paris kam, richtete dort in der ersten Konferenz der »großen« (organisierten) Debatte über die asiatische Produktionsweise seinen Hauptangriff gegen mich. Nach Tökei hatte ich (wie ein übelgesonnener Prometheus) Marx' »kostbare« Idee der asiatischen Produktionsweise an mich gerissen. Es war notwendig, sie wieder »zurückzunehmen *(reprendre)*«. Der prominente französische Teilnehmer an der großen Debatte, der Sinologe Jean Chesneaux, der 1964 Tökeis *reprendre*-Argument zweimal im Druck reproduzierte[1] – offenbar weil es ihn stark beeindruckte – kam 1966 ambivalent kritisch auf die *Orientalische Despotie* zurück. Er nannte mein Buch »Wittfogels beunruhigendes Werk über die orientalische Despotie«[2].

Es ist leicht zu begreifen, warum Stalin die Idee der »asiatischen Produktionsweise« aus Marx' Gedankengut herausschnitt, und warum die kommunistischen Ideologen nach Stalins Tod Marx' Ideen über Rußlands (semi-) asiatische Gesellschaft und Lenins Ideen über Rußlands asiatische Restauration aus dem Gedankengut des Marxismus fernzuhalten suchten.

Das beunruhigende Element in diesem Komplex ist natürlich die Idee der asiatischen Restauration; und hinter dem Angriff auf meine Darstellung der »asiatischen (hydraulischen)« Gesellschaft und der orientalischen Despotie verbirgt sich der Angriff auf meine Enthüllung der Idee der asiatischen Restauration. Meine Enthüllung dieser Idee, die ich in der *Orientalischen Despotie* systematisch und dokumentiert entwickle, zeigt, daß Lenin die asiatische Restauration als Idee im Streit mit Plechanov seit 1906 identifizierte[3] und daß er ihre Verwirklichung seit 1917 praktisch vollzog. Lenin selbst tat dies widerstrebend und mit sehr aufschlußreichen ideologischen Zugeständnissen. Seine Nachfolger bereinigten sein Erbe vom Standpunkt der Interessen des neuen Regimes, dessen privilegierte Nutznießer sie sind. Sie verbargen vor allem die Formel »asiatische Restauration« und das damit assoziierte Argument über die »Garantien«, deren Verwirklichung nach Lenin notwendig war, um die von ihm gewollte russische Revolution zum Sozialismus fortzuführen und sie gegen ihre Entartung zu schützen[4]. Sozialismus war für Lenin die Ordnung, die Marx 1871 im Sinne der Pariser Kommune geplant hatte und die Lenin in *Staat und Revolution* 1916/17 als den notwendigen Schritt im Fortgang zum Kommunismus akzeptiert hatte. Die Entartung der Revolution bestand, nach Plechanovs fester Überzeugung und nach Lenins ambivalent ausgedrückter Befürchtung, in der Restauration der alten russischen Ordnung, die Plechanov und Lenin manchmal semi-asiatisch, manchmal asiatisch nannten[5].

Der Unterschied zwischen einer vollständig asiatischen und einer halbasiatischen Konstellation ist sozialhistorisch außerordentlich wichtig. Nach Marx' Auffassung, die von Indien ausging, erwuchs in der vollständig orientalischen Gesellschaft die orientalische Despotie auf der Grundlage einer Agrarordnung mit großen staatlich gehandhabten Wasserwerken und einem dieser Ordnung eingebauten System zersplitterter Dorfgemeinden. In der russischen Variante fehlte die agrarische Wasserwirtschaft ganz; aber das System zersplitterter Dorfgemeinden bildete eine ausreichende Grundlage für die Erhaltung der von außen hineingetragenen orientalischen Despotie[6]. In den asiatischen Randgesellschaften, die in Innerasien in der Form chinesischer Eroberungsgesellschaften und davon abgeleiteter Entwicklungen existierten, fand ich Varianten semi-asiatischer Gesellschaften, in deren Wirtschaftsverhältnissen die agro-hydraulische Produktion eine geringe oder so gut wie keine Rolle spielte[7].

Die *Orientalische Despotie* beschäftigt sich mit all diesen Formationen sowie mit Marx' Definitionen der vollständig asiatischen Produktionsweise und der »semi«-asiatischen Welt Rußland. Ich verweise auf diese meine Darstellung und mache hier nur auf einen für das Restaurationsproblem wesentlichen Punkt aufmerksam. Die Angehörigen beider Hauptvarianten der orientalischen Gesellschaft (der vollständig asiatischen und der semi-asiatischen) lebten unter dem Joch – nach Marx, unter dem Sklavenjoch – einer unqualifiziert orientalischen Despotie. Diese Despotie erstickte, nach Marx, in der Masse der arbeitenden Bevölkerung alle »historische Energie«, allen Willen zu sinnvollem politischem Kampf. Aus Gründen, auf die ich noch zurückkommen werde, vermied Marx das explosive Wort, »Klassenkampf«. Aber er machte es sachlich kristallklar, daß es unter der orientalischen Despotie im Sinne des *Kommunistischen Manifests* keinen Klassenkampf gab – keinen Kampf für fortschrittliche soziale Veränderung und keine soziale Revolution. »Die einzige soziale Revolution die je in Asien stattfand«, war das Werk nicht-asiatischer Eroberer, der Engländer, die, ungeachtet ihrer »säuischen« Kolonialpolitik, als blinde Werkzeuge der Geschichte den Durchbruch zu menschenwürdigeren politischen und sozialen Verhältnissen vollzogen[8].

Dies waren die Gedanken über die orientalische Despotie, die Marx 1853 in seinen »Beobachtungen«[9] über die indische Gesellschaft (und die asiatische Gesellschaft) in der *New York Daily Tribune* veröffentlichte. Dies waren die Gedanken, deren sozialhistorischen Kern er im ersten Bande des *Kapitals* allen an seinen Ideen Interessierten zugänglich machte[10], und deren ursprüngliche Version 1925 eine weltweite Verbreitung fand[11]. Von diesen Gedanken zweigte sich Marx' Interpretation des zaristischen Rußland als einer »semi«-asiatischen Gesellschaft und einer unqualifiziert »asiatischen« Despotie ab[12]. Von ihnen leitete sich Lenins Befürchtung ab, daß selbst eine äußerlich erfolgreiche russische Revolution entarten müsse, wenn die von ihm vorgesehenen »Garantien« sich als unwirksam oder illusorisch erwiesen. Die Ereignisse der ersten Jahre nach der Oktoberrevolution zeigen, daß die Garantien *nicht* wirksam waren und daß Lenin sich widerstrebend der Bedeutung dieser Tatsache bewußt wurde, die er widerstrebend selbst herbeigeführt hatte[13].

Hier haben wir das Geheimnis der von Lenin angestrebten und durchgeführten russischen Revolution vor uns! Diese Revolution verband sich bei vielen Intellektuellen und bei den arbeitenden Massen vieler Länder mit der Aufforderung, für die Verbreitung der in Rußland eingeleiteten »sozialistischen« Entwicklung zu kämpfen – und, falls nötig, zu sterben.

Was geschieht, wenn diese Revolution ihres Banners und ihrer einzigartigen Anziehungskraft beraubt wird? Was geschieht, wenn es bekannt wird, daß das System, das in der Sowjetunion entstand, nach Lenins eigenen Ideen nicht zum Sozialismus führte, sondern zu einer neuen Form der orientalischen Despotie? Wer außer den wenigen privilegierten Nutznießern dieses Systems will für eine orientalische Despotie sterben? Niemand! Lenin war logisch, als er vom Standpunkt seiner Machtpolitik aus über dieses furchtbare Geheimnis in einer äsopisch verhüllten Form sprach. Stalin und Stalins Erben waren von ihrem Standpunkt aus durchaus logisch (und tatsächlich folgerichtiger als Lenin), als sie zuerst Marx' asiatische Ideen und seit 1957 die Anwendung dieser Ideen auf Rußland zu verbergen suchten.

Vom Standpunkt der Nutznießer der asiatischen Restauration ist es durchaus verständlich, daß sie diese Ideen als beruhigend fürchten und zu zerstören suchen. Aber wie verständlich ist es vom Standpunkt einer intellektuell und moralisch offenen Welt aus, daß ihre ideologischen und politischen Führer diese Ideen vernachlässigen, die der wachsenden Weltkrise eine wachsende, und wachsend beunruhigende Bedeutung geben?

B. *Die andere Seite des Geheimnisses*

Die Krise wächst bedrohlich. Und wenn es wahr ist, daß die »sozialistische« Welt hinter dem Eisernen Vorhang sich nach »asiatischen« Bewegungsgesetzen entwickelt, dann stehen die Länder der »demokratischen« Welt, wie Tocqueville sie nannte, Mächten gegenüber, die ganz anders gebaut sind und ganz anders operieren, als »die Demokratie in Amerika« und ähnlich geformte Staaten in Europa, Japan und der südlichen Hemisphäre.

Die Führer der demokratischen Welt haben sich Rußland gegenüber lange, zu lange, mit der Anwendung unserer institutionellen Maßstäbe begnügt. Sie glaubten, daß die Sowjetunion als Weltmacht weit hinter dem Westen zurückstehe, weil ihre Industrie roh und ihre Subsistenzwirtschaft armselig sei. Wir hörten dieses Argument zur Zeit der Weimarer Republik und wieder am Ende des Zweiten Weltkrieges. Es ist irrig. Es paßt auf Länder, die unter dem Druck einer wirksamen öffentlichen Meinung stehen. Aber es paßt nicht auf die Politik »vollständig« asiatischer Gesellschaften (man vergleiche die chinesischen Dynastien Han und T'ang, deren Herrscher eine weitgreifende Expansionspolitik betrieben, obgleich die Lebenslage ihrer Untertanen so bescheiden war wie immer). Und es paßt nicht auf die »halb«-asiatischen Verhältnisse, auf denen Dschingis-Khan seine Eroberungen aufbaute[14]. Ich gab den amerikanischen Weltgebiet(*area*)-Spezialisten im Mai 1950 auf ihrer zweiten nationalen Tagung folgendes zu bedenken: »Dschingis-Khans ökonomisches Potential war roh und minderwertig: die Mongolen produzierten wahrscheinlich nie so viele Kalorien wie die große Agrargesellschaft Chinas; und ihre Stammesgenossen besaßen nicht die großen Wälle, befestigten Städte und Kriegsmaschinen ihrer chinesischen Nachbarn. Aber nur wie eine Vogel-Strauß-Strategie kann sich mit dem Hinweis auf Aspekte der *Subsistenzökonomie* zufriedengeben, wenn es auf die relative Gesamtstärke von einander gegenüberstehenden *Machtökonomien* ankommt[15].«

Das Verhältnis zwischen Subsistenz- und Machtwirtschaft in asiatischen (und semi-asiatischen) Ländern ist grundsätzlich verschieden von denjenigen demokratischer Länder. Die Übernahme Osteuropas durch die Armeen der wirtschaftlich durchaus erschöpften Sowjetunion am Ende des Zweiten Weltkrieges illustriert dies. Stalin wurde nicht durch den Druck einer starken »Bring-the-Boys-Home«-Bewegung gehindert, das Machtvakuum im Westen seines Landes, das es nicht erwartet hatte[16], für seine Ausdehnungspolitik auszunutzen.

Eine nicht-militärische Spielart desselben Prinzips bestimmte das Verhalten Rußlands zur Weimarer Republik. Die Sowjetunion war subsistenzwirtschaftlich sehr schwach; aber sie war machtwirtschaftlich stark genug, um außerordentliche Mittel in die kommunistische Bewegung Deutschlands zu investieren – auch zur Zeit der ersten großen Sowjethungersnot (1921/22) und auch zur Zeit der zweiten großen Sowjethungersnot (1931/32). Stalin sah, daß der deutsche Anti-Versailles-Nationalismus »eine Mine unter Europa« war[17]. Aber diese Einsicht, die er mit anderen Strategen teilte, konnte sich in seinem Falle in politisch wirksame Handlungen umsetzen, weil der politische Arm der russischen Machtpolitik (die deutsche Sektion der Kommunistischen Internationale, über die er verfügte) stark genug war, den antifaschistischen Kampf in Deutschland zu paralysieren.

Stalins Politik ermöglichte es Hitler zur Macht zu kommen. Wir müssen uns diese Tatsache im Bewußtsein halten, die die Parteigänger der U.S.S.R. zu verbergen suchen. Glücklicherweise besitzen wir das Zeugnis Joseph Guttmanns, der in den entscheidenden Jahren eine der höchsten Positionen in der Komintern bekleidete. Guttmanns These, daß hinter der verhängnisvollen Haltung der Deutschen Kommunistischen Partei die verhängnisvolle Haltung der Komintern stand (der von Stalin gelenkten Komintern), ist durch die offizielle Kommunistische Presse, vor allem die *Internationale Presse Korrespondenz*, entstellt, aber nicht ausgelöscht (man lese die englische Ausgabe der *Inprecorr* S. 52, 108, 188 ff., 320, 461, 622, 636). Wir müssen uns aber gleichzeitig im Bewußtsein halten, daß Stalin diese Politik nur durchführen konnte, weil seine Macht total war im Sinne des östlichen, nicht des westlichen Absolutismus[18], und weil er sich eines politisch-ideologischen Instruments bedienen konnte, das weder die alten asiatischen, noch die modernen faschistischen Mächte zur Verfügung hatten, eines Instruments, das dem Sowjetsystem eine einzigartige Anziehungskraft und die Unterstützung durch eine einzigartige Fünfte Kolonne gab. Dieses System war kein nationalistischer Totalitarismus wie derjenige des italienischen Faschismus, dessen Anziehungskraft beschränkt war. Es war auch kein Rassentotalitarismus wie derjenige Hitlers, dessen Anziehungskraft größer, aber auch durchaus beschränkt war. Es war ein sozialer Totalitarismus, dessen Anziehungskraft weltweit war, solange sein sozialistischer Ausspruch als real erschien und geglaubt wurde.

Die Morphologie der Fünften Kolonne wechselt entsprechendermaßen. Machiavelli postulierte, daß es unter feudalen Verhältnissen leicht sei, unzufriedene einheimische Elemente zu finden, die bereit waren, mit auswärtigen Kräften gegen ihre eigene Regierung zusammenzuarbeiten. Er fand aber, daß dies nicht der Fall war in der versklavten Welt der asiatischen Despotie, deren mächtiger gegenwärtiger Vertreter, die Türkei, ihn besonders beeindruckte: in lose koordinierten Ländern wie Frankreich konnte man »leicht eindringen, indem man diesen oder jenen Baron des Reiches für sich gewinnt, denn es gibt immer unzufriedene und erneuerungssüchtige Menschen. Diese Personen können aus den angegebenen Gründen dir die Tür öffnen und den Sieg erleichtern«. Nicht so in der Türkei. Dort war die politische Sklaverei, die Machiavelli (wie Aristoteles vor ihm und Marx nach ihm) als das Wesen der asiatischen Despotie betrachtete, besonders fest gefügt. Da in der Türkei »alle Sklaven und abhängig sind, wird es schwer sein, sie zu korrumpieren; und selbst wenn man sie korrumpiert hätte, hülfe dies wenig, da sie aus den erwähnten Gründen nicht imstande wären, das Volk mit sich zu reißen«[19].

Dies war nicht die Lage, in der sich Rußland befand, als sich nach der Oktoberrevolution die Macht der Sowjetunion konsolidierte. Die Agenten der alten asiatischen Ordnung, deren Tradition, nach Lenins ambivalenter Meinung, die neue Ordnung wiederherstellte, hatten natürlich versucht, in anderen Ländern Freunde und Helfer zu finden; aber abgesehen von nationalistischen Splittergruppen (die in ihrer Art Idealisten waren) übte die Sache des Zaren keine Anziehungskraft aus. Der auswärtige Einfluß der Vertreter dieser Sache reichte im allgemeinen nur so weit wie das Geld, das sie spenden konnten. Im Unterschied hiervon war die Anziehungskraft der Sowjetunion und ihres nicht-diplomatischen auswärtigen Arms (der Kommunistischen Internationale) enorm; und die diesem Komplex anhängende Masse kostete seinen Organisatoren nichts. Die Mitglieder der kommunistischen Bewegung waren ein neuer Typus einer sozialen Fünften Kolonne, nicht ein moderner Ausdruck einer restaurierten asiatischen Ordnung.

Lenin sah vermutlich diese und andere Modifizierungen in seiner Restaurationsperspektive nicht. Und er sah ganz offenbar die institutionellen Möglichkeiten seiner Perspektive nicht. Der Fortgang von einer semi-managerialen Ausgangsposition (in der nur die Kommandohöhen der Wirtschaft bürokratisch besetzt waren) zu einer total-managerialen Ordnung (in der alle wesentliche Zweige der Produktion und Zirkulation von der herrschenden Bürokratie gehandhabt werden[20]) schuf ein System, das in seiner Machtökonomie und Menschenkontrolle weit über die alte orientalische Despotie hinausgeht. Unter diesen Umständen kann die Atomisierung und Entmenschlichung der arbeitenden Bevölkerung eine Form annehmen, von der, um Engels' Bemerkung über die Willkürherrschaft der orientalischen Despotie zu zitieren, »wir uns im Westen gar keine Vorstellung zu machen vermögen«[21].

Engels sah dieses Problem nur in seiner sozial-historischen Form. Und Lenin, der das Problem in seiner Restaurationsidee in die Zukunft projektierte, sah es ebenfalls nur in seiner sozialen Gestalt. Die grauenhaften Ereignisse der letzten Jahrzehnte zeigen, daß man das Problem der totalen Macht auch in seiner ethnischen Form sehen muß – und auch in seiner institutionellen Perspektive. In dieser Perspektive verbinden sich die Möglichkeiten sozialer und ethnischer Unterdrückung in einer total managerialen Gesellschaft auf eine alpdruckhafte Weise: Gulag *und* Auschwitz!

Wir dürfen weder Gulag noch Auschwitz vergessen! Wir dürfen ferner nicht vergessen, daß auf Grund einer überlegenen Machtökonomie und der militärischen Logik dieser Machtökonomie, das total manageriale System sich über die ganze Welt ausbreiten kann. Und wir dürfen nicht vergessen, daß der gemeinsame institutionelle Nenner, der die alte und die neue Form der herrschenden »funktionellen« (»asiatischen«) Macht verbindet, nach Marx diesem System eine einzigartige Beständigkeit gibt, daß er, nach Marx, ihren Grundzügen »Unveränderlichkeit« gewährleistet.

C. Marx: eine einzigartige wahrheitfindende Potenz; eine widerspruchsvolle Leistung; eine außerordentliche »Sünde gegen die Wissenschaft«; eine außerordentliche Aufgabe

Das Argument kehrt zu seinem Ausgangspunkt zurück: Marx. Wie stark ist Marx' wissenschaftliches Potential? Max Weber schrieb Marx' »Entwicklungskonstruktionen« eine »einzigartige« wahrheitfindende Bedeutung zu[22]. Diese Versicherung (deren neo-kantianische Form uns nicht von der ontologischen Substanz abbringen darf) wird heute selten ernsthaft bestritten. Sie bestätigt sich bezüglich der makrohistorischen Kategorien und der damit verbundenen meso- und mikrohistorischen Einsichten. Sie bestätigt sich auf allen drei Ebenen bezüglich der Erforschung dessen was Hegel die Orientalische Welt nannte. Mit aller Hochachtung für vorbereitende Ideen über die institutionelle Eigenart des Orients, einschließlich derjenigen Engels', muß gesagt werden, daß Marx' Durchbruch zur Identifizierung der asiatischen Gesellschaft eine einzigartige Leistung war – eine Leistung, deren Grundkonzeption auch heute noch, trotz der konventionellen Versuche der orthodoxen Marxisten und der unkonventionellen Bemühungen Max Webers, unerreicht dasteht.

Weber war ein akademischer und marxistischer Außenseiter. Seine Denkdisziplin war nicht die eines Marxisten. Seine Behandlung der russischen Revolution zeigte das deutlich. Obgleich er von Lenins »jakobinischer« Einstellung einiges[23], und von der Debatte auf dem Stockholmer Parteitag etwas wußte[24], erkannte er 1906 die asiatischen Möglichkeiten einer jakobinischen Diktatur nicht. Trotz seines Gefühls für Rußlands »tatarische« Tradition[25], sah er als den bestimmenden Faktor in der jakobinischen Perspektive eine durchaus westliche Tendenz, den von außen nach Rußland eingeführten »Hochkapitalismus«[26]. Und obgleich er 1918 mehr Information über die russische Entwicklung und vor allem über die stolypinsche Landreform besaß[27], lernte er nichts von den seit 1906 geäußerten Argumenten über die tatsächliche asiatische Vergangenheit und die zu befürchtende asiatische Zukunft Rußlands.

Die orthodoxen Sozialdemokraten hatten eine marxistische Denkdisziplin. Aber der russische Sozialdemokrat, Boris I. Nicolaevsky, der ein großer Marxkenner und mit den westeuropäischen Sozialdemokraten eng verbunden war, stellte 1958 fest, daß man in seinen Kreisen »bisher« mit Marx' »asiatischen« Ideen nicht viel anzufangen wußte. Erst jetzt (d. h. nach dem Erscheinen der *Orientalischen Despotie*, die er – sehr positiv – besprach) begann man die Bedeutung dieser Ideen für »die Grundlagen des Marxismus« und Lenin (d. h. die russische Revolution) zu sehen[28].

Nicolaevskys Feststellungen deuteten an, daß die orthodoxen Marxisten Marx' asiatische Ideen nicht in ihrer theoretischen und politischen Bedeutung gewürdigt hatten. In diesem Zusammenhang muß man an sozialdemokratische Marxisten mehrerer Länder denken, an Kautsky, Hilferding, Mehring und Otto Bauer, an solche nicht-leninistische linke Sozialisten wie Parvus und Rosa Luxemburg, und an den führenden russischen Marxgelehrten, Riazanov.

Nicolaevsky war durch die theoretische und empirische Evidenz, die ich beigebracht hatte, überzeugt, daß Marx in seinen Schriften in der Tat die »asiatische« Idee niedergelegt hatte, die ich ihm zuschrieb. Aber die Art, wie er dies sagte, implizierte, daß sie nicht als ein wichtiges Element der »Grundlagen des Marxismus« erschienen.

Wir stoßen hier auf ein Geheimnis innerhalb des Geheimnisses: Marx, der 1853 eine neue sozialhistorische Ordnung entdeckt hatte (die »asiatische« Gesellschaft und abgeleiteterweise die »halb-asiatische« Variante dieser Gesellschaft) behandelte die Ergebnisse seiner Entdeckung mit einer Ambivalenz, die der Entwicklung seines Arguments im Wege stand.

Warum geschah dies? Gewiß nicht, weil es Marx an Interesse fehlte, die von ihm gemachten Entdeckungen auszuarbeiten. Seit 1853 fand er eine Reihe von Antworten auf Fragen, die aus seiner neuen Theorie hervorgingen[29]. Es geschah auch nicht, weil er sich fürchtete, mit seinen neuen Einsichten früher von ihm gewonnene Einsichten zu korrigieren. Marx fand, daß bei großen schöpferischen Gelehrten wie Ricardo, »das Neue und Bedeutende« sich oft »im ›Dünger‹ der Widersprüche gewaltsam aus den widersprechenden Erscheinungen« entwickelt[30]. So pflegte der Kampf um neue Wahrheiten vor sich zu gehen. Die »wissenschaftliche Ehrlichkeit« erforderte dies[31]. Und sie erforderte mehr: Der ehrliche Forscher mußte nicht nur rücksichtslos mit seinen neuen Ideen Widersprüche gegen seine alten Ideen erzeugen. Er mußte sich auch rücksichtslos verhalten gegenüber nicht-wissenschaftlichen Interessen, selbst wenn einige von ihnen ihm viel bedeuteten. Die großen Sonderinteressen, an die Marx dachte, waren die Interessen der Bourgeoisie, der Arbeiter und der Grundbesitzer[32]. Marx impliziert Ricardos Affinität für die Bourgeoisie, und seine eigene Sache war natürlich die der Arbeiter. Aber die Wahrheit durfte *keinem* Sonderinteresse geopfert werden!

Marx kehrte in diesem Argument (das er im Manuskript der ideengeschichtlichen Teile seines *magnum opus* formulierte) zu Feuerbachs Philosophie der Gattung Mensch zurück[53]. Mit dieser Theorie schuf Marx einen moralischen Grundsatz, der nicht nur gegenüber radikalen Relativisten, sondern auch gegenüber Marx aufrechterhalten werden muß. Ein Mensch, der, wie Ricardo, wissenschaftlich ehrlich war, handelte »stoisch, objektiv, wissenschaftlich«[34]. Einen Menschen, der diesen Grundsatz verletzte, zieh er der »Sünde gegen die Wissenschaft«. Einen solchen Menschen nannte Marx »gemein«[35].

Marx kämpfte mit dem Problem absoluter menschlicher Werte und der Natur des Menschen, seit er 1845 seinen Standpunkt des historischen »Materialismus« etablierte[36]. Er kämpfte mit ihm (wie ich in der *Orientalischen Despotie* zeige) auf eine zwiespältige Art, ohne das Streben nach dem »Neuen und Bedeutenden« aufzugeben. Seit 1853 sah ihm die Weltgeschichte in vielen Punkten anders aus, als er und Engels sie seit 1845 (und seit der Entstehung des *Kommunistischen Manifests*) gesehen hatten. Der Klassenkampf war nicht die Regel, sondern eine Ausnahme; und die Aufhebung des Privateigentums konnte zu einer Beendigung des Klassenkampfes führen, die nicht totale Abschaffung von Unterdrückung und Ausbeutung bedeutete, sondern »allgemeine Sklaverei«[37]. Staatliche Kontrolle über Eigentum und Produktion hatte furchterregende Möglichkeiten, die das *Manifest* nicht gesehen hatte. In seiner Analyse der Pariser Kommune ließ Marx die Forderung der zentralisierten Staatskontrolle über die Wirtschaft fallen und ersetzte sie durch das Ziel »freier und assoziierter Arbeit« und »genossenschaftlicher Produktion«[38], das die Anarchisten (mit einem gewissen Recht) als eine Kapitulation vor ihrem Programm bezeichneten[39].

Wußte Marx was er tat, als er in diesem und anderen Fällen den Standpunkt des *Manifests* stillschweigend fallen ließ, ohne seinen Anhängern Gelegenheit zu geben, die Marxschen Wahrheiten, die nicht länger Wahrheiten waren, zu berichtigen? Moderne Radikale, die Marx nicht der Sünde gegen die Wissenschaft beschuldigen wollen, bestehen darauf, daß er nicht irreführend handelte, als er 1872 (im Verein mit Engels) im Vorwort zu einer neuen Ausgabe des *Manifests* erklärte, daß trotz gewisser durch die Umstände veranlaßten Änderungen, »die in diesem Manifest entwickelten allgemeinen Grundsätze ... im großen und ganzen noch ihre volle Richtigkeit [behielten]«[40], anstatt zu sagen, daß nach 1853 nach dem *Kapital* und nach der Pariser Kommune Kernelemente des *Manifests* einer radikalen Neugestaltung bedurften. Diese Interpreten bestehen darauf, Marx als einen edlen theoretischen und politischen (und moralischen) Helden zu sehen und nicht als einen Dostojewskijschen Helden, der außerordentlicher wissenschaftlicher Entdeckungen und außerordentlicher wissenschaftlicher (und politischer) »Sünden« fähig war.

Diese Interpreten unterlassen es gewöhnlich, gewisse Tatsachen zu erwähnen, die in unserem Zusammenhang entscheidend wichtig sind. Im Jahre 1859 machte Marx eine theoretische Prinzipienerklärung. In ihr nannte er die asiatische Produktionsweise, und er räumte ihr in seiner Liste der vier großen »antagonistischen« Formen den ersten Platz ein, vor der antiken, feudalen und modern bürgerlichen. Aber er bezeichnete diese vier Ordnungen als »progressive Epochen der ökonomischen Gesellschaftsformationen«[41]. Er tat dies, obgleich er seit langem über die fortschrittliche Entwicklung der Antike im Zweifel war[42], und obgleich er wußte, daß die asiatische Gesellschaft sich in ihren Hauptzügen nicht entwickelte, sondern »stationär« war.

Bedurfte dies Argument der Berichtigung? Offenbar. Gab Marx diese Berichtigung? Ja, bis zu einem gewissen Punkt. N. M. Michailowski hatte in der fortschrittlichen russischen Zeitschrift *Otetschchestwennyje Sapiski* über Marx' Idee der ursprünglichen Akkumulation und ihre Beziehung zu Rußland spekuliert. Da Marx »nicht gern ›etwas zu erraten‹ lassen möchte«, schrieb er 1877 in einem Brief an den Herausgeber der Petersburger Zeitschrift »ohne Rückhalt« über das von dem russischen Soziologen aufgeworfene Problem, »die ökonomische Entwicklung Rußlands« und die Rolle der Dorfgemeinde in ihr. Leider engte er seine Darstellung dadurch ein, daß er weniger über die »eigenen geschichtlich gegebenen Voraussetzungen« Rußlands sprach, als über die Chancen, den kapitalistischen Weg zu verfolgen, den das Land »seit 1861« (d. h. seit den großen Reformen) einschlug[43]. Aber er sagte genug, um es klar zu machen, daß Rußlands »eigene Voraussetzungen« nicht diejenigen Westeuropas waren, wo die kapitalistische Wirtschaftsordnung »aus dem Schoße der feudalen Wirtschaftsordnung hervorgegangen ist«, sondern diejenigen einer Welt isolierter Dorfgemeinden. Diese Welt, ich wiederhole es, war nach Marx und Engels assoziiert mit einer »mehr oder weniger zentralen Despotie« (Marx[44]), mit einer orientalischen Despotie, deren Grundlage sie war (Marx[45] und Engels[46])« und deren stationären Charakter Marx seit 1853 betonte[47]. Marx warnte seine russischen Freunde, nicht mit Michailowski anzunehmen, daß Rußland ein Teil einer universalen Entwicklung war. Er verurteilte den Versuch, Marx' historische Skizze der Entstehung des Kapitalismus in Westeuropa »in eine geschichtsphilosophische Theorie des allgemeinen Entwicklungsganges [zu] verwandeln, der allen Völkern schicksalsmäßig vorgeschrieben ist, was immer die geschichtlichen Umstände sein mögen, in denen sie sich befinden«[48]. Und nicht damit zufrieden, zu sagen, daß das alte Rußland zur Welt der stationären Dorfgemeindeordnungen (und der asiatischen Despotie) gehört hatte, wies Marx in seinem *Sapiski*-Brief auch auf die zweite der historischen Ordnungen hin, die er 1859 in seiner Liste »progressiver Epochen der ökonomischen Gesellschaftsformen« angeführt hatte, die Antike. Das Schicksal des alten Rom zeigte, daß unter gewissen Umständen die Trennung der freien Bauern von ihren Produktions- und Subsistenzmitteln und die Bildung von Großgrundbesitz und großen Geldkapitalien nicht zur ursprünglichen Akkumulation im Sinne der kapitalistischen Entwicklung führte, sondern zu einer »auf Sklavenarbeit beruhenden Produktionsweise«[49]. Diese verschiedenen Entwicklungen erfolgten »in einem unterschiedlichen historischen Milieu«, und sie führten »zu ganz verschiedenen Ergebnissen. Wenn man jede dieser Entwicklungen für sich studiert und sie dann miteinander vergleicht, wird man leicht den Schlüssel zu dieser Erscheinung finden, aber man wird niemals dazu gelangen mit dem Universalschlüssel einer allgemeinen geschichtsphilosophischen Theorie, deren größter Vorzug darin besteht, übergeschichtlich zu sein«[50]. Übergeschichtlich bedeutete *nicht*-geschichtlich in dem geo-historischen und sozial-ökonomischen Sinne, in dem Marx seit 1853 die Wirklichkeit der Geschichte analysierte.

Hier war der Schlüssel zum Verständnis des alten Rußland, dessen asiatische und semi-asiatische Besonderheit Marx seit 1853 postulierte. Hier war der Ansatz zu einer vergleichenden wissenschaftlichen Behandlung der asiatischen und nicht-asiatischen Welt, deren wir heute mehr denn je zum Verständnis der modernen Entwicklung bedürfen, zum Verständnis der Weltkrise und des eigentümlichen Expansionspotentials der asiatischen Restauration, oder wie immer wir diese eigentümliche Erscheinung nennen mögen.

Marx hatte seit 1853 von dieser historischen Wirklichkeit gewußt. Seit diesem Jahre hatte er in wichtigen analytischen Fragmenten auf sie hingewiesen. In dem Brief, den er an den *Sapiski*-Redakteur richtete, war er bereit, den Durchbruch zu einer koordinierten vergleichenden Behandlung zu machen, in der die nichtwestliche Welt und Rußlands Verhältnis zu den stationären (asiatischen) Gesellschaften ihren Platz fanden.

Aber Marx tat den letzten Schritt zur Proklamierung dieses Durchbruchs nicht. Er sandte den Brief an die Petersburger Zeitschrift nicht ab. Engels fand ihn nach Marx' Tod unter den nachgelassenen Manuskripten seines Freundes[51]. Als der Brief später in Deutschland bekannt wurde, sagte er den orthodoxen Marxisten wenig oder nichts. Als er unter Marx' russischen Anhängern verbreitet wurde, erregte er zunächst die begeisterte Aufmerksamkeit Lenins und Plechanovs (in dieser Reihenfolge[52]). Aber im Kampf um die Interpretation der russischen Revolution blieb die Grundaufgabe unausgeführt, die sich aus Marx' asiatischer Entdeckung ergab, die er aber selbst im Jahre 1877 nicht offen verkündete – die vergleichende Analyse der asiatischen Gesellschaft und Despotie. Die theoretische und empirische Behandlung dieser Aufgabe wurde nicht vorgenommen. Der analytische Schlüssel zum Verständnis der asiatischen Welt und der Fortentwicklung dieser Welt in einer »asiatischen Restauration« blieb unbeachtet. Es war aus diesem Grunde, daß es nötig war, die Aufgabe und ihren hydraulischen Ausgangspunkt neu zu formulieren. Es war aus diesem Grunde, daß es nötig war, den beruhigenden Hintergrund einer beunruhigenden Entdeckung bloßzulegen[53]. Es war aus diesem Grunde, daß »das beunruhigende Buch, die *Orientalische Despotie*«, geschrieben wurde.

New York
Oktober 1976

Karl A. Wittfogel

1. Tökei bearbeitete 1962 den französischen Text seines Referates, ehe er ihn in Photokopie zirkulieren ließ. Die redigierte Version enthält das *»reprendre«* Argument nicht (Siehe F. Tökei, »Sur le ›Mode de Production Asiatique‹.« Als Herausgeber dieser photokopierten Mitteilung zeichnete »Centre d'Etudes et de Recherches marxistes« mit Angabe der Adresse, aber ohne Datum). Chesneaux reproduzierte das *»reprendre«*-Argument zweimal in dem ersten ausführlichen Bericht, den *La Pensée* 1964 über die im Juni 1962 abgehaltene erste Konferenz der Großen Debatte veröffentlichte. (Siehe *La Pensée*, S. 35 und 71. Beide Male setzte Chesneaux das Wort *»reprendre«* in Anführungsstriche.)

2. Jean Chesneaux, »Ou en est la discussion sur la mode de production asiatique«, *La Pensée*, No. 129. 1966, S. 39, Note.

3. Wittfogel, *Die Orientalische Despotie. Eine Vergleichende Untersuchung Totaler Macht.* Köln 1962. S. 487 ff. Von hier an zitiert als OD.

4. Ibid. S. 489, 496, 543.

5. Ibid. S. 487.

6. Ibid. S. 463 passim.

7. Karl A. Wittfogel and Fêng Chia-shêng, *History of Chinese Society: Liao (907–1125), With the assistance of John de Francis, Esther S. Goldfrank, Lea Kisselgoff and Karl H. Menges. Transactions of the American Philosophical Society*, Vol. 36 (1946), Philadelphia, März 1949, S. 365 und 664.

8. Karl Marx – Friedrich Engels. *Werke* (1957–1966), Bd. 28, S. 267. Von hier an zitiert als MEW.

9. Am Anfang des zweiten der beiden Artikel über Indien, die Marx am 10. Juni und 22. Juli 1855 für die *New York Daily Tribune* schrieb, erklärte er: »Ich möchte in diesem Artikel meine Beobachtungen *(observations)* über Indien abschließen.« Die beiden Artikel wurden am 25. Juni und 8. August 1853 in der NYDT veröffentlicht.

10. MEW 23, S. 378 f.

11. »Karl Marx über Indien und China, mit Einleitung von Rjasanow.« *Unter dem Banner des Marxismus*, I, 2, 1925, S. 370 passim.

12. OD, S. 464 f.

13. Ibid. S. 496 ff. und 543 f.

14. Siehe Wittfogel, »China und die osteurasische Kavallerie-Revolution«, *Ural-Altaische Jahrbücher.* 49 (1977). In Vorbereitung.

15. Wittfogel, »Russia and Asia«, *World Politics*, II, 4, 1950, S. 461. Unterstreichungen von mir.

16. Milovan Djilas, *Conversations with Stalin.* New York 1962, S. 74.

17. J. Stalin, *Works*, Moscow 1953. 6, S. 302.

18. OD. S. 114 f. und 259.

19. Ibid. S. 448.

20. OD S. 544 f.

21. MEW 18, S. 567.

22. Max Weber. *Gesammelte Aufsätze zur Wissenschaftslehre.* Tübingen 1922, S. 204 f.

23. Max Weber, »Zur Lage der bürgerlichen Demokratie in Rußland«, *Archiv für Sozialwissenschaft und Sozialpolitik*, 22 (1905), S. 246 und 281. Von hier an zitiert als Lage.

24. Weber, »Rußlands Übergang zum Scheinkonstitutionalismus«, *Archiv*, 23 (1906), S. 283. Von hier an zitiert als Übergang.

25. Weber, Lage, S. 18, Übergang, S. 249 und 396.

26. Idem. Lage, S. 347.

27. Weber, *Gesammelte Politische Schriften*. Tübingen 1921, S. 110, Note und 107. Für Webers Einstellung zur Bedeutung der gegenwärtigen russischen Revolution siehe S. 100 passim.

28. Boris I. Nicolaevsky, »Marx und Lenin über die orientalische Despotie« in *Sozialistischeski Vestnik*, Februar/März, no. 2/3, 1958, S. 53.

29. Siehe Wittfogel. *Wirtschaft und Gesellschaft Chinas. Versuch der wissenschaftlichen Analyse einer großen asiatischen Agrargesellschaft.* Erster Teil. Leipzig 1931. Passim. Von hier an zitiert als 1931.

30. MEW 26, 3, S. 80.

31. MEW 26, 2, S. 111 f.

32. Loc. cit.

33. Ibid. S. 111.

34. Ibid S. 112.

35. Loc. cit. Für eine vollere Wiedergabe dieses Arguments siehe OD, S. 481.

36. MEW, 3, S. 238 f. und 417 f. Siehe auch Karl Marx, *Grundrisse der Kritik der politischen Ökonomie*. Berlin 1953, S. 226. Von hier an zitiert als Grundrisse. Ferner MEW 25, S. 828.

37. Marx, Grundrisse, S. 395.

38. MEW 17, S. 342 f.

39. OD, S. 483.

40. MEW 4, S. 573.

41. MEW 19, S. 9.

42. MEW 3, S. 23 und Marx, Grundrisse, S. 386 f.

43. MEW 19, S. 108.

44. Ibid. S. 390, 399, 405.

45 Siehe oben und MEW 23, S. 379.

46. MEW 18, S. 563, MEW 20, S. 168.

47. MEW 9, 132 f., MEW 28, S. 268, MEW 23, S. 379.

48. MEW 19, S. 111.

49. Loc. cit.

50. Ibid. S. 112.

51. Siehe MEW 36, S. 121. Für weitere Daten über den *Sapiski*-Brief siehe Wittfogel, »Problems of Marxism und Relations between the East and the West, in *The Soviet Union: The Seventies and Beyond*. Lexington 1975, S. 39 ff.

52. Ibid. S. 41.

53. Für eine umfassende, gründlich dokumentierte und kommentierte Darlegung der Vorgeschichte und Geschichte der *Orientalischen Despotie* siehe G. L. Ulmen, *The Science of Society, Toward an Understanding of the Life and Work of Karl August Wittfogel*, Der Haag 1977 (im Druck). Siehe auch Ulmen, »Wittfogel's Science of Society«. In *Telos*, Sommer 1975, No. 24, S. 81 passim.

Inhalt

Vorwort zur deutschen Ausgabe

Das vorliegende Buch erschien zuerst im Jahre 1957 in Amerika. Es erlebte dort mehrere Auflagen; und es wird gegenwärtig in mehrere Sprachen übersetzt. Sein Verfasser hofft, daß es in Deutschland wie anderenorts für sich selbst sprechen wird. Er schickt daher der deutschen Ausgabe nur zwei Hinweise voraus. Er bittet seine deutschen Leser, die sich besonders für den letzten, politisch aktuellen Teil der ORIENTALISCHEN DESPOTIE interessieren, zu bedenken, daß die Tatsachen und Schlußfolgerungen dieses Teils nur dem völlig klar werden, der sich mit dem Inhalt der ersten acht Kapitel vertraut gemacht hat. Er fügt hinzu, daß er in Deutschland zur Welt kam, daß er dort seine humanistische Erziehung empfing – wofür er seinem Geburtsland Dank sagt – und daß er die Lösung mancher in der ORIENTALISCHEN DESPOTIE behandelten Fragen ansatzmäßig zuerst in Deutschland fand.

Der Hinweis auf die Person des Verfassers ist wesentlich nur in dem Maße, in dem seine wissenschaftliche Unternehmung wesentlich ist. Der Hinweis auf die zwei Teile des Buches trägt der Tatsache Rechnung, daß eine Anzahl von Lesern die politische Bedeutung der beiden letzten Kapitel einseitig betont hat. Diese Kapitel stellen in der Tat den Kern der sozial-geschichtlichen Position des Kommunismus in Frage. Trotzdem, oder vielleicht gerade deswegen, ist es wichtig, daß sie den Hauptteil dieser Untersuchung nicht überschatten.

Die ersten acht Kapitel sind ein Versuch, die Grundzüge einer großen nichtwestlichen Lebensordnung, der »orientalischen« (oder hydraulischen) Gesellschaft zu bestimmen. Mein Versuch fußt auf einer Fülle früherer Arbeiten. Aber soviel ich weiß, ist dieses Buch die erste systematische Analyse der orientalischen Gesellschaft und Staatsordnung. Wo immer die Grenzen meiner Arbeit liegen mögen, sie darf als in sich berechtigt gelten – als ebenso berechtigt wie die klassischen Analysen der industriellen (»kapitalistischen«) Gesellschaft.

Mit den Mitteln objektiver Wissenschaft, zu denen ich mich auch in den Tagen meiner politischen Gebundenheit bekannte [1], habe ich die Einrichtungen und Wandlungen der orientalischen Gesellschaft bloßgelegt. Diese Bemühung hat ihre gedankliche Würde in sich selbst. Sie mußte unternommen werden, auch wenn ihr Gegenstand so fern wäre wie das europäische Mittelalter oder die klassischen Kulturen Griechenlands und Roms.

1. S. Einleitung, Abschnitt 7.

Aber ihr Gegenstand liegt nicht so fern. Die zunehmende Verflechtung der Welt bringt uns dem Orient täglich näher. Die politischen Korridore hallen heute wider von Vergleichen des Westens und Ostens. Die vorliegende Studie sucht diesen Vergleichen einen institutionalen Sinn zu geben. Sie ermittelt außerdem wesentliche Ähnlichkeiten – und Unterschiede – zwischen den orientalischen Despotien und den totalitären Machtgebilden des heutigen Rußland und China. Die Tragweite dieser Untersuchung wird vervielfältigt durch die Tatsache, daß Marx und Engels der asiatischen Despotie erhebliche Bedeutung beimaßen und daß Lenins Lehrer Plechanow und Lenin selbst sich des möglichen Zusammenhangs zwischen der orientalischen Form totaler Macht und den Folgen einer fehlgehenden russischen Revolution bewußt waren. Die zwei letzten Kapitel des vorliegenden Buches geben eine dokumentierte Darstellung dieser institutionellen und theoretischen Entwicklung. So wie der Hauptteil muß sich auch dieser Schlußteil aus sich selbst rechtfertigen. Es ist jedoch offenkundig, daß die Analyse der im Übergang befindlichen orientalischen Gesellschaft in der Analyse der ursprünglichen orientalischen Gesellschaft wurzelt. Ich kann es dem Leser nicht verwehren, nach der Einleitung zuerst die Schlußkapitel einer Durchsicht zu unterziehen – solch ein Vorgehen hat sogar manches für sich –, aber das volle Verständnis der hier gebotenen Erklärung der kommunistischen Gesellschaft und Doktrin hängt vom Verständnis der vorangehenden Untersuchung der orientalischen Despotie ab.

Dies ist nicht der Ort, von den wissenschaftlichen Auseinandersetzungen zu berichten, die das Buch seit seinem Erscheinen (1957) hervorgerufen hat. Daß die Auswirkungen sich auf eine Reihe von Fachwissenschaften erstrecken, entspricht der Natur der Sache. Daß man mir die Förderung einer wertsetzenden Sozialwissenschaft, einer *moral sociology*, zuschreibt, nehme ich zustimmend zur Kenntnis. Auf diesem Gebiet, wie auf dem Gebiet der vergleichenden Untersuchung gesellschaftlicher Großformen ist noch viel zu tun.

Die Übersetzung ins Deutsche hat Frits Kool (Amsterdam) besorgt. Einen verständnisvolleren Dolmetscher meiner Gedanken hätte ich nicht finden können. Ich habe mit ihm die ganze Übertragung durchgearbeitet; und im Zweifelsfalle trage ich für strittige Formulierungen die Verantwortung. (Einige ungefüge technische Ausdrücke – z. B. »managerial«, »eigentumsmäßig« – fanden wir beide unvermeidlich; der Leser möge sie mir verzeihen.) Herr Kool hat mir geholfen, Irrtümer zu beseitigen und die Darstellung zu klären. Sein Beitrag ist der Beitrag eines guten Sozialwissenschaftlers, der zugleich auch ein guter Übersetzer ist.

Im Vorwort zur amerikanischen Ausgabe habe ich einer Anzahl von Instituten und Personen gedankt. Ich wiederhole diese Danksagung auch in der deutschen Ausgabe. Zutiefst verpflichtet bin ich dem Fernöstlichen und Russischen Institut an der University of Washington, Seattle; es ermöglichte mir die umfassenden Forschungen, die dem Buch zugrunde liegen.

Dank schulde ich ferner der Columbia University, die dem Chinese History Project Gastfreundschaft gewährte, als die ORIENTALISCHE DESPOTIE geschrieben wurde. Die Rockefeller Foundation unterstützte das Projekt, aus dem diese Studie erwuchs. Zusätzliche Hilfe wurde mir ferner für spezielle Teile der Untersuchung von der American Philosophical Society und der Wenner-Gren Foundation for Anthropological Research gewährt.

Gelehrte verschiedener Fachgebiete haben mit mir meine Probleme besprochen. Im Bewußtsein nicht vollständig sein zu können, nenne ich dankbar Pedro Armillas, Pedro Carrasco, Chang Chung-li, Nathan Glazer, Waldemar Gurian, Hsiao Kung-chuan, Marius B. Jansen, Isaac Mendelsohn, Karl Menges, Franz Michael, George P. Murdoch, Angel Palerm, Julian H. Steward, Donald W. Treadgold, Hellmut Wilhelm und C. K. Yang. Ich hatte das Glück, eine Reihe wichtiger Fragen mit zwei hervorragenden Kennern des modernen Totalitarismus erörtern zu können – mit Bertram D. Wolfe und dem leider inzwischen verstorbenen Peter Meyer.

Bei den Studien über den islamischen und vorislamischen Nahen Osten half mir besonders Gerard Salinger. Auf dem Gebiet der Chinakunde erfreute ich mich der Unterstützung von Chaoying Fang, Lienche Fang, Lea Kisselgoff und Tung-tsu Chu, die zur Zeit der Entstehung dieses Buches alle zum Forschungsstab des Chinese History Project gehörten. Ruth Ricard hat mit Sachkenntnis und Geduld das Manuskript geschrieben; das war wegen der vielen Quellen und der umfangreichen Bibliographie keine leichte Arbeit.

Eine Untersuchung des bürokratischen Totalitarismus stieß auf mancherlei Schwierigkeiten. Unter denen, die mir halfen, diese Schwierigkeiten zu überwinden, muß ich vor allem zwei Personen nennen. George E. Taylor, der Direktor des Fernöstlichen und Russischen Instituts an der University of Washington, Seattle, war unermüdlich in seinem Verständnis für meine Bestrebungen und in der Unterstützung eines Unternehmens, das zeitweilig unvollendbar schien. Meine engste Mitarbeiterin, meine Frau, Esther S. Goldfrank, teilte von Anfang bis zum Ende meinen Kampf für unbequeme wissenschaftliche Wahrheiten und grundlegende menschliche Werte.

Mein Glaube an diese Werte brachte mich 1933 in Hitlers Konzentrationslager. Seither habe ich oft der Kameraden gedacht, die mit mir durch die Hölle des totalitären Terrors gegangen sind. Einige von ihnen träumten von der großen Wende, die sie aus Häftlingen und Opfern zu Aufsehern und Herren machen werde. Sie haßten nicht die totalitären Mittel, sondern die Zwecke, denen diese Mittel damals dienten. Andere dachten anders. Sie baten mich, falls ich die Freiheit wiedersehen sollte, allen Menschen guten Willens die Unmenschlichkeit der totalitären Herrschaft in jeder Form und Maske zu erklären. Mehr als Worte sagen können, haben diese Gefährten dunkler Stunden mir geholfen, ein tieferes Verständnis für das Wesen totaler Macht zu gewinnen.

New York, 19. Dezember 1961   Karl A. Wittfogel

Einleitung

1.

Als im 16. und 17. Jahrhundert die kommerzielle und industrielle Revolution Europas Handel und Macht an die Grenzen der Erde trug, machten einige scharfsinnige Forscher eine gedankliche Entdeckung, die den kühnsten geographischen Errungenschaften der Epoche gleichkam. Sie erkannten in den großen Kulturen des Nahen Ostens, Indiens und Chinas eine gesellschaftliche Ordnung, die sich wesentlich von derjenigen der Antike und des mittelalterlichen und modernen Europas unterschied. Die klassischen Nationalökonomen unterstrichen die Bedeutung dieser Entdeckung, indem sie von einer besonderen »orientalischen« oder »asiatischen« Gesellschaft zu sprechen begannen.

Die Eigenart der orientalischen Gesellschaften erschien am augenfälligsten in der despotischen Macht ihrer Herrscher. Die europäischen Beobachter bemerkten diese Eigenart, obgleich ihnen selbst tyrannische Regierungen keineswegs fremd waren. Sie fanden, daß der östliche Absolutismus ausschließlicher und drückender sei als der westliche. Die orientalische Despotie erschien ihnen als die umfassendste Form totaler Macht.

Politische Denker wie Montesquieu betonten die negativen Auswirkungen der orientalischen Despotie auf die Würde des Individuums. Die Wirtschaftswissenschaftler untersuchten vor allem die managerialen und eigentumsmäßigen Konsequenzen dieser Staatsform. Die Vertreter der klassischen Nationalökonomie waren beeindruckt von den großen östlichen Bauten für Zwecke der Bewässerung und des Verkehrs, und sie stellten fest, daß praktisch überall im Orient der Staat der größte Landeigentümer war [1].

Dies waren Einsichten von großer Tragweite. Sie boten einen einzigartigen Ausgangspunkt für die systematische vergleichende Untersuchung totaler Macht. Aber eine solche Untersuchung wurde im 19. Jahrhundert nicht vorgenommen. Warum nicht?

Auf den ersten Blick ist es rätselhaft, daß die Sozialwissenschaft die Frage der orientalischen Despotie beiseite schob. Aber dieser Mangel an Interesse erklärt sich leicht, wenn man bedenkt, daß im Maschinenzeitalter der gesamte Lebensstil des Westens sich tiefgehend änderte. Als Bernier seine nah-

---

1. S. Kap. 9 für Hinweise auf die klassischen Nationalökonomen, die sich besonders mit dem Problem der orientalischen Gesellschaft beschäftigt haben.

östlichen und indischen Erfahrungen aufzeichnete und als Montesquieu den *Geist der Gesetze* schrieb, stand Westeuropa noch unter der Herrschaft des Absolutismus. Um die Mitte des 19. Jahrhunderts aber waren in fast allen industriell fortgeschrittenen Ländern repräsentative Regierungen entstanden. Da kehrte die Sozialwissenschaft dem Studium der orientalischen Despotie den Rücken und wandte sich neuen und dringlicheren Aufgaben zu.

2.

Glückliches Zeitalter! Glücklich – trotz aller Leiden, die die schnell wachsende industrielle Ordnung der Mehrzahl der in ihr tätigen Arbeiter auferlegte. Es war das Elend dieser Schichten, das John Stuart Mill 1852 zu dem Ausspruch veranlaßte, »die Beschränkungen des Kommunismus würden der Mehrheit des Menschengeschlechts im Vergleich zu den gegenwärtigen Verhältnissen wie Freiheit vorkommen«[2]. Aber Mill gab sich nicht mit dieser Alternative zufrieden. Er erwartete, daß das moderne Industriesystem auf der Grundlage des Privateigentums nach Überwindung seiner Kinderkrankheiten die menschlichen Bedürfnisse befriedigen werde, ohne den Menschen zum Opfer einer »zahmen Einförmigkeit aller Gedanken, Gefühle und Handlungen« zu machen[3].

Glückseliges Zeitalter! Seine immer kritischen Kinder waren imstande, die vielfältigen Despotien wirtschaftlicher und politischer Macht zu bekämpfen, weil sie nicht unter dem Joch einer »allgemeinen Sklaverei« lebten[3a]. So fremd war ihnen selbst das Abbild des Absolutismus geworden, daß sie keinen Drang spürten, sein Wesen zu erforschen. Einige Außenseiter wie Max Weber bemühten sich um die Analyse gewisser Aspekte der orientalischen Staatskunst und Bürokratie. Aber ihre Untersuchungen waren nicht allzu systematisch; und im großen und ganzen traf zu, was Bury am Ende der liberalen Epoche bedauernd feststellte: Es geschah wenig, um die Besonderheiten des Absolutismus mittels einer ins einzelne gehenden vergleichenden Analyse aufzudecken[4].

Glückliches Zeitalter! Optimistisches Zeitalter! Seine Kinder waren überzeugt, daß die Sonne der aufsteigenden Kultur die letzten Schatten der Despotie verscheuchen werde, die noch den Weg des Fortschritts verdunkelten.

2. Mill, 1909, S. 210.

3. *A. a. O.*, S. 211.

3a. Marx (1939, S. 395) wandte diesen Ausdruck auf die Despotie des agrarischen Ostens an, ohne zu erwägen, daß viel umfassendere Formen der Staatssklaverei in der totalitären Industriegesellschaft erscheinen können.

4. Bury, 1910, S. 1.

Aber der Mittag erfüllte nicht, was die Morgenröte verhieß. Abgründige politische und soziale Erdbeben warnten die Heimatländer der modernen Wissenschaft, daß, was man gestern gewann, heute weder fest noch beständig ist. Schreckliche neue Entwicklungen beschworen die Erinnerung an frühere Formen totaler Macht herauf. Sie veranlaßten uns, eine neue Untersuchung der orientalischen – besser: der »hydraulischen« – Gesellschaft vorzunehmen.

4.

Drei Jahrzehnte lang habe ich das institutionelle Gesamtgefüge studiert, dessen Herz die orientalische Despotie bildet. Lange war ich bereit, diesem Gefüge den Namen »orientalische Gesellschaft« zu geben. Doch je weiter die Untersuchung vorstieß, desto mehr empfand ich die Unzulänglichkeit der herkömmlichen Bezeichnung. Ich unterschied analytisch und terminologisch zwischen einer Landwirtschaft, die auf lokal begrenzter Bewässerung beruht (»Hydroagrikultur«) und einer solchen, die auf großen, staatlich geregelten Wasserbauten für Berieselung und Flutabwehr beruht (»hydraulische« Agrikultur); und ich begann, Ausdrücke wie »hydraulische Gesellschaft« und »hydraulische Kultur« den gebräuchlichen geographischen Formeln vorzuziehen. Die von mir geschaffene Nomenklatur weist direkt auf menschliche Tätigkeit und indirekt auf menschliche Einrichtungen hin. Sie erleichtert den Vergleich mit der »feudalen« und »industriellen« Gesellschaft; und sie erlaubt uns, ohne terminologischen Zwang unsere Untersuchung auf die höheren Agrargesellschaften des vorspanischen Amerika und auf die hydraulischen Formationen in Ostafrika und gewissen pazifischen Inseln, vor allem Hawaii, auszudehnen. Der Ausdruck »hydraulisch«, wie er hier angewendet wird, impliziert die entscheidende Rolle der Regierung. Er deutet den agrarmanagerialen und agrarbürokratischen Charakter all dieser Kulturen an.

5.

Die vorliegende Arbeit geht in ihren Strukturbestimmungen und Schlußfolgerungen über die Ergebnisse hinaus, die die Pioniere des Studiums der orientalischen Gesellschaft gewannen. Sie bestimmt systematisch die hydraulische »Antwort« auf die »Herausforderungen«, denen der pflanzenbauende Mensch in ariden (trockenen), semiariden und gewissen feuchten Klimaten ausgesetzt ist. Sie zeigt, daß und auf welche Art die wesentlichen Elemente der hydraulischen Gesellschaft ein wirksames operatives Ganze – einen *going concern* [4a] – bilden. Dieses operative Ganze bildet eine Einheit, die insofern

---

4a. Veblen, 1947, S. 133.

der industriellen Gesellschaft gleicht, als das institutionelle Kerngebiet einen entscheidenden Einfluß auf eine räumlich oft sehr ausgedehnte institutionelle Peripherie ausübt. In den Vereinigten Staaten von Amerika, einer führenden modernen Industriegesellschaft, klassifizierte man im Jahre 1939 als »industriell« nur 200 von den ungefähr 3000 *Counties*, d. h. etwa 7⁰/o des Gesamtgebietes [4b]. Die Geschichte der hydraulischen Gesellschaften zeigt, daß die organisatorischen und aneignenden Institutionen des hydraulischen Kerns oft eine riesige, von diesem politisch beherrschte Außenzone durchdrangen, ohne daß die hydraulischen Funktionen sich gleichermaßen ausdehnten. Das Verständnis der Beziehungen zwischen dem Kern und der Peripherie der hydraulischen Gesellschaft – ein von den Pionieren kaum bemerktes Problem – ist von entscheidender Bedeutung für die institutionelle Analyse des Oströmischen und des Byzantinischen Reiches, für die Maya und für das mongolische und nachmongolische (zaristische) Rußland.

Auf dem Gebiet des Privateigentums begnügten sich die früheren Institutionalisten mit der Ansicht, daß der orientalische Staat die strategischen Produktionsmittel beherrschte, vor allem das wichtigste, den Ackerboden. Die wirkliche Lage der Dinge war aber viel komplizierter und, vom Standpunkt der sozialen Struktur aus, viel verwirrender. Die Geschichte zeigt uns, daß es in vielen hydraulischen Gesellschaftsgebilden ein sehr beträchtliches aktives (produktives) Privateigentum gegeben hat; aber sie zeigt zugleich, daß dieser Tatbestand keine Bedrohung für das despotische Regime darstellte, weil die Eigentümer als Eigentümer unorganisiert und politisch impotent blieben.

Man betrachtete das Problem des Privateigentums im allgemeinen, und man versäumte zwischen starkem und schwachem Eigentum zu unterscheiden, sowie die Bedingungen zu erforschen, unter denen diese beiden Formen entstehen. Eine Analyse der verschiedenen Formen des Privateigentums in der hydraulischen Gesellschaft kann die Grenzen des nichtbürokratischen (und des bürokratischen) Privateigentums in der orientalischen Despotie weitgehend bestimmen. Eine solche Analyse zeigt die Fragwürdigkeit des modernen soziologischen Aberglaubens, daß fast jede – und vor allem jede wohlwollende – Staatsplanung einer Sozialordnung mit vorherrschendem Privateigentum vorzuziehen ist.

Dann haben wir ferner das Problem der Klassenschichtung. Richard Jones und John Stuart Mill erkannten bereits, daß in der orientalischen Gesellschaft die Staatsbeamten sich ökonomischer Vorteile erfreuten, wie sie im Westen nur Privateigentümer von Land und Kapital genossen. Aber sie machten diese bedeutsame Feststellung nur im Vorübergehen, ohne deutlich auszusprechen, daß unter solchen Verhältnissen die Agrar-Bürokratie die herrschende Klasse ist. Sie stellten deshalb auch nicht die im Westen vorherrschen-

4b. SAE, I, S. 47.

de Auffassung in Frage, die die Klassenunterschiede wesentlich auf Unterschiede in der Beziehung zu aktivem (privatem) Eigentum zurückführte.

Die vorliegende Arbeit untersucht die Klassenverhältnisse einer Gesellschaft, deren Herren nicht die Besitzer großen operativen Privateigentums waren, sondern die Besitzer einer operativen und despotischen Staatsmacht. Dieses Vorgehen ändert nicht nur die Vorstellung von den Wesensbedingungen einer herrschenden Klasse; es erschließt auch den Zugang zum Verständnis wichtiger geschichtlicher Varianten von Großgrundbesitz, Kapitalismus, Gentry und Zunftwesen. Es erklärt, warum die hydraulische Gesellschaft die Heimstätte eines *bürokratischen* Grundbesitzes, eines *bürokratischen* Kapitalismus und einer *bürokratischen* Gentry war. Es erklärt, warum in einer solchen Gesellschaft die Berufsorganisationen zwar oberflächlich den Zünften des mittelalterlichen Europas ähnelten, aber im Gesamtgefüge der orientalischen Gesellschaft eine ganz andere – und vor allem: eine politisch unbedeutende – Stellung einnahmen. Es erklärt schließlich, warum in einer solchen Gesellschaft die Autokratie die Regel ist [5]. Wie das »Gesetz des abnehmenden administrativen Ertrags« [5a] die untere Grenze der bürokratischen Pyramide bestimmt, so bestimmt die Tendenz zur Anhäufung unbeschränkter Macht [6] den Charakter ihrer Spitze.

6.

Wenn neue wissenschaftliche Ideen aufkommen, so werden unvermeidlich alte Ansichten außer Kurs gesetzt. Ebenso unvermeidlich ist es, daß ein solcher Umbruch die Verteidiger alter Vorstellungen zu bitterem Widerspruch reizt. Häufig wird durch eine solche Auseinandersetzung neues Licht auf die ganze Frage geworfen. Eben dies geschieht in bezug auf die Theorie der orientalischen (hydraulischen) Gesellschaft.

Es wird den Leser nicht in Erstaunen setzen, daß meine Theorie der bürokratischen Klassenherrschaft leidenschaftlich bekämpft wird von der neuen totalen managerialen Bürokratie, die im Namen des Kommunismus heute ein Drittel der Menschheit beherrscht. Im Jahre 1931 erklärten die sowjetischen Ideologen mit offener Verachtung für die »reine Wahrheit« [6a] den Begriff der orientalischen Gesellschaft und einer »funktionellen« herrschenden Bürokratie aus politischen Gründen für unzulässig [7]. Sie gaben damit zynisch zu, daß ihre Einwände von politischen, nicht von wissenschaftlichen Überlegungen diktiert wurden. Im Jahre 1950 bezeichnete ein führender kommunistischer Kulturbeamter als die bedeutsamste Leistung der sowjetischen Orientali-

5. S. unten, Kap. 4 und 8.
5a. S. Kap. 4.
6. S. Kap. 4.
6a. S. unten, Kap. 9.
7. DASP, 1931, S. 89.

stik »die Ausrottung der berüchtigten Theorie der ›asiatischen Produktionsweise‹« [8].

Der Hinweis auf die »asiatische Produktionsweise« kennzeichnet die Schwierigkeiten, mit denen es der kommunistische Bekämpfer der Theorie der orientalischen Gesellschaft zu tun hat. Um diese Schwierigkeiten ganz zu verstehen, muß man sich erinnern, daß Marx zwar die moderne westliche Welt
beseitigt sehen wollte, die auf dem Privateigentum beruhte, aber selbst vielen
ihrer Werte verhaftet war. In scharfem Gegensatz zum sowjetischen Postulat
der Parteilichkeit in Kunst und Wissenschaft verdammte er als »gemein« und
als »Sünde gegen die Wissenschaft« jedes Vorgehen, das die wissenschaftliche
Objektivität nichtwissenschaftlichen Interessen opfert [9]. Marx erkannte unter
dem Einfluß von Richard Jones und John Stuart Mill Anfang der fünfziger
Jahre die Eigenart der asiatischen oder orientalischen Gesellschaft, und er
hielt diese Konzeption bis zu seinem Tode (1883) aufrecht. Seine verhältnismäßig zahlreichen Bemerkungen über diesen Gegenstand galten insbesondere
dem asiatischen Wirtschaftssystem, das er als die »asiatische Produktionsweise«
bezeichnete. Engels war weniger tief und konsequent, aber im wesentlichen
teilte er hier wie sonst die Meinung seines Freundes. Weder er noch Marx zogen alle Folgerungen aus ihrer »asiatischen« Konzeption, aber vom Jahre 1853
an betonten beide die »semiasiatische« Beschaffenheit der zaristischen Gesellschaft und den orientalisch-despotischen Charakter des zaristischen Regimes.

Lenin akzeptierte die These von einer spezifischen »asiatischen« Ordnung.
Er zitierte die Marxsche Formel »asiatische Produktionsweise« zum ersten
Mal 1894 und zum letzten Mal im Jahre 1914. Wie Marx und Engels betonte er (bis 1914) die Vormacht »asiatischer« Institutionen im traditionellen Rußland, den »semiasiatischen« Charakter der zaristischen Gesellschaft
und die asiatisch-despotische Qualität seines Staates [10].

7.

Ich hatte keine Vorstellung von der möglichen Tragweite der Analyse der
orientalischen Despotie, als ich im Winter 1922-23, unter dem Einfluß Max
Webers, das Studium der hydraulischen Gesellschaft und Staatsordnung begann. Ich war mir dessen ebensowenig bewußt, als ich im Jahre 1924, jetzt
mit Bezugnahme nicht nur auf Weber, sondern auch auf Marx, feststellte, daß
die »asiatische« Gesellschaft [11] von einem bürokratisch-despotischen Staat beherrscht war [12]. Ich bemerkte nicht, daß ich aus der Marxschen Auffassung

8. Tolstov, 1950, S. 3.
9. Marx, TMW, II, Teil I, S. 310 ff.
10. Für dokumentarische Belege für diese Feststellungen s. Kap. 9, *passim*.
11. Wittfogel, 1924, S. 122, vgl. S. 49.
12. *A. a. O.*, S. 117.

der asiatischen Gesellschaft Schlußfolgerungen zog, die er selbst vermieden hatte. Ich schrieb, daß in China in der zweiten Hälfte des letzten vorchristlichen Jahrtausends »das Verwaltungsbeamtentum – mit dem ›absoluten‹ Kaiser an der Spitze – zur herrschenden Klasse« wurde[13] und daß diese herrschende Klasse, in China wie auch in Ägypten und Indien, eine »mächtige Wasserbau-Bürokratie«[14] war.

Ich entwickelte diese These 1926[15], 1927[16], 1929[17] und 1931[18]. Bestrebt, mein Suchen nach Wahrheit mit meiner damaligen marxistischen Anschauung in Einklang zu bringen, zitierte ich Marxens Forderung, daß ein Forscher die objektive Wahrheit keinem außerhalb der Wissenschaft liegenden Interesse unterordnen dürfe, nicht einmal dem der Arbeiter[19]. Im Jahre 1932 machte ein sowjetischer Rezensent meines Buches *Wirtschaft und Gesellschaft Chinas* mir zum Vorwurf, daß ich an die Objektivität der Wissenschaft glaube.[20] Von diesem Zeitpunkt an wurden meine Schriften über die asiatische Gesellschaft und China in der Sowjetunion nicht mehr veröffentlicht[21]. In den dreißiger Jahren verlor ich allmählich die Hoffnung, daß die Verstaatlichung der entscheidenden Produktionsmittel in der UdSSR zu einer Herrschaft des

13. *Ders.*, 1926, S. 25.

14. *A. a. O.*, S. 16.

15. *A. a. O.*, S. 20—27.

16. *Ders.*, 1927, S. 314, 315 ff., 320 ff., 324 ff.

17. *Ders.*, 1929, S. 606.

18. *Ders.*, 1931, *passim*.

19. Ich zitierte diese Bemerkung Marx' zweimal (Wittfogel, 1927, S. 296; *ders.*, 1929a, S. 581 und Anm. 60; s. auch S. 585). Ich bin mir nicht bewußt, daß ein einziger der mir damals nahestehenden kommunistischen Marxisten sich ebenfalls auf die von mir angeführte Marxstelle berufen hätte.

20. *Inostrannaja Kniga* (Moskau), Nr. 1, 1931, S. 20.

21. Mein Artikel *Geopolitik, geographischer Materialismus und Marxismus*, der die Bedeutung des Naturfaktors für die gesellschaftliche Entwicklung im allgemeinen und für die asiatische Gesellschaft im besonderen unterstreicht (s. Wittfogel, 1929, S. 725—728), wurde in *Unter dem Banner des Marxismus* ohne redaktionellen Kommentar veröffentlicht; in der russischen Ausgabe derselben Zeitschrift (*Pod znamenem marksizma*, 1929, Nr. 2/3, 6, 7/8) distanzierte sich der Herausgeber von einigen Ansichten, übrigens ohne die beanstandeten Punkte zu spezifizieren. Im Jahre 1930 weigerte sich die Redaktion von *Unter dem Banner des Marxismus*, die Fortsetzung meines Artikels zu drucken, in der die natürlichen Grundlagen der asiatischen Gesellschaft eingehender untersucht wurden (s. Wittfogel, 1932, S. 593 ff., 597—608). (Für die Revision gewisser, damals von mir vertretener Ansichten über die Beziehung zwischen Mensch und Natur, s. Kap. 1; vgl. Kap. 9.) Mein Buch *Wirtschaft und Gesellschaft Chinas* wurde ins Russische übersetzt, und die Übersetzung wurde im Manuskript einigen sowjetischen Sachverständigen vorgelegt mit dem Ersuchen, eine kritische Einleitung zu schreiben. Meines Wissens wurde diese Einleitung nicht geschrieben. Die russische Übersetzung des Buches erschien nicht.

Volkes über die Regierung und zur Entstehung einer klassenlosen Gesellschaft führen würde.

Tiefere Einsicht in den Charakter der sowjetischen Gesellschaft eröffnete die Bahn für ein besseres Verständnis der Struktur und Ideologie der bürokratischen Despotie. Eine erneute kritische Prüfung der Marxschen Ideen zeigte, daß Marx die Konzeption der asiatischen Gesellschaft nicht geschaffen, sondern sie gebrauchsfertig in den Schriften der klassischen Nationalökonomen vorgefunden hatte. Sie zeigte ferner, daß Marx, obgleich er die »asiatischen« Ansichten seiner klassischen Vorgänger in vielem teilte, eine Folgerung nicht zog, die vom Standpunkt seiner *Klassentheorie* eigentlich unumgänglich war – die Folgerung, daß in der agrarischen Despotie des Orients die manageriale Bürokratie die herrschende Klasse ist.

Was bei Marx Unsicherheit und gelegentlich Rückschritt war, wurde beim späten Lenin zur zynischen Verleugnung der als wahr erkannten »asiatischen« These. In den Jahren 1906 – 1907 gab Lenin zu, daß die nächste russische Revolution unter gewissen Umständen nicht zum Aufbau einer sozialistischen Gesellschaft, sondern zu einer »asiatischen Restauration« führen könne. Als aber der erste Weltkrieg neue Aussichten auf eine revolutionäre Machtergreifung schuf, verbarg er den wahren Begriff der asiatischen Gesellschaft, den er mit Schwankungen zwanzig Jahre lang anerkannt hatte. Lenin behandelte in *Staat und Revolution* – dem vielleicht unehrlichsten Buche seiner Laufbahn – Marx' Ideen über den Staat, ohne Marx' Konzeption des asiatischen Staates auch nur zu erwähnen.

Immer mehr wiesen die sowjetischen Ideologen die Theorie der asiatischen Gesellschaft zurück, bis 1938 Stalin den entscheidenden Marxschen Hinweis auf die asiatische Produktionsweise ganz beiseiteschob. Das war die logische Konsequenz der Preisgabe der Theorie der »asiatischen« Gesellschaft, die Lenin am Vorabend der bolschewistischen Revolution begonnen hatte.

8.

Die führenden kommunistischen Ideologen waren außerstande, ihre Ablehnung der »asiatischen« These rationell zu begründen. Dieser Umstand erklärt die vorwiegend indirekten Methoden, mit denen die Marxisten-Leninisten und ihre offenen und versteckten Freunde die geächtete Theorie unschädlich zu machen suchen.

Der Uneingeweihte mag verwirrt werden durch eine Kampfweise, die der sachlichen Auseinandersetzung ausweicht und statt dessen mit Entstellungen und persönlichen Angriffen arbeitet. Dem Eingeweihten enthüllt die Eigenart dieser Angriffe gegen die Theorie der orientalischen Despotie die abgründige wissenschaftliche Schwäche der kommunistischen Position.

Das von mir gebotene Bild der hydraulischen Gesellschaft fußt auf bestimmten Anschauungen vom Charakter gesellschaftlicher Strukturen und Entwicklungen. Ohne Zweifel gibt es in der Geschichte des einzelnen Menschen Ordnung und Zusammenhang. Alle Individuen handeln in der Überzeugung, daß in ihrem persönlichen Leben die Regelmäßigkeiten von gestern notwendig mit denen von heute und morgen verbunden sind. Offenbar gibt es auch in der Geschichte der Menschheit Ordnung und Zusammenhang. Individuen und Gruppen anerkennen institutionelle Ordnungen, deren Wirksamkeit sie in der Gegenwart beobachten und von der sie eine gleichartige oder modifizierte Wirksamkeit auch in der Zukunft erwarten. Der historische Agnostiker, der sich diesen strukturellen Tatsachen verschließt, vertritt offenbar einen irrationalen Standpunkt.

Die Absurdität eines solchen Agnostizismus rechtfertigt natürlich nicht schematische Auffassungen, die im Namen von Marx und Engels den Geschichtsprozeß als eine gradlinige, unwiderstehliche und unvermeidliche, fortschrittliche gesellschaftliche Entwicklung darstellen. Marx' und Engels' Überzeugung, daß die asiatische Gesellschaft ein von anderen Gesellschaftsordnungen verschiedenes und stationäres Gebilde war, straft diejenigen Lügen, die unter dem Deckmantel des Marxismus das Schema einer einlinigen Geschichtsentwicklung an den Mann zu bringen suchen. Und das vergleichende Studium der Gesellschaftsformen erweist die empirische Unhaltbarkeit dieser theoretischen Position. Es führt zu dem Ergebnis, daß die Sozialgeschichte keineswegs gradlinig verläuft, sondern ein äußerst vielfältiger Prozeß ist, der Stagnation und Entwicklung, laterale (diversive) Änderung, Rückschritt und Fortschritt einschließt. Eine solche Auffassung postuliert die Existenz offener historischer Situationen und die Möglichkeit einer strukturell begrenzten effektiven Wahl. Sie weist damit dem Individuum eine tiefe moralische und politische Verantwortung zu, die für einen unentrinnbaren Fatalismus keinen Raum läßt.

Im Einklang mit diesen Erwägungen untersuche ich die institutionelle Ordnung, deren politischer Ausdruck die agrarmanageriale Despotie ist. Aus den oben angeführten Gründen bezeichne ich diese Ordnung als »hydraulische Gesellschaft«. Ich gebrauche aber ohne Bedenken die herkömmlichen Bezeichnungen »orientalische Gesellschaft« und »asiatische Gesellschaft« als Synonyme für »hydraulische Gesellschaft« und »agrarmanageriale Gesellschaft«. Ich verwende die Formen »hydraulische«, »agrarbürokratische« und »orientalische Despotie« als gleichbedeutend, habe aber den letzten Ausdruck zum Titel meines Buches gemacht, einmal, um die historischen Wurzeln meines Grundbegriffs anzudeuten, sodann auch, weil die Mehrheit aller großen hydraulischen

Kulturen in einer Zone liegt, die als »der Orient« bekannt ist. Ursprünglich hatte ich geplant, diesem Buch den Titel *Orientalische Gesellschaft* zu geben. Die Beibehaltung der alten Nomenklatur hat gewisse praktische Vorzüge. Während in Lateinamerika heute nur noch unkenntliche Reste der hydraulischen Gesellschaft fortbestehen, ist das Vermächtnis der alten Ordnung in vielen Ländern der orientalischen Zone sehr augenfällig. Das Problem der hydraulischen Gesellschaft im Umbruch ist daher vornehmlich ein Problem dieser Zone.

Unter welchen Umständen und mit welchen Mitteln befreien sich die Völker des Ostens von den Bedingungen der hydraulischen Gesellschaft, unter denen sie Jahrtausende lang lebten? Die volle Bedeutung dieser Frage wird nur dann klar, wenn wir verstehen, daß die nichtbürokratischen sozialen Schichten, die in Europa und Japan den Aufstieg von der feudalen zu einer industriellen Gesellschaft durchsetzten, von der orientalischen Despotie zersplittert und politisch ohnmächtig gehalten werden. Nirgends, so scheint es, hat die hydraulische Gesellschaft ohne von außen kommende Hilfe eine ähnliche Umwandlung erreicht. Aus diesem Grunde nannte Marx im Jahre 1853 die asiatische Gesellschaft stationär. Aus diesem Grunde erwartete er »die einzige *soziale* Revolution, die Asien je gesehen hat«, von den britischen Herren Indiens, die die ersten Schritte zu einer auf Privateigentum begründeten, nichtasiatischen Gesellschaftsordnung unternahmen [22].

Die späteren Ereignisse haben den Nachweis erbracht, daß Marx die transformierende Wirkung Englands auf Indien überschätzte. Die westliche Kolonialherrschaft schuf zwar in Indien und anderen orientalischen Ländern Voraussetzungen für eine nichttotalitäre Entwicklung; aber obgleich die Länder des Orients heute politisch frei und oberflächlich modernisiert sind, werden ihre Führer noch immer mächtig angezogen von der Idee einer bürokratisch-managerialen Ordnung, die dem Staate eine allumfassende Autorität gibt, während sie den nichtbürokratischen und privaten Sektor der Gesellschaft zahm und schwach hält.

II.

Diese Erfahrungen werfen neues Licht auf die institutionellen Grundlagen der neueren russischen Geschichte. Das zaristische Rußland, Randgebiet der orientalischen Welt, wurde stark vom Westen beeinflußt, aber es wurde nie eine Kolonie oder Halbkolonie des Westens. Der zunehmende westliche Einfluß bewirkte radikale gedankliche und politische Änderungen. Im Frühling des Jahres 1917 versuchten Rußlands antitotalitäre Kräfte, die antiasiatische soziale Revolution durchzuführen, die Marx 1853 für Indien vorausgesagt hatte. Im Herbst 1917 wurden jedoch diese antitotalitären Kräfte von

22. Marx, NYDT, 22. Juni 1853.

den bolschewistischen Vorkämpfern einer neuen totalitären Ordnung geschlagen. Sie wurden geschlagen, weil sie die latenten demokratischen Energien in einer vorübergehend offenen historischen Lage nicht auszunutzen verstanden. Vom Standpunkt persönlicher Freiheit und sozialer Gerechtigkeit betrachtet, ist 1917 vermutlich das schicksalhafteste und tragischste Jahr der modernen Geschichte.

Die geistigen und politischen Führer des nichtkommunistischen Asiens, die sich zur Demokratie bekennen und die in ihrer Mehrzahl ehrerbietig von Marx sprechen, werden ihr große geschichtliche Aufgabe nur dann erfüllen, wenn sie die Bedeutung des orientalisch-despotischen Erbes wenigstens so ernst nehmen, wie Marx es tat. Im Lichte der russischen Erfahrungen des Jahres 1917 sollten sie bereit sein, das Problem einer »asiatischen Restauration« nicht nur in Rußland, sondern auch im heutigen Asien zu erkennen.

12.

Die Herren des modernen totalitären Überstaates schaffen große, festgefügte gesellschaftliche Ordnungen, denen wir ihrer Meinung nach nicht gewachsen sind; und sie errichten große Gedankengefüge, mit denen die unsrigen ihrer Meinung nach nicht Schritt halten können. In einer Beziehung haben die totalitären Wortführer recht: Wir lehnen das totalitäre System einer allumfassenden Macht und Ideologie ab. Günstige geschichtliche Umstände haben uns bewahrt vor den ungeheuerlichen Entwicklungen, die die freie wissenschaftliche Forschung und den sozialen Fortschritt lähmen. Aber unsere Gegner irren, wenn sie annehmen, daß wir zu freiwilliger Vereinigung unfähig sind, weil wir die Disziplin einer allgemeinen Staatssklaverei ablehnen. Sie irren sich, wenn sie glauben, daß wir außerstande sind, große und zusammenhängende Gedanken zu denken, weil wir die Tyrannei staatlich aufgezwungener totalitärer Dogmen bekämpfen.

Politische Freiheit ist nicht identisch mit dem Fehlen organisierten Handelns – unsere Feinde wären froh, wenn dem so wäre –, und Gedankenfreiheit bedeutet nicht die Unfähigkeit, große Zusammenhänge zu erfassen. Nur mittels eines wirklich freien Gedankenaustausches können die entscheidenden Probleme des Menschen und seiner Bestimmung ermittelt werden.

In der jüngsten Vergangenheit haben sich viele Gelehrte dem Studium von Einzelheiten gewidmet, weil sie glaubten, daß die Grundlagen der menschlichen Lebensordnung klargestellt seien. Heute, da diese Annahme sich als falsch erweist, beginnen sie sich zu erinnern, daß die Pioniere der modernen Wissenschaft gerade die großen Strukturprobleme der Natur und Gesellschaft zum Gegenstand ihrer Forschungen machten. Newton, Montesquieu, Adam Smith und Darwin bereicherten die Welt mit Einsichten, die gleichzeitig autonom und umfassend waren, gleichzeitig kühn, weise und fruchtbar.

Man kann nicht etwas mit nichts bekämpfen. In einer tiefen Krise muß jedes theoretische – wie jedes politische – Vakuum unheilvoll werden. Wir dürfen dem Feinde nicht das Feld räumen, wenn wir unermeßliche Reserven überlegener Kraft besitzen. Wir dürfen den totalitären Strategen nicht erlauben, ihre künstlichen Doktrinen auf einem Gelände zu paradieren, das rechtmäßig uns gehört. Wir dürfen dem Gegner nicht durch unser Versagen einen Sieg ermöglichen, den er mittels der Kraft seiner eigenen Ideen nicht gewinnen kann.

Nur der verdient das Recht, frei zu sein, der fest im großen Erbe der Vergangenheit wurzelt, der wachsam den Drohungen einer konfliktzerrissenen Gegenwart begegnet, und der entschlossen alle Möglichkeiten einer offenen Zukunft meistert.

ERSTES KAPITEL

Die natürlichen Grundlagen
der hydraulischen Gesellschaft

A. MENSCH UND NATUR

Im Gegensatz zu der weit verbreiteten Annahme – auf der die statischen Milieutheorien und ihre ebenso statischen Widerlegungen beruhen – bleibt die Natur sich nicht immer gleich. Sie ändert sich, wenn immer der Mensch unter dem Einfluß einfacher oder komplexer historischer Ursachen seine technische Ausrüstung, seine gesellschaftliche Organisation und sein Weltbild ändert. Der Mensch wirkt dauernd auf seine natürliche Umwelt ein. Er *transformiert* sie unaufhörlich; und er *aktualisiert* [1] neue Naturkräfte, wenn seine Aktivität ihm ein neues Tätigkeitsgebiet eröffnet. Ob er damit auch eine neue Entwicklungsstufe erreicht und was sie ihm bringt, falls er sie erreicht, das hängt ab erstens von seinem institutionellen Ausgangspunkt [2] und zweitens vom natürlichen Gegenstand seiner Tätigkeit: der ihm zugänglichen physikalischen, chemischen und biologischen Welt. Unter gleichen institutionellen Voraussetzungen wird die Entwicklung neuer Formen der Technologie, der Wirtschaft und der politischen Herrschaft durch die Unterschiede in der natürlichen Umwelt angeregt, ermöglicht oder ausgeschlossen.

Ein Wasserfall mochte dem primitiven Menschen als Orientierungspunkt oder Kultgegenstand wichtig sein; aber erst nachdem der Mensch seßhaft geworden und zu einer höheren Stufe industrieller Entwicklung vorgeschritten war, konnte er die Bewegungsenergie des Wassers ausnutzen. Jetzt begann er, mancherlei Werkstätten (*»mills«*) an den Ufern rauschender Flüsse zu bauen und mit Wasserkraft zu betreiben. Als er dann die der Kohle inne-

---

1. Für die Begriffe Transformierung und Aktualisierung s. Wittfogel, 1932, S. 482.

2. Diese Formulierung modifiziert meine frühere Bestimmung der Beziehung zwischen Mensch und Natur (Wittfogel, 1932, S. 483 ff., 712 ff.) durch die Betonung der grundlegenden Bedeutung institutioneller (und kultureller) Faktoren für die Lösung einer Entwicklungskrise.

In theoretisch unanalysierter Form findet sich meine gegenwärtige Position bereits in meinen älteren Schriften, vor allem denen, die sich mit der sozialgeschichtlichen Eigenart der asiatischen Gesellschaft beschäftigen. Abgesehen von der qualitativ neuen Betonung der Freiheit des Menschen in historisch offenen Situationen, halte ich daher meine früheren Ansichten über die Rolle des Naturfaktors in der gesellschaftlichen Entwicklung aufrecht. (S. Wittfogel, 1931, S. 21 ff.; *ders.*, 1932, S. 486 ff.)

wohnende Energie entdeckte, gewann die Geologie für ihn eine ganz neue Bedeutung. In der revolutionierten industriellen Landschaft, in der die Dampfmaschine herrschte, wurde die Wassermühle ein romantisches Denkmal vergangener Zeiten.

Neuerdings hat der Mensch die produktiven Eigenschaften der Elektrizität entdeckt; und nun gewinnt für ihn das fallende Wasser eine neue Bedeutung. Wo einst Textilfabriken (»Mühlen«) standen, werden nun moderne Kraftwerke gebaut. Der Ingenieur des 20. Jahrhunderts entfesselt (»aktualisiert«) neue Energien in der alten Umwelt. Die Natur erhält neue Funktionen und häufig auch ein neues Gesicht. Mit den Fortschritten der menschlichen Tätigkeit ändert sich ihr natürliches Milieu.

B. DIE HISTORISCHE ORTSBESTIMMUNG DER
HYDRAULISCHEN GESELLSCHAFT

All dies gilt für die agrarische Landschaft ebenso wie für die industrielle. Die latenten hydraulischen Energien in den wasserarmen Gebieten der Erde werden nur unter ganz bestimmten historischen Bedingungen aktualisiert. Wasserarme Gebiete hat es seit Menschengedenken gegeben; aber der primitive Mensch, der vom Sammeln, Jagen und Fischen lebte, beschäftigte sich nicht mit der Regulierung des Wassers. Erst als er gelernt hatte, den Reproduktionsprozeß der Pflanzen für sich auszunutzen, richtete er sein Augenmerk auf die landwirtschaftlichen Möglichkeiten von Ländereien, die arm an unmittelbaren Niederschlägen, aber reich an anderen Wasserreserven waren. Erst jetzt begann er die neu entdeckten Eigenschaften der alten Umwelt auszunutzen durch hydraulische Agrikultur (großdimensionaler Ackerbau mit behördlich betriebenen Bewässerungsanlagen). Erst damit erwuchs die Möglichkeit für managerial-despotische Herrschafts- und Gesellschaftsformen.

Die Möglichkeit, nicht die Notwendigkeit. Große Wasserbauunternehmen führen nicht zu einer hydraulischen Gesellschaftsordnung, wenn sie einen untergeordneten Teil eines entwickelten Ganzen bilden. Die Wasserregulierungsanlagen in der Po-Ebene, in Venedig und den Niederlanden modifizierten zwar die regionalen Verhältnisse, aber sie führten nicht zu hydraulischen Staats- und Eigentumsformen. Die Mormonen, die im Herzen der trockenen Zone Nordamerikas eine blühende Bewässerungslandwirtschaft schufen, waren außerstande, sich dem politischen und kulturellen Einfluß ihrer weiteren gesellschaftlichen Umwelt zu entziehen. Ihre Geschichte beleuchtet sowohl das organisatorische Potential großdimensionaler Bewässerung wie auch die Grenzen, die dem Aufkommen hydraulischer Institutionen in der westlichen Industriegesellschaft des 19. Jahrhunderts gesetzt waren.

Zu wenig oder zu viel Wasser führt also nicht notwendigerweise zu staatlicher Wasserregulierung; und staatliche Wasserregulierung führt nicht notwendigerweise zu despotischen Herrschaftsformen. Nur oberhalb der Stufe der aneignenden Bedürfniswirtschaft, jenseits des Einflusses starker auf Regenfall beruhender agrarischer Zentren, und unterhalb der Stufe der privatwirtschaftlichen modernen Industriegesellschaft hat der Mensch, in einer spezifischen Reaktion auf die wasserarme Landschaft, eine spezifische hydraulische Lebensordnung geschaffen.

C. DIE NATÜRLICHE UMWELT

1. UNTER GLEICHEN HISTORISCHEN VORAUSSETZUNGEN KANN EIN WESENTLICHER UNTERSCHIED IN DER NATÜRLICHEN UMWELT EINEN ENTSCHEIDENDEN INSTITUTIONELLEN UNTERSCHIED HERBEIFÜHREN

In der vorindustriellen Zeit differenzierten mancherlei Faktoren die agrarischen Kulturen. Keiner aber hat eine ähnliche institutionelle Bedeutung erreicht wie der stimulierende Widerspruch, der entsteht, wenn ein trocknes Gebiet andere Wasserreserven hat als den an Ort und Stelle fallenden Regen. Unter den soeben bestimmten Voraussetzungen einer vorindustriellen Landwirtschaft formte diese natürliche Gegebenheit wesentlich die Tätigkeit des Menschen auf dem Gebiete der Nahrungsmittelerzeugung und der Gestaltung sozialer Verhältnisse. Die dauernde und ergiebige Bestellung eines trocknen, aber latent fruchtbaren Bodens war nur möglich, wenn man eine regelmäßige Wasserzufuhr gewährleisten konnte. Unter den mannigfaltigen Aufgaben, die die natürliche Umwelt dem pflanzenbauenden Menschen stellte, war es die Notwendigkeit, Wasser für aride oder semiaride Ländereien bereitzustellen, die den Menschen veranlaßte, »hydraulische« Formen der Regierung und Gesellschaft zu schaffen.

2. EINE MEHRZAHL NATÜRLICHER FAKTOREN IST WESENTLICH FÜR DEN ACKERBAU

Wasser ist nicht die einzige wesentliche Vorbedingung für einen erfolgreichen Ackerbau. Wer Landwirtschaft treiben will, muß Nutzpflanzen, fruchtbaren Boden und genügend Wasser besitzen. Das Klima muß während der Vegetationsperiode angemessen warm sein. Und die Gestaltung der Erdoberfläche muß erfolgreiche landwirtschaftliche Tätigkeit zulassen [3].

3. Für ähnliche Versuche, die natürlichen Vorbedingungen für die Agrikultur zu bestimmen, s. CM, S. 125; SM, S. 753; Widtsoe, 1928, S. 19 ff.; Buck, 1937, S. 101.

Alle diese Vorbedingungen sind in gleichem Maße notwendig, das heißt: Das Fehlen einer einzigen beraubt alle übrigen ihrer landwirtschaftlichen Wirksamkeit. Erfolgreicher Ackerbau bleibt unmöglich, solange nicht menschliche Tätigkeit für den – oder die – fehlenden Faktoren Ersatz schafft.

3. FÜR EINIGE FAKTOREN KANN DER MENSCH ERSATZ SCHAFFEN, FÜR ANDERE NICHT

Die Fähigkeit des Menschen, für einen fehlenden wesentlichen natürlichen Faktor Ersatz zu schaffen, hängt vom Charakter des zu ersetzenden Elements ab. Einige Faktoren sind konstant: unter den bestehenden technischen Verhältnissen können sie durch Menschenhand nicht umgestaltet oder ersetzt werden. Andere lassen sich bearbeiten oder ersetzen.

Temperatur und Bodenoberfläche sind die wichtigsten konstanten Elemente der agrikulturellen Landschaft. Dies galt für das vormaschinelle Zeitalter, und im wesentlichen gilt es noch heute. Vorindustrielle Versuche, die Außentemperatur zu ändern, blieben aus begreiflichen Gründen erfolglos; und technische Neuerungen wie die Zentralheizung oder der Luftkühler haben in dieser Hinsicht bisher keine größeren Änderungen bewirkt. Noch weniger hat der Mensch vermocht, die kosmischen Umstände, die letzten Endes die Erdtemperatur bestimmen, zu beeinflussen.

Eine landwirtschaftlich bedeutsame Umgestaltung der Erdoberfläche hat sich bisher ebenfalls als unmöglich erwiesen. Der Mensch hat zwar viele kleinere Änderungen vorgenommen, wie das Nivellieren von Terrainunebenheiten oder das Anlegen von Terrassen – zumeist wohl im Rahmen der Hydroagrikultur. Bevor aber die modernen Maschinen und Sprengstoffe erfunden wurden, hat sich an der landwirtschaftlich nutzbaren Erdoberfläche kaum etwas geändert. Selbst die mechanisierte Landwirtschaft kann wie der technisch weniger fortgeschrittene Ackerbau nur auf Ebenen oder auf Hügeln und sanften Abhängen, nicht aber im schroffen Gebirgsland betrieben werden.

Pflanzen und Boden stellen der menschlichen Tätigkeit viel geringere Hindernisse entgegen. Der Bauer manipuliert beide berufsmäßig. Er kann nutzbare Pflanzen in neue Gebiete verpflanzen. Aber dies ist ein vorübergehender Vorgang, der endet, wenn sein begrenzter Zweck erreicht ist. In einem gegebenen agrarischen Gebiet wiederholen sich die zur Pflanzenzucht erforderlichen Arbeiten regelmäßig. Aber obgleich unter Umständen die Arbeiter in Gruppen vereinigt sein mögen, sind die Nutzpflanzen nicht so beschaffen, daß ihr Anbau eine großdimensionale Zusammenarbeit nötig macht. Vor dem Maschinenzeitalter wurde der größte Teil aller landwirtschaftlichen Arbeit am erfolgreichsten von Einzelbauern oder kleinen Gruppen von Bauern vorgenommen.

Der zweite variable Faktor, der Boden, ähnelt der Vegetation mit gewissen Beschränkungen, die von dem verhältnismäßig großen Gewicht seiner pulverisierten mineralogischen Substanz herrühren. Während Saatkörner oder Pflanzen oft nach Gegenden verpflanzt wurden, wo es sie vorher nicht gab, ist Ackerboden selten in unfruchtbare Gebiete transportiert worden. Gewiß, man hat schlechte oder geringwertige Felder durch gute Erde verbessert, die man aus einiger Entfernung herbeischaffte. Aber solche Ausnahmen sind von geringer Bedeutung für ein umfangreiches landwirtschaftliches Gebiet[4]. Der Mensch bemüht sich in erster Linie, den vorhandenen Boden den Bedürfnissen der Pflanzen anzupassen. Dies geschieht durch Hacken, Graben und Pflügen und unter Umständen durch Verbesserung der chemischen Zusammensetzung des Bodens mittels künstlichen Düngers.

Der Boden ist also Gegenstand menschlicher Manipulation, aber diese Manipulation erfordert keine größeren Arbeitsgruppen als die Behandlung der Pflanzen. Sogar wenn unter primitiven Bedingungen das Urbarmachen und Jäten von größeren Gruppen besorgt wird, bleibt die eigentliche Bestellung des Ackers gewöhnlich einem oder einigen Menschen überlassen.

4. DIE SPEZIFISCHEN EIGENSCHAFTEN DES WASSERS

Verglichen mit allen anderen wesentlichen natürlichen Vorbedingungen für die Landwirtschaft hat das Wasser eine *spezifische* Qualität. Temperatur und Erdoberfläche sind kosmisch und geologisch bestimmt; sie haben sich daher bis heute im großen und ganzen den Eingriffen des ackerbauenden Menschen entzogen. Im Gegensatz dazu ist Wasser weder zu weit entfernt noch zu massiv, um Gegenstand menschlicher Tätigkeit zu sein. Darin ähnelt es den zwei anderen Variabeln, der Vegetation und dem Boden. Von diesen beiden unterscheidet es sich jedoch durch seine große Beweglichkeit und durch die Maßnahmen, die für seine Nutzbarmachung erforderlich sind.

Wasser ist schwerer als die meisten Pflanzen, und trotzdem kann es viel leichter gehandhabt werden. Unbehindert durch die kohäsiven Eigenschaften der festen Körper fließt es, dem Gesetz der Schwere folgend, dem niedrigsten zugänglichen Punkte seiner Umgebung zu. In einer gegebenen Agrarlandschaft ist Wasser die natürliche Variable *par excellence*.

Aber dies ist nicht alles. Wasser erscheint in vielerlei Form in der Landschaft: es sammelt sich unter der Erde als Grundwasser, an der Oberfläche füllt es Niederungen (Erdhöhlen, Teiche, Seen), oder es fließt in zusammenhängenden Bächen und Strömen. Wasservorräte haben in Gebieten mit ausreichender Niederschlagsmenge keine besondere Bedeutung für die Landwirtschaft. Aber in wasserarmen Landschaften werden sie lebenswichtig, und dies in mehr als einer Beziehung. Der Mensch, der das Wasser für Nutzzwecke braucht, hat es mit einer Materie zu tun, die nicht nur beweglicher ist als die anderen natürlichen Faktoren, sondern auch massenhafter.

4. Widtsoe, 1926, S. 64.

Diese letzte Eigenschaft bietet besondere Schwierigkeiten, wenn der Mensch Großanhäufungen von Wasser zu manipulieren sucht. Eben dies ist sein Bestreben, soweit die natürlichen und kulturellen Bedingungen dafür vorhanden sind. Keine immanente Notwendigkeit zwingt ihn, die Arbeit an Boden und Pflanzen in Zusammenwirkung mit vielen anderen zu verrichten. Aber der Umfang aller größeren Wasservorräte stellt dem Menschen eine Aufgabe, die er nur durch einen massenhaften Arbeitseinsatz bewältigen kann.

D. MUSS DAS LATENTE HYDRAULISCHE POTENTIAL AKTUALISIERT WERDEN?

I. EINE OFFENE HISTORISCHE SITUATION UND ERKENNBARE ENTSCHEIDUNGSMÖGLICHKEITEN

Der einer latent hydraulischen Landschaft innewohnende und zur Bewältigung herausfordernde Widerspruch ist offenbar. Eine solche Landschaft ist gekennzeichnet durch die Abwesenheit ausreichender Niederschläge und das Vorhandensein zugänglicher Wasservorräte. Nur wenn sich der Mensch dazu entschließt, von diesen Vorräten Gebrauch zu machen, kann er trocknes Land in fruchtbare Äcker und Gärten verwandeln. Er kann es – aber er muß es nicht. Was veranlaßt ihn, sich auf Unternehmungen einzulassen, die große Anstrengungen von ihm verlangen und die außerdem problematische institutionelle Folgen haben können?

Die Geschichte lehrt, daß viele Menschen sich für derartige Unternehmungen entschieden haben, andere aber nicht. Jahrtausende hindurch hausten Stämme von Sammlern, Jägern, Fischern und Hirten in latent hydraulischen Gebieten, oft sogar in unmittelbarer Nähe von Bauern, die ihre Felder berieselten, ohne ihre herkömmliche Lebensweise zugunsten der Bewässerungslandwirtschaft aufzugeben.

Offenbar waren die Menschen nicht gezwungen, die natürlichen Möglichkeiten auszunutzen. Die Situation war offen; die Bewässerungslandwirtschaft war nur eine von mehreren Möglichkeiten, für die der Mensch sich entscheiden konnte. Aber diese Wahl wurde in so vielen voneinander getrennten Gegenden getroffen, daß wir darin und in der darauffolgenden Tätigkeit eine gewisse Regelmäßigkeit erkennen.

Der Mensch strebt nach dem, was ihm vorteilhaft erscheint. Wenn innere oder äußere Gründe ihm eine Änderung der Technologie, der materiellen Produktion oder der sozialen Verhältnisse nahelegen, vergleicht er die Vorzüge der vorhandenen Situation mit den Vor- und Nachteilen, die ihm aus der erwogenen Änderung erwachsen können. Das neue Ziel zu erreichen, erfordert neue Anstrengungen, vielleicht nicht nur eine größere Arbeitsleistung und eine Umstellung von angenehmen auf unangenehme Tätigkeiten, sondern auch soziale und geistige Umgestaltungen, die einen größeren oder kleineren Verlust an persönlicher und politischer Freiheit mit sich bringen können.

Wenn die Gesamtheit der zu erwartenden Vorteile die notwendigen Opfer in einleuchtender Weise überwiegt, ist der Mensch bereit, seine Lebensweise zu ändern. Aber zweifelhafte Vorteile lassen ihn gewöhnlich kalt. Außerdem schließt das menschliche Gesamtbudget materielle und immaterielle Werte ein. Menschliche Entscheidungen können nicht ausschließlich durch Unterschiede in der erreichbaren Menge von Dingen erklärt werden. Gewiß, der materielle Faktor hat ein großes Gewicht. Aber ihm gegenüber stehen nichtmaterielle Faktoren: das Verlangen nach persönlicher Sicherheit, die Abneigung gegen Unterdrückung und das Bestreben, an der bewährten Ordnung des Denkens und Handelns festzuhalten.

Kulturhistoriker betonen die Tatsache, daß in der jüngsten Epoche der Geozoologie[5] verschiedene Menschengruppen den Ackerbau aufnehmen, zuerst wohl als Neben- oder Teilbeschäftigung, und in zunehmendem Maße als Hauptbeschäftigung. Dies war in der Tat ein schicksalhafter Übergang. Aber wenn wir das Gesetz des erkannten Vorteils sinnvoll anwenden, bleiben wir gewärtig, daß viele primitive Menschengruppen weder in den Anfängen der Landwirtschaft noch in den Tagen der mächtigen und sozial gegliederten Agrarkulturen sich dem Pflanzenbau zuwandten.

Die agrarische Alternative hatte offenbar für die nicht seßhaften und nicht feldbauenden Stämme eine begrenzte – und sehr verschiedenartige – Anziehungskraft, solange die Landwirtschaft noch primitiv war und die gesellschaftliche und politische Führung nicht allzu große Anforderungen an die geführten Stammesmitglieder stellte. Nach der Entstehung gegliederter Agrargesellschaften wurde die Wahl heikler. Die Macht, die in den Händen der Regierenden und mächtigen Grundeigentümer zusammengeballt war, wirkte auf die benachbarten Stämme besorgniserregend. Unter solchen Umständen konnte der Eintritt in eine auf künstlicher Bewässerung beruhende Gesellschaft die Unterwerfung unter verabscheute Formen politischer und ökonomischer Herrschaft nach sich ziehen. Oft bestellten Frauen, Kinder und Kriegsgefangene ein paar Felder in der Nähe des Lagers, während die herrschenden Stammesmitglieder, die erwachsenen Männer, der Jagd, der Fischerei oder der Viehzucht nachgingen. Die vielen primitiven Völker, die magere Jahre und anhaltende Hungersnöte dem schicksalhaften Übergang zur Landwirtschaft vorzogen, bezeugen die ungeheure Anziehungskraft immaterieller Werte in einer Situation, in der erhöhte materielle Sicherheit nur durch politische, wirtschaftliche und kulturelle Unterwerfung erkauft werden kann.

5. Nelson, 1938, S. 8.

Soll man eine schon vorhandene Bewässerungslandwirtschaft nachahmen oder nicht? Dieses Problem stellt sich nicht nur dem einfachen Ackerbauer, der bisher seine Tätigkeit auf den Regenfall gründete, sondern auch dem Stammesangehörigen, der seinen Unterhalt auf eine nichtlandwirtschaftliche Weise gewann. Der letztere ist in technischer und kultureller Hinsicht viel weniger auf solch einen Übergang vorbereitet als der einfache Feldbauer. In beiden Fällen wird die Entscheidung noch schwieriger, wenn die Annahme materiell vorteilhafter Bewässerungsmethoden das Hinabgleiten in eine sozial und politisch niedrigere Stellung zur Folge haben kann.

Diese wenig einladende Perspektive ist wahrscheinlich der Grund dafür, daß eine Reihe primitiver Agrargemeinschaften in Südwestchina, Indien und Mesopotamien, bei denen der Ackerbau auf Regenfall beruhte, sowie viele Jäger-, Fischer- und Hirtenstämme am Rande der hydraulischen Welt den Übergang nicht vollzogen. Die Schicksale derer, die die zweischneidige Chance ergriffen, waren sehr verschieden. Aber was auch immer ihr späteres Schicksal war, die Geschichte gab den meisten von ihnen die Möglichkeit einer echten Wahl. Der Mensch war in dieser Situation nicht das passive Werkzeug eines unwiderstehlichen Entwicklungsgesetzes, sondern ein mit unterscheidender Urteilskraft ausgestattetes Wesen, das an der Gestaltung seiner Zukunft einen aktiven Anteil nahm.

a. Wenn..., dann...

Unter sonst gleichen Bedingungen erfordert Bewässerungslandwirtschaft stets größere physische Anstrengungen als der auf Regenfall basierte Pflanzenbau. Aber in einem hydraulischen Milieu führt sie zu radikalen sozialen und politischen Umgestaltungen. Rein örtliche Wasserbauaufgaben, die die Felder einer Familie oder einiger benachbarter Familien betreffen, können von einzelnen, von Familien oder kleinen Gruppen von Familien bewältigt werden; und unter solchen Umständen sind umfangreiche organisatorische Maßnahmen überflüssig. Hydroagrikultur (auf kleindimensionaler Bewässerung beruhender Ackerbau) vermehrt die Lebensmittelerzeugung, aber sie bedarf nicht der Großformen der Arbeit und Gesellschaft, die für die hydraulische Agrikultur und die orientalische Despotie bezeichnend sind.

Solche Großformen entstehen erst, wenn eine Gemeinschaft von Bauern oder angehenden Bauern, die zu Experimenten bereit ist, große Wasservorräte in einem trocknen, aber latent fruchtbaren Gebiet vorfindet. Wenn die Bewässerungslandwirtschaft erfordert, daß größere Wassermengen gehandhabt werden, dann wird die spezifische Eigenschaft des Wassers, seine Tendenz, massenhaft zusammenzufließen, institutionell entscheidend. Große Wassermengen können nur durch massenhaften Einsatz von Arbeitskräften manipuliert und im Zaume gehalten werden. Dies bedingt die Koordinierung, Disziplinierung und Führung der beteiligten Personen. Wenn daher eine Anzahl Bauern trockne Ebenen landwirtschaftlich nutzbar machen wollen, dann sind sie gezwungen, organisatorische Methoden anzuwenden, die unter den Bedingungen einer vorindustriellen Technologie allein wirksam sind: Sie müssen mit vielen anderen zusammenarbeiten und sich einer führenden Autorität unterwerfen.

Auch in solchen Fällen ist die Geschichte nicht gradlinig und unentrinnbar verlaufen. Es gab erkannte Alternativen; und die Menschen, die sich ihnen gegenübersahen, waren imstande, eine echte Wahl zu treffen. Die Wahl war frei, aber nicht willkürlich: sie erfolgte im Rahmen einer beschränkten Anzahl erfolgversprechender Möglichkeiten.

Der Übergang zur hydraulischen Agrikultur oder die Ablehnung eines solchen Übergangs vollzog sich daher keineswegs ohne Ordnung oder Zielstrebigkeit. Die Entscheidungen folgten erkennbaren Umständen und Motiven und zeigten insofern erkennbare Regelmäßigkeiten. Doch bedeutete die Ähnlichkeit in der Ausgangssituation keine Ähnlichkeit in den Endergebnissen. Die Mehrheit aller Jäger, Fischer und Regenfall-Bauern, die die hydraulische Entwicklung ablehnten, sank zu geschichtlicher Belanglosigkeit herab. Aber einige Gruppen, die eine gemischte Wirtschaft mit wenig oder keiner Bewässerungslandwirtschaft betrieben, waren imstande, die Herren benachbarter hydraulischer Zivilisationen zu werden. Die Hirtenvölker betraten die geschichtliche Bühne verhältnismäßig spät und unter spezifischen geschichtlichen Verhältnissen. Oft behaupteten sie sich gegen Ackerbauern aller Art; und nicht selten führten ihre verwegenen Angriffe zu Eroberungen, die die politischen und sozialen Einrichtungen der unterworfenen Agrarkulturen gänzlich änderten.

Die auf Regenfall basierte Landwirtschaft erlangte große geschichtliche Bedeutung in bestimmten Gebieten des Westens, die sich speziell für solch eine Tätigkeit eigneten. Aber wo immer die örtlichen Verhältnisse und die internationalen Umstände die agrarmanagerialen Wirtschafts- und Herrschaftsformen begünstigten, übertrafen die Vertreter der hydraulischen Kultur ihre Nachbarn sowohl im friedlichen als auch im kriegerischen Wettbewerb.

Die Pioniere der hydraulischen Landwirtschaft waren sich dieser Auswirkungen ihrer Wahl ebensowenig bewußt wie diejenigen, die die auf Regenfall beruhende Agrikultur beibehielten. Einem erkannten Vorteil nachgehend, betraten sie die Bahn einer institutionellen Entwicklung, die in unvorhersehbarer Weise über den Ausgangspunkt hinausführte. Ihre Erben und Nachfahren schufen kolossale Staaten und Gesellschaften; aber sie bezahlten dafür einen hohen Preis. Sie verloren kostbare Freiheiten, um deren Erhaltung die konservativen Nonkonformisten sich mit wechselndem Erfolg bemühten.

b. Trockne, halbtrockne und feuchte Gebiete: Hypothetische Formen von Wechselwirkung und Entwicklung

Vorteile suchend, experimentierten Regenfall-Bauern mit Methoden der Hydroagrikultur, nicht nur in wüsten- oder steppenartigen, trocknen und halbtrocknen Ländereien, sondern auch in feuchten Gebieten, die sich für den Anbau nützlicher Wasserpflanzen, insbesondere Reis, eigneten.

Die ersten zwei Landschaftstypen umfassen zusammen beinahe zwei Fünftel[6], alle drei zusammen wahrscheinlich etwa zwei Drittel des Festlandes der Erde. Innerhalb dieser riesigen Zone spielten die drei Typen oft eine spezifische Rolle mit Bezug auf die Anfänge einer hydraulischen Ordnung. Auf einem größeren Gebiet, das alle drei Typen umfaßt, eignen sich die halbtrocknen Gegenden speziell für kleine und allmählich wachsende Wasserbauten. Die trocknen Gebiete bilden ein anziehendes Versuchsfeld für die dort gewonnenen Methoden. Schließlich ziehen die halbtrocknen und feuchten Gebiete weitere Vorteile aus der technischen und organisatorischen Erfahrung, die der Mensch im Kampf gegen die Wüste machte.

In dieser Folge mag sich die hydraulische Agrikultur in gewissen weit voneinander entfernten Gebieten entwickelt haben: im alten Mesopotamien, in Indien und im westlichen Teil Südamerikas. In homogen trocknen Gegenden und in vorwiegend halbtrocknen Landschaften mag der Fortgang anders gewesen sein.

In jedem einzelnen Falle beeinflußte das Vorhandensein von angrenzenden feuchten Gebieten die Entwicklung. In Ägypten scheinen Sammler, Jäger und Fischer den Ackerbau an den natürlich überschwemmten Ufern des Nils als eine Art von Nebenberuf betrieben zu haben. Für Zentralamerika[7] und

6. Widtsoe, 1926, S. 5.

7. Vor zwanzig Jahren erschien mir das Mexiko der Azteken, gleich dem Japan des Tokugawa-Zeitalters (1603–1868), als eine Feudalgesellschaft mit Kleinwasserbau (s. Wittfogel, 1932, S. 587 ff.). Zunehmende Bekanntschaft mit den Quellen und die neuesten Forschungsergebnisse mexikanischer Archäologen und Historiker (s. Armillas, 1948, S. 109; ders., 1951, S. 24 ff.; Palerm, 1952, S. 184 ff.) veranlaßten mich aber, das Kerngebiet des vorspanischen Mexiko als »hydraulisch« zu klassifizieren. Aus einer Arbeit Palerms, die eine Fundgrube geschichtlicher Daten über Berieselung im vor- und frühspanischen Mexiko ist, zitiere ich folgende Stelle:

»4. Die meisten Bewässerungssysteme scheinen von nur örtlicher Bedeutung gewesen zu sein, und sie erforderten keine großen hydraulischen Anlagen. Es wurden jedoch wichtige hydraulische Unternehmen im Tal von Mexiko ausgeführt, und konzentrierte Formen von Bewässerung können für die Quellgebiete der Flüsse Tula, Lerma und Atlixco und das angrenzende Gebiet von Colima-Jalisco festgestellt werden.

5. Die wichtigsten konzentrierten Bewässerungsanlagen decken sich im allgemeinen mit der größten Bevölkerungsdichte, mit der Verteilung der wichtigsten städtischen Zentren und mit den Mittelpunkten politischer Macht und militärischer Expansion.« (Palerm, 1954, S. 71.)

China schließe ich die Möglichkeit äußerer Einflüsse von Südamerika, bzw. Inner- oder Südasien nicht aus, doch muß solch ein äußerer Einfluß nicht unbedingt angenommen werden. Falls er stattfand, konnte er nur deshalb wirksam werden, weil die Regenfall-Bauern in den beeinflußten Gebieten bereit und imstande waren, sich die neuen Arbeits- und Organisationsformen anzueignen.

Im alten China kam es zu bemerkenswerten Wechselbeziehungen zwischen dem halbtrocknen Norden und dem Reis erzeugenden feuchten Süden. Am Jangtse gab es verhältnismäßig früh hydraulische Entwicklungen, möglicherweise unter dem Einfluß der Reiskultur Südostasiens. Aber es war der halb-

Wie weit können wir hydraulische Unternehmungen in der Geschichte Mittelamerikas zurückverfolgen? Armillas nimmt an, daß der große kulturelle Fortschritt in der Hohokam-Zivilisation Arizonas (500–900 n. Chr.) wahrscheinlich dem archäologisch belegten Bau von Bewässerungskanälen zuzuschreiben ist. Und da die archäologischen Funde auf Beziehungen zwischen Hohokam und Zentralamerika schließen lassen, meint er, daß »derselbe Faktor die kulturelle Entwicklung in gewissen zeitgenössischen Gebieten des westlichen Zentralamerika bedingt haben mag« (Armillas, 1948, S. 107). Die Hohokam-Kultur fällt zeitlich zusammen mit der zweiten Hälfte der »klassischen« Periode der zentralamerikanischen Geschichte, die im mexikanischen Seengebiet wahrscheinlich im ersten Jahrhundert des ersten Jahrtausends n. Chr. begann. Armillas' Annahme wird unterstützt durch eine historische Pollenuntersuchung, die nachweist, daß dieses Gebiet wahrscheinlich im spätarchaischen Zeitalter trockner wurde (Sears, 1951, S. 59 ff.). Palerm glaubt, daß diese klimatische Änderung »das Entstehen oder die Zunahme der Bewässerung« in Zentralamerika verursacht haben mag (Palerm, 1955, S. 35).

Zunehmende Trockenheit könnte in der Tat das Erscheinen konzentrierter Bevölkerungsmassen und die Ausbreitung monumentaler Bauten in Zentralamerika erklären. Was wir jedoch über die klimatischen Verhältnisse des nacheiszeitlichen Europas wissen, dürfte uns vor der Gefahr einer Überbewertung der Bedeutung der Searschen Entdeckung warnen, so bedeutsam sie auch sein mag. Die Ausbreitung der monumentalen Bauten in Zentralamerika während des angehenden ersten Jahrtausends n. Chr. hängt vielleicht mit der durch abnehmenden Regenfall angeregten Zunahme der Bewässerung zusammen. Dies bedeutet aber nicht, daß vor der »klassischen« Periode die Niederschläge regelmäßig genug waren, um Bewässerung überflüssig erscheinen zu lassen. Tatsächlich lassen die jüngsten Ausgrabungen von A. Palerm und E. Wolf vermuten, daß im mexikanischen Seengebiet bereits um die Mitte des ersten Jahrtausends v. Chr. hydraulische Arbeiten durchgeführt wurden.

Andere Untersuchungen dieser zwei Ethnologen implizieren ein verhältnismäßig spätes Datum für die hydraulischen Großbauten im Staate Texcoco, einem Staate, der bei der Ankunft der Spanier an Bedeutung lediglich dem Staate Mexiko nachstand. Doch schließt die Annahme einer späten hydraulischen Entwicklung in Texcoco natürlich ein früheres Vorkommen hydraulischer Tätigkeiten in anderen Teilen des Seengebiets keineswegs aus. Vielmehr legen die uns bekannten Tatsachen die Vermutung nahe, daß Texcoco sich von einer peripheren zu einer zentralen Stellung in der hydraulischen Ordnung Altmexikos entwickelt hat. (Für das Problem der zu- und abnehmenden hydraulischen Dichtigkeit s. unten, Kap. 6.)

trockne Norden, der während einer langen geschichtlichen Periode das herrschende Zentrum der Macht und des kulturellen Fortschritts in Ostasien bildete. In Indien scheinen die trocknen, halbtrocknen und feuchten Gebiete des Nordens früher eine dominierende Stellung erreicht zu haben als das extrem feuchte Bengalen.

Die hier angedeuteten möglichen Reihenfolgen historischer Entwicklung sind Hypothesen, von deren Verifizierung die Gültigkeit der Analyse der Struktur der hydraulischen Gesellschaft unabhängig ist. Ich erwähne sie, weil unsere gegenwärtigen archäologischen und prähistorischen Kenntnisse eine dynamische Wechselwirkung zwischen den verschiedenen Subtypen größerer hydraulischer Landschaften nahelegen.

ZWEITES KAPITEL

Die hydraulische Ökonomie – eine staatlich-
manageriale und daher wahrhaft politische Ökonomie

Von den charakteristischen Merkmalen der hydraulischen Wirtschaft haben drei überragende Bedeutung. Erstens bedingt die hydraulische Agrikultur eine eigentümliche Form der Arbeitsteilung. Zweitens steigert sie den landwirtschaftlichen Ertrag. Drittens macht sie Zusammenarbeit in großem Maßstabe notwendig. Das dritte Merkmal wurde in mehreren Schriften über die orientalische Landwirtschaft geschildert, das zweite wurde häufig erwähnt, aber selten erforscht; und das erste fand so gut wie keine Beachtung. Diese Vernachlässigung ist besonders bedauerlich, weil die hydraulischen Formen der Organisation und Tätigkeit für die manageriale Stellung des Staates von ausschlaggebender Bedeutung sind.

Die Nationalökonomen sind sich einig, daß Arbeitsteilung und Zusammenarbeit (Kooperation) wesentliche Vorbedingungen für die moderne Industrie sind, aber sie glauben, daß diese Verfahrensweisen in der Landwirtschaft so gut wie keine Rolle spielen [1]. Sie berücksichtigen dabei lediglich die Verhältnisse in der auf Regenfall basierten Agrikultur des Westens. Für diese trifft ihre Ansicht im großen und ganzen wirklich zu.

In der Regel beschränken die Nationalökonomen ihre These nicht auf den Westen. Sie sprechen ohne geographische oder institutionelle Vorbehalte von der Landwirtschaft schlechthin. Infolgedessen erwecken sie den Eindruck, als gelte der von ihnen vertretene Satz allgemein, d. h. für die hydraulische Landwirtschaft wie für die Hydroagrikultur und den auf Regenfall beruhenden Ackerbau. Eine vergleichende Untersuchung der Tatsachen zeigt, daß die herkömmliche These in dieser allgemeinen Fassung unrichtig ist.

---

1. Frühe Formulierungen dieser Ansicht finden sich bei Smith, 1937, S. 6; Mill, 1909, S. 131, 144; Marx, DK, I, S. 300, 322 ff. Moderne Nationalökonomen haben sie, mitunter sogar in schärferer Fassung, übernommen. Seligman (1914, S. 350) sagt: »Im unermeßlichen Bereich der landwirtschaftlichen Produktion ist die Möglichkeit der Arbeitszusammenfassung fast völlig ausgeschlossen.« Marshall (1946, S. 290) behauptet: »In der Landwirtschaft gibt es nicht viel Arbeitsteilung, und es findet dort keine Produktion in sehr großem Maßstabe statt.«

A. DIE ARBEITSTEILUNG IN DER
HYDRAULISCHEN LANDWIRTSCHAFT

I. VORBEREITUNGS- UND SCHUTZARBEITEN, DIE VON DER EIGENT-LICHEN LANDWIRTSCHAFTLICHEN TÄTIGKEIT GETRENNT SIND

Was sich von der modernen Industrie sagen läßt, nämlich daß in ihr die eigentliche Produktion erst durch verschiedene Vorbereitungs- und Schutzarbeiten möglich gemacht wird [2], gilt für die hydraulische Agrikultur seit ihrem Anbeginn. Vorbereitungs- und Schutzarbeiten sind wesentliche Eigentümlichkeiten der hydraulischen Agrikultur.

a. Großangelegte Vorbereitungsarbeiten zum Zwecke der Bewässerung

Bis zu einem gewissen Punkte ähneln die landwirtschaftlichen Arbeiten eines Bewässerungsbauern der Tätigkeit eines auf Regenfall angewiesenen Bauern. Die Wirksamkeit des ersteren umfaßt jedoch eine Reihe von Verrichtungen (z. B. die Herstellung kleiner Gräben und Dämme und das Bewässern), die dem Regenfall-Bauern erspart bleiben. Der Umfang dieser Verrichtungen läßt sich an der Tatsache ermessen, daß im herkömmlichen chinesischen Dorfe der Bauer oft 20 bis 50 Prozent seiner Arbeitszeit der Bewässerung widmen mußte und daß in vielen indischen Dörfern die Bewässerungsarbeit dem Bauern mehr Zeit kostet als irgendeine andere landwirtschaftliche Tätigkeit [3].

Hydroagrikultur (auf Kleinwasserbau beruhende Landwirtschaft) ist gekennzeichnet durch eine hohe Arbeitsintensität, mit der die berieselten – und häufig auch die nichtberieselten – Felder bestellt werden [4]. Sie setzt aber keine Arbeitsteilung auf kommunaler, regionaler oder nationaler Stufe voraus. Eine solche Arbeitsweise entsteht nur dort, wo es große Wasservorräte zu bewältigen gilt. Wo immer der Mensch in vorindustriellen Zivilisationen große Wassermassen eindeichte, aufstaute und verteilte, gliederte sich die Arbeit in vorbereitende (wasserzuführende) und abschließende feldbauliche Tätigkeiten.

2. Über den Begriff der »vorhergehenden oder vorbereitenden Arbeit« s. Mill, 1909, S. 29, 31. Die grundlegende Idee wurde bereits von Smith angedeutet. Im Rahmen seiner Ausführungen zur Frage der Teilung der für die Industrie notwendigen Arbeitsvorgänge erwähnte er die »Flachs- und Wolleproduzenten« und die Bergleute, denen die Versorgung mit Rohstoffen obliegt (Smith, 1937, S. 5 ff., 11), die Spinner und Weber, die sich mit der Herstellung der Fertigware beschäftigen (S. 6), und die Werkzeugmacher, die in ihrer Arbeit Elemente beider Verfahren vereinigen (S. 11). Mill (1909, S. 36 ff.) versteht unter »vorhergehender Arbeit« auch Tätigkeiten, die dem Schutz der eigentlichen industriellen Produktion dienen.

3. Wittfogel, 1956, S. 157.

4 Ders., 1931, S. 312, 424, 337—344; ders., 1956, S. 158.

Aber die Maßnahmen gegen die unheilvollen Konsequenzen von zu wenig Wasser gehen oft Hand in Hand mit der Notwendigkeit, die nicht minder unheilvollen Konsequenzen von zu viel Wasser zu bekämpfen. Die latent ertragreichsten hydraulischen Ländereien sind zumeist trockene und halbtrockene Ebenen sowie für den Anbau von Wasserpflanzen (z. B. Reis) geeignete Gebiete, denen Wasser aus erreichbaren Flüssen zugeführt werden kann. Diese Flüsse entspringen gewöhnlich in entlegenen Bergen, und sie schwellen beträchtlich an, wenn die Frühlingssonne den Schnee in den Quellengebieten zum Schmelzen bringt.

Derartige Schneeschmelzen verursachen alljährliche Überschwemmungen in Ägypten, Mesopotamien, Turkestan, Indien, China, Mexiko und den Küstengebieten der Anden. In halbtrockenen Gebieten können örtliche Niederschläge zusätzliche Gefahren erzeugen, wenn sie übermäßig konzentriert oder unregelmäßig sind. Eine solche Regenverteilung ist charakteristisch für Nordchina, Nordmesopotamien (Assyrien) und das mexikanische Seengebiet. Unter solchen Umständen ist ein hydraulisches Gemeinwesen, das vorbereitende Arbeiten zur Sicherstellung einer hinreichenden Bewässerung unternimmt, gezwungen, zugleich vorbereitende Arbeiten zum Schutz gegen periodische und übermäßige Überschwemmungen zu verrichten.

Als in frühgeschichtlichen Zeiten die Chinesen begannen, die ausgedehnten Ebenen Nordchinas urbar zu machen, erkannten sie bald, daß die Zentren der größten latenten Fruchtbarkeit zugleich die Zentren größtmöglicher periodischer Flutkatastrophen waren. John Lossing Buck drückte diese Tatsache folgendermaßen aus: »Geologisch betrachtet, hat sich der Mensch in diesen Ebenen Jahrtausende zu früh niedergelassen...«[5] So bauten die Chinesen kolossale Dämme, die zwar nicht das aus ihrer problematischen Lage entspringende Risiko beseitigen konnten, die aber die vorbereitenden wasserzuführenden Anlagen derselben Gegend an Ausdehnung weit übertrafen[6].

In Indien erwuchsen gewaltige Probleme der Wasserbeherrschung aus den periodischen Überschwemmungen des Indus[7] sowie in sehr einseitiger Weise aus den Besonderheiten des Ganges und Brahmaputra, die in Bengalen günstigste Bedingungen für den Reisanbau, zugleich aber auch größte Überschwemmungsgefahren für die Bevölkerung schaffen. Um 1900 waren in Bengalen die größeren Bewässerungskanäle nur 150 km lang, während sich die Deichanlagen über 2000 km erstreckten[8].

Im alten Mesopotamien konnten sogar die besten Regierungen nicht verhindern, daß Überschwemmungen gelegentlich die dicht bevölkerten Ebenen

5. Buck, 1937, S. 61.
6. S. Wittfogel, 1931, S. 253 ff., 261 ff., 267 ff.
7. Buckley, 1893, S. 10; vgl. Marshall, 1931, I, S. 6.
8. RRCAI, S. 359; vgl. Saha, 1930, S. 12.

heimsuchten [9]. In Turkestan bedrohten verheerende Überschwemmungen das Flußtal des Serafschan [10]. In Oberägypten steigt der Nil bei außerordentlichem Hochstand ein Meter über das Niveau des bewohnten Uferlandes, in Mittelägypten zwei und im Delta drei Meter [11]. Die Bewohner des mexikanischen Seengebiets erschlossen die Fruchtbarkeit seiner Ebenen, indem sie sich gegen die Überflutungen der kurzen, unregelmäßigen und schmalen Flüsse durch mancherlei Deichanlagen zu schützen suchten [12]. So werden in fast allen größeren hydraulischen Kulturen die vorbereitenden Arbeiten zum Zwecke der Bewässerung mit Abwehrmaßnahmen gegen Überschwemmungen verbunden, die oft riesige Dimensionen annehmen.

2. ZUSAMMENARBEIT (KOOPERATION)

Das Studium der hydraulischen Entwicklungen in China (vor allem: Nordchina), Indien, Turkestan, Mesopotamien (insbesondere: Assyrien), Ägypten oder Zentralamerika (namentlich das mexikanische Seengebiet) muß daher beide Aspekte der agrarhydraulischen Tätigkeit berücksichtigen. Nur wenn wir so vorgehen, dürfen wir hoffen, den Umfang und Charakter des beiden Tätigkeiten zugrunde liegenden Prinzips – der Zusammenarbeit – angemessen zu bestimmen.

a. Dimension

Wenn eine hydraulische Gesellschaft nur eine einzige Ortschaft umfaßt, können alle erwachsenen Männer zu einer oder ein paar Arbeitsgruppen vereinigt werden. Sich ändernde Bedürfnisse und Bedingungen modifizieren den Umfang der jeweils einzusetzenden Arbeitergruppen. In hydraulischen Ländern mit mehreren getrennten Wasserzufuhrquellen wird die Handhabung des Wassers von mehreren getrennten Gruppen durchgeführt.

Bei den Suks in Ostafrika »muß jeder Mann beim Bau der Gräben helfen« [13]. In fast allen Pueblos Neu Mexikos »ist die Bewässerung oder das Reinigen der Quellen eine Arbeit, die allen obliegt« [14]. Bei den Dschagganegern wird die Aufrechterhaltung eines verhältnismäßig entwickelten Bewässerungssystems durch »die Beteiligung des ganzen Volkes« an den Arbeiten gewährleistet [15]. Auf Bali müssen die Bauern Arbeitsdienst in ihrer regionalen, hydraulischen Einheit, dem Subak, verrichten [16]. Das gesamte Personal

9. S. Strabo, 16. 1. 10.
10. Wittfogel und Fêng, 1949, S. 661, Anm. 52.
11. Willcocks, 1904, S. 70.
12. S. Humboldt, 1811, II, S. 193 ff.
13. Beech, 1911, S. 15.
14. Parsons, 1939, I, S. 111.
15. Gutmann, 1909, S. 20.
16. Eck und Liefrinck, 1876, S. 228 ff.

der sumerischen Tempel, die bedeutsame wirtschaftliche Einheiten darstellten, hatte sich »beim Graben und Reinigen von Kanälen... an den Fronarbeiten zu beteiligen« [17]. In den meisten Inschriften aus dem Ägypten der Pharaonen wird eine solche Arbeitsweise als selbstverständlich vorausgesetzt; und nur gelegentlich enthalten die Texte Einzelheiten über den Charakter der allgemein geforderten Tätigkeiten, vor allem über den Transport von Materialien und über Grabarbeiten [18].

Im kaiserlichen China mußten alle nicht privilegierten Familien auf Verlangen Arbeitskräfte für hydraulische und sonstige öffentliche Arbeiten stellen. Das politische und juristische Schrifttum Indiens berichtet von ähnlichen Verpflichtungen über den Frondienst [19]. Die Gesetze des Inkareiches verlangten von allen gesunden Männern Fronarbeit [20]. Im alten Mexiko wurden alle jungen Leute, auch die der Oberklasse, in der Kunst des Grabens und Deichbaus unterwiesen [21]. Zuzeiten mobilisierten die Herren dieses hydraulischen Gebiets alle Männer mehrerer Territorialstaaten zur Ausführung riesiger hydraulischer Unternehmen [22].

In Ägypten arbeitete im neunzehnten Jahrhundert »die ganze zum Frondienst verpflichtete Bevölkerung« an Mehemed Alis hydraulischen Anlagen in vier aus enormen Menschenmassen bestehenden Schichten. Jede Gruppe fronte fünfundvierzig Tage lang an den Kanälen, so daß die Gesamtarbeit in 180 Tagen durchgeführt wurde [23]. Seit 1881, in einer Zeit des Verfalls und der Zersetzung »lastete das volle Gewicht der Fronarbeit ausschließlich auf den ärmsten Klassen«. Die zahlenmäßige Verminderung der Dienstverpflichteten wurde dadurch wettgemacht, daß man die Arbeitszeit bis zu neunzig Tagen hinaufsetzte; in einigen Gegenden wurden die eingezogenen Arbeiter 180 Tage lang beschäftigt [24].

b. Integration

Geregelte Zusammenarbeit erheischt planmäßige Integration. Eine solche Integration ist vor allem dann unumgänglich, wenn große Projekte den Einsatz großer Menschenmassen nötig machen.

Die meisten Autoren, die diesem Phänomen ihre Aufmerksamkeit widmen, denken vorwiegend an Tätigkeiten wie Graben, Ausbaggern und Deichbau; und die hiermit verbundenen organisatorischen Aufgaben sind in der Tat be-

17. Deimel, 1928, S. 34; ders., 1931, S. 83.
18. Sethe, 1912, S. 710 ff.
19. S. *Arthaçāstra*, S. 60, 62, 146, 576.
20. Blas Valeras = Garcilaso, 1945, I, S. 245.
21. Sahagun, 1938, I, S. 292, 296.
22. Ramirez, 1944, S. 52, 75; Tezozomoc, 1944, S. 381, 385.
23. Willcocks, 1889, S. 274.
24. *A. a. O.*, S. 279.

trächtlich. Die Planer eines größeren hydraulischen Unternehmens stehen jedoch komplizierteren Problemen gegenüber. Wieviel Arbeitskräfte braucht man und wo soll man sie hernehmen? Auf der Grundlage vorher angefertigter Register müssen die Planer die Kontingente sowie die Maßstäbe für die Aushebung bestimmen. Der Auswahl folgt die Benachrichtigung und dieser die Mobilisierung. Die versammelten Gruppen gehen häufig in halbmilitärischen Kolonnen zur Arbeit. Wenn sie ihren Bestimmungsort erreicht haben, werden die Gemeinen der hydraulischen Armee zu den üblichen Einzelaufgaben, wie Graben, Schlammtransport u. ä. eingeteilt. Wenn Rohstoffe wie Stroh, Reisigbündel, Baumstämme oder Steine herbeigeschafft werden müssen, werden entsprechende Hilfsverrichtungen organisiert, und wenn die Arbeiter mit Nahrungsmitteln und Getränken zu versorgen sind, gilt es weitere Probleme der Beschaffung, Zufuhr und Verteilung zu lösen. Selbst die einfachste Form eines hydraulischen Unternehmens verlangt ein erhebliches Maß von Koordinierung. Umfassende Aufgaben benötigen umfassende und vielschichtige organisatorische Planung.

c. Führung

Zusammenarbeit ist nicht ohne Führung möglich. Die Arbeit großer koordinierter Gruppen erfordert Leiter und Aufseher, die an Ort und Stelle sein müssen, sowie Organisatoren und Planer, die das ganze Unternehmen überwachen. Bei den hydraulischen Großarbeiten finden sich beide Arten von Führern. Der Werkmeister leistet gewöhnlich keine körperliche Arbeit. Abgesehen von einigen technischen Spezialisten sind die Feldwebel und Offiziere der Arbeitsarmee im wesentlichen Organisatoren.

Allerdings fehlt das körperliche Element – Strafandrohung und Zwang einbegriffen – nie, aber hier mehr als sonstwo sind Erfahrung und Voraussicht entscheidend. Die Umsicht, Wendigkeit und organisatorische Fähigkeit des obersten Leiters und seiner Helfer sind ausschlaggebend für die Einleitung, Durchführung und Aufrechterhaltung der großen Werke der hydraulischen Wirtschaft.

d. Hydraulische Führung – politische Führung

Die wirksame Durchführung der hydraulischen Aufgaben eines Landes verlangt ein organisatorisches Geflecht, das die Einwohnerschaft des ganzen Gebiets oder wenigstens diejenige des dynamischen Kerns umfaßt. Wer immer die Fäden dieses Geflechts in seiner Hand hält, hat eine einzigartige Chance, sich der höchsten politischen Gewalt zu bemächtigen.

Vom Standpunkt des geschichtlichen Endergebnisses gesehen, ist es gleichgültig, ob die Herren einer hydraulischen Regierung ursprünglich zivile oder militärische Führer, Priester, Häuptlinge mit priesterlichen Befugnissen oder hydraulische Funktionäre waren. Bei den Dschagganegern gab man das Signal zum Frondienst mit dem nämlichen Horn, das herkömmlicherweise die Stammesmitglieder zum Kriegsdienst aufrief [25]. Bei den Pueblo-Indianern obliegt die Leitung der Gemeinschaftsarbeiten den Kriegshäuptlingen, die dem obersten Häuptling, dem *cacique*, unterstehen [26]. Die ältesten hydraulischen Stadtstaaten Mesopotamiens scheinen größtenteils von Priester-Königen regiert worden zu sein. In China soll der sagenhafte Wegbereiter des staatlichen Wasserbaus, der Große Yü, ein hoher hydraulischer Funktionär, schließlich König geworden sein. Den frühgeschichtlichen Überlieferungen zufolge wurde er der Gründer der ersten erblichen Dynastie, Hsia.

Ganz gleich jedoch, ob ursprünglich nichthydraulische Führer den anderweitig geschaffenen jungen hydraulischen »Apparat« an sich rissen, oder ob die Herren eines wachsenden hydraulischen Apparats sich, als ihre manageriale Macht zunahm, der sonstigen öffentlichen Funktionen bemächtigten [27], in jedem Falle wurde das Regime entscheidend beeinflußt von den organisatorischen Prinzipien, die sich beim Entstehen der hydraulischen Agrikultur herausbildeten.

B. »SCHWERWASSERBAUTEN« UND SCHWERINDUSTRIE

In ihrer Betriebsform weist die hydraulische Agrikultur gewisse Ähnlichkeiten mit der Schwerindustrie auf. Beide Arten wirtschaftlicher Tätigkeit dienen der Vorbereitung auf die eigentliche Produktion. Beide beliefern die Arbeiter mit notwendigem Material für die Produktion. Beide sind überdies ihrer Tendenz nach gewichtig, »schwer«. Aus diesen Gründen kann man die großen Unternehmen der hydraulischen Agrikultur als »Schwerwasserbauten« bezeichnen.

Hand in Hand mit den offensichtlichen Ähnlichkeiten gehen jedoch ebenso offensichtliche Unterschiede. »Schwerwasserbauten« versehen den landwirtschaftlichen Produzenten mit einem wesentlichen Hilfsstoff, nämlich mit Was-

25. Gutmann, 1926, S. 369, 374.

26. Parsons, 1939, I, S. 124–126; Wittfogel und Goldfrank, 1943, S. 29.

27. Rüstow, der im allgemeinen Kerns Ansicht über die enge Beziehung zwischen großdimensionaler staatlicher Wasserbeherrschung und dem despotischen Charakter des zentralisierten Staates im alten Ägypten und in Mesopotamien teilt, nimmt an, daß in diesen Gebieten nomadische Eroberer die hydraulischen Anlagen erst entwickelten, *nachdem* sie ihre Eroberungsreiche gegründet hatten (Rüstow, OG, I, S. 306).

In gewissen Fällen mögen in der Tat militärisch disziplinierte Eroberervölker hydraulische Regierungen geschaffen haben. Die Pueblo-Indianer, die Dschagga und die Hawaiier zeigen jedoch, daß solche Regierungen durchaus endogen sein können. Die ethnologischen und historischen Daten nötigen uns, mehr als eine Form des Ursprunges hydraulischer Gesellschaften anzunehmen.

ser; die Schwerindustrie erzeugt vielerlei Hilfs- und Rohstoffe sowie Werkzeuge für die Fertigwaren- und Großindustrie. Schwerwasserbauten sind Anlagen, die dem Schutze ganzer Landesteile dienen. Die Schutzeinrichtungen (Gebäude usw.) der Industrie tun dies natürlich nicht. Schwerwasserbauten erstrecken sich von Anfang an über einen großen Raum, und mit ihrer Entwicklung wächst ihr Umfang. Die Arbeitsvorgänge in der Schwerindustrie sind dagegen räumlich beschränkt. Im Anfang, und namentlich für gewisse vorbereitende Prozesse, können sie sich mit kleinen und verstreuten Werkstätten begnügen; und erst mit dem Aufkommen einer industriellen Gesellschaftsordnung entsteht die Tendenz zur Verschmelzung in einem oder einigen größeren Werken.

Der Charakter des jeweiligen Personalbestandes ist nach Maßgabe dieser räumlichen und operativen Unterschiede wesentlich verschieden. Die Instandhaltung der weiträumigen Schwerwasserbauten erfordert ein Personal, das über große Entfernungen verteilt ist, während die Arbeiter der Schwerindustrie auf verhältnismäßig engen Räumen tätig sind. Die hydraulischen Arbeitskräfte sind im wesentlichen Bauern, die in weit verstreuten Dörfern ihren Wohnsitz haben; die industriellen Arbeiter dagegen wohnen vorzugsweise in der Nähe ihrer Bergwerke oder Fabriken.

Die Masse der hydraulischen Arbeiter wird in den meisten Fällen nur für eine verhältnismäßig kurze Zeit mobilisiert, im günstigsten Falle für ein paar Tage, und selbst im ungünstigsten Falle für eine begrenzte Frist, so daß den Bauern Zeit für die Erfüllung ihrer eigentlichen landwirtschaftlichen Aufgaben bleibt. Infolgedessen entspricht der argrarhydraulischen Teilung der Arbeit keine analoge Verteilung der Arbeiter auf die verschiedenen Arbeitsphasen.

Der Unterschied zur Schwerindustrie ist gerade in dieser Hinsicht offenkundig. Während die Schaffung und Instandhaltung der Schwerwasserbauten nur einen Teil des Jahres beansprucht, ist die Schwerindustrie am wirksamsten, wenn ununterbrochen gearbeitet wird. Die Industrieunternehmer beschäftigten ihre Belegschaft vorzugsweise während des ganzen Jahres. Mit der Ausreifung der industriellen Wirtschaftsordnung wurde dies die Regel. Demgemäß führte die fortschreitende Teilung der industriellen Arbeit zu einer immer weitergehenden Verteilung der Arbeiter auf die unterschiedlichen Arbeitsprozesse.

Den verschiedenartigen Arbeitsordnungen entspricht eine verschiedenartige Leitung. Die modernen industriellen Betriebe werden vorwiegend von Privateigentümern oder Managern dirigiert. Die Schwerwasserbauten der hydraulischen Gesellschaft sind im wesentlichen Staatsunternehmen. In dieser Gesellschaft unterhält die Regierung auch andere Großunternehmen, die in wechselnden Verbindungen die eigentliche agrarhydraulische Wirtschaft ergänzen.

Unter den geistigen Aufgaben, die den Leitern der hydraulischen Arbeiten obliegen, sind einige nur indirekt mit der organisatorischen Erfassung von Menschen und Materialien verbunden; trotzdem ist die Beziehung bemerkenswert. Eine richtige Zeitbestimmung und ein zuverlässiger Kalender sind wesentlich für den Erfolg jeder hydraulischen Wirtschaft; und unter gewissen Umständen können sie sogar lebenswichtig werden [28]. Die Art, in der man diese Aufgaben bewältigt, ist sowohl für die politische wie für die kulturelle Entwicklung der hydraulischen Gesellschaft bedeutsam.

In allen Formen extraktiver Wirtschaft, und namentlich in der Agrikultur, beobachtet der Mensch den Wechsel der Jahreszeiten. Doch gibt er sich zumeist zufrieden, allgemein zu ermitteln, wann der Frühling oder der Sommer beginnt, wann die Kälte hereinbricht, und wann es regnen oder schneien wird. In hydraulischen Kulturen sind aber solche allgemeine Bestimmungen nicht ausreichend. In völlig trocknen Gebieten ist es lebenswichtig, vorbereitet zu sein auf das Anschwellen der Flüsse, das bei richtigem Verhalten Fruchtbarkeit und Leben bringt, das aber, wenn man die Fluten nicht zügelt, Vernichtung und Tod zurückläßt. Die Deiche müssen zur rechten Zeit ausgebessert werden, damit sie dem Hochwasser standhalten; und die Kanäle müssen gereinigt werden, damit das Wasser angemessen verteilt werden kann. Ein zuverlässiger Kalender ist nicht weniger wichtig in halbtrocknen Gebieten, wo der Niederschlag ungenügend oder unregelmäßig ist. Nur wenn die Dämme, Gräben und Staubecken sich in gutem Zustande befinden, können die spärlichen Niederschläge voll genutzt werden.

Die Notwendigkeit, die periodisch überschwemmten Felder neu zu verteilen und den Umfang der hydraulischen und sonstigen Großarbeiten zu bestimmen, bot eine fortwährende Anregung für die Entwicklung von Geometrie und Arithmetik. Herodot leitete die Anfänge der Geometrie in Ägypten aus der alljährlich vorzunehmenden Messung der überschwemmten Felder her [29].

Ganz gleich ob die ersten wissenschaftlichen Schritte in dieser Richtung im Niltal oder in Mesopotamien erfolgten, die grundlegende Beziehung ist sehr einleuchtend. Die Pioniere und Herren der hydraulischen Gesellschaft waren offenbar einzigartig qualifiziert für die Entwicklung zweier großer miteinander verbundener Wissenschaften, der Astronomie und Mathematik.

In der Regel lagen die Aufgaben der Zeitberechnung und des wissenschaftlichen Zählens und Messens in den Händen von Staatsbeamten oder von

28. Vgl. Wittfogel, 1931, S. 456 ff., 680 ff.; *ders.*, 1938, S. 98 ff.; Wittfogel und Fêng, 1949, S. 123, 467.

29. Herodot, 2. 109.

geistlichen oder weltlichen Fachleuten, die mit dem hydraulischen Regime verbunden waren. Diese mathematischen und astronomischen Tätigkeiten, die vom Nimbus der Magie und Astrologie umgeben und eifersüchtig geheim gehalten wurden, trugen entscheidend zur Wirksamkeit der hydraulischen Produktion – und zur Festigung der Macht der hydraulischen Oberschicht bei.

D. WEITERE IN HYDRAULISCHEN GESELLSCHAFTEN ÜBLICHE BAUARBEITEN

Die Herren des hydraulischen Staates beschränkten ihre managerialen Bemühungen nicht auf die Agrikultur. Es lag nahe, die Methoden der Zusammenarbeit, die so wichtig für die landwirtschaftliche Erzeugung waren, auf andere Großaufgaben anzuwenden.

Im allgemeinen ist der Bewässerungskanal älter als der Schiffahrtskanal, für den er gewöhnlich das Vorbild darstellte. Ehe man Straßen für den Verkehr baute, errichtete man Deiche und Dämme für agrarhydraulische Zwecke. Häufig wurden schon neue Tätigkeitsgebiete erschlossen, ehe die grundlegenden Operationen zur vollen Reife gediehen waren. Unterschiedliche Ortsverhältnisse begünstigten unterschiedliche Entwicklungen. So entstanden im Rahmen dieser Möglichkeiten vielerlei Bautätigkeiten, die weit über die Sphäre der hydraulischen Agrikultur hinausgingen [30].

I. NICHTAGRARISCHE HYDRAULISCHE BAUTEN

a. Aquädukte und Staubecken für Trinkwasser

Eine Gemeinschaft, die imstande ist, Wasser zum Zwecke der Berieselung herbeizuschaffen, kann ihre hydraulischen Kenntnisse ohne große Schwierigkeiten auf die Trinkwasserversorgung anwenden. Großarbeiten für diesen Zweck erübrigten sich durchweg im mittelalterlichen Europa, wo die jährlichen Nie-

30. Lesern, die sich für die technischen und organisatorischen Einzelheiten einer bedeutenden hydraulischen Gesellschaftsordnung interessieren, empfehle ich Willcocks' klassische Darstellung der Bewässerung und Flußregulierung im Ägypten des 19. Jahrhunderts (Willcocks, 1889, *passim*). Eine umfassende Übersicht über die hydraulischen Verhältnisse im Indien des ausgehenden 19. Jahrhunderts bietet der Bericht der *Indian Irrigation Commission* (RRCAI). In meinem Buche *Wirtschaft und Gesellschaft Chinas* habe ich systematisch die ökologischen Grundlagen und die Hauptzüge der herkömmlichen hydraulischen Ordnung Chinas analysiert (Wittfogel, 1931, S. 61–93, 188–300, 410–456). Heute besitzen wir einen detaillierten archäologischen Bericht über die langfristige Entwicklung hydraulischer und anderer Bauten für ein beschränktes, aber offenbar repräsentatives Gebiet, das Virútal in Peru (s. Willey, 1953, S. 344–389).

derschlagsmengen genügend Grundwasser für die Brunnen lieferten, aus denen die meisten Städte ihren Wasserbedarf deckten[31].

Sogar in der hydraulischen Welt stellt die Trinkwasserbeschaffung nicht immer ein Problem dar. Überall dort, wo Quellen und Flüsse genug Wasser enthalten, um den Trinkwasserbedarf der Bevölkerung das ganze Jahr hindurch zu decken, bestehen keine größeren Schwierigkeiten. In den Flußtälern des Nils und des Ganges und in vielen ähnlichen Gebieten erübrigte sich aus diesem Grunde der Bau weitausgedehnter Wasserleitungen.

In vielen hydraulischen Landschaften hat aber der unregelmäßige Wasserstand der Flüsse und der verhältnismäßig leichte Zugang zu frischem Gebirgswasser den Bau umfangreicher Einrichtungen angeregt, Trinkwasser aufzustauen und zu verteilen. Die hydraulischen Kulturen in Süd- und Zentralamerika schufen große Aquädukte[32]. Die Staubecken Südindiens dienen zwar häufig mehrfachen Zwecken, aber in der Nähe der großen Bevölkerungszentren steht die Versorgung mit Trinkwasser meist an erster Stelle. In einigen Gebieten des Nahen Ostens wie Syrien und Assyrien wurden viele berühmte Städte, z. B. Tyr[33], Antiochien[34] und Ninive[35] durch mustergültige Aquädukte mit Wasser versehen. In der westlichen Welt mit ihrer auf Regenfall beruhenden Agrikultur finden wir Aquädukte fast ausschließlich im Mittelmeergebiet. Sie wurden zumeist von Griechen und Römern gebaut, die ihre Trinkwasserprobleme unabhängig von äußeren Anregungen hätten lösen können, die jedoch seit vorgeschichtlichen Zeiten die Nachbarn und Schüler technisch weiter fortgeschrittener Länder Westasiens und Nordafrikas waren. Die Form, in der sie ihre Aufgabe bewältigten, macht eine direkte Beeinflussung durch die orientalische Bautechnik wahrscheinlich[36].

b. Schiffahrtskanäle

Von allen großen geschichtlichen Agrargesellschaften hat nur die hydraulische Gesellschaft Schiffahrtskanäle in beachtlichem Maße hervorgebracht. Die griechischen Seefahrer benutzten das Mittelmeer als ihre Verkehrsstraße; dies half ihnen ein Problem zu umgehen, zu dessen Bewältigung sie ohnehin nur mangelhaft ausgerüstet waren. Die nicht sehr zahlreichen römischen Kanäle wurden offenbar zu einer Zeit geschaffen, als mit der fortschreitenden

---

31. Reed, 1937, S. 373; Robins, 1946, S. 91 ff., 129 ff.

32. Für Palenque s. Stephens, ITCA, II, S. 321, 344; für das aztekische Mexiko s. Tezozomoc, 1944, S. 23, 379 ff., und Chimalpahin Quauhtlehuanitzin, S. 117, 128.

33. Vgl. Pietschmann, 1889, S. 70.

34. Vgl. Cahen, 1940, S. 132.

35. Jacobsen und Lloyd, 1935, S. 31; Luckenbill, AR, II, S. 150; vgl. Olmstead, 1923, S. 332, und Thompson und Hutchinson, 1929, S. 129 ff.

36. S. unten, Kap. 6.

Orientalisierung des Regierungsapparats auch das Interesse für jede Art öffentlicher Bautätigkeit zunahm [37].

Die Regenfall-Bauern des mittelalterlichen Europas, wie ihre Kollegen anderenorts, hielten sich möglichst fern von den sumpfigen Flußtälern; und ihre feudalen Herren schenkten dem Zustand der nutzlosen Wasserläufe so gut wie keine Aufmerksamkeit. Noch weniger dachten sie daran, künstliche Flüsse – Kanäle – zu bauen. Im Mittelalter wurde kaum ein einziger wichtiger Kanal geschaffen [38]; und der elende Zustand der schiffbaren Flüsse machte es schwer, sie für Handel und Verkehr zu benutzen [39].

Erst mit dem Aufkommen eines von der Regierung geförderten kommerziellen und industriellen Kapitalismus begann man sich im Westen ernsthaft mit dem Bau von Kanälen zu befassen. Der »Pionier der Kanäle des modernen Europas«, der französische Canal du Midi, wurde erst in der zweiten Hälfte des Jahres 1681 vollendet [40], d. h. ungefähr ein Jahrhundert vor dem Zusammenbruch des Absolutismus. Im klassischen Lande der Binnenschiffahrt, England [41], wurden »bis zur Mitte des 18. Jahrhunderts« [42] – d. h. bis zum Ende des englischen Absolutismus und zum Vorabend des Maschinenzeitalters – wenig Kanäle gebaut.

Wie wir bereits oben feststellten, standen die hydraulischen Völker der Frage der natürlichen und künstlichen Wasserwege ganz anders gegenüber. Die Bevölkerung schob sich so nahe wie möglich an die Fruchtbarkeit spendenden Flüsse heran. Sie mußte daher Mittel finden, die Sümpfe in den Tiefebenen zu dränieren und die Flußufer zu befestigen und umzugestalten. Natürlich gab es nicht überall ein Binnenschiffahrtsproblem; die vorhandenen Flüsse mochten sich für Bewässerungszwecke, nicht aber für die Schiffahrt eignen (bei den Pueblo-Indianern, den Dschagga und im Hochland von Peru); bisweilen machte der Ozean, der dem Verkehr diente, die Anlage künstlicher Wasserstraßen überflüssig (Hawaii, in der Küstenzone Perus). In einigen Gegenden bediente sich die Binnenschiffahrt der regulierten Flüsse (Ägypten, Indien) und Seen (Mexiko) oder derjenigen Kanäle, die groß genug waren, um von Booten befahren zu werden (Mesopotamien).

Wenn aber ergänzende Wasserwege für Verkehrszwecke möglich und erwünscht waren, wurde es den Organisatoren der agrarhydraulischen Anlagen leicht, sie durch ihren schon vorhandenen »Apparat« auch zu schaffen. Die neuen Kanäle konnten mitunter auch nur die bereits bestehenden Kanäle ergänzen. Die alten Ägypter bauten Kanäle, um nichtschiffbare Strom-

37. Heichelheim, 1938, S. 728; s. auch unten, Kap. 7.
38. Williams, 1910, S. 168; vgl. Sombart, 1919, I, S. 396, und II, S. 252.
39. Kulischer, AW, II, S. 381 ff.
40. Williams, 1910, S. 168.
41. Sombart, 1919, II, S. 251.
42. Williams, 1910, S. 168.

schnellen zu umgehen; und zweitweilig verbanden sie den Nil und das Rote Meer durch einen Kanal[43]; aber im Gesamtgefüge der hydraulischen Wirtschaftsordnung spielten diese Unternehmen nur eine untergeordnete Rolle. In anderen Fällen gewannen die Schiffahrtskanäle eine große Bedeutung. Dies geschah, wenn sie wesentliche Bedürfnisse der Herren des hydraulischen Staates befriedigten, namentlich wenn sie dem Transport des überschüssigen Getreides nach den Regierungszentren und dem Verkehr von Boten, Beamten und Soldaten dienten.

In Thailand (Siam) überschnitten sich die verschiedenartigen hydraulischen Aufgaben. Über die produktiven und Schutz gewährenden Wasserbauanlagen hinaus schuf die Regierung in den Kerngebieten der Reiserzeugung und der politischen Macht mehrere Kanäle, die im wesentlichen als »Wasserstraßen« zur Beförderung des Reisüberschusses in die Hauptstadt fungierten[44].

Die Entwicklung in China kennen wir besonders gut. In den großen Ebenen Nordchinas gab es Schiffahrtskanäle bereits im Zeitalter der Territorialstaaten, d. h. vor 221 v. Chr., als die Beamten der verschiedenen regionalen Regierungen mit dem Ertrag von Dienstland bezahlt wurden. Der Unterschied zwischen dem System der Landzuweisung durch den Staat, wie es in den Anfängen der Geschichte Chinas vorherrschte, und dem Feudalismus der Ritter im mittelalterlichen Europa ist besonders augenfällig durch das fast vollständige Fehlen staatlicher Großbauten im feudalen Europa und die gewaltige Entwicklung solcher Bauten – hydraulischer und anderer – in den Territorialstaaten Chinas[45].

43. Kees, 1933, S. 129, vgl. S. 109; Breasted, 1927, S. 147 und *passim*.

44. Thompson, 1941, S. 515.

45. Früher betrachtete ich das China der Tschou-Dynastie (12.–3. Jhdt. v. Chr.) als eine feudale Gesellschaft mit orientalischen Elementen, die sich mächtig entfalteten, bis sie am Ende der Tschou-Periode völlig vorherrschten (Wittfogel, 1931, S. 278 ff.; *ders.* 1935, S. 40 ff.). Der Gedanke, daß ein bestimmtes Land die Wasserscheide von der feudalen zur hydraulischen Gesellschaft überschreiten kann, verträgt sich durchaus mit den Ergebnissen der vorliegenden Untersuchung (s. unten, Kap. 6). Umfassende vergleichende Studien nötigen mich jedoch, die lange von mir vertretene feudale Interpretation Altchinas aufzugeben. Das trockne und halbtrockne Klima Nordchinas (jährliche Niederschlagsmenge im alten Kerngebiet der Tschou-Dynastie etwa 430 mm und im Kerngebiet der vor dem Tschou herrschenden Schang-Dynastie 610 mm) machen das frühzeitige Bestehen einer hydraulischen Agrikultur wahrscheinlich. Die Bodengestaltung, die sommerlichen Überschwemmungen und die fortwährende Ablagerung von Sedimenten erforderten umfassende Maßnahmen zur Beherrschung der Flüsse besonders im Herzen des Schang-Reiches. Eine realistische Deutung der frühgeschichtlichen Legenden und Quellen (vgl. Wittfogel und Goldfrank, 1943, *passim*) weist auf das Entstehen einer hydraulischen Lebensweise lange vor der Schang-Dynastie hin. Die Gebrauchsgegenstände und Inschriften zeugen von einer hochentwickelten Agrarkultur mit verfeinerten Techniken der Buchführung, des Rechnens und der Astronomie. Die Einrichtungen der frühesten Tschou-Zeit sind

Durch die Vereinigung Chinas, die die politische Bedeutung von Schifffahrtskanälen sehr vergrößerte, wuchs die organisatorische Kraft des Staates, solche Bauten durchzuführen. Die ersten Jahrhunderte des Kaiserreichs sahen große Fortschritte nicht nur im Bau von Bewässerungskanälen [46], Staubekken und Flußdeichen, sondern auch im Graben langer Kanäle zu administrativen und fiskalischen Zwecken [47].

Als nach Jahrhunderten politischer Zersplitterung die Sui-Kaiser am Ende des 6. Jahrhunderts wieder »Alles unter dem Himmel« vereinigten, untermauerten sie das neue politische Gefüge durch eine gigantische hydraulische Anlage. Unter Benutzung ausgedehnter älterer Teilkanäle schufen sie den Kaiserkanal, der in China bezeichnenderweise Yün Ho, der »Transportkanal« genannt wurde. Am Ende der chinesischen Monarchie erstreckte sich dieser Kanal über ungefähr 1300 km. Dies entspricht dem Abstand zwischen den amerikanisch-kanadischen Großen Seen und dem Golf von Mexiko, zwischen Berlin und Bordeaux, oder zwischen Hamburg und Rom.

Für die Fron an einem Teil dieses Unternehmens mobilisierte die Sui-Regierung in den Gebieten nördlich des Gelben Flusses allein »mehr als eine Million Männer und Frauen« [48], d. h. beinahe die Hälfte der mutmaßlichen Gesamtbevölkerung Englands zur Zeit der Reformation [49].

Der ungeheure Kraftaufwand, den in China die Eindeichung der Flüsse und der Bau der Kanäle erforderten, erhellt aus den vorsichtigen Schätzungen des amerikanischen Agronomen F. H. King, der die Gesamtlänge der von Menschen geschaffenen und regulierten Wasserwege Chinas, Koreas und Japans auf ungefähr 300 000 km berechnete. »40 Kanäle von Ost nach West durch die Vereinigten Staaten gelegt und 60 Kanäle von Nord nach Süd, wür-

offenbar diejenigen einer hydraulischen Gesellschaft, deren bürokratische und manageriale »Dichte« (s. für diesen Begriff unten, Kap. 6) allmählich zunahm. Die Tschou-Könige verhielten sich den Territorialherrschern gegenüber nicht als Erste unter Gleichen, sondern als Herren, die nur den himmlischen Gewalten Rechenschaft schuldeten. Es war nicht ihr Fehler, daß sie ihre despotischen Forderungen, die vermutlich dem Vorbild der Schang-Zeit folgten, nur begrenzt und mit abnehmender Wirksamkeit durchsetzen konnten. Die Herren der Territorialstaaten waren dagegen stark genug, innerhalb ihrer Machtgebiete absolutistisch zu verfahren. Die Landzuweisung geschah nicht in der Form eines Vertrags mit ständisch organisierten Rittern und Baronen, sondern nach dem freien Ermessen der Herrscher, den Dienstland an Inhaber von Staatsämtern und Sinekureland an Verwandte und verdiente Würdenträger ausgaben (s. Wittfogel, 1958, S. 231, und unten, Kap. 6–8).

46. S. *Shih Chi*, 29. 3a–b, 4b–5a, 5b–6a, 7b–8a, 126. 15b; *Han Shu*, 29. 2b–3a, 4a–b, 5a–b, 7a–8a, 89. 14b–15a.

47. S. *Shih Chi*, 29. 2a–b, 4a–b; *Han Shu*, 29. 1b–2a, 3b–4a, 64A.6b; *Hou Han Shu*, 35.3b.

48. *Sui Shu*, 3. 11a, vgl. 5a.

49. Kulischer, AW, II, S. 6.

den in ihrer Gesamtlänge nicht denen jener drei Länder gleichkommen. Es ist sogar wahrscheinlich, daß diese Schätzung für China allein nicht zu hoch ist.«[50]

2. NICHTHYDRAULISCHE GROSSBAUTEN

a. Kolossale Verteidigungsanlangen

Das Bedürfnis nach umfangreichen Verteidigungsanlagen entsteht mit dem Entstehen der hydraulischen Agrikultur. Im Gegensatz zum Regenfall-Bauern, der seine Felder verhältnismäßig leicht verlegen kann, befindet sich der Bewässerungsbauer in Abhängigkeit von einer unbeweglichen, jedoch sehr lohnenden Fruchtbarkeitsquelle. Bereits in den Anfängen der hydraulischen Landwirtschaft legte die Verankerung in einem festliegenden System der Wasserzufuhr den Agrargemeinschaften den Bau starker Verteidigungswerke für den Schutz ihrer Wohnstätten und Felder nahe.

Für ein solches Vorgehen bot die hydraulische Agrikultur eine zweifache Anregung: Einmal lehrte sie die Bewässerungsbauern die Benutzung aller möglichen Baumaterialien (Erde, Stein und Holz), und zum anderen erzog sie sie dazu, diese Materialien in organisierter Weise zu handhaben. Den Menschen, die Kanäle und Dämme zu bauen gelernt hatten, war es nicht besonders schwer, Gräben, Türme, Palisaden und ausgedehnte Verteidigungsmauern herzustellen.

Dabei wurden, wie in ähnlichen Fällen, die Art und der Umfang der Tätigkeiten durch äußere und innere Umstände bestimmt. Umgeben von beutelustigen und aggressiven Nachbarn, zeigten sich die Pueblo-Indianer sehr findig im Benutzen der ihnen zur Verfügung stehenden Baumaterialien, um ihre Niederlassungen zu schützen, die selten mehr als ein paar hundert Bewohner zählten[51]. Ihre festungsartigen Dörfer, die den heutigen Ethnologen wissenschaftlich interessieren, hatten ein durchaus praktisches Interesse für die spanischen *conquistadores,* die sich gelegentlich gezwungen sahen, ein einzelnes Dorf tage- und wochenlang zu belagern, ehe es sich ihnen ergab[52]. Streng

---

50. King, 1927, S. 97 ff.

51. Castañeda, 1896, S. 512. Bandelier hält die Castañedaschen Zahlen gegen abweichende Angaben in anderen spanischen Quellen aufrecht (Bandelier, FR, I, S. 120 ff. und Anmerkungen; vgl. *ders.,* DH, S. 312, 46 ff., 171–173).

52. Castañeda, der offizielle Chronist der ersten spanischen Expedition, beobachtete (1896, S. 494) in den Verteidigungstürmen einer großen Zuni-Niederlassung »Schießscharten und Gucklöcher . . . für die Verteidigung der Dächer der verschiedenen Stockwerke«. Er fügt hinzu: »Zuerst muß man die Dächer erklimmen, und die höher gelegenen Häuser dienen zu ihrer Verteidigung.« Die Erfahrungen der zweiten Expedition bestätigten und ergänzten die anfangs gemachten Beobachtungen. Gallegos schließt seine Bemerkungen über die Pueblo-Bauten mit dem Hinweis auf die beweglichen Holzleitern der Indianer, »mit deren Hilfe sie in ihre Wohnungen hin-

durchgeführte Zusammenarbeit schuf Sicherheit für die Wohnstätten, sie gewährleistete auch Erfolg im Ackerbau. Ein früher Beobachter hebt diese Seite
der Lebensweise der Pueblos hervor: »Sie arbeiten alle zusammen, wenn sie
ihre Dörfer bauen.«[53]

einsteigen«; während der Nacht »ziehen sie sie herauf, da sie miteinander Krieg
führen« (Gallegos, 1927, S. 265). Obregon unterstreicht ebenfalls den militärischen
Wert der Leitern. Außerdem erklärt er, wie die Gebäude selbst der Dorfgemeinde
zum Schutz dienten: »Diese Häuser haben Mauern und Schießscharten; von ihnen
aus verteidigen sie sich und greifen sie ihre Feinde im Gefecht an« (Obregon, 1928,
S. 293).

Ein Unterbefehlshaber Coronados »fand die Dörfer von Schanzpfählen eingeschlossen«, als er sich den Tigua-Niederlassungen näherte. Die Pueblos, deren Bewohner man durch Erpressungen und Beleidigungen erbittert hatte, »waren alle
kampfbereit. Es war nichts zu machen, da sie nicht auf die Ebenen herabsteigen
wollten und die Dörfer so fest waren, daß die Spanier sie nicht verjagen konnten.«
Beim Angriff auf ein feindliches Dorf gelang es den spanischen Soldaten einmal,
durch Überrumpelung das oberste Stockwerk zu besetzen. Nicht imstande, diesen
Erfolg auszunützen, blieben sie in ihrer heiklen Lage, bis die mexikanischen Indianer,
die sich ihnen anschlossen, unter dem Dorfe tunnelartige Gräben anlegten, von wo
aus sie die Verteidiger ausräucherten. (Castañeda, 1896, S. 496. Bandelier, DH, S.
38 ff., erörtert Castañedas Bericht.)

Bei der Belagerung einer großen Tigua-Niederlassung hatten Coronados Soldaten
Gelegenheit, die Verteidigungsmöglichkeiten eines Pueblo-Dorfes, das sie nicht durch
Überrumpelung hatten nehmen können, gründlich auszukosten: »Da die Feinde meh-
rere Tage lang Vorräte gesammelt hatten, warfen sie so viele Steine auf unsere
Leute, daß eine Reihe von ihnen getötet wurde, und sie verwundeten beinahe hundert Mann mit Pfeilen.« Die Belagerung dauerte sieben Wochen. Während dieser
Zeit unternahmen die Spanier verschiedene Sturmangriffe, aber es gelang ihnen
nicht, das Dorf zu nehmen. Die Einwohner verließen schließlich ihr festungsartiges
Bollwerk, nicht weil den Angreifern der Einbruch in ihre Verteidigungswerke gelungen war, sondern weil ihnen das Trinkwasser ausging (Castañeda, 1896, S.
498 ff.; vgl. RDS, S. 576). Bandelier ergänzt Castañedas Bericht durch die Mittei-
lung eines Verfassers aus dem 18. Jahrhundert, Mota Padilla, der behauptet, er habe
Zugang zu den ursprünglichen Aufzeichnungen eines anderen Mitglieds der Corona-
doschen Truppe gehabt (Bandelier, DH, S. 323). Mota Padillas Version enthält eine
Anzahl Einzelheiten, aus denen sowohl die Technik des Angriffs wie die Stärke und
Anpassungsfähigkeit der Verteidigung hervorgehen. Einige Spanier »erklommen die
Mauer, aber dort fanden sie, daß die Eingeborenen die Dächer vieler (höheren)
Räume entfernt hatten, so daß keine Verbindung zwischen ihnen bestand, und da
es in geringen Abständen kleine Türme gab, von denen aus die auf der Mauer befindlichen Angreifer mit Geschossen überhäuft wurden, hatten die Spanier über
sechzig Verwundete, von denen drei ihren Wunden erlagen« (a. a. O., S. 48).

53. Castañeda (1896, S. 520) führt aus, daß Frauen die Ziegelsteine machten und
die Mauern bauten, während die Männer das Holz herbeischafften. Nach modernen
Berichten unternehmen die Männer heute auch die ersterwähnten Arbeiten, den Frau-
en liegt nur die Stuckarbeit ob (White, 1932, S. 33; vgl. Parsons, 1932, S. 212). Der

Die Dschagganeger waren nicht weniger folgerichtig in der Übertragung ihrer hydraulischen Arbeitsmethoden auf militärische Bauten. Ihr großer Häuptling Horombo verwandte, als er den Gipfel seiner Macht erreicht hatte, (um 1830) »tausende Menschen« zum Bau großer Befestigungsanlagen, die zum Teil noch heute bestehen[54]. »Die Mauern dieser Anlagen sind etwa 2 m hoch, und ihre Länge an der Süd-, Nord-, Ost- und Westseite beträgt 279, 405, 253 und 125 m.«[55] Unterirdische Gänge, ausgedehnte Schützengräben und Unterstände trugen zur Verteidigung der ummauerten Niederlassungen bei, die in den frühen Tagen der Geschichte der Dschagga entstanden. »Tiefe Unterstände unterhalb der Hütten mit unterirdischen Tunneln, die oft fernliegende Ausgänge hatten, wurden als Zufluchtsorte gebraucht. Fast jedes Gebiet war mit großen Schützengräben zu Sicherheitszwecken versehen; man kann sie heute überall sehen, noch jetzt sind sie oft von beträchtlicher Tiefe.«[56]

Diese Beispiele zeigen, was sogar primitive hydraulische Gesellschaften auf dem Gebiete der Verteidigungsanlagen leisten konnten, wenn sie die Möglichkeiten der organisierten Zusammenarbeit voll erschöpften. Höher entwickelte hydraulische Gesellschaften folgten dem gleichen Prinzip, oder sie modifizierten es nach Maßgabe der technischen und institutionellen Umstände.

Im vorspanischen Mexiko beschränkte das Fehlen geeigneter Zugtiere die Transportmöglichkeiten, aber wenn dies auch den Bau von Verteidigungswerken beeinträchtigte, schloß es doch den Kampf um die Städte keineswegs aus. Im Kriegsfalle dienten die zahlreichen hydraulischen Anlagen im zentralen Seengebiet militärischen Zwecken, und die mächtigen Paläste und Tempel wurden als Basteien gegen anrückende Feinde verwandt[57]. Neuere Forschungen haben unser Augenmerk auf verschiedene Arten mexikanischer Festungen und Verteidigungsmauern gerichtet[58]. Nach ihrem Umfang und ihrer Bedeutung zu schließen, handelt es sich offenbar um Anlagen, die unter staatlicher Leitung entstanden sind. Von den gewaltigen Festungen und Mauern, die im vorspanischen Peru gebaut wurden und die frühere und neuere Beobachter in Erstaunen setzten[59], steht fest, daß sie auf Befehl der Regie-

ethnologisch interessante Unterschied zwischen den alten und den neuen Beschreibungen spiegelt entweder eine wirkliche Änderung in der Arbeitsverteilung oder einen Unterschied in der Genauigkeit der Beobachtung wider. Für unsere grundsätzlichen Schlußfolgerungen bezüglich des Gemeinschaftscharakters der Großbauten in den amerikanischen Pueblos ist er unwesentlich.

54. Dundas, 1924, S. 73; vgl. Widenmann, 1899, S. 63 ff.
55. Dundas, 1924, S. 73.
56. A. a. O., S. 95 ff.; vgl. Widenmann, 1899, S. 63 ff.
57. Cortes, 1866, *passim;* Díaz, 1944, *passim;* vgl. Vaillant, 1941, S. 135.
58. Armillas, 1944, *passim;* Vaillant, 1941, S. 219.
59. Jerez, 1938, S. 38, Sancho de la Hos, 1938, S. 177 ff.; Cieza, 1945, S. 206 ff., 245; Ondegardo, 1872, S. 75 ff.; Garcilaso, 1945, II, S. 31, 146 ff.; Espinosa, 1942, S. 565 ff.; Cobo, HNM, IV, S. 65 ff., 207 ff.; vgl. Rowe, 1946, S. 224 ff.

rung von »unglaublich« großen Heeren von Fronarbeitern geschaffen wurden [60].

Schriftliche und bildliche Quellen vermitteln uns einen Eindruck von den Mauern, Toren und Türmen im antiken Ägypten, in Sumer, Babylonien, Assyrien und Syrien. Das *Arthasastra* gibt einen Begriff von der systematischen Weise, in der die Herrscher Altindiens an die Probleme der Befestigung und Verteidigung herantraten [61]. Am Anfang der chinesischen Geschichte wurden neue Hauptstädte auf Befehl des Herrschers geschaffen, und während der letzten Jahrhunderte der Tschou-Zeit setzten die Territorialstaaten ihre frondienstpflichtige Arbeiterschaft zur Ummauerung ganzer Grenzgebiete ein, und dies nicht nur zum Schutz gegen die Barbarenstämme, sondern auch gegeneinander. Im 3. Jahrhundert v. Chr. verband der Einiger Chinas, Tsch'in Schih Huang-ti, ältere territoriale Grenzmauern zu einem Ganzen und erweiterte sie zu dem ausgedehntesten Verteidigungssystem, das je von Menschenhand geschaffen worden ist [62]. Der periodische Neubau der großen Mauer demonstrierte in eindrucksvoller Weise die fortdauernde Leistungsfähigkeit der hydraulischen Wirtschaft und ihrer staatlich gelenkten Massenarbeit.

b. Straßen

Die Existenz staatlicher Verkehrsstraßen ist für die babylonische Periode wahrscheinlich [63]; für Assyrien ist sie dokumentarisch belegt [64]. Aus diesen frühen Straßenbauten haben sich »zweifellos die persischen und schließlich die römischen Kunststraßen... entwickelt« [65]. Die große persische »Königsstraße« machte auf die griechischen Zeitgenossen einen tiefen Eindruck [66]; sie diente den hellenistischen Herrschern als Vorbild [67], deren Unternehmen wiederum die staatlichen Straßenbauer des Römischen Reiches inspirierten [68]. Nach Mez war bei den Arabern »der Typus der ›Regierungsstraße‹ sowie der Name vom persischen ›Königsweg‹ übernommen« [69]. Darüber hinaus aber

60. Cobo, HNM, III, S. 272; Garcilaso, 1945, II, S. 147.

61. *Arthaçāstra*, S. 64 ff.

62. *Shih Chi*, 88. 1b.

63. Meissner, BA, I, S. 340.

64. *A. a. O.*, S. 340 ff.; Olmstead, 1923, S. 334.

65. Meissner, BA, I, S. 341. Der Ausdruck »Königsstraße« kommt in einer assyrischen Inschrift vor (Olmstead, 1923, S. 334). Das operative Vorbild der römischen Staatspost, des *cursus publicus*, kann durch das hellenistische Zeitalter hindurch bis Persien und vielleicht sogar bis Babylonien zurückverfolgt werden (Wilcken, 1912, S. 372 und Anm. 2).

66. Herodot, 5. 52 f., 8.98; vgl. Xenophon, 8.6.17.

67. Rostovtzeff, 1941, I, S. 133, 135, 173 ff., 484, 517.

68. S. für Diokletians Leistungen in dieser Hinsicht Bury, 1931, I, S. 95 ff.; und Ensslin, 1939, S. 397.

69. Mez, 1922, S. 461.

zeigten die Araber wenig Interesse an der Aufrechterhaltung guter Straßen, wahrscheinlich weil sie für Transportzwecke nach wie vor zumeist Kamelkarawanen verwandten. Die späteren islamitischen Reiche des Nahen Ostens hatten Verkehrsstraßen, brachten sie jedoch nie wieder auf das Niveau technischer Vollkommenheit, das sie in der vorarabischen Zeit besaßen[70].

Der Straßenbau war den starken indischen Königen ein wichtiges Anliegen[71]. Eine »Königsstraße« von 10 000 *stadia* (1850 km) soll die Hauptstadt des Maurya-Reiches mit der Nordwestgrenze verbunden haben. Man markierte auf ihr die Entfernungen mittels eines Systems, das in geänderter Form später von den Mogul-Kaisern wieder verwendet wurde[72]. In Südindien, wo die Hindukultur Jahrhunderte länger bestand als im Norden, berichten Inschriften von Straßen, die der Staat baute: »einige von ihnen werden Königsstraßen genannt«[73]. Die mohammedanischen Herrscher Indiens folgten in ihrer Politik der Erhaltung eines Netzes von Straßen viel mehr dem einheimischen indischen als dem westasiatischen Vorbild[74]. Sher Shāh (gest. 1545) baute vier große Straßen, deren eine Bengalen mit Agra, Delhi und Lahore verband[75]. Akbar scheint durch das Beispiel Sher Shāhs angeregt worden zu sein, als er eine neue Königsstraße baute. Die Straße, die »der Lange Weg« genannt wurde, hatte eine Länge von 600 km und war »an beiden Seiten von großen Bäumen beschattet«[76].

In China wurde ein gewaltiges Straßennetz unmittelbar nach der Gründung des Kaiserreichs im Jahre 221 v. Chr. angelegt. Freilich setzten, wie im Bereich der Bewässerungs- und Schiffahrtskanäle und der langen Verteidigungsmauern, die kaiserlichen Ingenieure oft nur in systematischerer Weise fort, was ihre territorialen Vorgänger bereits begonnen hatten. Lange vor dem dritten Jahrhundert v. Chr. mußte ein wirksam organisierter Territorialstaat von Bäumen beschattete Verkehrsstraßen unterhalten, deren Aufsicht zentralen und lokalen Beamten oblag, und an denen sich Poststationen und Gasthäuser befanden[77]. Unter dem Kaiserreich verbanden große Staatsstraßen alle wichtigen Zentren des Kerngebiets im Norden mit der Hauptstadt. Der offiziellen *Geschichte der Han-Dynastie* zufolge baute der erste Kaiser *die Kaiserstraße quer durch das Reich. Nach Osten hin führte sie bis nach Yen und Tsch'i und nach Süden erreichte sie Wu und Tsch'u. Die Ufer und das Gestade des Tschiang* [des Jangtse] *und die Seen sowie die*

70. Für die Mamelucken s. Sauvaget, 1941, S. 35; für die ottomanischen Türken s. Taeschner, 1926, S. 203 ff.

71. Strabo, 15. I. 50; *Arthaçāstra*, S. 74, 460 f.

72. Vgl. Smith, 1914, S. 135.

73. Appadorai, 1936, I, S. 424 ff.

74. Sabahuddin, 1944, S. 272 ff.

75. Haig, 1937, S. 57.

76. Smith, 1926, S. 413 ff.

77. *Kuo Yü*, 2. 22 ff.

Meeresküste wurden alle zugänglich gemacht. Die Verkehrsstraße hatte eine Breite von fünfzig Schritt. In der Mitte wurde ein Streifen durch Bäume abgegrenzt. Die zwei Seiten waren fest gebaut und Metallstäbe dienten zu ihrer Verstärkung. Grüne Fichten wurden entlang des Weges gepflanzt. Er [der Kaiser] gab der Kaiserstraße eine solche Eleganz, daß spätere Generationen keine fußgroße Unebenheit darauf vorfanden.[78]

Unter den folgenden Dynastien blieben der Bau und die Unterhaltung der großen Straßen und der vielen regionalen Nebenstraßen ein Hauptanliegen der Zentral- und Lokalverwaltungen Chinas.

Das unebene Terrain Zentralamerikas und das Fehlen völlig vereinheitlichter Reiche scheinen den Bau von Landstraßen während der vorspanischen Periode verhindert zu haben, wenigstens auf der Hochebene. (Die Mayas besaßen lange Straßen.) In den Anden entwickelte sich ein umfassender Wegebau. Die spanischen Eroberer beschrieben in allen Einzelheiten die ausgezeichneten Verkehrswege, die sich über die Küstenebenen und das Hochland hinzogen und die beiden Gebiete miteinander verbanden[79]. Über die Andenstraßen schreibt Hernando Pizarro, daß er ihresgleichen auf einem ähnlichen Terrain nirgends »in der ganzen christlichen Welt« gesehen habe[80]. Der einzige Vergleich, der sich ihm aufdrängte, war der mit den Römerstraßen. Diese Ähnlichkeit ist bezeichnend. Wie wir noch ausführen werden, verdankten die großen römischen Straßen ihre Entstehung jener schicksalhaften Transformation, in deren Verlauf Rom ein hellenistisch (orientalisch) despotischer Staat wurde.

Die beim Bau all dieser großen Straßen erforderlichen Anstrengungen haben viel weniger Aufmerksamkeit erregt als die fertigen Ergebnisse. Doch zeigen die erhaltenen Quellen, daß die Straßenbauten, wie fast alle anderen größeren staatlichen Unternehmungen, durch Massen von Frondienstpflichtigen ausgeführt wurden, die vom Staat ausgehoben waren. Im Inkareich teilten Aufsichtsbeamten das Land ab und beorderten die örtliche Bevölkerung, die Straßen zu bauen. So geschah es denn auch, und es kostete die Regierung nicht viel. Die aufgebotenen Männer »bringen ihre Verpflegung und die Werkzeuge für den Bau mit sich«[81].

78. *Han Shu*, 51. 2a.

79. Jerez, 1938, S. 55; Estete, 1938, S. 83 ff., 97 ff., 244 ff.; Sancho de la Hos, 1938, S. 175; Pizarro, 1938, S. 259; CPLNC, S. 310; Cieza, 1945, *passim*; Sarmiento, 1906, S. 88; Ondegardo, 1872, S. 12; vgl. Garcilaso, 1945, II, S. 242 und *passim*; Cobo, HNM, III, S. 260 ff.

80. Pizarro, 1938, S. 259.

81. Cieza, 1943, S. 95. Die regionale Organisation und die Reparaturarbeiten an den Inkastraßen werden schon von einem Angehörigen der spanischen Eroberungsarmee beschrieben (Estete, 1938, S. 246). Das Fehlen jeglicher Bezahlung für die Straßenfronarbeit wird auch von Blas Valeras berichtet, der feststellt, daß die Arbeiten an Brücken und Bewässerungskanälen ähnlichen Bedingungen unterlagen (Garcilaso, 1945, I, S. 258).

Die Verkehrsstraßen des kaiserlichen China erforderten zu ihrem Bau gewaltige Arbeitermassen und zu ihrer Unterhaltung eine sehr beträchtliche Menschenzahl. Eine Inschrift aus der Han-Zeit berichtet, daß beim Bau einer Straße in Westchina in den Jahren 63–66 n. Chr. 766 800 Männer beschäftigt waren, darunter nur 2690 Sträflinge [82].

c. Paläste, Hauptstädte und Grabstätten

Ein Staatsapparat, der imstande war, alle diese hydraulischen und nichthydraulischen Arbeiten durchzuführen, konnte natürlich auch eingesetzt werden zum Bau von Palästen und Lustgärten für den Herrscher und seinen Hof, von palastartigen Regierungsgebäuden für die höheren Beamten sowie von Monumenten und Grabstätten für vornehme Tote. Dieser Apparat konnte überall dort eingesetzt werden, wo die auf Gleichheit beruhende primitive Stammesgesellschaft einer stammesmäßigen oder nicht mehr stammesmäßigen Autokratie gewichen war.

Der Häuptling einer Pueblo-Gemeinde ließ seine Felder durch die Dorfbewohner bestellen; aber seine Wohnung unterschied sich offenbar nicht von den Häusern aller anderen Stammesmitglieder, außer daß sie – vielleicht – besser und sicherer gelegen war. Die Dschagga-Häuptlinge dagegen ließen sich für ihren persönlichen Gebrauch regelrechte Paläste bauen. Die für deren Bau erforderliche Fronarbeit war beträchtlich [83].

Die kolossalen Paläste der Herrscher des alten Peru wurden von der vereinten Kraft enormer Arbeitermassen geschaffen. Im vorspanischen Mexiko soll Nezahualcoyotzin, der König von Tezcuco, dem zweitgrößten Lande des aztekischen Staatenbundes, für den Bau seines herrlichen Palastes und Parks täglich mehr als 200 000 Arbeiter beschäftigt haben [84].

Unbeschränkte Gewalt über die Arbeitskraft ihrer Untertanen befähigte die Herrscher Sumers, Babylons und Ägyptens, prächtige Paläste, Gärten und Grabstätten zu bauen. Der gleiche Großeinsatz von Fronarbeitern war üblich in den vielen kleineren Staaten, deren Regierungssystem dem mesopotamischen oder ägyptischen Muster nachgebildet war. Laut der Bibel baute König Salomo seinen prächtigen Tempel mit großen Arbeitermassen, die, wie in Babylonien, vier Monate im Jahre beschäftigt wurden [85].

Die riesigen Bauten im Indien der Moguln sind häufig beschrieben worden. Weniger bekannt, aber nicht minder erwähnenswert, sind die Großbauten früherer Perioden. Der dritte Herrscher der Tughluq, Firus Shah (etwa 1308 bis 1388), ließ mehrere bedeutende Bewässerungskanäle, unter anderen den

82. *Chin Shih Ts'ui Pien*, 5. 13 a–b.
83. Widenmann, 1899, S. 70.
84. Ixtlilxochitl, OH, II, S. 174.
85. I. Könige, 5: 14; s. für das antike Mesopotamien Schneider, 1920, S. 92;

berühmten »Alten Jumna-Kanal«, graben. Er baute Festungen, Paläste und Palaststädte, Moscheen und Grabstätten. Der befestigte Palast von Kotla Firus Shah in seiner neuen Hauptstadt Firusabad (Delhi) bewahrte getreulich den großen Stil der vorislamitischen indischen und orientalischen Baukunst[86].

Die chinesische Variante der agrarmanagerialen Bauweise erscheint in vielen mächtigen Werken. Der erste Kaiser Chinas, Tsch'in Schih Huang-ti, begann den Bau großer hydraulischer Anlagen bereits in den ersten Jahren seiner Herrschaft; und im Laufe der Zeit unternahm er kolossale nichthydraulische Arbeiten für staatliche und persönliche Zwecke. Nachdem er alle seine territorialen Rivalen vernichtet hatte, baute er das bereits erwähnte Straßennetz, mit dessen Hilfe seine Beamten, Boten und Truppen leicht in die fernsten Gebiete seines ausgedehnten Reiches gelangen konnten. Später sicherte er sich gegen die Viehzüchter des Nordens durch den Ausbau der Großen Mauer. Paläste für seinen persönlichen Gebrauch wurden bereits in den Anfängen seiner Herrschaft errichtet; aber erst im Jahre 213 n. Chr. begann die Arbeit an seinem Überpalast. Zusammen mit dem Bau seiner ungeheuren Grabstätte[87] soll dieses gewaltige Unternehmen die Arbeit von über 700 000 Menschen beansprucht haben[88].

Achthundert Jahre später mobilisierte der zweite Monarch des wiedervereinigten Chinas, Kaiser Yang (604–617) der Sui-Dynastie, eine noch größere Menschenmasse für ähnliche Monsterunternehmen. Er mobilisierte über eine Million Menschen – Männer und Frauen – für den Bau des »Großen Kanals«[89]. Darüber hinaus verwandte er weitere riesige Fronarbeitsheere zum Ausbau der kaiserlichen Straßen[90] und für die Arbeit an der Großen Mauer. Der *Geschichte der Sui-Dynastie* zufolge waren über eine Million Menschen an der Großen Mauer beschäftigt[91]. Dieselbe Quelle berichtet, daß der Bau der neuen östlichen Hauptstadt und des dort gelegenen gigantischen neuen kaiserlichen Palastes den Einsatz von nicht weniger als zwei Millionen Menschen »per Monat« erforderte[92].

86. Marshall, 1928, S. 587 ff.
87. *Shih Chi*, 6. 31a–b.
88. *A. a. O.*, 6. 13b–14a, 24a–25a.
89. S. oben.
90. *Sui Shu*, 3. 9b.
91. Über eine Million im Jahre 607; im folgenden Jahre wurden weitere 200 000 Menschen verwendet (*A. a. O.*, 3. 10b, 12a).
92. *A. a. O.*, 24. 16a.

d. Tempel

Schicksal und Ansehen der weltlichen Herrscher waren eng verknüpft mit der Stellung ihrer Götter. Die politischen Machthaber strebten ausnahmslos danach, ihre eigene Legitimität und Majestät durch die Verherrlichung ihrer übernatürlichen Beschützer zu festigen. Die Monarchen, ganz gleich, ob sie weltlicher oder geistlicher Herkunft waren, setzten alles daran, die Götter und ihre Diener mit passenden Räumlichkeiten für ihren Kult und Aufenthalt zu versehen.

Staatlich dirigierte Arbeitsgruppen, die riesige Paläste bauten, eigneten sich natürlich nicht minder für den Bau riesiger Tempel. Alte Inschriften bezeugen den Bau vieler Tempel durch die mesopotamischen Herrscher [93]. Gewöhnlich drückt sich der Monarch so aus, als seien die Tempelbauten lediglich das Ergebnis seiner persönlichen Bemühung; aber gelegentlich finden wir Hinweise auf »das Volk«, das die Arbeit »nach dem festgesetzten Plane« verrichtete [94]. Ähnlicherweise betonen die meisten pharaonischen Texte das Endergebnis [95] oder die Größe des Fürsten, unter dessen Führung es erzielt wurde [96]; doch erwähnen einige ägyptische Texte auch das von den Beamten geleitete Arbeitsheer, »das Volk« [97].

In den agrarmanagerialen Kulturen des vorspanischen Amerika spielten religiöse Bauwerke eine hervorragende Rolle. Die einheimische Überlieferung sowie die ältesten spanischen Berichte bezeugen den gewaltigen Umfang der Arbeiten, die dem Bau und der Aufrechterhaltung der Heiligtümer und Pyramiden dienten. Die Mexikaner begannen damit, daß sie ihre eigenen Kräfte zum Bau des ersten Tempels in der neu gegründeten Inselstadt, der späteren aztekischen Hauptstadt, vereinigten [98]; mit wachsender Macht mobilisierten sie zunehmend Arbeiter der unterworfenen Länder für den Bau von immer

93. Barton, 1929, S. 3 ff.; Thureau-Dangin, 1907, S. 3 und *passim*. S. für epigraphische Hinweise auf die Tempel Babyloniens und Assyriens Meissner, BA, I, S. 303 ff.; und Luckenbill, AR, *passim*.

94. Price, 1927, S. 24; vgl. Thureau-Dangin, 1907, S. 111, und Barton 1929, S. 225. Schneider (1920, S. 46) und Deimel (1931, S. 101 ff.) bedauern, daß konkrete Angaben selten sind.

95. So in einer der ältesten erhaltenen ägyptischen Inschriften, dem Stein von Palermo (Breasted, 1927, I, S. 64).

96. Breasted, 1927, I, S. 186, 244, 336; II, S. 64, 72, 245, 311, 318; III, S. 96 ff.; IV, S. 116 ff., 179 ff. und *passim*.

97. »Ich habe denen, die arbeiten, befohlen zu tun, was du verlangst« (Breasted, 1927, I, S. 245). Das »Volk« schafft das Gestein für den Amun-Tempel herbei; es besorgt auch den Bau. Unter den Arbeitern gibt es Handwerker verschiedener Berufszweige (*a. a. O.*, II, S. 294, 293).

98. Ramirez, 1944, S. 39.

gewaltigeren Tempeln [99]. Der stadtähnliche Palast des berühmten Königs von Tezcuco, Nezahualcoyotzin, enthielt nicht weniger als vierzig Tempel [100]! Wir haben bereits die große Anzahl von Arbeitern erwähnt, die beim Bau dieser Palast- und Tempelstadt beschäftigt waren. Wie in Mexiko, konnte auch in Tezcuco die ganze frondienstpflichtige Bevölkerung zu ungeheuren Arbeitsheeren zusammengefaßt werden [101]. In Cuauhtitlan, einem anderen Staate des zentralen Seengebiets, folgte der Errichtung großräumiger hydraulischer Anlagen der Bau eines mächtigen Tempels, der in dreizehn Jahren vollendet wurde [102].

Im Bereich der Anden, wie in den meisten anderen hydraulischen Ländern, war das Priestertum ohne Zweifel eng mit der Regierung verbunden. Die Inkas nutzten den materiellen Reichtum ihres Reiches voll aus, um ihre Tempel und Pyramiden zu verschönern [103]. Sie mobilisierten so viele Arbeiter, wie erforderlich waren, um Rohstoffe zu beschaffen und zu transportieren sowie die eigentliche Bauarbeit zu bewältigen [104].

E. DIE HERRSCHER DER HYDRAULISCHEN
GESELLSCHAFT WAREN GROSSE BAUMEISTER

Es ist offenkundig, daß die Herren der hydraulischen Gesellschaft im Nahen Osten, in Indien, China und dem vorspanischen Amerika große Baumeister waren. Gewöhnlich braucht man diese Bezeichnung sowohl im ästhetischen wie im technischen Sinne. Beide Aspekte, die in der Tat eng zusammenhängen, erscheinen in den folgenden Typen hydraulischer und nichthydraulischer Bauwerke:

I. Hydraulische Werke

    A. Produktive Einrichtungen

       (Kanäle, Aquädukte, Schleusen und Dämme, die Bewässerungszwecken dienen)

    B. Schutzeinrichtungen

       (Dränagekanäle und Deiche zur Flutabwehr)

99. Tezozomoc, 1944, S. 79 (der Tempel von Huitzilopochtli) und 157 (das große, demselben Gott gewidmete Heiligtum).

100. Ixtlilxochitl, OH, II, S. 184.

101. *A. a. O.*, S. 173 ff. Die *Annalen von Cuauhtitlan* erwähnen diesen Bau (Chimalpópoca, 1945, S. 52), ohne sich jedoch mit Fragen der Arbeitsorganisation zu befassen.

102. Chimalpópoca, 1945, S. 49, 52.

103. Cieza, 1943, S. 150 ff.

104. *A. a O.*, S. 241; vgl. Garcilaso, 1945, I, S. 245, 257 ff.

C. Aquädukte für Trinkwasserversorgung
D. Schiffahrtskanäle

II. Nichthydraulische Werke
  A. Verteidigungs- und Verkehrsanlagen
    1. Mauern und andere Verteidigungsbauten
    2. Verkehrsstraßen
  B. Gebäude, die den öffentlichen und persönlichen Bedürfnissen der weltlichen und geistlichen Herrscher der hydraulischen Gesellschaft dienen
    1. Paläste und Hauptstädte
    2. Grabstätten
    3. Tempel

1. DER ÄSTHETISCHE ASPEKT

a. Ungleiche Augenfälligkeit

Die Mehrzahl derer, die sich über die großen Baumeister Asiens und Altamerikas äußern, sprechen sich ausführlicher über die nichthydraulischen als über die hydraulischen Leistungen aus. Innerhalb der hydraulischen Sphäre wird wiederum den Trinkwasseraquädukten und Schiffahrtskanälen größere Aufmerksamkeit gewidmet als den produktiven und schützenden Einrichtungen der hydraulischen Agrikultur – oft werden diese sogar ganz übersehen. Im Bereich der nichthydraulischen Bauten ist mehr die Rede von den »großen Häusern« der Staatsmacht und des Gottesdienstes sowie von den Grabstätten der Mächtigen als von den großen Verkehrs- und Verteidigungseinrichtungen.

Diese ungleichmäßige Behandlung, die die Großbauten der hydraulischen Gesellschaft erfahren, ist kein Zufall. Aus funktionellen, ästhetischen und sozialen Gründen sind die hydraulischen Anlagen meist weniger eindrucksvoll als die nichthydraulischen Bauten. Ähnliche Gründe erklären auch die ungleiche Behandlung verschiedener Sektoren der zwei Hauptgruppen.

Funktionell: Bewässerungskanäle und Schutzeindeichungen erstrecken sich weit und gleichförmig über die Landschaft; die Paläste, Grabstätten und Tempel dagegen sind räumlich konzentriert. Ästhetisch: die meisten hydraulischen Arbeiten dienen vornehmlich praktischen Zwecken, die Residenzen der Herrscher und Priester, die Heiligtümer und die Grabstätten der Mächtigen dagegen sollen schön sein. Sozial: die Personen, die die Verteilung der Arbeitskräfte und Materialien organisieren, sind dieselben Personen, denen viele nichthydraulische Anlagen vorzugsweise und unmittelbar zugute kommen. Folglich sind sie darauf bedacht, diesen Bauten (Palästen, Tempeln und Hauptstädten) ein Maximum an ästhetischem Aufwand zuzuwenden, während beim Bau aller anderen Werke ästhetische Überlegungen zurücktreten.

Der Gegensatz ist natürlich nicht absolut. Einige Bewässerungsanlagen, Deiche, Aquädukte, Schiffahrtskanäle, Verkehrsstraßen und Verteidigungsmauern zeichnen sich durch funktionelle Schönheit aus. Aquädukte, Straßen, Brükken, Mauern, Tore und Türme, die im Bereich der Hauptstädte erstehen, werden bisweilen von den Beamten so anziehend gestaltet, wie es die Materialien und der Arbeitsprozeß zulassen. Doch ändern solche sekundären Tendenzen nichts an den zwei grundlegenden Tatsachen, daß die Mehrzahl aller hydraulischen und nichthydraulischen öffentlichen Bauten ästhetisch weniger augenfällig sind als die königlichen und sonstigen offiziellen Paläste, Tempel und Grabstätten, und daß die wichtigsten aller hydraulischen Anlagen, die Kanäle und Deiche, künstlerisch gesehen, am wenigsten beachtenswert sind.

b. Der monumentale Stil

Unbeschadet solcher Unterschiede haben die Paläste, Regierungsgebäude, Tempel und Grabstätten eine Eigenheit mit den staatlichen Nutzanlagen gemeinsam: die Tendenz, groß zu sein. Der Baustil der hydraulischen Gesellschaft ist monumental. Diese Tendenz erscheint in den festungsähnlichen Siedlungen der Pueblo-Indianer und in den Palästen, Tempelstätten und Festungen des alten Zentral- und Südamerikas, in den Grabstätten, Palaststädten, Tempeln und königlichen Monumenten des pharaonischen Ägyptens und Altmesopotamiens. Kein Mensch, der je die Stadttore und Mauern einer chinesischen Hauptstadt wie Peking sah, der durch die enormen Palasttore und über die Plätze der Verbotenen Stadt schritt, und der die mächtigen Audienzhallen und kaiserlichen Ahnentempel betrat, kann sich des Eindrucks ihrer überwältigenden Monumentalität erwehren.

Pyramiden und kuppelförmige Grabstätten drücken die Eigenart des monumentalen hydraulischen Baustils am klarsten aus. Ihre ästhetische Wirkung wurde erzielt mit einem Minimum von Ideen und einem Maximum von Materialaufwand. Die Pyramide ist im Grunde nur ein enormer Haufen symmetrisch aufgeschichteter Steine. Die auf Privateigentum gegründete und zunehmend individualistische Gesellschaft des antiken Griechenland löste die massive Architektur auf, die im quasihydraulischen mykenischen Zeitalter vorherrschte [105]. Im Laufe der zweiten Hälfte des ersten Jahrtausends v. Chr., als Alexander und seine Nachfolger den ganzen Nahen Osten beherrschten, transformierten und verfeinerten die architektonischen Auffassungen Griechenlands den hydraulischen Stil, ohne aber seine Monumentalität zu beseitigen.

In der islamitischen Architektur verschmolzen die zwei Stilarten zu einer dritten. Diese Entwicklung erzielte ebenso eindrucksvolle künstlerische Leistungen im westlichen Vorposten der islamitischen Kultur, in Spanien, wie in

105. Vgl. Bengtson, 1950, S. 38.

den großen östlichen Zentren Kairo, Bagdad, Buchara, Samarkand und Istanbul. Das Taj Mahal und wesensverwandte Gebäude zeigen das Wirken derselben Kräfte auch in Indien, wo sich vor der islamitischen Invasion eine reiche, bodenständige, monumentale Architektur entfaltet hatte.

c. Die institutionelle Bedeutung

Es braucht kaum gesagt zu werden, daß auch andere agrarische Kulturen architektonische Schönheit und Größe aufwiesen. Die hydraulischen Herrscher unterschieden sich jedoch von den weltlichen und geistlichen Herren des antiken und mittelalterlichen Westens durch zweierlei. Ihre Bautätigkeit erstreckte sich auf mehr Lebenssphären; und als Herren über das ganze materielle und menschliche Potential ihres Landes konnten sie viel monumentalere Ergebnisse erzielen.

Die zersplitterten Operationen der auf Regenfall beruhenden Landwirtschaft regten, im Gegensatz zur hydraulischen Agrikultur, nicht zu vergleichbaren Formen nationaler Zusammenarbeit an. Die vielen gutsherrlichen Zentren der europäischen Adelsgesellschaft beherbergten ebensoviele befestigte Residenzen (Schlösser); und der Umfang dieser Schlösser war beschränkt durch die Anzahl der Leibeigenen. Der König, selbst kaum mehr als der führende Feudalherr, mußte seine Schlösser mit den zahlenmäßig beschränkten Arbeitskräften seiner eigenen Domäne bauen.

Die regionalen Einkünfte der kirchlichen Herren ermöglichten die Schöpfung der größten mittelalterlichen Einzelgebäude: der Kirchen, Klöster und Kathedralen. Wohlgemerkt, diese Gebäude wurden errichtet von einer Institution, die, im Gegensatz zu allen anderen führenden westlichen Körperschaften, feudale und quasihydraulische Methoden der Organisation und Einkommenbeschaffung vereinigte.

In bezug auf Macht über Menschen und natürliche Hilfsquellen fanden die Bauherren des hydraulischen Staates in der nichthydraulischen Welt nicht ihresgleichen. Der bescheidene Londoner Tower und die vielen verstreuten Schlösser des mittelalterlichen Europas veranschaulichen die dezentralisierte feudale Gesellschaft der Magna Charta ebenso klar, wie die mächtigen Verwaltungsstädte und die kolossalen Paläste, Tempel und Grabstätten Asiens und Altamerikas die organisatorische und vereinheitlichende Macht der hydraulischen Wirtschaft und Regierung zum Ausdruck bringen [106].

---

106. Für eine andere Eigentümlichkeit der hydraulischen Architektur, nämlich den »introverten« Charakter der Wohnhäuser, ausschließlich der Paläste der Herrscher, s. unten, S. 124, Anm. 211.

F. DIE MEHRZAHL ALLER NICHTBAUGEWERBLICHEN INDUSTRIELLEN GROSSUNTERNEHMEN WAR EBENFALLS IN DEN HÄNDEN DES HYDRAULISCHEN STAATES

I. EINE VERGLEICHENDE ÜBERSICHT

Eine Regierung, die imstande ist, alle größeren hydraulischen und nichthydraulischen Bauten auszuführen, kann, wenn sie will, auch die Führung in den nichtbaugewerblichen Wirtschaftszweigen der Industrie übernehmen. Es gibt rohstofferzeugende Industrien, wie Bergbau, Stein- und Salzgewinnung usw., und es gibt Fertigwarenindustrien, wie die Anfertigung von Waffen, Textilien, Wagen, Möbeln usw. Soweit in diesen beiden Sphären die Produktion auf großer Stufenleiter erfolgte, wurde sie zum großen Teil entweder vom hydraulischen Staat organisiert oder monopolistisch beherrscht. Im pharaonischen Ägypten und im Peru der Inkas überwog die direkte Leitung. Unter mehr differenzierten gesellschaftlichen Verhältnissen überließ der Staat den Bergbau, die Salzgewinnung usw. zumeist schwerbesteuerten und sorgfältig überwachten Privatunternehmern, während er weiterhin die meisten großen Industriewerkstätten direkt betrieb.

Indem wir diese Tatsachen mit den Daten verbinden, die wir über die hydraulischen und nichthydraulischen baugewerblichen Tätigkeiten des Staates besitzen, können wir die Vormachtstellung des hydraulischen Staates im landwirtschaftlichen und industriellen Sektor der Wirtschaft in der nachfolgenden Tafel darstellen. Zu Vergleichszwecken fügen wir Angaben über zwei nichthydraulische Agrargesellschaften und über das merkantilistische Europa bei.

STAATLICHE LEITUNG IN LANDWIRTSCHAFT UND GEWERBE

INSTITUTIONELLE FORMATIONEN	Agrikultur			Gewerbe		
	Schwerwasserwerke	Feldbau	Bergbau	Baugewerbe	Industr. Großbetriebe	Industr. Kleinbetriebe
Hydraulische Gesellschaft	∓	—	(+)*	∓ **	+	—
Küstenstadtstaaten des klassischen Griechenlands	—	—	—	—	—	—
Mittelalterliches Europa	—	(+)***	—	(+)***	(+)***	—
Merkantilistisches Europa	—	—	(—)	—	—	—

Erläuterung:
+ Vorwiegend.
∓ Hervorragend wichtig.
— Unwichtig oder fehlend.
( ) Beschränkte Tendenz oder Modifizierung durch Faktoren, die im Text erklärt werden.
 * Unter einfacheren Verhältnissen.
 ** Auf nationaler Stufenleiter.
 *** Im Rahmen der Gutswirtschaft.

Im alten Griechenland waren die Bergwerke hauptsächlich in den Händen von konzessionierten Geschäftsleuten. Solange diese dem Staate einen festgesetzten Teil ihrer Produktion überließen, besaßen sie »sehr weitgehende« Rechte. Der Bergwerksunternehmer konnte offenbar »das Bergwerk ›kaufen‹, er bestimmte die Arbeitsmethoden nach eigenem Gutdünken, das Erz gehörte ihm, und er konnte seine Konzession an Dritte übertragen.«[107] Auch im mittelalterlichen Europa wurde der Bergbau wesentlich von Privatunternehmern betrieben, die, wenn sie vom König oder von den territorialen Fürsten eine Konzession erhalten hatten, selbständig verfuhren, und zwar meistens in der Form von Genossenschaften[108]. Die merkantilistischen Regierungen Europas hatten einige Bergwerke in eigener Regie, aber die Mehrzahl der Gruben wurde von scharf überwachten Privateigentümern betrieben[109].

Diese Unternehmungsformen unterscheiden sich grundlegend vom staatlichen Bergbau der Pharaonen und Inkas. Sie ähneln in der Form, aber nicht in der institutionellen Substanz, der Politik anderer hydraulischer Staaten, die

107. Glotz, 1926, S. 152, vgl. S. 267.
108. Kulischer, AW, I, S. 224.
109. Sombart, 1919, II, S. 792; vgl. Cole, 1939, II, S. 458 ff.

einige Bergwerke selbst betrieben und den Rest staatlich konzessionierten Privatunternehmern überließen [110].

Im Bereich der nichtbergbaulichen Industrie ähneln sich der orientalische und der westliche Absolutismus nicht einmal in der Form. Dagegen besteht eine oberflächliche Ähnlichkeit zwischen der hydraulischen Gesellschaft und dem feudalen Europa. In der hydraulischen Gesellschaft wurde die Mehrheit der nicht sehr zahlreichen industriellen Werkstätten von Staats wegen betrieben; im merkantilistischen Okzident waren sie vorwiegend im Besitz von Privateigentümern, die in wechselndem Maße von der Regierung beaufsichtigt wurden. In den Küstenstadtstaaten des klassischen Griechenlands war die Regierung weder qualifiziert noch geneigt, als industrieller Unternehmer zu fungieren. Die Herrscher des mittelalterlichen Europas verfolgten eine durchaus andere Gewerbepolitik. In ihren herrschaftlichen Werkstätten beschäftigten sie eine Anzahl von leibeignen Handwerkern, die für die Bedürfnisse ihrer Herren produzieren mußten. Die Arbeit der Leibeignen wurde auch für den Bau »großer Häuser« (Schlösser) eingesetzt. Die Ähnlichkeit zwischen dem feudalen System der Gruppenarbeit im Interesse der Gutsherren und dem hydraulischen System der Staatsform ist offenkundig. Wiederum indessen ist die funktionelle Ähnlichkeit begrenzt durch den Unterschied in der gesellschaftlichen Ordnung. Die mittelalterlichen Könige und Barone konnten nur über die Arbeitskräfte ihrer eigenen Domänen und Güter verfügen, während die hydraulischen Herrscher die unqualifizierten Arbeitskräfte großer Gebiete und unter Umständen des ganzen Landes für ihre Zwecke verwenden konnten.

Der entscheidende Unterschied zwischen der hydraulischen Gesellschaft und den drei anderen Gesellschaftsordnungen, die wir zum Vergleich herangezogen haben, liegt, soweit es sich um Gewerbetätigkeit handelt, in der Sphäre des Bauwesens. Hier, mehr als in jedem anderen Wirtschaftszweig, tritt die organisatorische Macht der hydraulischen Gesellschaft schlagend zutage. Hier wurden denn auch Leistungen vollbracht, die keine andere agrarische oder merkantilistische Gesellschaft erzielen konnte.

Die volle institutionelle Tragweite dieser Tatsache springt ins Auge, wenn wir sie mit der entsprechenden agrarischen Entwicklung in Bezug setzen. Die staatlich betriebenen Großwasserwerke machen den Staat zum Herrn der »zuführenden« Großanlagen, von denen der Ackerbau abhängt. Die staatlich betriebenen Bauarbeiten machen den Staat zum Herrn über den umfangreichsten Sektor des großdimensionalen Gewerbes. In den zwei Hauptsphären der Produktion besaß der Staat eine unumstrittene Vormachtstellung operativer Leitung und organisatorischer Macht.

110. Vgl., für die ottomanische Türkei, Anhegger, 1943, S. 5, 8 ff., 22 ff., 123 ff., 126 ff.

In beiden Sphären dirigierte der hydraulische Staat die von ihm mobilisierten Arbeiter durch Anwendung von Methoden, die einem Feudalherrn nur innerhalb eines beschränkten Gebietes zu Gebote standen und die dem kapitalistischen Unternehmer überhaupt nicht zugänglich waren. Die hydraulischen Herrscher konnten im nationalen Maßstab verwirklichen, was die feudalen Monarchen und Lehensherren nur innerhalb ihrer Domänen tun konnten: Sie zwangen die erwachsenen Angehörigen der nichtprivilegierten Schichten zur Fronarbeit.

Fronarbeit ist Zwangsarbeit. Aber ungleich der Sklavenarbeit, die zeitlich unbegrenzt ist, wird der Frondienst periodisch und vorübergehend in Anspruch genommen. Wenn der Fronarbeiter seinen Dienst getan hat, darf er heimkehren und seinen eigenen Angelegenheiten nachgehen.

Infolgedessen ist der Frondienstpflichtige freier als der Sklave, aber weniger frei als der Lohnarbeiter. Er kann nicht auf dem Arbeitsmarkt frei verhandeln; und das ist sogar der Fall, wenn der Staat ihn mit Lebensmitteln versorgt (im alten Nahen Osten oft mit »Brot und Bier«) oder ihm etwas Geld gibt. Im Bereich einer hochentwickelten Geldwirtschaft kann die hydraulische Regierung eine Fronsteuer erheben und mit dem Ertrag die benötigten Arbeiter gegen Bezahlung anwerben, anstatt sie zwangsweise auszuheben. Dieses ungewöhnliche Verfahren wurde in China am Ende der Ming-Dynastie angewandt; und es spielte eine erhebliche Rolle unter der Tsch'ing-(Mandschu-)Dynastie. Hier jedoch wie anderswo bestimmte die Regierung den Lohn willkürlich; und die Arbeiter blieben einer militärartigen Disziplin unterworfen [111].

Außer in offenen politischen Krisensituationen verfügte der hydraulische Staat stets über die Arbeiter, die er brauchte, ganz gleich ob er sie aushob oder anwarb. Der Mogul-Herrscher Akbar konnte »mittels seines *firman* (Befehl) jede beliebige Menschenzahl rekrutieren. Die Massierung von Arbeitskräften war nur durch die Zahl der Einwohner seines Reiches begrenzt.« [112] *Mutatis mutandis* gilt diese Feststellung für alle hydraulischen Kulturen.

111. Boulais, 1924, S. 728.
112. Pant, 1930, S. 70.

Der hydraulische Staat erfüllte eine Mehrzahl wichtiger managerialer Aufgaben [113]. Vor allem unterhielt er wesentliche hydraulische Werke, da er in der agrarischen Sphäre der einzige war, der große, die Produktion vorbereitende und schützende Unternehmen in Gang hielt. Gewöhnlich handhabte er auch die größeren nichthydraulischen industriellen Betriebe, insbesondere die großen Bauunternehmen. Dies war der Fall auch in gewissen »marginalen« Gebieten, in denen die eigentlichen hydraulischen Werke keine Rolle spielten [114].

Der hydraulische Staat unterscheidet sich von den gegenwärtigen totalitären Staaten dadurch, daß er eine agrarische Grundlage hat und daß er nur einen Teil der Wirtschaft des Landes in eigener Regie betreibt. Er unterscheidet sich von den *laissez-faire*-Staaten einer auf Privateigentum beruhenden industriellen Gesellschaft dadurch, daß er in seiner hydraulischen Kernform entscheidende wirtschaftliche Aufgaben mittels ausgehobener Zwangsarbeiter ausführt.

113. Wir verdanken James Burnham den Hinweis auf die potentielle Macht der Manager. Das vorliegende Werk betont die machtmäßige Überlegenheit des öffentlichen (politischen) Organisators nicht nur über den technischen Spezialisten, den Veblen für den Herrn der Zukunftsgesellschaft hielt (s. Veblen, 1945, S. 441 ff.), sondern auch über den Manager der Privatwirtschaft. Diese Feststellung vermindert nicht meine Hochschätzung für den Beitrag, mit dem Burnham durch seinen Begriff des managerialen Führers die Sozialwissenschaft bereichert hat.

114. S. unten, Kap. 6.

DRITTES KAPITEL

Ein Staat, der stärker ist als die Gesellschaft

A. NICHTSTAATLICHE KRÄFTE WETTEIFERN MIT DEM STAAT UM DIE FÜHRUNG IN DER GESELLSCHAFT

Der hydraulische Staat ist ein echter Managerstaat. Diese Tatsache hat weitreichende Folgen für die gesellschaftliche Ordnung. Als Herr der hydraulischen und anderer Riesenunternehmen macht der hydraulische Staat es den nichtstaatlichen Kräften der Gesellschaft unmöglich, sich zu unabhängigen Körperschaften zusammenzuschließen, die dem politischen Apparat das Gegengewicht halten können.

Die Beziehungen zwischen den staatlichen und nichtstaatlichen Kräften der Gesellschaft sind so mannigfaltig wie die Gesellschaftsformen selbst. Alle Regierungen, die diesen Namen verdienen, schützen das Gemeinwesen militärisch gegen äußere Feinde, und sie sorgen für Ordnung im Lande mittels angemessener gerichtlicher und polizeilicher Maßnahmen. Der Umfang, in dem die Staatsgewalt diese und andere Aufgaben durchführt, hängt einerseits davon ab, wie eine bestimmte gesellschaftliche Ordnung staatliches Eingreifen begünstigt oder einschränkt, andererseits von der Entwicklung rivalisierender nichtstaatlicher Kräfte.

Nichtstaatliche Kräfte, die sozialen und politischen Einfluß ausüben können, sind unter anderem Geschlechtsverbände (insbesondere in primitiven Gesellschaften), Vertreter autonomer religiöser Organisationen (häufig in primitiven Kulturen, aber wie die Geschichte der christlichen Kirche zeigt, nicht nur dort), mehr oder weniger selbständige Führer militärischer Einheiten (Häuptlinge jagender und raubender Teilstämme und Herren feudaler Kampfverbände) und Besitzer verschiedener Arten von Eigentum (Geld, Land, Werkzeuge, industrielle Anlagen, Arbeitskraft).

In einigen Fällen stießen vermutlich die aufsteigenden hydraulischen Machthaber auf den Widerstand mächtiger Sippenhäuptlinge oder religiöser Gruppen, die ihre herkömmliche Autonomie aufrechtzuerhalten suchten. In anderen Fällen mögen halbunabhängige Heerführer versucht haben, die Herrscher des hydraulischen Apparats an der Schaffung totaler Macht zu hindern. Den rivalisierenden Kräften fehlte aber die eigentumsmäßige und organisatorische Stärke, die die nichtstaatlichen Kräfte in der griechischen und römischen Antike sowie im mittelalterlichen Europa besaßen. In den hydraulischen Kulturen machten die Inhaber der Staatsgewalt es den nichtstaatlichen

Gruppen unmöglich, sich als unabhängige politische Einheiten zu organisieren. Der Staat wurde stärker als die Gesellschaft [1].

Jedwede Organisation, die ihren Herren uneingeschränkte Gewalt über die ihr unterstehenden Menschen verleiht, kann als ein »Apparat« angesehen werden. Im Gegensatz zum kontrollierten Staat mehrzentriger Gesellschaften war der Staat der einzentrigen hydraulischen Gesellschaft ein wirklicher Apparatsstaat.

B. DIE ORGANISATORISCHE MACHT DES HYDRAULISCHEN STAATES

1. DIE GROSSEN BAUMEISTER DER HYDRAULISCHEN GESELLSCHAFT WAREN GROSSE ORGANISATOREN

Überlegene organisatorische Macht kann verschiedene Wurzeln haben. In einer hydraulischen Ordnung ist die Notwendigkeit einer umfassenden Organisation bedingt durch die umfassenden Bauten, deren Inangriffnahme die agrarische Ordnung nahelegt oder notwendig macht.

Diese Bauten stellen zahlreiche technische Probleme. Sie erfordern immer eine großangelegte Organisation. Wenn man sagt, daß die Herren der hydraulischen Gesellschaft große Baumeister sind, sagt man zugleich, daß sie große Oranisatoren sind.

2. GRUNDLAGEN EINER WIRKSAMEN ORGANISATION: ZÄHLEN UND BUCHFÜHREN

Es ist die Aufgabe des Organisators, ungleichartige Elemente zu einem zusammenhängenden Ganzen zu vereinigen. Er mag dies *ex tempore* tun, wenn er ein einfaches oder vorübergehendes Ziel verfolgt. Er muß aber ausführlichere Vorbereitungen treffen, wenn er eine schwierige und sich wiederholende Aufgabe zu bewältigen hat. Wenn er es mit lebendigen Menschen zu tun hat – mit ihrem Arbeits- oder Kampfpotential, und mit ihrer Fähigkeit, Steuern zu bezahlen –, muß er ihre Zahl und ihre Leistungsfähigkeit kennen. Zu diesem Zwecke muß er die Menschen zählen, und wenn er sie häufig oder regelmäßig verwenden will, dann muß er die Ergebnisse der Zählung festhalten, entweder in seinem Gedächtnis oder, oberhalb des primitivsten Niveaus, mittels besonderer Zeichen oder einer Schrift.

Es ist kein Zufall, daß unter allen seßhaften Völkern die Pioniere der hydraulischen Landwirtschaft und Staatskunst die ersten waren, die rationale Methoden des Zählens und Schreibens entwickelten. Ebensowenig ist es ein

1. Für diese Formulierung s. Milukow, 1898, S. 111.

Zufall, daß die Buchführung der hydraulischen Gesellschaft nicht nur einzelnen Städten, königlichen Domänen und feudalen Gütern galt, sondern den Städten und Dörfern ganzer Länder und Reiche. Die Herrscher der hydraulischen Gesellschaft waren große Baumeister, weil sie große Organisatoren waren, und sie waren große Organisatoren, weil sie große Buchhalter waren.

Die farbigen, mit Knoten versehenen Schnüre (*quipus*), mittels deren die Inkas die Ergebnisse ihrer häufigen Zählungen aufbewahrten [2], zeigen, daß das Fehlen der Schrift kein unüberwindliches Hindernis für das Zählen und Registrieren der Bevölkerung bedeutet. Im vorspanischen Mexiko waren die verschiedenen Arten der Landzuteilung und der damit verbundenen Verpflichtungen sorgfältig in Kodizes dargestellt, und die örtliche Verwaltung beruhte offenbar auf diesen überaus wichtigen Dokumenten [3].

In China bestand eine entwickelte Methode des Schreibens und Zählens bereits unter der Yin (Schang)-Dynastie, im zweiten Jahrtausend v. Chr. Unter der nachfolgenden Tschou-Dynastie gab es Volkszählungslisten für die Militär- und Arbeitsaushebungen sowie für die Berechnung der staatlichen Einnahmen und Ausgaben. Wir haben dokumentarische Beweise für ein ins einzelne gehendes System des Zählens und Registrierens im Staate des Tschou-Souveräns [4]; und wir wissen, daß am Ende der Tschou-Zeit die Bevölkerung im großen nordwestlichen Lande Tsch'in [5] sowie in Tsch'i registiert war. In Tsch'i soll jedes Jahr im Herbst eine Volkszählung veranstaltet worden sein [6]. In dieser Jahreszeit wurden auch unter der ersten langlebigen kaiserlichen Dynastie, Han, die Menschen gezählt [7]. Erhalten gebliebene Verzeichnisse auf Bambusrohr zeigen, daß die Register nach einem festen Muster angefertigt wurden [8]. Zwei Sätze von Volkszählungslisten, die einen Teil der offiziellen Geschichte der Han-Dynastie bilden [9], enthalten die umfangreichsten demographischen Angaben, die von allen Kulturen jener Zeit, das römische Reich eingeschlossen, auf uns gekommen sind.

Die spätere Geschichte der chinesischen Volkszählung bietet viele Fragen, die wir noch nicht beantworten können. Die Methoden und die Genauigkeit der Verfahren wechselten im Laufe der Zeit beträchtlich; zweifellos aber war es immer der Staat, der die Zählungen vornahm. In irgendeiner Weise

2. Garcilaso, 1945, II, S. 23 ff., 25 ff.; Cobo, HNM, III, S. 295 ff.; Rowe, 1946, S. 264.

3. Torquemada, 1943, II, S. 546 ff.

4. *Kuo Yü*, 1. 8 ff.

5. *Shih Chi*, 6.50a

6. *Kuan Tzü*, 3.17–18.

7. *Hou Han Shu*, 10A. 4a.

8. *Kuan T'ang Chi Lin*, 11.5b–6a.

9. *Han Shu* 28A, 28B; *Hsü Han Chih*, 19–23.

verstand es die kaiserliche Bürokratie immer, sich ein Bild von den verfügbaren menschlichen und materiellen Hilfsquellen zu machen.

Dasselbe trifft auch für Indien zu. Das *Arthasastra* [10] und die islamischen Quellen [11] bezeugen das Bestreben der einheimischen und ausländischen Herrscher Indiens, ihre Untertanen zu zählen und die Staatseinnahmen zu schätzen. Und das war keine akademische Angelegenheit. Megasthenes stellte fest, daß verschiedene Beamtengruppen im Maurya-Reich beauftragt waren, die Äcker zu messen und die Bevölkerung zu zählen [12]. Viele Inschriften erwähnen die Bevölkerungslisten, die während der letzten Periode der Hinduherrschaft in Indien angefertigt wurden [13].

Abgesehen von China sind wir wahrscheinlich am besten über das Volkszählungswesen im Nahen Osten unterrichtet. Die ältesten entzifferten Inschriften, die Aufschlüsse über die Wirtschaft einer mesopotamischen Tempelstadt vermitteln, enthalten sehr umfangreiche Angaben über Land, Volk, Agrikultur und öffentliche Dienste [14]. Im pharaonischen Ägypten wurden seit den Zeiten des Alten Reiches regelmäßig Volkszählungen durchgeführt [15]. Dokumentarische Belege für die enge Beziehung zwischen Volkszählung, steuerlichen und persönlichen Verpflichtungen sind nur für das Mittlere und das Neue Reich erhalten, aber das Fehlen älterer Angaben ist gewiß nur dem Zufall zuzuschreiben [16]. Kurz vor dem Beginn der hellenistischen Periode wurden Menschen und Eigentum offenbar alljährlich registriert [17]; und die Ptolemäer übernahmen wahrscheinlich das hergebrachte System. Die Papyri lassen vermuten, daß zu Kontrollzwecken zwei Kataster angelegt wurden, der eine in den einzelnen Dörfern und der andere in der Hauptstadt [18].

Unter den nachfolgenden Machthabern wurden die Methoden des Zählens der Menschen und des Eigentums, insbesondere der Felder, vielfach geändert, aber wie in Indien und China blieb das Grundprinzip dasselbe. Die Römer traten die hellenistische Erbschaft an [19], und das System der Oströmer diente den Arabern als Muster [20]. Die Mamelucken behielten die alterprobte Art

---

10. *Arthaçāstra*, S. 86 ff.

11. Smith, 1926, S. 376.

12. Strabo, 15. 1. 50 f.

13. Appadorai, 1936, II, S. 683 ff.

14. Deimel, 1924, *passim; ders.*, 1927, 1928.

15. Breasted, 1927, I, S. 54, 59, und *passim;* vgl. Meyer, GA, I, Teil 2, S. 159 ff.

16. Wilcken, 1912, S. 173 und Anm. 3.

17. A. a. O., S. 173.

18. A. a. O., S. 178 ff., 206.

19. A. a. O., S. 192 ff.

20. A. a. O., S. 237 ff.; s. für Einzelheiten über die Kataster unter den Arabern de Sacy, 1923, II, S. 220 ff.

der Buchführung bei [21]. Die ottomanischen Türken verordneten, als sie auf der Höhe ihrer Macht waren, daß »alle 30 Jahre eine Volkszählung durchgeführt wurde, daß man die Toten und Kranken strich und daß man diejenigen, die nicht auf den Listen standen, neu eintrug«[22].

3. ORGANISATORISCHE UND HYDRAULISCHE VERWALTUNG

Ein Blick auf die zentralen und lokalen Sitze der hydraulischen Verwaltung vergegenwärtigt uns die ursprüngliche Bedeutung des Wortes »Bürokratie«: »Regierung durch Büros«. Die Macht im agrarmanagerialen Bereich stand in der Tat in engem Zusammenhang mit der »bürokratischen« Herrschaft, die die Regierung über ihre Untertanen ausübte.

a. Organisatorische Aufgaben, die aus hydraulischen und anderen Großbauten erwachsen

Wie bereits festgestellt wurde, sind organisatorische Großleistungen erforderlich für Großbauten, die der agrarische Apparatstaat plant, und die vor allem in ihrer hydraulischen Form eine entscheidende Rolle spielen bei der Kristallisierung der gesamten Sozialordnung. Da wir uns im vorigen Kapitel recht ausführlich mit der Bautätigkeit der hydraulischen Gesellschaft befaßt haben, können wir uns hier darauf beschränken, die entscheidende Bedeutung der Organisation auf diesem Gebiete herauszuarbeiten.

b. Hydraulische Verwaltung

Die hydraulische Verwaltung (im Unterschied zur hydraulischen Bautätigkeit) befaßt sich vor allem mit der Verteilung des Berieselungswassers und der Überwachung des Hochwassers. Im allgemeinen erfordern diese beiden Tätigkeiten den Einsatz einer viel kleineren Anzahl von Menschen als Bau- und Reparaturarbeiten; aber die Personen, die diese Aufgaben erfüllen, müssen sehr eng zusammenarbeiten. Megasthenes betont die Sorgfalt, mit der die Beamten des Maurya-Reiches die Kanäle öffneten und schlossen, um die Verteilung des Berieselungswassers zu regeln [23]. Das sehr schematische Handbuch der chinesischen Staatskunst, das *Tschou Li*, erwähnt Beamte, die damit beauftragt waren, das Berieselungswasser aus den Staubecken und größeren

21. Gaudefroy-Demombynes, 1923, S. XLI; Wiet, 1937, S. 482; *ders.*, 1932, S. 257; vgl. Björkman, 1928, *passim*.
22. Wright, 1935, S. 119; vgl. Lybyer, 1913, S. 167 ff.; Gibb und Bowen, 1950, S. 167 ff.
23. Strabo, 15. 1. 50; Smith, 1914, S. 132.

Kanälen in die kleineren Kanäle und Gräben zu leiten [24]. Eine oft angeführte Stelle in Herodots Geschichtswerk beschreibt, wie im achämenidischen Persien der König in eigner Person die größeren hydraulischen Operationen überwachte: »Der König ... gibt Befehl, denen, die es am meisten nötig haben, die zu ihnen führenden Schleusen zu öffnen. Wenn aber ihr Land das Wasser aufgesogen hat und gesättigt ist, werden diese Schleusen geschlossen, und er befiehlt, andere für andere von den übrigen zu öffnen, die es am meisten nötig haben.«[25]

Wenn Megasthenes und Herodot auch keine Einzelheiten über die Organisation mitteilen, lassen sie doch keinen Zweifel darüber, daß der Staat das Berieselungswasser verteilte. Solche Einzelheiten sind begraben in Verwaltungshandbüchern und Verordnungen, die infolge ihres vorwiegend technischen Charakters die Forscher wenig interessiert haben. Unter den Ausnahmen sind einige Berichte aus Persien aus dem 10. und 16. (oder 17.) Jahrhundert, sowie die Texte von Bewässerungsvorschriften, die man auf Bali gefunden hat.

Die Dokumente über die persischen Verhältnisse zeigen, mit welcher Sorgfalt das verfügbare Wasser zugeteilt wurde. Sie beleuchten auch die genaue Zusammenarbeit zwischen dem »Wassermeister« (mirab), seinen Beamten und Gehilfen, und den Dorfhäuptlingen [26]. Die balinesischen Quellen veranschaulichen die Arbeitsweise einer hoch integrierten hydraulischen Ordnung. Der Herrscher und sein Minister, der für das Einbringen der Abgaben und die Landwirtschaft zuständig ist (sedahan-agong), treffen die wichtigsten Entscheidungen darüber, wann und wie die verschiedenen lokalen hydraulischen Einheiten, die subak, zu überschwemmen sind [27]. Der offizielle Leiter einer Gruppe solcher Einheiten überwacht die Zufuhr für jeden einzelnen subak [28], und der Chef der örtlichen Einheit, der klian-subak, koordiniert die Arbeit der Einzelbauern, die feierlich schwören, den Regeln zu folgen, wenn die Reisfelder, sawah, überschwemmt werden [29]. »Die regelrechte Verteilung des Wassers unter die verschiedenen sawah-Besitzer geschieht daher außerordentlich sorgfältig und auch mit wohlbegründeter Überlegung. Nicht zu jeder

24. Chou Li, 16.5a; vgl. Biot, 1851, I, S. 367.

25. Herodot, 3.117.

26. Lambton, 1948, S. 589 ff.; ders., 1938, S. 665 ff. Arabische Quellen beschreiben die Organisation des Bewässerungssystems in Ostpersien zur Zeit des abbasidischen Kalifates. Der Chef des Wasseramtes in Merw »hatte 10 000 Knechte unter sich und war bedeutender als der Polizeikommandant des Bezirks«. Dem Staudamm unterhalb der Stadt waren etwa vierhundert Wachleute zugeteilt; und die Technik des Messens und Verteilens des Wassers war bis in die kleinsten Einzelheiten geregelt (Mez, 1922, S. 423 ff.). Für die Institution des Wassermeisters im alten und modernen Südarabien s. Grohmann, 1933, S. 31.

27. Eck und Liefrinck, 1876, S. 231; Wirz, 1929, S. 7.

28. Wirz, 1929, S. 5, 13.

29. A. a. O., S. 13.

Zeit kann ein sawah-Besitzer über den ihm zukommenden Wasseranteil verfügen. Da, wo das Wasser sehr rar ist, müssen die verschiedenen sawah-Besitzer, auch wenn sie zu einem und demselben subak gehören, sich in das vorhandene Wasser teilen, und ihre sawah nacheinander berieseln lassen.«[30]

Die organisatorischen Maßnahmen, die die Verteilung des Berieselungswassers mit sich bringt, erfordern ein Höchstmaß von Sorgfalt und zentralisierter Leitung. Häufig gibt es Streit zwischen den Bauern und zwischen den *subak*. »Könnte ein jeder sawah-Besitzer tun, was ihm beliebt, so würde bald die größte Unordnung resultieren, und würden die tiefer liegenden subak wohl überhaupt nie zu ihrem Wasser kommen.« Diese Probleme werden jedoch alle erfolgreich gelöst, weil »die Handhabung der Wasserverteilung und des Wasserrechtes in den Händen einer einzigen Person liegen.«[31]

Die Kontrolle des Überschwemmungswassers erfordert nur unter besonderen Umständen größere organisatorische Anstrengungen. Ein operatives Problem entsteht vor allem dort, wo die periodische Überschwemmung eines größeren Wasserlaufs das Bewässerungssystem und die Sicherheit der von ihm abhängenden Menschen bedroht. Auf Bali müssen die Oberläufe des Flusses überwacht werden. Speziell dafür angestellte Leute versehen diesen Dienst im Rahmen ihrer Fronarbeitspflicht[32]. Im kaiserlichen China setzte die Regierung, sogar in Zeiten des Verfalls, Tausende von Menschen zur Abwehr drohender Überschwemmungen auf den ausgedehnten Flußdeichen ein[33]. Von 1883 bis 1888 mobilisierte die ägyptische Regierung für die nämliche Aufgabe jährlich etwa 100 000 frondienstpflichtige Menschen[34].

4. DIE ORGANISATION DES STAATLICHEN SCHNELLVERKEHRS UND NACHRICHTENWESENS

Unter den Bedingungen einer hydraulischen Landwirtschaft ist es notwendig, gewisse große Bau- und Verwaltungstätigkeiten zu organisieren. Andere organisatorische Maßnahmen haben nicht die gleiche Dringlichkeit, sie werden aber durch eine politische Ökonomie ermöglicht, die die Regierung veranlaßt, dirigierende und koordinierende Zentren in allen wichtigeren Bereichen der Produktion einzurichten. Das hydraulische Regime, das – im Gegensatz zum typischen Feudalstaat – in seiner Autorität nicht auf eine königliche Domäne und eine Reihe königlicher Städte beschränkt ist, hat seine Beamten und Offiziere in allen größeren Niederlassungen, die demzufolge durchweg den Charakter von Verwaltungs- und Garnisonsstädten tragen.

30. A. a. O., S. 14.
31. A. a. O.
32. Eck und Liefrinck, 1876, S. 230.
33. Wittfogel, 1931, S. 263.
34. Willcocks, 1889, S. 339.

Die Wirksamkeit staatlicher Kontrolle hängt erstens von der politischen und fiskalischen Stärke der regierenden Gewalt ab; sie hängt ferner von der Möglichkeit ab, Befehle und Befehlshaber den untergeordneten Zentren der Macht zuzuleiten. Der Wunsch, durch die Beherrschung des Verkehrs Macht auszuüben, kennzeichnet alle politischen Hierarchien; aber die Umstände entscheiden, in welchem Maße dieser Wunsch befriedigt werden kann. Ein feudaler Herrscher legte ebenso großen Wert auf schnelle Verbindungen wie der orientalische Despot, aber die Begrenztheit seiner Verwaltungszentren und das institutionell bedingte Fehlen guter Straßen machte es ihm unmöglich, seine Anordnungen ebenso schnell und sicher zu befördern, wie das der hydraulische Herrscher konnte.

Die Entwicklung großer Verkehrsstraßen und Schiffahrtskanäle ist nur ein anderer Ausdruck des außerordentlichen baulichen Potentials der hydraulischen Gesellschaft. Die Entwicklung eines wirksamen Verkehrssystems ist gleichfalls nur ein weiterer Ausdruck ihres außerordentlichen Organisationspotentials. Fast alle hydraulischen Staaten befestigten ihre Macht durch ein umfassendes Post- und Nachrichtenwesen.

Die Ausdrücke »Post« und »Postwesen« deuten an, daß in bestimmten Abständen längs gewisser Straßen Menschen postiert sind. Das Wort »Relaissystem« bezeichnet das geregelte Zusammenwirken der so postierten Personen. Die Ausdrücke werden hier als gleichbedeutend verwandt. Es wird dabei vorausgesetzt, daß sie, im Rahmen dieser Untersuchung, sich auf eine Organisation beziehen, die vom Staate zu staatlichen Zwecken unterhalten wurde. Gelegentlich beförderte die Post auch seltene und leicht verderbliche Waren (Obst und Fische für den Hof, usw.), vor allem aber diente sie der Beförderung privilegierter Personen (Gesandte, Beamte, ausländische Diplomaten), von Boten und Botschaften – darunter solche der vertraulichsten, wichtigsten und delikatesten Art.

In der dezentralisierten Gesellschaft des mittelalterlichen Europas schufen Einzelpersonen, Berufsgruppen (Kaufleute, Metzger) oder Städte Überlandverbindungen, lange bevor die Regierung einen regelmäßigen Postdienst zu organisieren begann [35]. Auch in der hydraulischen Welt kamen Verbindungen vor, die von Privatpersonen geschaffen waren [36], aber sie konnten nicht mit dem hochentwickelten und wirksamen staatlichen Relaissystem konkurrieren. Die Vertreter des orientalischen Staates behandelten die Post als eine politische Einrichtung. Sie monopolisierten auf diese Weise den schnellen Verkehr. In Verbindung mit einem umfassenden Nachrichtendienst wurde dies ein mächtiges Mittel gesellschaftlicher Kontrolle.

Die hydraulischen Länder Altamerikas entwickelten einfache, aber sehr effektive Formen eines Relaissystems. Da Zugtiere fehlten, wurden Meldun-

35. Sombart, 1919, II, S. 373 ff.
36. Vgl. Grant, 1937, S. 241.

gen von Läufern überbracht, die in Mexiko so gut wie keine Straßen, aber im Andengebiet vorzügliche staatliche Verkehrsstraßen benutzen konnten. Die mexikanischen Wechselstationen sollen ungefähr zwei Wegmeilen (etwa 10 km) voneinander entfernt gewesen sein [37]. Torquemada berichtet, daß die Geschwindigkeit, mit der Botschaften befördert werden konnten, einhundert Wegmeilen (etwa 500 km) pro Tag übertroffen haben soll [38] – zweifellos eine Übertreibung, die das Staunen des Autors widerspiegelt. Die Stationen längs der Inkastraßen lagen dichter beieinander, mitunter waren sie nur 1200 m voneinander entfernt. So wurden Geschwindigkeiten von 240 km pro Tag erreicht. Cobo teilt mit, daß eine Botschaft von der Küstenstadt Lima nach Cuzco, der Hauptstadt des *altiplano*, über ungefähr 650 km schwierigen und oft steilen Geländes, in etwa drei Tagen befördert wurde. Hundert Jahre später brauchte die spanische Pferdepost für dieselbe Strecke zwölf bis dreizehn Tage [39]! Während des Dienstes mußten die Läufer von den Ortschaften, durch die die Straßen führten, verpflegt werden [40]. Überhaupt hatten in allen hydraulischen Ländern die Menschen, die in der Nähe der Poststraßen wohnten, die Stationen mit Lebensmitteln zu versehen, Hilfsarbeiten zu leisten und die Last- und Zugtiere, Wagen, Tragstühle oder Boote beizubringen, die die Beamten der Relaisstationen anforderten.

Die Inkas sollen ausgezeichnet über die entferntesten Gegenden ihres Reiches unterrichtet gewesen sein [41]. Die umfassende Organisation des Postsystems im achämenidischen Persien machte auf Herodot einen tiefen Eindruck [42]. Auch Briefe von Privatpersonen konnten auf diesem Wege befördert werden; aber aus Sicherheitsgründen wurden sie von den Postbeamten gelesen [43]. Xenophon betonte die Bedeutung der Post für das Nachrichtenwesen: Mittels der königlichen Post konnte der achämenidische König »aus noch so weiter Entfernung sich vom Stande der Dinge Kenntnis verschaffen«[44].

Die Technik der römischen Staatspost ist oft beschrieben worden. Die Anlage ihrer größeren und kleineren Stationen (*mansiones* und *mutationes*) sowie die Gesamtorganisation waren in der Tat bemerkenswert [45]. Man muß hierbei bedenken, daß vom Anfang an der *cursus publicus* hauptsächlich der

37. Prescott, 1936, S. 29.
38. Torquemada, 1943, II, S. 536.
39. Cobo, HNM, III, S. 269; Rowe, 1946, S. 231 ff.; Cieza (1945, S. 137) gibt für die Überbringung eines Berichts über diese Entfernung acht Tage an.
40. Cieza, 1943, S. 125; Rowe, 1946, S. 231.
41. Cieza, 1943, S. 126.
42. Herodot, 5.52 f., 7.239, 8.98; vgl. Christensen, 1933, S. 283 ff.; Olmstead, 1948, S. 299.
43. Herodot, 7.239.
44. Xenophon, 8. 6. 17.
45. Vgl. Seeck, 1901, S. 1847 ff.

Information des kaiserlichen Hofes dienen sollte [46]. Als Augustus die Post gründete, schuf er zugleich die Grundlage für ein umfassendes Nachrichtensystem. Spezialbeamte, zunächst *frumentarii* und seit Diokletian *agentes in rebus* genannt, arbeiteten mit der technischen Beamtenschaft zusammen. Ihre Tätigkeit verstärkte die Macht der Autokratie über ihre Untertanen erheblich [47].

Zu Beginn der byzantinischen Zeit war das Postsystem anscheinend vorzüglich [48]. Prokop zufolge konnten die Kuriere in einem Tage eine Strecke zurücklegen, für die man sonst zehn Tage brauchte [49]. Die Sassaniden-Könige Persiens übernahmen die achämenidischen Verkehrseinrichtungen. Sie unterhielten einen gut funktionierenden Postdienst, der wie vorher wesentlich staatlichen Zwecken diente [50].

Man nimmt allgemein an, daß die Kalifen ihr Postsystem dem persischen nachgebildet haben [51]; und dies scheint richtig zu sein bis auf einen wichtigen Punkt. Die Araber, die die Traditionen der Steppe und der Wüste pflegten, ritten zu Pferde oder benutzten Kamelkarawanen. Sie legten daher wenig Wert auf die guten Landstraßen [52], die bis zur Sassaniden-Zeit den Ruhm des nahöstlichen Postdienstes ausgemacht hatten. Im übrigen suchten auch die Araber die staatliche Post in gutem Zustand zu erhalten. Im 9. Jahrhundert soll das Kalifat über 900 Relaisstationen gehabt haben [53].

Unter den Kalifen war der Generalpostmeister oft zugleich der Chef des Nachrichtendienstes [54]. In einer Bestallungsurkunde aus dem mohammedanischen Jahre 315 (927–928 in unserer Zeitrechnung) wird klar gesagt, daß der Kalif vom Leiter des Postdienstes die ins einzelne gehende Beobachtung der Landwirtschaft, der Lebensverhältnisse der Bevölkerung, des Verhaltens der Richter, der Münze sowie anderer wichtiger Angelegenheiten erwartete. Die Geheimberichte hatten spezifische Angaben über die verschiedenen Beamtengruppen, die Richter, Polizeibeamte, Steuereinnehmer usw. zu enthalten [55]. Die Direktiven erörtern eingehend die bei der Sammlung und systematischen Verarbeitung der Informationen anzuwendenden Methoden.

Die Fatimiden setzten in bezug auf die Post die Tradition ihrer arabischen Vorgänger fort [56]. Die Mamelucken waren nicht minder darauf bedacht, den

46. Suetonius Augustus, 1886, S. 61.
47. Riepl, 1913, S. 459; Hudemann, 1878, S. 81 ff.
48. Bréhier, 1949, S. 324.
49. Procopius, *Anecdota*, 3. 1. 30 = Bréhier, 1949, S. 326.
50. Christensen, 1944, S. 129.
51. Gaudefroy-Demombynes, 1923, S. 239, Anm. 1; Björkman, 1928, S. 40.
52. Mez, 1922, S. 461.
53. Ibn Khordādhbeh, 1889, S. 114.
54. Mez, 1922, S. 70.
55. A. a. O., S. 71.
56. Björkman, 1928, S. 41.

staatlichen Postdienst, der die ägyptische Metropole mit den verschiedenen Landesteilen Syriens verband, aufrechtzuerhalten [57]. Qalqashandi betont den Zusammenhang zwischen dem regelmäßigen Postsystem und der Organisation des Nachrichtendienstes und der Spionage. Staatliche Büros, die sich mit diesen Angelegenheiten befaßten, waren dem gleichen Ministerium unterstellt, nämlich dem *Diwan* der Korrespondenz [58]. Die Kuriere der ottomanischen Regierung besorgten den politischen und administrativen Briefverkehr in allen Teilen des ottomanischen Reiches [59].

Megasthenes erwähnt die Tätigkeit von besonderen Geheimdienstbeamten im Indien der Mauryas [60]; und das *Arthasastra* sowie das Gesetzbuch des *Manu* erörtern recht eingehend die von Spitzeln anzuwendenden Methoden [61]. Texte, die sich mit der Guptaperiode (3. bis 8. Jahrhundert) befassen, beleuchten die Beziehungen zwischen dem staatlichen Kuriersystem und dem Geheimdienst [62]. Solche Beziehungen lassen sich auch für die mohammedanische Periode nachweisen [63]. In der Mogulzeit war der örtliche Nachrichtendienst bürokratisch unter einem Beamten organisiert, der *kotwāl* hieß [64]. Anscheinend war der staatliche Nachrichtendienst mit dem Straßensystem verknüpft, dessen öffentliche Wirtshäuser (*sarāis*) und andere Einrichtungen »in Übereinstimmung mit dem Brauch der besten Hindukönige der alten Zeiten« organisiert waren [65].

In China entwickelte sich das Relaissystem zusammen mit den staatlichen Verkehrsstraßen und den Schiffahrtskanälen. Ältere Ansätze fortsetzend und ausbauend [66], schufen die Herrscher des Kaiserreiches einen Postdienst, der sich mit zahlreichen Unterbrechungen und Modifizierungen über zweitausend Jahre erhielt. Die kaiserliche Post verschaffte der Regierung schnelle und vertrauliche Berichte über alle Landesteile. Während der Han-Zeit steckten aufständische Barbaren häufig Poststationen in Brand [67]. Ein Hochwürdenträger mit dem Titel König von Yen, der auf dem Wege der Verschwörung

57. Sauvaget, 1941, *passim*; Gaudefroy-Demombynes, 1923, S. 239 ff.; Grant, 1937, S. 239.

58. Björkman, 1928, S. 43; s. auch Sauvaget, 1941, S. 44 ff.

59. Grant, 1937, S. 243.

60. Strabo, 15. 1. 48.

61. *Arthaçāstra*, S. 230 ff., und *passim*; *Manu*, 1886, S. 387 ff.; vgl. *Vishnu*, 1900, S. 17.

62. Saletore, 1943, S. 256 ff.

63. Vgl. Sabahuddins aufschlußreichen Bericht über das Postsystem im islamitischen Indien (Sabahuddin, 1944, S. 273 ff., 281). Vgl. auch Ibn Batoutah, 1914, S. 95; Bābur, 1921, S. 357.

64. Smith, 1926, S. 382.

65. A. a. O., S. 414.

66. S. *Kuo Yü*, 2.22 ff.

67. *Hou Han Shu*, 86.5a, 89.22b, 87.22b–23a.

die Kaiserwürde zu erlangen trachtete, entwickelte sein eigenes Relaissystem für einen schnellen Nachrichtendienst[68]. Ein flüchtiger Beamte, der von der Regierung gesucht wurde, beklagte sich später, daß man bei der Suche nach ihm Meldungen durch den Postdienst und mittels des Postpferdesystems weitergeleitet hätte und daß man auf diese Weise überall auf ihn aufmerksam gemacht habe. Seine Verfolger »untersuchten jeden Fußstapfen« und »verfolgten jede Wagenspur«. Schließlich zog sich das Netz, das »über das ganze Reich gesponnen wurde«, um den Flüchtling zusammen. Er wurde ergriffen und hingerichtet[69].

Das Relaissystem der T'ang-Dynastie (618–907) verfügte über mehr als 1500 Stationen, von denen fast 1300 dem Überlandverkehr und 260 dem Wasserverkehr dienten, während 86 für beide Zwecke bestimmt waren[70]. Die Post der Liao-Dynastie war ebenfalls ausschließlich Staatszwecken vorbehalten, und ihre Unterhaltung lag der Bevölkerung ob. »Jeder Kreis sollte seine eigenen Relaisstationen haben, für die die örtliche Bevölkerung die notwendigen Pferde und Ochsen zu liefern hatte.«[71]

Angesichts dieser Präzedenzfälle mutet Marco Polos Bericht über das Postsystem des mongolischen China nicht unwahrscheinlich an, zumal wenn wir uns vergegenwärtigen, daß das Reich des Großen Chans viele »weglose Gebiete« umfaßte[72]. Die mongolischen Herrscher Chinas hielten eine ungewöhnlich große Anzahl von Pferden. Aber es ist bemerkenswert, daß diese berittenen Eroberer außer vielen größeren »Pferdeposthäusern« auch zahlreiche kleinere Stationen für Meldeläufer besaßen. Dank diesen Läufern, deren Zahl »immens« war, erhielt das mongolische Kaiserreich Eilnachrichten in einem Tag und einer Nacht von Orten, die zehn Tagesreisen entfernt lagen[73].

Meldeläufer ergänzten die Pferde- und Schiffspost bis zur letzten kaiserlichen Dynastie, Tsch'ing (1616–1912). Im Jahre 1825 unterhielt die Post ein ausgedehntes Netz von Haupt- und Nebenstraßen mit mehr als 2000 Stationen für Eilbeförderung und ungefähr 15 000 Stationen für Läufer. Für jene waren im Etat 30 526 Pferde und 71 279 Bedienstete, dazu 47 435 Läufer vorgesehen. Diese Zahlen beziehen sich nur auf das technische Personal. Der offizielle und der geheime Nachrichtendienst wurden von regionalen und lokalen Beamten versorgt, deren Wachsamkeit durch die Androhung schwerer Strafen stimuliert wurde.

Es ist klar, daß die Aufrechterhaltung eines solchen riesigen Verkehrssystems eine enorme organisatorische Leistung bedeutete. Es ist nicht minder

68. Han Shu, 63.11a.
69. Hou Han Shu, 16.34b–35a.
70. Wittfogel und Fêng, 1949, S. 161 ff.
71. A. a. O., S. 162.
72. Marco Polo, 1929, I, S. 434 ff.
73. A. a. O., S. 435.

klar, daß solch ein System außerordentliche Möglichkeiten für die schnelle Beförderung vertraulicher Nachrichten schuf. Die Provinz Tschili, in der die
Hauptstadt lag, hatte allein 185 Eilbeförderungsstationen und 923 Poststationen für Boten zu Fuß. Die Zahlen für Schantung sind 139 und 1062,
für Schansi 127 und 988, für Schensi 148 und 534, für Szetschuan 66 und
1409, für Yünnan 76 und 425. Während des 17. und 18. Jahrhunderts wurden vom Gesamtbudget der Tsch'ing-Dynastie nicht weniger als zehn Prozent für den Postdienst bestimmt[74].

5. DIE ORGANISATION DES KRIEGSWESENS IN DER
HYDRAULISCHEN GESELLSCHAFT

Die organisatorische Erfassung der Bevölkerung in Friedenszeiten gibt dem
Staate außerordentliche Möglichkeiten für koordinierte Massenaktion in
Kriegszeiten. Dies tritt klar zutage, wenn wir solche wesentliche Aspekte des
Militärwesens betrachten wie die Monopolisierung und Koordinierung mili-
tärischer Tätigkeit, die Organisation des Nachschubs, die Militärwissen-
schaft und den potentiellen Umfang der Streitkräfte. Eine vergleichende
Übersicht über diese und ähnliche Aspekte enthüllt die institutionellen Eigen-
tümlichkeiten der hydraulischen Gesellschaft auch auf militärischem Gebiet.

a. Monopolisierung und Koordinierung

Der Lehnsherr eines Feudalstaates hatte kein Monopol der militärischen Aktion. Gewöhnlich konnte er seine Vasallen nur für eine beschränkte Zeit mobilisieren, ursprünglich vielleicht auf drei Monate, und später auf vierzig Tage,
während die kleinen Lehnsleute oft nur zwanzig oder zehn Tage und mitunter noch weniger lange zu dienen brauchten[75]. Diese zeitlich befristete Mobilisierung betraf außerdem nur einen Teil der waffenfähigen Mannschaft
des Vasallen, etwa ein Drittel oder ein Viertel oder noch weniger[76]. Und oft
war dieser Bruchteil der wehrfähigen Bevölkerung nicht einmal verpflichtet,
dem Souverän Heerfolge zu leisten, wenn er außer Landes Krieg führte[77].
  Der König oder Kaiser besaß volle Verfügungsgewalt nur über seine eigenen Truppen, und diese bildeten nur einen, oft einen nicht sehr beträchtlichen,
Teil der zeitweilig zusammengebrachten nationalen Heere. In England beschleunigte die normannische Eroberung das Wachsen der Staatsmacht, aber
sogar dort dauerte es lange, bis die königliche Hausmacht sich völlig durch-

---

74. MS HCS, Ch'ing IV.
  75. Delbrück, GK, III, S. 102 ff., 172; Lot, 1946, I, S. 303, 305; Stubbs, CHE, I,
S. 432, II, S. 277; Vinogradoff, 1908, S. 61 und Anmerkungen 2, 3.
  76. Lot, 1946, I, S. 303 ff.
  77. Delbrück, GK, III, S. 103, 172.

setzte. Im Jahre 1300 veranstaltete der König während des Carlaverock-Feldzuges eine Mobilmachung der »königlichen Garde-Kavallerie«, die nach Tout eine Maximalleistung darstellte. Damals betrug die Hausmacht »ungefähr ein Viertel der Gesamtzahl der Bewaffneten«, im Höchstfalle war sie »einem Drittel näher als einem Viertel«[78]. Im Jahre 1467 versuchte der deutsche Kaiser ein Heer von 5217 Reitern und 13 285 Infanteristen zum Kampf gegen die Türken aufzustellen. Davon sollte der Kaiser 300 Reiter und 700 Fußsoldaten beitragen, sechs Kurfürsten sollten 320, bzw. 740 Mann stellen, 47 Erzbischöfe und Bischöfe 721 und 1813, 21 Fürsten 735 und 1730, eine Reihe von Grafen und Herren 679 und 1383, und 79 Städte 1059 und 2926[79].

In all diesen Beziehungen bieten die Heere des hydraulischen Staates ein ganz anderes Bild. Die Soldaten waren nicht durch demokratische Bestimmungen oder feudale Verträge geschützt. Für ihre Aushebung war es gleichgültig, ob sie Dienstland besaßen oder nicht. Sie waren zur Stelle, wenn der Staat sie rief, sie marschierten, wohin er sie beorderte, sie kämpften so lange, wie ihr Herrscher es verlangte, und in bezug auf die Befehlsgewalt gab es keine Kompetenzfragen: es war klar, wer die Befehle gab und wer gehorchen mußte.

Der ständige Wechsel der vielen bewaffneten Kontingente, die nach dem Lehensvertrag nur kurzfristig zu dienen hatten, war ein Hauptgrund der Unbeständigkeit fast aller größeren feudalen Heere. Ein anderer Grund war das Fehlen unzweideutiger Befehlsverhältnisse. Wo die Stellung des Lehnsherrn wenig mehr war als die eines Ersten unter Gleichen, und wo die zahlreichen Barone stolz auf ihren Privilegien bestanden, da trat oft Auseinandersetzung an die Stelle des Gehorsams. Die militärischen Operationen der Feudalheere waren daher ebenso durch Disziplinlosigkeit wie durch persönliche Tapferkeit gekennzeichnet[8c].

b. Ausbildung und Moral

Das Heer eines hydraulischen Staates mochte viele Soldaten zählen, deren Ausbildung und Moral dürftig waren. In bezug auf ihre Waffenfertigkeit standen diese Soldaten den feudalen Heerhaufen nach, deren Krieger gut ausgebildet waren; und in bezug auf die Moral waren sie durchweg den Kriegern des antiken Griechenlands und des feudalen Europas unterlegen. In planmäßiger Koordination aber kamen sie den antiken Griechen fast gleich, und sie übertrafen in dieser Beziehung bei weitem die europäischen Ritter.

78. Tout, 1937, S. 140 ff.
79. Für eine ins einzelne gehende Aufzählung s. Lot, 1946, II, S. 212.
80. Delbrück, GK, III, S. 260 ff., 263 ff., 304 ff.

GESELLSCHAFTSFORMEN UND MILITÄRISCHE QUALIFIKATION

Qualifikation	Heere der hydraulischen Gesellschaft		Heere des klassischen Griechenlands	Heere des feudalen Europas
	Berufs- soldaten	Ausgehobene Truppen: »Miliz«		
Ausbildung	+	—	+	+
Moral	+	—	+	+
Koordination	+	+	+	—

Erläuterung: + = erheblich entwickelt, — = abwesend oder wenig entwickelt

Die Griechen, die die ausgezeichnete Schulung der orientalischen Elitetruppen anerkannten[81], sprachen mit Verachtung von der schlecht ausgebildeten Masse der Hilfstruppen[82], die offenbar zwangsausgehobene Mannschaften waren. Den meisten fehlte in der Tat der innere Wille zum Zusammenwirken, der den Stolz der griechischen Bürgerheere ausmachte[83]. Dennoch sahen die unordentlichen Heerscharen des mittelalterlichen Europas in den gut koordinierten Truppen der orientalischen Monarchien furchtbare Feinde. Um das Jahr 900 riet der Verfasser der *Tactica*, Kaiser Leo VI.[84], seinen Generälen, »die Undiszipliniertheit und Unordnung [der Franken und Langobarden] auszunutzen«. »Sie haben weder Organisation noch Schulung« und demzufolge »greifen sie, als Fußsoldaten und Berittene, in dichten, ungefügen Haufen an, die nicht manövrieren können«[85]. In der Organisation der westlichen Heere »gibt es nichts, das man mit unserer eigenen ordentlichen Einteilung in Bataillone und Brigaden vergleichen kann«. Ihre Lagertechnik ist kümmerlich, und man kann sie deshalb leicht während der Nacht angreifen. »Sie verstehen es nicht, ihre Verpflegung zu organisieren.« In harten Zeiten zerfallen ihre Verbände, »denn sie haben nicht den geringsten Respekt vor ihren Befehlshabern – jeder Adlige hält sich für ebensogut wie die anderen –

81. S. Herodots Mitteilung über das Gespräch, das der exilierte Spartaner Demarat mit Xerxes führte (Herodot, 7.103 f.).

82. Vgl. Herodot, 9.62 ff.

83. Herodot, 7.104; vgl. Delbrück, GK, I, S. 38 ff.

84. Aus Gründen, die bereits in der Einleitung erörtert wurden, erstreckt sich unsere Darstellung auch auf Byzanz nach den arabischen Eroberungen, auf das Kaiserreich der Liao, die Maya-Gesellschaft und andere »marginale« hydraulische Kulturen. Das Phänomen der »marginalen« (Grenz-) Gebiete der hydraulischen Welt wird im sechsten Kapitel ausführlicher behandelt.

85. Oman, 1924, I, S. 204.

und sie gefallen sich in offenkundigem Ungehorsam, wenn sie unzufrieden werden.«[86]

Dieses Bild eines »westlichen Heeres des 9. oder 10. Jahrhunderts, der Zeit der Entwicklung der feudalen Reiterei«[87], kennzeichnet im großen und ganzen die gesamte Periode des europäischen Feudalismus. Oman beschreibt die Heere der Kreuzfahrer als »eine zusammengewürfelte Schar mit wenig oder keiner Organisation«[88]. »Das Fehlen der Disziplin war ebenso offensichtlich, wie der Hang zum Plündern; absichtlicher Ungehorsam der Offiziere war ebenso allgemein wie unordentliches und ruchloses Benehmen der Mannschaften. Dies war immer so in den feudalen Heeren.[89]«

Der moderne ägyptische Historiker Atiya erklärt den Sieg der Türken im letzten großen Kreuzzug damit, daß den Christen »Einheitlichkeit in Bewaffnung und Einteilung« und eine »gemeinsame Taktik« fehlte. Im Gegensatz dazu war die »türkische Armee... das Muster einer sehr strengen Disziplin, einer kraftvollen und sogar fanatischen Zielstrebigkeit und der Konzentration der obersten taktischen Gewalt ausschließlich in der Person des Sultans«[90].

c. Organisation der Verpflegung

Die Herren der hydraulischen Gesellschaft wandten im Bereich des Militärwesens dieselben organisatorischen Methoden an, deren sie sich mit so großem Erfolg im Bau- und Verkehrswesen bedienten. In vielen Fällen konnten für den Krieg ähnliche Massen ausgehoben werden wie für die Fronarbeit. Die aufgebotenen Truppen marschierten in geordneten Formationen; und das Lagerwesen und der Kundschafterdienst waren oft hochentwickelt. Wenn möglich, lebten die Heere von dem, was sie vorfanden, aber man traf eine Reihe von Vorkehrungen, um etwaigem Mangel an Nahrungsmitteln zu begegnen.

Die Inkas hatten ein »vorzügliches Verpflegungssystem«[91]. Als der Perserkönig Xerxes die Eroberung Griechenlands plante, legte er an mehreren Stellen Verpflegungsmagazine an. »Nachdem er die Örtlichkeiten hatte aussuchen lassen, befahl er die Aufspeicherung dort, wo es am geeignetsten sei, indem der eine es hierhin, der andere dorthin auf schweren Last- und Frachtschiffen von allen Seiten aus ganz Asien brächte.«[92] Die byzantinischen Generäle legten großes Gewicht darauf, ihre Truppen gut zu versorgen[93]. Die Araber und Türken widmeten, als sie auf dem Gipfel ihrer Macht

86. A. a. O., S. 204–205.
87. A. a. O., S. 205.
88. A. a. O., S. 251.
89. A. a. O., S. 252; vgl. Delbrück, GK, III, S. 305, 307, 333, 338 ff.
90. Atiya, 1934, S. 71.
91. Rowe, 1946, S. 274.
92. Herodot, 7. 25.
93. Oman, 1924, I, S. 190 f.

standen, der Verpflegung große Aufmerksamkeit. Sie lösten dieses Problem durch Anwendung von Methoden, die ihrer besonderen Kriegführung entsprachen [94].

Die chinesische Kriegsgeschichte enthält viele Angaben gerade über dieses Thema [95].

d. Planmäßige Kriegführung und Kriegswissenschaft

Die feudale Kriegführung schuf keine Voraussetzungen für die Entwicklung einer Taktik und Strategie [96]. Sie ließ daher auch keine Kriegswissenschaft aufkommen. Die Chroniken des Mittelalters berichten über zahllose Schlachten, und die Autoren von Ritterromanen werden nicht müde, kriegerische Heldentaten zu besingen. Aber sie befassen sich im wesentlichen nur mit den Leistungen einzelner Kämpfer. Taktische Probleme bleiben ebenso bedeutungslos in der Literatur wie in der Wirklichkeit.

In der hydraulischen Welt wurden die organisatorischen Probleme der Kriegführung eingehend erörtert. Militärische Fachleute legten ihre Erfahrungen häufig in Abhandlungen über Taktik und Strategie nieder [97]. Das *Arthasastra* zeigte, daß man in Altindien mit den Problemen des Angriffs und der Verteidigung wohl vertraut war [98]. Das umfangreiche byzantinische Schrifttum über die Kriegskunst spiegelt die vielen Fragen wider, die die Strategie der Verteidigung des Reiches stellte [99].

Die organisatorische Entwicklung der islamischen Kriegführung wird bedeutsam angezeigt: »Allah liebt die, welche für seine Religion (in Schlachtordnung) gereiht so kämpfen, als wären sie ein metallhartes (wohlzusammengefügtes) Bauwerk.«[100] Späterhin wurden militärische Fragen von vielen mohammedanischen Autoren erörtert [101].

Aber keine große hydraulische Kultur hat wohl eine umfangreichere kriegswissenschaftliche Literatur geschaffen als China. Im Gegensatz zu der landläufigen Vorstellung waren die chinesischen Staatsmänner sehr an Militär-

94. Vgl. Fries, 1921, S. 12 ff.; Horn, 1894, S. 57 ff.; Løkkegaard, 1950, S. 99; und Gibb, 1932, S. 39.

95. S. Wittfogel und Fêng, 1949, S. 523 ff., 526 ff.

96. Delbrück, GK, III, S. 303, 333 ff.

97. Das militärische Schrifttum des antiken Griechenlands beweist, daß die Strategen der griechischen Bürgerheere ein ähnliches, theoretisches Interesse an organisierter Kriegführung hatten.

98. *Arthaçāstra*, S. 64 ff., 399 ff., 406 ff., 522, 526 ff.

99. Delbrück, GK, III, S. 207–209; Wittfogel und Fêng, 1949, S. 536; Huuri, 1941, S. 71 ff.

100. *Koran*, 61. 4. Für die Disziplin in Mohammeds Armee s. Buhl, 1930, S. 242, Anm. 97.

101. Wüstenfeld, 1880, *passim;* Ritter, 1929, S. 116, 144 ff.; Huuri, 1941, S. 94 ff.

fragen interessiert, und zwar bereits im Zeitalter der Territorialstaaten, die in dieser, wie in mancher anderen Beziehung, einen hydraulischen, und nicht einen feudalen Charakter trugen. Der Verfasser der *Kriegskunst*, Sun Tzū [102], war ein hervorragender Denker, aber er war keineswegs der einzige große Kriegswissenschaftler seiner Zeit; Sun Ping und Wu Tsch'i wurden ebenso hoch geschätzt [103]; und viele Gedanken Sun Tzūs fußten auf früheren Schriften [104].

Fast jeder große Territorialstaat besaß seine eigene militärwissenschaftliche Schule [105]. Aber ganz gleich, wann die verschiedenen Auffassungen ihre erste Formulierung fanden, in der Periode der Territorialstaaten erhielten sie ihre klassische Form. Aus sehr pragmatischen Gründen blieb im Kaiserreich das Interesse an den Problemen der Kriegführung lebendig. Alle größeren offiziellen dynastischen Geschichten haben seit der T'ang-Zeit (618–907) der Behandlung militärischer Fragen besondere und oft lange Abschnitte gewidmet.

e. Zahlen

Die Herren des hydraulischen Staates, die das Monopol koordinierter militärischer Aktion ausübten, konnten, wenn sie wollten, große Armeen ausheben. Wie bereits angedeutet, ihr Mobilisationspotential war demjenigen des feudalen Europas weit überlegen.

Im mittelalterlichen England übernahmen die Normannen eine Militärordnung, die neben einer feudalen Elite Überreste des älteren Stammesaufgebots umfaßte. Die Eroberer bewahrten und entwickelten diese Ansätze einer nationalen Armee, aber selbst in England vermochte der Feudalstaat nur einen Teil der Bevölkerung zu erfassen. Die Heere der hydraulischen Kulturen waren keinen derartigen Beschränkungen unterworfen. Ihr Umfang wechselte mit den militärtechnischen Faktoren (Überwiegen von Infanterie, Kampfwagen, leichter oder schwerer Kavallerie), mit den wirtschaftlichen Verhältnissen (Natural- oder Geldwirtschaft) und mit den nationalen Zuständen (einheimische Regierung oder Unterwerfung unter ein Eroberervolk). Aber immer waren die Streitkräfte verhältnismäßig zahlreich.

Wenn alle Soldaten zu Fuß kämpfen – entweder, weil es an Zug- und Reittieren fehlt, oder weil der Gebrauch von Kampfwagen und Pferden im Gefecht unbekannt ist –, ist die Anzahl wichtig, selbst wenn verschiedene Heeresteile verschieden bewaffnet und geschult sind. Im alten Mexiko [106] und im Peru der Inkas [107] hob der Staat große Infanterieheere aus. Wenn

---

102. Etwa 500 v. Chr.; s. Wittfogel und Fêng, 1949, S. 534, Anm. 438.

103. *Han Shu*, 30. 25b ff.

104. Sun Tzū, 1941, S. 39.

105. *Han Shu*, 30. 25b–28a.

106. Bandelier, 1877, S. 131, 133 ff.

107. Cobo, HNM, III, S. 270; Rowe, 1946, S. 278.

Kampfwagen und berittene Truppen verwandt werden, mag die Infanterie an Bedeutung und Zahl abnehmen. Das Aufkommen einer Geldwirtschaft fördert die Entwicklung von Söldnerheeren, die entweder die einzige stehende Armee darstellen, oder der »adeligen« Elite zur Seite treten.

Ein wichtiger Faktor ist natürlich die Eroberung. Oft und besonders in den Anfängen einer Eroberungsdynastie wird der fremde Herrscher sich für die Sicherung seiner Macht nur auf die Angehörigen seiner eigenen Nation verlassen. Infolgedessen wird er seine neuen Untertanen nicht allzu sehr mit dem Kriegshandwerk vertraut machen [107a].

Ganz gleich aber, unter welchen Bedingungen die Agrardespotie ihre Armee organisiert, die Vorteile der großen Zahl gehen selten ganz verloren. Die besten Heere differenzierter hydraulischer Gesellschaften umfassen zumeist verschiedene Truppengattungen [108].

Wie oben bereits erwähnt wurde, waren die Feudalheere des mittelalterlichen Europas kleine Einheiten berittener Elitekämpfer. Ein von Karl dem Kahlen geführtes Heer zählte weniger als 5000 Krieger; und an mehreren späteren Feldzügen waren den Quellen nach nur ein paar hundert Reiter beteiligt [109]. Die internationalen Heere der Kreuzzüge zählten, von Ausnahmen abgesehen, ein paar tausend, höchstens 10 000 Mann [110]. Dagegen verfügten die Araber über ausgezeichnete berittene Elitetruppen, die durch beträchtliche Hilfseinheiten ergänzt wurden [110a].

Die stehenden Heere der ersten omajadischen Kalifen sollen ungefähr 60 000 Mann umfaßt haben, und Ibn al-Athīr teilt mit, daß der letzte Herrscher jener Dynastie über 120 000 Soldaten verfügte [111]. Harun al-Raschīd unternahm einmal einen Sommerfeldzug mit 135 000 regulären Soldaten, und einer nicht näher angegebenen Zahl Freiwilliger [111a].

Ein Vergleich der Heere des feudalen Europa mit denen des Kalifats von Cordoba ist ähnlich aufschlußreich. Islamischen Quellen zufolge verwandten die Mauren in Spanien im 10. Jahrhundert 20 000 Reiter in einem Feldzug im Norden. Lot zweifelt an der Richtigkeit dieser Zahl, die ihm im Rahmen der zeitgenössischen europäischen Verhältnisse unglaubwürdig vorkommt. Er

---

107a. Wittfogel und Fêng, 1949, S. 519.

108. *A. a. O.*, S. 532 ff.

109. Lot, 1946, I, S. 98, 122 ff.

110. *A. a. O.*, S. 130, 175, 201. Sogar am Ende der Kreuzzüge gab es in der internationalen europäischen Armee, die 1396 bei Nikopolis gegen die eindringenden Türken kämpfte, kein nationales Kontingent von mehr als 10 000 Kriegern. Eine Ausnahme bildeten die unmittelbar bedrohten Ungarn, die etwa 60 000 Mann ins Feld geschickt haben sollen (Atiya, 1934, S. 67). Das wäre so etwas wie eine *levée en masse* gewesen.

110a. Kremer, CGO, I, S. 223 ff.; Lot, 1946, I, S. 59 ff.

111. S. Kremer, CGO, I, S. 213, 216, Anm. 4.

111a. *A. a. O.*, S. 244.

schreibt: »Das gesamte Europa war zu dieser Zeit außerstande, ein so großes Heer aufzustellen.«[112] Der Hinweis auf Europa ist richtig, aber er beweist nichts für das hydraulische Spanien. Der verdienstvolle Historiker weist selbst auf die enormen Steuereinnahmen des Kalifats von Cordoba hin: »Welch ein Unterschied zum Karolingischen und Ottomanischen Reich, Staaten ohne Finanzquellen! Nur der oströmische Kaiser, der byzantinische *basileus*, hatte möglicherweise gleiche Einkünfte.«[113] An einer anderen Stelle seines Werkes erwähnt er, daß das byzantinische Kaiserreich in seinen Anfängen zwei Heere von je 18 000 Mann unterhielt und eine unbekannte Anzahl von Besatzungstruppen in Afrika und Italien[114] — das heißt insgesamt mehr, vielleicht beträchtlich mehr als 40 000 Mann. Angesichts dieser Tatsachen brauchte man nicht zu zweifeln, daß das arabische Spanien, ein hydraulischer Staat mit einer sehr dichten Bevölkerung und viel größeren Einkünften als irgendein zeitgenössisches europäisches Land, eine Streitmacht ins Feld führen konnte, die halb so groß war wie das Heer des byzantinischen Kaiserreiches, dessen Einkünfte, nach Lots eigenen Angaben, vermutlich hinter denen Spaniens zurückblieben.

Die Heere des achämenidischen Persiens bestanden noch vorwiegend aus Fußsoldaten. Nach einer Schätzung Herodots soll der persische Großkönig gegen die Griechen ungefähr zwei Millionen Mann ins Feld geführt haben[115], die Elitetruppen, die 10 000 »Unsterblichen« einbegriffen[116]. Delbrücks Zweifel daran, daß eine so große Streitmacht tatsächlich nach Europa entsandt wurde, ist gewiß berechtigt; aber seine Annahme, daß die Invasionsarmee nicht mehr als etwa fünf- oder sechstausend Bewaffnete umfaßt hätte[117], geht vermutlich völlig fehl. Es gibt keinen Grund, zu bezweifeln, daß das persische Reich innerhalb seiner Grenzen Armeen von einigen hunderttausend Mann aufstellen konnte. Munro glaubt, daß Herodot eine offizielle persische Quelle falsch interpretierte, als er die persischen Gesamtstreitkräfte auf 1 800 000 Mann veranschlagte. Munro selbst nimmt an, daß Xerxes 360 000 Mann ins Feld führen konnte und daß die Streitkräfte seiner Expedition gegen Griechenland 180 000 Mann betragen haben dürften[118].

112. Lot, 1946, II, S. 257, Anm. 1.

113. *A. a. O.*, S. 257.

114. *A. a. O.*, I, S. 56.

115. Herodot, 7. 184.

116. *A. a. O.*, 7. 83.

117. Delbrück, GK, I, S. 41.

118. S. Munro, 1939, S. 271–273. Eduard Meyer (GA, IV, Teil I, S. 5) stellt fest, daß Herodots Beschreibung des Xerxesschen Heeres sowie das Verzeichnis von Darius' Tributen und andere spezifische Daten auf authentischen persischen Quellen beruhten. Munro (*a. a. O.*, S. 271) ist überzeugt, daß Herodots Angaben über die Zusammensetzung des Xerxesschen Heeres im wesentlichen die Wiedergabe »eines offiziellen Dokuments« darstellen.

Der Umfang der frühen indischen Heere, der »auf den ersten Blick unglaublich« zu sein scheint [119], wird glaubwürdig, wenn wir hören, was die Quellen über spätere indische Armeen berichten.

Griechischen Quellen zufolge soll am Vorabend der Gründung des Maurya-Reiches König Mahapadma Nanda über 80 000 Reiter, 200 000 Infanteristen, 8000 Kampfwagen und 6000 Kriegselefanten verfügt haben [120]; und die Zahlen, die für Chandraguptas Streitkräfte angegeben werden, sind mit Ausnahme der Reiterei noch viel größer, nämlich 690 000 Mann, den Train und andere Hilfstruppen nicht eingerechnet [121]. Berichte über spätere Perioden erwähnen Heere von 100 000 Fußsoldaten im Āndhra-Königreich und Heere von mehreren hunderttausend bis mehreren Millionen Soldaten unter den letzten Hindukönigen im Süden [122] und unter den großen mohammedanischen Herrschern [123].

Im alten China kämpften Eliteformationen auf Streitwagen Seite an Seite mit großen Infanterie-Einheiten. Während der letzten Zeit der Tschou-Dynastie wurden die Streitwagen allmählich durch Reiterei ersetzt; aber offenbar waren die neu zusammengesetzten Heere zahlenmäßig eher größer als kleiner. Am Vorabend der Kaiserzeit sollen die führenden Territorialstaaten dreiundeinhalb Millionen Fußsoldaten mobilisiert haben, nebst einer unbekannten Anzahl von Wagenkämpfern und über 30 000 Reitern [124].

Die Liao-Kaiser besaßen in ihren *ordus* eine Elitekavallerie von etwa fünfzig- bis sechzigtausend Kriegern; die Quellen sprechen von einem Milizheer von einer Million Mann [125]. Unter der Sung-Dynastie (960-1279) soll der chinesische Staat, wenn auch mangelhaft, ein stehendes Heer von über einer Million ausgebildet haben [126]. Die Banner der Mandschu-Dynastie waren eine stehende Truppe, die wenigstens in den Anfängen eine ausgezeichnete Elitekavallerie darstellte. Am Ende des 19. Jahrhunderts umfaßte diese Truppe, die sich aus mandschurischen, chinesischen und mongolischen Regimentern zusammensetzte, insgesamt 120 000 Mann. Überdies besaß die Regierung eine vorwiegend chinesische »Grüne« Armee, die ungefähr fünf- bis sechshunderttausend Mann zählte [127].

119. Smith, 1914, S. 125.

120. A. a. O.

121. A. a. O.; vgl. für das in Einzelheiten geregelte Nachschubwesen, Strabo, 15. 1. 52.

122. Smith, 1914, S. 126 und Anm. 2.

123. Horn, 1894, S. 40 ff.

124. *Chan-kuo Ts'ê*, 8. 76, 14. 20, 19. 56, 22. 94, 26. 30, 29. 55.

125. Wittfogel und Fêng, 1949, S. 516, 519.

126. Williamson, WAS, I, S. 185.

127. *Ch'ing Shih Kao*, 137. 13b, 13b–19a, 19a–20b.

f. Prozentsätze

Man muß natürlich in diesem Zusammenhang bedenken, daß die hydraulischen Staaten, die große Heere unterhielten, im allgemeinen auch eine große Bevölkerung hatten. Aber auf Grund äußerer und innerer Umstände war der Prozentsatz der Gesamtbevölkerung, der einberufen wurde, in den einzelnen hydraulischen Staaten sehr verschieden.

Das Heer der späten Tsch'ing-Zeit umfaßte wahrscheinlich weniger als 0,2 Prozent der Gesamtbevölkerung. Im Han-Reich wurde jeder wehrfähige Bauer sowohl zur Fronarbeit wie zum Militärdienst herangezogen. Theoretisch handelte es sich dabei um 40 Prozent der Landbevölkerung [128], d. h. um etwa 32 Prozent der Gesamtbevölkerung. Die Kaderarmee der Liao-Dynastie umfaßte ungefähr ein Prozent der Bevölkerung, die Bauernmiliz annähernd 20 Prozent, freilich wohl nur auf dem Papier. Herodots Angaben in Munros Interpretation lassen vermuten, daß im achämenidischen Persien von einer Bevölkerung, die weniger als 20 Millionen zählte [129], ungefähr 1,8 Prozent mobilisiert werden konnte. Wenn wir annehmen, daß die Bevölkerung Chinas am Ende der Tschou-Zeit annähernd so groß war wie die des Han-Reiches, d. h. etwa 60 Millionen (wahrscheinlich war sie etwas kleiner), dann dürfte das durchschnittliche Mobilisierungspotential der großen absolutistischen Territorialstaaten etwa 6 Prozent erreicht haben.

Natürlich haben wir keinen Beweis, daß in einem dieser Fälle jemals der Versuch gemacht worden ist, das Mobilisierungspotential voll auszunutzen. Der Sung-Staat, der im 11. Jahrhundert von einer Gesamtbevölkerung von 20 Millionen Familien, d. h. fast 100 Millionen Menschen, eine Million Soldaten aushob, mobilisierte nicht viel mehr als 1 Prozent der Gesamtbevölkerung.

Der Vergleich mit dem antiken Griechenland und dem feudalen Europa ist aufschlußreich. Im Notfall konnten alle wehrfähigen freien Männer eines griechischen Stadtstaates mobilisiert werden. In Athen mögen im 5. Jahrhundert v. Chr. zeitweilig über 12 Prozent der Gesamtbevölkerung, d. h. ungefähr 20 Prozent aller Freien, unter Waffen gestanden haben [130].

Das Heer, das der deutsche Kaiser im Jahre 1467 ins Feld führte, dürfte 0,15 Prozent der Gesamtbevölkerung von 20 Millionen umfaßt haben, und das oben erwähnte Heer Karls des Kahlen etwa 0,05 Prozent der mutmaßlichen damaligen Bevölkerung Frankreichs [131]. Somit ist der äußerst niedrige

---

128. *Han Shu*, 24A. 11a.

129. S. für diese Zahl Kahrstedt, 1924, S. 660.

130. S. für die Angaben, auf die sich die Berechnung dieser Prozentsätze stützt, *a. a. O.*, S. 660 ff.

131. S. für die zugrunde liegenden Zahlen Inama-Sternegg und Häpke, 1924, S. 672, 680.

Prozentsatz, den wir für die späte Tsch'ing-Zeit ermittelten, immer noch höher als die deutsche Zahl für 1467, und er ist fast viermal so groß wie der französische für das 9. Jahrhundert. Der Unterschied zwischen den Prozentsätzen für die Feudalstaaten Europas und denen für die hydraulischen Länder ist enorm.

Zweifelsohne verfügten im mittelalterlichen Europa die feudalen Herren, Klöster und Städte über viel mehr Soldaten. Aber diese Soldaten gehörten nicht zu der vertragsmäßig bestimmten Quote; sie hatten nicht in den Heeren ihres obersten Landesherrn zu dienen. Der Feudalstaat war zu schwach, um mehr als einen Bruchteil der wehrfähigen Männer der Nation zu mobilisieren. Die agrardespotischen Reiche waren von solchen feudalen Beschränkungen frei. Technische und politische Erwägungen mochten sie dazu veranlassen, nur einen kleinen Prozentsatz ihrer Untertanen zu militärischen Zwecken zu verwenden. Aber gemessen an feudalen Verhältnissen sind sogar die verhältnismäßig kleinen Armeen hydraulischer Staaten zahlenmäßig eindrucksvoll; und die Massenheere der agrarmanagerialen Reiche übertrafen bei weitem die Zahlenstärke der vergleichbaren feudalen Heere.

C. DAS ANEIGNUNGSPOTENTIAL
DES HYDRAULISCHEN STAATES

I. ORGANISATORISCHE UND BÜROKRATISCHE VORAUSSETZUNGEN

Die Männer, die die organisatorischen, baulichen und militärischen Unternehmungen der hydraulischen Gesellschaft leiten, können natürlich ihren Aufgaben nur gerecht werden, wenn ihnen ausreichende und regelmäßig eingehende Mittel zur Verfügung stehen. Hand in Hand mit den besonderen Methoden des Bauens und Organisierens entwickeln sich daher besondere Methoden staatlicher Aneignung. Die Eintreibung regelmäßiger und umfassender Steuern bedingt eine Verschiedenheit organisatorischer und bürokratischer Maßnahmen, wenn das hydraulische Gemeinwesen über örtliche Verhältnisse hinauswächst; und die Notwendigkeit, solche Maßnahmen anzuwenden, wird dann besonders groß, wenn die verwaltungstechnischen und managerialen Aufgaben von einem umfangreichen Berufsbeamtentum erledigt werden. Nach und nach haben sich die Herrscher des hydraulischen Staates ebenso eingehend mit Erwerbsmaßnahmen zu befassen wie mit hydraulischen, verkehrstechnischen und militärischen Angelegenheiten. Wie unten erörtert werden wird, kann unter gewissen Umständen ein agrardespotischer Staat die Mehrzahl dieser Operationen erfolgreich durchführen, ohne eine hydraulische Ökonomie im eigentlichen Sinne des Wortes zu besitzen.

Ein in der Entstehung befindliches hydraulisches Gemeinwesen mag für den Unterhalt seiner Führer noch keine besonderen Vorkehrungen treffen. Die Konsolidierung hydraulischer Verhältnisse geht aber im allgemeinen Hand in Hand mit der Tendenz, den Häuptling von der landwirtschaftlichen Arbeit zu befreien, damit er sich völlig seinen weltlichen oder religiösen Gemeinschaftsaufgaben widmen kann. Zu diesem Zweck bestellen nunmehr die Stammesmitglieder gemeinsam das Land des Häuptlings, so wie sie gemeinsam an den Bewässerungsgräben, den Verteidigungsanlagen und anderen kommunalen Unternehmungen arbeiten.

Die Suk, in deren Wirtschaft die hydraulische Agrikultur nur eine geringe Rolle spielt, haben keine öffentlichen Felder; aber in den Pueblos werden die Stammesgenossen zur Arbeit auf den Feldern des *cacique* angehalten [132]. Dies wird meistens durch Zureden erreicht, aber wenn es nötig ist, scheut man nicht vor Zwangsmaßnahmen zurück [133]. In den größeren Stammesgemeinden der Dschagga ist die Macht des Herrschers größer; so verfügt er denn über mehr Land, dessen Bebauung eine nicht geringe Mühewaltung der Gemeinde erfordert. Dennoch erhalten die Stammesmitglieder dafür nur eine geringe Entschädigung – im günstigsten Falle etwas Fleisch oder ein paar Schluck Bier. Der Dschagga, der zu seinem weißen Freunde sagt: »Für dich wollen wir nicht wie auf der Fron arbeiten, sondern wie auf unsern eignen Feldern« [134], leistet offenbar seinen landwirtschaftlichen Frondienst ohne Begeisterung.

Die Herren eines entwickelten hydraulischen Staates sind für ihre Selbsterhaltung auf die Mehrarbeit oder das Mehrprodukt der Bevölkerung, auf das Geldäquivalent dieses Produkts oder auf eine Kombination aller oder einiger dieser Einnahmequellen angewiesen. Arbeit auf Staats- (und Tempel-)Land war in Peru der Inkas, im aztekischen Mexiko [135] und in China unter der Tschou-Dynastie üblich. Die ausgedehnten Tempelländereien der sumerischen Tempelstädte wurden vorwiegend von Militärbauern bestellt, die

132. Parsons, 1939, I, S. 157–158, 495, 534; II, S. 790, 893, 901, 904, 909, 1131.

133. Aitken (1930, S. 385) stellt »die fröhlichen Arbeitsgruppen der Hopis« der »Zwangsarbeit für den Priesterhäuptling und an den gemeinschaftlichen Bewässerungsgräben« in den Rio Grande-Pueblos gegenüber. Bezeichnenderweise unterstand die Arbeit auf den Feldern des Häuptlings dem Kriegshäuptling, dem wichtigsten Zuchtmeister der Pueblo-Indianer (s. White, 1932, S. 42, 45; *ders.*, 1942, S. 97 ff. und 98, Anm. 10; und Parsons, 1939, II, S. 884, 889). Dies war so nicht nur in den hydraulisch »dichteren« östlichen Pueblos, sondern auch in den westlichen.

134. Gutmann, 1909, S. 111.

135. Die gemeinfreien Maya, wie die Mitglieder der mexikanischen *calpulli*, bebauten Sonderländereien für die »Herren«, die Vertreter der lokalen und zentralen Regierungsmacht (s. Landa, 1938, S. 104).

die Mehrzahl des Tempelpersonals ausmachten. Aber die zur Stadtgemeinde gehörigen Bauern lieferten offenbar nur einen begrenzten Teil ihrer Ernte in die Vorratskammern ein, und zwar jeder für sich und in seinem eigenen Namen [136]. Die sumerische Einrichtung steht in scharfem Gegensatz zu den straff zusammengefaßten Arbeitsgruppen in den Inkadörfern [137] und zu den »tausenden Paaren« die, nach einer alten chinesischen Ode, in der ältesten Tschou-Zeit gemeinschaftlich die öffentlichen Felder bebauten [138]. Im pharaonischen Ägypten scheint die Masse des Ackerlandes Einzelbauern überlassen gewesen zu sein, die einen Teil der eingebrachten Ernte an die zuständigen Beamten abzuliefern hatten [139].

Staatliche Landwirtschaftsbetriebe (»Domänen«)[140] mit speziellen Gruppen von Dienstleuten gab es in einer Anzahl hydraulischer Kulturen; aber mit Ausnahme des vorspanischen Amerikas und des Chinas der Tschou-Zeit scheinen die hydraulischen Staaten im allgemeinen [141] die Grundsteuer der Fronarbeit auf staatlichen Feldern vorgezogen zu haben. Warum war das so?

Es gibt keine feste Beziehung zwischen einer überwiegenden Naturalwirtschaft und dem vorherrschenden System der öffentlichen Felder. Internationaler Handel und geldähnliche Tauschmittel waren im aztekischen Mexiko mehr entwickelt als im Alten und Mittleren Reiche Ägyptens. Wichtiger war vielleicht das Fehlen oder Vorhandensein von Arbeitstieren in der Landwirtschaft. Bauern, die ohne die Hilfe solcher Tiere den Boden mit dem Grabstock (im alten Peru und Zentralamerika) oder mit der Hacke (im größten Teil Tschou-Chinas) bestellten, können wirksam zu semimilitärischen Einheiten zusammengeschlossen werden, sogar wenn sie bewässerte Felder bebauen, während Pfluggespanne am besten einzeln auf Sonderfeldern wirken.

Bezeichnenderweise fällt in China das Aufkommen des Pflügens mit Ochsen am Ende der Tschou-Zeit [142] zusammen mit der schrittweisen Abschaffung des Systems der öffentlichen Felder. Die Bauern von Lagasch, die das

136. Deimel, 1922, S. 20, 22; vgl. *ders.*, 1931, S. 83.

137. Poma, 1936, S. 1050.

138. Legge, CC, IV, S. 600 ff.

139. Breasted, 1927, IV, S. 194, vgl. 157, 178, 185; vgl. auch Kees, 1933, S. 45 ff.

140. Staatliche Güter, *sitā*, gab es bereits im Indien der Hinduzeit (s. *Arthaçāstra*, S. 138, 177). Diese Güter muß man aber von dem *khālsa* der Moguln unterscheiden, das oft als die »Domäne« des Radschas bezeichnet wird. Unglücklicherweise wird in der Literatur der Ausdruck »Domäne« sowohl auf den riesigen öffentlichen Sektor (»das Land des Königs«) wie auch auf kleinere, bauernhofähnliche Betriebe angewandt.

141. Für einige Gegenden in Indien sind Spuren öffentlicher Felder nachgewiesen. Ob diese auf primitive Stammeseinrichtungen, möglicherweise drawidischen oder vordrawidischen Ursprungs, zurückzuführen sind, ist eine offene Frage (s. Baden-Powell, 1896, S. 179, 180; *ders.*, 1892, I, S. 576 ff.; Hewitt, 1887, S. 622 ff.).

142. Wan, KT, 1933, S. 38; Ma, SF, 1935, S. 218–219.

Tempelland großenteils individuell bestellt zu haben scheinen, waren mit Arbeitstieren durchaus vertraut. Das gleiche gilt für das Ägypten der Pharaonen sowie für Indien unter den Hindus und den Mohammedanern. So haben die meisten hydraulischen Staaten, in denen landwirtschaftliche Arbeitstiere verwandt wurden, die Einzelbauernwirtschaft der Fronarbeit auf öffentlichen Feldern vorgezogen.

Die folgende Tafel zeigt verschiedene Formen, in denen eine Reihe typisch hydraulischer Staaten sich ihre landwirtschaftlichen Einkünfte aneignete.

LANDWIRTSCHAFTLICHE EINKÜNFTE VERSCHIEDENER HYDRAULISCHER STAATEN

Hydraulische Gesellschaften	Quelle der Einkünfte		
	»Öffentliche« Felder	Steuern Größtenteils in natura	Teilweise in Geld, teilweise in natura
Stammesgemeinden			
Suks	—		
Pueblos	+		
Dschaggas	+		
Hawaii	+*	+	
Altamerika			
Inka-Peru	+		
Mexiko	+	+*	
Naher Osten			
Sumerische Tempelstädte (Lagasch)	+**		
Babylonien		+	
Pharaonisches Ägypten		+	
Ägypten – hellenistische und römische Periode			+
Frühes Byzanz			+
Arabische Kalifate			+
Ottomanische Türkei			+
Indien	Spuren	+	
China			
Frühe Tschou-Zeit	+		
Späte Tschou-Zeit	Dokumentarisch belegter Übergang		
Kaiserliches Zeitalter (vorwiegend)			+

Erläuterung: + = stark entwickelt
— = fehlt oder unentwickelt
+* = geringfügig
+** = individuell gelieferte Abgaben.

Die Tatsache, daß zur Arbeit auf den öffentlichen Feldern meist alle frondienstpflichtigen Männer eingesetzt wurden, beweist die Fähigkeit der hydraulischen Herren, jeden Einzelnen zu ihrem Unterhalt beitragen zu lassen.
Die Einführung einer Geldwirtschaft führt gewöhnlich zu größerer Differenzierung des Eigentums, der sozialen Schichtung und des Nationaleinkommens.
Aber da der hydraulische Staat einen riesigen organisatorischen Apparat besitzt,
setzt er seine fiskalischen Forderungen der Masse seiner Untertanen gegenüber
nach wie vor durch. Vergleichende Betrachtung zeigt, daß er in dieser Beziehung den Regierungen anderer Agrargesellschaften weit überlegen ist.

Im klassischen Athen erlaubte es »die Würde des Bürgers« nicht, Steuern
zu zahlen [143]. Als die berühmte Stadt »bereits die Vorherrschaft über Griechenland innehatte, kannte sie weder regelmäßige Steuern noch ein Schatzamt« [144]; sie mußte ihre Ausgabe im wesentlichen aus Einfuhrzöllen und
überseeischen Einnahmen bestreiten. Im republikanischen Rom waren die frei-
en Bürger ebensosehr bestrebt, die öffentlichen Einnahmen und Ausgaben niedrig zu halten. Die einzige größere direkte Steuer, das *tributum*, betrug 0,1 bis
0,3 Prozent des Gesamteigentums des Steuerpflichtigen [145]. In beiden Fällen
schränkten die nichtstaatlichen gesellschaftlichen Kräfte den Personalbestand
und die Ausgaben des Verwaltungsapparates ein. Hochgestellte Amtsinhaber
erhielten ein ganz unbedeutendes oder gar kein Gehalt. Die Herrscher des
mittelalterlichen Europa bestritten ihre Ausgaben wesentlich aus ihren Domänen, die nur einen Bruchteil des Nationalgebiets ausmachten.

Die gelegentlichen oder regelmäßigen Gebühren, die ihnen aus ihrem weiteren Hoheitsgebiet zuflossen, waren äußerst beschränkt. Die normannischen
Eroberer waren die ersten, die im feudalen Europa einen starken Staat schufen, aber selbst sie konnten (aus noch zu erörternden Gründen) ihren Untertanen nur von Zeit zu Zeit Steuern auferlegen [146]. Nach einem Jahrhundert
voller Kämpfe beschränkte ein mächtiger Adel das Recht des englischen Königs,
ohne die Zustimmung der Ständevertretung Steuern zu erheben, auf ein paar gelegentliche »Hilfen«. Diese waren in fast allen kontinentalen Feudalstaaten
üblich. Sie wurden erwartet, wenn der älteste Sohn des Herrschers zum Ritter geschlagen wurde, wenn seine älteste Tochter heiratete, und wenn man
Lösegeld für den gefangenen Herrscher brauchte. Die Herren der hydrauli-

---

143. Glotz, 1926, S. 154.

144. *A. a. O.*, S. 153 ff.

145. Ursprünglich galten als steuerpflichtiges Eigentum nur Land, Sklaven und
Tiere. Später umfaßte dieser Begriff Eigentum jeder Art (Schiller, 1893, S. 196; vgl.
Homo, 1927, S. 237).

146. Stubbs, CHE, I, S. 583; s. unten, Kap. 6.

schen Agrikultur dagegen richteten ein Netz von Steuerämtern ein, das ebenso dicht war wie dasjenige der Registrations- und Mobilmachungsbüros, und
das oft damit zusammenfiel. Alle erwachsenen Männer sollten nach dem Ermessen der Obrigkeit arbeiten und Abgaben zahlen. Dies war die Regel. Ausnahmen wurden nur von Fall zu Fall bewilligt – aber selbst wenn sie bewilligt waren, wurden sie oft wieder aufgehoben, entweder nach einem festgesetzten Zeitpunkt oder nach dem Ablauf der Regierung des Herrschers, der
sie gewährt hatte.

Die Steuern, die die Landbevölkerung zu entrichten hatte, wurden entweder nach erwachsenen Männern oder Familienhäuptern oder nach dem Ackerland veranlagt. In Babylonien mußten sogar die Soldaten, die Dienstländerei-
en bebauten, Steuern zahlen [147]. Die Regierung verlangte gewöhnlich eine allgemeine Grundsteuer von 20 Prozent der Jahresernte. Dieser Prozentsatz soll
auch im ägyptischen Neuen Reich gegolten haben [148]. In Indien belief sich in
den letzten Jahrhunderten des ersten Jahrtausends v. Chr. der Staatsanteil
auf ein Zwölftel, ein Sechstel oder ein Viertel der Ernte. Das *Arthasastra* [148 a]
spornte den König an, »er möge« Bauernland, »das gute künstliche Bewässerung hat und reich ist an Getreide, ... um den dritten oder den vierten Teil
des Getreides besteuern« [149]. In der späten Tschou-Zeit und im kaiserlichen
China wechselten die Sätze erheblich. Die Vorschriften des Islam unterschieden ursprünglich vor allem nach Glaubensbekenntnissen. Aber allmählich kom-

147. Meissner, BA, I, S. 125.
148. *Genesis*, 47:24; vgl. Kees, 1933, S. 46.
148a. Hier wie auch sonst benutze ich das *Arthasastra* als eine der wichtigsten
Quellen für die Einrichtungen des Indiens der Hinduzeit. Das Werk wird Kautilya,
dem Kanzler des Gründers der Maurya-Dynastie zugeschrieben; der moderne Wie-
derentdecker des Textes, R. Shamasastry, nimmt daher an, daß das Buch zwischen
321 und 300 v. Chr. verfaßt wurde (Shamasastry, 1956, S. VII; weitere Gründe für
diese Datierung im Vorwort zur dritten Auflage, S. XXV ff.). Kritische Untersuchungen indischer und europäischer Gelehrter machen eine spätere Entstehung, jedenfalls des uns vorliegenden Textes, wahrscheinlich – vielleicht im 3. Jahrh. n. Chr.;
aber sie unterstreichen zugleich seinen einzigartigen Wert für das Studium der Sozialgeschichte Indiens. S. die Ausführungen H. C. Raychaudhuris in HCIP, II, S.
285 ff., der die frühe Datierung ablehnt und die spätere (3. Jahrh. n. Chr.) als
möglich erwähnt. S. ferner die auf Raychaudhuri hinweisenden Bemerkungen M. A.
Mehendales (*a. a. O.*, S. 274 f.) die die überragende Bedeutung des *Arthasastra* betonen. Der führende englische Indologe A. L. Basham folgt der kritischen Schule, die
übrigens den Einfluß Kautilyas auf das uns vorliegende Werk nicht ausschließt (s.
Mehendale, *a. a. O.*, S. 275): das *Arthasastra* entstand zweifellos vor der Guptazeit,
»unserer Ansicht nach ist es die Ausarbeitung eines Maurya-Originals, das vielleicht
Kautilyas eigene Schöpfung war«. Auf alle Fälle ist es »das wertvollste Quellenwerk
für viele Seiten des altindischen Lebens« (Basham, WI, S. 75 f.). [Anmerkung zur
deutschen Ausgabe.]
149. *Arthaçāstra*, S. 372.

plizierten sich die Verhältnisse; und natürlich waren sie zeitlich und örtlich sehr verschieden. Die zahlreichen Hinweise auf schwere Besteuerung zeigen, daß im Bereich des Islam die Grundsteuer nicht weniger drückend war als in anderen Teilen der hydraulischen Welt und daß sie hier wie anderswo der Tendenz nach alle Untertanen erfaßte.

Eine Regierung, die sich an die offiziellen Abgabensätze hält, gilt als gerecht. Aber die meisten Regierungen zogen der moralischen Genugtuung den materiellen Gewinn vor. Mancher Herrscher hielt sich gar nicht an die Vorschriften. Die Tontafeln Babyloniens geben an, daß der Staat, der sich theoretisch mit etwa 10 Prozent begnügte, gelegentlich die Steuer bis zu einem Fünftel, einem Viertel, einem Drittel und sogar bis zur Hälfte der Ernte heraufsetzte [150].

Und dies ist nicht alles. Die Summen, die in den offiziellen Verzeichnissen erscheinen, liegen zumeist unter, oft weit unter denjenigen, die die Steuereinnehmer in Wirklichkeit aus der Bevölkerung herauspreßten. Sogar in den am rationellsten verwalteten hydraulischen Staaten war es für die höheren Schichten der Bürokratie sehr schwierig, die niederen Beamten völlig zu kontrollieren. Oft wurde nicht einmal der Versuch gemacht, eine vollständige Ablieferung zu erzielen.

Die Verteilung des gesamten Steuerertrages innerhalb der verschiedenen Schichten und Gruppen der Beamten war sehr großen Schwankungen unterworfen. Die Unterschiede sind sehr bezeichnend für die Machtverhältnisse innerhalb der Bürokratie, aber vom Standpunkt des Staates als Ganzen sind sie unerheblich. Die fiskalische Macht des hydraulischen Apparatstaates entspricht dem Gesamtsteuerertrag, den die Bürokratie in ihrer Gesamtheit aus der Masse der Bevölkerung herauszupressen vermag.

4. KONFISKATION

Der hydraulische Staat, der sich fiskalisch so erfolgreich auf dem Lande betätigt, ist ähnlich aggressiv gegenüber den Handwerkern, Kaufleuten und anderen Besitzern beweglicher Habe, die nicht durch besondere Vorrechte geschützt sind. Die Tatsache ist so offenkundig, daß wir in diesem Zusammenhang darauf verzichten können, die Methoden zu erörtern, die man bei der Besteuerung von Handwerk und Handel anwendet. Dagegen ist es notwendig, hier auf ein anderes Aneignungsverfahren des hydraulischen Staates einzugehen, nämlich auf die Erfassung augenfälligen Privateigentums durch direkte Konfiskation.

Eine Assoziation freier Männer kann sich selbst alle Opfer auferlegen, die das Gemeinwohl zu erfordern scheint; und gelegentlich mag sie die Waffe der Konfiskation gegen Verbrecher oder übermäßig mächtige Männer anwen-

---

150. Meissner, BA, I, S. 125.

den [151]. Willkürliche Konfiskation als Normalerscheinung findet sich aber nur in echt absolutistischen Staaten. Diese können nach Belieben unbeschränkte fiskalische Forderungen erheben und ändern. Und sie können dem Privateigentum selbst dann noch nachstellen, wenn alle regulären und irregulären Steuern pünktlich bezahlt worden sind.

Unter einfacheren hydraulischen Verhältnissen gibt es kein oder nur ein unbedeutendes unabhängiges Geschäftsvermögen. Unter solchen Umständen richtet sich die Konfiskation im wesentlichen gegen die Angehörigen der herrschenden Schicht. Unter differenzierteren Verhältnissen werden die reichen Geschäftsleute eine beliebte Zielscheibe; aber die Angriffe auf das Eigentum der Beamten hören deswegen nicht auf.

Großgrundbesitz ist keineswegs immun gegen Konfiskation, aber er ist augenfällig und wird leicht durch Besteuerung erfaßt. Dagegen können Edelmetalle, Juwelen und Geld leicht verborgen werden, und ihre Besitzer, mit Ausnahme der mächtigsten Angehörigen des Staatsapparats, tun dies auch gern. Die konfiskatorischen Maßnahmen des hydraulischen Staates treffen daher besonders hart die Eigentümer beweglichen und versteckten Eigentums.

Die Konfiskation von Eigentum, das Beamten und anderen Mitgliedern der herrschenden Klasse gehört, wird fast ausnahmslos mit politischen oder administrativen Gründen gerechtfertigt: diplomatischen Fehlern, Konspiration, Verrat, schlechter Verwaltung und Übergriffen beim Eintreiben der Steuern. Schwere Verbrechen führen häufig zum völligen politischen und wirtschaftlichen Ruin des Schuldigen, weniger schwere zu zeitweiliger oder dauernder Verbannung und zu totaler oder partieller Konfiskation. Geschäftsleute werden vor allem wegen Steuerhinterziehung vor Gericht gebracht; aber sie können auch einer politischen Intrige zum Opfer fallen. Im ersten Falle mag der Staat sie teilweise enteignen, im zweiten können sie ihr ganzes Vermögen und ihr Leben verlieren.

Innerhalb der herrschenden Klasse sind Verschwörungen, die den Sturz des Herrschers oder eines hohen Würdenträgers bezwecken, periodische Erscheinungen, vor allem in unsicheren und Krisenzeiten. Willkürliche Verfolgungen kommen häufig vor. Ein Staat, der zugleich Ankläger und Richter ist, kann unabhängig von den Tatsachen jede Tätigkeit zum Verbrechen erklären. Erfundene »Beweise« kehren in der Geschichte der hydraulischen Staaten mit großer Regelmäßigkeit wieder. Und juristisch maskierte politische Säuberungen finden statt, wann immer dies den Herren des Staatsapparats zweckmäßig erscheint.

Die Gefahr, einer Verfolgung ausgesetzt zu werden, wird dadurch vergrößert, daß unter den Bedingungen der autokratischen Herrschaft die Mehr-

---

151. Für Konfiskation im antiken Griechenland s. Busolt, GS, II, S. 1109 ff. Die Konfiskationen in der letzten Zeit des republikanischen Roms kennzeichnen den Aufstieg einer unkontrollierten orientalisch-despotischen Staatsordnung (s. unten, Kap. 6).

zahl der Beamten und fast alle reichen Geschäftsleute leicht Handlungen begehen, die nach dem Gesetz Verbrechen sind oder die doch so interpretiert werden können. Am Hofe oder in der Verwaltung gibt es immer Einzelpersonen oder Gruppen, die zwecks Förderung ihrer eigenen Interessen die Gunst des Herrschers oder anderer hochgestellter Personen suchen. Um den Herrscher und seine nahen Verwandten oder Freunde, um den Kanzler (Wesir) und andere Prominente der Bürokratie spinnen sich häufig politische Intrigen; und in der Atmosphäre absolutistischer Macht sind Heimlichkeiten und konspirationsähnliche Methoden alltägliche Erscheinungen. Unter diesen Umständen bereitet es der Spitze keine Schwierigkeit, jedem, den sie vernichten will, den Makel der Verschwörung anzuhängen.

Natürlich werden viele Urheber solcher Intrigen nie zur Rechenschaft gezogen; und manche, die erwischt werden, kommen mit geringem Schaden davon. In ruhigen Zeiten geschieht dies nicht selten. Dennoch gehören politische oder politisch eingekleidete Anklagen zu den wesentlichen Merkmalen der absolutistischen Ordnung. In Zeiten besonderer Spannungen können sie viele Einzelpersonen und Gruppen zugrunde richten.

Im Bereich der Verwaltung ist die Grenzlinie zwischen gut und böse sehr unbestimmt – und die Möglichkeit einer Fehlhandlung sehr groß. Viele Beamte müssen Entscheidungen über Sachen und Geld treffen; und wo rationale Verfahrens- und Aufsichtsmethoden fehlen, sind Abweichungen von der vorgeschriebenen Regel häufig, zumal wenn die Möglichkeit besteht, sich persönlich zu bereichern. Das klassische Werk der indischen Staatskunst beschreibt die fast unbegrenzten Möglichkeiten, die solche Verhältnisse für Unterschlagungen bieten. In einer Aufzählung, die einem Katalog nahekommt, erwähnt das *Arthasastra* etwa vierzig Arten, in denen Staatsgelder veruntreut werden können [152]. Der Verfasser des Werkes zweifelt, daß ein normaler Mensch all diesen Versuchungen Widerstand leisten kann. »Wie nicht möglich ist, den Honig oder das Gift, das sich schon auf der Zungenspitze befindet, nicht zu kosten, so ist es unmöglich, daß einer mit des Königs Sachen umgehe und dessen Sachen, sei es auch nur ein kleines bißchen, nicht koste.« [153]

Der reiche Kaufmann ist gleich verwundbar. Da die Steuern von einem Staate auferlegt werden, dessen reguläre Forderungen schwer sind und dessen Funktionäre bestrebt sind, mehr als das offizielle Maß zu erheben, suchen die nicht zum Staatsapparat gehörigen Eigentümer sich, so gut sie können, zu schützen. Sie verstecken ihre Schätze in der Erde, sie vertrauen sie Freunden an, oder sie schaffen sie ins Ausland [154]. Kurz gesagt, sie sehen sich zu Hand-

---

152. *Arthaçāstra*, S. 93 ff.

153. *A. a. O.*, S. 99.

154. Im klassischen Indien »wurde Kapitalreichtum entweder im Hause – in großen Häusern über dem Eingangstor . . ., unter der Erde, in Messingbüchsen unter dem Flußufer versteckt oder bei einem Freunde untergebracht« (C. A. F. Rhys-Davids, 1922, S. 219).

lungen getrieben, die viele von ihnen zu potentiellen Steuerverbrechern machen.

Oft sind sie erfolgreich, zumal wenn sie ihre Bemühungen durch gut placierte Bestechungsgelder ergänzen. Ein technischer Irrtum oder eine Personaländerung in der Bürokratie kann aber das labile Gleichgewicht stören; und begründete sowie erfundene Anklagen können zum wirtschaftlichen und selbst zum physischen Ruin des vor Gericht gestellten Geschäftsmannes führen.

Im pharaonischen Ägypten fielen hauptsächlich Beamte den Konfiskationen zum Opfer. Angehörige der Bürokratie, denen ein größeres Verbrechen nachgewiesen werden konnte, wurden schwer bestraft. Verlust der Stellung bedeutete gewöhnlich auch Verlust von Einkommen und Eigentum, einschließlich der Felder, die der Schuldige entweder als Dienstland oder als Pfründe besessen haben mochte [155]. Zu Beginn einer neuen Dynastie ergriff der König gerne solche Maßnahmen, um seine Stellung zu festigen [156].

Ungehorsam gegen die Befehle des Pharaos konnte, auch wenn keine Verschwörung vorlag, schwer bestraft werden. Ein unter der Fünften Dynastie erlassenes Dekret bedrohte im Falle der Nichtbefolgung eines bestimmten königlichen Befehls »jeden Beamten, jeden Vertrauten des Königs, oder Landwirtschaftsbeamten« mit der Beschlagnahme seines »Hauses, [seiner] Felder, Sklaven und seines ganzen Besitzes«. Der Verurteilte selbst wurde zum Fronarbeiter degradiert [157].

Degradierungen und Konfiskationen sind ein hervorstechender Zug in der Geschichte der chinesischen Bürokratie. Als der Tsch'ing-Kaiser Kao-tsung (Kaisername Tsch'ien-lung) starb, wurde sein allmächtiger Minister Ho Schên unverzüglich verhaftet und »obgleich es ihm mit Rücksicht auf das Andenken seines Herrn erlaubt wurde, sich selbst das Leben zu nehmen, wurden seine enormen Schätze von Silber, Gold, Edelsteinen und andere Reichtümer konfisziert«[158].

Die Enteignung von Beamten zur Strafe für administrative und fiskalische Verbrechen zeigt, wie verwundbar fast alle Beamten waren. Das *Arthasastra* drückt wiederum klipp und klar aus, worauf es dabei ankommt: Da jeder Beamte, der mit der Eintreibung der königlichen Einkünfte zu tun hat, unvermeidlicherweise versucht ist, einen Teil zu unterschlagen, muß sich die Regierung geschulter Spitzel [159] und Denunzianten [160] bedienen, um das Eigentum des Staates zurückzubekommen. Ob ein Beamter schuldig ist oder nicht, wird nach primitiven Maßstäben entschieden. »Wer das Einkommen (des Kö-

155. S. Kees, 1933, S. 42, 47, 223 ff., 226; s. für die Formen des Grundbesitzes in dieser Periode unten, Kap. 7.
156. Kees, 1933, S. 42, 226.
157. Wilson, 1950, S. 212; vgl. Kees, 1933, S. 47, Anm. 7, 224.
158. Hummel, ECCP, I, S. 289.
159. *Arthaçāstra*, S. 96 ff.
160. *A. a. O.*, S. 96.

nigs) verringert, der frißt des Königs Gut.«[161] Jeder, den man genießen sieht, was dem König gehört, ist schuldig[162]. Jeder, der kümmerlich lebt, während er Reichtümer ansammelt und aufspeichert, ist schuldig[163]. Der König soll sie »auspressen..., wenn sie sich dick getrunken haben, und in ihren Posten soll er sie (tüchtig) wechseln lassen, damit sie nicht sein Gut auffressen oder doch das aufgefressene wieder ausspeien«[164].

Natürlich muß man in allen diesen Angelegenheiten nicht unterschiedslos vorgehen. Der König soll bei kleineren Vergehen nachsichtig sein[165]. Er soll Milde zeigen, wenn immer die Umstände es erlauben. Man soll sogar ein ernstes Verbrechen nicht verfolgen, wenn der Verbrecher »einen starken Anhang hat«; aber »im gegenteiligen Fall ist er zu packen« und, wie der Kommentar erläutert, »den Machtlosen also soll der König gehörig bluten machen«[166]. Der Verfasser dieser nüchternen Maximen gibt sich offenbar keine Mühe, auch nur den Schein der Gerechtigkeit aufrechtzuerhalten.

Konfiskation kann partiell oder total sein, und sie kann sowohl zu den Lebzeiten des Opfers, als auch nach seinem Tode verfügt werden. Die Enteignung Verstorbener wird häufig dadurch erleichtert, daß die Familie ihren Einfluß verloren hat. Im Jahre 963 beschlagnahmte der abbasidische Kalif das Gesamteigentum seines verstorbenen Wesirs, al-Muhallabi; und selbst aus dessen Dienern und Schiffsleuten wurde noch Geld herausgepreßt[167]. Nach dem Tode des mächtigen nordpersischen Wesirs al-Sahib »wurde sofort sein Haus umstellt, der Fürst durchsuchte es, fand einen Beutel mit Empfangsscheinen für 150 000 Dinare, welche auswärts deponiert waren. Sie wurden sofort einkassiert und alles was im Hause und der Schatzkammer war, wurde in das Schloß gebracht.«[168] Als der große General Begkem im Jahre 941 gestorben war, ging der Kalif »sofort in dessen Haus, grub überall nach und bekam zwei Millionen Gold und Silber zusammen. Schließlich ließ er die Erde im Hause auswaschen, was nochmals 36 000 Dirhem ergab.« Aber es ist zweifelhaft, ob er auch die Kisten mit Geld fand, die Begkem in der Wüste vergraben hatte[169]. Kalif al-Qadir (991 - 1031) ließ die Mutter seines Vorgängers schwer foltern. Als ihr Widerstand gebrochen worden war, übergab sie ihr Bargeld und den Ertrag ihrer verkauften Ländereien[170].

Die Konfiskation der Vermögen von Geschäftsleuten geschah in ähnlicher

161. A. a. O., S. 97.
162. A. a. O., S. 93.
163. A. a. O., S. 98.
164. A. a. O., S. 100.
165. A. a. O., S. 92.
166. A. a. O., S. 98 und Anm. 2.
167. Mez, 1922, S. 109.
168. A. a. O., S. 110.
169. A. a. O.
170. A. a. O., S. 127 f.

Weise. Wie bereits gesagt wurde, konnte der despotische Staat jede Anklage politisch rechtfertigen. Die internationalen Verbindungen der Großkaufleute machten es besonders leicht, sie politischer Verbrechen zu bezichtigen. In der Mehrzahl der Fälle aber beschuldigte man sie öffentlich fiskalischer Vergehen. Oft war es schwer, zwischen einer Sondersteuer (für einen Krieg oder andere Notstände) und einer partiellen Konfiskation zu unterscheiden. Welche angeblichen Gründe auch immer genannt wurden, die Konsequenzen waren für das Opfer gleich schlimm. Das *Arthasastra* ermutigt den König, seinen Schatz zu vermehren durch Geldforderungen an reiche Leute gemäß der Größe ihres Besitzes [171]. Man soll »die zu Geldsteuern Fähigen... tüchtig schröpfen und ... ihnen keinerlei Abwehrversuche durchschlüpfen lassen. Denn sie sollen nur, was andere (für sie) an sich genommen haben, herbeibringen und verkaufen.« [172]

Bei politischen Anklagen stützte man sich auf Spitzel und Agenten, um die notwendigen Beweise zu gewinnen. Es gab verschiedene Methoden, einen Geschäftsmann zum »Verräter« zu stempeln. Auf seiner Schwelle konnte ein Agent jemanden ermorden; das konnte dann als Anlaß dienen, den Eigentümer zu verhaften und sein Geld und andere Besitztümer zu beschlagnahmen [173]. Oder man konnte Falschgeld, Falschmünzerwerkzeuge oder Gift in die Wohnung des zum Opfer Ausersehenen schmuggeln. Man konnte auf seinem Anwesen ein angebliches Treuegelöbnis an einen ausländischen Fürsten verbergen, oder man konnte bei dem Opfer einen »Brief« eines Staatsfeindes finden [174]. »So soll der König gegen die Verräter und die Gottlosen verfahren, nicht aber gegen andere. [175]« Diese und ähnliche Methoden werden jedoch in einem Kapitel empfohlen, das erörtert, wie man die Staatskasse füllen kann; und die Erfahrung zeigt, wie gern sich der durchschnittliche Despot solcher Methoden bediente. »Reife Frucht um reife Frucht, wie von einem Garten, soll der König vom Reiche pflücken. Aus Furcht, daß die grüne ausgehe (und damit natürlich auch die reife) soll er die grüne nicht antasten; das gäbe Unzufriedenheit.« [176]

In der islamischen Welt bot der Tod eines reichen Mannes der Regierung unzählige Möglichkeiten, seine Besitztümer zu dezimieren oder zu liquidieren. »Wehe dem«, jammert ein arabischer Text aus dem 9. Jahrhundert, »dessen Vater reich starb! Lange blieb er im Hause des Unglücks eingekerkert, und er [der ungerechte Beamte] sprach: Wer weiß es, daß du sein Sohn bist?

---

171. *Arthaçāstra*, S. 372 ff. (im Kapitel mit Ratschlägen für »einen schatzlosen König«).

172. A. a. O., S. 374.

173. A. a. O., S. 378.

174. A. a. O., S. 380.

175. A. a. O.

176. A. a. O.

– Und wenn er dann sagte: Mein Nachbar und wer mich kennt, dann rissen sie ihm den Schnurrbart aus, bis er schwach wurde, – Und schlugen und stießen ihn weidlich. – Und er blieb im engsten Gefängnis, bis er ihnen den Beutel hinwarf.«[177] Unter dem abbasidischen Kalifat war zuzeiten »der Tod eines reichen Privatmannes... eine Katastrophe für seinen ganzen Kreis, seine Bankiers und Freunde verbargen sich, man weigerte sich, der Regierung Einsicht ins Testament zu geben, damit sie nicht über die Anlage des Vermögens orientiert werde, und schließlich kaufte sich die Familie mit einer größeren Zahlung... los«[178].

Gewalttätigkeit und Raub sind gewiß nicht das Monopol einer einzigen Gesellschaftsform. Aber die hydraulischen Konfiskationsmethoden unterschieden sich qualitativ und quantitativ von den Akten willkürlicher Gewalttätigkeit, die in anderen höheren Agrarkulturen begangen wurden. Im klassischen Griechenland war es nicht eine überwältigend starke Regierung, sondern die Gemeinschaft besitzender und (später auch) besitzloser Bürger, die einen Führer stürzte, der zu mächtig zu werden drohte, indem sie ihn verbannte und sein Eigentum nahm. Im mittelalterlichen Europa verfügten die Herrscher über eine so kleine Beamtenschaft, daß hier Kämpfe orientalischer Art innerhalb der Bürokratie kaum entbrennen konnten. Zwischen den feudalen Machtzentren gab es der Konflikte viele, und sie wurden oft brutal ausgefochten, aber die sich bekämpfenden Parteien trugen ihren Streit häufiger auf dem Kampfplatz aus als *in camera*. Und wenn man seine Feinde durch List zur Strecke bringen wollte, zog man den physischen Angriff aus dem Hinterhalt den juristischen Fallen vor.

Um von den Geschäftsleuten zu sprechen: Im klassischen Griechenland wurden wohlhabende Leute nicht von schweren, direkten Steuern betroffen; im Mittelalter waren sie wohl geschützt gegen die Steuerforderungen der territorialen Herren oder des Staatsoberhauptes. Wie in Griechenland, lebten die Bürger der großenteils autonomen Städte nicht in ständiger Gefahr, von den Beamten einer zentralisierten Autokratie verhaftet, verhört, gefoltert und enteignet zu werden. Zwar wurden Kaufleute oft angehalten und ausgeraubt, wenn sie von Stadt zu Stadt reisten; aber innerhalb der Mauern ihrer Städte erfreuten sich die Handwerker und Händler weitgehend des Schutzes der Person und des Eigentums.

Im Zeitalter des europäischen Absolutismus standen die Herrscher den östlichen Despoten an Rücksichtslosigkeit nicht nach, und sie beseitigten ihre Gegner nicht weniger grausam. Aber ihre Macht, Personen zu verfolgen und Besitz zu beschlagnahmen, war beschränkt durch den Adel, die Kirche und die Städte, deren Autonomie die autokratischen Fürsten einengen, aber nicht vernichten konnten. Überdies fanden es zur Zeit des europäischen Absolu-

177. *Mez*, 1922, S. 107.
178. *A. a. O.*, S. 110 f.

tismus die Angehörigen der jungen Zentralregierungen vorteilhaft, die neuent-
stehenden kapitalistischen Formen des beweglichen Eigentums zu fördern.
Die westlichen Autokraten entwuchsen einer agrargesellschaftlichen Ordnung,
die sie nie nach hydraulischer Art beherrscht oder ausgebeutet hatten. Sie
schützten gern die Vertreter des aufsteigenden kommerziellen und industriellen Kapitalismus, deren zunehmender Wohlstand auch ihren Schirmher-
ren zunehmenden Vorteil brachte.

In scharfem Gegensatz zur Wirtschaftspolitik des europäischen Absolutismus zogen die Herrscher der hydraulischen Gesellschaft ein dichtes fiskalisches Netz über die Agrarwirtschaft ihrer Reiche. Im Gegensatz zu den absolutistischen Fürsten des Westens fühlten sie keinen Drang, die städtischen
Kapitalisten zu begünstigen. Im besten Falle behandelten sie die vorhandenen kapitalistischen Unternehmungen wie einen nutzbringenden Garten, im
schlimmsten Falle mähten sie diese Unternehmungen bis auf den Stumpf ab.

D. HYDRAULISCHES EIGENTUM – SCHWACHES EIGENTUM

I. DIE METHODEN, DAS PRIVATEIGENTUM ZU SCHWÄCHEN

In mehreren sozial geschichteten Kulturen waren die Privateigentümer und
Privatunternehmer stark genug, die Macht des Staates in Schranken zu halten. Unter hydraulischen Bedingungen wurde die Entfaltung des Privateigentums durch gesetzliche, gerichtliche, fiskalische und politische Faktoren gehemmt.

Im Vorhergehenden haben wir die einschlägigen fiskalischen und gerichtlichen Methoden (Steuern, Intrigen und Konfiskationen) erörtert. Bevor wir
uns nun der politischen Seite der Sache zuwenden, müssen wir uns zunächst
mit einer gesetzlichen Einrichtung befassen, die wohl ganz besonders zur
periodischen Zerstückelung des Privateigentums beigetragen hat: ich meine
das hydraulische (orientalische) Erbrecht.

2. DAS HYDRAULISCHE ERBRECHT: DAS PRINZIP

In der ganzen hydraulischen Welt wird das Eigentum eines Verstorbenen
nicht gemäß letztwilliger Verfügung, sondern gemäß gesetzlichen Bestimmungen übertragen. Diese Bestimmungen erheischen eine gleiche oder annähernd gleiche Verteilung des Besitztums unter die Erben, zumeist die Söhne
und andere nahe männliche Verwandte. Dem ältesten Sohn obliegen oft besondere Pflichten. Er muß für seine Mutter und die jüngeren Familienangehörigen sorgen; auch kann ihm die Hauptverantwortung für die Erfüllung
der religiösen Pflichten in der Familie zufallen. Die Gesetze berücksichtigen
diese Bürden, aber die daraus hervorgehenden Sonderbestimmungen beseiti-

gen nicht die wesentliche Wirkung des Gesetzes: die Aufteilung des Eigentums der Verstorbenen unter einer Reihe von Erben.

Im Ägypten der Pharaonen erhielt der älteste Sohn, dem wichtige zeremonielle Aufgaben oblagen, einen größeren Teil vom Erbe seines Vaters; aber den anderen Kindern stand ein gesetzlich vorgeschriebener Anteil am Gesamteigentum zu [179].

Das Prinzip einer mehr oder weniger gleichen Verteilung wird unzweideutig ausgedrückt im babylonischen Kodex. Geschenke, die der Vater zu seinen Lebzeiten einem von ihm bevorzugten Sohne gemacht hat, werden bei der Verteilung der Erbschaft nicht berücksichtigt, aber »außerdem sollen sie [die Söhne] den väterlichen Besitz miteinander teilen« [180]. Das assyrische Gesetz ist verwickelter; wieder genießt der älteste Sohn einen Vorzug; aber alle anderen Brüder haben Anrecht auf ihren Anteil [181]. In Indien wurde die ursprüngliche bevorzugte Stellung des ältesten Sohnes allmählich verringert, bis am Ende der Unterschied zwischen ihm und den anderen Erben faktisch verschwunden war [182]. In der islamischen Welt war die Erbschaftsgesetzgebung besonders dadurch kompliziert, daß der Erblasser im Testamentswege über ein Drittel des Nachlasses nach eigenem Ermessen verfügen konnte [183]. Aber das System der »koranischen Erben« begünstigte ebenfalls die Zerstückelung. Es regelte bis ins einzelne die Verteilung unter eine Reihe von Personen [184]. Der letzte kaiserliche Kodex Chinas bestätigt nur, was seit der vollen Entwicklung des Privateigentums gültig gewesen zu sein scheint. Das Eigentum einer Familie sollte zu gleichen Teilen auf alle Söhne vererbt werden. Das Nichtbefolgen dieser Vorschrift wurde bestraft mit bis zu hundert schweren Stockschlägen [185].

Im Peru der Inkas wurden die Felder vom Staat und dessen Vertretern an Ort und Stelle zugeteilt. Unter gewissen Umständen konnten Grund-

179. Mitteis, 1912, S. 231; Kreller, 1919, S. 182; Taubenschlag, 1944, S. 158; Kees, 1933, S. 83.

180. Hammurabi, § 165; vgl. Meissner, BA, I, S. 159.

181. Meek, 1950, S. 185, 188; Meissner, BA, I, S. 178.

182. *Arthaçāstra*, S. 255 ff.; Keith, 1914, I, S. 232, 191; vgl. Hopkins, 1922, S. 244; Apastamba, 1898, S. 134 ff.; Gautama, 1898, S. 303 ff.; Vasishtha, 1898, S. 88 ff.; Manu, 1886, S. 348 und Anm. 117; Rangaswami, 1935, S. 30 ff., Baudhāyana, 1898, S. 224 ff.; Vishnu, 1900, S. 40; Nārada, 1889, S. 201; und Yājnavalkya, S. 53 ff., 68 ff.

183. Der *Koran* ordnet eine sehr komplizierte Verteilung des erbfähigen Eigentums an. (*Koran*, 4. 8–13.)

184. Vgl. Juynboll, 1925, S. 253 ff.; Kremer, CGO, I, S. 527 ff.; und Schacht, 1941, S. 513 ff.

185. Boulais, 1924, S. 199.

stücke, die den Verwandten des Herrschers, verdienten Offizieren und Beamten geschenkt worden waren, vererbt werden; aber der Nießbrauch dieses Landes mußte gleichmäßig unter die Erben verteilt werden [186]. Im aztekischen Mexiko gehörten die meisten Felder den Dorfgemeinschaften und waren daher einer testamentarischen Übertragung entzogen. Einzelne Ländereien, die sich im Privatbesitz von Angehörigen der herrschenden Schicht befanden, wurden nach dem Tode des Besitzers unter die Erben verteilt [187].

4. DIE WIRKUNG

a. Auf Dörfer mit staatlich geregeltem Grundbesitz

Ein Erbrecht, das eine periodische Verteilung des Privateigentums anordnet, hat für die verschiedenen Elemente einer hydraulischen Gesellschaft verschiedene Konsequenzen. Mitglieder von Dorfgemeinschaften, in denen das Land von der Obrigkeit zugewiesen wird, können das bewegliche Eigentum des verstorbenen Familienoberhauptes aufteilen, nicht aber seine Felder. Diese bleiben vom Erbgang unberührt. Sie werden unter Berücksichtigung anerkannter Vorrechte und Bedürfnisse der Mitglieder von Zeit zu Zeit neu zugewiesen.

b. Auf kleine Privateigentümer

Völlig neue Probleme entstehen, wenn die Bauern ihr Land in freiem Privatbesitz haben. Mangel an Nahrungsmitteln mag die Zahl der potentiellen Erben herabsetzen; dies ist in allen hydraulischen Gesellschaften ein wichtiger demographischer Faktor. Aber der Lebenswille ist oft stärker als die Not; und trotz periodischer oder chronischer Unterernährung hat die Bevölkerung die Tendenz, zuzunehmen. Dies bedeutet unvermeidlich kleinere Bauernhöfe, mehr Arbeit, ein armseligeres Leben und nicht selten Flucht, Räuberei und Rebellion.

Freilich gibt es Bevölkerungsdruck auch in Dörfern mit kommunalem Landbesitz, aber er kann besonders folgenschwer werden, wo Privateigentum am Boden besteht. Denn unter solchen Umständen wird die Verarmung der wirtschaftlich schwächeren Elemente nicht ausgeglichen oder verlangsamt durch die Gemeinwirtschaft des Dorfes, die sowohl den wirtschaftlichen Aufstieg als auch den Ruin des Einzelnen verhindert.

186. Ondegardo, 1872, S. 37 ff.
187. Zurita, 1941, S. 144.

c. Auf große Privateigentümer

Bei reichen Privateigentümern spielt ein anderer Faktor der hydraulischen Demographie eine erhebliche Rolle: die Polygamie. In hydraulischen Kulturen haben wohlhabende Leute gewöhnlich mehrere Frauen, und ihre Harems haben die Tendenz, im Verhältnis zu ihrem Vermögen zu wachsen. Damit steigt die Wahrscheinlichkeit einer größeren Zahl von Söhnen. Mehr Söhne bedeuten aber mehr Erben, und mehr Erben bedeuten, auf Grund des gleichen Erbrechts, eine raschere Zerstückelung des Besitzes.

Zwei moderne Soziologen, Fei und Chang, die die Dynamik der chinesischen traditionellen Gesellschaft erörtern, fanden es »nur allzu wahr«, daß in dieser Gesellschaft »Land kein Land schafft.« Warum nicht? »Es ist eine Binsenwahrheit, daß man bei herkömmlicher Technologie durch bessere Bodenausnutzung keine Reichtümer anhäuft.« Landbesitz hat eher die Tendenz, ab- als zuzunehmen, und dies wesentlich infolge des Erbrechts; »so lange der Brauch besteht, den Besitz gleichmäßig auf die Kinder zu vererben, übt die Zeit eine stark zersetzende Wirkung auf den Grundbesitz aus«[188].

Das islamische Erbrecht hat eine ähnliche Wirkung. Überall wo es Geltung hat, muß es »auf die Dauer zur unvermeidlichen Zersplitterung auch des größten Besitzes führen...[189]« Den Landschenkungen im Inkareich war ein ähnliches Schicksal beschieden; nach ein paar Generationen konnte das Einkommen, das die einzelnen Erben daraus empfingen, zur Bedeutungslosigkeit zusammenschrumpfen [190].

5. VERGLEICHBARE ENTWICKLUNGEN IM WESTEN

a. Die demokratischen Stadtstaaten im antiken Griechenland

Die Zerstücklung des Grundeigentums als Folge eines mehr oder weniger gleichen Erbrechts ist gewiß eine bedeutsame Erscheinung. Es fragt sich nun, ob sie vorwiegend in hydraulischen Kulturen vorkommt. »Die Regel, ein Gut bei Erbfolge zu verteilen«, galt auch in den Stadtstaaten des klassischen Griechenlands. Folgerichtig angewandt, wurde das Land unaufhörlich zersplittert [191]. Im 4. Jahrhundert »umfaßte das größte Landgut, das es in Attika, abgesehen von einem Sonderfall, gab, 300 plethra oder 26 ha«. Glotz fügt hinzu: »Dies war allgemein so in den demokratischen Städten.«[192]

---

188. Fei und Chang, 1945, S. 302.
189. Schacht, 1941, S. 516.
190. Ondegardo, 1872, S. 38.
191. Glotz, 1926, S. 247.
192. A. a. O., S. 248.

b. Die Vereinigten Staaten nach dem Unabhängigkeitskrieg

In den Geburtsjahren der Vereinigten Staaten wurden Fideikommiß und Erstgeburtsrecht heftig angegriffen. Während und unmittelbar nach der Revolution brandmarkten die Wortführer der jungen Republik das zeitlich unbegrenzte Eigentum als einen Überrest der europäischen feudalen Tradition. Nach der Abschaffung des Fideikommißrechts lösten sich die riesigen aristokratischen Besitzungen rasch auf. »Um das Jahr 1830 waren die meisten großen Güter Amerikas verschwunden.«[193]

c. Ein augenfälliger Gegensatz: Die Stärke des Grundeigentums im spät- und nachfeudalen Europa

Ähnliche Versuche, die Macht der Großgrundbesitzer zu brechen, wurden im nachfeudalen Europa gemacht. Die Regierungen der neuen Territorial- und Nationalstaaten griffen Fideikommiß und Erstgeburtsrecht mit allen möglichen Mitteln an, auf dem Kontinent überwiegend durch gesetzliche Verfügungen, in England durch Gerichtsreformen[194]; und fähige Vorkämpfer des Absolutismus gaben diesem Ringen Stoßkraft und Farbe. Aber in den führenden Staaten West- und Mitteleuropas waren die Regierungen lange außerstande, das Fideikommißprinzip zu beseitigen. In Frankreich hielt sich diese Einrichtung bis zur Revolution, und in modifizierter Form bis 1849. In England und Deutschland wurde sie erst im 20. Jahrhundert abgeschafft[195].

6. VERSCHIEDENARTIGE GESELLSCHAFTLICHE GEGNER DES ZEITLICH UNBEGRENZTEN EIGENTUMS

a. Kleines und bewegliches Eigentum

Offenbar wurde die erbmäßige Unantastbarkeit des Großgrundbesitzes von verschiedenartigen gesellschaftlichen Kräften angegriffen. Die griechischen Gesetzgeber, die laut Aristoteles[196] die Bedeutung der Eigentumsnivellierung für die politische Gesellschaft erkannten, identifizierten sich wahrscheinlich nicht mit einer besonderen sozialen Schicht oder Klasse. Aber ihre Bemühungen förderten den kleineren Grundbesitz[197] sowie die neuaufkommenden Formen beweglichen (städtischen) Eigentums. Man darf annehmen, daß die Nutznießer der Schwächung des Großgrundbesitzes dieses Resultat

193. Myers, 1939, S. 20.
194. Morris, 1937, S. 554 ff.
195. A. a. O.
196. Aristoteles, *Politik*, 2.7.
197. Pöhlmann, 1912, I, S. 206 ff.

durch Methoden herbeiführten, die mit der fortschreitenden Demokratisierung der Stadtstaaten zunehmend wirksam wurden.

In den jungen Vereinigten Staaten betrachtete Jefferson den Kampf für die Abschaffung von Fideikommiß und Erstgeburtsrecht als einen notwendigen Schritt zur Beseitigung »feudaler und unnatürlicher Unterscheidungen« [198]. Seine Politik beruhte auf einer Philosophie, die dem Handel und der Industrie mißtraute und dem unabhängigen, eigenes Land besitzenden Farmer traute. Die mittleren und kleinen Landbesitzer hatten wohl keinen direkten Vertreter unter den Verfassern der »Constitution« [199]; ihr Einfluß war aber trotzdem erheblich. Die Revolution, die von »protestierenden Kaufleuten und Handwerkern begonnen war«, wurde tatsächlich »bis zum bitteren Ende durchgeführt durch die Bajonette kämpfender Farmer« [200].

Und nicht nur das. Einige Jahrzehnte nach der Revolution übte das landwirtschaftliche Binnenland ein so starkes Übergewicht über die Handels- und Finanzinteressen der Küstenstädte aus, daß es »die Kriegserklärung gegen England im Jahre 1812 zuwege brachte« [201]. Man darf füglich annehmen, daß eine Kombination von unabhängigem ländlichem (Farm-) Besitz und beweglichem städtischem Eigentum den Untergang des feudalen Fideikommisses und des Erstgeburtsrechts in den Vereinigten Staaten zuwege gebracht hat.

b. Die Staaten des feudalen und nachfeudalen Europas

Die Konsolidierung des feudalen und nachfeudalen Grundbesitzes in Europa wurde von anderer Seite bekämpft. Als der Konflikt seinen Gipfel erreichte, wurde der Angriff von den Vertretern des absolutistischen Staates geführt. Die äußerliche Ähnlichkeit mit der orientalischen Variante dieses Kampfes macht es besonders wichtig zu verstehen, was im Westen vor sich ging.

Wie war es möglich, daß die Feudalherren Europas ihren Grundbesitz so außerordentlich stützen konnten? Sie waren dazu in der Lage, weil, wie oben erörtert wurde, die zersplitterte Gesellschaft des mittelalterlichen Europas den nationalen und territorialen Herrschern nicht die Mittel gewährte, diese Entwicklung zu verhindern. Natürlich verfügte der Landesherr über eine gewisse öffentliche Autorität [202]. Er konnte von seinen Vasallen militärische Dienstleistungen fordern; er besaß in gewissen Angelegenheiten die höchste richterliche Gewalt, er vertrat sein Land außenpolitisch, und seine Autorität wurde durch die Tatsache gestärkt, daß seine Vasallen ihre Lehen nur so lange behielten, als sie den bei der Belehnung übernommenen Verpflichtungen nachkamen. Infolgedessen waren die Feudalherren ursprünglich (im ju-

198. Jefferson, 1944, S. 440.
199. Beard, 1941, S. 149.
200. Beard, 1927, I, S. 292.
201. A. a. O., S. 413.
202. Bloch, 1949, II, S. 244.

ristischen Sinne) nicht die Eigentümer, sondern die Besitzer ihrer Länder, und – wenigstens theoretisch – blieb dies auch so, als die Lehen erblich wurden. Dieser Stand der Dinge ist oft beschrieben worden. Mit gewissen Modifikationen – vor allem in England nach der Eroberung durch die Normannen – überwog er im größten Teil West- und Mitteleuropas im Zeitalter des aufsteigenden Feudalismus. Das landläufige Bild betont jedoch mehr die Beziehungen zwischen dem feudalen Herrn und seinem Souverän als diejenigen zwischen den verschiedenen feudalen Herren. Nun sind aber gerade sie für die Entwicklung des Eigentums entscheidend wichtig.

Ganz gleich, ob der Baron sein Lehen befristet oder erblich besaß, der Mittelpunkt seines Lebens war sein eigenes Schloß und nicht der königliche Hof; und dies bestimmte seine persönlichen und sozialen Beziehungen. Der König mochte auf einige Wochen die militärischen Dienste seines Vasallen in Anspruch nehmen. Außerhalb dieser vertragsmäßig beschränkten Zeit – die nur durch gebührende Zahlung verlängert werden konnte [203] – bestimmte er nicht die Bewegung des Vasallen. Es stand diesem frei, seine Soldaten zum Austragen persönlicher Fehden zu verwenden. Es stand ihm frei, zu jagen, an Turnieren teilzunehmen und sich auf abenteuerliche Fahrten zu begeben. Vor allen Dingen konnte er sich mit seinen nachbarlichen Standesgenossen zusammensetzen, die, wie er selbst, darauf bedacht waren, ihre gemeinsamen Interessen zu wahren.

Die Dezentralisierung der politischen Ordnung begünstigte die lokale und regionale Assoziation der Vasallen, die jeder allein dem Souverän nicht gewachsen waren, die aber vereint ihm erfolgreich widerstehen konnten. Im Wettkampf zwischen der wachsenden Macht der feudalen Herren (und Bürger) einerseits und der königlichen Macht andererseits begegneten die aufkommenden Zentralregierungen nicht den zersplitterten feudalen und städtischen Kräften der Frühzeit des Feudalismus, sondern organisierten Ständen, die fähig waren, ihre wirtschaftlichen und sozialen Rechte zu verteidigen.

In England waren bereits im 11. Jahrhundert die vornehmsten Vasallen als *barones* bekannt. Ursprünglich bezeichnete dieses Wort nicht Einzelpersonen, sondern eine Gruppe: »das Wort kommt nicht in der Einzahl vor« [204]. Als die Regierung ihre Unabhängigkeit einzuschränken drohte, fühlten die Barone die Notwendigkeit gemeinsamer Aktion. Mit Recht hat man vom letzten Abschnitt der Magna Charta gesagt, er sei »die erste königliche Anerkennung des Rechtes der Barone, vereint den König durch Gewalt zu zwingen« [205]. Kurz danach schwur *»totius Angliae nobilitas«* einen Eid, in dem die Adligen einander gelobten, »daß sie dem König keine andere Antwort geben würden als eine *communis responsio*« [206]. Im gleichen Jahrhundert,

203. Tout, 1937, *passim.*
204. McIlwain, 1932, S. 673.
205. A. a. O.
206. A. a. O.

in dem sich der englische Adel zu einem organisierten Stande zusammen-
schloß, schuf er die Grundlage für die ständige Unteilbarkeit seiner Güter
durch Fideikommiß und Erstgeburtsrecht [207].

Auf dem Festland vollzog sich die Entwicklung in einem anderen Tempo
und mit manchen Abweichungen im Detail. Die allgemeine Tendenz war jedoch dieselbe wie in England: Die adligen Grundbesitzer wandten das Prinzip der Unteilbarkeit auf ihre Lehen an, die mit dem Zerfall des feudalen
Militärdienstes ihre ursprüngliche Bedeutung verloren hatten; und sie konsolidierten ihr Eigentum auf diese Art auch in Spanien, Italien, Frankreich und
Deutschland [208].

Es ist erwähnenswert, daß der Adel, der in der spät- und nachfeudalen Gesellschaft ein Gegengewicht gegen den Landesherrn bildete, die erfolgreiche
Festigung seines Eigentums teilweise der Einstellung der absolutistischen Bürokratie verdankte. Nicht wenige adlige Angehörige der Bürokratie fühlten
sich mit dem Landadel eng verbunden. Unter dem zwiespältigen Einfluß ihrer
Interessen als Privateigentümer und als Mitglieder der Bürokratie trieben die
Repräsentanten des westlichen Absolutismus den amtlichen Widerstand gegen
die privilegierten Großgrundbesitzer nicht bis zum Äußersten. So entsprang
dem Schoße der feudalen Gesellschaft eine der stärksten Formen des Privateigentums, von der die Menschheit weiß.

c. Dem hydraulischen Absolutismus gelang, was die Staaten des westlichen Feudalismus und Absolutismus nicht vermochten

Im spät- und nachfeudalen Europa bewilligte der Staat dem Landadel ein
Erbrecht, das einen Sohn auf Kosten aller anderen begünstigte; und in der
modernen westlichen Welt überließ er dem Einzelnen im großen und ganzen
die freie testamentarische Verfügung über sein Eigentum. Der hydraulische
Staat aber gewährte eine ähnliche Entscheidungsfreiheit weder den Besitzern
beweglichen Eigentums noch den Grundeigentümern. Sein Erbrecht bestand
in einer mehr oder weniger gleichen Verteilung des Eigentums nach dem Tode,
und damit in einer periodischen Zerstückelung des Eigentums.

Bei primitiven Völkern, die von einer aneignenden Wirtschaft oder einer
rohen Landwirtschaft lebten, war die Erbfolge offenbar sehr unterschiedlich
geregelt [209]. Es ist daher unwahrscheinlich, daß die Gesellschaften, die später
hydraulisch wurden, in ihrer Mehrzahl ursprünglich ein Einerbensystem gehabt hätten, das die hydraulische Entwicklung zerstören mußte. In einigen
Fällen mögen die Ansätze zu einem solchen System beseitigt worden sein.
Wo es aber solche Ansätze nicht gab, trafen die hydraulischen Herrscher

207. Morris, 1937, S. 554.
208. A. a. O., S. 553 ff.
209. Murdock, 1949, S. 37 ff.

Vorsorge, daß Versuche zur Untergrabung des traditionellen Verteilungssystems zu nichts führten. Sie erreichten dieses Zeil durch eine Vielzahl von Maßnahmen, unter denen die Standardisierung eines zerstückelnden Erbrechts die hervorragendste war.

In den spät- und nachfeudalen Gesellschaften des Westens konnte der landbesitzende Adel das einseitige Erbfolgerecht des Fideikommisses und der Primogenitur vor allem deshalb durchsetzen, weil er bewaffnet und auf nationaler Stufe politisch organisiert war. In der hydraulischen Gesellschaft fehlte den Privatbesitzern die Macht, ähnlich konsolidierte und starke Eigentumsformen zu erzwingen, einmal, weil das staatliche Monopol der militärischen Aktion es den Besitzern unmöglich machte, unabhängige Streitkräfte zu unterhalten, und zum anderen, weil das allumfassende Netz staatlicher Organisationen (Frondienst, Staatspost und Staatsnachrichtendienst, die integrierte Armee und das universale Steuersystem) es den Besitzern unmöglich machte, ihre Interessen durch eine wirksame Gegenorganisation im nationalen Maßstabe zu schützen.

Unter diesen Umständen wurde das Problem der Teilbarkeit des Eigentums nicht in Form eines politischen Kampfes ausgetragen, wie das im antiken Griechenland, im absolutistischen Europa und in den Vereinigten Staaten der Fall war. Im Gegensatz zu den Ländern, in denen ein solcher offener Kampf möglich war, war die hydraulische Welt ein ungünstiges Feld für eine politische Argumentation über die Vorzüge und Nachteile eines zerstückelnden Erbrechts.

7. DIE ORGANISATORISCHE MACHTLOSIGKEIT DER HYDRAULISCHEN EIGENTUMSINHABER

Als eine bewaffnete und allgegenwärtige organisierte Macht beherrschte das hydraulische Regime nicht nur die strategischen Sitze des beweglichen Eigentums, die Städte, sondern auch den Hauptbereich des immobilen Eigentums, das flache Land. Die Städte waren administrative und militärische Stützpunkte der Regierung. Daher hatten die Handwerker und Kaufleute keine Chance, ernsthafte politische Rivalen zu werden. Ihre beruflichen Assoziationen waren nicht notwendigerweise direkt an den Staat gebunden, doch fehlte ihnen auf jeden Fall die Möglichkeit, sich zu starken, unabhängigen Zentren korporierter bürgerlicher Macht zu entwickeln, wie das in vielen Teilen Europas im Mittelalter geschah.

Auf dem Lande lagen die Verhältnisse ähnlich. Die Grundbesitzer waren gelegentlich reiche Geschäftsleute und als solche ebenso beschränkt in ihren Organisationsmöglichkeiten wie die Inhaber des beweglichen Eigentums. Häufiger waren sie Beamte und Priester und daher mit der auf nationaler Ebene organisierten Bürokratie identisch oder assoziiert. Die Bürokratie konnte den Eigentümern beider Kategorien gestatten, lokale Organisationen zu schaffen, wie das im Falle der chinesischen »Schärpenträger« (unzulänglich mit

Gentry übersetzt) und der Priester verschiedener Tempel oder Glaubensbekenntnisse geschah. Aber sie bekämpfte jeden Versuch, Grundeigentumsinteressen im nationalen Maßstab und in der Form unabhängiger Körperschaften oder Stände zusammenzufassen.

Die Inhaber von Familienstiftungen (Familien-*wakfs* im islamischen Nahen Osten durften ihre Ländereien unverteilt behalten, weil diese Besitzungen dazu bestimmt waren, am Ende religiösen oder wohltätigen Zwecken zu dienen[209a]. Das Familien-*wakf* gewährte daher zeitweilig dem Inhaber und dessen Nachkommen Vorteile, aber es stellte weder eine sichere, noch eine freie und starke Form von Eigentum da. Das Familien-*wakf* fiel tatsächlich weniger häufig der Konfiskation zum Opfer, aber es konnte ebenso wie die anderen *wakfs* beschlagnahmt werden, wenn der Staat es wollte. Es war steuerpflichtig; und seine Inhaber vermochten nicht ihre Macht durch eine politische Organisation im nationalen Maßstab zu konsolidieren.

Das Familien-*wakf* ähnelt in seinem offiziell angegebenen Zweck, wenn auch freilich nicht immer in seiner unmittelbaren Funktion, dem Tempel- und Priesterland. Aber im Gegensatz zu den religiösen Würdenträgern waren die Inhaber dieser Familienstiftungen als solche nicht verpflichtet, sich am öffentlichen Leben zu beteiligen; ihre Stellung ähnelte denen von Rentnern. Tempelland blieb, wie das staatliche Dienstland, ungeteilt; aber es ist bezeichnend für die engen Beziehungen zwischen dem hydraulischen Staat und den herrschenden Religionen, daß die grundbesitzenden Priester oder Tempel keine wirksamen Kampfmaßnahmen trafen, um den absolutistischen Staat durch konstitutionelle Fesseln einzuschränken.

Das gleiche gilt für die grundbesitzenden Angehörigen der Bürokratie einschließlich der nicht amtierenden *Gentry*. Diese Elemente organisierten sich nicht in einer nationalen Körperschaft, die imstande gewesen wäre, ihre Eigentumsrechte gegen den finanziellen und gesetzlichen Druck des Staatsapparats aufrechtzuerhalten. Sie waren damit zufrieden, mittels ihres Grundbesitzes angenehm zu leben; und sie überließen es den Beamten, in der Form des Staates auf nationaler Ebene ein integriertes System politischer Macht zu organisieren und zu handhaben. Der chinesische General, der erklärte, er sei ausschließlich an der Erweiterung seines Grundbesitzes interessiert[210], zeigt mit dieser Begründung, daß das orientalische Eigentum politisch machtlos war, und dies selbst dann, wenn der Inhaber dem Staatsapparat angehörte[211].

209a. S. unten, Kap. 7, S. 398.

210. *Shih Chi*, 53. 4b–5b.

211. Diese Umstände förderten das introvertierte Aussehen der Privathäuser in der agrarbürokratischen Gesellschaft, verglichen mit der extrovertierten Architektur des Westens. Die Gepflogenheit, luxuriöse Höfe und Innenräume hinter einer anspruchslosen Fassade zu verbergen, beschränkte sich nicht auf wohlhabende Bürger. Mit Ausnahme des Herrschers huldigten ihr auch die Angehörigen des Staatsapparats.

E. DIE HERRSCHENDE RELIGION DES LANDES
IST VON DEM HYDRAULISCHEN REGIME ABHÄNGIG

Ähnliche Ursachen führten zu ähnlichen Wirkungen auch im Bereich der Religion. Der hydraulische Staat, der keine unabhängige militärische und besitzende Führung duldete, verhinderte auch den Aufstieg einer unabhängigen religiösen Macht. Nirgends in der hydraulischen Welt vermochte die herrschende Religion eine nationale oder internationale autonome Kirche zu schaffen, die sich der Autorität des Staates entziehen konnte.

I. AUSSCHLIESSLICHE, HERRSCHENDE UND SEKUNDÄRE RELIGIONEN

Eine herrschende Religion hat oft keinen einflußreichen Rivalen; dies ist häufig der Fall in einfacheren Kulturen, wo die einzigen bedeutsamen Träger ketzerischer Gedanken und Praktiken männliche und weibliche Zauberer sein mögen. Hier entsteht die Möglichkeit, zwischen mehreren Religionen zu wählen, überhaupt nicht; und die hydraulischen Führer identifizieren sich ohne weiteres mit der herrschenden Religion.

Sekundäre Religionen entstehen und verbreiten sich vorwiegend in Kulturen, deren institutionelle und soziale Verhältnisse vielfältiger geworden sind. Wo man solchen Glaubensbekenntnissen ein Lebensrecht gewährt (man denke an die nicht-hinduistischen Bekenntnisse in Indien, an den Taoismus und Buddhismus im konfuzianischen China, an das Christentum und Judentum im Herrschaftsbereich des Islam), pflegen sich die weltlichen Machthaber mit dem herrschenden Glauben zu identifizieren. In unserem Zusammenhang hat natürlich das Wort »herrschend« nur eine soziale und politische Bedeutung; es stellt kein religiöses Werturteil dar. Ob das gesellschaftlich herrschende Glaubensbekenntnis auch der religiösen Substanz nach überlegen ist, ist eine ganz andere (und sehr berechtigte) Frage, die außerhalb des Rahmens dieser Untersuchung liegt.

2. VERBINDUNG DER RELIGIÖSEN MIT DER STAATLICHEN AUTORITÄT

a. Das hydraulische Regime war bisweilen (quasi-) hierokratisch

Wenn wir die Beziehung zwischen der hydraulischen Macht und der herrschenden Religion bestimmen wollen, müssen wir zunächst einen weit verbreiteten Irrtum aus dem Wege räumen. In der hydraulischen Welt, wie auch in anderen Agrargesellschaften, spielt die Religion eine äußerst wichtige Rolle, und zumeist sind die beruflichen Kirchen- und Tempeldiener zahlreich.

Aber die Tatsache, daß eine Institution wichtig ist, bedeutet nicht, daß sie auch autonom ist. Wie wir gesehen haben, sind die vom Staat organisierten Heere der hydraulischen Kulturen gewöhnlich zahlreich; aber dieselben Faktoren, die sie zahlreich machen, machen sie zugleich abhängig.

Natürlich kann man religiöse und militärische Bildungen nicht einfach gleichsetzen. In beiden Fällen aber ist die große Zahl der beruflich Tätigen wesentlich durch die Beziehung zu einem Staatsapparat bedingt, der über riesige Einkommensquellen verfügt.

Die Mehrzahl aller hydraulischen Kulturen besitzt eine große, einflußreiche Priesterschaft. Trotzdem wäre es falsch, sie deswegen als hierokratisch, als »von Priestern regiert« zu bezeichnen. Mancherlei Versuche sind gemacht worden, eine Begriffsbestimmung des Wortes »Priester« zu geben, und hervorragende Soziologen, wie Max Weber [212], bieten uns eine Vielfalt von Definitionen für ein Phänomen, dessen institutionelle Grenzen fließend sind.

Es versteht sich von selbst, daß jeder Priester imstande sein muß, seine religiösen Aufgaben zu erfüllen, darunter vor allem Opfer darzubringen und Gebete zu sprechen. Ein qualifizierter Priester kann entweder den kleineren Teil seiner Zeit seiner religiösen Tätigkeit widmen, während er durch einen weltlichen Beruf seinen Lebensunterhalt erwirbt; oder aber er kann sich hauptberuflich mit religiösen Dingen beschäftigen.

Priesterherrschaft ist die Ausübung der Staatsgewalt durch ein Berufspriestertum. Dieser Definition entspricht kaum einer der größeren hydraulischen Staaten. Mitunter umfaßt die Beamtenschaft viele Personen, die als Priester ausgebildet wurden und die, ehe sie in den Staatsdienst traten, priesterliche Funktionen ausübten. Es ist wichtig, diesen Tatbestand klarzumachen, weil er die Stellung der Tempel im staatlichen Gesamtgefüge beleuchtet. Es ist aber nicht weniger wichtig, im Auge zu behalten, daß Personen, die zu Priestern ausgebildet wurden und die dann führende Stellen in der Regierung bekleideten, in der Regel aufhörten, der Erfüllung religiöser Aufgaben viel Zeit zu widmen. Daher sind solche Regierungen nicht hierokratisch im eigentlichen Sinne, sondern quasihierokratisch. Die nicht sehr zahlreichen hydraulischen Staaten, in denen qualifizierte Priester die oberste politische Führung innehatten, fallen fast alle in diese Kategorie.

Die hydraulischen Stämme der Pueblo-Indianer unterstehen Häuptlingen, die in vielen religiösen Zeremonien eine führende Rolle spielen. Aber abgesehen vom *cacique* und vielleicht ein paar weiteren Individuen, beschäftigen sich diese Priester-Häuptlinge hauptberuflich mit dem Feldbau. Somit werden die Pueblos von einer Hierarchie von Priester-Häuptlingen regiert, die qualifiziert sind, zeremonielle Aufgaben zu erfüllen, die aber in ihrer überwältigenden Mehrzahl nicht im Hauptberuf Priester sind.

Man nimmt an, daß die Stadtstaaten des alten Sumers zumeist von den

212. Weber, WG, S. 241 ff.

Oberpriestern der führenden Tempel regiert wurden [213]; und es ist durchaus möglich, daß die höhergestellten Höflinge und Staatsbeamten, die in der Verwaltung der Tempelgüter eine wichtige Rolle spielten [214], ebenfalls qualifizierte Priester waren [215]. Hatten aber diese Männer, die theologisch ausgebildet waren, Zeit, den zahlreichen religiösen Aufgaben eines Berufspriesters nachzugehen? Deimel nimmt an, daß die Priester-Könige nur bei besonders feierlichen Gelegenheiten in den Tempeln amtierten [216]. Ihre bürokratischen Untergebenen wurden nicht weniger von ihren weltlichen Pflichten in Anspruch genommen; sie waren daher ähnlich beschränkt in der Möglichkeit, sich dem Gottesdienst zu widmen.

Die höchstgestellten Helfer des Herrschers und zweifellos auch viele niedrigere Beamte übernahmen politische Funktionen, weil sie den mächtigsten wirtschaftlichen und militärischen Einheiten des Landes, den Tempeln, angehörten; die Regierungen der sumerischen Tempelstädte waren daher quasihierokratisch. Aber selbst in Sumer scheint die Macht der Tempel allmählich abgenommen zu haben. Die Reform des Priester-Königs Urukagina von Lagasch deutet darauf hin, daß bereits im dritten Jahrtausend v. Chr. angesehene Priesterfamilien Tempelland zu säkularisieren versuchten [217]. Und bald nach Urukagina gelang es den großen Königen Akkads und Urs, einen Teil des Tempellandes zu säkularisieren [218]. Während der darauf folgenden babylonischen Zeit hörte die wirtschaftliche Vorherrschaft der Tempel ganz auf; und die Mehrzahl der hohen Beamten war nicht mehr notwendigerweise mit dem Priestertum verbunden.

Der babylonische Typ ist viel häufiger als der sumerische. In der Regel wurden die hydraulischen Staaten von Berufsbeamten verwaltet, die, wenn sie auch von Priestern ihre Ausbildung erhielten, doch selbst nicht zu Priestern erzogen wurden. Die Mehrzahl aller qualifizierten und hauptberuflichen Priester befaßte sich nach wie vor mit religiösen Aufgaben. Die Verwendung einzelner Priester im Staatsdienst macht die Regierung, der sie angehörten, nicht zu einer Hierokratie.

Von den wenigen Versuchen, in einem hydraulischen Land eine Priesterherrschaft zu gründen [219], ist derjenige der ägyptischen Einundzwanzigsten

---

213. Deimel, 1920, S. 21.

214. A. a. O., S. 31.

215. In der sumerischen Geschichte erscheint das Berufspriestertum früh (Deimel, 1924, S. 6 ff.; Falkenstein, 1936, S. 58; Meissner, BA, II, S. 52). Die alten Inschriften erwähnen auch Priester, die weltliche Berufe ausübten (Schneider, 1920, S. 107 ff.; Deimel, 1924, S. 5 ff.; Falkenstein, 1936, S. 58 ff.; Deimel, 1932, S. 444 ff.).

216. Deimel, 1920, S. 21; vgl. Meissner, BA, II, S. 53.

217. Deimel, 1920, S. 31.

218. A. a. O.

219. Der marginal-hydraulische Charakter der tibetanischen Gesellschaft wird im 6. Kap. erörtert.

Dynastie besonders bemerkenswert. Der Usurpator Herihor, der Gründer dieser Dynastie, war ursprünglich Priester, aber ehe ihn der Pharao zum Hohenpriester bestellte, hatte er bereits ein weltliches Staatsamt bekleidet; und die höchste religiöse Autorität wurde ihm nicht verliehen, um die Macht der führenden Ammon-Priesterschaft zu stärken, sondern um sie zu schwächen [220]. Wie die sumerischen Priesterkönige, widmeten die Herrscher des pharaonischen Ägyptens – Herihor einbegriffen – den Regierungsaufgaben ihre Hauptaufmerksamkeit. Von den 26 Dynastien, die bis zum Jahre 525 v. Chr. (als die Perser das Land eroberten) Ägypten regiert haben, kann im besten Fall nur eine als quasihierokratisch bezeichnet werden.

b. Das hydraulische Regime war oft theokratisch

Die bautechnischen, organisatorischen und aneignenden Tätigkeiten der hydraulischen Gesellschaft tendieren dahin, alle Gewalt in einem führenden Zentrum zu konzentrieren, nämlich in der Zentralregierung und letzten Endes im Haupt dieser Regierung, dem Herrscher. In seiner Person vereinigten sich seit den Anfängen der hydraulischen Kultur die magischen Kräfte des Gemeinwesens. Die meisten religiösen Zeremonien mögen einer spezialisierten Priesterschaft obliegen, die oft beträchtliche Freiheit genießt; aber in vielen hydraulischen Gesellschaften ist die höchste weltliche und religiöse Autorität in einer Person vereinigt.

Wenn eine solche Person als ein Gott oder als ein Göttersprößling oder auch als ein Hoherpriester auftritt, dann haben wir es mit einer theokratischen (göttlichen) oder quasitheokratischen (hohepriesterlichen) Herrschaft zu tun. Natürlich braucht ein theokratisches Regime nicht zugleich hierokratisch oder quasihierokratisch zu sein. Und wenn der göttliche oder hohepriesterliche Souverän eine theologische Ausbildung besaß, bedeutet das nicht, daß die Mehrheit seiner Beamten notwendigerweise die gleiche Schulung durchgemacht haben mußte.

Die Häuptlinge der Pueblo-Indianer und der Dschagga, die in ihren Stämmen die Stellung von Hohenpriestern bekleiden, nehmen eine theokratische Stellung ein; und an der Göttlichkeit der hawaiischen Könige kann nicht gezweifelt werden. Unter primitiven agrarischen Bedingungen sind aber religiöse und weltliche Gewalt häufig eng verknüpft; und in dieser Beziehung ist es gleichgültig, ob die primitive Landwirtschaft hydraulisch betrieben wird oder nicht.

Im Gegensatz zur weiteren Verbreitung theokratischer Institutionen bei den primitiven Ackerbauern spielte die Theokratie in den höheren Agrarkul-

220. Kees, 1938, S. 10 ff., 14, 16; vgl. Wilson, 1951, S. 288 ff. Sogar E. Meyer (GA, II, Tl. 2, S. 10 ff), der, wahrscheinlich zu Unrecht, den priesterlichen Hintergrund des Herihorschen Aufstiegs zur Macht stark betont, ist nichtsdestoweniger der Meinung, daß die Einundzwanzigste Dynastie keine echte Theokratie einführte.

turen eine sehr ungleichmäßige Rolle. Viele staatlich organisierte hydraulische Gesellschaften besaßen theokratische oder quasitheokratische Institutionen, die sich im antiken Griechenland und im mittelalterlichen Europa nicht durchsetzten.

Im homerischen Griechenland war der König göttlicher Abstammung[221]. Er bekleidete eine so hervorragende religiöse Stellung, daß man ihn den »Hauptpriester« genannt hat[222]. Die spätere demokratische Entwicklung zerstörte die Beziehung zwischen Staat und Religion keineswegs; aber beide Bereiche lagen nunmehr in der Obhut der Staatsbürger. Von der Bürgergemeinschaft streng überwacht, schuf die Staatsreligion des antiken Griechenland weder eine klerikale Hierarchie[223] noch einen geschlossenen geistlichen Stand[224]. In der Regel wurden die amtierenden Priester durch die Wahl oder durch das Los bestimmt[225]. Daher fehlte ihnen die Ausbildung, die beim ständigen Berufspriestertum so wichtig ist. Das Finanzwesen der Tempel wurde sorgsam überwacht von politischen Instanzen, deren Mitglieder in ihrer Mehrzahl ebenfalls gewählt wurden. Außerdem galten die Häupter der Regierung nicht als göttlich; sie waren auch nicht Hohepriester oder Häupter einer geistlichen Körperschaft. Die Bezeichnung »Theokratie« mag für die primitiven Verhältnisse der griechischen Frühzeit zutreffen, aber sie ist unangemessen für den »dienenden« Bürgerstaat der demokratischen Zeit.

Die großen Agrarkulturen des mittelalterlichen Europas entfernten sich noch mehr von theokratischen Verhältnissen. Pippin und Karl der Große versuchten, eine theokratische Autorität zu schaffen[226], aber sie konnten die feudale Dezentralisierung nicht aufhalten. Unter den vielen sekundären Zentren eigentumsmäßiger, militärischer und politischer Prominenz, die die Macht der nationalen und territorialen Herrscher einschränkten, erwies sich die Kirche als besonders wirksam, weil eine einheitliche Doktrin und eine zunehmend vereinheitlichte Führung ihren quasifeudalen örtlichen Einheiten eine quasiorientalische organisatorische Stärke verliehen. Nach einer langen Zeit heftiger Konflikte erkämpfte sich die Kirche völlige Autonomie. Im 11. Jahrhundert mußte die Krone Frankreichs sich dem Heiligen Stuhl beugen[227]; und der deutsche Kaiser Heinrich IV. war gezwungen, sich vor dem Papst Gregor VII. zu demütigen. Der Ausgang des Kampfes zwischen weltlicher und geistlicher Macht war einige Zeit ungewiß, bis unter Innozenz III. (1198 bis 1216) die päpstliche Autorität einen solchen Höhepunkt erreichte, daß er

221. Glotz, 1929, S. 39.
222. Bury, 1937, S. 46; vgl. Stengel, 1920, S. 33 ff.; und Bengtson, 1950, S. 97.
223. Bengtson, 1950, S. 62.
224. Busolt, GS, I, S. 515.
225. A. a. O., S. 498.
226. Lamprecht, DG, S. 17 ff., 34; Petit-Dutaillis, 1949, S. 23.
227. Petit-Dutaillis, 1949, S. 92.

den freilich vergeblichen Versuch unternehmen konnte, den Staat endgültig der Führung der Kirche unterzuordnen.

Für den Kampf der Kirche um ihre Unabhängigkeit ist die englische Entwicklung besonders aufschlußreich. Im Jahre 1215 zwangen die Bischöfe im Verein mit den feudalen Herren König Johann »ohne Land«, in der Magna Charta die Legitimität einer konstitutionellen Regierung anzuerkennen. Die Charta war »›zuallererst‹ ein Zugeständnis ›an Gott‹ zugunsten der englischen Kirche ... Im ersten Artikel versicherte der König, ›die englische Kirche solle frei sein, sich aller ihrer Rechte und Freiheiten unangetastet erfreuen‹ und insbesondere ›jener Freiheit, die für die englische Kirche als die größte und wichtigste galt, der Freiheit ihre Priester zu wählen‹. Artikel 42 handelte von der Freiheit, ins Ausland zu reisen; er gab der Geistlichkeit das äußerst bedeutsame Recht, ohne des Königs Erlaubnis nach Rom zu gehen.«[228]

Nach der Charta war die Kirche nicht nur eine von mehreren Einheiten wirksam organisierter feudaler Grundbesitzer. In ihrer nationalen wie in ihrer internationalen Organisation war sie anders und in gewissem Sinne stärker als die Körperschaften des weltlichen Adels. Außerdem kämpfte sie für die Autonomie als eine Religionsgemeinschaft mit spezifisch religiösen Zielsetzungen und Ansprüchen. Aber so wesentlich diese Eigentümlichkeit auch war, die Kirche hätte dennoch die Macht der politischen Gewalt nicht einschränken können, wenn sie nicht zugleich die eigentumsmäßige und organisatorische Macht des weltlichen Adels gestärkt hätte. Als die religiöse Ergänzung dieses Standes erlangte die Kirche in der Agrargesellschaft des mittelalterlichen Europas eine wesentlich unabhängige Stellung[229]. Um dieses Ziel zu erreichen, förderte sie in folgenschwerer Weise den Aufstieg der mehrzentrigen spätfeudalen Ordnung, der Wiege der modernen westlichen Gesellschaft.

So haben denn die höheren Agrarkulturen des Westens, ganz gleich ob sie ursprünglich theokratisch regiert wurden oder nicht, keine massiven theokratischen Machtgebilde hervorgebracht. Die Stadtstaaten des klassischen Griechenlands stellten eine nichttheokratische Verbindung von politischer Herrschaft und Religion dar; und im mittelalterlichen Europa entwickelten sich die weltlichen und religiösen Gewalten nicht zu einem Cäsaropapismus, sondern sie kristallisierten sich als zwei klar getrennte Autoritätsbereiche.

In der hydraulischen Kultur setzten sich ganz andere Tendenzen durch. Wo hydraulische Stammesregierungen eine theokratische Form besaßen, erhielt sich diese meistens auch unter differenzierteren institutionellen Bedingungen; und wo es in vorhydraulischen Zeiten keine Theokratie gab, entstand sie häufig zusammen mit der hydraulischen Kultur.

Eine Gesellschaft, die einzigartig günstige Voraussetzungen für das Wachstum eines starken Staatsapparats bot, verhindert den Aufstieg einer poli-

228. A. a. O., S. 333.
229. Vgl. Ranke, 1924, I, S. 32.

tisch und wirtschaftlich unabhängigen Religion. Der agrarmanageriale Herrscher befestigte seine weltliche Stellung dadurch, daß er sich in dieser oder jener Form die Symbole der höchsten religiösen Autorität zueignete. In einigen Fällen brachte er es nicht zu einer ausgesprochen theokratischen Stellung, aber dies war die Ausnahme. Zumeist waren die hydraulischen Regimes entweder theokratisch oder quasitheokratisch.

Die institutionelle Mannigfaltigkeit der hydraulischen Welt begünstigte einen großen Formenreichtum des Verhältnisses zwischen Staat und Religion. Man kann jedoch sagen, daß »göttliche« Herrscher vor allem unter einfacheren gesellschaftlichen Verhältnissen vorkamen. Die Theokratie der Inkas beherrschte eine sozial undifferenzierte, neolithische, hydraulische Gesellschaft. Der oberste (»Einzige«, *Sapa*) Inka war ein Abkömmling der Sonne und daher göttlich [230]; der Abglanz seiner Göttlichkeit fiel mit abnehmender Stärke auch auf seine Verwandten [231]. Der *Sapa*-Inka brachte die heiligsten Opfer dar [232], und an zeremoniellem Rang überragte er die berufsmäßigen Hohenpriester, die meist aus den Reihen seiner Onkel oder Brüder genommen wurden [233]. Seine Beamten waren mit der Verteilung und Bebauung des Tempellandes beauftragt [234]; sie verwalteten die Vorrätshäuser der Tempel und der weltlichen Regierung [235]. Dem Staat und seinem göttlichen Herrscher unterstanden daher sowohl die weltlichen Angelegenheiten des Landes wie auch das Priestertum der herrschenden Religion.

Die theokratische Entwicklung im Nahen Osten ist in vielen schriftlichen und bildlichen Quellen behandelt. Der Staat des alten Ägyptens, an dessen Entstehen kein nachweisbarer institutioneller mesopotamischer Einfluß beteiligt war – obwohl es kulturelle Verbindungen gab [236] –, veranschaulicht die Machtfülle einer stark konzentrierten und verhältnismäßig einfachen hydraulischen Ordnung. Der Pharao ist ein Gott oder der Sohn eines Gottes [237], ein großer und guter Gott [238]; er ist der Gott Horus [239], Sprößling des

---

230. Garcilaso, 1945, I, S. 58 ff.; Cobo, HNM, III, S. 122 ff.; Means, 1931, S. 370; Rowe, 1946, S. 257.

231. Garcilaso, 1945, I, S. 61; Means, 1931, S. 370.

232. Means, 1931, S. 370, 374; Rowe, 1946, S. 265; vgl. Garcilaso, 1945, I, S. 84.

233. Garcilaso, 1945, I, S. 84, 175 ff.; Means, 1931, S. 407, 370; Rowe, 1946, S. 299.

234. Ondegardo, 1872, S. 18 ff.; Cobo, HNM, III, S. 246 ff.; Rowe, 1946, S. 265 ff.

235. Cobo, HNM, III, S. 254 ff.; Rowe, 1946, S. 266 ff.

236. Die zwei Kulturen berührten sich wahrscheinlich lange vor dem (durch die Erfindung der Schrift gekennzeichneten) Anfang der eigentlichen Geschichte (vgl. Kees, 1933, S. 7 ff.).

237. Sethe, PT, II, S. 139; Breasted, 1927, I, S. 108, 114, 242, 327; II, S. 11, 25, und *passim*; III, S. 17 und *passim*; IV, S. 15, 27 und *passim*.

238. Breasted, 1927, II, S. 12 und *passim*; III, S. 17 und *passim*; IV, S. 28 und *passim*.

239. *A. o. O.*, I, S. 70, 114 und *passim*.

Sonnengottes Re [240]. Er stammt »leiblich« von seinem göttlichen Vorfahren ab [241]. Seine göttliche Geburt macht ihn zum gegebenen Mittler zwischen Göttern und Menschen. Ihm fehlt zwar die Zeit, in eigener Person den meisten seiner religiösen Pflichten selbst nachzugehen [242], aber er ist Hoherpriester [243] und der Priester aller Götter [244]. An der Erhabenheit seiner Stellung besteht kein Zweifel.

Ursprünglich wurde der Tempeldienst zu einem erheblichen Teil von königlichen Beamten versehen [245], und die Tempelverwaltung lag den Dienern des Königs ob [246]. Aber sogar nachdem ein umfangreiches Berufspriestertum aufgekommen war, behielt der Staat die Gerichtsbarkeit über die Tempeleinkünfte, und die Priester wurden von den Pharaonen ernannt [247]. Diese Formen der Kontrolle bestanden im Alten und Mittleren Reich und in den Anfängen des Neuen Reiches. Sie verfielen in den Zeiten der Krise und Unruhe, die es am Ende der Zwanzigsten Dynastie [248] einem Hohenpriester ermöglichte, den Thron zu besteigen [249]. Von der Zweiundzwanzigsten bis zur Fünfundzwanzigsten Dynastie regierten libysche und nubische Eroberer das Land; aber die Göttlichkeit der Pharaonen blieb trotz aller politischen Wandlungen bis zur letzten, der Sechsundzwanzigsten Dynastie unbestritten [250].

Im alten Mesopotamien war die gesellschaftliche Struktur seit dem Anfang der geschriebenen Geschichte differenzierter als im alten Ägypten. Dies ist vielleicht der Grund – oder einer der Gründe – dafür, daß die Göttlichkeit der sumerischen Könige in einer verhältnismäßig komplizierten Form erschien. Der Pharao verdankte sein Dasein »einem göttlichen Erzeuger – in Gestalt des Königs – und der Königin« [251]. Im Gegensatz dazu wurde der sumerische König im Schoß seiner Mutter »mit göttlichen Eigenschaften, vor allem Kraft und Weisheit« begabt [252]. Nach seiner Geburt wurde er von den Göttern großgezogen, und die Zeremonien der Thronbesteigung und Krönung bestätigten seine Vergöttlichung [253]. Wenn, wie Labat vermutet, die Götter

240. A. a. O., passim.

241. A. a. O., II, S. 80 und passim; III, S. 56 und passim.

242. Erman und Ranke, 1923, S. 73.

243. Engnell, 1943, S. 5 ff.

244. Erman und Ranke, 1923, S. 73.

245. Breasted, 1927, I, S. 100 und passim; Kees, 1933, S. 242 ff.

246. Vgl. Breasted, 1927, I, S. 103.

247. Kees, 1933, S. 252.

248. Für die Einführung einer unabhängigen Tempelwirtschaft zur Zeit der Zwanzigsten Dynastie s. Breasted, 1927, IV, S. 242 ff.; vgl. Rostovtzeff, 1941, I, S. 281 ff.

249. S. oben, S. 128.

250. Breasted, 1927, IV, S. 346 und passim, S. 419, 452, 482.

251. Engnell, 1943, S. 4.

252. A. a. O., S. 16.

253. Barton, 1929, S. 31 ff., 37, 43, 99; Labat, 1939, S. 53 ff.; Engnell, 1943, S. 16 und Anmerkungen.

den König nur nach dessen Geburt als göttlich anerkannten, war er nicht der göttliche Sprößling göttlicher Eltern, sondern eher ihr Adoptivsohn [254].

Die Tatsache, daß die genaue Bestimmung der Art der Göttlichkeit des Königs im antiken Mesopotamien eine Streitfrage darstellt [255], deutet auf einen komplizierten Sachverhalt in der Frühzeit hin. Es steht aber fest, daß der sumerische König die höchste göttliche Autorität auf Erden vertrat [256]. Er war Hoherpriester [257]. Im Prinzip war er »der einzige Träger des hohenpriesterlichen Amtes« [258]; und er konnte seine administrative Macht über die Tempel ohne Schwierigkeit aufrechterhalten, da in den sumerischen Stadtstaaten alle wichtigeren Tempel dem Priesterkönig, seiner Gattin oder anderen Angehörigen seiner Familie unterstanden [259].

Seit dem Ende der sumerischen Periode wurden die Beziehungen zwischen den mesopotamischen Regierungen und den Tempeln allmählich lockerer; aber die Tempel waren nach wie vor außerstande, sich der Kontrolle durch den weltlichen Herrscher zu entziehen. Der König behielt seine quasigöttliche Stellung, die derjenigen seiner sumerischen Vorgänger ähnelte. Wie in alten Zeiten hatte er das Recht, die höchsten Kultuszeremonien zu verrichten. In Assyrien vollzog er sie in eigener Person [260]; in Babylonien wurde diese Aufgabe meist einem Stellvertreter übertragen [261]. In den großen »Schöpfungs«-Riten zum Neuen Jahre spielte er aber eine so hervorragende Rolle [262], daß »während dieser Zeremonien der Souverän für sein Volk wirklich die Inkarnation der Götter war« [263].

In Assyrien unterhielt der Staat eine strenge administrative und gerichtliche Aufsicht über die führende Religion [264]. In Babylonien war die Kontrolle weniger streng, aber auch dort behaupteten die Könige erfolgreich das Recht, die höhergestellten Priester zu ernennen [265]; »die Priester wurden dann ebenso wie die übrigen Beamten vereidigt« [266].

Die achämenidischen Könige, die sich durch Eroberung zu Herren des ganzen Nahen Ostens machten, sollen nicht als göttlich gegolten haben. Hielten

254. Labat, 1939, S. 63.
255. Vgl. Labat, 1939, *passim*; Engnell, 1943, S. 16 ff., 33; McEwan, 1934, S. 7 ff.; und Nilsson, 1950, S. 129 und Anm. 2.
256. Barton, 1929, S. 31, 35, 97, 137 ff., 325.
257. Labat, 1939, S. 131.
258. Engnell, 1943, S. 31; vgl. Labat, 1939, S. 202 ff.
259. Vgl. Deimel, 1920, S. 21 ff.
260. Meissner, BA, I, S. 68; Labat, 1939, S. 135.
261. Labat, 1939, S. 202.
262. A. a. O., S. 168.
263. A. a. O., S. 234.
264. Meissner, BA, II, S. 59 ff.
265. A. a. O., S. 60.
266. A. a. O.

sie in ihrem persischen Heimatland an einigen ihrer früheren nicht-theokratischen Anschauungen fest? Oder wurden sie vielleicht doch von ihren persischen Untertanen als göttliche Wesen verehrt, weil sie von einer göttlichen Substanz durchdrungen waren [267]? Was immer die Antwort auf diese Frage sein mag, es steht fest, daß der siegreiche Cyrus in Babylonien »alle Elemente der chaldäischen Monarchie« übernahm [268], die königliche Göttlichkeit einbegriffen; und seine Nachfolger hielten es in Ägypten ebenso. Wie alle uns bekannten früheren ägyptischen Herrscher, galt auch Darius als göttlich: er hieß »Horus« und der »gute Gott« [269].

Die hellenistischen Souveräne der ptolemäischen und seleukidischen Reiche lernten es schnell, die religiöse mit der weltlichen Autorität zu vereinigen [270]. Bezeichnenderweise war der Königskult weniger entwickelt an der institutionellen Peripherie der hydraulischen Welt, in Anatolien. Aber auch hier trachteten die hellenistischen Herrscher zielbewußt, ihrer Stellung eine theokratische Form zu geben [271].

Die Römer übernahmen manche Institutionen, die sie in ihren neu erworbenen orientalischen Besitzungen vorfanden. Die Anerkennung der Göttlichkeit des Kaisers erfolgte schrittweise. Die Anfänge des Kaiserkults lassen sich schon für die erste Zeit nach dem Untergang der Republik nachweisen. Der Kult, auf dessen Proklamierung bereits Cäsar hinarbeitete [272], wurde offiziell vom ersten Kaiser, Augustus, eingeführt [273].

In der Frühzeit des byzantinischen Reiches paßte sich das Christentum einem autokratischen Regime an, das die Gerichtsbarkeit über alle religiösen und weltlichen Angelegenheiten beanspruchte [274]; aber die Idee eines göttlichen Herrschers war unvereinbar mit der neuen Religion. Trotz bedeutsamer Versuche, dem Kaiser quasigöttliche Eigenschaften zuzusprechen [275], war der byzantinische Staat, im Sinne unserer Definition, höchstens ein Grenzfall der Theokratie.

Der Islam hatte ebenfalls keinen Raum für einen göttlichen Herrscher: Mohammed war Allahs Prophet, nicht sein Sohn; und die Kalifen, auf die die Autorität des Propheten überging, hatten daher keinen göttlichen Rang. Obgleich ihnen die Betreuung wichtiger religiösen Interessen oblag [276], kann man sie auch nicht als Hohepriester bezeichnen. Nach unseren Kriterien – und

267. Vgl. Christensen, 1944, S. 229; McEwan, 1934, S. 18 und Anm. 116.
268. McEwan, 1934, S. 17.
269. A. a. O., S. 19.
270. Nilsson, 1950, S. 145 ff., 149 ff., 156 ff.
271. A. a. O., S. 161 ff.
272. Taylor, 1931, S. 58 ff.
273. A. a. O., S. 185 ff.
274. Bury, 1931, II, S. 360.
275. Bréhier, 1949, S. 61 ff.
276. S. unten, S. 137.

nach den Ansichten von Kennern des Islam – kann die Stellung des Kalifen weder als theokratisch noch als hierokratisch gelten [277].

In China erscheint der Herrscher im Lichte der Geschichte als die höchste religiöse und weltliche Autorität. Ob die herkömmliche Bezeichnung »Sohn des Himmels« einen ursprünglichen Glauben an die Göttlichkeit des Souveräns ausdrückt, wissen wir jedoch nicht. Die Herrscher des Tschou-Reiches und der nachfolgenden kaiserlichen Dynastien, die sich alle diesen Titel beilegten, wurden als Menschen angesehen. Sie nahmen gleichwohl eine quasitheokratische Stellung ein. Mit dem Mandat des Himmels betraut, beherrschten sie die magischen Beziehungen zwischen Mensch und Natur durch umfassende Opferzeremonien. Bei den großen religiösen Feiern spielten der Herrscher und seine höheren und niederen Beamten die entscheidende Rolle. Sie überließen den Berufspriestern und deren Gehilfen nur Nebenfunktionen. In der heiligsten aller Zeremonien opferte der Kaiser dem Himmel [278]. Er vollzog ebenfalls die Opfer an die Erde, für die Ernte [279], für den frühen Sommerregen [280], und für die nationalen Gottheiten des Bodens und der Hirse [281]. Einige dieser Riten waren auf die Reichshauptstadt beschränkt, andere wurden auch in den zahlreichen regionalen und lokalen Mittelpunkten der Staatsgewalt von führenden provinziellen, Bezirks- oder Gemeindebeamten vollzogen. Zur zweiten Gruppe gehörten das große Regenopfer [282], das zeremonielle Pflügen [283], das Opfer für Konfuzius [284], für den Schirmherrn der Landwirtschaft [285] usw. [286]

Zusammenfassend können wir sagen, daß im chinesischen Staatsgottesdienst der Herrscher und eine Hierarchie von hohen Beamten entscheidende priesterliche Aufgaben erfüllten, obgleich die meisten dieser Beamten, wie der Kaiser selbst, vorwiegend weltlichen Pflichten oblagen. Die Regierung des tradi-

---

277. S. Arnold, 1924, S. 189 ff., 198, Anm.; ders., 1941, S. 294. All dies gilt im wesentlichen für die Sunniten. Bei den Schiiten machten sich zeitweise starke theokratische Tendenzen bemerkbar. Schah Ismāʾil der sawafidischen Dynastie z. B. betrachtete sich offenbar »als die Inkarnation Gottes« (Minorsky, 1943, S. 12, Anm.).

278. De Groot, 1918, S. 141 ff.

279. A. a. O., S. 180 ff.; vgl. Wittfogel, 1940, S. 123 ff.

280. De Groot, 1918, S. 182 ff.

281. A. a. O., S. 219 ff.

282. A. a. O., S. 226 ff.

283. A. a. O., S. 247 ff.

284. A. a. O., S. 270 ff.

285. A. a. O., S. 276 ff.

286. In der politischen Ordnung des traditionellen China spielten religiöse Gedanken und Handlungen eine erhebliche Rolle; und einige davon waren sehr umfassend und ehrfurchtgebietend. Der hervorragende europäische Kenner der chinesischen Religion, De Groot, nennt das große Opfer an den Himmel die vielleicht eindrucksvollste Zeremonie, die je von Menschen ausgeführt wurde. (A. a. O., S. 180.)

tionellen Chinas stellt also eine folgerichtige – wenn auch seltene – Abart der Theokratie dar.

c. Die Agrardespotie bezieht stets die führende Religion in ihren Herrschaftsbereich ein

Innerhalb der hydraulischen Welt wurden also einige Staaten quasihierokratisch von qualifizierten Priestern regiert, die jedoch ihre religiösen Aufgaben nicht länger hauptberuflich erfüllten. Viele Staaten wurden theokratisch oder quasitheokratisch von göttlichen oder hohenpriesterlichen Souveränen regiert. Von den übrigen Staaten stellten einige Grenzfälle dieser Formen dar; andere waren wahrscheinlich weder hierokratisch noch theokratisch. Selbst aber dann konnte die führende Religion nie den Rang einer von der Regierung unabhängigen Kirche erlangen. In irgendeiner Form wurde sie stets in das Herrschaftssystem der hydraulischen Macht einbezogen.

In gewissen Gebieten des vorspanischen Mexikos war der politische Herrscher ursprünglich zugleich Hoherpriester [286a]; in Michoacán erhielt sich diese Vereinigung der Funktionen bis zur Eroberung durch die Europäer [287]. In den Territorialstaaten am See von Mexiko war sie offenbar lange vorher aufgegeben worden, wenn auch der König nach wie vor einige religiöse Aufgaben erfüllte, und wenn auch die Tempel und ihr Personal seiner Autorität unterstanden. Gelegentlich legte der Souverän – entweder allein oder zusammen mit seinen höchsten Gehilfen – das Priestergewand an [288]; er brachte persönlich gewisse Opfer dar [289]. Außerdem, und dies war besonders wichtig, ernannten der König und seine höchsten Diener die Oberpriester [290]; und das Tempelland unterstand offenbar derselben Verwaltung wie das Staatsland [291].

Sollen wir aus diesem Grunde das vorspanische Mexiko als quasitheokratisch bezeichnen? Vielleicht. Die altmexikanischen Verhältnisse entziehen sich einer schematischen Klassifizierung, aber eins steht fest: Die Priester der verschiedenen Tempel, die zu zeremoniellen Zwecken zusammentraten, besaßen nicht eine eigene, unabhängige und nationale Organisation. Sie wirkten eng mit den weltlichen Herren zusammen, deren Kinder sie erzogen und in deren Armeen sie dienten [292]. Sie waren ein Bestandteil des despotischen Regimes – und weit davon entfernt, ein Gegengewicht zu bilden.

286a. Seler, GA, III, S. 332 ff.
287. A. a. O., S. 107 ff.
288. Seler, 1927, S. 238, 171; vgl. Sahagun, 1938, I, S. 211.
289. Seler, 1927, S. 104; vgl. Sahagun, 1938, I, S. 139.
290. Seler, 1927, S. 354.
291. Paul Kirchhoff, persönliche Mitteilung.
292. Für Priester als Krieger s. Seler, 1927, S. 115; ders., GA, II, S. 606, 616; s. für Priester als Richter ders., GA, III, S. 109.

Grenzfälle, wie das frühe achämenidische Persien, Byzanz und die islamische Welt, wurden bereits erwähnt. Aber selbst wenn diese Staaten nur der Theokratie ähnelten, war doch die führende Religion überall in die weltliche Autoritätsstruktur eingebaut. Der achämenidische König, dessen Macht in weltlichen Dingen absolut war, entschied letzten Endes theoretisch auch über religiöse Angelegenheiten. Und nicht nur theoretisch: Das Beispiel von Artaxerxes I. zeigt, daß der König bedeutungsvolle Änderungen im Kult vornehmen konnte [293]. Die *magi*, die Priester der führenden Religion, stellten eine privilegierte Schicht dar [294], aber sie gründeten keine nationale, autonome Kirche.

Die byzantinische Frühzeit bietet eines der wenigen Beispiele eines hydraulischen Regimes, das es der herrschenden Religion erlaubte, die Form einer Kirche anzunehmen. Aber obgleich diese Kirche gut organisiert war, entwickelte sie sich nicht zu einer unabhängigen Institution, wie das ihrem römischen Zweig nach dem Sturz des Reiches gelang. Während der byzantinischen Frühgeschichte – d. h. vom 4. bis zum 7. Jahrhundert – setzte der »heilige« [295] (nicht göttliche) Kaiser die römische Tradition fort, nach der die Religion seiner Untertanen zum *ius publicum* gehörte. Er gebot »über das Kirchenleben fast uneingeschränkt« [296].

Im Islam waren die politische und religiöse Führung zunächst in einer Hand, und Spuren dieser ursprünglichen Einheit haben sich noch bis heute erhalten. Die Würde der islamischen Souveräne (der Kalifen und Sultane) erfuhr manche Änderungen, aber sie verlor nie ihre religiöse Substanz [297]. Ursprünglich leitete der Kalif das gemeinschaftliche Gebet. In den Provinzen leiteten die Gouverneure das zeremonielle Gebet, insbesondere am Freitag; auch hielten sie die Predigt (*khutba*). Der Kalif ernannte den *mufti*, den offiziellen Ausleger des Heiligen Gesetzes [298]. Die Zentren des islamischen Kultus, die Moscheen, unterstanden in der Regel Personen, die unmittelbar vom Herrscher abhängig waren, häufig den *kadis*. Überdies wurden die religiösen Stiftungen, die *wakfs*, welche die wichtigsten Finanzquellen der Moscheen darstellten, oft von der Regierung verwaltet. In der Welt des Islam blieb der Herrscher immer die höchste Autorität in Sachen der Moscheenverwaltung. »Er griff in die Administration ein und formte sie nach seinem Willen. Auch in die inneren Verhältnisse der Moscheen konnte er immer eingreifen, eventuell durch seine gewöhnlichen Organe.« [299] Hierdurch wurde das Kalifat zwar nicht zu einer Theokratie; aber die staatliche Gewalt war offenbar stark genug, die

293. Christensen, 1933, S. 257, 291.
294. A. a. O., S. 289.
295. Bréhier, 1949, S. 61.
296. Ostrogorsky, 1940, S. 18.
297. Vgl. Arnold, 1941, S. 291 ff.
298. A. a. O., S. 295.
299. Pedersen, 1941, S. 445.

Gründung einer von der Regierung unabhängigen islamischen Kirche zu verhindern.

In Indien änderten sich die Beziehungen zwischen weltlicher und geistlicher Autorität erheblich, aber gewisse grundlegende Züge dauerten über das Ende der Hindu-Epoche hinaus fort. Die Quellen deuten darauf hin, daß in den Anfängen dieser Epoche der Staat weniger Priester als Beamte verwandte, als das seit den letzten Jahrhunderten des ersten Jahrtausends v. Chr. der Fall war [300]. Aber trotz dieser und anderer Umbildungen blieben die weltliche und die geistliche Autorität stets eng verknüpft.

Waren die Brahmanen nicht gewillt, sich eine autonome, kirchenartige Stellung zu schaffen, oder waren sie dazu außerstande? Hingen sie für ihren Lebensunterhalt von Schenkungen und staatlichen Institutionen ab, weil sie es so wollten, oder weil sie keine Wahl hatten? Alles, was wir über die Einstellung der Brahmanen wissen, weist darauf hin, daß sie – wie andere Priesterschaften – in diesen Beziehungen lieber stark und sicher als schwach und unsicher gewesen wären. Die Hindu-Herrscher wollten es aber anders. Wie ihre Kollegen in anderen Teilen der hydraulischen Welt begünstigten sie staatlich kontrollierte, schwache Formen des Eigentums unter ihren Untertanen. Sie entlohnten ihre weltlichen Diener in Geld, Gebrauchsgütern und Einkünften aus Ländereien (»Dörfern«); und genauso verfuhren sie mit den Priestern der führenden Religion. Diese Verhältnisse bestanden noch am Ende des Hindu-Zeitalters. Die damals erfolgende Zunahme des privaten Grundbesitzes führte nicht zu einer Befestigung der Macht der Eigentümer, die auch nur annähernd mit der Entwicklung starken Eigentums im spät- und nachfeudalen Europa verglichen werden könnte.

Damit soll nicht die außerordentliche Rolle verneint werden, die der Brahmanismus – und die Brahmanen – in den Regierungen Indiens in der Hindu- und in der mohammedanischen Zeit gespielt haben. Nach dem Hinduglauben waren die vier Kasten alle aus Teilen von Brahmas Körper geschaffen, die Kaste der Brahmanen aus einem besonders edlen Teile, nämlich dem Munde [301]. Aber das große Gesetzbuch, das Manu verfaßt haben soll, betont besonders die Göttlichkeit des Königs [302]. Es schreibt seiner Herrschaft einen ausgesprochen theokratischen Charakter zu.

Die Hindu-Regierung hatte bedeutsame quasihierokratische Züge. Seit dem Zeitalter der Weden stand dem König ein Priester zur Seite, der *purohita* [303]; und dieser Würdenträger beriet bald den Herrscher in allen wichtigen Angelegenheiten [304]. Die Gesetzbücher, von Brahmanen verfaßt und von der Re-

300. Fick, 1920, S. 98 ff.
301. Manu, 1886, S. 14.
302. *A. a. O.*, S. 216 f.
303. Keith, 1922, S. 127 ff.; vgl. *ders.*, 1914, I, S. 109, 279; II, S. 599 ff.
304. Fick, 1920, S. 166 ff.

gierung als Leitfaden benutzt, verlangten vom König, daß er sich einen *puro-hita* [305] nehme, der in allen Geschäften »an erster Stelle« stehen solle. »Nach seinen Unterweisungen soll er [der König] handeln.« [306]

Ein Priester war der Ratgeber des Königs, und ein Priester half ihm, die von Priestern geschriebenen Gesetze anzuwenden. Das Buch Manus betont, daß »ein gelehrter Brahmane sie genau studieren und seine Schüler in ihnen unterrichten soll, aber niemand sonst« [307].

In zweifelhaften Fällen sollten gelehrte Brahmanen entscheiden, was Recht ist [308]; und in den Gerichtshöfen sollten die Priester, entweder allein oder mit dem König und dessen Beamten zusammen, die Rechtsprechung handhaben [309].

Gut ausgebildet und politisch einflußreich, waren die Priester einzigartig befähigt, Verwaltungsaufgaben zu übernehmen. Der *purohita* konnte der erste Minister des Königs werden [310]. In ähnlicher Weise konnten Priester fiskalische Funktionen aller Art erfüllen. So war es in den klassischen Tagen der Hindu-Kultur [311]; und so blieb es weitgehend auch bis zum Ende der Mohammedanerherrschaft. Dubois sagt, daß selbst die muselmanischen Fürsten nicht ohne die Hilfe der Brahmanen regieren konnten. »Die mohammedanischen Herrscher bestellen im allgemeinen einen Brahmanen zu ihrem Staatssekretär, durch dessen Hände alle amtlichen Schriftstücke zu gehen haben. Brahmanen sind auch häufig die Sekretäre und Schreiber der Provinz- und Bezirksgouverneure.« [312]

Die Engländer taten wenig, diese Tradition zu ändern. *Die Brahmanen besetzten die höchsten und einträglichsten Posten in den Verwaltungszentren und Regierungsämtern sowie in den Gerichten der verschiedenen Bezirke. Es gibt tatsächlich keinen Zweig der öffentlichen Verwaltung, in dem sie sich nicht unentbehrlich gemacht haben. Es sind daher fast immer Brahmanen, die als Untersteuereinnehmer, Schreiber, Kopisten, Übersetzer, Schatzmeister usw. fungieren. Besonders bedarf man ihrer Hilfe in allen Sachen, die mit der Rechnungsführung zu tun haben, da sie eine auffallende Begabung für Arithmetik besitzen. Ich habe einige Leute in wenigen Minuten lange, komplizierte Berechnungen bis zur letzten Bruchstelle durchführen sehen, Berechnungen, zu deren Bewältigung die besten Bücherrevisoren Europas Stunden gebraucht hätten.* [313]

305. Manu, 1886, S. 228.
306. Baudhāyana, 1898, S. 200.
307. Manu, 1886, S. 26.
308. A. a. O., S. 509.
309. A. a. O., S. 253 f.; Gautama, 1898, S. 237 ff.
310. Fick, 1920, S. 174.
311. A. a. O., S. 173 ff.
312. Dubois, 1943, S. 290.
313. A. a. O.

Während und nach der Hindu-Zeit bekleideten tatsächlich viele voll ausgebildete Priester wichtige Staatsämter. Aber mit Ausnahme des *purohita* und vielleicht einiger Priester, die nur vorübergehend als Richter fungierten, wurden sie, wenn sie in die Regierung eintraten, ganz zu Beamten. Wie in anderen hydraulischen Kulturen behielten sie ihre religiöse Qualifikation; aber sie hörten auf, Berufspriester zu sein. Aller Wahrscheinlichkeit nach bildeten sie nicht die Mehrzahl der Beamten, denn es gab eine zahlreiche »regierende« Kaste [314], die *kshatriyas*, die Fachleute im Verwaltungswesen und insbesondere in militärischen Angelegenheiten waren.

d. Wandlungen in der Stellung der Priesterschaft der führenden Religion in der hydraulischen Gesellschaft

Diese Beobachtungen sollten uns davor bewahren anzunehmen, daß die hydraulische Gesellschaft in einer früheren Phase ihrer Entwicklung durchweg von Priestern regiert war, und daß sie später von einer weltlichen Oberschicht, vorzüglich von Kriegern, beherrscht wurde.

Wir wiederholen: Hierokratie, d. h. die Herrschaft von Priestern, die zugleich ihrem Priesteramt und der Regierung oblagen, war selten, und die weltliche Herrschaft qualifizierter Priester war keineswegs ein allgemeines Kennzeichen der Frühzeit der hydraulischen Kulturen. Theokratisch freilich waren viele hydraulische Kulturen, spätere und frühzeitliche; aber dieser Umstand war nicht gleichbedeutend mit dem Bestehen einer Priesterregierung.

Allerdings spielten anscheinend in der Frühzeit Mesopotamiens und vieler (sehr vieler?) hydraulischer Gebiete der westlichen Hemisphäre die Tempel eine führende Rolle bei der Wahl der Herrscher und Beamten; in mehreren großen hydraulischen Zentren der Alten Welt war dies jedoch nicht der Fall. In China gab es kein bedeutsames Berufspriestertum, das die führende Religion repräsentierte. Im pharaonischen Ägypten war zwar ein Berufspriestertum vorhanden, aber im Alten Reiche wurden viele wichtigen religiösen Aufgaben vom Herrscher und von hohen Beamten wahrgenommen. In der Frühzeit des arischen Indiens handhabten die weltlichen »Krieger« (*kshatriyas*) die Regierung, und erst später drangen, mittelbar oder unmittelbar, die Priester allmählich in die Regierung ein.

Man kann außerdem nicht sagen, daß die entwickelteren und größeren hydraulischen Gesellschaften vorwiegend von Kriegern regiert wurden. Wie wir in den folgenden Kapiteln zeigen werden, konnten unter Umständen Militärbeamte und »das Heer« den Zivilbeamten den Rang ablaufen. Solch eine Entwicklung beschränkte sich jedoch keineswegs ausschließlich auf spätere und komplexere hydraulische Gesellschaften. Und sie war mehr die Ausnahme als

---

314. Fick, 1920, S. 79 ff.

die Regel. In einem agrarmanagerialen Staat pflegt der politische Organi-
sator (die »Feder«) mächtiger zu sein als der militärische Führer (das
»Schwert«).

F. DREI FUNKTIONELLE ASPEKTE,
ABER EIN EINZIGES SYSTEM TOTALER MACHT

Aber wenn es auch unzulässig ist, eine allgemeine Entwicklung von der Prie-
ster- zur Kriegerherrschaft anzunehmen, diese Hypothese hat doch den
Vorteil, uns auf die mannigfaltigen Funktionen des hydraulischen Regimes
hinzuweisen. Im Unterschied zum feudalen Europa, wo die Mehrzahl der militärischen Führer (die feudalen Herren) nur lose und vertragsmäßig mit ihren
Souveränen verbunden waren, und wo die herrschende Religion der weltlichen Gewalt unabhängig gegenüberstand, bildete das Heer der hydraulischen
Gesellschaft einen wesentlichen Bestandteil des agrarmanagerialen Regierungsapparats. Die herrschende Religion war eng an den Staat gebunden. Diese
überwältigende Konzentration lebenswichtiger Funktionen verlieh dem hydraulischen Staat seine echt despotische (totale) Macht.

VIERTES KAPITEL

Despotische Macht - total und nicht wohlwollend

Daß der hydraulische Staat despotisch ist, wird nicht ernstlich bestritten. Der Ausdruck »orientalische Despotie«, mit dem man seine altweltlichen Erscheinungsformen bezeichnet, wird allgemein mit der Vorstellung einer äußerst drückenden Form absolutistischer Macht verbunden.

Aber die Forscher, die diesen Tatbestand anerkennen, behaupten häufig, daß die orientalische Despotie institutionelle und moralische Schranken hatte, durch die sie erträglich und zuzeiten sogar wohlwollend wurde. Wie erträglich und wie wohlwollend war die hydraulische Despotie? Es liegt auf der Hand, daß eine ernsthafte Beantwortung dieser Frage eine vergleichende und abwägende Untersuchung der einschlägigen Tatsachen verlangt.

A. TOTALE MACHT

I. DAS FEHLEN WIRKSAMER KONSTITUTIONELLER SCHRANKEN

Alle Staaten, die lange bestehen – und selbst viele andere – besitzen eine gewisse Ordnung, eine »Konstitution«. Solch eine Konstitution mag schriftlich fixiert werden. Unter entwickelteren kulturellen Verhältnissen geschieht dies oft, und zwar zumeist in einer systematischen Sammlung von Bestimmungen, einem Kodex.

Das Entstehen einer geschriebenen Konstitution ist jedoch keineswegs identisch mit dem Entstehen einer konstitutionell beschränkten Regierung. Ein Gesetz kann entweder einseitig von der Regierung auferlegt werden (*lex data*); oder es kann vom Staate im Einvernehmen mit unabhängigen gesellschaftlichen Kräften vereinbart werden (*lex rogata*). Ebenso kann auch eine Verfassung entweder von der Obrigkeit aufgezwungen oder durch Vereinbarung geschaffen werden. Der Ausdruck *constitutiones* bezeichnete ursprünglich Edikte, Reskripte und Mandate, die in einseitiger und autokratischer Weise von den römischen Kaisern erlassen wurden.

Sogar ein systematisch ausgearbeitetes Gesetzbuch legt den autokratischen Gesetzgebern keine anderen Beschränkungen auf als diejenigen, die sich aus den von ihnen selbst gesetzten Normen ergeben. Der Herrscher, der die administrative, gerichtliche, militärische und steuerliche Gewalt in seiner Hand vereinigt, kann auf dieser Machtgrundlage die Gesetze so gestalten, wie es ihm und seinen Helfern beliebt. Aus Zweckmäßigkeitsgründen und nach dem

Gesetz der Trägheit bleiben die meisten Gesetze zwar lange in Kraft, aber es steht dem absolutistischen Regime frei, seine Normen jederzeit zu ändern; und die Geschichte hydraulischer Kulturen beweist, daß in der Tat periodisch neue Gesetze und Kodizes erlassen wurden. Die »Gesammelten Vorschriften« (*hui yao*) des kaiserlichen China[1], die Gesetzbücher (*dharma shāstra*) Indiens[2] und das administrative und juristische Schrifttum des byzantinischen und islamischen Ostens sind anschauliche Beispiele solcher Wandlungen.

Konstitutionelle Bestimmungen, die man einseitig auferlegte, konnten auch einseitig geändert werden. In China »besaß er [der Kaiser] alle gesetzgeberische, ausführende und richterliche Macht«[3]. Im Indien der Hindus »war der König verfassungsmäßig in der Lage, die Gesetze seines Vorgängers nach Belieben zu übernehmen oder zu verwerfen«[4]. In Byzanz »gab es im Staate kein Organ, das das Recht hatte, ihn [den Kaiser] zu kontrollieren«; und noch schärfer: »Für seine gesetzgeberische und administrative Tätigkeit war der Monarch nur dem Himmel verantwortlich.«[5]

In der islamischen Gesellschaft sollte der Kalif – wie alle anderen Gläubigen – sich dem Heiligen Gesetze unterwerfen[6], und im allgemeinen war er auch bereit, dieses Gesetz als Bestandteil der herrschenden Religion aufrechtzuerhalten. Aber er schuf weltliche »Verwaltungsgerichtshöfe« und setzte das religiöse Gesetz durch spezielle Verordnungen (*kānūn* und *siyāsa*) außer Kraft, wenn immer ihm dies zur Festigung seiner Macht zweckdienlich erschien[7]. Und die religiösen Richter, die *kādīs*, hatten Grund, eine Regierung zu unterstützen, die sie nach Belieben ernennen und absetzen konnte[8]. Das theoretische Fehlen einer gesetzgeberischen Gewalt modifiziert daher zwar die Erscheinung, aber nicht das Wesen des islamischen Absolutismus. »Das Kalifat... war eine Despotie, die dem Herrscher unbeschränkte Macht gab.«[9]

In diesen und ähnlichen Fällen repräsentiert das Regime eine festgelegte strukturelle und operative Ordnung, eine »Konstitution«. Aber diese Ordnung ist keine vereinbarte Verfassung. Sie ist von oben herab auferlegt, und die

1. Vgl. Têng und Biggerstaff, 1936, S. 139 ff.
2. Vgl. Hopkins, 1922, S. 277 ff.
3. Hsieh, 1925, S. 34.
4. Rangaswami, 1935, S. 103 ff.
5. Bury, 1910, S. 26.
6. Arnold, 1924, S. 53.
7. Schacht, 1941, S. 676; vgl. Laoust, 1939, S. 54; Horster, 1935, S. 5 f.; Gaudefroy-Demombynes, 1950, S. 154.
8. Schacht, 1941, S. 677. Das Heilige Gesetz, das eigentliche islamische Recht, wurde mit der Zeit wesentlich auf das Ehe-, Familien- und Erbrecht beschränkt, während das weltliche Recht in Straf-, Steuer- und Immobilienfragen Geltung hatte. Dies war der Fall unter den arabischen Kalifen sowie unter den türkischen Sultanen.
9. Arnold, 1924, S. 47; vgl. Gaudefroy-Demombynes, 1950, S. 110.

Herrscher der hydraulischen Gesellschaft schaffen, handhaben und ändern sie nicht als kontrollierte Sachwalter der Gesellschaft, sondern als deren Herren und Meister.

2. DAS FEHLEN WIRKSAMER GESELLSCHAFTLICHER GEGENGEWICHTE

a. Keine unabhängige Autorität beschränkt die Macht des hydraulischen Regimes

Natürlich ist das Fehlen formeller konstitutioneller Schranken nicht gleichbedeutend mit dem Fehlen gesellschaftlicher Kräfte, auf deren Interessen und Wünsche die Regierung Rücksicht nehmen muß. In den meisten Ländern des nachfeudalen Europas wurden die absolutistischen Regimes nicht durch formelle Verfassungen, sondern durch die tatsächliche Macht des Grundadels, der Kirche und der Städte beschränkt. Im absolutistischen Europa waren alle diese nichtstaatlichen Kräfte politisch organisiert und fähig, ihre Meinung zum Ausdruck zu bringen. Dies unterschied sie grundlegend von den Repräsentanten des Grundeigentums, der Religion und der städtischen Gewerbe in der hydraulischen Gesellschaft.

In manchen Fällen waren die Angehörigen dieser Gruppen bedeutungslos; nirgends bildeten sie politische Körperschaften, die imstande gewesen wären, das hydraulische Regime in Schranken zu halten. Der indische Gelehrte K. V. Rangaswami deutet in seiner Darstellung des Hindu-Absolutismus auf diesen Tatbestand hin. Er nennt ihn einen echten Absolutismus – »eine Regierungsform, in der alle Gewalten in den Händen des Herrschers liegen *müssen*, da es *keine daneben stehende unabhängige Autorität* gibt, der das Volk gewohnheitsgemäß gehorcht wie ihm [dem Herrscher], und der es gesetzlich zusteht, ihm zu widerstehen und ihn zur Rechenschaft zu ziehen«[10].

b. Das sogenannte Recht auf Rebellion

Das Fehlen gesetzlicher Mittel, der Regierung Widerstand zu leisten, ist in der Tat bezeichnend für die Despotie. Wenn solche Mittel nicht zur Verfügung standen, haben Unzufriedene und Verzweifelte periodisch gegen die Regierung zu den Waffen gegriffen; und unter außerordentlichen Verhältnissen ist es ihnen auch gelungen, die alten Machthaber zu stürzen. Die so zur Macht gekommenen neuen Herrscher rechtfertigten ihr revolutionäres Vorgehen damit, daß sie die Würde ihrer Sache der Unwürdigkeit des vorherigen Regimes gegenüberstellten; und die Historiker und Philosophen haben den periodischen Dynastiewechsel in ähnlicher Weise erklärt. Solchen Ereignissen

10. Rangaswami, 1935, S. 69.

und Gedanken verdankt das sogenannte Recht der Rebellion seine Entstehung.

Der Ausdruck »Recht auf Rebellion« ist nicht glücklich; er verwechselt einen moralischen mit einem gesetzlichen Anspruch. Die offiziellen Abhandlungen über den Aufstieg und Sturz dynastischer Macht waren als Warnungen gegen den Aufruhr gedacht; sie waren keine Anleitungen zur Rebellion, und sie wurden nicht in die konstitutionellen Ordnungen und Gesetze aufgenommen. Wer das Recht auf Rebellion in Anspruch nahm, tat dies unter Verletzung der bestehenden Gesetze, und auf die Gefahr hin, vernichtet zu werden.

Spuren des sogenannten Rechtes auf Rebellion finden sich in so gut wie allen hydraulischen Gesellschaften. Die Sagen der Pueblos erzählten stolz von erfolgreichen Aktionen gegen unwürdige *caciques*[11], auch auf Bali wurden Revolutionen mit denselben Argumenten gerechtfertigt[12]. Die Hinduherrscher und ihre mohammedanischen Nachfolger wurden in gleicher Weise gewarnt – und zu Fall gebracht[13]. Die Tatsache, daß in China das Recht auf Rebellion in den konfuzianischen klassischen Schriften ausdrücklich anerkannt war, tat der totalen Macht ebensowenig Abbruch[14], wie die Verbreitung von Marx' und Lenins revolutionären Schriften in der Sowjetunion antikommunistische Freiheitskämpfer schützt.

c. Die Wahl des Despoten kann nicht rückgängig gemacht werden

Das Regime ist nicht weniger despotisch, wenn der Herrscher durch Wahl statt durch Erbfolge auf den Thron gelangt. Die Übertragung von Titel und Autorität an einen nahen Verwandten des verstorbenen Souveräns, vorzüglich an den ältesten Sohn, begünstigt politische Stabilität, während die Wahl die Herrschaft begabter Führer begünstigt. Das erste Verfahren überwiegt bei den einheimischen Herrschern hydraulischer Gesellschaften, das zweite bei viehzüchtenden und anderen nichthydraulischen Völkern, die als Eroberer einer solchen Gesellschaft häufig ihr herkömmliches System der Nachfolge beibehalten[15].

Der byzantinische Brauch, den Kaiser durch Wahl zu bestimmen, hat seine Wurzeln im republikanischen Rom. Er entsprach den Verhältnissen des frühen Reichs, in dem die Generale die führende Rolle spielten und in dem die Kaiserwahl daher häufiger von »der Armee«[16] als von den hohen Zivilbeam-

---

11. Wittfogel und Goldfrank, 1943, S. 30 und Anm. 139.

12. Krause und With, 1922, S. 26 ff.

13. S. für Hindu India Manu, 1886, S. 397 ff.; Fick, 1920, S. 103; und *Arthaçastra*, S. LXIII ff., 822; s. für die islamischen Ideen al-Fakhrî, 1910, S. 56; vgl. Hasan Khan, 1944, S. 36 ff.

14. S. für die entgegengesetzte Ansicht Hsieh, 1925, S. 11.

15. Wittfogel und Fêng, 1949, S. 398 ff.

16. Reid, 1936, S. 25.

ten vorgenommen wurde. Seit Diokletian begann der Senat sich führend an der Kaiserwahl zu beteiligen; damit verlagerte sich der politische Schwerpunkt von den militärischen auf die zivilen Funktionäre [17]. Die Wahl war freilich nicht die beste Methode, einen neuen Kaiser zu bestimmen; aber dieses Verfahren war durch die Überlieferung legitimiert. Es vertrug sich mit den Erfordernissen des bürokratischen Absolutismus [18]; und der häufige Personenwechsel in der obersten Führung beraubte weder das Kaisertum noch die kaiserliche Bürokratie ihres despotischen Charakters.

In Altmexiko und bei den meisten chinesischen Eroberer-Dynastien wurde der neue Herrscher aus der herrschenden Sippe gewählt. Dieses Verfahren vereinigte das Erbfolgeprinzip mit einer beschränkten Wahl; und wie in Byzanz waren es die höchstgestellten Angehörigen der politischen Hierarchie, die die Wahl trafen. Dies vergrößerte den politischen Einfluß der Herren des Apparats, keineswegs aber die Macht der nichtstaatlichen gesellschaftlichen Kräfte.

Zwei nichthydraulische Parallelen unterstreichen unsere These, daß die Wahl des Herrschers durchaus mit der Despotie vereinbar ist. Im Reiche Dschingis Chans wurde die Nachfolge durch beschränkte Wahl geregelt; trotzdem war der Mongolenstaat eines der furchtbarsten Beispiele absoluter, totaler Macht.

Der Übergang der Führung von einem Mitglied der kommunistischen Spitzengruppe auf ein anderes macht die sowjetische Regierung zeitweise weniger stabil, aber keineswegs demokratischer.

Mommsen nannte Ostrom »eine durch die rechtlich als permanent anerkannte Revolution temperirte Autokratie« [19]. Bury übersetzt Mommsens schwerfällige Definition in »eine Autokratie, gemildert durch das gesetzliche Recht auf Revolution« [20]. Beide Formulierungen sind unzureichend, weil nach beiden die Untertanen gesetzlich befugt wären, einen Kaiser durch einen anderen zu ersetzen. In Wirklichkeit bestand ein solches Recht nicht. Diehl trägt dieser Tatsache Rechnung, wenn er von »einer durch Revolution und Meuchelmord gemilderten Autokratie« spricht [21]; und Bury gibt zu, daß »es kein formelles Verfahren gab, einen Souverän abzusetzen«. Er fügt aber hinzu, daß »die Angehörigen des Staates in der Lage waren, ihn durch einen neuen Kaiser zu ersetzen, wenn die Regierung ihren Wünschen nicht gerecht wurde« [22].

Dies war in der Tat die vom Militär angewandte Methode im oströmischen

---

17. Der byzantinische Senat war nichts als »der Sammelpunkt der Verwaltungsaristokratie« (Diehl, 1936, S. 729).

18. Die dynastische Ordnung siegte erst, nachdem der byzantinische Staat seine hydraulischen Provinzen verloren hatte.

19. Mommsen, 1875, S. 1034.

20. Bury, 1910, S. 9.

21. Diehl, 1936, S. 729.

22. Bury, 1910, S. 8.

Reiche; und demzufolge wurde die Usurpation als legitim betrachtet, wenn sie Erfolg hatte. Das heißt, die Rebellion wird rechtmäßig – *post festum*! Bury bemerkt, daß ein Thronbewerber als Aufrührer behandelt wurde, »wenn er unterlag, weil er keine genügende Anhängerschaft besaß, um seine Proklamation wirksam zu machen«[23].

In Byzanz wie in anderen hydraulischen Staaten konnte ein jeder versuchen, die Macht an sich zu reißen; und das Prinzip des Wahlkaisertums und die zeitweilige Vorherrschaft des Militärs ermutigten Versuche dieser Art. Kein Gesetz jedoch schützte solche rebellischen Unternehmungen. In Byzanz wurden Individuen, die die bestehende Regierung angriffen, brutal bestraft[24]. In China wurden Personen, die »das Recht auf Rebellion« zur Geltung zu bringen versuchten, hingerichtet; unter den letzten drei Dynastien wurden sie in Stücke gehauen[25].

Bewaffneter Kampf, Rebellion und die Ermordung schwacher Herrscher machen offenbar die orientalische Despotie nicht demokratischer. Aber vielleicht verringern sie die Unterdrückung der Bevölkerung? Diese Annahme ist weniger stichhaltig, als sie auf den ersten Blick erscheint. Die mit dem Machtkampf verbundenen Unruhen bringen selten eine wesentliche Milderung der administrativen und gerichtlichen Lasten mit sich. Und das Bestreben, die oberste Führung gewaltsam durchzusetzen, verstärkt zweifellos die Tendenz zur Brutalität bei den Machthabern. Außerdem hat jeder größere Bürgerkrieg Zerstörungen im Gefolge, deren Gutmachung den nicht zum Apparat gehörigen Untertanen aufgebürdet wird. Weit davon entfernt, die Despotie zu mildern, führen häufige gewaltsame Kämpfe um die Macht eher dazu, das System noch drückender zu machen.

d. Einflüsse innerhalb des Staatsapparats: Absolutismus und Autokratie

Vielleicht gibt es jedoch innerhalb des Regierungsapparats Kräfte, die die Härte der agrarmanagerialen Despotie mildern? Diese Frage lenkt unsere Aufmerksamkeit auf das Verhältnis von Absolutismus und Autokratie. Absolutismus und Autokratie sind nicht identisch, aber sie greifen ineinander über. Eine Regierung ist absolutistisch, wenn ihre Macht nicht wirksam durch außerstaatliche Kräfte beschränkt wird. Der Herrscher eines absolutistischen Regimes ist ein Autokrat, wenn seine Entscheidungen nicht wirksam durch innerstaatliche Kräfte beschränkt werden.

In den absolutistischen Regierungen der hydraulischen Gesellschaft ist gewöhnlich[26] die Befugnis zu wichtigen Entscheidungen in einer Person ver-

23. *A. a. O.*, S. 8 ff.
24. Kornemann, 1933, S. 143.
25. Boulais, 1924, S. 464.
26. Für einige zeitweilige Ausnahmen (z. B. in Altindien) s. unten, Kap. 8.

einigt. Warum ist das so? Benötigen die großen Wasserwerke, die die Kerngebiete der hydraulischen Welt auszeichnen, eine autokratische Führung? Kontrollierte Regierungen (Aristokratien und Demokratien) schaffen und unterhalten ja auch umfangreiche öffentliche Unternehmen. Auch sie stellen große disziplinierte Armeen und (oder) Flotten auf; und sie tun dies während langer Zeiträume, ohne daß autokratische Herrschaftsformen entstehen.

Offenbar ist für das Entstehen autokratischer Macht mehr erforderlich als das Vorhandensein staatlicher Großunternehmen. In allen hydraulischen Gesellschaften spielen solche Unternehmen eine erhebliche Rolle; und es gibt dort, sowie in den institutionellen Randgebieten, immer disziplinierte Armeen und fast immer eine umfassende Organisation des Verkehrs- und Nachrichtenwesens. Es besteht jedoch kein technischer Grund, warum all diese Unternehmen nicht einer Mehrzahl gleichrangiger führender Beamte unterstehen könnten wie in kontrollierten Regierungen, wo die verschiedenen Ressortchefs sorgfältig getrennt sind und sich die Waage halten. In despotischen Gesellschaften fehlen jedoch die gesellschaftlichen Mittel zur Überwachung des Staates und zur Aufrechterhaltung eines innerstaatlichen Gleichgewichts. Unter solchen Voraussetzungen entsteht, was man die Tendenz zur Akkumulation unkontrollierter Macht nennen kann. Dieser Tendenz könnte Einhalt geboten werden, wenn alle wichtigen Sektoren der öffentlichen Gewalt ungefähr gleich stark wären, wenn die Ressortchefs für öffentliche Arbeiten, für die Armee, den Nachrichtendienst und das Steuerwesen ungefähr die gleiche organisatorische, verkehrstechnische und physische Gewalt besäßen. In einem solchen Falle könnte ein absolutistisches Regime einer in sich ausbalancierten Oligarchie unterstehen, einem »Politbüro«, dessen Mitglieder tatsächlich in mehr oder weniger gleichem Maße an der Ausübung der höchsten Autorität teilnähmen. Nun ist jedoch die Macht der Hauptressorts einer Regierung in den oben genannten Beziehungen selten oder nie im Gleichgewicht; unter absolutistischen Voraussetzungen geschieht es daher, daß der Inhaber der stärksten Stellung, von der Tendenz zur Akkumulation unkontrollierter Macht begünstigt, seine Autorität durch Abkommen, taktische Manöver und brutale Maßnahmen solange ausdehnt, bis er alle anderen Zentren oberster Entscheidungsgewalt erobert und sich zum Alleinherrscher gemacht hat.

Der Punkt, an dem die Zunahme der Regierungsfunktionen eine wirksame Kontrolle von außen unmöglich macht, liegt in verschiedenen institutionellen Ordnungen anders. Jedoch wenn immer dieser kritische Punkt überschritten wird, hat die akkumulative Kraft der führenden Machtinstanz die Tendenz, die Verfügung über die politische Organisation und Entscheidungsgewalt in einem autokratischen Zentrum zusammenzuballen.

Die überragende Bedeutung dieses Zentrums wird dadurch nicht beeinträchtigt, daß der Inhaber der höchsten Gewalt einem obersten Helfer, einem Wesir, Kanzler oder Ersten Minister die Wahrnehmung seiner Geschäfte über-

trägt oder daß der Herrscher und (oder) sein Helfer mitunter stategisch placierte und zuverlässige Beamte als Ratgeber und Helfer in dringlichen Aktionen heranziehen. Der Staatsapparat wird dadurch nicht weniger absolutistisch, daß das Zentrum der wirklichen Entscheidungen sich zeitweise, und
oft in verhüllter Form, auf Personen und Gruppen niederen Ranges verlagert.

Der Souverän eines agrarbürokratischen Staates mag völlig unter dem Einfluß seiner Höflinge oder Verwaltungsbeamten stehen. Aber ein solcher Einfluß unterscheidet sich grundsätzlich von der institutionellen Kontrolle, die
eine auf Gewaltenausgleich gegründete politische Ordnung charakterisiert.
Früher oder später muß der Chef einer kontrollierten Regierung den wirksamen nichtstaatlichen Kräften der Gesellschaft Rechnung tragen; der Herrscher in einem absolutistischen Regime ist solchen Einschränkungen nicht
unterworfen. Zwar wird jeder intelligente Despot aus wohlverstandenem
Eigennutz auf den Rat erfahrener Personen hören. In den meisten agrarmanagerialen Kulturen gab es Ratgeber, die oft einen festen Bestandteil der
Regierung bildeten. Aber der Herrscher war nicht gezwungen, ihre Vorschlä-
ge anzunehmen [27].

Ob der Souverän selber die Macht ausübte, ob er viele seiner Funktionen
einem Wesir übertrug, oder ob er und sein Wesir den Ratschlägen offizieller
und nichtoffizieller Berater folgten, hing ab vom Brauch, von den Umständen und der Persönlichkeit des Herrschers und seiner Helfer. Trotz bedeutsamer Versuche der Beamten, den absoluten Souverän unter ihre Kontrolle
zu bringen, konnte der Herrscher immer *herrschen*, wenn er es wirklich wollte. Die großen Monarchen der orientalischen Welt waren fast ausnahmslos
»Selbstherrscher« – Autokraten.

3. NATURGESETZE UND KULTURELLE ORDNUNG

Ernsthafte Beobachter pflegen diese Tatsachen nicht zu bestreiten. Bisweilen
jedoch suchen sie ihre Bedeutung zu schmälern, indem sie auf Sitten und Meinungen hinweisen, die angeblich selbst dem tyrannischsten Regime Schranken
setzen.

Sitten und religiöse Überzeugungen spielen gewiß eine Rolle, wie übrigens
auch die Naturgesetze; doch kann diese Tatsache den Opfern despotischer
Macht nur geringen Trost gewähren. Sie wissen, daß das Verhalten ihres
Herrn und Meisters, wie ihr eigenes, den Naturgesetzen und mehr oder weniger stabilen kulturellen Überlieferungen folgt; aber sie wissen auch, daß
trotzdem in letzter Instanz die Inhaber der totalen Macht über ihr Schicksal
entscheiden.

27. Für Ägypten s. Kees, 1933, S. 184; für Indien *Arthaçastra*, S. 30 ff.; und Manu,
1886, S. 224 ff.; s. für China Hsieh, 1925, S. 83.

Die Art und Weise, wie die Verwaltung funktioniert und wie sie ihren Zwang ausübt, hängt ab von der Einsicht des Menschen in die Naturgesetze und von seiner Fähigkeit, sich ihrer zu bedienen. Ein despotisches Regime wird in der Gegenwart anders verfahren als in der Eisenzeit, und in dieser anders als im Neolithikum. In allen Fällen aber behauptet die herrschende Gruppe unter den gegebenen natürlichen Bedingungen und mittels der jeweiligen Technik ihr totales Übergewicht. Das Opfer einer rohen Form der Despotie hält seine Verfolger nicht für weniger mächtig, weil sie ihn unter fortgeschrittenen technischen Bedingungen mit anderen Methoden und schneller festnehmen und vernichten würden.

Auch fällt ihm nicht ein, ihre absolute Überlegenheit zu bezweifeln, weil sie die herrschenden kulturellen Gepflogenheiten berücksichtigen. Solche Gepflogenheiten bestimmen die Art, in der der Herrscher und seine Untertanen handeln; und gelegentlich mögen sie ein von der Regierung eingeleitetes Verfahren in gewissen Phasen mildern oder verlangsamen. Aber sie hindern die Behörden nicht, ihr Ziel zu erreichen. Die Tatsache, daß man in vielen Ländern die zum Tode Verurteilten in bestimmten Jahreszeiten oder an bestimmten Tagen nicht hinrichtet [28], bedeutet nicht, daß sie ihrem Schicksal entrinnen. Eine führende Religion kann Gnadenakte empfehlen und doch härteste Maßnahmen gutheißen.

Das potentielle Opfer despotischer Verfolgung weiß wohl, daß die natürlichen und kulturellen Umstände, die ihm einen zeitweiligen Aufschub gewähren, seinen endgültigen Untergang nicht verhüten. Die Macht des despotischen Herrschers über seine Untertanen ist nicht weniger total, weil auch sie Einflüssen unterliegt, die das menschliche Leben in jeder Gesellschaftsordnung bestimmen.

B. DIE BETTLERDEMOKRATIE

Die Macht der hydraulischen Despotie ist unbeschränkt (»total«), aber sie ist nicht allgegenwärtig. Das Leben der meisten Untertanen ist nicht völlig vom Staate geordnet; viele Dörfer und sonstige Einheiten bleiben von einer totalen Regelung ihrer Angelegenheiten verschont.

Was hindert die despotische Macht daran, ihre Autorität auf alle Lebensbereiche auszudehnen? Einen Schlüsselbegriff der klassischen politischen Ökonomie abwandelnd, können wir sagen, daß die Tätigkeit der Träger des hydraulischen Regimes bestimmt wird vom *Gesetz des abnehmenden administrativen Mehrertrags*.

28. Für China s. Ch'ü, TT, 1947, S. 206—208.

Das *Gesetz des abnehmenden administrativen Mehrertrags* ist ein Spezialfall der Erscheinung, die man das *Gesetz des wechselnden administrativen Mehrertrags* nennen kann [29]. Wechselnder Aufwand zeitigt wechselnde Ergebnisse – nicht nur in einer auf Privateigentum gegründeten Wirtschaftsordnung [30], sondern auch in staatlichen Unternehmen. Diese Tatsache ist von entscheidender Bedeutung für die politische Ökonomie – und für den Umfang der Staatskontrolle – in der hydraulischen Gesellschaft.

a. Hydraulische Agrikultur: das Gesetz des zunehmenden administrativen Mehrertrags

In einer Landschaft, die durch völlige Trockenheit gekennzeichnet ist, wird regelmäßige Bodenbestellung erst dann möglich, wenn koordinierte menschliche Tätigkeit einen ausreichenden und zugänglichen Wasservorrat dem potentiell fruchtbaren Boden zuführen kann. Wenn dies stattfindet, wird der staatlich gelenkte hydraulische Betrieb identisch mit der Schaffung des landwirtschaftlichen Lebens selbst. Ich nenne daher diesen ersten wesentlichen Akt den »administrativen Schöpfungspunkt«.

Wenn genügend bebaubares Land und ausreichendes Berieselungswasser vorhanden sind, tendiert die keimende hydraulische Gesellschaft dazu, staatsartige Formen öffentlicher Kontrolle zu schaffen. Nun wird das volkswirtschaftliche Budget einseitig im Interesse der Herrscher bestimmt, und die Planung wird kühn. Man unternimmt neue Projekte in immer größerem Maßstabe und, falls nötig, ohne jede Rücksicht auf die Interessen der Bevölkerung. Die Menschen, die die Regierung für den Frondienst mobilisiert, mögen die Erweiterung des hydraulischen Systems für sinnlos halten. Aber die führende Schicht, die weitere Vorteile erhofft, setzt trotzdem ihre Pläne durch; und intelligent verwirklicht, mögen die neuen Unternehmen in der Tat mit verhältnismäßig geringen zusätzlichen Kosten eine beträchtliche Zunahme des landwirtschaftlichen Ertrages und des staatlichen Einkommens erzielen. Eine derartige ermutigende Diskrepanz zwischen Mehrkosten und Mehrertrag ist natürlich ein starker Anreiz für eine weitere Ausdehnung der staatlichen Wirtschaftstätigkeit.

29. Vgl. Clark, 1937, S. 145 ff.
30. Bezeichnenderweise ist die Tendenz des abnehmenden Mehrertrags bis jetzt hauptsächlich in Verbindung mit der Privatwirtschaft studiert worden (s. *a. a. O.*).

b. Das Gesetz des Gleichgewichts zwischen administrativem Mehraufwand und Mehrertrag

Die Erweiterung staatlich gelenkter Unternehmen verlangsamt sich, wenn der administrative Aufwand dem administrativen Ertrag nahekommt. Die Aufwärtsbewegung hat dann den »Sättigungspunkt ›A‹ (Aufstieg)« erreicht. Über diesen Punkt hinaus mag eine weitere Ausdehnung zusätzliche Erträge schaffen, die mehr oder weniger der zusätzlichen administrativen Bemühung gleichkommen. Aber wenn das Potential des Wasservorrats, des Bodens und des Standorts erschöpft ist, erreicht die Kurve den »Sättigungspunkt ›N‹ (Niedergang)«. Die zwischen den Punkten »A« und »N« gelegene Zone ist charakterisiert durch das Gesetz des Gleichgewichts zwischen administrativem Mehraufwand und Mehrertrag.

c. Das Gesetz des abnehmenden administrativen Mehrertrags

Ganz gleich nun ob die Sättigungspunkte »A« und »N« einander nahe sind oder nicht, oder ob sie zusammenfallen, jeder Fortgang über die Zone des Gleichgewichts hinaus führt in ein Gebiet, wo eine entmutigende Diskrepanz zwischen zusätzlichem hydraulischem Aufwand und Ertrag besteht. Hier kosten gleiche und zunehmende administrative Bemühungen mehr, als sie einbringen. Hier herrscht das Gesetz *des abnehmenden administrativen Mehrertrags*. Das Mißverhältnis erreicht seinen tiefsten Punkt, wenn der zusätzliche Aufwand überhaupt keinen zusätzlichen Ertrag mehr produziert.

d. Idealkurve und Wirklichkeit

Unsere Idealkurve beschreibt nicht die Entwicklung eines bestimmten staatlich gelenkten Systems von Wasserwerken in einer bestimmten hydraulischen Gesellschaft; sie bezeichnet in der Form eines Modells die kritischen Punkte, durch die jedes hydraulische Unternehmen hindurchgeht, wenn es in fortschreitender Entfaltung alle Zonen wachsender und sinkender Erträge passiert.

Selten oder niemals fallen die wirklichen Kurven mit den Idealkurven zusammen. Geologische, meteorologische, potamologische und historische Umstände schaffen zahllose Variationen. Die Bewegung auf den Sättigungspunkt hin mag von längeren oder kürzeren Gegenbewegungen unterbrochen werden. Aber jeder Sektor der Kurve entspricht einer echten Tendenz, und unsere Gesamtkurve vereinigt alle diese Tendenzen. Sie veranschaulicht die Hauptphasen der möglichen Entwicklung hydraulischen Unternehmens.

e. Nichthydraulische Bereiche der politischen Ökonomie

Im Bereich der eigentlichen landwirtschaftlichen Produktion führt kollektive Arbeit unter staatlicher Leitung nur unter primitiven und speziellen Bedingungen zu zunehmenden administrativen Mehrerträgen. Nur in technisch wenig entwickelten hydraulischen Gesellschaften überwiegt Massenarbeit auf »öffentlichen« Feldern. Und sogar in diesen Gesellschaften sucht die Regierung nicht ihre Autorität auf den Feldern auszuüben, die dem Einzelbauern für dessen Lebensunterhalt zugewiesen sind. Auf einer höheren Stufe der Technik haben der administrative Schöpfungspunkt und der administrative Nullpunkt die Tendenz, zusammenzufallen. Dort zieht es das hydraulische Regime vor, gänzlich auf die Beteiligung an der landwirtschaftlichen Produktion zu verzichten, da diese, vom Standpunkt des administrativen Ertrags betrachtet, besser durch viele kleine bäuerliche Privatunternehmen erzielt werden kann.

Natürlich haben politische Notwendigkeiten den Vorrang vor rein wirtschaftlichen Erwägungen. Die großen agrarmanagerialen Unternehmen im Bereich des Verkehrswesens und der Verteidigung und gewisse staatlich betriebene Werkstätten (Arsenale, Schiffswerften) sind kostspielig, aber politisch erforderlich. Die Abneigung des hydraulischen Regimes, eine direkte Kontrolle über die Produktion von Fertigwaren auszuüben, entspringt der Einsicht, daß der staatliche Betrieb der kleinen Handwerkstätten unverhältnismäßig teuer sein würde. In hydraulischen wie in anderen agrarischen Gesellschaften überläßt die Regierung deshalb gern die große Mehrzahl der Handwerksunternehmen kleinen selbständigen Gewerbetreibenden.

2. DIE MACHTVARIANTE DES GESETZES WECHSELNDER ADMINISTRATIVER MEHRERTRÄGE

a. Notwendige und wünschenswerte Aufwendungen

Es ist nicht schwierig, auch im Bereich der politischen Macht die Wirksamkeit des Gesetzes wechselnder administrativer Mehrerträge zu erkennen. Die Anstrengungen des hydraulischen Regimes, eine unbestrittene militärische und polizeiliche Kontrolle über die Bevölkerung auszuüben, erweisen sich als zunehmend vorteilhaft, bis alle unabhängigen Zentren wirksamer Macht vernichtet sind. Die Kosten, die der Unterhalt eines schnellen Verkehrs- und Nachrichtendienstes erfordert, können unter demselben Gesichtspunkt betrachtet werden. Und auch die Ausdehnung steuerlicher und gerichtlicher Bemühungen scheint sinnvoll, solange sie dem Bestreben des Herrschers nach ausschließlicher politischer und sozialer Vorherrschaft entspricht.

Einige dieser Bemühungen sind notwendig zur Erhaltung des Regimes, andere sind zumindest der Mühe wert. Wenn man sie jedoch über den Sättigungspunkt »N« hinaus treibt, werden sie alle fragwürdig. Die entmutigende Diskrepanz zwischen zunehmendem Aufwand und abnehmendem politischem Gewinn macht die Regierung abgeneigt, ihren Apparat weit über jenen Punkt hinaus zu gebrauchen.

b. Die prohibitiven Kosten totaler sozialer Kontrolle in einer semimanagerialen Gesellschaft

Der voll entwickelte Apparatstaat der UdSSR hat alle unabhängigen militärischen, politischen, wirtschaftlichen und religiösen Einheiten vernichtet. Die total manageriale Wirtschaftsordnung läßt unzählige bürokratische Stützpunkte entstehen, die auch zur Kontrolle aller sekundären (örtlichen) beruflichen Einheiten und schließlich auch zur Überwachung des Denkens und Handelns jedes Einzelnen verwandt werden können. Der hydraulische Apparatstaat verfügt nicht über solche Machtmittel. Er ist stark genug, um die Entwicklung wirksamer selbständiger Organisationen zu verhindern; und auf diese Weise erzielt er die einseitige Machtanhäufung, die ihn von den antiken und mittelalterlichen Agrargesellschaften des Westens unterscheidet. Da er aber nur ein semimanagerialer Staat ist, fehlen ihm die vielen über das ganze Staatsgebiet verteilten Stützpunkte, die es den Männern des Apparats erst ermöglichen würden, ihre totale Herrschaft auf sekundäre Organisationen und auf das Leben der Einzelpersonen auszudehnen. In der UdSSR wurde ein solches Kontrollsystem aufgebaut durch die Nationalisierung der Landwirtschaft, die Kollektivierung der Dörfer; es wurde vollendet durch die Atomisierung aller nichtstaatlichen menschlichen Beziehungen. Da die hydraulische Gesellschaft nie den ersten Schritt tat, hatte sie keine Gelegenheit, den zweiten folgen zu lassen.

Die Idee einer allumfassenden Kontrolle hat allerdings auch die führenden Köpfe der hydraulischen Despotie beschäftigt. Garcilaso de la Vega, der Sohn einer Inkaprinzessin, behauptet, daß unter seinen Vorfahren besondere Beamte von Haus zu Haus gingen, um sich zu vergewissern, daß jedermann seiner Arbeit nachging. Müßiggänger wurden bestraft mit Schlägen auf Arme und Beine »und anderen durch das Gesetz vorgeschriebenen Strafen«[31]. Die große chinesische Utopie einer bürokratischen Regierung, das *Tschou Li*, erwähnt verschiedene Beamte, die in einem gut verwalteten Staate das Alltagsleben der Bevölkerung in Dorf und Stadt ordnen sollten.

Zweifellos wollten die Inkas, daß ihre Untertanen möglichst viel arbeiteten; aber eine wirksame Aufsicht über das häusliche Leben jedes Einzelnen hätte eine Beamtenschar erfordert, die einen großen Teil der öffentlichen Einnahmen verzehrt hätte, ohne doch eine entsprechende Zunahme der Staatseinkünfte zu erzielen. Es ist daher kaum anzunehmen, daß die von Garcilaso

---

31. Garcilaso, 1945, I, S. 246.

erwähnten »Gesetze« mehr waren als Ansätze zu einer allgemeinen und nicht allzu kostspieligen Überwachung der Bevölkerung. Das gleiche gilt für das klassische Werk der chinesischen Bürokratie. Alle gebildeten chinesischen Amtsanwärter studierten das *Tschou Li*; aber sobald sie angestellt waren, lernten sie schnell, zwischen dem schönen Traum von einer totalen sozialen Kontrolle und der nüchternen administrativen Wirklichkeit zu unterscheiden. Abgesehen von einigen kurzlebigen Versuchen, sich überall einzumischen, gaben sie sich mit der Kontrolle der strategisch wichtigen Bereiche ihrer Gesellschaft zufrieden.

c. *Totale soziale Kontrolle keine notwendige Voraussetzung für den Bestand der agrarmanagerialen Despotie*

Die Feststellung, daß das Gesetz des abnehmenden administrativen Mehrertrags den hydraulischen Staat davon abhält, die Individuen und die sekundären Organisationen unter seine totale Kontrolle zu bringen, bedeutet, daß die Regierung keine zwingende Notwendigkeit für eine solche Politik sieht. Wäre es anders – d. h. wäre die totale Kontrolle zur Aufrechterhaltung des despotischen Regimes unerläßlich –, dann müßten die Herrscher alle ihre Einnahmen für diesen Zweck verwenden. Ein solches Machtsystem würde an seiner Kostspieligkeit zugrunde gehen.

Die Geschichte lehrt uns, daß während langer Zeiträume, in denen »Friede und Ordnung« herrschten, die hydraulischen Herren sich behaupten konnten, ohne daß sie zu solch außerordentlichen Maßnahmen greifen mußten, und daß sie unter »normalen« Bedingungen in der Tat keine derartigen extremen Ausgaben machten. In friedlichen Zeiten bietet ihnen ihr ausgedehntes Nachrichten- und Polizeisystem einen wirksamen Schutz gegen das Aufkommen unabhängiger primärer (nationaler) Organisationen und gegen das Wirken unzufriedener Individuen und sekundärer (lokaler) Organisationen.

Periodisch wiederkehrende politische Krisen verdanken ihr Entstehen der Unzufriedenheit von Individuen oder von organisierten Gruppen[32]. Ernste Unruhen, ganz gleich welchen Ursprungs, nehmen bald militärische Formen an; und sie werden mit ausgesprochen militärischen Mitteln bekämpft. Das Gesetz des abnehmenden administrativen Mehrertrags zwingt die Herrscher des agrarischen Apparatstaates, die Gefahr gelegentlicher Unruhen zu akzeptieren; es zwingt sie zu tun, was ihre modernen industriellen Nachfolger nicht nötig haben: der Mehrzahl der Individuen und einigen sekundären Organisationen ein gewisses Maß von Freiheit einzuräumen.

32. De Groot, 1940, *passim.*

a. Grenzen der managerialen Kontrolle

Für die Dauer der Staatsfron ist ein Angehöriger der hydraulischen Gesellschaft seiner Handlungsfreiheit beraubt. Die Fron mag mancherlei Zwecken dienen; aber sie muß der Masse der Fronenden – den Bauern – genügend Zeit lassen, ihren eigenen wirtschaftlichen Aufgaben nachzugehen. Natürlich kann die staatliche Wirtschaftspolitik den Bauern planartige Vorschriften erteilen; aber selbst im äußersten Falle beschränkt sich doch eine solche Politik nur auf einige wichtige Dinge – auf das Pflügen, Säen, Ernten und vielleicht auf die Bestimmung der anzubauenden Hauptfrüchte. Aber oft geht man nicht so weit; und mitunter fehlen derartige Vorschriften ganz.

Unter fortgeschrittenen technischen Bedingungen pflegt die Fron sich zu verwandeln und zusammenzuschrumpfen. Die Fronarbeit auf öffentlichen Feldern kann durch eine Steuer ersetzt werden; und in ähnlicher Weise können kleinere oder größere Teile des nichtagrarischen Frondienstes durch eine Steuer ersetzt werden.

Doch unabhängig vom Charakter der Dorfgemeinden und der Länge des öffentlichen Arbeitsdienstes gibt es bestimmte und zuzeiten beträchtliche Perioden im Leben jedes Bauern, in denen er seinen eigenen Angelegenheiten nachgeht. Dies gilt noch mehr für die nichtagrarischen Freien. Handwerker und Kaufleute, die in einem differenzierten gesellschaftlichen Milieu ihre Arbeit berufsmäßig und als Privatunternehmer verrichten [33], können dem Staat als Steuerzahler wertvoller sein, als wenn sie ihm als Fronarbeiter dienten. Ihre Handlungsfreiheit kann dementsprechend zunehmen.

Marx spricht von der »allgemeinen Sklaverei« des Orients. Ihm zufolge unterscheidet sich diese Form der Sklaverei, die aus der Bindung des Menschen an das hydraulische Gemeinwesen und seinen Staat erwächst [34], grundlegend von der westlichen Abart der Sklaverei und Leibeigenschaft [35]. Das Verdienst der Marxschen Idee liegt mehr in der Frage, die sie stellt, als in der Antwort, die sie gibt. Ein Mann, der zur Arbeitsleistung für einen »asiatischen« Staat kommandiert wird, ist nur so lange ein Sklave, als er fronen muß. Er erkennt klar die mit diesem Zustand verbundene Einschränkung seiner Freiheit; aber er ist sich ebenso sehr der Befriedigung bewußt, mit der er

33. Für Übergangsformen s. unten, Kap. 7.

34. Marx, 1939, S. 371, 375, 386, 429.

35. Marx bemerkte, daß dem europäischen Beobachter der allgemeinen asiatischen Sklaverei der Arbeiter selbst als eine der »Naturbedingungen der Produktion für ein drittes Individuum oder Gemeinwesen« erscheine, wie unter der [auf Privateigentum beruhenden] Sklaverei und der Leibeigenschaft, daß dies aber in Wirklichkeit nicht der Fall sei (A. a. O., S. 395).

für sich selbst arbeitet. Verglichen mit der totalen Staatssklaverei der total managerialen industriellen Gesellschaft macht die partielle Staatssklaverei der partiell managerialen hydraulischen Gesellschaft in der Tat der menschlichen Freiheit beträchtliche Zugeständnisse.

b. Grenzen der Gedankenkontrolle

Eine ähnliche Tendenz zu Zugeständnissen findet sich auch im Bereich der Gedankenkontrolle. Um ganz zu begreifen, was das bedeutet, müssen wir uns vergegenwärtigen, daß der hydraulische Staat den herrschenden Ideen der Gesellschaft außerordentliche Bedeutung beimißt. Die enge Beziehung zwischen weltlicher und geistlicher Autorität macht es leicht, dies sowohl in den höheren wie in den niedrigeren Schichten der Gesellschaft zum Ausdruck zu bringen. Die Söhne der herrschenden Elite werden im allgemeinen von Vertretern der führenden Religion erzogen; und die Masse der Bevölkerung ist dauernd in einem von der Regierung geförderten Kontakt mit den Priestern und ihren Tempeln, die der staatlichen Kontrolle unterstehen.

Die Erziehung ist gewöhnlich langwierig und von tiefem Einfluß. In Indien mußte der junge Brahmane, der sich auf das Priesteramt vorbereitete, eine, zwei oder alle drei Weden studieren, und das bedeutete für jede Wede zwölf Jahre. Die Angehörigen der »schützenden« Kshatriya-Kaste und selbst der ihr nachgeordneten Vaiśya-Kaste wurden ebenfalls angehalten, die Heiligen Bücher zu studieren [36]. In China galt schon zur Zeit des Konfuzius das »Lernen« – das Studium der kanonischen (klassischen) Schriften – als eine wesentliche Vorbedingung für die Übernahme eines Verwaltungsamtes [37]. Zunehmende Institutionalisierung führte zu umfassenden, abgestuften Prüfungen, durch die alle energischen und ehrgeizigen jungen Angehörigen der herrschenden Klasse sowie viele ältere Mitglieder derselben Schicht zu ständiger ideologischer Wachsamkeit angehalten wurden.

Dieselben gesellschaftlichen Kräfte aber, die einen systematisch gepflegten Fortbestand der herrschenden Ideen förderten, waren auch der Selbstbehauptung einer Reihe von sekundärer Religionen zuträglich. Viele einfache hydraulische Kulturen duldeten Wahrsager und Zauberer [38], deren Tätigkeitsbereich ähnlich wie derjenige der kleinen Handwerker beschränkt war und die auf bescheidene Weise den umfassenden Wirkungskreis der führenden Stammes- oder Staatsreligion ergänzten. Komplexere gesellschaftliche Verhältnisse begünstigen im allgemeinen komplexere ideologische Zustände. Oft konnte der Untertan eines hydraulischen Staates sich ohne Gefahr für sein Leben

36. Manu, 1886, S. 24.
37. Legge, CC, I, passim.
38. S. für die Dschagga Gutmann, 1909, S. 167; und Dundas, 1924, S. 158 ff.; s. für Hawaii Alexander, 1899, S. 66 ff., 72 ff.

zu einer Nebenreligion bekennen. Die Existenz nichtbrahmanistischer Religionen, z. B. des Jainismus und Buddhismus, ist für Indien vom ersten vorchristlichen Jahrtausend an dokumentarisch belegt. Der Buddhismus wußte sich im traditionellen China trotz gelegentlicher Verfolgung fast zweitausend Jahre lang zu behaupten. Und im islamischen Nahen Osten, in Indien und Mittelasien erfreuten sich sekundäre Religionen einer ähnlichen Duldung.

Im Bereich der Ideologie wie in dem der praktischen Politik unterscheidet sich der agrarische Apparatstaat augenfällig vom modernen industriellen Apparatstaat, der trotz seines angeblichen Respekts für traditionelle (»nationale«) Kultur und Religion die marxistisch-leninistische Lehre mit dem offen erklärten Ziel verbreitet, schließlich jede andere Ideologie auszurotten. Gewiß, der Unterschied entspringt nicht einer angeborenen Toleranz der agrarbürokratischen Herrscher: sie verteidigen die Einzigartigkeit der führenden Religionen ohne Schwanken und oft mit rücksichtsloser Härte. Aber das Gesetz des abnehmenden administrativen Mehrertrags äußert sich auch darin, daß der Versuch, in einer differenzierten semimanagerialen Gesellschaft eine totale ideologische Kontrolle zu verwirklichen, einen ungeheuren Preis erheischen würde. Und hier, wie im Bereich praktischen Handelns, lehrt die Erfahrung, daß das absolutistische Regime sich ohne solche kostspielige Bemühungen behaupten kann.

4. VERSCHIEDENE GRADE DER GRUPPEN-AUTONOMIE

Die geschichtliche Erfahrung lehrt noch mehr. Sie gibt den hydraulischen Herrschern die Gewißheit, daß sie – aus denselben Gründen – nicht nur ihren einzelnen Untertanen, sondern auch einigen sekundären Gruppen eine gewisse Autonomie gewähren können. Die Anhänger heterodoxer Glaubensbekenntnisse dürfen sich gewöhnlich in Kongregationen organisieren, die einzelne Priester oder mehr oder weniger zahlreiche Priesterschaften unterhalten können. Ferner haben sich seit den Anfängen der geschriebenen Geschichte die Handwerker und Händler der hydraulischen Kulturen in Berufsvereinen (Zünften) vereinigt. Noch älter sind die Dorfgemeinschaften; sie bestanden wahrscheinlich solange wie die hydraulische Kultur selbst. Verwandtschaftsverbände gab es schon, ehe die Menschen Landwirtschaft betrieben; wie die Dorfgemeinden findet man solche Verbände überall in der hydraulischen Welt.

In bezug auf ihre Verbreitung, Zusammensetzung, Eigenart und Zielsetzung unterscheiden sich diese Assoziationen sehr. Eins jedoch haben sie alle gemein: sie werden alle vom despotischen Regime geduldet. Trotz mancherlei Überwachungsmaßnahmen sind sie nicht einer totalen Kontrolle unterworfen.

Romantische Beobachter haben aus dem Fehlen einer totalen Kontrolle den Schluß gezogen, daß in den niedrigeren Schichten der hydraulischen Gesellschaft echt demokratische Einrichtungen bestanden. Ein so weit gehender Anspruch ist jedoch unhaltbar. Überall in der hydraulischen Welt sind Staats- und Familienautorität verbunden; und die politische Kontrolle läßt die Dörfer, Zünfte und sekundären religiösen Organisationen nicht unberührt.

Parallelen für solche Beschränkungen der Autonomie finden sich auch in anderen Agrargesellschaften. (Die freien Zünfte des feudalen Europas sind eine wichtige Ausnahme.) Aber darum handelt es sich hier nicht. Wir haben es hier mit der Frage zu tun, ob im Unterschied zu vergleichbaren Erscheinungen in anderen absolutistischen Staaten – und im Unterschied zu den Verhältnissen in anderen agrarischen Kulturen – die sekundären Organisationen der hydraulischen Gesellschaft wirklich autonom waren. Diese Frage muß verneint werden.

1. Die Familie

Die Familie im traditionellen China wird oft als die Einrichtung bezeichnet, die der chinesischen Gesellschaft ihre Eigenart und Kraft verlieh. Diese Ansicht ist richtig, insofern als sie die Familie als einen wichtigen Bestandteil der Gesellschaft bezeichnet; aber sie ist irreführend, sofern sie meint, daß die Familie die Eigenart und Macht des institutionellen Ganzen bestimme, dessen Teil sie ist.

Die Autorität des chinesischen *pater familias* war viel stärker als seine operative Rolle in der Familie erforderte [39]; und er verdankte seine außerordentliche Machtstellung wesentlich der Unterstützung des despotischen Staates. Ungehorsam gegen seine Befehle wurde von den Behörden bestraft [40]. Andererseits konnten die örtlichen Beamten ihn schlagen und verhaften lassen, wenn er unfähig war, die Angehörigen seiner Familie von Gesetzesverletzungen abzuhalten [41]. Er fungierte als ein liturgischer (halbamtlicher) Polizist seiner Sippe. Er kann daher nicht als der autonome Führer einer autonomen Einheit angesehen werden.

Der babylonische Vater, der Frau, Sohn und Tochter mehrere Jahre lang zu Fremden in den Dienst geben konnte [42], verdankte seine Gewalt ebenfalls der Regierung, die seinen Entscheidungen Rückhalt gewährte. Es ist nicht

---

39. S. für die nichtstaatlichen Wurzeln der väterlichen Gewalt in der chinesischen Familie, Wittfogel, 1935, S. 49; *ders.*, 1936, S. 506 ff.

40. Ch'ü, TT, 1947, S. 7 ff.

41. *A. a. O.*, S. 20.

42. Hammurabi, § 117.

klar, ob er für das Betragen der Angehörigen seiner Familie gesetzlich verantwortlich war.

Die *patria potesta*s Altägyptens ist mit derjenigen Roms verglichen worden. Die weitgehend militarisierte Gesellschaft des republikanischen Roms förderte in der Tat die Entwicklung sehr autoritärer Familienbeziehungen. Aber der ägyptische Vater scheint seinem römischen Gegenstück an Macht noch überlegen gewesen zu sein [43].

In der islamischen Welt schreibt das Heilige Gesetz den Kindern vor, ihre Eltern zu ehren [44]; und das Ausmaß der elterlichen Autorität, insbesondere in den Dörfern, geht aus der Tatsache hervor, daß in Ländern wie Syrien der Vater gewöhnlich bis zu seinem Tode der Herr und Meister seiner Familie war [45].

Die Gesetzbücher Indiens verliehen dem Vater eine fast königliche Gewalt über die Familienangehörigen [46]. Trotz verschiedener Einschränkungen [47] scheint seine Macht über Weib und Kinder außerordentlich groß gewesen zu sein [48].

Offenbar gab es in den verschiedenen hydraulischen Kulturen beträchtliche Unterschiede väterlicher Gewalt. Aber fast überall war die Regierung bestrebt, dem Vater mehr Macht zu geben, als er zur Führung der Familie benötigte.

II. Das Dorf

Im allgemeinen unterstehen die Dörfer der hydraulischen Kulturen Vorstehern, die entweder von der Regierung ernannt oder von den Bewohnern des Dorfes gewählt werden. Ernennung scheint häufig zu sein in den geregelten Dorfgemeinden kompakter hydraulischer Kulturen, während freie Wahl häufiger ist in den weniger kompakten hydraulischen Gesellschaften. Im Peru der Inkas wurden die Lokalbeamten bis zum niedrigsten Funktionär – dem Vorsteher von zehn Familien – ernannt [49]. Im vorspanischen Mexiko war

43. Dr. Taubenschlags These, daß das Recht des ägyptischen Vaters, seine Kinder zu veräußern, auch in Rom bestand, ist nur für das vierte Jahrhundert dokumentarisch belegt (Taubenschlag, 1944, S. 103 ff.).

44. *Koran*, 17.24 f.; vgl. Daghestani, FM, S. 134.

45. Daghestani, FM, S. 136; vgl. Gaudefroy-Demombynes, 1950, S. 128.

46. Jolly, 1896, S. 78.

47. Väsishtha, 1898, S. 75.

48. Jolly, 1896, S. 78. Im Anfang des 19. Jahrhunderts schrieb Dubois (1943, S. 307 ff.), daß die Autorität der Brahmanen gewaltig, die elterliche aber schwach war. Der Verfasser lebte vom Jahre 1792 bis 1823 in Indien. Vorausgesetzt, daß er die Erscheinung richtig beobachtet hat, können wir sie nicht erklären. Vielleicht soll man sie, wenigstens teilweise, den unruhigen Zeitumständen zuschreiben.

49. Rowe, 1946, S. 263 ff.; Cobo, HNM, III, S. 232 ff.

das Dorfland auch kommunal reguliert; aber die Agrarwirtschaft des Landes war in viel geringerem Grade bürokratisiert als unter den Inkas. Die Häupter der mexikanischen Verwaltungseinheiten, der *calpulli*, wurden gewählt[50].

Eine solche Wechselbeziehung ist jedoch nicht allgemein, vielleicht weil Ernennung nur eine von mehreren Methoden ist, einen örtlichen Funktionär zu kontrollieren. Fast überall haftet der Chef der hydraulischen Regierung für die Erfüllung der dem Dorfe auferlegten Verpflichtungen. Auf diese Weise wird er vom Staate abhängig. Wo das Land Gemeindeland ist und wo die Steuer auf kommunaler Grundlage entrichtet wird, besitzt augenscheinlich der Dorfvorsteher eine erhebliche Macht. Von einem Schreiber und einem oder mehreren Polizisten unterstützt, kann er ein örtlicher Despot werden.

Die Inschriften aus der Frühgeschichte des Nahen Ostens zeigen, daß die regionalen Beamten sich aktiv mit dem Pflügen und auch mit der Steuererhebung befaßten[51]; wir haben jedoch kein klares Bild über die Beziehung der Dorfbeamten zum Gesamtverwaltungsapparat[52]. Wie in anderen Lebensbereichen haben die Perser und ihre hellenistischen und römischen Nachfolger vermutlich ältere Formen der Dorfverwaltung fortbestehen lassen. Im ptolemäischen und römischen Ägypten erfüllte der führende Dorfbeamte, der Schreiber, mit Hilfe der Ältesten seine ihm vom Staate zugewiesenen Aufgaben[53]. Diese Männer, gleichviel ob sie ernannt[54] oder – wie die Ältesten – gewählt wurden[55], waren alle »unmittelbar abhängig von der Zentralregierung... sie alle gehorchten insbesondere dem *strategos* des Bezirks«[56].

Die Quellen für das römische Syrien deuten auf eine beträchtliche Teilnahme der Bevölkerung an den dörflichen Angelegenheiten hin[57], während die ägyptischen Dorfbeamten wahrscheinlich sehr autoritär vorgingen. Dieser Unterschied darf aber nicht die fundamentale Ähnlichkeit verdecken, die im alten Nahen Osten bezüglich der Organisation des Dorfes und seiner Abhängigkeit von der Regierung bestand[58]. Im hellenistischen Zeitalter[59], wie in der vorhellenistischen Zeit, waren die »königlichen« Dorfbewohner

50. Zurita, 1941, S. 90.
51. Breasted, 1927, II, S. 278 ff.; Kees, 1933, S. 36 ff.
52. Vgl. Wiedemann, 1920, S. 68.
53. Jouguet, 1911, S. 59 ff., 62; Wilcken, 1912, S. 275; San Nicolo, PR, I, S. 162 ff.; Johnson und West, 1949, S. 98; Tomsin, 1952, S. 117 ff.
54. Jouguet, 1911, S. 59.
55. San Nicolo, PR, I, S. 171.
56. Jouguet, 1911, S. 213.
57. Harper, 1928, S. 142 ff.
58. Vgl. für das Ende der »antiken« Periode Rostovtzeff, 1910, S. 259; und San Nicolo, PR, I, S. 160, Anm. 1; vgl. auch unten, Kap. 7.
59. Rostovtzeff, 1910, S. 259.

an den Boden gebunden [60]. Dies berechtigt uns zu der Annahme, daß in der römischen und vorrömischen Zeit die Bauern Syriens und Kleinasiens ihre Dörfer nicht autonom verwalteten.

In Ägypten oblag die Verwaltung des Dorfes unter der arabischen wie unter der byzantinischen Herrschaft [61] einem Vorsteher und den Ältesten. Unter den Arabern scheint der Vorsteher, der vielleicht von den Bauern vorgeschlagen und von der Regierung bestätigt wurde [62], die Steuer veranlagt und eingenommen zu haben [63]. Er bestimmte die Fronarbeiter, er übte die polizeiliche und die richterliche Gewalt aus [64].

In den arabischen Provinzen des türkischen Nahen Ostens half der Dorfvorsteher (der Scheich) den offiziellen und semioffiziellen Repräsentanten der Regierung bei der Veranlagung der Steuern [65]. Er »hatte über die *fellāhs*, die unter seiner Aufsicht die Felder bestellten, die polizeiliche Gewalt, und der führende *seyh* fungierte als Magistrat und Schiedsrichter, und zwar erstreckte sich seine Autorität nicht nur auf die Bauern, sondern auf alle Bewohner« [66]. Dieser Mann, der »seine« Bauern willkürlich kontrollierte und der selbst mit ähnlicher Strenge von der staatlichen Bürokratie kontrolliert wurde [67], kann gewiß nicht als der Vertreter einer freien Dorfgemeinschaft gelten.

In Indien mag der Dorfvorsteher ursprünglich gewählt worden sein [68]; aber seit der Zeit der späteren Gesetzbücher – d. h. seit dem Ende des ersten Jahrtausends v. Chr. – haben wir dokumentarische Nachweise dafür, daß er ernannt wurde [69]. Als Vertreter des Königs auf dem Lande, der für jenen die »Steuern einnahm« [70] und polizeiliche wie richterliche Aufgaben erfüllte [71], besaß der Dorfvorsteher eine Machtstellung, die derjenigen seines nahöstlichen Kollegen nicht unähnlich war. Unter den muselmanischen Herrschern erfuhr dieses für die Verwaltung bequeme System keine wesentlichen Änderungen; es hat sich in der Mehrzahl der indischen Dörfer bis in die Gegenwart erhalten [72].

In China machte das staatlich regulierte Dorf vor zweitausend Jahren dem Eigenbesitz der Bauern Platz. Der Aufgabenbereich der Dorfbeamten

60. *A. a. O.*, S. 258; Broughton, 1938, S. 629.
61. Johnson, 1951, S. 133.
62. Steinwenter, 1920, S. 52 ff.
63. *A. a. O.*, S. 49 ff.
64. *A. a. O.*, S. 54.
65. Gibb und Bowen, 1950, S. 262.
66. *A. a. O.*, S. 263; vgl. Kremer, 1863, I, S. 255.
67. Kremer, 1863, I, S. 255.
68. Fick, 1920, S. 160 ff.; Rhys-Davids, 1950, S. 35.
69. Rhys-Davids, 1950, S. 35; Jolly, 1896, S. 93; vgl. Matthai, 1915, S. 10.
70. Fick, 1920, S. 114, Anm. 1.
71. Jolly, 1896, S. 93; Fick, 1920, S. 161.
72. Matthai, 1915, S. 15.

schrumpfte dementsprechend zusammen; aber bestimmte Pflichten blieben ihnen doch. Am Ende des Kaiserreiches hatten die meisten größeren Dörfer wenigstens zwei Funktionäre, einen Vorsteher (*tschuang-tschang*) und einen Dorfpolizisten (*ti-fang* oder *ti-pao*)[73]. Der Vorsteher, dem die Verwaltung oblag, wurde gewöhnlich von den Bewohnern gewählt, der Polizist dagegen, der die physische Zwangsgewalt ausübte, wurde von der Regierung ernannt[74]. Sie arbeiteten zusammen bei der Einnahme der Steuern, der Beschaffung von Baumaterialien für öffentliche Werke, der Organisation und Überwachung der Staatsfron (»staatlicher Transport... Arbeit an den Flußdeichen, Patrouillieren der kaiserlichen Straßen« usw.)[75] sowie an der Abfassung von Berichten für den geheimen Nachrichtendienst[76].

All diese Tätigkeiten verbanden den Dorfvorsteher mit der Zentralregierung, obwohl er ihrer Bürokratie nicht angehörte[77]. Die Bauern hatten es schwer, eine Klage gegen ihn vorzubringen, selbst wenn ihre Sache gut begründet war, weil er den Verkehr mit den Bezirksbehörden monopolisierte[78]. Der Polizist unterstand den Provinzialbeamten, die ihn »zu Brei schlagen« konnten, wenn er seiner Pflicht als örtlicher Nachrichtendienstagent nicht nachkam[79].

Die Dörfer im kaiserlichen China waren weniger straff kontrolliert als die Dörfer im vorspanischen Peru, in Indien und den meisten nahöstlichen Ländern, aber auch sie verwalteten sich nicht selbst. Ihre wichtigsten Funktionäre, die entweder von der Regierung ernannt oder von dieser nach ihrer Wahl bestätigt wurden, waren unausweichlich an eine bürokratische Ordnung

---

73. Smith, 1899, S. 227 ff.; Yang, 1945, S. 173.

74. Smith (1899, S. 227) zufolge wurden die Bewerber um diese Stellung »weder formell gewählt noch formell abgesetzt«. Anstatt dessen erlangten sie ihr Amt – nach Smith – infolge »einer Art natürlicher Auslese«.

Es wäre vermutlich besser, von einer informellen Wahl zu sprechen, die auf dem Einvernehmen aller angesehenen Familienhäupter beruht. Dr. K. C. Hsiao, dessen umfassendes Werk, *Rural China, Imperial Control in the Nineteenth Century,* jetzt erschienen ist, spricht von einem gewissen informellen örtlichen Einfluß auf die dörflichen Funktionäre, und er denkt insbesondere an wohlhabende »Gentry«-Familien; aber er hält es für unmöglich, »den Prozentsatz der von der Regierung ernannten Dorfvorsteher (*pao-tschang, tschia-tschang,* usw.; und später *tschuang-tschang, ti-pao, ti-fang* usw.)« anzugeben. Er fügt hinzu: »Die offiziellen Vorschriften verlangten die Einsetzung solcher Vorsteher überall dort, wo es Dorfgemeinden gab« (Brief vom 15. Januar 1954).

75. Smith, 1899, S. 228.

76. Williams, 1848, S. 384 ff.

77. Zumeist zahlte das Dorf ihm ein Gehalt (Werner, 1910, S. 106 ff.). Darüber hinaus aber genoß er die materiellen Vorteile, die sich unter den damaligen Verhältnissen aus der Handhabung der öffentlichen Gelder ergaben.

78. Smith, 1899, S. 233 ff.

79. Ders., 1897, S. 230.

gebunden, die den Interessen der Regierung und nicht denen der Dorfbewohner diente.

III. Die Zünfte

Die Berufskörperschaften der Handwerker und Kaufleute in den hydraulischen Kulturen waren in einer ähnlichen Lage. Auch hier ist die Ernennung des leitenden Beamten bedeutsam, aber auch hier ist die Ernennung nur eine von vielen Methoden, durch die der despotische Staat seine unbeschränkte Überlegenheit und die Schwäche der geduldeten Organisation aufrecht erhält.

Das hellenistische Ägypten folgte vermutlich altem Brauch, als es diejenigen, »die in der Industrie, dem Verkehrswesen, dem Bergbau, dem Baugewerbe, der Jagd usw. für den Staat arbeiteten«, in Berufsgruppen vereinigte, die von der Wirtschafts- und Finanzverwaltung des Königs *organisiert und streng überwacht*« wurden [80].

In der späteren römischen Kaiserzeit und in Byzanz regulierte die Regierung mit peinlicher Genauigkeit die Tätigkeiten der Zünfte [81]. Bis zum dritten Jahrhundert wählten die Mitglieder ihre eigenen Vorsteher. Später traf die Regierung die endgültige Entscheidung über die von den Zünften gewählten Vorsteher, die, nach Einsetzung in ihr Amt, der Aufsicht und Disziplinargewalt des Staates unterstanden [82].

In der ottomanischen Türkei beaufsichtigten Beamte die Märkte [83], Beamte überwachten die Preise, Gewichte und Maße [84]; sie erfüllten somit Aufgaben, die in den von Bürgern regierten Städten des feudalen Europas den städtischen Behörden oblagen [85]. In den meisten Ländern des feudalen Europas bezog die Staatsgewalt aus den städtischen Zentren eines stark entwickelten Zunftwesens wenig oder keine regelmäßigen Steuern; in der Türkei dagegen vermochte die Regierung den Zünften Steuern aufzuerlegen und – wie in anderen orientalischen Ländern – die Zunftvorsteher als fiskalische Agenten zu verwenden, die »die Steuerquoten ihrer Mitglieder verteilten« und »persönlich für die Bezahlung hafteten« [86].

Im Indien der Hindus war der *setthi*, der Vorsteher der Kaufleutezunft,

80. Rostovtzeff, 1941, II, S. 1062 f. (Hervorhebung vom Autor).

81. Stöckle, 1911, S. 11. Für Angaben über Zunftvorsteher als Steuereinnehmer im byzantinischen und arabischen Ägypten s. Grohmann, PAP, S. 279 und Anm. 8; für die Verhältnisse im Anfang der arabischen Herrschaft s. a. a. O., S. 131, Anm. 3 und Crum, 1925, S. 103–111.

82. Stöckle, 1911, S. 82.

83. S. für den Marktaufseher Ibn al-Ukhuwwa, 1938, S. 5; vgl. Gaudefroy-Demombynes, 1938, S. 450 ff.; und Lévi-Provençal, 1947, S. 42 ff.

84. Insbesondere taten dies die Agenten des *kādi* (Gibb und Bowen, 1950, S. 287).

85. Maurer, GSD, III, S. 30 ff.; Inama-Sternegg, 1901, S. 353 f.

86. Gibb und Bowen, 1950, S. 278.

ein Halbbeamter, der eng mit dem Fiskus des Herrschers verbunden war [87]. Die Kaufleute besaßen beträchtliche Reichtümer, und ihre Korporationen scheinen sich größeren Ansehens erfreut zu haben als die der Handwerker [88]. Aber dieses Ansehen allein machte die Kaufleutezunft nicht zu einer bedeutsamen politischen Organisation.

Man sagt, daß die indischen Zünfte in der buddhistischen Frühzeit große Bedeutung erlangten [89]. Man kann dieser Auffassung zustimmen, aber man darf die politische Bedeutung der indischen Zünfte nicht übertreiben. Fick zufolge gehörten die Zünfte der Handwerker – jedenfalls zum Teil – zu den verachteten Kasten [90]; und Dr. Rhys-Davids beteuert nachdrücklich, daß »kein einziges Beispiel aus den frühen buddhistischen Quellen auf eine Körperschaft von der Art einer Zunft oder eines Hansabundes hindeutet« [91]. Eine Legende aus dem 3. oder 4. Jahrhundert, die beweisen sollte, daß die Stadt Thana [92] »von einer starken Kaufleutezunft regiert« wurde, beschreibt tatsächlich den erfolglosen Versuch einer Gruppe von Kaufleuten, einen Konkurrenten durch Monopolisierung des Marktes zu bekämpfen [93].

In China sind Zünfte erst seit der zweiten Hälfte des ersten Jahrtausends n. Chr. quellenmäßig zuverlässig belegt. Zur T'ang- und Sung-Zeit konnten die Vorsteher der Zünfte zur Rechenschaft gezogen werden für ungehöriges berufliches Verhalten ihrer Mitglieder, für Verletzung der Währungsvorschriften [94], Diebstahl und ähnliche Vergehen. In vielen Fällen war die Zunftmitgliedschaft obligatorisch [95]. Die Zünfte mußten ferner als Gesamtverbände dem Staate spezielle Dienste leisten [96]. In den darauffolgenden Jahrhunderten scheint die Regierung die weniger bedeutsamen Handwerks- und Handelszünfte großenteils sich selbst überlassen zu haben [97]; aber die Korporationen wichtiger Gruppen wie die der Salzgroßhändler [98] und eine An-

87. *Jātakam, passim;* Fick, 1920, S. 257 ff.

88. Fick, 1920, S. 285; vgl. Hopkins, 1902, S. 172.

89. Hopkins, 1902, S. 171.

90. Fick, 1920, S. 285.

91. C. A. F. Rhys-Davids, 1922, S. 210 ff.

92. Poona, südlich Bombays gelegen.

93. Hopkins, 1902, S. 175. Hopkins' irrtümliche Ansicht wird von Max Weber benutzt, um die zeitweilige politische Bedeutung der Hindu-Zünfte zu illustrieren (Weber, RS, II, S. 86 ff.). S. unten, S.338 f.

94. *Chiu T'ang Shu,* 48.11b.

95. Kato, 1936, S. 62.

96. *A. a. O.*

97. Wittfogel, 1931, S. 580 ff., 714 ff. In dieser im Jahre 1931 veröffentlichten Untersuchung übersah ich die staatlich kontrollierten Zünfte in einer Minderheit wichtiger Geschäftszweige, z. B. im Salzgewerbe.

98. Die Zunftvorsteher erhoben die Steuern von den »kleinen Kaufleuten« (*Ch'ing Shih Kao,* 129.1b).

zahl von Firmen in Kanton, die dem Außenhandel oblagen [99], wurden streng beaufsichtigt.

iv. Sekundäre Religionen

Über die sekundären Religionen haben wir besonders reichhaltige Angaben für die islamische Gesellschaft und China. Die mohammedanischen Herrscher duldeten das Christentum, das Judentum und den Zoroastrismus [100]. Angehörige dieser Religionen hatten sich aber damit abzufinden, daß ihnen politisch und sozial eine untergeordnete Stellung zugewiesen wurde; und sie wurden daran gehindert, ihre Lehren zu verbreiten. Die Gesetze verboten den Übertritt vom Christentum zum mosaischen Glauben und umgekehrt; Abfall vom Islam wurde mit schweren Strafen geahndet. Es war den Christen verwehrt, laut auf ihre hölzernen Bretter zu schlagen [101], in ihrer Kirche mit erhobener Stimme zu singen, sich in Anwesenheit von Mohammedanern zu versammeln, ihre »Abgötterei« zur Schau zu stellen oder zu ihr aufzufordern und an ihren Kirchen ein Kreuz anzubringen [102]. Kein Wunder, daß die religiösen Minderheiten – die unter der Türkenherrschaft in besonderen Organisationen unter dem Namen *millet* [103] abgesondert wurden – nicht gediehen. Der Vorsteher eines solchen Verbandes wurde vom *millet* vorgeschlagen [104], aber vom Sultan ernannt [105]; seine Amtsgewalt reichte eben dazu aus, »die der Gemeinde vom Staate auferlegten Steuern einzunehmen« [106].

Im traditionellen China war der Buddhismus die wichtigste sekundäre Religion. Sie erlebte ihre größte Blüte unter den Barbarendynastien, die um die Mitte des ersten Jahrtausends n. Chr. durch Infiltration und Eroberung die Herrschaft über die alten nördlichen Zentren der chinesischen Kultur gewonnen hatten [107]. Die harte Verfolgung des Jahres 845 leitete eine Politik ein, die den Buddhismus am Ende auf die Stellung einer scharf überwachten sekundären Religion beschränkte.

Besondere Beamte beaufsichtigten den Buddhismus und andere Mißtrauen

99. Die Vorsteher wurden von der Regierung ernannt (*Yüeh Hai Kuan Chih,* 25.2a).

100. Macdonald, 1941, S. 96; Grunebaum, 1946, S. 117. Die Zarathustrier waren vom 4. bis zum 10. Jahrhundert als Schutzreligion anerkannt (Mez, 1922, S. 30); später aber wurden sie weniger glimpflich behandelt (Büchner, 1941, S. 381).

101. Diese Bretter wurden an Stelle von Glocken verwandt (Grunebaum, 1946, S. 179).

102. A. a. O.

103. A. a. O., S. 185.

104. Von den Mitgliedern oder den religiösen Funktionären?

105. Scheel, 1943, S. 8, 16.

106. Grunebaum, 1946, S. 185.

107. Wittfogel und Fêng, 1949, S. 292 und Anm. 19.

erregende Religionen [108]. Die Regierung begrenzte die Gründung von Klöstern und Tempeln [109], sie setzte Höchstzahlen für Priester und Mönche fest [110], sie untersagte religiöse Tätigkeiten, die in anderen Ländern nicht beschränkt waren; und sie befahl, daß »die buddhistische und taoistische Priesterschaft ihre *sutras* nicht auf den Marktplätzen vorlesen dürfen, daß sie weder mit der Almosenschale umhergehen, noch ihre Heilsbotschaft verkünden und Geldbeiträge sammeln dürfen« [111]. De Groot beschließt seine klassische Darstellung dessen, was andere als den Ausdruck religiöser Freiheit begrüßt haben, mit der Frage: »Was ist diese Freiheit wert, wenn der Staat sein Recht der Bestätigung der Priester so streng handhabt, wenn er die Zulassung männlicher Novizen sehr schwer, und diejenige von Frauen fast unmöglich gemacht hat, so daß die Zahl derer, die von solch einer Freiheit Gebrauch machen konnten, auf einen armselig kleinen Prozentsatz der Bevölkerung beschränkt ist? Dies verwandelt die hoch gerühmte Freiheit in eine Farce.« [112]

b. Trotzdem gab es Elemente wirklicher Freiheit

Der hydraulische Staat setzt offenbar allen sekundären Gruppen und Organisationen enge Grenzen. Aber er verschlingt sie nicht vollständig.

Die traditionelle chinesische Familie, deren Haupt gesetzlich bevorrechtigt war, stand nicht unter einem politischen oder polizeilichen Zwang, die Familienangehörigen gegeneinander auszuspielen, wie es in modernen Apparatstaaten geschieht. In China und Indien gestattete die Regierung den Verwandtschaftsverbänden, ihre inneren Angelegenheiten nach ihren eigenen Familien-»Gesetzen« zu regeln [113]. In anderen hydraulischen Kulturen erfreuten sich die Familien einer weniger formellen, aber nicht weniger wirksamen Quasi-Autonomie.

Die Kontrolle des Staates über die Dörfer ist sehr spezifisch, aber nicht allumfassend. Sogar dort, wo die Dorfbeamten viel Macht besitzen, ist es den Bauern möglich, ihre Meinung über die laufenden dörflichen Angelegenheiten zu äußern. Und wenn den Forderungen der Regierung Genüge geschehen ist, regeln der Vorsteher und seine Helfer diese Angelegenheiten gewöhnlich ohne Einmischung von oben.

Ein gewisser Spielraum für Selbstverwaltung scheint bestanden zu haben in den Dörfern des römischen Syriens [114] sowie in den Dörfern Ägyp-

108. De Groot, 1940, I, S. 102 ff.
109. A. a. O., S. 107.
110. A. a. O., S. 109 ff.
111. A. a. O., S. 113.
112. A. a. O., S. 116.
113. S. für China Ch'ü, TT, 1947, S. 18—19; s. für Indien Manu, 1886, S. 260.
114. Harper, 1928, *passim*.

tens unter römischer und byzantinischer Herrschaft [115]. Die Dorfvorsteher in der ottomanischen Türkei und auch ihre Kollegen in anderen orientalischen Kulturen waren in den inneren Angelegenheiten ihrer Gemeinden weitgehend unabhängig [116].

Der Vorsteher eines indischen Dorfes konnte seine Aufgaben nur dann erfolgreich verwirklichen, wenn er sich bemühte, mit den Dorfbewohnern auf gutem Fuße zu stehen [117]. Er konnte es sich nicht leisten, »stolz, unduldsam und überheblich wie die Brahmanen« zu sein; im Gegenteil, er mußte »höflich und nachgiebig« gegen seinesgleichen und »freundlich und leutselig« gegen die unter ihm Stehenden sein [118]. Selbstverwaltung durch gewählte Ausschüsse gab es wahrscheinlich nur in einer kleinen Minderheit ländlicher Siedlungen, die von landbesitzenden Gruppen, vor allem Brahmanen, beherrscht wurden [119]. Aber die informelle Versammlung (*panchāyat*) der Ältesten oder aller Dorfbewohner soll eine allgemein verbreitete Einrichtung gewesen sein [120]; und ihre Sitzungen trugen offenbar dazu bei, die Macht des Vorstehers zu mildern. Da die Dörfer, abgesehen von der Erfüllung der staatlichen Forderungen, mehr oder minder der Obhut der Vorsteher und ihrer Gehilfen unterstanden, bildeten sie in der Tat ländliche Inseln einer begrenzten Autonomie [121].

Im traditionellen China war der Abstand zwischen den Dorfbeamten und den übrigen Bewohnern noch geringer, zumal wenn es unter den Bewohnern wohlhabende oder *Gentry*-Familien gab, deren Einfluß in lokalen Angelegenheiten groß zu sein pflegte [122]. Kritik durch eine nichtbeamtete Gruppe von Dorfbewohnern konnte zum Rücktritt des Vorstehers und seiner Anhänger führen. Es kam vor, daß Personen, die lange die Dorfgeschäfte gehandhabt hatten, unter solchem Druck ihre Stellungen aufgaben und sie denen überließen, die Kritik übten [123].

Solche Vorgänge bedeuten nicht, daß man die Regeln einer formellen Demokratie befolgt hätte; aber sie haben eine demokratische Färbung. Gewiß, es bestehen mancherlei offizielle Forderungen; es gibt immer den Dorfpolizisten und oft einen Steuereinnehmer – beide sind vom Staate ernannt und beide vertreten offenbar die Interessen des bürokratischen Apparats. Aber hier findet gewöhnlich die Kontrolle von außen ihr Ende. Die Regierung »schränkt das Recht der Menschen, sich zur Erörterung ihrer Angelegenhei-

115. Johnson, 1951, S. 133.
116. Gibb und Bowen, 1950, S. 263.
117. Dubois, 1943, S. 88 ff.
118. A. a. O., S. 89.
119. S. Appadorai, 1936, I, S. 152.
120. A. a. O.
121. Fick, 1920, S. 120; Baden-Powell, 1896, S. 441 ff.
122. Brief Dr. K. C. Hsiaos vom 15. Januar 1954.
123. Smith, 1899, S. 229.

ten zu versammeln, in der Praxis nicht ein. Die Bewohner jedes Dorfes können, wenn sie es wollen, an jedem Tag des Jahres zusammenkommen. Kein Regierungszensor ist anwesend, und die Diskussionsfreiheit ist unbegrenzt. Die Leute können sagen, was sie wollen, und die örtliche Behörde weiß weder, was gesagt wird, noch kümmert sie sich darum.«[124]

In vielen hydraulischen Kulturen kümmert sich die Obrigkeit auch nicht um die inneren Angelegenheiten der Zünfte. Die indischen Gesetzbücher rieten dem König, die Satzungen der Zünfte anzuerkennen[125]. Ähnliche Satzungen gab es auch anderswo[126]. Die türkischen Zünfte unterstanden der »Obergewalt der weltlichen und geistlichen Mächte, vertreten durch Gouverneure, Polizeibeamte und *kādis*«[127]; und ihre Vorsteher waren der Regierung verantwortlich für die Art, in der sie ihre fiskalischen Aufgaben erledigten; aber sonst waren »innerhalb der von der Religion, Tradition und ›Brauch‹ gesetzten Grenzen... die Zünfte verhältnismäßig frei und autonom«[128]. Gibb und Bowen zählen sie daher zu »den *beinahe* autonomen Gruppen«[129].

Das gleiche läßt sich auch von den sekundären Religionen sagen. Trotz aller von außen kommenden Beschränkungen erfreuten sich die Anhänger solcher Glaubensbekenntnisse einer gewissen religiösen Freiheit. Im traditionellen China war es den Priestern sekundärer Religionen, »die ihr eigenes sowie das Heil anderer Leute suchten, nicht verboten, *intra muros* zu predigen, die *sutras* zu rezitieren und heilige Handlungen zu verrichten«[130]. Und wo der Islam herrscht, verwalteten die nichtmohammedanischen Religionsgemeinschaften ihre Angelegenheiten »unter ihrem verantwortlichen Vorsteher, einem Rabbiner, Bischof usw.«[131]. Solange sie die »Rechtgläubigen« nicht störten und ihre Organisationen die Sicherheit des Staates nicht gefährdeten, wurde den religiösen Minderheiten vom Staate innerhalb ihrer Kongregationen ein mehr oder weniger autonomes Leben gewährleistet.

124. *A. a. O.*, S. 228.
125. Manu, 1886, S. 260 und Anm. 41.
126. S. für die ottomanische Türkei Gibb und Bowen, 1950, S. 227; für Byzanz Stöckle, 1911, *passim;* für China Ch'üan, HS, 1934, *passim.*
127. Gibb und Bowen, 1950, S. 277.
128. *A. a. O.*, S. 278.
129. *A. a. O.*, S. 277 (Hervorhebung vom Autor).
130. De Groot, 1940, I, S. 116.
131. Macdonald, 1941, S. 96.

a. Politisch belanglose Freiheiten

All dies sind in der Tat bescheidene Freiheiten! Sie erscheinen in wechselnden Verbindungen in verschiedenen Lebenssphären. Unsere Untersuchung ist
jetzt soweit fortgeschritten, daß wir zusammenfassend sagen können, warum
diese Freiheiten überhaupt vorkommen und warum sie so beschränkt sind.

Die hydraulische Gesellschaft ist gewiß nicht gegen revolutionäre Bewegungen gefeit; aber Verwandtschaftsverbände, selbst in ihren umfassendsten
Formen, sind keine politische Gefahr für eine normal funktionierende agrarbürokratische Despotie, und das gilt auch für die Dorfgemeinden. Die verhältnismäßig weitgehende Autonomie des traditionellen chinesischen Dorfes
konnte im Falle eines Aufstandes »im Nu vernichtet werden; und dessen
war sich jedermann sehr wohl bewußt«[132]. Sekundäre religiöse Gruppen
konnten in Zeiten großer Unruhen Gefahrenherde werden; und diesem Umstand ist es wahrscheinlich zuzuschreiben, daß die Regierung des kaiserlichen
Chinas nie ihre Überwachung der geduldeten Religionen lockerte und daß sie
nicht zögerte, gewisse Sekten zu unterdrücken[133]. Die Tendenz zur Rebellion,
die den Zünften innewohnte, wurde vielleicht nie ganz beseitigt, aber der hydraulische Staat vermochte sie zu lähmen, ohne seine Einkünfte zu erschöpfen.

Grunebaum findet es »erstaunlich, wie wenig der mohammedanische Staat
tatsächlich in seinem Wirken durch das tote Gewicht dieser halbfremden Organisationen gehemmt wurde, die in seinem Rahmen bestanden«[134]. Andere
Gelehrte haben sich ähnlich über die politische Bedeutung der Zünfte in den
hydraulischen Kulturen geäußert. Der frühbyzantinische Staat hatte es nicht
nötig, »die Zünfte aufzuheben oder aufhören zu lassen, zumal da sie politisch gar nicht gefährlich waren, auch gar keinen Druck auf die Regierung
und Verwaltung ausüben konnten wie etwa die deutschen Zünfte des Mittelalters«[135]. Massignon, der mehr als die Mehrzahl seiner Kollegen den mohammedanischen Zünften eine wenigstens vorübergehende politische Bedeutung zuschreibt, ist sich dennoch bewußt, daß sie »nie einen mit dem der mittelalterlichen europäischen Zünfte vergleichbaren Einfluß erlangten«[136]. Gibb
und Bowen betrachten die Macht der mittelalterlichen Zünfte in Europa als
soviel umfassender als die der islamischen Korporationen, daß sie die Angemessenheit des Ausdrucks »Zunft« für die letzteren bezweifeln[137]. Aus ähn-

132. Smith, 1899, S. 229.
133. De Groot, 1940, *passim*.
134. Grunebaum, 1946, S. 184.
135. Stöckle, 1911, S. 138.
136. Massignon, 1937, S. 216.
137. Gibb und Bowen, 1950, S. 281, Anm. 5.

lichen Erwägungen hat man es abgelehnt, die Zünfte des mittelalterlichen Westens mit denen Indiens [138] und Chinas [139] gleichzusetzen.

Es gibt freilich viele Ähnlichkeiten zwischen beiden Arten von Verbänden, die der Eigenart und den Erfordernissen der organisierten Berufe entspringen [140]; aber der grundverschiedene gesellschaftliche Rahmen, in dem sie wirkten, verlieh ihnen eine grundverschiedene politische und soziale Qualität. Die Zunftmitglieder des späteren europäischen Mittelalters wurden häufig Herren ihrer Städte und nahmen in dieser Eigenschaft an den Machtkämpfen ihrer Zeit teil. Wenn die Zunftgenossen in der hydraulischen Welt eine gewisse Autonomie erlangten, dann geschah dies nicht, weil sie politisch so stark waren, sondern weil sie politisch überhaupt keine Rolle spielten.

b. Eine Bettlerdemokratie

In modernen totalitären Staaten wird den Insassen der Konzentrations- und Zwangsarbeitslager zuweilen erlaubt, in Gruppen zusammenzukommen und miteinander zu reden; und mitunter gibt man einigen von ihnen niedrige Aufseherposten. Im Sinne des Gesetzes des abnehmenden administrativen Ertrags machen sich derartige »Freiheiten« gut bezahlt: Das Regime spart Personal; aber die Autorität der Kommandanten und Wachmannschaften ist nicht im geringsten beeinträchtigt.

Die Dörfer, Zünfte und die sekundären Religionsorganisationen der hydraulischen Gesellschaft waren keine Terrorlager. Aber wie diese besaßen sie gewisse politisch belanglose Freiheiten. Diese Freiheiten – die sehr weit gehen konnten – führten nicht zu einer vollständigen Autonomie. Im günstigsten Falle schufen sie eine Art Bettlerdemokratie.

C. DIE HYDRAULISCHE DESPOTIE – EINE WOHLWOLLENDE DESPOTIE?

1. TOTALE MACHT – ZUM BESTEN DES VOLKES?

Der hydraulische Staat wird durch die Duldung einer Bettlerdemokratie nicht in seiner Macht beschränkt; auch gibt es keine anderen konstitutionellen, gesellschaftlichen und kulturellen Faktoren, die ihm wirksam die Waage halten können. Er ist offensichtlich despotisch. Aber hat er vielleicht dennoch das Wohl des Volkes im Auge?

138. C. A. F. Rhys-Davids, 1922, S. 210 ff.
139. Wittfogel, 1931, S. 572 ff.; vgl. Hintze, 1941, S. 152 ff.
140. Wittfogel, 1931, S. 580 ff.

a. Funktionelle Notwendigkeit darf nicht mit Wohlwollen verwechselt werden

Der hydraulische Staat ist ein managerialer Staat, und manche seiner Tätigkeiten nützen dem Volke. Da der Fortbestand und das Gedeihen der Herrschenden von diesen Tätigkeiten abhängen, kann man ihre Politik kaum eine wohlwollende Politik nennen. Ein Seeräuber handelt nicht aus Menschenliebe, wenn er sein Schiff instand hält und wenn er die Sklaven, die er verkaufen will, füttert. Er ist fähig, seine zukünftigen wie seine gegenwärtigen Interessen zu erkennen. Sein Verhalten ist daher vernünftig, aber nicht wohlwollend. Es kann zeitweilig den in seiner Gewalt befindlichen Menschen zugute kommen; das ist jedoch nicht sein Hauptziel. Wenn er die Wahl hat, wird er seinen Vorteil über die Interessen anderer stellen.

b. Zweckrationale Maxima und Minima in der hydraulischen Gesellschaft

Die Vertreter des hydraulischen Regimes verhalten sich ähnlich in ihrem Sonderbereich, dem der totalen Macht. Ihre Tätigkeit kann bis zu einem gewissen Grade den in ihrer Gewalt befindlichen Menschen zum Nutzen gereichen; und weitblickende Ratgeber und Staatsmänner mögen betonen, daß es wichtig ist, die Wünsche des Volkes zu berücksichtigen [141]. Als Gesamtgruppe aber betrachten sie die Bedürfnisse ihrer Untertanen im Lichte ihrer eigenen Bedürfnisse und Vorteile. In ihrem eigenen Interesse müssen sie erstens die Landwirtschaft im Gang halten, zweitens die Fronarbeit und Steuern so bemessen, daß die Bauern nicht verzweifeln und die Produktion einstellen, und drittens innere und äußere Kämpfe verhüten, die das normale Leben der Bevölkerung stören.

Die dritte Aufgabe – die Aufrechterhaltung von Frieden und Ordnung – haben die Regierungen aller Gesellschaftsordnungen zu erfüllen; die erste und zweite aber trennen die hydraulische Kultur von anderen agrarischen Kulturen. Das Fortbestehen der agrarischen Despotie hängt von einer befriedigenden Lösung aller drei Aufgaben ab. Ihre Lösung bestimmt das zweckrationale Minimum des Regimes.

Eroberungsgesellschaften, deren Herrscher in nichthydraulischen Überlieferungen wurzeln, kommen oft wenig oder gar nicht über das hydraulische zweckrationale Minimum hinaus. Und einheimische Herrscher sinken in Zeiten der Zerrüttung und Auflösung oft auf diese Stufe hinab. Eine starke Orientierung auf einen höheren Rationalitätskoeffizienten findet sich

141. S. für Indien *Bhagavadgītā, passim*, und Manu 1886, S. 229, 396 ff.; für China die Aussprüche des Konfuzius und vor allem des Menzius.

besonders während der ersten Phasen einer einheimischen Herrschaft, sie kann aber auch in späteren Perioden des Wachstums und der Konsolidierung vorkommen.

Die erste Phase, in der eine Eroberungsgesellschaft ihre Gestalt annimmt, wird großenteils durch die Fähigkeit der Eroberer bestimmt, sich der neuen institutionellen Umwelt anzupassen. Den Mongolen waren die Traditionen und Sitten der von ihnen überrannten hydraulischen Kulturen völlig fremd. Man sagt, daß der Sohn Dschingis-Khans, Ogotai, beabsichtigte, Chinas Felder in Viehweiden umzuwandeln; er gab diesen Plan nur deswegen auf, weil Yeh-lü Tsch'u-ts'ai ihm die fiskalische Überlegenheit der agrarischen Wirtschaft klarmachte [142]. Aber wenn auch die Mongolen in ihrem neuen Reiche die hydraulische Wirtschaft nicht zerstörten, so standen sie doch ihren höheren Erfordernissen verständnislos gegenüber. Sie begnügten sich im wesentlichen überall mit dem zweckrationalen Minimum der hydraulischen Gesellschaft.

Mohammed, der im regenlosen Arabien lebte, kannte natürlich die Bedeutung der Bewässerung für den erfolgreichen Ackerbau, wenn er auch in seinen offiziellen Äußerungen nur selten diese Frage berührt, und dann wesentlich mit Bezugnahme auf kleinräumige, auf Brunnen beruhende Berieselung [143]. Seine Anhänger betrieben, restaurierten oder schufen blühende Bewässerungskulturen in Syrien, Ägypten, Irak, Nordwestafrika, Spanien und vorübergehend auch in Sizilien. Die Mandschus waren mit der Bewässerungslandwirtschaft vertraut, ehe sie die Große Mauer nach Süden überschritten und China eroberten [144]. In dieser Hinsicht waren sie den Inkas nicht unähnlich, die in den Hochebenen der Anden ihre Felder berieselten, ehe sie ihr hydraulisches Reich errichteten [145]. Als die Inkas von den Spaniern besiegt wurden, waren sie wahrscheinlich nicht weit vom zweckrationalen Maximum entfernt.

c. Zweckrational – für wen?

Ganz gleich jedoch, ob eine hydraulische Gesellschaft nachlässig oder sorgsam betrieben wird, die Behauptung, daß sie dem Volke diene, zwingt uns zu fragen: *cui bono?* Die Lösung operativer Aufgaben kann offenbar entweder die Interessen der Herrscher auf Kosten der nichtstaatlichen Elemente der Gesellschaft befriedigen, oder sie kann die Interessen des Volkes befriedigen und der Regierung wenig oder keine Vorteile gewähren. Zwischen den beiden Extremen liegt die Zone der Kompromißlösungen.

---

142. *Yüan Shih*, 146.4a; vgl. Wittfogel, 1949, S. 10.

143. *Koran*, 2.266 (267); s. für Bewässerung im alten Arabien Grohmann, 1933, S. 19 ff.; für Bewässerung in der Nähe Mekkas s. Lammens, 1922, S. 141 ff.

144. Wittfogel, 1949, S. 10.

145. Garcilaso, 1945, I, S. 43.

In der Regel werden die drei Alternativen nur dann ernstlich erwogen, wenn die Umstände Raum für eine Wahl lassen. In der hydraulischen Gesellschaft ist dies tatsächlich der Fall im managerialen Bereich und in den Bereichen der Konsumtion und des Gerichtswesens. Wir sind jedoch gezwungen, festzustellen, daß in allen drei Bereichen die Interessen des Volkes dem zweckrationalen Optimum des Herrschers untergeordnet werden.

3. DAS ZWECKRATIONALE OPTIMUM DES HERRSCHERS

a. Notwendigkeit und Wahl in der Politik des hydraulischen Regimes

In den territorialen Staaten Altchinas, wie in anderen hydraulischen Kulturen, erörterten die Philosophen die Möglichkeiten einer selbstlosen, einer selbstsüchtigen und einer beide Seiten berücksichtigenden Herrschaft, die die Repräsentanten absoluter Macht vor sich hatten. Konfuzius wies darauf hin, daß Yü, der sagenhafte Gründer der frühgeschichtlichen Hsia-Dynastie, sich mit einfacher Nahrung und Kleidung begnügte, daß er in einem bescheidenen Hause wohnte und alle seine Kräfte auf den Bau von Bewässerungskanälen richtete. Dieser große Kulturheros, den Konfuzius für untadelig hielt [146], vereinigte ein Minimum an persönlichen Ansprüchen mit einem Maximum öffentlicher Pflichterfüllung.

In der späteren Phase der chinesischen Frühgeschichte waren die Könige weniger selbstlos; es heißt jedoch, daß die besten unter ihnen ein Gleichgewicht zwischen ihren eigenen Interessen und denen ihrer Untertanen anstrebten. Der Philosoph Menzius, der diesen Zustand erörterte, räumte dem Herrscher das Recht ein, mittels der Fron prächtige Gebäude, Parkanlagen und Teiche zu schaffen, aber er verlangte, daß das Volk am Genuß dieser Anlagen teilhabe [147].

Die Philosophen Altchinas glaubten also, daß im Rahmen der staatlichen Notwendigkeiten eine Wahl zwischen solchen Alternativen offenstehe. Tatsächlich aber lösten die Herren des agrarischen Apparatstaates ihre baulichen, organisatorischen und fiskalischen Aufgaben mit maximaler Berücksichtigung ihrer eigenen Interessen und mit minimaler Berücksichtigung der Interessen ihrer Untertanen.

b. Das manageriale Optimum der Herrscher

In der ersten Entwicklungsphase wachsen Macht und Reichtum des hydraulischen Regimes mit der Entfaltung seiner hydraulischen Wirtschaft. Von einem bestimmten Punkte an kann aber die Regierung zusätzliche Einnah-

146. Legge, CC, I, S. 215.
147. A. a. O., II, S. 128 ff.

men nur erzielen, wenn sie, anstatt der produktiven, ihre aneignenden Tätigkeiten steigert. Und hier haben unterschiedliche Machtverhältnisse unterschiedliche Optima zur Folge.

Das manageriale Optimum der Herrscher wird verwirklicht, wenn die Regierung maximale Einnahmen mit einem minimalen hydraulischen Kostenaufwand erzielt. Das manageriale Optimum des Volkes wird verwirklicht, wenn eine maximale hydraulische Leistung mit einem minimalen administrativen Aufwand erzielt wird. Die dazwischen liegenden Lösungen produzieren große, aber nicht maximale Einnahmen, von denen ein beträchtlicher Teil darauf verwandt wird, umfangreiche, aber nicht maximale, hydraulische Werke zu schaffen.

Die Entscheidungen, die die Herrscher zwischen den möglichen Alternativen treffen, veranschaulichen die Wirkung totaler Macht auf ihre Nutznießer. Jenseits der Zone der »anregenden Diskrepanz« fördern die Machthaber im allgemeinen nur solche hydraulischen Unternehmungen, die ihren eigenen Wohlstand vermehren; und sie sind äußerst erfinderisch in der Entwicklung neuer Methoden fiskalischer Ausbeutung. Kurz, sie verwirklichen das manageriale Optimum der Herrscher, nicht das des Volkes.

c. Das Konsumtionsoptimum der Herrscher

Im Bereich der Konsumtion kann man ebenfalls drei Alternative unterscheiden. Das Konsumtionsoptimum der Herrscher wird verwirklicht, wenn die hydraulischen Machthaber sich ein Höchstmaß von Gütern aneignen, die sie mit einem Höchstmaß von Augenfälligkeit (»Glanz«) verbrauchen. Das Konsumtionsoptimum des Volkes wird verwirklicht, wenn die nichtstaatlichen Angehörigen der Gesellschaft ein Höchstmaß von Gütern erhalten, die sie so augenfällig verbrauchen können, wie es ihnen gefällt. Zwischenlösungen begünstigen die Vertreter der Obrigkeit in gewissem Grade, ohne daß aber der Wert und die Augenfälligkeit der Konsumtion des Volkes ernstlich beeinträchtigt werden.

Die Antworten auf diese Alternativen veranschaulichen wiederum die Wirkung der totalen Macht auf ihre Nutznießer. Der sprichwörtliche Glanz der orientalischen Despotie und das sprichwörtliche Elend ihrer Untertanen wurzeln in einer Politik, die auf das Konsumtionsoptimum der Herrscher, nicht aber auf das des Volkes hin orientiert ist.

Dieses Optimum hat eine ökonomische und eine gesetzliche Seite. Die Herrschenden eignen sich den nationalen Überschuß an; dadurch beschränken sie den Gütervorrat, der den nichtstaatlichen Verbrauchern zur Verfügung steht. Und indem sie ein gesetzliches Verbot gegen den allgemeinen Gebrauch gewisser Ansehen verleihender Objekte erlassen, behalten sie sich selbst das Recht auf augenfällige Konsumtion (*conspicuous consumption*) vor. In einfacheren hydraulischen Kulturen können beide Zwecke ohne Schwierigkeiten erreicht werden. Bei zunehmender sozialer Differenzierung werden die Verhältnisse undurchsichtiger; aber auch dann wird im großen und ganzen das Konsumtionsoptimum der Herrschenden verwirklicht.

Im Inkareich aß der gemeine Mann kümmerlich, und er hatte wenig Gelegenheit, stark zu trinken[148]. Die Herrscher dagegen aßen außerordentlich gut, und sie tranken unmäßig[149]. Die Kluft zwischen Herrschern und Untertanen wurde ferner durch Gesetze vertieft, die den Herrschern das Tragen von Gold, Silber, Edelsteinen, farbigen Federn und Vicuñawolle vorbehielt. Die gewöhnlichen Leute durften bescheidenen Schmuck tragen, aber nur bei besonderen Gelegenheiten[150].

Vorschriften dieser Art sind am leichtesten durchzusetzen, wenn die Bevölkerung in ihrer Mehrzahl aus Bauern besteht, die in staatlich geregelten Dörfern unter mehr oder weniger gleichförmigen Verhältnissen leben. Das Aufkommen vieler auf Privateigentum beruhenden Unternehmungen bringt ein Anwachsen nichtbürokratischen beweglichen und unbeweglichen Eigentums mit sich; und solch eine Entwicklung beeinflußt unvermeidlich die Formen der Konsumtion.

Auch unter diesen Umständen lebt die Masse der ländlichen und städtischen Bevölkerung in Armut; und die dünne Schicht der nichtbürokratischen Eigentümer sieht ihr Vermögen ständig bedroht durch Besteuerung und Konfiskation und in längeren Zeiträumen durch die das Eigentum zersplitternden Erbfolgegesetze. Aber überall, wo auf Privateigentum basierte Großunternehmungen eine wesentliche Rolle erlangten, war es unmöglich, den privaten Reichtum auszurotten, und seine Besitzer konnten nicht gehindert werden, sich seiner wenigstens in gewissen Schranken zu erfreuen.

Die Vorschriften, die gewisse Kleidungsstücke und anderen ins Auge fallenden Besitz den Angehörigen der herrschenden Klasse vorbehielten, wurden nun ein sehr wichtiges Mittel, um die Herren des Staatsapparats und die Priester der führenden Religion über die Gemeinen zu erheben. Im traditionellen China unterschieden sich die Beamten (und ihre nicht im Staatsdienst tätigen Verwandten) von der Masse der Bevölkerung durch ihre Häuser, Möbel, Kleider und Wagen[151]. Die indischen Gesetzbücher bestimmen aufs genaueste, welche Gewänder, Gürtel, Stäbe usw. die Brahmanen, Kshatriyas und Vaisyas tragen dürfen[152]. Im Nahen Osten sind bürokratische Besonderheiten in der Kleidung quellenmäßig belegt für das Ägypten der Phara-

148. Garcilaso, 1945, II, S. 21.

149. A. a. O., S. 9.

150. A. a. O., S. 81.

151. S. für die Ch'ing-Dynastie Ta Ch'ing Lü Li, 17.26a ff.; Boulais, 1924, S. 389 ff.; vgl. Ch'ü, TT, 1947, Kap.3.

152. Manu, 1886, S. 37 ff.; Āpastamba, 1898, S. 9 ff.; Gautama, 1898, S. 176 ff.; Baudhāyana, 1898, S. 150; Vāsishtha, 1898, S. 56 ff.; Vishnu, 1900, S. 114 ff.

onen [153], Assyrien [154], Byzanz [155], das arabische Kalifat [156], die Mameluk-
ken [157] und die ottomanische Türkei [158].

Innerhalb der durch diese Vorschriften gezogenen Grenzen konnten die
Gemeinen ihren Wohlstand genießen, jedenfalls in der Theorie. In der Praxis jedoch verbargen sie regelmäßig ihre kostbarsten Besitztümer; und häufig war ihre Angst vor Beschlagnahme so groß, daß sie jede Schaustellung vermieden. Die umfassende Verfolgung der Kaufleute unter der älteren Han-
Dynastie war hervorgerufen durch die prahlerische Art, in der die wohlhabenden Geschäftsleute ihren Reichtum vor aller Augen entfalteten [159]. Unter
einer Regierung, die sich nicht bemüht, das zweckrationale Maximum zu erzielen, sind die potentiellen Opfer der Beschlagnahme besonders vorsichtig.
Der französische Arzt Bernier, der vom Jahre 1655 bis 1658 im Nahen Osten
und danach fast zehn Jahre im Indien der Moguln zubrachte, beschreibt mit
inniger Anteilnahme die beklemmende Atmosphäre, in der die Geschäftsleute
Asiens ihrem Beruf nachgingen. Es gab »wenig Anreiz, sich Handelsunternehmen zu widmen«, weil habgierige Tyrannen »die Macht und den Willen«
hatten, »jedem die Ergebnisse seines Fleißes zu rauben«. Und »wenn sich
Reichtum bildet, wie es ja manchmal geschehen muß, dann wagt der Besitzer
nicht, in größerer Behaglichkeit zu leben und seine materielle Unabhängigkeit sehen zu lassen; er sucht vielmehr nach Wegen, um den Schein der Be-
dürftigkeit zu erwecken: seine Kleidung, Wohnung und Möbel sind nach wie
vor ärmlich, und vor allem ist er bestrebt, sich nie den Freuden der Tafel hinzugeben« [160].

Man darf Berniers Beobachtungen nicht wörtlich nehmen. Unter weniger
engherzigen Herrschern konnten die reichen Kaufleute Asiens üppig leben,
solange ihr Benehmen kein Unheil heraufbeschwor. Sogar im Indien des Kaisers Aurangzeb hatten, wie Bernier berichtet, einige unter dem Schutz der Regierung stehende wohlhabende Personen es nicht nötig, Armut zu heucheln;
sie konnten vielmehr »an den Annehmlichkeiten und Genüssen des Lebens teilnehmen« [161].

Solche Ausnahmen heben aber die grundlegende Tendenz nicht auf. In hydraulischen Kulturen wurde den reichen Gemeinen die Sicherheit des Eigentums vorenthalten, deren sich die Bürger des späteren Mittelalters erfreuten;
und sie wagten es nicht, sich einer augenfälligen Konsumtion hinzugeben,

153. Erman und Ranke, 1923, S. 238 ff.
154. Meissner, BA, I, S. 130 ff.
155. Porphyrogénète, 1939, S. 34 ff.; vgl. Stein, 1949, S. 844; Lopez, 1945, S. 2.
156. Kremer, CGO, II, S. 218 ff.; Mez, 1922, S. 217.
157. Makrizi, 1845, S. 72.
158. Björkman, 1941, S. 756.
159. *Han Shu*, 24A. 11b–12a.
160. Bernier, 1891, S. 225.
161. *A. a. O.*, S. 226.

wie das die mittelalterlichen Geschäftsleute taten – trotz der zahlreichen den Aufwand regelnden Vorschriften, denen sie unterworfen waren. Der verschwenderische Pomp der Herren des hydraulischen Staates und die tatsächliche (und erheuchelte) Armut seiner Untertanen demonstrieren die einseitige Wirkung der totalen Macht auf das Konsumtionsoptimum der hydraulischen Gesellschaft.

d. Das gerichtliche Optimum der Herrscher

Ähnlich einseitige Entscheidungen kennzeichnen die Rechtspflege. Wie oben erörtert wurde, gibt es in allen Gesellschaften festgelegte Normen; und in fast allen entwickelten agrarischen Kulturen gibt es geschriebene oder kodifizierte Gesetze. Es ist die gesellschaftliche Ordnung und Zielsetzung, die die Gesetze der hydraulischen Despotie von denjenigen pluralistisch kontrollierter Staaten unterscheiden.

Das gerichtliche Optimum der Herrscher wird verwirklicht, wenn die Vertreter der Regierung einen maximalen Einfluß auf Abfassung und Anwendung der Gesetze ihres Landes ausüben. Das gerichtliche Optimum des Volkes wird verwirklicht, wenn die nichtstaatlichen Elemente der Gesellschaft entscheidend sind. In demokratischen Gemeinwesen kann der verfassungmäßig qualifizierte Bürger an der Abfassung der Gesetzgebung teilnehmen. Er kann als Laie ein Richteramt bekleiden, wie das im demokratischen Athen geschah, oder er kann als Laiengeschworener mit berufsmäßig ausgebildeten, aber gewählten Richtern zusammenarbeiten. In beiden Fällen sind nichtstaatliche gesellschaftliche Kräfte und nicht ein despotischer Staat mit der Auslegung des Gesetzes betraut. Dazwischen liegen Kombinationen einer zunehmenden, aber nicht absoluten Regierungsgewalt und einer entsprechend abnehmenden Kontrolle des Volkes über Gesetzgebung und Gerichtswesen.

Es ist offensichtlich, daß in der hydraulischen Gesellschaft die erste Form des gerichtlichen Optimums gilt. Es ist offensichtlich, daß auch im Bereich des Gerichtswesens die Herren des hydraulischen Staates ein Höchstmaß an Ertrag (innere Ordnung) mit einem Mindestmaß an amtlichen Bemühungen und Kosten zu gewinnen suchen. Sie erreichen dies nicht durch die Übergabe wichtiger richterlicher Tätigkeiten an quasi-unabhängige sekundäre Machtzentren, wie es die Lehnsherren des feudalen Europas taten [162], sondern indem sie politisch belanglosen Gruppen die Gerichtsbarkeit in manchen ihrer eigenen Angelegenheiten überließen, indem sie die Behörden die juristischen Aufgaben zusammen mit den Verwaltungsaufgaben erfüllen ließen, oder in-

---

162. Die Besitzer von Dienstland und die Steuereinnehmer, die gelegentlich als Richter fungieren, sind entweder voll- oder halbbeamtliche Angehörige des bürokratischen Apparates. S. unten, Kap. 8.

dem sie dort, wo Berufsrichter die Regel waren, ihre Zahl auf ein Mindestmaß beschränkten.

Solche Verhältnisse schließen das Aufkommen unabhängiger Geschworenengerichte aus. Sie stehen einer differenzierten juristischen Ordnung im Wege und lassen wenig Raum für das Wirken unabhängiger berufsmäßiger Rechtsbeistände. Innerhalb der so gezogenen Grenzen sprechen die Richter in der hydraulischen Gesellschaft wirklich Recht. Viele Streitfälle erwachsen aus widerstreitenden Eigentumsinteressen; und in Ländern mit einem hochentwickelten städtischen Geschäftsleben kann die Rechtsprechung sehr wichtig werden [163].

Jedoch selbst unter den rationalsten Verhältnissen bleiben die Gesetze dieser Länder der Ausdruck einer letzthin einzentrigen Gesellschaft. Sie mögen einen Gemeinen gegen den anderen schützen; aber sie schützen die Gemeinen nicht gegen den absolutistischen Staat. Nicht lange nachdem Bernier dieses Phänomen erörtert hatte, tat John Locke das gleiche; und seine Hinweise auf die ottomanische Türkei, Ceylon und das zaristische Rußland bezeugen seine Einsicht in die Tatsache, daß die tyrannische Form des Rechtsverfahrens, die unter der englischen Autokratie nie zur vollen Entfaltung kam, unter der orientalischen Despotie ungehindert ihre Blüten trieb.

Locke betont, daß das Vorhandensein von Gesetzen in einem despotischen Staate nichts über ihre Gerechtigkeit besagt: *Wenn man fragt: welche Sicherheit,* welchen Schutz *gibt es in einem solchen Staat* gegen *die Gewalttätigkeit* unter Unterdrückung *dieses absoluten Herrschers? dann ist [den Wortführern des Absolutismus] die Frage selbst fast unerträglich. Man beeilt sich zu antworten, daß es todeswürdig ist, auch nur die Frage nach Sicherheit aufzuwerfen. Zwischen Untertan und Untertan muß es zugestandenermaßen zum Zweck der gegenseitigen Befriedigung und Sicherheit Vorschriften, Gesetze und Richter geben. Der Herrscher aber muß absolut sein, er steht über allen solchen Umständen; da er die Macht hat, mehr Harm und Übel zu tun, so ist es recht, wenn er das tut. Die Frage, wie man geschützt werden kann gegen Schaden und Unrecht seitens dessen, der dazu die größte Kraft hat, gilt sofort als die Stimme der Verschwörung und Rebellion. Als ob die Menschen, da sie den Naturzustand aufgaben und zur Gesellschaft zusammentraten, übereingekommen wären, daß alle mit Ausnahme eines einzigen unter dem Zwang von Gesetzen stehen; daß aber dieser eine alle Freiheit des Naturzustandes behalten solle, vermehrt durch Gewalt und zügellos gemacht durch Straflosigkeit. Wer so denkt, hält die Menschen für solche Narren, daß sie zwar suchen, den Schaden zu verhüten, den ihnen* Marder *und* Füchse *antun können, daß sie aber zufrieden sind – mehr, daß sie es für Sicherheit halten –, wenn sie von* Löwen *verschlungen werden.[164]*

163. Vgl. Meissner, BA, I, S. 147 ff.
164. Locke, 1960, S. 346 (2. Abhandlung, § 93).

Dies ist eine bittere Anklage. Im Gegensatz zu modernen Verteidigern totalitärer Gesetze und Verfassungen lehnt Locke es ab, dem potentiellen Wohlwollen des Autokraten das geringste Vertrauen entgegenzubringen: »Wer da glaubt, *absolute Gewalt reinige das Blut der Menschen* und überwinde die Niedrigkeit der menschlichen Natur, braucht nur die Geschichte dieses oder irgendeines anderen Zeitalters zu lesen, um sich vom Gegenteil zu überzeugen.[165]« Lord Actons Variante der Lockeschen These ist bekannt: »Alle Macht hat die Tendenz zu korrumpieren, und absolute Macht korrumpiert absolut.«[166] Wir pflichten dieser Meinung bei, ohne Lockes pessimistische Anschauung über die Niedrigkeit der menschlichen Natur zu teilen. Die Handlungen der Menschen sind das Ergebnis vieler Motive, die unter verschiedenen Bedingungen verschieden stark wirken. Das kulturelle Erbe und die Gesamtheit der Umstände entscheiden, ob in einer gegebenen Situation die egozentrischen oder die gemeinschaftsorientierten Kräfte des Menschen zur Geltung kommen. Eine staatliche oder wirtschaftliche Ordnung, die zu absoluter Macht führt, ermutigt und befähigt die Inhaber dieser Macht, ihre Eigeninteressen absolut zu befriedigen. Daher korrumpiert die agrarische Despotie – wie die industrielle Despotie – diejenigen absolut, die sich im Glanze absoluter Macht sonnen.

5. DAS PUBLIZITÄTSOPTIMUM DER HERRSCHER

Diese korrumpierende Wirkung wird noch gesteigert durch eine einseitige Beeinflussung der öffentlichen Meinung. Auch hier gehen die Interessen der Herrscher und diejenigen des Volkes weit auseinander. Dies wird klar, wenn wir uns die wesentlichen Alternativen vor Augen halten.

Das Publizitätsoptimum der Herrscher wird verwirklicht, wenn die tatsächlichen oder angeblichen Leistungen der Regierung von einem Höchstmaß unkritischer Propaganda begleitet werden, während die Erfahrungen, Leiden und Meinungen des Volkes ein Mindestmaß von Beachtung finden. Das Publizitätsoptimum des Volkes erheischt eine abgewogene Darstellung der Leistungen und Fehler der Regierung und eine angemessene Beschreibung der Rolle der Bevölkerung. Zwischen diesen beiden Extremen liegen Situationen, in denen die Regierung mehr Lob als Kritik erhält, ohne daß es jedoch den nichtstaatlichen gesellschaftlichen Kräften unmöglich gemacht wird, ihren Standpunkt zu vertreten.

Unabhängige öffentliche Kritik unterscheidet sich ihrem Wesen und Zweck nach von der besonderen Art von Kritik, die die führenden Angehörigen des Beamtentums oft üben. Bürokratische Kritik ist lebenswichtig für das Funk

165. *A. a. O.,* S. 345 (§ 92).
166. Acton, 1948, S. 364.

tionieren einer komplizierten Verwaltung, aber sie erfolgt entweder hinter verschlossenen Türen oder in Veröffentlichungen, die nur einer beschränkten Zahl gebildeter Personen zugänglich sind – gewöhnlich Angehörigen der herrschenden Schicht. In beiden Fällen werden die Probleme des Volkes wesentlich vom Standpunkt eines mehr oder weniger rationell verstandenen Staatsinteresses betrachtet [167].

Die Herren des hydraulischen Staates, die im Besitze totaler Macht sind, haben es leicht, das Publizitätsoptimum der Herrscher aufrechtzuerhalten. Unter undifferenzierten sozialen Bedingungen erstickt die Regierung (häufig der Souverän selbst) jede kritische Meinungsäußerung mit Ausnahme einer gewissen indirekten Kritik, die in einer für den Staat ungefährlichen Form in Liedern, Volksmärchen usw. geäußert werden mag. Unter entwickelteren Bedingungen gewähren sekundäre Religionen und Philosophien, volkstümliche Erzählungen, Romane und Theaterstücke zusätzliche Möglichkeiten für kritische Äußerungen. Bezeichnenderweise blieben jedoch auch diese Äußerungen in ihrer Zielsetzung begrenzt. Im Gegensatz zu den unabhängigen Schriftstellern, die zur Zeit des westlichen Absolutismus nicht nur die Exzesse, sondern die Grundlagen der despotischen Ordnung angriffen, haben sich die Kritiker der hydraulischen Gesellschaft fast ausschließlich über Untaten einzelner Beamter oder über die Schäden einzelner Regierungshandlungen beklagt [168]. Mit Ausnahme der Mystiker, die eine totale Abkehr von der Welt lehrten, erstrebten diese Kritiker letzten Endes die Wiedergeburt eines Systems totaler Macht, dessen grundlegende Daseinsberechtigung sie nicht bezweifelten.

6. DER MYTHOS DER WOHLWOLLENDEN DESPOTIE ERFÜLLT EINE ZWEIFACHE FUNKTION

a. Er betont die langfristigen Interessen des despotischen Regimes

Der Mythos einer wohlwollenden Despotie bringt den Nutznießern des verherrlichten Regimes einen zweifachen Vorteil. Er unterstellt, daß der Herrscher und seine Gehilfen das Beste des Volkes wollen, und befähigt damit die

---

167. In den total managerialen Gesellschaften der Gegenwart benutzen die herrschenden Bürokraten eine von ihnen manipulierte Volkskritik dazu, um die offizielle Kritik am Verhalten gewisser Elemente, insbesondere in den mittleren und niedrigeren Rängen des Regimes, zu ergänzen und zu dramatisieren. Diese Art von Kritik wurde auch in manchen hydraulischen Gesellschaften ermutigt. Die Briefe, die die kommunistischen Untertanen an Stalin usw. schrieben, unterscheiden sich in ihrer institutionellen Substanz nicht von den Briefen und Bittschriften, die einst die orientalischen Despoten von ihren Untertanen erhielten.

168. Regierungsfunktionäre verurteilen oft die Fehler ihrer Kollegen und schädliche Verwaltungsmaßnahmen schärfer als Personen, die außerhalb der bürokratischen Ordnung stehen.

offiziellen Wortführer, die Angehörigen ihrer eigenen Schicht zu erziehen und zu disziplinieren. Der Machthaber, der unterhalb des zweckrationalen Minimums der Herrscher operiert, gefährdet die Sicherheit des Staatsapparats, während derjenige, der sich oberhalb dieses Niveaus hält, zur Stabilisierung des Regimes beiträgt. Er kultiviert seinen Obstgarten, wie das ein guter Gärtner tut[169]. Der Herrscher und seine Diener sollen ihre Stellung nicht durch grobe Nachlässigkeit in der Verwaltung, durch untragbare Steuerforderungen und herausfordernde Ungerechtigkeit schwächen. Der Mythos einer selbstlosen (wohltätigen) Despotie dramatisiert diese Erfordernisse, die alle weitsichtigen Angehörigen der herrschenden Klasse bewußt oder unbewußt als notwendig empfinden.

b. Er schwächt eine potentielle Opposition

Wichtiger noch ist die Wirkung dieses Mythos des Wohlwollens auf die nichtstaatlichen Kräfte der Gesellschaft. Der Mythos gibt zu, daß einzelne Souveräne und Beamte ihrer Stellung unwürdig sein können, aber er beschreibt die Despotie als eine im Grunde gute Ordnung – als das einzige vernünftige und zu bejahende Regierungssystem.

Der verbitterte Untertan, der ständig der Wirkung einer derartigen Propaganda ausgesetzt wird, ist daher kaum fähig, eine neue und weniger despotische Ordnung anzustreben. Er und seine Gesinnungsgenossen mögen in die Berge fliehen; sie mögen ein paar örtliche Beamte umbringen; sie mögen den bewaffneten Kräften der Regierung Niederlagen beibringen; und sie mögen sogar eine ins Wanken geratene Dynastie stürzen. Aber am Ende werden sie die Despotie, deren unfähige Vertreter sie beseitigt haben, wiederherstellen und verjüngen. Den Helden des berühmten chinesischen Räuberromans *Schuihu Tsch'uan* fiel nichts Besseres ein, als auf ihrer Rebelleninsel im Zwergmaßstab ein Abbild derselben bürokratischen Ordnung zu schaffen, die sie so leidenschaftlich bekämpften.

c. Gute Herrscher und gerechte Beamte heben die herrschende Tendenz nicht auf

All dies wäre sehr einfach – und sehr traurig –, wäre der Mensch nur auf sich selbst orientiert. Der Mensch ist jedoch gleichzeitig gemeinschaftsorientiert. Und dieser Zug seines Wesens äußert sich auch in der hydraulischen Gesellschaft. Gewiß ist es unter den Bedingungen der Agrardespotie schwierig, ein guter Herrscher oder ein gerechter Beamter zu sein; unmöglich ist es jedoch nicht. Überall in der hydraulischen Welt haben ernsthafte Herrscher versucht, gewissenhaft ihre Aufgaben zu erfüllen, und ehrenhafte Beamte haben

---

169. Vgl. das Bild des Gartens im *Arthaçāstra*, S. 380.

sich bemüht, fiskalischen und gerichtlichen Druck zu verhindern. Mutige Funktionäre haben sich für eine ihrer Überzeugung nach richtige Politik eingesetzt, auch wenn sie den Wünschen mächtiger Vorgesetzter und gelegentlich denen des Herrschers selbst zuwiderhandelten.

Allein die Menschen, die so vorgingen, verstießen gegen das Interesse der zahlenmäßig weit überlegenen, selbstsüchtigen und berechnenden herrschenden Elemente; und die Geschichte lehrt, daß nur eine Handvoll ungewöhnlich gemeinschaftsorientierter (ethisch »besessener«) Personen so dachte. Außerdem war sich selbst diese winzige Zahl guter Menschen nicht voll bewußt, wie unzulänglich das Optimum der Herrscher war, das sie befürwortete. Konfuzius' Gentleman-Bürokrat, der ideale Herrscher des *Bhagavadgītā* und der gerechte Staatsmann des antiken römischen und des islamischen Nahen Ostens, sie alle suchen tugendhaft zu sein im Rahmen einer Gesellschaft, die die Grundzüge der despotischen Macht, Einnahmenverteilung und Rangordnung, als gegeben anerkennt.

7. DIE HYDRAULISCHE DESPOTIE: WOHLWOLLEND IN DER FORM UND VOLKSFEINDLICH IN DER SUBSTANZ

Agrarmanageriale Despoten mögen ihre Regierung als wohlwollend darstellen; aber in Wirklichkeit, selbst unter den günstigsten Umständen, sind sie darum bemüht, ihr eigenes Bestes und nicht das des Volkes zu erreichen. Sie planen ihre hydraulischen Unternehmungen, um ihre Macht und ihren Reichtum zu fördern. Sie verfolgen ihr eigenes Interesse, denn sie kontrollieren den nationalen Überschuß und sie verbrauchen ihn auch.

Nach Stalin ist im modernen kommunistischen industriellen Apparatstaat die Kultur der nationalen Minderheiten der Form nach national, dem Inhalt nach sozialistisch [170]. Die Erfahrung lehrt, daß die »sozialistische« (lies: die apparatmäßige) Substanz rasch alle wesentlichen nationalen Elemente vertilgt. Ähnliche Kräfte sind am Werke im agrarischen Apparatstaat. Indem wir Stalins Formulierung abwandeln und hinter dem überkommenen Mythos die Wirklichkeit bloßlegen, können wir von der hydraulischen Despotie sagen, daß sie in der Tat wohlwollend ist in der Form und volksfeindlich in der Substanz.

170. Stalin, W, XII, S. 322.

FÜNFTES KAPITEL

Totaler Terror - Totale Unterwerfung - Totale Einsamkeit

A. DER AUTONOME MENSCH
IM SCHATTEN TOTALER MACHT

Der Mensch ist keine Ameise. Sein Bestreben, der Freiheit zu entrinnen [1], zeigt, daß er widerspruchsvoll angezogen ist von dem, was er widerspruchsvoll aufgibt. Der Drang, unabhängig zu handeln, ist ein wesentliches und sehr komplexes Merkmal des *homo sapiens*. Nicht alle Elemente dieses Dranges sind gesellschaftlich wertvoll; doch befindet sich unter ihnen der kostbarste Beweggrund menschlichen Handelns: das Streben, aller äußeren Nachteile ungeachtet, seinem Gewissen zu gehorchen.

Was wird aus dem menschlichen Streben nach Autonomie unter den Bedingungen totaler Macht? Eine Abart der totalen Macht, die hydraulische Despotie, duldet keine bedeutsamen politischen Kräfte neben sich. In dieser Hinsicht ist sie institutionell erfolgreich, denn sie verhindert den Aufstieg solcher Kräfte. Und sie ist auch psychologisch erfolgreich, denn sie entmutigt das Verlangen nach unabhängiger politischer Tätigkeit. Letzten Endes beruht das hydraulische Regime auf dem Prinzip der Einschüchterung.

B. TERROR — NOTWENDIG FÜR DIE DURCHSETZUNG
DES ZWECKRATIONALEN OPTIMUMS DER HERRSCHER

I. DIE NOTWENDIGKEIT

Der Mensch ist keine Ameise. Aber er ist auch kein Stein. Eine Politik, die das Publizitätsoptimum der Herrscher aufrechterhält, verwirrt den Geist des Volkes, erregt jedoch unvermeidlich Enttäuschung und Unzufriedenheit. Sich selbst überlassen, könnten solche Empfindungen zu aufrührerischen Taten führen. Um diese Gefahr zu bannen, greift das hydraulische Regime zur Waffe der Einschüchterung. Der Wille zum Terror ergibt sich unvermeidlich aus dem Willen der Herrscher, ihr eigenes zweckrationales Optimum und nicht dasjenige des Volkes durchzusetzen.

1. Fromm, 1941, *passim*.

Viele Wortführer der hydraulischen Despotie haben betont, daß es notwendig sei, durch Strafe zu herrschen. Zur Rechtfertigung einer solchen Politik kann man sagen, daß wenige Menschen ohne Schuld sind [2]. Konfuzius wollte lieber erziehen als züchtigen; aber auch er war der Meinung, daß es hundert Jahre guten Regierens bedürfe, »um die ärgsten Übeltäter umzuwandeln und um auf die Todesstrafe verzichten zu können« [3].

Mancherlei Gründe werden angeführt, um nachzuweisen, daß Züchtigung ein wesentliches Mittel erfolgreicher Staatskunst ist. Das Hindu-Gesetzbuch des Manu nennt furchterregende Züchtigungen die Grundlage von Frieden und Ordnung. Strafen, die natürlich gerecht sein müssen, bewirken, daß sich jedermann wohlverhält [4]. Ohne Strafe würden die Menschen die Kastenschranken mißachten und sich gegen ihre Mitmenschen wenden. »Wo Züchtigung mit schwarzem Antlitz und roten Augen umgeht« [5], leben die Untertanen in Frieden. *»Züchtigung hält die ganze Welt in Ordnung.«* [6]

Durch Strafen beschützt der Herrscher den Schwachen vor dem Starken, die Opfergabe vor Entweihung durch die Tiere, das Eigentum vor seinen (nichtstaatlichen) Feinden und die gesellschaftlich Höhergestellten vor Angriffen von unten. »Wenn nicht der König unermüdlich diejenigen strafen würde, die es verdienen, würden die Stärkeren die Schwächeren wie Fische am Spieß braten: Die Krähe würde den Opferkuchen fressen, der Hund am Opferfleisch lecken, und niemand würde sein Eigentum behalten können, da die Unteren [den Platz der] Oberen (an sich reißen) würden.« [7] So »regiert Züchtigung allein alle Kreatur, Züchtigung allein schützt sie, Züchtigung wacht über sie, wenn sie schlafen« [8]. In der Tat – »Züchtigung ist... König« [9].

Die Herrscher des alten Mesopotamien leiteten ihre Macht vom großen Enlil her [10]. Dieser furchtbare Gott versinnbildlicht »die Macht der Gewalt, des Zwanges. Wer widerstrebt, wird unterdrückt und geschlagen, bis er sich unterwirft.« [11] Obgleich man annimmt, daß der Gott seine grausame Macht nicht willkürlich anwendet [12], »kann der Mensch sich Enlil gegenüber nie sicher fühlen, stets plagt ihn heimliche Angst« [13]. Angesichts dessen ist es äußerst be-

2. Manu, 1886, S. 219.
3. Legge, CC, I, S. 267.
4. Manu, 1886, S. 218.
5. A. a. O., S. 220.
6. A. a. O., S. 219 (Hervorhebung vom Verfasser).
7. A. a. O.
8. A. a. O.
9. A. a. O.
10. Barton, 1929, S. 31 und *passim*.
11. Jacobsen, 1946, S. 143.
12. A. a. O., S. 144.
13. A. a. O.

zeichnend, daß der Herrscher bestrebt ist, sich mit Enlil oder seinen göttlichen Abkömmlingen zu identifizieren. Die sumerischen Könige identifizierten sich gewöhnlich mit Enlil selbst [14]. Die Babylonier behielten die Grundidee bei, aber wandelten sie ab. Hammurabi betrachtete sich als von Enlil »berufen« und nannte Enlils Sohn Sin seinen göttlichen Vater [15]. In beiden Fällen betonten die mesopotamischen Herrscher die Furchtbarkeit ihrer Macht.

Der Terror als Element der Pharaonendespotie wird symbolisiert durch die giftige Uräusschlange, die zusammengerollt auf der Stirn des Herrschers liegt und seine Feinde mit Vernichtung bedroht [16]. Die Handlungen des Königs werden ferner verglichen mit denen der schreckeneinflößenden Göttin mit dem Löwenkopf, Sachmet [17].

Die chinesische Staatskunst lernte ihrem Bedürfnis nach furchterregender Züchtigung in der rationellen und moralischen Gestalt des Konfuzianismus Rechnung zu tragen. Aber Züchtigung war die Hauptwaffe der sogenannten Legalisten und der von diesen beeinflußten Konfuzianer wie Hsün Tzu; und sie blieb ein Grundstein der offiziellen Politik während der ganzen Kaiserzeit. Was wir heute das Justizministerium nennen, hieß im traditionellen China Züchtigungsministerium.

Der islamische Herrscher war darauf bedacht, daß man ihn nicht nur ehrte, sondern auch fürchtete [18]. In *Tausend und einer Nacht* erscheint Harunal-Raschid gewöhnlich in Begleitung seines Scharfrichters; die Dichtung vermittelt eine geschichtliche Wahrheit. Der Scharfrichter war in der Tat ein wesentlicher Bestandteil des Abbasidenhofes.

3. FORMEN DER GEWALT

Natürlich besitzen alle Regierungen, die diesen Namen verdienen, Mittel, den Untertanen ihren Willen aufzuzwingen; und Anwendung von Gewalt ist immer eines dieser Mittel. Aber verschiedene Gesellschaftsordnungen schaffen verschiedene Formen koordinierter (oder zersplitterter) Gewalt und verschiedene Wege, sie zu kontrollieren.

14. Barton, 1929, S. 31 und *passim*.
15. Hammurabi, Vorrede.
16. Erman und Ranke, 1923, S. 64, 460.
17. S. Breasted, 1927, I, S. 327; vgl. II, S. 92 und IV, S. 166; Erman, 1923, S. 78 ff. und Wilson, 1950, S. 11. Einer Sage zufolge hatte Sachmet ihren Ursprung der Unterdrückung einer Verschwörung zu verdanken. Als der oberste Gott Re »die Ränke durchschaute, die die Menschheit gegen ihn schmiedete«, beschwor er eine Macht herauf, die die Übeltäter unterwerfen konnte. So entstand Sachmet. Bald »gewann sie die Oberhand über die Menschheit«, und weil es sie gelüstete, Menschenblut — oder was sie dafür hielt — zu trinken, »trank sie, und es wurde ihrem Herzen wohl« (Wilson, 1950, S. 11). Vgl. Erman, 1923, S. 78 ff.
18. al-Fakhrî, 1910, S. 36.

a. Einzentrige gegen mehrzentrige Formen der Gewalt

Im alten Griechenland trugen die freien Männer gewöhnlich Waffen – Thukydides zufolge, »weil die Wohnsitze unbefestigt und Weg und Steg unsicher waren« [19]. Mit anderen Worten, die Regierung besaß kein Monopol der Gewaltanwendung. Mit zunehmender öffentlicher Sicherheit verschwand der alte Brauch in den meisten Stadtstaaten, zuerst wohl in Athen [20]; aber als potentielle Krieger durften die Staatsbürger die Werkzeuge der Gewalt zu Hause behalten. Bilder, die den Anfang eines Feldzuges schildern, zeigen oft Frauen, die den ausziehenden Männern die Waffen tragen [21].

Im mittelalterlichen Europa waren die halb-unabhängigen feudalen Herren vom Anfang an Mittelpunkte wichtiger sekundärer militärischer Tätigkeit, und mit der Zeit schufen viele Städte ihre eigenen bewaffneten Streitkräfte. Den Angehörigen dieser feudalen und städtischen Bereiche politischen und militärischen Lebens stand es frei, sowohl *intra muros* als auch gegen andere Machtzentren Gewalt zu gebrauchen. Der Lehnsmann, der mit dem Schwert an der Seite vor seinem Lehnsherrn erscheint, veranschaulicht die zersplitterte und verteilte Ordnung der Gewalt in der feudalen Gesellschaft.

Eine in den Händen des Staates konzentrierte legitime Ausübung der Gewalt gibt es nicht nur unter den Bedingungen totaler Macht. Der moderne konstitutionelle Staat beschränkt den Bereich der privaten Gewaltanwendung immer mehr; aber er unterscheidet sich von den agrarischen und industriellen Apparatstaaten dadurch, daß Umfang, Art und Anwendung der Gewaltmittel (Heer und Polizei) von den nichtstaatlichen Kräften der Gesellschaft bestimmt werden. Das klassische Griechenland und der moderne Westen zeigen, daß ein Land mächtige Streitkräfte aufstellen kann, ohne daß seine Bürger die Kontrolle über sie verlieren müssen.

b. Kontrollierte gegen unkontrollierte Gewalt

Militärische Disziplin verlangt bedingungslose Unterordnung; und der Oberbefehlshaber einer wohlkoordinierten Armee – nicht der feudalen Heere – herrscht in seinem Befehlsbereich absolut. In einem demokratischen Land bleibt er jedoch den Bürgern, die die Regierung kontrollieren, verantwortlich. Der Unterschied tritt klar zutage in General Eisenhowers Urteil über die sowjetische Methode, die ungesicherte Infanterie über ein Minenfeld vorrücken zu lassen. Marschall Schukow gab seinem amerikanischen Kollegen die »sachliche« Erklärung: »Wenn wir auf ein Minenfeld stoßen, greift unsere Infanterie an, als ob es nicht da wäre. Die Verluste, die wir durch die Minen erleiden,

19. Thukydides, 1.6.
20. Vgl. *a. a. O.*
21. Bauer, 1893, S. 350.

setzen wir den Verlusten gleich, die wir durch Maschinengewehre und Artillerie erlitten hätten, wenn die Deutschen den Kampfraum mit starken Truppeneinheiten anstatt mit Minenfeldern verteidigt hätten.« Eisenhower bemerkt trocken: »Ich konnte mir gut vorstellen, was einem amerikanischen oder britischen Befehlshaber geschehen würde, wenn er so vorgehen würde, und ich konnte mir noch besser vorstellen, was die Leute in unseren Truppenteilen sagen würden, falls wir versucht hätten, solch eine Methode in unsere taktischen Grundsätze aufzunehmen.«[22]

Die sowjetische Methode spart gewiß Material und Zeit; und sie entspricht vollkommen dem taktischen Optimum der Herrscher. Offenbar aber kann dieses Optimum nur erzielt werden, wenn die organisierte Gewaltanwendung von den Herren einer unbeschränkten Staatsmacht gehandhabt wird. Der gesellschaftliche Charakter dieser Gewaltanwendung – wie derjenige anderer staatlicher Funktionen – verwandelt sich mit dem Gesamtmilieu, in dem sie sich entfaltet.

C. DER TERROR DER HYDRAULISCHEN DESPOTIE

Die Untertanen eines agrarischen Apparatstaates haben wenig Gelegenheit, über unkontrollierte Gewaltanwendung offen zu diskutieren. Der Besitz kleiner, einfacher Waffen mag ihnen zugestanden werden, zumal in den Dörfern, wo man Räuber abzuwehren hat. Aber über einen organisierten militärischen Zwangsapparat verfügen nur die absolutistischen Herrscher, die zur Audienz meist nur Unbewaffnete zulassen. In der hydraulischen Gesellschaft ist das Ungeheuer mit dem schwarzen Antlitz und den blutroten Augen kein Wachhund, den das Volk an der Kette hält, sondern ein Tiger, der frei umherschweift.

I. DIE PHYSIK DES TERRORS

Der Machtspezialist wie der Tiger muß die physischen Mittel zur Vernichtung seiner Opfer besitzen. Der Despot besitzt solche Mittel. Er verfügt unumschränkt über die Armee, die Polizei und den Nachrichtendienst. Er hat Gefangenenaufseher, Folterknechte, Henker und alle Werkzeuge, die nötig sind, um eine Verdachtsperson festzunehmen, zu martern und zu töten.

2. DIE PSYCHOLOGIE DES TERRORS

a. *Unberechenbarkeit*

Er kann diese Mittel mit dem Höchstmaß psychologischer Wirkung anwenden. Alle Personen, die große politische oder wirtschaftliche Macht besitzen,

22. Eisenhower, 1948, S. 467 ff.

halten gern einen Teil ihrer Handlungen geheim. Aber die Taten einer despotischen Regierung sind der Natur der Sache nach mysteriös. Nur sich selbst verantwortlich, neigen die Männer des Apparats dazu, auch unwichtige Angelegenheiten als vertraulich zu behandeln; und sie erheben die Geheimnistuerei zur Kunst, wenn sie einschüchtern und überraschen wollen. Unberechenbarkeit ist eine wesentliche Waffe des absoluten Terrors.

b. Lenin: »... eine Macht, die an keinerlei Gesetze gebunden ist«

Lenin definierte die Diktatur des Proletariats – die nach seiner Ansicht den Kern des sowjetischen Regimes darstellte – als »eine Macht, die an keinerlei Gesetze gebunden ist«[23]. Wie andere Äußerungen Lenins vereinigt diese Definition eine eindrucksvolle halbe Wahrheit mit bedeutsamen Irrtümern. Erstens wurde die sowjetische Diktatur nie vom russischen Proletariat ausgeübt, und es ist leicht nachzuweisen, daß Lenin dies wußte. Zweitens kommt kein Regime, wie diktatorisch es auch sein mag, ohne normative gesetzartige Bestimmungen aus, und auch dies wußte Lenin sehr gut. Ehe er die soeben angeführte Definition formulierte, hatte seine diktatorische Regierung schon eine Anzahl revolutionärer Verordnungen und Dekrete erlassen[24]. Das Recht des Despoten, bestehende Gesetze neu auszulegen, zu ändern und zu ignorieren, ist ein wesentliches konstitutionelles und gesetzliches Prinzip absolutistischer Herrschaft. Lenins Definition betont mit herausfordernder Offenherzigkeit die unbeschränkte Macht des Diktators, mit den Gesetzen umzuspringen, wie es ihm beliebt. Auf dem Gebiet des Terrors kann er so weit gehen, daß es schwierig wird, den gesetzlosen Terror von dem mittels der Gesetze ausgeübten Terror zu unterscheiden.

c. Gesetzloser und gesetzlich begründeter Terror

Ein Häuptling oder ein Herrscher braucht nicht unbedingt die Gesetze seines hydraulischen Gemeinwesens zu verletzen, wenn er oder seine Handlanger schreckenerregende Grausamkeiten begehen.

In kleineren hydraulischen Stämmen ist autokratische Gewalttätigkeit kein Problem, weil der Häuptling, den noch keine tiefe Kluft von seinen Stammesgenossen trennt, seine Macht noch nicht über seine leitenden Funktionen hinaus ausdehnen kann. Dies ist bei den Suk, ihren hydraulischen Nachbarn und den amerikanischen Pueblo-Indianern der Fall.

In größeren hydraulischen Stämmen mag der Häuptling die Ansätze zu einer Autokratie durch Begehung augenfälliger Terrorakte festigen. Ein Dschagga-Häuptling z. B. konnte seinen Untertanen alle möglichen Grausam-

23. Lenin, AW, II, S. 418.
24. Vyshinsky, 1948, S. 92 ff.

keiten antun. Ndeserno, so wird berichtet, riß »den Leuten bei lebendigem Leibe das Herz heraus« und ließ es »für seine Kinder braten« [25]. Ein Häuptling, der solche Ausschreitungen beging, war sehr gefürchtet, aber Gutmann sagt, daß solche Grausamkeiten seinem Ansehen nicht schadeten. Im Gegenteil, die Angst, die sie hervorriefen, stärkte sein Regime [26].

Der augenfällige Terror, in dem sich die Herrscher von Hawaii gefielen, diente vermutlich demselben Zweck [27]; und die sogenannten Kannibalentexte des Alten Reiches deuten an, daß im prähistorischen Ägypten ähnliche Verhältnisse bestanden. Einer dieser Texte, die in einer Pyramide gefunden wurden, berichtet von einem toten König, der im Jenseits zu kulinarischen Zwecken Menschen umbrachte, auseinanderschnitt und kochte [28]. Nach einem anderen Text nimmt er den Männern ihre Frauen weg, wann immer er will und nach seines Herzens Lust [29].

In differenzierteren hydraulischen Kulturen hat es der Herrscher weniger nötig, seine hohe Stellung durch augenfällige Kundgebungen seiner autokratischen Willkür zu festigen. Gewalttaten der angeführten Art verschwinden zwar nicht ganz, aber sie werden nunmehr zumeist von übermäßig grausamen oder unsicheren Souveränen begangen – und von Despoten, die das zweckrationale Maximum der Herrscher nicht erreichen. Gaudefroy-Demombynes beschreibt den nicht zweckrationalen Terror im abbasidischen Kalifat folgendermaßen: »Improvisierte Hinrichtungen und die Schaustellung abgeschlagener Köpfe gehören zu den Alltäglichkeiten des Abbasidenhofes. Seit der Regierung Al Manssürs ist es so, daß jemand, der von den Wachen des Kalifen dringend zum Palast befohlen wird, das Bewußtsein hat, er werde möglicherweise nicht lebendig zurückkommen. Er macht sein Testament, sagt seiner Familie Lebewohl und trägt sein Grabtuch unter dem Arm mit sich.« [30]

In diesen und ähnlichen Fällen stellte sich der Herrscher durch sein terroristisches Betragen mehr über als gegen das Gesetz. Andererseits verletzten gewisse Beamte, die außerordentliche Grausamkeiten begingen, das Gesetz auch in seiner weitesten Auslegung. Zuweilen wurden sie für ihre Taten zur

25. Gutmann, 1909, S. 26.

26. A. a. O.

27. Alexander, 1899, S. 26 ff.; Blackman, 1899, S. 22 ff.

28. Sethe, PT, II, S. 137 ff., 156 ff.

29. A. a. O., S. 354 f. Die Dschagga-Häuptlinge scheinen gleicherweise Anspruch auf alle Mädchen und Frauen in ihrem Herrschaftsgebiet erhoben zu haben (Widenmann, 1899, S. 48; vgl. Gutmann, 1909, S. 25).

30. Gaudefroy-Demombynes, 1931, S. 384. Der Freund eines abbasidischen Kalifen, der jeden Freitag zu Hofe ging, wurde »von heftiger Angst ergriffen«, als er einmal an einem anderen Tage gerufen wurde. Hatte man ihn verleumdet? Hatte es sich herausgestellt, daß er etwas falsch gemacht hatte? Seine »Qual und Angst« wuchs, bis er zu seiner außerordentlichen Erleichterung entdeckte, daß der Souverän nichts wollte als einen Gesellschafter in einer müßigen Stunde (Sauvaget, 1946, S. 62).

Rechenschaft gezogen. Aber viele »gesetzlose« bürokratische Terroristen wurden erst nach ihrem Tode offen kritisiert.

Die Ausschreitungen bei der Anwendung des autokratischen und bürokratischen Terrors zeigen, wozu der Mensch unter den Bedingungen totaler Macht fähig ist. Institutionell betrachtet, sind diese Ausschreitungen jedoch wahrscheinlich von geringerer Bedeutung als die zahllosen Terrorakte, die im normalen Geschäftsgange und im elastischen Rahmen der despotischen Gesetze vorkamen. Dieser landläufige Terror in managerialen, fiskalischen und gerichtlichen Verfahren hat dazu geführt, daß man die hydraulische Despotie eine »Regierung mit der Peitsche« genannt hat.

3. »REGIERUNG MIT DER PEITSCHE«

a. Terror im managerialen Verfahren

»Die Sprache der Peitsche« wurde offenbar regelmäßig angewandt in den staatlichen Frondiensten des alten Sumer [31]. Unter den Pharaonen konnte jeder Verwaltungsbeamte zur körperlichen Züchtigung greifen [32]. Darstellungen aus dem alten Ägypten zeigen Männer, die öffentliche Unternehmungen aller Art mit Stöcken in der Hand leiteten [33]. In der zweiten Hälfte des 19. Jahrhunderts, als die Engländer begannen, das »Regieren mit der Peitsche« abzuschaffen, wurde die Peitsche noch ständig verwandt, um den Erfolg der hydraulischen Fron sicherzustellen [34]. In unseren Tagen gibt es Autoren, die von der Planwirtschaft der Inkas stark beeindruckt sind; sie mögen bedenken, daß der Inkaprinz Garcilaso de la Vega, der die Errungenschaften seiner Vorfahren verherrlichte, die Androhung der Prügelstrafe für den einzig sicheren Weg hielt, um die Bevölkerung zum Arbeiten anzuspornen [35].

b. Terror im fiskalischen Verfahren

Seit den Tagen der Pharaonen wurde Widerspenstigkeit bei der Steuerzahlung durch Gewalt gebrochen. Eine berühmte Satire aus dem Neuen Reich erzählt, daß der ägyptische Bauer, der sein Getreideablieferungssoll nicht erfüllte, geschlagen, gefesselt und ins Wasser geworfen wurde [36]. Unregelmäßigkeiten in der Verwaltung von Staats- und Tempeleigentum wurden ebenfalls durch Leibesstrafen geahndet [37].

31. Price, 1927, S. 17, 60.
32. Kees, 1933, S. 224.
33. Mallon, 1921, S. 137 ff.
34. Cromer, 1908, II, S. 402.
35. Garcilaso, 1945, I, S. 246.
36. Erman, 1923, S. 247.
37. Kees, 1933, S. 23, 220, vgl. 224.

Das Heilige Gesetz des Islam verbot die Folter, aber die Steuerbehörden der Kalifen sahen sich offenbar außerstande, ihre Aufgaben zu erfüllen, ohne zur Gewalt zu greifen [38]. Unter den Abbasiden war die Marter eine Begleiterscheinung der Steuereintreibung bis zum Jahre 800; nach einem kurzen Zwischenspiel von etwa zwölf Jahren wurde sie wieder angewandt und zwar so grausam wie vorher. Regierungsagenten »schlugen die Leute, sperrten sie ein, hingen schwere Männer an einem Arme auf, so daß sie fast starben« [39].

Das *Arthasastra* erwartete, daß die »Polizei- und Strafrichter« die »Erfassung der Abgaben... durchsetzen« würden [40]. Im Gesetzkodex des kaiserlichen China war Prügel die Normalstrafe für Personen, die ihren Steuerpflichten nicht nachkamen [41].

c. Terror im gerichtlichen Verfahren

Der chinesische Kodex sah die Anwendung physischer Gewalt auch jenseits des Bereichs fiskalischer Maßnahmen vor. Im Falle fortgesetzten Widerstandes oder Unvermögens konnte man den in Verzug geratenen Mann vor den Richter bringen; und, falls nötig, konnte jetzt der fiskalische Terror durch den gerichtlichen Terror ersetzt werden. In fast allen hydraulischen Kulturen wurde der gerichtliche Terror verwandt als Mittel zur Aussagenerpressung – und häufig auch als Strafmittel.

Im pharaonischen Ägypten waren die Prügel ein normaler Bestandteil des gerichtlichen Verfahrens [42]. »Er wurde mit der Rute verhört« war eine landläufige Redensart im Neuen Reich [43].

Indische, chinesische und islamische Quellen beschreiben den gerichtlichen Terror im einzelnen. Das *Arthasastra* sagt, daß der Richter »einen, gegen den ein zuverlässiger Verdacht vorliegt,... der Folter unterwerfen« soll [44]. Nur die Brahmanen waren davon ausgenommen [45].

Die gewöhnliche Folter umfaßt die Vierzahl: 1. die sechs Stöcke, 2. die sieben Peitschungen, 3. die zwei Aufhängungen und 4. die Wasserröhre. Weiter gibt es für ganz schlimme Sünder die achtzehnfache Folter: 1. die neun schlan-

38. Mez, 1922, S. 126 ff.; vgl. Goldziher, 1905, S. 108; Juynboll, 1925, S. 317, Anm. 1; Schacht, 1935, S. 117; Santillana, 1938, S. 48.

39. Mez, 1922, S. 126.

40. *Arthaçāstra*, S. 228.

41. Boulais, 1924, S. 215 ff.

42. Kees, 1933, S. 224.

43. Breasted, 1927, IV, S. 270; vgl. Spiegelberg, 1892, S. 85.

44. *Arthaçāstra*, S. 343.

45. »Bei allen Vergehen ist der Brahmane von der Folterung ausgenommen. Auf seine Stirne soll das Brandmal des schwer Beschuldigten gemacht werden, damit er von allem Verkehr ausgeschlossen werde: bei Diebstahl ein Hund, bei Menschenmord ein kopfloser Leichnam, bei Befleckung der Lehrersgattin eine *vulva*, bei Likörtrinken ein Wirtshausabzeichen.« *A. a. O.*, S. 345.

ken Rohre, 2. den Zwölfer, 3.–4. die zwei auf den Schenkel, 5.–6. die zwei Schlingen, 7. die zwanzig mit der Naktamalārute, 8.–11. die zweiunddreißig auf die zwei Handflächen und auf die zwei Sohlen, 12.–13. die zwei Skorpionsbänder, 14.–15. die zwei schwankenden Aufhängungen des Nadelhändigen, 16. das Abbrennen eines Fingergliedes, nachdem der Sünder sauren Reisschleim getrunken hat, 17. einen Tag lang in der Sonnenglut stehen, nachdem er Öl getrunken hat, 18. in kalter Nacht auf den Spitzen des (rauhen Grases) balbaja liegen. Die Mittel derselben, die Ausdehnung, das Draufhauen, das Dranhalten ... und das Innehalten ... soll man je nach der Zähigkeit und der Verschlagenheit (des Verbrechers) regeln.

Und jede einzelne Folter soll er so anwenden lassen, daß ein Zwischenraum von einem Tag dazwischen liegt.

Wer schon früher Verbrechen begangen hat, wer einen Teil seines Geständnisses wegstiehlt (wieder leugnet), wer den Gegenstand versteckt hat, wer auf die Anhaltungspunkte der Tat hin oder wer mit dem corpus delicti ergriffen worden ist, wer des Königs Schatz beraubt oder wer durch die Folter getötet werden soll, den mag er auf des Königs Wort den gesamten, nur einzelnen oder wiederholten Folterungen unterwerfen.[46]

Der chinesische Gesetzkodex beschreibt eine Anzahl Werkzeuge, die zur Erzwingung von Aussagen gebraucht wurden[49]; und in den Schriften seriöser Beamter findet man ausführliche Beschreibungen angemessener und ungehöriger Foltermethoden[50].

Der Verbote des religiösen Rechtes ungeachtet, erpreßten die weltlichen Gerichte der Kalifen Aussagen durch Anwendung von »Peitsche, Tauende, Stock, Riemen auf Rücken, Bauch, Hinterkopf, Unterteil, Füße, Gelenke und Muskeln«[51].

Ähnliche Methoden scheinen sich im Nahen Osten bis in die jüngste Vergangenheit erhalten zu haben. Im Ägypten des 19. Jahrhunderts setzte »die Rechtsprechung ... den unschuldigen Zeugen fast ebenso in Schrecken wie den Angeklagten, gegen den er aussagen mußte«[52].

d. Vergleichbare westliche Entwicklungen: zeitweilig sehr stark, aber spezifisch begrenzt

Es ist offenkundig, daß in der hydraulischen Welt die gerichtliche Folter weit verbreitet ist. Aber ist sie nur für diese Welt charakteristisch? Keineswegs! Die Folter hatte einen anerkannten Platz im römischen Recht; sie spielte eine

46. A. a. O., S. 344 f.
47. und 48. entfällt.
49. *Ta Ch'ing Lü Li*, 2.34b; Boulais, 1924, S. 5 ff.
50. Vgl. Doolittle, 1876, I, S. 335–346.
51. Mez, 1922, S. 349; das Zitat ist entnommen aus Maṣʿudi, VIII, S. 154.
52. Cromer, 1908, II, S. 403.

große Rolle in spät- und nachfeudalen westlichen Gerichtsverfahren sowie in der Inquisition. Und in Gestalt des *third degree* hat sich im Westen ein Rest dieser Methode bis heute erhalten [53].

Das sind unumstößliche Tatsachen. Sie sind uns eine grimmige Mahnung, daß die menschliche Natur überall dieselbe ist und daß der Mensch dem korrumpierenden Einfluß der Macht erliegt, wenn immer die Umstände dies zulassen. Zum Glück hindert die Beschaffenheit der westlichen Institutionen diese Neigung, sich allgemein durchzusetzen. Aber die Bedeutung, die sie in gewissen Epochen und Ländern gewann, mag uns vor der selbstzufriedenen Annahme bewahren, daß, was vormals unter hydraulischer Herrschaft geschah und was heute in den totalitären Staaten geschieht bei uns nicht möglich ist.

Die eingeborenen freien Männer des griechischen Altertums und der römischen Republik wandten keinen managerialen und fiskalischen Terror gegen ihre Mitbürger an – die Bürger hatten keinen Frondienst zu leisten und keine nennenswerten Steuern zu entrichten – und in der Regel waren sie nicht der gerichtlichen Tortur unterworfen [54]. Ihre Gesellschaftsordnung war dafür zu ausgewogen; doch war sie nicht hinreichend ausgewogen, um die Anwendung managerialer und gerichtlicher Folter gegen gewisse Gruppen von Fremden und Sklaven zu verhindern. In Griechenland unterschied sich die Lage der meisten Unfreien nicht sehr von der der Haustiere [55]. Ihre Herren durften sie körperlich züchtigen [56]; und die nicht sehr zahlreichen Staatssklaven, die die öffentlichen Arbeiten ausführten, waren Werkmeistern unterstellt, die häufig selbst Sklaven waren und die »in dem Rufe standen, sehr hart zu sein«[57]. In Griechenland wurden Sklaven und freie Ausländer gerichtlich gefoltert [58]; im republikanischen Rom nur die Sklaven [59].

Mit der Kristallisierung der absolutistischen Macht in der Kaiserzeit verloren die römischen Bürger den Schutz gegen gerichtliche und andere Formen staatlichen Terrors, dessen sich ihre Vorfahren erfreut hatten. Das römische Recht in der späteren Kaiserzeit und in Byzanz dehnte die gerichtliche Tortur auf alle Freien aus [60].

Ein ähnlicher Wandel vollzog sich im späteren Mittelalter. Das ursprüngliche fränkische (salische) Gesetz erlaubte nur das Foltern von Leibeigenen [61]. Konflikte zwischen Freien wurden vor Gerichten freier und gleicher Männer

53. S. ESS, XII, S. 187 (Artikel *Police*).
54. Busolt, GS, I, S. 555 ff.
55. A. a. O., S. 280.
56. Glotz, 1926, S. 281.
57. A. a. O.
58. Busolt, GS, I, S. 555 ff.; II, S. 1180. Vgl. Aristotle, *Rhetoric*, 1.15; Freudenthal, 1905, S. 14.
59. Schiller, 1893, S. 223; Mommsen, 1905, S. 5; Hitzig, 1905, S. 43.
60. Hitzig, 1905, S. 43 ff.; Williams, 1911, S. 73 ff.
61. Helbing, 1926, S. 46 ff.

ausgetragen. Schwerwiegende Streitfragen wurden durch Gottesurteil oder Zweikampf gelöst [62]; und die Bürger der mittelalterlichen Städte, die anfangs diese Verfahrensweisen übernahmen, entwickelten bald menschlichere und rationalere Methoden, um Schuld oder Unschuld zu bestimmen [63].

Die Einführung der gerichtlichen Folter – bei der man sich bezeichnenderweise auf das römische Recht berief – fällt mit dem Aufstieg zentralisierter, despotischer Macht auf territorialer und nationaler Ebene zusammen [64]. Die Historiker weisen häufig darauf hin, daß die Gerichtsverfahren des Absolutismus die feudalen Methoden des Gottesurteils und Zweikampfes verdrängten [65]. Weniger häufig erwähnen sie die gleich wichtige Tatsache, daß die neue gerichtliche Folter auch die bedeutsamen Ansätze eines rationalen Gerichtsverfahrens in den vom Bürgertum beherrschten Städten ablöste [66].

Die Änderungen im Gerichtsverfahren wurden zweifellos durch die Inquisition verschärft; und kein Forscher, der sich mit diesem Zeitalter beschäftigt, kann sich des Schauderns erwehren angesichts der systematischen und grausamen Foltern, die bei Verhören der Ketzer angewendet wurden. Aber drei Gesichtspunkte darf man in diesem Zusammenhang nicht übersehen: Erstens, die Kirche, die auf dem mittelalterlichen Kanonischen Recht fußte, befürwortete ursprünglich nicht die Anwendung solcher Maßnahmen gegen die Ketzer [67]; zweitens, die gerichtliche Folter wurde wahrscheinlich zuerst von weltlichen Behörden eingeführt [68]; und drittens, die terroristischen Verfahren wurden mit der gleichen Brutalität von denjenigen absolutistischen europäischen Staaten angewendet, die sich im Reformationszeitalter von Rom losgesagt hatten [69]. Es unterliegt keinem Zweifel, daß die Auflösung der mittelalterlichen Gesellschaft sowohl ketzerische Neigungen wie den fanatischen Wunsch, sie

62. Brunner, 1905, S. 58; vgl. Lea, 1892, S. 275 ff., 117 ff.

63. Lea, 1892, S. 200 ff., 483.

64. Helbing, 1926, S. 101 ff.

65. Vgl. Petit-Dutaillis, 1949, S. 309; Lea, 1892, S. 480, 487 ff., 500 ff., 505. Lea beschreibt mit bezeichnenden Einzelheiten, was er den »Widerstand des Feudalismus« gegen das Vordringen der gerichtlichen Folter nennt (a. a. O., S. 494 ff.). S. auch Williams, 1911, S. 72.

66. Noch im 14. Jahrhundert widersetzten sich die italienischen Städte der zunehmenden Anwendung der Folter (Lea, 1892, S. 506 ff.); und in Lübeck, das alle anderen deutschen Städte an Bürgerfreiheit überragte, wichen die gesetzlichen Bestimmungen gegen Gottesurteil und gerichtlichen Zweikampf nur langsam dem neuen absolutistischen Recht (a. a. O., S. 483).

67. Lea, 1908, I, S. 217 ff.; Helbing, 1926, S. 112; Williams, 1911, S. 74.

68. Lea, 1908, I, S. 221; vgl. Guiraud, 1929, S. 86. Im 12. Jahrhundert, also lange bevor die gerichtliche Tortur festen Fuß gefaßt hatte (institutionalisiert war), wurden Ketzer zu Tode gemartert (Helbing, 1926, S. 106 ff.).

69. Williams, 1911, S. 75 ff.; Lea, 1892, S. 483, 527 (evangelisches Deutschland), 566 ff. (protestantisches England, ohne eine formelle gesetzliche Formulierung), 572 ff. (Schottland).

auszurotten, verstärkte; aber nur im Rahmen der wachsenden absolutistischen Staatsmacht nahm jener Wunsch die Form der Inquisition an.

Die Grenzen des westlichen Absolutismus bestimmten andererseits auch die Schranken, über die hinaus die despotischen Machthaber die Unterwerfung ihrer Untertanen nicht fortführen konnten. Eine Zeitlang wurde die Folter zur Aussageerpressung in weltlichen und religiösen Angelegenheiten angewandt, aber es gab keine managerialen und fiskalischen Terrormethoden gegen die Masse der Bevölkerung. Mit dem Aufstieg der modernen industriellen Gesellschaft wurde die gerichtliche Folter abgeschafft, zuerst in den Kernländern des europäischen Absolutismus und schließlich auch im Süden der Vereinigten Staaten, in dessen Sklavenwirtschaft Terror angewandt worden war. Heutzutage führt die öffentliche Meinung einen hartnäckigen Kampf gegen die polizeilichen Methoden des *third degree*. Diese Methoden waren nie legal; ihre ungesetzliche Anwendung wird heute beschränkt durch die zunehmende Wachsamkeit und Stärke staatsbürgerlicher Organisationen, denen das Wohl des Gemeinwesens am Herzen liegt.

Das vormongolische (»kiewsche«) Rußland hat dem byzantinischen Recht manches entlehnt, aber nicht die Anwendung von Leibesstrafen. Diese, sowie die gerichtliche Folter, scheinen sich in Rußland erst verbreitet zu haben, als während und nach der Tatarenherrschaft eine Despotie orientalischen Musters eingeführt wurde[70]. Polizeiliche Methoden von der Art des *third degree* erhielten sich bis in die letzten Jahrzehnte des Zarenregimes[71]; aber als Mittel zur Geständniserpressung wurden sie bereits im Anfang des 19. Jahrhunderts aufgegeben, als die Ausbreitung eines auf dem Privateigentum beruhenden industriellen Lebensstils die Einschränkung vieler absolutistischer Züge in der russischen Rechts- und Sozialordnung zur Folge hatten[72]. Es blieb den Herren des kommunistischen Rußlands vorbehalten, die fortschreitende Humanisierung aufzuheben und die systematische Folter zwecks Erzwingung von »Geständnissen« wieder einzuführen.

Die kommunistischen Methoden des gerichtlichen Terrors sind verschieden nach Zeit, Ort, Umständen und Zweck; aber trotz einer gewissen Originalität in der Anwendung psychologischer Mittel kann man die Hauptverfah-

70. S. unten, Kap. 6.

71. Vgl. Kennan, 1891, II, S. 52.

72. Lea, 1892, S. 581; Williams, 1911, S. 79. S. für gelegentliches späteres Vorkommen Williams, *a. a. O.*, und Scott, 1943, S. 264. George Kennan, der am Ende des neunzehnten Jahrhunderts das Leben politischer Gefangener und Verbannter in Sibirien studierte, weist auf die Willkürmethoden der zaristischen Polizei hin; ungesetzliche Verhaftungen und Freiheitsberaubungen, Schlagen und Foltern (Kennan, 1891, S. 52 ff.). Diese Methoden waren gewiß brutal, aber der zunehmende Einfluß der öffentlichen Meinung schränkte sie immer mehr ein, und ein Vergleich zwischen dieser Entwicklung und dem Schicksal der Gefangenen in faschistischen und kommunistischen Ländern offenbart eine abgründige Rückbildung der juristischen Prozedur.

rensweisen kaum als neu bezeichnen. Die »Wachfolter«, ein scheinbar mildes, aber tatsächlich unwiderstehliches Mittel, um den Willen eines ins Verhör genommenen Menschen zu brechen, fungierte im römischen Arsenal geplanter Grausamkeiten als *tormentum vigiliae*[73]. Sie wurde 1532 neu-»entdeckt« von Hippolytus de Marsiliis[73a]. Die »Hungerfolter« war unter dem Namen *tormentum famis* bekannt[73b]. Gewisse kommunistische Methoden ähneln der Inquisition, namentlich die plötzlichen Übergänge von schlechter zu guter Behandlung und umgekehrt, sowie der Versuch, den Häftling durch Beibringung wirklicher oder angeblicher Geständnisse anderer Personen zu beeinflussen[73c]. Rohere Foltermethoden, angefangen mit einfachem Schlagen – römischer Vorläufer: die *verbera*[73d] – führen schneller zum Ziel als das »zivilisiertere« *tormentum vigiliae*. Sie wurden offenbar in großem Umfang verwandt, insbesondere in Krisenzeiten, während der »Großen Säuberung«, während des Zweiten Weltkrieges und in der darauf folgenden Periode anhaltender Spannung[73e]. Es braucht kaum gesagt zu werden, daß viele sowjetische Foltermethoden von Iwan IV. und seinen Nachfolgern vorweggenommen wurden.

Hier wie in anderen Beziehungen ist die faschistische Entwicklung, vor allem die deutsche, eine groteske Mischung altdespotischer und neutotalitärer Züge. Während ihrer kurzfristigen Herrschaft suchten die Nationalsozialisten mehr und mehr Macht an sich zu reißen; und ihr Kampf gegen die beiden christlichen Kirchen hatte offenbar eine machtmäßige und ideokratische Tendenz[73f]. Aber der ideokratische Anspruch war roh und intellektuell unsicher[73g]. Auf psychologische Massenwirkung eingestellt, konnte man den Einzelnen gefühlsmäßig unterwerfen, aber man vermochte ihn nicht mit einer pseudorationalen Ideologie zu beeindrucken, wie das die Kommunisten tun. Das Ergebnis war eine Politik, die vor der Machtergreifung die »Aufzwingung« der nationalsozialistischen Ideen gebot[73h], und die nach der Machtergreifung die modernsten und totalsten Mittel benutzte, um eine äußerst primitive Massenpropaganda mit einem äußerst primitiven (bestialischen) Terror zu verbinden.

Im Bereich der Aussagenerpressung bedeutete dies im wesentlichen die Anwendung von physischen Gewaltmethoden ohne jeden ernsten Versuch ei-

73. Helbing, 1926, S. 45.
73a. Williams, 1911, S. 77.
73b. Helbing, 1926, S. 45.
73c. Lea, 1908, I, S. 415 ff.
73d. Helbing, 1926, S. 45.
73e. S. Beck und Godin, 1951, S. 53 ff.; Weißberg, 1951, S. 238 ff., 242, 246, 296; SLRUN, 1949, S. 56, 67, 74 ff.
73f. TMWC, IV, S. 498 ff.
73g. Hitler, 1933, S. 452, 464 f. und *passim*.
73h. *A. a. O.*, S. 652, 654.

ner Überredung. Nach einer Gestapoverfügung von 1942 waren folgende Maßnahmen vorgesehen: »Dürftige Ernährung (Brot und Wasser), Schwarzer Bunker [73i], Dunkelzelle, Schlafberaubung, Drill bis zur Erschöpfung, und auch Prügel.« [73j] Die angeführte Verfügung verlangte, daß bei mehr als zwanzig Hieben der Arzt zu Rate gezogen werden sollte. W. Poller, der Arztschreiber in Buchenwald war, erwähnt eine ähnliche Vorschrift; er berichtet, daß »in keinem einzigen Fall..., solange ich Arztschreiber war, ein Häftling daraufhin untersucht worden [ist], ob sein Gesundheitszustand den Strafvollzug gestatte« [73k].

4. DER GESTALTWANDEL DES TERRORS IN DER HYDRAULISCHEN WELT

a. Verhältnismäßig milde Erscheinungsformen

In verschiedenen Gebieten und Phasen der hydraulischen Welt waren auch die Terrormethoden verschieden. Die einheimische babylonische Regierung z. B. kam dem zweckrationalen Maximum der Herrscher sehr nahe. Die uns bekannten babylonischen Gesetze erwähnen als Mittel, Schuld oder Unschuld festzustellen, das Gottesurteil, den Eid und Zeugenaussagen, aber nicht die Folter [74]. Dies schließt natürlich die Möglichkeit nicht aus, daß man zur Folter griff, wenn die Sicherheit des Regimes in Frage gestellt war (der Kodex sagt darüber nichts); selbst kleinere Vergehen gegen die Interessen des Staates wurden mit furchtbaren Strafen geahndet [75], und wir haben keinen Grund anzunehmen, daß die »Sprache der Peitsche«, die in Sumer beim Frondienst zur Anwendung kam, von den babylonischen Bauherren und Leitern der Bewässerungsarbeiten nicht übernommen worden sei. Obgleich der babylonische Staat trotz des Vorhandenseins örtlicher Verwaltungskollegien immer absolutistisch blieb, verfuhr er offenbar in gerichtlichen und vielen anderen Angelegenheiten so rational, wie man es unter den Bedingungen eines agrarmanagerialen Systems totaler Macht erwarten konnte.

73i. Dunkle, ungeheizte Baracke, in die Häftlinge ohne Mäntel oder gar Decken kamen. »Tag und Nacht hörte man das Trampeln der Unglücklichen, die sich durch ständiges Auf- und Abgehen erwärmen wollten. Das Essen war knapp, dafür wurden alle Insassen fürchterlich mißhandelt.« (Kautsky, TV, S. 108.)

73j. TMWC, IV, S. 277.

73k. Poller, 1960, S. 126.

74. Hammurabi, *passim*.

75. Diebstahl von Staats- und Tempeleigentum wurde mit dem Tode bestraft. *A. a. O.*, § 6; § 8 beschränkt die Todesstrafe auf die Fälle, bei denen »der Dieb nichts zu geben hat«.

In den meisten hydraulischen Kulturen machten die Herrscher von allen Hauptarten des Terrors – dem managerialen, dem fiskalischen und dem gerichtlichen – ausgiebig Gebrauch. Sie schufen dabei Verfahrensnormen, die gelegentlich kodifiziert wurden. Meist reichten diese Normen für die Bedürfnisse des Regimes aus; aber nicht selten griffen die Beamten zu äußerst brutalen Methoden, die schnellere Resultate zeitigten und die ihnen außerdem zusätzliche Einnahmen verschafften.

Wie wir oben zeigten, gingen nicht alle Beamten so weit; und aus verschiedenen Gründen mochten besonders krasse Übergriffe bestraft werden. Aber »mäßige« Exzesse wurden gewöhnlich nicht beanstandet. Und vom Standpunkt des gemeinen Mannes blieb der despotische Apparat irrational und furchtbar, selbst wenn er nur die normalen Methoden des Terrors anwandte. Er wurde schrecklich, wenn er seine terroristischen Möglichkeiten ganz erschöpfte.

D. TOTALE UNTERWERFUNG

I. DER MENSCH IM SCHATTEN DES TOTALEN TERRORS

a. Das Gebot des gesunden Menschenverstandes und die Tugend des guten Staatsbürgers: Gehorsam

Die Angehörigen einer hydraulischen Gemeinschaft, die im Schatten des totalen Terrors leben, müssen ihr Verhalten demgemäß einrichten. Wenn sie am Leben bleiben wollen, dürfen sie das unbezwingbare Ungeheuer nicht herausfordern. Der gesunde Menschenverstand hat auf die Forderungen der totalen Macht nur eine Antwort: Gehorsam. Und was der gesunde Menschenverstand praktisch empfiehlt, erhebt die Ideologie zur allgemeinen Regel. Unter einem despotischen Regime wird der Gehorsam die Grundlage guten staatsbürgerlichen Verhaltens.

Das Leben in jeder Gemeinschaft erheischt freilich ein gewisses Maß von Zusammenwirken und Unterordnung; und ganz ohne Gehorsam geht es nicht. Aber in den großen agrarischen Gesellschaften des Westens galt Gehorsam keineswegs als eine entscheidende Tugend.

In den demokratischen Stadtstaaten des klassischen Griechenlands erwartete man vom guten Bürger im wesentlichen vier Eigenschaften: Mut vor dem Feinde, Frömmigkeit, staatsbürgerliches Verantwortungsgefühl und Urteilsfähigkeit[76]. In der vordemokratischen Zeit wurden Körperkraft und Mut

---

76. Jaeger, 1939, S. 104.

besonders geschätzt[77]. Aber weder im homerischen noch im klassischen Zeitalter galt unbedingter Gehorsam beim freien Manne als eine Tugend, außer wenn er in der Armee diente. Totale Unterwerfung war die Pflicht – und das bittere Schicksal – des Sklaven. Der gute Bürger hielt die Gesetze seines Gemeinwesens, aber es gab keine absolute politische Macht, die ihn absolut beherrschte.

Auch die Treue, die der mittelalterliche Ritter seinem Herrn schuldete, erheischte keine totale Unterwerfung. Der Lehensvertrag setzte seiner Pflicht, dem Herrscher zu folgen, feste Grenzen. Ein guter Ritter mußte ein guter Reiter und Kämpfer sein und er mußte Mut haben[78]. Von unbedingtem Gehorsam war keine Rede.

In der hydraulischen Gesellschaft gestalten sich die Beziehungen zwischen der Gemeinschaft und ihren Führern ganz anders. Schon bei hydraulischen Stämmen finden wir die Forderung nach völliger Unterordnung. In den amerikanischen Pueblos werden Unterwürfigkeit und Nachgiebigkeit systematisch gefördert[79]. Bei den Dschagga ist »Ehrfurcht vor dem Häuptling ... das erste Gebot, welches die Eltern ihrem Kinde ans Herz legen«[80].

In den hydraulischen Staaten sind die Inhaber der höchsten Macht durch eine tiefere Kluft vom Volke getrennt als in der Pueblo-Gesellschaft; sie sind auch nicht, wie bei mehreren Pueblo-Stämmen und bei den Dschagga, durch den Einfluß von Sippenverbänden eingeengt. Die Herren eines agrarischen Apparatstaates stellen weitergehende Anforderungen als die führenden Persönlichkeiten in den Pueblos; und die Mittel, die ihnen zur Durchsetzung ihres Willens zur Verfügung stehen, gehen weit über den bescheidenen politischen Apparat der Dschagga-Häuptlinge hinaus.

In seiner Beschreibung der Gesellschaft und Religion im alten Mesopotamien bezeichnet Thorkild Jacobsen den Gehorsam als die vornehmste Tugend. »In Mesopotamien war das ›gute Leben‹« wesentlich gleichbedeutend mit »dem ›gehorsamen Leben‹«[81]. Im Gegensatz zu den Kriegern des europäischen Mittelalters, die oft in kleinen Gruppen und unbekümmert um formelle Führung in den Kampf zogen, betrachteten die Mesopotamier Soldaten ohne einen König wie »Schafe ohne einen Hirten«; sie betrachteten »Bauern ohne einen Amtmann wie einen Acker ohne einen Pflüger«, und »Arbeiter ohne einen Aufseher wie ein Gewässer ohne einen Kanalinspektor«[82]. Der Untertan war demgemäß angehalten, den Befehlen seines Aufsehers, seines Amtmannes und – natürlich – seines Königs zu gehorchen. »Sie alle können

77. A. a. O., S. 88 ff.
78. Díaz, 1949, S. 91 ff.
79. Parsons, 1939, I, S. 53, 108; Goldfrank, 1945, S. 527 ff.; Wittfogel und Goldfrank, 1943, S. 30.
80. Gutmann, 1909, S. 21.
81. Jacobsen, 1946, S. 202.
82. A. a. O., S. 202 ff.

und müssen absoluten Gehorsam beanspruchen.«[83] Die unumgängliche Unterwerfung wird zweckgemäß rationalisiert: »Der Mesopotamier ist überzeugt, daß die Obrigkeit immer recht hat.«[84]

Ähnliche Auffassungen finden sich im pharaonischen Ägypten. Ein Schiff muß seinen Kapitän haben, ein Arbeitertrupp seinen Leiter[85]; wer bestehen – und es zu etwas bringen – will, muß sich in die Pyramide der Über- und Unterordnung einfügen: »Krümme deinen Rücken vor deinem Vorgesetzten, vor deinem Aufseher... Widerspenstigkeit gegen einen Höhergestellten ist eine peinliche Sache, (denn) man lebt nur so lange, wie er Sanftmut walten läßt.«[86]

Im Indien der Hinduzeit verlangt das Gesetz Unterwerfung unter die weltliche und die priesterliche Macht. Personen, die sich den Befehlen des Königs widersetzen, können mit einer von mehreren Todesarten bestraft werden[87].

Der *Koran* ermahnt die Gläubigen, nicht nur Allah und seinem Gesandten, sondern auch »euren Vorgesetzten« zu gehorchen[88]. In den von Mohammeds Anhängern gegründeten absolutistischen Staaten wies man auf diesen Satz hin, um die grundlegende Bedeutung des Gehorsams für die Erhaltung der staatlichen Gewalt zu unterstreichen[89].

Konfuzius umriß das Ideal einer Autorität, die das zweckrationale Maximum der Herrscher verwirklichen sollte. Er verlangte daher, daß jeder höhere Beamte sich ein Urteil über die Angemessenheit der Handlungen des Herrschers bilde; falls es zu einem ernsten Konflikt käme, müsse der führende Minister seinen Abschied nehmen[90]. Normalerweise jedoch gehorchte der ideale Beamte seinem Herrscher[91]; und Ehrfurcht vor dem Vorgesetzten war eine wesentliche Pflicht[92]. Der gemeine Mann hatte überhaupt keine Wahl. Da er unfähig war, die politischen Probleme zu verstehen, sollte man ihn dazu bringen, dem Gebot der überlegenen Macht und Einsicht zu folgen[93]. In der idealen Gesellschaft des Konfuzius war, ebenso wie in ihren indischen und nahöstlichen Parallelen, der gute Untertan der gehorsame Untertan.

83. *A. a. O.*, S. 202.
84. *A. a. O.*, S. 203.
85. Grapow, 1924, S. 150, 153.
86. Wilson, 1950, S. 414.
87. Manu, 1886, S. 391.
88. *Koran*, 4.60.
89. al-Fakhrî, 1910, S. 44.
90. Legge, CC, I, S. 245.
91. *A. a. O.*, S. 246.
92. *A. a. O.*, S. 178.
93. *A. a. O.*, S. 211.

b. Vorbereitung zum totalen Gehorsam:
disziplinbildende Erziehung

Der gute Untertan war auch der gehorsame Sohn. Nach Konfuzius bildet eine Erziehung, die absoluten Gehorsam gegenüber den Eltern und Lehrern verlangt, die ideale Grundlage, auf der der totale Gehorsam gegenüber den Herren der Gesellschaft beruht.

Eine solche Beziehung gab es im mittelalterlichen Europa nicht. Allerdings wurde der Sohn eines feudalen Ritters unbarmherzig zur Disziplin angehalten. Schon in jungen Jahren mußte er, auf den Sattel geschnürt, auf einem hohen Pferde reiten; und man vergrub ihn unter Pferdemist, um ihn abzuhärten[94]. Oft wuchs er auf unter Flüchen und Prügeln. So scheint, wenn man die Einzelheiten vergleicht, die Erziehung des jungen Rittersohnes ebenso hart oder sogar härter gewesen zu sein als die Erziehung des jungen Sohnes eines orientalischen Beamten. Und auch der angehende europäische Handwerker war während seiner Lehrzeit nicht auf Rosen gebettet[95].

Aber das Benehmen der jungen Bürger bei Festlichkeiten bewies, daß die erzieherische Zucht, der sie unterworfen wurden, keine ernsten Hemmungen schuf[96]; und das Benehmen der jungen Ritter war ähnlich unbekümmert. Die Angehörigen beider Gruppen wuchsen unter Verhältnissen auf, die mehr auf vertragsmäßigen Beziehungen als auf absoluter Macht beruhten; und sie betrachteten die harte Erziehung ihrer Jugend als ein vorübergehendes Erlebnis – was sie auch tatsächlich war.

Umgekehrt konnte eine ähnlich harte – oder sogar eine weniger harte – Zucht völlig ausreichen, um die Bereitschaft zu totaler Unterwerfung zu schaffen. Im alten Mesopotamien »befand sich der Einzelne im Mittelpunkt einer Reihe konzentrischer Kreise, die seine Handlungsfreiheit einschränkten. Der engste und kleinste dieser Kreise bestand aus den Autoritäten in seiner eigenen Familie: Vater und Mutter, älterer Bruder und ältere Schwester.«[97] Und »Gehorsam gegen die älteren Familienangehörigen ist nur der Anfang. Jenseits des Familienkreises sind andere Kreise, andere Autoritäten: Staat und Gesellschaft«. Alle Autoritäten »können und müssen absoluten Gehorsam verlangen«[98].

Die Weisheit des alten Ägyptens verbindet bewußt den Gehorsam, der zu Hause verlangt wird, mit dem gegen die Beamten. Der gehorsame Sohn »wird eine gute Stätte finden im Herzen des Beamten, seine Rede folgt ehrerbietig dem, was man ihn lehrte«[99]. In Indien wird während der Hindu-Herr-

94. Bühler, 1948, S. 175 ff.
95. A. a. O., S. 296 ff.
96. A. a. O., S. 298.
97. Jacobsen, 1946, S. 202.
98. A. a. O.
99. Wilson, 1950, S. 414.

schaft das Gebot der Unterwerfung unter weltliche und priesterliche Autoritäten verstärkt durch das Gebot der Unterwerfung im Privatleben. Gehorsam schuldet man insbesondere »dem Lehrer, dem Vater, der Mutter und einem älteren Bruder« [100].

Der Konfuzianismus beschreibt die kindliche Liebe als eine einzigartige Vorbereitung auf den staatsbürgerlichen Gehorsam: »Nur wenige, die ihren Eltern und Brüdern gehorsam sind, werden geneigt sein, ihren Vorgesetzten zu widerstreben. Jemand, der es unterläßt, seinen Vorgesetzten zu widerstreben, hat noch nie einen Aufruhr gemacht.« [101]

2. DAS GROSSE SYMBOL TOTALER UNTERWERFUNG
DIE PROSTRATION

Die Erziehung lehrt den Menschen, ohne Widerrede zu gehorchen, wenn es die despotische Autorität verlangt. Sie lehrt ihn, Gesten der Ehrfurcht auszuführen, wenn das Symbol, und nicht der wirkliche Akt der Unterwerfung verlangt wird. Freilich besitzen alle Kulturen Formen der Ehrerbietung; und Unterwürfigkeit kann auf mancherlei Art ausgedrückt werden [102]. Aber kein anderes Symbol verbildlicht so schlagend die totale Unterwürfigkeit, und keines ist so durchgehend mit der agrarischen Despotie verbunden, wie der Akt des Sich-zu-Boden-Werfens, die Prostration (chinesisch: der Kotau).

Totale Unterwürfigkeit wird immer zeremoniell versinnbildlicht, wenn ein Untertan eines hydraulischen Staates sich seinem Herrscher oder einem anderen Vertreter der Obrigkeit nähert. Der Niedrigstehende weiß, daß der Zorn seines Herrn ihn vernichten kann, er versucht daher, sich seines guten Willens durch Selbsterniedrigung zu versichern. Und der Machthaber ist nur allzu gern bereit, die Symbole der Selbstdemütigung zu erzwingen und in eine feste Form zu bringen.

Der Niedrigstehende kann seine Unterwürfigkeit bekunden, indem er die Hände übereinanderlegt, als wären sie gefesselt [103]. Er kann seine geöffneten Hände als Zeichen der Selbstentwaffnung erheben [104]. Oder im äußersten Falle kann er wie ein Tier auf allen vieren kriechen, mit dem Kopfe auf den Fußboden schlagen und den Staub küssen. Unter der orientalischen Despotie ist die Prostration die hervorstechendste Grußform gegenüber dem Souverän und anderen Respektspersonen. Die Einzelheiten sind verschieden; und gelegentlich werden andere Symbole im gleichen Sinne gebraucht. Allgemein gesprochen aber ist die Prostration ebenso charakteristisch für die hydrauli-

100. Manu, 1886, S. 71.
101. *Lun Yü*, 1.1b.
102. Østrup, 1929, S. 27 ff.
103. A. a. O., S. 27.
104. A. a. O., S. 28 ff. Vgl. das moderne »Hände hoch!«

sche Gesellschaft, wie sie uncharakteristisch ist für die höheren agrarischen Kulturen des klassischen Altertums und des europäischen Mittelalters.

Das Fehlen der Prostration in primitiven hydraulischen Gesellschaften ist ein Anzeichen für die Beschränkungen, denen die Macht des Häuptlings unter den Bedingungen der Stammesordnung unterworfen ist. Die Pueblo-Indianer halten ihren *cacique* hoch in Ehren; aber die Puebloquellen wissen nichts von der demonstrativen Selbstdemütigung, die in den höheren hydraulischen Kulturen des aztekischen Mexikos oder des Inka-Reiches zutage trat. Die Dschagga grüßen ihren Häuptling ehrerbietig; sie murmeln respektvoll, wenn er naht oder sich erhebt [105]. Aber weiter gehen offenbar ihre Ehrenbezeugungen nicht [106].

In den hydraulischen Staaten fand sich die Prostration fast überall. Im alten Hawaii war die politische Macht so schrecklich, daß die Gemeinen vor ihren Herrschern krochen [107]. Im Peru der Inkas näherte sich sogar ein Großwürdenträger seinem Souverän wie ein Tributpflichtiger, den Rücken unter einer Last gebeugt [108]. Im vorspanischen Mexiko wurde die höchste Ehrerbietung in Form der Prostration ausgedrückt. Sie wurde in den höheren Schulen gelehrt [109], man verrichtete sie vor Angehörigen der königlichen Familie, vor sonstigen Personen von Rang [110] und vor Menschen, die als göttlich galten [111].

In China war die Prostration seit den Anfängen der Tschou-Dynastie üblich, d. h. im vorkaiserlichen Zeitalter der Territorialstaaten [112], und erhielt sich durch alle Wechselfälle der späteren chinesischen Geschichte. Die Erfahrungen europäischer Gesandter, die sich den Mandschu-Kaisern vorstellten, zeigen sowohl die Bedeutung dieses Brauches in China wie auch die Verlegenheit der westlichen Besucher, von denen man seine Befolgung erwartete.

In der klassischen Zeit der Hindu-Herrschaft in Indien drückte man große Ehrfurcht dadurch aus, daß man die Füße des Geehrten umfaßte. Offenbar näherte man sich dem König in Gebetshaltung [113]. Man warf sich zu Boden vor Göttern und der jungen Gattin des Lehrers [114]. In der späteren Hindu-

105. Dundas, 1924, S. 282.

106. Vgl. Gutmann, 1926, S. 531.

107. Fornander, HAF, VI, S. 12, 34 (religiöse Prostration), 26 (vor dem Bild des Königs). Für Prostration vor dem Herrscher s. Kepelino, 1932, S. 12; Alexander, 1899, S. 26 ff.; Blackman, 1899, S. 23.

108. Cobo, HNM, III, S. 279–280; Rowe, 1946, S. 259.

109. Seler, 1927, S. 328.

110. *A. a. O.*

111. Sahagun, 1938, IV, S. 51; Seler, 1927, S. 483.

112. Kuo, MJ, 1935, S. 20b, 30b, 39a, 46a, 55a–b, 57a, 60b, 61a—b, 62b, 65b, 68a ff.; Legge, CC, III, S. 424, 432, 437 f., 446, 449, 508, 511.

113. Strabo, 15.1.67; Manu, 1886, S. 43, 54.

114. Vgl. Manu, 1886, S. 69. Im zweiten Falle wurde die Prostration offenbar verrichtet, um körperliche Berührung zu vermeiden. S. für die religiöse Prostration *Jātakam*, III, S. 284; IV, S. 231; V, S. 274; VI, S. 302.

zeit jedoch wurde dieses Zeichen totaler Unterwürfigkeit auch vor dem Herrscher geübt [115]. Unter mohammedanischer Herrschaft ehrte man auf diese Weise sowohl den Souverän [116] wie auch ehrwürdige Hindus [117].

Die Bedeutung der Prostration im Nahen Osten ist ausgiebig dokumentiert. Die Quellen des pharaonischen Ägyptens berichten, daß das ganze Land »auf dem Bauch lag« vor einem Vertreter des Königs [118]. Sie sprechen von treuen Untergebenen, die auf dem Boden krochen und das Riechfläschchen des Monarchen küßten (oder daran schnüffelten) [119]. Bilddarstellungen lassen vermuten, daß im Neuen Reiche hohe Würdenträger andere Formen der Ehrenbezeigung übten [120]; aber die zeitgenössischen geschriebenen Berichte sagen nicht, daß sie die Prostration ganz aufgaben. Sie bekunden ausdrücklich, daß niedrigstehende Untertanen und unterworfene Völker sich weiterhin zu Boden warfen [121].

Im alten Mesopotamien wurde die Prostration vor den Göttern, dem Herrscher und anderen vornehmen Personen verrichtet[122]; und sie war auch im achämenidischen Persien bekannt [123]. Sie lebte fort in den hellenistischen Reichen der Seleukiden [124] und Ptolemäer [125] und im sasanidischen Persien [126]. In Ostrom wurde sie zur Normalform der Ehrerweisung am Vorabend der byzantinischen Epoche [127]. Natürlich fügte sie sich ausgezeichnet in das soziale Klima von Byzanz [128].

Die Anhänger Mohammeds warfen sich ursprünglich nur im Gebet auf den Boden. Später jedoch verrichteten die »orientalisierten« Araber, wie die orientalisierten Griechen, diese Zeremonie auch im weltlichen Leben [129]. In der ottomanischen Türkei behauptete sich der Brauch bis kurz vor dem Zusammenbruch des Sultanats [130].

115. Saletore, 1943, S. 179 ff.; Beal, *Si-yu-ki*, I, S. 85; *Ta T'ang Hsi-yü Chi*, Kap. 1.

116. Jahāngīr, 1909, S. 203.

117. Dubois, 1943, S. 132.

118. Breasted, 1927, I, S. 214.

119. Grapow, 1924, S. 121 ff.; vgl. Erman und Ranke, 1923, S. 82; Kees, 1933, S. 183; und Østrup, 1929, S. 31.

120. Erman und Ranke, 1923, S. 82.

121. *A. a. O.*; Breasted, 1927, IV, S. 204, 422, 427 f., 430, 437 ff.

122. Barton, 1929, S. 27; Meissner, BA, I, S. 70; Østrup, 1929, S. 32; vgl. Horst, 1932, S. 55.

123. Herodot, 1.134.

124. Horst, 1932, S. 103 ff.

125. *A. a. O.*, S. 27, 103.

126. Tabarī, 1879, S. 93, 367.

127. Kornemann, 1933, S. 142.

128. Bréhier, 1949, S. 70.

129. Mez, 1922, S. 135 ff.; Sauvaget, 1946, S. 62; Gaudefroy-Demombynes, 1950, S. 110; Kremer, CGO, II, S. 247.

130. Østrup, 1929, S. 32; Lane, 1898, S. 211 (Küssen des Fußes als Zeichen tiefster Demütigung).

In der hydraulischen Welt war demgemäß die Prostration der hervorstehende Ausdruck der Unterwerfung und Ehrerbietung. Gelegentlich verrichtete man andere Gebärden im gleichen Sinne; auch erschien die Prostration in Ländern, die keine orientalisch despotische Regierung hatten. Aber das Schicksal der *proskynesis* im mittelalterlichen Europa beweist, wie schwer es war, diese demütigende Begrüßungsform einer politisch weniger polarisierten Gesellschaft aufzuzwingen. Einige Reste der byzantinischen Zeremonie lebten im Zeremoniell der westlichen Kirche fort; doch scheiterten die von mehreren karolingischen Herrschern gemachten Versuche, sie auch im weltlichen Zeremoniell zur Geltung zu bringen. Auf Sizilien wurde die Prostration vorübergehend ausgeübt, und zwar während der Regierung Rogers II. und Friedrichs II., höchst wahrscheinlich unter dem Einfluß der Byzantiner [131] oder der Araber, die die direkten Vorgänger der normannischen Herrscher waren [132].

Ohne Zweifel stumpfte die Gewohnheit die Empfindlichkeit des Menschen für das Erniedrigende der Prostration ab, und die kunstvolle Form mochte den demütigenden Inhalt verschleiern. Aber wie sehr man auch die Prostration rationalisierte, sie blieb durch die Jahrhunderte hindurch ein Sinnbild tiefster Unterwerfung. Gleich dem managerialen, fiskalischen und gerichtlichen Terror bezeichnet sie grell den Wirkungsbereich – und die totale Macht – der agrarischen Despotie.

E. TOTALE EINSAMKEIT

I. FURCHT MACHT EINSAM

Demonstrative totale Unterwerfung ist die einzige vernünftige Reaktion auf totale Macht. Offensichtlich gewinnt man durch solch ein Verhalten nicht den Respekt eines Höherstehenden; aber ein anderes Benehmen beschwört Unheil herauf. Wo die Macht polarisiert ist wie in der hydraulischen Gesellschaft, da sind auch die menschlichen Beziehungen polarisiert. Wer nicht die geringste Möglichkeit hat, auf die Regierung einzuwirken, fürchtet mit Recht, daß er in einem Konflikt mit seinen Herren zermalmt wird.

Die furchtbare Macht des Staatsapparats kann nicht nur unerwünschte nichtstaatliche Elemente vernichten – sie kann mit gleicher Schärfe einzelne Angehörige der herrschenden Schicht und selbst den Herrscher beseitigen. Mancherlei Ängste beschatten den Lebensweg; aber wohl keine ist so zermürbend wie die Unsicherheit, die aus polarisierter totaler Macht entspringt.

---

131. Schramm, 1924, S. 220.
132. Kantorowicz, 1931, S. 76, 91.

a. Der Herrscher: traue niemandem!

Der Herrscher ist der Erhabenste und daher der am meisten Beneidete. Unter denen, die ihm nahe sind, gibt es immer einige, die seinen Platz einnehmen möchten. Und da eine verfassungsmäßige und friedliche Ablösung nicht in Frage kommt, erfordert ein solcher Wechsel eins, und nur eins: physische Liquidierung. Der kluge Herrscher traut niemandem.

Aus begreiflichen Gründen wissen wir wenig von den geheimsten Gedanken der Despoten. Aber ihre uns überlieferten Handlungen und Äußerungen bestätigen unsere Annahme. Ägyptische Papyri haben uns Ratschläge aufbewahrt, die ein Pharao seinem Sohne erteilt haben soll: »Halte dich ferne von denen, die (dir) untergeben sind, damit nicht dasjenige geschehe, dessen Schrekken man nicht beachtet hat. Nähere dich ihnen nicht in deiner Einsamkeit. Laß niemanden in dein Herz als einen Bruder, und kenne keinen Freund... (SOGAR) WENN DU SCHLÄFST, BLEIBE DER WÄCHTER DEINES HERZENS, denn niemand hat Anhänger am Tage des Unheils.« [133]

Das *Arthasastra* zählt die Gefahren auf, die den Herrscher umgeben, und es erörtert die vielen Mittel, mit deren Hilfe er sie abwenden kann. Seine Wohnstätte muß gesichert werden. Man muß Maßnahmen gegen Gift treffen [134]. Man muß die Personen der Umgebung beobachten und überwachen [135]; er »soll... die hohen Beamten in ihre öffentlichen Ämter einsetzen und sie dann durch listige Proben auf ihre Lauterkeit hin prüfen« [136]. Er muß auf der Hut sein vor seinen Frauen [137], seinen Brüdern [138] und insbesondere vor seinem Thronerben. Nach einer Autorität, die das klassische Werk der indischen Despotie gern zitiert, sind »die Königssöhne... wie die Krebse: sie vernichten ihren Erzeuger« [139]. Um dies zu verhüten, zählt das Handbuch mancherlei Methoden auf, durch die ein Herrscher sich vor seinem Sohn schützen kann [140].

b. Der Beamte: ständige Unsicherheit

Auch der Beamte lebt nicht sicher. »Sich selber schützen, das muß nämlich der Verständige immer zuerst besorgen; denn die Untergebenen (Höflinge) eines Königs, hat man erklärt, haben ein Leben wie im Feuer. *Eine* Stelle mag das Feuer verbrennen oder den Leib (die eine Person), wenn's aufs Höchste

---

133. Wilson, 1950, S. 418.
134. *Arthaçāstra*, S. 49 ff., 53 ff.
135. A. a. O., S. 14 ff., 39 ff.
136. A. a. O., S. 14.
137. A. a. O., S. 51 f.
138. A. a. O., S. 52.
139. A. a. O., S. 39.
140. A. a. O., S. 39 ff.

kommt. Samt Kind und Weib aber vernichtet oder fördert den Mann der König.«[141]

Eine persische Variante dieses Gedankens betont insbesondere die Gefahr, die hinter scheinbarer bürokratischer Sicherheit und Erfolg lauert: »Sollte [der Herrscher] zu irgendeiner Zeit dir zu verstehen geben, daß du bei ihm völlig sicher bist, so beginne in diesem Augenblick, dich unsicher zu fühlen; wenn du von jemandem gemästet wirst, so magst du erwarten, daß du sehr bald von ihm geschlachtet werden wirst.«[142]

Ewiges Mißtrauen ist nicht nur das Los derer, die auf dem Gipfel der bürokratischen Pyramide stehen. Im traditionellen China, wie in anderen hydraulischen Kulturen, »müssen die hohen Beamten notgedrungen argwöhnisch gegen ihre Untergebenen sein, denn von dieser Seite kommen ihnen die gefürchteten Rivalen. Die unteren Beamten ihrerseits sind nicht weniger mißtrauisch gegen die über ihnen Stehenden, denn von denen können sie jederzeit abgesetzt werden.«[143]

c. Die Furcht des gemeinen Mannes, in Mißlichkeiten verwickelt zu werden

Der gemeine Mann sieht sich durchaus andersgearteten Problemen gegenüber. Er sorgt sich nicht wegen der Gefahren, die dem Besitz autoritärer und bürokratischer Macht innewohnen, sondern wegen der Drohung, die diese Macht für alle Untertanen bedeutet. Ein Regime, das im Bereich der Besteuerung, des Frondienstes und der Rechtsprechung uneingeschränkt schalten kann, kann den gemeinen Mann in endlose Mißlichkeiten verwickeln. So mahnt ihn die Vorsicht, jede unnötige Berührung mit der Regierung zu meiden.

Smith erklärt das gegenseitige Mißtrauen, das seiner Ansicht nach im traditionellen China herrschte, aus der Furcht der Bevölkerung vor gefahrvollen Verwicklungen[144]. In *Tausendundeiner Nacht* wird ein Leichnam von Tür zu Tür geschoben, da jeder Hausbesitzer überzeugt ist, daß er von den Behörden für den Tod des Unbekannten verantwortlich gemacht werden wird. Die oft beobachtete Scheu, einem ertrinkenden Fremden zur Hilfe zu kommen, entspringt einer ähnlichen Überlegung: Wenn es mir nicht gelingt, den armen Kerl zu retten, wie soll ich dann der Behörde beweisen, daß ich ihn nicht umbringen wollte?

Die Leute, die sich aus dem Staube machen, wenn sie Hilfe bringen könnten, sind nicht anders oder schlechter als andere Menschen. Aber ihr Verhalten macht augenscheinlich, daß die freiwillige Anteilnahme an öffentlichen Angelegenheiten, die die offene Gesellschaft nahelegt, unter den Bedingungen totaler Macht äußerst gefährlich ist. Die Furcht, sich mit einer unkontrollier-

141. A. a. O., S. 338.
142. Kai Kā'üs ibn Iskandar, 1951, S. 191.
143. Smith, 1897, S. 257.
144. A. a. O., S. 242; vgl. Doolittle, 1876, I, S. 346.

baren und willkürlichen Regierung einzulassen, veranlaßt den vorsichtigen Bürger, nicht über die engen Grenzen seiner Privat- und Berufsangelegenheiten hinauszugehen. Diese Furcht trennt ihn wirksam von allen anderen Mitgliedern der Gesellschaft, zu der er gehört.

2. DAS ENTFREMDUNGSPOTENTIAL TOTALER MACHT

Trennung ist natürlich nicht unbedingt Entfremdung: Ein Handwerker, dessen Vorfahren aus ihrer Landgemeinde in die Stadt umsiedelten, mag sich für verschieden von den Einwohnern des Dorfes seiner Herkunft halten; oder ein Intellektueller mag sich von seinen Mitmenschen unverstanden fühlen und in Krisenzeiten die Gesellschaftsordnung, die offenbar keine Verwendung für ihn hat, in Bausch und Bogen ablehnen. In solchen Lagen mag er einsam sein; aber solange er sich mit Gleichgesinnten zusammentun kann, ist er von der Gesellschaft nur partiell entfremdet.

Diese partielle Entfremdung unterscheidet sich wesentlich von der totalen Entfremdung. Nur wenn ein Mensch glaubt, von allen verlassen zu sein, nur wenn er unfähig ist, sich als eine autonome und von innen her orientierte Persönlichkeit zu betrachten, nur dann kann man sagen, daß er der totalen Entfremdung ausgesetzt ist. Unter dem Terror des semimanagerialen agrarischen Apparatstaates mag er totale Einsamkeit ohne totale Entfremdung erfahren. Unter dem Terror des modernen totalen managerialen Apparatstaates droht ihm totale Entfremdung. Dauernde Isolierung und Gehirnwäsche können ihn dazu bringen, daß er sich seiner Entmenschlichung nicht länger bewußt ist.

3. ANPASSUNG IM ALLTAGSLEBEN

Unter den freien Bürgern des klassischen Griechenlands gab es manche einsame Menschen [145]; und es gibt manche einsame Menschen in den demokratischen Ländern der Gegenwart. Aber diese freien Menschen sind einsam vor allem, weil sie vernachlässigt sind, nicht weil sie von einer Macht bedroht werden, die nach Belieben menschliche Würde zerstören kann. Ein vernachlässigter Mensch mag noch Beziehungen zu einigen Verwandten und Freunden unterhalten; und er kann seine passive und partielle Entfremdung überwinden, indem er seinen Umgang ausdehnt oder neue Formen der Gemeinschaft findet.

Wer unter den Bedingungen totaler Macht lebt, hat solche Auswege nicht. Da er diesen Bedingungen nicht entgegenwirken kann, muß er zu wachsamer Entsagung seine Zuflucht nehmen. Er will das Schlimmste vermeiden, aber gerade darum muß er stets bereit sein, ihm die Stirn zu bieten. In verschiede-

145. Die tragische, dauernde Entfremdung des Sklaven ist so offenkundig, daß sich ihre Erörterung erübrigt.

nen Epochen und Abschnitten offener und halboffener Gesellschaften haben viele freie Menschen sich für ein Leben der Entsagung entschieden. Aber vor der Zeit des industriellen totalitären Apparatstaates erschien Entsagung als typische Verhaltensweise vor allem im Bereich der orientalischen Despotie. Bezeichnenderweise erfolgte der Aufstieg des Stoizismus in der Antike zu der Zeit, als unter Alexanders Einfluß die ausgewogene Gesellschaft des klassischen Griechenlands dem hellenistischen System totaler Macht wich.

4. TOTALE EINSAMKEIT IN DER STUNDE DES UNTERGANGS

In der Stunde des Untergangs verwirklicht sich, was der Alltag ahnen läßt. Die Formen endgültiger Vernichtung sind in einer demokratisch ausgewogenen Welt anders als unter der Herrschaft totaler Macht.

Der freie Bürger einer offenen Gesellschaft muß darauf gefaßt sein, daß der Staat, dessen Gesetze er verletzt hat, ihm eine schwere Strafe auferlegt. Aber nachdem er verhaftet ist, erwartet er Besuch und Beistand von seinen Freunden und von einem Rechtskundigen. Er erwartet, vor ein Gericht gestellt zu werden, das kein Werkzeug der Regierung ist. Außerdem kann er darauf bestehen, unschuldig zu sein; das Gericht hindert ihn nicht, weiter seine Unschuld zu beteuern, nachdem es ihn zum Tode verurteilt hat. Die Urteilsvollstreckung wird ihn physisch vernichten; aber die Regierung, die auf diese Weise ihre Macht ausübt, verwehrt es seinen Freunden nicht, sein Lob zu singen und auch ferner ihren Glauben an seine Unschuld zu bekunden.

Das Ende des Sokrates war in mehrerer Beziehung einzigartig; aber es war charakteristisch für den Zwangstod in einer offenen Gesellschaft. Sokrates war zum Tode verurteilt, weil er angeblich die athenische Jugend politisch »vergiftete«, aber man nötigte ihn nicht, seine Taten öffentlich zu widerrufen. Man beraubte ihn nicht der Gesellschaft und Bewunderung seiner Freunde. Sein Schicksal, weit entfernt, ihn von seinen Anhängern oder seinen Gedanken zu entfremden, festigte seine Verbundenheit mit beiden [146].

146. Platos Beschreibung vom Tod des Sokrates ist vermutlich durch die hingebungsvollen Berichte der Augenzeugen gefärbt. Aber im wesentlichen gilt sie als wahr; und sie zeigt, daß selbst diejenigen, die das Urteil beklagten, seine Gesetzlichkeit anerkannten. Der Gefängniswärter brachte den Schierlingsbecher, Sokrates hörte seine Anweisungen an, hob das Gefäß an die Lippen, »und ganz frisch und unverdrossen trank er aus«. Platos Gewährsmann fährt fort: »Und von uns waren die meisten bis dahin ziemlich imstande gewesen, sich zu halten, daß sie nicht weinten; als wir aber sahen, daß er trank und getrunken hatte, nicht mehr. Sondern auch mir selbst flossen Tränen mit Gewalt, und nicht tropfenweise, so daß ich mich verhüllen mußte und mich ausweinen, nicht über ihn jedoch, sondern über mein eigenes Schicksal, was für eines Freundes ich nun sollte beraubt werden. Kriton war noch eher als ich, weil er nicht vermochte, die Tränen zurückzuhalten, aufgestanden. Apollodoros aber hatte schon früher nicht aufgehört zu weinen, und nun brach er völlig aus, weinend und unwillig sich gebärdend, und es war keiner, den er nicht durch

In einer offenen Gesellschaft kann die Mißbilligung der Regierung den davon betroffenen Bürger kalt lassen: aber unter den Bedingungen totaler Macht kann offizielle Mißbilligung den Untergang bedeuten. Der chinesische Beamte und Historiker Ssu-ma Tsch'ien war nicht des Hochverrats beschuldigt; er wagte es nur, über einen geschlagenen General anderer Meinung zu sein als der Kaiser, und er wurde »nur« zur Kastrierung verurteilt. Er überlebte die Operation. In einem außerordentlichen Brief beschrieb er die abgründige Einsamkeit, die er in dieser furchtbaren Zeit erlitt.

Nach dem Gesetz der damals herrschenden Han-Dynastie hätte Ssu-ma Tsch'ien der Strafe entgehen können, wenn ein gewisser Geldbetrag entrichtet worden wäre. Und dies wäre an sich möglich gewesen, denn er hatte reiche und hochgestellte Freunde. Aber niemand wagte es, ihm zu helfen; niemand wagte es, einem Menschen Sympathie zu bezeugen, der den Kaiser erzürnt hatte. Ssu-ma Tsch'ien erzählt: »Meine Freunde kamen mir nicht zu Hilfe. Diejenigen, die mir nahe und vertraut waren, sagten kein einziges Wort zu meinen Gunsten. [147]« So wurde er denn in den dunkeln Raum geführt und verstümmelt wie ein Tier.

Shakespeares Timon war das Opfer seiner plutokratischen Stellung. Die Tragödie des bürokratischen Timon von Athen ist noch ungeschrieben. Aber Ssu-mas Schicksal zeigt, was einem Menschen zustoßen kann, der eine Grund-

sein Weinen erschüttert hätte, von allen Anwesenden, als nur Sokrates selbst, der aber sagte: Was macht ihr doch, ihr wunderbaren Leute! Ich habe vorzüglich deswegen die Weiber weggeschickt, daß sie dergleichen nicht begehen möchten; denn ich habe immer gehört, man müsse stille sein, wenn einer stirbt. Also haltet euch ruhig und wacker. – Als wir das hörten, schämten wir uns und hielten inne mit Weinen. Er aber ging umher, und als er merkte, daß ihm die Schenkel schwer wurden, legte er sich gerade hin auf den Rücken, denn so hatte es ihm der Mensch geheißen. Darauf berührte ihn eben dieser, der ihm das Gift gegeben hatte, von Zeit zu Zeit und untersuchte seine Füße und Schenkel. Dann drückte er ihm den Fuß stark und fragte, ob er es fühle; er sagte nein. Und darauf die Knie, und so ging er immer höher hinauf und zeigte uns, wie er erkaltete und erstarrte. Darauf berührte er ihn noch einmal und sagte, wenn ihm das bis ans Herz käme, dann würde er hin sein. Als ihm nun schon der Unterleib fast ganz kalt war, da enthüllte er sich, denn er lag verhüllt, und sagte, und das waren seine letzten Worte: O Kriton, wir sind dem Asklepios einen Hahn schuldig, entrichtet ihm den und versäumt es ja nicht. – Das soll geschehen, sagte Kriton, sieh aber zu, ob du noch sonst etwas zu sagen hast. – Als Kriton dies fragte, antwortete er aber nichts mehr, sondern bald darauf zuckte er, und der Mensch deckte ihn auf; da waren seine Augen gebrochen. Als Kriton das sah, schloß er ihm den Mund und die Augen. Dies, o Echekrates, war das Ende unseres Freundes, des Mannes, der unserm Urteil nach von den damaligen, mit denen wir es versucht haben, der trefflichste war und auch sonst der vernünftigste und gerechteste.« (Plato, [Schluß des *Phaidon*] S. 143-145.)

147. *Han Shu*, 62. 18b. Unsere Übersetzung dieser Stelle weicht etwas, aber nicht wesentlich ab von derjenigen Chavannes', der den ganzen Brief übertragen hat (s. Chavannes, MH, I, ccxxxii).

regel bürokratischer Weltklugheit verletzt und dem Inhaber der totalen Macht widerspricht [148]. Es zeigt, daß ein Verhalten, das in einer offenen Gesellschaft allgemein erwartet wird, im Schatten des totalen Terrors dem Wahnsinn gleichkommt. Unter Ssu-ma Tsch'iens Umständen war sein Eintreten für einen Freund die ruhmvolle Ausnahme – und die mangelnde Bereitschaft seiner Freunde, für ihn einzutreten, die traurige Regel. Nach den Normen einer offenen Gesellschaft litt der chinesische Geschichtsschreiber entsetzlich; nach den Normen seiner eigenen Welt kam er ziemlich glimpflich davon. Wenn er auch entmannt wurde, blieb er doch am Leben, und seine politische Bedeutungslosigkeit ermöglichte es ihm, die Arbeit an seinem Geschichtswerk fortzusetzen. Er wagte es sogar, kritisch über die ihm zuteil gewordene Behandlung zu sprechen, aber vorsichtshalber hielt er den Brief, in dem er dies tat, bis zu seinem Tode verborgen [149].

Wenn die Verfolgung total ist, kann das Opfer des despotischen Terrors nicht nur seine Freunde, sondern auch seinen guten Namen verlieren. Der große persische Wesir und Schriftsteller Rashīd ad-Dīn wurde von eifersüchtigen bürokratischen Rivalen bezichtigt, den Vater des jungen Sultans durch Gift ums Leben gebracht zu haben. Das Verbrechen, das Rashīd angeblich begangen hatte, paßte nicht zu seinem Charakter, außerdem lief es seinen elementarsten Interessen zuwider. Rashīd ad-Dīn war der hervorragendste asiatische Historiker seiner Epoche, »der Autor des berühmten Ghasna-Gesetzeskodex (kanun), der größte Wesir der Dynastie der Ilchane und einer der größten Männer, die der Osten hervorgebracht hat« [150]. Der Souverän, den er angeblich ermordete, schätzte ihn so hoch, daß er ihm mehr Gold geschenkt haben soll als Alexander dem Aristoteles darbot [151]. Rashīd ad-Dīns Geistesgaben galten daher nicht ohne Grund als »so unentbehrlich für den Staat, wie Salz für das Fleisch« [152].

Es ist schwer einzusehen, warum ein Mann seinen freigebigen Bewunderer umbringen sollte. Es ist unfaßlich, daß er die Grundlage seiner Macht, seiner Sicherheit und seines Reichtums absichtlich zerstören sollte. Solche Überlegungen aber hinderten die Feinde Rashīds nicht, ihn für schuldig zu erklären. Sie brachten seinen Sohn vor den Augen des Vaters um. Sie zerschnitten seinen eigenen Körper – ohne ihm den letzten Trost von Freunden oder Verwandten zu gewähren. So starb Rashīd als ein einsamer Mann, seiner weltlichen und auch seiner geistigen Ehre beraubt: am Ende wurde er sogar bezichtigt, ein religiöser Schwindler gewesen zu sein [153].

---

148. Dem *Arthaçāstra* (S. 386 f.) zufolge soll der vorsichtige Beamte den »Zusammenschluß mit ... solchen, die aus Stellung und Gunst gestoßen sind«, vermeiden.

149. *Han Shu*, 62.14a–22a.

150. Howorth, HM, III, S. 588 ff.

151. A. a. O., S. 561.

152. A. a. O., S. 588.

153. A. a. O., S. 588 ff.

Aber wie zynisch auch Rashīds Ankläger vorgingen, sie zwangen ihn nicht, öffentlich die Verbrechen zu gestehen, die man ihm zur Last legte. Im Gegenteil, er scheint bis zum Ende seine Unschuld beteuert zu haben [154]. In den großen politischen Prozessen der modernen totalitären Staaten werden solche Zugeständnisse nicht gemacht. Dieser Unterschied erklärt sich nicht daraus, daß es der hydraulischen Despotie an technischer Perfektion gemangelt hätte. Keineswegs! Die Folterknechte der hydraulischen Herrscher konnten jeden Widerstand brechen; und sie hätten jedes öffentliche Geständnis erzwingen können, wenn dies von ihnen verlangt worden wäre. Aber die Herren des hydraulischen Regimes hatten keine Ursache, ihre Konflikte auszuposaunen in den Dörfern und in den Quartieren der Zünfte, wo Bettlerdemokratien in einer subpolitischen Atmosphäre vegetierten. Es war daher unnötig, die augenfällige und laut verkündete Selbstentfremdung zu fördern, die heute die Spezialität der totalitären »Volks«-Gerichtshöfe ist.

Die letzten Tage des Sowjetkommunisten Bucharin zeigen, wie unter modernen Bedingungen ein Opfer zur öffentlichen Mitarbeit an seiner eigenen Herabwürdigung gezwungen werden kann. Nach Lenins *Testament* war Bucharin »der wertvollste und stärkste Theoretiker der Partei«, er konnte »als ihr Favorit betrachtet werden« [155]. Doch der Liebling von heute war das Scheusal von morgen. In der Großen Säuberung der dreißiger Jahre verleumdet und zum Tode verurteilt, verlor Bucharin über Nacht seine Popularität und seinen Ruhm. Wyschinski, der damalige Staatsanwalt der Sowjetunion, war das Sprachrohr der Parteiführung, als er Bucharin einen Theoretiker in Anführungszeichen nannte [156], eine »heuchlerische, lügnerische, listige Natur«, eine »verfluchte Mischung von Fuchs und Schwein« [157], einen jener Spione und Verräter, die »wie räudige Hunde erschossen werden« müssen [158]. Und so geschickt verfuhren die psychologischen Ingenieure der Sowjetregierung mit dem Angeklagten, daß dieser öffentlich und ausführlich hochverräterische Taten eingestand, die er unmöglich begangen haben konnte.

In der Tat, die totale Einsamkeit hat, wie der totale Terror, viele Formen.

154. A. a. O.
155. Trotzki, WL, S. 257.
156. ASBRT, S. 678.
157. A. a. O., S. 697.
158. A. a. O., S. 754.

SECHSTES KAPITEL

Der Kern, die Peripherie und die Subperipherie der hydraulischen Welt

A. VORLÄUFIGE BESTANDSAUFNAHME

I. EINIGE WESENTLICHE ERGEBNISSE

Unsere Untersuchung hat mehrere wesentliche Resultate erzielt. Erstens, die hydraulische Gesellschaft ist eine institutionelle Ordnung, die nicht aus geographischen, technologischen und ökonomischen Faktoren allein erklärt werden kann. Die Reaktion auf die natürliche Umgebung ist freilich ein entscheidendes Moment in der Entstehung der hydraulischen Ordnung, aber sie ist dies doch nur unter ganz spezifischen kulturellen Voraussetzungen; und sie bringt weniger technische als organisatorische Änderungen mit sich. Zweitens, gewisse Züge der hydraulischen Gesellschaft gibt es auch in anderen agrarischen Gesellschaftsordnungen. Die hydraulische Gesellschaft ist jedoch spezifisch in der Beschaffenheit und Bedeutung zweier Grundelemente: hydraulische Organisation und agrarhydraulische Despotie. Die wirksame Verbindung dieser Elemente schafft ein operatives Ganzes, einen *going concern*, der sich durch Jahrtausende erhalten kann. Der Chronist der menschlichen Freiheit hat sich mit dieser fundamentalen Erfahrungstatsache abzufinden: Die despotischste aller vorindustriellen Hochkulturen hat alle ihre institutionellen Rivalen überdauert.

2. DREI PROBLEME, DIE WEITERER UNTERSUCHUNG BEDÜRFEN

Warum hat sich die hydraulische Gesellschaft so lange erhalten? Wegen des staatlich gelenkten Systems hydraulischer Landwirtschaft? Ein Anhänger der ökonomischen Geschichtsauffassung wird es annehmen; und tatsächlich war dies auch Marxens Meinung.

Es ist jedoch bezeichnend, daß Marx und Engels die Zarenherrschaft im nach-mongolischen Rußland für orientalisch-despotisch hielten [1], obgleich beide natürlich wußten, daß die russische Landwirtschaft nicht hydraulisch war. Die Schwierigkeit, die sich hieraus für den ökonomischen Determinis-

---

1. S. für Marx' und Engels' Ansichten über die asiatische Gesellschaftsordnung unten, Kap. 9, *passim*.

mus ergibt, ist offenkundig; sie wird noch größer, wenn wir uns vergegenwärtigen, daß nicht nur das zaristische Rußland, sondern auch andere agrardespotische Staaten lebenswichtige organisatorische und aneignende Funktionen der hydraulischen Gesellschaft ausübten, ohne eine im eigentlichen Sinne hydraulische Wirtschaft zu besitzen. Die Fähigkeit solcher Despotien, sich erfolgreich zu behaupten, weist darauf hin, daß in der Entwicklung der agrarmanagerialen Ordnung organisatorische und machtmäßige Züge eine entscheidende Rolle gespielt haben.

Diese Tatsache ist offenbar von größter Wichtigkeit, nicht nur theoretisch und für die Vergangenheit, sondern auch politisch und für die Gegenwart. Aus diesen Gründen werden wir im vorliegenden Kapitel die Eigenarten und Wechselbeziehungen des Kernes und der Peripherie der hydraulischen Gesellschaft erörtern. Im 7. und 8. Kapitel werden wir dann zwei andere Seiten der Sache betrachten: den politisch begründeten Charakter des Privateigentums und der Klassengliederung der hydraulischen Welt.

3. FRAGEN DER HYDRAULISCHEN DICHTE

Wie hydraulisch war die hydraulische Gesellschaft? Es gibt offenbar Gebiete maximaler hydraulischer Dichte und andere, die eine geringere hydraulische Dichte aufweisen, die aber trotzdem als hydraulische Gesellschaften im eigentlichen Sinne gelten müssen. Was ist die institutionelle Eigenart der Peripherie der hydraulischen Gesellschaft? An welchem Punkte der Peripherie können wir nicht länger von einer hydraulischen Gesellschaft sprechen? Gibt es eine institutionelle Wasserscheide, jenseits derer Einzelzüge der hydraulischen Gesellschaft nur gelegentlich in subperipherischer Form vorkommen?

Angenommen, daß es solche Schattierungen institutioneller Dichte gibt, sind sie statisch und beständig? Oder sind hydraulische Kulturen von der Peripherie in die subperipherische Zone hinübergewandert und umgekehrt? Mit diesen Fragen als Leitstern, wollen wir jetzt den Kern, die Peripherie und die subperipherischen Zonen der hydraulischen Welt untersuchen.

B. HYDRAULISCHE KERNGEBIETE

Die institutionelle Beschaffenheit eines hydraulischen Gebiets wechselt mit dem räumlichen Zusammenhang und mit dem ökonomischen und politischen Gewicht seiner hydraulischen Ordnung. Sie wechselt mit dem relativen Gewicht des zweiten Hauptelements der hydraulischen Tätigkeit, der Flutabwehr.

1. WIE KONTINUIERLICH IST DAS HYDRAULISCHE SYSTEM EINES GEGEBENEN HYDRAULISCHEN GEBIETES?

Der räumliche (und organisatorische) Zusammenhang einer gegebenen hydraulischen Wirtschaft wird hauptsächlich bestimmt durch die kontinuierliche oder nichtkontinuierliche Form des verfügbaren Wasservorrats. Ein hydraulisches Gemeinwesen wird auf die Schaffung eines einzigen mehr oder weniger kontinuierlichen Systems der Bewässerung und Flutabwehr hin tendieren, wenn die Landschaft nur einen einzigen größeren zugänglichen Wasservorrat aufweist. Dies ist häufig der Fall in oasenartigen Gebieten mit einem einzigen Fluß, der die Masse seines Wassers in einem regenreichen Hügel- oder Gebirgshinterland empfängt. Die alten Flußtalstaaten an der peruanischen Küste besaßen solche kontinuierliche hydraulische Systeme. In der Alten Welt sind Sindh und die Niltalkultur Ägyptens klassische Spielarten desselben Typs.

Wenn eine trockne Landschaft mehrere nicht allzu weit voneinander entfernte Flüsse umfaßt, können die von ihnen ausgehenden Kanäle ein ziemlich kontinuierliches hydraulisches Netz bilden. Nur wenige trockne Gebiete sind jedoch derart gestaltet. Untermesopotamien ist solch ein Ausnahmefall.

Zumeist sind die Flüsse einer potentiell hydraulischen Landschaft zu weit voneinander entfernt, um die Schaffung eines zusammenhängenden Kanalsystems zu ermöglichen. Folglich entwickeln hydraulische Gemeinwesen, deren Gebiet mehrere Flüsse umfaßt, zumeist ein nichtkontinuierliches System von Deichen und Kanälen. Gruppen von Menschen, die auf eine einzige, räumlich beschränkte Wasserzufuhrquelle angewiesen sind, mögen lange eine räumlich beschränkte Stammes- oder Nationalkultur aufrechterhalten. Dies war der Fall im Gebiet des Rio Grande und, in erheblich größerem Maßstabe, im pharaonischen Ägypten. Aber die auf sich selbst gestellten hydraulischen Stämme spielten nur eine unbedeutende Rolle auf der Bühne der Weltgeschichte; und solche nationale Gebilde wie Ägypten sprengten früher oder später ihre anfängliche politische Abgeschlossenheit. Die meisten geschichtlich augenfälligen hydraulischen Völker und Reiche besaßen Kerne mit kontinuierlichen hydraulischen Einheiten; doch hatte die hydraulische Ordnung dieser größeren politischen Einheiten, im ganzen genommen, meist eine ausgesprochen nichtkontinuierliche Form.

2. WIE GROSS IST DAS WIRTSCHAFTLICHE UND POLITISCHE GEWICHT EINER GEGEBENEN HYDRAULISCHEN WIRTSCHAFT?

Da die meisten größeren hydraulischen Kulturen nichtkontinuierliche hydraulische Ordnungen besitzen, ist der fehlende Zusammenhang offenbar kein zuverlässiger Maßstab, um die hydraulische Dichte festzustellen. Das wirtschaftliche und politische Gewicht einer nichtkontinuierlichen hydraulischen Ordnung muß auf andere Weise bestimmt werden.

In trocknen Gebieten gibt es nur gelegentlich nichtkontinuierliche hydraulische Ordnungen; in halbtrocknen Gebieten aber sind sie die Regel, wenigstens in solchen Gesellschaften, die über die primitivsten Anfänge hinaus sind. Wie oben gezeigt wurde, gibt es zahlreiche ausgedehnte halbtrockne Gebiete, in denen eine hydraulische Entwicklung ihren Anfang nahm, und in diesen Gebieten bestehen mannigfaltige Beziehungen zwischen hydraulischer Agrikultur und nichthydraulischer (auf Kleinwasserbau und Regenfall beruhender) Landwirtschaft.

Drei Hauptarten solcher Beziehungen lassen sich unterscheiden:

1. Das hydraulisch bebaute Land mag mehr als die Hälfte des gesamten anbaufähigen Bodens umfassen. Da die hydraulische Agrikultur durchweg auf der gleichen Fläche Ernten erzielt, die nicht geringer sind als die Erträge des Kleinwasserbaus und durchweg größer als die Erträge der auf Regenfall beruhenden Landwirtschaft, repräsentiert eine hydraulische Agrikultur, die mehr als 50 Prozent des gesamten anbaubaren Bodens umfaßt, den Zustand *absoluter wirtschaftlicher Überlegenheit.*

Solch ein Zustand kommt vor allem in trocknen Gegenden vor; und häufig, obzwar nicht notwendigerweise, erwächst in ihm ein kontinuierliches hydraulisches System. In den meisten Pueblos des Rio Grande wird der größere Teil allen Landes bewässert; und die Masse des Berieselungswassers stammt aus Kanälen, die gemeinschaftlich erhalten werden. In Ägypten wurde vom Anfang an die große Mehrzahl der Felder durch Überschwemmung oder durch Kanäle bewässert [2]. Im Delta kann eine magere Ernte mittels Regenfall-Landwirtschaft erzielt werden [3]; und im ganzen Lande gibt es Brunnen, aus denen man Gemüsebeete, Gärten und Obstbäume berieseln kann [4]. Jedoch beeinträchtigen diese ergänzenden Tätigkeiten nicht die überwältigende wirtschaftliche Überlegenheit der hydraulischen Landwirtschaft.

2. Das mittels hydraulischer Anlagen bebaute Land kann, selbst wenn es weniger als die Hälfte der anbaubaren Fläche ausmacht, mehr erzeugen als das gesamte sonstige bebaute Land. In diesem Falle repräsentiert die hydraulische Agrikultur den Zustand *relativer wirtschaftlicher Überlegenheit.* Am Vorabend der staatlichen Einigung Chinas festigte das Königreich Tsch'in seine agrarischen Kerngebiete (im heutigen Schensi) gewaltig durch den Bau der Tschêng Kuo-Bewässerungsanlagen; dieses Unternehmen machte Tsch'in

2. Westermann, 1921, S. 169 ff.; *ders.*, 1922, S. 22 ff.; Schnebel, 1925, S. 8 ff.

3. Das *Agricultural Yearbook* des Jahres 1941 erwähnt den Anbau von Gerste im Nildelta als Beispiel einer Regenfall-Landwirtschaft, die Mindesterträge erzielt, bemerkt aber, daß »Anbau mit solch winzigen Feuchtigkeitsmengen jahrein jahraus nur da möglich ist, wo der Regenfall sich über das ganze Jahr verteilt, wo die sonstigen klimatischen Umstände günstig sind, und wo man den Regen, der in zwei oder mehr Jahren fällt, zur Gewinnung einer einzigen Ernte aufspeichert« (CM, S. 322).

4. Westermann, 1922, S. 27; Erman und Ranke, 1923, S. 203 f.; Schnebel, 1925, S. 11, 274; Kees, 1933, S. 32, 40, 49.

zum reichsten und mächtigsten aller Territorialstaaten. In der darauf folgenden Periode umfaßte das Gebiet des vormaligen Königreichs Tsch'in [5] ungefähr ein Drittel der gesamten Oberfläche des Reiches, aber nach Pan Ku besaß es 60 Prozent seines Gesamtreichtums [6]. Ssu-ma Tsch'ien betrachtete das ehemalige Tsch'in sogar als »zehnmal so reich wie den Rest des Reiches« [7]. Keine dieser Angaben läßt sich nachprüfen, und man soll gewiß beide nicht buchstäblich nehmen. Aber sie deuten an, was es mit der relativen wirtschaftlichen Überlegenheit einer leistungsfähigen hydraulischen Agrarordnung auf sich hat.

3. Das hydraulisch bebaute Land mag sowohl räumlich wie ertragsmäßig beschränkt sein, aber es mag ausreichen, um despotische Formen der Fronarbeit und Regierung hervorzurufen. In diesem Falle erzeugt das größere, nichthydraulische Gebiet Nahrungsmittel, während das kleinere, hydraulische Gebiet außer Nahrungsmitteln auch Macht erzeugt, und zwar Macht, die stark und despotisch genug ist, um die Beherrschung beider Sektoren der Agrargesellschaft zu ermöglichen.

Dies geschah offenbar in zahlreichen halbtrocknen Gegenden, deren Kerngebiete sich für den hydraulischen Betrieb eigneten. In der Entstehungszeit vieler großer hydraulischer Kulturen erwuchs despotische Macht vermutlich gerade unter solchen Bedingungen; und die gleiche Anordnung findet sich häufig in geschichtlicher Zeit. Assyrien und Mexiko verwandten Methoden der Massenbeherrschung, die nur in verhältnismäßig kleinen hydraulischen Gebieten wirtschaftlich notwendig waren, auch auf weiten Flächen, wo Kleinwasserbau und Regenfall-Landwirtschaft vorherrschten. Unter diesen Umständen präsentiert die hydraulische Wirtschaft, trotz ihrer räumlichen und ertragsmäßigen Beschränkung, einen Zustand *organisatorischer und politischer Überlegenheit.*

3. WIE BEDEUTSAM IST DAS ZWEITE HAUPTELEMENT HYDRAULISCHER TÄTIGKEIT, DIE FLUTABWEHR?

Wo das hydraulische System wirtschaftlich vorherrscht, ist die Frage nach der relativen Stärke der schützenden (verglichen mit den produktiven) Wasserbauten von geringer institutioneller Bedeutung. Eine entwickelte hydraulische Agrikultur bedingt eine weitgreifende bürokratische Entwicklung; und das despotische Regime ist demgemäß fest begründet.

Die Dinge liegen anders, wenn das hydraulische System, obgleich es ausreicht, das politische Übergewicht zu erlangen, nur eine bescheidene bürokra-

---

5. Dieses Gebiet umfaßte außer dem Tschêng Kuo-Komplex unter anderem auch die klassische Bewässerungsebene von Szetschwan.

6. *Han Shu*, 28B.20b.

7. *Shih Chi*, 8.16b.

tische Entwicklung erfordert. Hier kann die Flutabwehr von großer Bedeutung werden. Gewiß, die Handhabung großer Anlagen zur Flutabwehr benötigt stets umfassende Massenaufgebote sowie deren Leitung an Ort und Stelle; und dies erhöht die quasimilitärische Autorität der managerialen Regierung auch im Zustande eines absoluten oder relativen produktiven Übergewichts. Aber der Schutzfaktor wird besonders wichtig, wenn kein produktiv-hydraulisches Übergewicht vorhanden ist. Der Kampf gegen große, unheilbringende Überschwemmungen führt leicht dazu, daß die Regierung größere Massen aufbietet, als die produktiv-hydraulische Tätigkeit allein erfordert. Und die disziplinarischen Maßnahmen, die bei solchen Schutzarbeiten nötig sind, stärken daher erheblich die Macht einer Regierung, deren agrarmanageriale produktive Leistungen ihr nur eine beschränkte manageriale Macht verleihen. Im Seengebiet Altmexikos erforderte der Kampf gegen periodische, unheilbringende Überschwemmungen vermutlich weit größere Massenaufgebote von Fronarbeitern als der Betrieb der regionalen Bewässerungswerke. Die Bedeutung dieser Tatsache für die Stärkung der Regierungsmacht ist augenscheinlich.

4. KOMPAKTE UND LOCKERE HYDRAULISCHE GESELLSCHAFTEN

Unsere Ausführungen erschöpfen natürlich die morphologischen Möglichkeiten nicht. Aber sie machen einen Tatbestand unanfechtbar klar: Die Kerngebiete der hydraulischen Welt umfassen zumindest zwei Haupttypen hydraulischer Dichte. Einige Gebiete sind hydraulisch kompakt, andere sind hydraulisch locker [8].

Eine hydraulische Gesellschaft kann als »kompakt« bezeichnet werden, wenn ihre hydraulische Agrikultur sich im Zustande absoluter oder relativer wirtschaftlicher Übermacht befindet. Sie kann als »locker« bezeichnet werden, wenn ihre hydraulische Agrikultur keine wirtschaftliche Überlegenheit besitzt, aber trotzdem ihren Herren die absolute organisatorische und politische Vormachtstellung gewährleistet.

Diese Haupteinteilung muß durch einige wichtige Untereinteilungen ergänzt werden. Eine hydraulische Gesellschaft, deren hydraulische Agrikultur wirtschaftlich vorherrschend ist und räumlich kontinuiert ist, ist eine extreme Spielart des kompakten Typus ($K\,1$). Eine hydraulische Gesellschaft, deren hydraulische Agrikultur vorherrschend, aber nichtkontinuierlich ist, ist eine weniger extreme Spielart desselben Typus ($K\,2$). Die Unterscheidung zwischen absoluter (a) und relativer (r) wirtschaftlicher Vormacht ermöglicht uns eine noch differenziertere Einteilung ($Ka\,1$ und $Kr\,1$, $Ka\,2$ und $Kr\,2$).

8. S. Wittfogel, 1931, S. 454; ferner ders., 1938, S. 110, wo der Unterschied zwischen dem »konzentrierten« und dem »lockeren, uneinheitlichen, zerfließenden« Typ des Bewässerungssystems begrifflich formuliert wird.

Eine lockere hydraulische Gesellschaft mag größere hydraulische Einheiten umfassen, die in einer gewissen Gegend dominierend sind und die möglicherweise mehrere Gebiete verbinden. Das relativ große hydraulische Gewicht, das diese Spielart kennzeichnet, kann mit dem Zeichen »L 1« ausgedrückt werden. Eine lockere hydraulische Gesellschaft, deren größte hydraulische Einheiten selbst regional keine ökonomische Vormacht besitzen, bildet die Spielart der niedrigsten hydraulischen Dichte (L 2). Ein anderer unterscheidender Faktor, die verhältnismäßige Bedeutung der hydraulischen Schutzanlagen kann, wo dies nötig ist, mit dem Symbol »$+$ S« bezeichnet werden.

Einige Beispiele, die Stämme und Völkerschaften umfassen, mögen die vier wichtigsten Kategorien hydraulischer Dichte veranschaulichen:
Kompakt 1: Die meisten Rio Grande-Pueblos, die kleinen Küstenstadtstaaten Altperus, das pharaonische Ägypten.
Kompakt 2: Die Stadtstaaten des alten Untermesopotamiens, wahrscheinlich das Königreich Tsch'in am Vorabend der Gründung des chinesischen Kaiserreiches.
Locker 1: Die Dschagga, das alte Assyrien, der altchinesische Territorialstaat Tsch'i (L 1 + S), und wahrscheinlich auch Tsch'u.
Locker 2: Stammeskulturen: Die Suk Ostafrikas und die Zuni Neumexikos. Staatliche Kulturen: Althawaii, viele Territorialstaaten Altmexikos (L2 + S).

5. DIE MEISTEN GROSSEN AGRARMANAGERIALEN REICHE WAREN LOCKERE HYDRAULISCHE GESELLSCHAFTEN

Die Herrschaft eines Stadtstaates über eine Anzahl anderer Stadtstaaten führt zu Keimformen reichsartiger Gebilde. Solche Gebilde entstanden im alten Untermesopotamien, an der Küste Altperus und im buddhistischen Indien.

In den ersten zwei Fällen gehörten die Einzelelemente zum kompakt-hydraulischen Typus; und die aus ihrer Vereinigung entstandenen Gemeinwesen waren ebenfalls hydraulisch kompakt. Gewöhnlich aber führte militärische und politische Expansion zur Gründung größerer und weniger homogener Gebilde. Die großen hydraulischen Reiche umfaßten normalerweise territoriale und nationale Einheiten verschiedener hydraulischer Dichte. Sie stellten lockere hydraulische Gesellschaften dar, die häufig kompakte hydraulische Teilgebiete umfaßten. Die Reiche der Babylonier und Assyrier, China während der Perioden der Reichseinheit, die großen Reiche Indiens und das achämenidische Persien zur Zeit seiner größten Ausdehnung, das arabische Kalifenreich, die ottomanische Türkei, das Inkareich und die Föderation des aztekischen Mexikos waren alle lockere hydraulische Gesellschaften. Vielleicht mit Ausnahme Mexikos gehörten sie alle zur Gruppe L 1.

Die hydraulischen Drüsen der großen agrarmanagerialen Reiche sind bisher selten zum Gegenstand systematischer Forschung gemacht worden. Eine morphologische Untersuchung der hydraulischen Verhältnisse des traditionellen China enthüllt eine Fülle von Dichtigkeitsformen und bedeutsame, mehrere Provinzen umfassende hydraulische Systeme[9]. Mez' gedankenreiche Analyse der Abbasidenmacht kennzeichnet die Vielzahl der großen hydraulischen Gebiete, die für eine kürzere oder längere Frist dem Kalifat in Bagdad botmäßig waren: »Ägypten, Südarabien, Babylonien, Nordostpersien, Transoxanien und Afghanistan.«[10] In allen diesen Gebieten galt es, große Bewässerungsprobleme zu lösen[11], und die arabischen Quellen erwähnen die technischen Mittel und die Menschenmassen, die zur Bewältigung dieser Probleme aufgeboten werden mußten[12].

6. VERSCHIEDENE HYDRAULISCHE UND VERSCHIEDENE BÜROKRATISCHE DICHTE

a. Grundsätzliches

Die bürokratische Dichte einer agrarmanagerialen Gesellschaft wechselt mit ihrer hydraulischen Dichte. Diese Beziehung wird kompliziert durch das Erscheinen großer nichthydraulischer Anlagen (die Zuni-Pueblos, die Territorialstaaten Tschou-Chinas, das römische Reich) und den Umfang verkehrstechnischer und militärischer Organisationen (Assyrien, der Staat Tsch'in, die Azteken). Solche Faktoren modifizieren die grundlegende hydraulisch-bürokratische Beziehung, heben sie aber nicht auf. Das pharaonische Ägypten war in hohem Grade bürokratisiert, lange bevor es eine umfassende Militärbürokratie besaß. Und während sowohl die Inkas wie die Azteken starke militärische Organisationen aufrechterhielten, unterliegt es keinem Zweifel, daß Cuzco eine größere manageriale Bürokratie besaß als Altmexiko.

Auch auf dem Gebiete der Steuererhebung wechselt die bürokratische Dichte. Gewiß besteht jede Agrardespotie auf ihrem Recht, allgemein Steuern zu erheben, wie immer ihre hydraulische Dichte sein mag. Aber die Art, in der dieses Recht ausgeübt wird, variiert erheblich. Eine starke Regierung in einer lockeren hydraulischen Gesellschaft wird sich einen größeren Prozentsatz des Nationaleinkommens aneignen als eine schwache Regierung in einer kompakten hydraulischen Gesellschaft; jedoch unter sonst gleichen Umständen und auf die Dauer kann die umfangreiche Bürokratie eines intensiv managerialen Staates wirksamer besteuern als die weniger umfangreiche Bürokratie eines weniger intensiv managerialen Staates.

9. Eine Erörterung der verschiedenen territorialen Größenordnungen und Eigenarten sowie der zwischengebietlichen Beziehungen in der »lockeren« hydraulischen Ordnung des traditionellen China findet sich bei Wittfogel, 1931, S. 252—272.

10. Mez, 1922, S. 423—428.

11. A. a. O., S. 423.

12. A. a. O., S. 423—428.

Das Einsammeln des agrarischen Mehrprodukts war mehr zentralisiert im Peru der Inkas als im Aztekenreich, wo die lokalen Angelegenheiten nicht von Regierungsvertretern, sondern von den Häuptlingen der örtlichen *calpulli* besorgt wurden. In den kompakt hydraulischen Gesellschaften des alten Nahen Ostens scheinen die Steuern zumeist von Staatsbeamten eingezogen worden zu sein. Zumeist: es ist erwiesen, daß man im pharaonischen Ägypten in gewissen Perioden Mittelsmänner verwandte [13]. Unter griechischem und römischem Einfluß wurde dann im hellenistischen und im römischen Nahen Osten die Steuerpacht eingeführt [14]; aber die absolutistischen Regierungen gingen bald daran, ihre Macht zu festigen, indem sie das System der Steuerpacht änderten und es schließlich ganz seiner Bedeutung beraubten [15]. Vom Staate bestellte (»liturgische«) Steuereinnehmer, meist wohlhabende Städter, ergänzten die fiskalische Bürokratie; und große (bürokratische) Grundbesitzer übernahmen eine ähnliche Aufgabe mit größerem Profit und weniger Gefahr für sich selbst [16]. So beseitigte das hydraulisch lockere römische Reich den unabhängigen Steuerpächter des antiken Griechenlands und des republikanischen Roms, ohne zu den alten ägyptischen und babylonischen Methoden der unmittelbaren bürokratischen Steuererhebung zurückzukehren.

Diesen Schritt zu tun, blieb den arabischen Herren des Nahen Ostens vorbehalten, deren Macht in massiven hydraulischen Zentren wie Damaskus, Kairo und Bagdad wurzelte. Unter den Omaijaden überwog das bürokratische fiskalische System; und die Steuerpächter, die die abbasidische Regierung zu verwenden begann, waren immer noch fest in die bürokratische Ordnung eingefügt. In Mesopotamien machten sie einen Teil des Beamtentums aus [17]. In China gehörten einige örtliche Steuereinnehmer nicht zur eigentlichen Beamtenschaft [18]; aber bürokratische Methoden der Steuereinnahme scheinen stets gang und gäbe gewesen zu sein.

b. Wandel in der hydraulischen Dichte eines hydraulischen Gebiets

Die Eingliederung neuhydraulischer oder nichthydraulischer Gebiete in eine lockere hydraulische Gesellschaft führt gewöhnlich in diesen Gebieten zur Bildung einer Bürokratie. Dies geschah, als die alten Zentren der chinesischen Kultur in die »barbarischen« Gegenden Mittel- und Südchinas einbrachen.

Die Eingliederung eines kompakten hydraulischen Gebiets in ein hydrau-

13. Gardiner, 1948, II, S. 9, 69, 88, 163.

14. Wilcken, 1912, S. 182 ff., 212 ff.

15. *A. a. O.*, S. 183 ff., 212 ff., 230; Wallace, 1938, S. 286 ff.; Johnson und West, 1949, S. 299, 321 ff.

16. Wilcken, 1912, S. 230 f.

17. Mez, 1922, S. 125; vgl. Becker, IS, I, S. 237, 239 und *passim*.

18. S. oben, Kap. 4.

lisch lockeres Reich pflegt die entgegengesetzte Wirkung zu haben. Die Herrscher, die gewöhnt sind, mit einem weniger kompakten Beamtentum auszukommen, können möglicherweise auch den bürokratischen Apparat der hydraulisch kompakten Gegend einschränken. Dies geschah, als das Niltal dem römischen Reiche einverleibt wurde.

7. HYDRAULISCH INTERESSIERTE UND NICHTINTERESSIERTE HERREN HYDRAULISCHER GESELLSCHAFTEN

Ein zweiter Faktor, der die bürokratische Dichte einer hydraulischen Gesellschaft ändern kann, ist das Interesse (oder das fehlende Interesse) der Machthaber am hydraulischen Betrieb. Wie bereits erwähnt wurde, eine hydraulische Gesellschaft kann auf eine niedrige Stufe der Rationalität herabsinken, wenn sie von Eroberern regiert wird, denen an der managerialen Agrikultur wenig liegt, oder wenn die einheimischen Herren ihre produktiven Aufgaben vernachlässigen. Die negative Einstellung von Eroberern zum hydraulischen Betrieb ist meist eine Folge ihrer nicht-hydraulischen Herkunft. Ein nicht aus äußeren Gründen erfolgender Verfall mag durch das Sinken der Regierungseinnahmen verursacht sein, und dieses mag vom extremen Anwachsen des Privateigentumssektors oder von der Degeneration der im Luxus der totalen Macht schwelgenden Oberschicht herrühren.

Die räumliche Beziehung zwischen den Hauptgebieten politischer Macht und der hydraulischen Wirtschaft kann auch von Bedeutung sein. Die Herrscher mögen ihre Residenz in der Nähe der Hauptzentren des agrarischen Wohlstandes und Überschusses aufschlagen, oder aber sie mögen sich in beträchtlicher Entfernung von diesen Gegenden niederlassen. Im zweiten Falle werden oft militärische Erwägungen als Grund für die Wahl angegeben, und mitunter mag dies in der Tat der einzige Grund sein. Häufig jedoch haben die Herrscher, insbesondere Eroberer-Herrscher, es vorgezogen, ihre Hauptstadt in der nichthydraulischen Peripherie zu errichten, weil sie sich dort heimischer fühlten als in den Kerngebieten der hydraulischen Welt.

In China deckten sich die Zentren politischer Führung und hydraulischer Wirtschaft mehr oder weniger bis zum ersten Jahrtausend n. Chr. Dann schuf die zunehmende Fruchtbarkeit des Jangtsegebiets einen Konflikt mit den Verteidigungsnotwendigkeiten der lebenswichtigen nördlichen Grenzzone; und von nun an pendelte der Sitz der Zentralregierung hin und her. Aber der Norden blieb zu einem gewissen Grade immer hydraulisch; und die nördlichen Hauptstädte waren hydraulisch durch den Kaiserkanal mit den wichtigsten Reisgebieten Mittelchinas verbunden.

In Indien war die große nördliche Ebene, das Hauptgebiet der hydraulischen Landwirtschaft, auch der logische Platz für die politische Metropole; und die mohammedanischen Herrscher Indiens haben, ebenso wie ihre Hindu-Vorgänger, in der Tat dort residiert. Aber sie zeigten weniger hydraulisches Interesse als die früheren einheimischen Herrscher. Dieses Interesse fehlte ihnen zwar nicht gänzlich; und obgleich sie sogar große Bewässerungswerke schufen und erhielten, stellten sie nie völlig die großartige hydraulische Wirtschaft wieder her, die offenbar im Maurya-Reich blühte. Die bedeutende Stellung, die sie örtlichen Großen und Steuerpächtern einräumten, ist ein Ausdruck der verhältnismäßig niedrigen bürokratischen Dichte, die für das Indien der Muslimherrschaft charakteristisch war.

Die späteren römischen Kaiser erlagen den Lockungen des Ostens. Dennoch errichteten sie ihre neue Hauptstadt nicht in einem der klassischen Gebiete hydraulischer Agrikultur (Ägypten, Syrien und Mesopotamien), sondern am Hellespont, der herkömmlichen Wasserscheide zwischen dem hydraulischen Osten und dem nichthydraulischen Westen. Und obgleich jahrhundertelange Vertrautheit mit den Methoden der managerialen Despotie sie anregte, in großem Maßstabe zu planen und zu bauen, gaben sie sich damit zufrieden, ihre hydraulischen Besitzungen aus der Ferne zu verwalten. Sie waren höchst wagemutig in der Schaffung nichthydraulischer Anlagen (Verkehrsstraßen und Grenzwälle); aber sie entfalteten viel weniger agrarmanagerialen Unternehmungsgeist. Obgleich ihnen das Verständnis für hydraulische Werke keineswegs abging, suchten sie möglichst große Einnahmen aus der Landwirtschaft mit einer möglichst kleinen Bürokratie zu erzielen. Obgleich sie rationelle Herrscher waren, verwirklichten sie nicht das zweckrationale Maximum der hydraulischen Welt, die sie beherrschten.

Die Römer, die Konstantinopel zur Hauptstadt ihres Reiches machten, hatten ein halbes Jahrtausend praktischer Erfahrung mit der hellenistischen Abart hydraulischer Staatskunst hinter sich. Die osmanischen Türken, die 1361 Adrianopel, 1453 Konstantinopel, 1517 Ägypten und 1534 Mesopotamien eroberten, waren ebenfalls mit den höheren hydraulischen Agrarkulturen nicht unbekannt; schließlich hatten sie ja seit den Anfängen ihrer Geschichte an der Peripherie der hydraulischen Welt gelebt. Aber sie waren Viehzüchter gewesen, und aus diesem Grunde lag ihnen vermutlich weniger an der Förderung der Landwirtschaft [19] als an militärischen Unternehmungen, und so bemühten sie sich mehr um die Erweiterung ihres Reiches als um die Intensivierung seines hydraulischen Kerns. Allerdings waren die großen Bewässerungswerke Mesopotamiens zerstört, als die Türken kamen; aber die Geschichte Chinas und Indiens beweist, daß hydraulische Anstrengung rasch wiederherzustellen vermag, was antihydraulische Tätigkeit zerstört hat. Die Türken brachen nicht mit der agrarmanagerialen Tradition in Ägypten und Syrien, aber sie machten keinen nennenswerten Versuch, Irak wieder aufzubauen. Alles in allem zeigten sie kein wirksames Interesse an einem hydraulischen Aufschwung [20]. Als orientalisch despotische Organisatoren des Krie-

19. Vgl. Lybyer, 1913, S. 147.
20. S. für gelegentliche Ausnahmen Longrigg, 1925, S. 127.

ges, des Friedens und der fiskalischen Ausbeutung waren sie außerordentlich erfolgreich; und in einigen wenigen Verwaltungszentren setzten sie eine große Anzahl von Beamten ein. Aber ihr manageriales Interesse blieb gering; und so geschah es, daß sie ihr viele Länder umspannendes Reich mit einer verhältnismäßig kleinen Berufsbürokratie regierten.

8. PERIODEN AGRARMANAGERIALER ANPASSUNG, ENTARTUNG UND RESTAURATION

Natürlich ist die Wirtschaftsgesinnung einer herrschenden Gruppe nicht unveränderlich. Trotz beträchtlicher Unterschiede im Grade der kulturellen und sozialen Assimilation gilt dies auch für nomadische Eindringlinge.

Die Stämme, die China eroberten, waren in der Regel bereit, die einheimische Überlieferung auf gewissen Gebieten nichthydraulischer Bau- und Verwaltungstätigkeit aufrechtzuerhalten; und viele von ihnen erkannten, jedenfalls in oberflächlicher Weise, die Bedeutung der Bewässerungslandwirtschaft an. Wohl keiner der nördlichen Eroberer hatte ein so starkes hydraulisches Interesse wie die Mandschus, die schon vor dem Eindringen in China in ihrer Heimat Land bewässert hatten[21]. Im Nahen Osten zeigten die Omaijaden, die die Eroberungsherrschaft der ersten Nachfolger des Propheten befestigten, gleichfalls ein außerordentliches Interesse an hydraulischen Unternehmen[22]. Nomadische und halbnomadische Eroberervölker, die sich hydraulische Belange angelegen sein lassen, tun dies gewöhnlich nicht während der ersten Zeit ihrer Herrschaft, sondern später; und oft werden sie in bezug auf ihre managerialen Aufgaben träge und fahrlässig, ehe sie ihre hydraulischen Möglichkeiten erschöpft haben. Einheimische Fürsten bemühen sich dagegen häufig am stärksten um hydraulische Unternehmungen in den Anfängen ihrer Macht, und sie beginnen nachlässig zu werden, erst nachdem ihre Herrschaft konsolidiert ist. In beiden Fällen kann der Verfall verzögert werden durch äußere Umstände; er kann beschleunigt werden durch das Wachsen des Großeigentums, dessen Repräsentanten einen zunehmenden Anteil am nationalen Mehrprodukt beanspruchen[23]. Wenn ein Teil der despotischen Elite (vornehmlich der Hof und die ihm nahestehenden Beamtengruppen) der korrumpierenden Wirkung der totalen Macht erliegt, kann ein anderer Teil (andere Angehörige der Beamtenschicht sowie ihnen verwandte und befreundete Elemente der

21. Wittfogel, 1949, S. 10.

22. Lammens, 1907, S. 131 ff., 140; ders., 1914, S. 179 ff.; Miles, 1948, S. 236 ff.; Wellhausen, 1927, S. 252 und Anm. 1, S. 331 ff.; Gabrieli, 1935, S. 12 ff., 22, 128 ff.

23. S. für einen Versuch, die großen agrarischen und politischen Krisen in der chinesischen Gesellschaft aus diesen und anderen sozialen Faktoren zu erklären Wittfogel, 1927, S. 322 ff., 328 ff.; ders., 1935, S. 53; vgl. Wittfogel und Fêng, 1949, S. 377. S. für eine Analyse der Agrarkrisen als einer allgemeinen Erscheinung in der orientalischen Gesellschaft Wittfogel, 1938, S. 109 ff.

bürokratischen *Gentry*) sich in den Besitz der Macht setzen. Im Gefolge dieses Vorganges kann eine »kathartische« und »regenerative« Revolution die extreme Irrationalität des vorigen Regimes beseitigen.

Eine derartige Entwicklung läßt die Grundlagen der traditionellen despotischen Ordnung völlig unberührt; sie stellt nur ihre Lebensfähigkeit wieder her. Die ersten Herrscher vieler Dynastien in Ägypten, Babylonien, China, Indien, Persien, Mexiko und in der islamischen Welt sind wegen ihrer Energie und Tüchtigkeit gepriesen worden. Regenerative Aufschwünge können auch in einer späteren Phase der Herrschaft einer Dynastie erfolgen; dann, ebenso wie in der Anfangszeit, können ernsthafte Versuche unternommen werden, eine wirksame hydraulische Verwaltung und eine rationelle Steuererhebung zu schaffen. In beiden Fällen beweisen die weitsichtigeren und weniger kompromittierten Elemente der herrschenden Bürokratie ihre Fähigkeit, das Land wirksamer zu regieren als ihre genußsüchtigen und »korrupten« Rivalen.

9. DAS BEHARRUNGSVERMÖGEN HERUNTERGEKOMMENER AGRARMANAGERIALER HYDRAULISCHER GESELLSCHAFTEN

Die herrschenden Mythen der orientalischen Despotie schreiben fast jedem Gründer einer neuen Dynastie solche regenerative Leistungen zu; aber eine vorurteilslose Prüfung der Tatsachen führt zu weniger schmeichelhaften Schlußfolgerungen. Wo unabhängige Kritik und unabhängiger politischer Druck unzulässig sind, da werden die Herren des absolutistischen Apparats viel mehr angezogen von den unmittelbaren Vorteilen der totalen Macht als von möglichen Ergebnissen zweckrationaler – wenn auch egoistisch rationaler – managerialer Bemühungen. Genußsucht bestimmt daher häufiger das Verhalten der Herrscher als das Bestreben, ein zweckrationales Optimum zu erzielen.

Und dies gilt nicht nur für die Mehrzahl der späteren Souveräne, sondern auch für manchen Dynastiegründer. Diese Männer sind ungeachtet ihrer Energie oft mehr darauf eingestellt, die Schwächen des alten Regimes auszunutzen als die Möglichkeiten der neuen Ordnung. Nachdem sie die Masse der Militär- und Zivilbeamten für ihre Sache gewonnen haben, beseitigen sie eifrig die anstößigsten Mißbräuche auf den Gebieten der Steuererhebung, der Staatsform und der Rechtspflege; und sie führen auch die vordringlichsten Verbesserungen auf dem Gebiet des Bauwesens und des hydraulischen Betriebs durch; aber ihnen fehlt zumeist die Einsicht und das notwendige Personal, um die Regierung auf eine beträchtlich höhere Stufe hydraulischer und fiskalischer Leistung zu erheben. In den zahllosen Dynastiewechseln, die die Geschichte der agrarmanagerialen Kulturen kennzeichnen, sind grundlegende regenerative Aufschwünge die Ausnahme und nicht die Regel.

Natürlich würde das Aufhören aller hydraulischer Tätigkeit das agrarische Leben lähmen, und zwar nicht nur in völlig trocknen Gebieten, sondern auch in vielen halbtrocknen Gegenden. Demzufolge wird sogar eine hydraulisch uninteressierte orientalische Regierung sich ihren managerialen Aufgaben nicht ganz entziehen. Sie muß ja die Wirtschaft irgendwie in Gang halten, auch wenn sie sich weitgehend und nicht allzu rationell auf örtliche Kräfte und Gruppen stützt. Während der letzten Phase der byzantinischen Herrschaft in Ägypten sollen einflußreiche Grundbesitzer, von denen übrigens die meisten mit der Bürokratie verbunden waren [24], vielerorts die Deiche und Kanäle gut instand gehalten haben [25]. In welchem Maße dies die hydraulische Tätigkeit der Regierung beeinträchtigte, läßt sich nicht genau sagen. Jedoch war selbst in dieser kritischen Zeit Ägyptens Bewässerungswirtschaft hinreichend koordiniert und leistungsfähig, um die Bevölkerung zu ernähren und eine riesige Steuereinnahme zu gewährleisten. Irgendwie gelang es der hydraulischen Wirtschaft, sich zu erhalten. Als 639 die Araber ins Land kamen, fanden sie im Niltal eine Bevölkerung von etwa sieben Millionen vor [26], d. h. ungefähr ebenso viele Menschen wie unter der ptolemäischen Herrschaft dort gelebt hatten.

C. DIE PERIPHERIE DER HYDRAULISCHEN WELT

In trocknen und halbtrocknen Landschaften können seßhafte Agrarkulturen nur auf der Grundlage einer hydraulischen Wirtschaft dauernd und erfolgreich bestehen. In der mäßig feuchten Randzone der trocknen und halbtrocknen Welt ist das agrarische Leben nicht an solche Bedingungen gebunden. Hier kann die orientalische Despotie sich erhalten ohne eine nennenswerte oder ohne jede hydraulische Grundlage.

I. WECHSELNDE OPERATIVE UND BÜROKRATISCHE DICHTE IN DER PERIPHERIE DER HYDRAULISCHEN WELT

In den hydraulischen Kerngebieten gibt der Grad der hydraulischen Dichte einen wesentlichen Maßstab für die institutionelle Dichte. In den peripherischen Gebieten jedoch gilt dieses Kriterium nicht. Hier tut man besser, die bürokratische Dichte mittels anderer Methoden zu bestimmen. Hier muß man vor allem das Ausmaß absolutistischer Tätigkeit auf den Gebieten der Orga-

---

24. S. Kap. 7, S.
25. Hardy, 1931, S. 59 ff., 113; Johnson und West, 1949, S. 11.
26. S. für den Anfang der arabischen Zeit Johnson und West, 1949, S. 263 (6 000 000, Kinder und Greise nicht eingerechnet); vgl. Munier, 1932, S. 84; s. für das ptolemäische Ägypten Diodor, I, 31 (gegen 7 000 000); vgl. Josephus, JW, 2.16 (7 500 000); Wilcken, 1899, I, S. 489 ff.

nisation der (zumeist nichthydraulischen) Bautätigkeit und der Steuererhebung berücksichtigen.

Ein Vergleich zwischen dem byzantinischen Reich der mittleren Periode (bis 1071) und dem postmongolischen Rußland fördert bedeutsame Unterschiede zutage. Byzanz unterhielt beträchtliche hydraulische Einrichtungen, vornehmlich zur Beschaffung von Trinkwasser [27]; im moskowitischen Rußland gab es solche Einrichtungen nicht. Im Unterschied zu Byzanz entfalteten die moskowitischen Russen auch keine umfassende nichthydraulische Bautätigkeit. Die Gründer Ostroms stellten das alte Straßennetz wieder her [28]; und ihre Straßen bildeten die Grundlage für das byzantinische Verkehrssystem [29], das in beschränktem Umfange unter den Türken fortbestand [30].

Die Byzantiner machten riesige bautechnische Anstrengungen auch zu Verteidigungszwecken. Sie schützten ihre Grenzen durch einen Festungsgürtel; und hier, wie im Bereich des Verkehrswesens, wurde Fronarbeit verwandt [31]. Nach dem Sieg der Seldschuken im Jahre 1071 bei Mantzikert lebte der absolutistische byzantinische Staat weiter fort, und Fronarbeiter für den Straßenbau wurden noch im 12. Jahrhundert ausgehoben [32]; aber der Schwung der Frühzeit war dahin. Die große Heeresstraße, die vormals Perioden des Verfalls und des Aufschwungs erlebt hatte, wurde offenbar nur bis zum 11. Jahrhundert gut instand gehalten [33].

Als die Mongolen ihre Herrschaft über Rußland begründeten, bauten sie weder feste Straßen noch Grenzschutzwälle oder Ketten von Grenzforts. Sie begnügten sich damit, die organisatorischen und aneignenden Methoden totaler Macht anzuwenden. Auf diesen beiden Gebieten waren Byzanz und das absolutistische Rußland einander ähnlich, wenn freilich nicht gleich.

Die Byzantiner ermittelten den Reichtum ihres Landes durch eine Buchführung auf der Grundlage ausführlicher Kataster [34]. Sie monopolisierten den Schnellverkehr und das Nachrichtenwesen durch die staatliche Post [35]. Sie kontrollierten streng die wichtigsten Berufszweige im Handwerk und Han-

---

27. Bréhier, 1950, S. 90 ff. S. für eine Beschreibung einiger dieser Anlagen Ritter, 1858, S. 155, 160, 167, 202, 346, 378, 406, 496, 547. Die meisten lokalen und regionalen hydraulischen Bauten, die zur Türkenzeit bestanden, gehen wahrscheinlich auf die Byzantiner zurück.

28. Ramsay, 1890, S. 74 ff.

29. A. a. O.; vgl. Bréhier, 1949, S. 328 ff.

30. Vgl. Ramsay, 1890, S. 74; Taeschner, 1926, S. 202 ff.

31. Ostrogorsky, 1940, S. 261; Honigmann, 1935, S. 44 und *passim*; s. für den Charakter und Zweck dieser Befestigungsanlagen Ramsay, 1890, S. 200.

32. S. Ostrogorsky, 1940, S. 243 f., 261, 277.

33. Ramsay, 1890, S. 199.

34. Bréhier, 1949, S. 262.

35. A. a. O., S. 328 ff.; vgl. die Beschreibung der byzantinischen Post am Ende des 9. Jahrhunderts durch Hārūn b. Yahya (Marquart, 1903, S. 207 ff.).

del – wiederum bis zum 11. Jahrhundert [36]. Und sie unterhielten Heere, deren ordentliche Koordinierung in scharfem Gegensatz zu den ungefügen Haufen des feudalen Europa stand [37].

Alle diese Züge finden sich auch im moskowitischen Rußland. Der ausgereifte moskowitische Staat registrierte die große Mehrzahl der Bevölkerung zu fiskalischen und militärischen Zwecken [38], er betrieb und unterhielt ein entwickeltes »Post«-(Relais-)System [39], er kontrollierte den Handel [40], und er verfuhr despotisch bei der Aushebung und Verwendung seiner Soldaten [41].

In den früheren Perioden der beiden Despotien wurden Personen, die dem Staate gedient hatten, mit Dienstland entlohnt. In Byzanz entstand dieses System am Vorabend der arabischen Eroberungen als eine Notstandsmaßnahme zur Abwehr der persischen Angriffe. Es hatte seine Wurzel in älteren römischen Einrichtungen [42], und es erhielt seine klassische Form unter Herakleios I. (610–641); aber es folgte Mustern, die im alten Orient seit den Zeiten Sumers und Babylons bestanden hatten und die auch im zeitgenössischen Persien in Kraft waren [43]. Unter dem System der Themen *(themata)* erhielt jeder byzantinische Soldat einen Bauernhof, der, genau wie seine Dienstverpflichtung, erblich und unteilbar war [44].

Diese plebejische Abart eines absolutistischen Dienstlandsystems erhielt sich bis zum 11. Jahrhundert. Dann aber, nach der vernichtenden Niederlage bei Mantzikert, änderte sich dies. Da infolge der neuerlichen Bedeutung der schweren Reiterei die Großgrundbesitzer militärisch wichtiger waren als die Soldatenbauern der »Themen«, machte der Staat sie zum Kern seines reorganisierten Militär-(und Dienstland-)Systems [45].

Zugleich mit dieser Reform kam es auch zu wichtigen Reformen im Bereich des Steuerwesens. Vom 7. bis zum 11. Jahrhundert erhob die Regierung ihre Einnahmen meist durch ihre Beamten, und die Themenbauern, die im wesent-

---

36. Bréhier, 1950, S. 220 ff.

37. S. oben, Kap. 3.

38. S. Karamsin, HER, VI, S. 439 (Iwan III.); Herberstein, NR, I, S. 95 (Vasilij III.); und Staden, 1930, S. 57 (Iwan IV.); vgl. Kluchevsky, HR, II, S. 126 ff., 138; III, S. 235 ff.; und Milukow, 1898, S. 129 ff.

39. Karamsin, HER, VI, S. 448 (Iwan III.); Herberstein, NR, I, S. 108 (Vasily III.).

40. Herberstein, NR, I, S. 111; Staden, 1930, S. 52 ff.; Fletcher, 1856, S. 57 ff.; vgl. Kulisher, 1925, S. 345 ff.; und Lyashchenko, 1949, S. 224 ff.

41. S. für das Entstehen des Systems Herberstein, NR, I, S. 95 ff.; s. für seine Blüte Staden, 1930, S. 58; vgl. Kluchevsky, HR, II, S. 48, 111, 115. Wie unten näher ausgeführt werden wird, bestanden alle diese Institutionen schon vor Iwan III. (1462–1505), während dessen Regierung das tatarische Joch zusammenbrach.

42. Ostrogorsky, 1940, S. 57, Anm. 4.

43. Stein, 1920, S. 50 ff.; vgl. Ostrogorsky, 1940, S. 57, Anm. 4.

44. Ostrogorsky, 1940, S. 57 ff., 87.

45. Vgl. *A. a. O.*, S. 262.

lichen von ihrem Dienstland lebten, bildeten kein ernsthaftes steuertechnisches Problem [46]. Aber die Inhaber der *pronoia*-Güter, der größeren Bodeneinheiten, die den Kern des späteren Dienstlandsystems bildeten, stellten eine Anzahl schwerbewaffneter Soldaten und erhoben zugleich die Steuern von den *pronoia*-Bauern [47]. Zusammen mit den neu eingesetzten Steuerpächtern [48] bildeten die *Pronoiare* eine Schicht halbamtlicher Steuereinnehmer, die von der Regierung weniger scharf überwacht wurden als die Angehörigen der herkömmlichen fiskalischen Bürokratie.

Die russische Entwicklung weist mehrere Sondermerkmale auf. Die moskowitischen Dienstlandinhaber, die *pomeščiki*, waren – soweit sie Militärdienst leisteten – von Anfang an hauptsächlich schwerbewaffnete Reiter, und wegen der größeren Aufwendungen, die ihre Ausrüstung verlangte, erhielten sie gewöhnlich Güter zugewiesen, die größer waren als ein Bauernhof. Innerhalb ihrer *pomest'e* nahmen sie von ihren Bauern die Steuern ein. Demzufolge flossen ihrer Regierung, wie derjenigen des späteren Byzanz, die Einnahmen nur teilweise durch berufsmäßige Steuerbeamte zu.

Beide Regimes verwandten despotische Regierungsmethoden in der Organisation und der Steuereinziehung. Im Bauwesen aber verwandte nur Byzanz solche Methoden in größerem Maßstab, und zwar vor allem bis zum 11. Jahrhundert. Die Einschränkung der Bautätigkeit nach der Katastrophe von Mantzikert hat eine aufschlußreiche Parallele in der Einschränkung der fiskalischen Bürokratie. Im moskowitischen Rußland war die staatliche Bautätigkeit von Anfang an unerheblich; und das Steuersystem war, auch von Anfang an, durch das Vorhandensein eines großen nichtbürokratischen Sektors charakterisiert.

So läßt sich also eine positive Beziehung zwischen operativer und bürokratischer Dichte nicht nur für die Kerngebiete, sondern auch für die Peripherie der hydraulischen Welt feststellen. Diese Beziehung wird erheblich durch andere Faktoren modifiziert. Aber die Erfahrung bestätigt, was die theoretische Erwägung nahelegt: Unter sonst gleichen Bedingungen hat die Dichte der despotischen Bürokratie die Tendenz, im Verhältnis zu ihren Funktionen zu- oder abzunehmen.

46. A. a. O., S. 58. Ostrogorsky weist darauf hin, daß nach den *Tactica Leonis* (XX, 71) die Soldatenbauern gewisse Steuern zu entrichten hatten; allerdings bezogen sie auch einen »sehr geringen Sold«. Das »herakleianische System« hatte somit »einen außerordentlichen Rückgang der Staatsausgaben« zur Folge (*a. a. O.*, S. 58, Anm.).

47. A. a. O., S. 262.

48. A. a. O., S. 232.

In Byzanz und im nachmongolischen Rußland kontrollierte der Staat den Boden entweder steuerlich oder administrativ, und in beiden Staaten war ein beträchtlicher Prozentsatz der Ländereien den Soldatenbauern der »Themen«, den *Pronoiaren* und den *pomeščiki* als Dienstland zugeteilt. In sozialer und wirtschaftlicher Beziehung waren die Inhaber der *pronoia* mächtiger als die plebejischen Bauernsoldaten der »Themen«, aber sie ähnelten mehr den russischen *pomeščiki* als den Feudalherren Westeuropas. Die *Pronoiare* sowie die *pomeščiki* hatten dem Staat einen Teil ihrer landwirtschaftlichen Einnahmen abzuliefern und waren ihren Regierungen zu absolutem Gehorsam verpflichtet. Im Gegensatz zu den feudalen und nachfeudalen Grundbesitzern waren beide Gruppen unfähig, unabhängige politische Körperschaften, »Stände«, zu bilden.

Aber diese Verhältnisse waren nicht unveränderlich. Im späten Byzanz dauerten sie bis 1204, dem Jahre, in dem das griechische Kaiserreich vom lateinischen abgelöst wurde; und sie änderten sich sehr erheblich in der Endphase der byzantinischen Geschichte, die im Jahre 1453 ihren Abschluß fand. In Rußland existierten sie bis 1762, dem Jahre, in dem das frühere *pomest'e*-Land seinen Inhabern als Privateigentum übergeben wurde.

In der späteren Zeit des byzantinischen Reiches und im nachmongolischen Rußland gewannen Privateigentum und Privatunternehmen beträchtlich an Bedeutung. Angesichts dieses Tatbestandes stellen wir zwei Fragen: Erstens, ist solch eine Entwicklung typisch für die agrarischen Despotien, und zweitens, in welchem Maße hat das Wachsen eigentumsmäßiger Kräfte die gesellschaftlichen Wandlungen hervorgerufen, die in Byzanz in der Zeit von 1261 bis 1453 und in Rußland von 1861 bis 1917 vor sich gingen?

In Byzanz spielte der Großgrundbesitz schon vor 1071 eine wichtige Rolle; aber er gewann sehr an Bedeutung, als im ausgehenden 11. und im angehenden 12. Jahrhundert die grundbesitzenden *Pronoiare* zusätzliche wirtschaftliche und gerichtliche Machtbefugnisse gewannen. Nach dem Untergang des lateinischen Kaisertums erlangten die *Pronoiare*, die bisher ihre Güter nur befristet besessen hatten, das »erbliche und uneingeschränkte Eigentum« über ihre Ländereien. Und die ihnen zugebilligten Steuerfreiheiten wurden viel größer als vorher [49]. Der dadurch bedingte Rückgang der staatlichen Einnahmen trug entscheidend zur Schwächung des byzantinischen Reiches bei, das schließlich unfähig wurde, den Türken erfolgreich Widerstand zu leisten.

Im zaristischen Rußland nahmen die Dinge einen anderen Verlauf. Hier machte die Industrialisierung im 18. und besonders im 19. Jahrhundert beachtliche Fortschritte; und Hand in Hand damit wuchs das Privateigentum, zunächst das unbewegliche (Land) und am Ende auch das bewegliche (Kapital).

49. *A. a. O.*, S. 344.

Das Wachsen eigentumsmäßiger Kräfte führte in der byzantinischen Gesellschaft nicht eine Umwandlung herbei, die man mit derjenigen des nachmittelalterlichen Westeuropa vergleichen kann, und vor 1917 war es den russischen Eigentümern nicht möglich, die Beherrscher des absolutistischen Staatsapparats zu beseitigen. Warum nicht? Verstanden die Träger und Nutznießer der totalen Macht, was auf dem Spiel stand? Und machten sie es sich zur Aufgabe, die Vertreter des Privateigentums zu isolieren und zu lähmen?

In der Theorie ist es einfach, das eine Lager scharf vom anderen zu trennen. Die wirklichen Verhältnisse waren viel verwickelter. In Byzanz, im zaristischen Rußland und in den meisten anderen orientalisch despotischen Staaten waren die Menschen des Apparats häufig zugleich Privateigentümer. Folglich erschien der Zusammenstoß zwischen den Interessen des absolutistischen Regimes und denjenigen des Privateigentums auch – und oft vor allem – als ein Konflikt zwischen verschiedenen Angehörigen einer und derselben herrschenden Klasse, oder sogar als ein Konflikt zwischen verschiedenen Interessen der einzelnen Angehörigen dieser Klasse. Warum stellen solche Personen – als Angehörige sozialer Gruppen und auf lange Sicht – ihre bürokratischen Interessen über ihre eigentumsmäßigen Interessen?

a. Bürokratische Interessen, die den Fortbestand der
despotischen Ordnung fördern

Der Zivil- oder Militärbeamte einer agrarischen Despotie ist Mitglied einer bürokratischen Hierarchie, die in ihrer Gesamtheit mehr Macht, Einkommen und Ansehen besitzt als jede andere Gruppe der Gesellschaft. Gewiß, die Stellung, die er heute innehat und diejenige, die er morgen zu gewinnen hofft, birgt das Risiko eines totalen Unterganges in sich; und er kann sich daher nie sicher fühlen. Aber dies gilt auch für den Eigentümer, der im Schatten der totalen Macht operiert; und die Gefahren, die mit seiner gesellschaftlichen Lage verbunden sind, sind nicht aufgewogen durch die Befriedigung, die die aktive Beteiligung an den Wagnissen und Vorrechten totaler Macht gewährt. So kommt es, daß selbst die Angehörigen der bürokratischen Klasse, die nicht im Amte sind, das absolutistische Regime, in dem sie vielleicht morgen wieder eine Stellung bekleiden werden, nicht grundsätzlich in Frage stellen. Und die Amtsträger dieser Klasse verteidigen angesichts des entscheidenden Konflikts aggressiv die Vorrechte bürokratischer Macht, Bereicherung und Geltung, deren sie sich zur Zeit erfreuen.

Eine enge und allzu vereinfachte Interpretation hat das Problem dadurch verdunkelt, daß sie nur die Interessen einer einzigen Person, des autokratischen Herrschers, ins Auge faßte. Der Despot ist freilich bestrebt, seine absolute Macht zu behaupten, aber ohne einen wirksamen Regierungsapparat kann er dies nicht erreichen. Die Könige im mittelalterlichen Europa fanden die absolutistische Macht ebenso anziehend wie ihre byzantinischen Kollegen; aber diese hatten Erfolg, wo jene scheiterten, weil die byzantinische Bürokratie das System totaler Macht, das dem Souverän wie den Männern des Apparats frommte, aufrechterhielt, während die Lehensvasallen der westeuropäischen Könige ihre Privilegien dadurch schützten und erhielten, daß sie die Macht des Königs zersplitterten und einschränkten.

Bis zu welchem Grade ist die Vormachtstellung des Heeres in agrarmanagerialen Ländern ein Zeichen feudaler Dezentralisation? Militärbeamte sind nicht weniger als ihre Kollegen im Zivildienst Angehörige des Staatsapparats; dies ist die wichtigste Tatsache, die die ersten Jahrhunderte des römischen Kaiserreichs lehren. Eben in dieser Zeit, als das Militär die Führung hatte, gelangte der römische Absolutismus zu voller Blüte. Die Festigung despotischer Macht im moskowitischen Rußland brachte eine erhebliche bürokratische Tätigkeit mit sich; aber die überwältigende Mehrzahl der neuen Dienstleute führte das Schwert, nicht die Feder. Im späteren Byzanz taten die Chefs des militärischen Teils der Regierung sich auch politisch hervor. Diese Tatsache spiegelt den zunehmenden Druck wider, dem der Staat durch die Angriffe ausländischer Feinde ausgesetzt war, aber sie bedeutet nicht, daß die militärischen Führer ihrer Regierung nur bedingt und innerhalb vertragsmäßig festgesetzter Grenzen – das heißt: als Angehörige eines feudalen Adels – dienten.

b. Spätbyzanz: Marasmus, nicht schöpferische Reform

All dies müssen wir bedenken, wenn wir den gesellschaftlichen Einfluß des Großgrundeigentums auf die spätbyzantinische Gesellschaft zu ermessen suchen. Das Grundeigentum wuchs während der ersten Jahrhunderte des Mittleren Reiches, aber der staatliche Schutz der Bauernhöfe und die periodische Konfiszierung großer Güter [50] verlangsamten die Entwicklung beträchtlich. Nach dem Jahre 1071 wurde die Regierungskontrolle schwächer; aber der Staat blieb immer noch der Herr über die ländliche Wirtschaft. »Die für den Westen charakteristische ›Wandlung‹ der Kataster in Privaturbare ... hat sich ... im Osten in der Tat *nie* vollzogen.« [51] Und wie sehr auch die *Pronoiare* sich persönlich bereicherten, sie mußten nicht nur Soldaten stellen, sondern auch einen großen Teil der von ihnen eingetriebenen Steuern an die Regierung abgeben [52].

Nach dem Zwischenspiel des lateinischen Kaiserreiches erlangte der byzantinische Staat nie wieder seine alte Machtfülle. Die Großgrundbesitzer waren

50. *A. a. O.*, S. 216 f.; *ders.*, 1942, S. 209.
51. Dölger, 1927, S. 94, Anm.
52. Ostrogorsky, 1940, S. 262 f.

nunmehr stark genug, einen weit größeren Prozentsatz des nationalen Mehrprodukts als früher zurückzuhalten, aber trotzdem vermochten sie nicht, sich zusammenzuschließen. Weder sie noch die Repräsentanten des beweglichen städtischen Eigentums schufen das ganze Land umfassende Korporationen: Stände. Das Privateigentum wuchs; aber es blieb politisch unorganisiert. Im Gegensatz zur westlichen Entwicklung führte der Aufstieg des Privateigentums in Byzanz nicht zur Geburt einer neuen Gesellschaft. Er erreichte nur die Schwächung und Lähmung der alten Gesellschaft.

c. Das außerordentliche Beharrungsvermögen der zaristischen Bürokratie

Seit dem Jahre 1204 ersetzte das lateinische Kaisertum zeitweise das traditionelle despotische Regime. Was geschah dann? Beeinflußten die quasifeudalen Institutionen dieses Reiches (und letztlich der westlichen Feinde Konstantinopels) den bürokratischen Absolutismus von Byzanz so tief, daß jener nie wieder seine alte Überlegenheit zurückgewinnen konnte? Mit anderen Worten, gelang es den ländlichen und städtischen Eigentümern nur deshalb, die byzantinische Staatsgewalt in den letzten Jahrhunderten zu paralysieren, weil ausländische Mächte der Despotie das Rückgrat gebrochen hatten?

Für diese Fragen, die grundlegende Bedeutung haben, gibt uns die Geschichte des zaristischen Rußland außerordentlich wichtige Aufschlüsse. Das nachmongolische Rußland erlitt mehrere feindliche Invasionen, aber vor 1917 wurde die absolutistische Regierungsgewalt nie völlig gebrochen. Rußlands Industrialisierung wurde sehr durch das Beispiel der westlichen Entwicklungen angeregt. Ausländisches Kapital floß in private (kapitalistische) Unternehmen und verstärkte das Gewicht des auf Privateigentum basierten gesellschaftlichen Sektors. Und die Methoden und Ideen des Westens hatten einen erheblichen Einfluß auf Rußlands Denken und Handeln. Alle diese äußeren Einflüsse vernichteten jedoch nicht den absolutistischen Charakter des Staates. Die Beziehung der zaristischen Bürokratie zu den Kräften des Privateigentums – und schließlich auch zur Arbeiterschaft – blieb von Verhältnissen bestimmt, die lange in der traditionellen russischen Gesellschaft wirksam gewesen waren. Diese Beziehung äußerte sich stets in einer absoluten Überlegenheit der Bürokratie.

Die Herren des despotischen Staatsapparats beantworteten den historischen Wandel mit einem Wandel in ihrer Haltung, aber bis zum Jahre 1917 gaben sie ihre totale Macht nicht auf. Als es im angehenden 18. Jahrhundert offenkundig wurde, daß Industrialisierung für die Verteidigung des Landes lebenswichtig war, begnügte sich die zaristische Regierung nicht damit, die neuen Industrien zu beaufsichtigen und zu regulieren, wie das die absolutistischen Regierungen Westeuropas taten. Sie leitete selbst die Mehrzahl der schwerindustriellen Betriebe und darüber hinaus auch einen Teil der leichten Industrie [53],

53. Im Jahre 1743 zwang der Staat etwa 63 000 männliche »Seelen«, in seinen

und wahrscheinlich wurde die Mehrzahl der dort verwendeten Arbeitskräfte zwangsweise beschäftigt [54].

Das Maschinenzeitalter warf viele neue Fragen auf, sowohl in der agrarischen wie in der industriellen Lebenssphäre. Die herrschende Bürokratie löste sie – zweifellos in schwerfälliger Weise, aber erfolgreich, was die Behauptung ihrer Vormachtstellung betrifft. Das zaristische Regime befreite die Leibeignen; aber es übte eine strenge Kontrolle über die Dörfer aus, die in quasi-orientalischer Weise verwaltet wurden. Während der letzten Jahrzehnte des 19. Jahrhunderts scheint die russische Regierung, mittels direkter und indirekter Steuern, den Bauern fast das ganze landwirtschaftliche Produkt [55] abgenommen zu haben – d. h. fast 50 Prozent des bäuerlichen Gesamteinkommens [56]. Und dieselbe Bürokratie, die ihre fiskalischen Interessen so wirksam zu wahren wußte, ließ es ruhig geschehen, daß der grundbesitzende Adel einen großen Teil seiner Güter verlor. Zwischen 1861 und 1914 ging der Grundbesitz dieser Schicht um 40 Prozent zurück [57]. Und Stolypins Reformprogramm vom Jahre 1906 zeigte das absolutistische Beamtentum mehr interessiert an der Schaffung einer Klasse starker besitzender Bauern als am Schutze der Ländereien seines eigenen Eigentümerflügels.

Im nichtagrarischen Wirtschaftssektor paßte man sich den neuen Bedingungen ähnlich zweckdienlich an. Die Regierung förderte kapitalistische Privatunternehmen in Industrie und Handel und – in geringerem Grade – auch im Verkehrs- und Bankwesen. Aber noch im Anfang des 20. Jahrhunderts betrieb sie in eigener Regie die meisten Eisenbahnen; sie behielt die steuertech-

Bergwerken im Ural zu arbeiten. Etwa 87 000 »Seelen« fronten in den staatlichen Kaliunternehmen (Mavor, 1925, I, S. 441) und eine unbekannte Anzahl von Personen außerhalb dieser beiden Hauptzweige staatlicher Produktion. In privaten Werkstätten und Fabriken arbeiteten ungefähr 30 000 (zugewiesene) männliche »Seelen« (a. a. O., S. 493). Die Bedeutung der staatlich geleiteten Industrie sank zeitweise unter Elisabeth (1741–1762) (a. a. O., S. 440 ff.); aber sie nahm einen mächtigen Aufschwung in den letzten Jahrzehnten des 18. Jahrhunderts. Die vierte Volkszählung ergab, daß in den Jahren 1781–1783 ungefähr 210 000 und 54 000 »Seelen« den staatlichen Bergwerken, bzw. Privatbetrieben zugewiesen waren (a. a. O., S. 441). Nach dem etwas weniger vollständigen Bericht des Manufakturkollegiums arbeiteten im Jahre 1780 in den privaten Bergwerken 51 000 »Seelen«, und ungefähr 24 000 außerhalb des Kerngebiets der russischen Industrie, des Urals (a. a. O., S. 493).

54. Die Schwerindustrie bildete das Rückgrat der staatlichen Betriebe, und bis zum »Anfang des neunzehnten Jahrhunderts wurden die Eisengruben und Schmelzöfen nur mittels Zwangsarbeit betrieben« (a. a. O., S. 534).

55. Im eigentlichen Sinne. Die Mehrzahl der Bauern gewann etwa die Hälfte ihres Einkommens durch zusätzliche Tätigkeit, die sie entweder auf ihrem Hofe (Handwerk) oder außerhalb desselben verrichteten.

56. S. Stepniak, 1888, S. 155 ff.; und Nicolai-on, 1899, S. 171; vgl. Milukow, 1898, S. 142 ff.

57. S. Robinson, 1949, S. 129 ff., 268, 270.

nische Kontrolle über die umfassenden »Monopolindustrien«, und sie überwachte die ausländischen Kapitalanlagen. Durch staatliche Garantien beeinflußte sie etwa ein Drittel der nichtmonopolisierten Leichtindustrie und (1914) nicht weniger als 90 Prozent des Bergbaus, der Grundlage der Schwerindustrie [58].

Diese Daten beleuchten die strategische Stellung, die die zaristische Regierung in der Wirtschaft Rußlands am Anfang des 20. Jahrhunderts einnahm. In Übereinstimmung mit den meisten Forschern bemerkt der führende sowjetische Nationalökonom Lyaščenko, daß das russische Bankwesen vor der Revolution »sich wesentlich vom Bankwesen westlicher kapitalistischer Länder unterschied... Die Staatsbank war die Zentralbank des gesamten russischen Kreditsystems«, und der Direktor der Kreditabteilung des Schatzamtes »kontrollierte den gesamten Finanzapparat des Landes«[59].

Man braucht sich für die Beurteilung der gesellschaftlichen Ordnung in Rußland nicht auf ein einzelnes Kriterium, die Finanzkontrolle, zu beschränken; aber es ist gewiß bezeichnend, daß das ganze Finanzwesen des Landes von einem einzigen Büro des zaristischen Staatsapparats beherrscht wurde. Wenn wir uns die Rolle der zaristischen Bürokratie in der ländlichen und städtischen Gesellschaft vergegenwärtigen, ist es schwer, die Schlußfolgerung zu vermeiden, daß noch am Anfang des 20. Jahrhunderts die Männer des despotischen Staatsapparats stärker waren als die Gesellschaft.

d. Die ottomanische Türkei

Die Endphase des ottomanischen Reichs vereinigt Merkmale, die sowohl für die byzantinische wie für die russische Entwicklung kennzeichnend waren. Das türkische Reich ähnelte Byzanz, dessen Gebiet sich zum großen Teil mit dem seinen deckte, darin, daß es ebenfalls ursprünglich klassische Gebiete der hydraulischen Wirtschaft beherrschte; und es ähnelte dem zaristischen Rußland darin, daß es stark durch das moderne industrielle Europa beeinflußt wurde. Im Unterschied zu Byzanz fiel der Verlust seiner hydraulischen Provinzen zeitlich mit dem Absinken seiner politischen Macht zusammen; und im Unterschied zu Rußland erfolgte der zunehmende wirtschaftliche und kulturelle Einfluß des industriellen Westens gleichzeitig mit oder im Gefolge von ausländischen Eingriffen, die die staatliche Souveränität der Türkei wesentlich einschränkten.

e. Verschiedenartige Entwicklungen

In jedem der drei Staaten waren von außen kommende Angriffe ein entscheidender Faktor für die Schwächung des despotischen Regimes. Indirekt bestätigt dies das Beharrungsvermögen der orientalischen Despotie.

58. Prokopowitsch, 1913, S. 17 ff., 31, 39 ff.; Lyashchenko, 1949, S. 534 ff., 716.
59. Lyashchenko, 1949, S. 701, 706.

Was Byzanz anbelangt, so ist es nicht ganz klar, ob der endliche Marasmus des despotischen Regimes vorwiegend durch äußere oder innere Faktoren hervorgerufen wurde – durch die Eroberung des Jahres 1204 oder durch das außerordentliche Wachstum des Großgrundbesitzes. Klar ist jedoch, daß die wachsenden eigentumsmäßigen Kräfte sich nicht scharf und schöpferisch von dem verfallenden Staat lossagten. Der Einfluß des Westens reichte aus, die traditionelle despotische Regierung zu lähmen, er war aber nicht stark genug, um den Weg für den Aufstieg einer neuen auf Eigentum gegründeten (kapitalistischen) Gesellschaft zu bahnen.

In Rußland empfing der bürokratische Absolutismus seinen Todesstoß von außen erst im Jahre 1917. Vor der Februarrevolution hatte sich die marginale orientalische Despotie erfolgreich den Anforderungen der fortschreitenden Industrialisierung angepaßt. Die zaristische Regierung machte dem beweglichen und unbeweglichen Eigentum immer neue Zugeständnisse, und während ihrer letzten Jahre gestattete sie sogar, daß eine Anzahl politischer Organisationen sich auf nationaler Ebene betätigten [60]. Aber dieser Entwicklung ungeachtet, hielt sich das bürokratische Regime bis zum Anfang des Jahres 1917.

Der ottomanischen Türkei brachen die ausländischen Mächte das Rückgrat durch eine Reihe von Kriegen; und obgleich Rußland an der militärischen Niederwerfung der Türkei beteiligt war, überwog doch der westeuropäische Einfluß in der darauf folgenden inneren Umgestaltung. Westeuropa stand Pate bei den wichtigen Verfassungsreformen der Türkei. Infolge der geringeren Entwicklung eines unabhängigen Grundbesitzes und Kapitals blieben die türkischen Reformen zunächst oberflächlicher als im Zarenreich, und dies, obgleich in der Türkei das erste Parlament verhältnismäßig früh (1876–1877) zusammentrat. Die Schwäche der unabhängigen inneren Kräfte wurde allerdings zu einem gewissen Grade aufgewogen durch den zunehmenden Verfall des traditionellen Staatsapparats, der nach den im Zweiten Balkankriege und im Ersten Weltkriege erlittenen Niederlagen schließlich ganz zusammenbrach.

4. MARGINALE AGRARISCHE DESPOTIEN MIT DEUTLICH ERKENNBAREN HYDRAULISCHEN ZÜGEN

Im Bereich der marginalen agrarischen Despotien haben das moskowitische Rußland und das mittlere Zeitalter der byzantinischen Geschichte, die manche kulturelle Ähnlichkeiten aufweisen, einen Zug gemeinsam, der im Rahmen unserer Untersuchung besonders bedeutsam ist: In keiner dieser beiden Gesellschaften spielten agrarhydraulische Tätigkeiten eine belangvolle Rolle. Dagegen ähneln sich das Liao-Reich und die Maya, die kulturell wenig gemein hatten, in einem Punkte: in beiden Gesellschaften gab es deutlich erkennbare hydraulische Züge.

60. S. unten, Kap. 10.

a. Das Liao-Reich

Das Liao-Reich erheischt unsere besondere Aufmerksamkeit aus einer Reihe von Gründen. Es ist eine der wenigen fernöstlichen Eroberungsgesellschaften, in denen »barbarische« (Hirten-)Eroberer – in diesem Falle die Kh'i-tan – einen Teil Chinas beherrschten, ohne ihr politisches Zentrum von ihren inner-asiatischen Weidegründen in die unterworfenen (nord-)chinesischen Gebiete zu verlegen. Die Liao-Dynastie ist zeitlich die erste der vier großen histori-schen chinesischen Eroberdynastien; die drei übrigen sind die Dynastien Tschin (Herrschervolk: Jutschen), Yüan (Mongolen) und Tsch'ing (Mandschus). Im Liao-Reich finden wir daher bedeutsame Parallelen zu den Einrichtungen jener drei anderen Dynastien – und auch zu anderen Dynastien, die in China und in anderen Ländern durch Eroberung oder schrittweise Durchdringung zur Macht gekommen sind[61].

Während der zweihundert Jahre ihrer Herrschaft haben es die Kh'i-tan nie zu einem wirklichen Verständnis für die Möglichkeiten einer hydraulischen Landwirtschaft gebracht. Ähnlich wie viele andere berittene »Barbaren«, blie-ben sie mißtrauisch gegen die bewässerten Felder, die die freie Entfaltung ihrer Kavallerie beeinträchtigten[62]. Der größte Teil ihrer agrarischen Gebiete hatte jedoch eine lange hydraulische Tradition hinter sich. Man hatte dort Kanäle gegraben und Flüsse eingedeicht, ehe sich die Liao-Macht über Nordchina und die Mandschurei ausdehnte[63]; und die Kh'i-tan-Eroberer waren offenbar durchaus bereit, dieses hydraulische Erbe zu bewahren. Als eine Überschwem-mung dreißig Dörfer im jetzigen Hopei unter Wasser setzte, »ordnete eine kaiserliche Verordnung an, die alten Kanäle auszubaggern«[64]; und als im Jahre 1074 ein übermäßiger Regenfall die Bevölkerung des Liao-Flußtales be-drohte, befahl »der Kanzler des Nordens eine umfassende Mobilisierung der körperlich tauglichen Männer längs des ganzen Flusses, um die Deiche wieder-herzustellen«. Ein erfahrener Beamter warnte, daß solche »weitgehende Ar-beiten« zur Zeit nicht vorteilhaft seien, und er verlangte, daß man die Ar-beitsfron einstelle. »Der kaiserliche Hof pflichtete dem bei und brachte das Unternehmen zum Stillstand.« Die darauf folgenden Ereignisse bestätigten die Berechtigung der Warnung – der Fluß verursachte kein weiteres Unheil – sie beleuchteten außerdem den Umfang und Druck einer solchen hydrauli-

---

61. Diese Untersuchung wurde dadurch erleichtert, daß die chinesischen Unter-tanen der Liao-Dynastie, die mit der Kunst der Geschichtsschreibung vertraut waren, die Institutionen der Liao-Gesellschaft ausführlicher dargestellt haben als die Chro-nisten der meisten anderen Eroberungsgesellschaften Asiens, die von Hirtenvölkern beherrscht wurden. Die Gründe für diese Erscheinung erörtert Wittfogel, 1949, *passim*.

62. Wittfogel und Fêng, 1949, S. 123 ff., 136.

63. A. a. O., S. 365, 371, 373 f.

64. A. a. O., S. 371.

schen Fron. »Über eine Strecke von tausend *li* [64a] längs des Flusses war jedermann hoch erfreut. [65]«

Die Liao-Regierung war gleichermaßen fähig – und erheblich williger –, die zur Verfügung stehenden Arbeitskräfte für nichthydraulische Bauten einzusetzen. Verkehrsstraßen wurden unterhalten und wiederhergestellt [66] – in einem Falle mit einem riesigen Fronaufgebot von zweihunderttausend Mann [67]; Befestigungslinien wurden längs der Grenze gebaut [68]; und zwei neue Hauptstädte und viele Paläste, Tempel und Grabstätten wurden nördlich der alten Sitze chinesischer Kultur geschaffen [69]. Literarische Quellen und archäologische Funde zeigen, daß der Arbeitsdienst des Liao-Staats sehr wirksam war vom Standpunkt der Herrscher, und sehr verhaßt vom Standpunkt der Bevölkerung [70].

Als große Baumeister waren die Liao-Herrscher auch große Organisatoren. Ihre Büros registrierten die Bevölkerung für die Steuer, für den Frondienst und für die Soldatenaushebung [71]. Ihr Postsystem war umfassend und schnell [72]. Und ihr Heer war eine gut koordinierte Kampfmaschine. Wir haben Grund anzunehmen, daß Dschingis Khan seine furchtbare Militärorganisation nach dem Muster der Liao-Heere gestaltet hat [73].

Diese bautechnischen und organisatorischen Entwicklungen wurden ergänzt durch echt hydraulische Aneignungsmethoden. Einige als Sinekuren »verliehene« Gebiete freilich hatten ausschließlich ihre Weinsteuer an die Zentralregierung abzuliefern [74], aber diese Gebiete umfaßten nur einen Bruchteil des Reiches [75], und die meisten von ihnen fielen schließlich wieder ganz an die Regierung zurück [76]. In der großen Mehrzahl der Verwaltungsbezirke bestand der Staat darauf, daß alle Untertanen Steuern zahlten [77] und daß sie ihren Arbeits- und Militärdienst verrichteten. Mächtige Familien und Klöster versuchten, die auf ihren Ländereien ansässigen Familien aus den amtlichen Listen zu streichen, aber der Staat war offenbar nicht bereit, sie ihrer fiskalischen Verpflichtungen zu entbinden [78].

64a. Etwa 500 km.
65. Wittfogel und Fêng, 1949, S. 373.
66. A. a. O., S. 160, 165.
67. A. a. O., S. 370.
68. A. a. O., S. 365, 373, 522.
69. A. a. O., S. 367 ff.
70. A. a. O., S. 366.
71. A. a. O., S. 112 ff., 370 ff., 520, 559.
72. A. a. O., S. 162.
73. A. a. O., S. 533.
74. A. a. O., S. 65 ff.
75. A. a. O., S. 66 ff.
76. A. a. O., S. 45, 65 und Anm. 29.
77. A. a. O., S. 310 ff.
78. *Chin Shih*, 96. 4b; vgl. Wittfogel und Fêng, 1949, S. 296.

Die Endkrise der Liao-Herrschaft hat alle Merkmale einer dynastischen Krise einer typischen agrarischen Despotie. Die Landeigentümer vergrößerten zwar ihren Besitz[79], nicht aber ihre organisatorische Stärke. Der Zusammenbruch der Dynastie führte nicht zur Schaffung einer auf Privateigentum begründeten industriellen Ordnung. Im Gegenteil, er führte zur Wiederherstellung und Verjüngung der alten agrarmanagerialen Gesellschaft.

b. Die Mayagesellschaft

Mehrere ökologische und kulturelle Züge der Mayakultur sind einzigartig. Aber diese einzigartigen Züge verbanden sich mit bautechnischen, organisatorischen und fiskalischen Verhältnissen, die den Verhältnissen in anderen marginal agrarmanagerialen Gesellschaften ausgesprochen ähneln.

Das Siedlungsgebiet der alten Maya umfaßte den größten Teil des heutigen Guatemala, den Westen der Republik Honduras, das ganze britische Honduras und den mexikanischen Staat Yukatan. Wie die meisten anderen Gebiete Mittelamerikas hat auch das historische Mayaland scharf geschiedene Trokken- und Regenzeiten. Vom Mai bis zum Oktober fallen erhebliche Niederschläge, in den übrigen Monaten regnet es wenig. Diese Zweiteilung begünstigte eine umfassende hydraulische Entwicklung im mexikanischen Seengebiet und in verschiedenen südlichen Hochlandgebieten, die Maya-Zonen von Guatemala und Honduras einbegriffen. Jedoch in großen Teilen des Mayagebietes haben geologische Eigentümlichkeiten den hydraulischen Unternehmungen eine spezifische und begrenzte Form gegeben. Fast die gesamte Tiefebene Yukatans und ein großer Teil der Hügelzone zwischen jener Ebene und dem Gebirge besteht aus einem äußerst porösen Mineral, nämlich Kalkstein; demzufolge durchdringt das Regenwasser schnell die Oberfläche und sinkt auf ein Grundwasserniveau hinab, das von oben schwer erreichbar ist.

Eine Landschaft, in der es keine Flüsse und Seen geben kann, ist natürlich für eine Bewässerungslandwirtschaft höchst ungeeignet. Und dies ist noch nicht alles: Das Fehlen natürlicher Sammelstellen für Trinkwasser – abgesehen von einigen wenigen brunnenähnlichen Wasserlöchern – stellt jeder dauernden und massenhaften Besiedlung ein ernstes Hindernis entgegen. Wer zu siedeln versuchen will, muß daher konzentrierte Anstrengungen machen – nicht für den Zweck der Bewässerung, sondern um Trinkwasser zu sammeln und aufzubewahren. Unter solchen Umständen dürfen wir die Entwicklung hydraulischer Einrichtungen erwarten, die in anderen agrarischen Gesellschaften nur eine untergeordnete Rolle spielen.

Als Cortez sich 1519 auf kurze Zeit in Yukatan aufhielt, beobachtete er Brunnen (pozos) und Wasserbehälter (albercas) bei den Wohnhäusern der »Adligen«[80]. Und im Jahre 1566 betonte Landa in der ersten systemati-

---

79. Wittfogel und Fêng, 1949, S. 124, 296, 572.
80. Cortes, 1866, S. 24.

schen Beschreibung der Mayakultur die einzigartigen Schwierigkeiten, die sich aus den Wasserverhältnissen des Gebiets ergaben, sowie die Methoden, mit denen Wasser beschafft wurde, »teilweise durch menschliches Bemühen und teilweise durch die Natur«[81]. Es ist bezeichnend, daß Landa, ebenso wie die Verfasser der *Relaciones de Yucatán*[82], die menschliche Tätigkeit an erster Stelle aufführt.

Die Einrichtungen zur Beschaffung von Trinkwasser waren 1. künstliche Brunnen (*pozos* oder *cenotes* im ursprünglichen Sinne des Mayawortes)[83], 2. Zisternen (*chultuns*) und 3. durch Menschenhand geschaffene große Wasserbecken (*aguadas*). Die *Relaciones* berichten über künstliche *pozos*, die sich überall im Tiefland befanden[84]; und die ersten europäischen Beobachter verstanden sehr gut, wie schwierig es war, gute Brunnen ohne Hilfe von Metallwerkzeugen zu graben und instand zu halten[85]. Sogar nach der Einführung von Eisengeräten erforderte die Instandhaltung und Benutzung der von Menschen gegrabenen Brunnen oft überlegtes gemeinsames Handeln[86]. In einigen Fällen waren die angewandten Methoden »unglaublich« kompliziert[87], und ihre Durchführung erheischte die aktive Beteiligung der Bevölkerung einer ganzen Stadt[88].

Aber so wichtig auch die *cenotes* waren, sie enthielten in der Regel nicht genügend Wasser für eine große Bevölkerung. Casares, ein Ingenieur im heutigen Yukatan, sagt darüber: »Wenn wir für unsere Wasserversorgung auf die künstlichen Brunnen angewiesen wären, dann wäre der größte Teil unserer Halbinsel unbewohnbar.«[89] Demzufolge erlangen die Zisternen und *aguadas* Yukatans eine entscheidende Bedeutung.

Flaschenförmige unterirdische Bauten mit runden Öffnungen, *chultuns*, wurden an verschiedenen Orten entdeckt. In Uxmal beobachtete Stephens »ihrer so viele, und an Stellen, wo man sie so wenig erwartete, daß sie jedes Abweichen von den gebahnten Pfaden gefährlich machten, und bis zum letzten Tage unseres Besuches fanden wir ständig neue«[90]. Diese Anlagen waren offenbar »riesige Behälter für die Wasserversorgung der Stadt«[91].

Freilich waren dies nicht die einzigen Vorrichtungen ihrer Art. Außer den

81. Landa, 1938, S. 225; vgl. Tozzer, 1941, S. 187 und Anm. 975.
82. RY, I, S. 116, 144, 182, 206, 210, 221, 248, 266. Gelegentlich wird der Hauptnachdruck auf die natürlichen *pozos* gelegt (*a. a. O.*, S. 47, und vielleicht S. 290).
83. Roys, 1933, S. 75, 175.
84. RY, I, S. 116 und *passim*.
85. Landa, 1938, S. 226.
86. Stephens, 1848, I, S. 335; II, S. 144 und *passim*.
87. *A. a. O.*, I, S. 357.
88. *A. a. O.;* Casares (1907, S. 221) pflichtet dieser Auffassung bei.
89. Casares, 1907, S. 217.
90. Stephens, 1848, I, S. 231.
91. *A. a. O.*, ITCA, II, S. 429.

cenotes und Zisternen [92] schufen die alten Mayas umfangreiche Teiche oder Seen, *aguadas*. Selbst im Hügelland, wo das Gelände natürliche Wasserhöhlen oder Mulden, *sartenejos*, aufwies, betrachtet Casares die natürlichen und künstlichen *aguadas* als viel bedeutsamer. Die von Menschenhand geschaffenen *aguadas* waren nach Form und Beschaffenheit sehr verschieden: »Einige haben einen steinernen Boden, andere nicht, und sie kommen in allen Größenordnungen vor – sie sind wahre Kunstwerke – Zeugen der Erfindungsgabe und Tüchtigkeit ihrer Schöpfer.«[93]

Nur wenige Forscher haben diese *aguadas* mit soviel Eifer untersucht wie der Pionier Stephens. Auf den ersten Blick erschienen viele als Gebilde der Natur [94]; und Stephens' Gewährsmänner waren überzeugt – mit Recht, wie die neuere Forschung nachgewiesen hat [95] –, daß in den Wäldern vielleicht noch Hunderte von *aguadas* begraben sind, die einst das lebenbringende Wasser für die dichte Bevölkerung Yukatans aufbewahrten [96].

Vom Standpunkt der hydraulischen Organisation ist es schwer, die Bedeutung dieser Tatsache zu überschätzen. Die *cenotes* erheischten zumeist nur die Zusammenarbeit kleinerer Gemeinden; und die Zisternen in den Städten wurden wahrscheinlich von den Arbeitsgruppen gebaut und instand gehalten, die »ohne Bezahlung die Häuser der Herren bauten«[97]. Aber im Falle der *aguadas* war ausgedehntere Zusammenarbeit notwendig. Um die Mitte des 19. Jahrhunderts gewann ein *ranchero*, der die bei seinem Gut gelegene *aguada* reinigen wollte, »die Mitarbeit aller *ranchos* und *haciendas* in einem Umkreis von mehreren Meilen, und am Ende hatte er so ziemlich jedermann für diese Aufgabe eingespannt; einmal hatte er 1500 Indianer und achtzig Aufseher am Werke«[98]. Soviel koordinierte Arbeit war nötig, um eine einzige *aguada* mit eisernen Werkzeugen zu reinigen. Unter den steinzeitlichen Verhältnissen der alten Mayakultur hat das Reinigen und mehr noch das Schaffen eines ganzen Netzes von *aguadas* zweifellos ein riesiges Aufgebot von Arbeitern erfordert.

Weitere Forschungen müssen unternommen werden, um die institutionelle Bedeutung der durch Menschenhand geschaffenen *cenotes*, Zisternen und *aguadas* genau zu bestimmen; aber selbst unsere bescheidene heutige Kenntnis berechtigt uns schon zu der Feststellung, daß die Bautätigkeiten der Maya

92. Stephens (1848, I, S. 232) nimmt an, das die *chultuns* von Uxmal die Bevölkerung der zugrunde gegangenen Stadt »zum Teil« mit Wasser versorgten. Casares (1907, S. 227) weist ebenfalls darauf hin, daß die Zisternen nicht ausreichten, den Wasserbedarf der meisten alten Städte zu decken.

93. Casares, 1907, S. 218.

94. Stephens, 1848, I, S. 250.

95. S. Ruppert und Denison, 1943, S. 3 und *passim*.

96. Stephens, 1848, II, S. 213.

97. Tozzer, 1941, S. 86 = Landa, 1938, S. 104.

98. Stephens, 1848, II, S. 211 ff.

einen nicht unbeträchtlichen hydraulischen Sektor enthielten. *Aguadas* verwandte man nicht nur im Tiefland, sondern auch in der Hügelzone[99], wo sich einige der ältesten Zentren der Mayakultur befanden[100]. Und Bewässerungskanäle, künstliche Seen und andere allgemein verbreitete Formen hydraulischer Anlagen hat man im Gebirgsland des Mayagebiets[101] gefunden und natürlich auch in der Hügelzone[102].

Die nichthydraulischen Bauten der alten Maya sind oft beschrieben worden. Die frühesten spanischen Berichte betonen den großen Umfang der »Häuser« und »Gebäude«, die das Volk für seine weltlichen und geistlichen Herren errichtete[103]; die großartigen Ruinen bestätigen dies. Massive Steinwege verbanden eine Anzahl Städte; sie müssen nicht weniger als die Pyramiden, Paläste und Tempel große Aufgebote an Fronarbeit erfordert haben[104].

Einige Arten der Baufron wurden unentgeltlich verrichtet[105]; und dies mag auch für solche Frondienste wie die landwirtschaftlichen Arbeiten für »die Herren« gegolten haben[106]. Aber ganz gleich, wie die Bezahlung für

99. Ruppert und Denison, 1943, *passim.*

100. *A. a. O.;* vgl. Morley, 1947, S. 43.

101. In der alten Mayastadt Palenque entdeckte Stephens die Überreste eines mit großen Steinen bekleideten Kanals (Stephens, ITCA, II, S. 321 und 344). Blom fand ein umfangreiches Entwässerungssystem »in anderen Teilen der Ruinen« (Blom und La Farge, TT, I, S. 189). Er beobachtete auch ein »ziemlich umfangreiches« Bewässerungssystem in Amatenango, Chiapas (*a. a. O.,* II, S. 396), d. h. in einer Gegend, die einst zum alten Mayareich gehörte. Weiter östlich, in Guatemala, stieß Stephens (ITCA, I, S. 206) auf »einen großen künstlichen See, der durch das Abdämmen verschiedener Flüsse« geschaffen war. Ein Kanal in Honduras, der wahrscheinlich prähistorisch ist, mag einen großen Teil der unteren Ebene am Yojoasee bewässert haben (Strong, Kidder und Paul, 1938, S. 101).

102. Die Hügelzone zwischen dem Gebirgsland und Nordyukatan enthält trogartige Senkungen, deren lehmiger Boden »Seen, morastige Niederungen und Flüsse« enthält (Lundell, 1937, S. 5; Ricketson, 1937, S. 9; Cooke, 1931, S. 287), aber sogar hier besteht der größte Teil des Geländes aus einem so porösen Lehm, daß der natürliche Niederschlag bald unter das leicht zugängliche Niveau sinkt, was für drei oder vier Monate im Jahre einen gefährlichen Wassermangel hervorruft (Ricketson, 1937, S. 10). Flaschenförmige *chultuns* konnten überall zur Aufbewahrung des Wassers verwendet werden, wenn man ihre Wände durch Pflasterung abgedichtet hatte (*a. a. O.,* S. 9 ff.). Eine *aguada* in der Nähe von Uaxactun ist »zweifellos der Überrest eines alten Reservoirs; wenn man ihren Boden bloßlegte, fände man wahrscheinlich den steinernen Fußboden, der sie ursprünglich bedeckte« (Morley, 1938, S. 139).

103. Landa, 1938, S. 104, 209; Tozzer, 1941, S. 85 ff., 170 ff.; vgl. Morley, 1947, S. 174.

104. Tozzer, 1941, S. 174, Anm. 908; Landa, 1938, S. 212; Morley, 1947, S. 339 ff., und Tafel 55; Roys, 1943, S. 51.

105. Landa, 1938, S. 104.

106. *A. a. O.*

Arbeitsleistungen geregelt war, es ist so gut wie sicher, daß die Gemeinfreien diszipliniert für ihre Herren arbeiteten. Angesehene Männer, offenbar Beamte, »denen man bestens gehorchte«[107], vertraten den Herrscher. Und die Macht des Souveräns, der entweder einen einzelnen Stadtstaat oder eine Gruppe solcher politischen Einheiten beherrschte, läßt sich an der Tatsache ermessen, daß die örtlichen Beamten von der Steuer, die sie für das Regierungszentrum erhoben, keinen Anteil zurückbehielten[108]. Die sogenannten »Stadträte«, die den höchsten Beamten des Ortes zur Seite standen, hatten »die Verantwortung für bestimmte Stadtteile, wo sie Tribut erhoben und andere Aufgaben der städtischen Verwaltung erfüllten«[109]. Einer Beschreibung lokaler Verhältnisse zufolge hatten die Aufseher über die Stadtviertel dafür zu sorgen, daß die Tribute und die Dienste (die kommunalen Arbeiten?) zur rechten Zeit geleistet wurden; sie hatten die Bevölkerung ihrer Stadtviertel für öffentliche Mahlzeiten, Feste und für den Krieg aufzurufen[110]. Es gab mehrere Arten von Zivilbeamten, die eine Hieroglyphenschrift verwandten und u. a. Landregister führten[111]; es gab ferner Militärbeamte, von denen einige auf Lebenszeit, andere für drei Jahre ernannt wurden[112]. Auserlesene Leute, die im Kriege eine besondere Rolle spielten und die besonders entlohnt wurden, scheinen eine Kaderarmee gebildet zu haben; aber »andere Personen konnten auch eingezogen werden«[113]. Die Herrscher bestimmten (und beschränkten) die Dauer eines Feldzuges nach praktischen Gesichtspunkten; die Zeit vom Oktober bis zum Januar, in der die Landwirtschaft wenig Arbeit benötigte, galt als besonders günstig für militärische Unternehmungen[114].

Auch auf dem Gebiete des Steuerwesens war die Macht der Regierung über die Untertanen uneingeschränkt; und man darf annehmen, daß die Herrscher dies voll ausnutzten. Es ist gesagt worden, daß der Tribut leicht war[115], und die den einzelnen Familien abverlangten Summen mögen in der Tat bescheiden gewesen sein. Man muß jedoch bedenken, daß in den mexikanischen Staaten sowie im Inkareiche die Untertanen, die für den Staat oder die Tempel die Felder bestellten, keine Steuern zu entrichten hatten. Demgegenüber belieferten die Gemeinfreien der Maya, die die Äcker ihrer Herren bestell-

107. Tozzer, 1941, S. 87 = Landa, 1938, S. 105.

108. Die örtlichen Beamten wurden vom Volke unterhalten, das ihre Felder bestellte, ihre Häuser in Ordnung hielt und ihnen persönliche Dienste leistete (Tozzer, 1941, S. 62 ff., Anm. 292; Roys, 1943, S. 62).

109. Roys, 1943, S. 63.

110. A. a. O.

111. Tozzer, 1941, S. 28 und Anm. 154, S. 64, Anm. 292.

112. Roys, 1943, S. 66.

113. A. a. O., S. 67.

114. A. a. O.

115. A. a. O., S. 61.

ten, diese zusätzlich noch mit »Mais, Bohnen, Pfeffer, Geflügel, Honig, Baumwolltüchern und Wildbret«[116]. Eine Beschreibung lokaler Verhältnisse deutet an, daß solche Tribute freiwillig geleistet wurden, aber ein anderer Bericht über dieselbe Gegend stellt fest, daß jeder, der nicht lieferte, den Göttern geopfert wurde[117].

5. »LOCKER 2« ODER »MARGINAL 1«?

Unser Überblick über Byzanz, Rußland, das Liao-Reich und die Maya legt eine Reihe von Schlußfolgerungen nahe. Die hydraulische Dichte der vier institutionellen Komplexe war äußerst verschieden: Sie war sehr gering oder gleich Null in den ersten zwei Fällen, und verhältnismäßig groß in den zwei anderen. Man kann in der Tat mit Fug und Recht die Liao- und Mayakulturen als Grenzfälle lockerer hydraulischer Gesellschaften erklären – als Spielarten von »locker 2« im Sinne unserer Symbole. Bis auf weiteres werden wir sie in konservativer Einschätzung als marginal-orientalische Gesellschaften mit beträchtlichen hydraulischen Elementen, also als »marginal 1« (m 1) bezeichnen im Unterschied zu »marginal 2« (m 2), d. h. orientalischen Gesellschaften mit geringfügiger oder gar keiner hydraulischen Substanz.

Die Ähnlichkeit zwischen m 1 und l 2 sowie der große Unterschied zwischen m 1 und m 2 sind ebenso bedeutsam wie die Tatsache, daß alle Spielarten des marginalen Typus die organisatorischen und steuertechnischen Methoden der despotischen Staatskunst anwenden. Wenn sie auch hydraulisch marginal sind, so gehören sie doch aufgrund ihrer Methoden sozialer Kontrolle entschieden zur »orientalischen« Welt.

6. EIN EIGENTUMZERSPLITTERNDES ERBRECHT UND EINE VOM STAATE ABHÄNGIGE HERRSCHENDE RELIGION

Wir könnten viele weitere Daten zur Stützung unserer Haupteinteilung anführen. Wir beschränken uns jedoch hier auf zwei besonders bedeutsame Züge: das zerstückelnde Erbrecht und die Abhängigkeit der religiösen Autorität vom Staat.

Der Kodex Justinians verlangt – in *Novella* 118 – die gleiche Verteilung des Eigentums eines Verstorbenen unter seine Kinder. Diese Bestimmung, was immer ihr Ursprung gewesen sein mag, entspricht vollkommen den Bedürfnissen der agrarischen Despotie.

In Rußland änderten sich die Eigentumsverhältnisse so gründlich wie die institutionelle Ordnung, zu der sie gehörten. *Vočina*-Land, eine vormongolische Art starken Grundeigentums, wurde nicht zerstückelt; und dieser Zustand bestand lange, nachdem die adligen Besitzer solcher Ländereien gezwun-

116. A. a. O.
117. A. a. O.

gen worden waren, dem Staate zu dienen. *Pomest'e*-Land aber war Dienstland. Ursprünglich vererbte es sich vom Vater auf einen Sohn [118]; da jedoch alle erwachsenen Männer zum Zivil- oder Militärdienst herangezogen wurden, betrachtete man schließlich das *pomest'e*-Gut als einen Familienbesitz, der beim Tode des Vaters unter alle seine Erben verteilt wurde [119]. Als die wachsende Bedeutung der Feuerwaffen das aristokratische Reiterheer in ein plebejisches Infanterieheer umwandelte, benötigte man weniger adlige Dienstleute; und Peter I., der den Unterschied zwischen *pomest'e*- und *vočina*-Land aufhob, machte die Nutznießung des neuen Dienstlandes erblich [120]. Das Gesetz vom Jahre 1731 ist ein wichtiger Meilenstein in einem Entwicklungsgang, der das *pomest'e*-Land zum Privatbesitz machte. Seit jenem Jahre wurde *pomest'e*-Land unter alle Kinder verteilt und zwar, dem Gesetzbuch zufolge, »zu gleichen Teilen an alle«[121].

In Westeuropa besaß der Adel am Ende einer Periode vertragsmäßiger und beschränkter (feudaler) Dienstverpflichtung ein durch Erstgeburtsrecht und Fideikommiß gefestigtes Grundeigentum. Dagegen besaß der Adel des zaristischen Rußlands, der einheimischen *vočina*-Überlieferung ungeachtet, am Ende einer Periode zwangsmäßiger und unbeschränkter Dienstverpflichtung ein Grundeigentum, das durch ein zersplitterndes Erbrecht geschwächt war.

In der Liao-Gesellschaft scheint der herrschende Stammesadel – außer im Bereich der kaiserlichen Thronfolge – das Recht der Erstgeburt abgelehnt zu haben [122]; man bewahrte den Nomadenbrauch, allen Söhnen Anteil am Familieneigentum zu gewähren. Im chinesischen Abschnitt des Reiches ließ das Regime es sich angelegen sein, die herkömmlichen chinesischen Gesetze beizubehalten [123]. Viele Edikte lobten die chinesischen Untertanen, die den als ideal betrachteten Lebensformen der chinesischen Familie die Treue hielten [124]. Angesichts dieser Einstellung haben wir keinen Grund, daran zu zweifeln, daß die Regierung auch das zerstückelnde chinesische Erbrecht beibehielt.

Wir sind sicher, daß unter den Maya ebenfalls ein eigentumzersplitterndes Erbrecht galt. Landa bemerkt dazu: »Diese Indianer ließen ihre Töchter nicht mit ihren Brüdern erben, außer aus Freundlichkeit und gutem Willen; und in diesem Falle gaben sie ihnen [den Töchtern] einen Teil des Gesamtvermögens, und die Brüder verteilten den Rest gleichmäßig unter sich, aber so, daß sie demjenigen, der besonders zur Vermehrung des Eigentums beigetragen hatte, den Gegenwert [seines Sonderbeitrags] gaben.«[125]

118. Kljutschewskij, 1945, I, S. 162.
119. A. a. O., S. 163.
120. A. a. O., S. 164 ff.
121. A. a. O., II, S. 91.
122. Wittfogel und Fêng, 1949, S. 398 ff.
123. A. a. O., S. 466 ff., 502.
124. A. a. O., S. 213, 259 und *passim*.
125. Tozzer, 1941, S. 99 = Landa, 1938, S. 114.

In Byzanz war die Kirche von Anbeginn auf nationaler Grundlage organisiert, sie besaß daher günstige Bedingungen für ihr Streben nach Unabhängigkeit. Aber die Herrscher des oströmischen und frühbyzantinischen Reiches behandelten die Religion als Bestandteil des *ius publicum*; und sogar nach den Katastrophen des 7. Jahrhunderts war die Regierung imstande, dem Unabhängigkeitstrieb der Kirche Einhalt zu gebieten. Im 10. Jahrhundert spielte der Kaiser noch immer eine entscheidende Rolle bei der Wahl des Patriarchen; und dank seiner Stellung als oberster Gerichtsherr konnte er auch in die Kirchenverwaltung eingreifen [126].

Bezeichnenderweise gewann die Kirche in der letzten Phase des Mittleren Reiches eine größere Unabhängigkeit, aber selbst damals konnte der Kaiser noch einen ihm entgegenarbeitenden Patriarchen zur Abdankung zwingen [127]. Erst nach der Periode des lateinischen Reiches war die völlig zerrüttete Autokratie gezwungen, eine fast autonome Kirche zu dulden [128].

Im zaristischen Rußland bewies das bürokratische Regime seine außerordentliche Lebenskraft durch seinen Sieg über die östliche Kirche, die nach der Eroberung Konstantinopels durch die Türken ihren Hauptsitz nach Moskau, dem »Dritten Rom« verlegte. Am Ende der mongolischen Ära übte der mächtiger werdende russische Staat eine immer zunehmende Gewalt über die Kirche aus. Iwan III. zog die Hälfte des Klosterlandes in Nowgorod ein, und Iwan IV., der Schreckliche, verlangte mehr Steuern und Dienste vom kirchlichen Grundbesitz [129]; im Jahre 1649 wurde eine »Dienststelle für die Klöster« errichtet, die die Beherrschung der Klöster durch den Staat noch weiter festigte [130]. Peter I. schaffte 1721 das Patriarchat ab und unterstellte die Kirche einer staatlichen Oberhoheit, der Heiligen Synode [131]. Und wenige Jahrzehnte später, nämlich im Jahre 1764, zog der Staat das meiste Kirchenland ohne Entschädigung ein; der Geistlichkeit verblieb nur ein Achtel des Bodenertrags [132]. Infolge dieser politischen, religiösen und wirtschaftlichen Maßnahmen »wurde die Kirche mehr und mehr ein Teil der Verwaltungsmaschine des Staates« [133].

In der Liao-Gesellschaft tauchte die Frage einer unabhängigen Kirche überhaupt nicht auf. Staatsbeamte mit dem Kaiser an der Spitze verrichteten die religiösen Zeremonien zusammen mit einer Anzahl Schamanen, die – wie die

126. Ostrogorsky, 1940, S. 173.
127. Ein ernster Konflikt wurde schließlich zugunsten der Kirche entschieden, nicht weil die Kirche eine so unabhängige Macht war, sondern weil die hohe Bürokratie gegen den Kaiser Stellung nahm (*a. a. O.*, S. 239 f.).
128. *A. a. O.*, S. 348.
129. Sumner, 1949, S. 177.
130. *A. a. O.*, S. 178.
131. *A. a. O.*, S. 184.
132. *A. a. O.*, S. 178.
133. *A. a. O.*, S. 184.

Priester der buddhistischen Tempel – offenbar keinen unabhängigen Verband auf nationaler Ebene, keine »Kirche«, bildeten [134].

Die enge Beziehung zwischen der weltlichen und geistlichen Gewalt bei den Maya wurde bereits erwähnt. Es scheint, daß der Herrscher eines Territorialstaates, der *halach uinic,* religiöse Tätigkeiten ausübte [135]; und gewisse Priester fungierten wahrscheinlich als Heerführer [136]. Aber nichts deutet darauf hin, daß die Priester der großen Tempel in einer einzigen Organisation zusammengeschlossen waren, außer in ihrer Eigenschaft als Regierungsbeamte. Scholes bemerkt, daß »in vielen Fällen priesterliche und politische Funktionen in solchem Maße miteinander verbunden waren, daß es schwierig, wenn nicht unmöglich war, beide zu unterscheiden«[137].

7. VERBREITUNG, ENTSTEHUNG UND INSTITUTIONELLE VERWUNDBARKEIT DER MARGINALEN AGRARISCHEN DESPOTIEN

Mittel- und Spätbyzanz, das Liao-Reich und die Maya zeigen, wie verschieden die marginalen agrarischen Despotien sein konnten. Die Betrachtung anderer hierher gehörender Kulturen würde das Bild noch vielfältiger machen, das wir vom marginalen Typus haben. Die hydraulische Tätigkeit der Hopi-Indianer Arizonas z. B. ist äußerst bescheiden – sie erstreckt sich vor allem auf die Reinigung von Gemeinde-Quellen [138] –, aber ihre Bautätigkeit war eindrucksvoll.

In Tibet gab es gewisse Bewässerungsaufgaben in den Flußtälern der Hochebene zu erfüllen [139], aber das hydraulische Gewicht dieser Aufgaben war wahrscheinlich nicht groß. Die »Mönchsbeamten« [140] verfügten nichtsdestoweniger über einen gut funktionierenden Arbeitsdienst [141] sowie über ein ausgedehntes, schnelles Postsystem [142]. Inhaber zugewiesener Ländereien dienten der Regierung bedingungslos und als regelrechte Beamte [143]; und der fiskalische Apparat besteuerte die überwältigende Mehrzahl der Bevölkerung [144].

Die Könige des alten Kleinasien und gewisse territoriale Herrscher in der

134. Wittfogel und Fêng, 1949, S. 217 ff.

135. Roys, 1943, S. 60.

136. *A. a. O.,* S. 79.

137. Tozzer, 1941, S. 27, Anm. 149.

138. Beaglehole, 1937, S. 30; Wittfogel und Goldfrank, 1943, S. 25; Titiev, 1944, S. 186; Parsons, 1939, I, S. 111.

139. Das, 1904, S. 52, 98, 102; vgl. Hedin, 1917, S. 280, 295, 299, 320.

140. S. für den Ausdruck *monk officials* Das, 1904, S. 233.

141. *A. a. O.,* S. 234, 244 ff.

142. *A. a. O.,* S. 245 ff.

143. *A. a. O.,* S. 231; Bell, 1927, S. 158.

144. S. Rockhill, 1891, S. 292 ff.; Das, 1904, S. 241 ff.

Frühzeit der chinesischen Geschichte taten sich mehr als Bauherren und Organisatoren denn als hydraulische Ingenieure hervor. Aber wenn man den institutionellen Generalnenner erkennt, sieht man leicht, daß all diese Kulturen Spielarten des marginalen Typus der hydraulischen Gesellschaft darstellen.

Wie entstanden diese marginalen Gebilde? Und in welchem Maße waren sie Änderungen zugänglich? Bevor wir diese Fragen zu beantworten versuchen, müssen wir ihren relativen Standort, d. h. ihre räumliche Beziehung zu den größeren hydraulischen Zonen der Welt bestimmen.

a. Geographische Lage

Wenn wir die größeren hydraulischen Zonen der Alten und Neuen Welt als Koordinaten nehmen, dann finden wir, daß viele marginale Komplexe, z. B. die nichthydraulischen Territorialstaaten Altchinas, zwischen den entschieden hydraulischen Gebieten eingestreut sind. Viele andere marginale Komplexe (die Hopi-Pueblos, die Königreiche des alten Kleinasien, Mittelbyzanz, Tibet, Liao und die Maya) erschienen am geographischen Rande hydraulischer Zonen.

Rußland freilich nicht. Rußland hatte keine unmittelbaren hydraulischen Nachbarn, als die Mongolen im 13. Jahrhundert dort ihre orientalisch despotischen Regierungsmethoden einführten. Fälle wie Rußland sind die Ausnahme, nicht die Regel; aber sie beweisen, daß marginale agrarische Despotien in großer Entfernung vom nächsten hydraulischen Zentrum entstehen können.

b. Entstehung

Die relative geographische Lage der meisten marginal-agrarmanagerialen Staaten bietet bedeutsame Hinweise für ihren vermutlichen Ursprung. Die große Mehrzahl all solcher Staaten entstand offenbar nicht früher – und oft nachweislich später – als die ältesten hydraulischen Kulturen des Gebiets. In einigen Fällen, z. B. Byzanz, war das marginale Gebilde eine Absplitterung von einem älteren (lockeren) hydraulischen Ganzen. In anderen war die marginale Despotie einem hydraulischen Kernland benachbart; und wenn sich eine Beziehung auch nicht immer nachweisen läßt, so ist es doch wahrscheinlich, daß die Kernform die Entstehung der Grenzform anregte.

Die baulichen, organisatorischen und steuertechnischen Methoden, die sich im hydraulischen Zentrum entwickelt hatten, mögen unmittelbar auf nichthydraulische Gebiete übertragen worden sein in Perioden einer vorübergehenden Fremdherrschaft; oder einheimische Führer mögen die Herrschaftsmethoden ihrer hydraulischen Nachbarn übernommen haben, die sich vom Standpunkt der Oberschicht empfahlen, und die man ohne Schwierigkeit einer Gesellschaft mit geringer eigentumsmäßiger, militärischer und ideologischer Widerstandskraft aufzwingen konnte. Oder aber Kenner despotischer

Herrschaftsmethoden mögen von ihrer hydraulischen Heimat in benachbarte, nichthydraulische Gebiete übergesiedelt sein, entweder als Flüchtlinge oder als eingeladene Gäste, um Lehrer und Helfer der ausländischen Regierung zu werden.

Auf einem institutionellen Schachbrett, auf dem hydraulische und nichthydraulische Flächen nebeneinander lagen, war Vertrautheit mit den hydraulischen organisatorischen und fiskalischen Methoden wohl die Hauptvorbedingung, um etwa eine locker koordinierte nichthydraulische Stammesgemeinschaft in eine manageriale Ordnung umzuwandeln, selbst wenn die Wirtschaft nicht hydraulisch blieb. Es ist leicht zu verstehen, daß die Hopi-Indianer festungsähnliche Dörfer bauten, genau wie die im eigentlichen Sinne hydraulischen Pueblos, daß sie, wie die Einwohner anderer Pueblos, ihre Arbeitsaufgebote kommunalen Führern unterstellten und daß sie die Felder ihres Häuptlings bestellten.

Eine Verbindung staatlich organisierter hydraulischer Gesellschaften und marginal-agrarmanagerialer Gesellschaften kann aus komplexen Stammeswurzeln hervorgehen. Im vor- und frühgeschichtlichen China mag solch eine Entwicklung angeregt worden sein durch verschiedenartige und lange dauernde kulturelle Beziehungen aus gegenseitigen Besuchen, Bündnisse, Handelsbeziehungen und Eroberungen.

Eine andere mögliche Entstehungsweise ist die Einführung marginal-agrarmanagerialer Einrichtungen durch nichtagrarische Erobererstämme. In diesem Falle verwenden und übertragen die Eroberer organisatorische und fiskalische Methoden der hydraulischen Staatskunst, obwohl sie selbst kaum Landwirtschaft treiben — nicht einmal in nichthydraulischer Form. Als Nomaden können sie unter Umständen diese Methoden auf Gebiete übertragen, die von den politischen und kulturellen Grenzen der nächsten größeren hydraulischen Zone weit entfernt sind. In der Eroberung Rußlands durch die Mongolen geschah beides [145].

Die Macht der Kh'i-tan hatte einen anderen Charakter und Ursprung als diejenige der Goldenen Horde. Der größere Teil der landwirtschaftlichen

145. Der Versuch, den Aufstieg der moskowitischen Despotie als eine innere Reaktion auf einen äußeren militärischen Druck zu erklären, führt gewöhnlich zu der Anschauung, daß jener Druck in der Hauptsache von östlichen nomadischen Angreifern ausgeübt wurde (s. Kluchevsky, HR, II, S. 319 ff.). Die Nachahmung despotischer Gewalttechniken seitens einer nicht-»orientalischen« Regierung liegt natürlich im Bereich des Möglichen, zumal wenn der unter Druck gesetzte nichtstaatliche Gesellschaftssektor nicht über starke, gut organisierte und unabhängige eigentumsmäßige, militärische und ideologische Kräfte verfügt. Die adligen Eigentümer des *vočina*-Landes waren freilich nicht als Stand organisiert, aber sie verfügten über beträchtliche Machtmittel, und die geschichtlichen Ereignisse der Mongolenherrschaft zeigen, daß die Großfürsten Moskaus, die diese Machtmittel zu brechen suchten, sich lange Zeit unmittelbar unter tatarischer Führung befanden.

Gebiete des Liao-Reiches hatte vormals zur alten, lockeren hydraulischen Welt Chinas gehört; und die Kh'i-tan-Herren fanden es leicht, die traditionell absolutistische Verwaltung mit Hilfe chinesischer Beamter fortzuführen, die bereit waren, die jüngeren Teilhaber in einem nicht sehr angenehmen, aber erträglichen Bündnis zu spielen. Wie die Mongolen der Goldenen Horde blieben die Angehörigen des Kh'i-tan-Stammes in ihrer großen Mehrzahl Viehzüchter; aber ihre herrschende Schicht verband sich eng mit den orientalisch despotischen Beamten, die riesige nichthydraulische und auch beträchtliche hydraulische Unternehmungen leiteten.

Die marginal-agrarmanagerialen Gesellschaften, die wir in unserer Übersicht erörtert haben, entstanden auf verschiedene Art, aber dem Anschein nach stammten sie alle von kompakten oder lockeren hydraulischen Gesellschaften her. In vielen Fällen steht solch ein Ausgangspunkt fest, in anderen ist er wahrscheinlich. Ist dies aber der notwendige und einzig mögliche Ursprung solcher managerialen Gesellschaften?

Keineswegs. Es ist durchaus möglich, daß einige agrardespotische Gesellschaften unabhängig von hydraulischen Zentren entstanden sind. Aber offenbar können wir solch eine unabhängige Entwicklung nur dann annehmen, wenn das in Frage kommende despotische Regime die organisatorischen und aneignenden Aufgaben einer hydraulischen Regierung erfüllt und wenn, aus geographischen und historischen Gründen, eine institutionelle Übertragung ganz unwahrscheinlich ist. Ich erkenne die theoretische Möglichkeit eines unabhängigen Entstehens an. Aber ich muß hinzufügen, daß die agrarischen Despotien im Sinne unserer Untersuchung, die zweifellos oder wahrscheinlich von hydraulischen Zentren herstammen, so zahlreich sind, daß die Fälle, in denen ein unabhängiger Ursprung wahrscheinlich ist, unsere Grundthese nicht wesentlich beeinträchtigen: alle historisch bedeutsamen Agrardespotien, die keine hydraulischen Funktionen erfüllen, scheinen von hydraulischen Gesellschaften ihren Ausgang genommen zu haben [145a].

145a. Zusatz zur deutschen Ausgabe. Als ich diese Zeilen schrieb, dachte ich u. a. an die despotischen Königreiche Westafrikas. Ich vermutete institutionelle Abhängigkeit von den großen Agrardespotien, die in Nordost- und Nordafrika eine mehrtausendjährige Geschichte haben. Aber ich wollte der Spezialforschung nicht vorgreifen, und so schloß ich das Problem dieser afrikanischen Staatsgebilde nicht in meine Darstellung ein. Inzwischen hat die Afrikakunde in dieser wie in anderen Beziehungen erhebliche Fortschritte gemacht. Der führende amerikanische Ethnologe Professor Murdock hat in einer umfassenden kulturgeschichtlichen Studie die Frage der »afrikanischen Despotie« systematisch erörtert. Er findet, daß diese Machtform »schlagende Ähnlichkeit mit der von Wittfogel analysierten orientalischen Despotie hat«, und dies, obzwar im Bereich der afrikanischen Despotie die Bewässerung eine geringe Rolle spielt. Professor Murdock warnt vor einer vorschnellen Entscheidung, aber er stellt fest, daß »alles in allem die afrikanische Despotie . . . der orientalischen Despotie so ähnlich ist, daß es unangemessen ist, sie als einen besonderen politischen Haupttypus hinzustellen«. (Murdock, 1959, S. 36.) Murdocks Untersuchung legt es

Mittelbare und unmittelbare Verbindung mit einem agrarhydraulischen Zentrum scheint für die Entstehung fast aller marginalen agrarischen Despotien notwendig gewesen zu sein. Eine solche Verbindung ist aber offenbar nicht notwendig für ihren Fortbestand. Die marginal-agrarischen Despotien vermögen schwere innere Krisen zu überdauern, ohne mit einem hydraulischen Kerngebiet verbunden zu sein. Sie verlieren jedoch eher als die Kerngebiete ihre institutionelle Eigenart unter dem Einfluß äußerer nichthydraulischer Kräfte.

Offensichtlich ist es äußerst schwierig, wirksame innere Gegenkräfte gegen eine Apparatregierung zu schaffen, der es gelingt, jene wirtschaftlichen, militärischen und ideologischen Kräfte zu zerstören, die es dem mittelalterlichen (feudalen) Europa ermöglichten, eine Industriegesellschaft zu entwickeln. Schwere politische Krisen wüteten stark in allen hydraulischen Gesellschaften.

Aber die Art, wie die Männer des Apparats diese Krisen überwanden, demonstriert die Lebensfähigkeit ihrer Organisations- und Ausbeutungsmethoden. Zielbewußte politische Aktivisten waren bestrebt, die einzige gründlich erprobte Herrschaftsform wiederherzustellen, die ihnen gleichzeitig totale Macht und totale Vorrechte verhieß. Und ihre restaurativen Versuche wurden wesentlich erleichtert durch die politische und organisatorische Unfähigkeit ihrer nichtstaatlichen Rivalen. Die Großgrundbesitzer mochten sehr zahlreich sein, aber die politisch ehrgeizigen Elemente unter ihnen waren viel mehr bemüht, die totale Macht zu ergreifen, als sie zu beschränken. Die Vertreter des beweglichen (kapitalistischen) Eigentums mochten ebenfalls zahlreich sein, aber die Idee einer auf Eigentum beruhenden Staatsmacht lag ihnen fern. Sie waren zufrieden, wenn sie ihren Geschäften nachgehen konnten, und sie machten nicht einmal den Versuch, die politische Führung an sich zu reißen, wie es das Bürgertum des Westens charakteristischerweise tat.

Eine marginale Agrardespotie zerbricht offenbar leichter unter starken äußeren nichthydraulischen Einflüssen als der hydraulische Kern. Beim Einbruch nomadischer Stämme zerfiel das hydraulische Nordchina zeitweilig in verschiedene Territorialstaaten; aber selbst wenn die erobernden »Barbaren« die Herrschaft ergriffen, behaupteten diese Gebiete ihre herkömmliche agrardespotische Machtstruktur. Im Gegensatz dazu zerbrach die marginal-

in der Tat nahe, die afrikanische Despotie als eine Abart der marginalen orientalischen Agrardespotie zu betrachten. Angesichts der Vorherrschaft eines sehr extensiven Ackerbaus in den Kerngebieten der afrikanischen Despotie ist es nicht verwunderlich, daß Sklavenarbeit, die im »Orient« so unbedeutend war, dort eine enorme Rolle gespielt hat (a. a. O., S. 37).

hydraulische Gesellschaft Westroms unter den Angriffen der Erobererstämme; und nichtorientalische Staats- und Gesellschaftsformen entwickelten sich. Gleicherweise führt die Betrachtung des Schicksals von Spätbyzanz zur Annahme, daß eine manageriale Ordnung von höherer hydraulischer Dichte die lateinische Eroberung überlebt haben würde, ohne den Repräsentanten des Privateigentums Zugeständnisse zu machen, die den Staat lähmten. Das Rußland der Neuzeit ist ein besonders anschauliches Beispiel: Die zaristische Bürokratie war durch die Angriffe von außen erschüttert, aber nicht gebrochen; sie gestattete die Verbreitung westlicher Ideen, den Aufstieg privater Unternehmungen und die Bildung antiautokratischer Gruppen und Parteien, die 1917 Rußland vorübergehend aus einer einzentrigen in eine vielzentrige Gesellschaft verwandelten [146].

D. DIE SUBMARGINALE ZONE DER HYDRAULISCHEN WELT

1. DAS PHÄNOMEN

Die wirksame Koordination absolutistischer organisatorischer und fiskalischer Methoden ist die Mindestvoraussetzung für die Selbstbehauptung einer echten agrarischen Despotie. Jenseits dieser Grenze finden wir Kulturen, in denen diese entscheidende Kombination fehlt, die aber Einzelzüge des hydraulischen Regierungssystems besitzen. Die Gebiete, in denen derartige Einzelzüge im Rahmen anderer gesellschaftlicher Ordnungen vorkommen, bilden die submarginale Zone der hydraulischen Welt.

2. HISTORISCHE ERSCHEINUNGSFORMEN

a. Das frühgeschichtliche Griechenland

Der vergleichende Beobachter der institutionellen Frühgeschichte Griechenlands findet im minoischen Kreta ausgesprochen hydraulische Züge. Die minoische Kultur verdankte ihre internationale Bedeutung gewiß ihren Beziehungen zum Meere; aber diese Tatsache darf uns nicht vergessen machen, daß Meeresnähe allein nichts erklärt. Die alten Kreter, wie andere seefahrende Völker, errichteten ihre Thalassokratie auf der Grundlage spezifischer innerer Verhältnisse.

Es gab eine ägäische Tradition, »auf künstlichem Wege Wasser herbeizuschaffen« und Bewässerungskanäle zum Zwecke einer verfeinerten Landwirtschaft zu verwenden [147]. Ob dies die minoische Gesellschaft hydraulisch

146. Für eine ausführlichere Erörterung dieser Entwicklung s. unten, Kap. 10.
147. Glotz, 1925, S. 10.

machte, wissen wir nicht. Es ist jedoch sicher, daß die Inselbewohner hervorragende Leistungen auf dem Gebiet der Entwässerung und vielleicht auch der Wasserzufuhr vollbrachten [148]. Es ist ferner sicher, daß Kreta von einem ausgezeichneten Straßennetz bedeckt war [149]. Und wir sind berechtigt, anzunehmen, daß der Oberaufseher der öffentlichen Werke eine hohe Stellung [150] in der umfassenden und zentralisierten Verwaltung des Landes innehatte [151]. Die minoische Schrift ist noch immer nicht entziffert; aber zweifellos bediente sich die Regierung ihrer ausgiebig für »bürokratische Registrierungs- und Buchführungsmethoden, die von Jahrhundert zu Jahrhundert fortgeführt und verbessert wurden« [152].

Diese und andere Tatsachen bilden die Grundlage für Ehrenbergs Schlußfolgerung, daß »die minoische Kultur in ihrem Wesen uneuropäisch war« [153]. Und obgleich die Minoer so viele Sonderheiten besaßen, daß er sie nicht einfach dem Osten zurechnen will [154], findet er sie doch durch mehrere klare Züge eng mit Kleinasien, Syrien und Ägypten verbunden [155]: insbesondere die sultanartige Lebensweise der Könige von Knossos und Phaistos, ihre Höfe, ihre Beamten und ihre Wirtschaft ähnelten durchaus denen der Herrscher des Nahen Ostens [156].

Die frühgriechische mykenische Kultur, deren Aufstieg mit dem Untergang der minoischen Macht zusammenfiel, entwickelte bedeutsame quasihydraulische Züge in der Argolis und Böotien und wahrscheinlich auch in anderen Teilen Ostgriechenlands. Von der Mitte bis zum Ende des zweiten Jahrtausends v. Chr. führten mykenische Ingenieure die Entwässerung des Kopaïsgebietes durch und schufen in der Argolis ein ausgedehntes Straßennetz [157]. Ihre Herrscher wohnten in riesigen Burgen und errichteten »monumentale Grabbauten« [158]. Bengtson vergleicht ihre Bauleistungen mit den großen Schöpfungen des alten Orients, den Pyramiden und Zikkuraten [159]. Allerdings haben wir keine Kunde von einer Bürokratie, und die frühe Schrift wurde von einem sehr kleinen Kreise benutzt [160]. Aber trotz dieser Schranken konnte, wie Bengtson feststellt, nur eine straffe Zentralgewalt die großen Bauten planen und durchführen; höchstwahrscheinlich war es nö-

148. *A. a. O.*, S. 115–117.
149. *A. a. O.*, S. 117, 186 ff., 402.
150. *A. a. O.*, S. 151.
151. *A. a. O.*, S. 119, 150 ff.
152. *A. a. O.*, S. 150.
153. Ehrenberg, 1946, S. 8.
154. *A. a. O.*
155. *A. a. O.*; vgl. Meyer, GA, I, 2. Halbband, S. 776, 779; Glotz, 1925, S. 202 ff.
156. Ehrenberg, 1946, S. 8.
157. Bengtson, 1950, S. 41; Meyer, GA, II, 1. Halbband, S. 244 ff.
158. Bengtson, 1950, S. 41.
159. *A. a. O.*
160. *A. a. O.*, S. 42.

tig, dabei neben ausländischen Sklaven auch »nicht minder zahlreiche einheimische Fronarbeiter« zu verwenden [161].

Kenner der griechischen Religionsgeschichte nehmen ferner an, daß der Kult der Erdgötter und Sterne, den die geschichtlichen Griechen von ihren mykenischen Vorfahren übernahmen, orientalischen Ursprungs ist, und es war in der Tat im Rahmen derartiger religiöser Bräuche, daß sie sich verehrend zu Boden warfen [162]. Aber als die Griechen der klassischen Zeit sich weigerten, vor einem orientalischen Despoten diese Unterwerfungszeremonie auszuführen, die nur den Göttern zukam [163], bezeugten sie, daß, selbst wenn Mykene marginal-hydraulisch gewesen war, das nachmykenische Griechenland der submarginalen Zone der hydraulischen Welt angehörte. In der klassischen Zeit hatten auch die monumentalen Bauten der Argolis [164] längst ihre ursprüngliche Bedeutung verloren; und die großartige Tempelstadt von Athen, die Akropolis, deren Entstehen auf mykenische Zeiten zurückgeht [165], wurde von einer Regierung verwaltet, die sogar ihre öffentlichen Arbeiten von Privatunternehmern ausführen ließ [166].

b. Die römische Frühzeit

In vorrömischer Zeit haben die Etrusker, die der marginal-hydraulischen Zone Kleinasiens entstammten [167], nachgewiesenermaßen eine riesige Bautätigkeit entwickelt. Ihre Wasserbauten in der Poebene sind imposant [168], andere, die sie in Mittelitalien ausführten, nicht weniger beachtlich [169]. Als die Römer unter etruskischer Herrschaft waren, lernten sie monumentale Bauten zu errichten [170]. Später – aber ehe sie ihre erste Kolonie auf hellenistischem Boden gründeten – begannen sie dauerhafte Landstraßen zu bauen [171].
Diese Züge entsprechen eher einer hydraulischen Gesellschaft als einer verhältnismäßig einfachen, auf Regenfall beruhenden agrarischen Ordnung; nichtsdestoweniger war Rom zu jener Zeit offenbar eine aristokratische Abart einer vielzentrigen nichtorientalischen Gesellschaft.

161. A. a. O., S. 41.
162. Horst, 1932, S. 23.
163. Herodot, 7.136; Arrian, 4.10 ff.
164. Bengtson, 1950, S. 38.
165. A. a. O.
166. Vgl. Glotz, 1926, S. 268, 271.
167. Ehrenberg, 1946, S. 22.
168. Homo, 1927, S. 110.
169. Voigt, 1893, S. 274, 358.
170. Homo, 1927, S. 120.
171. A. a. O., S. 217, 243.

Die orientalischen Elemente im alten Griechenland und Rom sind oft übersehen worden. Ihre Bedeutung in Japan wurde dagegen oft übertrieben, und dies aus einem naheliegenden Grunde: Japan ist geographisch ein Teil Asiens, und seine Kultur stimmt in wichtigen Zügen mit derjenigen Chinas und Indiens überein. Außerdem haben die Japaner eine der höchstentwickelten Bewässerungslandwirtschaften geschaffen, die die Geschichte kennt. Trotzdem war die japanische Gesellschaft niemals hydraulisch im Sinne unserer Definition.

Warum bedurfte Japans Reisbau keiner großen, staatlich gelenkten Wasserbauten? Die ökonomische Geographie erteilt auf diese Frage eine klare Antwort: Die Eigentümlichkeiten der Wasservorräte des Landes machten es weder notwendig noch wünschenswert, umfangreiche staatlich gelenkte Anlagen zu schaffen. Unzählige Gebirgsketten teilen die großen fernöstlichen Inseln in viele kleine Abschnitte, und das zerklüftete Terrain begünstigt lokal zersplitterte Formen der Bewässerungslandwirtschaft und Flutabwehr, es begünstigt Hydroagrikultur und nicht hydraulische Agrikultur. Wie der Sozialhistoriker Asakawa bemerkt, die japanische Landschaft gestattete keine umfassende Bewässerungskultur, wie sie in Ägypten, in Teilen Westasiens und Chinas betrieben wurde [172]. Japans Bewässerungslandwirtschaft wurde örtlich koordiniert und nicht regional oder national; und hydraulische Tendenzen erschienen in augenfälliger Weise nur im lokalen Maßstabe, und nur während der ersten Phase der geschichtlichen Entwicklung des Landes.

Die Beherrscher des politischen Zentrums erreichten verhältnismäßig früh eine lockere staatliche Einheit Gesamtjapans, aber sie hatten keine hydraulischen Aufgaben vor sich, die den koordinierten Einsatz großer Fronarbeitsverbände erfordert hätten. Außerdem wurde das Land nie durch die Streitkräfte eines orientalisch despotischen Staats unterworfen. So fehlten denn die Voraussetzungen für das Entstehen einer Bürokratie, die verwaltungs- und steuertechnisch die nichtstaatlichen Kräfte der Gesellschaft beherrscht hätte, wie dies die Männer des Apparats auf dem chinesischen Festland taten.

Die Versuche, in Japan eine zentralisierte und bürokratische Despotie einzuführen, erreichten ihren ersten dramatischen Höhepunkt in der Taikwa-reform des Jahres 646. Mittels unserer grundlegenden Kategorien können wir die Ziele dieser Reform folgendermaßen umreißen:

I. *Bautätigkeit*

A. Hydraulisch. Ein Edikt vom Jahre 646 verlangte einheitliches Vorgehen beim Bau von Deichen und beim Graben von Kanälen [173].

172. Asakawa, 1929, S. 71.
173. Nihongi, 1896, II, S. 225 ff.

B. Nichthydraulisch. Das entscheidende Reformedikt befahl die Schaffung eines Straßennetzes für die kaiserliche Post.

II. *Organisation*

A. Die Bevölkerung sollte periodisch gezählt und Bevölkerungslisten sollten gehalten werden.

B. Staatlicher Frondienst trat an Stelle der bisherigen örtlichen (und quasi-feudalen) Dienstverpflichtungen.

C. Man sollte eine staatliche Post unterhalten.

III. *Mittelbeschaffung*

A. Die Bauern sollten Steuern zahlen nach Maßgabe des Landes, das der Staat ihnen zuwies.

B. Von der staatlichen Fron konnte man sich durch die Entrichtung einer Steuer loskaufen [174].

C. Beamte, insbesondere lokale und hochgestellte Würdenträger, sollten ihren Unterhalt beziehen von Ländereien, die oft bereits Eigentum der neu ernannten Funktionäre waren und die jetzt steuerfrei wurden.

Im Vergleich zu den merowingischen und karolingischen Versuchen, eine absolute Herrschaft einzuführen, war das japanische Programm vom Jahre 646 viel orientalischer. Diese Tatsache kann man nicht allein aus Japans Beziehungen zum China der T'ang-Dynastie erklären. Jahrhundertelang hatten die Japaner Bewässerungslandwirtschaft betrieben [175], und ihre Herrscher hatten nichthydraulische Bauten geschaffen. Das Streben der Herren der Reformregierung, es den chinesischen Kaisern gleichzutun, wurzelte daher in einheimischen Tendenzen, die in ihrem Ansatze entschieden hydraulisch waren.

Aber diese quasi-orientalischen Tendenzen waren nicht stark genug, der japanischen Gesellschaft das Gepräge zu geben. Die angestrebten hydraulischen Neuerungen wurden mit viel weniger Nachdruck betrieben als ähnliche Versuche in angehenden hydraulischen Ordnungen. Die Reform begünstigte die Ausführung »staatlicher Arbeiten«, aber die staatliche Neuordnung drückte dies nicht klar aus. Drei der sechs T'ang-Ministerien (das Finanzamt, das Kriegs- und Justizministerium) wurden mit geringfügigen Änderungen übernommen, und zwei andere (das Personalamt und das Ministerium für die Zeremonien) mit erheblichen Anpassungen an die japanischen Bedürfnisse;

---

174. S. Sansom, 1938, S. 93 ff.; und Reischauer, 1937, I, S. 146 ff.
175. Nihongi, 1896, I, S. 164, 183, 283; Asakawa, 1929a, S. 193 und Anm. 6.

aber das sechste (das Amt für staatliche Arbeiten) fand kein Gegenstück im neuen japanischen Staatsgefüge [176].

Die Nichtübernahme des Amtes für öffentliche Arbeiten war kein Zufall. Ein Kanal, der im Jahre 656 gegraben wurde, erschien der Bevölkerung als »unsinnig«; die Kritiker verglichen ihn mit einem nutzlosen riesigen Hügel, den man zur selben Zeit aufgeworfen hatte [177]. Außerdem verlangten die Verordnungen über einen allgemeinen staatlichen Frondienst eine beträchtlich kürzere Arbeitspflicht als die T'ang-Vorschriften. Und die Bestimmungen über die Möglichkeit des Loskaufes von der Fron zeigten die japanische Regierung mehr an Einkünften als an Arbeitsleistungen interessiert [178].

Die Zuweisung (oder Wiederzuweisung) steuerfreien Landes an angesehene Beamte war vielleicht das größte Zugeständnis, das die Regierung den feudalen Kräften der japanischen Gesellschaft machte. Hinter der neuen bürokratischen Fassade wurde hartnäckig darum gekämpft, die Steuerfreiheit auszudehnen und zu festigen. Und die Vertreter der zentrifugalen Kräfte waren so erfolgreich, daß die mit Land bedachten Personen allmählich zu erblichen Grundbesitzern wurden, die – ähnlich wie ihre europäischen Kollegen – ein Einerbensystem einführten [179].

Hand in Hand mit dem Wandel der Landbesitzordnung geriet die allgemeine Volkszählung in Verfall, und Versuche, sie wiederzubeleben, scheiterten [180]. Die allgemeine Besteuerung erlag dem gleichen Schicksal. Den vielen chinesischen Kulturelementen zum Trotz ähnelte die dezentralisierte und auf Privateigentum beruhende Gesellschaft des japanischen Mittelalters viel mehr der feudalen Ordnung der entfernten westlichen Welt als der hydraulischen Gesellschaft des nahen China. Die Dichter des feudalen Japan verherrlichten, wie ihre Kollegen im feudalen Europa, die Heldentaten einzelner Kämpfer oder kleiner Kampfverbände, aber die lockere Ordnung der Heere des mittelalterlichen Japan waren der Entwicklung taktischen und strategischen Denkens ungünstig. Gewiß, die japanischen Autoren zitierten chinesische Militärschriftsteller wie Sun Tzu; aber das feudale Japan schuf, genau wie das feudale Europa, keine eigene Kriegswissenschaft [181]. Bis zum Jahre 1543 wa-

---

176. Asakawa, 1903, S. 270; s. auch Sansom, 1938, S. 101, der dort seinen auf S. 159 gemachten Feststellungen widerspricht.

177. Nihongi, 1896, II, S. 250 ff., 255; vgl. Florenz, 1903, S. 163.

178. Nihongi, 1896, II, S. 208, 241.

179. Asakawa, 1911, S. 178 ff.; vgl. Rathgen, 1891, S. 142.

180. Takekoshi, 1930, I, S. 161.

181. Der Leser wird sich erinnern, daß der Ausdruck »Kriegswissenschaft« die Praxis und Theorie der Strategie und Taktik bedeutet. Eine neuere Darstellung der militärischen Organisation der Antike und des Mittelalters stellt an den Anfang der Kriegswissenschaft im nachfeudalen Europa Moritz von Oranien-Nassau, der im niederländischen Unabhängigkeitskrieg eine führende Rolle spielte (Atkinson, 1910, S. 599).

ren die japanischen Heere »aus kleinen, unabhängigen Soldatenhaufen zusammengesetzt, die in kleinen Gruppen und nicht als Glieder taktischer Verbände kämpften«[182].

Auch die absolutistische Konzentration der Staatsmacht, die im Tokugawazeitalter (1603–1867) erfolgte, ähnelte weitgehend derjenigen des westlichen Absolutismus, in wirtschaftlicher Beziehung (langsamer Aufstieg des auf Privateigentum beruhenden Handels- und Industriekapitalismus) wie bezüglich der der Regierung gesetzten politischen Schranken. Es war während dieser Periode – nämlich im Jahre 1726 – daß »die erste leidlich zuverlässige Volkszählung« durchgeführt wurde[183]. Auch die Ausdehnung des Straßennetzes wurde nun energisch betrieben[184]. In derselben Zeit ließen die Regierung und einige angesehene Feudalherren mehrere Kanäle von lokaler Bedeutung graben[185].

Aber trotz dieser und anderer Unternehmungen – die abgesehen von den Bewässerungswerken alle ihr Gegenstück im absolutistischen Europa finden – war der japanische absolutistische Staat nicht stark genug, seine fiskalische Macht auf das ganze Reich auszudehnen. Von einem nationalen Steuereinkommen von 28 oder 29 Millionen *koku* erhielten die Vertreter der Zentralgewalt, die Tokugawa-Shogune und der kaiserliche Hof, nur etwa 8 Millionen; der bei weitem größere Teil verblieb den großen feudalen Vasallen[186]. Der japanische Absolutismus beschränkte die Macht der feudalen Barone erheblich, aber bis zum Jahre 1867 war er unfähig, sie auszuschalten.

Offenbar bestanden zwischen der traditionellen japanischen Gesellschaft und dem feudalen und nachfeudalen Westen große Ähnlichkeiten. Wer diese betont, muß sich jedoch hüten, das Bild zu sehr zu vereinfachen. Viele Einrichtungen und manche Züge im Gedankengut Japans zeigen zweifellos orientalische Prägung. Auf einer dörflichen oder überdörflichen Ebene erforderte die Bewässerungswirtschaft quasihydraulische Koordination und Unterordnung; und das hartnäckige Streben der feudalen Herren nach absolutem Gehorsam, mag, wenigstens teilweise, solche quasihydraulische Beziehungen widerspiegeln. Reste eines Postsystems scheinen in der Zeit vor der Togukawa-

---

182. Brown, 1948, S. 236 ff. Eine Sammlung alter japanischer Texte, *Gunsho Ruiju*, enthält zahlreiche Hinweise auf Sun Tzu und andere Militärtheoretiker der Tschouzeit. Aber die japanischen Erörterungen des Kriegswesens sind, im Gegensatz zu Sun Tzu, ein ordnungsloses Sammelsurium. »Die erste systematische Behandlung des Gegenstandes findet sich in einem Werke des Takeda Shingen (1521–1573).« (Aus einem Briefe des Japanologen Dr. Marius Jansen, der damals an der University of Washington, Seattle, lehrte und der zusammen mit seinem Kollegen, Dr. Richard N. McKinnon, diese Tatsache ermittelte.)

183. Sansom, 1938, S. 457.

184. Takekoshi, 1930, III, S. 394, 412.

185. A. a. O.

186. Sansom, 1938, S. 455 ff.; Takekoshi, 1930, I, S. 253.

periode existiert zu haben [187]; und das Symbol totaler Unterwerfung, die Prostration, behauptete sich bis zur Gegenwart [188]. Die Angehörigen der herrschenden Schicht huldigten einem militärisch modifizierten Konfuzianismus [189]; und obgleich vereinfachte phonetische Schriftzeichen in Gebrauch waren, hielt man doch mit echtem Stolze an der chinesischen Schrift fest, die – wie Konfuzius' Begriff des Gentleman-Bürokraten – mehr den Bedürfnissen eines gelehrten Zivilbeamtentums als denjenigen eines kriegerisch gesinnten Adels entsprach.

Zusammenfassend stellen wir fest: das traditionelle Japan war nicht einfach ein westlicher Feudalismus mit nassen Füßen. Seine Gesellschaft war eine auf Eigentum beruhende und echt feudale Ordnung, aber die Übernahme und Pflege vieler Elemente der chinesischen Politik und Gedankenwelt zeigt, daß Japan in submarginaler Art mit den Einrichtungen der hydraulischen Welt in Beziehung stand.

d. Das vormongolische Rußland (Kiew)

Die russische Gesellschaft vor der Eroberung durch die Mongolen (1237 bis 1240) zeigt mit gleicher Klarheit andere bedeutsame Züge der submarginalen hydraulischen Zone. Zur Zeit des Reiches von Kiew und in der vorhergehenden Epoche betrieben die »Rus« Viehzucht [190]; aber vor allem pflegten sie einen auf Regenfall beruhenden Feldbau [191]. Unter vorwiegend naturalwirtschaftlichen Verhältnissen begünstigte diese Agrikultur das Aufkommen eines verstreut lebenden landbesitzenden Adels, der nur in beschränktem Maße der Autorität der Territorialfürsten unterworfen war [192]. Auf der sozialen Stufenleiter stand zwischen dieser Schicht und den *cholopi* [193] (einer Art Sklaven) eine Klasse freier Bauern, die unter verhältnismäßig günstigen Bedingungen lebte [194]; und die Freiheit der Städter war noch größer. Ihr »Rat«, *veče*, konnte politisch unabhängig auftreten, nicht nur in der gro-

187. Honjo, 1935, S. 241.

188. Während meines Aufenthalts in Japan im Jahre 1935 begrüßten sich in meiner Anwesenheit – vor dem Beginn eines offiziellen Festessens – mehrere Professoren durch Prostration.

189. Sansom, 1938, S. 470.

190. Das älteste uns bekannte russische Gesetzbuch, *Russkaja Pravda*, erwähnt Ochsen, Schafe, Ziegen, Pferde, Kälber und Lämmer (Goetz, RR, I, S. 15 ff.).

191. Vernadsky, 1943, S. 327.

192. Dies wurde durch die grundlegenden Forschungen Pavlov-Silvanskys ermittelt. Für eine Übersicht seiner wichtigsten Schlußfolgerungen s. Borosdin, 1908, S. 577. Für eine unabhängige Untersuchung, die betreffs der frührussischen Gesellschaft zu denselben Ergebnissen gelangt, s. Hötzsch, 1912, S. 544.

193. Struve, 1942, S. 421.

194. A. a. O.

ßen nördlichen Republik Nowgorod [195], sondern auch in solchen Hauptstädten wie Wladimir [196] und sogar Kiew [197]. Vor der Gründung des Reiches von Kiew (etwa 880) [198] konnten die Vorsteher der ländlichen und städtischen Gemeinden Verordnungen mit Gesetzeskraft erlassen, ohne daß sich fürstliche Instanzen einmischten [199]. Zur Zeit des Reiches von Kiew (etwa 880 – 1169) war der Staat beträchtlich stärker als vorher, aber er war noch keineswegs absolut – ebensowenig wie die Staaten des zeitgenössischen Westens. Institutionell gehörte die Gesellschaft Kiews offenbar der frühfeudalen und feudalen Welt Europas an.

Sie gehörte dieser Welt an – aber auf eine Weise, die eine besondere Untersuchung erfordert. Wie die hydraulische Gesellschaft hat auch die feudale eine institutionelle Peripherie; und die Kultur der russischen Stämme, die am östlichen Rande der feudalen Welt entstand, war jahrhundertelang und namentlich seit dem Jahre 880 [200] beherrscht durch die Waräger [201], die einer nördlichen Randzone – Skandinavien – entstammten, von der sie wiederholt Nachschub erhielten. Aber wenn auch Rurik vom fränkischen Kaiser ein Lehen erhielt [202], übertrugen weder er noch seine Nachfolger das westeuropäische System des Grundbesitzes auf die Ostslawen. Der einheimische Adel und die Gefolgsmannschaft des Fürsten, die *družina*, kannten keinen feudalen Kontrakt [203]. Sie konnten sich vom Lehnsherrn »lossagen«[204]; dieser Tatbestand deutet auf eine Form der Unabhängigkeit hin, die im westlichen Feudalismus nur ausnahmsweise vorkam [205]. Andererseits bestritten die fürstlichen Herrscher der verschiedenen Territorialstaaten ihren Unterhalt nicht aus königlichen Domänen, wie das in den meisten Feudalstaaten üblich war,

195. Nestor, 1931, S. 101.
196. A. a. O., S. 180.
197. A. a. O., S. 122, 124.
198. Vernadsky (1943, S. 368) setzt Olegs Eroberung Kiews »zwischen 878 und 880 (vielleicht 878)« an.
199. Die Dorfgemeinden werden im ältesten auf uns gekommenen russischen Gesetzbuch *mir* genannt (*Russkaja Pravda*, I, 17 = Goetz, RR, I, S. 8 f.; vgl. Vernadsky, 1948, S. 134). In der dritten Fassung des Gesetzbuches tritt an die Stelle des ursprünglichen Ausdrucks *mir* das Wort *gorod*, Stadt (*Russkaja Pravda*, III, 40 = Goetz, RR, I, S. 28 f., vgl. S. 272 ff.).
200. Hötzsch, 1912, S. 545.
201. Nestor, 1931, S. 11, 16; vgl. Vernadsky, 1943, S. 276 ff.; vgl. für eine neuere sowjetische Darstellung Grekov, 1947, S. 130.
202. Vernadsky, 1943, S. 338.
203. A. a. O., S. 168 ff.
204. Borosdin, 1908, S. 577 (wo die Ergebnisse der Forschung Pavlov-Silvanskys berichtet werden); Hötzsch, 1912, S. 546; Struve, 1942, S. 427.
205. Mitteis, 1933, S. 87 ff., 528.

sondern aus dem Ertrag einer allgemeinen Steuer, aus Zöllen und gerichtlichen Bußen [206].

So ähnelt denn die Gesellschaft Kiews der feudalen Ordnung des Westens darin, daß die Herrscher die Macht, politische Entschlüsse zu fassen, »mit der Volksversammlung *(veče)* und einem Senat *(bojarskaya duma)* teilten« [207]; und die Adligen brachten es zu einem absoluten Landeigentum, das die Barone Westeuropas erst am Ende des Mittelalters errangen. Wie im feudalen Westen zahlten die Städte – wenigstens die größeren – und der Adel keine Steuern [208]. Aber in dieses äußerst lockere Verhältnis war ein fiskalisches System eingebaut, das es dem Souverän ermöglichte, die gesamte ländliche Bevölkerung (mit Ausnahme des Adels) zu besteuern. In Byzanz bestand das Prinzip einer familienweise erhobenen Kopfsteuer, der Herdsteuer [209]; die halbnomadischen Chasaren übernahmen diese Steuer und führten sie bei den Ostslawen ein, die bis zum Siege der Waräger ihrer Hoheit unterstanden. Die Waräger übernahmen das Steuerwesen der Chasaren [210], und sie handhaben es mit gewissen Änderungen während der Gesamtdauer des Reiches von Kiew [211]. Sie übernahmen auch andere »asiatische« Einrichtungen von den Chasaren und ähnlichen Stämmen. Zeitweise nannten sich ihre Herrscher »Chaghane« (Khane) [212]; und vor der Einführung des Christentums hatten sie offenbar eine Art Harem für ihre zahlreichen Nebenfrauen [213].

Unmittelbarer byzantinischer Einfluß machte sich verhältnismäßig früh geltend. Außer vielen literarischen und künstlerischen Elementen übernahmen die Russen das östliche Christentum und das byzantinische Recht; beides blieb nicht ohne Wirkung auf die politische Atmosphäre Kiews. Die byzantinischen (»griechischen«) Priester, die nach Rußland kamen, brachten ihre Vorstellungen über theokratische Herrschaft und Unterordnung mit sich. Traditionsgemäß waren sie ein Bestandteil der weltlichen Regierung, und demgemäß stärkte ihr Auftreten sicher die Autorität der russischen Fürsten [214]. Die Ein-

206. Vernadsky, 1948, S. 190.

207. Struve, 1942, S. 422.

208. Vernadsky, 1948, S. 191.

209. Ostrogorsky, 1940, S. 130.

210. Nestor, 1931, S. 11, 56; vgl. S. 43; vgl. auch S. 14.

211. *A. a. O.*, S. 43; Miakotine, 1932, S. 101.

212. Vernadsky (1943, S. 282) nimmt an, daß sie diesen Titel von den Chasaren entlehnten. Die ersten Fürsten Kiews nannten sich »Chaghane«. Der Metropolit Hilarion redete Wladimir und dessen Sohn Jaroslaw mit diesem Titel an (*a. a. O.*, S. 370 und Anm. 302).

213. Vor seiner Bekehrung soll Wladimir etwa 800 Nebenfrauen gehabt haben (Nestor, 1931, S. 55).

214. Diese Tatsache wurde von mehreren Historikern hervorgehoben. Platonow bemerkt, daß die »christliche und byzantinische Auffassung vom Fürsten als einem Herrscher von Gottes Gnaden . . . im direkten Gegensatz stand zur heidnischen An-

führung des byzantinischen Rechtes wirkte in derselben Richtung. In der zweiten, durch Konstantinopel beeinflußten Fassung des russischen Rechts erscheinen der Herrscher und seine Beamten unzweideutig als die Inhaber der höchsten richterlichen Gewalt [215].

Aber Kiew übernahm die byzantinischen Rechtsbegriffe nicht *in toto*. Der byzantinische Kodex sah für Pferdediebstahl die Prügelstrafe vor; das revidierte russische Recht verordnete für dieses Vergehen nach wie vor eine Geldstrafe [216]. Trotz seines großen Ansehens verdrängte das byzantinische Recht nicht die Auffassung, daß ein freier Mann nicht geschlagen werden solle.

3. KOMMENTAR

All dies zeigt, daß die Kulturen der submarginalen Zone der hydraulischen Gesellschaft große institutionelle Verschiedenheiten aufweisen. Man kann sie nur dann verstehen, wenn man sie zunächst vom Standpunkt ihrer primären institutionellen Zugehörigkeit betrachtet. Dabei darf man jedoch die sekundären Merkmale, die sie mit der hydraulischen Welt verbinden, nicht übersehen:

1. Eine Zivilisation, die einmal der hydraulischen Welt angehörte, mag später in einer nichthydraulischen Geschichtsphase noch Spuren ihrer hydraulischen Vergangenheit aufweisen, die die gegenwärtige Ordnung nicht erfordert, aber zuläßt. Das nachmykenische Griechenland gehört hierher.

2. Die freiwillige Übernahme gewisser erwünschter »orientalischer« Züge erklärt das Japan der Taikwa-Reform und das Reich von Kiew.

Eine andere Feststellung, die für die marginalen Gesellschaften gilt, trifft auch für die submarginalen Gesellschaften zu: Es wäre unrichtig, eine agrarische Gesellschaft, die in keiner nachweislichen Beziehung zur hydraulischen Welt steht, die aber gewisse organisatorische und fiskalische Züge mit der agrarischen Despotie teilt, aus diesem Grunde als submarginal-hydraulisch zu bezeichnen. Einzelne Elemente hydraulischer Staatskunst, z. B. die Erhebung

---

sicht, daß der Fürst nur der Führer einer *družina* war und daß er vertrieben oder umgebracht werden konnte« (Platonov, 1925, S. 40). Der Angehörige der Sowjetakademie Grekow zitiert die in Frage kommende Stelle in der Chronik Nestors ausführlich: »Gott verleiht die Herrschaft, wem er will; das Höchste Wesen macht zum Cäsaren oder Fürsten, wen es will.« Jeder Staat soll einem Cäsaren oder Fürsten untertan sein, und die Staatsmacht ist göttlichen Ursprungs; dies sind »die allgemein bekannten Züge der byzantinischen Ansicht von der Staatsgewalt«. Grekow betont den autoritären Geist der berühmten christlichen Chronik: »Jeder, der die Obrigkeit angriff, leistete – der Theorie zufolge – Gott Widerstand.« Und »Jaroslaws Verdienst besteht in der Wiederherstellung einer einzigen Autorität im Staate« (Grekov, 1947, S. 133 ff.).

215. Goetz, RR, II, S. 228.
216. *A. a. O.*, I, S. 247 ff.; IV, S. 144.

einer allgemeinen Steuer oder das Eintreiben eines allgemeinen Tributs, entstanden in Zivilisationen, die wenig oder keine Verbindung zur hydraulischen Welt unterhielten. Offenbar geschah dies in einer Anzahl von Stämmen; und wenn uns die asiatische Herkunft der Chasaren unbekannt wäre, würden wir vielleicht auch sie zu dieser speziellen Kategorie zählen. Die vergleichende Analyse muß in jedem Einzelfall bestimmen, ob wir es mit submarginal-hydraulischen oder mit unabhängig entstandenen und unabhängig wirkenden Tendenzen zu tun haben.

E. GESELLSCHAFTEN, DIE DIE INSTITUTIONELLE WASSERSCHEIDE ÜBERSCHREITEN

Die submarginale Zone der hydraulischen Welt läßt sich nicht auf eine einfache Formel bringen. Auch darf man sie nicht als unveränderlich betrachten. Eine Anzahl historisch bedeutsamer submarginaler Zivilisationen haben die institutionelle Wasserscheide überschritten, sie sind entweder zu marginalen oder voll hydraulischen Gesellschaften geworden, während andere sich in der entgegengesetzten Richtung bewegten.

Die bisher erörterten Zivilisationen waren wesentlich agrarisch. Der Grundbegriff einer hydraulischen Wirtschaft setzt Agrikultur voraus. Aber die Geschichte der Kh'i-tan, der Mongolen und anderer Erobererstämme zeigt, daß die orientalische Despotie nicht auf agrarische Gesellschaften beschränkt ist. Nichtlandwirtschaftliche Völker können ebenfalls die Methoden der despotischen Herrschaft übernehmen und übertragen; und sie können nichtagrarische und agrarische Gesellschaften »orientalisieren«. Die Bedeutung dieser Tatsache für das Verständnis vieler despotischer Eroberungsgesellschaften und für die Analyse der Dynamik der institutionellen Wasserscheide ist offensichtlich.

I. NICHTAGRARISCHE VÖLKER, DIE HERRSCHAFTSMETHODEN DER AGRARISCHEN DESPOTIE ÜBERNEHMEN UND ÜBERTRAGEN

Vertreter vieler aneignender Wirtschaftsformen – Sammeln, Jagen und Fischen – haben am Rande der hydraulischen Welt gelebt. In dieser Beziehung ist die Peripherie der Pueblogesellschaft [217] und die Frühzeit der Azteken lehrreich. Aber keine primitive nichtagrarische Gruppe hat eine so wichtige Rolle gespielt wie die Viehzüchter. Der Neuen Welt fehlten Zug- und Reittiere. Die Alte Welt brachte dagegen verschiedene Tierarten hervor, die man für solche Zwecke verwenden konnte. Ihre Zähmung nützte den Feldbauern, vor allem aber den Hirten, die nach der Erfindung des Reitens den Herren

217. Goldfrank, 1945a, *passim.*

großer, reicher agrarischer Gemeinschaften militärisch ebenbürtig und bisweilen überlegen wurden [218].

a. Solche Herrschaftsmethoden sind nicht notwendig für das nomadische Hirtenleben, vertragen sich aber damit

Die nomadischen Hirten ergänzen ihre Viehwirtschaft häufig durch Ackerbau [219]. Doch macht die Notwendigkeit, mit ihren Herden umherzuziehen es ihnen unmöglich, den Feldern, die sie in der Nähe ihrer Lager anlegen, ständige Aufmerksamkeit zu schenken. Ihre nomadische Lebensweise mag genau geregelt sein, aber sie ist unverträglich mit der Schaffung umfassender und dauernder Anlagen zur Wasserversorgung, die die Grundlage der hydraulischen Agrikultur bilden.

Ihre nomadische Lebensweise hindert sie nicht, orientalisch despotische Methoden der Organisation und Aneignung zu übernehmen, aber diese Methoden entspringen nicht den Bedürfnissen des Hirtenlebens. Eine gewisse Koordination und Unterordnung sind allerdings Vorbedingungen für erfolgreiches Wandern und Lagern, und Disziplin ist sehr vorteilhaft für Jagd und Krieg. [220] Aber diese Tätigkeiten führen nicht zwangsläufig zur Schaffung eines politischen Apparates, der allen nichtstaatlichen Kräften der Gesellschaft überlegen ist. Technische Faktoren (die ständig wiederkehrende Notwendigkeit, Herden und Menschen über die Weidegebiete zu zerstreuen) und soziale Faktoren (der Widerstand der freien Stammesangehörigen gegen das Streben nach totaler Unterwerfung) haben eine entgegengesetzte Wirkung. Sogar die Unterordnung unter einen starken militärischen Führer ist wesentlich freiwilliger Natur; zeitlich beschränkt und nicht institutionell verankert, zerstört sie selten den lockeren und fließenden Charakter der Stammesgesellschaft [221].

Der Stammeshäuptling und seine Umgebung bemühen sich freilich, ihre Macht permanent und total zu machen, aber in der Regel erreichen sie dieses Ziel nur, wenn ein hydraulisches Land sie besiegt oder von ihnen besiegt wird. Im ersten Falle mögen die Herren des agrarischen Staates ihre eigenen Methoden politischer Kontrolle (Registrierung, Fron, Steuererhebung) den sich unterwerfenden Hirten aufzwingen, deren Häuptling oft zum absoluten und permanenten Herrn über seinen Stamm erhoben wird. Im zweiten Falle übernimmt der oberste Häuptling (Khan, Chaghan usw.) die Gewaltmethoden der Länder, die er unterworfen hat. Gestützt auf die einheimischen Beamten, die die traditionelle Verwaltung aufrechterhalten, und auf Gefolgsleute seines Stammes, deren Zahl mit seinen Erfolgen wächst, beläßt er seinen adligen

---

218. Wittfogel und Fêng, 1949, S. 505 ff.
219. A. a. O., S. 120 ff.
220. Vladimirtsov, 1948, S. 102.
221. A. a. O., S. 101 ff.

Rivalen nur den Schatten ihrer früheren Bedeutung, oder er vernichtet sie ganz und gar.

In beiden Fällen können die Stammesmitglieder ihre kulturelle – und schließlich auch ihre soziale und politische – Selbständigkeit einbüßen. Dies war das Schicksal vieler arabischer Gruppen unter dem abbasidischen Kalifat. In einer derartigen Lage hört das Problem auf zu bestehen. Aber unterworfene Stämme sind meist nicht geneigt, ihre frühere Lebensweise widerstandslos aufzugeben; und erobernde Stämme werden nicht so leicht assimiliert wie es eine weit verbreitete Legende will [222]. Mit gewissen Anpassungen mögen die Stammesherren eines aus verschiedenen Elementen zusammengesetzten hydraulischen Reiches ihre soziale und kulturelle Eigenheit behaupten; und sie mögen dann ihre neuerworbenen Kenntnisse anderer Herrschaftsformen auf nichthydraulische Außengebiete übertragen. So verfuhren die Mongolen, als sie nach ihrer Eroberung Nordchinas Rußland unterwarfen.

Die Auflösung eines zusammengesetzten hydraulischen Reiches mag allen oder einigen seiner Stämme die ursprüngliche Autonomie wiederbringen; und unter nomadischen Bedingungen ist dies der kritische Augenblick für den Fortbestand der despotischen Macht. Bisweilen zerfällt das despotische Regime und die despotische Lebensordnung ebenso vollständig wie das Reich, zu dem sie gehörten. Aber die geschichtliche Erfahrung zeigt, daß die Nutznießer der absolutistischen Regierung gewöhnlich ihre privilegierte Stellung in gewissem Umfang und für einige Zeit zu behaupten wußten. Offenbar sind despotische Methoden der Organisation und Aneignung mit der nomadischen Viehzucht durchaus vereinbar, obgleich sie dafür nicht notwendig sind.

b. Die Brüchigkeit orientalisch despotischer Macht in der nomadischen Randzone der hydraulischen Welt

Die moderne Forschung hat unsere Kenntnisse all dieser Entwicklungen erheblich bereichert, indem sie viele Einzelheiten über die Kh'i-tan-Stämme beibrachte, die als Liao-Dynastie zeitweilig das nordöstliche Randgebiet Chinas beherrschten. Eine Reihe von Sonderuntersuchungen haben uns ähnliche Einblicke in die Geschichte der Mongolen gewährt; und weitere Untersuchungen über die Eroberungsgesellschaften, die siegreiche Stämme im Nahen Osten, Persien, Indien und im vorspanischen Amerika gründeten, werden gewiß noch manche andere Abarten dieser wichtigen institutionellen Formation ans Licht bringen.

Der gegenwärtige Stand der Wissenschaft gestattet bereits eine Gegenüberstellung der nomadischen und agrarischen Formen einer marginal-hydraulischen Gesellschaft. Zweifellos ist das Beharrungsvermögen einer echten Despotie viel größer in Agrarländern als im Bereich von Stämmen, die nomadische

222. Wittfogel, 1949, S. 5 ff.

Viehzüchter sind. Der unstete Zustand, in dem sich eine Steppenwirtschaft notwendig befindet, begünstigt Diffusion und Absonderung und damit das Aufkommen unabhängiger Zentren des Viehreichtums und .der militärischen Macht. Naturkatastrophen und schwere militärische Niederlagen können eine Hirtendespotie ebenso rasch schwächen und zerstören, wie Krieg und Eroberung sie ins Leben rufen. Der blitzartige Aufstieg und Untergang vieler Steppenreiche in Innerasien und Südosteuropa geben ein anschauliches Bild von der Brüchigkeit einer solchen Despotie.

Die Stämme der »schwarzen« Kh'i-tan, die etwa hundert Jahre nach dem Untergang der Liao-Dynastie ihre Herden in der nördlichen Mongolei weideten, verrieten nur durch wenige Spuren ihre Abstammung von Vorfahren, die eine koordinierte politische Ordnung im Fernen Osten und Turkestan aufrechterhalten hatten [223]. Nach dem Zusammenbruch des Reiches des Großen Khans verwandelte sich die Mongolenherrschaft in ein Schattengebilde; aber sie verschwand nicht vollständig. Noch im Jahre 1640 lebten die mongolischen Oiraten unter Gesetzen, die zwar beträchtlich milder als die *Yasa* Dschingis Khans waren [224], die jedoch die Stammesmitglieder zu verhältnismäßig schwerem Frondienst auf dem Gebiete des Transportwesens anhielten [225].

Offenbar fehlte es der mongolischen Gesellschaft nach dem Sturz des Reiches nicht ganz an Zusammenhang, als ihre weltlichen und geistlichen Herren sich den aufsteigenden Mandschus anschlossen und so die Möglichkeit erhielten, nochmals in einer privilegierten, wenn freilich zweitrangigen Stellung zum Gelingen eines neuen ehrgeizigen Versuches beizutragen – der Gründung eines neuen despotischen Reiches, zunächst am Rande und dann in einem großen Kerngebiet der hydraulischen Welt, China.

2. AGRARISCHE KULTUREN, DIE DIE INSTITUTIONELLE WASSERSCHEIDE ÜBERSCHREITEN

Der Übergang einer Hirtengesellschaft von einer nichthydraulischen zu einer hydraulischen Ordnung hat in der Regel eine geographische und eine institutionelle Seite. Im Gegensatz hierzu brauchen die agrarischen Gesellschaften ihren geographischen Standort nicht zu wechseln. Bei ihnen erfolgt der Übergang von der einen zur anderen Ordnung ausschließlich auf der institutionellen Ebene.

Ein zweiter Unterschied betrifft die mögliche Reichweite der Wandlung. Hirtengesellschaften, die ihre wirtschaftliche Eigenheit behaupten, können von einer submarginal- zu einer marginal-hydraulischen Position übergehen und umgekehrt. Agrarische Gesellschaften, die ursprünglich submarginal

223. Wittfogel und Fêng, 1949, S. 664.
224. Riasanovsky, 1937, S. 102.
225. *A. a. O.*, S. 95.

waren, können marginal-hydraulische oder völlig hydraulische Gesellschaften werden und umgekehrt.

Wie die Hirtengesellschaften ändern die agrarischen Gesellschaften ihren institutionellen Charakter am häufigsten im geographischen Grenzbereich agrarmanagerialer Gebiete; hier haben hydraulische und nichthydraulische Kräfte jahrtausendelang miteinander gekämpft. Die institutionellen Grenzüberschreitungen Griechenlands, Roms, Spaniens und Rußlands bildeten alle einen Teil dieses gigantischen geschichtlichen Prozesses.

a. Griechenland

Aus dem hydraulisch marginalen oder submarginalen mykenischen Griechenland entsprang eine Kultur, deren aristokratische und demokratische Kräfte es dem Staate versagten, unkontrollierte Macht über die nichtstaatlichen Elemente der Gesellschaft auszuüben. Die Griechen aus den Zeiten Homers, Hesiods und Sophokles' warfen sich anbetend vor ihren Göttern nieder, aber sie weigerten sich, den höchsten Vertreter der Staatsgewalt als ihren Herrn (despotes) anzuerkennen.

Viele Jahrhunderte lang, und trotz ihrer Nachbarschaft zur hydraulischen Welt, behaupteten die griechischen Städte Kleinasiens in ihrem Hoheitsbereich die Grundsätze einer vielzentrigen Gesellschaft. Erst im Gefolge der Eroberungen Alexanders begannen die alten konstitutionellen Freiheiten zu schrumpfen. Die hellenistischen Souveräne des Orients beschränkten die politische Unabhängigkeit ihrer hellenischen Landsleute in Asien und Europa. Mitsamt ihren makedonisch-griechischen Helfern schmückten sie sich bereitwillig mit den Insignien orientalisch despotischer Herrschaft.

Das römische Reich und Byzanz vollendeten, was die hellenistischen Dynastien in die Wege leiteten. Die Griechen des Nahen Ostens – und diejenigen des Mutterlandes – wurden Untertanen eines hydraulischen Reiches, das bedeutende Zonen einer lockeren (Syrien) und kompakten (Ägypten) hydraulischen Wirtschaft umfaßte. Während des 7. Jahrhunderts wurde Byzanz infolge der arabischen Eroberung marginal-hydraulisch; später, unter den Türken, wurde das ehemalige Byzanz wieder locker hydraulisch.

Die Griechen der byzantinischen und osmanischen Reiche waren nicht mehr die Hellenen des Hesiod, Perikles und Aristoteles. Dies trifft vermutlich auch in ethnischer Beziehung zu; und es gilt gewiß im institutionellen Sinne. Die Erben Mykenes, die – soweit sie freie Mitglieder ihrer Gemeinschaft waren – im klassischen Zeitalter Vorbilder demokratischen Staatsbürgertums schufen, waren die Vorfahren der byzantinischen Griechen, deren umfassendes Hofzeremoniell den »Byzantinismus« zum Inbegriff einer ritualisierten, aber totalen Unterwerfung unter die totale Macht gemacht hat.

b. Rom

I. Die Geburt einer hellenistischen Abart der orientalischen Despotie

In Griechenland leiteten die Eroberungen Alexanders den Übergang zu hydraulischen Staats- und Gesellschaftsformen ein. In Rom bezeichnete die Gründung der absoluten Monarchie durch Augustus nicht den Anfang, sondern eine verhältnismäßig fortgeschrittene Phase eines Orientalisierungsprozesses, der bereits zweihundert Jahre vorher eingesetzt hatte.

In der institutionellen Geschichte Roms ist das Jahr 211 v. Chr. von schicksalhafter Bedeutung. In jenem Jahre »traf der römische Staat«, nach der Eroberung des sizilianischen Königreichs von Syrakus, »zuerst eine nach ägyptischen und allgemein hellenistischen Mustern fein ausgearbeitete Gesetzgebung eines hauptsächlich agrarischen Staates«[226]. Die siegreiche italische Republik benutzte diese Gesetzgebung, die sogenannte *lex Hieronica,* »als Basis für die Gestaltung« ihrer »ersten provinzialen Wirtschaft«[227]. Damit übernahm sie ein Prinzip der hellenistischen Staatskunst, das den Staat zum Inhaber der absoluten Macht und zum Alleineigentümer des Bodens erklärte[228].

Als Nachfolger Hierons machten die römischen Eroberer ihren Staat, den *populus Romanus,* zum Herrn über die sizilische Agrarwirtschaft. Und sie taten das gleiche in den anderen Gebieten ihres wachsenden Reiches. Im östlichen Mittelmeergebiet änderte dies nicht viel, aber die westlichen Gebiete der römischen Expansion hatten zumeist einen nichthydraulischen Charakter. Es ist daher äußerst bezeichnend, daß die italischen Eroberer das hellenistische System mit gewissen Modifizierungen auch auf den Westen übertrugen[229].

Für die Römer war der hellenistische Grundsatz der allgemeinen Besteuerung völlig neu. Und diese Neuerung war erfolgreich, weil sie mit einer periodischen und umfassenden Volkszählung verbunden wurde: »Nach Hierons Grundsatz, den die Römer übernahmen, sollten die Stadtbehörden alljährlich eine Zählung aller Bauern des Bezirks vornehmen... und die gesamte Anbaufläche... sowie den verhältnismäßigen Anteil der verschiedenen Feldfrüchte registrieren.«[230]

Diese Entwicklung in den nichtitalienischen Gebieten schuf im römischen Mutterland nicht unmittelbar einen Staat, der stärker war als die Gesellschaft; aber die Metropole erfuhr innere Wandlungen, die die traditionelle aristokratische Republik unheilvoll schwächten. Die Landeigentümer aus dem Senatorenstand, die immer größere Mengen von Sklaven beschäftigten, bereicherten sich an den endlosen Eroberungskriegen; zugleich erschöpften diese

---

226. Rostowzew, 1910, S. 230 ff.
227. A. a. O., S. 230.
228. A. a. O., S. 237.
229. A. a. O., S. 237 und Anm.
230. Frank, 1928, S. 795.

Kriege das Bauerntum. Zusammen mit den landhungrigen Veteranen waren die verarmten Bauern eine ideale Massenbasis für die demagogische Politik der *populares* und für die siegreichen Generäle, die nicht zögerten, die Güter ihrer ehemaligen Widersacher zu beschlagnahmen und unter ihre Anhänger zu verteilen [231]. Die Bürgerkriege schwächten gleichfalls die reichen Geschäftsleute, die *equites,* von denen einige als Steuerpächter, *publicani,* große Profite aus dem Wachsen des Reiches zogen. In der sich verschärfenden Krise genossen die *equites* keine größere persönliche und wirtschaftliche Sicherheit als die Angehörigen des Senatorenstandes.

Die inneren Veränderungen in Rom waren offenbar so eng mit den auswärtigen Eroberungen verknüpft, daß jeder Versuch, den Untergang der Republik ausschließlich aus inneren oder äußeren Gründen zu erklären, fehlschlagen muß. Die Generäle, die das politische Feld beherrschten, taten dies insbesondere im 1. vorchristlichen Jahrhundert nach Maßgabe der Ausdehnung und Eigenart der von ihnen besetzten Gebiete. Denn diese Gebiete gaben ihnen die nötigen materiellen Mittel und verschafften ihnen die Möglichkeit, die Wirksamkeit der hellenistischen Regierungsmethoden zu erproben.

In welchem Maße waren hervorragende Einzelpersönlichkeiten verantwortlich für die Veränderungen, die sich in der römischen Gesellschaft vollzogen? Für den Zweck unserer Untersuchung genügt es zu bemerken, daß schon zur Zeit Cäsars der Senat seine soziale Einheitlichkeit sowie die unumstrittene politische Hegemonie verloren hatte und daß Cäsar, der wie andere große politische Generäle der Zeit den Veteranen Land gab, den Repräsentanten des Großgrundbesitzes aus dem Senatorenstand als »Volksmann«, als *popularis,* entgegentrat. In Rom wie auch sonst wurde ein System totaler Macht aufgerichtet durch Menschen, die volkstümliche Losungen und volkstümliche Maßnahmen benutzten, um ihre eigenen politischen Ziele zu fördern.

Als Cäsar ermordet wurde, war die stärkste eigentumsmäßige Kraft Roms, der Senatorenstand, bereits dermaßen erschüttert, daß Augustus, der offiziell nur eine begrenzte Anzahl von Provinzen (darunter die alten hydraulischen Gebiete Ägyptens und Syriens) in seine Gewalt bekam, tatsächlich auch bald die sogenannten Senatsprovinzen beherrschte [232]. Seit dem Jahre 29 v. Chr. bedurften die Senatoren, die früher den entscheidenden Einfluß auf die Verwaltung ausgeübt hatten, der Erlaubnis des Augustus, um Italien zu verlassen; und wenn sie als Reiseziel Ägypten angaben, wurde ihr Gesuch grundsätzlich abgelehnt [233]. In der Folgezeit wurden die vormals führenden aristokratischen grundbesitzenden Senatoren nach und nach durch Personen ersetzt, die nur deshalb Mitglieder des Senats wurden, weil sie im Dienste des Kaisers standen. Und die Vertreter beweglichen Eigentums und kapitalistischer Unternehmungen, die als *publicani* die Steuern und Zölle für die Regie-

231. Gelzer, 1943, II, S. 49 ff.
232. Stevenson, 1934, S. 211 ff.
233. Jones, 1934, S. 180.

rung eingetrieben und als Bauunternehmer und Lieferanten gewisse Staatsarbeiten ausgeführt hatten, wurden von Pompeius geplündert, von Cäsar geschwächt und von Augustus zur Nichtigkeit verurteilt [234]. Mit der Zeit verloren sie alle Bedeutung [235]. So wurde die römische Metropole, die zeitweilig ein riesiges hellenistisch hydraulisches Reich regiert hatte, ohne selbst hydraulisch zu sein [236], das Opfer von Kräften, die letzthin in eben diesem hydraulischen Reiche wurzelten.

In diesem mächtigen Umwandlungsprozeß war Augustus nicht nur der Totengräber der alten gesellschaftlichen Kräfte; er war zugleich der Schrittmacher weitgehender administrativer und managerialer Änderungen. Obgleich er sich den Kulturwerten Roms tief verpflichtet fühlte, formte der erste Kaiser (princeps) seinen absolutistischen Staat nicht nach dem Muster des alten Roms oder des klassischen Griechenlands – die ihm allerdings beide wenig Anregung geben konnten –, sondern nach dem Vorbild des hellenistischen Orients [237]. Er schuf die Grundlagen für ein besoldetes Beamtentum [238]; und dadurch machte er die Bahn frei für eine bürokratische Entwicklung, die im 1. Jahrhundert n. Chr. schnell erstarkte [239].

Agrarmanageriale Methoden der Organisation und Aneignung hatte man in den Provinzen bereits unter der Republik angewandt; jetzt wurden sie vermehrt und systematisiert. Konfiskationen wurden eine regelmäßige Erscheinung im wirtschaftlichen und politischen Leben des Reiches. Die allgemeine Besteuerung fußte auf den periodischen Volkszählungen, die unter Augustus zur Verwaltungsroutine wurden [240]. Mit dem Bau eines wahrhaft agrarmanagerialen Straßensystems leitete er die große nichthydraulische Bautätigkeit ein, die seither mit dem Namen Roms verbunden ist. Er schuf die Staatspost, den cursus publicus, und er verknüpfte sie sehr folgerichtig mit einem ausgedehnten Nachrichtenwesen [241].

234. Stevenson, 1934, S. 191 ff.

235. A. a. O., S. 216; vgl. Last, 1936, S. 428 ff.

236. Natürlich war die römische Metropole nicht hermetisch von ihrer orientalischen Umwelt abgeschlossen. Der wachsende Einfluß der hellenistischen Staatskunst wurde bedeutsamerweise begleitet von dem wachsenden Einfluß orientalischer Religion, Kunst, Technik und Sitte. Das Vordringen einer hellenistisch-orientalischen Kultur und die unzulänglichen Versuche, dieser Kultur Widerstand zu leisten, gehören zu den lehrreichsten Entwicklungen des 2. und 1. Jahrhunderts v. Chr. (s. Voigt, 1893, passim).

237. Damals begannen die römischen Staatsmänner, die früher ihr Ideal in Athen und Sparta gesehen hatten, sich neue Leitsterne zu nehmen im persischen Reich und den hellenistischen Monarchien (Stevenson, 1934, S. 183).

238. A. a. O., S. 185 ff.

239. Charlesworth, 1934, S. 686 ff.

240. A. a. O., S. 123; Stevenson, 1934, S. 192 ff.

241. Riepl, 1913, S. 435 ff., 459.

Hand in Hand mit diesen Änderungen ging die Verwendung ehemaliger Sklaven, »Freigelassener«, im Staatsdienst [242], der Gebrauch von Eunuchen zu politischen Zwecken [243], die Einführung des Kaiserkults und der schrittweise Verfall der unabhängigen Handels- und Industrieunternehmungen. Lange vor dem Ende des 2. Jahrhunderts n. Chr., da Septimius Severus durch Massenmord und Konfiskation das despotische Zentrum zum »Eigentümer des größten Teiles alles landwirtschaftlich wertvollen Bodens« machte [244], war die alte Gesellschaft zugrundegegangen. Es war die logische Folge dieser Entwicklung, daß der »semitische Kaiser«, der Italien verachtete und der Lateinisch mit einem punischen Akzent sprach [245], verlangte, daß man ihn *dominus*, »Herr«, nannte [246].

Als Diokletian einen ausgesprochen orientalischen Hof schuf, war die wirkliche Orientalisierung des Reiches bereits vollbracht. Ein hervorragender Wirtschaftshistoriker faßt die große Umwandlung folgendermaßen zusammen: »Im 2. und 3. Jahrhundert ... war der Staat (oder der Kaiser) nicht nur der größte Grundbesitzer, er war auch der größte Eigentümer von Bergwerken und Steinbrüchen, und im Laufe der Zeit wurde er auch der größte Industrielle.« [247] Außerdem »wurde der Handel – der Groß- und Kleinhandel – zunehmend staatlicher Kontrolle unterworfen« [248], und »das Transportwesen wurde ebenfalls zum größten Teil verstaatlicht« [249]. Diese einzentrige ökonomische Ordnung bildete einen günstigen Boden für die Entwicklung der »Idee der Staatsallmacht«. Sie nahm Gestalt an wesentlich »unter dem Einfluß orientalisierend-hellenistischer und anderer Staatstheorien«. Die vollständige »Ablösung eines Wirtschaftssystems durch ein anderes und die Verdrängung der alten Kultur und Lebenshaltung durch einen neuen Lebensstil erforderten mehr als eineinhalbes Jahrhundert. Am Ende des dritten Jahrhunderts war dieser Prozeß vollendet.« [250]

242. Stevenson, 1934, S. 189; Charlesworth, 1934, S. 686 ff.
243. S. unten, Kap. 8.
244. Frank, 1940, S. 300.
245. Miller, 1939, S. 24.
246. »Es war, als hätte der Geist Altassyriens sich des kaiserlichen Palastes bemächtigt, um das Reich einer Bürokratie auszuliefern, die die ausführende Gewalt einer durch dynastische Thronfolge vermittelten göttlichen Autorität werden sollte. In einem derartigen System konnte es keinen Platz geben für einen Senat oder für den Grundsatz der Machtübertragung durch den Staat, und das Gefühl des siegreichen Vordringens dieser Staatsauffassung drückte sich darin aus, daß man den Kaiser jetzt allgemein *dominus* zu nennen begann« (*a. a. O.*, S. 35).
247. Oertel, 1939, S. 272.
248. *A. a. O.*
249. *A. a. O.*, S. 273.
250. *A. a. O.*, S. 256.

Eine vergleichende Analyse der Orientalisierung des römischen Reiches führt zu einigen grundlegenden Schlußfolgerungen:

1. Die institutionelle Bedeutung dieser Umwandlung wird nur dann völlig klar, wenn der Analytiker die hydraulische Gesellschaft und die agrarmanageriale (orientalische) Despotie versteht.

2. Hellenisierung heißt Orientalisierung. Die Hellenisierung Roms begann fast zwei Jahrhunderte vor der Errichtung des Prinzipats.

3. Das kaiserliche Rom muß als Gesellschaftsform nicht mit den frühindustriellen Absolutismen des Westens gleichgesetzt werden, sondern mit den großen, agrarmanagerialen, absolutistischen Staaten des Ostens.

II. Der Untergang der agrarmanagerialen Despotie in Westrom

Die römischen Verwaltungsbeamten waren ungleich mächtiger als die absolutistischen Herrscher des nachmittelalterlichen Europas. Sie waren nicht beschränkt durch Körperschaften, die auf nationaler Ebene organisiert waren und auf starkem Eigentum beruhten, d. h. durch Stände. Und wenn sie auch nach Möglichkeit die vorhandenen einheimischen politischen Führer und Kulturen bestehen ließen, so handhabten sie doch den politischen Apparat im Geiste der großen Überlieferungen despotischer Staatskunst. Wie die Beamten anderer agrardespotischer Reiche schufen sie riesige nichthydraulische Bauten, insbesondere staatliche Straßen und Grenzschutzwälle. Durch ihre Staatspost monopolisierten sie den Schnellverkehr. Und sie zählten und besteuerten die Einwohner der westlichen Provinzen mehr oder weniger in derselben Weise, wie es im Osten geschah [251].

Kein eingeborener iberischer, keltischer oder germanischer Freiheitssinn schützte die Vorfahren der modernen Westeuropäer davor, zunächst gezwungenermaßen und dann gewohnheitsgemäß das Joch eines Staates zu ertragen, der den nichtstaatlichen gesellschaftlichen Kräften geringe Möglichkeiten gewährte, an der Gestaltung ihres politischen und wirtschaftlichen Lebens aktiv teilzunehmen. Im Laufe mehrerer Jahrhunderte erreichte die orientalische Despotie in ihrer hellenistisch-römischen Form die Wälder Deutschlands, die atlantische Küste Spaniens und Galliens und die Südgrenze Schottlands.

Diese orientalischen Einrichtungen verschwanden nicht über Nacht, als Westrom im 4. Jahrhundert vom hydraulischen Osten praktisch unabhängig wurde. Der despotische Staat, der keine starken, organisierten, besitzenden Klassen geduldet hatte – obgleich er Großbesitz jeder Art zuließ –, reproduzierte sich weiter, sogar als sein managerial-bürokratischer Apparat zusammengeschrumpft war. Die Regierung Westroms behauptete tatsächlich bis zum Ende ihre absolutistische Stellung. Ihre letzte führende politische Persönlichkeit,

---

251. Vgl. (für Spanien) Van Nostrand, 1937, S. 127 ff.; (für Gallien) Grenier, 1937, S. 493 ff.; (für England) Collingwood, 1937, S. 14 ff.

Heraklius, war ein typischer Vertreter hydraulischer Staatskunst – ein Eunuch [252].

Wie in Spätbyzanz wurde der Verfall Westroms zu einem großen Teile durch äußere Kräfte verursacht. Der Verlust der Einkünfte aus den reichen östlichen Provinzen schwächte die italische Metropole beträchtlich, und dies zu einer Zeit, da Rom große Schwierigkeiten hatte, sich dem Zusammenbruch der Sklavenwirtschaft anzupassen. Der Osten, mit seiner intensiveren hydraulischen Landwirtschaft, war nie in demselben Maße von der Sklavenarbeit abhängig gewesen wie der Westen. Demgemäß war der Rückschlag für den Westen schwerer, als die Quellen billiger Sklavenarbeit versiegten.

Die politische Ohnmacht Roms trat im Anfang des 5. Jahrhunderts klar zutage: Rom verlor 406 Gallien, 407 England, 415 Spanien und 429 Afrika. Innerhalb des schrumpfenden Kerngebietes wuchsen die Kräfte des Großgrundbesitzes, der durch eine neue Senatorenschicht vertreten war. Jedoch fehlte den aufsteigenden, auf Privateigentum gestützten Führern die Kraft, einen nichtorientalischen Staat zu gründen. Dies geschah erst, als sie sich dem Germanenkönig Odoakar anschlossen, der im Jahre 476 formell dem erschöpften Absolutismus Westroms den Todesstoß versetzte [253].

c. Europa seit 476

I. Erfolglose Versuche, die absolute Herrschaft fortzusetzen

Gewisse Symbole der hydraulischen Staatsordnung, wie die Verpflichtung der Vasallen, den Fuß des Souveräns zu küssen, erhielten sich noch eine beträchtliche Zeit; sie überdauerten sogar die merowingische Periode [254]. Aber da sie keine feste gesellschaftliche Grundlage hatten, kamen sie nach und nach in Vergessenheit. Und die politische Entwicklung führte nicht zur Wiederherstellung des römischen Vorbilds, sondern zu einer dezentralisierten frühfeudalen Regierungsform, die für das Frühmittelalter charakteristisch ist [255].

II. Das »einzigartige« Domesday Book

In dieser Periode, die um 1200 zu Ende geht [256], entstand im Jahre 1086 das Domesday Book, ein staatliches Grundbuch des Landbesitzes in England, dessen Abfassung der normannische König Wilhelm der Eroberer im vorhergehenden Jahre angeordnet hatte. Europäische Historiker haben gewisse insti-

252. Stein, 1928, S. 515 ff.
253. A. a. O., S. 343.
254. Reiske, 1830, S. 271.
255. S. Lot, 1951, S. 405 ff.
256. Bloch, 1937, S. 209.

tutionelle Wurzeln des *Domesday* sowohl in England [257] wie in der Normandie [258] gesucht und solche auch einwandfrei ermittelt; aber diese nordwest-
europäischen Wurzeln können das große anglo-normannische Grundbuch nicht
völlig erklären. Der Typus eines staatlichen Katasters war unbekannt in dem
Lande, aus dem Wilhelm und seine Mannen kamen [259]. Mehr: Er war unbekannt im gesamten nichtorientalischen Europa. Nach Maitlands Ansicht ist
das *Domesday Book* »einzigartig in der Geschichte Europas«[260].

Wie kam man dann dazu, dieses einzigartige Werk zu schaffen? Eroberung –
die Maitland als Erklärung aufführt [261] – kann schwerlich den Anlaß gegeben haben, denn im mittelalterlichen Europa gab es viele Eroberungen, aber
nur ein *Domesday Book*. Die Normannen der Normandie schufen, soviel man
weiß, kein *Domesday*, obgleich sie sicherlich Nordfrankreich durch Eroberung
gewannen. Ist es möglich, daß im Jahre 1085 die Normannen Verwaltungs-
methoden kennengelernt hatten, die ihnen im 10. und sogar in den ersten
Jahrzehnten des 11. Jahrhunderts unbekannt gewesen waren?

Als im Jahre 1066 die Normannen England eroberten, hatten einige ihrer
Landsleute die Herrschaft über Süditalien errungen, über ein Gebiet, das in
der vorhergehenden Periode mit Unterbrechungen von Byzanz verwaltet wurde. Und die Normannen hatten sich damals auch auf Sizilien festgesetzt.
Diese Insel hatte über 300 Jahre Byzanz gehört und danach den Sarazenen,
die arabische und byzantinische Methoden despotischen Regierens vereinten.

Wir besitzen keine schlüssigen dokumentarischen Belege über die Wirkung,
die diese byzantinisch-sarazenischen Erfahrungen auf Wilhelm und seine Ratgeber ausübten. Aber wir wissen, daß 1072 – also dreizehn Jahre ehe Wilhelm die *descriptio* Englands verfügte – die Normannen die Hauptstadt
Siziliens, Palermo, und die nördliche Hälfte der Insel erobert hatten. Wir
wissen ferner, daß ein reger Verkehr stattfand zwischen den Normannen
Süditaliens und Siziliens einerseits und ihren Vettern in der Normandie und
England andererseits [262]. An diesem Verkehr waren außer dem Adel auch die
Priester beteiligt, die aktiv an der Verwaltung mitwirkten [263]. Es kann daher nicht wundernehmen, daß der führende englische Kenner der englisch-
sizilischen Beziehungen im Mittelalter es für möglich hält, daß »eine Beziehung bestand zwischen dem *Domesday Book* und den Steuerregistern, die der
Süden von seinen byzantinischen und sarazenischen Herrschern übernommen
hatte«[264].

257. Maitland, 1921, S. 1 ff.
258. Haskins, 1918, S. 5 ff.
259. A. a. O., S. 4.
260. Maitland, 1948, S. 9.
261. A. a. O.
262. Haskins, 1911, S. 435.
263. A. a. O., S. 436.
264. A. a. O., S. 664 ff.

Haskins' Hypothese erklärt in einleuchtender Weise, warum eine typisch hydraulische Methode steuertechnischer Verwaltung im feudalen Europa auftauchte. Sie erklärt auch, warum diese »glänzende Errungenschaft« – wie Maitland sie nennt – mehrere Jahrhunderte lang keine Nachfolge fand. Offenbar war eine systematische und allgemeine Landregistrierung der feudalen Gesellschaft ebenso fremd, wie sie im Bereich der orientalischen Despotie herkömmlich war.

d. Spanien

I. Orientalische Eroberung

Aber weder das Scheitern der absolutistischen Vorstöße in Frankreich noch die Einmaligkeit des englischen *Domesday Book* bedeuten, daß seit dem Jahre 476 die institutionelle Wasserscheide zwischen den hydraulischen und den nichthydraulischen Teilen Europas ein für allemal festlag. In der vornormannischen Geschichte Süditaliens und Siziliens erschienen zwei Vertreter östlicher Expansion: Die Byzantiner, die versuchten, ihr Regierungssystem in mehreren ehemaligen Provinzen des römischen Reiches aufrechtzuerhalten, und – viel bedeutsamer – die Araber, die, als Träger eines dynamischen neuen Glaubens und mit neuen Methoden der Kriegführung[265], ihre Macht von den nahöstlichen Kerngebieten der hydraulischen Gesellschaft über ganz Nordwestafrika, Spanien und, für kurze Zeit, auch über Sizilien ausdehnten.

Dieser gewaltige Ausbruch ähnelte der westlichen Ausdehnung des römischen Reiches darin, daß auch er die orientalisch despotische Regierungsweise verbreitete. Aber aus einer Reihe von Gründen ging die institutionelle Wirkung der islamischen Eroberung viel weiter. Unter dem Einfluß Roms wurde Westeuropa Teil einer lockeren hydraulischen orientalischen Gesellschaft, ohne jedoch die hydraulische Landwirtschaft zu übernehmen; und schließlich kehrte es zu einer submarginal-hydraulischen oder völlig nichthydraulischen Ordnung zurück. Der Einfluß der Araber ging erheblich weiter. Bis zur islamischen Invasion war die iberische Halbinsel die Heimat einer frühfeudalen Zivilisation, die zwar Hydroagrikultur, aber nur wenige hydraulische Werke aufzuweisen hatte[266]. In scharfem Gegensatz zu den Römern, die Westeuropa unterwarfen, waren die arabischen Eroberer Spaniens völlig vertraut mit der hydraulischen Landwirtschaft; demgemäß wandten sie in ihren neuen Wohnsitzen mit Fleiß die hydraulischen Methoden an, die sich in ihren Mutterländern als äußerst vorteilhaft erwiesen hatten. Unter mohammedanischer Herrschaft wurde die künstliche Bewässerung »nach orientalischen Mustern«

265. Wittfogel und Fêng, 1949, S. 507 ff.
266. Hirth, 1928, S. 57 ff.; Hall, 1886, S. 363, 365; Lévi-Provençal, 1932, S. 166; Laborde, 1808, S. 29, 107. Laborde spricht in seiner Untersuchung den gotischen Eroberern Spaniens jedes landwirtschaftliche Interesse ab (*a. a.* O., S. 107).

verfeinert und verbreitet, und all dies unter staatlicher Leitung: »Die Verwaltung der neuen Bewässerungswerke war die Aufgabe des Staates.« [267]

So wurde denn das maurische Spanien mehr als marginal-orientalisch; es wurde eine echt hydraulische Gesellschaft, die von ernannten Beamten [268] despotisch regiert wurde und die mittels fiskalischer Methoden besteuert wurde. Die maurische Armee, die sich bald aus einem Stammesheer in ein »Söldner«-Heer verwandelte [269], war genauso ein Werkzeug der Regierung wie die Heere in den Kalifaten der Abbasiden und Omaijaden. Ein schon als wissenschaftlich zu bezeichnendes Bewässerungs- und Gartenbausystem [270] fand seine Ergänzung in den typisch hydraulischen Wissenschaften der Astronomie und Mathematik, die außerordentliche Fortschritte machten [271]. Das zeitgenössische feudale Europa hatte keine vergleichbare Entwicklung aufzuweisen. Dozy versucht die Eindrücke des großen arabischen Geographen Ibn Hauqal wiederzugeben, der Spanien im 10. Jahrhundert besuchte. Er spricht von der organisatorischen Macht des mohammedanischen Staates, dessen Polizei und dessen hydraulische Landwirtschaft die entlegensten Landesteile durchdrangen: »Der Fremde beobachtete überall mit Bewunderung wohlbestellte Äcker und ein hydraulisches System, das so wissenschaftlich verzahnt war, daß es den scheinbar armseligsten Boden fruchtbar machte. Er bestaunte die vollkommene Ordnung, die dank der wachsamen Polizei selbst in den unzugänglichsten Gegenden herrschte.« [272]

In der zweiten Hälfte des 14. Jahrhunderts zählte die führende Hansestadt Lübeck 22 000 Einwohner [273] und London etwa 35 000 [274]. Während der höchsten Blüte des westlichen Kalifats mögen in der maurischen Hauptstadt Cordoba eine Million Menschen gelebt haben [275], in Sevilla 1248 mehr als 300 000 [276]. Am Ende der mohammedanischen Zeit hatte Granada wahrscheinlich mindestens ebensoviele Einwohner; die *Encyclopedia of Islam* schätzt die Bevölkerung dieser schönen letzten islamischen Hauptstadt in Spanien auf »eine halbe Million« [277].

Es versteht sich, daß der absolutistische Staat in seiner besten Zeit enorme

267. Koebner, 1942, S. 52.
268. Sánchez-Albornoz, EM, I, S. 281; vgl. Lévi-Provençal, 1932, S. 99 ff.
269. Sánchez-Albornoz, EM, I, S. 213 ff.
270. Vgl. Mieli, 1938, S. 205 ff.; ders., 1946, S. 165 ff; Lévi-Provençal, 1932, S. 173 ff.
271. Mieli, 1938, S. 184 ff., 197 ff.; ders., 1946, S. 132, 141 ff.
272. Dozy, 1932, II, S. 173.
273. Bücher, 1922, I, S. 382.
274. Rogers, 1884, S. 117.
275. al-Makkari, 1840, I, S. 215, vgl. 214.
276. *Primera Crónica General*, S. 767 (Kap. 1124); vgl. Laborde, 1808, S. 9; und Schirrmacher, 1881, S. 410.
277. Seybald, 1927, S. 176; vgl. Lafuente Alcantara, 1845, S. 136.

Einkünfte hatte [278]. Und es versteht sich ebenfalls, daß dieser Staat, der wie andere hydraulische Regierungen viele Eunuchen als Beamte beschäftigte [279], rücksichtslos gegen in Ungnade gefallene Würdenträger vorging. Wenn diese Unglücklichen liquidiert wurden, beeilte sich der Staat, alle ihre Besitztümer zu konfiszieren [280].

II. Die *Reconquista*

Die *reconquista*, die im 13. Jahrhundert den größten Teil Spaniens wieder in die Gewalt der Christen brachte, verwandelte eine große hydraulische Kultur in eine spätfeudale. Wer Rußland studiert und den Aufstieg der orientalischen Despotie dort als das Ergebnis eines bewaffneten Kampfes gegen mächtige östliche Feinde ansieht, tut gut, die russische Geschichte mit dem zu vergleichen, was in Spanien und was in Österreich geschah.

Beginnen wir mit Österreich. Mehrere Jahrhunderte lang wurde Österreich von einem der größten orientalischen Reiche der Geschichte, der ottomanischen Türkei, bedroht; mehr als hundertfünfzig Jahre lang hatten die Türken einen großen Teil Ungarns in ihrer Gewalt. Aber die entscheidende politische und militärische Basis für den Gegenangriff, Österreich, behielt ihre Freiheit; und der vieljährige Kampf gegen den mächtigen orientalischen Feind verwandelte Österreich nicht in eine orientalische Despotie. Ähnlich wie in anderen europäischen Ländern setzte sich auch hier eine eindeutig westliche Form des Absolutismus durch. Bis um die Mitte des 18. Jahrhunderts hatten die österreichischen Landtage eine entscheidende Stimme in Sachen der Besteuerung und der Soldatenrekrutierung [281], und noch nach dem Jahre 1740 übten die Stände einen wesentlichen Einfluß auf die Steuerverwaltung aus [282]. Ungarn behauptete hartnäckig eine semi-autonome Regierung; und der ungarische Landtag, der aus einem Oberhaus (geistliche und weltliche Magnaten) und einem Unterhaus (niederer Adel und Vertreter der Städte) bestand, »übte einen großen Einfluß auf die Verwaltung des Landes aus« [283].

Auch in Spanien wurde das Gebiet, von dem die Rückeroberung ihren Ausgang nahm, nie orientalisiert. Die Herrscher der kleinen Staaten im Norden, die dem arabischen Ansturm erfolgreich getrotzt hatten, waren militärisch von der Hilfe des Adels, der Geistlichkeit und der Städte abhängig [284]; und als die *reconquista* ihre wichtigsten Ziele erreicht hatte, waren diese Gruppen keineswegs politisch atomisiert; dank ihrer Privilegien waren sie imstande,

278. Dozy, 1932, II, S. 173.
279. A. a. O., S. 200, 222; Sánchez-Albornoz, EM, I, S. 344.
280. S. Sánchez-Albornoz, EM, I, S. 349, 351.
281. Hintze, 1901, S. 406.
282. A. a. O., S. 413.
283. A. a. O., S. 411.
284. Altamira, 1930, S. 61.

eine semi-autonome Existenz zu behaupten [285]. Ähnlich wie im spät- und nachfeudalen Frankreich, England, Deutschland, Italien und Skandinavien entwickelte sich in Spanien ebenfalls eine absolutistische Regierungsform [286]. Der
Staat gewann die Oberhand über den Adel, die Kirche und die Städte [287];
aber er vermochte nicht, das Fideikommiß in den Grundbesitzverhältnissen [288]
und die Semi-Autonomie der Kirche zu beseitigen; er konnte nicht den Stolz
und die Würde des spanischen Volkes brechen. Die Stände Aragoniens, die die
Anerkennung ihrer Privilegien zur Vorbedingung für die Huldigung des Königs machten (»si no, no«), wiederholten diese kühne Formel noch im Jahre
1462 [289], d. h. mehr als hundert Jahre nach der Rückeroberung des größten
Teiles der Halbinsel. Und obgleich die Ständeversammlungen (cortes), die in
Kastilien hauptsächlich die freien Stadtgemeinden repräsentierten, 1665 zu
existieren aufhörten, war der absolutistische Staat dennoch außerstande, seinen
Untertanen die demütige Haltung aufzuzwingen, die unter hydraulischen Regierungen gang und gäbe war.

Mit dieser Feststellung will ich die außerordentliche Macht des spanischen
Absolutismus nicht in Abrede stellen. Diese Macht erklärt sich wenigstens
teilweise aus den *frontier*-Bedingungen der Rückeroberung, die die Autorität der Könige Kataloniens, Navarras und Aragoniens vergrößerte [290].
Vielleicht hat jedoch die Wirtschaftsgesinnung der christlichen Könige eine
noch entscheidendere Rolle gespielt. Die nördliche Basis, von der aus die *re-*
conquista erfolgte, eignete sich besonders für Viehwirtschaft; und der europäische Wollmarkt, dessen Vergrößerung zeitlich mit dem Fortschreiten der *re-*
conquista zusammenfiel [291], veranlaßte die spanischen Könige, auch in den
befreiten Gebieten Zentralspaniens und sogar in Teilen Südspaniens einseitig
die Schafzucht zu fördern [292]. Während die Könige den Städten und dem
Adel Privilegien jeder Art gewährten, schufen sie eine straffe fiskalische und
gerichtliche Kontrolle über die Schafzüchter, die seit dem 13. Jahrhundert in
einem speziellen Verband, der *mesta*, zusammengefaßt wurden [293].

Wie in England »fraßen« auch in Spanien die Schafe die Menschen. Aber
im Unterschied zu England zogen in Spanien die Fürsten fast vom Anfang
an ungeheure Gewinne aus der sich schnell ausdehnenden Viehzucht [294].

285. *A. a. O.*, S. 104 ff.
286. *S. a. a. O.*, S. 62 ff.
287. *A. a. O.*, S. 160.
288. *A. a. O.*, S. 138.
289. Hintze, 1930, S. 241.
290. Altamira, 1930, S. 63.
291. S. Klein, 1920, S. 34 ff.
292. *A. a. O.*, S. 17 ff.; s. insbesondere die Karte nach S. 18.
293. *A. a. O.*, S. 75, 77 ff., 157 ff., 170, 173, 175 ff.
294. Klein zufolge waren die Staatseinkünfte aus dieser Quelle groß (*a. a. O.*,
S. 279).

Schließlich betrachteten die Monarchen die Viehzucht als die Haupteinkommensquelle ihres Landes [295].

Die gewaltigen Einnahmen, die der Krone aus ihrem Kolonialreich zuflossen, sind oft als die Ursache des zahlenmäßigen Rückganges der spanischen Bevölkerung im 16. Jahrhundert bezeichnet worden [296]. Aber die Entvölkerung der Dörfer, die gewiß eine der Hauptursachen für die Abnahme der Einwohnerzahlen der Städte war, kann nicht befriedigend aus der Edelmetalleinfuhr erklärt werden, da das zusätzliche Gold und Silber die reicher gewordenen Städter befähigt haben sollte, mehr Erzeugnisse von den Bauern zu kaufen.

Aller Wahrscheinlichkeit nach ist der Niedergang Spaniens in der Hauptsache dem Siege der arbeitsextensiven Viehzucht über die arbeitsintensive Bewässerungsagrikultur zuzuschreiben. Diese Entwicklung, die durch die rapide ansteigende Wollausfuhr beschleunigt wurde [297], führte zum Erlaß der *Leyes de Toro*, die die Unterwerfung der Agrikultur durch die große Weidewirtschaft besiegelten [298], vierzehn Jahre ehe Cortez Mexiko einnahm und 28 Jahre ehe Pizarro Cuzco eroberte. Sie erklärt auch die große Abnahme der

295. *A. a. O.*, S. 317.

296. Im Jahre 1247 hatte Sevilla mehr als 300 000 Einwohner, im 16. Jahrhundert 200 000. Die Einwohnerzahl Cordobas soll unter den Kalifen eine Million betragen haben; sie sank auf 60 000 herab (Laborde, 1808, S. 9). Granada schrumpfte von etwa 500 000 auf 80 000 Einwohner zusammen (s. oben, und Laborde, 1808, S. 9). Diese Rückgänge sind teilweise Kriegszerstörungen zuzuschreiben, aber zum Teil drückt sich in ihnen die Wandlung der Agrarordnung aus. Einige ländliche Gebiete erholten sich nie von der Pest und dem *reconquista* (Klein, 1920, S. 337); andere ließ man im 16. und 17. Jahrhundert brachliegen (*a. a. O.*, S. 320, 342 ff.), bis die einst blühenden Felder »vom Fluche der Dürre« geschlagen waren (Prescott, 1838, III, S. 461, Anm. 85), weil man es den Schafen erlaubte, »das Land zugrundezurichten und die Landwirtschaft fast bis auf den letzten Rest zu zerstören« (Klein, 1920, S. 343).

Die Zahl der uns bekannten Siedlungen, die in Katalonien, Aragonien, Leon, Valencia, der Mancha, Kastilien usw. verödeten, beläuft sich auf mehr als 1141. Das Gebiet des Guadalquivirs umfaßte, als es zum Kalifat Cordobas gehörte, nicht weniger als 1200 Dörfer; im Jahre 1800 waren alle bis auf 200 verschwunden. Von den 50 Dörfern Malagas blieben nur sechzehn übrig. Eine Gegend in der Diözese Salamanca, die früher 748 Dörfer gezählt hatte, besaß 1800 nur noch 333; und von den 127 Dörfern, die einst in der Nähe des *partidos de Banos peña del rey* existierten, blieben nur dreizehn übrig (Laborde, 1808, S. 8). Das Bereich des Königreichs Granada, das vor 1492 drei Millionen Einwohner gehabt hatte, besaß 1800 nur noch 661 000 (*a. a. O.*, S. 9).

297. Die Ausfuhr wuchs bis zur zweiten Hälfte des 16. Jahrhunderts (Klein, 1920, S. 37–46).

298. *A. a. O.*, S. 325.

indianischen Landbevölkerung in Mexiko, Yukatan und Peru unter den Spaniern [299].

In Spanien bewegten sich jetzt einsame Hirten und Herden auf endlosen Weiden. In dieser Landschaft trieb Don Quixote seine stolpernde Mähre vorwärts. Und in den Städten war kein Schauspiel so volkstümlich wie der Stierkampf. Karl V. feierte 1527 in Valladolid die Geburt seines Sohnes, des späteren Philipp II., dadurch, daß er in eigener Person in die Arena hinabstieg, um mit einem Stier zu kämpfen.

e. Die Einführung der orientalischen Despotie in Rußland

»Die Tataren hatten mit den Mauren nichts gemein. Als sie Rußland eroberten, brachten sie dem Lande weder Algebra noch Aristoteles.« Puschkin hatte zweifellos Recht, die negativen kulturellen Folgen der tatarischen [300] Eroberung zu beklagen. Er hätte darüber hinaus noch die destruktiven politischen Folgen dieses fabelhaften kriegerischen Erfolges erwähnen können. Die Tataren, die 1240 die Ostslawen vernichtend geschlagen hatten, beherrschten ihre neuen Untertanen so wirksam, daß keine unabhängige russische Macht sich unterfing, sie zu befreien.

299. Die Schiffe waren klein, und der Transport war kostspielig; die Kornausfuhr nach Europa versprach daher keine großen Gewinne. Silber war der begehrteste Exportartikel, aber die Ausfuhr von Zucker und Kakao, Farbholz, Farbstoffen und Tierhäuten war auch sehr profitabel (Humboldt, 1811, IV, S. 368 ff.). In ein paar Jahrzehnten »vermehrten sich die Ochsen, Pferde, Schafe und Schweine in allen Teilen Neuspaniens in erstaunlicher Weise« (*a. a. O.*, III, S. 224). Um 1570, als Acosta in Amerika landete, besaßen einige Personen von 70 000 bis zu 100 000 Schafen (Acosta, 1894, I, S. 418; Obregon, 1928, S. 151). Wo man der Zunahme des Viehbestandes keinen Einhalt gebot, wuchsen die Herden schnell, nicht nur in Mittelamerika, sondern auch im Südwesten Nordamerikas (Obregon, 1928, S. 151), in Peru (vgl. Markham, 1892, S. 163; s. auch Juan und Ulloa, 1806, I, S. 300, 318, und *passim*) und in Yukatan (Shattuck, Redfield und MacKay, 1933, S. 15). Als Cortez ein fürstliches Landgut in Oaxaca anlegte, führte er unverweilt »viele Merinoschafe und andere Tiere ein, die im Gebiet um Tehuantepec reichliche Weide fanden« (Prescott, 1936, S. 671). Es ist durchaus folgerichtig, daß Cortez in der Neuen Welt eine *mesta* nach dem Muster der *mesta* Kastiliens organisierte (Menzoda, 1854, S. 225).

300. Der Name »Tatar« bezog sich ursprünglich auf die Völker im östlichen Teile Binnenasiens (s. Wittfogel und Fêng, 1949, S. 101 ff.). Nach der großen Ausdehnung der mongolischen Macht im 13. Jahrhundert bezeichnete der Name in Osteuropa die Mongolen und Türken, die zusammen den Kern der Goldenen Horde bildeten. Diese »Tataren« verschmolzen mit älteren türkischen und finnischen Völkern zu einer türkischsprechenden Einheit; die türkische Sprache war damit zum wichtigsten ethnischen und kulturellen Bindeglied des westlichen Teils der mongolischen Welt geworden (Spuler, 1943, S. 11, Anm.). Ich benutze die Worte »Tataren« und »Mongolen« synonym als Bezeichnung für das Staatsvolk der Goldenen Horde.

Es gab auch keine innere russische Kraft, die einen systematischen und offenen Kampf gegen die Horde gewagt hätte. Der einzige Sieg, den der Großfürst Moskaus, Dmitry, 1380 am Don über ein tatarisches Heer davontrug, hatte unheilvolle Folgen: Die Rache des Feindes war so fürchterlich, daß während der nächsten hundert Jahre kein bewaffneter Widerstand stattfand[301]. Sogar als 1480 Iwan III. den geschwächten Tataren die Huldigung verweigerte, vermied er den offenen Kampf. Die Tataren waren ebenso zögernd, obgleich sie noch immer imstande waren, eine Armee gegen das moskowitische Heer ins Feld zu führen. Die beiderseitige Entschlußlosigkeit führte zu einem »unglaublichen Schauspiel: Zwei Heere flohen vor einander, ohne verfolgt zu werden«. Karamsin, dessen Geschichtswerk wir dieses Zitat entnehmen, fährt fort: »Auf solche Weise endete dieser letzte Einfall der Tataren.«[302]

Auf solche Weise endete in der Tat die Tatarenherrschaft in Rußland. Sie hatte fast zweihundertfünfzig Jahre gedauert; und das Großfürstentum Moskau, das in dieser Zeit seine Vormachtstellung errang, wurde groß, nicht als eine unabhängige Kraft, sondern als ein Werkzeug des Khans.

Diese Tatsache ist nicht umstritten. Kein ernsthafter Forscher bestreitet auch, daß das moskowitische Regime des 16. Jahrhunderts und der westliche Absolutismus verschieden waren. Aber wir finden tiefe Meinungsverschiedenheiten über den Ursprung der moskowitischen Despotie. War Iwans autokratische Herrschaft über Land und Volk das Ergebnis äußerer Umstände, nämlich einer ständig umkämpften Grenze, oder war sie vor allem den Mongolen zu verdanken, die in Rußland despotische Regierungsmethoden einführten, Methoden, die sie in mehreren hydraulischen Ländern Asiens, insbesondere in China, erlernt hatten?[303]

301. Kliuchevskii, *Kurs,* II, S. 20.

302. Karamsin, HER, VI, S. 195 f.

303. Die Mongolen waren mit den organisatorischen und fiskalischen Methoden der chinesischen Staatskunst vertraut, als sie Rußland unterwarfen (1237–1240). Dschingis Khan eroberte die chinesischen Gebiete nördlich des Gelben Flusses (1211–1222) sowie Turkestan (1219–1220). Seit 1215 stand ihm ein Liao-Chinese, Yeh-lü Tsch'uts'ai, als hoher Ratgeber zur Seite (Wittfogel und Fêng, 1949, S. 669 f.), und dieser diente später auch Dschingis Khans Sohne Ogontai (1228–1241). Ogontai vollendete 1234 die Eroberung Nordchinas. Im Jahre 1240 hatten die Mongolen gelernt, eine staatliche Post zu unterhalten, und sie organisierten in Nordchina Volkszählungen, Besteuerung und Fronarbeit (*Yüan Shih,* 2: 1b, 2a, 7a; 121: 9a, 146: *passim;* 191: 2a. Vgl. auch *Hsin Yüan Shih,* Kap. 127; Dschingis Khans *Yasa* und GGM, S. 145 ff.). Als Carpini in den vierziger Jahren des 13. Jahrhunderts das mongolische Rußland bereiste, gab es dort eine Staatspost, und man führte eine vorläufige Volkszählung durch (JWR, S. 94). Im Jahre 1253 beorderte der Großkhan Mongke einen gewissen Pieh-erh-ke (Berke?), in Rußland eine Volkszählung vorzunehmen (*Yüan Shih,* 3: 4b). Russische Quellen berichten, daß diese Zählung 1257 durchgeführt wurde; und sie erwähnen für 1259 einen mit dieser Arbeit beauftragten mongolischen Volkszählungs-

Historiker, die den Ursprung der russischen Despotie äußeren Ursachen zuschreiben, stützen sich vor allem auf die Arbeiten des hervorragenden russischen Geschichtsforschers Kljutschewski. Ich teile die Bewunderung, die Gelehrte der verschiedensten Richtungen Kljutschewski entgegenbringen; aber ich finde, daß seine Ansichten über die Entstehung der moskowitischen Despotie weniger einseitig sind als man allgemein annimmt.

Es ist richtig, daß Kljutschewski dem tatarischen Joch wenig Aufmerksamkeit schenkte[304] und daß er keine tiefe Einsicht in das Phänomen der orientalischen Despotie hatte[305]. Aber er war ein zu großer Gelehrter, um die entscheidenden institutionellen Wandlungen zu übersehen, die während und auf Grund der tatarischen Herrschaft in der Staats- und Gesellschaftsordnung Rußlands vor sich gingen. Seine eigenen Ausführungen zeigen, daß diese Wandlungen der Entstehung jener »Grenze« vorangingen, deren bestimmenden Einfluß er so hoch veranschlagt.

Bei der Ausarbeitung seiner Grenzkampfthese hat Kljutschewski im wesentlichen die nachtatarische Periode im Auge. Er bringt die Änderungen, die

beamten »Berkai« (Karamsin, HER, IV, S. 91, 94; Bretschneider, 1910, II, S. 80). Die Goldene Horde unterstand der direkten Autorität des Großkhans bis zum Jahre 1259 (Spuler, 1943, S. 41 f., 252), d. h. während der institutionell entscheidenden Zeit der Tatarenherrschaft.

304. Florinsky kritisiert seinen Vorschlag, man solle beim Studium der politischen Organisation Nordrußlands »zunächst außer acht lassen . . ., daß Rußland von den Tataren erobert war« (Florinsky, 1953, I, S. 78); und Vernadsky (1953, S. 333 ff.) bemerkt, daß abgesehen von »ein paar allgemeinen Bemerkungen über die Bedeutung der Politik der Khane für die Einigung Rußlands . . . [Kljutschewski] den Mongolen wenig Aufmerksamkeit widmete«.

305. Kljutschewski wußte wenig von den Einrichtungen der orientalischen Gesellschaft und ihrer Abarten, wie etwa China. Sonst würde er die auf Dienstleistung beruhende Klassenschichtung des moskowitischen Rußlands nicht den Verhältnissen der orientalischen Despotie gegenübergestellt haben (Kluchevsky, HR, III, S. 52). In einem anderen Zusammenhang betont er jedoch die Ähnlichkeit zwischen den moskowitischen Methoden der Liquidierung potentiell gefährlicher Verwandter mit den Methoden der orientalischen Despotie unter ähnlichen Bedingungen (a. a. O., II, S. 88). Und seine Beschreibung von Staatsdienst und Landbesitz im nachmongolischen Rußland weist eindeutig auf institutionelle Verwandtschaft mit der ottomanischen Türkei und dem mohammedanischen Indien hin. Seine Erörterung der Bemühungen Peters I., die Industrie zu entwickeln, ist ein wichtiger Beitrag zu unserem Verständnis der russischen Abart einer agrarbürokratischen Despotie. Auch Sumner betrachtet den allmächtigen Staat, der auf Zwangsdienstleistungen beruht und der die endgültige Verfügungsgewalt über allen Boden beansprucht, als ein entscheidendes Element der zaristischen Gesellschaft; nach ihm wurzelte der Zarismus im »Gedankengut und Ritual« von Byzanz und in »der Wirklichkeit und Praxis der Tatarenkhane«. Sumner erläutert dies durch den Hinweis, daß die moskowitische Regierung und Armee unter dem Einfluß der Goldenen Horde, und nicht unter demjenigen der weit entfernten byzantinischen Verwaltung entstanden (Sumner, 1949, S. 82 f.).

mit der Bildung »einer zahlreichen Klasse von Militärs und Beamten« einhergingen, in engem Zusammenhang mit »der territorialen Erweiterung des Reiches«. Durch seine neuen Grenzen geriet der Staat in direkte Verbindung »mit solchen äußeren und wesensfremden Feinden Rußlands wie Schweden, Litauern, Polen und Tataren. Dieser unmittelbare Kontakt führte dazu, daß der Staat schließlich einem von drei Seiten von Feinden umstellten Heerlager ähnelte.«[306] Offenbar meint Kljutschewski die Tataren, die den Moskowitern des 16. Jahrhunderts gegenüberstanden; und die Grenze, von der sie einen Abschnitt besetzten, ist die Grenze des 16. Jahrhunderts. Kljutschewski sagt dies ausdrücklich[307]; und an mehreren Stellen bezieht er seine Ausführungen auf die Periode 1492 bis 1595[308].

Angesichts dieser Tatsachen müssen wir sagen, daß Kljutschewskis Grenzkampfthese mehr Fragen stellt als sie löst. Warum sollte sich ein nichtorientalisches Rußland zu einer auf Zwangsdienst beruhenden Despotie entwickeln, weil es gegen westliche Staaten wie Schweden, Litauen und Polen Krieg führte? Viele europäische Länder hatten es mit ähnlichen Feinden zu tun, ohne zu orientalisch despotischen Herrschaftsmethoden zu greifen. Oder warum mußte das nichtorientalische Rußland im Kampfe gegen einen nicht allzu mächtigen orientalischen Feind orientalisch despotisch werden, während die Österreicher und Ungarn, die gegen die sehr mächtigen Türken kämpften, und die Spanier, die mit den Mauren in einen Kampf auf Leben und Tod verwickelt waren, nicht orientalisiert wurden? Die Frage ist daher berechtigt: Sollte Moskau sich im 16. Jahrhundert etwa orientalisiert haben, weil Rußland bereits vor dieser Zeit und auf Grund seiner langjährigen Unterwerfung unter eine orientalische Macht entscheidende organisatorische und fiskalische Schritte zur Schaffung eines despotischen »Dienst«-Staates getan hatte?

Kljutschewski hat sich durch seine Betrachtungsweise den Weg zu einer befriedigenden Antwort auf diese Fragen versperrt. Aber es ist erstaunlich, wie weit seine Behandlung der russischen Geschichte des 13., 14. und 15. Jahrhunderts die sozialhistorische Bedeutung der Mongolenzeit bestätigt.

Nach Kljutschewski haben in dieser Zeit die Städte, die während des Reiches von Kiew eine hervorragende Rolle gespielt hatten[309], mit einigen Ausnahmen (Nowgorod, Pskow) ihre politische Bedeutung verloren[310]; und in dieser Zeit wurden die Territorialfürsten und unabhängigen Bojaren nach einer vorübergehenden Stärkung ihrer Stellung von den Großfürsten Moskaus scharf in ihrer Macht beschränkt. Viele Fürsten wurden Dienstleute Moskowiens, dessen neue fürstliche Beamte um 1500 »die ältere Schicht der nicht

306. Kliuchevskii, Kurs, II, S. 260.
307. Kluchevsky, HR, II, S. 112.
308. A. a. O., S. 112 ff.
309. A. a. O., I, S. 117.
310. A. a. O., S. 269.

mit einem Titel ausgezeichneten moskowitischen Bojaren überschatteten oder gänzlich verdrängten«[311].

Warum geschah dies? Kljutschewski schließt seine Augen vor den Auswirkungen der Tatarenherrschaft[312], auf die politische Entmannung der Städte, die vor ihm bereits Karamsin angeführt hatte[313]. Aber er erkennt an, daß die Tatarenmacht Moskowien befähigte, die Bojaren und Territorialfürsten zu unterwerfen.

Kljutschewski weiß, daß die Tataren mehr als zwei Generationen lang die Steuerorganisation, die sie in Rußland aufgebaut hatten, selbst handhabten: »Nach ihrer Eroberung der Rus zogen die Tataren zunächst selbst den Tribut ein, den sie der Rus auferlegten.«[314] Er weiß auch, daß die politische und gerichtliche Macht Moskaus wuchs, als 1328 der Khan diese Aufgabe seinem dortigen Sachwalter übertrug: »Der Fürst von Moskau, der zuerst nur als Vertrauensmann des Khans mit der Einnahme und Ablieferung des Tributs betraut war, wurde damals zum bevollmächtigten Führer und Richter der russischen Fürsten bestellt. In der Folgezeit wurde dieser Auftrag des Khans »ein mächtiges Werkzeug zur politischen Vereinigung der Territorialstaaten von Rus«[315].

Der tatarische Einfluß in all diesen Dingen ist unverkennbar. Er wird noch augenscheinlicher, wenn wir uns die bürokratischen Neuerungen vergegenwärtigen, die den politischen Wandel begleiteten. Kljutschewski ist sich dessen bewußt, daß die im 16. und 17. Jahrhundert angewandte Registrierung des Landes und der Steuerzahler[316] bereits am Ende des 15. und sogar lange vorher bekannt war[317]. Er ist sich ferner bewußt, daß nach der Eroberung

311. Kliuchevskii, *Kurs*, II, S. 174.

312. Kljutschewski betrachtet diese Entwicklung als Ergebnis der Kolonisation Nordrußlands (Kluchevsky, HR, I, S. 269). Die »Rus« dehnte sich in der Tat nach Norden aus, aber dies war nicht alles. In Westeuropa machten sich viele von Fürsten oder feudalen Herrn gegründete Städte selbständig. Warum wuchs in Rußland im 13. und 14. Jahrhundert die großfürstliche Gewalt auf Kosten der Städte? Und warum verfiel die *veče* sogar dort, wo sie vorher führend gewesen war?

313. Karamsin (HER, V, S. 451) erklärt die Wandlung aus der zunehmenden Macht, die die Tataren den Fürsten verliehen. Vor kurzem bemerkte Vernadsky, daß der Zerstörung der meisten größeren Städte in Ostrußland während der mongolischen Invasion ein ebenso verheerender und noch erfolgreicherer politischer Angriff gegen die Städte folgte, ein Angriff, in dem die russischen Fürsten und Bojaren die mongolischen Herren unterstützten. Um die Mitte des 14. Jahrhunderts hatte die *veče* »in den meisten ostrussischen Städten aufgehört, normal zu funktionieren; von da an kam sie als politischer Faktor nicht mehr in Betracht« (Vernadsky, 1953, S. 345).

314. Kliuchevskii, *Kurs*, II, S. 22–23.

315. A. a. O., S. 23.

316. Kluchevsky, HR, II, S. 126 ff., 138; III, S. 235 f., 237 ff., 241.

317. A. a. O., III, S. 228. Der tatarische Ursprung des moskowitischen Volkszählungssystems wird u. a. von Milukow (1898, S. 128) und Kulischer (1925, S. 404)

Rußlands die Tataren »in den ersten 35 Jahren des Jochs dreimal eine Zählung, *čislo*, des gesamten russischen Volkes, mit Ausnahme der Geistlichkeit, mittels von der Horde entsandter *čislenniki* [Zähler] vornahmen«[318]. Spätere Forschungen haben zusätzliche Klarheit über die ursprüngliche tatarische Organisation geschaffen[319], die möglicherweise sowohl militärischen wie fiskalischen Zwecken diente[320]. Vernadsky spricht die einleuchtende Vermutung aus, daß »die großfürstliche Steuer- und Heeresorganisation aus mongolischen Vorbildern vom späten 14. bis zum 16. Jahrhundert entwickelt worden ist«[321]. Seine Schlußfolgerung bestätigt, was Kljutschewski vor fünfzig Jahren andeutete.

Kljutschewski weist in seiner Beschreibung der moskowitischen staatlichen Post des 16. Jahrhunderts[322] nicht ausdrücklich auf frühere Entwicklungen hin. Aber seine Äußerung über »die *Jamskoi prikaz*, das Postministerium, das seit dem Anfang des 16. Jahrhunderts bekannt war«[323], bezieht sich wahrscheinlich auf Iwan III.[324] und damit auf das Ende der Tatarenzeit. Andere Gelehrte haben die Post, *jam* oder *yam*, die die Tataren in Rußland unterhielten[325], mit der gleichnamigen moskowitischen Einrichtung in Verbindung gebracht[326].

Der Aufstieg der moskowitischen Despotie fällt zeitlich mit der Entstehung des neuen Typus ziviler und militärischer Dienstleute zusammen, die als zeitweilige Inhaber von Staatsland (*pomest'e*) ihrem obersten Herrn bedingungslos und unbeschränkt zur Verfügung standen. Seit der zweiten Hälfte des 14. Jahrhunderts begannen die Großfürsten Moskaus die Territorialfürsten zu

---

hervorgehoben. Kulischer vermutet nicht ohne Grund in letzter Instanz chinesischen Einfluß.

318. Kliuchevskii, *Kurs*, II, S. 23.

319. Spuler, 1943, S. 333, 338; Vernadsky, 1953, S. 219 ff.

320. Vernadsky, 1953, S. 357 ff.

321. *A. a. O.*, S. 358.

322. Kluchevsky, HR, III, S. 227.

323. Kliuchevskii, *Kurs*, II, S. 436.

324. S. Karamsin, HER, VI, S. 448.

325. Spuler, 1943, S. 409 ff.; Karamsin, HER, IV, S. 393 ff.; Vernadsky, 1953, S. 221, 357.

326. Brückner, 1896, S. 521 ff.; Milukow, 1898, S. 81; Kulischer, 1925, S. 405; Grekov, 1939, S. 216 ff. Die altaischen Ausdrücke *jam, »Post«*, und *jamči*, »Postmeister« (Spuler, 1943, S. 412) wurden ins Russische (*jam, jamščik*) übernommen (Brückner, 1896, S. 503, 522). Zur Mongolenzeit »war der *jam* eine Spezialsteuer für den Unterhalt der Postpferdestationen« (Vernadsky, 1953, S. 221). Als Herberstein in der ersten Hälfte des 16. Jahrhunderts die moskowitische staatliche Post benutzte, wurden ihm »vom Postmeister, der in ihrer Sprache *jamschnik* [sic!] genannt wird«, Relaispferde zugewiesen. Die Relaisstationen hießen *jama* (Herberstein, NR, I, S. 108). Im 16. Jahrhundert wurde die Postkanzlei zunächst *jamskaja izba* genannt, später *jamskoj prikaz* (Staden, 1930, S. 13, Anm. 4; vgl. S. 15, 59).

Dienstleuten herabzusetzen [327]; und im 15. Jahrhundert wurde Dienstland nicht länger nur an Unfreie vergeben [328], sondern auch an freie Dienstleute, hauptsächlich Krieger, auch an Zivil-(»Hof«-)Beamte [329]. Kljutschewski sieht klar, daß diese Art obligatorischen Dienstes sich von den Verhältnissen Westeuropas unterscheidet [330]; und es ist daher nicht überraschend, daß er in seiner Erörterung der rechtlichen Grundlagen der *pomest'e* nur zwei orientalische Wurzeln betrachtet: Byzanz und die mongolische Horde. Er verwirft den byzantinischen Ursprung, so bleibt also nur der von Gradowski angenommene tatarische Ursprung. Nach Gradowskis Ansicht »entstand die Idee, daß der Fürst der oberste Landeigentümer ist, erst in der Mongolenzeit. Als Stellvertreter der Hoheit des Khans genossen die russischen Fürsten in ihrem Gebiet dieselben Rechte wie der Khan im Gesamtreich. Später gingen diese Staatsrechte vollständig vom Khan auf die russischen Fürsten über; und dies erschütterte das im Entstehen begriffene Grundeigentum.« [331]

Es ist bezeichnend für Kljutschewskis Zwiespalt in der Tatarenfrage, daß er es unterläßt, die nach seinen eigenen Ausführungen einzig mögliche Schlußfolgerung auszusprechen. Aber er zögert nicht, das schnelle Anwachsen der *pomest'e* am Ende der Tatarenzeit zu betonen. Offenbar »finden sich schon in der zweiten Häfte des 15. Jahrhunderts Spuren einer intensiven und systematischen Zuweisung von Staatsland als *pomest'e*-Besitz« [332]. Die moskowitischen Füsten schufen *pomest'e*-Land in großem Maßstabe zunächst in den neueroberten Gebieten, z. B. Nowgorod; aber bereits zu Anfang des 16. Jahrhunderts vollzog sich »eine große Entwicklung des *pomest'e*-Besitzes« auch in der Nähe Moskaus [333].

Der vergleichende Wirtschaftshistoriker Kovalewsky besteht darauf, daß die schicksalhafte Einrichtung tatarischen Ursprungs ist: »Tatsächlich hörten wir nie, daß russische Fürsten vor dem 15. Jahrhundert Dienste anders als durch Geld und Kriegsbeute entlohnt hätten; dagegen war die Zuweisung militärischer Güter unter dem Namen *iktaa* in der ganzen mohammedanischen Welt und insbesondere bei den Tataren Hunderte von Jahren bekannt, ehe sie in Moskau Eingang fand. Diese Erwägungen haben den Verfasser veranlaßt zu erklären, daß Moskau und die anderen russischen Fürstentümer dieses Verfahren von den tatarischen Khanaten übernommen haben.« [334] Ver-

327. Kluchevsky, HR, I, S. 304 ff.
328. *A. a. O.*, II, S. 123.
329. *A. a. O.*, S. 124 ff.
330. *A. a. O.*, III, S. 52.
331. Kliuchevskii, *Kurs*, II, S. 272–273.
332. *A. a. O.*, S. 277.
333. *A. a. O.*, S. 278.
334. Kovalewsky, 1903, S. 43.

nadsky behauptet nicht, daß eine unmittelbare Beziehung bestehe, aber auch er nennt die Mongolenzeit die »Inkubationszeit« des *pomest'e*-Systems [335].

Angesichts dieser Tatsachen läßt sich schwer etwas gegen Vernadskys Schlußfolgerung sagen, daß zur Tatarenzeit die Substanz der alten freien Gesellschaft des Reiches von Kiew zerfiel, »ohne daß zunächst die Fassade angetastet wurde«. Und als Iwan III. sich von der Horde lossagte, war »das Gerüst des neuen Baues beinahe fertig, und die neue Ordnung, eine auf Zwangsdienst beruhende Gesellschaft, war deutlich erkennbar« [336].

Sie war in der Tat deutlich erkennbar. Wenige Jahrzehnte nach dem Tode Iwans hatte die Despotie so an Macht zugenommen, daß sie nunmehr auch die überlebte Fassade ganz abreißen konnte. Die lange Zeit, die zwischen Inkubation und Reife lag, drückt das zwiespältige Interesse der Tataren aus: Sie wollten, daß ihre moskowitische Agentur stark genug sei, um den Willen des Khanes auszuführen, aber nicht stark genug, um sich ihm zu widersetzen. Ohne die ganze Tragweite ihrer Politik vorauszusehen, schufen sie eine institutionelle Zeitbombe [337], die so lange unter Kontrolle blieb, als die Mongolenherrschaft dauerte, die aber explodierte, als das »Joch« zusammenbrach.

Der Einfluß von Byzanz auf das Reich von Kiew war groß, aber wie Chinas Einfluß auf Japan war er hauptsächlich kulturell. Er führte zu keinem wesentlichen Wandel in den Macht-, Klassen- und Eigentumsverhältnissen. Der Einfluß der ottomanischen Türkei auf das Rußland des 16. Jahrhunderts festigte nur ein bereits orientalisch despotisch gewordenes Regime [338], das nicht durch diesen Einfluß ins Leben gerufen worden war. Von den drei großen orientalischen Einflüssen, denen Rußland ausgesetzt war, führte nur die Tatarenherrschaft eine entscheidende Wendung herbei. Die Tataren zerstörten die nichtorientalische Gesellschaft Kiews, und sie schufen die Voraussetzungen für den despotischen Staat des moskowitischen und nachmoskowitischen Rußlands.

F. STRUKTUR UND WANDEL DER DICHTIGKEITSTYPEN
IN DER ORIENTALISCHEN WELT

Griechenland, Rom, Spanien und Rußland überschritten, wie wir sahen, die institutionelle Wasserscheide. In Griechenland, Rom und Spanien schwang das Pendel hin und her. Im zaristischen Rußland trug die Rückbewegung (vom despotischen Staate weg) das Land beinahe in die westliche Welt hinüber. Die Änderungen, die in all diesen Fällen vor sich gingen, waren gewaltig, aber

---

335. Vernadsky, 1953, S. 372.

336. A. a. O., S. 367.

337. Vernadsky (*a. a. O.*, S. 335) spricht mit Recht von einem »Einfluß mit verzögerter Wirkung«.

338. S. Wipper, 1947, S. 15, 30, 37, 42 ff.

wir können ihre Eigenart nur dann verstehen, wenn wir die zugrunde liegenden institutionellen Strukturtypen klar bestimmen. Dies haben wir in unserer Analyse versucht. Unsere Untersuchung, die die gesellschaftliche Struktur und Wandlung unter dem Gesichtspunkte wechselnder hydraulischer und bürokratischer Dichte betrachtet, führt zu folgenden Hauptergebnissen.

I. STRUKTUR

a. Dichtigkeitstypen der hydraulischen Gesellschaft

Es gibt zwei Typen hydraulisch kompakter Gebiete: einen mit wirtschaftlich vorherrschenden und kontinuierlichen hydraulischen Einheiten (kompakt 1) und einen mit wirtschaftlich vorherrschenden, aber nicht kontinuierlichen hydraulischen Einheiten (kompakt 2). Es gibt zwei Typen hydraulisch lockerer Gebiete: der eine umfaßt ein organisatorisch vorherrschendes hydraulisches System mit regional kompakten hydraulischen Einheiten (locker 1), und der andere Typ hat solche kompakt hydraulischen Einheiten nicht (locker 2). Die Peripherie der hydraulischen Gesellschaft weist ebenfalls zwei Typen auf: einen mit erheblichen hydraulischen Elementen (marginal 1), den anderen ohne solche Elemente (marginal 2). Ein siebenter Typus, der submarginale, gehört der Peripherie der hydraulischen Welt an, weil seine Repräsentanten augenfällige Elemente der orientalisch despotischen Staatskunst übernommen haben. Da seine herrschenden Institutionen aber ausgesprochen nichthydraulisch sind, muß er zum äußeren Rand der hydraulischen Welt gerechnet werden.

b. Verschiedentliche Häufigkeit der verschiedenen Typen

Die Typen größter hydraulischer Dichte, kompakt 1 und 2, sind keineswegs die häufigsten. Und sie sind nicht die »fortgeschrittensten«. Es wäre verfehlt, die anderen Typen als weniger »fortgeschritten« zu betrachten, wenn man mit diesem Ausdruck andeuten will, daß sie schließlich und notwendigerweise auch kompakt würden. Unter den geschichtlich bedeutsamen hydraulischen Gesellschaften, und insbesondere unter den großen Einheiten, blieben die kompakten Typen die Ausnahme.

c. Abnehmende Bedeutung der eigentlich hydraulischen Wirtschaft

Die abnehmende Bedeutung der eigentlich hydraulischen Wirtschaft springt in die Augen, wenn man die agrarmanageriale Welt in ihrer räumlichen und zeitlichen Gesamtheit betrachtet. Zweifellos besaßen die gesellschaftlichen Einheiten dieser Welt zur Zeit ihrer Entstehung und primären Entwicklung eine größere hydraulische Dichte als in ihrer späteren und sekundären Entwicklung.

In der Entstehungsphase bildeten sich verhältnismäßig kleine hydraulische Gemeinwesen in halbtrocknen und trocknen Gebieten. Und wenn unsere Ursprungshypothese richtig ist, dann können wir mit Sicherheit annehmen, daß in dieser Phase eine Anzahl marginal-hydraulischer Gesellschaften durch Diffusion entstand, daß aber solche Gesellschaften nicht aus zerfallenden größeren, hydraulisch lockeren Einheiten hervorgingen, da es damals solche Großeinheiten noch nicht gab. Die Mehrzahl der marginal-hydraulischen Gesellschaften – absolut genommen wie im Verhältnis zur Anzahl voll-hydraulischer Gesellschaften – erschien nicht in den Anfängen, sondern in späteren Epochen der hydraulischen Welt.

Zu dieser entwicklungsgeschichtlichen Eigentümlichkeit kommt eine andere, die von ihr unabhängig ist, aber ihre Wirkung steigert. Die Zunahme nomadischer Eroberungen in der Alten Welt und das recht häufige Abnehmen des hydraulischen Interesses bewirkten, daß die eigentlich hydraulischen Gesellschaften die Tendenz hatten, hydraulisch weniger intensiv zu werden.

Die spezifischen Dichtigkeitsformen der industriellen und der hydraulischen Gesellschaft zeigen eine entgegengesetzte Tendenz. Die industriellen Gesellschaften haben die Tendenz, mehr Industrie zu entwickeln, ohne daß sie übrigens notwendigerweise industriell kompakt werden müßten. Dagegen scheinen die agrarmanagerialen Gesellschaften ihren höchsten Dichtigkeitsgrad in einer verhältnismäßig frühen Phase ihrer Entwicklung zu erreichen. Später behauptet sich der Dichtigkeitsgrad, oder er geht zurück. Die agrarmanageriale Ordnung als institutionelles Ganzes »schreitet fort« nicht zu einer höheren, sondern einer niedrigeren Stufe hydraulischer Dichte.

2. DIE FÄHIGKEIT ZU GESELLSCHAFTLICHER WANDLUNG

Unsere Untersuchung der hydraulischen Dichte beleuchtet Phänomene gesellschaftlicher Struktur und solche gesellschaftlicher Wandlungen. Sie beleuchtet das Vorkommen – und Fehlen – solcher Wandlungen innerhalb derselben gesellschaftlichen Ordnung, sowie Wandlungen von einem Typus zum anderen.

1. Die Entstehung der hydraulischen Gesellschaft hängt offenbar wesentlich vom Vorhandensein einer im eigentlichen Sinne hydraulischen Wirtschaft ab.

2. Der Fortbestand der hydraulischen Gesellschaft wird durch mehrere Faktoren gewährleistet, unter denen die hydraulische Tätigkeit von geringer Bedeutung sein mag, außer in der Zeit schwerer, durch den Druck äußerer nichthydraulischer Kräfte hervorgerufener Krisen.

3. In einem gegebenen hydraulischen Gebiet mögen große, staatlich gelenkte produktive und schützende Wasserbauten nur einem Bruchteil des politisch beherrschten Gebiets nützen. Die ungleiche Verbreitung der Institutionen einer gegebenen gesellschaftlichen Ordnung, die wir in der hydraulischen Welt fin-

den, charakterisiert auch die moderne industrielle Gesellschaft. Vor dem Zweiten Weltkrieg wurden in den Vereinigten Staaten, d. h. in einer ausgesprochen industriellen Gesellschaft, von etwa 3000 Bezirken (*counties*) nur ungefähr 200, d. h. 7 Prozent, als »industrielle Bezirke« im eigentlichen Sinne des Wortes bezeichnet [339].

4. Die Geschichte der hydraulischen Gesellschaft kennt unzählige Rebellionen und Palastrevolutionen. Aber unseres Wissens ist es nirgends inneren Kräften gelungen, eine einzentrige argrarmanageriale Gesellschaft in eine vielzentrige Gesellschaft westlicher Art umzuwandeln.

5. Genauer gesprochen: Weder in der Alten noch in der Neuen Welt ist je aus einer großen, im eigentlichen Sinne hydraulischen Kultur spontan eine industrielle Gesellschaft hervorgegangen, wie das unter nichthydraulischen Verhältnissen in den Ländern des neuzeitlichen Westens geschah. In der marginal-hydraulischen Kultur von Spätbyzanz führte die Zunahme großen Privateigentums nur zur Lähmung der Gesellschaft. In Rußland überwanden im Frühjahr 1917 die Kräfte des Privateigentums (und seiner Begleiterin, der freien Arbeit) das despotische Staatswesen. Dieser Fortschritt erfolgte nach schweren Angriffen *von außen*; und er behauptete sich nur einige Monate.

339. Eine detaillierte Übersicht findet sich in SAE, I, S. 47.

SIEBTES KAPITEL

Formen des Privateigentums in der hydraulischen Gesellschaft

Nicht alle hydraulischen Gesellschaften enthalten wesentliche Elemente unabhängigen Privateigentums. Wenn aber solche Elemente zunehmen, dann bedeuten sie anscheinend eine größere Gefahr für die marginal-hydraulischen Gesellschaften als für die hydraulischen Kernländer; doch selbst in diesen fördert eine starke Entwicklung des Eigentums die soziale Differenzierung und die Verschärfung periodischer politischer Krisen.

Eine institutionelle Analyse der hydraulischen Gesellschaft darf daher nicht nur die Dichte ihres agrarischen Apparats behandeln, sondern sie muß sich auch mit der Vielfältigkeit der Entwicklung ihrer Eigentumsformen befassen. Bisher haben wir die Hauptformen hydraulischer und bürokratischer Dichte untersucht; wir dehnen nunmehr unsere Analyse auf die Hauptformen privaten Eigentums und privaten Unternehmens aus, die im Schatten der agrarmanagerialen Despotie entstehen.

A. EIGENTUM ALS MENSCHLICHE BEZIEHUNG

Eigentum ist das anerkannte Recht einer Person, über eine Sache zu verfügen. Wie andere Rechte schließt das Recht, das wir Eigentum nennen, nicht nur eine Beziehung zwischen einer Person und einer Sache ein. Es bedeutet zugleich eine Beziehung zwischen dem Eigentümer und anderen Menschen, die den Eigentümer hindern kann, über den fraglichen Gegenstand zu verfügen.

Die Beziehung betrifft auch die Vertreter des Staates, die einerseits denselben Schranken unterworfen sind wie die privaten Nichteigentümer, und die andererseits die bestehende Eigentumsanordnung aufrechterhalten sollen. Eigentum ist somit nicht nur eine juristische und soziale Einrichtung; Eigentum ist auch ein politisches Phänomen. Und Eigentumsrechte können in verschiedenen Gesellschaften in der Substanz verschieden sein, selbst wenn sie sich in der Form gleichen.

Starkes Eigentum [1] entwickelt sich in einer gesellschaftlichen Ordnung, die

---

1. Für eine aufschlußreiche Gegenüberstellung des »starken«, »absoluten« westlichen Eigentums und des anders gearteten östlichen Eigentums s. Maine, 1889, S. 158 ff. und 221 ff.

so ausgewogen ist, daß die Eigentumsinhaber über »ihre« Sachen mit einem Höchstmaß an Freiheit verfügen können. Schwaches Eigentum entwickelt sich in einer gesellschaftlichen Ordnung, die nicht so ausgewogen ist.

In den vorhergehenden Kapiteln wurden die Besonderheiten der hydraulischen Gesellschaft erörtert, die die Tendenz haben, das Privateigentum außerordentlich schwach und den Staat außerordentlich stark zu machen. Natürlich ist Schwäche nicht gleichbedeutend mit Nichtvorhandensein. Die hydraulische Gesellschaft kennt viele Formen des Privateigentums, die, äußerlich betrachtet, Parallelen in anderen Gesellschaften haben. Einige dieser Formen zeigen einen verschiedenen Entwicklungsgrad in verschiedenen hydraulischen Kulturen; und diese Unterschiede sind so regelmäßig – und so ins Auge fallend –, daß wir mehrere Eigentums- (und Gesellschafts-)Typen unterscheiden können.

B. OBJEKTE DES EIGENTUMSRECHTS

Die Begriffe bewegliches und unbewegliches Eigentum bieten offensichtliche Schwierigkeiten, aber für unsere Untersuchung haben sie große Vorzüge. Unbewegliches Eigentum (im wesentlichen Land) ist die Grundlage privater Tätigkeit im Hauptzweig der hydraulischen Wirtschaft, der Agrikultur; und bewegliches Eigentum (Werkzeuge, Rohstoffe, Handelswaren, Geld) ist die Grundlage seiner zwei wichtigsten sekundären Zweige: Industrie (Handwerk) und Handel. Personen können ebenfalls zum Objekt einer Eigentumsbeziehung werden. Wie manche andere institutionelle Ordnungen kennt auch die hydraulische Gesellschaft die Sklaverei. Aber im Gegensatz zum beweglichen und unbeweglichen Eigentum schafft die Sklaverei in der agrarischen Despotie keine spezifische Form unabhängigen Unternehmens. Wir werden von den Eigentümlichkeiten der orientalischen Sklaverei im nächsten Kapitel sprechen, das von den Klassen handelt.

C. DER POTENTIELLE UMFANG DER EIGENTUMSRECHTE

Ein Inhaber starken Eigentums kann über sein Eigentum auf verschiedene Art verfügen. Er kann es gebrauchen, wie er will, solange er nicht die Rechte anderer Angehöriger des Gemeinwesens beeinträchtigt. Er kann sein Eigentum aktiv anwenden, entweder im Bereich der Wirtschaft (zum Zwecke seines Lebensunterhalts und materiellen Gewinns) oder im Bereich physischer Gewaltanwendung (zur Förderung seiner eigenen materiellen oder politischen Interessen und derjenigen seiner Gruppe); oder er kann es passiv verwenden, zum Beispiel für seinen Unterhalt und sein Vergnügen. Gelegentlich mag er sich dafür entscheiden, es gar nicht zu verwenden. Er kann ein Stück Holz zu einem Bogen verarbeiten, um diesen auf der Jagd oder im Kampf zu benutzen;

oder er kann daraus einen Spaten für die Feldarbeit machen. Er kann ein Grundstück als Ackerland verwenden oder als Viehweide oder als Jagdrevier; oder er kann es brachliegen lassen.

Der Inhaber starken Eigentums, dessen aktives Eigentum einen Ertrag abwirft, weil er es entweder allein oder zusammen mit anderen oder mittels anderer Personen wirksam verwendet, kann diesen Ertrag voll genießen. Er ist Eigentümer des Kalbes und der Kuh. Es steht ihm frei, sein Eigentum nach seinem Ermessen zu veräußern. Und er kann bestimmen, wer es erben soll, wenn er stirbt.

D. DREI HAUPTFORMEN DER EIGENTUMS-ENTWICKLUNG IN HYDRAULISCHEN KULTUREN

1. EINFACHES, SEMIKOMPLEXES UND KOMPLEXES EIGENTUM

Der Inhaber schwachen Eigentums mag nur einen Schatten der Rechte besitzen, die ein starkes Eigentum gewährt, aber dies mindert nicht sein Verlangen, mit dem Seinen möglichst frei zu verfahren. Er übt seine bescheidenen Rechte aus in bezug auf bewegliches und unbewegliches, passives und aktives Eigentum. Im Bereich des beweglichen und aktiven Eigentums werden diese Rechte institutionell wichtig, sobald die Inhaber ihr Eigentum beruflich und unabhängig in Industrie und Handel verwenden. Personen, die ein Handwerk oder Handel treiben, tun einen entscheidenden Schritt vorwärts, wenn sie beginnen, diese Tätigkeiten beruflich auszuüben, d. h. wenn sie ihnen ihre ganze Zeit widmen. Ein solcher Schritt bewirkt jedoch keine bedeutsame gesellschaftliche Änderung, solange die beruflichen Handwerker und Kaufleute nur einen neuen Zweig des Staatsbeamtentums bilden. Erst wenn sie sich mit ihrem Eigentum beruflich *und* unabhängig betätigen, erscheinen sie als eine neue Klasse. Der Unterschied liegt nicht in der »Produktionsweise« – in der gar keine Änderungen vor sich zu gehen brauchen –, sondern er berührt die politische (und politisch bedingte gesellschaftliche) Stellung der Produzenten und Händler.

Der Feldbau wird beruflich betrieben (d. h. von Bauern, die ihre Zeit hauptsächlich der Landwirtschaft widmen), sobald die Agrikultur zur wesentlichen Existenzgrundlage wird. Elemente privaten (unabhängigen) Grundeigentums erscheinen verhältnismäßig früh. Aber die Grundeigentümer, die oft ihre Felder nicht persönlich bestellen, können in vielen orientalischen Gesellschaften die Sphäre des privaten Landbesitzes nicht ausdehnen, weil der größte Teil des Bodens in dieser oder jener Weise staatlich reguliert ist. Nur wenn freies (nichtreguliertes) Land die vorherrschende Form des Landbesitzes wird, kann das Privateigentum an Boden zu einer gesellschaftlichen Erscheinung werden, die mit dem Vorwiegen unabhängigen beruflichen Handwerks und Handels vergleichbar ist.

Unabhängiges aktives Eigentum entfaltet sich in den Sektoren des beweglichen und unbeweglichen Besitzes nicht in gleicher Weise. Die Unterschiede sind augenfällig und regelmäßig. Wir können daher wenigstens drei Hauptformen der Eigentumsentwicklung in der hydraulischen Gesellschaft feststellen:

1. Wenn unabhängiges aktives Eigentum, sowohl bewegliches als auch unbewegliches, eine untergeordnete Rolle spielt, dann haben wir es mit einer verhältnismäßig einfachen Eigentumsentwicklung zu tun und wir haben dementsprechend eine einfache hydraulische Gesellschaft vor uns.

2. Wenn unabhängiges aktives Eigentum stark entwickelt ist in Industrie und Handel, aber nicht in der Landwirtschaft, dann haben wir eine semikomplexe hydraulische Gesellschaft vor uns.

3. Wenn unabhängiges aktives Eigentum in Industrie und Handel und in der Landwirtschaft weit verbreitet ist, dann erreicht die hydraulische Gesellschaft das Höchstmaß ihrer Eigentumsentwicklung. In diesem Falle haben wir eine komplexe hydraulische Gesellschaft vor uns.

2. ZUSÄTZLICHE BEMERKUNGEN

a. »Einfach I« und »einfach II«

Wie weit können sich privates und unabhängiges Eigentum in Industrie und Handel entwickeln? Und wann gewinnt Privateigentum an Land das Übergewicht über alle anderen Formen des Grundbesitzes? Wir werden versuchen, beide Fragen zu beantworten, wenn wir die semikomplexen und komplexen Eigentumsordnungen der orientalischen Gesellschaft erörtern.

Zunächst wollen wir jedoch eine andere Frage klären. Gibt es hydraulische Gesellschaften ohne berufliche Vertreter von Handwerk und Handel? Solche Verhältnisse kommen allerdings vor, und zwar vor allem in hydraulischen Stämmen, die die einfachste Form einer hydraulischen Gesellschaft darstellen. Wir unterscheiden demgemäß zwischen der stammesmäßigen Form einfacher hydraulischer Gesellschaften, »einfach I«, und ihrer staatlichen Form, »einfach II«.

FORMEN DER EIGENTUMSENTWICKLUNG IN DER HYDRAULISCHEN
GESELLSCHAFT

Formen	Sphären der Eigentumsentwicklung			
	Agrikultur		Industrie und Handel	
	beruflich	vorwiegend mit Privateigentum an Land	zumeist * beruflich	auf der Basis von Privateigentum und zumeist unabhängig
Einfach I	(+)**	—	—	+***
Einfach II	+	—	(+)	—
Semikomplex	+	—	+	(+)
Komplex	+	(+)	+	+

Erläuterung:
  + bedeutsam
  — abwesend oder unbedeutend
  * Die Einschränkung wird im Text erklärt
 ** Das Symbol (+) bezeichnet ein entwicklungsmäßig neues Merkmal.
*** Bauern-Handwerker und Produzenten-Händler.

b. Eigentumsentwicklung und hydraulische Dichte

Die Wechselbeziehungen zwischen der Entwicklung des Privateigentums und
der hydraulischen Dichte lassen sich weniger leicht bestimmen. Am Aufstieg
des auf Eigentum beruhenden Unternehmens und am Entstehen sozialer Klassen sind mehrere Faktoren beteiligt, von denen die hydraulische Dichte nur
einer ist. In einem gegebenen Gebiet ändert sich dieser Faktor gemeinhin nur
sehr langsam, und zumeist nur, weil sich in den Beziehungen zu anderen Gebieten ein Wandel vollzogen hat.

Dies besagt jedoch nicht, daß es keine bedeutsamen Wechselbeziehungen
zwischen hydraulischer Dichte und Eigentumsentwicklung gibt. Von den zwei
wichtigsten Entwicklungsschritten, deren das Privateigentum in einer hydraulischen Gesellschaft fähig ist, kann wenigstens der erste – der Übergang von
der einfachen zu einer semikomplexen Form – verzögert oder völlig verhindert werden, wenn die übergreifende agrarische Ordnung hydraulisch kompakt ist. Ebenso wie die Wechselbeziehung zwischen der Entstehung einer
staatlich organisierten einfachen hydraulischen Gesellschaft und der Entwicklung beruflichen Handwerks und Handels, klärt sich die Wechselbeziehung
zwischen Eigentumsentwicklung und hydraulischer Dichte, wenn wir die Besonderheiten der einfachen, semikomplexen und komplexen Formen des orientalischen Eigentums einer systematischen Betrachtung unterziehen.

E. NICHTSPEZIFISCHE UND SPEZIFISCHE ASPEKTE IN DEN EIGENTUMSVERHÄLTNISSEN HYDRAULISCHER STAMMESGESELLSCHAFTEN

1. NICHTSPEZIFISCHE ASPEKTE

Landwirtschaftliche Stämme entwickeln mancherlei Eigentumsformen; und dies gilt sowohl in hydraulischen wie in nichthydraulischen Gemeinwesen [2]. In den einfacheren agrarischen Gemeinschaften Melanesiens, Südamerikas und Afrikas »sind bewegliche Sachen Privateigentum, Land aber nicht« [3]. Ähnliche Verhältnisse sind auch in Nordamerika weit verbreitet [4]; aber in Melanesien und Westafrika finden sich differenziertere Formen. »In der Regel war das Land Gemeineigentum des Dorfes, aber in bezug auf das bebaute Land finden wir Ansätze von Sippen-, Familien- und persönlichem Eigentum.« [5]

In einem gewissen Grade ähneln sich die Grundbesitzverhältnisse bei allen hydraulischen Stämmen. Bei den kleineren Stämmen Äquatorialafrikas mit Bewässerungslandwirtschaft kann Land gekauft und verkauft werden. Dies gilt für die Suk [6] und für die Endo [7]. Bei den En-Jemusi wurde das Land ursprünglich »vom Häuptling zugewiesen«; aber heutzutage kann der Eigentümer seinen Grundbesitz durch Kauf vermehren, wenn die Verteilung nach dem Tode des Vaters den Einzelanteil übermäßig verkleinert hat. Dies ist auch bei den Suk der Fall. Oder aber der einzelne kann sich, älterem Brauche gemäß, von seinem Häuptling zusätzliche Äcker geben lassen [8]. Bei den amerikanischen Pueblos überwiegt bis zur Gegenwart kommunaler Grundbesitz. Im Rio Grande-Gebiet fällt ungenutztes Ackerland an das Dorf zurück, um durch den *cacique* oder den »Gouverneur« wiederverteilt zu werden [9]. Bei den marginal-hydraulischen Hopi besaß im allgemeinen die Sippe das Land [10]; und der Dorfhäuptling, der »theoretisch der Eigentümer aller Dorfländereien« war [11], betätigte seine Autorität »am häufigsten ... in der Schlichtung von Landstreitigkeiten« [12].

Solche Unterschiede in der Form des Landbesitzes gibt es in nichthydrauli-

2. S. Murdock, 1949, S. 38 ff.
3. Lips, 1938, S. 516.
4. Die Irokesen sagen: »Land kann ebensowenig gekauft und verkauft werden, wie Wasser und Feuer« (*a. a. O.*).
5. *A. a. O.*
6. Beech, 1911, S. 16.
7. *A. a. O.*, S. 34.
8. *A. a. O.*
9. Parsons, 1939, I, S. 20.
10. Titiev, 1944, S. 184; vgl. Beaglehole, 1937, S. 15.
11. Titiev, 1944, S. 61.
12. *A. a. O.*, S. 64.

schen und hydraulischen Kleinbauerngemeinden, und die Tendenz zu kommunaler Leitung ist stark, aber nicht allgemein. Solcherlei Ähnlichkeiten lassen sich auch bezüglich des beweglichen Eigentums ermitteln. Waffen und Werkzeuge für die Jagd und das Sammeln sind zumeist Privateigentum der hydraulischen Stammesangehörigen; aber die durch sie erzielte Ausbeute ist so vergänglich, daß ihr vorübergehender Besitz die Entwicklung von Klassenunterschieden nicht fördert, wie immer die Verteilung geregelt sein mag.

Auch Gewerbe und Handel führen unter solchen Umständen nicht zu bedeutsamer sozialer Differenzierung. Dies ist besonders klar im Bereich des Handels. Waren, die privates Eigentum sind, werden auf private Weise ausgetauscht; aber dies erfordert keine berufliche Schulung, und der Tauschende braucht kein beruflicher Kaufmann zu sein. Wie in den kleinen nichthydraulischen Agrargemeinschaften kommt in den hydraulischen Stämmen zwar Handel vor, aber es gibt dort keine berufsmäßigen Händler [13].

2. SPEZIFISCHE ASPEKTE

Im Gewerbe liegen die Dinge nicht so einfach. Das auf Privateigentum beruhende Handwerk dient hauptsächlich dem persönlichen Bedarf der Bauern; und Leute, die besondere Fertigkeiten oder Zugang zu besonderen Rohstoffen haben, produzieren Waren für den Austausch zumeist nur in ihrer Freizeit; nach wie vor bleibt der Feldbau ihre Hauptbeschäftigung. Dies ist so bei nichthydraulischen wie bei hydraulischen Stämmen; und diese Regel wird nicht aufgehoben durch das ausnahmsweise Vorkommen einiger beruflicher Handwerker, z. B. von Schmieden [14].

Großbauten sind eine andere Sache. Kleine nichthydraulische Gemeinschaften von Feldbauern haben zumeist nicht die organisatorische Fähigkeit, solche Unternehmen durchzuführen; und einige hydraulische Stämme, wie die Suk und Endo, übertragen die organisatorischen Methoden, die sie bei hydraulischen Arbeiten verwenden, nicht auf nichthydraulische Tätigkeiten, wie das die Pueblo-Indianer mit so erstaunlichem Erfolg getan haben. Die Werkzeuge, die die Pueblo-Indianer bei ihren Bauten benutzten, waren allerdings Pri-

13. In den Pueblos wird der Tauschverkehr mit anderen Pueblos und mit Außenstehenden durch Einzelpersonen (Parsons, 1939, I, S. 35; Beaglehole, 1937, S. 81) oder *ad hoc* gebildete Gruppen unterhalten (Parsons, 1939, I, S. 34 ff.). Marktähnliche Zusammenkünfte werden organisiert, meist von Frauen (Beaglehole, 1937, S. 82 ff.; Parsons, 1939, I, S. 36 ff.) und offenbar spontan (Beaglehole, 1937, S. 81 ff.). Für ältere Zeiten s. Espejo, 1916, S. 183; Bandelier, FR, I, S. 101, 163; Parsons, 1939, I, S. 33 ff.; Hackett, 1923, II, S. 234, 236, 240, 242 ff.; für die Neuzeit s. Parsons, 1939, I, S. 34 ff. Für die Dschagga s. Widenmann, 1899, S. 69; Gutmann, 1926, S. 425, 431.

14. Beech, 1911, S. 18. Die von Beech (S. 17) erwähnten Töpfer widmen ihrem Gewerbe offenbar nur einen Teil ihrer Zeit.

vateigentum; aber die Baumaterialien wurden unter kommunaler Führung beschafft, und die Bauarbeit wurde gemeinschaftlich verrichtet. Derartige Verhältnisse begünstigen nicht das Entstehen einer auf Privateigentum beruhenden Industrie und das Aufkommen einer sozialen Schicht, die ihre Bedeutung dem industriellen Privateigentum und Privatbetrieb verdankt. Im Gegenteil, sie begünstigen Verfahrensweisen, die den Aufstieg nichtstaatlicher eigentumsmäßiger Kräfte im Handwerk sowie in anderen Sektoren der Gesellschaft hemmen.

Im Bereich der hydraulischen Arbeiten erscheinen solche der Eigentumsentwicklung abträgliche Kräfte durchgehend. Ein primitiver Bauer, der seine eigenen Werkzeuge besitzt, bestellt Land, das der Dorfgemeinde oder ihm selbst gehört, und das Saatgut kann ihm persönlich oder seiner Sippe gehören. Unter nichthydraulischen Voraussetzungen ist dies alles. Unter hydraulischen Verhältnissen gilt dies zwar für die eigentliche Feldarbeit, aber nicht für die »vorbereitenden« Verrichtungen. Die Werkzeuge sind zwar Privateigentum, aber die Rohstoffe zum Bau der hydraulischen Anlagen (Erde, Steine und vielleicht Holz) werden von der Gemeinde übernommen, ganz gleich ob sie Gemeindeeigentum sind – d. h. keinem und jedem gehören – oder ob man sie auf Boden findet, der einer Einzelperson, einer Familie oder einer Sippe gehört. Und die Ergebnisse der genossenschaftlichen Arbeit der Gemeinde, die Gräben und Kanäle, werden nicht zum Privateigentum der Einzelbauern und Bauernfamilien, die an der Arbeit teilnehmen, sondern sie werden wie das Wasser, das sie auf die einzelnen Felder befördern, von der Gemeindebehörde kontrolliert – das heißt: »besessen« [15]. Eine solche Regelung findet sich bei den angehenden hydraulischen Gemeinschaften der im Hügelland lebenden Suk; ihre Bewässerungsgräben gehören dem Stamme, nicht der Einzelperson [16]. In den Bewässerungsdörfern der En-Jemusi sind die Bewässerungsgräben ebenfalls Eigentum des Stammes [17]; ähnliches gilt für die größeren, kommunal geschaffenen Bewässerungsanlagen der Pueblo-Indianer.

Um diese Tatsachen richtig zu bewerten, müssen wir bedenken, daß die bisher erörterten Gemeinschaften kleine Agrargesellschaften sind, d. h. daß in ihnen fast immer das Dorf die grundlegende Einheit der Stammestätigkeit darstellt. In einer nichthydraulischen Ordnung haben die Vorsteher der kleinen Einheiten in der Regel keine Gewalt über Eigentum, das der Gemeinde gehört und von ihr bewirtschaftet wird. Solch ein kommunales Eigentum ist jedoch charakteristisch für das hydraulische Dorf; und zumeist wird es von zeremoniellen und operativen Führern verwaltet [18].

15. Kleine Gräben, die die Arbeit weniger Personen oder einer einzigen Sippe erheischen, sind Eigentum derer, die sie geschaffen haben.
16. Beech, 1911, S. 15.
17. A. a. O., S. 34.
18. Für die Pueblos unterliegt die lenkende Autorität des *cacique* und des Kriegshäuptlings keinem Zweifel. Bei den Suk des Hügellandes sind die Verhältnisse

Diese Eigentumsentwicklung hat noch eine andere Seite, die wir bereits erwähnten, die aber im gegenwärtigen Zusammenhang eine neue Bedeutung gewinnt. In kleinen nichthydraulischen Agrargesellschaften, in denen der Häuptling nur wenige funktionelle Führungsaufgaben erfüllt, werden seine Felder nicht durch die Gemeindeangehörigen bestellt. Bei kleinen hydraulischen Stämmen genießt der Häuptling, selbst wenn seine Führung klar anerkannt wird, auch nicht immer dieses Vorrecht [19]. Bei den Pueblo-Indianern aber, die zumeist eine kompakt hydraulische Agrikultur mit großen nichthydraulischen Bauten verbanden, bestellte man die Felder des Häuptlings für ihn sogar in Dörfern, die nur ein paar hundert Einwohner zählten.

Bei größeren hydraulischen Stämmen, wie den Dschagga, kann man das Vorhandensein von Häuptlingsland nicht als spezifisch betrachten, da eine ähnliche Einrichtung auch in nichthydraulischen Gemeinschaften vorkommt. Aber bei größeren hydraulischen Stämmen sind solche Felder zumeist ausgedehnt; und die Arbeit auf ihnen (und an den Häusern des Häuptlings) wird von allen dazu fähigen Stammesangehörigen verrichtet, nicht von einer beschränkten Zahl von Gefolgsleuten [20]. Eine andere eigentumsmäßige Besonder-

weniger klar. Beech (a. a. O., S. 15) beobachtete bei den hydraulischen Arbeiten eine kommunale Disziplin, aber er konnte keine leitenden weltlichen oder religiösen Führer (»Medizinmänner«) entdecken (a. a. O., S. XIV, Anm. 1). Ein »Ältester« spielt jedoch eine hervorragende Rolle bei zwei sehr wichtigen, dem Feldbau geltenden Zeremonien, von denen die eine auf das Urbarmachen des Landes, die andere auf das Öffnen der Bewässerungsgräben Bezug hat (a. a. O., S. 15 ff.). Sir Charles Eliot glaubt nicht, daß es so anarchistisch zugeht, wie Beech es darstellt (a. a. O., S. XIV, Anm. 1), und erinnert an die militärischen Erfordernisse des Stammes. Gewiß besteht in fast allen unabhängigen Gemeinwesen die Notwendigkeit militärischer Führung; aber Eliots Argument würde ebenso für die kleinen nichthydraulischen agrarischen Gemeinschaften gelten, deren Häuptling selten mehr als eine »rein repräsentative Stellung« innehaben (Lips, 1938, S. 515). In den Pueblos ist die Führung des Stammes fest verbunden mit der Leitung der kommunalen Unternehmungen, und unter diesen stehen die hydraulischen Arbeiten an erster Stelle. Wir gehen daher über Eliots Einwand hinaus und nehmen an, daß es bei den Suk des Hügellandes Ansätze zu einer operativen Autorität gab, vor allem bezüglich des wichtigsten Stammeseigentums, der hydraulischen Anlagen.

19. Der Häuptling hat eine starke Stellung bei den En-Jemusi (Beech, 1911, S. 37), aber wir haben keinen Beleg, daß die Stammesgenossen für ihn öffentliche Felder irgendwelcher Art bestellen.

20. Der Dschaggahäuptling verlangt Fronarbeit von den erwachsenen Männern des Stammes, von den Frauen und von den Jünglingen. Alle drei Gruppen arbeiten auch für den Häuptling. Die landwirtschaftliche Fron umfaßt: Buschschlagen (Männer), Verbrennen des Buschschlages (Männer), Hacken (Frauen), Einschlemmen des Saatkorns (Männer), Rechen und Jäten (Frauen), Bewässerung (Männer) und Ernten (Frauen) (Gutmann, 1926, S. 376); zur Hausbaufron gehört u. a. das »Heranbringen der schweren Strohlasten zum Decken« (Frauen) und die Herbeischaffung von Materialien »für die Hofumzäunung des Häuptlings« (Burschen) (a. a. O., S. 376, 368).

heit ist durchaus spezifisch: der Vorzugsanspruch des Häuptlings auf das Berieselungswasser des Stammes [21].

Die außerordentliche Macht des Häuptlings über Land, Wasser, landwirtschaftliche und industrielle Arbeit ist natürlich nicht dazu angetan, das Eigentum des Individuums, der Familie und der Sippe zu stärken [22]. Diese Macht fördert weder die soziale Stellung der privaten Handwerker, die bei den größeren hydraulischen Stämmen etwas zahlreicher werden [23], noch die Entwicklung einer Klasse privater Berufshändler [24]. Und sie hemmt ganz besonders die Ausdehnung des Privateigentums in einem oft wichtigen sekundären Zweige der Ernährungswirtschaft, der Viehzucht.

Die Geschichte vieler europäischer Stammeskulturen zeigt, eine wie große Rolle in einer agrarischen Wirtschaft der zunehmende Viehreichtum im Kampfe um die gesellschaftliche Führung spielen kann. In Ostafrika ist Viehreichtum ebenso bedeutsam; und in einer vorwiegend aus Viehzüchtern bestehenden Gemeinschaft, wie etwa bei den Masai, bietet dieser Reichtum, der gern zur Schau gestellt wird [25], einen wesentlichen Anhaltspunkt für die soziale Stellung des Eigentümers [26]. Bei den Dschagga ist dies anders. Der Be-

21. Dundas, 1924, S. 302.
22. Bis zur jüngsten kolonialen Vergangenheit wurde das Dschaggaland zunächst von den Sippen kontrolliert und dann in zunehmendem Maße vom Häuptling. Die Sippen überließen dem Häuptling einen Teil ihrer Autorität über die Bananenfelder, die vermutlich früher als alle anderen kultiviert waren und die etwas Berieselung benötigten (Gutmann, 1926, S. 302 f.; Dundas, 1924, S. 300 ff). Die Felder mit eleusinischer Hirse, die stets intensive Bewässerung erforderten, »werden vom Häuptling selbst eingeteilt und zugewiesen. Dies gilt auch für die Maisfelder in den Ebenen; ihre Zuweisung ist eine der wichtigsten Aufgaben des Häuptlings« (Dundas, 1924, S. 301). Für neuzeitliche koloniale Entwicklungen auf dem Gebiet des Maisbaus, der dem Häuptling unterstand, s. Gutmann, 1926, S. 307.
23. Bei den Dschagga sind die einzigen berufsmäßigen Handwerker die Schmiede und – vielleicht – die Gerber. Die Schmiede wohnen in eigenen Bezirken und dürfen nur unter sich heiraten (Widenmann, 1899, S. 84; Gutmann, 1909, S. 119; Dundas, 1924, S. 271).
24. Bei den Dschagga ist der Handel noch mehr als in den Pueblos ausschließlich Frauensache (Widenmann, 1899, S. 69; Gutmann, 1926, S. 425).
25. Merker, 1904, S. 217.
26. A. a. O., S. 28. Bei den viehzüchtenden Suk, die auf die feldbauenden Suk des Hügellandes wegen ihrer Armut herabsehen (Beech, 1911, S. 15), ist offenbar Viehreichtum entscheidend für eine sozial gehobene Stellung in der Gemeinde. Ein gewisser Karôle, der als der reichste Mann unter den Suk galt (a. a. O., S. 7, Anm. 1), erlangte den höchsten politischen Rang, den er unter den undifferenzierten Verhältnissen seines Stammes erreichen konnte; er wurde der Hauptratgeber seiner Gruppe (a. a. O.). Aber die erkennbare Autorität der »Ratgeber« war sehr gering; und es ist zweifelhaft, ob bei den viehzüchtenden Suk jemand insgeheim mehr Macht ausübte, da kein uns bekanntes kommunales Unternehmen die Möglichkeit bot, mittels einer allgemein anerkannten Disziplin Macht auszuüben. Es ist wohl kein Zufall, daß

sitz an Vieh, für das man dort fast ausschließlich auf Stallfütterung angewiesen ist [27], wuchs beträchtlich; und einige Stammesangehörige besaßen nicht weniger als 80 Rinder [28]. Aber in der Dschaggagesellschaft bekleideten die Eigentümer vieler Rinder nicht notwendigerweise einen höheren sozialen Rang, obgleich sie natürlich zusätzliche materielle Vorteile genossen. Auf Grund seiner quasidespotischen Machtbefugnisse war es dem Dschaggahäuptling leicht, die Viehbesitzer einer Übeltat zu bezichtigen und ihnen ihre Tiere wegzunehmen [29]. Daher wurden die Viehbesitzer, anstatt sich ihres wachsenden Viehreichtums zu rühmen, zunehmend geheimnisvoll und ängstlich. Der Brauch, Vieh an arme Stammesangehörige zur Unterbringung und Pflege auszuleihen [30], wurde jetzt ein Mittel, das wertvolle, aber unsichere Eigentum zu verbergen. Die Tiere wurden ihren zeitweiligen Pflegern heimlich und nachts übergeben [31]; und die Söhne des Eigentümers, die ursprünglich eine große Rolle bei dieser Besitzübertragung gespielt hatten [32], wurden jetzt nicht einmal mehr darüber unterrichtet, an wen das Vieh ausgeliehen worden war [33]. Diese Tendenz verstärkte sich bereits in der vorkolonialen Zeit mit dem Wachsen der Häuptlingsmacht; sie verstärkte sich weiter, als unter der Kolonialherrschaft der Häuptling begann, eine allgemeine Viehsteuer zu erheben [34].

Unter solchen Verhältnissen verschafft privater Reichtum nicht notwendigerweise öffentliches Ansehen [35]. Zu den Eigenschaften, die in früheren Tagen jemand zum Häuptling qualifizierten, zählte Reichtum wohl als erwünsch-

die ärmeren, aber protohydraulischen Suk des Hügellandes strengere Strafbestimmungen hatten als die wohlhabenderen Bewohner der Ebene: »Die Bestrafung von Verbrechen ist viel strenger in den Hügeln als in den Ebenen« (a. a. O., S. 27, Anm. 1).

27. Widenmann, 1899, S. 68; Dundas, 1924, S. 266; Gutmann, 1926, S. 440 ff.

28. Gutmann, 1926, S. 455.

29. A. a. O., S. 442.

30. A. a. O., S. 440 ff.

31. A. a. O., S. 442, 448.

32. A. a. O., S. 446 ff.

33. Dundas, 1924, S. 298.

34. Gutmann, 1926, S. 382 ff.

35. Gutmann (1909, S. 7) sagt, daß »in der heißen Zeit die Reichen und Mächtigen« den Armen »den Anteil am gemeinsam erbauten Kanale versagen«; aber in seinem mehr ins Detail gehenden späteren Werke legt er dar, daß alle Angehörigen einer hydraulischen Einheit bezüglich der Wasserzuteilung gleichberechtigt sind (ders., 1926, S. 418).

Er spricht auch von gewissen »Vornehmen«, die offenbar Vieh besaßen und die einem Häuptling geholfen hatten, seine Stellung zu erringen (a. a. O., S. 462). Aber wir besitzen keine Einzelheiten über diesen Vorgang, der sich am Anfang des 19. Jahrhunderts zutrug (a. a. O., S. 461), d. h. ehe sich die Macht des Häuptlings in Gemeindeangelegenheiten völlig durchgesetzt hatte. Und die Sippenführer hatten ihren Rang nicht ihrem Besitze zu verdanken, wenn auch einige von ihnen, nachdem sie gewählt waren, wahrscheinlich ihre wirtschaftliche Lage zu verbessern wußten

ter, aber keineswegs als notwendiger Umstand; und das Eigentum des Häuptlings wuchs gewiß nicht im Verhältnis zu dem Reichtum, den er oder seine Vorfahren ursprünglich besaßen, sondern im Verhältnis zu seiner wachsenden agrarmanagerialen und militärischen Macht. Zu seinen Gehilfen wählte der Herrscher Personen, die in ihren Dörfern einen hohen Rang bekleideten [36], oder – und in zunehmendem Maße – Personen, die sich persönlich für eine solche Stellung eigneten [37]. In beiden Fällen besserten sich die materiellen Verhältnisse des Erkorenen erheblich, denn der Häuptling beschenkte seine Dienstleute mit Vieh und Frauen [38]. Merker machte die Beobachtung, daß nur Personen, die ein Amt bekleideten, reich waren [39].

3. EINFACH I

Dem Anscheine nach entwickelt sich demnach Privateigentum sowohl in hydraulischen wie in nichthydraulischen Stämmen. In beiden Fällen finden wir undifferenzierte Formen des Eigentums (vor allem im Handwerk und Handel) und eine Tendenz zu regulierten Formen (vor allem in der Agrikultur: Land). Zugleich aber lassen sich bedeutsame Unterschiede feststellen. Unter hydraulischen Bedingungen entsteht politisches Eigentum schon in kleinen, hydraulisch kompakten Gemeinwesen (das Häuptlingsland in den Pueblodörfern). Bei größeren Stämmen wächst das politische Eigentum einseitig, und es hindert und verstümmelt das Privateigentum in wichtigen Tätigkeitsbereichen, z. B. in der Viehzucht.

Der Unterschied zwischen dieser einseitigen Eigentumsanhäufung in den Händen der Amtsinhaber und der pluralistischen Art der Eigentumsentwicklung bei nichthydraulischen agrarischen Stämmen spiegelt getreu die Unterschiede in der Art und Bedeutung der politischen Macht wieder [40]. Die germanischen Stämme, von denen Cäsar und Tacitus berichteten, sahen im Häupt-

---

(*a. a. O.*, S. 15). Der älteste Sippengenosse wurde zum »Ritenalten« bestellt (*a. a. O.*, S. 13), während der politische Führer, der »der Große im Rechtsstreit«, der »Vorgänger« und – am häufigsten – »der Kluge in der Sippe« genannt wurde, seine Stellung seiner persönlichen Tüchtigkeit verdankte; »was ihm Vertrauen verschafft, ist nicht sein Alter, auch nicht so sehr sein Reichtum, sondern seine politische Klugheit . . .« (*a. a. O.*, S. 14).

36. *Ders.*, 1909, S. 12.
37. Dundas, 1924, S. 286.
38. Widenmann, 1899, S. 87.
39. Merker, 1903, S. 34.
40. Wie oben ausgeführt wurde, erfolgt in den meisten nichthydraulischen Gemeinschaften Koordination hauptsächlich für militärische und zeremonielle Zwecke, während die Häuptlinge hydraulischer Stämme außer der Ausübung der militärischen und (vielleicht) religiösen Funktionen auch spezifische und bedeutsame agrarmanageriale Aufgaben erfüllen.

ling ihren höchsten politischen Führer, der einen beträchtlichen Teil seiner Zeit auf seine Amtstätigkeit verwendete; aber dies befähigte ihn nicht, den Reichtum des Adels zu beschränken und zu besteuern. Auch die nichtadeligen Stammesgenossen schuldeten ihm weder Fronarbeit noch Steuern; sie würden solch einen Anspruch als eine Beleidigung empfunden haben. Gleich den Adeligen beteiligten sie sich an den Beratungen über die Angelegenheiten des Stammes [41].

Wie wir sehen, ist das Eigentum in hydraulischen Stammesgesellschaften einfach, aber es ist einfach mit einer spezifischen Tendenz zur Vormachtstellung des politischen, auf Amtsgewalt beruhenden Eigentums. Diese Tendenz steigert sich mit der Größe des Gemeinwesens. Sie spielt eine entscheidende Rolle in einfachen hydraulischen Gemeinwesen, die nicht einer primitiven Stammesbehörde unterstehen, sondern einem Staat.

F. ENTWICKLUNGEN DES EIGENTUMS IN STAATLICH ORGANISIERTEN EINFACHEN HYDRAULISCHEN GESELLSCHAFTEN

I. STAAT UND PRIMITIVE REGIERUNG

Man hat Herrschaft über ein bestimmtes Gebiet ein wesentliches Kennzeichen des Staates genannt. Diese Seite der Sache ist in der Tat wichtig; aber sie trägt wenig dazu bei, den Unterschied zwischen primitiver Regierung und Staat zu bestimmen, da sie nicht spezifisch ist. Auch primitive Regierungen beanspruchen Hoheit über ein bestimmtes Gebiet. Das Kriterium der Souveränität bringt uns ebensowenig weiter. (Primitive Regierungen streben ebenfalls nach Souveränität; und wie die Staaten erreichen sie dieses Ziel nicht immer.)

Die Unterschiede zwischen einer primitiven Regierung und einem Staate erscheinen unerheblich, solange wir unseren Vergleich auf äußere Beziehungen beschränken. Sie werden dagegen bedeutsam, wenn wir innere Verhältnisse vergleichen. Die Angehörigen primitiver Regierungen versehen ihre Ämter zumeist nicht hauptberuflich, d. h. die Funktionäre dieser Regierungen widmen den größten Teil ihrer Zeit nicht den zivilen, militärischen und religiösen Angelegenheiten des Gemeinwesens, sondern der Jagd, dem Fischen, der Landwirtschaft oder dem Raub. Staaten werden dagegen meist von hauptberuflichen Funktionären verwaltet, d. h. von Personen, die den Hauptteil ihrer Zeit »öffentlichen« Angelegenheiten widmen. Vom Standpunkt menschlicher Beziehungen ist ein Staat dann gegeben, wenn Berufsbeamte die Regierung ausüben.

41. Waitz, 1880, I, S. 338 ff.

Gewisse gemeinschaftliche Aufgaben, wie die Aufrechterhaltung der Ordnung und die Organisation der Verteidigung, sind für alle Gesellschaften lebenswichtig. Demgemäß ist die politische Tätigkeit des Menschen gesellschaftlich ebenso wesentlich wie sein Bemühen um Nahrung und Obdach; und die Übertragung des Regierens an Berufsbeamte (die Professionalisierung des Regierens), ist ein ebenso wichtiger Zug der sozialen Differenzierung wie die hauptamtliche Ausübung wirtschaftlicher und geistiger Tätigkeiten (die Professionalisierung dieser Tätigkeiten), die unter primitiveren Verhältnissen von Personen mit einer anderen Hauptbeschäftigung betrieben werden.

Es versteht sich von selbst, daß ein Staat mit seinen hauptamtlichen Zivil- und Militärbeamten, mit seinem Heer und seiner Polizei der Verwaltung und Zwangsausübung viel mehr Zeit und Energie widmen kann als eine primitive Regierung. Dieses Machtpotential des Staates macht die kontrollierende Tätigkeit verantwortlicher und wirksamer nichtstaatlicher Kräfte zur einzigen Garantie gegen das Entstehen eines allmächtigen (und völlig korrupten) Apparatstaates.

Viele Marxisten haben Marx' und Engels' Erklärung des westlichen Staates, aber nicht ihren Hinweis auf die Eigenart der orientalischen Despotie übernommen. Sie haben infolgedessen »den Staat« als eine Einrichtung dargestellt, die *stets* den Interessen einer auf Privateigentum beruhenden herrschenden Klasse dient. Diese Erklärung, die in der heutigen sowjetischen Fassung einem sehr weitverbreiteten – und sehr wirksamen – politischen Mythos dient, ist unrichtig selbst für die modernen parlamentarischen Regierungen, deren plutokratisches Potential sie übertreibt, und denen sie die Möglichkeit abspricht, sich zu wandeln und zu demokratisieren. Diese Erklärung ist ferner unrichtig für die Staaten des westlichen Absolutismus und Feudalismus sowie für die demokratischen Stadtstaaten des griechischen Altertums. Und sie wird durchaus sinnlos, wenn man sie auf die agrarischen und industriellen Apparatstaaten anwendet, die gekennzeichnet sind nicht durch den starken Einfluß nichtstaatlicher eigentumsmäßiger Kräfte auf den Staat, sondern durch das völlige Fehlen eines solchen Einflusses.

2. STUFEN AUF DEM WEGE ZUR PROFESSIONALISIERUNG DER REGIERUNG

a. Die Dschaggahäuptlinge und der Staat des alten Hawaii

Der Unterschied zwischen einer primitiven Regierung und einem Staat tritt klar zutage, wenn wir den einzigen von der Gemeinde unterhaltenen hauptamtlichen Häuptling eines Pueblodorfes mit den großen Beamtenstäben des pharaonischen Ägyptens, des kaiserlichen Chinas oder der ottomanischen Türkei vergleichen. Das fast vollständige Vorherrschen nichtberuflicher Funktionäre in den Pueblos ist ebenso offensichtlich wie das vollständige Vorherrschen hauptamtlicher Apparatleute in der zweiten Gruppe. Der Unterschied ist weniger augenfällig, aber vielleicht noch lehrreicher, wenn wir die Regierung großer hydraulischer Stämme, wie der Dschagga, einem Staat mit einer verhältnismäßig primitiven neolithischen hydraulischen Kultur gegenüberstellen, z. B. der des alten Hawaii.

Die absolutistischen Gewaltakte eines Dschaggahäuptlings sind augenfällig: Er tötet[42], er bespitzelt seine Untertanen, er nimmt ihnen ihr Vieh weg[43], und er hält in seinem Palast so viele Mädchen, wie es ihm beliebt[44]. Darüber hinaus – und das ist besonders wichtig – ist er der Oberbefehlshaber über die Fron und über das militärische Aufgebot des Stammes[45]. Aber seiner Fähigkeit, seine Untertanen zu maßregeln, ist eine Grenze gesetzt durch die kleine Zahl seiner berufsmäßigen Beamten. Der Höchstgestellte von ihnen ist »ein Mann, den man seinen Premierminister nennen kann, und dem ein großer Teil der ausführenden Arbeit zufällt«[46]. Auf einer niedrigeren Rangstufe als dieser Quasiwesir im Stammesformat stehen einige Gehilfen und Ratgeber, akida[47]. Sie »empfangen die Befehle des Häuptlings, geben sie an ihre Leute weiter, wozu sie sich besondere Helfer gewinnen, und überwachen und ordnen die Ausführung. Solche Befehle gehen beispielsweise auf Anlegung und Wiederherstellung von Kanälen, auf Arbeitsleistungen für den Häuptling..., auf Entrichtung der Steuern und religiöse Veranstaltungen.«[48] Die akida, die einen beträchtlichen Teil ihrer Zeit im Häuptlingspalast zubringen müssen[49], haben anscheinend je einen Gehilfen[50]; aber damit ist die Liste des Berufsbeamtentums erschöpft. Sippenführer mögen dem Häuptling

---

42. Um seine Treue unter Beweis zu stellen, war ein Dschagga-Würdenträger bereit, seine Schwester bei lebendigem Leibe zu verbrennen, wenn sein Häuptling das befahl (Gutmann, 1914, S. 219).

43. Als Bestrafung für ein angebliches Verbrechen soll der Häuptling Mapfuluke einem seiner Schwiegerväter das Vieh weggenommen haben. Später – und unerwarteterweise – gab er ihm einen Teil der Rinder zurück (a. a. O., S. 231).

44. Gutmann (1926, S. 388 f.) berechnete, daß in einem Falle mehr als fünf Prozent aller Mädchen des Stammes, und zwar ausschließlich Töchter von Gemeinfreien, zur Hofdienstpflicht herangezogen wurden. Die Mädchen waren den Häuptlingsfrauen zugeteilt, aber der Häuptling verzichtete keineswegs auf sein Recht, mit allen gegeschlechtlich zu verkehren: »Keines der Mädchen trat unversehrt in die Ehe, der Häuptling brauchte sie nach seinem Gelüste.«

45. Der Dschaggahäuptling entscheidet endgültig über die Bewässerungsfron und andere umfassende nichtreligiöse Unternehmen. Er befehligt die Stammesangehörigen im Kriege, er weist den einzelnen ihren Wohnplatz an, er bestimmt die Zeit der Aussaat und der Ernte (ders., 1909, S. 25).

46. Dundas, 1924, S. 287.

47. Widenmann, 1899, S. 87.

48. Gutmann, 1909, S. 12; vgl. Widenmann, 1899, S. 87.

49. Widenmann, 1899, S. 87.

50. Gutmann, 1926, S. 368.

mit Rat beistehen [51] und zu diesem Zwecke sich im Palast aufhalten; ihnen obliegt der größte Teil der örtlichen Leitung. Der »Hornbläser«, der tatsächliche Führer der Fron, wird vom Häuptling mit dem Horn belehnt; aber dieses vererbt sich in der Sippe, die einen älteren Mann aus ihrer Mitte mit dem Amt beauftragt. Die Rolle des Häuptlings beschränkt sich darauf, den so Gewählten zu bestätigen [52]. Der Hornbläser ist offenbar kein hauptberuflich besoldeter Funktionär [53].

Auch hat der Häuptling keine hauptamtliche Leibgarde und Polizei. Die Krieger, die seine Person schützen – und dies wird vor allem für die Nacht verlangt –, sind gewöhnliche Stammesangehörige, die nach der Beendigung ihres Wachtdienstes heimkehren [54].

Der oberste Chef der Dschaggaregierung wird zuweilen »Fürst« oder »König« genannt [55]. Die meisten Beobachter bezeichnen ihn jedoch als »Häuptling« [56]. Dagegen werden die althawaiischen Herrscher nur gelegentlich »Häuptling« genannt, die wissenschaftlicheren Darstellungen sprechen von »Königen«. Die unterschiedliche Bezeichnung spiegelt die allgemeine Überzeugung wider, daß das Regierungssystem der Dschagga primitiver ist als das der Hawaiier. Diese Überzeugung scheint begründet. Im ersten Falle haben wir es mit einer primitiven Regierung zu tun, die Elemente einer angehenden staatlichen Organisation enthält, im zweiten mit einem wenig entwickelten, aber echten Staat.

Die hawaiischen Könige verfügten über einen viel mehr gegliederten Stab höchstgestellter Helfer als die Dschaggahäuptlinge. Außer einem Hauptratgeber hatte der hawaiische Herrscher einen Hauptkriegsleiter, einen Majordomus, einen Schatzmeister und »Landsachverständigen« [57]. Die Quellen wissen nichts von Sippenführern, die den König berieten und von Wachen, die ihm nebenamtlich dienten. Außer einer »Leibwache« hatte der König eine Abteilung Bewaffneter mit einem Henker an der Spitze zu seiner ständigen Verfügung. Diese berufsmäßigen Terroristen standen immer bereit, im Namen des Königs Menschen anzuklagen, zu verhaften und umzubringen [58].

In der hawaiischen Regierung beschränkte sich das berufsmäßige Beamtentum nicht auf die höchsten Stellen. Unterhalb der führenden Beamten gab es vor allem das sehr wichtige Amt der *konohiki*. Während die *akida* der Dschag-

51. Dundas, 1924, S. 287.
52. Gutmann, 1926, S. 369 f.
53. S. *a. a. O.*, S. 369 ff.
54. *A. a. O.*, S. 497 ff.
55. Gutmann, 1909, S. 10. Lowie (1938, S. 302) nennt ihn das Haupt eines »monarchischen Systems«.
56 Auch bei Gutmann findet man nur selten ein andere Bezeichnung. S. Gutmann, 1909, S. 9 und *passim; ders.*, 1914, *passim;* und *ders.*, 1926, *passim.*
57. Kepelino, 1932, S. 122, 124, 134; vgl. Fornander, HAF, V, S. 72, 478.
58. Kepelino, 1932, S. 122, 126, 146.

ga einen beträchtlichen Teil ihrer Zeit beim Häuptling zubrachten, scheinen die *konohiki* größtenteils ihre Amts- und Wohnsitze in den ihrer Gerichtsbarkeit unterstellten Gebieten gehabt zu haben, wo sie die bautechnischen, organisatorischen und fiskalischen Tätigkeiten des Regimes leiteten. Sie nahmen Volkszählungen vor [59], sie mobilisierten das Fronaufgebot [60], lenkten die hydraulischen Unternehmen [61], beaufsichtigten die Landwirtschaft [62] und trieben die Steuern ein [63]. Vom Steuerertrag behielten sie einen Teil für sich und ihre Gehilfen, aber den größeren Teil mußten sie an die höheren Stellen und letzten Endes an den König abliefern [64].

Offenbar waren die *konohiki* und ihre Gehilfen vollbeamtete, von der Regierung unterhaltene Funktionäre. Das organisatorische und fiskalische Netz, das sie über das Land legten, trug wohl mehr als irgendeine andere politische Einrichtung dazu bei, die Regierung Althawaiis zu einem grobschlächtigen agrarbürokratischen hydraulischen Staat zu machen.

b. Konsequenzen für das Eigentum

Die hawaiischen Könige beherrschten ein viel fruchtbareres Gebiet und eine viel zahlreichere Bevölkerung – das größte hawaiische Königreich zählte fünfmal mehr Menschen als der größte Dschaggastamm [65]; daher waren die hawaiischen Monarchen imstande, ein ständiges Beamtentum zu schaffen

59. Lydgate, 1913, S. 125.

60. Alexander, 1899, S. 28; vgl. Fornander, HAF, V, S. 208 ff., 262; und Perry, 1913, S. 93 ff.

61. Perry, 1913, S. 92, 95; Handy, 1940, S. 36.

62. Malo, 1903, S. 84; vgl. Fornander, HAF, IV, S. 356; Kepelino, 1932, S. 146; und Handy, 1933, S. 34.

63. Ellis, 1826, S. 395; Alexander, 1899, S. 28, 59 ff.; Kepelino, 1932, S. 148, 150; Handy, 1933, S. 34.

64. Kepelino, 1932, S. 150.

65. Im 18. Jahrhundert waren ungefähr 300 000 Bewohner der hawaiischen Inseln in einigen wenigen Hoheitsgebieten organisiert. Das größte, das eigentliche Hawaii, zählte über 85 000 Menschen (Lind, 1938, S. 60). Diese Zahl läßt sich durchaus in Einklang bringen mit der Schätzung, die Ellis 1826 vornahm. Ellis glaubte, daß die Gesamtzahl von 400 000 Einwohnern, die die ersten Beobachter nannten, etwas zu hoch war, und dies obgleich er überall Spuren verlassener Dörfer und zahlreiche *enclosures* fand, die früher kultiviert waren, aber jetzt brachlagen. Im Jahre 1826 bewegte sich die Bevölkerungszahl des Archipels zwischen 130 000 und 150 000 Menschen (Ellis, 1826, S. 8). Fornander berechnete niedrigere Zahlen als Cook und King; aber er zögerte, eine stärkere oder schnellere Entvölkerung zwischen 1778 und 1832 anzunehmen – in welchem Jahre die erste regelmäßige Volkszählung die ziemlich genaue Zahl von 130 000 Menschen ergab – als zwischen 1832 und 1878, da die einheimische Bevölkerung nur 44 088 Menschen betrug (Fornander, PR, II, S. 165). Im Anfang des 19. Jahrhunderts hatte Bali eine Bevölkerung von etwa 760 000;

und instand zu halten. Und dieses umfangreichere Beamtentum befähigte wiederum die Könige, das Eigentum ihrer Untertanen wirksamer zu kontrollieren. In Hawaii waren der Gerichtsbarkeit der Regierung über das Land keine Grenzen gesetzt durch irgendwelche Sippenrechte, wie das bei den Dschagga der Fall war [66]. Auch gab es keinen Sippenführer, der wie im Dschaggalande die Steuerzahler vor dem Steuereinnehmer hätte schützen können [67]. Das hawaiische Regime funktionierte in der Tat so gut, daß die Herren des Apparatstaates sich mehr als die Hälfte des agrarischen Gesamtprodukts aneignen konnten. Einer Schätzung zufolge »erhielten die gewöhnlichen Werktätigen durchschnittlich nicht mehr als ein Drittel des Ertrags ihrer Arbeit« [68].

In kleinerem Maßstabe erscheint der Unterschied zwischen den zwei Regierungstypen auch im Bereich der Zirkulation. Die Marktpolizei lag bei den Dschagga in den Händen der »Frauen des Häuptlings und der Bezirksvorsteher« [69]; aber der Marktzoll von landwirtschaftlichen Produkten und Salz wurde von einem Angehörigen einer bestimmten Sippe erhoben [70]. In Hawaii findet sich keine Spur einer so geteilten Hoheit. Die Funktionäre, die die Tauschhandlungen rechtsgültig machten und die Waren besteuerten, waren Zolleinnehmer, d. h. Regierungsbeamte [71].

Die Könige Hawaiis übten somit eine viel durchgreifendere Herrschaft über Leben und Eigentum ihrer Untertanen aus als die Dschaggahäuptlinge. Die Unterschiede in der Form der Ehrerbietung veranschaulichen sinnfällig die Unterschiede in der autokratischen Macht. Wie bereits erwähnt, begegnen die Dschagga ihrem Häuptling mit großer Ehrerbietung, aber im Gegensatz zu den Bewohnern der Hawaii-Inseln vollführen sie vor ihm nicht den klassischen Akt totaler Unterwerfung, die Prostration.

davon entfielen auf einige der größeren Königreiche der Insel je mehr als 100 000 Menschen (Lauts, 1848, S. 104 f). Dem weitaus volkreichsten Dschaggastamm gehörten nur 17 000 Personen an (Gutmann, 1926, S. 1).

66. A. a. O., S. 302 ff.

67. A. a. O., S. 16.

68. Alexander, 1899, S. 28, Anm. Blackman, (1899, S. 26) bezeichnet diese Schätzung als »die Meinung sorgfältiger Beobachter«.

69. Gutmann, 1926, S. 428.

70. A. a. O., S. 426 ff. Der Sippenfunktionär »griff in jede Markttasche einmal und entnahm ihr eine Handvoll. Dafür hatte jede Frau das Recht, ihn einmal zu knuffen.« Aber dies hinderte ihn nicht, seinen Zoll einzuheimsen: »Von einem gut besuchten Markte ergab es ganz ansehnliche Lasten« (a. a. O., S. 427).

71. Ellis, 1826, S. 296 ff.

In den Anfängen staatlich organisierter hydraulischer Gesellschaften braucht Privateigentum an Land nicht notwendigerweise zu fehlen; seine Ursprünge liegen viel weiter zurück, als die Pioniere institutioneller Analyse im 19. Jahrhundert annahmen. Aber der größte Teil des bebaubaren Ackerbodens ist amtlich reguliert; und er kann daher nicht Privateigentum werden, selbst wenn unabhängiges Privateigentum in Industrie und Handel einen ansehnlichen Umfang angenommen hat. Aus diesem Grunde werden wir die Frage der hydraulischen Grundbesitzverhältnisse erst später behandeln. Bezüglich der einfachen Eigentumsverhältnisse der hydraulischen Gesellschaft brauchen wir hier nur zu erwähnen, daß es im Rahmen dieser Verhältnisse mancherlei Grundbesitzformen gibt, daß aber das regulierte Land immer das privateigene Land an Umfang übertrifft, und zwar im allgemeinen ganz beträchtlich.

Dagegen betrachten wir jetzt sogleich die auf Privateigentum beruhenden unabhängigen Gewerbe (Handwerk und Handel); denn mit ihrem Eintreten vollzieht sich nach unserer Meinung ein Wandel in den Formen des Eigentums und der Gesellschaft. Dieser Wandel nimmt mehrere Formen an.

Er vollzieht sich ungleichmäßig

A. *In der Industrie*
   1. in den extraktiven Industrien (Bergbau, Steingewinnung, einigen Arten der Salzgewinnung);
   2. in den verarbeitenden Industrien, bei denen zu unterscheiden sind:
      a. Baugewerbe;
      b. andere;
B. *Im Handel*
   1. im Außenhandel;
   2. im Binnenhandel
      a. mit leicht zu kontrollierenden Waren (wie Salz, Eisen, Tee, Wein, Öl, usw.);
      b. mit anderen Waren.

In allen eigentlich hydraulischen und in den meisten marginal-hydraulischen Gesellschaften unternahm die Regierung umfassende Bauten. Der agrarische Apparatstaat verfügte über große Massen von Arbeitern und hatte damit ein Monopol für alle Bauarbeiten großen Stils. Oft betrieb er auch die extraktiven Industrien, die die Rohstoffe für die großen staatlichen Bauten bereitstellten. Andere extraktive Industrien, wie der Bergbau und gewisse Arten der Salzgewinnung, können entweder unmittelbar von der Regierung betrieben oder, wo die Geldwirtschaft entwickelt ist, mittels monopolistischer Konzessionierung überwacht werden.

Infolgedessen hat das auf Privateigentum beruhende und unabhängige Gewerbe keine Chance, sich im wichtigsten Sektor der hydraulischen Industrie, nämlich im Großbauwesen, durchzusetzen. Die privatwirtschaftlichen Möglichkeiten sind in den großen extraktiven Industrien ebenso gering. Nur im nichtbaugewerblichen Sektor der verarbeitenden Industrien kann das private freie Handwerk zu einer gewissen Bedeutung gelangen. In der Tat, außer der Herstellung von Münzen werden nur einige spezielle Industriezweige, wie die Produktion von Waffen und gewissen Luxusgegenständen, von der Regierung betrieben, während die meisten übrigen Gewerbe durchweg in den Händen von privaten, unabhängigen Unternehmern liegen.

Freies Privatunternehmen heißt aber nicht notwendigerweise Großunternehmen. Umfangreiche Industrien sind fiskalisch äußerst verwundbar, und soweit sie nicht vom Staate geschützt werden, blühen sie nicht im Schatten der totalen Macht. Die vielen privaten unabhängigen Gewerbe, die in gewissen hydraulischen Gesellschaften aufkamen, beschränkten sich im wesentlichen auf den Kleinbetrieb.

Mit der Entwicklung des unabhängigen privaten Großhandels steht es anders. Diese Entwicklung verzögert sich ebenfalls unter den Bedingungen großer hydraulischer und bürokratischer Dichte (Kompaktheit), aber sie wird nicht unterbunden durch die manageriale Vorherrschaft des Staates, die im Bauwesen in allen eigentlich hydraulischen und in vielen marginal-hydraulischen Gesellschaften besteht. Oberhalb des Bereichs des Produzenten-Händlers hat der Handel oft weite Entfernungen zu überwinden, entweder über Land oder über See. Dieser Umstand fördert das Großunternehmen, das hier seine besondere Chance hat, da die Kaufmannsgüter weniger ins Auge fallen und steuermäßig weniger verwundbar sind als die an einen festen Platz gebundenen industriellen Anlagen.

Wenn das Gesetz des abnehmenden administrativen Mehrertrags eine Regierung dazu veranlaßt, ihre eigenen kommerziellen Bemühungen einzustellen, pflegen im Außen- und Binnenhandel unabhängige Kaufleute zu erscheinen; und staatliche Versuche, beide Gebiete direkt oder indirekt zu kontrollieren oder in ihnen die Staatswirtschaft wiederherzustellen, entspringen zumeist aus kurzfristigen Erwägungen [72].

72. Dies erklärt, warum in China, Indien und im Nahen Osten die Regierungspolitik in dieser Hinsicht so schwankte. Wer die chinesische Geschichte kennt, wird sich der Diskussionen der Verwaltungsbeamten über die Probleme des Salz- und Eisenhandels erinnern. Das Problem entstand bereits vor der Han-Zeit, und zu verschiedenen Zeiten wurde es verschieden gelöst. Die Verwaltungsgeschichte Indiens ist nicht so reich dokumentiert wie diejenige Chinas, aber was wir über die indische Steuerpolitik wissen, deutet auf ähnliche Schwankungen hin.

Die Geschichte des staatlichen und privaten Handels in den großen hydraulischen Ländern des Nahen Ostens ist noch in den Anfängen, und neuerliche Versuche, wie etwa der von Leemans unternommene, offenbaren sowohl die institutionelle Bedeu-

Die hydraulische Gesellschaft überschreitet den Rahmen der einfachen Eigentumsentwicklung, wenn das private und unabhängige Handwerk in den verarbeitenden Industrien (natürlich mit Ausnahme des Großbauwesens) vorherrschend wird und wenn der private Groß- und Kleinhandel den Gesamtumfang des staatlich gelenkten und kontrollierten Handels erreicht oder übertrifft.

Das beinahe völlige Fehlen einschlägiger statistischer Daten zwingt uns, unsere Maßstäbe allgemein zu halten. In einigen Zweigen sind die Größenverhältnisse klar; in anderen können wir zumindest die vorherrschende Tendenz feststellen.

4. SPIELARTEN DES EINFACHEN HYDRAULISCHEN EIGENTUMS UND DER EINFACHEN HYDRAULISCHEN GESELLSCHAFT

a. Hawaii

Der hawaiische Archipel ist so weit von den südlicheren Gebieten Polynesiens entfernt, daß nach frühen kühnen Expeditionen »jeder Verkehr mit den südlichen Gruppen aufgehört zu haben scheint, denn für einen Zeitraum von fünfhundert Jahren hören wir darüber nichts in den alten Legenden, Liedern und Stammbäumen«[73].

Auch die Beziehungen zwischen den verschiedenen hawaiischen Königreichen genügten nicht, um den Handel über das Niveau der Produzenten-Händler hinaus zu entwickeln[74]. Die einheimische Güterbewegung bestand vor allem in der Überführung der Überschüsse, die die Bauern und Fischer erzielten, an die lokalen und zentralen Vertreter der Regierung. Güterumsatz zwischen Einzelpersonen erfolgte entweder in der Form von »Geschenken«[75] oder durch Austausch[76], in beiden Fällen ohne Hilfe berufsmäßiger Vermittler. Märkte und Jahrmärkte gaben reiche Gelegenheit zu Tauschgeschäften. Ellis' Beschreibungen des damals berühmtesten Jahrmarktes enthalten keinen Hinweis auf die Existenz berufsmäßiger Kaufleute. Die einzige berufsmäßige Person, von der der Beobachter Kenntnis nahm, war der Staatsbeamte, der die Geschäfte zwischen den Tauschenden überwachte und die Abgaben erhob[77]. Als in den Anfängen des 19. Jahrhunderts die Verbindung mit der Außenwelt

tung dieses Phänomens wie die Schwierigkeiten, es zu ergründen. Die nahöstlichen Daten zeigen ebenfalls, daß im Gegensatz zu den großen hydraulischen Anlagen und den großen nichthydraulischen Bauwerken der Großhandel sehr wohl von privaten und unabhängigen Kaufleuten betrieben werden kann.

73. Alexander, 1899, S. 24.
74. A. a. O., S. 88; Blackman, 1899, S. 55.
75. Lind, 1938, S. 140.
76. Ellis, 1826, S. 401; Alexander, 1899, S. 88.
77. Ellis, 1826, S. 296 ff.

die Möglichkeit für den Export von Sandelholz eröffnete, waren es der König und seine Dienstleute, nicht unabhängige hawaiische Privatkaufleute, die den entstehenden Außenhandel in die Hand nahmen[78].

Die unentwickelten Formen der Güterbewegung spiegeln die unentwickelten industriellen Verhältnisse wider, und diese hängen wiederum eng mit der Knappheit der verfügbaren Rohstoffe zusammen. Die vulkanischen hawaiischen Inseln haben keine Metallerzvorkommen, und dieser Umstand beschränkte die Inselbewohner, solange sie von technologisch fortgeschrittenen Kulturen abgeschnitten waren, auf verhältnismäßig primitive neolithische Lebensverhältnisse. Der Archipel besaß Nutzpflanzen (z. B. Taro und Kokospalmen), aber keine der Hauptgetreidearten; und es gab keine Tiere, die dem Menschen die Arbeit erleichtern konnten. Lava war der einzige wichtige Stein, den man bearbeiten konnte.

Das technische Geschick, das die Inselbewohner unter diesen natürlichen und kulturellen Bedingungen entfalteten, war bewunderungswürdig[79]. Aber selbst ein Höchstmaß an Erfindergeist konnte nur eine bescheidene Differenzierung im Handwerk erzielen. Es gab Arbeitsteilung beim Kanu-[80] und Häuserbau[81], beim Anfertigen von Netzen, Angelleinen, Tapatuch[82] und vielen anderen Gegenständen[83], aber die wirtschaftliche und politische Stellung der verschiedenen Handwerker ist nicht klar. Manche mögen für eigene Rechnung gearbeitet haben[84]. Aber die hawaiische Tradition und die Berichte der ersten ausländischen Beobachter machen es unwahrscheinlich, daß diese privaten Gewerbetätigen an Bedeutung den Handwerkern gleichkamen, die für den König und seine Untergebenen arbeiteten. Die Regierung, die einen enormen Teil des Mehrprodukts des Landes kontrollierte, war imstande, viele Handwerker, *poe lawelawe*, zu ernähren. Der oberste *poe lawelawe* gehörte der Zentralregierung an[85]. Er scheint die industriellen Arbeiten geleitet zu haben, die für die Regierung ausgeführt wurden, offenbar unter Anwendung von Fronarbeit. Außerdem waren ihm die zahlreichen Handwerker unterstellt, die zum ständigen Hofgesinde gehörten[86].

Somit erschienen in Hawaii berufsmäßige Handwerker vor allem als Per-

78. Vgl. Alexander, 1899, S. 156; und Blackman, 1899, S. 188.

79. Cook, 1944, S. 337.

80. Fornander, HAF, V, S. 478, 610 ff., 630; Vancouver, 1798, II, S. 116; Ellis, 1826, S. 89.

81. Alexander, 1899, S. 82.

82. Malo, 1903, S. 105; Cook, 1944, S. 436.

83. Für Listen solcher Gegenstände s. Blackman, 1899, S. 54 ff.; Alexander, 1899, S. 80 ff.; und Cook, 1944, S. 337 ff.

84. Mehrere Gewerbe hatten ihre eigenen Schutzgötter (Alexander, 1899, S. 37, 62 ff.; Blackman, 1899, S. 32).

85. Kepelino, 1932, S. 124.

86. A. a. O., S. 134.

sonen, die vom Staate erhalten wurden und die unter der Leitung von Regierungsbeamten für den Herrscher und seine Dienstleute arbeiteten. Diese Tatsache und das völlige Fehlen unabhängiger berufsmäßiger Kaufleute machen Althawaii zu einer sehr unentwickelten Variante einer einfachen hydraulischen Gesellschaft.

b. Das Inkareich

Die Herren des Inkareiches verfügten über natürliche Hilfsquellen, die reicher waren als diejenigen Hawaiis, aber ärmer als diejenigen Ägyptens, Mesopotamiens, Chinas und Indiens. Die agrarischen Bewohner der Anden erreichten das Metallzeitalter verhältnismäßig spät; und auch dann brachten sie es nicht zur Eisenverarbeitung. Sie zähmten auch keine Tiere zur Verwendung in der Landwirtschaft. Allerdings beeinträchtigt in hydraulischen Gesellschaften das Fehlen von Arbeitstieren weniger den Ackerbau [87] als den Transport (der ein Hauptmittel zur Ausbreitung militärischer und politischer Macht ist), die Steuererhebung und die Entwicklung des Handels.

Im Vergleich zum Esel, Maultier, Ochsen, Pferd und Kamel – den wichtigsten Arbeitstieren der Alten Welt – war das Lama ein armseliges Transportmittel; es war den Menschen vor allem durch seine Wolle nützlich. Das Fehlen schiffbarer Flüsse und eine unwirtliche Küste ließen es nicht zur Schiffahrt kommen, außer mit primitiven Flößen; und da es so gut wie keine kulturell hochgestellten Nachbarn gab, war der Anreiz zu internationalem Handel noch weit geringer als etwa im pharaonischen Ägypten.

87. Wenn man die wesentliche Bedeutung hydraulischer Tätigkeiten für die landwirtschaftliche Entwicklung erkennt, kann man sich mit Lowies anregender Typologie der Bedarfsdeckungswirtschaften nicht zufrieden geben. Lowie (1938, S. 283) unterscheidet »Jagd, Ackerbau mit Hacke oder Pflanzstock, Ackerbau mit Pflug und Arbeitstieren, und Viehzucht ohne Ackerbau (nomadisierendes Hirtentum)«. Der Nahe Osten, Indien und China hatten mit Europa und Japan den Pflug und die Benutzung von Arbeitstieren gemein; die Unterschiede zwischen den stationären hydraulischen Kulturen und den nichtstationären agrarischen Kulturen müssen daher andere Gründe haben; unter diesen ist augenscheinlich entscheidend das Vorhandensein oder Fehlen einer hydraulischen Landwirtschaft.

FAKTOREN, DIE DEN HANDEL UND EINE REGIONALE ARBEITSTEILUNG
IN DER INDUSTRIE FÖRDERN

Hydraulische Kulturen	Arbeits-tiere	Schiffbare Flüsse und Boote	Kulturell fortgeschrittene Nachbarn, die die Entwicklung eines internationalen Handelsverkehrs anregen
Inkareich	(—)	—	—
Pharaonisches Ägypten (besonders das Alte und Mittlere Reich)	+	+	(—)
Die Territorialstaaten Altchinas	(+)*	+	+
Sumer	+	+	+

> *Erläuterung:*
> + vorhanden
> — fehlt
> ( ) beschränkte Entwicklung
> * Ochsen wurden zum Pflügen nur am Ende der Tschou-Zeit verwandt.

Unsere Analyse hat eine Anzahl Faktoren ans Licht gebracht, die den Handel und eine regionale Arbeitsteilung in der Industrie fördern. Wir zeigen in Tafel 5 die ungleichmäßige Entwicklung dieser Faktoren in mehreren größeren einfachen hydraulischen Gesellschaften. Wenn sie auch gewiß nicht die einzigen bestimmenden Kräfte darstellen, so hilft ihre Identifizierung uns doch, die ungleichmäßige Entwicklung des Handels und der Industrie in diesen Gesellschaften zu verstehen.

Im Andengebiet wurde der Transport zusätzlich erschwert durch den Wüstencharakter eines großen Teils der Küstenzone und durch die hohen und steilen Erhebungen in strategisch gelegenen Teilen des Hochlandes. Daher erfolgte der wirksame Fernverkehr im wesentlichen über Land, nicht über See, und dieser Verkehr hing in einem außerordentlich hohen Maße von den Straßen ab, die der allmächtige hydraulische Staat baute. Es gab einige ausländische Kaufleute [87a]; und möglicherweise wurde der Salz- und Fischhandel, der im nördlichen Grenzgebiet stattgefunden haben soll [88], zum Teil von Berufshändlern betrieben. Aber diese Entwicklungen waren so unbedeutend, daß ernsthafte Forscher wie Means ihr Vorkommen völlig übersehen haben. Innerhalb des Reiches sorgten Beamte für die Beförderung enormer Gütermengen – Getreide, Bohnen, Baumwolle, Holz, Metall, Textilien, usw. – an der Küste, im

87a. Sarmiento, 1906, S. 90.
88. Cieza, 1945, S. 180, 116 ff.

Hochland und von einer Zone zur anderen; und kleine Produzenten-Händler tauschten ihre Erzeugnisse auf den vielen Jahrmärkten aus, die regelmäßig im ganzen Lande abgehalten wurden [89]. Aber nichts deutet darauf hin, daß irgendein Privatunternehmen mit der Regierung bezüglich des Transports und der Verteilung von Gütern über große Entfernungen konkurrierte. Es gab Handel, der auf lokaler Ebene offenbar recht erheblich war; aber es gab fast keine unabhängigen berufsmäßigen Händler.

Der gewerbliche Sektor des Inkareiches war viel mehr differenziert, aber auch hier erlangten die privaten Handwerker im Vergleich zu ihren vom Staate beschäftigten Berufsgenossen keine Bedeutung. Die Bergwerke unterstanden entweder örtlichen Vorstehern vormals unabhängiger Gebiete oder nicht ortsansässigen Angehörigen der Reichsbeamtenschaft [90]. In beiden Fällen wurden sie von beruflichen Amtsinhabern kontrolliert, die in dieser oder jener Form dem agrarmanagerialen Gesamtapparat angehörten.

Über die verarbeitenden Industrien sind wir in mehreren Beziehungen besser unterrichtet. Die großen Bauarbeitergruppen unterstanden der Führung hoher Inkafunktionäre; und die Arbeitsweise Hawaiis, Ägyptens und Frühchinas legt die Annahme nahe, daß auch im Inkareiche spezielle Beamte die Aufsicht führten über die ständigen Staatsarbeiter und über diejenigen Handwerker, die zwei (oder »höchstens« drei) Monate im Jahre [91] in den staatlichen Werkstätten gewerbliche Fronarbeit leisteten. Unter den ständigen Staatsarbeitern gab es offenbar viele Silberschmiede [92] und auch zahlreiche Zimmerleute [93]. Die Quellen erwähnen Weber, Schuhmacher, Holzfäller und Kupferwerkzeugmacher, die nach Ableistung ihrer Fron zu Hause tätig waren [94]. Garcilasos Beschreibung läßt es offen, ob alle oder einige – oder die Mehrzahl – dieser Heimarbeiter Bauern-Handwerker waren. Falls die Annahme berechtigt ist, daß die meisten von ihnen berufliche Handwerker waren, dann ist es um so bemerkenswerter, daß die ältesten Berichte über das ländliche und städtische Leben im Inkareich sie nicht erwähnen. Offenbar traten die Handwerker in der Inkagesellschaft nur dann augenfällig in Erscheinung, wenn sie als ständige Staatsarbeiter oder gewerbliche Fronarbeiter fungierten.

89. A. a. O., S. 272; Garcilaso, 1945, II, S. 82; vgl. Cobo, HMN, III, S. 43 ff.; und Means, 1931, S. 314 ff.

90. Polo de Ondegardo (1872, S. 70 ff.) erwähnt örtlichen Goldbergbau, der nach Anordnungen von Cuzco betrieben wurde. Vgl. Cieza, 1945, S. 269; Sarmiento, 1906, S. 100; Rowe, 1946, S. 246; Garcilaso, 1945, I, S. 253; Sancho de la Hos, 1938, S. 181.

91. Nennenswerte Überzeit wurde von der für die Fron des nächsten Jahres festgesetzten Zeit abgezogen (Garcilaso, 1945, I, S. 255).

92. Cieza, 1945, S. 243, 278 ff.; vgl. Garcilaso, 1945, I, S. 237, 180.

93. Estete, 1938, S. 94.

94. Garcilaso, 1945, I, S. 251.

Die »Jungfrauen«, die die Beamten unter den jungen schönen Mädchen des Reiches auswählten, stellten für das Regime eine einzigartige und äußerst nützliche Arbeitskraft dar. Die »Auserkorenen« wohnten unter strenger Aufsicht in besonderen Häusern, wo sie den größten Teil ihrer Zeit mit Weben, Spinnen [95] und der Zubereitung von Getränken zubrachten [96]. Der Souverän nahm einige von ihnen in seinen Harem, und er wies andere seinen Großwürdenträgern zu. Aber immer wurden viele von ihnen für die »Häuser« bestimmt. Offenbar gab es viele solcher Etablissements im Inkareich: einige hatten zweihundert Bewohnerinnen [97], dasjenige in Caxa fünfhundert [98]; dasjenige am Titicacasee hatte eintausend [99], dasjenige in Cuzco zumeist mehr als eintausendfünfhundert Mädchen [100]. In der Wirtschaftsgeschichte bilden diese Anstalten eine interessante Parallele zu den Textilwerkstätten Europas im 17. und 18. Jahrhundert. Nur wenige der letzteren beschäftigten mehr Personen als die Inka-»Häuser«, und die dort Beschäftigten waren zumeist Frauen, die oft nur während eines Teils des Jahres arbeiteten [101].

Die Inkagesellschaft repräsentierte eine nicht unbeträchtliche technische Entwicklung, aber trotzdem gab es in ihr keine nennenswerten unabhängigen, auf Privateigentum beruhenden Klassen. Das Pfründenland, daß die Inkas an Angehörige der herrschenden Schicht vergaben, schuf kein echtes Grundeigentum [102]; und es gab so gut wie keine berufsmäßig betriebenen Privatunternehmen in den Bereichen des Verkehrswesens und des Handels, die in an-

95. CPLNC, S. 309; Jerez, 1938, S. 38; Garcilaso, 1945, I, S. 187, 189 ff.

96. CPLNC, S. 309. Zufolge der zwei Spanier, von denen Sancho de la Hos (1938, S. 181) einen Augenzeugenbericht über den Tempel des Titicacasees erhielt, beschäftigten sich die Frauen nur mit der Zubereitung heiligen Weines – vorausgesetzt, daß die Beobachtung richtig war und daß der Chronist ihren Bericht richtig wiedergegeben hat. Aber wie immer es auch um die Zuverlässigkeit der Mitteilung bestellt sein mag, es erscheint äußerst unwahrscheinlich, daß die tausend »erkorenen« Mädchen des Seetempels das ganze Jahr hindurch, und zudem gerade im klassischen Gebiet der Lamazucht und Wollerzeugung, nichts anderes als *chicha* hergestellt haben sollten. Unsere Zweifel werden erhöht durch die Erörterung der zweifachen Tätigkeit der Frauen in Caxa seitens des sog. *Anonimo* (CPLNC, S. 309) und durch Garcilasos Beschreibung der Verhältnisse in der Inkahauptstadt. Offenbar hatten die Jungfrauen auch *chicha* und gewisse in den Zeremonien verwandte Nahrungsmittel zuzubereiten, aber ihre Haupttätigkeit *(il principal exercicio)* war Spinnen und Weben (Garcilaso, 1945, I, S. 188 ff.). Es gab im ganzen Inkareich viele solcher Häuser, deren Bewohnerinnen derart beschäftigt waren. Sie »spannen und webten und stellten eine enorme Masse von Tuch für den Inka her« (*a. a. O.*, S. 189).

97. Cieza, 1945, S. 144, 165.

98. CPLNC, S. 309; vgl. Jerez, 1938, S. 38.

99. Sancho de la Hos, 1938, S. 181.

100. Garcilaso, 1945, I, S. 185.

101. Sombart, 1919, II, S. 769 ff., 837; Kulischer, AW, II, S. 156 ff.

102. S. oben, Kap. 3, S. 116 f.

deren Kulturen den Aufstieg einer unabhängigen, wohlhabenden Kaufmann-schaft begünstigten. Es gab freilich berufsmäßige private Handwerker, aber diese waren sogar in den verarbeitenden Industrien bedeutungslos im Vergleich zu den zahlreichen Handwerkern, die dauernd oder zeitweise in den staatlichen Werkstätten und »Häusern« gewerblich tätig waren. Trotz eines beachtlichen, aber schwachen Ansatzes zu privatem Handwerk stellt das Inka-reich eine einfache Form der hydraulischen Eigentums- und Gesellschaftsent-wicklung dar.

c. Das pharaonische Ägypten

Ein Fluß von einzigartiger Nützlichkeit bot den Herren des pharaoni-schen Ägyptens ausgezeichnete binnenländische Verkehrsmöglichkeiten; die Schiffahrt war daher bereits in den Anfängen der geschichtlichen Zeit weit vorgeschritten. Kein Rohstoffmangel erheischte hier einen geregelten Außen-handel; und dieser wurde auch nicht durch Austausch mit kulturell fort-geschrittenen Nachbarn angeregt. Die ägyptischen Schiffe und Lasttiere er-möglichten einige auswärtige Beziehungen, aber diese Beziehungen blieben sehr locker – und bis zum ausgehenden Mittleren Reiche wurden sie im wesent-lichen von der Regierung unterhalten.

Im Neuen Reich und besonders in der persischen und hellenistischen Zeit erschienen private Händler auf der Bildfläche. Die Kaufleute waren aber oft an einen Tempel gebunden [103], und sie konnten augenscheinlich mit der Regierung nicht konkurrieren. Kees zufolge war der König bis weit ins Neue Reich hinein »der einzige Großkaufmann« [104].

Allerdings betätigten sich ausländische Händler in Ägypten, aber einhei-mische Mittelsmänner hatten im Binnenhandel noch weniger Spielraum als im Außenhandel [105]. Auf den lokalen Märkten tauschten Produzenten-Händ-ler ihre Güter unmittelbar aus [106]. Ein Marktbeamter des Neuen Reiches hieß bezeichnenderweise »Schreiber des Tauschhandels« [107].

Das Handwerk bot mehr Gelegenheit zur Entwicklung eines unabhängigen Unternehmertums. Ganz gleich ob die Volkszählungsdaten des Alten Reiches die Existenz unabhängiger Gewerbe andeuten oder nicht [108], Hawaii und das Inkareich zeigen, daß es berufsmäßige Handwerker in staatlich organi-sierten hydraulischen Gesellschaften gab, die technisch weniger entwickelt wa-ren als das Alte Reich. Für das Mittlere und das Neue Reich ist den Quellen zu

103. Breasted, 1927, IV, S. 164; Spiegelberg, 1896, S. 21, 25.
104. Kees, 1933, S. 103.
105. A. a. O., S. 103 f.
106. A. a. O., S. 104.
107. Newberry, BH, I, S. 46.
108. Kees (1933, S. 164 f.) ist nicht sicher, daß diese Daten, wie Eduard Meyer glaubt, die Existenz freier Handwerker und Händler in den Städten beweisen.

entnehmen, daß »Handwerker wie Goldschmiede, Maler, Zimmerleute, Wäscher... in die große Masse des Mittelstandes eingetreten« sind, d. h. daß sie private Handwerker wurden [109].

Diese privaten Handwerker spielten in Ägypten eine größere Rolle als im Inkareich, aber in beiden Fällen befriedigten sie wohl hauptsächlich die Bedürfnisse der kleinen Verbraucher [110]. Kamen sie zumindest der Zahl nach den vielen Handwerkern gleich, die in den verarbeitenden Industrien entweder dauernd oder zeitweise vom Staate und den Tempeln beschäftigt wurden? Selbst dies ist nicht sicher. Es kann aber kaum bezweifelt werden, daß sie diesen an wirtschaftlicher Bedeutung nachstanden.

Die Regierung unternahm drei Arten industrieller Tätigkeit: 1. extraktive und vorbereitende Verrichtungen, die viele Arbeiter erheischten, teilweise Facharbeiter, meist aber Ungelernte; 2. große Bauunternehmungen, die das Zusammenwirken gelernter und ungelernter Arbeiter erforderten; und 3. verarbeitende Industrien, hauptsächlich mit Facharbeitern, die man in größeren oder kleineren Werkstätten vereinigte.

In allen drei Abschnitten scheinen die gelernten Handwerker, unter denen es hochbefähigte Künstler gab [111], größtenteils Staatsangestellte gewesen zu sein. Die »Arbeitsführer« [112] stellten wohl ihre höchste Obrigkeit dar. Die verschiedenen Gewerbezweige arbeiteten unter eigens für sie bestimmten Werkmeistern [113].

Auf Grund einer sorgfältigen Abwägung der einschlägigen Quellen gelangt Kees zu der Auffassung, daß »das wirtschaftliche Leben Ägyptens [unter den Pharaonen] einen wenig geeigneten Boden für einen *selbständigen* freien Handwerkerstand« bildete [114]. »Die Vorstellung freien Handwerks paßt, wenigstens soweit dabei hochwertige Erzeugnisse, die über den täglichen Bedarf des kleinen Haushalts hinausgehen, in Frage stehen, wenig in das Wirtschaftsbild des AR [Alten Reiches].« [115] Nach dem Zwischenspiel des Mittleren Reiches, während dessen die territorialen Fürstenhöfe vorübergehend die Hauptzentren von Kunst und Gewerbe waren [116], preßte das Neue Reich die Handwerker in zunehmendem Maße in die staatlichen Regiebetriebe hinein; dort unterstanden sie der scharfen Kontrolle des staatlichen Schatzhauses, das ihnen die Rohstoffe zuwies [117].

109. Erman und Ranke, 1923, S. 112. S. auch Kees, 1933, S. 164; vgl. Klebs, 1915, S. 116.
110. So Kees (1933, S. 165) für das Alte Reich.
111. A. a. O.
112. Breasted, 1927, II, S. 401 und *passim*.
113. A. a. O., *passim*; Kees, 1933, S. 166 ff.
114. Kees, 1933, S. 103.
115. A. a. O., S. 165.
116. A. a. O., S. 164.
117. A. a. O., S. 167.

Die Quellen des Neuen Reiches bezeugen, daß die staatlichen Handwerker sich eifrig um Beförderung zu höheren Stellen bemühten. Ihre Vorsteher betrachteten sich als »völlig gleichberechtigt« mit »den mittleren Stufen der höheren Beamtenschaft«[118].

In Summa: die Macht der Pharaonen war so allumfassend, daß das private und unabhängige Gewerbe wenig Fortschritte machte und daß es der unabhängige berufsmäßige Handel zumeist noch weniger weit brachte. Das Vorherrschen staatlichen Handels und das Gewicht der staatlich gelenkten Industrie zusammen mit dem Übergewicht des staatlich regulierten Grundbesitzes schufen und reproduzierten im pharaonischen Ägypten eine historisch und institutionell bedeutsame Spielart einer einfachen hydraulischen Eigentums- und Gesellschaftsordnung.

d. Altchina

Die archaischen chinesischen Inschriften, die ein Verzeichnis der Herrscher der Schang-Dynastie enthalten, erwähnen Muscheln, die aller Wahrscheinlichkeit nach als Tauschmittel verwandt wurden. Aber sie geben keine klare Auskunft über Berufs-Kaufleute. Solche Kaufleute spielen auch in den Inschriften und literarischen Texten der Tschou-Dynastie keine hervorragende Rolle. Obgleich in der chinesischen Frühzeit sicherlich Handel stattfand, scheint es doch damals so gut wie keine beruflichen Händler gegeben zu haben.

Wir hören von Großkaufleuten, die über Land reisten, in der ersten Phase der späteren Tschou-Periode, d. h. in der Zeit der »Frühlings- und Herbstannalen« (721–481 v. Chr.). Aber die Kaufleute, über die wir die vollständigsten Angaben besitzen, arbeiteten so eng mit ihren Fürsten zusammen, daß sie wohl als mit der Regierung verbunden angesehen werden können[119].

Während der Endphase der Tschou-Periode, der Zeit der Kämpfenden Staaten, nahm die Bedeutung der unabhängigen Kaufleute so erheblich zu, daß im 4. Jahrhundert v. Chr. der Staat Tsch'in Maßnahmen ergriff, um sie in Schach zu halten[120]. Als Tsch'in »alles unter dem Himmel« zu einem Reiche vereinigt hatte, lichtete der große Vereiniger Tsch'in Schi Huang-ti die Reihen der Kaufleute, indem er sie zum Wachdienst an der Grenze verurteilte – zunächst nur die Kaufleute selbst, und dann auch ihre Söhne und Enkel[121]. Diese Politik kennzeichnet die wirtschaftliche Bedeutung und die politische Machtlosigkeit der nichtstaatlichen beruflichen Händler am Ende der Tschou-Periode.

Die ältesten chinesischen Quellen, die so wenig über die beruflichen Händler zu sagen haben, berichten mehr über die Handwerker. Die schönen Bronze-

118. A. a. O.
119. Ch'ü, TT, 1937, S. 200 f.
120. Duyvendak, 1928, S. 49, 177, 179, 183.
121. Shih Chi, 6.21b.

objekte der Schang- und der frühen Tschou-Zeit sind Zeugen einer außerordentlichen gewerblichen Kunstfertigkeit. Aber das chinesische Gewerbe entwickelte sich nicht, wie im feudalen Europa, auf vielen voneinander getrennten Herrenhöfen oder in von Zünften beherrschten Bürgerstädten, sondern in großen Verwaltungszentren, die der Hoheit des Sohnes des Himmels, der Territorialfürsten oder ihrer höheren Beamten unterstanden. Handwerker-Beamte, die »Hundert Handwerker«, werden in den ältesten literarischen Quellen und in den frühesten Bronzeinschriften erwähnt [122]. Die staatlichen Handwerker arbeiteten offenbar unter der Oberleitung des Ministers der öffentlichen Arbeiten, des *ssu-kung* [123], Schulter an Schulter mit dem »Volke«, das für die großen staatlichen Bauunternehmungen die ungelernten Fronarbeiter stellte.

Unter den Handwerkern spielten vermutlich die staatlich bediensteten bis zur Zeit der »Frühlings- und Herbstannalen« die führende Rolle [124]; erst in der darauffolgenden Periode der Kämpfenden Staaten dürfte die Bedeutung der privaten Handwerker zugenommen haben.

Wir haben keinen schlüssigen Beweis, daß unter der Tschou-Dynastie und den ersten kaiserlichen Dynastien private Kaufleute und Handwerker unabhängige Berufskörperschaften (Zünfte) gebildet hätten [125]. Die verzögerte Entwicklung dieser Verbände ist verwunderlich, wenn wir bedenken, daß das private Handwerk und besonders der private Handel am Ende und nach der Tschou-Periode eine ausgesprochene Blüte erlebten. Aber was auch immer die Gründe für die ungleichmäßige Entwicklung gewesen sein mögen, wir sind jedenfalls berechtigt anzunehmen, daß Altchina bis zum Ende der frühen Tschou-Zeit (722 v. Chr.) und vermutlich auch noch in den ersten Jahrhunderten der späteren Tschou-Zeit eine einfache hydraulische Gesellschaft war.

e. Sumer

Die Agrarkulturen Untermesopotamiens entstanden in einem Gebiet, das arm war an industriellen Rohstoffen und den Tauschverkehr mit anderen Gebieten begünstigte. Die alluviale Landschaft, die mit ihren wasserreichen Flüssen

122. S. Legge, CC, III, S. 381, 439; und Kuo, MJ, 1935, 102b, 114a, 125b.
123. Legge, CC, III, S. 414, 516; IV, S. 439, vgl. 582; Kuo, MJ, 1935, 118a.
124. Ch'ü, TT, 1947, S. 200.
125. Läden, die mit den gleichen Gütern handelten, waren offenbar seit dem Ende der Tschou-Zeit oder der angehenden Han-Periode (Kato, 1936, S. 79) und vielleicht noch früher in derselben Wohngegend vereinigt. Aber erst in der Sui-Periode »wurde der Ausdruck *hang* für eine Straße mit Läden desselben Gewerbes allgemein üblich«; und es war erst »am Ende der T'ang-Zeit, oder noch später, daß sie [die chinesischen Kaufleute] dazu übergingen, regelrechte Verbände von Händlern zu organisieren« (*a. a. O.*, S. 83).

ideale Möglichkeiten für hydraulische Tätigkeit bot, besaß weder Steine noch Holz noch Metalle. Diese Materialien, die für die technische, militärische und politische Entwicklung wesentlich waren, konnten jedoch aus benachbarten Ländern herbeigeschafft werden; und wirtschaftliche, militärische und machtpolitische Erwägungen schufen einen enormen Anreiz, sich ihrer zu bemächtigen.

Die Bewohner des alten Hawaiis konnten die Rohstoffe, an denen es ihnen daheim fehlte, nicht im Ausland erwerben; und die Indianer der Anden sowie die frühen Ägypter errichteten ihre städtischen Kulturen zumeist auf der Grundlage ihrer eigenen Hilfsquellen. Die Sumerer entfalteten ein blühendes städtisches Leben, weil sie imstande waren, ein umfassendes System internationaler Beziehungen und Austauschverbindungen zu schaffen und instand zu halten.

Fehlende Rohstoffe können durch organisierte Gewalt, d. h. durch erfolgreiche Kriege, beschafft werden. Aber dieses Mittel ist nicht immer angemessen, insbesondere wenn die Fundstellen weit entfernt und diejenigen, die sie beherrschen, stark sind. In vielen Fällen mußte man die benötigten Güter auf friedlichem Wege gewinnen, d. h. in erster Linie durch Handel.

Im Fernhandel braucht man Spezialisten des Transportwesens und Tauschverkehrs. In Untermesopotamien erschienen die Kaufleute frühzeitig auf der Bildfläche. Während Händler in fast allen anderen einfachen hydraulischen Gesellschaften eine geringe Rolle spielten, wurden sie in augenfälliger Weise in den frühgeschichtlichen sumerischen Inschriften von Fara erwähnt [126]; und in späteren, mehr ins einzelne gehenden Inschriften wurden sie als Fachleute von Bedeutung bezeichnet.

Die Entfaltung städtischer Verwaltungs- und Kultuszentren brachte eine recht fortgeschrittene Teilung der industriellen Arbeit mit sich. Die sumerischen Inschriften enthalten viele Hinweise auf Handwerker, die ihren Gewerben berufsmäßig nachgingen. Wie weit waren Privateigentum und Privatunternehmen im Untermesopotamien der Frühzeit entwickelt?

Deimels umfassende Forschungen legen die Vermutung nahe, daß seit den Anfängen der Geschichte [127] die sumerischen Tempelstädte unabhängigen Handwerkern noch weniger Chancen boten als Althawaii, Peru und das pharaonische Ägypten. Wie die anderen Angehörigen der Tempelgemeinde erhielten die Handwerker Land zugewiesen [128] und erfüllten ihre Fronpflicht [129], die nach Anna Schneiders Schätzung alljährlich etwa vier Monate

126. Falkenstein, 1936, S. 58 ff.

127. Nach Deimel waren die alten Sumerer zur Zeit der Fara-Texte ebensosehr mit Tempeln verbunden wie drei- oder vierhundert Jahre später unter der Herrschaft Urukaginas von Lagasch. »Die Bevölkerung stand auch damals im Dienste des Tempels und lebte von ihm« (Deimel, 1924a, S. 42).

128. Schneider, 1920, S. 21, 23.

129. Deimel, 1924b, S. 25; Schneider, 1920, S. 108 ff.

beansprucht haben mag [130]. Eine Anzahl Handwerker war dauernd in Tempelwerkstätten beschäftigt [131], wo auch einige Sklaven, vorwiegend Frauen, arbeiteten [132]. Die Mehrzahl der Handwerker aber scheint für die Tempel nach einem Verlagssystem tätig gewesen zu sein: Aus Tempellagerhäusern erhielten sie Rohstoffe, die sie für Lohn daheim verarbeiteten [133]. Ihre Lage ähnelte derjenigen vieler europäischer Handwerker, die während der ersten Jahrhunderte des industriellen Kapitalismus auch dezentralisiert für ihre kommerziellen oder industriellen Auftraggeber arbeiteten.

Waren alle Heimarbeiter in der mesopotamischen Frühzeit derart beschäftigt? Und betrieben einige von ihnen zumindest einen Teil ihres Gewerbes unabhängig? Die zweite Frage läßt sich einfacher beantworten als die erste. Die Tatsache, daß alle (oder einige?) den Tempeln steuerartige »Geschenke« machten [134], wird am besten durch die Annahme erklärt, daß sie imstande waren, teilweise für eigene Rechnung zu arbeiten [135].

Die privaten Unternehmungen der sumerischen Kaufleute waren anscheinend viel umfassender. Zweifellos waren auch die Kaufleute nicht unabhängig von der Stadt oder den Tempeln; auch sie erhielten Land zugewiesen, aber viel mehr als die Handwerker – in der Tat so viel, wie ein mittlerer Beamter oder Offizier [136]. Sie konnten ihre Äcker für sich durch Pächter, Lohnarbeiter oder Sklaven bestellen lassen; und ihr Grundbesitz behinderte sie nicht in ihrer kommerziellen Tätigkeit; im Gegenteil, er lieferte ihnen vermutlich zusätzliche Mittel für ihren Geschäftsbetrieb. Als Kaufleute unterstanden sie unmittelbar dem Stadtfürsten [137] oder einem Tempel, dem zweit-

130. Schneider, 1920, S. 92.

131. Deimel, 1927, S. 58 ff., 61; ders., 1928, S. 116 ff.; ders., 1929, S. 82, 85 f.; vgl. Schneider, 1920, S. 80, 85.

132. Deimel, 1927, S. 60. ff.; ders., 1931, S. 108 f., 112.

133. Schneider, 1920, S. 83.

134. A. a. O., S. 32.

135. A. Schneider (a. a. O., S. 85) nimmt an, daß die Handwerker, die als Heimarbeiter für die Tempel produzierten, daneben, und vielleicht bereits gegen Entgelt, auch Bestellungen von anderen Angehörigen der Tempelgemeinde entgegennahmen.

136. Nach den von Hussey gesammelten Inschriften erhielt ein *damkar* des Bautempels 19 *gan* Land (a. a. O., S. 66). Ein *gan* genügte zum Lebensunterhalt von mehr als einer Person, zwei *gan* für eine kleine Familie (a. a. O., S. 35 ff.). Ein sehr hoher Tempelfunktionär, der in Husseys Sammlung erwähnt wird, erhielt 43 *gan* (a. a. O., S. 35). Ein anderer Text gibt viel höhere Zahlen; nach ihm bekamen führende Beamte 90 und sogar 138 $3/4$ *gan* (a. a. O.). Einzelne Hauptleute von Heeresabteilungen und andere hervorragende Krieger erhielten z. B. 23, 24, 26 und 18 *gan*; und ein Tempelfunktionär, *engar*, 17 $3/4$ *gan* (a. a. O., S. 110 ff.). Von den Handwerkern bekam ein Zimmermann 1 *gan*, ein Wagenmacher 1 bis 2 *gan*, ein Gerber 3 *gan*, Köche und Bäkker je von 2 $1/4$ zu 6 *gan* (a. a. O.).

137. Scholtz, 1934, S. 36, 137.

wichtigsten Machtfaktor in der sumerischen Gesellschaft [138]. Und offenbar belieferten sie vorwiegend den Hof und die Tempel [139].

Bei ihren Geschäften genossen die Großkaufleute, *gal damkar*, und die kleinen Händler, *damkar*, beträchtliche Freiheit [140]; außerdem war es ihnen erlaubt, auf eigene Rechnung Handel zu treiben. Sie konnten geschäftliche Beziehungen haben mit dem Herrscher [141], der Königin [142], mit Angehörigen des Herrscherhauses [143] und weniger hochgestellten Personen [144]. Die Möglichkeiten, Reichtümer anzuhäufen, waren offenbar groß [145].

So bietet denn, im Gegensatz zu Althawaii, China und dem pharaonischen Ägypten, Sumer das Bild einer sehr frühen Entwicklung des privaten Handels. Und während die Handwerker des Landes, selbst wenn sie als Heimarbeiter tätig waren, eng mit der Tempelwirtschaft verbunden waren, galt dies in viel geringerem Maße für die Kaufleute, die weder Handelsbeamte noch Handelsagenten der Regierung waren, sondern irgendwie zwischen diesen beiden Kategorien standen. Wenige einfache hydraulische Gesellschaften entwickelten den auf Eigentum beruhenden und unabhängigen Handel so weit wie das alte Sumer.

5. DAS ENTSTEHEN DES BÜROKRATISCHEN KAPITALISMUS

Die Großkaufleute Sumers, die über eigenes Betriebskapital verfügten und unmittelbar mit ihrem Souverän Handel trieben, hatten eine ganz andere Stellung inne als die kommerziellen Spezialisten der Pharaonen. Die Vertreter der Pharaonen, die mit Punt [146], Phönizien [147], Mesopotamien [148] und Zypern [149] geschäftliche Beziehungen unterhielten, handelten mit Staatseigentum zum Nutzen des Staates. Oft vollzogen sie den Warentausch in der Gestalt diplomatischer »Geschenke«, aber sie taten dies mit einem scharfen Auge für den Wert der betreffenden Gegenstände. Sie verlangten bestimmte Objekte [150], und sie prüften sorgfältig, was man ihnen anbot [151], sie hielten

138. Deimel, 1931, S. 39; Schneider, 1920, S. 66 ff.; vgl. Scholtz, 1934, S. 79, 92.
139. Schneider, 1920, S. 67 ff.; Scholtz, 1934, S. 115; Leemans, 1950, S. 45 ff.
140. Schneider, 1920, S. 68.
141. Scholtz, 1934, S. 171.
142. *A. a. O.*, S. 115.
143. Scholtz, 1934, S. 59. Prinzen und Prinzessinnen beschäftigten eine Anzahl von Handwerkern, Dienern und Sklaven (Deimel, 1929, S. 126, 128; *ders.*, 1931, S. 110).
144. Schneider, 1920, S. 68.
145. Leemans, 1950, S. 46.
146. Sethe, 1908, S. 8; Breadsted, 1927, I, S. 209; II, S. 208 ff.; III, S. 20 ff.
147. Sethe, 1908, S. 8 ff.; Breasted, 1927, IV, S. 284.
148. TEA, I, S. 83 ff.
149. *A. a. O.*, S. 279 ff.
150. *A. a. O.*, S. 75, 89, 97, 281, 287, 291.
151. *A. a. O.*, S. 93; Breasted, 1927, II, S. 114.

mit ihrem Tadel nicht hinter dem Berge, wenn Geschenke von zu geringem Wert waren [152], und sie bestanden auf ein angemessenes Verhältnis von Wert und Gegenwert [153]. Geschenke, die sie etwa während oder am Ende ihrer Expeditionen erhielten, wurden ihnen als Dienern des Königs gegeben, nicht als unabhängigen Geschäftsleuten. Kurz, sie waren staatliche Handelsbeamte. Ihre Stellung unterschied sich nicht sehr von derjenigen der Angehörigen einer sowjetischen Handelsmission.

Im Gegensatz zu solchen Handelsbeamten verwandten die mit der Regierung verbundenen Kaufleute ihr privates Kapital großenteils oder ausschließlich im Dienste ihrer Herrscher, die ihnen ausgezeichnete Gelegenheiten für ihre Geschäfte boten, aber oft auch die Bedingungen (Preise, Profite) vorschrieben, unter denen sie diese Gelegenheiten ausnutzen konnten. Diese Kaufleute waren »bürokratische Kapitalisten« – um einen Ausdruck zu gebrauchen, den die chinesischen Kommunisten einst gern verwandten, der sie aber heute in Verlegenheit setzt [154].

Im weiteren Sinne kann man die Bezeichnung »bürokratische Kapitalisten« auf mehrere Gruppen anwenden: 1. Steuerpächter, die sich als fiskalische Agenten einer herrschenden Bürokratie betätigen; 2. im Amt befindliche oder nicht amtierende Angehörige solch einer Bürokratie, die auf Grund ihrer politischen Stellung Handel, Geldleihe, Steuerpacht und ähnliche Privatunternehmungen betreiben; 3. private Geschäftsleute, die als Handelsagenten oder Lieferanten für die herrschende Bürokratie tätig sind; und 4. private Geschäftsleute, die sich mit Einzelangehörigen der Bürokratie verbinden, um den Erfolg ihrer Transaktionen zu gewährleisten. Bürokratische Kapitalisten sind also Kapitalbesitzer, die sich als Handels- oder Steueragenten eines Apparatstaates betätigen, ganz gleich ob sie persönlich der Beamtenschicht angehören, ob sie Funktionäre der herrschenden Religion sind, oder ob sie keins von beiden und nur reiche Privatleute sind.

Die Quellen Altchinas geben kein klares Bild über die Handelsbeamten, obgleich in der Schang- und ersten Tschou-Periode vermutlich einige Dienstleute der frühen Territorialstaaten kommerzielle Aufgaben übernahmen. Die Quellen sind klarer bezüglich der für die Regierung tätigen Handelsagenten. Die Stellung dieser Personen scheint hinreichend deutlich, um die Klassifizierung des Chinas der Tschou-Periode bis zur Zeit der »Frühlings- und Herbstannalen« als eine einfache orientalische Gesellschaft zu rechtfertigen.

Für das Inkareich erledigt sich die Frage eigentlich von selbst. Beamte der Grenzbezirke mögen Staatseigentum gegen ausländische Güter ausgetauscht haben; und mitunter mögen dabei auch private Transaktionen vorgekommen sein. Aber die Inkagesellschaft hatte augenscheinlich kaum Verwendung für

152. TEA, I, S. 93.
153. A. a. O., S. 93, 99, 281, 283, 297; Breadsted, 1927, IV, S. 282 ff.
154. Vgl. Wittfogel, 1951, S. 34.

Handelsbeamte, und noch weniger für Handelsagenten, die für die Regierung tätig waren.

Die sumerischen Inschriften enthalten viele Hinweise auf den Außenhandel (der Binnenhandel war hauptsächlich Tauschhandel)[155]. Aber leider geben uns die Quellen nicht auf alle Fragen Antwort. Was für Handelsgeschäfte wurden auf den vielen Expeditionen abgeschlossen, die von Staats wegen unternommen wurden, um Steine [156], Holz [157], Metall [158], Asphalt [159] und andere Materialien zu beschaffen? Waren die Kaufleute vor allem Handelsbeamte oder Handelsagenten, die Regierungsaufträge ausführten? Wie immer sich dies verhalten haben mag, der Charakter der alten sumerischen Gesellschaft erlaubt uns nicht, die »Kaufleute« der ältesten entzifferten Inschriften als unabhängige Unternehmer zu betrachten.

6. DER HYDRAULISCHE SCHWAMM

Die meisten hydraulischen Kulturen, die später eine beträchtliche Differenzierung des Eigentums durchmachten, scheinen in der Frühzeit einfache Formen des Eigentums besessen zu haben. In einigen Fällen, z. B. in Indien, wichen einfache Eigentums- und Gesellschaftsformen verhältnismäßig rasch einer semikomplexen Entwicklung; in anderen dagegen, z. B. in Ägypten und Untermesopotamien, behaupteten sie sich jahrtausendelang. In der Andenzone bestanden sie (noch oder wieder?), als die *conquistadores* kamen.

Die Unterschiede in der Beharrlichkeit einfacher Eigentumsformen erhalten eine neue Bedeutung, wenn wir sie mit den Unterschieden in der hydraulischen Dichte in Verbindung bringen. In den hydraulischen Zentren Perus, Ägyptens und Untermesopotamiens entstanden kompakte Systeme hydraulischer Agrikultur, während viele der Territorialstaaten Indiens und Chinas – und natürlich auch Mexikos – durch lockere oder marginale Formen orientalischer Agrikultur gekennzeichnet waren. Wir erwähnen in diesem Zusammenhang nicht Hawaii, da dort die Fortdauer äußerst einfacher Formen hydraulischen Eigentums offensichtlich das Ergebnis eines außerordentlichen Zusammentreffens äußerer und innerer Umstände war. In den vorher genannten Fällen ist der Unterschied in hydraulischer Dichte so groß, daß man ihn nicht als belanglos abtun kann. Aller Wahrscheinlichkeit nach trieben die frühesten unabhängigen hydraulischen Gemeinschaften der Andenzone außerhalb

155. Schneider, 1920, S. 66 ff.

156. Thureau-Dangin, 1907, S. 67 ff., 77, 103 ff.; Barton, 1929, S. 181 ff., 217 ff., 143; Price, 1927, S. 58 ff., 16.

157. Thureau-Dangin, 1907, S. 31, 103, 105–107; Barton, 1929, S. 47, 131, 145; Price, 1927, S. 63, 71, 19 ff.

158. Thureau-Dangin, 1907, S. 71, 107; Barton, 1929, S. 185, 221; Price, 1927, S. 63, 20–21.

159. Price, 1927, S. 20.

ihrer Grenzen Handel, und dieser mag sehr wohl nicht nur von Handelsbeamten vollzogen worden seien, sondern auch von privaten Kaufleuten, die
für die Regierung tätig waren und teilweise für eigene Rechnung arbeiteten.
Die sumerische Geschichte beweist jedoch, daß starke hydraulische Regierungen sogar in selbständigen Stadtstaaten die Mehrzahl aller Kaufleute an sich
binden konnten. Es ist daher nicht ausgeschlossen, daß im Bereich der Anden (wie in Sumer und Ägypten, aber vielleicht mit ausgesprocheneren
Schwankungen) selbst vor den Inkas einfache Formen der Macht- und Eigentumsentwicklung und der Klassenschichtung vorherrschten.

In Peru mögen diese Formen sich behauptet haben, solange es dort staatlich
organisierte hydraulische Kulturen gab. In Ägypten bestanden sie fort, auch
nachdem die relative Isolierung des hydraulisch kompakten Niltals ihr Ende
erreicht hatte. Und in Untermesopotamien erhielten sie sich sogar, nachdem
das hydraulisch kompakte Kernland in größeren und lockeren hydraulischen
Reichen aufgegangen war. Leemans nimmt an, daß Privateigentum und Handel sich stark entwickelten [160], als das zweite sumerische Reich unter Ur III.
vorübergehend die Küste des Mittelmeeres, Assyrien und Persien umfaßte.
Nach demselben Gelehrten war der Handel wieder vorwiegend staatlich unter dem letzten Herrscher Larsas, Rim-Sin [161], und unter dem babylonischen
König Hammurabi [162], der jenen besiegte, und mehr als vierhundert Jahre
unter den Kossäern [163].

In diesen kompakten hydraulischen Gesellschaften wirkte der »dichte« bürokratische Apparat offenbar wie ein Schwamm, dessen Fähigkeit, wesentliche Funktionen der Industrie und des Handels aufzusaugen, unter sonst
gleichen Bedingungen das Absorptionsvermögen minder kompakter hydraulischer Gemeinschaften übertraf.

G. SEMIKOMPLEXE FORMEN HYDRAULISCHER EIGEN-
TUMS- UND GESELLSCHAFTSENTWICKLUNG

Aber die Zahl solcher kompakter und sich forterhaltender einfacher Gesellschaften ist nicht allzu groß. In vielen hydraulischen Kulturen hinderte der
agrarmanageriale Apparatstaat die Umwandlung des regulierten Ackerlandes
in Privateigentum, aber er widersetzte sich nicht ernsthaft dem Wachsen des
nichtstaatlichen, auf Privateigentum beruhenden beruflichen Handwerks und
Handels.

160. Leemans, 1950, S. 113.
161. A. a. O., S. 118.
162. A. a. O., S. 120 ff.
163. A. a. O., S. 122.

a. Das vorspanische Mittelamerika

Das Aufkommen unabhängiger Berufshandwerker und -kaufleute im aztekischen Mexiko steht im krassen Gegensatz zu den Verhältnissen im Inkareich. Das völlige Fehlen von Zugtieren war für die Bewohner Mittelamerikas ein Hemmnis; dieses aber wurde weitgehend wettgemacht durch das Vorhandensein anderer ökologischer Vorzüge. Das Gelände war viel günstiger für überterritorialen Verkehr; schiffbare Seen, Flüsse sowie eine lange und leicht zugängliche Küste begünstigten die Handelsschiffahrt. Die Sumerer genossen ähnliche Vorteile; und so kann es nicht wundernehmen, daß auch die Azteken und ihre Vorgänger, die Tolteken, private Berufskaufleute hatten, und daß sie einen ausgedehnten internationalen Handel trieben[164]. Diese Zustände förderten auch die technische und regionale Arbeitsteilung. Aber weder die Stadtstaaten noch die größeren territorialen politischen Einheiten des vorspanischen Mexikos waren hydraulisch so kompakt wie diejenigen Sumers. Daher waren die Berufshandwerker und -kaufleute Mexikos weniger abhängig vom hydraulischen Staate. Sie erhielten ihre Grundstücke zugewiesen von den *calpulli*, sozial geschichteten örtlichen Organisationen, die eine beschränkte Autonomie besaßen[165]; und anscheinend lasteten weder auf den Handwerkern noch auf den Händlern schwere Fronpflichten. Wir finden Hinweise auf Frauenhäuser[166], sonst aber gibt es so gut wie keine Hinweise auf Regierungswerkstätten[167]. Zurita und anderen älteren Quellen zufolge waren die Handwerker ganz von der Fron befreit, aber sie hatten einen Teil ihrer Erzeugnisse als Steuer abzugeben[168]. Abgesehen von der Zeit, die sie der Feldar-

164. Acosta, 1945, S. 39 ff.

165. Bandelier, 1878, S. 426 und Anm. 98; *ders.*, 1880, S. 600; Monzon, 1949, *passim.*

166. Nach Torquemada waren Häuser, in denen weibliche Personen, »Nonnen«, lebten, »weit verbreitet« (Torquemada, 1943, II, S. 189, 191). Díaz, der die traditionelle Aztekengesellschaft vor ihrer Auflösung beobachtete, versichert, daß es in mehreren mittelamerikanischen Ländern »Nonnenklöster« gab. Im eigentlichen Mexiko wußte er nur von einem einzigen solchen Vorkommnis in der Hauptstadt (Díaz, 1944, I, S. 349 ff.).

167. Díaz (*a. a. O.*, S. 346) erwähnt von der Regierung betriebene Bäckereien. Sahagun (1938, III, S. 75) spricht von Personen, die Schuhe für die Herren anfertigten. Wurde die Arbeit in den Regierungswerkstätten von Dienstleuten verrichtet, die, als erbliche Angehörige ihrer *calpulli*, ausschließlich für den Souverän arbeiteten? (Monzon, 1949, S. 41.) Hatte Torquemada (1943, II, S. 488) dies im Sinn, als er bemerkte, daß Handwerker gewisse Arbeiten »für die Herren« ausführten? Oder haben wir es mit Resten einer industriellen Fron zu tun, die fortdauerte, obgleich sie ihre institutionelle Bedeutung eingebüßt hatte?

168. Zurita, 1941, S. 146; Oviedo, HGNI, II, Tl 2, S. 535 ff.; vgl. Bandelier, 1880, S. 602 und Anm. 73.

beit widmeten, scheinen die zahlreichen mexikanischen Handwerker [169] ihre
Geschicklichkeit auf eigene Rechnung betätigt und Gegenstände angefertigt
zu haben, die sie auf den Märkten in den großen Wohngemeinden verkauften [170].

Die kleinen Händler waren vermutlich unabhängig, aber bedeutungslos [171].
Anders stand es mit den großen Kaufleuten, den *pochteca*, die internationalen
Handel trieben und eng mit dem Regierungsapparat verbunden waren. Ihnen
war es gestattet, ihre Landanteile zu verpachten [172] und Steuer zu zahlen, anstatt Arbeitsdienst zu leisten [173], so daß sie sich hauptberuflich dem Handel
widmen konnten. Sie dienten der Regierung als Diplomaten [174] und Spione [175].
Gelegentlich organisierten sie für ihren Souverän militärische Feldzüge [176]. Tezozomoc sagt, daß die eigenen Brüder und Onkel des Königs *pochteca* waren [177].

Offenbar gehörten diese Großhändler zur herrschenden Klasse [178]. Aber
sie waren keine Handelsbeamten. Sie waren reiche Leute, die ihre Geschäfte
mit eigenem Kapital und wohl im wesentlichen auch auf eigene Rechnung
betrieben. Sie mochten auch für die Regierung Steuern einnehmen [179], und
dann waren sie bürokratische Kapitalisten im engeren Sinne. Aber dies war
nicht der allgemeine Brauch, denn wir wissen, daß in der Regel die Steuern
von regelrechten Beamten eingezogen wurden.

Wir haben noch weniger Grund anzunehmen, daß die mexikanischen *pochteca* und (oder) ihre Gehilfen vorwiegend im Auftrage des Herrschers und
der Tempel dem Handel obgelegen hätten, wie die sumerischen *damkar*. Wie
eng auch die Verbindung der *pochteca* mit den »Herren« in politischer und
sozialer Hinsicht gewesen sein mag, sie scheinen beruflich nicht dem Staatsapparat angehört zu haben. Diese Tatsache und die Unabhängigkeit der Handwerker veranlassen uns, das aztekische Mexiko als eine semikomplexe hydraulische Gesellschaft zu bezeichnen.

169. Für die verschiedenen Kategorien von aztekischen Handwerkern s. Sahagun,
1938, III, S. 28 ff., II, S. 385, 394; Díaz, 1944, I, S. 349; Torquemada, 1943, II, S.
486; und Motolinia, 1941, S. 243.

170. Motolinia, 1941, S. 206; Oviedo, HGNI, II, Tl 2, S. 536; Tezozomoc, 1944,
S. 105; Torquemada, 1943, II, S. 555, 559; vgl. Cortes, 1866, S. 103.

171. Anscheinend handelten sie mit Nahrungsmitteln, Tuch und Kakao in beschei-
denem Ausmaß. Ihre Kunden waren offenbar kleine Leute (Sahagun, 1938, III, S. 40,
53, 77).

172. Monzon, 1949, S. 44; Bandelier, 1878, S. 426, Anm. 98.

173. Zurita, 1941, S. 146 ff.; Monzon, 1949, S. 26.

174. Tezozomoc, 1944, S. 100, 105, 123, 148.

175. Sahagun, 1938, II, S. 356 ff.; Tezozomoc, 1944, S. 143, 156.

176. Sahagun, 1938, II, S. 341, 344 ff., 354 ff., 359.

177. Tezozomoc, 1944, S. 125.

178. Vgl. Sahagun, 1938, II, S. 102, 196.

179. Ramirez, 1944, S. 86; Tezozomoc, 1944, S. 148.

Die Stellung der Maya-Handwerker läßt sich nicht leicht bestimmen. Es steht einwandfrei fest, daß ihnen Felder zugewiesen wurden, *milpa* [180], und im Unterschied zum aztekischen Mexiko scheint diese Zuteilung nicht von halbautonomen Vorstehern der *calpulli*, sondern von regionalen Vertretern der Zentralregierung vorgenommen worden zu sein [181]. Die Gemeinfreien der Maya, die »Häuser« für ihre »Herren« bauten, dürften zum Teil Handwerker gewesen sein. Jedoch geben die Quellen darüber keine klare Auskunft, und sie versagen noch mehr, wenn wir uns ein Bild von den Werkstätten machen wollen, die die Regierung betrieb. Solche Werkstätten fehlten, wie in Mexiko, wahrscheinlich bei den Maya nicht gänzlich. Aber gleich ihren mexikanischen Berufsgenossen betrieben die Maya-Handwerker die Herstellung und den Vertrieb ihrer Waren wahrscheinlich zumeist auf eigene Rechnung [182].

Da sie nicht über eine zahlreiche agrarmanageriale Beamtenschaft verfügten, betrieben die Mayaherrscher keinen umfassenden Staatshandel. Einige »reiche Leute« gehörten der herrschenden Klasse an [183], aber es ist zweifelhaft, ob die Großkaufleute der Mayas in ihrer Gesamtheit gesellschaftlich den weltlichen und geistlichen Machthabern so nahestanden wie die *pochteca*. Nach Landa wohnten die Wohlhabenden nicht weit von den »Herren« und Priestern, aber nicht im selben Viertel [184]. Sollte die Kristallisation einer auf Eigentum beruhenden, nichtstaatlichen Kaufleuteschicht in den marginal-hydraulischen Tiefebenen Yukatans größere Fortschritte gemacht haben als im hydraulischen Kerngebiet Mexikos?

b. Indien, China, der Nahe Osten

In Indien herrschten semikomplexe Formen des hydraulischen Eigentums und der hydraulischen Gesellschaft fast während der ganzen geschichtlichen Zeiten vor. In China und im Nahen Osten wich die einfache Eigentumsordnung komplexeren Entwicklungen in verschiedenen Formen und mit verschiedenen Ergebnissen. In China erschienen semikomplexe Formen wenigstens zweimal in der Geschichte, einmal während der letzten Jahrhunderte der Tschou-Zeit und zum anderen vom Ende des 5. bis zum 8. Jahrhundert n. Chr. Im Nahen Osten herrschte eine komplexe Form des Eigentums möglicherweise nur während einer gewissen Phase der römischen Herrschaft, während vor und nach dieser Zeit das Gebiet semikomplexe Eigentums- und Gesellschaftsformen aufwies.

Zusammenfassend können wir sagen, daß eine semikomplexe hydraulische Ordnung in Indien fast seit den Anfängen der geschichtlichen Zeit bis zum

---

180. Roys, 1943, S. 46.
181. S. oben, Kap. 6.
182. S. Roys, 1943, S. 46.
183. *A. a. O.*, S. 51.
184. Landa, 1938, S. 94 ff.

19. Jahrhundert bestand, in China insgesamt etwa fünfhundert Jahre lang, und im Nahen Osten, in zwei getrennten Perioden, insgesamt zweitausend oder mehr Jahre.

c. Byzanz und Rußland

In der byzantinischen Gesellschaft war an privaten Handwerkern und Kaufleuten kein Mangel. Der byzantinische Handel war umfassend, und er blühte bis zum Anfang des 1. Jahrtausends [185]. Aber die byzantinischen Handwerker und Kaufleute besaßen nicht mehr die Handlungsfreiheit, deren sich ihre Vorgänger in den Griechenstädten Westasiens und in Rom bis zum Siege des bürokratischen Absolutismus erfreut hatten. Administrative und fiskalische Freiheitsbeschränkungen lasteten schwer auf den byzantinischen Gewerbetreibenden und Händlern bis zum 11. Jahrhundert [186] und zwangen ihnen eine eigenartig verkrüppelte Spielart einer semikomplexen hydraulischen Eigentumsordnung auf.

Im nachmongolischen Rußland entwickelte sich das Privateigentum an Land ungleichmäßig und', soweit die Bauern in Betracht kommen, sehr spät. Das beruflich freie Handwerk erholte sich, wenn auch langsam, von dem Rückschlag, den es unter dem Tatarenjoch erlitten hatte. Der Handel bot denjenigen, die ihn überwachten, weit bessere Chancen, und die Herren des moskowitischen Apparatstaates legten Wert darauf, ihn zu monopolisieren. Sie taten das entweder unmittelbar durch Handelsbeamte oder mittelbar durch Handelsagenten. Im Bereich des Binnenhandels kauften Regierungsfunktionäre zuerst Wachs, Honig und andere Waren, die sie zu willkürlich niedrig angesetzten Preisen übernahmen und an ihre eigenen und ausländische Kaufleute mit einem übermäßigen Profit verkauften. »Wenn sie sich weigern, sie zu kaufen, werden sie dazu gezwungen.« [187] Die Regierung verkaufte auch Güter, die sie als Naturalsteuer oder Tributleistungen erhalten hatte, und offenbar mit derselben Rücksichtslosigkeit dem Käufer gegenüber, denn derartige Waren wurden »den Kaufleuten aufgezwungen zu Preisen, die der Kaiser bestimmte, ob sie es wollten oder nicht« [188].

Auch die ausländischen Kaufleute hatten sich den Regierungsmaßnahmen zu beugen. Bei der Einreise in Rußland mußten sie alle Waren den Beamten vorlegen, die ihnen einen Preis gaben [189]; und es war ihnen nicht erlaubt, mit Privatpersonen Geschäfte zu machen, ehe der Zar Gelegenheit gehabt hatte, zu kaufen, was er wollte [190].

185. Bréhier, 1950, S. 183 ff., 201 ff.
186. Stöckle, 1911, S. 11, 16, und *passim;* Bréhier, 1950, S. 182 ff., 221.
187. Fletcher, 1856, S. 57.
188. Für die Regierung war der quasimonopolistische Handel in Pelzen, Getreide und Holz eine besonders einträgliche Einkommensquelle (*a. a.* O., S. 57 ff.).
189. Herberstein, NR, I, S. 111; vgl. Staden, 1930, S. 11 ff.
190. Herberstein, NR, I, S. 111.

Aber der moskowitische Staat war außerstande, den Güterumsatz im großen Maßstabe selbst zu handhaben, wie das die Regierungen des pharaonischen Ägyptens und Inka-Perus taten. Der Zar bediente sich ausgiebig reicher Kaufleute, insbesondere der sogenannten »Gäste« (gosti). Diese bürokratischen Kapitalisten, die Steuern und Zölle für die Regierung einnahmen [191], betätigten sich in der Regel als »des Zaren Kommerzienräte und Faktoren« [192].

Außerhalb des Bereichs des eigentlichen Regierungshandels wurden kommerzielle Geschäfte u. a. von den pomeščiki unternommen. Diese Inhaber von Dienstland verkauften ihr überschüssiges Getreide und sonstige marktfähige Güter für eigene Rechnung [193]; sie bildeten somit eine Gruppe bürokratischer Kapitalisten sui generis. Die Klöster, die dem Staat zugeordnet und ihm unterworfen waren, betrieben ebenfalls Handelsgeschäfte, nicht selten in großem Maßstabe [194].

All dies ließ dem beruflichen und unabhängigen Handel wenig Spielraum. Die gosti und eine kleine Zahl anderer bevorrechteter Kaufleute beherrschten einen großen Teil des Marktes [195]; sie sahen darauf, daß »nirgends keinem [sic] Handel zugelassen werden möge« [196]. So erschien es jedenfalls den gewöhnlichen Kaufleuten, die eine entschieden untergeordnete Rolle spielten und die gosti tödlich haßten [197].

Die privilegierten Kaufleute der moskowitischen Periode konnten große Reichtümer ansammeln, aber weder ihr Besitz noch ihre halbamtliche Stellung schützte sie vor konfiskatorischen Maßnahmen seitens ihrer despotischen Herren. Fletcher erzählt die Geschichte dreier Brüder, die mit ungewöhnlichem Eifer und Wagemut ein blühendes Geschäft aufgebaut hatten, das ihnen »300 000 Rubel an Geld einbrachte, abgesehen von Ländereien, Vieh und anderen Dingen«. Diesen Anfangserfolg erklärt Fletcher zum Teil damit, daß die drei Brüder über tausend Meilen von Moskau entfernt lebten. Eine Zeitlang standen sie sich gut mit den Machthabern, die ihnen die Verwaltung gewisser Zölle längs der sibirischen Grenze anvertrauten. Der Zar war »es zufrieden, sich ihres Geldbeutels zu bedienen, bis sie in Sibirien festen Fuß gefaßt hatten«. Dann aber nahm ihnen die Regierung ihr Vermögen weg, »stückweise, mitunter 20 000 Rubel auf einmal, mitunter mehr; bis schließlich ihre jetzt lebenden Abkömmlinge ihren Reichtum losgeworden sind und nur noch einen kleinen Teil des väterlichen Besitzes übrighaben, da alles andere ins kaiserliche Schatzamt gewandert ist« [198].

191. Kulischer, 1925, S. 349 f.
192. Kilburger, zitiert von Kulischer, 1925, S. 350; Lyashchenko, 1949, S. 224 ff.
193. Kulischer, 1925, S. 343 f.; Mavor, 1925, I, S. 118 ff.
194. Kulischer, 1925, S. 344 ff.
195. A. a. O, S. 349 ff.; Lyashchenko, 1949, S. 224 ff.
196. Kilburger, zitiert von Kulischer, 1925, S. 350.
197. A. a. O.
198. Fletcher, 1856, S. 62 ff.

Dem Privateigentum und dem auf Privatbesitz gegründeten Unternehmen wurde durch diese rücksichtslose Politik unermeßlicher Schaden zugefügt. Fletcher berichtet darüber wie folgt:

Die starke Unterdrückung der armen Gemeinfreien bewirkt, daß diese nicht den Mut aufbringen, ihrem Berufe mit Fleiß nachzugehen. Denn je mehr sie haben, um so mehr laufen sie Gefahr, nicht nur für ihre Güter, sondern auch für ihr Leben. Und wenn sie etwas haben, so verbergen sie es tunlichst; manchmal bringen sie es in Klöstern unter, manchmal verstecken sie es im Boden und in den Wäldern, wie es Leute zu tun pflegen, die sich vor einem feindlichen Einfall fürchten ... Ich habe sie zuweilen gesehen, wenn sie ihre Waren denen, die sie wollten, vorlegten ... sie sahen hinter sich und nach jeder Tür wie Leute, die fürchten, daß sie von einem Feinde überfallen und überrascht werden.[199]

Unter solchen Bedingungen zogen die meisten Gemeinen den unmittelbaren Genuß der Planung auf lange Sicht vor: »Dies ist der Grund, daß das Volk (obgleich es sonst abgehärtet ist, jede Mühe zu ertragen) viel dem Müßiggang und Trunk ergeben ist, als sollte es nicht weiter gehen als von der Hand in den Mund.«[200] Dies ist ein ungewöhnlich anschauliches und niederdrückendes Bild des beweglichen Privateigentums unter den Bedingungen einer verkrüppelten semikomplexen orientalischen Gesellschaft.

2. WIE MÄCHTIG KONNTEN DIE REPRÄSENTANTEN DES BEWEGLICHEN UND AKTIVEN PRIVATEIGENTUMS IN SEMIKOMPLEXEN HYDRAULISCHEN GESELLSCHAFTEN WERDEN?

Wieviel Macht können die potentiell reichsten Repräsentanten des beweglichen Eigentums, die Großkaufleute, in semikomplexen hydraulischen Gesellschaften ausüben? Sind sie je in der Lage, eine absolutistische Regierung zu beherrschen oder zu übernehmen? Natürlich können unter gewissen Voraussetzungen reiche Kaufleute absolutistische Regierungen kontrollieren; und dies mag sogar in Gemeinwesen geschehen, die Elemente hydraulischer Staatspolitik enthalten; aber nur Elemente. Solange es solchen Regierungen nicht gelingt, das Privateigentum gesetzlich und wirtschaftlich schwach zu halten, werden sich Besitz und politische Macht nach den Regeln der (submarginalen) Außenzone der hydraulischen Welt entwickeln. Dies ist stets der Fall, wo die Interessen des Privateigentums die Gesellschaft beherrschen, selbst wenn große hydraulische Unternehmen und quasi-orientalische Methoden politischer Kontrolle erscheinen. Der Stadtstaat Venedig baute gewaltige schützende Wasserwerke, aber Venedig blieb eine nichthydraulische aristokratische Republik, in

199. A. a. O., S. 61.
200. A. a. O., S. 62

der das große kommerzielle Eigentum ein Höchstmaß an Kraft und Sicherheit erreichte.

Die karthagische Gesellschaft des 4. und 3. Jahrhunderts v. Chr. besaß eine Reihe orientalischer Institutionen. Die Karthager waren zweifellos mit der Bewässerungslandwirtschaft vertraut [201]. Ihre Regierung war stark genug, die libyschen Bauern des agrarischen Hinterlandes zu besteuern [202]. Zum Mißfallen ihrer römischen Feinde vollführten sie den symbolischen Akt totaler Unterwerfung, die Prostration, nicht nur vor ihren Göttern, »wie es bei anderen Menschen Sitte ist«, sondern auch vor ihren Mitmenschen [203]. Aber wie wir in Japan gesehen haben, können Bewässerungstechnik und Prostration auch am Außenrande der hydraulischen Welt vorkommen; und in Karthago standen die Handelsinteressen offenbar an erster Stelle [204], und Privateigentum war der Schlüssel, der die Tür zu hohen politischen Ämtern erschloß [205]. Auf Grund unserer gegenwärtigen Kenntnisse dürfen wir deshalb sagen, daß zumindest zur Zeit des Aristoteles die reichen Kaufleute vermutlich die karthagische Gesellschaft beherrschten und daß ähnliche submarginale Staatsgebilde aller Wahrscheinlichkeit nach auch in anderen Ländern entstanden, insbesondere – aber nicht notwendigerweise nur – am geographischen Rande der hydraulischen Welt.

In unabhängigen Gemeinwesen, die auf Handel beruhen, können reiche Kaufleute – die zugleich große Landeigentümer sein mögen – sozial und politisch eine hervorragende Stellung einnehmen. Dies muß zugegeben werden, aber es beantwortet nicht die Frage, die wir hiermit stellen: Wieviel Macht können die Repräsentanten unabhängigen kommerziellen Eigentums in semikomplexen orientalischen Gesellschaften ausüben?

a. Verschiedenartige Entwicklungen

In einer semikomplexen Eigentumsordnung ist die Masse des anbaufähigen Bodens nicht Privateigentum; die Großkaufleute müssen daher ihre gesellschaftliche Kraft hauptsächlich auf ihr bewegliches Eigentum stützen. In einigen Fällen war das Gesamteigentum der Kaufleute eines hydraulischen Lan-

201. Gsell, HA, I, S. 98.

202. Gsell nimmt an, daß die Regierung durchweg 25 Prozent der Ernte als Steuer verlangte. Nach Polybius (1. 72. 2) wurden im Notfall sogar 50 Prozent eingetrieben (Gsell, HA, II, S. 303).

203. Polybius, 15. 1. 6 f.

204. Meyer (GA, III, S. 644) nennt die karthagische Regierung eine Handelsautokratie.

205. Aristoteles (*Politik*, 2. 11. 1273a) stellte fest, daß in Karthago die höchsten Ämter käuflich waren. Er betrachtete dies als schlecht. »Denn diese Einrichtung gibt dem Reichtum ein höheres Ansehen als der Tüchtigkeit.« Für eine weitere Erörterung dieser Punkte s. Gsell, HA, II, S. 235 ff.

des enorm; aber sogar unter solchen zweckrationalen Despoten, wie es die Könige Babyloniens waren, unterlag das kommerzielle Eigentum im allgemeinen einem zerstückelnden Erbrecht, einer umfassenden Besteuerung und – auf dem Gebiete des Transportwesens – nicht selten auch staatlichen Vorschriften über die Mietpreise von Ochsen, Wagen und Fuhrleuten [206]. Wir haben bereits früher erklärt, und wir müssen es der Wichtigkeit der Sache wegen wiederholen: Die Inhaber aktiven beweglichen Eigentums konnten sich unter Umständen zu Zünften zusammenschließen, und oft zwang sie der Staat, dies zu tun; aber weder die Händler noch die Handwerkerzünfte konnten sich in unabhängigen politischen Organisationen auf lokaler oder nationaler Ebene vereinigen.

Die Gentlemen-Händler des aztekischen Mexikos scheinen mit ihrer Rolle als kommerzielle Anhängsel der weltlichen und geistlichen Herrscher zufrieden gewesen zu sein, und nichts deutet darauf hin, daß sie es versuchten, die mexikanische Gesellschaft zu beherrschen. Die »reichen« Maya, die nicht in den Wohnvierteln der Herren des Staates, sondern daneben lebten, betätigten sich am Außenrande des Machtstaates. Gemeinfreie, »anscheinend Männer von Reichtum oder Einfluß«, konnten sich mitunter »in politische Positionen einschleichen, die oberhalb ihres gesellschaftlichen Ranges waren«, aber »die offizielle Hierarchie wurde von Zeit zu Zeit von den Eindringlingen und Emporkömmlingen gesäubert, die mit dem geheimen Wissen der Oberklasse nicht vertraut waren«[207].

In der Alten Welt unterschieden sich die marginal-hydraulischen Gesellschaften von Byzanz und Rußland sehr von der Mayagesellschaft, aber auch ihre privaten Händler vermochten es nicht, eine politische Machtstellung zu gewinnen. In Byzanz waren die Kaufleute, auch wenn sie persönlich sehr reich waren, bis zum 11. Jahrhundert politischen und sozialen Beschränkungen unterworfen. Während der Endphasen der byzantinischen Geschichte waren die Privateigentümer, denen es gelang, den absolutistischen Apparat zu lähmen, nicht Kaufleute oder Handwerker, sondern Großgrundbesitzer.

Im moskowitischen Rußland waren die Händler nicht viel mehr als wirtschaftlich nützliche Haustiere. Auch die Großkaufleute in China errangen keine politische Führerstellung, als am Ende der Tschou-Zeit und um die Mitte des ersten Jahrtausends n. Chr. eine semikomplexe Eigentumsordnung bestand.

b. Hindu-Indien

Die vergleichbaren Entwicklungen in der Frühgeschichte Indiens sind besonders aufschlußreich, weil die arischen Eroberer, trotz ihrer Vertrautheit mit der

---

206. Hammurabi, § 271; vgl. Meissner, BA, I, S. 153, 361, 163, 230 ff.
207. Roys, 1943, S. 34.

Bedeutung von Bewässerungskanälen [208], großen Wert auf Viehreichtum, Handel und Händler legten. Die Wedas sprechen von den Kaufleuten mit großer Hochachtung [209]. In einer Hymne im *Atharva-Veda-Samhita* beten Kaufleute zum Gotte Indra als »dem Kaufmann *par excellence*« [210]. Die großen Epen, die sehr viel später entstanden [211], bestätigen die verhältnismäßig hohe und einflußreiche Stellung der wedischen Kaufleute in »dem arischen Staate«, wie Hopkins die von den Eroberern geschaffenen politischen Gebilde genannt hat [212]. Sie lassen jedoch keinen Zweifel daran, daß »zum Unterschied vom Adel und von den Priestern« die Kaufleute zusammen mit den arischen Bauern zum »Volke« gerechnet werden [213]. Wie hoch auch in vorhistorischen Zeiten der Rang der arischen Gemeinfreien, der Vaisyas, gewesen sein mag, in der wedischen Periode wurden sie »von den Fürsten unterdrückt«. Es war in dieser Periode – oder noch später in der darauffolgenden buddhistischen Zeit [214] –, daß Berufsverbände von Händlern auf der Bildfläche erschienen [215].

Natürlich bedeutet das Aufkommen solcher Körperschaften nicht, daß sie politisch unabhängig waren. In einfachen hydraulischen Gesellschaften – und oft auch unter komplexeren Verhältnissen – sind solche Berufsverbände nützliche Werkzeuge der Regierung. Die Epen bekunden das Interesse, das der König an den Kaufleuten nahm, insbesondere in Kriegs- und Krisenzeiten; aber der politische Hauptwert der Kaufleute beruhte wohl auf der Tatsache, daß sie in feindlichen Ländern als Verschwörer tätig sein konnten [216].

Es ist sicher, daß Handel und Händler in der buddhistischen Zeit florierten; es ist ebenfalls sicher, daß die *setthi*, an die Regierung gebundene Hauptkaufleute, gesellschaftlich eine hohe Stellung einnahmen. Dies rechtfertigt aber nicht die Behauptung, daß die Kaufleute als solche es vermocht hätten, in den größeren Zentren des hinduistischen Indiens die politischen Entscheidungen ihrer Regierungen regelrecht und augenfällig zu beeinflussen oder zu beherrschen.

Diese Regierungen waren nicht notwendigerweise Monarchien. Im Heimatlande des Buddhismus, Nordostindien, gab es mehrere Republiken, in denen

208. Grassman, RV, I, S. 341; Whitney, 1905, S. 899; vgl. Keith, 1922, S. 100; und Banerjee, 1925, S. 115.

209. Grassman, RV, I, S. 197; II, S. 113; vgl. Banerjee, 1925, S. 155. Weniger geachtet, aber nicht minder wohlhabend, war der *pani*, ein Geschäftsmann, der sich durch Handel oder Wucher bereicherte (Banerjee, 1925, S. 156).

210. *A. a. O.*, S. 155; vgl. Whitney, 1905, S. 111.

211. Hopkins, 1922, S. 258 ff.

212. *A. a. O.*, S. 267.

213. *A. a. O.*

214. Fick, 1920, S. 277.

215. Banerjee, 1925, S. 192.

216. Hopkins, 1902, S. 173.

der Herrscher die öffentlichen Angelegenheiten in Ratsversammlungen erörterte, die gut besucht und häufig einberufen wurden [217]. Aber die Kaufleute nahmen an diesen Versammlungen nicht teil. Das wenige, das wir über acht von den zehn Republiken wissen, die T. W. Rhys-Davids aufzählt [218], zeigt, daß in allen die Angehörigen der Kriegerkaste, die Kshatriyas, das Ruder führten [219]. Buddha betrachtete ihre Ratsversammlungen als eine alte Einrichtung [220]; und es ist durchaus möglich, daß die Formen der arischen Gesellschaft [221] sich etwas länger im nordöstlichen Gebiet erhielten, wo hydraulische Unternehmungen trotz ihres großen materiellen Nutzens nicht dieselbe überragende wirtschaftliche Bedeutung hatten wie in den trockneren westlichen Teilen der nordindischen Ebenen [222]. Bewässerungsagrikultur und hydraulische Unternehmungen fehlten jedoch im Nordosten keineswegs [223]; und die aristokratischen Republiken entwickelten sich offenkundig auf eine monarchische Machtordnung hin [224], die schon in Buddhas Zeit [225] weit verbreitet war, und die sich nach einer Übergangsperiode von Unruhen und Eroberungen in allen Kerngebieten der arischen Kultur durchsetzte [226].

In der rastlosen und im Wandel begriffenen indischen Gesellschaft dieser wichtigen Periode machten viele Regierungen von den Diensten eines *setthi* Gebrauch. Der *setthi* war augenscheinlich ein bemittelter Mann [227], der oft dem Herrscher mit Rat und Tat in wirtschaftlichen Angelegenheiten zur Seite stand [228]. Seine Stellung war nicht die eines Beamten [229], aber sie war

217. *Buddhist Suttas*, S. 3.
218. Rhys-Davids, 1922, S. 175.
219. A. a. O., S. 178; Law, 1923, *passim; ders.,* 1941, S. 163 ff.; *Buddhist Suttas,* S. 131.
220. *Buddhist Suttas,* S. 3.
221. Für die ursprüngliche führende Rolle einer Kriegeraristokratie s. Hopkins, 1888, S. 73; Keith, 1922, S. 98.
222. Vgl. Stamp, 1938, S. 299 ff. Oldenburg (1915, S. 284) bedauert, daß die wissenschaftlichen Arbeiten über das wedische und buddhistische Indien den Unterschied zwischen der massiven brahmanischen Entwicklung im Westen und der größeren Zugänglichkeit des Ostens für die antibrahmanische Bewegung des Buddhismus nicht genügend beachtet haben.
223. *Jātakam,* I, S. 155; III, S. 317; IV, S. 195; V, S. 35 und insbesondere S. 441 ff.
224. Fick, 1920, S. 137 ff.; Rhys-Davids, 1950, S. 13, 16; Law, 1923, S. 116, 138 ff., 172 ff., 180, 196, 202.
225. Für den despotischen Charakter dieser indischen Monarchien s. Law, 1941, S. 169 ff.; vgl. Fick, 1920, S. 105 ff.
226. Rhys-Davids, 1950, S. 1; *ders.,* 1922, S. 190 ff.; Law, 1941, S. 119–138.
227. S. *Jātakam,* I, S. 65, 79; II, S. 378 ff.; III, S. 66, 144, 321 ff.; IV, S. 1; V, S. 185, 210, und *passim;* vgl. C.A.F. Rhys-Davids, 1922, S. 207.
228. Fick, 1920, S. 258 ff.; vgl. *Jātakam,* I, S. 336, 342 ff.; II, S. 59, 74; III, S. 134, 322; IV, S. 74; V, S. 414 und *passim.*
229. Fick, 1920, S. 257 ff.

angesehen und erblich [230]; im Falle des Freiwerdens einer Stelle wurde sie vom König neu besetzt [231].

Das Wort *setthi* bedeutet »der Beste, der Vorsteher« [232]. Offenbar war er ein »Vertreter der Kaufmannsgemeinde« [233], aber wir müssen nachdrücklich darauf hinweisen, daß er kein verfassungsmäßig bestellter Wortführer einer organisierten Kaufmannsmacht war. Er scheint sich auch nicht regelmäßig – oder vorwiegend – mit Zunftangelegenheiten befaßt zu haben. Sein Titel bedeutet vielleicht »Führerschaft über einen Zweig des Gewerbes oder Handels« [234]; ein berühmter *setthi*, der in den *Jātakam*-Erzählungen erwähnt wird, hatte offenbar »eine gewisse Autorität über seine Mitkaufleute« [235]. Aber diese Autorität, soweit sie wirklich bestand, wurzelte in einer Körperschaft, deren organisatorische Wirksamkeit nicht klar gekennzeichnet ist. Im buddhistischen und nachbuddhistischen Indien gab es gewiß Händlerverbände, aber C. A. F. Rhys-Davids warnt uns, die berufliche Organisation der Kaufleute zu überschätzen [236]. Sie bemerkt: »Es gibt ... bis jetzt keine einzige Stelle in den frühbuddhistischen Texten, die auf eine korporative Organisation von der Art einer Zunft oder eines Hansebundes hinweist.« [237]

All dies schließt eine politische Vormachtstellung der Kaufleute in gewissen orientalisch-submarginalen Städten oder Stadtstaaten des klassischen Indiens nicht aus; aber es macht es notwendig, die Quellen, die als Beweis einer solchen Vormachtstellung angeführt werden, aufs sorgfältigste zu prüfen.

Hopkins, der bekannte Sanskritist, zitiert eine nepalesische Legende aus dem 3. oder 4. Jahrhundert n. Chr., die – wie er behauptet – besonders wertvolle Daten über die politische Macht einer Kaufleutezunft enthält [238]. Diese Legende zeigt seiner Meinung nach, »daß Thana von einer starken Kaufleutezunft regiert wurde« [239]. Bei Nachprüfung des *Bombay Gazetteer*, den Hopkins zitierte [240], finden wir eine viel weniger weitgehende Feststellung: »Eine starke Kaufleutezunft beherrschte den *Handel der Stadt*.« [241] Die Stadt,

230. S. *Jātakam*, I, S. 178, 203; II, S. 268, 491; III, S. 523 ff.; IV, S. 80 und *passim*.

231. S. *Jātakam*, I, S. 436, 438.

232. C. A. F. Rhys-Davids, 1922, S. 207.

233. Fick, 1920, S. 260; vgl. *Jātakam*, V, S. 412 ff.; VI, S. 391 ff.; VII, S. 224.

234. C. A. F. Rhys-Davids, 1922, S. 207.

235. *A. a. O.*

236. *A. a. O.*, S. 211.

237. *A. a. O.*, S. 210 ff.

238. »Die neuere und neueste Literatur enthält häufige Hinweise auf solche Körperschaften, aber es gibt keine gründliche Arbeit über sie« (Hopkins, 1902, S. 175).

239. *A. a. O.*

240. *A. a. O.*, S. 175, Anm. 2.

241. GBP, 1882, S. 406 (Hervorhebung vom Autor).

von der die Legende spricht, ist Sopara, einer von mehreren Orten an der Küste von Thana [242], südlich vom heutigen Bombay. Wenn wir die Legende selbst nachlesen, dann sehen wir, daß die fraglichen Kaufleute weder die Regierung noch den Handel der Stadt beherrschten. Ein einziger mächtiger Außenseiter setzte sich durch gegen die »fünfhundert« Kaufleute, die den Markt zu monopolisieren suchten; und er tat dies, nachdem beide Parteien vor den König gerufen waren, der offenbar der unbestrittene Herrscher der Stadt und der Kaufleute war [243].

Die indische Entwicklung ist in mehrfacher Beziehung aufschlußreich. Die Kshatriya-Republiken zeigen, daß hydraulische Staaten nicht unbedingt monarchisch sein müssen; ihre Endentwicklung zeigt jedoch die Tendenz zu einer Konzentration der Macht, die derartigen Regierungen innewohnt. Das Schicksal der Kaufleute ist ebenfalls bemerkenswert. Während der Entstehungszeit der arischen Eroberergesellschaft genossen die Händler ein beträchtliches soziales Ansehen. Hinterher aber verschlechterte sich ihre Stellung, und dies obgleich sie straff organisiert waren.

c. Altmesopotamien

Waren die Kaufleute erfolgreicher in der westasiatischen Geburtsstätte des orientalischen Handels, im alten Untermesopotamien? Sumerische Legenden sprechen von Ältesten und konventartigen Zusammenkünften, die der sagenhafte König Gilgamesch um Rat anging, bevor er seine Entschlüsse faßte [244]. Was bedeuten diese Legenden? Boas hat überzeugend dargelegt, daß Mythen erdichtete und wahre Elemente enthalten und daß die realistischen Züge übertrieben und in Dichtung umgewandelt werden können [245]. Es mag sehr wohl frühsumerische beratende Versammlungen gegeben haben, die den Kriegerversammlungen der arischen Eroberrepubliken ähnelten. Kramer nimmt an, daß das vorhistorische Sumer in seiner Entstehungszeit eine Militäraristokratie war [246]. Aber was immer der institutionelle Charakter dieser legendären Versammlungen gewesen sein mag, in geschichtlichen Zeiten übten sie in keinem sumerischen Stadtstaat die Herrschaft aus. Jacobsen sagt darüber: »Die politische Entwicklung in der frühgeschichtlichen Zeit scheint im Banne einer einzigen leitenden Idee zu stehen: Konzentration der politischen Macht in möglichst wenige Hände.« [247] In jedem altmesopotamischen Stadtstaat »vereinte ein einziger Mann, der Herrscher, in seiner Person die wichtigsten poli-

242. A. a. O., S. 405.
243. S. Burnouf, 1876, S. 220.
244. Speiser, 1942, S. 60; Jacobsen, 1943, S. 165 ff.; Kramer, 1950, S. 45 ff.
245. Boas, 1938, S. 610; vgl. Wittfogel und Goldfrank, 1943, S. 17.
246. Kramer, 1948, S. 156 ff.
247. Jacobsen, 1943, S. 159 ff.

tischen Gewalten, die gesetzgebende, die richterliche und die ausführende«[248]. Und überall übte der König das despotische Regime mittels einer wirksamen weltlichen und priesterlichen Bürokratie aus. Nach Kramer waren »die Hof- und Tempelverwalter und Intellektuellen« der neue Kern der »herrschenden Kaste«[249].

Bezeichnenderweise gibt es so gut wie keine Spuren von beratenden Versammlungen in der einfachen hydraulischen Gesellschaft des historischen Sumer. In Babylonien lagen die Dinge anders. Babylonische Inschriften sprechen von Versammlungen, Ältesten und – im gleichen Zusammenhang – von Kaufleuten. Sollte das Anwachsen des babylonischen Handels auch die Macht seiner Repräsentanten, der Großkaufleute, gesteigert haben?

Die möglichen Dimensionen und Schranken der Kaufmannsmacht erhellen aus dem Beispiel der assyrischen Handelskolonien, die im ersten Teil des 2. Jahrtausends v. Chr. in Kappadozien blühten. Diese assyrischen Kolonien entstanden in einem Gebiet, in dem es eine Anzahl territoriale Regierungen, aber keine zusammenfassende einheimische Macht gab[250].

Die assyrischen Kaufleute, die sich weit nördlich von ihrem Heimatlande in Kappadozien ansiedelten, wohnten »nicht auf dem eigentlichen Stadthügel, sondern abseits davon«; der »innerhalb des schützenden Mauerringes« gelegene Stadtteil war der einheimischen Bevölkerung und dem Herrscherpalast vorbehalten[251]. Überdies hatten die örtlichen Behörden[252] die Aufgabe, die Waren der Kaufleute im Palast, der als Durchgangsstation fungierte, zu inspizieren und von ihnen Zölle zu erheben; »der Palast« besaß ferner offenbar »ein Vorkaufsrecht«[253]. Das Vorhandensein solcher örtlicher Behörden bedeutete nicht, daß die Kolonien von der assyrischen Metropole unabhängig gewesen wären. Assur hatte das letzte Wort in Gerichtssachen und besaß die Macht, Steuern aufzuerlegen[254]: »Die Behörden von Assur und letztlich der König« waren also »die Vorgesetzten der assyrischen Behörden der Handelsplätze.«[255]

Innerhalb dieser Grenzen übte der *kārum*, die »Handelskommune«, in der »die assyrische Kaufmannschaft in den kleinasiatischen Städten... organisiert« war, »die Gerichtsbarkeit über alle Angehörigen der Kolonie aus«[256], und diese Körperschaft behandelte auch andere Fragen der Gemeinde[257]. Of-

248. *A. a. O.*, S. 160.
249. Kramer, 1948, S. 162.
250. Götze, 1933, S. 67.
251. *A. a. O.*, S. 67, 71.
252. Landsberger, 1925, S. 10, 23.
253. Götze, 1933, S. 71 und Anmerkungen 18–20.
254. Landsberger, 1925, S. 9.
255. Götze, 1933, S. 70 und Anmerkungen 22–25.
256. Jacobsen, 1943, S. 161; vgl. Götze, 1933, S. 70.
257. Landsberger, 1925, S. 9.

fenbar erfreuten sich die Angehörigen dieser assyrischen Handelskolonien einer größeren Autonomie als die Kaufleute im eigentlichen Assyrien oder in Sumer und – nach dem Ende der sumerischen Periode – in Babylonien; aber sie errangen nicht die Herrschaft in den kappadozischen Städten, noch brachten sie es in ihren eigenen Wohnbezirken zur politischen Unabhängigkeit.

Der babylonische Absolutismus wurzelte, ebenso wie der sumerische, in einer kompakten agrarmanagerialen Wirtschaft; und Privateigentum spielte wahrscheinlich eine sekundäre Rolle in der Landwirtschaft wie im Handel[258]. Kein ernsthafter Sozialhistoriker hat je behauptet, daß die Kaufleute mittels der Ratsversammlungen die babylonische Regierung kontrolliert hätten. Der König und seine Leute beherrschten die Verwaltung, das Heer und das Steuerwesen. Der König war auch der Gesetzgeber. Überdies hielten er und seine Leute die entscheidenden Posten im Gerichtswesen besetzt. »Richter des Königs« sprachen Recht als Diener des Königs und in Übereinstimmung mit der »Rechtspraxis des Königs«[259]. Die königlichen Richter, die häufig administrative, militärische und richterliche Funktionen vereinten[260], stützten sich freilich bei der Behandlung lokaler Fragen großenteils auf die lokalen Versammlungen. Diese befaßten sich hauptsächlich mit gerichtlichen Angelegenheiten[261]. Sie bildeten unter der Aufsicht des Königs »eine Art Geschworenengericht für Zivilprozesse«[262].

An diesen Versammlungen nahmen »Älteste«, »Standespersonen«, »Kaufleute« (unter einem Oberkaufmann) und »Männer der Pforte« teil[263]. Cuq

258. Wahrscheinlich. Die Gründe für den zweiten Teil unserer Annahme haben wir bereits erörtert; diejenigen für den ersten Teil werden wir weiter unten auseinandersetzen, wenn wir die Ausdehnung des privaten Landeigentums behandeln. Dr. Isaac Mendelsohn hat mir mitgeteilt, daß sein Studium der Inschriften ihn zu der Annahme führt, daß in beiden Wirtschaftszweigen Babyloniens das Privateigentum an Umfang das vereinigte Eigentum des Staates und der Tempel übertraf. Dies ist zweifellos eine Tatsachenfrage, die die Kenner der babylonischen Geschichte entscheiden müssen, und unsere versuchsweise unternommene Klassifizierung der babylonischen Gesellschaft steht daher jeder Berichtigung offen, die die zukünftige Forschung naheliegen mag. Aber die hypothetische Annahme, daß der Privateigentumssektor größer war als derjenige des Staats- und Tempeleigentums, nötigt uns nicht, unsere Annahme der untergeordneten politischen Stellung der babylonischen Kaufleute aufzugeben. In derselben persönlichen Mitteilung lehnte Dr. Mendelsohn es ab, die babylonische Gesellschaft als demokratisch anzusehen.

259. Jacobsen, 1943, S. 162; vgl. Walther, 1917, S. 12 ff.; und Cuq, 1929, S. 354 ff.

260. Vgl. speziell Walther, 1917, S. 22 ff.

261. Jacobsen, 1943, S. 164 ff.

262. Cuq, 1929, S. 361. Gelegentlich befaßten sie sich auch mit politischen Verbrechen, aber in dem von Jacobsen angeführten Falle handelte es sich nicht um strafbare Taten, sondern nur um Worte: »aufrührerische Äußerungen« (Jacobsen, 1943, S. 164).

263. Cuq, 1929, S. 358.

zufolge bezeichnen diese Worte Sondergruppen, die entweder getrennt oder zusammen mit anderen tätig waren[264]. Für unseren Zweck ist es unerheblich, ob Cuqs Deutung richtig ist oder nicht, und was immer die Ausdrücke »Älteste«, »Standespersonen« und »Männer der Pforte« bedeuten, so genügt es uns zu wissen, daß die Versammlungen vor allem juristische Einrichtungen waren, und daß sie Kaufleute mit einem *akil tamqari* an der Spitze einschlossen.

In Frühbabylonien scheint der *akil tamqari* der Vorsteher des Handels- oder Finanzamtes und in dieser Eigenschaft das Haupt der fiskalischen Bürokratie gewesen zu sein[265]. Ihm unterstanden die gewöhnlichen Kaufleute, die Handelsexpeditionen unternahmen, »bisweilen ausschließlich im Interesse der Krone«[266]. Somit war er ein hervorragender Beamter, durch den das absolutistische Regime die Kaufleute des Landes kontrollierte.

Gelegentlich erörterte eine Versammlung Fragen, die eine ganze Stadt betrafen; und die ihr angehörenden Kaufleute müssen demnach an der Behandlung wichtiger lokaler Angelegenheiten teilgenommen haben. Da jedoch der Versammlung ein königlicher Gouverneur oder Stadtpräfekt vorstand und da sie hauptsächlich ein Geschworenengericht für Zivilsachen war, beherrschte sie sicherlich nicht die städtische Regierung; und die Kaufleute, die dem *akil tamqari* unterstanden, waren nicht einmal in ihrem eigenen Berufsbereich, dem Handel, autonom.

d. Schlußfolgerungen

Die Lehren, die sich aus all diesen Tatsachen ergeben, sind offenkundig. Mächtige Gruppen reicher Kaufleute beherrschen zuweilen die Regierung ihrer Gemeinwesen; und solche Regierungen mögen sogar wesentliche hydraulische Funktionen erfüllen. Aber soviel wir wissen, ist es in hydraulischen Gesellschaften nirgends zu einer Herrschaft der Kaufleute gekommen. Die großen Kaufleute Venedigs operierten in einem gesellschaftlichen Rahmen, in dem die hydraulischen Institutionen eine submarginale Bedeutung hatten. Und Karthago, das sicher hydraulischer war als Venedig, dürfte entweder vom Anfang an oder in seiner späteren Entwicklung der Außenzone der hydraulischen Welt angehört haben.

Handelsgemeinden wie Karthago und Venedig gediehen in beträchtlicher Zahl am geographischen Rande der hydraulischen Gesellschaft; und es ist

264. A. a. O.
265. Vgl. Krückmann, 1932, S. 446; und Walther, 1917, S. 74, 75 ff.
266. Krückmann, 1932, S. 446. War der Oberkaufmann des Königs, der *rab tamqar ša šarri*, der in den neubabylonischen Inschriften erwähnt wird, der Nachfolger des *akil tamqari*? Ebeling (1932, S. 454) nennt ihn einen hohen Beamten, von dessen Tätigkeit wir nicht mehr wissen als wir aus seinem Namen schließen können. Danach betrieb er »höchstwahrscheinlich Handels- und Geldgeschäfte für den König«.

durchaus möglich, daß solche Gemeinwesen auch als unabhängige heterogene Enklaven in gewissen Binnenzonen der hydraulischen Welt vorkamen. Wir verwerfen daher nicht unbedingt Max Webers Annahme, daß unabhängige Handelsgemeinden im buddhistischen Indien geblüht haben mögen [267]. Aber seine Belege sind nicht beweiskräftig; und in einigen Fällen ergibt die Nachprüfung der Quellen, daß die Kaufleute weit davon entfernt waren, eine politisch vorherrschende Stellung einzunehmen.

Weitere Untersuchungen über die politische Bedeutung der Kaufleute in den institutionellen Randgebieten werden unsere Einsicht in die mannigfaltigen Entwicklungen, die in der marginal- und submarginal-hydraulischen Welt erfolgten, gewiß vertiefen. Sie dürften auch größere Klarheit bringen über die Schranken, die dem beweglichen Privateigentum sogar in denjenigen hydraulischen Gesellschaften gesetzt waren, in denen der Privathandel eine größere Bedeutung erlangte als der öffentliche, der staatliche und der mit dem Staate assoziierte Handel.

H. KOMPLEXE FORMEN DES EIGENTUMS IN DER HYDRAULISCHEN GESELLSCHAFT

I. HYDRAULISCHER GROSSGRUNDBESITZ IN VERGANGENHEIT UND GEGENWART

Die dem unbeweglichen Eigentum in der hydraulischen Gesellschaft gesetzten Schranken sind ebenfalls sehr bedeutsam – und sie werden ebenfalls oft mißverstanden. Die Bahnbrecher der institutionellen Forschung, die den despotischen Staat als den einzigen größeren Landeigentümer ansahen, neigten dazu, die Frage des privaten Landeigentums insgesamt zu vernachlässigen. Moderne Beobachter, die die lähmende Wirkung des Absentismus im Orient festgestellt haben, betrachten oft als ein wesentliches Merkmal der hydraulischen Gesellschaft, was in vielen Fällen nur ein Merkmal der im Übergang befindlichen hydraulischen Gesellschaft ist; und sie sind nur zu schnell bereit, eine spezifisch orientalische Entwicklung im Sinne älterer (feudaler) und moderner (kapitalistischer) westlicher Institutionen zu erklären [268].

Wir werden auf diesen Gegenstand im letzten Kapitel zurückkommen. Hier befassen wir uns hauptsächlich mit den Wurzeln der modernen Ent-

267. Weber, RS, II, S. 88 ff.

268. Ich erwähne nur ein einziges zentrales Problem: Die Schaffung privaten bäuerlichen Landeigentums durch eine gründliche Bodenreform hat eine ganz andere Bedeutung, wenn sie von einer verhältnismäßig dezentralisierten nachfeudalen oder industriellen Gesellschaft durchgeführt wird, als wenn sie von den durch den Staat kontrollierten Kräften einer im Auflösungsprozeß befindlichen hydraulischen Ord-

wicklung, d. h. mit dem Umfang und den Eigentümlichkeiten des privaten Landeigentums vor der Zersetzung der hydraulischen Gesellschaft.

2. STAATLICH KONTROLLIERTES UND PRIVATES LAND IN DER HYDRAULISCHEN GESELLSCHAFT

Der Umfang und die Eigentümlichkeiten des privaten Landes in der hydraulischen Gesellschaft können nur dann richtig bewertet werden, wenn wir uns den Umfang und die Eigentümlichkeiten der hydraulischen Staatsmacht ins Gedächtnis rufen. In den meisten hydraulischen Gemeinschaften sorgte das despotische Regime dafür, daß das private Land keinen übermäßigen Umfang annahm. In allen hydraulischen Gesellschaften beschränkte das despotische Regime die Freiheit des privaten Landes, dessen Existenz es zuließ.

a. Formen staatlich kontrollierten Landes

Um den Umfang des privaten Landes zu bestimmen, müssen wir den Umfang des staatlich kontrollierten Landes klar stellen. Das letztere hat drei Hauptformen: 1. staatlich bewirtschaftetes Land, 2. staatlich reguliertes Land und 3. staatlich zugewiesenes Land.

Alles Land, das durch Regierungsmaßnahmen von der Veräußerung ausgeschlossen ist, ist im weiten Sinne des Wortes reguliertes Land; und in diesem Sinne ist alles Staaatsland reguliertes Land. Der Ausdruck »reguliertes Land« im engeren Sinne wird hier hauptsächlich auf denjenigen Teil des staatlich kontrollierten Landes angewandt, der nicht von der Regierung bewirtschaftet wird, sondern von Besitzern, die für die Regierung arbeiten oder ihr Steuer oder Pachtzins zahlen. Der Ausdruck »staatlich bewirtschaftetes Land« bezeichnet das Land, das unter der Leitung von Regierungsfunktionären zum unmittelbaren und ausschließlichen Vorteil der Regierung bestellt wird. Der Ausdruck »zugewiesenes Land« bezeichnet Land, das – befristet oder unbefristet – an Beamte (Dienstland), an Vertreter der herrschenden Religion (heiliges oder Tempelland) oder an angesehene Personen, die keine besonderen weltlichen oder geistlichen Funktionen zu erfüllen brauchen (Pfründenland), zugewiesen wird.

nung oder von einer totalitären Regierung des sowjetischen Typus vorgenommen wird. Die weitgehenden Änderungen im bäuerlichen Landbesitz, die im modernen Japan, im zaristischen und bolschewistischen Rußland, im Indien Nehrus oder im kommunistischen China erfolgten, werden häufig als mehr oder weniger identisch betrachtet, obgleich es sich um Erscheinungen von einer sehr verschiedenen gesellschaftlichen Substanz und Wirkung handelt.

I. Staatlich bewirtschaftetes Land

Staatlich bewirtschaftetes »öffentliches« Land bildete nirgends mehr als einen Bruchteil allen regulierten Landes, da die Bauern, die die »öffentlichen« Felder bestellten, auch Land für ihren eigenen Unterhalt brauchten. Oberhalb eines ziemlich primitiven agronomischen Niveaus und mit Ausnahme einiger strategisch bedeutsamer Gebiete zog der hydraulische Staat die Erhebung einer Grundsteuer von privat bebauten Feldern den Erträgen von öffentlichen Ländereien vor.

Das kaiserliche China, das im allgemeinen den privaten Landbesitz begünstigte, unterhielt agrarische Siedlungen für die Versorgung des Heeres, insbesondere in Grenzgebieten und zeitweilig auch an strategischen Punkten des Binnenlandes: in Gegenden, die »befriedet« wurden, und an lebenswichtigen Verkehrslinien. Die Felder dieser Siedlungen wurden entweder von Soldaten bebaut (dann hießen sie zumeist »Garnisonfelder«, t'un-t'ien) oder von Zivilisten (in diesem Falle wurden sie häufig »Lagerfelder«, yin-t'ien, genannt). Die Gesamtfläche der Äcker dieser beiden Kategorien umfaßte gelegentlich nicht weniger als ein Zehntel allen bebaubaren Landes, aber unter den meisten Dynastien war ihr Anteil viel geringer.

Abgesehen von den Militärkolonien gab es Staatsdomänen für den Anbau besonderer Pflanzen sowie Parkanlagen und Gärten, die dem Vergnügen des Herrschers dienten. Diese besonderen Ländereien wurden oft mittels Fronarbeit geschaffen, aber ihr Personal bestand gewöhnlich aus hauptberuflichen Landarbeitern, Palastarbeitern und Sklaven [269] – d. h. sie waren staatlich bewirtschaftet. In dieser Hinsicht waren sie bemerkenswert; quantitativ aber waren sie belanglos. Sie bildeten winzige Inseln in einem Meer privater Bauernhöfe, deren Inhaber oder Eigentümer dem Staate nicht durch Fronarbeit auf öffentlichen Feldern dienten, sondern durch Steuerzahlung.

II. Staatlich reguliertes Land

Der wichtigste Typ alles staatlich kontrollierten Landes ist vielleicht am wenigsten klar bestimmbar: Bauernland, das weder von Beamten verwaltet wird noch besonderen Gruppen zugewiesen ist und auch nicht Eigentum derer ist, die es bestellen. Dieser Typ kann nicht einfach mit dem Lande der Dorfge-

---

269. Königliche und kaiserliche Gärten und Parkanlagen sind von vielen Autoren beschrieben worden. Für das mexikanische Seengebiet s. Ixtlilxochitl, OH, II, S. 209 ff.; für das pharaonische Ägypten Erman und Ranke, 1923, S. 206 ff.; für Altmesopotamien Meissner, BA, I, S. 201, 292; Contenau, 1950, S. 53 ff.; für den islamischen Nahen Osten Mez, 1922, S. 362 ff.; für das mohammedanische Spanien Lévi-Provençal, 1932, S. 223; für Indien Jātakam, passim und Smith, 1926, S. 402 ff.; für das China der Tschou-Zeit Legge, CC, II, S. 127 ff.

meinden gleichgesetzt werden, denn nicht alle Bauern, die reguliertes Land besitzen, leben in Gemeinden, die das Dorfland verteilen und wiederverteilen. Und nicht alle Dorfgemeinden werden von der Regierung kontrolliert.

Reguliertes Bauernland ist – im Rahmen der vorliegenden Untersuchung – Land, das der Inhaber nicht nach Belieben veräußern kann. Oft, insbesondere wenn das Land periodisch verteilt wird, darf der Inhaber das Land an andere Dorfbewohner verpachten [270], aber er kann es nicht verkaufen [271]. In anderen Fällen kann er das Land veräußern, aber nur an andere Dorfbewohner – d. h. an Bauern wie er selbst. In Byzanz wurden im Jahre 922 ältere Verordnungen erneuert und verstärkt durch ein Gesetz, das es den Bauern gestattete, Land zu verkaufen; aber dabei »sollten fünf Kategorien in bestimmter Reihenfolge das Vorkaufsrecht genießen: 1. die mitbesitzenden Verwandten, 2. sonstige Mitbesitzer, 3. Besitzer von Grundstücken, die mit dem zu veräußernden Landbesitz im Gemenge liegen, 4. Anrainer, welche die Abgaben gemeinsam entrichten, 5. sonstige Anrainer. Erst wenn alle diese fünf Kategorien den Kauf ablehnten, durfte das Land an Außenstehende veräußert werden« [272]. Durch diese Vorschrift war es Großgrundbesitzern tatsächlich unmöglich gemacht, Bauernland zu kaufen, »ausgenommen in dem Falle, daß sie in den betreffenden Dörfern Güter besaßen« [273], und solange diese Vorschrift in Kraft war, schützte sie die Masse des Bauernlandes vor dem Zugriff des sich ausbreitenden Großgrundbesitzes.

Ähnliche Bestimmungen galten im Indien der Hindus [274] und der Mohammedaner. Gestützt von der Staatsmacht, die die gesetzlichen Bestimmungen aufrecht erhielt, schützte die indische Dorfgemeinde »den landwirtschaftlichen Kleinbetrieb vor dem Einbruch der kapitalistischen Interessen«, und zwar »durch die Aufrechterhaltung [für die Dorfbewohner] des ungeteilten Erbes, des Vorkaufsrechtes und des Rechtes der Okkupation« [275].

Die Agrarordnungen von Byzanz und Indien, die wir durch Daten aus ver-

270. Dies war üblich bei den Mitgliedern der *calpulli* im aztekischen Mexiko. S. Zurita, 1941, S. 88; Monzon, 1949, S. 39.

271. Eine ausführliche Beschreibung der regulierten Dorfgemeinde im zaristischen Rußland, *obščina* oder *mir* genannt, findet sich bei Haxthausen, SR, I, S. 129 ff., und *passim*.

272. Ostrogorsky, 1940, S. 192.

273. A. a. O.

274. S. Appadorai, 1936, I, S. 133 ff. Die Veräußerlichkeit des Landes ist als Beweis für die Existenz von Eigentum gedeutet worden, aber sie mag tatsächlich nur der Ausdruck einer besonders dehnbaren Form des Besitzes sein. Jollys Interpretation trägt sowohl den (nach außen) regulierten wie den (internen) flüssigen Verhältnissen des altindischen Dorflandes Rechnung. Er nimmt an, »daß im allgemeinen zwar die Dörfer sich nach außen hin abschlossen, aber innerhalb der einzelnen Dörfer Privateigentum der Felder bestand« (Jolly, 1896, S. 94).

275. Mukerjee, 1939, S. 219.

wandten anderen Zivilisationen ergänzen könnten, zeigen die negative Wirkung der Landregulierung auf das Wachstum des privaten Grundeigentums. Überall wo der orientalisch despotische Staat darauf bestand, die Masse des Landes zu regulieren, war das Privateigentum an Land von untergeordneter oder ganz unwesentlicher Bedeutung.

III. Staatlich zugewiesenes Land

Das despotische Regime, das imstande ist, das Land gänzlich oder größtenteils zu regulieren, kann Felder an Individuen oder Gruppen von Individuen zuweisen. Solche Landzuweisungen mögen sich hinsichtlich des Zwecks und der Dauer unterscheiden; aber gewöhnlich besteht eine Wechselwirkung zwischen diesen beiden Aspekten. Personen, die im Dienste des Staates stehen, können ihr Dienstland lebenslänglich und sogar erblich besitzen. Andere mögen ihre Ämter nur kurze Zeit innehaben; dann besitzen sie ihr Dienstland ebenfalls nur kurzfristig. Dienstleute, die militärische Funktionen erfüllen, können ihr Dienstland besonders rasch gewinnen oder verlieren.

Landzuweisungen an die Diener der Götter haben einen beständigeren Charakter. Langdauernde religiöse Organisationen wie Tempel und Moscheen erhalten ihren Grundbesitz fast immer für unbegrenzte Zeit zugewiesen.

Pfründenland wird an verschiedene Gruppen von Personen aus verschiedenen Gründen vergeben. Die Zuweisung kann erfolgen auf Grund von Verdiensten oder einfach, weil die Begünstigten Verwandte, Freunde oder Günstlinge [276] des Herrschers sind. In allen Fällen wird das Land ohne Auflagen zugewiesen; die Inhaber brauchen für die Einkünfte, die ihnen das Pfründenland gewährt, keinen Dienst zu leisten. Dies gilt auch für die Inhaber von Pensionsland. Aber wer auch immer der so Bedachte sein mag, die Regierung bleibt Herr des zugewiesenen Landes.

Heiliges oder Tempelland untersteht gewöhnlich der Aufsicht oder Verwaltung weltlicher Regierungsbeamter. Dies ist dokumentarisch belegt für das pharaonische [277] und das ptolemäische Ägypten [278], für Babylonien [279] und natürlich für das vorspanische Peru und Mexiko. In der islamischen Welt hat

---

276. Vgl. *Jātakam*, I, S. 56 (Schenkung an den Friseur des Königs), II, S. 193 (an einen Brahmanen), 270 und 457 ff. (an Prinzessinnen); IV, S. 116 (an einen Brahmanen), 309 (Belohnung für das Auffinden einer wertvollen Antilope), 415 (Geschenk an eine Prinzessin), 480 (Belohnung für das Singen eines Liedes); V, S. 21 (Belohnung für nützlichen Rat), 35 (Geschenk an einen Asketen), 45, 374 (an einen Jäger); VI, S. 135 (an einen Friseur), 355 (an den Bruder oder Sohn des Königs), 422 (an einen *setthi*), 438 (an einen guten Ratgeber), 447 (an einen Ratgeber). Vgl. *a. a. O.*, I, S. 362 ff., 424, 462.

277. Edgerton, 1947, S. 156; Kees, 1933, S. 45.

278. Wilcken, 1912, S. 278 ff.

279. Cuq, 1929, S. 363.

sich die direkte oder indirekte staatliche Kontrolle über die verschiedenen Formen des religiösen Eigentums mit manchen Abwandlungen im Detail bis zur Neuzeit erhalten [280].

Kontrolle über Dienstland wurzelt in der operativen Kontrolle der Regierung über die Landinhaber. Ein normal funktionierendes despotisches Regime hat das Schicksal seiner Dienstleute und der ihnen zugewiesenen Ländereien fest in der Hand. Als am Ende der Tschou-Zeit der Kanzler des Staates Tsch'in die Vergebung von Ämtern an Verdienst anstatt an Erblichkeit knüpfte [281], stieß er auf keinen bedeutsamen Widerstand; und in der späteren Tschou-Zeit wurde die Verringerung des Dienstlandes [282] mit ähnlicher Unterwürfigkeit hingenommen. Kein organisierter Ritterstand widersetzte sich dem kaiserlichen Einiger Chinas, als dieser das alte Dienstlandsystem schließlich ganz abschaffte. Und Akbars Entscheidung, die Entlohnung mit Dienstland großenteils durch Gehalt zu ersetzen [283], stieß ebenfalls auf keine ernsthafte Opposition. Akbar ging weit, aber nicht so weit wie der türkische Sultan Soliman, der anschaulich zeigte, daß eine gut funktionierende Despotie ebenso leicht Dienstland beseitigen wie schaffen konnte [284].

Pfründenland konnte fristlos vergeben werden. In diesem Falle mochte der Sturz der herrschenden Dynastie dem Besitz ein Ende setzen. Dies scheint im pharaonischen Ägypten der Fall gewesen zu sein [285]; und wahrscheinlich wäre dies auch das Schicksal der Landschenkungen in Altperu gewesen, wenn die Inkas einem anderen einheimischen Regime hätten weichen müssen. Oft sollte Pfründenland seinem Inhaber lebenslänglich gehören; aber der Tod des verleihenden Herrschers mochte die Dauer der Zuweisung verkürzen. Mit den Landzuweisungen Althawaiis stand es offenbar so [286].

b. Privates Land

I. Begriffsbestimmungen

Land, das staatlich verwaltet, staatlich reguliert oder staatlich zugewiesen ist, kann natürlich nicht privates Landeigentum sein; und es darf auch nicht als Eigentum angesehen werden, wenn die Besitzdauer sich verlängert. Selbst dau-

280. S. oben, Kap. 4.

281. *Shih Chi*, 68. 4a; Duyvendak, 1928, S. 15, 61. Die »Adligen«, die er immer größeren Beschränkungen unterwarf (*a. a. O.*, S. 27; *Shih Chi*, 68.8b), sollen ihn gehaßt haben (Duyvendak, 1928, S. 23; *Shih Chi*, 68. 6b), aber seine Maßnahmen führten zu keinem organisierten Aufstand adliger »Barone«.

282. S. Bodde, 1938, S. 238 ff.

283. Smith, 1926, S. 365.

284. Gibb und Bowen, 1950, S. 254 ff.

285. S. Kees, 1933, S. 42.

286. Alexander, 1899, S. 29.

ernder Besitz reicht dazu nicht aus (Erbpächter genießen ebenfalls dieses Vorrecht); es genügt auch nicht, daß das Land veräußert werden kann (Inhaber regulierten Landes haben bisweilen auch das Recht, es innerhalb ihrer sozialen Gruppe zu veräußern). Nur wenn der Inhaber das Recht hat, sein Land dauernd zu besitzen und es zu verkaufen an wen immer es ihm beliebt – das heißt: auch außerhalb seiner sozialen Gruppe –, dann wollen wir, im Einklang mit dem Sprachgebrauch, von vollem privatem Landeigentum sprechen.

II. Entstehung

Die Bürger und Adligen in der Frühzeit Griechenlands, Deutschlands, Galliens und Englands waren Landeigentümer nicht dank der Entscheidung eines autokratischen Herrschers, sondern auf Grund der Differenzierungen einer Stammesgesellschaft, die mancherlei Formen des Privateigentums und der politischen Führung schuf. In der hydraulischen Gesellschaft waren es hauptsächlich der Herrscher und seine Funktionäre, die privaten Grundbesitz ins Leben riefen, indem sie vormals staatlich kontrolliertes Land an Einzelpersonen in Privateigentum übertrugen.

Einzelpersonen erwarben ihr Landeigentum gewöhnlich als Geschenk oder durch Kauf. Ganze Gruppen wurden durch Regierungsdekret zu Landeigentümern gemacht. Nachdem ein Grundstück als Privateigentum anerkannt worden war, konnte es innerhalb der von der Regierung gezogenen Grenzen von einem Privateigentümer auf einen anderen übertragen werden. Die massenhafte Umwandlung regulierten Landes in Privateigentum ist in der Geschichte der orientalischen Gesellschaft verhältnismäßig selten. Sie scheint nur dort vorgekommen zu sein, wo privates Handwerk und privater Handel sich stark entwickelten.

c. Formen des Landeigentums

I. Bäuerliches Landeigentum

Wer sind nun die potentiellen Landeigentümer in der hydraulischen Gesellschaft? In der orientalischen wie in anderen Agrargesellschaften ist der Bauer die Hauptperson in dem grundlegenden Wirtschaftszweige. Wir dürfen daher erwarten, daß er im wachsenden Sektor des privaten Landeigentums eine wichtige Rolle spielte; und dies geschah tatsächlich in China, wo die Einführung des Privateigentums an Land die Entstehung einer großen Klasse von Bauern-Eigentümern zur Folge hatte.

Aber die chinesische Entwicklung ist eine Ausnahme. In den meisten Fällen ist es nicht der Bauer-Eigentümer, sondern der Nichtbauer-Eigentümer, der zuerst und am bedeutsamsten im privaten Landsektor erscheint. Je komplexer eine hydraulische Gesellschaft wird, desto zahlreicher sind offenbar die sozialen Gruppen, die Landeigentum zu erwerben suchen. Aber eine Gruppe überragt alle anderen: die zivilen und militärischen Funktionäre der Regierung und ihre Angehörigen, der Beamtenadel oder die bürokratische Gentry.

Unter einfachen Eigentumsverhältnissen gibt es wenige andere Personen, die reich genug sind, Land zu erwerben. Und selbst dort, wo es wohlhabende Kaufleute und Händler gibt, bleibt die Masse des wirtschaftlichen Überschusses, und daher die Masse der Kaufkraft, in den Händen der herrschenden Klasse. Überdies macht der Souverän vorzugsweise Landschenkungen an Mitglieder der herrschenden Klasse.

Bürokratischer Grundbesitz pflegt daher in einfachen, semikomplexen und komplexen hydraulischen Gesellschaftsformen vorzukommen. Er ist die einzige Form privaten Landbesitzes in einfachen hydraulischen Gesellschaften, soweit dort Privatland überhaupt eine Rolle spielt. Er ist bedeutsam in vielen semikomplexen hydraulischen Gesellschaften. Und er bleibt entscheidend wichtig selbst in komplexen hydraulischen Gesellschaften, in denen das Privatland das staatlich kontrollierte Land an Umfang überragt.

Die Quellenangaben über Landeigentum im pharaonischen Ägypten sind sogar für die Zeit des Neuen Reiches unklar [287]. Einige spezifische Berichte bezeichnen vor allem Prinzen, Wesire und andere Mitglieder der herrschenden Klasse als Eigentümer von Privatland [288].

Im aztekischen Mexiko besaßen die Herrscher, ihre Beamten und einige Kaufleute privates Landeigentum [289]. Im Indien der Hindus waren die Brahmanen anders gestellt als die Priesterschaften vieler anderer hydraulischer Gesellschaften; sie lebten nicht vom Ertrage großer ihnen unbefristet zugewiesener Ländereien. Demgemäß waren im alten Indien Landzuweisungen an einzelne Brahmanen besonders wichtig, und es ist nicht überraschend, daß sie häufig waren. Viele Brahmanen hatten nur ein Besitzrecht, aber mehrere von ihnen scheinen Landeigentümer gewesen zu sein, wenigstens in der letzten Phase der Hinduherrschaft [290]. Im byzantinischen Ägypten waren die »Mächtigen«, die große Güter besaßen, meist Beamte [291]; und dies

287. Edgerton, 1947, S. 159 ff.

288. S. Kees, 1933, S. 23, 42, 44; und Breasted, 1927, I, S. 76 ff., 93, 166 ff.; II, S. 6, 9; IV, S. 405.

289. Zurita, 1941, S. 148 ff.; Oviedo, HGNI, II, Teil 2, S. 535; Monzon, 1949, S. 44.

290. Appadorai, 1936, I, S. 135 ff.

291. Hardy, 1931, S. 22, 25; Johnson und West, 1949, S. 22 ff., 65.

war auch so in der islamischen Zeit. Unter den Personen, die während der Mameluckenperiode Privatland erwarben, überwogen die Inhaber von gegenwärtigem oder vormaligem Dienstland [292]. In der ottomanischen Türkei wurden einige Dienstländerein das Privateigentum ihrer früheren Inhaber [293].

In Mittelbyzanz war es zeitweilig den Beamten untersagt, ohne besondere kaiserliche Zustimmung während ihrer Amtszeit Land zu kaufen. Durch diese Maßnahme wurde das Wachstum des bürokratischen Landeigentums verzögert, aber nicht verhindert [294]. Im zaristischen Rußland verwandelte das Edikt vom Jahre 1762 die *pomeščiki,* die bis dahin Besitzer von Dienstland gewesen waren, in Volleigentümer. Im späteren kaiserlichen China war es den Staatsfunktionären untersagt, in dem Bzirk, in dem sie amtlich tätig waren, Land zu erwerben [295]. Über Landkauf außerhalb des Bezirks gab es keine Bestimmungen; und die Quellen legen die Annahme nahe, daß die Landeigentümer vor allem amtierende und nichtamtierende Angehörige der regierenden Klasse waren.

III. Andere soziale Gruppen

Freilich, Angehörige anderer sozialer Gruppen konnten ebenfalls Landeigentümer werden, wenn sie über die erforderlichen Mittel verfügten und berechtigt waren, Land zu erwerben. In semikomplexen und komplexen hydraulischen Gesellschaften hatten insbesondere reiche Kaufleute die Möglichkeit, Land zu kaufen; und Berichte über das aztekische Mexiko [296], über Indien [297] und China bezeugen, daß sie dies wirklich taten. Außerdem zeigen die von der Han-Dynastie getroffenen Maßnahmen, daß diese Form des Grundbesitzes Wurzel fassen, und daß sie von der herrschenden Bürokratie rücksichtslos bekämpft werden konnte [298]. Natürlich durften auch Leute mit bescheidenen Mitteln Land kaufen. Im traditionellen China waren Angehörige aller gesellschaftlicher Schichten Eigentümer kleiner Landstücke [299].

IV. Absentismus (die allgemeine Tendenz)

Gelegentlich mochte ein Nichtbauer, der Land zu eigen hatte und aus irgendeinem Grunde seinen Beruf verlor, zum Zwecke seines Lebensunterhalts

292. Poliak, 1939, S. 36, 39.
293. Gibb und Bowen, 1950, S. 253.
294. Ostrogorsky, 1940, S. 179, 194.
295. Boulais, 1924, S. 244.
296. Oviedo, HGNI, II, Teil 2, S. 535.
297. *Jātakam,* II, S. 427; VI, S. 98.
298. *Shih Chi,* 30.11a.
299. Lang, 1946, S. 87, 94.

selbst seine Felder bestellen [300]. Im allgemeinen jedoch überließen die nicht-bäuerlichen Landeigentümer diese Aufgabe Pächtern. In vielen Fällen waren sie Absentisten, d. h. Grundbesitzer, die nicht dort lebten, wo ihr Land lag.

Im mittelalterlichen und nachmittelalterlichen Europa waren Pacht und Absentismus ebenfalls weit verbreitet. Aber viele Großgrundbesitzer bewirtschafteten ihre Güter persönlich oder setzten zu diesem Zweck Verwalter ein.

Daß in der hydraulischen Gesellschaft Großlandwirtschaft selten ist, erklärt sich vor allem daraus, daß dort hohe Ernteerträge mittels arbeitsintensiver Methoden erzielt werden, die die Bewässerungskultur zum Teil erfordert und zum Teil begünstigt [301]. Diese Methoden geben dem kleinbäuerlichen Familienbetrieb außerordentliche Vorzüge gegenüber anderen Betriebsformen. Die Vorzüge sind so einleuchtend, daß die herrschende hydraulische Wirtschaftsgesinnung dem rittergutsartigen Großbetrieb sogar dann ablehnend gegenüberstand, wenn dieser mit Erfolg hätte angewandt werden können.

Die Bedeutung dieser Haltung für die neuzeitliche, im Übergang befindliche hydraulische Gesellschaft ist offenkundig. Die Konsolidierung des Grundbesitzes im nachfeudalen Europa ermutigte viele Eigentümer großer Güter, ihr Land mit wissenschaftlichen Methoden zu bestellen. Das Anwachsen des Großgrundbesitzes in vielen neuzeitlichen hydraulischen Ländern stärkte dagegen den Aneignungsdrang der absentistischen Gutsbesitzer, ohne die Rationalität des Pachtbauernbetriebs zu steigern.

V. Absentismus (das traditionelle Rußland)

Eine interessante Spielart des Absentismus erschien im zaristischen Rußland. Die *pomeščiki* des moskowitischen und nachmoskowitischen Rußlands waren von ihren militärischen und zivilen Diensten so sehr in Anspruch genommen, daß sie – im Gegensatz zum englischen und deutschen Landadel – der Landwirtschaft nicht viel Aufmerksamkeit widmen konnten. Demgemäß war wissenschaftlich betriebene Großlandwirtschaft unter den grundbesitzenden russischen Adligen vor 1762 sehr selten und sie blieb trotz gewisser Fortschritte noch lange nach diesem Jahre eine Ausnahme.

Freiherr von Haxthausen, der seine berühmte Untersuchung über das ländliche Rußland in den vierziger Jahren des 19. Jahrhunderts anstellte, war von dem Unterschied zwischen Grundbesitzern in Rußland und im übrigen Europa betroffen. Obwohl er die Eigentümlichkeiten der orientalischen Despotie nicht kannte, sah er klar, daß Rußlands landbesitzende Aristokratie keine feudale Tradition hatte.

---

300. Für Brahmanen, die ihr Land mit oder ohne Hilfe von Landarbeitern bebauten, s. *Jātakam*, II, S. 191 ff.; III, S. 179, 316; IV, S. 195, 334 ff.; V, S. 70.
301. S. Wittfogel, 1956, S. 157 ff.

Der russische, der großrussische Adel ist bis jetzt kein Landadel und ist es auch wohl nie gewesen; er hat keine Burgen besessen, keine Ritter- und Fehdezeit durchlebt. Er ist stets ein Dienstadel gewesen, hat stets an den Höfen der Großfürsten und Theilfürsten und in den Städten gelebt, und Kriegs-, Hof- und Staatsdienste geleistet. Wer von denselben auf dem Lande lebte, trieb friedlichen Ackerbau; es waren aber dies eigentlich nur die ganz Kleinen, oder die untauglichen Leute. So war es auch noch bis zur jüngsten Zeit. Noch gegenwärtig besitzt die Mehrzahl des großrussischen Adels keine Landsitze, wie wir sie im übrigen Europa sehen, keine Oeconomien. Aller Grund und Boden, der dem Adligen gehört, Acker, Wiesen, Forsten, ist einer bäuerlichen Dorfgemeinde überlassen, die ihn cultivirt und dem Herrn dafür steuert. Hat der Herr auch ein Landhaus und bewohnt es, so hat er doch keine Oeconomie, sondern lebt mehr wie ein Rentner. Die Mehrzahl der Adligen hat Landhäuser, wohnt aber in der Stadt und besucht das Landhaus nur auf Wochen und Monate, das ist altrussische Lebensart des Adels![302]

Die räumliche Trennung des russischen Adels von seinem Grundbesitz und das zerstückelnde Erbrecht verhinderten, daß er zu »einer wahren Landaristocratie« wurde, wie Haxthausen sie in Mittel- und Westeuropa kannte – zu einer Landaristokratie, deren »Grundbedingung ... nicht nur Besitz, sondern die *Stabilität* im Besitz und Eigenthum des Grund und Bodens« ist. »Ich glaube ... nicht, daß es ein größeres Land in Europa giebt, wo diese Stabilität sich weniger findet als in Großrußland.«[303]

Dies war der Ausgangspunkt der beiden großen agrarischen Änderungen, die die zaristische Bürokratie in der zweiten Hälfte des 19. und dem Anfang des 20. Jahrhunderts vornahm: die Aufhebung der Leibeigenschaft (die »Bauernbefreiung«) des Jahres 1861 und die Stolypinsche Agrarreform von 1906. In beiden Fällen riefen die Regierungsmaßnahmen starken Widerstand hervor, aber in beiden Fällen wurden die Änderungen von Mitgliedern derselben herrschenden Klasse durchgeführt, der die Masse der Großgrundbesitzer angehörten.

VI. Grenzfälle regulierten und privaten Landeigentums

Absentistischer Grundbesitz ist leicht erkennbar, leichter als die exakte Eigentumsform eines bestimmten Grundstückes. Wie viele Landzuweisungen im pharaonischen Ägypten oder im buddhistischen Indien geschahen mit der Absicht, Besitz zu schaffen, wie viele mit der Absicht, Eigentum zu schaffen? Die Quellen geben darüber oft keine klaren Aufschlüsse. Und selbst wenn sie anzeigen, daß Eigentum bestand, bleibt es oft fraglich, wie sicher das Eigen-

302. Haxthausen, SR, III, S. 46 f.
303. A. a. O., S. 47.

tumsrecht war. Segrè vergleicht die Entwicklung des Eigentums unter dem orientalischen Absolutismus mit derjenigen im klassischen Griechenland. Er kommt zu dem Schluß, daß es Privateigentum im Sinne des klassischen Eigentums nicht geben konnte, »solange der König die Macht hatte, das Anrecht auf Land oder Freiheiten aufzuheben oder die diesbezüglichen Bedingungen nach Belieben zu ändern« [304].

Brahmanen-Eigentum war angeblich vor der Konfiskation sicher. Aber dies hinderte gewisse Hinduherrscher nicht, die Brahmanen ihres Landes zu berauben wegen »Verrats«, den die Gerichte des Königs, wenn er es wollte, leicht konstruieren konnten [305]. Im pharaonischen Ägypten war das private Landeigentum, obgleich es vermutlich umfangreicher war als im Indien der Hindus, ebenso unsicher. Es war »im Grunde eine ausnahmsweise *Übertragung königlicher Rechte...*; daher kann sie theoretisch jederzeit durch den königlichen Spender wieder rückgängig gemacht werden«, und dies geschah auch häufig, insbesondere wenn eine neue Dynastie zur Macht kam [306]. In solchen Fällen ist es offenbar schwierig, zwischen Besitz und Eigentum eine klare Trennungslinie zu ziehen.

Eine andere Schwierigkeit erwächst aus der Tatsache, daß in gewissen hydraulischen Gesellschaften das Recht, privates Landeigentum zu veräußern, sozial differenziert ist. Nichtbäuerliche Großgrundbesitzer mögen die Freiheit haben, Land von anderen Großgrundbesitzern zu kaufen, während Bauern, die in einer regulierten Gemeinde leben, ein solches Veräußerungsrecht nicht haben. In der hydraulischen Gesellschaft schaffen derartige differenzierte Rechtsverhältnisse nur dann ein ernsthaftes Klassifizierungsproblem, wenn – wie in Spätbyzanz und in Rußland nach 1762 – das von Großgrundbesitzern besessene Land einen großen Teil (möglicherweise mehr als die Hälfte) allen bebauten Landes umfaßt. Wenn dies der Fall ist, haben wir den Ansatz einer komplexen hydraulischen Eigentums- und Gesellschaftsordnung vor uns.

d. Der Umfang des privaten Landeigentums in verschiedenen Arten der hydraulischen Gesellschaft

Die im vorherigen ermittelten Formen von Staats- und Privatland befähigen uns, über unsere Ausgangsstellung hinauszugehen und mit größerer Präzision und mehr Details die Entwicklung des beweglichen und unbeweglichen Privateigentums in verschiedenen hydraulischen Kulturen in Zusammenhang zu bringen. Keimzellen privaten Landeigentums gab es selbst in hydraulischen Gesellschaften, in denen private Industrie und privater Handel geringfügig

304. Segrè, 1943, S. 107.
305. Appadorai, 1936, I, S. 115.
306. Kees, 1933, S. 42.

waren, aber sie nahmen dort keinen größeren Umfang an. Dies bestätigt die Richtigkeit unserer Definition der »einfachen« hydraulischen Eigentums- und Gesellschaftsordnung. In hydraulischen Kulturen mit erheblichem beweglichem Privateigentum und entsprechendem Privatbetrieb war privates Landeigentum oft von zweitrangiger Bedeutung, und mitunter war es ganz bedeutungslos. Dies bestätigt die Richtigkeit unserer Definition der »semikomplexen« hydraulischen Eigentums- und Gesellschaftsordnung. Es bestätigt außerdem unsere These von der verhältnismäßig geringen Verbreitung der komplexen Form – einer Form, in der das unbewegliche private Eigentum in der Landwirtschaft ebenso ausgedehnt ist wie, im Rahmen der von der hydraulischen Gesellschaft gesetzten Grenzen, das bewegliche Eigentum in Industrie und Handel.

Auf der Grundlage dieser Ergebnisse werden wir jetzt kurz den Umfang des privaten Eigentums in einer Reihe größerer hydraulischer Kulturen erörtern. In dieser Übersicht werden wir einige wesentliche Tatbestände, die wir bei der Behandlung unserer Schlüsselbegriffe anführten, wieder zu erwähnen haben. Aber sie erscheinen nunmehr in einem neuen Zusammenhang, und in einigen Fällen werden sie durch wichtige zusätzliche Angaben ergänzt werden. In Übereinstimmung mit den bisher entwickelten Begriffen werden wir von einfachen zu semikomplexen und endlich zu komplexen Formen der Eigentums- und Gesellschaftsordnung fortschreiten.

I. Einfache hydraulische Gesellschaften

Hawaii: Althawaii kannte allerdings Privatbesitz an Land; aber es ist zweifelhaft, ob es Volleigentum an Land gab. Sogar die »Güter« der mächtigsten territorialen »Häuptlinge«, nämlich der Gouverneure, fielen nach dem Tode des Inhabers an den König zurück; und bei der Thronbesteigung eines neuen Königs wurden »alle Ländereien einer Insel« neu verteilt [307].

Das Inkareich: Wie wir oben sahen, wurde Pfründenland in unbefristeten Privatbesitz gegeben; aber seine Inhaber hatten nicht das Recht, es zu veräußern. Sie waren daher nicht Eigentümer, sondern ständige Besitzer.

Sumer: Am Ende der sumerischen Periode entstand echtes Privateigentum [308]. Die Regierungen der früheren Tempelstädte scheinen jedoch eine scharfe Kontrolle über das anbaufähige Land ausgeübt zu haben. Die bisher entzifferten Texte bekunden nicht einmal das Vorhandensein solchen privaten Landbesitzes, wie er für die Inkagesellschaft dokumentarisch belegt ist.

Das pharaonische Ägypten: Neben dem Staatsland im eigentlichen Sinne und staatlich zugewiesenem Land (Tempel- und Dienstland) gab es privates Land, das veräußert werden durfte [309]. Aber der König konnte Landbesitz

307. Alexander, 1899, S. 29.
308. Leemans, 1950, S. 53.
309. Seidl, 1951, S. 46.

zu jeder Zeit einziehen. Allgemein gesehen war privates Landeigentum die Ausnahme [310].

II. Semikomplexe hydraulische Gesellschaften

Indien: Zahlreiche Inschriften dokumentieren für die letzte südliche Phase Hindu-Indiens, was nach Jolly für die buddhistische und die nachbuddhistische Periode feststand [311], nämlich daß in den meisten Dörfern *ryotwāri* lebten [312], d. h. Bauern, die der direkten Kontrolle des Staates unterstanden. Dies bedeutet, daß es privates Landeigentum nur in einer (nicht sehr großen) Minderheit von Dörfern gegeben haben kann.

Mesopotamien: Am Ende der sumerischen Periode und in der babylonischen Zeit tritt privates Landeigentum deutlich in Erscheinung. Wurde es die herrschende Besitzform? Falls sich dies herausstellen sollte, müßten wir diese Periode nicht als semikomplex, sondern als komplex bezeichnen. Nach den verfügbaren Daten bestand jedoch höchstens eine semikomplexe Eigentumsordnung. Falls der staatliche Handel während des größeren Teiles der babylonischen Zeit dem Privathandel gleichkam oder ihn überragte, dann hätten wir es mit einer fortgeschritten einfachen oder einer angehend semikomplexen Ordnung zu tun.

Für die sumerische Spätzeit – die Dritte Dynastie von Ur – erwähnen die Texte häufig Privateigentum an Feldern sowie an Häusern und Gärten [313]. Aber obgleich die Tempel nicht mehr die einzigen Verpächter von Land waren, werden sie noch immer am häufigsten als Verpächter erwähnt [314]. In Babylonien waren nach Meißner »die besten und größten Güter ... in der Hand der *Krone*« und der Tempel; »der Rest des Bodens war *Privatbesitz*« [315]. Schawes Analyse der Besitzverhältnisse derselben Periode scheint Meißners Ansicht zu bestätigen: In Babylonien, sagt Schawe, kommen »als Verpächter ... in erster Linie die Kron- und Tempeldomänen, dann aber auch Private und unter diesen wieder besonders Bankiers und sehr häufig Priesterinnen in Frage« [316].

Cuq betont die Sonderstellung des Landes, das durch königliche Schenkung Privatbesitz wurde [317]. Zugleich erwähnt er als einen der Faktoren, der zur Differenzierung der Besitzordnung in der Kassitenzeit führte, das Erscheinen

---

310. Kees, 1933, S. 42.

311. Jolly, 1896, S. 93 ff.

312. Appadorai, 1936, I, S. 152.

313. Leemans, 1950, S. 53.

314. Schneider, 1920, S. 58. Hackman bringt zahlreiche Hinweise auf Felder, aber leider sind die Angaben oft unklar bezüglich der Besitzform (Hackman, 1937, S. 21 ff.).

315. Meißner, BA, I, S. 188.

316. Schawe, 1932, S. 434.

317. Cuq, 1929, S. 105.

(oder Wiedererscheinen?) von Gemeinden, die nach ihm auf Stammes- und Verwandtschaftsbeziehungen beruhten [318], die er aber auch mit dem russischen *mir* [319] – d. h. mit einer rein administrativen Form der Dorfgemeinde – vergleicht. Wir haben noch kein klares Bild von den Einzelheiten der kassitischen Dorfgemeinden [320], aber wir wissen, daß sie durch gewisse Führer mit dem Regierungsapparat verbunden waren und daß sie den Landbesitz ihrer Angehörigen in einer Form regulierten, die sich nicht sehr von der Form der mexikanischen *calpulli* und der Inka-*ayllus* unterschied.

Während der letzten Phase der babylonischen Geschichte überwogen noch immer die zwei Typen staatlich kontrollierten Landes – wenn wir aus den Verhältnissen, die die Perser in Mesopotamien vorfanden, auf diejenigen der neubabylonischen Gesellschaft schließen dürfen. Im persischen Mesopotamien gab es 1. staatliche Ländereien, die größtenteils Privatpersonen zugewiesen waren, 2. »umfangreiche Landstriche« im Besitz der Tempel und 3. Land, das Einzelpersonen »in vollem Eigenbesitz« gehörte. Die ersten zwei Arten von Ländereien waren offenbar sehr ausgedehnt: »Angesichts des großen Anteils des Staates und der Tempel am Landbesitz sind die Landveräußerungen nicht so zahlreich wie andere Kaufgeschäfte.« [321] Wiederum fehlen uns statistische Angaben, aber die letzte Feststellung deutet darauf hin, daß der Prozeß der »Privatisierung« des beweglichen Eigentums weiter fortgeschritten war als der des unbeweglichen Eigentums.

Persien: Die Perser behandelten das staatlich kontrollierte Land (außerhalb der griechischen Städte: die Masse allen anbaufähigen Landes) ungefähr so wie vor ihnen die Babylonier und Sumerer. Sie vergaben es an Mitglieder der königlichen Familie und an Freunde des Königs (offenbar als Pfründenland), an Beamte, angesiedelte Soldaten und an Personen, die Truppeneinheiten für das Heer stellen mußten (offenbar als Dienstland) [322]. Angesichts der Bedingungen, denen Dienstland in anderen orientalischen Despotien unterworfen war, haben wir keinen Grund, zu bezweifeln, daß dieses Land, wie das regulierte Land, in der Tat das war, wofür Rostovtzeff es hält: Staatsland.

Das persische Dienstland war keine feudale Einrichtung, und es förderte auch nicht die Entstehung einer feudalen Ordnung im Partherreiche. Die parthischen Großgrundbesitzer waren keine halbautonomen Lehensherren, die sich zumeist mit ihren eigenen Angelegenheiten beschäftigten. Im Gegenteil, sie waren – ähnlich wie ihre persischen Vorgänger – Regierungsbeamte [323].

Hellenistische Monarchien des Nahen Ostens: Privates Landeigentum war

318. A. a. O., S. 92 ff.
319. A. a. O., S. 103.
320. A. a. O., S. 100.
321. Dubberstein, 1939, S. 36.
322. Rostovtzeff, 1941, I, S. 465; Christensen, 1933, S. 271.
323. Nach Christensen (1933, S. 307) war das »arsakidische Großkönigtum« zwar »despotisch in seiner Form«, aber »tatsächlich durch die Macht der großen Feudalher-

im wesentlichen auf die griechischen Städte beschränkt [324], die in Ägypten selten, aber in Westasien zahlreich waren. Außerhalb dieser griechischen Enklaven wurde das Land von der Regierung und den mit ihr verbundenen Tempeln kontrolliert.

Die seleuzidischen Herrscher schufen durch Schenkung und Verkauf einen beträchtlichen privaten Grundbesitz [325]. Die Privatisierung erfolgte »unter der Bedingung, daß der Privateigentümer sein Land einem Stadtverband anschloß und es zu städtischem Lande machte« [326]. Natürlich wiesen die Herrscher ihren Soldaten und wahrscheinlich auch Zivilbeamten Dienstland zu [327].

Die Könige Pergamons scheinen das königliche Land gar nicht verringert zu haben. »Wie die Ptolemäer sollen sie an Beamte das (widerrufliche) Benutzungsrecht von Teilen des Königslandes vergeben haben.« [328]

Im ptolemäischen Ägypten »bedeutete Privatland ursprünglich Haus, Garten und Weinberg; selbst das Haus und der Garten eines königlichen Bauern waren ›privat‹. Die Griechen nannten es mitunter Eigentum, aber es war, wie jeder andere ptolemäische Besitz, kein Eigentum, sondern Nutznießung; mit Ausnahme der griechischen Städte ging das Eigentumsrecht oder das Verfügungsrecht über alle Grundstücke in Ägypten dem König nie verloren.« [329]

Im Lichte dieser Feststellung müssen wir das Vorkommen von »privatem« Getreideland betrachten. Rostovtzeff ist der Meinung, daß solches Land bereits im pharaonischen Ägypten existierte [330]; und was wir von der früheren Zeit wissen, bestätigt seine Annahme. Wir müssen dabei aber zweierlei bedenken; erstens, in pharaonischen Zeiten war das Landeigentum im allgemeinen unsicher, und zweitens, die ptolemäischen (griechischen) Herren Ägyptens gebrauchten den Ausdruck »privat« in sehr freier Weise.

ren beschränkt«. Unsere Analyse zwingt uns, Christensens Meinung, daß das Partherreich ein »vollentwickeltes Feudalsystem« gekannt habe, abzulehnen. Daß die institutionelle Ordnung sich grundsätzlich wandelte, als das Reich sich »in eine Reihe von selbständigen Vasallenfürstentümern« auflöste, ist unwahrscheinlich. Analoge Fälle berechtigen uns zu der Annahme, daß die Teilfürstentümer kleinere orientalische Despotien waren, in denen einige Familien erblich die höchsten Stellen in der Regierung innehatten und sehr umfangreiche Dienstländereien besaßen. Im Sassanidenreich, das die Herrschaft der Arsakiden ablöste, setzte sich das Großkönigtum »gegenüber dem Feudaladel«, wie sich Christensen – m. E. unzutreffend – ausdrückt, wieder durch (*a. a. O.*).

324. Rostowzew, 1910, S. 246 ff.

325. Segrè, 1943, S. 88, 133.

326. Tarn, 1927, S. 113 ff.; vgl. Bikerman, 1938, S. 183 ff.; und Rostowzew, 1910, S. 249 ff.

327. Tarn, 1927, S. 123, 150 ff.

328. *A. a. O.*, S. 131.

329. *A. a. O.*, S. 150; vgl. Bell, 1948, S. 46; Schubart, 1922, S. 229 ff.; und Johnson, 1951, S. 67 ff.

330. Rostovtzeff, 1941, I, S. 289.

Das »private« Land, dessen Ausbreitung die Ptolemäer förderten, war »regulierter emphyteutischer« Besitz [331] – d. h. eine Verpachtung »verlassenen Landes... für eine lange Periode (hundert Jahre) oder für immer«. Das Recht auf einen derartigen Besitz war »übertragbar durch Veräußerung oder Vererbung und genoß bis zu einem gewissen Grade denselben Schutz wie Eigentum«[332]. Durch ihre Erweiterung des emphyteutischen Besitzes stärkten die Ptolemäer die Tendenz zum Landeigentum. Aber bis zur römischen Zeit scheint diese Entwicklung nur zu einer verhältnismäßig starken Form von Besitz geführt zu haben [333].

Das römische Zwischenspiel: Unter den Römern hat »ein wirkliches Privateigentum sich Bahn gebrochen«[334], und zwar in großem Maßstabe. Die Gründe für diese außerordentliche Entwicklung – und für ihren begrenzten Erfolg – werden wir unten im Zusammenhang mit der Behandlung der komplexen Eigentumsformen erörtern.

Der islamische Nahe Osten (die ersten Jahrhunderte): Die arabischen Eroberer Ägyptens und Syriens behielten die meisten byzantinischen Einrichtungen bei [335], darunter auch die Grundbesitzverhältnisse. Aus offensichtlichen Gründen ergriffen viele ehemalige Gutsbesitzer die Flucht [336], und diejenigen, die blieben [337], wurden des Rechtes beraubt, für die Regierung Steuern einzunehmen [338]. Neben ihnen siedelten sich angesehene Araber als Grundbesitzer auf verlassenen Gütern und auf der ehemaligen Staatsdomäne an [339]. Diese neuen Inhaber kauften und verkauften Land und konnten ihren Besitz, *qati'a* [340], vererben [341]. Aber die *qati'a* war eine emphyteutische Besitzform [342]; und es ist zweifelhaft, ob seine Inhaber das Recht hatten, ungehindert Bauernland hinzuzukaufen. Ihren byzantinischen Vorgängern war dies gesetzlich untersagt gewesen [343]; und der neue arabische Staat war sicher ebenso wie die Beamten Ostroms bestrebt, und wohl besser befähigt, die regulierten Dörfer zu schützen. Scheinbar nahmen die *qati'a*-Besitzungen an Umfang zu [344], aber sie blieben in den Händen einer kleinen Führerschicht. Die

331. *A. a. O.*, S. 290.
332. Berger, 1950, S, 314.
333. Wilcken, 1912, S. 285 ff.; vgl. Tarn, 1927, S. 150.
334. Wilcken, 1912, S. 307; vgl. Bell, 1948, S. 74.
335. Wellhausen, 1927, S. 32.
336. Becker, IS, I, S. 237.
337. Vgl. Tritton, 1930, S. 146 ff.
338. Steinwenter, 1920, S. 51.
339. Becker, IS, I, S. 237; vgl. *ders.*, 1903, S. 94.
340. Vgl. Wellhausen, 1927, S. 275.
341. Becker, 1903, S. 94.
342. Becker, IS, I, S. 238.
343. Johnson, 1951, S. 86.
344. Becker, IS, I, S. 237.

Masse der arabischen Stammesgenossen lebte in Militärlagern [345]; und erst nach mehreren Generationen dehnten sich die *qati'a*-Besitzungen in die Dörfer hinein aus [346].

Wir brauchen hier nicht Schritt für Schritt das Aufkommen eines neuen Systems von Landbesitz zu verfolgen, dessen Nutznießer zugleich Steuerpächter und Dienstlandinhaber waren [347]. Dieses System erscheint deutlich und folgerichtig in der Mameluckengesellschaft.

Die Mameluckengesellschaft: Im Anfang der Mameluckenherrschaft wurde so ziemlich das ganze anbaufähige Land in vierundzwanzig Einheiten aufgeteilt, die entweder der unmittelbaren Kontrolle seitens des Sultans unterstanden oder die als Dienstland zugewiesen wurden [348]. Privates Land, *mulk,* fehlte fast ganz [349]. Seine spätere Zunahme erfolgte zumeist mittels eines komplizierten Verfahrens, das es dem Inhaber von Dienstland zur Pflicht machte, einen Teil seiner Ländereien dem Schatzamt zu übergeben, ehe er ihn entweder direkt oder durch einen Mittelsmann von der Regierung kaufte [350].

Aber während das private Land *(mulk)* bis zum Ende der Mameluckenzeit sich ständig vermehrte, blieb es nur eine von mehreren Grundbesitzarten, die ein Beamter (gewöhnlich ein Militärbeamter) innehaben konnte. Dieser konnte Dienstland *(iqtā)* und *mulk* als Pensionsland besitzen [351]; außerdem mochte er auch eine von ihm geschaffene religiöse Stiftung *(waqf)* verwalten [352], die ihm und seiner Familie nach menschlichem Ermessen ein festes Einkommen gewährleistete.

Die ottomanische Türkei: Die türkischen Sultane gaben dem staatlichen Lande demonstrativ den Vorrang, indem sie das Privateigentum an Land so gut wie ganz abschafften [353]. Es scheint aber von Anfang an einige wenige »Volleigentümer an Land« gegeben zu haben [354]; und örtliche Große *(a'yāns)* erwarben *mulk,* vielleicht durch Umwandlung von Dienstland und von anderen Arten des Grundbesitzes [355]. Aber bis zum 19. Jahrhundert blieb das meiste Land unter staatlicher Kontrolle; die Regierung vergab einen Teil als

345. Becker, 1903, S. 121 ff.; Wellhausen, 1927, S. 31 ff.

346. Becker, 1903, S. 121 ff.

347. *Ders.,* IS, I, S. 239 ff.

348. Poliak, 1939, S. 24.

349. *A. a. O.,* S. 36. Poliak nimmt an, daß Privatländereien am Anfang der Mameluckenperiode in Syrien »zahlreich« waren.

350. *A. a. O.,* S. 36 ff.

351. *A. a. O.,* S. 32 ff.

352. *A. a. O.,* S. 39.

353. Gibb und Bowen, 1950, S. 236, 258, Anm. 4; vgl. Poliak, 1939, S. 46. Dies bezieht sich im wesentlichen auf anbaufähiges Land und Weiden. Haus und Hof waren immer *mulk;* Weinberge und Obstgärten wurden gewöhnlich so klassifiziert (Gibb und Bowen, 1950, S. 236).

354. *A. a. O.,* S. 238.

355. *A. a. O.,* S. 256.

Dienstland oder *waqf* und besteuerte den Rest mit Hilfe von Steuerpächtern[356].

Die Steuerpächter besaßen viele Vorrechte. In den nichtarabischen Provinzen war es ihnen erlaubt, einen freigewordenen Bauernhof[357] einem Einwohner eines anderen Dorfes zu übergeben, aber »nur nachdem er ihn den Bauern des Dorfes, zu dem das betreffende Land gehörte, angeboten hatte«[358]. In den arabischen Provinzen näherte sich ihre Stellung im 18. Jahrhundert derjenigen der Inhaber von Militärdienstland an. In Ägypten wurde ihnen ein Zehntel aller Dorfländereien unter dem Namen *wasîya* zugewiesen. Sie konnten dieses *wasîya*-Land veräußern, aber nur an einen anderen Steuerpächter und nur wenn sie zugleich dem Käufer einen entsprechenden Teil ihres Amtsgebietes übertrugen[359]. In den arabischen Reichsteilen konnten die *fellahs* ihr Land »an andere *fellahs*« verkaufen[360]. Bezüglich der arabischen Gebiete stellen Gibb und Bowen ausdrücklich fest, daß die für das Einnehmen der Steuern verantwortliche Person »einem *fellah* sein Land nicht wegnehmen durfte, außer wenn er seine Steuer nicht entrichtete«[361]. Die Mehrzahl der Bauern in den nichtarabischen sowie in den arabischen Provinzen bestand also aus erblichen Inhabern zugewiesenen oder regulierten staatlichen Landes[362].

Die Vorrechte der Steuerpächter und der Inhaber zugewiesener Ländereien geben Anlaß zu wichtigen Fragen; aber diese beziehen sich alle auf Aspekte des staatlich kontrollierten Landes. Da diese Art des Grundbesitzes die Masse des bebauten Gebietes umfaßte, fühlen wir uns berechtigt, den islamischen Nahen Osten bis zum 19. Jahrhundert dem semikomplexen Typ der orientalischen Eigentums- und Gesellschaftsordnung zuzurechnen.

Die Mayagesellschaft: Über den Charakter des Grundbesitzes der Maya besitzen wir kein klares Bild[363]. Es gab wahrscheinlich etwas privates Land[364], aber das meiste anbaufähige Land scheint »gemeinschaftliches« (reguliertes) Land gewesen zu sein[365].

Mexiko vor der spanischen Eroberung: Die älteren Quellen stimmen darin

356. *A. a. O.*, S. 237. Diese Autoren zitierten einen Bericht, demzufolge die »*Sipâhis*« das staatliche Land, das sie innehatten, »später« in Privatbesitz verwandelten (*a. a. O.*, S. 188, Anm. 6). Unglücklicherweise sagen sie nicht, wann diese Entwicklung sich vollzog und wie weit sie ging.

357. Einen Bauernhof, dessen verstorbener Eigentümer keine Erben hatte (*a. a. O.*, S. 239).

358. *A. a. O.*

359. *A. a. O.*, S. 261.

360. *A. a. O.*, S. 258.

361. *A. a. O.*

362. *A. a. O.*

363. Roys, 1943, S. 36.

364. *A. a. O.*, S. 37.

365. Landa, 1938, S. 111; Tozzer, 1941, S. 96 und Anm. 429; Roys, 1943, S. 37.

überein, daß die Masse des Landes, hier wie in Yukatan und Peru, staatlich kontrolliert war. Die Mehrzahl aller Bauern (und Städter) lebte in regulierten Gemeinden *(calpulli)* [366]. Aber es gab auch private Ländereien, *tierras proprias patrimoniales* [367], die von an die Scholle gebundenen Bauern, *mayeques* [368], bestellt wurden.

Nach Zurita war das Privatland eine alte Einrichtung [369]. Entstand es aus Schenkung oder Verkauf? Und wie frei konnten seine Inhaber darüber verfügen? Örtliche Beamte durften *calpulli*-Ländereien verkaufen, wenn darauf keine Dienstbarkeiten lasteten; und wie bereits berichtet wurde, waren die Käufer dieser Grundstücke – die unter dieser Bedingung veräußert werden durften – Mitglieder der herrschenden Familien und daneben »einige Beamte oder Kaufleute« [370]. Die Masse des *calpulli*-Landes war jedoch mit schweren ständigen Verpflichtungen belastet; sein Ertrag sollte die Angehörigen der *calpulli* selbst, die Beamten der örtlichen und der Zentralregierung, Garnisonen und Tempel erhalten [371]. Folglich war das für Verkauf verfügbare Land wahrscheinlich nicht umfangreich [372].

Es ist nicht klar, bis zu welchem Grade die *tierras proprias patrimoniales* aus dem Verkauf von *calpulli*-Land hervorgingen. Einige, vielleicht sogar viele dieser privaten Güter mögen Schenkungen der Herrscher an verdiente Personen gewesen sein. Im Gegensatz zu den allodialen Gütern des feudalen Europa verblieben die *tierras proprias patrimoniales* unter der Gerichtsbarkeit der Regierung [373]; und im Gegensatz zu den Leibeignen allodialer oder feudaler Güter dienten die mexikanischen *mayeques* dem Staate »in Kriegs- und Notzeiten« [374]. Diese Formel ist verständlich: Im aztekischen Mexiko, wie in anderen hydraulischen Gesellschaften, bestimmte die Regierung einseitig, welcherlei Dienste sie benötigte.

Da die privaten Ländereien kein Dienstland waren, war die Regierung nicht daran interessiert, daß sie ungeteilt blieben. Da sie weder allodiale noch feudale Ländereien waren, konnte der Eigentümer sie nicht mittels Testament als Fideikommiß vererben: *»no son de mayorazgo«* [375]. Tatsächlich ähnelten die privaten Ländereien Altmexikos dem Pfründenland anderer orientalischer Gesellschaften ebenso wie sie von dem starken Landeigentum des feudalen und nachfeudalen Europas verschieden waren. Aller Wahrscheinlichkeit nach

366. Monzon, 1949, S. 45 ff.
367. Zurita, 1941, S. 148.
368. A. a. O., S. 143 ff., 148 ff., 152 ff.
369. A. a. O., S. 144.
370. Oviedo, HGNI, II, Teil 2, S. 535.
371. Monzon, 1949, S. 41 ff.; vgl. Oviedo, HGNI, II, Teil 2, S. 535 ff.
372. Monzon, 1949, S. 45.
373. Zurita, 1941, S. 153, vgl. 144.
374. A. a. O., S. 153.
375. A. a. O., S. 144.

umfaßten sie einen kleineren Teil des bebauten Landes als die privaten Ländereien in Babylonien oder in der früh-islamischen Gesellschaft. Nach einer Schätzung besaß der private Grundbesitz in Altmexiko nur geringe Bedeutung [376]. Nach einer anderen [377] mag er etwas mehr als zehn Prozent des gesamten bebauten Gebietes betragen haben.

III. Komplexe Formen hydraulischer Eigentums- und Gesellschaftsentwicklung

Die orientalischen Gesellschaften, in denen es weniger privates als staatlich kontrolliertes Land gab, sind zahlreich. In den höheren Kulturen Süd- und Mittelamerikas zur Zeit der spanischen Eroberung war das private Land bedeutungslos. Es war von untergeordneter Bedeutung in Indien, Sumer, Babylonien, Persien, den hellenistischen Monarchien des Nahen Ostens und in der islamischen Gesellschaft. In den ersten Phasen der staatlichen Entwicklung Chinas scheint es ebenso unbedeutend gewesen zu sein wie im vorspanischen Amerika; und als die chinesische Gesellschaft unter dem Druck innerasiatischer Kräfte zeitweilig die freien Formen des Landeigentums, die am Ende der Tschou-Zeit und während der Herrschaft der kaiserlichen Dynastien Tsch'in und Han überwogen, aufgeben mußte, gelangten dort regulierte Formen des Grundbesitzes aufs neue zur Herrschaft.

Unsere Übersicht bestätigt somit die These, die wir am Anfang unserer Untersuchung der hydraulischen Grundbesitzverhältnisse hypothetisch aufstellten: Bis zur neueren Zeit, der Zeit des institutionellen Verfalls und Überganges, dürfte privates Landeigentum im Nahen Osten nur unter den Römern vorgeherrscht haben; es war zweifellos die wichtigste Landbesitzform in China seit den letzten Jahrhunderten des ersten Jahrtausends v. Chr. bis zum 5. Jahrhundert n. Chr., und nach einem Zwischenspiel von fast drei Jahrhunderten herrschte es wiederum und zwar bis zur Gegenwart vor.

Der römische Nahe Osten: Entwickelten solche klassischen hydraulischen Länder wie Ägypten unter römischer Herrschaft wirklich eine komplexe Eigentumsordnung? Die Eroberer führten in der Tat Privateigentum an Land im Sinne des Provinzialrechts ein [378]; und im byzantinischen Ägypten besaßen am Vorabend der arabischen Eroberung die »Mächtigen«, die *dynatoi*, zweifellos große Grundbesitzungen. Aber wie weit verbreitet war Eigentum an Land zu Beginn der römischen Herrschaft? Und in welchem Maße war es die herrschende Besitzform während des 5. und 6. Jahrhunderts?

Unter römischem Einfluß wurde Privatland geschaffen durch Schenkun-

376. Monzon, 1949, S. 45.

377. In einem Memorandum über den Grundbesitz im vorspanischen Mexiko, das Dr. Paul Kirchhoff für die vorliegende Untersuchung verfaßt hat.

378. Mommsen, 1921, S. 573, Anm. 1; Wilcken, 1912, S. 287; Bell, 1948, S. 74.

gen [379], durch Verwandlung von Kleruchenland (Militärdienstland) [380] und durch Verkauf und Schenkung anderer Arten staatlichen Landes [381]. Die Ergebnisse dieser Entwicklung waren von den hellenistischen Verhältnissen sehr verschieden; aber selbst diejenigen Gelehrten, die die qualitativen Unterschiede betonen [382], weisen meist sorgfältig auch auf ihre quantitative Beschränkung hin. Der größte Teil des ehemaligen Kleruchenlandes wurde unmittelbar nach der römischen Eroberung von Augustus eingezogen, weil es seine militärische Funktion verloren hatte [383]; und von den privaten Ländereien, die als Ergebnis von Schenkungen oder Verkäufen zeitweilig entstanden, wurden »die meisten« bald wieder kaiserliches Eigentum [384]. Daher »war nach wie vor das beste Land zum größten Teil königliche Domäne und behielt auch die Bezeichnung königliches Land« [385]. Und da es hauptsächlich die größeren Landbesitzungen waren, die konfisziert wurden, scheint privates Land überwiegend kleineren Eigentümern gehört zu haben. Dies gilt insbesondere für Ägypten und Kleinasien. In Syrien und Palästina sollen große Landbesitzungen häufiger gewesen sein [386].

Die Bedeutung des privaten Landeigentums erreichte angeblich einen zweiten Höhepunkt am Vorabend der arabischen Eroberung, insbesondere im byzantinischen Ägypten. Welches waren die wirklichen Grundbesitzverhältnisse in Ägypten während dieser Periode? Die Bauern, die infolge außerordentlichen fiskalischen Drucks sich zunehmend vom Ackerbau abwandten – nicht wenige liefen aus ihren Dörfern fort –, wurden der Gegenstand umfassender »Reformen«. Die Regierungskontrolle, die die Form permanenter Zwangspacht (*epibolè*) annahm, verschärfte sich mehr und mehr [387]. Immer mehr wurden die Bauern zu dauernden Inhabern von Ländereien, die sie nicht aufgeben durften. Als *coloni* wurden sie an das Land gebunden, das im Rahmen einer streng geregelten Dorfgemeinde ihr »privater« Besitz wurde [388]. Der fortgesetzte Steuerdruck veranlaßte viele Bauern, »mächtige« Schutzherren zu su-

379. Johnson und West, 1949, S. 18, 39.

380. Wilcken, 1912, S. 298, 303.

381. A. a. O., S. 298, 307 f.; Bell, 1948, S. 74.

382. Wilcken, 1912, S. 287, 302, 307.

383. A. a. O., S. 303.

384. A. a. O., S. 298, 302; Johnson und West, 1949, S. 18.

385. Bell, 1948, S. 73. Auf Grund mehrerer Jahrzehnte zusätzlicher Forschung bestätigt Bell Mommsens 1885 vorsichtig formulierte Feststellung, daß die kaiserliche Domäne einen beträchtlichen Teil des Gesamtlandes darstellte, wie das auch in der vorrömischen Zeit der Fall gewesen war (Mommsen, 1921, S. 573). Johnson und West (1949, S. 22) weisen darauf hin, daß die römische Krone »die große Masse des anbaufähigen Landes als ihr Eigentum behielt«; und Johnson (1951, S. 92) nennt »den Umfang des privaten Landeigentums in der römischen Zeit . . . gering«.

386. Vgl. Johnson, 1951, S. 72 ff.

387. Wilcken, 1912, S. 312, 319 ff., 322.

388. S. a. a. O., S. 322.

chen, vor allem Angehörige der herrschenden Klasse oder die Kirche [389]. Die individuellen Schutzherren, die bis 415 *patroni* hießen und Vollbesitzer des Landes waren [390], setzten sich nicht allgemein durch – viele Dörfer blieben unmittelbar dem Fiskus und der kaiserlichen Verwaltung unterworfen [391]. Sie vereinigten »ihre« Bauern auch nicht in einer typischen, großagrarischen Gutswirtschaft [392], obwohl ihre Ländereien mangels eines besseren Ausdrucks gewöhnlich als »Güter« *(estates)* bezeichnet werden.

Das Edikt vom Jahre 415, das die Stellung der großen Landbesitzer anerkannte, bestätigte zugleich das Anrecht der Regierung auf die fiskalischen und die Frondienste, die die landbesitzenden *coloni* vorher geleistet hatten [393]. Den Inhabern der neuen »Güter« wurde die Einnahme der Steuern anvertraut, die ihre *coloni* dem Staat zu entrichten hatten. Aber obgleich diese Funktion den neuen Grundbesitzern große Macht verlieh [394], hielt der Staat kompromißlos an seinen fiskalischen Rechten fest: »der Steuersatz war für alle derselbe« [395]. Somit waren die Grundbesitzer in bezug auf den fiskalischen Kernpunkt nicht bevorrechtet: »Es gibt nicht den geringsten Anhalt dafür, daß ihr Steuersatz niedriger gewesen wäre als der der anderen.« [396]

389. *A. a. O.*, S. 322 ff.; Hardy, 1931, S. 22, 25, 136, 138; Johnson und West, 1949, S. 22 ff., 65; Johnson, 1951, S. 97; vgl. Bell, 1948, S. 122 ff.

390. Vgl. Wilcken, 1912, S. 323; Johnson und West, 1949, S. 46; und Hardy, 1931, S. 230.

391. Hardy, 1931, S. 54 ff.; Bell, 1948, S. 124; Johnson, 1951, S. 86, 97.

392. Hardy, 1931, S. 82 ff.; Johnson, 1951, S. 83 ff.

393. Vgl. Hardy, 1931, S. 23; und Johnson und West, 1949, S. 46.

394. S. Hardy, 1931, S. 59 ff.; Bell, 1948, S. 124 ff.; und Johnson und West, 1949, S. 30.

395. Johnson und West, 1949, S. 240.

396. *A. a. O.* Im 2. und 3. Jahrhundert scheinen zumeist munizipale Einheiten oder einzelne Geschäftsleute mit der Steuereinnahme beauftragt worden zu sein; ihre fiskalischen Aufgaben wurden ihnen als eine »Liturgie« auferlegt. Die Regierung machte von diesen liturgischen Verpflichtungen Gebrauch, um die wirtschaftliche Kraft der Eigentum besitzenden Gruppen zu zerstören (Wallace, 1938, S. 347 ff.), und sie übertrug die fiskalischen Aufgaben bürokratischen Grundbesitzern, die, auf Grund besserer politischer Beziehungen, Erfolg hatten, wo die Privatleute gescheitert waren. Aber diese Grundbesitzer waren keineswegs feudale Herren, die sich die Masse des von ihnen eingetriebenen bäuerlichen Überschusses aneigen konnten. Vom 4. bis zum 6. Jahrhundert erhielten die byzantinischen Steuereinnehmer zumeist Provisionen, nämlich etwa 2 Prozent für die Weizensteuer, 2¹/₂ für die Gerstensteuer und 5 für die Wein- und die Schweinesteuer (Johnson und West, 1949, S. 328, vgl. S. 290). Ob diese naturalsteuerlichen Sätze auch für Ägypten galten, wissen wir nicht (*a. a. O.*); wir wissen aber, daß die ägyptischen Steuereinnehmer Anspruch hatte auf eine Vergütung, die zwischen einem Achtel und einem Zwölftel der eingetriebenen Geldsteuer lag (*a. a. O.*, S. 268, 284), dies bedeutete eine Provision von 8 bis 15 Prozent. Durch Kniffe konnte er seinen Anteil bis zu 10 und sogar 20 Prozent der Geldsteuer steigern (*a. a. O.*, S. 268, 284 ff.).

Unter Justinian (um genau zu sein: im Jahre 538) erwartete die byzantinische Regierung aus Ägypten einen Steuerertrag, der den für die Zeit des Augustus berichteten übertraf [397]. Diese Tatsache wirft eine Anzahl Fragen auf, die noch keine Lösung gefunden haben [398]. Für unseren Zweck genügt es jedoch, daß die byzantinische Regierung imstande war, die ägyptischen Bauern im selben Umfang und ebenso erfolgreich zu besteuern wie die Römer unter ihrem mächtigen ersten Kaiser.

Gewiß, es gab in Ägypten am Ausgang der byzantinischen Periode große in Privatbesitz befindliche Ländereien, »Güter«. Diese entstanden unter einer bürokratischen Regierung; und sie waren größtenteils in Händen von bürokratischen Grundbesitzern und in einer offenbar bürokratischen Weise organisiert [399].

Dies alles wissen wir. Wir wissen jedoch nicht, »ob diese Güter Ägyptens Privateigentum, oder ob sie Pachtgüter waren, die dem Kaiser, der Kirche und sogar Kleinbauern gehörten« [400]. Wir wissen auch nicht, ob diese »Güter« vor der arabischen Eroberung mehr als die Hälfte des anbaufähigen Landes umfaßten. Das Gesetz untersagte den Großgrundbesitzern den freien Ankauf von Bauernland, und nach Johnson [401] »gibt es keinen Beweis«, daß dieses Gesetz »jemals ein toter Buchstabe war«. Selbst wenn der Grundbesitzer sein Land zu eigen besaß, waren seiner Stellung gesetzliche Grenzen gesetzt. Die Freiheit der Bauern war – wie wir kaum zu wiederholen brauchen – noch mehr eingeschränkt.

Die geschichtlichen Daten, die uns heute bekannt sind, lassen den Schluß zu, daß in solchen nahöstlichen Ländern wie Ägypten das private Landeigentum zu Beginn der römischen Periode nicht überwog, und sie berechtigen uns nicht zu der Annahme, daß diese Art des Eigentums sich später derart aus-

397. *A. a. O.*, S. 240.

398. Vgl. *a. a. O.*; und Johnson, 1951, S. 123.

399. Bell ist der Meinung, daß die feudale Herrschaft des Westens in kleinem Maßstabe ein Ebenbild des Königreiches war, zu dem sie gehörte, während das herrschaftliche Gut des byzantinischen Ägyptens im kleinen Maßstabe die Verhältnisse des bürokratischen Reiches wiederholte, von dem es ein Teil war; seine Organisation und seine Beamtenhierarchie waren der kaiserlichen Bürokratie nachgebildet. Es ist, wenn man ein Papyrusdokument dieser Zeit vor sich hat, in der Tat mitunter unmöglich, mit Sicherheit festzustellen, ob die Personen, deren Titel genannt werden, kaiserliche Beamte oder Dienstleute einer angesehenen Familie waren (Bell, 1948, S. 123 ff.). Diese Überschneidung der Titel ist keineswegs zufällig, sie spiegelt eine Überschneidung der Stellungen wider. Die Besitzer dieser »Güter« waren zumeist, wenn nicht ausschließlich, amtierende und nichtamtierende Angehörige der regierenden Klasse, die sogar in ihrer Eigenschaft von Grundbesitzern als Halbbeamte fungierten – als Steuerpächter und Leiter der hydraulischen und der nichthydraulischen Fron.

400. Johnson, 1951, S. 86.

401. *A. a. O.*

dehnte, daß auch nur zeitweise eine komplexe Eigentums- und Gesellschaftsordnung entstand.

China: Authentische geschichtliche Texte stellen fest, daß im 4. Jahrhundert v. Chr. das traditionelle System regulierter Felder im Staate Tsch'in abgeschafft wurde und daß seitdem Land frei gekauft und verkauft werden
durfte [402]. Die Quellen, die von den kaiserlichen Dynastien Tsch'in und Han
berichten, lassen darauf schließen, daß nach der Einigung Chinas privates
Landeigentum allgemein verbreitet war [403]. Als im ersten vorchristlichen
Jahrhundert Kaufleute große Massen beweglichen und unbeweglichen Eigentums ansammelten, ergriff die Regierung strenge fiskalische Maßnahmen, um
ihren Reichtum zu beschränken; und ein Edikt vom Jahre 119 v. Chr. untersagte ihnen, Land als Eigentum zu haben [404]. Aber dieses Edikt verhinderte
nicht Landveräußerungen zwischen Angehörigen anderer Klassen, und selbst
mit Bezug auf die Kaufleute scheint es nur zeitweilig gegolten zu haben.

Unglücklicherweise lassen die Geschichtsquellen wichtige Aspekte der agrarischen Entwicklung im dunkeln; und dies gilt sowohl für die erste Periode
komplexer Eigentumsverhältnisse wie für die darauf folgende, im 5. Jahrhundert n. Chr. beginnende Periode einer regulierten agrarischen Ordnung,
die bis zur Mitte des 8. Jahrhunderts währte. Unsere Quellen befähigen uns
jedoch, wenigstens die wichtigsten Tendenzen in diesen Perioden klarzustellen [405]. Während des letzten Jahrtausends reservierten Eroberedynastien
Ländereien für ihre Stammesgenossen sowie für einzelne Chinesen, die sich
den siegreichen Eindringlingen angeschlossen hatten; für die Masse ihrer chinesischen Untertanen behielten sie aber das private Landeigentum bei. Man
hat geschätzt, daß während der Endphase der Tsch'ing-(Mandschu-)Dynastie
das Land der mandschurischen, mongolischen und chinesischen Banner zusammengenommen etwa 4 Prozent, das in Privateigentum befindliche Land fast
93 Prozent umfaßte [406].

Wenn auch vor dieser Zeit das nichtstaatliche Land bisweilen nicht mehr
als die Hälfte allen Landes betragen haben mag [407], und wenn auch Klau-

---

402. *Han Shu,* 24A. 14b.

403. *A. a. O.,* 11a–b, 14b–15a,

404. *Shih Chi,* 30. 11a, 15a ff.; *Han Shu,* 24B. 12a, 14a ff.

405. Wan, KT, 1933, S. 163 ff.; vgl. Balázs, BWT, I, S. 43 ff.

406. Buck, 1937, S. 193. Die von Dr. Buck zitierte Schätzung veranschlagt das in
Privateigentum befindliche Land auf 92,7 Prozent, das den Mandschu-Adligen zugewiesene Land zusammen mit etwas »Kronland« auf 3,2 Prozent und das »staatliche Land« (für den Unterhalt von Schulen und für religiöse Zwecke, d. h. den
Staatskult) auf 4,1 Prozent. Diese Zahlen sind Annäherungswerte. Sie lassen das
private Ahnen- und Tempelland – das nach derselben Quelle weniger als 0,05 Prozent umfaßte – unberücksichtigt.

407. *Agrarian China,* S. 2.

seln aller Art ein Vorkaufsrecht (hauptsächlich) für Verwandte festsetzten [408], ging China augenscheinlich weiter als alle anderen größeren orientalischen Kulturen in der Entwicklung privaten Landeigentums.

Die Gründe für diese außerordentliche Entwicklung sind keineswegs klar, aber auf Grund der Tatsachen darf man gewisse Vermutungen aussprechen. In China vollzogen sich die entscheidenden Änderungen der Eigentumsordnung nach der Mitte des ersten Jahrtausends v. Chr., als mehrere wichtige Kulturelemente zur gleichen Zeit erschienen: das Pflügen mit Ochsen, die Verwendung des Eisens und die Reitkunst. Wir möchten dieses zeitliche Zusammenfallen nicht als bedeutungslos betrachten. Keines jener Elemente war in den hydraulischen Zonen des vorspanischen Amerikas vorhanden; und im Nahen Osten und Indien wurden sie im Laufe einer langen Entwicklung nacheinander wirksam. In den beiden letztgenannten Gebieten war seit dem Beginn der geschriebenen Geschichte das Pflügen mit Arbeitstieren bekannt, während das Eisen später erschien, und die Reitkunst noch später. Sollte das gleichzeitige Aufkommen neuer Techniken in der landwirtschaftlichen Erzeugung, im Kriegswesen und im Schnellverkehr (und die mit den beiden letzten Faktoren verbundene Stärkung staatlicher Kontrolle) die Herren der chinesischen Gesellschaft ermutigt haben, vertrauensvoll mit außerordentlich freien Formen des Landeigentums zu experimentieren? Welcher auch immer der Grund für den schicksalsschweren Schritt gewesen sein mag – nachdem er einmal getan war, fand man ihn politisch nützlich und agronomisch und fiskalisch ertragreich.

Die chinesische Entwicklung – die weitere Untersuchungen erheischt – ist bemerkenswert, nicht nur wegen ihrer Erfolge, sondern auch wegen ihrer geographischen Begrenzung. Sie scheint sich auf einige südwestliche Nachbarländer, namentlich auf Siam, erstreckt zu haben. Aber trotz mancher kultureller Verbindung mit entfernteren asiatischen Ländern blieb das chinesische System des privaten Landeigentums im wesentlichen auf das Gebiet seiner Entstehung beschränkt.

3. WIE FREI IST DAS PRIVATE LANDEIGENTUM IN DER HYDRAULISCHEN GESELLSCHAFT?

Es gab also privates Landeigentum in vielen hydraulischen Kulturen; aber abgesehen von einer kurzen Übergangsperiode in der jüngsten Vergangenheit, gab es weniger private als öffentliche Ländereien im weiteren Sinne des Wortes. Und sogar dort, wo privates Landeigentum überwog, blieb es stets außerstande, daß Maß an Freiheit zu erreichen, das in vielzentrigen nichthydraulischen Gesellschaften möglich wurde.

408. A. a. O., S. 23 ff.

a. Despotisch erzwungene und demokratisch eingeführte
Beschränkungen des Privateigentums

Gewiß, in keiner Gesellschaft kann der Eigentümer absolut über sein Eigentum verfügen. Wo starkes Eigentum besteht, darf der Eigentümer von Ziegelsteinen sie zwar verkaufen und sie für den Bau seines Hauses verwenden, aber er darf mit ihnen nicht nach seinem Nachbarn werfen. Die frührömische Betonung der souveränen Stellung des Eigentümers ist fiskalisch bedeutsam, vom gesellschaftlichen Standpunkt jedoch unhaltbar.

Sogar steuermäßig ist der Inhaber starken Eigentums nicht unbedingt lastenfrei. In den meisten freien Gemeinwesen gilt es, eine Anzahl öffentlicher Funktionäre zu unterhalten, und wenn dies der Fall ist, müssen die Bürger bisweilen auf ihr Eigentum zurückgreifen, um die erforderlichen Mittel bereitzustellen. Man wird Beiträge aus privatem Eigentum für den Unterhalt der Regierung nur für nachgewiesenermaßen notwendige Zwecke verwenden, wenn die auf Eigentum beruhenden gesellschaftlichen Kräfte die Regierung in einer dienenden Stellung halten können. Solche Beiträge werden wachsen, und sie werden unbedenklicher ausgegeben werden, wenn eine unvollkommen kontrollierte Regierung zum Teil ihren Etat selbst bestimmt. Sie werden einseitig und vorwiegend im Interesse der Inhaber der Macht festgesetzt werden, wenn ein Staat, der stärker ist als die Gesellschaft, die Repräsentanten des Eigentums daran hindert, ihre Interessen zu schützen. Im ersten Falle finden wir starkes, wenn auch nie absolutes Eigentum; im dritten Falle ist das Eigentum schwach. In der hydraulischen Gesellschaft bleiben das unbewegliche, sowie das bewegliche Eigentum schwach selbst dort, wo das private Grundeigentum dem Umfange nach den öffentlichen Landbesitz übertrifft.

b. Beschränkungen der Freiheit des Genusses, des Gebrauches, der
Übertragung und der Organisation

Die orientalische Despotie beschränkt einseitig den Landeigentümer in seiner Freiheit, die Früchte seines Eigentums zu genießen, dessen Gebrauch zu bestimmen, es nach eigenem Ermessen testamentarisch zu vererben und es mittels einer politischen Organisation zu schützen.

Die agrardespotische Regierung verlangt von allen Landinhabern Abgaben, entweder für sich oder für bevorrechtete Personen und Einrichtungen (Tempel, Moscheen, Kirchen); und sie bestimmt die Grundsteuer auf einseitige Weise, d. h. im Interesse der Herrscher. Pachtverhältnisse mögen den privaten Sektor differenzieren; und die wechselnde Stärke örtlicher und zentraler Behörden kann die Verteilung der staatlichen Einnahmen innerhalb der bürokratischen Ordnung verschieben. Aber all dies ändert nicht den grundlegenden Tatbestand, daß die Eigentümer und Besitzer von Land den Vertretern des Staates einen beträchtlichen Teil ihrer Einkünfte überliefern müssen.

Diese Regelung der Dinge betrifft unmittelbar die Erträge des produktiven Landeigentums. Mittelbar beeinflußt und beschränkt sie die Verwendungsmöglichkeit eines gegebenen Grundstückes. Die Regierung stützt ihre Steuerforderungen auf die Erwartung, daß die Bauern Pflanzen anbauen, die einen gewissen Ernteertrag liefern. Diese Forderungen zwingen den Bauern, sich auf die übliche Feldfrucht, oder den üblichen Ersatz für sie, zu konzentrieren. Gelegentlich – und insbesondere in regulierten agrarischen Ordnungen – mag die Regierung ausdrücklich vorschreiben, daß bestimmte Pflanzen oder Bäume (Reis, Mais, Oliven, Hanf, Baumwolle, Maulbeerbäume) gezogen werden; und in diesen Fällen ist die Freiheit des Eigentümers, über die Verwendung seines Landes zu entscheiden, auf Null reduziert. Häufig ist aber die Regierung damit zufrieden, anzuordnen, wieviel ihr abgeliefert werden soll. In beiden Fällen ergibt sich eine rohe Planwirtschaft, die die Freiheit des Produzenten, über den Anbau zu entscheiden, wesentlich verringert.

Die Beschränkungen, denen das Recht, letztwillig über das Eigentum zu verfügen und seine Verteidigung zu organisieren, unterliegt, wurden in einem vorhergehenden Kapitel erörtert. Die hydraulischen Erbgesetze zerstückeln das in Privateigentum befindliche Land. Die Ohnmacht des Landeigentümers, seine Stellung durch unabhängige nationale und politisch wirksame Organisationen zu festigen, ist ebenso offensichtlich in komplexen wie in semikomplexen und einfachen hydraulischen Gesellschaften.

Dies heißt nicht, daß das Übergewicht des privaten Landeigentums und die Verbreitung des Großgrundbesitzertums in solchen Ländern wie China gesellschaftlich belanglos war. Keineswegs. Die weite Verbreitung des großen Landbesitzes modifizierte die Beziehungen zwischen den amtierenden und nichtamtierenden (Gentry-)Elementen der herrschenden Klasse erheblich, aber sie führte nicht dazu, das Landeigentum zu festigen oder unabhängige Organisationen von Landeigentümern entstehen zu lassen. Vom fiskalischen, juristischen und politischen Standpunkt aus war das private Landeigentum zur Zeit des endgültigen Zusammenbruchs der traditionellen chinesischen Gesellschaft ebenso schwach wie es zur Zeit ihrer Geburt gewesen war.

I. DIE WIRKUNG DES PRIVATEIGENTUMS
AUF DIE HYDRAULISCHE GESELLSCHAFT

I. DER BESTAND DER HYDRAULISCHEN GESELLSCHAFT
HÄNGT AB VON DER AUFRECHTERHALTUNG
IHRER EIGENTUMSVERHÄLTNISSE DURCH DEN STAAT

All diese Tatsachen berechtigen uns, einige allgemeine Schlußfolgerungen zu ziehen. Erstens, die hydraulische Gesellschaft kennt, ebenso wie andere institutionelle Ordnungen, das Privateigentum. Über längere Zeiträume gesehen ist das menschliche Leben unmöglich, ohne die Beziehungen zwischen Personen, Sachen und Diensten öffentlich anzuerkennen und zu regeln. Selbst der Sträfling besitzt seine Kleider, während er sie am Leibe trägt; und viele Sklaven besitzen nicht nur ihre Kleider, sondern auch gewisse andere Gegenstände. Ein Leibeigener besitzt außer seinem Lande eine Vielzahl von Dingen.

Zumeist werden Besitz (und Eigentum) gewohnheitsmäßig anerkannt. Wo es ein geschriebenes Recht gibt, ist es üblich, wichtige Formen des Eigentums durch besondere Vorschriften anzuerkennen und zu regeln.

Dies gilt für alle Gesellschaften einschließlich derer, die despotisch regiert werden. Elementare Vernunftgründe erfordern, daß selbst ein Herrscher, der Gesetze einseitig und despotisch schaffen und ändern kann, vermeidet, sie unnötig aufzuheben, da dies ihrer Geltung schadet. Ein Herrscher handelt um so zweckrationaler, je mehr er die Normen befolgt, die er seinen Untertanen auferlegt hat. Dies trifft auch für diejenigen Normen zu, die sich auf das Privateigentum beziehen.

Der orientalische Despot mag Land kaufen und verkaufen [409]. Er mag private Handwerker Gegenstände für sich erzeugen lassen und sie zuzeiten reichlich entgelten. Er kann auch unmittelbar von Händlern kaufen. In all diesen Fällen kann er – aber er muß nicht – einen niedrigen Preis festsetzen. Im moskowitischen Rußland scheint dies die Regel gewesen zu sein [410], und im klassischen Zeitalter von Hindu-Indien hatten die Kaufleute den Betrag anzunehmen, den der Schätzer des Königs angemessen fand [411]. Die Tatsache, daß der Herrscher und seine Beamten für gewisse Waren und Dienste bezahlen, hebt offenbar den despotischen Charakter des Regimes nicht auf. Sie zeigt nur, daß im großen und ganzen das Regime auf der Grundlage der juristischen und eigentumsmäßigen Normen vorgeht, die es geschaffen hat.

Was für die orientalische Despotie gilt, gilt auch für den modernen Apparatstaat. Ein oberflächlicher Betrachter kann aus dem Vorhandensein von Eigentumsgesetzen auf das Bestehen eines »Rechtsstaates« schließen. Aber ein realistischer Analytiker wird die Hitlerregierung nicht so einschätzen, weil sie das jüdische Eigentum nach Maßgabe der Nürnberger Gesetze behandelte; und er wird den absolutistischen Charakter des frühen Sowjetregimes nicht deshalb in Abrede stellen, weil der Staat von individuell produzierenden Bauern Getreide zu staatlich festgesetzten Preisen kaufte.

---

409. Scheil, 1900, S. 86, 99; Meissner, BA, I, S. 367; Cuq, 1929, S. 130; vgl. Speiser, 1942, S. 59.

410. S. oben, Kap. 6.

411. *Jātakam*, II, S. 37 ff.; für die Funktion des Taxators s. auch IV, S. 160 ff.

Privateigentum ist ein entscheidender Bestandteil der hydraulischen Gesellschaft; es nimmt dort viele Formen an. Privateigentum und Privatunternehmen können sich in Handwerk und Handel ausbreiten, und sie können auch in der Landwirtschaft zunehmen und sogar überwiegen. Die Vertreter semikomplexer und komplexer Eigentumsarten unterhalten zueinander und zum Staate Beziehungen, die sich erheblich von denen unterscheiden, die die Repräsentanten einfacher Eigentumsarten unterhalten. Diese Einsicht ermöglicht uns, auf Grund der verschiedenen Entwicklung des Eigentums verschiedene Unterformen der hydraulischen gesellschaftlichen Ordnung zu unterscheiden.

3. KLEINBESITZ SCHAFFT ERHEBLICHE WIRTSCHAFTLICHE ANTRIEBE, ABER KEINE POLITISCHE MACHT

a. Antriebe, die aus privatem Besitz und Eigentum entspringen

Die technischen Vorzüge, die der Einsatz großer Arbeitsgruppen mit sich bringt, mögen ebenso groß oder größer sein als die Leistungen, die der Einzelne oder einige zusammenarbeitende Verwandte erzielen können. Aber wenn diese technischen Vorzüge gering sind oder ganz fehlen, dann machen sich die Antriebe, die der individuellen Tätigkeit innewohnen, zunehmend geltend.

Individuelle Tätigkeit braucht nicht auf Eigentum zu beruhen. Der Inhaber eines Grundstückes kann nur dessen Besitzer, nicht sein Eigentümer sein, aber im vormaschinellen Zeitalter und unter entsprechenden technischen Verhältnissen wird er wahrscheinlich mehr erzeugen als der Angehörige einer Arbeitsgruppe, der für Lohn arbeitet. In der ganzen hydraulischen Welt finden wir daher vorwiegend Bauern, die ihr Land individuell bestellen; und wo Arbeitstiere die Vorteile individueller Bebauung steigerten, ersetzte der bäuerliche Kleinbetrieb auch das einzige bedeutsame System kollektiver Argrikultur, das System der öffentlichen Felder. Im Handel und im Gewerbe beruht Privatunternehmen gemeinhin auf Privateigentum. In der Landwirtschaft genügt in der Regel Privatbesitz, um den Bauern zur sorgfältigen Bestellung seiner Felder anzuspornen. Das Pachtsystem hat ebenso wie das Bauerneigentum eine gartenbauartig intensive Landwirtschaft gefördert.

Allerdings wünscht der Pächter leidenschaftlich, Eigentümer der von ihm besessenen Ländereien zu werden. Und selbst unter der drückendsten Steuerlast halten die meisten Bauern-Eigentümer an ihren Feldern fest; sie hoffen, daß der irrationale Steuerdruck abnehmen wird, ehe sie ihr Eigentum aufgeben müssen.

Das auf Privateigentum beruhende Handwerk schuf viele schöne Gegenstände (Textil-, Holz-, Leder- und Metallarbeiten), die den Beobachter der hydraulischen Kultur mit Bewunderung erfüllen; und die hydraulischen Bauern, die ihre Felder individuell bebauten, waren im Durchschnitt geschickter und produktiver als die Leibeigenen des mittelalterlichen Europas. Dies war der Fall, selbst wenn diese Bauern nur die erblichen Besitzer regulierten Landes waren; und es war um so mehr der Fall, wenn sie Pächter oder Eigentümer privaten Landes waren. Die außerordentliche Intensität der chinesischen Landwirtschaft ist wahrscheinlich dem Umstande zu verdanken, daß das bäuerliche Privateigentum hier weiter verbreitet war als in irgendeiner anderen größeren hydraulischen Kultur [412].

b. Bettlerbesitz

Kleines Privateigentum (Besitz und volles Eigentum) war augenfällig in semikomplexen hydraulischen Gesellschaften. Es wurde noch viel augenfälliger, insbesondere im Bereich der Landwirtschaft, in komplexen orientalischen Gesellschaften. Wurde es im ersten oder im zweiten Falle ein wichtiger politischer Faktor?

Vom Standpunkt einer vielzentrigen, auf Eigentum beruhenden Gesellschaft erscheint die Frage durchaus sinnvoll. Kleinbesitzer (Handwerker und Bauern) spielten eine immer größere politische Rolle im klassischen Griechenland. Unabhängige Handwerker übten einen führenden Einfluß aus in vielen von Zünften beherrschten Städten des mittelalterlichen Europas; und im Verein mit den Bauern waren sie ein bedeutsames Element in den demokratischen Regierungen der Schweiz. In einer Anzahl vorwiegend agrarischer Staaten Nordamerikas, in denen Riesenfarmen und Großerzeugung noch nicht vorherrschen, ist bei den Wahlen die Stimme der Farmer eine entscheidende Macht. Obgleich heute die Farmer weniger als 15 Prozent der amerikanischen arbeitenden Bevölkerung ausmachen, sind sie besser organisiert denn je, und sie sind nach wie vor eine erhebliche regionale und nationale politische Macht.

Es ist unnötig, hier die potentielle politische Bedeutung der Arbeiterschaft zu betonen – einer sozialen Schicht, deren entscheidende wirtschaftliche Wich-

---

412. Die feudalen Grundbesitzer Japans unterhielten, im Gegensatz zu ihren europäischen Standesgenossen, keine großbetriebsmäßige Gutswirtschaft. Die japanischen Bauern bestellten ihre Felder individuell und unter Bedingungen, die mehr einem Pachtverhältnis als der Leibeigenschaft ähnelten. Auf der Grundlage einer sehr verfeinerten Bewässerungswirtschaft entwickelten auch sie eine halb gartenbaumäßige Form der Agrikultur. Dies kann nicht nur aus geographischen Verhältnissen erklärt werden. Die Japaner übernahmen von ihren kontinentalen chinesischen Nachbarn weder den semimanagerialen bürokratischen Absolutismus noch das System des privaten Landeigentums. Aber innerhalb des Rahmens feudaler politischer und sozialer Verhältnisse gewährten die japanischen Adligen ihren Bauern den größtmöglichen wirtschaftlichen Anreiz, den ihre allgemeine gesellschaftliche Ordnung zuließ.

tigkeit auf ihrer Fähigkeit zu arbeiten beruht. Freie Arbeit wurde eine politische Macht im alten Griechenland in einer Reihe von Stadtstaaten während der letzten Phase ihrer Unabhängigkeit, und unter neuen Verhältnissen machte sie sich wiederum in der auf Privateigentum beruhenden modernen industriellen Gesellschaft geltend. Beruflich und politisch organisiert, haben die Vertreter dieser Sonderform industriellen »Eigentums« (nämlich der freien Verfügung über ihre Arbeit) in einer Anzahl industrieller Länder wie Australien, Schweden und England zeitweilig die politische und nationalökonomische Führung übernommen; und in vielen anderen Ländern, z. B. in den Vereinigten Staaten, hat ihr politischer Einfluß rasch zugenommen.

Im Gegensatz hierzu spielten Kleinbesitz und Arbeit keine vergleichbare Rolle in der hydraulischen Welt. Bezüglich der Arbeiterschaft liegen die Dinge einfach. Persönlich freie Lohnarbeiter gab es in vielen hydraulischen Kulturen [413]. Die ungelernten Arbeiter waren zum größten Teil nicht organisiert. Gelernte Arbeiter waren häufig in örtlichen und getrennten Berufsverbänden zusammengefaßt. Aber selbst wenn sie keiner strengen Regierungsaufsicht unterstanden, brachten sie es nur zu einer politisch belanglosen Form der Autonomie, einer Bettlerdemokratie.

Und die Bauern? Ganz gleich ob sie ihr Land in Besitz oder Eigentum hatten, sie blieben die Vertreter einer zerstückelten Besitz- und Unternehmensform. Im günstigsten Falle war es ihnen erlaubt, ihre im wesentlichen örtlichen Angelegenheiten innerhalb der Grenzen der ländlichen Spielart einer Bettlerdemokratie, der Dorfgemeinde, zu regeln.

Vom Standpunkt der absolutistischen Bürokratie war der Besitz der Handwerker und Bauern Bettlerbesitz – ein Besitz, der wirtschaftlich zerstückelt und politisch machtlos war [414].

---

413. S. Kees, 1933, S. 48; Hammurabi, § 273 ff.; Meissner, BA, I, S. 163, 231; und *Jātakam*, III, S. 316, 443, 488, 490.

414. Bedeuteten die Bauern eine wirtschaftliche und politische Bedrohung des sowjetischen Regimes in den ersten Jahren nach der Oktoberrevolution? Lange vor 1917 betonte Lenin die Gefahr jedes privaten Grundbesitzes (einschließlich des Bauernbesitzes) für ein sozialistisches Regime (Lenin, S, IX, S. 66 f., 213 f. und *passim);* und er änderte seine Meinung nicht, als seine Partei die Sowjetdiktatur mit Hilfe der Bauern errichtet hatte, denen man Land »gegeben« hatte (*a. a. O.,* XXVII, S. 303 ff.; XXXI, S. 483 ff.). Lenin beteuerte, daß Besitz die Menschen in »wilde Tiere« verwandelt (*a. a. O.,* XXX, S. 418); und er nannte die kleinbürgerlichen Kleinbauern die potentiellen Erzeuger des Kapitalismus und somit eine Gefahr für den Sowjetstaat (*a. a. O.,* XXVII, S. 303 ff.; XXXI, S. 483). Lenin wiederholte 1921 seinen Ausspruch von 1918, daß die »kleinbürgerlichen Elemente« der »Hauptfeind« des Sowjetregimes seien (*a. a. O.,* XXXII, S. 339). Am Vorabend des ersten Fünfjahresplanes wiederholte Stalin Lenins Formel, daß die kleinen agrarischen Produzenten die »letzte kapitalistische Klasse« darstellten (*a. a. O.,* XXXII, S. 460). Er bestand darauf, daß die individuelle Bauernschaft eine Klasse sei, die aus ihrer Mitte »Kapitalisten, Kulaken und überhaupt Ausbeuter verschiedener Art hervorbringt, sie

4. PRIVATBESITZ IM HANDEL IST POLITISCH BELANGLOS, SELBST WENN ER EINEN GROSSEN UMFANG ANNIMMT

Unter gewissen Bedingungen fanden die Vertreter der orientalischen Despotie es ratsam, den Handel fast ganz privaten Geschäftsleuten zu überlassen. Wenn dies der Fall war, wurden mehrere Kaufleute fabelhaft reich und einige wenige erfreuten sich einer angesehenen sozialen Stellung.

Wir schließen die Möglichkeit nicht aus, daß Großkaufleute irgendwo als Gruppe an der Führung despotischer Regierungen teilgenommen haben; aber die zugänglichen Quellen bieten keine Belege dafür, daß solch eine Entwicklung eine bedeutsame Rolle in irgendeiner größeren semikomplexen oder komplexen hydraulischen Gesellschaft gespielt hätte. In Babylonien, im buddhistischen Indien, im vorspanischen Mittelamerika, im islamischen Nahen Osten und im kaiserlichen China blieb das Eigentum der Großkaufleute, sogar wenn diese umfangreiche Geschäfte betrieben, politisch ohne Gewicht.

5. PROBLEME DES REICHTUMS INNERHALB DER REGIERENDEN KLASSE

Besitzprobleme ganz anderer Art entstehen innerhalb der regierenden Klasse. In einfachen hydraulischen Gesellschaften eignen sich die Herrscher und ihre Dienstleute fast den ganzen nationalen Überschuß an. Und selbst wenn Gruppen von Mittelsmännern, vor allem Kaufleute, durch ihre Geschäfte beträchtliche Gewinne erzielen können, monopolisiert die regierende Klasse trotzdem den größeren Teil des Reichtums des Landes. Die Angehörigen des Hofes und die Beamten mögen ihren Anteil an diesem Reichtum entweder als Einkommen aus zugewiesenem (Dienst- oder Sinekure-) Land oder als Gehalt (in natura oder in Geld) erhalten. In beiden Fällen beruht dieses Einkommen auf der Macht der Regierung, das Land zu kontrollieren und die Menschen zu besteuern. Und in beiden Fällen ist es bürokratisches Privateigentum. Seine Empfänger mögen es ganz verzehren, oder sie mögen einen Teil sparen und anlegen. Aus beiden Formen der Anwendung des Einkommens ergibt sich das Problem des bürokratischen Hedonismus; die zweite Form stellt außerdem das Problem des bürokratischen Grundbesitzes und des bürokratischen Kapitalismus.

erzeugt und nährt« (Stalin, W, XI, S. 85). Nichts deutet darauf hin, daß Lenins oder Stalins Auffassungen auf einem ernsthaften Studium der politischen Stellung der bäuerlichen Kleinbesitzer unter den Bedingungen absolutistischer Staatsmacht beruhten. Stalins pseudowissenschaftliche Beschuldigungen vom Jahre 1928 dienten lediglich dem Zwecke, die sowjetische Bürokratie und das Volk auf die totale Liquidierung des privaten Bauernbesitzes vorzubereiten.

a. Bürokratischer Hedonismus

Bürokratischer Hedonismus kann umschrieben werden als die Kunst, bürokratischen Besitz zu genießen, ohne den Neid hoher Beamter oder den vernichtenden Zorn des Despoten zu erregen[415]. Ein solcher Hedonismus mag kompliziert werden durch die Chance, zu sparen und das Ersparte gewinnbringend anzulegen. Während die Angehörigen der regierenden Klasse allgemein ihr Eigentum zu genießen suchen, so gut es geht, gehen sie diesem Ziel unter verschiedenen Bedingungen auf verschiedene Weise nach. Aber der Wunsch, angenehm zu konsumieren und gut zu leben, besteht durchweg, sogar in komplexen hydraulischen Gesellschaften, in denen die Möglichkeit, Land zu besitzen, Wirtschaftlichkeit und Sparsamkeit anregt[416]. Oft, insbesondere im Falle sehr hoch gestellter und dauernd gefährdeter Beamter – Wesire, Kanzler oder »Erste Minister« – tritt die bürokratische Lebensfreude sehr augenfällig in Erscheinung[417].

b. Bürokratischer Grundbesitz und Kapitalismus

Aber selbst der prachtliebendste Beamte sucht gewöhnlich einen Teil seines Einkommens zu sparen. Seine Amtszeit wird nicht ewig dauern; aber seine Familie muß immer zu essen haben, und seine Kinder sollen erzogen werden für das wünschenswerteste aller Ziele, die Beamtenlaufbahn. Der weitsichtige Beamte vergräbt daher Edelmetall und Edelsteine im Boden. Oder noch besser, er verwandelt einen Teil seines passiven Privateigentums in aktives Eigentum. Er kauft Land, das er verpachten kann, oder er verwendet sein Vermögen gewinnbringend als staatlicher Mittelsmann (vor allem als Steuerpächter) oder als Geldleiher oder als Teilhaber an einem privaten Handelsunternehmen. Auf der Grundlage seines bürokratischen Eigentums wird er ein bürokratischer Landbesitzer oder ein bürokratischer Kapitalist.

Natürlich gibt es auch andere Landbesitzer. Wo immer Land frei veräußert werden kann, suchen Kleinbesitzer es käuflich zu erwerben[418]. Und es mag auch nichtbürokratische Kapitalisten geben. Aber die einzigartige Macht des Staatsapparats übertrifft alle anderen Kräfte der hydraulischen Gesellschaft in der Fähigkeit, landwirtschaftliche und nichtlandwirtschaftliche Einkünfte zu erzielen; und daher sind es vorwiegend Beamte, die als Steuerpächter und, wo Land gekauft werden kann, als Grundbesitzer fungieren.

---

415. Vgl. *Arthaçāstra*, S. 97 ff.

416. Die Freuden der bürokratischen Konsumtion in der Spätzeit des kaiserlichen Chinas sind mit vielen Einzelheiten im *Traum des roten Zimmers* und ähnlichen Romanen dargestellt.

417. Vgl. *Jātakam, passim;* und *Tausend-und-eine-Nacht, passim.*

418. Für China s. Lang, 1946, S. 94.

Im kaiserlichen China gab die Vorherrschaft privaten Landeigentums den Beamten die Möglichkeit, einen beträchtlichen Teil ihres Einkommens in Land anzulegen. Eine vor kurzem vorgenommene Untersuchung des Beamtentums und der bürokratischen *Gentry* im China des 19. Jahrhunderts nimmt an, daß am Ende der Tsch'ing-Dynastie die amtierenden und früheren Beamten, Inhaber offizieller Titel und hoher Examensgrade zusammen Pachtzinsen in Höhe von 165 Millionen Tael jährlich und etwa 81,5 Millionen Tael aus Unternehmertätigkeiten bezogen haben mögen. Zur selben Zeit bezogen alle Inhaber niedrigerer Grade zusammen etwa 55 Millionen an Pachtzinsen und 40 Millionen aus Unternehmertätigkeiten[419]. Diese Zahlen deuten darauf hin, daß weitaus der größte Teil der Pachteinnahmen der Beamten-*literati* der höheren, vorwiegend bürokratischen Schicht dieser Gruppe zufloß (die amtierenden und früheren Beamten und Quasibeamten waren dreimal so zahlreich wie die Inhaber hoher Grade)[420].

Unter der orientalischen wie unter der westlichen Despotie überschneiden sich Grundbesitz und Beamtentum. Aber die äußerliche Ähnlichkeit darf uns nicht über den grundverschiedenen institutionellen Inhalt der beiden Ordnungen täuschen. Die bürokratischen Grundbesitzer der orientalischen Gesellschaft verdankten ihre politische Macht im wesentlichen dem absolutistischen Regime, an dem sie selbst oder ihre amtierenden Verwandten aktiv beteiligt waren. Nur als Beamte waren die Mitglieder der agrarbürokratischen *Gentry* politisch organisiert. Die adligen Grundbesitzer des nachfeudalen Europas oder Japans brauchten nicht unbedingt eine Regierungsfunktion zu erfüllen. Und sie benötigten keine Staatsgehälter, um periodisch ihren Grundbesitz wiederherzustellen, da ihre Güter durch Primogenitur und Fideikommiß vor der Zerstückelung geschützt waren.

Der Grundbesitz der bürokratischen (orientalischen) *Gentry* mochte einigen ihrer Angehörigen eine amtliche Laufbahn erleichtern und damit den ersehn-

---

419. Diese und viele andere aufschlußreiche Daten sind das Ergebnis einer umfassenden Studie über die chinesische *Gentry* im 19. Jahrhundert von Dr. Chang Chung-li (University of Washington, Seattle), die der Verfasser mir dankenswerterweise für das vorliegende Werk im Manuskript zur Verfügung stellte. Dr. Chang hat die Beamten und Inhaber der Grade zusammen angeführt, weil sie in der späteren Zeit des kaiserlichen Chinas unter einem gemeinsamen Statustitel, als *shên-shih* (s. unten, Kap. 8), erschienen. Ihr Unternehmereinkommen entsprang hauptsächlich der Anlage in einheimischen Banken, Pfandhäusern und im Salzhandel (Chang, GI, Teil 2). Dr. Changs Arbeit zeigt, daß die *shên-shih* – »eine bevorrechtete Gruppe mit administrativen Qualifikationen und Funktionen« – »aus Staatsdiensten, Berufsdiensten und ›Gentrydiensten‹ zusammen« ein größeres Einkommen bezog als aus Pacht oder Handelsgeschäften (Brief Dr. Changs vom 20. März 1954).

420. Vor dem Taiping-Aufstand bildeten die »Beamten, Offiziere und Inhaber offizieller Titel« zusammen 67 Prozent der oberen Gruppe; nach dem Taiping-Aufstand stieg die Zahl bis 75 Prozent an (Chang, CG, Teil 2).

ten Zutritt zur Macht fördern; aber dieser Grundbesitz hatte im wesentlichen nur die Funktion, seinem Inhaber Einkünfte zu verschaffen. Dagegen implizierte der Grundbesitz der feudalen (westlichen) *Gentry* den Bestand organisierter politischer Macht – unabhängig von und zuzeiten in offenem Streit mit der Staatsmacht. In einer für den hydraulischen (bürokratischen und nichtbürokratischen) Besitz beispiellosen Weise verschaffte der feudale Besitz nicht nur Einkünfte, sondern augenfällig und bedeutsam auch Macht.

6. SCHLUSSFOLGERUNGEN, DIE ZU NEUEN FRAGESTELLUNGEN FÜHREN

a. Hydraulisches Eigentum: Eigentum, das bloß Einkünfte verschafft

Ganz gleich ob der hydraulische Besitz klein oder groß ist und ob er einem Mitglied der regierenden Klasse angehört oder nicht, er gewährt stets materielle Vorteile. Aber er ermöglicht seinen Inhabern nicht, die Regierung durch eine Organisation und Tätigkeit zu kontrollieren, die auf Eigentum beruhen. Durchweg ist er Besitz, der nicht Macht, sondern nur Einkünfte verschafft.

b. Die Bedeutung – und Grenzen – des Privateigentums als bestimmender Faktor der Klassendifferenzierungen in der hydraulischen Gesellschaft

Diese Feststellungen verneinen nicht die Bedeutung des Privateigentums für die sozialen Differenzierungen und Klassenschichtung. Mit dem Aufkommen des auf Eigentum beruhenden Handwerks und Handels und mit der Ausdehnung des privaten Landeigentums erscheinen neue soziale Elemente, Gruppen und Klassen. Demgemäß ist es nicht nur zulässig, sondern notwendig, aufzuzeigen, auf welche Art die Formen der sozialen Differenzierung mit Formen des Privateigentums zusammenhängen.

Es ist jedoch unschwer einzusehen, daß in der hydraulischen Gesellschaft die Frage der sozialen Differenzierung über die Frage des Vorkommens und des Umfangs des Privateigentums hinausgeht. Wenn bürokratischer Reichtum einmal entstanden ist, bildet er Privateigentum, aber er wurzelt in staatlichem Eigentum und entspringt aus ihm. Seine innerbürokratische Verteilung erfolgt unter politischen Bedingungen, die nicht aus dem Privateigentum erklärt werden können.

ACHTES KAPITEL

Klassen in der hydraulischen Gesellschaft

A. EINE NEUE SOZIOLOGIE DER KLASSEN

Die moderne Institutionsforschung begann in einer Gesellschaftsordnung, in der Eigentumsverhältnisse eine entscheidende Rolle spielten. Demgemäß erklärten die Bahnbrecher der modernen Klassentheorie, daß die Hauptabschnitte[1] der Gesellschaft wesentlich bestimmt seien durch die Hauptformen des Privateigentums und die ihnen entsprechenden Einkommensformen. Nach Adam Smith teilt sich »der gesamte jährliche Ertrag des Bodens und der Arbeit eines jeden Landes... auf natürliche Weise... in drei Teile, die Grundrente [Bodenzins], die Arbeitslöhne und die Profite vom Kapital; sie verschaffen drei verschiedenen Klassen der Bevölkerung ihr Einkommen: denjenigen, die von der Grundrente leben, denjenigen, die vom Arbeitslohn und denjenigen, die vom Profit leben. Dies sind die drei großen, ursprünglichen, grundlegenden Gruppen (*orders*) jeder zivilisierten Gesellschaft, von deren Einkünften sich die Einkünfte jeder anderen Gruppe letztlich ableiten.«[2] Die Vertreter der Regierung leben zu einem gewissen Grade von »öffentlichen Fonds und Ländereien«, aber der größte Teil ihrer Ausgaben wird von den drei Hauptklassen bestritten, die einen Teil ihrer Einkünfte als Steuern an den Staat abführen[3].

Nach dieser Auffassung bilden die Vertreter der Regierung keine solche ursprüngliche Gruppe der Gesellschaft, sondern eine sekundäre und abgeleitete. Immer wenn Eigentumskonflikte entstehen, wird die Regierung zu einer Waffe der besitzenden Klassen gegen die wirtschaftlich benachteiligten Schichten. Um Smith nochmals zu zitieren: »Soweit die Zivilverwaltung [*civil government*] zur Sicherung des Eigentums eingerichtet ist, ist sie in Wirklichkeit eingerichtet für die Verteidigung der Reichen gegen die Armen, oder derjenigen, die ein gewisses Eigentum haben, gegen diejenigen, die gar keines haben.«[4]

1. *orders* (Smith, 1937, S. 248).
2. A. a. O.
3. A. a. O., S. 776.
4. A. a. O., S. 674. Smith ergänzte diese Feststellung durch ein Zitat aus seinen *Vorlesungen:* »Ehe es Eigentum gibt, kann es keine Regierung geben, deren Zweck darin besteht, den Reichtum zu sichern und die Reichen gegen die Armen zu verteidigen.« Er fügt einen Hinweis auf Locke (*Civil Government*, Abschn. 94) hinzu: »Die Regierung hat keinen anderen Zweck als die Erhaltung des Eigentums.«

Dieser Satz wurde zu einer Zeit geschrieben, als die Vorrechte der Eigentümer unbeschränkt waren. Er enthält eine einseitig ökonomische Auffassung des Staates. Er sagt nichts über politische Macht als einen unabhängigen Bestimmungsgrund für Klassenherrschaft, und er sagt nichts über die gesellschaftliche und wirtschaftliche Vormachtstellung des Staates in den hydraulischen Ländern, von denen Smith sprach[5]. Smiths Nachfolger haben die Eigenart der asiatischen Gesellschaft klarer umrissen; aber auch sie betrachteten »Asien« als pheriphere Kategorie in ihrem sozialwirtschaftlichem System, in dem das Privateigentum und die daraus gewonnenen Einkünfte als die entscheidenden Faktoren in der Klassenbildung betrachtet wurden.

Trotz seiner offensichtlichen Mängel ist der am Eigentum orientierte Klassenbegriff für die Sozialwissenschaften bis zum Anfang des 20. Jahrhunderts außerordentlich fruchtbar gewesen. Zweifellos ist dieser Begriff wesentlich für das Verständnis der Gesellschaften, in denen starkes unabhängiges Privateigentum vorherrscht, und er bleibt bedeutsam auch für das Verständnis gewisser sekundärer Aspekte der auf Staatsmacht gegründeten Gesellschaften. Aber er ist unzulänglich, wenn man ihn ohne Einschränkung auf Formationen der ersten Art anwendet, und völlig unangemessen ist er, wenn er als Hauptkriterium für die Erklärung von Formationen der zweiten Art gebraucht wird.

Die Entstehung von Riesenregierungen in vielen modernen industriellen Ländern und das Aufkommen totalitärer Staaten in der UdSSR und in Deutschland befähigen uns, die Staatsmacht als einen hervorragenden Bestimmungsgrund der Klassengliederung sowohl für die Gegenwart als auch für die Vergangenheit zu erkennen. Klarer als bisher können wir am Beispiel der neuesten Erfahrungen die Bedeutung der Macht für die Bildung der herrschenden Klasse in der hydraulischen Gesellschaft ermessen.

B. KLASSENGLIEDERUNG
IN DER HYDRAULISCHEN GESELLSCHAFT

I. DAS ENTSCHEIDENDE KRITERIUM: DIE BEZIEHUNG ZUM STAATSAPPARAT

Die Bahnbrecher einer von Eigentumsverhältnissen ausgehenden Klassensoziologie betrachteten den asiatischen Staat als einen riesigen Landeigentümer. In den meisten hydraulischen Gesellschaften ist in der Tat die Mehrzahl der

---

5. A. a. O., S. 789 ff. An mehreren Stellen sucht Smith den Widerspruch dadurch zu beseitigen, daß er sein Begriffssystem auf »zivilisierte« Gesellschaften beschränkt. Aber er versucht nicht, einen Klassenbegriff zu schaffen, der die eigentümliche Stellung des Staates und seiner Vertreter in der östlichen und der westlichen Welt angemessen widerspiegelt.

Ländereien staatlich reguliert; und obgleich das Eigentumsrecht des Staates an den regulierten Feldern hinter der Fassade einer scheinbar autonomen Dorfgemeinde verborgen ist, tritt es im negativen Sinne dadurch in Erscheinung, daß die Regierung Außenseitern den Ankauf solcher Ländereien verwehrt, und im positiven Sinn dadurch, daß die Regierung nach Belieben Grundstücke (oder ganze Dörfer) zuweist und verkauft. Die klassische Darstellung ist jedoch zumindest in einer Hinsicht zu eng: Sie berücksichtigt das Berieselungswasser nicht, das in hydraulischen Gesellschaften ein wesentlicher Produktionsfaktor ist.

Ist der hydraulische Staat der »Eigentümer« der großen nutzbaren Anhäufungen von Wasser? Wir finden einen solchen Anspruch in vielen, freilich nicht allen hydraulischen Ländern. Ich ziehe es vor, eine weitere Fassung zu wählen. Die Juristen mögen diskutieren, ob und inwiefern der hydraulische Staat die »großen« Wasservorräte seines Landes besitzt. Es ist fraglos, daß er sie kontrolliert.

Eine ähnliche Erweiterung des Begriffs der staatlichen Verfügungsgewalt empfiehlt sich auch in bezug auf die Grundbesitzverhältnisse. Einige hydraulische Staaten, z. B. das kaiserliche China, duldeten viele Jahrhunderte lang, daß das Privateigentum an Land überwog; in diesen Fällen beschränkte der Staat die Stellung des Eigentümers durch eine schwere Steuerlast, durch Vorschriften über die anzubauenden Feldfrüchte und durch ein zerstückelndes Erbrecht. Auf diese Weise sorgte der hydraulische Staat dafür, daß das Privateigentum an Land schwaches Eigentum war. Aber dieses Überwiegen eines schwachen Privateigentums wurde zumeist nicht einmal zugelassen. Wie immer die Verhältnisse lagen, der Staat behauptete seine Kontrolle über das Land.

In der hydraulischen Gesellschaft fällt die erste gesellschaftliche Spaltung in eine obere bevorrechtete Schicht und eine untere benachteiligte Schicht zeitlich mit dem Aufkommen eines starken managerialen Staates zusammen. Die Herren und Nutznießer dieses Staates, die Herrscher, bilden eine Klasse, die von der Masse der Gemeinen verschieden und ihr übergeordnet ist. Die Gemeinen sind zwar persönlich frei, aber sie sind von den Privilegien der Macht ausgeschlossen. Die Männer des Apparatstaates sind eine herrschende Klasse im buchstäblichen Sinne des Wortes; und der Rest der Bevölkerung bildet die zweite Hauptklasse – die der Beherrschten [6].

Die Angehörigen der herrschenden Klasse zeigen individuell und gruppenmäßig große Verschiedenheiten in ihrer Fähigkeit, Entschlüsse zu fassen und Menschen zu behandeln. In der Zivilverwaltung, wie in der Armee, werden

6. Max Weber machte darauf aufmerksam, daß eine überlegene Bürokratie allgemein die Masse der Bevölkerung auf das Niveau der »Beherrschten« hinabdrückt; diese sehen sich »einer herrschenden bürokratischen Gruppe« gegenüber, die tatsächlich und sogar formell »eine ganz autokratische Stellung« einnehmen kann (Weber, WG, S. 667; vgl. S. 669, 671).

die wichtigsten Anordnungen an höchster Stelle getroffen. Aber weniger wichtige Entscheidungen gehen – wiederum wie in der Armee – von Männern in mittleren Stellungen aus. Und die Entscheidungen über die endgültige Ausführung von Befehlen und Anordnungen fallen den unteren Rängen der Machthierarchie zu. Solche Entscheidungen mögen vom Standpunkt eines Vorgesetzten unbedeutend sein, aber sie sind oft lebenswichtig für die gewöhnlichen Leute, deren Schicksal sie betreffen.

Es besteht eine lehrreiche Parallele zwischen den niedrigen Schichten der Apparatshierarchie und den kleinen Geschäftsleuten einer kapitalistischen Gesellschaft. Ein kleiner Kapitalist ist auch ein Kapitalist. Er hat freilich wenig Einfluß auf die Bedingungen von Warenangebot, Verkauf und Finanzierung, außer wenn er sich mit anderen seinesgleichen verbindet; aber ganz gleich ob er dies tut oder nicht, er kann gewöhnlich bestimmen, wo und was er kaufen oder produzieren will. So trifft er in der Tat viele kleine Entscheidungen über die kleinen Angelegenheiten, die seine Welt ausmachen. Ähnlich gehören die mittleren und sogar die niedrigen Funktionäre in der hydraulischen Gesellschaft dem Machtapparat ebenso an wie die höchste Führung; und nach Maßgabe ihrer Stellung erfreuen auch sie sich der Vorteile, die aus der unbeschränkten Autorität des Regimes erwachsen.

Nach ihren Einkommen kann man die niedrigen Angehörigen der Apparathierarchie mit den Angestellten eines kapitalistischen Unternehmens vergleichen, die keinen Anteil an dem Überschuß haben, den sie schaffen helfen. Eine am Eigentum orientierte Klassensoziologie würde sie daher als Gemeine und nicht als Angehörige der Oberschicht betrachten. Eine solche Einstellung übersieht jedoch die menschlichen Beziehungen, die gewöhnlich und spezifisch die Operationen einer bürokratischen Ordnung kennzeichnen. Diese Operationen machen den niedrigsten Vertreter des Apparatstaates zum Teilhaber an der Ausübung der totalen Macht. Im Gegensatz zu den Angestellten eines Handels- oder Industrieunternehmens, die nach den Marktbedingungen von Angebot und Nachfrage, d. h. in formeller Gleichheit, verfahren, handeln die niedrig gestellten Mitglieder des Apparats auf der Grundlage potentieller Zwangsanwendung, d. h. in einer formell ungleichen Weise. Die Stellung in der Machthierarchie gibt einigen der niedrigsten Funktionäre besondere Chancen, sich persönlich zu bereichern; und sie verleiht allen einen spezifischen sozialpolitischen Rang. Als Vertreter des despotischen Staates erzeugen selbst die niedrigsten Beamten bei den Gemeinen eine Mischung von Mißtrauen und Angst. Demzufolge bekleiden sie eine soziale Stellung, die sie an Macht, Prestige und bisweilen auch an Einkommen über die Masse der Beherrschten emporhebt.

Die Bürger eines eroberten Landes betrachten die Besatzungsarmee als eine Einheit; sie tun dies, obgleich sie sehr wohl wissen, daß der Macht des einfachen Soldaten sehr enge Grenzen gesetzt sind. Ähnlich betrachten die Untertanen einer hydraulischen Despotie die Männer des Apparats als eine Einheit, selbst wenn offenkundig ist, daß zwischen den einzelnen Angehörigen des Apparats in bezug auf Macht, Reichtum und gesellschaftlichen Rang enorme Unterschiede bestehen.

2. MEHRFACHE BESTIMMUNGSGRÜNDE SOZIALER SCHICHTUNG INNERHALB DER BEIDEN HAUPTKLASSEN

Die herrschende Klasse der hydraulischen Gesellschaft ist von Anfang an geteilt. Die beherrschte Klasse ist in einfachen hydraulischen Gesellschaften gewöhnlich undifferenziert. Sie ist immer differenziert in semikomplexen und komplexen hydraulischen Gesellschaften.

Die soziale Schichtung innerhalb der zwei Hauptklassen ist verschieden bedingt. Innerhalb der herrschenden Klasse ist die Stellung in der Machthierarchie der entscheidende Bestimmungsgrund; Reichtum mag zuzeiten von Gewicht sein, aber er bleibt ein sekundärer Faktor. Innerhalb der beherrschten Klasse sind die Formen und Dimensionen des aktiven Eigentums für den sozialen Rang entscheidend, während Unterschiede in der Beziehung zur Regierung in dieser apolitischen Welt gewöhnlich eine geringe oder gar keine Rolle spielen.

C. DIE HERRSCHER

I. DIE MÄNNER DES APPARATS

a. Die grundlegende vertikale Ordnung

Die herrschende Klasse der hydraulischen Gesellschaft wird an erster Stelle durch ihren aktiven Kern, die Männer des Apparats, repräsentiert. In so gut wie allen hydraulischen Ländern steht an der Spitze dieser Männer ein Herrscher, der eine persönliche Umgebung (einen Hof) hat, und der seine zahlreichen niederen zivilen und militärischen Dienstleute durch einen Stab von Beamten überwacht und lenkt. Diese Hierarchie, die den Souverän, die Beamtenschaft und die niedrigen Dienstleute umfaßt, ist allen orientalisch despotischen Ordnungen eigentümlich. Horizontale Entwicklungen, die unter gewissen Umständen vorkommen, komplizieren dieses grundlegende vertikale Gefüge.

I. Der Herrscher und sein Hof

Die willkürlichen Grausamkeiten des Herrschers und seine ebenso willkürlichen Freigebigkeiten bilden das Thema vieler Geschichten. Seine willkürlichen Grausamkeiten beweisen, daß er innerhalb offensichtlicher natürlicher und kultureller Grenzen jeden seiner Untertanen vernichten kann. Seine willkürlichen Freigebigkeiten beweisen, daß er innerhalb offensichtlicher wirtschaftlicher Schranken verschwenderische Ausgaben machen kann, ohne daß ihn eine konstitutionelle Instanz zu hindern vermöchte. Der sprichwörtliche Glanz orientalischer Höfe ist nur ein wirtschaftlicher Reflex der despotischen Macht, die der Herrscher über seine Untertanen ausübt.

In seiner Person vereinigt der Herrscher die höchste operative Gewalt mit den vielen magischen und mythischen Symbolen, die die Schrecken erregenden (und angeblich wohltätigen) Eigenschaften des despotischen Machtapparats zum Ausdruck bringen. Unreife, Schwäche oder Unfähigkeit können ihn veranlassen, seine operative Führung mit einem Gehilfen – einem Regenten, Wesir, Kanzler oder »Ministerpräsidenten« – zu teilen. Aber die außerordentliche Macht dieser Männer dauert gewöhnlich nicht lange. Selten berührt sie die Symbole der höchsten Autorität. Und sie schwindet, sobald der Herrscher stark genug ist, das seiner Stellung innewohnende autokratische Potential zu verwirklichen.

Die einmalige Bedeutung der Launen und Handlungen des Herrschers verleiht den Individuen, die ihn beeinflussen können, eine einzigartige Bedeutung. Abgesehen vom Wesir – und mitunter wirksamer als er – haben hierfür die Angehörigen seiner persönlichen Umgebung die beste Gelegenheit: seine Frauen und Konkubinen, seine eigenen Verwandten und die seiner Frauen, seine Höflinge, Diener und Günstlinge. Unter den Bedingungen der despotischen Autokratie kann es irgendeinem Mitglied seiner Umgebung gelingen, vorübergehend und irrationalerweise übermäßige Macht auszuüben.

II. Die Beamten

Unter Beamten verstehen wir Personen, die als Mitglieder der regierenden Gruppe gewisse der Regierung obliegende Aufgaben erfüllen. Bei seßhaften Völkern haben die mit solchen Aufgaben verbundenen regelmäßigen Amtsverpflichtungen die Tendenz, sich dauernd und physisch in einem »Büro« zu konzentrieren. Und zumeist führt der Inhaber eines solchen Amtes Buch über seine Tätigkeit.

Sprachlich ist das Wort »Bürokratie« eine Ungeheuerlichkeit[7]. Aber die Wichtigkeit einiger damit verbundener Assoziationen haben das Wortungeheuer volkstümlich gemacht, der Mißbilligung der Puristen zum Trotz. Nach der Wortbedeutung ist ein Bürokrat jemand, der mittels eines Büros herrscht. Im weiteren Sinne wird der Ausdruck auch auf alle Beamten angewandt, die ihre Amtsvollkommenheiten dazu verwenden, um die Ausführung von Maßnahmen zu verschleppen, um sich wichtig zu machen oder zu faulenzen (»Amtsschimmel«, »red tape«). Als Stalin die »Bürokratie« kritisierte, rügte er besonders den »Bürokratismus und das Kanzleiunwesen«

7. Über die Geschichte des Wortes s. Emge, 1950, S. 1205 ff.

und wandte sich gegen Beamte, die von »Leitung im allgemeinen« schwatzten, ohne etwas Vernünftiges zu leisten und gegen »unverbesserliche Bürokraten und Kanzleimenschen« [8].

Kanzleimenschen können in der Tat Ärgernis erregen und Schaden anrichten. Selbst Regierungen, die in einer dienenden und kontrollierten Stellung gehalten werden, sind gegen diese Plage nicht gefeit. Aber eine Bürokratie wird nur dann wirklich furchtbar, wenn ihre Ämter die organisatorischen Zentren rücksichtsloser totaler Macht sind. Aus diesem Grunde ist Stalins Versuch, den bürokratischen Frankenstein des sowjetischen Regimes hinter der halbkomischen Fassade unfähiger »Kanzleimenschen« zu verbergen, ein grobschlächtiger Versuch totalitärer Mythenbildung.

Die eigentliche Beamtenschaft umfaßt Zivil- und Militärbeamte anerkannter Stellung. Sie umfaßt nicht die Masse der ranglosen Helfer. Die Zivilbeamten ähneln ihren militärischen Kollegen darin, daß auch sie Befehlsgewalt besitzen, daß auch sie begrenzte Entscheidungen mittlerer Tragweite treffen können, daß auch sie bedingungslos (und zumeist hauptamtlich) ihrem Herrscher dienen, und daß auch sie von der Regierung erhalten werden: Entweder beziehen sie Gehalt oder sie haben Einkünfte aus Dienstländereien, die ihnen vom Staate zugewiesen werden.

Ein Heer ist im wesentlichen ein Werkzeug des Zwanges und als solches nicht notwendigerweise eine bürokratische Einrichtung. Aber die Handhabung zentral gelenkter Armeen des orientalischen Typus erheischt eine erhebliche organisatorische Planung, die in entwickelten Staaten gewöhnlich durch Büros ausgeführt wird. Viele Offiziere sind zugleich Kämpfer und Administratoren; aber oft sind die Truppenoffiziere funktionell von den Militärbeamten getrennt. In beiden Fällen aber sind die Offiziere keine feudalen Ritter, sondern staatliche Funktionäre, die in dieser Eigenschaft zum Beamtentum gehören.

III. Die niederen Dienstleute

Die Angehörigen der bürokratischen Unterschicht sind entweder Schreiber oder Diener. Die Schreiber besorgen den größten Teil der Kanzleiarbeit, die in der Zentralregierung und in den Ämtern der Provinzen und Bezirke (Kreise usw.) zu bewältigen ist. Die Diener fungieren als Torhüter, Läufer (Boten), Amtsdiener, Gefangenenaufseher und – in einer halbmilitärischen Stellung – als Polizisten.

In allen umfangreicheren agrarbürokratischen Despotien sind diese niederen Dienstleute recht zahlreich. Während der Endphase der Kaiserzeit in China verfügten etwa 40 000 höhere (Zivil-)Beamte über mehr als 1 200 000 Schreiber und mehr als 500 000 »Boten« usw., d. h. über fast 1³/4 Millionen

8. Stalin, W, XIII, S. 325 f.

Untergebene. Somit kamen auf je einen höheren Beamten mehr als 40 niedere Funktionäre [9].

b. Horizontale Entwicklungen

Das bürokratische Netz kann sich über ein großes Gebiet erstrecken. Aber solange die Zentralregierung die Beamten ernennt und die provinziellen Büros lenkt, entstehen die Sonderprobleme einer horizontalen Autorität nicht, selbst dann nicht, wenn die regionalen Amtsinhaber aus Gründen geographischer Entfernung oder politischer Zweckdienlichkeit bei der Verwirklichung ihrer Aufgaben weitgehend freie Hand haben.

Max Weber war beeindruckt von der verhältnismäßig lockeren Art, in der die Zentralregierung des kaiserlichen Chinas die provinzielle Bürokratie kontrollierte [10]. In der Tat hatten die regionalen und lokalen Beamten, in Übereinstimmung mit dem Gesetz des abnehmenden administrativen Mehrertrags, weitreichende Freiheit, Einzelfragen zu entscheiden. Aber wie auch Weber sah, ernannte und versetzte die Zentralregierung diese Beamten nach eigenem Ermessen; und sie bestimmte die allgemeine Linie ihrer Tätigkeit [11].

Natürlich ging die dynastische Autorität von Zeit zu Zeit zurück; und wenn eine ernste innere Krise ausbrach, wurden die hohen territorialen Beamten zeitweise zu halbautonomen oder ganzautonomen Herren ihrer Verwaltungsgebiete. Aber abgesehen von Zeiten des Zerfalls der Zentralgewalt waren auch die höchstgestellten provinziellen Würdenträger nicht mehr als angesehene Angehörige der Bürokratie, die zentral organisiert und vom Zentrum aus geleitet wurde.

I. Satrapen

Das persische Reich der Achämeniden unterschied sich vom chinesischen Kaiserreich sowohl in seiner Entstehung wie in seiner Struktur. Die Einigung Chinas war durch Jahrhunderte institutionellen Wachstums vorbereitet; und die Kerngebiete der chinesischen Kultur waren so volkreich und so stark, daß sie ihre Herrschaft über die außenliegenden kolonisierten Gebiete verhältnismäßig einfach durchsetzen konnten. Dagegen dehnten die Perser ihre Herrschaft in einer einzigen Generation über vier große Länder aus, die alle eine hohe eigene Kultur besaßen: Medien (549), Lydien (546), Babylonien (538) und Ägypten (525). Sie beseitigten die einheimischen Herrscherhäuser dieser Länder und änderten außerdem die politische Landkarte, indem sie jedes die-

---

9. Diese Tatsachen wurden von Lienche Tu Fang für das *Chinese History Project* auf Grund einer Spezialuntersuchung über die bürokratische Unterschicht in der Tsch'ing-Dynastie ermittelt.

10. Weber, RS, I, S. 331 ff.

11. *A. a. O.*, S. 332.

ser Länder in eine Anzahl Provinzen aufteilten, die von je einem Satrapen regiert wurden [12].

Die Ungleichartigkeit und der Umfang ihrer neuen Erwerbungen zwangen die persischen Eroberer, ihren Satrapen ein ungewöhnliches Maß von Freiheit in der Handhabung ihrer politischen Angelegenheiten zu gewähren. Ein Satrap durfte sein Amt lange behalten; und zuweilen durfte er dieses Amt auf seinen Sohn vererben [13]. Ferner setzte er die Unterstatthalter ein [14] und wahrscheinlich auch örtliche Beamte, die gewöhnlich Einheimische waren [15]. Er hielt »eigene Truppen und eine ständige Leibwache«, und er befehligte außerdem die regulären Truppen seiner Provinz [16]. Die Steuerverwaltung der Provinz lag in seiner Hand [17]. Er unterhielt diplomatische Beziehungen mit Nachbarstaaten [18], und er konnte, »wenn er es für nötig hielt«, »eine Expedition gegen sie ausrüsten«, dies freilich meist erst nach Einholung der Einwilligung des Großkönigs [19]. In seinem Glanze war der Hof der Satrapen »ein Abbild des Königshofes« [20]. Diese quasikönigliche Stellung des Satrapen wurde vom Souverän begünstigt [21], denn er betrachtete einen solchen Prunk als eine ausgezeichnete Methode, seine Autorität auch in den entferntesten Gebieten des Reiches aufrechtzuerhalten.

Trotzdem aber waren die Satrapen in mehrerer Beziehung einer scharfen Kontrolle durch den Großkönig unterworfen. Entschieden und augenfällig war der Großkönig der Herr und der Satrap der Dienstmann, der ihm unbedingten Gehorsam schuldete. Ein zentral gelenktes Verkehrs- und Nachrichtenwesen [22], Inspizierung durch Beamte der Zentralregierung [23] und Garnisonen persischer Truppen, die an strategischen Orten angelegt waren [24], hin-

---

12. Vgl. Meyer, GA, IV, 1. Abt., S. 45 ff. und Anm. 2; und Christensen, 1944, S. 137, Anm. 1.

13. Vgl. Gray und Cary, 1939, S. 196; und Meyer, GA, IV, 1. Abt., S. 49.

14. Meyer, GA, IV, 1. Abt., S. 48.

15. A. a. O., S. 50.

16. A. a. O., S. 49; vgl. S. 67 ff., namentlich S. 68: »Außer den regulären Truppen der Provinz haben die Satrapen, wie es scheint, auf eigene Hand Söldner anwerben und ausrüsten können, soviel es ihnen zweckmäßig schien und ihre finanziellen Mittel gestatteten.« Vgl. Gray und Cary, 1939, S. 198.

17. Gray und Cary, 1939, S. 198.

18. Vgl. Herodot, 5. 96; Gray und Cary, 1939, S. 197; und Meyer, GA, IV, 1. Abt., S. 49.

19. Herodot, 5. 32; Meyer, GA, IV, 1. Abt., S. 49.

20. Xenophon, 8. 6. 10; Gray und Cary, 1939, S. 196; Meyer, GA, IV, 1. Abt., S. 49.

21. Xenophon, 8. 6. 10 ff.

22. Gray und Cary, 1939, S. 197.

23. A. a. O.

24. A. a. O., S. 198.

derten den Satrapen, sich militärisch oder auf steuerlichem Gebiet unabhängig zu machen. Die Satrapien wurden besteuert nach Regeln, die von der Zentralregierung bestimmt waren, und mit genau festgelegten Abgabepflichten gegenüber dem Zentrum. »Die Erträge dieser Besteuerung wurden jährlich von den Satrapen nach Susa geschickt, wo der nach Abzug der jährlichen Ausgaben verbleibende Rest im königlichen Schatzhaus als Reservefonds angehäuft wurde.«[25]

Der Großkönig sah in seinem Satrapen keinen feudalen Vasallen, sondern den höchsten territorialen Sachwalter. »Der König ist Herr über alle seine Untertanen und der Satrap sein Vertreter; sie können überall nach Gutdünken eingreifen, nicht nur wenn die Interessen des Reichs es erfordern, sondern wo immer es ihnen beliebt.«[26]

Das persische Reich war somit »ein Beamtenstaat«[27]; und die administrative und militärische Handlungsfreiheit des Satrapen zerstörte nicht die grundlegende Struktur der bürokratischen Hierarchie, der der Satrap angehörte.

II. Abhängige Fürsten, Curacas, Rājas

Es kam vor, daß ein Satrap dem seiner Gerichtsbarkeit unterstellten Gebiet entstammte; aber dies war nicht die Regel. Nur in Zilizien gestattete der Großkönig einem Mitglied des ehemaligen Herrschergeschlechts, als Statthalter einer neu eingerichteten Provinz zu fungieren[28]. Fürsten, die freiwillig die persische Souveränität anerkannten, durften im allgemeinen als Vasallen weiter regieren. Wie die Satrapen und Unterstatthalter mußten sie dem Großkönig Heeresfolge leisten und Abgaben entrichten[29]; aber sie scheinen größere politische und kulturelle Freiheit genossen zu haben als viele andere einheimische Herrscher, die unter den Einfluß mächtiger hydraulischer Reiche gerieten.

Die Gründer des Inkareiches erlaubten Herrschern, die sich freiwillig unterworfen hatten, eine offizielle Stellung zu bekleiden; aber diese *curacas* waren Inka-Gouverneuren unterstellt[30]. Außerdem wurden die Heiligtümer der höchsten Gottheiten des Gebiets nach Cuzco überführt; und die wichtigsten Glaubensartikel der Inkareligion wurden den neuen Untertanen aufgezwungen[31]. Während sie in gewisser Beziehung den Schein einer einheimischen

25. *A. a. O.*, S. 199.
26. Meyer, GA, IV, 1. Abt., S. 50; vgl. S. 53.
27. *A. a. O.*, S. 59 und Anm. 1.
28. Gray und Cary, 1939, S. 196.
29. Meyer, GA, IV, 1. Abt., S. 51.
30. Gewöhnlich wurden ihre Söhne als Geiseln nach Cuzco gebracht, wo man sie die Lebensweise der Inkas lehrte (Rowe, 1946, S. 272).
31. *A. a. O.*, S. 273.

Regierung aufrechterhielten, waren die *curacas* praktisch ein funktionell eingegliederter Teil des Beamtentums des Reiches [32].

Im mohammedanischen Indien wurden mehrere einheimische »Häuptlinge« oder Herrscher *(raïs, rajas)* ebenfalls – allerdings auf eine etwas andere Weise – in die herrschende Ordnung eingefügt. Ein *raja* durfte viele sekundäre Vorrechte seiner ehemaligen Machtstellung beibehalten, wenn er gelobte, sich politisch (und fiskalisch) bedingungslos seinem neuen Souverän zu unterwerfen. Moreland sagt darüber: »Seine Amtsstellung hing von seiner Treue ab, die hauptsächlich in der pünktlichen Entrichtung der Tributleistungen bestand.«[33] Die *rajas* konnten mehr oder weniger frei bestimmen, wie in ihrem Gebiet der Tribut erhoben werden sollte [34]. In Akbars Zeit wurden die sechs ältesten Provinzen, die den Kern des Reiches bildeten, fast ausschließlich von der Zentralregierung verwaltet, während die Außenprovinzen ein uneinheitliches Bild boten; einige unterstanden Beamten, die von der Zentralregierung ernannt waren, andere *rajas* [35].

Die persischen Satrapen, die *curacas* der Inkas und die *rajas* des mohammedanischen Indiens sind Beispiele für verschiedene Arten politischer Unterordnung. Die Beziehungen zwischen einem Satrapen oder *curaca* und ihrem Souverän waren sicherlich nicht vertragsmäßig geregelt; in der Substanz wie in der Form verlangte der Herrscher totale Unterwerfung. Die Stellung einiger *rajas* enthielt Elemente einer vertraglichen Regelung, die in der Substanz klarer war als in der Form. Nur in den seinem Machtbereich am losesten angegliederten Gebieten duldete ein despotischer Landesherr, unter dem Mantel eines Bündnisses, eine vertragsartige Beziehung.

Der Gegensatz zu feudalen Formen der Unterordnung ist offenkundig. Für ein feudales Regime ist das vertragliche Verhältnis wesentlich; es kennzeichnet den Kern der feudalen Ordnung. Unter einer hydraulischen Despotie kennzeichnen Beziehungen totaler Unterwerfung den Kern des bürokratischen Systems, und sie überwiegen auch in den horizontalen Erweiterungen. Nur in der Beziehung zu locker untergeordneten Randgebieten erscheinen vertragsartige (quasifeudale) Züge.

Die Soziologie der hydraulischen Despotie vermerkt erhebliche Unterschiede zwischen einem regulären Mitglied der zentral gelenkten Bürokratie und einem Satrapen (oder *curaca*) und zwischen solchen Würdenträgern und einem

32. Sie befehligten 10 000, 5000, 1000 oder 500 Fronpflichtige *(a. a. O.,* S. 263). Die Führer von hundert Fronpflichtigen waren anscheinend die niedrigsten Beamten. Wie die höheren Funktionäre konnten sie sich zeremoniell an der Landwirtschaft der Gemeinde beteiligen; aber im wesentlichen hatten sie die Aufsicht über die Zehnerschaftsführer, die als Vorarbeiter die Feldarbeit der Bauern leiteten *(a. a. O.,* S. 263, 265).

33. Moreland, 1929, S. 9.

34. *A. a. O.,* S. 8.

35. *A. a. O.,* S. 119 ff.

Verbündeten, der in einem nur lockeren Abhängigkeitsverhältnis zur Zentralregierung steht.

In allen Fällen bleibt der agrarische Apparatstaat die formbestimmende Kraft; die Schattierungen operativer Abhängigkeit schaffen bedeutsame Untergliederungen im Strukturgefüge der despotischen Macht.

III. Machtabstufungen in modernen totalitären Staaten

Für das Studium der modernen industriellen Apparatstaaten sind die Unterschiede zwischen den Beamten des totalitären Kernlandes und den Regierungen der Satellitenländer ähnlich wichtig. Auch in diesen Fällen gilt es, die herrschende Rolle der Metropole sowie die strukturellen Schattierungen zu erkennen, die ihre horizontalen Ausweitungen kennzeichnen [36]. Es gilt ferner, die Tendenz zur zunehmenden Unterjochung in den Perioden des imperialistischen Wachstums und Zusammenschlusses zu ermitteln. Der quasi-unabhängige Verbündete von gestern kann der abhängige Verbündete von heute sein und der Satellit, Satrap oder der reguläre Beamte der Zentralregierung von morgen.

In der hydraulischen Gesellschaft können gegenläufige Entwicklungen diese Tendenz durchkreuzen und sogar ein einheitliches despotisches System in mehrere politische Einheiten aufsplittern. Das pharaonische Ägypten zerfiel zeitweise in eine Anzahl quasiunabhängiger Teilgebiete; und China war nach der T'ang-Zeit noch mehr zerstückelt. In beiden Fällen bewahrten aber die neuen politischen Einheiten die traditionellen despotischen Regierungsmethoden; und der Ausdruck »feudal«, den man mit einer gewissen dichterischen Freiheit auf das Verhältnis zwischen dem geschwächten Zentrum und den größeren Teilgebieten anwenden kann, ist völlig fehl am Platz, wenn man diese

36. Im Jahre 1921 kennzeichnete Stalin die horizontalen Abstufungen in der neugegründeten UdSSR folgendermaßen: »Die Erfahrungen, die Rußland mit der Anwendung verschiedener Arten der Föderation gemacht hat – Übergang von der auf Sowjetautonomie begründeten Föderation (Kirgisien, Baschkirien, Tatarien, die Bergvölker, Daghestan) zu der auf Vertragsbeziehungen mit unabhängigen Sowjetrepubliken begründeten Föderation (die Ukraine, Aserbeidshan) und Zulassung von Mittelstufen zwischen ihnen (Turkestan, Bjelorußland) – hat die ganze Zweckdienlichkeit und Elastizität der Föderation als der allgemeinen Form des Staatsverbands der Sowjetrepubliken vollauf bestätigt« (Stalin, W, V, S. 19). Stalin betrachtete diese angeblich freie Assoziation als eine »Übergangsform« zu einer »höheren Einheit«. Und er und seine Genossen haben erfolgreich an der Umwandlung der damals autonomen und »unabhängigen« Republiken gearbeitet: »Dieser freiwillige Charakter der Föderation muß unbedingt auch künftighin beibehalten werden, denn nur eine solche Föderation kann die Übergangsform sein zu jener höheren Einheit der Werktätigen aller Länder in einer einheitlichen Weltwirtschaft, deren Notwendigkeit immer greifbarer wird.« (A. a. O., S. 20.)

Teilgebiete bezeichnen will, die nichts anderes sind als losgelöste, kleinere Abbilder des größeren despotischen Modells.

Der Kontrollmechanismus des modernen Apparatstaates macht derartige Loslösungen äußerst schwierig, solange die despotische Metropole selbst besteht. Titos Abfall wurde ermöglicht durch außergewöhnliche geopolitische Umstände [37]. Offenbar sind die horizontalen Ausweitungen des modernen Apparatstaates nicht identisch mit den Verwaltungsgebieten der Satrapen, *rājas* und abhängigen Verbündeten der hydraulischen Gesellschaft, obgleich diese aufschlußreiche Parallelen und Vergleichsmaßstäbe bieten.

2. ABGELEITETE UNTERKLASSEN

Die bürokratischen Aktivisten des despotischen Staatsapparats sind der Kern, aber nicht die Gesamtheit der hydraulischen herrschenden Klasse. Hinzu kommen biosoziale Ergänzungen – Verwandte und Verschwägerte –, und häufig erscheinen auch operative Ergänzungen: Personen, die eine halbbeamtliche, beamtenartige oder vorbeamtliche Stellung bekleiden.

a. Klassenbeziehung auf Grund von Verwandtschaftsbeziehung

I. Das Herrscherhaus

Polygamie war in fast allen großen hydraulischen Gesellschaften eine anerkannte Einrichtung [38]; und aus offensichtlichen Gründen hatte der Souverän einzigartige Möglichkeiten, sie für seine Zwecke auszunutzen. Seine zahlreichen Verwandten (Blutsverwandte und Verschwägerte) bekleideten zumeist eine hohe soziale Stellung, und gewöhnlich genossen sie auch beträchtliche materielle Vorteile. Ob und in welchem Grade der Despot sie in der Regierung beschäftigte, hing von einer Reihe von Umständen ab. Aber wenn er sie dort beschäftigte, hatten sie ausgezeichnete Chancen, zu hohem Rang und großer Macht aufzusteigen.

Im Inkareich waren die männlichen Abkömmlinge der Souveräne in *ayllus* organisiert, deren Zahl mit der Lebensdauer der Dynastie wuchs. Die Angehörigen dieser *ayllus* »bildeten einen nützlichen Kreis gebildeter Höflinge, die erzogen waren in der Reichsideologie und die an ihrem Fortbestehen interessiert waren. Die Kaiser wählten ihre führenden Administratoren möglichst aus dieser Gruppe.« [39]

37. Wittfogel, in: *Commentary,* Oktober 1950, S. 337.
38. Interessante Ausnahmen: Das christliche Byzanz und Rußland. Das Vorherrschen der Monogamie in Byzanz und Rußland zeigt, daß diese Eheform trotz der Beschränkungen, die sie den Herrschern auferlegte, vereinbar war mit den politischen, wirtschaftlichen und sozialen Grundtendenzen der orientalischen Despotie.
39. Rowe, 1946, S. 267.

In einigen chinesischen Dynastien spielte die Familie der Kaiserin eine enorme politische Rolle. Dies war so unter der Han-Dynastie. Ähnlich brachte in der Erobererdynastie Liao der Kaiser offenbar den Angehörigen der Kaiserin (der Hsiao-Sippe) mehr Vertrauen entgegen als den Angehörigen seiner eigenen, der Yeh-lü-Sippe [40]. Aber ganz gleich, ob die bürokratische Hierarchie viele Blutsverwandte und Verschwägerte des Souveräns umfaßte oder nicht, die Mitglieder dieser beiden Gruppen waren im allgemeinen ein angesehener Bestandteil der herrschenden Klasse.

II. Die bürokratische Gentry

Unterhalb der Sphäre des Hofes spielen die Familien der Beamten eine ähnlich bedeutsame Rolle. Wie die Verwandten des Souveräns, obgleich nicht aus ganz denselben Gründen, bekleideten die Angehörigen dieser Schicht – die wir die bürokratische *Gentry* nennen können – nicht unbedingt alle Regierungsämter. Einige waren zu jung, andere zu alt, wieder andere unfähig; die Frauen waren als solche unqualifiziert. Ferner gab es Notabeln, die ihrer Befähigung zum Trotz keinen Posten finden konnten: erstens gab es gewöhnlich mehr Anwärter als freie Stellen, und zweitens besetzte die Regierung gewisse Stellen lieber mit Außenseitern als mit Beamtensöhnen.

Umfang und Form des Familienreichtums sind wichtige differenzierende Faktoren. Beweglicher passiver Reichtum (Gold, Edelsteine usw.) schrumpft schneller zusammen als Landeigentum, das zwar durch die gleiche Verteilung unter den Erben zerstückelt wird, das aber zu Lebzeiten des Eigentümers ungeschmälert bleiben kann, wenn die Pachtzinsen ausreichen, um ihn und seine Familie zu erhalten. Daher gewähren hydraulische Gesellschaften mit stark entwickeltem Landeigentum der bürokratischen *Gentry* optimale, freilich schrittweise abnehmende Möglichkeiten, vom angesammelten Familienreichtum zu leben. Die chinesische Bemerkung, daß eine Familie in drei Generationen von Armut zu Überfluß aufsteigen und in den nächsten drei Generationen wieder zur Armut hinabsinken kann, kennzeichnet treffend diese Tendenz zu abnehmendem Besitz, dem die bürokratische *Gentry* der hydraulischen Gesellschaft, im Gegensatz zum Landadel der feudalen Gesellschaft, ausgesetzt ist. Von gleicher Bedeutung ist die Geschwindigkeit, mit der die Rückkehr in den Staatsdienst den Familienbesitz wiederherzustellen oder gar zu vermehren vermag. Falls Angehörige einer verarmten *Gentry*-Familie drei Generationen lang im Amte wären, dann würde am Ende das Familienvermögen (einschließlich des Landbesitzes) zweifellos groß sein. Aber oft konnte ein Familienangehöriger, der nur eine beschränkte Zeit im Staatsdienst war, das Eigentum seiner Familie wiederherstellen. In einem mir persönlich bekannten Falle wurde dieses Ziel erreicht durch eine dreijährige Amtstätigkeit in einer chinesischen Kreisverwaltung.

40. Wittfogel und Fêng, 1949, S. 441.

Die politische Bedeutung der bürokratischen *Gentry* geht aus der Tatsache hervor, daß Angehörige dieser Gruppe häufig aufgefordert werden, administrative, richterliche oder priesterliche Hilfsaufgaben zu übernehmen. Im pharaonischen Ägypten vergab man oft einträgliche Posten im Tempeldienst an Kinder von Standespersonen[41]. In den Gerichtsversammlungen Babyloniens waren einige »Standespersonen« Amtsinhaber, andere hatten einen *gentry*-artigen Rang[42].

Fick nahm an, daß es im buddhistischen Indien eine »Land-*Gentry*« gab, die zu den *gahapatis,* den »Haushaltern«, gehörte[43]. Nach seiner Ansicht waren diese Haushalter weder Krieger (Kshatriyas) noch Brahmanen[44]; vielmehr waren sie ganz oder teilweise identisch mit einem »niederen grundbesitzenden Adel«[45]. Ficks Interpretation ist nicht überzeugend. Dutoit betrachtet die Haushalter als Angehörige der dritten, der Vaisya-Kaste[46]. Die Quellentexte, die Fick übersetzt hat, zeigen deutlich, daß Brahmanen Haushalter sein konnten[47]. In der Tat waren die Brahmanen normalerweise Haushalter, wenn

41. Kees, 1953, S. 4.

42. S. oben, S. 339 ff.

43. Fick, 1920, S. 253.

44. A. a. O.

45. A. a. O.

46. *Jātakam,* II, S. 143, Anm. I; vgl. IV, S. 541, Anm. 1. In dieser Periode gab es schon Kasten, *jati.* Aber die *jati,* die später zu mehreren tausend anwuchsen, sind nicht identisch mit den vier größeren *varna,* den Kshatriyas, Brahmanen, Vaisyas und Südras. Der Gebrauch des Wortes *varna* (»Farbe«) zur Bezeichnung jener vier Hauptgruppen geht auf die Zeit zurück, von der das *Rigweda* spricht, d. h. auf die Zeit, als die Arier, die Menschen der »hellen Farbe«, die einheimischen Dasyus, die Menschen der »dunklen Farbe«, unterwarfen (Rapson, 1922, S. 54; s. auch Renou, 1950, S. 63). In der darauf folgenden Zeit bezeichnet der Ausdruck *varna* »eine soziale Ordnung‹ unabhängig von einem wirklichen Unterschied der Hautfarbe« (Rapson, 1922, S. 54) oder eine »Klasse« oder einen »Stand« (*order*). Smith (1928, S. 36) hält, in Übereinstimmung mit Shama Sastri, diese Erklärung für angemessen. Vgl. auch Rhys-Davids, 1950, S. 46. Die Kastenregeln, *jati,* die insbesondere sehr genaue Speise- und Heiratsvorschriften enthalten, bestimmten mit wachsender Starrheit die drei Stände, von denen sich jedoch allein die Brahmanen überall in Indien und bis in die Gegenwart hinein behaupteten: »Nie und nirgends gab es vier ursprüngliche Kasten und gegenwärtig haben die Ausdrücke Kshatriya, Vaisya und Südra keinen genau umschriebenen Sinn für eine Klassifizierung bestehender Kasten. In Nordindien werden die Namen Vaisya und Südra nie gebraucht, ausgenommen in Streitschriften über Fragen der Kastenpriorität. Im Süden werden alle Hindus, die keine Brahmanen sind, als Südras betrachtet, während die Ausdrücke Kshatriya und Vaisya praktisch unbekannt sind« (Smith, 1928, S. 35). Die Konsolidierung, der soziale Aufstieg und der ununterbrochene Fortbestand der Brahmanenkaste in Indien unter der Herrschaft der Hindus und der Mohammedaner ist ein wesentlicher Zug in der langen, komplizierten Geschichte der indischen Gesellschaft.

47. *Jātakam,* IV, S. 541 ff.; VI, S. 317.

sie nach Beendigung ihrer Erziehung heirateten und eine Familie gründeten [48].

Für Ficks Klassifizierung spricht, daß die Haushalter keine »Sondervorrechte« [49] genossen und daß diejenigen, die hauptsächlich von ihrem Land lebten, im allgemeinen zum niederen Adel gehörten – d. h. zu einer Schicht innerhalb der herrschenden Klasse, die weniger galt als die im Regierungsdienst tätigen Kshatriyas, Brahmanen und Vaisyas. Aber Landzuweisungen gingen in erster Linie an weltliche Staatsdiener und Brahmanen [50]; und die nichtbeamteten Angehörigen dieser Schichten bildeten in der Tat eine bürokratische oder priesterliche Gentry, ganz gleich, ob sie zugewiesenes Land erblich oder lebenslänglich besaßen, oder ob sie ganz ohne Land waren [51].

In Ägypten scheinen in der byzantinischen Zeit die Verwandten führender Funktionäre die Gelegenheit, ein Amt zu bekleiden, mit beiden Händen ergriffen zu haben. Während sie auf ihren Ländereien lebten, übernahmen sie in ihrer Wohngegend verschiedene halbamtliche Aufgaben [52].

Der Inkastaat ergriff umfassende Maßnahmen, um verdiente Würdenträger und andere vornehme Personen zu versorgen. Die ihnen zugewiesenen Ländereien sollten auch ihren Nachkommen zugute kommen [53]. Dies legt die Vermutung nahe, daß in der Inkagesellschaft, wie in anderen hydraulischen Kulturen, eine zahlreiche bürokratische Gentry gedieh. Im vorspanischen Mexiko gab es ebenfalls während langer Zeiträume Sinekureland; zum Teil besaßen es Verwandte des Herrscherhauses, zum Teil Familien von Beamten [54].

In China läßt sich bereits für die Tschou-Zeit quellenmäßig nachweisen, daß Personen einen gehobenen sozialen Rang besaßen, weil sie Beamtenfamilien angehörten; und spätestens seit der T'ang-Periode genossen die Verwandten von Beamten gesetzlich festgelegte Vorteile, je nach dem Grade ihrer Verwandtschaft [55]. Sie bildeten somit eine bürokratische Gentry im Sinne unserer Begriffsbestimmung.

Auf eine etwas andere Art haben westliche Autoren das Wort Gentry auf die shên-shih, die Schärpenträger, angewendet, eine Gruppe, die teilweise, aber nicht völlig mit der bürokratischen Gentry unserer Definition zusammenfällt. Unseres Wissens kommt die Bezeichnung shên-shih nur in offiziellen Dokumenten der letzten Dynastien vor. Die shên-shih-Listen umfaßten Einhei-

---

48. Jolly, 1896, S. 148 ff.; vgl. Vishnu, 1900, S. 190 ff.

49. S. C.A.F. Rhys-Davids, 1922, S. 205.

50. S. oben, Kap. 7.

51. Für die soziale Stellung der Landinhaber, s. Jātakam, I, S. 130, 167, 185, 232 ff., 376; II, S. 73, 98, 234 ff., 300, 384, 388, 425; III, S. 59, 105, 171, 222 ff., 554; IV, S. 449; V, S. 168, 475, 506 ff.; VI, S. 317.

52. S. Stein, 1951, S. 131; vgl. Hardy, 1931, S. 25 ff.

53. Ondegardo, 1872, S. 37 ff.

54. S. oben, Kap. 7.

55. Ch'ü, TT, 1937, S. 172.

mische eines besonderen Gebietes, die Beamte waren oder gewesen waren, ferner auch Personen, die meist durch Prüfungen oder – weniger häufig – durch Kauf ihren Grad erworben hatten, die aber bisher noch keine Amtsstelle innehatten.

Das Examenssystem erscheint in der chinesischen Geschichte verhältnismäßig spät; und die Zusammenfassung der Inhaber von Prüfungsgraden als soziale Gruppe erfolgte noch später. Aber ganz gleich wann sie entstanden, die bürokratische Orientierung der *shên-shih* ist offensichtlich. Wie oben bemerkt wurde, der *shên-shih*-Rang ist definiert nicht durch Beziehung zu Landbesitz, sondern zum Staatsdienst [56]. Die höchstgestellten Mitglieder der *shên-shih*-Hierarchie setzten sich aus ehemaligen und gegenwärtigen Beamten zusammen, sowie aus Inhabern hoher Grade, die erwarteten, bald ein Amt zu erhalten. Viel zahlreicher waren die niedrigen *shên-shih*, die als Inhaber niedriger Grade dazu verurteilt waren, lange zu warten. Aber genau wie die Inhaber höherer Grade, die noch nicht amtierten, erfüllten die niedrigen *shênshih* alle möglichen halbamtlichen Funktionen, die Förderung örtlicher öffent-

56. In einer 1946 veröffentlichten Untersuchung über die chinesische *Gentry* unterstrich H. T. Fei ihre eigentumsmäßige sowie ihre bürokratische Seite, aber den zweiten Punkt ließ er etwas unbestimmt: »Nur wenn ein Familienangehöriger [eines Landbesitzers] in die *Gelehrtenschicht und die Beamtenschaft* eintritt, ist die Stellung dieser Familie in der *Gentry* sichergestellt« (Fei, 1946, S. 11; Hervorhebung vom Autor). Im Jahre 1948 stellt Fei in einem 1953 in zweiter Auflage erschienenen Werke, das er vor seinem Übertritt ins kommunistische Lager verfaßte, in seiner Definition der *Gentry* ihre Beziehung zum Staatsdienst *vor* diejenige zum Grundbesitz: »*Gentry* können ehemalige Beamte und Verwandte von Beamten oder einfach gebildete Landeigentümer sein« (*ders.*, 1953, S. 32). Um Feis Auffassung voll zu würdigen, muß man wissen, daß er den Gedanken eines sich selbst erhaltenden Landbesitzertums verwarf. Das Erbrecht zerstückelte sogar die größten Ländereien; und herkömmlicherweise führte der Weg zum Landerwerb zumeist durch den Staatsdienst (s. Fei und Chang, 1945, S. 302). Das heißt die Masse der Landbesitzer Chinas, insbesondere die großen und gebildeten, waren bürokratische Landbesitzer – d. h. typische Angehörige einer bürokratischen Gentry.

Eberhard erwähnt in einer vor wenigen Jahren gegebenen Definition der chinesischen *Gentry* ihr »Landeigentum« an erster Stelle; er verweist auf die eigentumsmäßige Seite nochmals, und mit Nachdruck, wenn er sagt, daß »die *Gentry*-Klasse« »Landeigentümer, Gelehrte und Politiker *in einer und derselben Klasse*« zusammenfaßt, gewöhnlich Vertreter aller drei Berufe *in einer Familie* (Eberhard, 1952, S. 16; vgl. S. 14; kursiv im Original). Eberhard betrachtet sich als »nicht kompetent, über Ägypten, Mesopotamien und Indien zu schreiben« (*a. a. O.*, S. 35, Anm. 2); und er nimmt nicht Stellung zu Rüstows Begriffen des »hellenistisch-orientalischen Sultanats« und der bürokratischen »Staatssklaverei« des späteren römischen Reiches (Rüstow, OG, II, S. 169, 187). Da ihm in der Tat die begrifflichen Voraussetzungen für eine vergleichende Untersuchung des orientalischen Staatswesens und Eigentums fehlen, sieht er weder die spezifische Natur (und Stärke) des ersteren noch die spezifische Natur (und Schwäche) des letzteren.

licher Arbeiten, die Durchführung örtlicher Verteidigungs- und Sicherheitsmaß-
nahmen, die Verwaltung von Notstands- und Wohlfahrtseinrichtungen und
das Eintreiben von Beiträgen und Gebühren für die Regierung[57]. Sie waren
natürlich jederzeit bereit, eine Regierungsstelle zu bekleiden, da diese nicht
nur den Weg zu größerem politischem und sozialem Einfluß ebnete, sondern
auch unvergleichlich größere materielle Vorteile gewährte[58].

Für einige hydraulische Gesellschaften deuten die Quellen nur auf die Existenz einer bürokratischen *Gentry* hin, für andere ist sie einwandfrei belegt.
Aber selbst wo unsere Quellen dürftig sind, scheint die Annahme berechtigt,
daß die Angehörigen des Herrscherhauses eine bevorrechtete Stellung innehatten, und daß, allerdings weniger augenfällig, eine bürokratische *Gentry* ähnliche Privilegien genoß. Die führenden Beamten waren bestrebt, ihre Verwandten an den Vorteilen, die ihre Positionen mit sich brachten, teilnehmen zu lassen. Und nach Maßgabe ihres Ranges erreichten sie dies gewiß auch.

III. Die Verwandten der niedrigen Funktionäre und der gemeinen Soldaten

Recht zahlreich waren überdies die Verwandten der zivilen niedrigen Funktionäre und der gemeinen Soldaten. Über ihr Alltagsleben wissen wir wenig.
Im 17. Jahrhundert lebte in China ein bürokratischer Schwindler, Li San, in
Saus und Braus, weil er seine eigenen Erfahrungen als Regierungsschreiber
und die seines Vaters und Großvaters geschickt zu benutzen wußte[59]. Sein Erfolg dauerte nicht lange, und er war gewiß eine Ausnahme; aber er beleuchtet die Vorteile, die intelligente und wagemutige Verwandte niedriger Funktionäre durch ihre Stellung erlangen konnten.

Die Familien der Berufssoldaten bildeten eine mehr oder weniger analoge
Gruppe. Hammurabis Kodex berücksichtigt einige ihrer Probleme[60]; und
eine vergleichende Analyse der ptolemäischen Kleruchen und der Soldatenbauern der byzantinischen *themata* dürfte ähnliche Verhältnisse enthüllen.

Größtenteils waren die Verwandten dieser niedrigen zivilen und militärischen Staatsdiener wirtschaftlich nicht besser gestellt als die Masse der Hand-

---

57. Chang (GI, Teil 11). Eine Anzahl dieser Aufgaben, wie die Anlage und Aus-
besserung lokaler Straßen, Bewässerungskanäle und Flußdeiche, sowie die Einnahme
von Abgaben und Gebühren für die Regierung, sind Unternehmungen, die in der
Mitte zwischen Privat- und Staatsbetrieb stehen. In der hydraulischen Gesellschaft
werden solche Aufgaben manchmal von der Bürokratie, manchmal von Privatpersonen durchgeführt (vgl. Wittfogel, 1931, S. 413 ff., 445 ff.). Diese Privatpersonen sind
zumeist Angehörige der bürokratischen herrschenden Klasse, und ihre Tätigkeit
nimmt einen halbamtlichen Charakter an, wenn sie sich beim Einsammeln von Gel-
dern und bei der Mobilisierung lokaler Arbeitskräfte auf die Autorität der Regierung stützt.

58. S. unten.

59. S. oben, S. 386, Anm. 9.

60. S. insbesondere Hammurabi, § 27 ff.

werker und Bauern. Aber politisch und sozial nahmen sie an dem zweideutigen Ansehen ihrer diensttuenden Familienangehörigen teil. Die soziale Stellung, die der Vater, die Frau oder der Sohn eines Polizisten in einem Polizeistaat einnimmt, gibt uns einen Vergleichsmaßstab für die Stellung der Verwandten der niedrigen Funktionäre eines orientalisch despotischen Staates.

b. Anschluß an die herrschende Klasse auf Grund halbamtlicher, amtsartiger oder voramtlicher Stellung

Nicht alle Verwandten der Apparatleute nehmen in gleichem Maße an den sozialen Vorrechten ihrer amtierenden Familienangehörigen teil. Die verhältnismäßige Nähe zu den bürokratischen Aktivisten und die Besonderheiten des jeweils herrschenden Verwandtschaftssystems bestimmen die spezifische Stellung der Nutznießer innerhalb der herrschenden Klasse. Aber wie immer diese Unterschiede beschaffen sein mögen, unter sonst gleichen Verhältnissen leitet sich die bevorrechtete Stellung stets aus dem gesellschaftlichen Vorrang her, den die Zugehörigkeit zum Apparatstaat seinen Funktionären gewährt.

Mit entsprechenden Modifikationen gilt dasselbe auch für Gruppen, die einen halbamtlichen, amtsartigen oder voramtlichen Rang einnehmen. Die Angehörigen solcher Gruppen sind keine Beamten im eigentlichen Sinne des Wortes, aber sie arbeiten für die Regierung als wirtschaftliche Agenten, oder sie bekleiden einen offiziellen oder halboffiziellen Rang, weil sie als Funktionäre der herrschenden Religion magisch die Sicherheit des Regimes stützen.

I. Weltliche Halbbeamte (kaufmännische und steuerliche Agenten)

Personen, die ihre gesamte oder den größten Teil ihrer Zeit im Dienste der Regierung als wirtschaftliche Agenten *(damkar, setthi)* tätig sind, werden bisweilen zu den Beamten gerechnet. In diesem Falle erübrigt sich eine Erörterung ihrer sozialen Stellung. Oft jedoch werden Handelsagenten nicht so klassifiziert; und fiskalische Agenten (Steuerpächter) gelten selten oder nie als Mitglieder der bürokratischen Hierarchie. Aber obgleich diesen Personen der Beamtenrang vorenthalten wird, werden sie doch als Diener der Regierung betrachtet. In dieser Eigenschaft erlangen sie Unterstützung und Autorität, mitunter sogar Zwangsgewalt; und um sie für ihre Dienste schadlos zu halten, gibt man ihnen eine Vergütung oder Provision. Im ptolemäischen Ägypten gewährte man Steuerpächtern eine Provision von 5, später von 10 Prozent[61], in Byzanz 1 Prozent, 2½ Prozent oder 5 Prozent[62], im mohammedanischen Indien bis zu 10 Prozent[63]. Im ottomanischen Ägypten erhielten sie

61. Wilcken, 1912, S. 184.
62. Johnson und West, 1949, S. 290.
63. Vgl. Poliak, 1939, S. 49.

außer ihrem Geldeinkommen etwa 10 Prozent allen anbaufähigen Dorflandes unter dem Namen *wasîya* zugeteilt [64].

Allerdings konnte es den Handelsagenten und Steuerpächtern gelingen, mehr einzusammeln und zu behalten als den vorgeschriebenen Satz. Aber solch ein Bestreben, dem starke Herrscher sich energisch widersetzten, unterscheidet die wirtschaftlichen Agenten nicht von den Handels- und Steuerbeamten, die ja nicht weniger darauf aus waren, mehr einzusammeln und zu behalten, als sie sollten.

Die Handels- und Steueragenten waren Privatunternehmer in dem Sinne, daß sie private Mittel verwandten und teilweise auch ihr eigenes Personal beschäftigten. Aber in ihrer Tätigkeit für die Regierung genossen sie die Vorteile der Regierungsautorität, und nötigenfalls konnten sie staatliches Personal einsetzen, um ihr Ziel zu erreichen. Die Bevölkerung sah in ihnen keine Privatpersonen, sondern Furcht einflößende Organe der Staatsmacht.

Wenn diese Personen Beamte oder Angehörige der bürokratischen *Gentry* waren, die ihren Besitz durch halbamtliche Manipulationen zu vermehren suchten, war ihre bürokratische Stellung *a priori* gesichert. Auf jeden Fall machte der mit dem Staate verbundene Charakter ihrer Funktionen sie zu Halbbeamten. In peripherer Weise fanden sie ihren Platz in der herrschenden Klasse.

II. Die amtsartige Stellung der Vertreter der herrschenden Religion

Im dritten Kapitel unserer Untersuchung erörterten wir die Methoden, durch die der agrardespotische Staat die herrschende Religion und ihre Vertreter an sich band. In China und auch in der Frühzeit des pharaonischen Ägyptens erfüllten Regierungsbeamte viele der wichtigsten religiösen Funktionen. In anderen orientalischen Kulturen ernannte die Regierung die Priester der herrschenden Religion und behandelte sie administrativ als Staatsbeamte [65].

Die religiösen Funktionäre des Islams lebten zum größten Teil von religiösen Stiftungen *(waqfs)*, die unmittelbar oder mittelbar von der Regierung kontrolliert wurden [66]. In dieser Hinsicht waren sie enger an den Staat gebunden als – im Indien der Hinduzeit – die Brahmanen, die nur gelegentlich mit Land bedacht wurden. In beiden Fällen jedoch gab der Staat dem heiligen Gesetz der herrschenden Religion Zwangsgeltung; und dies gab den religiösen Funktionären eine quasi-offizielle Machtstellung.

Gewiß, jeder religiöse Funktionär wird von den Gläubigen mit einer besonderen Art von Ehrfurcht behandelt; aber sein Ansehen kann günstig oder ungünstig beeinflußt werden durch die institutionelle Umwelt, in der er sich

---

64. Gibb und Bowen, 1950, S. 261.
65. Vgl. Otto, PT, II, S. 243 ff.
66. S. oben, Kap. 34.

bewegt. Der Priester einer sekundären und unterprivilegierten Religion kann mit Mühe seine Autorität unter seinen eigenen Anhängern behaupten, wenn diese dauernd den herabsetzenden Werturteilen einer feindlichen Umgebung begegnet. Der Priester einer herrschenden Religion ist solchen Schwierigkeiten nicht ausgesetzt. Im Gegenteil stärkt die Ehrfurcht vor den Herrschern auch sein Ansehen – um so mehr, je stärker die Regierung ist. Unter der hydraulischen Despotie bekleiden die Funktionäre der herrschenden Religion sozial einen beamtenartigen Rang, sogar dort, wo sie nicht vom Staate ernannt sind.

III. Personen mit einem vorbeamtlichen Rang (Personen, die sich auf die Regierungslaufbahn vorbereiten, und graduierte Amtsanwärter)

Die Schwierigkeiten der Ideologie und der Schrift – und die meisten hydraulischen Kulturen oberhalb des Stammesniveaus besaßen eine Schrift – machten die Ausbildung der Beamten zu einem langwierigen Prozeß, und diejenigen Personen, die noch in der Schulung begriffen waren, bildeten oft eine besondere Gruppe. Die Kandidaten offizieller »Hochschulen« oder »Universitäten« unterlagen einer sorgfältigen Auslese, und ihre Zahl war beschränkt. Dies war der Fall im aztekischen Mexiko, in Byzanz, unter den Mamelucken, in der ottomanischen Türkei und in langen Zeiträumen der chinesischen Geschichte, z. B. in der Han-Zeit.

Wo die Studenten in Tempeln und von Priestern unterrichtet wurden, war ihre Ausbildung nicht spezifisch auf den Regierungsdienst zugeschnitten, aber auch dann wurde ihre Zahl beschränkt. Wo vergleichende Prüfungen grundsätzlich jedem offen standen, wie unter den letzten zwei chinesischen Dynastien, waren die Studenten zahlreich, und es gab dort viele Inhaber niedriger Grade. Die Studenten, die einer langen, intensiven Ausbildung unterworfen wurden, waren womöglich noch empfänglicher für die Vorteile und das Ansehen des bürokratischen Lebens als die Amtsinhaber. Das bürokratische Klassenbewußtsein konnte noch mehr gefestigt werden durch den Umstand, daß die Inhaber eines Grades gewisse halbamtliche Funktionen erfüllen durften. Die Angehörigen der chinesischen *shên-shih*, die Examensgrade, aber noch kein Amt hatten, sind ein klassisches Beispiel einer solchen präbürokratischen Gruppe.

IV. Vergleichender Exkurs über die Berufsideologen in der UdSSR

In der hydraulischen Gesellschaft manipulierten die Herrscher selten die heilige Lehre, sogar wenn sie von Beruf Hohepriester waren. In der Sowjetunion ist die orthodoxe Kirche freilich noch geduldet, aber sie ist nicht mehr die Trägerin eines herrschenden Glaubens; und wenn die offen verkündeten sowjetischen Pläne verwirklicht werden, dann wird die weltliche Staatsdoktrin schließlich ganz den Kirchenglauben ersetzen. Die Verkünder dieser Doktrin sind die Herren des Apparatstaates; sie – und nur sie – legen die Lehre aus und ändern sie. Die Herren der Doktrin sind gleichzeitig die Herren der Staatsbürokratie; und die berufsmäßigen Intellektuellen sind – wie sie – in ihrer großen Mehrzahl Beamte.

Einige hervorragende Künstler und Schriftsteller mögen ihre Werke schaffen, ohne Regierungsstellen zu bekleiden; aber sie folgen staatlichen Direktiven, sie führen staatliche Aufträge aus, sie werden wie hohe Beamte bezahlt; und wenn sie dem Staate gut und vorbehaltlos dienen, sind sie bevorrechtet wie diese. Sie bekleiden einen beamtenartigen Rang.

Der Unterschied ist wichtig. Während es also in der hydraulischen Gesellschaft viele beamtenartige ideologische (religiöse) Funktionäre gibt und während diese bezüglich ihrer Lehre verhältnismäßig frei sind, ist in der UdSSR die Zahl der beamtenartigen Intellektuellen gering und sie haben keine Freiheit in Fragen der Doktrin. Die Herrscher des totalen managerialen Staates sind Ideokraten. Ihre Macht erstreckt sich auch auf die Ideen der Gesellschaft. Sie haben sowohl die Ideologie wie die Ideologen nationalisiert.

c. Trotz vieler Untergruppen eine einzige herrschende Klasse

Unsere Betrachtung zeigt, daß selbst unter den einfachsten Verhältnissen die herrschende Klasse einer hydraulischen Gesellschaft mancherlei Untergruppen enthält. Unter differenzierten Bedingungen wird diese herrschende Klasse ein sehr kompliziertes Gebilde. In welchem Maße sind sich die Angehörigen der verschiedenen Untergruppen der Eigenart und Überlegenheit ihrer grundlegenden Klassenstellung bewußt?

Klassenbewußtsein ist wahrscheinlich weniger allgemein – und gewiß weniger dynamisch –, als der Marxismus uns glauben machen möchte. Aber es unterliegt keinem Zweifel, daß die Herren der hydraulischen Gesellschaft, die so außerordentlich bevorrechtet sind, was ihre Macht, ihre Einkünfte und ihren Rang anbelangt, eine der klassenbewußtesten Gruppen in der Geschichte der Menschheit darstellen.

Ihr Klassenbewußtsein äußerte sich freilich nicht immer in Vorstellungen über die Größe des Beamtentums. Die Dienstleute der ottomanischen Türkei nannten sich stolz die »Sklaven« ihres Sultans. Der Ruhm der herrschenden Klasse verkörperte sich in ihren Augen im autokratischen Herrscher. Die politischen Ideologen im Indien der Hinduzeit betonten die überragende Stellung des Königs als des obersten Schirmherrn der herrschenden Religion. Der Ruhm der herrschenden Klasse verkörperte sich in ihren Augen in den priesterlichen Ratgebern. Die konfuzianischen Philosophen Chinas huldigten ihrem absoluten Souverän; aber sie verherrlichten den Gentleman-Gelehrten, der dank seiner Ausbildung einzigartig qualifiziert war, ein Gentleman-Bürokrat zu werden. Der Ruhm der herrschenden Klassen verkörperte sich in ihren Augen in dem vollkommen gebildeten Beamten.

Der Konfuzianismus wirft ein besonders klares Licht auf den gesellschaft-lich-politischen Kern der Sache. Indem er den Gentleman-Gelehrten *chün-tzü* nannte, unterstrich Konfuzius den politischen Aspekt seiner Idealgestalt. Der *chün-tzü* war zutiefst vertraut mit der kulturellen Tradition des erbli-chen (»adligen«) Beamtentums, aber seine Qualifikation hatte eine ausgespro-chen politische Ausrichtung. Das Wort *chün-tzü* bezeichnete ursprünglich einen »Herrscher«, »einen Mann, dem das Regieren oblag«. Nach angemesse-ner Ausbildung war der *chün-tzü* reif, als Staatsbeamter »verwandt« zu wer-den [67]. Er war reif, die »kleinen Leute«, die Masse der Bevölkerung, zu re-gieren.

Die Teilung in die beiden Hauptklassen äußert sich in den chinesischen Wörtern *shih* und *min*. Die *shih* sind Personen, die auf Grund ihrer morali-schen, militärischen und zeremoniellen Schulung ihrem Herrscher dienen kön-nen, und die dies auch tun, wenn es möglich ist. Die *min* sind »das Volk«, das vom Souverän und den amtierenden *shih* regiert wird [68]. In der chine-sischen Geschichte wurde den zivilen und militärischen Fähigkeiten nicht im-mer der gleiche Wert beigemessen [69]; aber die Verherrlichung der *shih* hat bis zum Ende der kaiserlichen Ära fortbestanden.

Wie immer man die beiden Hauptklassen nennen mag, in allen hydrau-lischen Gesellschaften besteht ein grundsätzlicher Unterschied zwischen *shih* und *min*. In allen hydraulischen Gesellschaften sind sich die potentiellen und die tatsächlichen Herrscher voll bewußt, daß sie der Masse der Beherrschten – den Gemeinen, dem »Volke« – überlegen sind und daß sie sich von ihnen grundlegend unterscheiden.

---

67. Legge, CC, I, *passim.*

68. Das *Klassische Buch der Geschichte* nennt die Beamten häufig *shih* (a. a. O., III, S. 275, 367, 369, 626). Dies tut auch das *Klassische Buch der Lieder* (a. a. O., IV, S. 360, 409, 429 ff., 569). Im engeren Sinne bezeichnet der Ausdruck *shih* niedrigere Be-amte (vgl. a. a. O., I, S. 401). Als Personen, die die angemessene Ausbildung erhal-ten haben, werden die *shih* insbesondere im konfuzianischen Schrifttum häufig er-wähnt (vgl. a. a. O., I, S. 168, 274, 276). Im Staatsdienst muß sich ihre Erziehung endgültig bewähren (a. a. O., I, S. 271 ff., 339). Gewiß, man sollte die Freundschaft eines *shih* zu gewinnen suchen, auch wenn er nicht im Amte war (a. a. O., I, S. 297). Häufig werden die *shih* den *min* gegenübergestellt. Jene versehen ihren Dienst im königlichen Ahnentempel (a. a. O., IV, S. 569) oder am Hofe mit Eleganz, die *min* sehen bewundernd zu (a. a. O., IV, S. 409 ff.). Die *shih* und die *min* bilden zusam-men die Gesamtbevölkerung. In unruhigen Zeiten leiden beide Gruppen (a. a. O., IV, S. 560).

69. Konfuzius interessierte sich vorwiegend für die nicht-militärischen Fähigkei-ten der *shih*. Dies modifizierte offenbar eine ältere, mehr militärisch orientierte Tradition (s. a. a. O., I, *passim*; vgl. Wittfogel, 1935, S. 49, Anm. 3).

D. DIE BEHERRSCHTEN

1. AUF EIGENTUM BERUHENDE UNTERGLIEDERUNG
DER GEMEINEN

Unter der Herrscherklasse finden wir die umfangreiche Welt der Gemeinen. Die Dazugehörigen haben einen negativen Zug gemeinsam: sie nehmen keinen Anteil an den Angelegenheiten des Staatsapparats. Sie haben auch einen positiven Zug gemeinsam: sie sind keine Sklaven.

Die chinesische Tradition unterscheidet drei Hauptgruppen von Gemeinen: Bauern, Handwerker und Kaufleute. Diese Reihenfolge entspricht der Reihenfolge ihrer historischen Entstehung. Aber es ist zweifelhaft, ob diejenigen, die diese Stufenordnung aufstellten, sich dessen bewußt waren. Es ist wahrscheinlicher, daß sie vielmehr an die relative wirtschaftliche Bedeutung der drei Gruppen dachten: Landwirtschaft war die Wurzel *(pên)*, Handwerk und Handel waren die Zweige *(mo)* ihrer agrarischen Kultur [70].

Die Wurzel und die Zweige entsprechen den zwei Grundformen des Eigentums, dem unbeweglichen und dem beweglichen. In unserer Analyse der komplexen, semikomplexen und einfachen Eigentumsformen erörterten wir die Entstehung, Entwicklung und soziale Stellung dieser drei Gruppen im einzelnen [71]; und daher ist es unnötig, unsere Schlußfolgerungen hier zu wiederholen. Zur Vervollständigung unserer Untersuchung müssen wir jedoch an dieser Stelle etwas über die Lage der niedrigsten sozialen Gruppe, der Sklaven, sagen. In der hydraulischen Gesellschaft spielten Sklaven nur eine sehr begrenzte Rolle. Warum?

2. SKLAVEN

Boden, Wasser und Pflanzen werden mit großer Sorgfalt betreut von Personen, die die Früchte ihrer eigenen Arbeit genießen – von Bauern, die regulierten Dorfgemeinden angehören, von Einzelbauern, die ihr Land zu eigen haben oder pachten. Solche Sorgfalt kann man nicht erwarten von Vollsklaven, d. h. von Personen, die persönlich unfrei sind und weder Familie noch Eigentum haben. Dies gilt für agrarische Verhältnisse im allgemeinen; es gilt insbesondere für Gebiete, in denen der Charakter der Landwirtschaft weitgehend durch Bewässerung bestimmt ist.

In der auf Bewässerung beruhenden Landwirtschaft spielte Sklavenarbeit eine geringe Rolle. Wenn Sklavenarbeit leicht erhältlich war, und wenn es sich aus diesem Grunde empfahl, sie in der Landwirtschaft (oder im Gewerbe) an-

---

70. Die traditionelle chinesische Rangordnung stellt die *shih* den Bauern, Handwerkern und Kaufleuten voran; keine dieser Klassen ist durch Großlandbesitz gekennzeichnet.

71. S. oben, Kap. 7.

zuwenden, benutzte man sie gelegentlich, aber sie blieb von untergeordneter Bedeutung. Um die so beschäftigten Sklaven zu sorgfältiger Arbeit zu veranlassen, überließ man ihnen gewöhnlich einen Teil ihres Produkts, und zuzeiten durften sie sogar heiraten. Das heißt, man machte sie zu Halbsklaven.

Die Überwachungskosten verhinderten den Gebrauch massenhafter Sklavenarbeit in der typischsten aller öffentlichen Arbeiten der hydraulischen Gesellschaft, beim Bau und Unterhalt von Kanälen, Deichen, Straßen und langen Mauern. Nur in räumlich zusammengedrängten Unternehmungen, wie im Bergbau und in Steinbrüchen, beim Bau von Palästen und Tempeln sowie beim Transport massiver Gegenstände, war das Aufsichtsproblem leicht zu lösen und man konnte in diesen Fällen Sklavenarbeit vorteilhaft anwenden [72].

Demgemäß finden sich Sklaven vor allem am Hofe, in Amtsstuben, in staatlichen Werkstätten und Bergwerken und in besonderen Bauunternehmungen. Demgemäß arbeiten Sklaven in Privatbesitz vorwiegend im Hausdienst und in reichen Familien, die sich den Luxus einer verschwenderischen Konsumtion leisten können [73]. Dieser Umstand erklärt, warum die öffentlichen oder privaten Herren sich gezwungen sahen, bei gelegentlichen Versuchen, Sklaven mit feineren Arbeiten zu betrauen, ihnen handgreifliche Anreize zu gewähren und die Vollsklaverei durch die Halbsklaverei zu ersetzen.

Durch siegreiche Kriege kamen natürlich Massen unfreier Menschen ins Land. Die Mehrzahl der kriegsgefangenen Bauern steckten die Eroberer in die Landwirtschaft, wo sie ihren neuen Herren am vorteilhaftesten dienen konnten. Aber nicht selten wurden einige der Gefangenen zu Staatssklaven gemacht oder an Privatpersonen verkauft.

Die Azteken, die häufig mit ihren Nachbarn Krieg führten, hatten für Sklavenarbeit in ihren kommunal organisierten *calpulli*-Dörfern wenig Verwendung. Aber in den großen Staatszeremonien wurden viele Kriegsgefangene feierlich den Göttern geopfert, d. h. sie dienten den Zwecken eines demonstrativen Terrors. Als Mittel, das mangelhaft koordinierte mexikanische Reich [74] zusammenzuhalten, hatte dieser Terror große Bedeutung.

Im alten Mesopotamien waren die Kriege zwischen den unabhängigen Staaten eine ergiebige Quelle zur Gewinnung von Sklaven; und in Babylonien verwandte man Sklaven in gewissem Umfange in der Landwirtschaft und im Handwerk. Auch hier blieb die Sklavenarbeit von zweitrangiger Bedeutung; und gewöhnlich nahm sie den Charakter der Halbsklaverei an: die Sklaven konnten Eigentum erwerben und heiraten [75]. Im pharaonischen Ägypten scheint die Sklaverei erst im Neuen Reiche eine gewisse Bedeutung

72. Vgl. oben, Kap. 2.
73. Wittfogel, 1931, S. 393 ff.; ders., 1938, S. 96 ff.
74. S. oben, Kap. 6.
75. Meissner, BA, I, S. 180, 377; Mendelsohn, 1949, S. 66 ff.

gewonnen zu haben, als große Kriege und Eroberungen das Land mit unfreier ausländischer Arbeit überschwemmten [76].

Westermann, der die Gesamtgeschichte Altmesopotamiens und Ägyptens untersucht hat, kommt zu dem Schluß, daß in diesen Kulturen die Sklaverei vorwiegend Haussklaverei war [77]; und E. Meyer sagt in seiner Bewertung der Sklaverei im Nahen Osten, daß »die Sklaverei im Orient wirtschaftlich kaum irgendwo eine größere Rolle gespielt« hat [78]. Mendelsohn hat in seinem neuerlichen Werke über die Sklaverei im alten Orient die älteren Forschungsergebnisse bestätigt. Die Sklavenarbeit in der Landwirtschaft »war nicht von großem Gewicht. Im großen und ganzen wurden Sklaven hauptsächlich in häuslichen Diensten verwandt«.[79]

Forschungen über die Verhältnisse in anderen orientalischen Ländern enthüllen ein ähnliches Bild. Es gab viele Sklaven in Indien, China und in der islamischen Welt, aber in keiner dieser großen Kulturen spielte Sklavenarbeit in der Landwirtschaft und im Handwerk eine führende Rolle [80].

Einige Sklaven und Freigelassene wurden von orientalischen Despoten zu hohen Stellungen erhoben, andere wurden von ihren privaten Herren mit wichtigen Überwachungsaufgaben betraut. Doch dies waren Ausnahmen. Die Haussklaven in der hydraulischen Gesellschaft wurden in ihrer überwältigenden Mehrzahl freilich nicht wie Vieh in Ketten gehalten [81], aber sie waren persönlich unfrei, und sie waren der Willkür ihrer Herren unterworfen. Daß die Herren ihre Sklavinnen nach Belieben gebrauchen konnten, wurde gewöhnlich als selbstverständlich betrachtet.

In einer Gesellschaft, in der totale Macht und totale Unterwerfung in der extremsten Form auftraten, waren Menschen, die jeder persönlichen Freiheit ermangelten, nicht zu beneiden. Ihre Lage wurde wenig dadurch gemildert, daß sie in gewissen hydraulischen Kulturen und in manchen wohlhabenden Familien zuzeiten zahlreich waren.

76. Kees, 1933, S. 48, 130; vgl. Erman und Ranke, 1923, S. 144.

77. Westermann, 1937, S. 75.

78. Meyer, 1924, I, S. 190.

79. Mendelsohn, 1949, S. 121.

80. S. für Indien C. A. F. Rhys-Davids, 1922, S. 205; Fick, 1920, S. 306 ff. Appadorai (1936, I, S. 317 ff.) stellt keine Beziehung her zwischen seinen Forschungsergebnissen über die Verwendung von Sklaven im Südindien der späten Hinduzeit und seiner Analyse der Landwirtschaft und Industrie. Aber seine Darstellung dieser zwei Wirtschaftszweige deutet an, was Dr. Rhys-Davids für das buddhistische Indien ausdrücklich festgestellt hat. In beiden Wirtschaftsbereichen war die Sklavenarbeit unbedeutend (C. A. F. Rhys-Davids, 1922, S. 205). Für die chinesische Gesellschaft in ihrer Gesamtheit s. Wittfogel, 1931, S. 393 ff.; für die Han-Zeit s. Wilbur, 1943, S. 174 ff., 195 ff.; für die abbasidische Gesellschaft s. Mez, 1922, S. 152 ff.; für das vormongolische Persien s. Spuler, 1952, S. 439 ff.

81. Wittfogel, 1931, S. 408 ff.

E. MODIFIZIERUNGEN DER KLASSENSTRUKTUR
IN EROBERUNGSGESELLSCHAFTEN

Sklaverei beeinflußt die Bodenschicht der orientalischen Gesellschaft, Eroberung ihrer Spitze. Eroberung kann in der Tat das herkömmliche Gefüge eines eroberten Gebietes so gründlich ändern, daß wir berechtigt sind, das institutionelle Ergebnis als eine Eroberungsgesellschaft zu bezeichnen[82]. Die Soziologie der Eroberung hat sich bisher hauptsächlich mit Eroberungen beschäftigt, die zur Schaffung geschichteter Gesellschaften führten, in unserer Terminologie: »primäre Eroberung«. Obgleich dieser Vorgang nur ,mangelhaft belegt ist, verdient er gewiß Beachtung. Aber durch Eroberungen können bestehende gesellschaftliche Gliederungen weiter differenziert werden (wir sprechen dann von »sekundärer Eroberung«). Dieser Eroberungstypus, der besser zu dokumentieren ist und der im allgemeinen weniger entlegene Zeiträume umfaßt, verdient besondere Aufmerksamkeit.

I. EROBERUNG, DIE ZUR ENTSTEHUNG EINER GESCHICHTETEN GESELLSCHAFT FÜHRT (PRIMÄRE EROBERUNG)

Kriege zwischen unabhängigen politischen Gemeinwesen sind so alt wie das menschliche Leben selbst. Aber Mittel, eine Bevölkerungsgruppe dauernd zu unterwerfen, entwickelten sich erst dann, als solch ein Unternehmen lohnend und tunlich wurde. Waren es Eroberer, die von dieser Möglichkeit zuerst und allgemein Gebrauch machten? Oder ließ zunehmende wirtschaftliche Ergiebigkeit zunächst eine einheimische Oberschicht, einen Stammesadel oder ein Berufsbeamtentum entstehen?

Lowie, nach dessen Ansicht »innere Bedingungen« genügen, »um erbliche oder so gut wie erbliche Klassen zu schaffen«[83], bewertet die mögliche Reichweite der inneren Differenzierung vorsichtig, wenn er bemerkt, daß die zwei Faktoren »sich nicht notwendigerweise gegenseitig ausschließen«[84].

Eine wesentlich endogene Entwicklung ist in einer Anzahl Fällen dokumentarisch belegt[85], aber es scheint keinem Zweifel zu unterliegen, daß in anderen Fällen Eroberungen zu bedeutsamen sozialen Schichtungen führten, und daß sie sehr oft schon vorhandene endogene Differenzierungen intensivierten und entwickelten. Eroberung dieser Art – primäre Eroberung – erfolgte anscheinend in der hydraulischen Welt, im alten Griechenland und Rom, in Japan und im mittelalterlichen Europa. Solch eine Eroberung ist eine allgemeine,

82. Für diesen Ausdruck s. Wittfogel, 1949, S. 15.
83. Lowie, 1927, S. 42; vgl. MacLeod, 1924, S. 12, 39.
84. Lowie, 1927, S. 38.
85. S. MacLeod, 1924, *passim*; vgl. Lowie, 1927, S. 33 ff.

nicht eine spezifische Erscheinung, und man soll daher aus ihr nicht die verschiedenartigen Macht-, Eigentums- und Klassenformen erklären, die diese Kulturen kennzeichnen [86].

2. EROBERUNG, DIE ZUR WEITEREN DIFFERENZIERUNG GESCHICHTETER GESELLSCHAFTEN FÜHRT (SEKUNDÄRE EROBERUNG)

Sekundäre Eroberung führt nicht immer zu einer Eroberungsgesellschaft. Die Mehrzahl der Angehörigen des Eroberervolkes kann in der Heimat bleiben; und ihre Führer können sich damit begnügen, aus der Ferne zu herrschen, entweder durch ihre Stammes- oder Volksgenossen, die die Unterworfenen direkt regieren, oder durch einheimische Kollaborateure, oder durch stra-

---

86. Für die Geschichte der Bedeutung der Eroberung für das Entstehen der Klassengliederung s. Rüstow, OG, I, S. 84 ff. Das Phänomen wurde vom soziologischen Gesichtspunkt ausführlich erörtert von Gumplowicz (1905, S. 190 ff., 195 ff.) und Oppenheimer (1919, S. 32 ff.); beide behaupteten, daß Klassendifferenzierung das Ergebnis von Eroberung war. Diese These wurde überzeugend von den Ethnologen MacLeod (1924, *passim*) und Lowie (1927, S. 33 ff.) zurückgewiesen. Ohne ihre Argumente zu berücksichtigen, übernimmt Rüstow (OG, I, S. 66 ff., 74 ff., 95 ff.) im wesentlichen die frühere Auffassung von der Rolle der Eroberung, aber er bemerkt, daß soziale Differenzierungen auch aus innerer friedlicher Entwicklung hervorgehen können (a. a. O., I, S. 88 f., 90 ff.); und er erkennt, daß die durch Eroberung geschaffenen Gesellschaften verschiedene Strukturen besitzen. Obgleich er die so geschaffenen Gesellschaften »im weitesten Sinne ›mittelalterlich‹ oder ›feudal‹ nennen« möchte (a. a. O., I, S. 79), weiß er, daß »die Begriffe ›feudal‹ und ›Feudalismus‹ ... ursprünglich auf das Lehensrecht des abendländischen Mittelalters beschränkt« waren (a. a. O., I, S. 312), daß im republikanischen Rom ein großbäuerlicher Adel die Oberschicht bildete (a. a. O., II, S. 166) und daß in Ägypten seit den Anfängen der Geschichte eine staatliche Planwirtschaft die Masse der Bevölkerung zur »Staatssklaverei« verdammte (a. a. O., II, S. 187).
Angesichts dieser Tatsachen ist es bedauerlich, daß Eberhard, der angeblich A. Rüstows Theorie annimmt, daß Macht feudale Gesellschaften durch Übergliederung schafft (Eberhard, 1952, S. 3), und der Rüstows Ideen als »die bisher vollständigste Theorie vom Ursprung des Feudalismus« preist (a. a. O.), seinen Lesern nicht die strukturellen Unterschiede erklärt, die Rüstow in den »feudalen« Gesellschaften findet. Eberhard sieht »keinen wesentlichen Unterschied zwischen östlichem und westlichem Feudalismus« (a. a. O., S. 2). Aber wir brauchen nur Eberhards Feudalsystem als eine wesentlich auf Land und Lehen beruhende Ordnung (a. a. O., S. 1) mit der orientalischen Wirklichkeit und Rüstows Begriff des altägyptischen »geistlichen Feudalismus« mit seinem »herrschenden Priesterstand« und planwirtschaftlicher Staatssklaverei zu vergleichen (OG, II, S. 17, 31, 187), um zu sehen, daß Eberhard weder den institutionellen Tatsachen noch der Auffassung seines angeblichen Gewährsmannes Dr. Rüstow gerecht wird.

tegisch angelegte Garnisonen. Regierung durch Satrapen, *curacas* oder *rājas*, ist zumeist ein Endergebnis militärischer Eroberung; und sie hat bezeichnende horizontale Machtabstufungen zur Folge. Aber die daraus hervorgehende institutionelle Ordnung ist keine Eroberungsgesellschaft im Sinne unserer Untersuchung.

Ich spreche von einer Eroberungsgesellschaft nur dann, wenn die Eroberer ihren Wohnsitz in die von ihnen gewonnenen Länder verlegen, wenn sie die einheimische Bevölkerung weder ausrotten noch vertreiben, und wenn sie zahlreich genug sind, um eine zusammenhängende und ausgesprochen fremde herrschende Körperschaft zu bilden, eine Körperschaft, die sich von ihren neuen Untertanen abhebt und über ihnen steht.

Keimformen von Eroberungsgesellschaften entstanden im Gefolge primärer Eroberungen. Ausgereifte Eroberungsgesellschaften entstanden unter verschiedenen Bedingungen in vielen Weltteilen. Ihr Entstehen wurde unvermeidlicherweise angeregt durch die Anziehung, die das zu erobernde Land ausübte, und durch die militärische Macht und Beweglichkeit der Eroberer. Agrarkulturen (insbesondere reiche hydraulische Wirtschaftsgebiete) waren beliebte Ziele solcher Eroberungen; und bis zur Neuzeit haben mächtige Nomadenstämme (insbesondere berittene Hirten mit Sattel und Steigbügel) sich ihrer erfolgreich bemächtigt [87].

3. ABWANDLUNG DER KLASSENGLIEDERUNG IN HYDRAULISCHEN EROBERERGESELLSCHAFTEN

a. Die Chinesen haben ihre Eroberer nicht immer absorbiert

Große Völker mit einer alten kulturellen Tradition wie die Chinesen weisen mit Stolz auf die Geschwindigkeit hin, mit der ihre »barbarischen« Eroberer viele Züge ihrer Lebensweise übernahmen. Leichtfertige Verallgemeinerungen dieses unbestreitbaren Tatbestandes haben den weit verbreiteten Mythus erzeugt, daß die Chinesen »immer« ihre Eroberer absorbiert hätten. Die Wirklichkeit straft jedoch diese Auffassung Lügen. Anstatt ihre Vorrechte an Macht, Prestige und Einkommen preiszugeben, suchten die Eroberer diese Vorrechte ausnahmslos mit allen politischen, militärischen und gerichtlichen Mitteln zu behaupten. Und wo sie dies taten, bewahrten sie zugleich Sonderzüge ihrer kulturellen Überlieferung.

Eine vergleichende Analyse der vier großen Erobererdynastien Chinas bestätigt in keinem einzigen Fall den Mythus der Absorption. Die Mandschus, die sich kulturell weitgehend assimilierten, hatten schon vor der Eroberung

87. Wittfogel und Fêng, 1949, S. 505 ff.

viele chinesische Bräuche übernommen[88]. Aber selbst sie behielten, wie die anderen Eroberdynastien, bis zuletzt grundlegende politische und soziale Rangunterschiede bei[89].

b. Mittel zur Sicherung der Vormachtstellung der Eroberer

Die Gründe hierfür liegen auf der Hand. Die »barbarischen« Eroberer waren für viele Einzelheiten der Zivilverwaltung auf einheimische Sachverständige und Beamte angewiesen. Demgegenüber schützten sie ihre politische, soziale und wirtschaftliche Vormachtstellung durch eine Reihe von Maßnahmen. Sie machten ihre Stammesgenossen zu Vorgesetzten der einheimischen Beamten; sie konzentrierten ihre Stammeskrieger in besonderen militärischen Einheiten, Lagern, *ordus* (Horden) oder Bannern; sie machten Heiraten zwischen ihren Stammesgenossen und Angehörigen der unterworfenen Bevölkerung schwierig oder unmöglich; und sie behielten ihre Stammesreligion bei, selbst wenn aus Prestigegründen die Herrscher und ihre Helfer die großen einheimischen religiösen Zeremonien ausübten[90].

Die arabischen Krieger, die das militärische Rückgrat der Omaijaden-Dynastie darstellten, verloren ihren Vorrang, als diese Dynastie zusammenbrach[91], genauso wie in China die Kh'i-tan, Jurtschen, Mongolen und Mandschus ihre bevorrechtete Stellung verloren, als ihre Eroberdynastien (Liao, Tschin, Jüan und Tsch'ing) ein Ende fanden.

c. Doppelentwicklung gewisser Klassen

Eroberungsgesellschaften tendieren daher zu einer eigentümlichen Doppelentwicklung gewisser sozialer Schichten. In der Regel legt sich eine fremde (adlige) Herrenschicht über die einheimische Bürokratie; und die fremden Stammeskrieger bilden eine bevorrechtete Schicht plebejischer Untertanen in der politischen Hierarchie. Die neu organisierten Banner, Lager oder *ordus*

88. Wittfogel, 1949, S. 10 ff.

89. Unter den Bedingungen der Eroberung sind kulturelle und politische Änderungen eng miteinander verknüpft. Die Ergebnisse unserer chinesischen Untersuchung legen gewisse Schlüsse für Eroberungsgesellschaften im allgemeinen nahe: In den chinesischen Eroberungsgesellschaften »fand eine völlige kulturelle Verschmelzung offenbar nur dann statt, wenn das Verschwinden der institutionellen Wasserscheide das Verschwinden der kulturellen Wasserscheide zuließ – d. h. nachdem die Eroberungszeit ihr Ende erreicht hatte« (*a. a. O.*, S. 15).

90. Die Mandschu-Kaiser vollzogen die traditionellen chinesischen Opfer, aber in der Zurückgezogenheit ihres Palastes beteten sie ihre Stammesgötter an (*a. a. O.*, S. 14).

91. Wellhausen, 1927, S. 557. Die Omaijaden eroberten den Nahen Osten nicht, aber sie konsolidierten die Eroberungen, die die ersten Kalifen gemacht hatten.

ersetzen die früheren Elitetruppen, und sie stehen dem Range nach unzweideutig über den einheimischen Truppen, die das Eroberungsregime beibehalten mag.

F. VIELERLEI SOZIALE GEGENSÄTZE,
ABER WENIG KLASSENKAMPF

Aus offensichtlichen Gründen kommt den Repräsentanten des despotischen Staates ein bedeutsamer Platz in jeder Klassenanalyse der hydraulischen Gesellschaft zu, und dies nicht etwa, weil die Apparatleute die Masse der Bevölkerung ausmachten – dies ist gewiß nicht der Fall –, sondern weil die Staatsmacht der Hauptfaktor ist, der das Schicksal der Angehörigen der herrschenden Klasse sowie des Volkes bestimmt. Dies wird völlig klar, wenn wir die drei Hauptformen sozialer Gegensätze betrachten, die in der hydraulischen Gesellschaft entstehen: Gegensätze zwischen den Angehörigen der verschiedenen Schichten von Gemeinen, Gegensätze zwischen den Gemeinen und dem Staat, und Gegensätze zwischen den verschiedenen Schichten der herrschenden Klasse.

I. SOZIALE GEGENSÄTZE UND KLASSENKAMPF

Sozialer Gegensatz ist nicht dasselbe wie Klassenkampf. Ein Konflikt nimmt einen sozialen Charakter an, wenn er Mitglieder verschiedener sozialer Gruppen einander gegenüberstellt und wenn er wesentlich aus der sozialen Stellung der Beteiligten entspringt. Aber ein sozialer Konflikt, der sich auf wenige Personen beschränkt, kann nicht Klassenkampf genannt werden. Der Ausdruck »Klasse« bezieht sich auf eine Gruppe – gewöhnlich eine verhältnismäßig große Gruppe – sozial homogener Individuen; und ein sozialer Konflikt nimmt nur dann den Charakter eines Klassenkonflikts an, wenn die Beteiligten einen beträchtlichen und repräsentativen Teil solch einer Gruppe bilden.

Klassenkampf schließt Massenaktion ein. Solch ein Kampf kann bis zu dem Punkt getrieben werden, wo er die bestehenden sozialen und politischen Verhältnisse bedroht. Marx, der sich mehr als die meisten anderen Sozialwissenschaftler des 19. Jahrhunderts mit dem Klassenproblem beschäftigte, betonte diesen Gesichtspunkt, als er im *Kommunistischen Manifest* schrieb: »Jeder Klassenkampf ist ... ein politischer Kampf.« [92]

92. MEGA, I, 6, S. 534.

All dies hat eine weitreichende Bedeutung für das Verständnis der hydraulischen Gesellschaft. Eine Agrardespotie, die stark genug ist, unabhängige politische Organiationen zu verhindern, hat es nicht nötig, Massenaktionen zur Austragung sozialer Konflikte zu dulden. Die Männer des Apparats beherrschen ohne Mühe die weltlichen und religiösen Spielarten der Bettlerdemokratie. Sie mißtrauen allen politisch bedeutsamen Ansammlungen sozial unzufriedener Personen. Und gewöhnlich sind sie schnell bei der Hand, Bewegungen, die einen Massencharakter annehmen, im Keime zu ersticken.

Während der mittleren Periode der Tsch'ing-Dynastie, im Jahre 1746, tat sich eine Anzahl von Pächtern in Fukien zusammen, um eine Herabsetzung ihrer Pacht zu verlangen. Dem Anschein nach handelte es sich nur um einen Streit zwischen zwei Gruppen von Privatpersonen, aber die örtlichen Beamten schritten trotzdem rasch ein, und sie verhafteten und bestraften die Führer [93]. Ein hinterher erlassenes Edikt machte die Provinzialbeamten dafür verantwortlich, daß »dumme Menschen sich vereinigen und das Gesetz verletzen« [94].

Eine Diskussion in der Han-Zeit, die die Vor- und Nachteile von Staats- und Privatunternehmen in der Salz- und Eisenindustrie erörterte, wandte sich gegen Privatbetriebe, die mehr als tausend Arbeiter beschäftigten, da eine solche Anhäufung von Menschen Gelegenheit zu verräterischer Tätigkeit bieten könne [95]. Ein Edikt, das am Ende der chinesischen Kaiserzeit erlassen wurde, betonte, daß es unter der Mandschu-Dynastie stets ein Gesetz gab, das »die Gründung von Gesellschaften und Verbindungen jeder Art verbot« [96]. Diese Feststellung ist bezeichnend dafür, wie feindselig man Assoziationen der Bevölkerung gegenüberstand, und daß man den bestehenden Handwerker- und Händlerzünften kein Gewicht beimaß. Offenbar betrachtete die Regierung diese Organisationen nicht als Gesellschaften und Verbindungen von politischer Bedeutung.

Solch eine Haltung schloß politische Massenaktion (Klassenkampf) als eine legitime Form sozialen Protestes aus, sogar innerhalb der herrschenden Klasse. Konflikte zwischen Angehörigen verschiedener Unterabteilungen dieser Klasse waren oft politisch gefärbt: sie entsprangen aus gegensätzlichem Streben nach machtmäßig begründeten Vorrechten. Aber sie führten selten zu offener politischer Massenaktion. Die Geschichte der hydraulischen Gesellschaft zeigt, daß der Klassenkampf nicht ein chronisches Übel der gesamten Menschheit ist. Er ist ein Luxus, den sich nur offene und vielzentrige Gesellschaften leisten können.

93. *Ch'ing Shih Kao*, 11. 2a.
94. *A. a. O.*, 11. 4b.
95. *Yen T'ieh Lun*, I, 14a; vgl. Gale, 1931, S. 35.
96. *Peking Gazette*, 1898, S. 92.

G. GEGENSATZ ZWISCHEN ANGEHÖRIGEN DER VERSCHIEDENEN UNTERABTEILUNGEN DER GEMEINEN

In einfachen hydraulischen Gesellschaften bilden die Bauern die Masse aller »Beherrschten«; und sie bleiben die zahlenmäßig größte Unterabteilung der Gemeinen auch in semikomplexen und komplexen hydraulischen Gesellschaften. Was für soziale Gegensätze sind möglich zwischen ihnen und anderen Gemeinen?

Zwischen armen Bauern (sowie Pächtern) einerseits und reichen (landbesitzenden und wohlhabenden) Bauern sowie Geldverleihern andererseits kann es zu Reibungen kommen. Die Gelegenheit für solche Reibungen ist jedoch gering in den regulierten Dorfgemeinden, die in den meisten hydraulischen Gesellschaften überwiegen. Denn in diesen Gemeinden fehlen Pachtverhältnisse entweder ganz oder bilden eine Ausnahme; und die wirtschaftlichen Unterschiede zwischen den Bauernfamilien sind klein. Außerdem beschränkt die in engen Grenzen gehaltene wirtschaftliche Beweglichkeit des durchschnittlichen Gemeindemitgliedes seine geschäftlichen Beziehungen – und Zwistigkeiten mit nicht-bäuerlichen Gemeinen, Handwerkern, Händlern und Geldverleihern [97].

97. W. C. Smith sagt in seinem Artikel *Lower-class Uprisings in the »Mughal Empire«* nichts über solche sozialen Konflikte. Er erwähnt mehrfach »Landeigentümer« als eine Gruppe, die in Klassenkämpfe mit den Bauern verwickelt ist. In einem Falle aber vermutet er nur, daß es sich um solche Personen handelt (1946, S. 28); in anderen Fällen gebraucht er das Wort »Landeigentümer« als gleichbedeutend mit *zamindārs* (a. a. O., S. 27, 30), was unzulässig ist. Bis zum 18. Jahrhundert waren die *zamindārs* im wesentlichen tributpflichtige *rājas,* (Moreland, 1929, S. 279); und der »Adel«, der sich, Smith zufolge, »annähernd ein Drittel der agrarischen Erzeugnisse des Landes« aneignete, tat dies »in der Form sogenannter ›Steuern‹ oder ›Staatseinkünfte‹« (1946, S. 23). Das heißt, diese »Adligen« waren in Wirklichkeit Agenten der Regierung, die von Staatseinkünften lebten. Diese Verhältnisse sind grundverschieden vom System des Landbesitzes im feudalen Europa. Es ist daher zu bedauern, daß Smith, der dies wußte (1946a, S. 308), trotzdem die indischen Verhältnisse als »Feudalismus« bezeichnete (a. a. O.).

Bauern waren offenbar an verschiedenen Aufständen beteiligt; wo aber ein nichtreligiöser Streitfall klar erkennbar ist, scheint er zumeist eine fiskalische Ursache gehabt zu haben. Wie es in einem Lande mit andersgläubigen Herrschern zu erwarten ist, mischten sich häufig religiöse und weltliche Konflikte, und in vielen Fällen haben die religiösen Konflikte den weltlichen Ausdruck oder Intensität gegeben (s. Smith, 1946, S. 27 ff.). Aber wir haben keinen Grund, zu bezweifeln, daß gewisse Konflikte durchaus oder vorwiegend religiöser Natur waren. Im Jahre 1672 stießen die Mitglieder einer kleinen Sekte mit den Behörden zusammen, besiegten die örtliche Polizei und mehrere reguläre Truppenverbände und beherrschten zeitweise die Stadt Narnāwl. Smith, der dieses Geschehnis als einen »verzweifelten Klassenkampf« (a. a. O., S. 29) betrachtet, erwähnt keinen einzigen weltlichen Streitpunkt, der eine solche Bezeichnung rechtfertigen würde.

Ländliche Konflikte wuchsen mit dem Anwachsen des privaten Landeigentums. Im zaristischen Rußland brachen große Bauernaufstände im 18. Jahrhundert aus, als die *pomeščiki* Eigentümer ihres bisherigen Dienstlandes wurden und die Bauern auf Grund aller möglichen Gerüchte zu hoffen begannen, daß sie die Eigentümer des von ihnen bebauten Landes werden würden[98]. Der Reform des *pomeščiki*-Landes im Jahre 1762 folgten ernsthafte Bauernunruhen[99], die in dem großen von Pugatschew (1772–1775) geführten Aufstand gipfelten[100].

Konflikte, die durch Wucher mit Getreide oder Geld und durch drückende Pachtforderungen veranlaßt wurden, sind für das ptolemäische und römische Ägypten, für das traditionelle China und natürlich für viele im Übergang befindliche moderne hydraulische Gesellschaften belegt.

Die neueren Forschungen haben sich oft auf diese im Privateigentum wurzelnden Konflikte konzentriert; und infolgedessen haben sie die außerordentlichen Kräfte der bürokratischen Macht und des bürokratischen Eigentums vernachlässigt, die in die Spannungen zwischen verschiedenen Gruppen reicher und armer Gemeiner hineinspielen und sie komplizieren. Aber wie sehr auch solche Forschungen den Charakter der hydraulischen Gesellschaft verkennen mögen, sie liefern uns wertvolle Daten über Konflikte, die durch Privateigentumsverhältnisse entstanden: Sie entheben uns der Notwendigkeit, hier zu wiederholen, was die in diesem Bereich tätigen Gelehrten mit Fleiß, wenn auch auf einseitige Weise, beigebracht haben.

Die Zunahme von Privateigentum und Privatunternehmen in Handwerk und Handel schuf Verhältnisse, die vielerlei soziale Konflikte zwischen städtischen Gemeinen hervorriefen. Im mittelalterlichen Europa wurden solche Konflikte mit großer Heftigkeit ausgetragen. Mitunter nahmen damals die sozialen Bewegungen den Umfang eines Massen- (und Klassen-)Kampfes an, der

---

Andere Kämpfe betrafen hauptsächlich nationale oder territoriale Streitfälle. Der Aufstand der Pathanen, nach Smith »vielleicht die gewaltigste Volksbewegung« der Mogul-Zeit, war der langdauernde leidenschaftliche Versuch stolzer Grenzstämme, »dem Versuch . . . [ihnen] die Herrschaft des Mogulstaates aufzudrängen«, zu widerstehen (*a. a. O.*, S. 33 f.). Und im Bezirk Kishtwar war es offenbar eine halb unabhängige Gruppe örtlicher Herrscher, die den Übergriffen der Moguln entgegentrat. Die Anführer des Kishtwar-Aufstandes, örtliche *zamīndārs*, verteidigten die Sache ihres Fürsten, der schließlich wieder in sein Amt eingesetzt wurde. Die Tatsache, daß die »niederen Klassen« auch »kämpften und litten«, und daß die *ryots* und Einwohner des nahen Kaschmirs sich über die Rohheit des Befehlshabers der Mogul-Streitkräfte beklagten (*a. a. O.*, S. 27), ist kein zureichender Grund, diese Begebenheit den »Rebellionen der unteren Klasse« dieser Periode zuzurechnen.

98. Mavor, 1925, I, S. 306 ff.

99. Lyashchenko, 1949, S. 279.

100. *A. a. O.*, S. 280; vgl. Mavor, 1925, I, S. 306, 310.

in einigen Städten die Kaufleute dazu zwang, den Handwerkern einen Anteil an der politischen Führung einzuräumen, und der in anderen Städten zur Vormachtstellung der Handwerkerzünfte führte [101].

In der hydraulischen Welt war dies ganz anders. Obgleich die Berufsverbände der hydraulischen Gesellschaft viel älter sind als die westlichen Zünfte, brachten sie es selten oder nie zu kämpferischen politischen Aktionen ähnlichen Umfangs [102].

H. DAS »VOLK« GEGEN DIE MÄNNER DES APPARATS

Das Mißverhältnis zwischen der Intensität sozialer Gegensätze und der Häufigkeit von Klassenkämpfen wird besonders augenfällig, wenn wir die Beziehungen zwischen den zwei Hauptklassen der hydraulischen Gesellschaft, dem »Volk« und den Männern des Apparats, betrachten. Unter normalen Verhältnissen leiden die Gemeinen periodisch unter den Forderungen, die die Repräsentanten des despotischen Staates an sie stellen. Im allgemeinen wagen die Unterdrückten und Ausgebeuteten nicht, offenen Widerstand zu leisten; und häufig wagen sie nicht einmal, sich versteckt zur Wehr zu setzen. Das sprichwörtliche Bestreben der orientalischen Unteranen, jede Berührung mit den gefürchteten Regierungsorganen zu vermeiden, zeigt zugleich ihre Bereitwilligkeit, sich für Besiegte in einem hoffnungslosen Kampf zu halten. Jedoch ist dieser Kampf nicht immer zu vermeiden. Der Gemeine kann darauf verzichten, sich mit seinen Klagen an einen Richter oder einen Verwaltungsbeamten zu wenden; aber oft muß er Dienste leisten, und in der Regel muß er Steuern zahlen. Beides kann ihn erbittern, und da er nicht imstande ist, sich mit verfassungsmäßigen Mitteln zu schützen, mag er Unterwürfigkeit heucheln. Aber hinter dieser Fassade wird er die Männer des Apparats mit allen verfügbaren Waffen indirekten und passiven Widerstandes bekämpfen.

Wenn er seine Fronarbeit leistet, wird er so langsam arbeiten, wie es die Kontrolle des Aufsehers (oder der Stock und die Peitsche) zulassen [103]. Wenn er seine Steuer entrichtet, wird er gewisse Steuerobjekte zu verbergen versuchen. Und nicht selten wird er sein Soll erst dann abliefern, wenn man ihn schwer verprügelt hat. Ägyptische Schriftsteller der Pharaonenzeit haben diese

101. Wittfogel, 1924, S. 93; vgl. Lamprecht, DG, IV, S. 200 ff.

102. Vgl. oben, Kap. 4. Die kārimī-Kaufleute des Ägyptens der Mameluckenzeit häuften im internationalen Gewürzhandel und als Bankiers große Reichtümer an; und ihr Handel mit Jemen und anderen Ländern beeinflußte vielleicht gelegentlich die Außenpolitik der Mameluckenregierung, die große Einkünfte aus ihm bezog. Aber trotz ihrer wirtschaftlichen Bedeutung gewannen die kārimī-Kaufleute keine unabhängige politische Stellung, die mit der Macht der Zunftkaufleute des feudalen Europas verglichen werden könnte. S. Fischel, 1937, S. 72 ff., 76 ff., 80 ff.; vgl. Becker, IS, I, S. 186, 214.

103. S. oben, Kap. 5; vgl. Gutmann, 1909, S. 111.

Seite des Kampfes um die Grundsteuer satirisch dargestellt [104]; und ein Bericht aus dem 19. Jahrhundert beweist, daß sich an der Einstellung des ägyptischen Bauern in dieser Beziehung nichts geändert hat: »Alle Fellachen sind stolz auf die Prügel, die sie erhalten, weil sie die Abgaben zurückhalten, und oft hört man sie mit der Zahl der Hiebe prahlen, die man ihnen verabfolgte, ehe sie mit ihrem Geld herausrückten.« [105]

Wenn die Steuerlasten ungewöhnlich groß werden, kann der Bauer seine Anbaufläche einschränken [106], und wenn der schwere Druck fortdauert, kann er ein Steuerflüchtling werden [107] und seine Felder ganz und gar aufgeben. Es kommt häufig vor, daß er ohne Hoffnung umherwandert, anderswo Arbeit sucht, Räuber oder Aufrührer wird [108].

104. Vgl. Erman und Ranke, 1923, S. 138; und Erman, 1923, S. 247.

105. Lane, 1898, S. 143 ff. Lane fügt hinzu: »Ammianus Marcellinus sagt genau dasselbe von den Ägyptern seiner Zeit.« Ammianus lebte im 4. Jahrhundert n. Chr.

106. Kees, 1933, S. 46.

107. Der Gründer der Mogul-Dynastie, Babur, erregte durch seine Forderungen die Wut der indischen Bauern. Sie versteckten sich in den Wäldern; und »im Vertrauen auf ihre unzugängliche Position verharren sie oft im Zustand der Rebellion und weigern sich, ihre Steuern zu zahlen« (s. Bābur, 1921, S. 208).

108. Die chinesische Geschichtsschreibung weiß von vielen solcher Fälle zu berichten (vgl. Wittfogel und Fêng, 1949, S. 420). Eine Begebenheit, die sich unter der Ming-Dynastie zutrug, ist in mehrfacher Beziehung lehrreich. Zwischen 1436 und 1448 gewann ein Pächter, Têng Mao-tsch'i, Einfluß unter seinen Dorfgenossen, die er angeblich veranlaßte, für ihn zu arbeiten. Sein Ansehen wuchs. Er wurde der Führer einer Bewegung, die die Pächter veranlaßte, den Eigentümern ihres Pachtlandes nicht das übliche Geschenk zu machen, wenn sie ihre Pacht zahlten. Die Landeigentümer wandten sich an die örtliche Behörde; und einige von ihnen waren möglicherweise Angehörige des Hofes oder der Beamtenschaft, denn in der Ming-Zeit waren diese Schichten besonders erfolgreich in ihrem Streben, sich Bauernland anzueignen. Wie immer sich dies verhielt, die Behörden entsandten Truppen, aber Têng schlug sie mit seinem Rebellenheer, das schließlich mehrere zehntausend Mann zählte. Bald umfaßte sein Machtbereich zwanzig Kreise, und er erhielt weitere Unterstützung von Leuten, die der »unerträglichen« Unterdrückung eines »habgierigen und grausamen« Beamten entflohen. Später stellte sich heraus, daß übermäßige Fronforderungen eine Hauptursache ihrer Unzufriedenheit gewesen waren. Nach mehreren militärischen Erfolgen wurden die Rebellen schließlich geschlagen; und Têng und einige seiner Anhänger wurden enthauptet (Ming Shih, 165. 5a–b). Ein Vorfall, der während des Kampfes stattfand, kennzeichnet die Macht der Regierung und die begrenzte Zielsetzung der Aufständischen. Als die Rebellen mit einem mutigen Beamten verhandelten, sollen sie nur darum gebeten haben, daß man sie am Leben lasse und daß sie drei Jahre vom Frondienst befreit würden. Falls man ihnen dies gewähre, würden sie die Waffen strecken und wieder »gute Leute« sein (Ming Shih, 165. 5b). Am Ende der Dynastie hätte die Regierung wohl eher einen Kompromiß angenommen, und die Rebellen wären wahrscheinlich weniger bereit gewesen, sich zu unter-

Wie oben festgestellt wurde, waren offene Konflikte zwischen Bauern und Regierung selten, wo der Landbesitz reguliert war; und sogar im kaiserlichen China nahmen sie einen größeren Umfang an, vor allem in Zeiten des Zerfalls, die den Zusammenbruch einer Dynastie einleiteten.

Konflikte zwischen städtischen Gemeinen (oder Gruppen von ihnen) und der Regierung verliefen gewöhnlich anders. Auch sie waren häufig auf Steuerangelegenheiten zurückzuführen; aber da die meisten hydraulischen Städte Verwaltungszentren und Garnisonsstädte waren, sahen sich im allgemeinen die unzufriedenen Städter außerstande, zu den Waffen zu greifen. Individuell verteidigten sich Kaufleute und Handwerker tunlichst gegen beschränkende Verordnungen und fiskalische Ausbeutung; und die Zünfte von Handwerkern und Händlern mit ihren von der Regierung ernannten oder beaufsichtigten Funktionären protestierten nicht selten bei den Behörden gegen übermäßige Forderungen. Zeitweise legten Handwerker die Arbeit nieder, schlossen Kaufleute ihre Läden[109]; und gelegentlich wurde ein Aufruhr begonnen[110]. Regierungsbeamte, denen oblag, das zweckrationale Minimum des

werfen. Während der letzten Phase der Ming-Zeit tauchten überall Rebellen auf; und die vielen örtlichen Konflikte verschmolzen in dem Endkampf, der die Dynastie stürzte.

109. S. für China Wittfogel, 1931, S, 578 ff.; s. für das Ägypten der Mamelucken Poliak, 1934, S. 268.

110. Für das Ägypten der Mameluckenzeit vgl. Poliak, 1934, S. 267 ff. Die indische Sekte, die sich 1672 empörte, soll »Goldschmiede, Zimmerleute, Straßenkehrer, Gerber und andere niedrige Leute« (Gemeine?) umfaßt haben. Einige Sektenangehörige waren offenbar in der Landwirtschaft tätig (Elliot und Dowson, 1877, S. 185, 294). Smith (1946, S. 29) ist der Ansicht, daß die städtischen Sektenmitglieder Arbeiter oder arme Händler waren: »Kleine Kaufleute und Arbeiter, entweder besitzloses Proletariat oder Leute mit einem sehr kleinen Berufseigentum.« Seine zweite Quelle spricht von Handel »im kleinen Maßstabe«; nach einer anderen Übersetzung handelte es sich um »Handel mit geringem Kapital« (a. a. O., S. 29 ff.). Im islamischen Indien beteiligten sich, wie anderswo, besitzlose Personen freilich an städtischen Aufständen; aber in diesem Falle deuten die angeführten Tatsachen eher auf Handwerker, die ihre Produktionsmittel besaßen als auf proletarische Elemente hin.

Ein anderer Aufstand in dieser Periode hat einen noch weniger proletarischen Charakter. Nach Smith (a. a. O., S. 25 ff.) bemächtigte sich 1610 »eine proletarische Menge« der Stadt Patna. Ihr Führer gab sich als der volkstümliche Held Khusraw aus. Nachdem sein Handstreich gelungen war, »schlossen sich ihm zahlreiche Angehörige der unteren Klasse an. Diese Proletarier bildeten sogar aus ihrer Mitte ein kleines Heer, das sie törichterweise gegen das unter dem Befehl des ergrimmten Gouverneurs stehende Heer der oberen Klasse ins Feld schickten.« Dieser Bericht deckt sich durchaus nicht mit den Tatsachen, die in den von Smith selbst benutzten Quellen berichtet werden. Der volkstümliche Held Khusraw war der älteste Sohn des Kaisers, der nach einem bewaffneten Versuch, den Thron zu gewinnen, verhaftet wurde (Jahāngīr, 1909, S. 56–68). Khusraw hatte seinen Aufstand vorwiegend auf Angehörige der kaiserlichen Armee gestützt (a. a. O., S. 52, 55, 58); und eine Zeit-

Herrschers zu gewährleisten, hatten solche Warnungen zu beachten und taten es oft auch. Aber sie waren dazu eher bereit, wenn es sich um Privat-, nicht um Regierungsgeschäfte handelte[111]; und gelegentliche Milde hinderte sie nicht, im Ernstfalle ihre Autorität völlig und gewaltsam durchzusetzen – z. B. um Handwerker und Tagelöhner zur Fronarbeit zu zwingen[112] oder um Privatpersonen ihres Reichtums zu berauben.

In den meisten Fällen ging der Handwerker oder Kaufmann, der die Habgier eines Beamten erregte, behutsam zu Werke; wenn er konnte, kaufte er sich mit Geld aus seiner Bedrängnis los. Offensichtlich sind fromme Lügen und gut placierte Bestechungsgelder nicht gerade Waffen in einem Befreiungskrieg. Die endlosen kleinen Konflikte zwischen dem bürokratischen Jäger und dem kleinbürgerlichen oder kapitalistischen Wild machten einwandfrei klar, daß in einem solchen Treiben die städtischen Gemeinen zwar überleben, aber nicht siegen konnten.

Die traditionelle chinesische Staatskunst gewährte dem Privateigentum mehr Spielraum als die absolutistischen Regimes der meisten anderen hydraulischen Kulturen; aber auch in China war das kapitalistische Unternehmen ebenso scheu wie anderswo. Ein Edikt der kurzlebigen Reformregierung des Jahres 1898 macht dafür die Beamten verantwortlich, in heuchlerischer Weise vor allem die niederen Regierungsfunktionäre. Wenn eine Firma in Schwierigkeiten ist, »stellen die Diener der Mandarinen so große und unmäßige Forderungen..., daß die Kaufleute den Mut verlieren und ihre Handelsunternehmen nicht voranzutreiben wagen, wodurch der Handel zum Stillstand kommt«[113].

Die versteckten Konflikte zwischen Staatssklaven und ihren bürokratischen Herren waren zahlreich; aber im allgemeinen blieben sie unbeachtet. Wie die privaten Haussklaven suchten die unglücklichen unfreien Knechte des Staates ihr Schicksal durch schlaue und wohlverhüllte Kniffe zu erleichtern; und wie jene waren auch sie vorwiegend als Einzelpersonen oder in kleinen Gruppen tätig. Somit hatten sie wenig Gelegenheit zu einem Aufstand *en masse*.

Der Sklavenkrieg, der in Südostmesopotamien im Jahre 869 ausbrach, verdankte seine anfänglichen Erfolge der ungewöhnlich großen Anzahl von

lang waren seine Erfolgsaussichten beträchtlich gewesen (*a. a. O.,* S. 58). Es ist daher nicht überraschend, daß der falsche Khusraw Anhänger unter der Infanterie und der Reiterei gewann. Diese Soldaten – und keine »proletarische Menge« – eroberten die Stadt und Festung Patna (*a. a. O.,* S. 174); und keine spezifischen Angaben erweisen, daß die »elenden Gesellen«, die sich später dem Aufstand anschlossen *(a. a. O.),* »Proletarier« waren. Jahāngīr wendet den Ausdruck »elend« ohne Unterschied auf alle Rebellen an, auch auf Personen des höchsten politischen und sozialen Ranges (*a. a. O.,* S. 55, 65, 123).

111. S. für China Wittfogel, 1931, S. 579 und Anmerkungen 355 f.

112. Boulais, 1924, S. 184.

113. *Peking Gazette,* 1898, S. 43.

Sklaven, die in ungewöhnlich großen Privatbetrieben [114] östlich von Basra in der Salzerzeugung beschäftigt wurden. Die Größe dieser Unternehmen machte sie zu einem idealen Herd für eine Massenaktion. Die Rebellion dauerte etwa 14 Jahre. Sie war zeitweilig erfolgreich, vor allem, weil während dieser Jahre der abbasidische Staat von Bürgerkriegen zwischen einigen Generälen und hohen territorialen Beamten und zwischen beiden Gruppen und dem Kalifat erschüttert war [115].

I. SOZIALE KONFLIKTE INNERHALB DER HERRSCHENDEN KLASSE

Abgesehen von Bauernaufständen, die zuweilen, insbesondere in hydraulischen Gesellschaften mit stark entwickeltem Privateigentum an Land, die Autorität des Beamtentums in Frage stellten, hatten lediglich die sozialen Konflikte innerhalb der herrschenden Klasse einen ausgesprochen politischen Charakter. Die militärischen Rebellionen, die unzufriedene Angehörige des Herrscherhauses, ehrgeizige Generäle und Gouverneure gegen einen schwachen Monarchen unternahmen, gingen gewöhnlich Hand in Hand mit Konflikten zwischen Personen verschiedener Rangstufen und Stellungen innerhalb der Machthierarchie. Aber solche Rebellionen ereigneten sich nur selten und in großen Zeitabständen; und wenn sie sich ereigneten, wurden sie zumeist bald zu einer militärischen Kraftprobe zwischen zwei oder mehr unabhängigen Territorien oder Gebieten.

Viel häufiger, und viel schwieriger zu identifizieren, sind die versteckten Konflikte zwischen eigentlichen Beamten und ihren zum bürokratischen Apparat gehörigen Untergebenen, zwischen verschiedenen Gruppen des Beamtentums, zwischen diesen Beamten und der bürokratischen *Gentry*, und zwischen Beamten und dem Despoten und seiner persönlichen Umgebung, dem Hofe. Diese Konflikte betrafen gewöhnlich Fragen der politischen Macht und des politischen Einflusses, und zumeist waren nur wenige Personen darin verwickelt. Aber es gab Fälle, in denen die Vorrechte größerer Gruppen, Untergruppen oder Schichten der bürokratischen Hierarchie auf dem Spiel standen. Obgleich solche Konflikte die Interessen einer beträchtlichen Zahl von Menschen berühren konnten, wurden sie jedoch ausgetragen ohne den organisierten Zusammenhang, der die großen sozialen Bewegungen des Westens in der Antike, im Mittelalter und in der Neuzeit charakterisierte.

114. Nöldeke, 1892, S. 158, 162.
115. A. a. O., S. 155, 158.

Im großen und ganzen bestimmen die führenden Beamten die Tätigkeiten ihrer als Schreiber und Amtsdiener beschäftigten Untergebenen. Aber oft läßt sich eine verwaltungstechnische (oder eine fiskalische oder polizeiliche) Frage auf zwei Arten lösen: zum Vorteil der führenden Beamten oder zum Vorteil ihrer Untergebenen. Situationen dieser Art kommen in allen Organisationen vor, deren Funktionen vertikal gegliedert sind. Aber im Milieu des hydraulischen Staates waren sie besonders folgenschwer, da die Handlungen der Apparatschiki nicht der Kontrolle wirksamer äußerer Kräfte unterworfen waren, und da die an den Konflikten beteiligten Personen über die Hilfsquellen eines einzigartigen staatlichen Machtapparates verfügten.

Die Beamten erstrebten wie ihre Untergebenen ein Maximum an Kontrolle über Einzelheiten im Verfahren und in Personalangelegenheiten, einmal um ihre Macht auszudehnen, zum anderen um ihren Anteil an den Staatseinkünften zu vermehren. Der Status war kein entscheidendes Anliegen, obgleich die Untergebenen mit ihrer Macht auch ihr soziales Ansehen vergrößerten. Eine kritische Untersuchung der Mandschu-Regierung macht wahrscheinlich, daß die niederen Regierungsfunktionäre zeitweilig etwa 30 Prozent der Staatseinkünfte an sich rissen [116]. Diese Schätzung wurde von einem führenden Beamten vorgenommen [117]: sie ist polemisch und vielleicht zu hoch, aber sie deutet den Umfang des wirtschaftlichen Problems an, das dem täglichen Kampf zwischen den Herren-Funktionären und ihren plebejischen Dienern zugrunde lag.

In diesem Kampf halfen den Untergebenen ihre Kenntnis der örtlichen Verhältnisse, ihre Vertrautheit mit der Arbeitstechnik des Amtes und ihre physische Kontrolle über die schließliche Ausführung aller administrativer Arbeit. Den eigentlichen Beamten halfen zahlreiche Aufsichtsmethoden, ihre Kontrolle über die Ernennung und Entlassung des Dienstpersonals und in schwerwiegenden Fällen ihre Macht, Strafen aller Art zu verfügen.

Ein offizieller chinesischer Bericht aus dem Jahre 1899 enthüllt, wie in dem Tauziehen zwischen den Beamten und ihren Untergebenen die Beamten bisweilen von strategisch placierten Schreibern abhängig werden konnten: »Bei Beförderungen, Versetzungen, Ernennungen, Verdiensten und Fehlern, bei steuerlichen und juristischen Entscheidungen suchten Provinzialbeamte ihre Stellung dadurch zu verbessern, daß sie Schreiber in den verschiedenen Ämtern bestachen. Und Beamte, denen oblag, an die Zentralregierung Steuereinnahmen, Kupfer oder Farbstoffe zu liefern, hatten besonders unter ihren Forderungen zu leiden. Von dem Tage, an dem sie ihre Lieferungen anmeldeten,

---

116. Vgl. S. 385 f. und Anm. 9.
117. *Huang-ch'ao Ching-shih Wên Hsü-p'ien.*

bis zum Empfang der Quittungen fanden die Schreiber mancherlei Anlaß zu Erpressungen. Die verlangten Summen betrugen Hunderte und Tausende von Taels. Das war als ›Auslagenamt‹ bekannt, und die Beträge wurden ziemlich offen eingezogen.«[118]

Die Amtsdiener übten ihre Macht auf einer anderen Ebene aus und natürlich mit anderen Methoden. In ihren Händen lag der Zugang zu den Regierungsgebäuden; sie verhafteten Personen, sie bewachten die Gefängnisse. Demgemäß konnten sie das Schicksal eines Gefangenen erleichtern oder erschweren; sie konnten die Härte der verabfolgten Schläge beeinflussen; sie konnten behaupten, daß jemand der Verhaftung Widerstand geleistet habe[119]. Die Macht und die Erpressungsmöglichkeiten, die all dies den Amtsdienern gab, kann man sich vorstellen.

Die eigentlichen Beamten, die ihre zahlreichen, gut verschanzten Untergebenen fügsam halten wollten, bedienten sich aller ihnen zu Gebote stehenden administrativen und disziplinarischen Mittel. Die Beamten der Tsch'ing-Zeit suchten die Anstellungszeit der Amtsdiener zu beschränken. Diese Maßnahme stärkte die Gewalt der höheren Beamten über die niederen Funktionäre, aber viel Fähigkeit und Erfahrung gingen auf diese Weise verloren.

Niedere Funktionäre, die ihre Macht zum offensichtlichen Schaden der Regierung mißbrauchten, sollten schwer bestraft werden. Das wurde im *Arthasastra* sowie in den dynastischen Verordnungen Chinas und in anderen Werken despotischer Staatskunst unzweideutig festgelegt. Für Schreiber und Amtsdiener, die unehrlich und erpresserisch waren, schrieb die letzte Gesetzessammlung des kaiserlichen Chinas Strafen vor, die von Geldzahlungen bis zu lebenslänglicher Verbannung und Hinrichtung durch Erdrosselung gingen. Die den Gesetzen angefügten Rechtsfälle zeigen, daß die höheren Beamten nicht zögerten, zuzuschlagen, wenn sie dies für angebracht hielten[120].

In diesem Kampfe wurden die niederen Funktionäre nie völlig von ihren Vorgesetzten unterworfen; aber sie konnten ebensowenig den bürokratischen Apparat stürzen, der es den höheren Beamten ermöglichte, auf die Dauer zu bestehen – nicht als totale Sieger, aber als Inhaber überlegener gesetzlicher, administrativer und wirtschaftlicher Macht.

2. BÜROKRATISCHER WETTBEWERB

a. Verschiedene Formen des Wettbewerbs in verschiedenen Gesellschaften

Konkurrenz auf dem Markt ist nur eine der vielen Formen des Wettbewerbs. Die hydraulische und die feudale Gesellschaft unterscheiden sich vom Kapita-

---

118. S. die auf S. 386, Anm. 9, angegebene Quelle; Hinweis auf *Ch'ing Shih Lu* (Chia-ch'ing), 55. 18a–19a.

119. *A. a. O.*

120. Boulais, 1924, S. 654 ff.

lismus nicht dadurch, daß es in ihnen keinen Wettbewerb gibt, sondern dadurch, daß er dort eine andere Form annimmt.

In der mittelalterlichen Welt des Westens beschränkte die Leibeigenschaft den Wettbewerb in den meisten Dörfern bis zur Bedeutungslosigkeit; dagegen stritten die feudalen Ritter offen und gewaltsam miteinander um Land und Ruhm. Die Zünfte setzten dem Wettbewerb enge Grenzen im Handwerk, nicht aber im Großhandel und im internationalen Handel [121].

Die regulierten Dorfgemeinden der orientalischen Gesellschaft boten wenig Spielraum für wirtschaftlichen Wettbewerb. Im traditionellen China ermutigte die Ausbreitung des privaten bäuerlichen Landeigentums die wirtschaftliche Konkurrenz, ohne natürlich damit die chinesische Agrikultur kapitalistisch zu machen. In allen hydraulischen Gesellschaftstypen konkurrierten die Angehörigen der herrschenden Klasse miteinander um Macht, Ansehen und Einkommen; und dies gilt nicht nur für die höheren Beamten, sondern mit entsprechenden Änderungen auch für die niedrigen Staatsdiener.

Innerhalb des kapitalistischen Systems finden wir Konkurrenz sowohl im Bereich der Unternehmer als auch bei den Arbeitnehmern. Die Ausdehnung dieses Systems fördert die Qualität der produzierten Güter, und sie vergrößert die Zahl der beschäftigten Personen, aber die Zahl der miteinander in Wettbewerb stehenden und verhandelnden Einheiten verringert sich durch die Zunahme der Großbetriebe, Korporationen und Gewerkschaften. Außerdem haben gesetzliche Kontrollmaßnahmen die Tendenz, die Methoden des Konkurrenzkampfes zu beschränken. Diese Methoden sind gewöhnlich weniger gewalttätig in den späteren Entwicklungsphasen der kapitalistischen Wirtschaftsordnung.

Der Unterschied zwischen den drei hier angeführten Typen der Konkurrenz erscheint auch als ein Unterschied in ihren Ergebnissen. Der mittelalterliche Ritter, der auf dem Schlachtfeld seinem Standesgenossen unterliegt, kann sein Leben verwirken, aber sein Eigentum und seine Ehre bleiben zumeist unversehrt. Der moderne Geschäftsmann, der im Konkurrenzkampf auf dem Markt seinen Konkurrenten unterliegt, kann sein Eigentum verlieren, aber seine Ehre bleibt zumeist unangetastet, und er wird gewiß nicht sein Leben verwirken. Der Beamte einer Agrardespotie, der in bürokratischen oder höfischen Intrigen seinen Widersachern unterliegt, kann sowohl seine Ehre als auch Eigentum und Leben verlieren. Wo die Macht geteilt und durch Gegengewichte begrenzt ist, ist auch die Strafe für einen grundlegenden Fehler begrenzt; unter den Bedingungen totaler Macht kann auch sie total sein.

b. Bürokratischer Wettbewerb in der hydraulischen Gesellschaft

Alle bürokratischen Organisationen haben gewisse technische Züge miteinander gemein; und einige Methoden der innerbürokratischen Konkurrenz finden

121. S. Kulischer, AW, I, S. 280 ff.

sich in dienenden wie in kontrollierten und herrschenden Bürokratien. Dies macht es jedoch um so notwendiger, hinter den uns vertrauten Bäumen die Eigenart der Wälder zu erkennen, zu denen jene Bäume gehören [122].

Die Funktionäre des westlichen Absolutismus kommen denen des orientalischen Absolutismus am nächsten, soweit es sich um die Möglichkeit eines meteorähnlichen Aufstiegs oder Absturzes handelt. Aber unter dem westlichen Absolutismus gibt es nichtbürokratische Wege zu sozialem Ansehen; und die Regierungsbeamten einer offenen modernen Gesellschaft haben gesetzlich festgelegte Rechte, die den in einem innerbürokratischen Kampfe Unterliegenden davor schützen, Schlimmeres zu erdulden als die Enttäuschung, nicht befördert zu werden.

Unter den Bedingungen totaler Macht ist das bürokratische Leben scharfer Konkurrenz und großen Gefahren ausgesetzt. Eine statistische Studie über die Beamten der ersten langlebigen Dynastie des kaiserlichen Chinas, Han, zeigt, daß von denjenigen, deren Laufbahn sich mit einiger Genauigkeit ermitteln läßt [123], ungefähr 21 Prozent irgendwann verhaftet waren wegen in der Amtszeit begangener Vergehen und daß ungefähr 35 Prozent eines gewaltsamen Todes (nicht auf dem Schlachtfeld) starben. Mehr als 12 Prozent der Beamten wurden ermordet oder starben im Gefängnis, nachdem sie gefoltert worden waren; 14 Prozent wurden hingerichtet, 9 Prozent begingen Selbstmord [124].

122. Es gibt allgemeine gültige Züge in den militärischen Unternehmungen des feudalen Europas und denen der hydraulischen und der modernen industriellen Gesellschaft. Aber kein Forscher, der sich um die Spezifizierung institutioneller Entwicklungen bemüht, wird aus diesem Grunde die organisatorischen und operativen Eigenarten leugnen, die jene drei Typen der Kriegführung voneinander unterscheiden.

123. *The Han Officials* – Manuskript einer statistischen Untersuchung, die im Rahmen des *Chinese History Project* unternommen wurde. Das Tatsachenmaterial wurde von Frau Ch'ü Tseng-ch'iu gesammelt und von Esther S. Goldfrank analysiert.

124. Eine Studie über das China des 19. Jahrhunderts zeigt, daß am Ende der Kaiserzeit die Laufbahn eines Beamten noch immer sehr von Gefahren umgeben war, obgleich die Natur dieser Gefahren sich in mehrerer Beziehung geändert hatte. Auf Grund des *Tung-hua-lu* nimmt Dr. Hellmut Wilhelm an, daß zwischen 1821 und 1895 »fast jeder hohe Beamte zumindest einmal während seiner Laufbahn bestraft wurde«. Äußerst strenge Strafen (Hinrichtung, Verbannung, Versklavung, Leibesstrafen und Gefängnisstrafen) wurden in 22 Prozent aller Fälle verhängt, die dem Kaiser zur Kenntnis gebracht wurden, Entlassung wurde verfügt in 42 Prozent und eine mildere Strafe (Rüge, Geldbuße und Versetzung) in den übrigen Fällen. Die Untersuchung, die mandschurische und chinesische Beamte berücksichtigt, wurde unter der Leitung von Dr. Wilhelm an der University of Washington, Seattle, von Cecil Cody, Robert Crawford, Chen-i Wang und Lincoln Wong durchgeführt.

Bürokratische Konkurrenz gibt es nicht nur zwischen Angehörigen desselben Amtes und derselben Verwaltungsbehörde, sondern auch zwischen Angehörigen verschiedener Zweige des Staatsapparats. Von allen diesen Zweigen ergeben sich im Heer aus leicht ersichtlichen Gründen besondere Probleme.

a. Der Autokrat und das Heer

Das Heer, das kompakte Werkzeug institutionalisierter Gewaltanwendung, spielt in den verschiedenen Entwicklungsphasen der hydraulischen Gesellschaft eine verschiedene Rolle. Während der Entstehungszeit wird der oberste militärische Führer gewöhnlich zugleich die neue politische Ökonomie beherrschen, da seine organisatorische und disziplinarische Stellung ihn in einzigartiger Weise befähigt, dem aufkommenden agrarmanagerialen Apparat vorzustehen. Sobald der politische Gesamtapparat Gestalt angenommen hat, tendiert er dazu, die verschiedenen Regierungszweige zu kontrollieren, da seine Herren durch ihre Macht über das Personal und über den zwischenamtlichen Verkehr Einfluß gewinnen auf alle Abteilungen, die, wie groß immer ihr wirtschaftliches Gewicht oder ihre Zwangsmittel sein mögen, stets nur einen Sektor umfassen und insofern dem koordinierenden Zentrum unterlegen sind. In Ergänzung unserer oben aufgestellten These können wir sagen: Es ist nicht der technische Fachmann, der hydraulische Leiter, der Kommandant der Polizei oder der Befehlshaber der Armee, sondern der Leiter des alles durchdringenden politischen Apparats, der die in den einzelnen Gebieten tätigen Techniker, die Manager, Polizeichefs und Generäle beherrscht. Nur in Zeiten des politischen Zerfalls und Bürgerkriegs wird ein starker General die Herrschaft über das ganze Land an sich reißen, oder können mehrere Generäle in getrennten Gebieten militärische und politische Führer – bürokratische Kriegsherren *(warlords)* – werden.

Der agrarmanageriale Despot kennt zumeist das der Armee innewohnende Machtpotential sehr genau; und er trifft daher alle erdenklichen Vorsichtsmaßnahmen, sich ihres Gehorsams zu versichern. Er ist der oberste Heerführer, erstens, weil er die wesentlichen Entscheidungen trifft über die Organisation des Heeres, über sein Personal und (oft auch) über seine Verpflegung, und zweitens, weil er den zentralisierten Verkehrs- und Nachrichtenapparat in der Hand hat.

Ähnliche sozialstrategische Vorteile besitzen auch die politischen Herren moderner industrieller Apparatstaaten. Dies erklärt großenteils, warum Stalin in den dreißiger Jahren imstande war, die unzufriedenen Befehlshaber der Sowjetarmee sowie zwei GPU-Chefs nacheinander zu liquidieren, und warum 1944 das nationalsozialistische Zentrum über die Generäle siegte, die Hitler zu stürzen versuchten.

b. Zivilbeamte gegen Militärbeamte

Die Militärfunktionäre sind wie ihre zivilen Kollegen ein Teil des Gesamtbeamtentums, und mitunter überschneiden sich die Aufgabenbereiche der beiden Gruppen. Wenn wesentliche zivile und militärische Aufgaben von demselben höheren Beamten (einem Gouverneur, Satrapen usw.) ausgeführt werden, entstehen Konflikte zwischen Militär- und Zivilfunktionären nur in den unteren Machtbereichen. Oft jedoch werden die beiden Tätigkeitsgebiete durch verschiedene Kategorien von Funktionären vertreten, und in diesem Falle gibt es Konflikte zwischen den Spitzengruppen der Hierarchie.

Abgesehen von Entstehungs-, Verfalls- und Krisenzeiten haben militärische Führer in der hydraulischen Welt die Möglichkeit, hervorragende Machtpositionen unter mehreren Bedingungen zu erringen: 1. In Gebieten verschiedener hydraulischer Dichte, die aus internationalen Gründen einen starken Schutz erfordern, weil sie zwischen starken Nachbarn liegen, 2. in hydraulischen Grenzgebieten, weil die geringere Bedeutung der managerialen Bürokratie das relative Gewicht des Heeres vergrößert, und 3. in Eroberungsgesellschaften, in denen das Heer wichtig ist, nicht nur für die Errichtung des Regimes, sondern auch für seinen Fortbestand.

Einige Staaten des buddhistischen Indiens gehören zur ersten Kategorie; Mittel- und Spätbyzanz und das nachmongolische Rußland zur zweiten, und viele Eroberungsgesellschaften der Alten und Neuen Welt zur dritten.

Der Kampf zwischen den Zivil- und Militärbeamten läßt sich in mehreren hydraulischen Kulturen klar beobachten. Im pharaonischen Ägypten waren Funktionäre, die im eigentlichen Kriegswesen ausgebildet waren (»Frontoffiziere«) lange den »höheren Verwaltungsbeamten des Heeres«, d. h. Beamten, die die militärische Buchführung und die Verpflegung und Ausrüstung handhabten, untergeordnet [125]. In einem anderen Zusammenhang konnten jedoch die Frontoffiziere den Beamten der Zivilverwaltung erfolgreich die Waage halten. Der König versetzte einige von ihnen in höhere Regierungsämter, in denen sie, als *homines novi*, völlig von seinem Willen abhingen. Er konnte mithin darauf vertrauen, daß sie seine Interessen gegen ehrgeizige hohe Zivilbeamte wahren würden [126].

Im Mameluckenreich blieben die Offiziere, die ausschließlich Mamelucken waren, abgesondert von der einheimischen Bürokratie, der sie an Macht überlegen waren. Sie hatten das Recht, Zivilbeamte zu enteignen, zu verhaften und hinzurichten, wenn sie glaubten, daß diese ihre Befugnisse überschritten [127].

Während der letzten Phase der römischen Republik erklommen erfolgrei-

125. Helck, 1939, S. 14 ff.
126. A. a. O., S. 71 ff.
127. Wiet, 1937, S. 399.

che Generäle den Gipfel der politischen Hierarchie, und im Kaiserreich spielte das Heer jahrhundertelang eine wechselvolle, aber führende Rolle [128].

Ostrogorsky zufolge wird nach dem Tode Basileios II. (1025) »die byzantinische Geschichte der kommenden Jahrzehnte ... bestimmt durch den Kampf zwischen den konkurrierenden Mächten des hauptstädtischen Ziviladels und des Militäradels der Provinz« [129]. Die Bedeutung dieser Feststellung wird klar, wenn wir uns erinnern, daß die byzantinische Zivilaristokratie ein »Beamtenadel« [130] war und daß beide Gruppen miteinander im Rahmen eines Beamtenstaates konkurrierten, »der dauernd anschwoll und als *herrschende Schicht* immer höhere Ansprüche stellte« [131].

Die Kämpfe, die innerhalb der Regierung im China der T'ang-Zeit und in vergleichbaren Perioden der Geschichte anderer hydraulischer Kulturen ausgefochten wurden, waren größtenteils Kämpfe zwischen dem zivilen und militärischen Zweig des höheren Beamtentums.

4. DIE BÜROKRATISCHEN AKTIVISTEN GEGEN DIE BÜROKRATISCHE GENTRY

Konflikte zwischen den amtierenden Funktionären und Angehörigen der bürokratischen *Gentry* ähneln den innerbürokratischen Kämpfen in dem Sinne, daß auch sie häufig Hand in Hand gehen mit den Machenschaften konkurrierender Hofcliquen; sie haben jedoch beachtliche Sonderzüge. Die aktiven Bürokraten besitzen Macht, die Angehörigen der bürokratischen *Gentry* Einfluß. Die amtierenden Funktionäre haben hervorragende Chancen, Reichtümer anzuhäufen, die bürokratischen Rentner haben leidliche Chancen, wenigstens zu ihren Lebzeiten den Reichtum, den sie besitzen, zu behalten.

Diese Unterschiede in der Stellung beider Gruppen sind wichtig für das Verständnis der Konflikte, die sich zwischen ihren Angehörigen abspielen. Wenn die sich bekämpfenden Personen denselben Rang haben, wird – unter sonst gleichen Bedingungen – Macht über Einfluß und der amtierende Funktionär über den Rentner siegen. Mitunter kann jedoch ein örtlicher Beamter geringeren Ranges in Konflikt geraten mit Angehörigen der *Gentry*, die fähig sind, auf Grund ihrer Zugehörigkeit zu einer bürokratisch mächtigen Familie die Oberhand zu gewinnen. Das Studium mächtiger Familien in der hydraulischen Gesellschaft [132] zeigt die entscheidende Rolle, die in dieser Gesellschaft die Macht bei der Bestimmung des Status, des Einflusses und des Einkommens spielt.

128. S. Kornemann, 1949, S. 257 ff.
129. Ostrogorsky, 1940, S. 225.
130. *A. a. O.*; vgl. Stein, 1951, S. 129.
131. Ostrogorsky, 1940, S. 241 (Hervorhebung vom Autor).
132. S. für den Begriff der mächtigen Familien Wittfogel und Fêng, 1949, S. 285.

Ein Konflikt zwischen *Gentry* und Bürokratie kann nur ein einziges Mitglied der *Gentry* betreffen, z. B. jemanden, der durch Einfluß seine Steuerpflichten zu vermindern oder seinen Grundbesitz zu vergrößern versucht. Gelegentlich bezieht ein solcher Konflikt aber alle Angehörige der örtlichen *Gentry* ein, die danach streben, die lokale Politik im Sinne ihrer Interessen zu gestalten. Angehörige der *Gentry* können das zweckrationale Maximum des Herrschers betonen und wirklich vertreten, wenn ihre Eigeninteressen mit den seinigen zusammenfallen. Sie können ihren Absichten eine dramatische Note geben, indem sie die Bevölkerung zu einer Demonstration gegen die örtlichen Beamten veranlassen. Um ihre lokalen Interessen zu fördern, werden sie sogar gelegentlich an höchstgestellte Angehörige der Hierarchie appellieren.

In der Provinz Anhui waren Angehörige der *Gentry* zusammen mit anderen Landeigentümern nach der T'ai-p'ing-Rebellion zeitweilig imstande, »die Regierung jährlich um einen beträchtlichen Prozentsatz der Grundsteuereinnahmen zu betrügen«. Die örtlichen Beamten duldeten dies vorübergehend, da sie fürchteten, daß das Volk, wenn sie auf restloser Steuerzahlung bestünden, »von der grundbesitzenden *Gentry* aufgewiegelt«, sich gegen den eben eingetroffenen neuen Kreismagistrat erheben würde. Schließlich veranlaßten jedoch einige furchtlose Angehörige der Bürokratie die Wiederherstellung des zerstörten Katasters, so daß die Regierung wie früher Kontrolle über die Einnahmen gewann [133].

Umgekehrt waren mehrere *Gentry*-Angehörige einer bestimmten Gegend in der Provinz Tschekiang mit dem Bezirksmagistrat unzufrieden wegen seiner »Erpressungen«. Sie beschwerten sich bei seinen Vorgesetzten und verlangten seine Absetzung [134].

Ein kaiserliches Dekret vom 14. April 1890 mißbilligte »die unter der provinziellen *Gentry* und den Literaten üblichen Praxis, sich in öffentliche Angelegenheiten einzumischen und zuweilen sogar auf die Behörden Druck auszuüben«. Die *Gentry*-Mitglieder rechtfertigten ihre Taten mit der Versicherung, sie dienten dem öffentlichen Wohl. Der offiziellen Meinung nach waren diese Taten jedoch »in Wirklichkeit auf eigennützige Ziele gerichtet« [135]. Die Veröffentlichung des Edikts zeigt, daß die örtlichen Beamten, die eine Zeitlang den kürzeren zogen, sich schließlich dank Unterstützung der Zentralregierung gegen die *Gentry* durchsetzten.

In Zeiten politischen Zerfalls behauptet sich die *Gentry* auf verschiedene Art, aber Beamte einer starken Regierung bestehen zumeist auf der Erfüllung ihrer Forderungen. Dies geschah in Früh- und Mittelbyzanz, es geschah auch im 19. Jahrhundert in Rußland, wo die Verhandlungen über die »Bauernbefreiung« das Kräfteverhältnis zwischen dem bürokratischen und eigen-

133. *Peking Gazette*, 1896, S. 60.
134. A. a. O., 1872, S. 4.
135. A. a. O., 1890, S. 55.

tumsmäßigen *(Gentry-)*Flügel des herrschenden Adels ans Licht brachten. Theoretisch konnten entweder die (bürokratischen) Landeigentümer oder die absolutistische Staat und seine Funktionäre oder die Bauern die Hauptnutznießer der Aufhebung der Leibeigenschaft im Jahre 1861 werden. Tatsächlich setzte die Regierung einseitig den Ausschuß, der das Befreiungsedikt redigieren sollte, aus »Beamten der verschiedenen Dienststellen, die Bauernangelegenheiten behandelten, und einer Anzahl erfahrener Landeigentümer« zusammen [136]. Somit wurden die Bedingungen der Befreiung »im Bereich der Bürokratie festgesetzt« [137]; und die bürokratischen Landeigentümer und die Beamten begründeten ihre jeweiligen Argumente »nicht auf irgendeinem Ideal, sondern auf der Berücksichtigung der Bedürfnisse der Landeigentümer oder des Staates« [138]. Der vorwiegend bürokratische Charakter der aristokratischen Grundbesitzerinteressen verkörperte sich in dem Manne, der schließlich den Vorsitz des Ausschusses übernahm, Graf Panin. Panin besaß riesige Güter und 21 000 Leibeigene, aber er bekleidete auch eine hervorragende Stellung im staatlichen Gerichtswesen. Unter dem Druck des Zaren und seiner Helfer ordnete Panin bereitwillig die Eigentümerinteressen des Adels dessen bürokratischen Interessen unter [139].

Die Beziehungen zwischen den bürokratischen Aktivisten und der rentnerartigen bürokratischen *Gentry* erinnern an die Form gewisser Konflikte in den großen Korporationen der modernen industriellen Gesellschaft. Aktieninhaber, die nicht Angestellte der Gesellschaft sind, können einmal im Jahr in der Aktionärsversammlung die Politik der Gesellschaft erörtern und kritisieren. Aber solch eine gelegentliche und freiwillige Beteiligung gewährleistet keine wirksame Kontrolle. Die Mehrzahl der Aktieninhaber begnügt sich mit ihren Dividenden und überläßt die wirkliche Leitung den Direktoren. In den Händen dieser Funktionäre liegen die wirklichen Entscheidungen, sie bestimmen die Personalpolitik; und selbst wenn sie ursprünglich wenig oder gar kein Kapital besaßen, gibt ihnen ihre Stellung unvergleichlich bessere Möglichkeiten als den Aktionären, ihre materielle Lage zu verbessern [140].

Im Gegensatz zu den Aktionären, die das Recht haben, sich zu versammeln, an die öffentliche Meinung zu appellieren und gerichtliche Schritte zu unternehmen, konnten die Angehörigen der hydraulischen *Gentry*, selbst wenn sie viel Land besaßen, sich nicht nach Belieben organisieren und versammeln. Die Macht organisierten Auftretens blieb den amtierenden Funktionären vorbehalten, die den Reichtum des Landes handhaben, die über den öffentlichen

136. Mavor, 1925, I, S. 398.
137. A. a. O., S. 415.
138. A. a. O.
139. A. a. O., S. 410 ff.
140. S. Berle und Means, 1944, S. 94, 117, 121; und Gordon, 1945, S. 28, 49, 52, 108 ff., 272 ff., 301 ff.

Zwangsapparat verfügten und die daher unschwer die bürokratischen über die eigentumsmäßigen Interessen der herrschenden Klasse stellen konnten. Und dies taten sie selbst dann, wenn sie – wie Graf Panin – zugleich Beamte und Großgrundbesitzer waren.

So beleuchten die Konflikte zwischen der bürokratischen *Gentry* und den führenden Beamten aufs neue die einzigartige Machtstellung, die die Männer des Apparats in der hydraulischen Gesellschaft innehaben.

5. KONFLIKTE ZWISCHEN DEM AUTOKRATEN UND ANDEREN ANGEHÖRIGEN DER HERRSCHENDEN KLASSE

Man hat den Autokraten verglichen mit der lebenspendenden Sonne, mit furchtbaren Raubtieren und den erbarmungslosen Kräften von Blitz, Donner und Überschwemmung. Für seine Untertanen ist er in der Tat alles dies; und diejenigen unter ihnen, die in seinem Namen handeln, sind bestrebt, sowohl seinen Willen auszuführen wie ihn zu beeinflussen.

Aber der Herr eines Werkzeuges ist auch dessen Knecht. Der Autokrat hängt funktionell von den Personen ab, die seine Befehle ausführen. Die Geschichte orientalischer Höfe kennt endlose Versuche, den Autokraten zu beeinflussen, und ebenso endlose Anstrengungen der Herrscher, sich gegenüber allen persönlichen und unpersönlichen (bürokratischen) Kräften durchzusetzen. Dies ist die Quelle vieler Konflikte. Wenn wir die widerspruchsvollen Beziehungen des Autokraten mit seinen Verwandten sowie mit seinen Beamten betrachten, bemerken wir mehrere Typen von Konflikten und auch mehrere Hauptmethoden, mit denen die Widersacher für ihre jeweiligen Zwecke kämpfen.

a. Der Autokrat gegen seine Verwandten

I. Blutsverwandte

Die Verwandten des Herrschers (wer diese sind, hängt von der geltenden Verwandtschaftsordnung ab) sind allezeit bereit, ihre sozial bevorrechtete Stellung für politische Zwecke auszunutzen. Es ist gefährlich, unter Verletzung der hergebrachten Überlieferung einen Nachfolger zu bestimmen oder einen Herrscher abzusetzen; aber häufig sind solche Versuche gemacht worden, und der Erfolg blieb nicht immer aus.

Schwere Probleme können entstehen, selbst wenn die hergebrachte Überlieferung gewahrt wird. Wie hält ein Autokrat seinen Kronprinzen im Zaume, wie seine Verwandten? Die Han-Kaiser gaben ihren Verwandten viel Eigentum, aber wenig Macht. Solch eine Politik kann die Konflikte nicht gänzlich beseitigen, beschränkt sie aber erheblich – zum ausgesprochenen Vorteil des Autokraten.

Die mit dem Herrscher verschwägerten Personen haben ihre Vorzüge und Nachteile. Sie sind nur deshalb politisch angesehen, weil eines ihrer weiblichen Familienmitglieder mit dem Herrscher verheiratet ist. Sie haben somit ein Sonderinteresse an der Person des Herrschers, der seinerseits dazu neigt, ihnen mehr als seinen Blutsverwandten zu trauen. Die Kaiser der Han-Dynastie beschäftigten so gut wie keine Blutsverwandten in der Regierung, aber sie gaben vielen Angehörigen der Familie der Kaiserin hohe Stellungen in der Bürokratie. Die Liao-Kaiser waren nicht so einseitig, aber auch sie zogen es oft vor, politische Schlüsselstellungen mit angeheirateten Verwandten zu besetzen [141]. Natürlich hat diese Politik ihre Gefahren. Wenn solche Verwandte große Macht ausüben, können sie den Herrscher zu seinen Lebzeiten in einen Schatten verwandeln; oder sie können nach seinem Tode ein Kind zum Nachfolger machen, an dessen Stelle sie dann die Regierung führen. Unter der Liao-Dynastie wurde das Reich lange von Kaiserwitwen regiert [142].

Wie hält ein Autokrat die mit ihm verschwägerten Personen im Zaume? Die Beschränkung des politischen Eunuchentums pflegt den Einfluß der Frauen des Herrschers zu vermindern, und Maßnahmen zum Schutz des Thronfolgers haben ebenfalls ihre Vorzüge. Der Toba-Kaiser ging in dieser Beziehung an die äußerste Grenze: Er tötete seine Gattin, nachdem sie ihm einen Erben geboren hatte [143]. Solche radikalen Methoden waren jedoch selten. Anstatt die Mutter seines Sohnes (oder seiner Söhne) umzubringen, füllte der Herrscher häufiger seinen Harem mit jungen Sklavinnen. Die Verwandten dieser Sklavenfrauen waren gewöhnlich niedrigen Ranges, und wenn auch einige von ihnen es zu hohen Stellungen bringen konnten, waren sie als Ganzes eine viel kleinere Gefahr als adlige und hochgestellte verschwägerte Familien. Mehrere chinesische Kaiser waren Söhne ehemaliger »Sängerinnen« [144], und die Mehrzahl der Kalifen [145] und türkischer Sultane hatten ehemalige Sklavinnen zu Müttern [146].

Die Probleme, die die Blutsverwandtschaft mit sich bringt, stehen in scharfem Gegensatz zu den Problemen, die aus der Verschwägerung herrühren. Im ersten Fall konnte der Herrscher die mögliche Gefahrenzone verkleinern; im zweiten konnte er sie unter günstigen Umständen ganz beseitigen.

---

141. Wittfogel und Fêng, 1949, S. 441.

142. A. a. O., S. 199 ff.

143. A. a. O., S. 416, Anm. 51.

144. Han Shu, 97 A. 21b–23a; San Kuo Chih, Wei 5. 1a.

145. Alle abbasidischen Kalifen außer dreien waren von Sklavinnen geboren (Goldziher, 1889, S. 124; vgl. Mez, 1922, S. 140; und Kremer, CGO, I, S. 393).

146. Lybyer, 1913, S. 58 und Anm. 2.

b. Der Autokrat gegen die Beamten

I. Nochmals das Problem der Autokratie

Das Bemühen des Despoten, seine Verwandten zu kontrollieren, ist nur ein besonderer Teil seines allgemeinen Strebens, die Dienstleute gefügig zu halten. Aber die Tatsache, daß der Herrscher solche Anstrengungen machen muß, darf nicht als ein Mangel autokratischer Autorität ausgelegt werden. Andererseits ist ein Herrscher, der selbst alle wichtigen Entschlüsse faßt [147], keineswegs dem Einfluß derer, die ihm dienen, entzogen. Und da die Interessen der Beamten häufig denen des Herrschers zuwiderlaufen, öffnet sich ein weites Feld für Konflikte. Offensichtlich wird der Souverän sich in dem Maße durchsetzen, in dem er die Auswahl seiner Zivil- und Militärfunktionäre bestimmt und ihre Amtsführung kontrolliert.

Die Tatsache, daß ein Herrscher in Friedens- oder Kriegszeiten eine irrationale Politik erzwingen kann, sogar wenn diese den Bestand des Staates selbst bedroht, zeigt deutlich, in welchem Umfang die Macht in seiner Person vereinigt ist. Die Tatsache, daß seine sekundären Entscheidungen das Ansehen, Einkommen und Wohlbefinden seiner Beamten grundlegend bestimmen können, zeigt deutlich die einzigartige politische Empfindlichkeit der herrschenden Klasse unter den Bedingungen totaler Macht.

II. Institutionelle Beziehungen drücken menschliche (soziale) Beziehungen aus

Der Despot schafft horizontale Kontrolle dadurch, daß er zwei oder mehr Beamte mit gleichen Machtbefugnissen betraut. Er unterhält vertikale Kontrolle durch ein vielfältiges System von Berichterstattung und Aufsicht. Und er stellt augenfällig seine Übermacht zur Schau durch rücksichtslose disziplinarische Maßnahmen und Strafen. Dadurch ist er imstande, dem Streben seiner Beamten nach größerem Einfluß (als Ratgeber und Verfasser von Denkschriften), nach größerer Freiheit (als ausführende Beamte und Richter), nach größerem Reichtum (als Verwalter der Staatseinkünfte) und nach größeren Vorteilen für ihre Gruppe (als Nutznießer erblicher Vorrechte) entgegenzuwirken.

Die daraus hervorgehenden Institutionen sind nicht nur organisatorischer und technischer Natur, wie einige Beobachter glauben. Sie drücken vielmehr menschliche (soziale) Beziehungen zwischen zwei entscheidenden, antagonistischen Sektoren der herrschenden Klasse aus. Diese Beziehungen begünstigen den Despoten selbst dort, wo die Beamten erbliche Vorrechte genießen; und dies ist um so mehr der Fall, wo der Herrscher seine Beamten ernennt, ohne auf eine sich reproduzierende (adlige) Bürokratie Rücksicht nehmen zu müssen.

---

147. S. oben, Kap. 4.

a. Die Kontrolle des Herrschers über ein erbliches Beamtentum
(einen bürokratischen Adel)

Angehörige erblicher (adliger) Beamtenfamilien haben gewöhnlich ein ererbtes Anrecht auf ein Amt, aber nicht notwendigerweise Anrecht auf ein bestimmtes Amt oder ein Amt desselben Ranges. Wenn ein erblicher Dienstmann schwere Fehler begeht oder untreu ist, kann der Herrscher das Familienvorrecht ganz aufheben und den Schuldigen zum Sklaven machen oder hinrichten lassen [148]. Der Herrscher, der seine Beamten aus einer bestimmten Gruppe zu wählen hat, bringt trotzdem seine Macht zum Ausdruck, indem er den Angehörigen dieser Gruppe nach Belieben höhere oder niedrigere Posten gibt.

b. Autokratische Methoden, die Homogenität des Beamtentums zu verhüten

Aber auch »die Despotie hat viele Formen« [149]. Der Despot kann die soziale Einheitlichkeit des ranghabenden Beamtentums durch die Ernennung von Außenseitern durchbrechen, er kann Männer niedriger Geburt über Beamte aus angesehenen Familien stellen; er kann Priester, »barbarische« Adlige, Eunuchen und Sklaven bei der Besetzung der Ämter bevorzugen. In der Hand des Souveräns werden derartige Maßnahmen Waffen zur Sicherstellung seiner autokratischen Macht gegen den Willen und die dauernden Machenschaften des Beamtentums.

I. Priester

Die Einbeziehung berufsmäßiger religiöser Funktionäre in die Regierung war ein wichtiges Mittel, um die Entstehung eines homogenen Beamtentums zu verhüten. Bei den Maya scheinen Priester regelmäßig als Beamte verwandt worden zu sein [150]. In Indien schwächte der König die Vormacht der »Krieger-Herrscher«, der Kshatriyas, durch die Ernennung von Brahmanen zu Beamten [151] und durch die Einrichtung der *purohita*. Vom königlichen Hauspriester, dem Hauptratgeber seines Souveräns, konnte man erwarten, daß er, falls möglich, die Wahl von Priestern als Beamte fördern werde. Sogar die islamischen Herrscher Indiens pflegten »einen Brahmanen zum Staatssekretär zu machen« [152]. Durch die hervorragende Stellung der Priester unter den kö-

---

148. *Tso Chuan Chu Shu*, 42. 6a–b; *Shih Chi*, 68. 9b.
149. Jones, 1831, S. 113.
150. S. oben, Kap. 3.
151. Vgl. *Jātakam*, III, S. 369; und Fick, 1920, S. 173.
152. Dubois, 1943, S. 290; s. oben, Kap. 3.

niglichen Ratgebern dürfte es sich erklären, warum in Indien sowohl unter den Hindus wie unter den Mohammedanern Eunuchen wenig Aussicht hatten, die hohen Beraterposten zu bekleiden, die sie in anderen orientalischen Kulturen innehatten.

II. »Das Volk« – die Gemeinen (allgemeine Erwägungen)

Die beruflichen Funktionäre der führenden Religion gehörten der herrschenden Klasse an, und der Herrscher, der sie – oder seine Verwandten – zu Beamten machte, wirkte damit der Tendenz zu einer sich selbst reproduzierenden Bürokratie entgegen, ohne sich auf »das Volk« stützen zu müssen.

Im weiteren Sinne umfaßt »das Volk« gemeine Freie und Sklaven. Aber es ist bezeichnend für die Eigenart der sozialen Beweglichkeit in der agrarmanagerialen Despotie, daß dieses Regime mehr darauf bedacht war, Sklaven (und Eunuchen) in politische Schlüsselstellungen zu bringen als Gemeinfreie. Die erblichen Beamten und die beamteten Priester legten großes Gewicht auf die Bildungsqualitäten, die für die Ausübung der bürokratischen Aufgaben verlangt wurden; und ihr oberster Herr war an sich wenig daran interessiert, Vorbedingungen abzuschaffen, die vom Standpunkt der Wirksamkeit und des Ansehens äußerst erwünscht erschienen. Diese Umstände sprachen ernsthaft dagegen, unterschiedslos Gemeine in Staatsstellungen zu übernehmen.

In Indien war es den Südras als Gruppe verboten, die heiligen Bücher zu studieren [153]; die Vaisyas waren solchen Beschränkungen nicht unterworfen [154]. Aber wie viele Vaisyas konnten es zu einer ebenso gründlichen Erziehung bringen wie ein Brahmane oder Kshatriya? Bei den Maya verwandte man wohlhabende Gemeine in Regierungsstellungen, aber wie wir sahen, säuberte man die Beamtenhierarchie von Zeit zu Zeit von denjenigen, »die mit dem geheimen Wissen der Oberklasse nicht vertraut waren« [155]. Konfuzius nahm auch Gemeine als Schüler an [156]; aber ebenso wie die adligen Schüler hatten diese Gemeinen eingehend die klassischen Schriften und das weltliche und religiöse Zeremoniell zu studieren, ehe sie im Amte »gebraucht« werden konnten.

III. Gemeine: soziale Wirkungen und Grenzen des chinesischen Prüfungssystems

Man hat das chinesische Prüfungssystem häufig als eine Einrichtung betrachtet, die während der ganzen Kaiserzeit den Gemeinen Zutritt zu Beamten-

153. Manu, 1886, S. 141.
154. A. a. O., S. 24.
155. Roys, 1943, S. 34.
156. Es ist bekannt, daß einer von ihnen, Tzu-kung, ein Geschäftsmann war (*Shih Chi*, 129. 5a; vgl. Legge, CC, I, S. 144, 242). Für Tzu-kungs hervorragende Stellung unter den Anhängern des Konfuzius s. Creel, 1949, S. 66 ff.

stellen gewährte. Da ein Kandidat an den Prüfungen nicht auf Grund einer Aufforderung von oben teilnahm, sondern auf Grund seines freien Ansuchens, sieht es auf den ersten Blick so aus, als ob die chinesische Bürokratie während dieser Zeit großenteils aus dem »Volk« hervorgegangen sei.

Das chinesische Prüfungssytem ermöglichte es in der Tat einer Anzahl qualifizierter gemeiner Leute, Eingang in die Bürokratie zu finden; aber seine soziale Wirkung war viel bescheidener als die volkstümliche Legende uns glauben machen möchte. Was geschah in Wirklichkeit? Die Frage ist hinreichend wichtig für das Verständnis der vertikalen Mobilität in der hydraulischen Gesellschaft, um einen kurzen Exkurs über die Funktion – und die Grenzen – des chinesischen Prüfungssystems zu rechtfertigen.

Zunächst ist zu bemerken, daß das chinesische Prüfungssystem die absolutistischen Regierungen Chinas nur während einer beschränkten und verhältnismäßig späten Periode mit Amtsanwärtern versah. In der Tschou-Zeit und vermutlich auch unter der Schang-Dynastie bekleidete die große Mehrzahl aller Beamten Posten, weil die Vorfahren das gleiche getan hatten. Unter der Han-Dynastie (206 v. Chr. – 220 n. Chr.) hing der Eintritt in die Beamtenlaufbahn im wesentlichen von einer Ernennung durch den Kaiser oder einen speziellen Beamten ab; außerdem konnten Väter, die ein Amt innehatten, ihre Söhne für die Beamtenlaufbahn empfehlen. Die Methode, »Söhne zu empfehlen« (jên tzŭ)[157], ermöglichte es bestimmten Familien, fortwährend aktive Mitglieder der Bürokratie zu sein; während die Methode, Beamte zu ernennen, die Reproduktion des Beamtentums im allgemeinen förderte. Eine Analyse der biographischen Daten in den offiziellen Geschichtswerken der Han-Dynastie verschafft Einblick in die Wirkung dieser Verfahrensweisen, die tatsächlich eine bürokratische Abart des aristokratischen Prinzips der Zuwahl darstellen[158]. Dieser Quelle entnehmen wir, daß nicht mehr als acht Prozent aller Beamten, deren soziale Herkunft sich ermitteln ließ, aus Gemeinen bestanden; die übrigen 92 Prozent setzten sich zusammen aus Verwandten des Kaisers (hauptsächlich angeheirateten), Angehörigen anderer adliger Familien und Verwandten von Beamten; diese bildeten die große Mehrheit[159].

Die Periode der Teilreiche, die 589 n. Chr. endete, führte zu Änderungen in den früheren Regierungsmethoden. Obgleich Kriege und Eroberungen den Aufstieg sozialer Außenseiter begünstigten, gelang es doch einer beschränkten Anzahl von Familien, den Staatsapparat in Händen zu behalten. Unter den Infiltrations-[160] und Erobererdynastien Nordchinas waren dies vor allem Adlige innerasiatischer Herkunft; und im Süden spielten einheimische »erbliche Familien« (shih chia) eine ähnliche Rolle. Den Biographien aus der

157. Wittfogel, 1947, S. 24.
158. S. Aristoteles, *Politik*, 4. 15. 1300b.
159. S. Ms. *The Han Officials*.
160. Für diesen Ausdruck s. Wittfogel, 1949, S. 15 ff.

südlichen Tschin-Dynastie (216–419) ist zu entnehmen, daß etwa 9,5 Prozent aller Beamten, deren Herkunft bekannt ist, aus den Reihen der Gemeinen hervorgegangen sein dürften [161].

Das oft erörterte Prüfungssystem wurde erst zur Zeit der Wiedervereinigung des Reiches von der kurzlebigen Sui-Dynastie (581–618) geschaffen. Es kam zu voller Entwicklung unter der nachfolgenden T'ang-Dynastie – d. h. es entstand ungefähr siebzehnhundert Jahre nach dem Beginn der Tschou-Dynastie und achthundert Jahre nach dem Beginn der kaiserlichen Ära. Und sogar während der ersten Hälfte der dreizehnhundert Jahre seines Bestehens wurde sein Einfluß auf die soziale Zusammensetzung der kaiserlichen Bürokratie erheblich beschränkt durch Einrichtungen, die eine soziale Diskriminierung bezweckten, durch erbliche Ansprüche auf Beamtenstellen (das *yin*-Privileg) und, unter den Eroberdynastien, durch die politische Vormachtstellung des Adels der »barbarischen« Herrenvölker.

Das chinesische Prüfungssystem wurde nicht von demokratischen Kräften ins Leben gerufen, sondern einseitig von einem despotischen Herrscher geschaffen. Die Beamten beeinflußten sicherlich den ursprünglichen Entwurf; und sie handhaben das System, nachdem es Geltung gewonnen hatte. Jeder, der qualifiziert war, an den Prüfungen teilzunehmen, konnte sich selbst dazu melden. Darin unterscheidet sich die neue Einrichtung bedeutsam von dem älteren Ernennungssystem. Aber selbst unter dem Prüfungssystem entschieden der Kaiser und seine Beamten letzten Endes darüber, wen sie beschäftigen wollten und wie sie ihn beschäftigen wollten. Die Regierung bestimmte im voraus, wieviel Grade verliehen werden sollten; und selbst die Inhaber des wichtigsten

161. In Peiping organisierte und leitete ich in den Jahren 1935–1936 eine Untersuchung über die soziale Herkunft der Beamten, deren Leben in den biographischen Abschnitten der offiziellen Geschichtswerke der kaiserlichen Dynastien aufgezeichnet ist. Ich faßte die Ergebnisse einer vorläufigen Bestandaufnahme im Jahre 1938 folgendermaßen zusammen: »Etwas ›frisches Blut‹ mag durch das Prüfungssystem aus den niederen Schichten der Gesellschaft gewonnen worden sein; aber im großen und ganzen reproduzierte sich das herrschende Beamtentum gesellschaftlich zum größten Teil aus seinen eigenen Reihen. Das chinesische Examenssystem erfüllte eine spezifische Funktion; aber – wie im Falle der chinesischen Familie – entspricht diese Funktion keineswegs dem Bilde, das die volkstümliche Legende uns bisher geboten hat« (Wittfogel, 1938a, S. 11 ff.).

Seit 1939 hat das *Chinese History Project*, New York, mehrere Aspekte der Geschichte des chinesischen Beamtentums erforscht, darunter auch das *yin*-System. Es hat eingehend die Beamtenauslese in der Liao-Dynastie analysiert (Wittfogel und Fêng, 1949, S. 450 ff.); und es hat die ältere statistische Untersuchung der Biographien der Han-Dynastie vertieft. Aus einer Reihe von Gründen war es noch nicht möglich, die Biographien der anderen größeren Dynastien ebenso gründlich zu analysieren; da aber die Frage der Mobilität sehr wichtig ist, fühle ich mich berechtigt, die wichtigsten Ergebnisse meiner ursprünglichen Untersuchung mitsamt einigen späteren Forschungsresultaten hier zu veröffentlichen.

Grades, die *chin-shih*, wurden ursprünglich nur dann zu einem Amt zugelassen, wenn sie noch eine zusätzliche Berufsbeamtenprüfung bestanden hatten[162].

Nach wie vor war eine gründliche klassische Erziehung ein entscheidendes Erfordernis. Dies gab den Angehörigen der Beamtenfamilien – und natürlich auch den Verwandten des Herrscherhauses – einen gewaltigen kulturellen und sozialen Vorsprung. Der Vorsprung wurde weiter vergrößert durch Maßnahmen, die einerseits den Zutritt der Gemeinen zu den Ämtern einschränkten und die andererseits den Verwandten hoher und mittlerer Beamter legitime Ansprüche darauf gewährten.

Die Gesetze der Sui-Dynastie, die das Prüfungssystem einführten, schlossen ausdrücklich »Handwerker und Kaufleute« davon aus, Ämter zu besetzen. Eine ähnliche Politik betrieben die Herrscher der T'ang-Dynastie und – mit gewissen Modifizierungen – auch der Sung-Dynastie[163]. Da der Handel mehr als irgendein anderes Gewerbe den Gemeinen eine Chance bot, Reichtümer und Bildung zu erlangen, hielt der Ausschluß der Kaufleute gerade diejenigen Gemeinen von der Regierung fern, die materiell am besten in der Lage waren, sich auf die Prüfungen vorzubereiten[164].

Außerdem gewährten die gegen die Handwerker und Kaufleute gerichteten Vorschriften der Bürokratie zusätzliche Vorteile. Auf Grund ihrer Regierungsstellung hatten höhere und mittlere Beamte das »schützende« *(yin)* Privileg, demzufolge einer oder mehrere ihrer Söhne[165] ohne Prüfung Beamte werden konnten[166]. Dieses Privileg, das unter einer neuen Maske alte Vorrechte wiederherstellte, erscheint unter den Sui- und T'ang-Dynastien – d. h. sobald die Prüfungen eingeführt wurden. Das *yin*-System erfuhr einen beträchtlichen Wandel in der Sung-Periode, aber es spielte auch dann eine bedeutende Rolle[167], ebenso wie unter den ersten zwei der vier großen Erobererdynastien, Liao und Tschin[168].

Die Mongolen hegten ein tiefes Mißtrauen gegen ihre chinesischen Untertanen. Für ihre chinesischen Beamten zogen sie daher die Ernennung jeder an-

162. Wittfogel und Fêng, 1949, S. 454.

163. Wittfogel, 1947, S. 25 und Anmerkungen 57–61; vgl. Kracke, 1953, S. 70 und Anm. 61.

164. Unter der Sung-Dynastie konnten Beamtenstellungen an Personen vergeben werden, die der Regierung zur Abhilfe von Hungersnot Getreide zur Verfügung stellten. Diese Politik, die einem indirekten Ämterverkauf gleichkam, gab einigen Kaufleuten die Möglichkeit, in den Staatsdienst einzutreten, aber »sie scheint nur im Zusammenhang mit einem besonderen Notstand angewandt worden zu sein« (Kracke, 1953, S. 76).

165. Die Zahl wechselte von Periode zu Periode.

166. Wittfogel, 1947, S. 26.

167. A. a. O., S. 30 ff.

168. A. a. O., S. 32–38.

deren Auswahlmethode vor. Die meiste Zeit während der Mongolenherrschaft wurden keine Prüfungen abgehalten, und als diese schließlich wieder eingeführt wurden, blieb die Zahl der *chin-shih*-Grade lächerlich gering: Im Durchschnitt vergab man diesen Grad an nicht mehr als siebzig Kandidaten, und darunter waren noch »Barbaren«[169]. Die Mongolen beschränkten ferner die Zahl der *yin*-Söhne und -Enkel auf eine Person, während unter der Sung-Herrschaft zehn bis zwanzig Personen und unter der Tschin-Herrschaft sechs Personen so bevorzugt werden konnten. Aber sie begünstigten die Inhaber des *yin*-Privilegs, indem sie ihnen erlaubten, die bürokratische Laufbahn mit dem fünften Rang zu beginnen, d. h. auf einer höheren Stufe als das zur T'ang-Zeit üblich war [170].

Die Ming- und Tsch'ing-Kaiser ließen vom *yin*-Vorrecht nur den Schatten übrig. Sie verliehen dieses Vorrecht nur an die Abkömmlinge hoher Beamter; und die so Begünstigten konnten nur dann in hohe Stellungen aufsteigen, wenn sie die Prüfungen bestanden hatten [171].

Die Rolle, die die Inhaber des *chin-shih*-Grades spielten, beleuchtet eine sehr wichtige Funktion des Examenssystems. Die eingehende Kenntnis der chinesischen Klassiker, die in den Prüfungen verlangt wurde, machte die Kandidaten mit der Sozialphilosophie der herrschenden Bürokratie und den großen Traditionen ihrer Staatskunst gründlich vertraut. Somit war der Examenswettbewerb ein ausgezeichnetes Mittel, um ehrgeizige Gemeine gründlich in die Staatsideologie einzuführen und um die begabten Söhne von Beamten und von Mitgliedern der bürokratischen *Gentry* zu zwingen, sich einer allumfassenden ideologischen Ausbildung zu unterziehen.

Während der ersten sechshundert Jahre wurden Gemeine nur mit schweren Einschränkungen zu den Prüfungen zugelassen, während der letzten sechshundert Jahre ohne solche Einschränkungen. Aber wie viele Gemeine brachten es auf diese Weise tatsächlich zu einer amtlichen Stellung in der Regierung des kaiserlichen Chinas? Wiederum geben uns die in jeder offiziellen dynastischen Geschichte enthaltenen Biographien Auskünfte, die zwar nicht lückenlos, aber

169. Wittfogel und Fêng, 1949, S. 463.

170. A. a. O., S. 459, 463. Die Mongolen ließen die *yin*-Anwärter in die Beamtenhierarchie im fünften anstatt im siebenten Rang eintreten. Ursprünglich konnte der *yin*-Sohn eines Vaters, der einen der höchsten drei Beamtenränge bekleidete, seine Laufbahn mit dem siebenten Rang beginnen, und *yin*-Söhne von Vätern, die Posten des vierten und fünften Ranges innehatten, konnten im achten Rang beginnen, während die Inhaber des angesehenen *chin-shih*-Grades sich nur um Posten des niedrigsten (nämlich des neunten) Ranges bewerben durften. *Yin*-Beamte konnten in die höchsten Stellungen, einschließlich derjenigen eines Ministerpräsidenten, aufrücken; und während dieser höchste Posten in der T'ang-Zeit zumeist von Inhabern eines *chin-shih*-Grades besetzt wurde, brachten es offenbar viele *yin*-Söhne zu Stellungen in den mittleren Rangstufen (a. a. O., S. 458).

171. A. a. O., S. 463.

doch ungemein wertvoll sind. Diese Biographien sind zahlreich, zahlreicher als alle vergleichbaren Tatsachensammlungen irgendeiner anderen Agrargesellschaft; sie berücksichtigen in der Hauptsache hohe und mittlere Beamte, die die Einbeziehung in die Sammlung nicht ihrem Range, sondern ihren Leistungen verdanken.

Unsere versuchsweise Bemühung, die soziale Herkunft der in den Biographien behandelten Beamten für eine Anzahl der wichtigeren kaiserlichen Dynastien zu bestimmen, ergab, daß während der T'ang-Zeit (618–907) etwa 83 Prozent der Beamten, deren Herkunft feststellbar war, zur Oberklasse gehörten: ungefähr 70 Prozent stammten aus Beamtenfamilien und 13 Prozent aus dem Herrscherhause und anderen Adelsfamilien. Fast 7 Prozent waren »Barbaren« (das Herrscherhaus der T'ang-Dynastie hatte türkische Ahnen). Weniger als 10 Prozent waren Gemeine.

Für die Sung-Dynastie (960–1279) betrug die Zahl der Beamten, die der oberen Klasse entstammten, zumindest 85 Prozent: 72 Prozent kamen aus Beamtenfamilien, und 13 Prozent gehörten zum Herrscherhause. Etwa 15 Prozent waren Gemeine.

Unsere Prüfung der biographischen Daten aus der Mongolenzeit (1234 bis 1368) deutet an, daß etwa 85 Prozent der Beamten, deren soziale Herkunft ermittelt werden konnte, aus der oberen Klasse hervorgingen: 74 Prozent stammten aus Beamtenfamilien und 11 Prozent gehörten zum Herrscherhaus. Ungefähr 15 Prozent waren Gemeine.

Die einheimischen Herrscher der Ming-Dynastie hatten es durchaus nicht eilig, die vor der Mongolenzeit geltenden Vorrechte der Bürokratie wiederherzustellen. Sie kontrollierten die Beamten von oben durch das politische Eunuchentum. Und sie erleichterten den Gemeinen den Eintritt in den Staatsdienst, indem sie das *yin*-Privileg abbauten und im Gegensatz zu den Sui-, T'ang- und Sung-Regierungen Handwerker und Kaufleute nicht ausschlossen. Unter der Ming-Dynastie kamen 77 Prozent der Beamten, deren soziale Herkunft ermittelt werden konnte, aus der oberen Klasse: 63 Prozent stammten aus den Beamtenfamilien, 14 Prozent aus dem Herrscherhause. Und etwa 23 Prozent waren Gemeine.

Die Mandschu-Herrscher waren ebensowenig wie ihre Vorgänger aus der Ming-Dynastie geneigt, den Drang der Bürokratie nach sozialer Selbstreproduktion zu fördern. Sie kontrollierten ihre chinesischen Beamten von oben durch Angehörige des Stammesadels, deren politische Stellung durch die Beibehaltung ihrer erblichen Vorrechte gestärkt wurde. Und sie erleichterten den Gemeinen den Zugang zu Prüfungen und Ämtern, wie es die Ming-Herrscher getan hatten, indem sie das *yin*-Privileg einschränkten und Handwerker und Kaufleute nicht ausschlossen. Sie förderten besonders den Kauf von Graden, um die *shên-shih* (die Beamten und Gradinhaber) daran zu hindern, eine sozial homogene Körperschaft zu bilden.

Ein kaiserliches Edikt vom Jahre 1727 übte scharfe Kritik an vielen Personen, die durch Prüfungen Regierungsstellungen erhielten.«Wenn man die Beamtenlaufbahn völlig denjenigen überlassen würde, die durch Prüfungen aufsteigen, dann würden sie sich fest zusammenschließen und für ihr Privatinteresse gegen das öffentliche Interesse arbeiten. Dies fügt dem öffentlichen Wohl und der Wohlfahrt des Volkes großen Schaden zu. Man sollte daher das Kaufsystem in geeigneter Weise ausbauen.«[172]

Nach einer kürzlich angestellten Analyse der sozialen Herkunft der *chin-shih*-Kandidaten nahm der Prozentsatz der Kandidaten, deren Vorfahren weder Beamte noch Gradinhaber waren, im 19. Jahrhundert beträchtlich zu [173]. Und eine Untersuchung der *shên-shih* des 19. Jahrhunderts zeigt, daß diejenigen, die dieser Gruppe nicht auf Grund von Prüfungen, sondern durch Kauf eines Grades angehörten, in der ersten Hälfte des Jahrhunderts etwa 32 Prozent und nach 1854 etwa 36 Prozent der »unteren *Gentry*« betrugen [174].

Die Ergebnisse unserer Analyse sind für die Sung-Zeit durch zwei Listen bestätigt, in denen die Inhaber des *chin-shih*-Grades für das Jahr 1148, bzw. 1256 aufgeführt sind. Obgleich die Angaben dieser Listen über die soziale Herkunft unvollständig sind [175], tragen sie weiter zur Klärung unseres Problems bei. Angenommen, in der Zeit von 1142 bis 1171, also in dreißig Jahren, bestanden fast 4500 Personen [176] die Prüfungen, und sie alle, sowie eine ebenso große Anzahl von Personen, die »vermutlich auf anderem Wege in den

172. Eine Erörterung dieses Edikts findet sich im Ms. Chang, CG.

173. S. die unveröffentlichte Arbeit über das Tsch'ing-Beamtentum, die Dr. C. K. Yang im Auftrage des *Modern Chinese History Project,* Far Eastern and Russian Institute of the University of Washington, Seattle, unternahm.

174. Chang, CG. Für weitere Daten über die Stellung der *shên-shih* am Ende der Tsch'ing-Dynastie s. unten, sowie oben, Kap. 7.

175. Über Einzelheiten bezüglich der zwei Listen s. Kracke, 1947, S. 107 ff. Die zweite Liste weist klaffende Lücken auf (*a. a. O.,* S. 113); und beide bieten, ebenso wie die dynastischen Biographien, nur ausgewählte Daten über die Herkunft der behandelten Personen. In seiner gedankenreichen Arbeit hierüber berücksichtigte Kracke nur Verwandte in gerader Linie einschließlich der Urgroßväter (*a. a. O.,* S. 115). Außerdem erwähnt die Liste vom Jahre 1256 regelmäßig Brüder, die einen Grad oder ein Amt innehatten. In zwei Fällen, in denen keine Vorfahren in gerader Linie ein Staatsamt innegehabt hatten, waren fünf (S. 69a) bzw. sieben (S. 66a) Brüder Beamte gewesen. Und beide Listen führen Brüder, Onkel, Großonkel, Ur-Urgroßväter auf, soweit sie Familienhäupter waren. Im Gegensatz zu Kracke betrachten wir Gradinhaber mit solchen Verwandten auch als Personen, die aus Beamtenfamilien hervorgingen; und infolgedessen vergrößern wir die von ihm ermittelten Zahlen der Gradinhaber bürokratischer Herkunft für 1148 um sechzehn und für 1256 um zwanzig Personen. Dies erhöht die Prozentsätze für Personen mit einwandfrei festgestellter bürokratischer Herkunft von 43,7 auf 49,5 im ersten und von 42,1 auf 45,6 im zweiten Falle.

176. Nach Kracke ist die genaue Zahl 4428. *A. a. O.,* S. 120.

Staatsdienst eintraten«[177], erhielten Regierungsposten; angenommen, mindestens 50 Prozent der *chin-shih*-Gradinhaber gehörten als Verwandte des Kaisers, amtierende Beamte und Angehörige der bürokratischen *Gentry* zur herrschenden Klasse [178], und angenommen, die durchschnittliche Amtsdauer betrug etwa zwanzig Jahre [179], dann dürfen wir schließen, daß die Beamten, die

177. *A. a. O.*

178. In seiner im Jahre 1947 veröffentlichten Studie unterscheidet Kracke im wesentlichen nur zwischen Gradinhabern beamtlicher und nichtbeamtlicher Herkunft. Unsere Zahlen müssen folglich etwas höher sein als die seinigen. Alle Gradinhaber des Jahres 1148, die der kaiserlichen Familie Tschao angehörten, erscheinen im Sung-Bericht als Verwandte von Personen, die ein Amt innehatten, und aus diesem Grunde wurden sie von Dr. Kracke mit einbegriffen. Im Bericht des Jahres 1256 werden nur die Namen der Tschao-Gradinhaber, 27 an der Zahl, aufgeführt. Dr. Kracke nimmt sie folgerichtig nicht auf; wir aber berücksichtigen sie folgerichtigerweise von unserem Standpunkt aus. Wir finden daher, daß 50,3 Prozent aller Gradinhaber im Jahre 1256 zur herrschenden Klasse gehörten. Angesichts der Unvollständigkeit der Daten beider Listen ist unsere oben gegebene Schätzung, daß »zumindest fünfzig Prozent der *chin-shih*-Gradinhaber ... zur herrschenden Klasse zählten«, wahrscheinlich sehr konservativ. Ich benutze diese Gelegenheit, Herrn Fang Chao-ying dafür zu danken, daß er meine Aufmerksamkeit auf die in den Listen vorkommenden Verwandten des Kaisers gelenkt hat. Ich danke ferner Herrn Professor Tung-tsu Chu für seine sorgfältige Überprüfung der sozialen Daten, die in den zwei Sung-Listen enthalten sind.

179. Dr. Kracke nimmt an, daß die (Zivil-) Beamten im Durchschnitt »etwa dreißig Jahre lang im Dienst standen (die Personen, die die Prüfungen bestanden, waren gewöhnlich Leute zwischen den zwanziger und fünfziger Jahren)« (Kracke 1947, S. 120). Die letzterwähnte Tatsache deutet darauf hin, daß die Kandidaten zum Teil bis in die fünfziger Jahre hinein im Vollbesitz ihrer körperlichen und geistigen Kräfte waren; aber sie sagt uns nichts über die politischen Bedingungen, die unter der orientalischen Despotie die Dauer einer Beamtenlaufbahn bestimmen und verkürzen. Da ich für die Lösung dieser Frage kein statistisches Material aus der Sung-Zeit habe, ziehe ich die biographischen Daten der Han-Zeit zu Rate, die das *Chinese History Project* eingehend analysiert. Von den Han-Beamten, über die wir sachliche Angaben besitzen, waren etwa 45 Prozent weniger als zehn Jahre im Amte und über 18 Prozent von zehn bis zwanzig Jahren. Dies deutet darauf hin, daß zur Han-Zeit die durchschnittliche Amtsdauer nicht mehr als zehn Jahre betrug. Als die nördliche Sung-Zeit zu Ende ging, im Jahre 1119, wurde das *yin*-Privileg vorübergehend scharf eingeschränkt; es wurde nur an Zivil- und Militärbeamte verliehen, die vierzehn bzw. neunzehn Jahre im Regierungsdienst gewesen waren (*Wên-hsien T'ung-k'ao*, 34, S. 325). Offenbar wurde diese Amtsdauer weder als ungewöhnlich kurz betrachtet (die Maßnahme würde sonst nur einen geringen beschränkenden Wert gehabt haben), noch als ungewöhnlich lang (die Maßnahme würde sonst das Privileg so gut wie beseitigt haben). Angenommen, daß die durchschnittliche Amtsdauer in der Sung-Zeit definitiv länger war als unter der Han-Dynastie und etwas länger als die für 1119 gegebenen Zahlen, so dürfte ein Durchschnitt von zwanzig Jahren eine glaubwürdige Annahme sein.

möglicherweise aus den Reihen der Gemeinen hervorgingen, insgesamt 9 Prozent der Zivil- und Militärbeamtenschaft von 33 000 Personen bildeten [180]. Diese Zahl ist erheblich niedriger als die fünfzehn Prozent, die unsere eigene frühere Analyse ermittelte. Um den Widerspruch zwischen den beiden Zahlen zu beseitigen, müßten wir annehmen, daß der Sung-Kaiser mehr nichtgraduierte Gemeine ernannte als die hier zitierte Sung-Studie vermutet.

Viele Einzelheiten des chinesischen Prüfungssystems sind noch ungeklärt, aber soviel scheint sicher zu sein: Wenn die Sui- und T'ang-Kaiser das Prüfungssystem wenigstens teilweise mit der Absicht schufen, die soziale Zusammensetzung des Beamtentums zu ändern, dann muß man feststellen, daß das System dieses Ziel nicht erreichte. Die Prüfungen gaben dem ehrgeizigen Kern der herrschenden Klasse Gelegenheit zu einer äußerst intensiven geistigen und ideologischen Ausbildung; und sie führten in wechselndem Maße dem Beamtentum »frisches Blut« zu. Aber sie beseitigten nicht die Tendenz zu sozialer und politischer Selbstreproduktion, die das Denken und Handeln dieser Gruppe beherrschte.

IV. Eunuchen (das Prinzip)

Eine durchaus andere Methode, die Macht des Autokraten über seine Beamten zu festigen, war die Verwendung von Kastraten – politischen Eunuchen.

Kastration wurde wohl zuerst an großen Haustieren erprobt. In Altamerika, wo solche Tiere unbekannt waren, gab es, soviel wir wissen, auch keine Eunuchen. Im Nahen Osten finden sich Hinweise auf kastrierte Tiere um die Mitte des 2. Jahrtausends v. Chr. und vielleicht schon früher [181]. Kastration

180. Die chinesische Tradition betrachtet sowohl die zivilen wie die militärischen Funktionäre als Regierungsbeamte (po kuan); und während der ganzen Kaiserzeit wurden immer wieder militärische Posten an Zivilbeamte und zivile Posten an Militärbeamte vergeben. (Für die Sung-Zeit s. Kracke, 1953, S. 56.) Wenn wir Kracke in der Annahme folgen würden, daß die durchschnittliche Amtsdauer dreißig Jahre betrug (auf Grund unserer Daten eine unwahrscheinlich hohe Schätzung), und wenn wir nur die Zivilbeamten berücksichtigen würden (Kracke zufolge etwa 11 000 Personen), dann kämen wir zu dem Schlusse, daß die Gemeinen 20,4 Prozent der Graduierten ausmachten, die Zivilbeamte wurden. Eine durchschnittliche Amtsdauer von zwanzig Jahren würde den Prozentsatz auf 13,6 herabsetzen. Unsere Berechnung beruht auf Chin Yü-fus Angaben über die Zahl der Zivil- und Militärbeamten der Sung-Zeit, die Kracke in der vorletzten Anmerkung seines Werkes (ders., 1947, S. 122, Anm. 31) anführt.

181. Man hat einige Stellen in den Pyramidentexten als mögliche Hinweise auf Kastration betrachtet; aber das Berliner Wörterbuch der ägyptischen Sprache und hervorragende Ägyptologen wie Sethe erweisen die Fragwürdigkeit dieser Auslegung (Sethe, PT, III, S. 213, 215 f.; Wb, IV, S. 43, 264; V, S. 410). Die Vorsicht dieser Fachleute sollte auch auf die Interpretation der Stelle 1462c ausgedehnt werden (s. Mercer, 1952, II, S. 323; III, S. 712 ff.). Die Inschriften, die sich auf Tributochsen

kam in Assyrien als Strafe für Menschen schon in der zweiten Hälfte des
2. Jahrtausends vor. Aber ein politisches Eunuchentum ist für den Nahen
Osten und China erst seit dem 1. Jahrtausend v. Chr. dokumentarisch belegt[182].
Aller Wahrscheinlichkeit nach wurden Eunuchen als Haremswächter verwandt, ehe man sie zu politischen Funktionären machte. Es ist nicht schwer
einzusehen, wie ein Herrscher, der als Knabe Eunuchen als Diener seiner Mutter kennenlernte, darauf kam, sich nach seinem Machtantritt auf solche vertrauten Helfer gegenüber einer zahlreichen und ihm fremden Bürokratie zu stützen. Die Eunuchen waren entweder als Erwachsene (gewöhnlich um ein Verbrechen zu büßen) oder als Kinder (gewöhnlich nachdem arme Eltern sie
verkauft hatten) kastriert worden; im Gegensatz zu den regulären Beamten
stammten sie nicht aus angesehenen Familien. Da sie sozial wurzellos waren,
verdankten sie alles, was sie hatten und waren, ihrem Herrscher; und ihre
hündische Ergebenheit gegen ihn ergab sich daher ebenso folgerichtig aus ihrer
Stellung wie ihre feindselige Absonderung von den regulären Angehörigen des
Beamtentums. Die achämenidischen Perser, die nur politische Eunuchen verwandten[183], erklärten griechischen Besuchern, daß solche Personen die zuver-
lässigsten Diener seien, die ein Herrscher haben könne[184].

Orientalische Despoten verwandten Eunuchen gern in vielen halbpersön-
lichen und halbpolitischen Bereichen des Hofes und des eigentlichen Regierungsbetriebes. Oft vertraute man den Eunuchen geheime Spitzelaufgaben an.
Manchmal waren sie als Vorsteher der Leibwache verantwortlich für die persönliche Sicherheit ihres Souveräns; und gelegentlich machte man sie zu Befehlshabern von Armeen und Kriegsflotten, oder man übergab ihnen das königliche Schatzamt.

aus Syrien (Breasted, 1927, II, S. 191, 199, 203) beziehen, stammen aus der Zeit des
Pharaos Thutmosis III. (15. Jahrhundert). Die Kastration von Tieren war also um
die Mitte des 2. Jahrtausends vor Chr. in Ägypten und offensichtlich auch in Westasien bekannt, aber wir haben keinen gleich zuverlässigen Beleg für die Kastration
von Menschen.

182. Meissner (BA, I, S. 120) ist nicht sicher, ob die *girsequm* (Kämmerlinge), die
Hammurabis Kodex erwähnt (§ 187, 192 f.), Eunuchen waren. Nach dem Kodex
(§ 129 f.) wurde Ehebruch in den meisten Fällen mit dem Tode bestraft, dagegen
schrieben die mittelassyrischen Gesetze für dieses und andere sexuelle Verbrechen
Kastration vor (Meek, 1950, S. 181). Die Tafeln, auf denen diese Gesetze geschrieben sind, stammen aus dem 12. Jahrhundert v. Chr., aber die Gesetze selbst »gehen
möglicherweise auf das 15. Jahrhundert zurück« (*a. a. O.*, S. 180). Assyrische Inschriften aus der Zeit der Könige Adad-Nirari II. (911–891 v. Chr.) und Sargon (724–705
v. Chr.) enthalten vermutlich Anspielungen auf politische Eunuchen (Luckenbill, AR,
I, S. 116), aber bezüglich der bildlichen Darstellungen bartloser Männer warnt Meissner davor (BA, I, S. 411), »in allen diesen Personen Eunuchen zu sehen«. Das Weg-
rasieren des Bartes »war entweder so Mode oder Vorschrift«.

183. S. Olmstead, 1948, S. 90, 227, 267, 312, 314 und *passim*.

184. Herodot, 8. 105; Xenophon, 7. 5. 60 ff.

Solch eine Regelung erwies sich als höchst befriedigend, da die Eunuchen zwar körperlich und seelisch verstümmelt waren [185], aber ihre Intelligenz und Willenskraft behielten. Man schreibt dem Eunuchen Ts'ai Lun die Erfindung des Papiers zu [186]; und der bedeutendste chinesische Historiker, Ssü-ma Tsch'ien, vollendete sein großes Geschichtswerk, nachdem er kastriert worden war. Kastrierte Generäle und Admiräle waren augenscheinlich nicht weniger tüchtig und mutig als ihre nichtkastrierten Kollegen. Auf der politischen Bühne setzte die Verschlagenheit der Eunuchen mitunter sogar die Veteranen der orientalischen Hofintrige in Erstaunen. Hier fürchtete man sie am meisten, weil sie den engsten Kontakt mit den Nervenzentren der despotischen Macht hatten.

V. Eunuchen: ein paar historische Tatsachen

Das institutionalisierte Eunuchentum scheint in Altamerika gänzlich gefehlt zu haben. Eunuchen als Hausbedienstete gab es in vielen Kernländern der orientalischen Gesellschaft der alten Welt. Das politische Eunuchentum war schwach entwickelt im Indien der Hindus, wo, abgesehen von den Kshatriyas, eine außerordentlich einflußreiche Priesterschaft die wichtigste Gruppe der Anwärter auf Regierungsposten war. In China und im Nahen Osten wurde diese Einrichtung zeitweilig eine furchtbare Waffe, mit der die Autokratie ihre Macht und Kontrolle über das Beamtentum aufrechterhielt.

In China tauchen Eunuchen als politische Ratgeber und Armeeführer in der zweiten Hälfte der Tschou-Periode auf – d. h. zu einer Zeit, als die Beamten noch eine erbliche (adlige) Bürokratie bildeten [187]. Der Gründer des Kaiserreiches, Tsch'in Schi Huang-ti, hatte am Ende seines Lebens als seinen engsten Vertrauten den Eunuchen Tschao Kao. Nach dem Tode des Kaisers gelang es Tschao Kao, den großen Kanzler Li Ssü und viele andere hohe Beamte umbringen zu lassen. Dieser Eunuch war so mächtig, daß er und nicht ein hoher Beamter nach dem von ihm veranlaßten Selbstmord des zweiten Kaisers den neuen Kaiser bestimmte [188].

Die ersten Herrscher der langlebigen kaiserlichen Dynastie Han begannen bald, Eunuchen zwecks Festigung ihrer autokratischen Herrschaft zu verwenden. Unter der Kaiserin-Witwe Lü (188–180 v. Chr.) erließ der Eunuch Tschang Schi-tsch'ing die Edikte und Befehle [189]. Zwei Eunuchen waren die besonderen Günstlinge des Kaisers Wên (180–157) [190]. Kaiser Wu (141–87) überließ seinen vertrauten Eunuchen die politischen Geschäfte, wenn er sich

185. Vgl. Mez, 1922, S. 336.
186. *Hou Han Shu*, 78. 6b–7a.
187. S. Wittfogel, 1935, S. 55, Anm. 2.
188. *Shih Chi*, 87. 22b ff.; vgl. Bodde, 1938, S. 52 ff.
189. *Hou Han Shu*, 78. 2b.
190. *Han Shu*, 93. 1a.

in seinen Harem zurückzog [191], und zwei Eunuchen, Hung Kung und Schi Hsien, spielten eine führende Rolle in der Regierung des Kaisers Yüan (48–33 v. Chr.) [192].

Unter diesen Herrschern der früheren Han-Zeit traten einzelne Eunuchen in den Vordergrund. Während der späteren Han-Zeit (25–220 n. Chr.) verbanden sich die Eunuchen zu einer mächtigen Gruppe. Ihr Einfluß wuchs sichtlich in der zweiten Hälfte des ersten Jahrhunderts n. Chr., und im zweiten Jahrhundert hielten sie in ihren Händen »Königreiche und Adelsränge, und in ihrem Munde hatten sie die Dekrete des Himmels« [193]. Als Werkzeuge des Kaisers, seiner Frauen und angeheirateten Verwandten besaßen sie eine Zeitlang eine fast unbegrenzte Herrschaft über die Bürokratie [194].

Ähnliche Entwicklungen kennzeichneten auch die »typisch« chinesischen [195] Dynastien T'ang und Ming. Die Vormachtstellung politischer Eunuchen in der T'ang-Zeit fiel bezeichnenderweise mit der Einführung des Prüfungssystems zusammen; in der Ming-Zeit ging sie Hand in Hand mit der Einschränkung des *yin*-Vorrechtes. Unter den Ming-Kaisern [196] leiteten Eunuchen Sonderämter für die Überwachung der hauptstädtischen Beamten und Gemeinen. Der Eunuch Liu Tschin, der berühmteste der »acht [kastrierten] Tiger«, verfolgte systematisch seine bürokratischen Widersacher, und er ging ebenso unbarmherzig gegen Angehörige der bürokratischen *Gentry* vor [197]. Liu wurde schließlich hingerichtet; aber die Eunuchen blieben machtvoll, bis die Dynastie unter dem vereinten Angriff der chinesischen Rebellen und der Mandschu-Eindringlinge zusammenbrach.

Die Sung-Kaiser stützten sich weniger auf die politischen Eunuchen als die Herrscher der Han-, T'ang- und Ming-Dynastien; aber Anfang des 12. Jahrhunderts erhielt der Eunuch T'ung Kuan den höchsten militärischen Rang und den Vorsitz im obersten Verteidigungsrat des Reiches.

In Westasien blühte das Eunuchentum unter den Achämeniden. Es ging zurück unter den hellenistischen Monarchen; aber es erlangte wieder große Bedeutung, als das römische Reich zunehmend orientalisiert wurde.

In scharfem Gegensatz zu der früheren römischen Sitte umgaben sich die Kaiser Claudius, Nero, Vitellius und Titus mit Eunuchen. Zwei Kastrierte, Posides und Halotus, gewannen Einfluß auf Claudius; und Nero, der den

191. *Hou Han Shu*, 78. 2b.

192. *Han Shu*, 93. 4b.

193. *Hou Han Shu*, 78. 3b.

194. *A. a. O.*, 68. 4a ff.

195. Für diesen Ausdruck s. Wittfogel, 1949, S. 24.

196. Der Aufstieg der Eunuchen in der Ming-Zeit begann bald nach der Gründung der Dynastie (1368). Eunuchen leiteten die Verteidigung der Nordgrenze im Jahre 1403, und 1406 befehligte der Eunuch Tschêng Ho die große kaiserliche Flotte, die bis Indien, Arabien und Ostafrika segelte.

197. *Ming Shih*, 304. 21b–28a.

Eunuchen Spores »heiratete«, machte den Eunuchen Pelago zum Befehlshaber einer bewaffneten Terrorgruppe [198]. Unter Elagabalus und Gordian wurden Eunuchen ein fester Bestandteil der Verwaltung [199]. Diokletian räumte ihnen in seiner neuen hierarchischen Hofordnung einen hervorragenden Platz ein [200].

Von den achtzehn Rängen des byzantinischen Beamtentums standen acht den Eunuchen offen, darunter der angesehene Rang des Patrikios; und »Patrizier-Eunuchen« standen höher als die sonstigen Patrizier [201].

Runciman bezeichnet die Verwendung von Eunuchen als »die starke Waffe von Byzanz gegen die feudale Tendenz, Macht in den Händen eines Erbadels zu konzentrieren, die dem Westen soviel zu schaffen machte« [202]. Da das Eunuchentum bereits im 4. Jahrhundert in Byzanz völlig institutionalisiert war, ist es jedoch ausgeschlossen, daß es eingeführt wurde als Waffe gegen eine feudale Tendenz, die im bürokratischen Regime Ostroms gewiß kein Problem darstellte und selbst im Westen erst mehrere Jahrhunderte später ein Problem wurde. Zutreffender ist Runcimans Feststellung, daß die Eunuchen »dem Kaiser eine regierende Klasse gaben, der er vertrauen konnte« [203]. Wie anderswo bildeten die politischen Eunuchen von Byzanz eine durchaus zuverlässige Kontrollgruppe innerhalb der absolutistischen Bürokratie. Und sie erfüllten ihre Aufgabe so gut, daß Byzanz ein »Eunuchenparadies« wurde [204]. Unter den Eunuchen waren hervorragende Generäle wie Narses, Solomon [205] und Nikephoros Ouranos [206], hervorragende Admiräle wie Eustathios Kymineanos [207] und Niketas; der letztgenannte befehligte die byzantinische Flotte im Kampf um Sizilien (963) [208]. Nach der militärischen und politischen Katastrophe von Mantzikert führte der Eunuch Nikephoros Logothetes die Heeresreform durch [209]. »Kein kirchliches oder weltliches Amt, und war es noch so hoch, war ihnen grundsätzlich verschlossen, mit einer einzigen Ausnahme, des Kaiseramtes.« [210] Viele Patriarchen von Konstantinopel waren Eunuchen [211]. Zeitweilig übten Eunuchen eine unbeschränkte

198. Hug, 1918, S. 451 f.
199. A. a. O., S. 452.
200. A. a. O.
201. Ostrogorsky, 1940, S. 175.
202. Runciman, 1933, S. 204.
203. A. a. O.
204. A. a. O., S. 203; Schubart, 1943, S. 27, 220.
205. Schubart, 1943, S. 206, 102; Mez, 1922, S. 335.
206. Runciman, 1933, S. 203 ff.
207. A. a. O.
208. Amari, 1935, S. 301, 312; Mez, 1922, S. 335.
209. Runciman, 1933, S. 203.
210. Ostrogorsky, 1940, S. 175.
211. Runciman, 1933, S. 203.

Macht über den Souverän aus. Constantin II. († 361) wurde so völlig vom Eunuchen Eusebius beherrscht, daß der Historiker Ammianus die sarkastische Bemerkung machte: »Constantin hatte in der Tat großen Einfluß auf ihn.« [212]

Das politische Eunuchentum blühte in den Zentren der islamischen Macht unter und nach dem abbasidischen Kalifat. Seit dem 9. Jahrhundert verwandten die Kalifen Eunuchen in wichtigen Stellungen am Hofe, im Heer und in der Kriegsflotte. Der abbasidische Feldmarschall Mûnis, der Samanidengeneral Fâ'ig und der Admiral Thâmil waren Eunuchen. Wie hoch zu dieser Zeit Eunuchen in der militärischen Hierarchie emporsteigen konnten, veranschaulicht die Tatsache, daß in der Seeschlacht zwischen Bagdad und dem fatimidischen Ägypten im Jahre 919 beide Flotten von kastrierten Admirälen befehligt wurden [213].

VI. Der persönliche Apparat des Despoten ist nicht die Keimform einer Partei

Bei fortschreitender Industrialisierung und intensivem Verkehr zwischen den verschiedenen Sektoren der Gesellschaft und dem herrschenden Zentrum ist eine allumfassende Überorganisation, wie die kommunistischen und faschistischen Staatsparteien [214], ein einzigartiges Mittel, die totale autokratische Macht zu behaupten.

Die orientalische Despotie bedarf solch einer Überorganisation nicht. Die abgesonderten, auf sich gestellten bäuerlichen und städtischen Gemeinden sowie die einzelnen Beamten, denen die modernen Möglichkeiten des Verkehrs und potientieller Verschwörung fehlten, konnten ausreichend durch den Post- und Nachrichtendienst, durch die »Leute« des Herrschers, durch besondere Abteilungen seiner Beamtenschaft, wie die Eunuchen, im Zaume gehalten werden. Die Agenten des Nachrichtendienstes überwachten die lebenswichtigen administrativen und militärischen Zentren des Landes, die Eunuchen in der Hauptsache den Hof und oft auch die Hauptstadt. Es ist interessant, daß die Eunuchen nie eine sehr große Gruppe bildeten. In vielen hydraulischen Gesellschaften genügte eine beschränkte Anzahl persönlicher Agenten, um die autokratische Stellung des Herrschers zu sichern.

VII. Der Stammesadel der Eroberdynastien

In vielen hydraulischen Gesellschaften – nicht in allen! Um nur eine Ausnahme zu erwähnen: selbst in den hydraulischen Kulturen der Alten Welt, die das institutionalisierte Eunuchentum kannten, erlangte das politische Eunuchentum in den Eroberungsgesellschaften keine große Bedeutung.

212. Ammianus Marcellinus, 18. 4. 3: »Eusebi . . . apud quem – si vere dici debeat – multa Constantinus potuit.«
213. Mez, 1922, S. 335.
214. Für diesen Ausdruck s. Fischer, 1948, S. 634.

Wir haben bereits die eigentümliche Rolle erörtert, die die Adligen und Gemeinen des Siegervolkes in orientalischen Eroberungsgesellschaften spielten. Die nicht einheimischen Gemeinen waren ideale Werkzeuge der Zwangsausübung, und die nicht einheimischen Adligen, die oberhalb der einheimischen Bürokratie standen, bildeten eine soziale Elite, deren Ansehen und Sicherheit abhingen von ihrer Treue zum Herrscher und von ihrer Fähigkeit, die einheimischen Beamten zu kontrollieren. Nicht einheimische Adlige befehligten regelmäßig den Kern der Armee; und gewöhnlich leiteten sie die entscheidenden zivilen Ämter. Sie waren politische Agenten, die ebenso treu wie irgendein Eunuch die Interessen der erobernden Dynastie wahrnahmen – die sich ja mit ihren eigenen wesentlich deckten.

Warum hatten die Omaijaden-Kalifen für politische Eunuchen wenig Verwendung? Mez zieht zur Erklärung dieser bemerkenswerten Tatsache die Religion heran: »Koran und Tradition verbieten streng, Menschen und Tiere zu verschneiden.«[215] Aber die abbasidische Entwicklung zeigt, daß theologische Hemmungen leicht überwunden wurden, wenn der Herrscher dies wünschte. Es scheint uns daher wahrscheinlicher, daß die Omaijaden als eine Erobererdynastie damit zufrieden waren, ihre autokratische Macht im wesentlichen auf ihre arabischen Volksgenossen, Adel und Gemeine, zu stützen.

Die Kh'i-tan-Herren des Liao-Reiches errichteten ihre Herrschaft über Nordostchina, ohne einen übermäßigen Gegensatz zwischen den Nomadensiegern und den seßhaften Untertanen zu schaffen. Trotzdem sicherten sie sich vorsichtshalber die Schlüsselstellungen der Macht; und der Kaiser behielt die Kontrolle über die strategischen Verbindungen und das Oberkommando in seiner eigenen Hand[216]. Ein einziger hochgestellter Chinese genoß das volle Vertrauen der Eroberer auf Grund seiner großen Leistungen im Kriege gegen die Sung-Dynastie; aber durch ihn verschob sich natürlich das Machtzentrum nicht in den chinesischen Sektor der Regierung. Man gab ihm vielmehr einen Kh'i-tan-Sippennamen, um anzuzeigen, daß er in den »barbarischen« Adel der Eroberer aufgenommen worden war. Als der letzte Liao-Kaiser in Verzweiflung, und nachdem er bereits einen großen Teil seines Reiches verloren hatte, einem Chinesen den Befehl über die Reste seiner östlichen Streitkräfte anbot, lehnte dieser die Ernennung mit der bitteren und treffenden Bemerkung ab, daß »unter dem alten System Chinesen niemals an wichtigen militärischen und staatspolitischen Entscheidungen teilnahmen«[217]. In der Tat wurden unter dem alten System diese Entscheidungen von dem nicht einheimischen Herrscher und seinem »barbarischen« Adel getroffen. Kein Wunder daher, daß »Eunuchen ... in der Liao-Gesellschaft eine Randerscheinung wa-

215. Mez, 1922, S. 332.
216. Wittfogel und Fêng, 1949, S. 529, 560 ff.
217. A. a. O., S. 569.

ren... Keine wirkliche politische Macht fiel je in die Hände eines von den Annalen erwähnten Liao-Eunuchen.«[218]

Auch in der Mandschu-Dynastie machte der Erobereradel die Eunuchen überflüssig. Der T'ai-p'ing-Aufstand (1850–1863) schwächte die Vormachtstellung der Stammesaristokratie, vernichtete sie aber nicht. Und der 1898 unter einem ketzerischen Mandschu-Kaiser von chinesischen Reformern unternommene Versuch, die Regierung zu modernisieren, wurde von der Kaiserin-Witwe zerschlagen. In ihren ersten Restaurationsedikten besetzte sie bezeichnenderweise eine Reihe wichtiger Machtstellungen mit Mandschus[219]. So stützten sich also sogar die Mandschus, die von der chinesischen Kultur mehr übernommen hatten als die drei vorhergehenden Erobererdynastien, weniger[220] auf Eunuchen als auf ihre »barbarischen« Adligen. Wenn eine führende Gruppe der herrschenden Klasse irgendwo in einer hydraulischen Gesellschaft so etwas wie eine Partei gebildet hat, so war es dieser Adel.

VIII. Sklaven

In hydraulischen Gesellschaften, die keine Eroberungsgesellschaften sind, bilden die Eunuchen eine furchtbare Waffe autokratischer Politik. Sklaven (und ehemalige Sklaven) können jedoch in ähnlicher Weise verwandt werden, da auch sie sozial wurzellos sind. Und sie können ihren Zweck noch wirksamer erfüllen, da ihre normale Körperbeschaffenheit sie geeigneter erscheinen läßt, überall die Autorität des Despoten zu vertreten.

Einige der ersten römischen Kaiser verwandten Freigelassene (libertini) in wichtigen politischen Stellungen[221]; aber spätere Kaiser zogen Eunuchen vor, die zum Unterschied von den Sklaven herkömmlicherweise mit der Machtordnung der orientalischen Despotie verbunden waren.

Die Verwendung von Sklaven als Dienstleute des Herrschers war häufiger im islamischen Nahen Osten, wo die rasch wechselnden kriegerischen und außenpolitischen Verhältnisse Experimente mit Söldnern stark anregten. Im Gegensatz zu den Omaijaden, die ihren Eroberungsstaat im wesentlichen mit Hilfe ihrer Stammesgefolgschaft aufrechterhielten, nahmen die Abbasiden in

218. A. a. O., S. 464.

219. Peking Gazette, 1899, S. 82, 84 ff., 86, 87 f.

220. Politische Eunuchen tauchten vorübergehend unter Kaiser Schi-tsu († 1661) auf (Hummel, ECCP, I, S. 256 ff.). Aber diese Entwicklung wurde plötzlich abgebrochen; und sie erlangte nie wieder Bedeutung außer unter der letzten Kaiserin-Witwe (vgl. a. a. O., I, S. 296; II, S. 724; vgl. auch I, S. 298). Aber selbst diese außergewöhnliche Despotin suchte ihre Macht nicht zu stärken durch die Intensivierung des Eunuchentums, sondern durch Wiederherstellung der Mandschu-Kontrolle über das chinesische Beamtentum.

221. Stevenson, 1934, S. 188 ff.; Charlesworth, 1934, S. 686; Momigliano, 1934, S. 727; Last, 1936, S. 426 ff., 432; Duff, 1936, S. 757 ff.

zunehmendem Maße Zuflucht zu Söldnern. Schließlich kauften sie insbesondere für die Leibwache des Kalifen türkische Sklaven. Die Samaniden- und Seldschukenherrscher Persiens folgten dem abbasidischen Beispiel [222]. Im Mameluckenreich erhielt sich eine ausländische Kriegerelite ehemaliger Sklaven dadurch, daß man freigewordene Plätze systematisch mit im Ausland gekauften Sklaven besetzte. Wenn sie ihre neue Laufbahn antraten, wurden diese Sklaven feierlich freigelassen; aber sie blieben eine in sich abgeschlossene soziale Schicht [223]. In der ottomanischen Türkei wurden Knaben, die als Tribut dargeboten worden waren, sowie frühere Sklaven und Personen mit einer sklavenähnlichen Herkunft als Elitekrieger und höhere Verwaltungsbeamte ausgebildet.

Durch verschiedene Anreize – Ehrungen, finanzielle Vorteile, Beförderungschancen und zuweilen auch die Genehmigung zu heiraten – suchte man die Ergebenheit der türkischen »Sklaven«-Funktionäre zu erreichen. Sie waren keine Vollsklaven, sondern bevorrechtete Halbsklaven, wenn sie nicht völlig frei waren. Aber sogar als ehemalige Sklaven blieben diese Dienstleute *(kul)* eng an den Herrscher gebunden [224]. Das sie in vieler Hinsicht besser gestellt waren als die große Masse der freien Bevölkerung, betrachteten sie es als eine Ehre, persönliches Eigentum des Herrschers zu sein.

Aber die Auszeichnungen, deren sie teilhaftig wurden, beseitigten nicht die grundsätzliche Schwäche ihrer Stellung, ihre soziale Wurzellosigkeit. Gewiß, auf dem Gipfel ihrer Karriere konnten sie einige ihrer Verwandten an ihrem Ruhm und Reichtum teilnehmen lassen, aber dies war die Ausnahme, nicht die Regel. Auf jeden Fall – und zum Vorteil des Herrschers – waren diese glücklichen Verwandten fast immer Personen niedrigen Ranges; und daher konnte ihre Beförderung nicht zur Bildung einer ehrgeizigen, bürokratischen *Gentry* führen, die danach strebte, ihre Vormacht zu einer dauernden zu machen.

Ihre soziale Wurzellosigkeit wurde noch vollständiger, wenn der Herrscher seine Sklaven-Funktionäre aus Kindern von Ungläubigen, insbesondere aus Christenkindern, rekrutierte. Natürlich gab man diesen Kindern eine gründliche mohammedanische Erziehung, aber ihre besondere Ausbildung erweiterte noch die Kluft zwischen ihnen und den Gläubigen der Oberklasse, von denen sie schon durch ihre Herkunft getrennt waren.

Die gesellschaftlichen Wirkungen des Systems der Sklaven-Beamten erschienen in der Türkei in klassischer Klarheit. Während der Blütezeit der ottomanischen Macht schufen die Funktionäre der Verwaltung und Armee kein erbliches Beamtentum [225], und sie beschränkten die erblichen Befehlshaber

222. Miller, 1941, S. 14.
223. Ayalon, 1951, S. 16 f., 27 f., 29 ff., 31 ff., 34 ff.
224. Das türkische Wort »kul«, wie das arabische »mamluk«, bedeutet »Sklave«.
225. Lybyer, 1913, S. 39, 117 ff.; Miller, 1941, S. 70, 73.

der Reitermiliz, die von Dienstland *(khasses, ziamets* und *timars)* lebten[226], auf zweitrangige und untergeordnete Machtstellungen.

In dieser Sozialordnung fehlte es nicht ganz an politischen Eunuchen[227], aber diese stärkten nur ein autokratisches Gebäude, das im wesentlichen die »Regierung einer Sklavenklasse« war[228]. Die Funktionäre dieser Regierung waren so gründlich diszipliniert und sie waren, selbst in der Zivilverwaltung, so fest zusammengeschlossen, daß Machiavelli es für unmöglich hielt, das türkische Regime durch Zusammenarbeit mit oppositionellen Elementen (heute würden wir sagen: mit Hilfe einer fünften Kolonne) zu stürzen, wie das im feudalen Frankreich möglich war. Denn »in Königreiche, die wie Frankreich regiert werden,... kann man leicht eindringen, indem man diesen oder jenen Baron des Reiches für sich gewinnt, denn es gibt immer unzufriedene und erneuerungssüchtige Menschen. Diese Personen können aus den angegebenen Gründen dir die Tür öffnen und den Sieg erleichtern.«[229] Nicht also die Türken: »Da sie alle Sklaven und abhängig sind, wird es schwer sein, sie zu korrumpieren; und selbst wenn man sie korrumpiert hätte, hülfe dies wenig, da sie aus den erwähnten Gründen nicht imstande wären, das Volk mit sich zu reißen. Daher muß jeder, der den Türken angreift, sich darauf gefaßt machen, seinen vereinten Kräften zu begegnen, und er muß sich mehr auf seine eigene Kraft als auf die Verwirrung der anderen Seite verlassen.«[230]

Wenn wir den Kampf zwischen dem obersten Herrscher und seinen Dienstleuten betrachten, überrascht es uns weniger, daß die türkischen Amtsinhaber schließlich ihre Stellungen erblich oder halberblich machten[231], als viel mehr, daß der Sultan so lange diese Entwicklung verhindern konnte, indem er eine Klasse von »Sklaven-Beamten« aufrechterhielt, die sozial wurzellos war[232].

226. Lybyer, 1913, S. 100 ff.

227. Im Mameluckenreich besorgten Eunuchen die Ausbildung der Mamelucken (Ayalon, 1951, S. 14 ff.). Die türkischen Sultane machten den führenden Weißen Eunuchen zum Vorsteher der Palastschule, in der die militärischen und administrativen Großen des Staates erzogen wurden (Miller, 1941, S. 64, 88). Ein anderer hochgestellter Weißer Eunuch hatte die Reichtümer in der persönlichen Schatzkammer des Sultans in seiner Obhut (*a. a. O.*, S. 38). Der führende Weiße Eunuch, der die Palastschule und den Harem unter sich hatte und der zugleich Oberzeremonienmeister war, versorgte den Sultan auch mit vertraulichen Nachrichten (*a. a. O.*, S. 88).

228. *A. a. O.*, S. 71.

229. Machiavelli, 1940, S. 16 ff.

230. *A. a. O.*, S. 16.

231. Lybyer, 1913, S. 69, 92; vgl. S. 49.

232. Der autokratische Herr der neuen Klassengesellschaft in der UdSSR hält die führenden Leute des Apparats durch verschiedene Methoden in Schach, u. a. durch die periodische Säuberung angesehener Gruppen von Funktionären (der »Alten Garde«, der »alten Kader«) und durch Heranziehung technisch und politisch geeigneter Elemente. Vom Standpunkt des obersten Autokraten darf die Zuverlässigkeit der Funktionäre als desto höher gelten, je weniger sie in einer Prestigegruppe verwur-

Sklavenbeamte gehörten zu den wirksamsten Werkzeugen, die der Herrscher eines hydraulischen Staates haben konnte. Politische Eunuchen oder der Adel eines Erobererstammes konnten die »regulären« Beamten überwachen, schwächen und beschränken, aber Sklavenbeamte konnten sie ersetzen. Trotz offensichtlicher Unterschiede ähneln sich die drei Gruppen in einem bedeutsamen Punkt: In jedem Fall haben wir eine Kontrollgruppe vor uns, die vom Standpunkt des Autokraten entschieden mehr leisten kann als die Gemeinen, die man etwa in die Ränge des Beamtentums einbezieht. Die Priester, die in Altamerika, Indien und anderen Ländern mit wichtigen Regierungsposten bekleidet wurden, erfüllten vermutlich eine ähnliche Funktion.

Die regulären Beamten lebten fern vom Volk und über demselben. Aber die Angehörigen der Kontrollgruppen, die dem Despoten besonders nahe standen, waren eben deshalb besonders weit vom Volk getrennt. Ein wohlgesinnter regulärer Beamter oder ein Angehöriger der bürokratischen *Gentry* konnte quasipatriarchalische Beziehungen mit der örtlichen Bevölkerung eingehen. So etwas war viel unwahrscheinlicher bei Priester-Beamten, Sklaven-Beamten, fremden Adligen und Eunuchen.

J. SOZIALE BEFÖRDERUNG

Die politische Laufbahn von Eunuchen, Sklaven, ehemaligen Sklaven und Gemeinen in der hydraulischen Gesellschaft hat noch eine weitere Bedeutung: Sie beweist, daß soziale (vertikale) Mobilität in einer offenen und mit Gleichgewichten versehenen Gesellschaft durchaus verschieden ist von sozialer Mobilität in einer Gesellschaft, die im Schatten der totalen Macht lebt. Offenbar gibt es mehr als eine Hauptform sozialer Mobilität. Eine Erörterung dieses Phänomens wird nur dann zu befriedigenden Ergebnissen führen, wenn wir die fraglichen Tatsachen in ihrem spezifischen institutionellen Zusammenhang betrachten.

zelt sind, die Elemente eines sozialen Zusammenhalts bewahrt. Die Große Säuberung der dreißiger Jahre liquidierte die Masse der alten Bolschewiki, und spätere Säuberungen beseitigten viele weitere Personen, die in der Partei, der Regierung und dem Heere einen hervorragenden Platz einnahmen. Wyschinski, der bis in die Frühzeit des Regimes hinein ein Menschewik gewesen war, war daher ein ideales Werkzeug für die Verfolgung der alten Bolschewiki. Keine kameradschaftlichen Beziehungen konnten seine Aggressivität mäßigen; und seine außenseiterische Vergangenheit machte ihn besonders verwundbar – und besonders bestrebt, das Wohlgefallen der obersten Parteiführung zu gewinnen.

In offenen und auf Privateigentum beruhenden Gesellschaften kann ein Gemeiner entweder durch politische oder wirtschaftliche Leistungen über seinen ursprünglichen Stand emporsteigen. Angehörige der oberen Klasse können seinen Aufstieg zu verhindern suchen, aber sie können ihn nicht verbieten. Sie mögen den *parvenu* oder den *nouveau riche* persönlich geringschätzen, aber gewöhnlich werden die Kinder oder Enkel des so Emporgestiegenen gesellschaftlich akzeptiert. Dies war im allgemeinen der Lauf der Dinge in den demokratischen Stadtstaaten Griechenlands, und es ist in zunehmendem Maße charakteristisch für moderne Industrieländer wie England, die skandinavischen Staaten, Australien und die Vereinigten Staaten.

Diese Form einer demokratischen und selbsttätigen sozialen Mobilität unterscheidet sich wesentlich von den Formen sozialer Mobilität, die die hydraulische Gesellschaft kennt. In der hydraulischen Gesellschaft stammten die niedrigen Personen, die in der herrschenden Klasse auftauchten, selten aus den Reihen freier und angesehener Gemeiner. In China wurde die Zahl der Personen, die einen höheren Examensgrad erreichen konnten, sorgfältig beschränkt; und trotz seiner Grenzen war dies chinesische Aufstiegsverfahren durchaus nicht typisch für die Mehrzahl der orientalischen Kulturen. Im allgemeinen wurde ein tüchtiger Gemeiner selten ein Mitglied der herrschenden Klasse. Die Eunuchen, Freigelassenen und Sklaven, die es zu politischer Bedeutung brachten, standen ursprünglich unterhalb der freien Bürger. Und dies galt auch für die Sklavinnen, die im Harem des Herrschers Mütter zukünftiger Herrscher werden konnten.

Angehörige dieser Gruppen stiegen zu angesehenen Stellungen auf, nicht, weil sie aus eigener Kraft die Schranken gefestigten Reichtums und gefestigter Macht durchbrachen, sondern weil ihre Herrscher so stark waren, daß sie ihre Dienstleute nach Belieben auswählen und plazieren konnten. Soweit es in der hydraulischen Gesellschaft eine soziale Mobilität gab, wurde sie von oben her bestimmt.

Nun sind freilich im passiven Verhalten aktive Elemente enthalten, genauso wie es im aktiven Verhalten passive Elemente gibt[233]. Aber dies erschüttert nicht die Gültigkeit der Feststellung, daß unter der orientalischen Despotie die soziale Mobilität im wesentlichen ein passiver Vorgang war.

Man kann natürlich darauf hinweisen, daß in gewissen komplexen und semikomplexen orientalischen Gesellschaften einige Personen armer und niedriger Herkunft zu Reichtum und Ansehen innerhalb ihrer Klasse emporstiegen und daß sie ihren Status in einer Weise verbesserten, die für auf Privateigentum beruhende offene Gesellschaften charakteristisch ist. Dies ist gewiß richtig.

233. Vgl. Wittfogel, 1932, S. 474 ff. In der hier zitierten Studie versuchte ich den Einfluß zu bestimmen, den ein gegebenes Objekt möglicherweise auf die Verrichtungen, denen es ausgesetzt ist, ausüben kann.

Aber in vielen hydraulischen Gesellschaften fehlen solche Entwicklungen fast ganz; wo sie vorkommen, bedeutet es nicht, daß die aufsteigende Person in die herrschende Klasse aufrückt.

2. MASSTÄBE FÜR DIE BEFÖRDERUNG (FÄHIGKEITEN »PLUS«...)

Die totale Macht befördert überlegt, und sie macht ihre Unterschiede. Sie befördert diejenigen, die aller Wahrscheinlichkeit nach den Bedürfnissen des Apparatstaates entsprechen werden. In solch einem Ausleseverfahren muß der Kandidat Fähigkeiten »plus...« besitzen. Was ist dies »plus«?

Einige der zur Beförderung Ausgewählten mögen ungewöhnlich begabt sein; dies ist natürlich erwünscht. Aber alle müssen die entscheidende totalitäre Tugend aufweisen: rückhaltlose Unterwürfigkeit. Diese Eignung kann sich entweder in einer ideologisch oder zeremoniell verfeinerten Weise äußern (so im konfuzianischen China und im Indien der Hindus) oder auf eine praktische und direkt nützliche Weise (so in vielen anderen hydraulischen Kulturen). Aber der Kern der Sache war überall der gleiche; und die führenden Strategen der totalen Macht würden sich als Narren betrachtet haben, wenn sie nicht auf einer Eignung bestanden hätten, die von ihrem Standpunkt aus lebenswichtig war.

3. SOZIALE BEFÖRDERUNG IN EINER SKLAVENPLANTAGE

Die soziale Mobilität in der hydraulischen Gesellschaft ist natürlich nicht mit der sozialen Mobilität in einer durch Sklaven bewirtschafteten Plantage identisch, aber es gibt einige aufschlußreiche Ähnlichkeiten. Ein Plantagenbesitzer kann die niedrigsten Sklaven zu Vorarbeitern oder persönlichen Dienern machen, aber das Bewußtsein, daß alle Sklaven die Möglichkeit haben, befördert zu werden, wirkt der Entstehung einer unabhängigen Gesinnung unter ihnen entgegen. Die Tatsache, daß normalerweise nur diejenigen befördert werden, die sich vorbehaltlos unterwerfen, erzeugt bei den opportunistischen Sklaven – der Mehrzahl – das Bestreben, sich einer augenfälligen Servilität zu befleißigen.

K. DIE TOTAL HERRSCHENDE KLASSE – EINE MONOPOLBÜROKRATIE

I. DIE HERRSCHENDE KLASSE DER HYDRAULISCHEN GESELLSCHAFT UND DIE OBEREN KLASSEN ANDERS GESCHICHTETER GESELLSCHAFTEN

Von noch einem anderen Blickpunkt aus ist die Eigentümlichkeit der sozialen Mobilität in der hydraulischen Gesellschaft kennzeichnend für die Eigentümlichkeit ihrer herrschenden Klasse. Diese herrschende Klasse ist praktisch eine geschlossene Klasse. Nur mit dem Willen ihrer anerkannten Führer können Angehörige der unteren Klassen in sie aufgenommen werden. In dieser Beziehung ähnelt sie dem feudalen Adel und unterscheidet sie sich von den oberen Klassen einer modernen, auf Privateigentum beruhenden industriellen Gesellschaft.

Die Eigentümlichkeit der hydraulischen Abart einer geschlossenen herrschenden Klasse besteht hauptsächlich in der Form ihrer Organisation. Der aktive Kern der herrschenden Klasse der hydraulischen Gesellschaft ist ein fest zusammenhängender Körper; dies unterscheidet ihn nicht nur von der modernen Bourgeoisie, sondern auch vom feudalen Adel. Sogar wo die Beteiligung an monopolistischen Unternehmen führende Elemente der *haute bourgeoisie* vereinigt, sind die Geschäftsleute nicht als Gesamtklasse hierarchisch und formell organisiert, wie es die Vasallen feudaler Länder waren. Die organisatorische Einheit der feudalen Herren erreichte ihren Höhepunkt in national koordinierten kriegerischen Unternehmungen; aber der Umfang dieser Unternehmungen sowie die disziplinarische Kontrolle, die der oberste Führer ausübte, waren sehr begrenzt. Den größten Teil ihrer Zeit beschäftigten sich die Feudalherren mit ihren eigenen militärischen, wirtschaftlichen und sozialen Angelegenheiten.

Die Dienstleute der hydraulischen Despotie waren organisiert als ein ständig fungierender und stark zentralisierter »Apparat«. Im Gegensatz zur bürgerlichen Oberklasse, die überhaupt kein anerkanntes Haupt besitzt, und im Gegensatz zu den feudalen Herren, deren anerkanntes Haupt der Erste unter Gleichen in einer stark dezentralisierten Ordnung war, betrachteten die Männer des hydraulischen Apparatstaates ihren Herrscher als den obersten Führer, der stets und bedingungslos über ihre Stellung und ihre Aufgaben entschied.

Vor dem Erscheinen des modernen industriellen Apparatstaates bildeten die Mitglieder eines hydraulischen Regierungsapparats die einzige herrschende Klasse, deren operativer Kern ständig als eine organisierte, zentralisierte und halbmilitärische Einheit auftrat.

2. AUTORITÄRE KÖRPERSCHAFTEN SIND NICHT NOTWENDIGERWEISE IM BESITZE TOTALER MACHT

Selbst eine sehr starke autoritäre Körperschaft kann nicht total herrschen, solange bedeutsame ausgleichende Kräfte sie begrenzen oder kontrollieren. Sowohl im perikleischen Athen wie in der modernen industriellen Demokratie ist das Heer eine autoritäre Organisation; seine Befehlshaber verlangen und erzwingen nötigenfalls unbedingten Gehorsam. Aber in beiden Fällen muß die Armee sich den Entscheidungen einer demokratisch gebildeten politischen Gewalt unterordnen. Es gibt offenbar keine Gesellschaft ohne autoritäre Segmente, aber in einer demokratischen Gesellschaft können diese Segmente überwacht und in Schach gehalten werden. Einsicht in diese Tatsache ist wesentlich für eine richtige Beurteilung der Wirkung (und der Schranken) autoritärer Züge in den Riesenapparaten des Geschäftslebens *(big business)*, der Gewerkschaften und des Regierungsbetriebes in den modernen, auf Privateigentum beruhenden Ländern.

Die absolutistischen Regierungen des spät- und nachfeudalen Europas hatten mit den Kräften des organisierten Adels, der Kirche, der Zünfte und des erstarkenden kapitalistischen Bürgertums zu rechnen. Diese Regierungen waren gewiß autoritär, und sie gaben sich die größte Mühe, ausschließliche (totale) Macht auszuüben. Aber im großen und ganzen waren sie außerstande, dieses Ziel zu erreichen, weil sie außerstande waren, das Monopol gesellschaftlicher Führung an sich zu reißen.

3. MONOPOL GEGEN KONKURRENZ IN DER GESELLSCHAFTLICHEN FÜHRUNG

Gesellschaftliche Führung kann von mehreren Gruppen oder Klassen, die sich gegenseitig in Schach halten, ausgeübt werden; oder sie kann von einer einzigen Gruppe oder Klasse monopolisiert werden. Augenscheinlich verhält sich eine Gruppe, die das Monopol der Führung besitzt, anders als eine Gruppe, die trotz ihrer überlegenen Stärke außerstande ist, ihre Rivalen zu vernichten.

Im nachfeudalen Europa und Japan ermöglichten die Staatsmacht und das aktive Unternehmereigentum den Aufstieg mehrerer Oberklassen; und es gelang dabei keiner Klasse, eine ausschließliche (totale) Vormachtstellung zu erringen. Neuerdings sehen sich die Eigentümer von Land und Kapital einem neuen Rivalen-Typus gegenüber: den Eigentümern einer besonderen Art von Besitz, der Arbeit. Heute wird die politische und soziale Führung der alten Oberklassen offen von der Arbeiterbewegung in Frage gestellt.

In der hydraulischen Gesellschaft entwickelten sich die Verhältnisse anders. Dort brachte der Aufstieg besitzender Klassen – Handwerker, Händler und Landeigentümer – nicht den Aufstieg konkurrierender Oberklassen mit sich. In semikomplexen und komplexen hydraulischen Gesellschaften duldeten die Beamten als unvermeidlich und bis zu einem gewissen Grade als erwünscht die Existenz reicher Leute, die nicht mit der Regierung verbunden waren. Aber selbst wenn solche Personen zahlreich genug waren, eine Klasse zu bilden, traten sie nicht mit der bürokratischen Oberklasse in Wettkampf um die soziale und politische Führung, denn sie hatten keine Möglichkeit, einen substantiellen politischen Kampf aufzunehmen. Weder am Anfang noch später konnten diese Inhaber unabhängigen, kleinen oder großen Eigentums ihre Kräfte in einer nationalen und politisch wirksamen rivalisierenden Organisation zusammenfassen.

Die Männer des Apparats waren sich vermutlich nicht klar der Drohung bewußt, die eine rivalisierende Organisation bedeutet hätte, denn die meisten hydraulischen Gesellschaften entstanden zeitlich vor und räumlich weit entfernt von den vielzentrigen Agrargesellschaften, die im alten Griechenland und Rom, im mittelalterlichen Europa und Japan Gestalt annahmen. Und in den meisten einfachen hydraulischen Gesellschaften waren die unabhängigen besitzenden Gruppen zu schwach, um ihren politischen Willen in allgemeinen politischen Versammlungen oder in ständeartigen Verbänden kundzutun. Wo es demokratische Stammestraditionen gegeben hatte, wurden sie offenbar aufgegeben, sobald oder ehe sie eine ernsthafte Gefahr für die Herren des agrarmanagerialen Regimes wurden. Dies mag in der frühsumerischen Gesellschaft geschehen sein, aber sogar hierfür sind die Beweise dürftig. In der Regel scheinen die Vertreter der jungen despotischen Staaten die Inhaber beweglichen und unbeweglichen Eigentums in einem Zustand politischer Zersplitterung gehalten zu haben, mitunter durch Gewaltanwendung, häufiger aber ohne den Einsatz physischen Zwanges oder politischen Druckes.

In spät- und nachmittelalterlichen Zeiten koexistierten die orientalisch despotischen Staaten des Nahen Ostens und Rußlands mit europäischen Staaten, die eine vielfältige politische Organisation besaßen. Aber mit Ausnahme des nachmoskowitischen Rußlands und der Türkei des 19. Jahrhunderts gibt es wenige Beispiele dafür, daß die westlichen Verhältnisse in diesen benachbarten orientalischen Ländern bewußt nachgeahmt worden wären. Die christlichen Kreuzfahrer schwächten die absolutistische Macht von Spätbyzanz, aber die byzantinischen besitzenden Schichten waren unfähig, selbständige und leistungsfähige feudale und bürgerliche Verbände zu schaffen. In der Türkei und in Rußland entstanden vielfältige politische Organisationen erst, als die industrielle Revolution und das Andrängen westlicher Macht national und international ganz neue Verhältnisse herbeiführten.

4. DAS MONOPOL GESELLSCHAFTLICHER FÜHRUNG ERSCHEINT IN DER ORIENTALISCHEN DESPOTIE ALS DAS MONOPOL BÜROKRATISCHER ORGANISATION: DIE »MONOPOLBÜROKRATIE«

Konkurrenzfreiheit bedeutet Freiheit, sich zu organisieren; sie bedeutet ferner die Freiheit – wenn es die Umstände erlauben –, bürokratische Methoden zur Entwicklung und Aufrechterhaltung organisatorischer Bande anzuwenden. Die vereinigten Barone und Bürger der feudalen Welt machten von bürokratischen Methoden nur einen bescheidenen Gebrauch. Aber die Geschichte der mittelalterlichen Kirche zeigt, daß damals eine mächtige nichtstaatliche Körperschaft, falls sie es wollte, eine eindrucksvolle bürokratische Ordnung errichten konnte.

In den modernen Ländern Mittel- und Westeuropas, in Amerika, Australien und Japan bestehen viele kleinere und größere Bürokratien außerhalb und unabhängig von der Regierung. Aristokratische Großgrundbesitzer mögen, wo sie noch nicht verschwunden sind, bürokratische Methoden zum Schutz ihrer Interessen anwenden. Kaufleute, Industrielle und Bankiers betreiben Großunternehmen mittels bürokratisch organisierter Angestelltenstäbe; und wenn sie sich zur Durchsetzung umfassender politischer Ziele zusammenschließen, schaffen oder unterstützen sie bürokratisch organisierte »Lobbies« und Parteien. Auch die Bauern lernen es mehr und mehr, ihre Aktionen bürokratisch zu koordinieren. Und Gewerkschaften und Arbeiterparteien erlangen wirtschaftliche und politische Bedeutung, weil sie sich in wirksamer Weise bürokratischer Methoden bedienen, um das organisatorische Potential der in Großbetrieben massierten Arbeiter zu verwirklichen.

Von all diesen Entwicklungen haben gewisse moderne Schriftsteller vor allem die Ausdehnung großer Geschäftsunternehmen zu monopolistischen Riesen erörtert; sie sahen darin ein so hervorstechendes Merkmal unserer Zeit, daß sie von einer besonderen Periode des »Monopolkapitalismus« zu sprechen begannen.

Der Begriff »Monopolkapitalismus« ist ebenso anregend wie irreführend; aber gerade die ihm anhaftenden Mängel helfen uns, die Eigenart der orientalischen monopolistischen Bürokratie ins richtige Licht zu rücken. Die modernen Riesenunternehmungen sind in der Tat gewaltig, was ihren Umfang und ihren Einfluß anbelangt, und sie haben in der Tat manche mittlere und kleinere Rivalen zermalmt oder aufgesogen. Aber nur selten haben sie es vermocht, die Tätigkeit anderer Riesen in den verschiedenen Zweigen der Wirtschaft zu verhindern. Sie haben es nie vermocht, den Aufstieg großer gesellschaftlicher Rivalen, vor allem die Großorganisationen der Regierung und der Gewerkschaften, zu verhindern. »Monopolkapitalismus« ist daher eine falsche Bezeichnung für eine institutionelle Ordnung, in der mannigfaltige gesellschaftliche Kräfte, zum Teil solche mit starken monopolistischen Tendenzen, sich gegenseitig derart die Waage halten, daß kein einziger Machtkomplex die ausschließliche Führung an sich reißen kann.

Keine derartigen Gegengewichte hemmen die monopolistischen Ansprüche eines totalen Apparatstaates. Die Herren der hydraulischen Gesellschaft dulden keine starken, bürokratisch organisierten Rivalen. Im Besitze ausschließlicher Macht sind sie eine rücksichtslos und dauernd fungierende echte Monopolbürokratie.

NEUNTES KAPITEL

Aufstieg und Niedergang der Theorie der asiatischen Produktionsweise*

Dies also ist das Bild der hydraulischen Gesellschaft, das unsere Untersuchung ans Licht bringt. Diese Gesellschaft behauptete sich jahrtausendelang – bis die Kräfte des aufsteigenden industriellen und kommerziellen Westens sie erschütterten. Dann setzten Kettenreaktionen ein, die der alten Ordnung eine neue Gestalt und eine neue Richtung gaben. Können wir durch unsere Analyse der traditionellen hydraulischen Gesellschaft diese neuerlichen Entwicklungen verstehen?

Der Leser, der uns bis hierher gefolgt ist, wünscht vielleicht einige Fragen zu stellen. Der Begriff der hydraulischen Gesellschaft, so könnte er sagen, scheint für die Erforschung der Vergangenheit außerordentlich fruchtbar gewesen zu sein. Aber kann er auch bei der Deutung der Gegenwart und Zukunft helfen? Vielleicht ist hierfür die »feudale« Erklärung orientalischer Verhältnisse ebenso dienlich? Diese Erklärung führt ebenfalls zu einer scharfen Verurteilung eines unerwünschten Erbes – und sie wird bereits vielfach im Osten und im Westen angewendet.

Dem mag so sein. Aber im Rahmen unserer Untersuchung können Leidenschaft und Popularität nicht als entscheidende Kriterien gelten. Die Geschichte der Klassen- und Rassendemagogie beweist, daß falsche Losungen das Denken und Handeln des Menschen verderben – und dies um so unheilvoller, je häufiger und nachdrücklicher sie ihm eingeimpft werden. Wenn wir den Orient und das feudale Europa gleichsetzen, dann entgehen uns grundsätzliche Unterschiede. Und wenn wir übersehen, daß es große nichtwestliche Gesellschaften gegeben hat, laufen wir Gefahr, die Freiheit geschichtlicher Wahl preiszugeben, da dann unsere Zielsetzungen vom Wahnbild einer gradlinigen, unwiderstehlichen Entwicklung gelähmt werden.

Die Bemühungen der im vorigen Jahrhundert wirkenden Anhänger einer gradlinigen allgemeinen Evolution waren in dieser Beziehung ungefährlich, denn ihre Irrtümer liegen auf der Hand. Die Gefahr ist im wesentlichen eine Frucht des heutigen Marxismus-Leninismus, der ideologische und politische

---

* Anläßlich der Vorbereitung der deutschen Übersetzung dieses Kapitels hat der Verfasser einige Punkte seiner ursprünglichen Darstellung schärfer herausgearbeitet. Es versteht sich von selbst, daß diese Überarbeitung das Wesen der Analyse und Beweisführung nicht ändert.

Methoden verbindet, um die Theorie der orientalischen Gesellschaft sowie den Begriff einer viellinigen Entwicklung zu liquidieren.

Solange diese marxistisch-leninistische Macht nicht identifiziert ist, kann sie die Analyse der im Übergang befindlichen hydraulischen Gesellschaft abdrosseln – nicht mit offen vorgelegten Beweisen, sondern dadurch, daß sie eine entmutigende Atmosphäre der Zweideutigkeit und des Mißtrauens schafft. Wenn es uns aber gelingt, diese Macht angemessen zu identifizieren, dann gewinnen wir einen neuen Ansporn für das Studium der Tatsachen und Möglichkeiten einer vielgestaltigen und in schöpferischer Umwandlung befindlichen Welt.

A. ALTE UND NEUE SCHEMATA EINER EINLINIGEN ENTWICKLUNG ÜBERSEHEN DIE HYDRAULISCHE GESELLSCHAFT

I. DIE THEORETIKER EINER EINLINIGEN ENTWICKLUNG IM 19. JAHRHUNDERT

Die Anhänger des Begriffes einer gradlinigen allgemeinen Entwicklung übersahen die hydraulische Gesellschaft, nicht weil sie der Wirklichkeit einer bürokratischen Despotie auswichen, sondern weil sie von den enormen Wirkungen der industriellen Revolution überwältigt worden waren. Indem sie die Erfahrung einer sich rasch wandelnden westlichen Welt übermäßig verallgemeinerten, kamen sie naiv zu der Annahme, die gesellschaftliche Entwicklung sei ein einfacher und einliniger Prozeß ständigen Fortschritts.

Der Mensch schien unaufhaltsam vorzudrängen zur Freiheit (Hegel), auf die universelle Harmonie (Fourier), zu einer gerechten und vernünftigen Gesellschaft (Comte), zum Glück aller (Spencer). Archäologen begannen progressive »Zeitalter« zu unterscheiden, die auf der Verwendung von Stein, Bronze und Eisen fußten; und Ethnologen deuteten einzelne, ausgewählte Züge primitiven Lebens als Anzeichen aufeinanderfolgender »Entwicklungsstufen«. Lubbock, der das »Paläolithikum« und das »Neolithikum« als Vorläufer der »Metallzeit« definierte, vollendete 1865, was Thomson 1836 begonnen hatte. Und im Jahre 1877 formulierte Morgan seine oft zitierte Typenfolge: Ältere Steinzeit (Wildheit), jüngere Steinzeit (Barbarei) und Eisenzeit (Zivilisation).

2. NEGATIVE KRITIK

Die Evolutionstheoretiker des 19. Jahrhunderts verdienen Anerkennung für ihre Bemühungen, Struktur und regelmäßige Änderungen im ungestümen Lauf der Geschichte zu ermitteln. Aber ihre Leistung blieb höchst unbefriedigend, da sie, um die höheren Kulturen als gradlinig fortschreitend darzustellen, das Schicksal des größten Teiles der Erdbevölkerung außer acht ließen. Und die Kritik, die sich gegen ihre Ansichten wandte, konnte die Lücke nicht ausfüllen, da sie ebenfalls die Stagnation der hydraulischen Welt nicht berücksichtigte.

Eine Fülle neuer ethnologischer und archäologischer Daten befähigte Gelehrte wie Boas, nachzuweisen, daß die Theoretiker des 19. Jahrhunderts »irrten, als sie eine einzigartige gradlinige Entwicklung annahmen« [1]. Aber die neuen Einsichten verbanden sich mit einer hartnäckigen Abneigung gegen einen erneuten Versuch, die Tatsachen der Geschichte der westlichen und orientalischen Einrichtungen zu benutzen, um ein neues Bild einer viellinigen Entwicklung zu entwerfen. Boas sagte: »Entwicklungsgesetze können nicht aufgestellt werden, außer in höchst verallgemeinerter Form, und ein ins einzelne gehender Verlauf der Entwicklung läßt sich nicht voraussagen. Wir können nur beobachten und von Tag zu Tag aus dem Gelernten erkennen, was wir tun, und danach unser Handeln richten.« [2] Freilich, selbst diese vorsichtige Feststellung deutet auf den Verlauf einer »Entwicklung« hin. Aber anstatt zu versuchen, den Charakter dieses Verlaufs zu bestimmen, begnügte sich Boas mit einer impressionistischen Beurteilung der menschlichen Erfahrungen »von Tag zu Tag«.

3. EIN THEORETISCHES VAKUUM

Boas' Gedanken waren von großem Einfluß sowohl innerhalb wie außerhalb seines Fachbereiches. Und seine nichtevolutionistische Haltung wurde während der ersten Jahrzehnte des 20. Jahrhunderts von Sozialwissenschaftlern aller Richtungen weitgehend akzeptiert. Ein Wissenssoziologe, der diesen evolutionären Agnostizismus erkannt hätte, hätte ohne Mühe das ihm zugrundeliegende theoretische Vakuum zu erkennen vermocht. Und er hätte ohne Mühe voraussagen können, daß große historische Konflikte und Krisen zu neuen Fragen und schließlich auch zu neuen Antworten führen würden.

Spenglers Vision nebeneinanderstehender Kulturkreise, die in ihrem Wachstum und Untergang lebenden Organismen ähneln, wurzelte so offensichtlich in biologischen und nicht in historischen Voraussetzungen, daß sie die Sozialwissenschaftler nicht befriedigte. Toynbees Versuch scheiterte ebenfalls. Von Beruf Historiker, suchte Toynbee das Schicksal der Menschheit historisch zu begreifen. Aber das Fehlen klarer Grundbegriffe beeinträchtigte seine Analyse. Übermäßige Beschäftigung mit Einzelheiten hinderte ihn, die Großformen der gesellschaftlichen Entwicklung zu erkennen. Übermäßige Beschäftigung mit den Eigentümlichkeiten einzelner »Gesellschaften« hinderte ihn, die

---

1. Boas, 1937, S. 102.
2. *Ders.*, 1928, S. 236.

gemeinsamen institutionellen Grundzüge zu erkennen, die eine Klassifizierung in größeren Einheiten erforderten. Im Bereich der Klassifizierung irrt derjenige, der Zusammengehöriges aufsplittert, ebenso wie derjenige, der Nichtzusammengehöriges in einen Topf wirft[3]. Wir mögen fasziniert sein von den Bäumen, die Toynbees Landschaft[4] ihren Reiz verleihen; aber diese Bäume erschließen uns nicht den Charakter der Wälder, zu denen sie gehören.

4. DIE AUSBREITUNG EINER »MARXISTISCH-LENINISTISCHEN« NEUEN EINLINIGEN AUFFASSUNG

Aber das Bedürfnis nach neuen historischen Ausblicken machte sich schon vor dem Erscheinen von Toynbees *A Study of History* geltend. Ökonomische und politische Erdbeben, die mit der Weltwirtschaftskrise der dreißiger Jahre begannen, ließen Spenglers romantische Betrachtungen als ebenso unrealistisch erscheinen, wie die Resultate einer übermethodologischen, überspezialisierten und überquantifizierten Soziologie.

Beeindruckt von der brutalen Unmittelbarkeit, mit der der Marxismus-Leninismus die brennenden Fragen der Zeit erörterte, übernahmen zahlreiche Autoren bedeutsame Elemente der sowjetischen Konstruktion der gesellschaftlichen Entwicklung zusammen mit der marxistisch-leninistischen Erklärung von Kapitalismus und Imperialismus. Sie zögerten nicht, die überlieferten Einrichtungen Chinas, Indiens und des Nahen Ostens als »feudal« zu bezeichnen. Sie setzten das nachmongolische Rußland mit dem westlichen Feudalismus gleich. Und sie waren überzeugt, daß das kommunistische Rußland und neuerdings auch das kontinentale China eine höhere, sozialistische Entwicklungsstufe erreicht haben, da sie sowohl über den »Feudalismus« wie über den Kapitalismus triumphierten.

5. DIE NOTWENDIGKEIT, MARX', ENGELS' UND LENINS ANSICHTEN ÜBER DAS »ASIATISCHE SYSTEM« UND DIE ORIENTALISCHE DESPOTIE NACHZUPRÜFEN

Angesichts dieser Tatsachen wird kein verantwortungsvoller Erforscher der hydraulischen Gesellschaft leugnen, daß es wichtig ist, Marx', Engels' und Lenins Gedanken über das »asiatische System«, über die orientalische Despotie und die Entwicklung der Gesellschaft im allgemeinen nachzuprüfen. Solch eine Untersuchung ist offenbar vom Standpunkt unseres Gegenstandes not-

---

3. S. Arkell und Moy-Thomas, 1941, S. 397, 408; Mayr, 1942, S. 280 ff., 286, 289.
4. Eine Landschaft, so möchte ich hinzufügen, die in vielen Beziehungen reich und anregend war. Toynbees Bemühen, im Leben von »Gesellschaften« Strukturen und Prozesse zu sehen, wird auch von denjenigen anerkannt werden, die die wichtigsten Ergebnisse seiner sozialhistorischen Studien in wissenschaftlicher Beziehung für fragwürdig und in moralischer Beziehung für zersetzend halten.

wendig. Und sie erhält eine höchst dramatische Note durch die Tatsache, daß Marx und Engels und sogar Lenin (vor der Oktoberrevolution) Anhänger derselben asiatischen Konzeption einer Gesellschaft waren, die die Hohenpriester der marxistisch-leninistischen Ideologie heute verwerfen.

B. MARX, ENGELS UND LENIN ÜBERNEHMEN DIE »ASIATISCHE« THEORIE

I. MARX FOLGT SEINEN KLASSISCHEN VORGÄNGERN IN IHREN ANSICHTEN ÜBER DIE INSTITUTIONELLE STRUKTUR UND ENTWICKLUNGSMÄSSIGE STELLUNG DES ORIENTS [5]

Marx' Konzeption der asiatischen Gesellschaft fußte großenteils auf Auffassungen von Vertretern der klassischen Nationalökonomie, nämlich Richard Jones und John Stuart Mill. Diese ihrerseits entwickelten Gedanken, die sich schon bei Adam Smith und James Mill finden. Adam Smith bemerkte Ähnlichkeiten zwischen den hydraulischen Unternehmungen in China und in »mehreren anderen Regierungen Asiens«; und er betonte besonders die aneignende Macht der Herrscher in China, Altägypten und Indien [6]. James Mill betrachtete die »asiatische Regierungsform« als einen allgemeinen institutionellen Typus [7]; und er verwarf künstliche Analogien zum europäischen Feudalismus [8]. Richard Jones entwarf ein allgemeines Bild der asiatischen Gesellschaft im Jahre 1831 [9], als Marx 13 Jahre alt war. Und John Stuart Mill reihte diese Gesellschaft in eine vergleichende Übersicht im Jahre 1848 ein [10], als sich die Verfasser des Kommunistischen Manifests, trotz eines gelegentlichen Hinweises auf den »Orient« [11], der Existenz einer spezifisch asiatischen Gesellschaft noch nicht bewußt waren. Erst nachdem Marx in London sein Studium der

---

5. Marxistische Autoren haben sich selten die Mühe gemacht, die Ursprünge von Marx' asiatischer Theorie bloßzulegen (s. Kautskys Note zu Plechanoff, 1891, S. 447; Kautsky, 1929, II, S. 209 ff.; und Plechanow, 1910, S. 58 f.). In meinen früheren Arbeiten deutete ich auf den Einfluß hin, den möglicherweise der Geograph Ritter und Hegel auf Marx ausübten (Wittfogel, 1929, S. 492–496; ders., 1931a, S. 354); aber ich erkannte damals noch nicht Marx' grundlegende Abhängigkeit von den klassischen Nationalökonomen.

6. Smith, 1937, S. 645 ff., 687 ff., 789.

7. S. Mill, 1820, I, S. 175 ff.

8. *A. a. O.*, II, S. 175 ff.; vgl. I, S. 182 ff., und II, S. 186. Für weitere Hinweise auf die nichtfeudalen Verhältnisse Indiens s. II, S. 25 ff., 166 ff., 176, 189 ff., 202.

9. Jones, 1831, S. 7 ff., 109 ff.

10. Mill, 1909, S. 12 ff.

11. MEGA, I, 6, S. 530.

klassischen Nationalökonomen wieder aufgenommen hatte [12], wurde er ein entschiedener Anhänger der »asiatischen« Konzeption.

Seit dem Jahre 1853 bis zu seinem Tod hielt Marx an dieser Konzeption sowie an der asiatischen Terminologie der früheren Nationalökonomen fest. Neben dem Ausdruck »orientalischer Despotismus« verwandte er für die gesamte institutionelle Ordnung die Bezeichnung »orientalische Gesellschaft«, die Stuart Mill gebrauchte [13], und auch (vorzugsweise) die Bezeichnung »asiatische Gesellschaft«, die Richard Jones gebrauchte [14]. Er bewies sein besonderes Interesse für die wirtschaftliche Seite der asiatischen Gesellschaft dadurch, daß er von einem »asiatischen System, das den Staat zum tatsächlichen Grundbesitzer macht« [15], einer spezifisch »asiatischen Produktionsweise« [16] und, kürzer, von einer »asiatischen Produktion« sprach [17].

In den fünfziger Jahren war Marx von der Idee einer besonderen asiatischen Gesellschaftsordnung stark beeindruckt worden. Er hatte damals zeitweise die praktische Politik aufgegeben, und er widmete sich intensiv dem Studium des industriellen Kapitalismus als einer besonderen sozio-ökonomischen und historischen Erscheinung. Seine Schriften aus dieser Periode – u. a. der erste Entwurf des *Kapital*, den er 1857/1858 niederschrieb [18] – zeigen, daß ihn die asiatische Konzeption stark anregte. In dieser ersten sowie in der

12. In London nahm Marx seine ökonomischen und sozialhistorischen Studien wieder auf; er las Mills *Principles of Political Economy* (ab September 1850), Smith' *Wealth of Nation* (März 1851), Jones *Introductory Lecture* [über die Nationalökonomie] (Juni 1851), Prescotts *Conquest of Mexico* und *Conquest of Peru* (August 1851), Berniers *Voyages* (Mai–Juni 1853) und wahrscheinlich James Mills *History of British India* (erwähnt in einem am 11. Juli 1853 veröffentlichten Artikel). (KMCL, S. 96, 103, 107, 110, 139; vgl. auch MEGA, III, 1, S. 133; Marx, NYDT, 11. Juli 1853, deutsche Übersetzung in: MEW, IX, S. 150.)

13. Mill, 1909, S. 20.

14. Jones, 1859, S. 447; vgl. *ders.*, 1831, S. 111 ff.

15. Marx, NYDT, 5. August, 1853; deutsche Übersetzung in MEW, IX, S. 218.

16. *Ders.*, 1921, S. LVI; *ders.*, DK, I, S. 45 f.

17. *Ders.*, DK, III, 1, S. 318.

18. In seiner ursprünglichen Form wurde dieser Entwurf zum ersten Male in zwei Bänden in den Jahren 1939 und 1941 gedruckt. Marx revidierte und publizierte einen Teil des ursprünglichen Manuskripts 1859 unter dem Titel *Zur Kritik der Politischen Ökonomie*. Im Vorwort zu diesem Buche gab er eine systematische Darlegung seiner Gedanken über soziale Struktur und Wandlung. Diese Darlegung endete mit einer Aufzählung der vier wichtigsten sozio-ökonomischen Formationen, der asiatischen, antiken, feudalen und modern-bürgerlichen Produktionsweise (*ders.*, 1921, S. LVI). Seit dem Sommer 1863 arbeitete Marx seinen früheren Entwurf um zu dem Werke, das er nun *Das Kapital* nannte (s. Großmann, 1929, S. 310 ff.). Die Geschichte der einschlägigen Theorien, die Marx als den vierten Band des *Kapital* veröffentlichen wollte (*a. a. O.*, S. 311), wurden schließlich als Sonderschrift unter dem Titel *Theorien über den Mehrwert* veröffentlicht.

endgültigen Fassung seines Lebenswerkes verglich er systematisch eine Reihe institutioneller Züge, die in den drei Haupttypen der agrarischen Gesellschaft (»Asien«, klassisches Altertum, Feudalismus) und der modernen industriellen Gesellschaft vorkamen [19].

2. MARX' ASIATISCHE DEUTUNG INDIENS, CHINAS UND DES NACHMONGOLISCHEN RUSSLANDS

Wir können hier nicht alle Seiten der Marxschen Ideen über die asiatische Gesellschaft untersuchen. Für unsere Zwecke genügt es, seine asiatische Deutung von drei Ländern hervorzuheben, die heute wieder auf der politischen Weltbühne eine führende Rolle spielen: Indien, China und Rußland.

a. Indien (»asiatische Gesellschaft...«)

In zwei Artikeln, die 1853 in der *New York Daily Tribune* veröffentlicht wurden [20], erörterte Marx den Charakter der asiatischen Gesellschaft und die Möglichkeiten ihrer fortschreitenden Auflösung. In diesen Artikeln präsentierte er Indien als typisches Beispiel einer asiatischen Gesellschaft und die Hindus als eine Nation, die gewisse grundlegende Einrichtungen mit allen orientalischen Völkern gemein habe. Er legte dar, daß »klimatische und territoriale Verhältnisse... künstliche Berieselung durch Kanäle und Wasserwerke, die Grundlage der orientalischen Landwirtschaft« bedingten. Und er bemerkte, daß »die unbedingte Notwendigkeit einer sparsamen und gemeinschaftlichen Verwendung des Wassers... im Orient, wo die Zivilisation zu niedrig und die territoriale Ausdehnung zu groß war, um freiwillige Assoziationen ins Leben zu rufen, das Eingreifen einer zentralisierenden Staatsgewalt erforderlich« machte [20a].

Somit entstand, Marx zufolge, der asiatische Staat aus der Notwendigkeit, die Herstellung der Wasserbauten durch die Obrigkeit zu lenken. Und es war der »verstreute« Zustand der orientalischen Bevölkerung in selbstgenügsamen Dörfern (verbunden mit kleiner Landwirtschaft und Hausindustrie), der, wiederum Marx zufolge, den fortdauernden Bestand dieses Staates ermöglichte [21].

In bezug auf die Tatsachen bedarf die zweite Behauptung der Qualifizie-

19. S. Marx, 1939, S. 26, 376 ff., 383, 392; *ders.*, DK, III, 1, S. 310, 315, 317, Anm. 49; III, 2, S. 136, 174, 324.

20. *Ders.*, NYDT, 25. Juni und 8. Aug. 1853. In seinem Briefwechsel mit Engels hatte Marx seine Konzeption einer »asiatischen« oder »orientalischen« Gesellschaft bereits weitgehend geklärt (s. MEGA, III, 1, S. 475 ff., 480 ff. und 486 f.).

20a. Marx, NYDT, 25. Juni 1853; deutsche Übersetzung in: MEW, IX, S. 129; s. auch S. 130 f.

21. *A. a. O.*; deutsche Übersetzung in: MEW, IX, S. 132.

rung. In bezug auf die Entwicklung der marxistisch-leninistischen Doktrin ist sie von größter Wichtigkeit. Nur wenn wir uns der Marxschen Idee von der Rolle der »verstreuten« orientalischen Dörfer bewußt sind, können wir Marx', Engels' und Lenins Definition der orientalischen Despotie völlig begreifen.

b. China (»... asiatische Produktion« und privater bäuerlicher Landbesitz)

Da Marx die längste Zeit seines Lebens in England zubrachte, wußte er mehr über die indischen als über die chinesischen Verhältnisse. Aber auch China betrachtete er seit den fünfziger Jahren als orientalisch[22]; und er bemerkte, daß »die ökonomische Struktur der chinesischen Gesellschaft... auf der Vereinigung kleiner Agrikultur und häuslicher Industrie« beruhe[23]. Im dritten Band des *Kapital* kam er im Verlauf einer Erörterung über die Folgen des englischen Handels für Indien und China wieder auf diesen Punkt zurück. Aber hier erwähnte er auch das Fehlen einer kommunalen Landeigentumsordnung im damaligen China. Dies ist bemerkenswert, da Marx, wie wir sogleich erörtern werden, staatlich kontrolliertes dörfliches Gemeineigentum als typisch für den Orient betrachtete. In Indien und China ist »die breite Basis der Produktionsweise... gebildet durch die Einheit kleiner Agrikultur und häuslicher Industrie, wobei noch in Indien die Form der auf *Gemeineigentum am Boden beruhenden Dorfgemeinden hinzukommt, die übrigens auch in China die ursprüngliche Form war*«. Und er beschloß seine Hinweise auf die langsame Auflösung der selbstgenügsamen »kleinen ökonomischen Gemeinwesen« im damaligen Indien (wo Großbritannien unmittelbar eingriff) und die noch langsamere Auflösung dieser Wirtschaftsform in China (»wo die unmittelbare politische Macht nicht zu Hilfe kommt«) mit der Feststellung, daß »im Gegensatz zum englischen Handel... der russische die ökonomische Grundlage der *asiatischen Produktion* unangetastet« lasse[24].

Bereits Mitte des vorigen Jahrhunderts war Marx sich der Tatsache bewußt gewesen, daß die chinesischen Bauern »in den meisten Fällen ihr Land, das von sehr begrenztem Ausmaß ist, ... als unbeschränkten Besitz von der Krone erhalten«[25]. Und die soeben angeführte Stelle im *Kapital* zeigt deutlich, daß nach Marx' Ansicht das Verschwinden des »Gemeineigentums am Boden« in China die »asiatische Produktionsweise« dort keineswegs schwächte.

22. Marx und Engels, 1920, I, S. 197; MEW, IX, S. 216 (NYDT, 5. August 1853).

23. Marx, NYDT, 3. Dezember 1859; deutsche Übersetzung in: *ders.*, 1955, S. 106.

24. *Ders.*, DK, III, 1, S. 317 f. (Hervorhebung vom Autor).

25. *Ders.*, NYDT, 3. Dezember 1859; deutsche Übersetzung in: *ders.*, 1955, S. 111. Marx entnahm diese Beschreibung einem dem Fernen Osten gewidmeten Blaubuch.

Soviel ich weiß, wurde der Ausdruck »halbasiatisch« auf Rußland zuerst angewandt in einem von Marx gezeichneten, aber von Engels verfaßten Artikel[26], der am 19. April 1853 in der *New York Daily Tribune* veröffentlicht wurde. Am 5. August 1853 erschien in derselben Zeitung ein Artikel, diesmal aus Marx' Feder, in dem er den Ausdruck »halborientalische Wirren« für die Folgen eines russischen Vorgehens in Europa verwendet, während er für gewisse Ereignisse in China von »ganz orientalischen Wirren« spricht[26a]. Vom Anfang an bezog sich der Ausdruck »halborientalisch« in Marx' und Engels' Terminologie nicht auf die geographische Lage des Landes, sondern auf dessen »Traditionen und Einrichtungen, sein Wesen und seine Verhältnisse«[27].

Die Artikel aus dem Jahre 1853 erörterten Rußlands institutionelle Eigenart nicht im einzelnen. Im Jahre 1881 jedoch sprach Marx von Rußlands isolierten Dörfern und der stark zentralisierten Form der Despotie, die überall auf dieser Grundlage entstanden sei[28]. Kurz vorher hatte Engels diesen Punkt betont. In der Tat erhielt die Marxsche Interpretation Rußlands die weiteste Verbreitung durch zwei Erklärungen, die Engels in den siebziger Jahren des vorigen Jahrhunderts abgab. Die erste, die aus dem Jahre 1875 stammt, besagt: »Eine solche vollständige Isolierung der einzelnen [Dorf-]Gemeinden von einander, die im ganzen Lande zwar gleiche, aber das grade Gegenteil von gemeinsamen Interessen schafft, ist die naturwüchsige Grundlage für den *orientalischen Despotismus*, und von Indien bis Rußland hat diese Gesellschaftsform, wo sie vorherrschte, ihn stets produziert, stets in ihm ihre Ergänzung gefunden. Nicht bloß der russische Staat im Allgemeinen, sondern sogar seine spezifische Form, der Zarendespotismus, statt in der Luft zu hängen, ist notwendiges und logisches Produkt der russischen Gesellschaftszustände...«[29] Die zweite kürzere Erklärung, die in Engels' Streitschrift gegen Dühring enthalten ist, besagt: »Die alten Gemeinwesen, wo sie fortbestanden, bilden seit Jahrtausenden die Grundlage der rohesten Staatsform, der orientalischen Despotie, von Indien bis Rußland.«[30]

Wie lange hielt sich die orientalische Despotie in Rußland? Marx bestand darauf, daß Peter der Große, weit entfernt, sie aufzuheben, sie »verallgemeinert« habe[31]. Und er erwartete, daß die Leibeigenenbefreiung das absolutistische Regime festigen würde, »durch Niederreißung der Schranken, die der

26. MEGA, III, 1, S. 455, 459; s. Marx und Engels, 1920, I, S. 475.

26a. Marx und Engels, 1920, I, S. 197; MEW, IX, S. 216 (NYDT, 5. August 1853).

27. Marx und Engels, 1920, I, S. 160; MEW, IX, S. 23 (NYDT, 19. April 1853).

28. MEA, I, S. 324, 333.

29. Engels, 1894, S. 56.

30. *Ders.*, 1935, S. 185.

31. Marx, 1857, S. 227.

große Autokrat bisher an den vielen auf die Leibeigenschaft gestützten kleinen Autokraten des russischen Adels fand, sowie an den sich selbst verwaltenden bäuerlichen Gemeinwesen, deren materielle Grundlage, das Gemeineigentum, durch die sogenannte Emanzipation vernichtet werden soll«[32].

Marx erklärte nicht, wie sich in Rußland der moderne Kapitalismus unter dem orientalischen Regime entwickeln konnte. Dies ist einer der schwersten Mängel in seiner Behandlung der Grenz- und Übergangsformen der hydraulischen Gesellschaft. Aber im Sinne seiner Ansichten über die Stellung des Kapitalismus im Orient[33] betrachtete er folgerichtig im Jahre 1881 Rußlands moderne, quasiwestliche Kapitalisten nur als vom Staate hochgezüchtete räuberische Zwischenhändler[34].

3. MARX WARNT DAVOR, DIE VOM STAAT BEHERRSCHTE AGRARISCHE ORDNUNG ASIENS MIT SKLAVEREI UND LEIB-EIGENSCHAFT ZUSAMMENZUWERFEN

Über die allgemeinen Probleme der asiatischen Produktionsweise, denen wir uns wieder zuwenden, dürfen wir sagen: Ganz gleich was Marx über die spezifischen Züge des orientalischen Landeigentums dachte, er war überzeugt, daß es nicht feudal war. Im Jahre 1853, als Engels bemerkte, »daß die Orientalen nicht zum Grundeigentum[35] kommen, nicht einmal zum feudalen«, warnte Marx vor der übereilten Annahme, daß es im Orient kein Landeigentum gebe[36]. Aber während er damals gewisse Anzeichen für das Vorkommen von Privateigentum an Land in Indien fand[37], und während er solches Eigentum später für China feststellte, bezeichnete er diese Form des Landbesitzes nicht als »feudal«.

Marx hatte eine zu einfache Vorstellung von den verwickelten Eigentumsverhältnissen des Orients, aber er erkannte doch die wesentliche Tendenz, als er bemerkte, daß unter dem »asiatischen System« der Staat »zum tatsächlichen Grundbesitzer« wurde[38]. Später verfeinerte er diese anfängliche Auffassung. Im dritten Band des *Kapital* führte er aus, daß unter dem asiatischen System »kein Privatgrundeigentum, obgleich sowohl privat- wie gemeinschaftlicher Besitz und Nutznießung des Boden« existieren[39].

32. *Ders.*, 1953, S. 144.
33. *Ders.*, DK, III, 1, S. 315; III, 2, S. 136.
34. MEA, I, S. 327.
35. Engels meint Privateigentum an Land, wie aus Marx' vorhergehendem Brief ersichtlich ist, der, im Anschluß an Bernier, ausdrücklich von »Privateigentum« spricht (MEGA, III, 1, S. 477).
36. *A. a. O.*, S. 480, 487.
37. *A. a. O.*, S. 487.
38. Marx, NYDT, 5. August 1853; deutsche Übersetzung in: MEW, IX, S. 218.
39. Marx, DK, III, 2, S. 324.

Diese Einsicht veranlaßte Marx, davor zu warnen, den asiatisch-ägyptischen Landbesitz mit Systemen zu verwechseln, die auf Sklaverei und Leibeigenschaft beruhen. Das sei einer der »Hauptirrtümer, die bei der Behandlung der Grundrente zu vermeiden sind und die die Analyse trüben«[40]. Diese Einsicht schützte ihn auch gegen den Fehler, die indischen *zamīndārs* als eine Spielart der europäischen feudalen Großgrundbesitzer zu betrachten. Er bezeichnete die traditionellen *zamīndārs* als »einheimische Steuereinnehmer«. Und er machte sich lustig über den Versuch, die von den Briten geschaffenen *zamīndār*-Landeigentümer der englischen grundbesitzenden *Gentry* gleichzustellen: »... eine merkwürdige Art von englischem Grundherrn war der Samindar, der nur ein Zehntel der Rente erhielt, während er neun Zehntel davon der Regierung zu überliefern hatte.«[41]

4. ALLGEMEINE SKLAVEREI

Der Staat war also im »Orient« der oberste Herr der Arbeit und des Eigentums seiner Untertanen. Für Marx war der Despot der wirkliche und symbolische »Eigentümer« der Arbeit, die die Bevölkerung an den hydraulischen und anderen kommunalen Anlagen verrichtete[42]; und er betrachtete den einzelnen, grundbesitzenden Bauern als »*au fond* selbst das Eigentum, den Sklaven« des Hauptes der orientalischen Gemeinde[43]. Folgerichtig sprach er von der »allgemeinen Sklaverei des Orients«[44]. Im Gegensatz zur privaten Sklaverei des klassischen Altertums, deren Bedeutungslosigkeit im Orient er erkannte[45], und im Gegensatz zu den dezentralisierten Formen der feudalen Macht, die er ebenfalls verstand[46], definierte Marx die Beziehung zwischen der orientalischen Despotie und der wichtigsten Gruppe der Bevölkerung als *allgemeine* (Staats-)Sklaverei[47].

40. *A. a. O.*, S. 173 f.
41. *Ders.*, NYDT, 5. August 1853; deutsche Übersetzung in: MEW, IX, S. 217. Aus Gründen, die wir unten erörtern werden, enthält die indische kommunistische Ausgabe von *Karl Marx: Articles on India* (s. Marx, 1951), die den asiatischen Ansichten von Marx »feudale« Auslegungen anhängte, weder diesen Artikel noch den am 7. Juni 1858 veröffentlichten Aufsatz, der ebenfalls von indischen Landverhältnissen handelt.
42. *Ders.*, 1939, S. 376 f.
43. *A. a. O.*, S. 393.
44. *A. a. O.*, S. 395.
45. *A. a. O.*, S. 392 ff.
46. S. z. B. *ders.*, DK, I, S. 683 ff.
47. In einer andeutungsweisen Bemerkung sagte Engels im Jahre 1887, daß die Klassenunterdrückung sowohl im asiatischen wie im klassischen Altertum die Form der Sklaverei annahm. Da Engels, wie Marx, sich der geringen Bedeutung der privaten Sklaverei im Osten bewußt war (s. unten), dachte er hier offenbar an die »allgemeine Sklaverei« der orientalischen Despotie. Seine Bemerkung, daß in beiden Fällen

Es ist schwer, diese Gedanken mit der »feudalen« Interpretation des Orients in Einklang zu bringen, die uns heute von sogenannten »Marxisten« angeboten wird. Es ist sogar schwer, sich für solch eine Interpretation auf den Leninismus zu berufen. Lenin, der ursprünglich ein orthodoxer Marxist war, bekannte sich zu der Idee eines besonderen »asiatischen Systems« zwei Jahrzehnte lang, genau gesprochen, vom Jahre 1894 bis 1914.

a. Die asiatische Despotie, eine Staatsordnung mit besonderen ökonomischen, politischen, kulturgeschichtlichen und soziologischen Merkmalen

Der junge Lenin schloß sich 1893 der sozialdemokratischen Bewegung an. Nach eifrigem Studium der Schriften von Marx und Engels akzeptierte er 1894 die Auffassung, daß die asiatische Produktionsweise eine der vier großen antagonistischen sozialökonomischen Formationen sei [48]. In seinem ersten bedeutenden Buch, *Die Entwicklung des Kapitalismus in Rußland*, das 1899 erschien, begann er die asiatischen Verhältnisse seines Landes als die *Aziatščina* [49], das »asiatische System«, zu bezeichnen. Und er sprach von der zaristischen Kontrolle über Land und Bauern als einem »fiskalischen Landeigentum« [50].

Im Jahre 1900 nannte er die Regierung des traditionellen Chinas »asiatisch« [51]; und er verwarf die Gleichstellung europäischer und asiatischer Institutionen als »pharisäisch« [52]. Zwei Jahre später stellte er den zermalmenden Charakter der asiatischen Unterdrückung fest [53]. Wieder drei Jahre später sprach er anklagend von »der verfluchten Erbschaft der *Aziatščina*-Leibeigenschaft und der schändlichen Behandlung der Menschen« [54], und er verglich die verzögerte Entwicklung des »asiatischen Kapitalismus« mit der umfassenden und schnellen Entwicklung des europäischen Kapitalismus [55]. In den Jahren 1906 und 1907 begegnete er Plechanow in einer leidenschaftlichen Diskussion,

die Sklaverei »weniger die Entfremdung der Massen vom Land als die Aneignung ihrer Personen« bedeutete (Engels, 1887, S. III), paßt auf den Orient, aber nicht auf das klassische Altertum.

48. Lenin, S, I, S. 121. Er zitierte zustimmend Marx' theoretische Prinzipienerklärung vom Jahre 1859, einschließlich der vier Produktionsweisen.

49. A. a. O., III, S. 56.

50. A. a. O., S. 58.

51. A. a. O., IV, S. 351.

52. A. a. O., S. 390.

53. A. a. O., VI, S. 13.

54. A. a. O., IX, S. 43.

55. A. a. O., S. 33, 32.

die sein Wissen über das asiatische System und seine Bedeutung für ein »halb-asiatisches« Rußland klar zum Ausdruck brachte [56]. 1911 betonte er wiederum die Eigentümlichkeit des »orientalischen Systems«, des »asiatischen Systems« und der Stagnation des Orients [57].

Im Jahre 1912 unterstrich er anläßlich der chinesischen Revolution die »asiatische« Eigenart des traditionellen Chinas, indem er vom »asiatischen China« [58] und vom »asiatischen« Präsidenten Chinas sprach [59]. In einer Auseinandersetzung mit Rosa Luxemburg im Jahre 1914 beschrieb er im Einklang mit ihr den »asiatischen Despotismus« als eine »sowohl nach ökonomischen, als auch politischen, nach kulturgeschichtlichen wie soziologischen Merkmalen« zu charakterisierende Erscheinung; und er führte aus, »daß eine derartige Staatsordnung sehr große Festigkeit in den Fällen besitzt, wo in der Ökonomie des gegebenen Landes völlig patriarchalische, vorkapitalistische Züge überwiegen und die Warenwirtschaft und die Klassendifferenzierung nur ganz geringfügig entwickelt sind« [60]. Im Herbst desselben Jahres schrieb er einen Artikel über Marx für Granats Lexikon, in dem er wiederum Marx' berühmte Formulierung aus dem Vorwort zur *Kritik der Politischen Ökonomie* zitierte: »In großen Umrissen können asiatische, antike, feudale und moderne bürgerliche Produktionsweisen als progressive [60a] Epochen der ökonomischen Gesellschaftsformation bezeichnet werden.« [61]

So hielt also Lenin von 1894 bis 1914 an grundlegenden Zügen der Marxschen Konzeption der asiatischen Gesellschaft, der asiatischen Produktionsweise und der orientalischen Despotie fest.

b. Lenin entwickelt Marx' Interpretation des zaristischen Rußlands als einer halbasiatischen Gesellschaft

Lenins Behandlung des asiatischen Problems war einerseits enger, andererseits weiter als die von Marx. Marx bestimmte die Eigentümlichkeiten vorkapitalistischer Gesellschaften, um sein Verständnis der kapitalistischen Gesellschaft zu vertiefen; und seine Darlegungen über die asiatische Produktionsweise dienten vor allem diesem Zweck. Aber er gebrauchte die asiatische Konzeption nicht, um seine soziale und politische Umwelt zu analysieren und zu beeinflussen.

Lenin war viel weniger an großgeschichtlichen Vergleichen interessiert. Er

56. *A. a. O.*, XIII, S. 300 ff.

57. *A. a. O.*, XVII, S. 31.

58. *A. a. O.*, XVIII, S. 144.

59. *A. a. O.*, S. 145.

60. *A. a. O.*, XX, S. 375; deutsche Übersetzung in: *ders.*, AW, I, S. 679.

60a. Über die Bedeutung, die dem Worte »progressiv« im Sinne der Marxschen Typologie zukommt, s. unten, S. 517, Anm. 12.

61. Lenin, S, XXI, S. 40; vgl. Marx, 1921, S. LVI.

lebte in einer Gesellschaft, die Marx als halbasiatisch gekennzeichnet hatte; und er bekämpfte einen Staat, den Marx orientalisch-despotisch genannt hatte. Für Lenin war es eine lebenswichtige Frage, die asiatische Konzeption auf seine direkte Umwelt anzuwenden. Die Mehrzahl seiner Hinweise auf »asiatische« Verhältnisse bezieht sich auf Rußland.

In Anlehnung an Marx und Engels nannte Lenin die russische Gesellschaft »halbasiatisch«[62] und das zaristische Regime eine »orientalische Despotie«. Westliche Sozialisten verabscheuten Bismarck wegen seiner antisozialistischen Maßnahmen; und einige russische Sozialisten, z. B. Rjasanow, stellten den russischen und den preußischen Absolutismus auf eine Stufe[63]. Aber Lenin betrachtete Bismarcks Unterdrückungsstaat als einen »Pygmäen«, verglichen mit dem russischen Absolutismus, den er – vermutlich in Anspielung auf Marx' Kennzeichnung der tatarischen Despotie[64] – ein »Ungeheuer«[65] nannte.

c. Lenin findet den Ausdruck »feudal« ungeeignet für die Charakterisierung des traditionellen Rußlands

Lenin drückte seine Übernahme der asiatischen Konzeption positiv dadurch aus, daß er Begriffe wie *Aziatščina* und »asiatisch« verwandte, und negativ dadurch, daß er das Wort »feudal« ungern zur Charakterisierung des traditionellen Rußlands gebrauchte. Die russischen Bauern lebten unter den Verhältnissen des *krepostničestvo*, wörtlich übersetzt die »Bindung«[66]; Lenin

62. Lenin, S, II, S. 312; XIII, S. 300 ff.

63. Der hochgebildete russische Sozialist Rjasanow versuchte eine westliche Interpretation des historischen Rußlands. Rjasanow, der vielleicht mehr als irgendein anderer die Marxisten des Westens mit Marx' asiatischen Ansichten über Rußland vertraut machte, erklärte den Aufstieg der moskowitischen Autokratie als eine spontane Reaktion auf die »Tatarengefahr«, die er mit Österreichs Reaktion auf »die Türkengefahr« verglich. Die Analogie ist offenbar unangemessen, da die Österreicher nie unter einem türkischen Joch lebten. Aber Rjasanow benutzte sie als Ausgangspunkt für seine Gleichsetzung des russischen und österreichischen Abolutismus; er brachte ferner den preußischen Absolutismus mit dem zaristischen Rußland auf einen Nenner (Rjasanoff, 1909, S. 28).

64. Marx, 1857, S. 218.

65. Lenin, S. V, S. 345.

66. Man muß Leser, die der russischen Sprache unkundig sind, davor warnen, sich auf die offiziellen kommunistischen Übersetzungen der Werke Lenins und Stalins zu verlassen. Diese Übersetzungen geben häufig *krepostničestvo* mit »feudal« wieder. Insofern sie dadurch einen Unterschied vernachlässigen, den Lenin viele Jahre lang für wesentlich hielt, entstellen sie seine damalige Auffassung der russischen Gesellschaft.

Nachwort zur deutschen Ausgabe: In der neuen Ausgabe von Lenins Werken sind diese Übersetzungsfehler in einer Reihe von Fällen, aber nicht durchgehend, beseitigt.

bezeichnete das russische System des Landbesitzes vorwiegend mit diesem Wort. Wir übersetzen es mit Knechtschaft.

Lenin äußerte sich zu dieser Frage im Jahre 1902 in seiner Kritik des ersten, von Plechanow ausgearbeiteten Programmentwurfs der Sozialdemokratischen Partei Rußlands. Er beschuldigte Plechanow, die Dinge »fast absichtlich« dadurch verwirrt zu haben, daß er von einer »feudal-handwerklichen Periode« im mittelalterlichen Rußland sprach. Mit dem Bemerken, daß die Anwendbarkeit des Begriffes »Feudalismus« auf das russische Mittelalter bestritten werde, erklärte er ihn als »am wenigsten anwendbar auf Rußland«[67]. Im Jahre 1905 verlangte er wieder, mit Bezug auf Rußland, daß man das Wort *krepostničestvo* und nicht *feodalism* gebrauchen solle[68]. Sechs Wochen später entschuldigte er sich, daß er auf die russischen Verhältnisse das Wort »feudal« angewandt habe, da dies »ein nicht ganz genauer allgemeiner europäischer Begriff« sei[69].

C. RÜCKZUG VON DER WAHRHEIT

Bedeutet dies alles, daß Marx, Engels und Lenin völlig und ohne Schwankungen die klassische Konzeption der asiatischen Gesellschaft aufrechterhielten? Keineswegs! Mehrere Male war Lenin nahe daran, sich von seiner ursprünglichen »asiatischen« Stellung zurückzuziehen, ehe er sie im Jahre 1916 ganz und gar preisgab. Aber der Rückbildungsprozeß begann schon vor Lenin. Es ist bezeichnend, daß der erste Marxist, der die Konzeption einer asiatischen Gesellschaft übernahm, der erste war, der sie verstümmelte – Marx selbst. Er verstümmelte sie – auch das ist bezeichnend –, indem er die Idee einer bürokratischen herrschenden Klasse fallen ließ.

1. MARX

a. Marx »mystifiziert« den Charakter der herrschenden Klasse

In seinem Bemühen, Klassenherrschaft zu bestimmen, stellte Marx, wie Adam Smith und dessen Nachfolger, die Frage: Wer beherrscht die entscheidenden Produktionsmittel und den durch sie geschaffenen Mehrwert? Und er bestimmte als die Nutznießer einer solchen wirtschaftlichen Machtstellung im klassischen Altertum die Sklavenhalter, in der feudalen Gesellschaft die feudalen Landeigentümer, in der modernen industriellen Gesellschaft die Kapitalisten und in der asiatischen Gesellschaft den Souverän oder den Staat[70]. Somit

67. Lenin, S, VI, S. 28.

68. A. a. O., IX, S. 114.

69. A. a. O., XVII, S. 118.

70. Marx, DK, I, S. 104; III, 1, S. 316; III, 2, S. 323 f.; *ders.*, TMW, I, S. 370 f.; III, S. 452 ff., 479 ff. Für Äußerungen dieser Art aus den fünfziger Jahren s. Marx, NYDT, 25. Juli 1853 und *ders.*, 1939 (1857/1858), S. 376 f.

bezeichnete Marx in den drei auf Privateigentum beruhenden antagonistischen Gesellschaftsformen seines Schemas eine herrschende *Klasse* als die Hauptnutznießerin der ökonomischen Vorrechte; hingegen begnügte er sich bezüglich der vom Staat beherrschten »orientalischen« Gesellschaft damit, eine *Einzelperson*, den Herrscher, oder eine institutionelle Abstraktion, den *Staat*, als so bevorzugt hinzustellen.

Dies war eine seltsame Formulierung für einen Mann, der sonst überall soziale Klassenbeziehungen sah und der von »mystifizierender« Verdinglichung sprach, wenn er Worte wie »Ware« und »Staat« gebraucht sah, ohne daß die zugrundeliegenden menschlichen (Klassen-)Verhältnisse erklärt wurden [71].

Man kann sagen, Marx habe keine Kenntnis gehabt von den Personen, die in der asiatischen Gesellschaft den Mehrwert mit dem Souverän teilten. Diese Verteidigung ist jedoch nicht stichhaltig. Marx hatte sich gründlich mit John Stuart Mills *Principles* beschäftigt [72], die außer dem Haushalt und den Günstlingen des Herrschers als Nutznießer der asiatischen Staatseinkünfte »die verschiedenen Regierungsfunktionäre« bezeichnen [73]. Und in seiner historischen Übersicht der *Theorien über den Mehrwert* reproduzierte Marx wörtlich folgende Feststellung von Jones: »Die Mehrrevenue von Boden, die einzige Revenue von Belang außer der Revenue der Bauern, wurde (in Asien, namentlich Indien) vom Staate und seinen Beamten verteilt.« [74] Er exzerpierte auch Berniers Darlegung, daß in Indien aus den Staatseinkünften eine große Anzahl von Dienstleuten unterhalten wurden [75].

Marx' Interesse am Klassenproblem, die ihm zur Verfügung stehenden Quellen und seine Ablehnung der Mystifizierung sozialer Beziehungen legen uns nur eine Schlußfolgerung nahe: Marx hätte auf Grund seines eigenen Standpunktes die Bürokratie als die herrschende Klasse der orientalischen Despotie bezeichnen sollen. Dies aber tat Marx nicht. Anstatt den Charakter der orientalischen herrschenden Klasse aufzuklären, hat er ihn verdunkelt. Gemessen an Berniers, Jones' und Mills Einsichten ist Marx' Mystifizierung des Charakters der herrschenden Klasse der orientalischen Gesellschaft ein Rückschritt.

71. Als Marx den »fetischistischen« Charakter der Waren erörterte, standardisierte er Ideen, die bereits von seinen klassischen Vorgängern formuliert waren. Er gab dies mit saurem Gesicht im ersten Band des *Kapital* (I, S. 46 ff., Anmerkungen 31 und 32) zu. Er war weniger engherzig im dritten Band, wo er es »das große Verdienst der klassischen Ökonomie« nannte, »diesen falschen Schein und Trug, . . . diese Personifizierung der Sachen und Versachlichung der Produktionsverhältnisse . . . aufgelöst zu haben« (Marx, DK, III, 2, S. 366).

72. MEGA, III, 1, S. 133.

73. Mill, 1909, S. 12 ff.

74. Marx, TMW, III, S. 501. Für die ursprüngliche Fassung s. Jones, 1859, S. 448 ff.

75. MEGA, III, 1, S. 476 f; s. Bernier, 1891, S. 220, 381; vgl. S. 204 ff., 213 ff.

b. Weitere Rückschritte

Marx tat diesen Schritt zurück bereits in den fünfziger Jahren des vorigen Jahrhunderts, zur selben Zeit, als er die klassische Konzeption der asiatischen Gesellschaft übernahm [75a]. In den folgenden Jahrzehnten machte er weitere Rückschritte. Ein Vergleich des ersten Bandes des *Kapital* mit seinen Schriften aus den Jahren 1853 und 1857–1858 ergibt, daß er sich in der früheren Zeit mit größerer Präzision über die hydraulische Seite der orientalischen Despotie äußerte als nach 1858. Die vielen Stellen im *Kapital* und in den *Theorien über den Mehrwert,* in denen orientalische, antike, feudale und (oder) kapitalistische Verhältnisse einander gegenübergestellt werden, zeigen Marx' Willen, die asiatische Gesellschaft als eine spezifische institutionelle Formation zu betrachten; sie zeigen jedoch auch seine Abneigung, die manageriale Seite der orientalischen Despotie zu erörtern [76].

Bei der Betrachtung der Schriften des späteren Marx, in die ich die *Kritik der Politischen Ökonomie* einschließe, lassen sich mehrere Aspekte seiner Behandlung der orientalischen Gesellschaft unterscheiden: 1. Vernachlässigung vormals betonter Züge (vor allem der Wasserregelung); 2. abnehmende Klarheit in der Analyse einzelner Züge (z. B. des Landbesitzes, der Dorfgemeinde, des hydraulischen Staates); 3. abnehmende Klarheit in der Analyse der Wechselbeziehungen zwischen mehreren Zügen (z. B. zwischen Dorfgemeinde und Regierung, hydraulischer Tätigkeit und herrschender Klasse); 4. irreführende Formulierung wesentlicher Gesichtspunkte (z. B. Stagnation und Fortschritt in der Gesellschaftsentwicklung). In der vorliegenden Studie, die Marx' Gedanken nicht systematisch, sondern im Rahmen einer Untersuchung der orientalischen Despotie darstellt, begnügen wir uns damit, Marx' Rückschritt in seiner Einstellung zur asiatischen Gesellschaft mittels einiger repräsentativer Beispiele aufzuzeigen.

1. In seinen grundlegenden Aufsätzen über Indien (1853) und im ersten Entwurf seines Hauptwerkes (1857–58) betonte Marx die entscheidende Bedeutung der Großwasserbauten für die orientalische Gesellschaft. 1853 bezeichnete er die vom Staat geleiteten hydraulischen Arbeiten als den ersten der zwei spezifischen »Umstände« dieser Gesellschaft; der zweite »Umstand« war die Verstreutheit der Bevölkerung und ihre Zusammenfassung in kleinen dörflichen Zentren, deren Selbstgenügsamkeit auf der Vereinigung von kleiner Landwirtschaft und Hausindustrie beruht. Seit dem Jahre 1859 beschränkte sich Marx in seinen Bemerkungen über die asiatische Gesellschaft durchweg auf die Dorfgemeinde und die selbstgenügsame Bauernwirtschaft, d. h. auf den zweiten »Umstand«. Und wenn er, was selten vorkam, von den Funktionen

75a. S. oben, Anmerkung 70.

76. S. Marx, DK, I, S. 45 ff.; III, 1, S. 316 f.; III, 2, S. 136, 174, 323 ff., 337, 367; ders., TMW, I, S. 399; II, 1, S. 205; III, S. 451 ff., 473 ff., 479 ff., 482 ff., 495–501; vgl. ders., DK, III, 2, S. 157.

des despotischen Staates sprach, unterließ er zumeist, auf seine hydraulisch-manageriale Tätigkeit hinzuweisen, obgleich der Zusammenhang dies nahelegte. Im dritten Bande des *Kapital* bemerkte er, daß »in despotischen Staaten die Arbeit der Oberaufsicht und allseitigen Einmischung der Regierung beides einbegreift: sowohl die Verrichtung der gemeinsamen Geschäfte, die aus der Natur aller Gemeinwesen hervorgehen, wie die spezifischen Funktionen, die aus dem Gegensatz der Regierung zu der Volksmasse entspringen«[77]. Marx ließ hier unerwähnt – was er sehr wohl wußte –, daß der historisch bedeutsamste aller despotischen Staaten, der orientalische, sich gerade dadurch auszeichnete, daß er nicht nur die »allen Gemeinwesen« gemeinsamen Geschäfte verrichtete, sondern spezifische hydraulische Aufgaben, die seiner Oberaufsicht und seinem Gegensatz zu den Volksmassen das Gepräge gaben.

2. Wenn Marx das hydraulische Phänomen behandelte, tat er dies weniger klar als in der mittleren Periode. In *Das Kapital*, Band I illustrierte er seine These von der wirtschaftlichen Bedeutung der natürlichen Grundlagen gesellschaftlicher Arbeit folgendermaßen: »Die Notwendigkeit, eine Naturkraft gesellschaftlich zu kontrollieren, damit hauszuhalten, sie durch Werke von Menschenhand auf großem Maßstab erst anzueignen oder zu zähmen, spielt die entscheidendste Rolle in der Geschichte der Industrie. So z. B. die Wasserregelung in Ägypten, Lombardei, Holland usw. Oder in Indien, Persien usw., wo die Überrieselung durch künstliche Kanäle dem Boden nicht nur das unentbehrliche Wasser, sondern mit dessen Geschlämme zugleich den Mineraldünger von den Bergen zuführt. Das Geheimnis der Industrieblüte von Spanien und Sizilien unter arabischer Herrschaft war die Kanalisation.«[77a]

Die ökologisch-technische Behandlung der Wasserregelung ließ Marx hier orientalische und westliche Verhältnisse zusammen erwähnen. Im Rahmen seines Arguments war das durchaus in der Ordnung. Aber von Marx, dem Sozialhistoriker, erwarten wir, daß er auch die institutionelle Seite der Sache erörtern und, im Zusammenhang damit, die Unterschiede zwischen östlicher und westlicher Entwicklung klarstellen werde. Marx äußerte sich in der Tat über die institutionellen Beziehungen, aber mit sehr viel geringerer Klarheit als in den fünfziger Jahren. Im Gegensatz zu den Ausführungen, die er 1853 und 1857–58 gemacht hatte und die eine hydraulisch-ökonomische Funktion *aller* asiatischen Regierungen feststellten, erwähnte er in einer Fußnote zu der soeben zitierten Stelle diese Funktion nur in bezug auf ein einziges Land, Indien[78]. Und im Gegensatz zu seinen Indien-Artikeln, in denen er die unterschiedliche Entwicklung in Flandern und Italien (Wasserregelung mittels »freiwilliger Assoziationen«) unterstrichen hatte, ließ er diesen Punkt in *Das Kapital*, Band I ungeklärt.

77. *Ders.*, DK, III, 1, S. 370.
77a. *A. a. O.*, I, S. 478.
78. *A. a. O.*, Anm. 6.

3. Seit 1853 bezeichnete Marx den »Souverän« oder den »Staat« als die soziale Potenz, die die hydraulische Ökonomie beherrschte. Eine zweite Anmerkung zu der Wasserregelungsstelle in *Das Kapital*, Band I scheint über diese abstrakt-mystifizierende Darstellung hinauszuführen. Sie lautet: »Die Notwendigkeit, die Perioden der Nilbewegung zu berechnen, schuf die ägyptische Astronomie und mit ihr die Herrschaft der Priesterkaste als Leiterin der Agrikultur.«[78a]

Hier deutet Marx auf eine herrschende Gruppe in der hydraulischen Sozialordnung Ägyptens hin, die Priester; aber ihre Leitung über die Landwirtschaft beruht nicht auf ihrer Beherrschung der entscheidenden Produktionsmittel und des nationalen Mehrwerts, sondern auf ihrer intellektuellen Spezialkenntnis und ihrer Fähigkeit, die Zeiten der Nilbewegung zu berechnen. Änderte Marx, als er dies schrieb, seine Konzeption der herrschenden Klasse? Oder meinte er, daß die ägyptischen Priester zwar die Herren über die Landwirtschaft, aber nicht die Herren über die Gesellschaft waren? Marx verbindet mit seiner institutionellen eine terminologische Zweideutigkeit, wenn er die ägyptische Priesterschaft nicht eine Klasse, sondern eine »Kaste« nennt.

Der Leser, der Marx' abstrakte Bemerkungen über die herrschende Macht in der orientalischen Gesellschaft liest, bleibt über den Charakter der herrschenden Klasse uninformiert; der Leser, der seine Bemerkungen über die ägyptische Priesterkaste liest, wird verwirrt.

4. Ich sage »verwirrt« – nicht irregeleitet, obgleich die soeben zitierten Formulierungen irreführend sind und obgleich psychologisch wenig damit gewonnen ist, daß wir annehmen, Marx habe nicht nur seine Leser, sondern auch sich selbst getäuscht. Was immer jedoch der psychologische Mechanismus gewesen sein mag, Marx handelte im höchsten Maße irreführend, als er im Jahre 1859 ein Schema der gesellschaftlichen Entwicklung darbot, das seiner Kenntnis vom stationären Charakter der asiatischen Gesellschaft kraß zuwiderlief[79]. Ich denke an die feierliche Proklamation seiner sozialhistorischen Prinzipien im Vorwort zur *Kritik der Politischen Ökonomie*. Marx schrieb dort: »Auf einer gewissen Stufe ihrer Entwicklung geraten die materiellen Produktivkräfte in Widerspruch mit den vorhandenen Produktionsverhältnissen ... Es tritt dann eine Epoche sozialer Revolutionen ein. Mit der Veränderung der ökonomischen Grundlage wälzt sich der ganze ungeheure Überbau langsamer oder rascher um ...«[79a] Marx bezeichnete diese Gedanken als das Ergebnis von Untersuchungen, die er seit 1844 in Paris und Brüssel unternahm[80],

78a. Folgt ein Cuvier-Zitat. *A. a. O.*, Anm. 5.

79. Die Behandlung der ersten drei Punkte meiner Kritik ist eine systematisierte und abgerundete Wiedergabe der Gedanken, die im ursprünglichen englischen Text dieses Buches enthalten sind. Die nachfolgenden Bemerkungen zum Punkte 4 sind in der vorliegenden deutschen Ausgabe neu eingefügt.

79a. Marx, 1921, S. LVI.

80. *A. a. O.*, S. LV.

d. h. vor der Abfassung des *Kommunistischen Manifest* (im Winter 1847–48) und mehrere Jahre vor seiner Übersiedlung nach London und seiner Entdeckung der asiatischen Gesellschaft. Was meinte er mit dieser Zeitangabe? Wir wissen es nicht. Wir wissen jedoch: Der Hauptteil seiner theoretischen Prinzipienerklärung des Jahres 1859 unterstellt einen allgemeinen Prozeß wachsender gesellschaftlicher Widersprüche und einer einlinig fortschreitenden Entwicklung, wie Marx ihn in den vierziger Jahren sah, ehe er Zweifel an der Herkunft der mittelalterlich-feudalen Gesellschaft aus der antiken »Sklavenhaltergesellschaft« hatte [80a] und ehe er von der stationären asiatischen Gesellschaft wußte.

Im letzten Teil seiner Erklärung, der von den antagonistischen Gesellschaften und ihrem zu erwartenden Ende handelte, bezeichnete er vier geschichtliche Produktionsweisen als »progressive Epochen der ökonomischen Gesellschaftsformationen«. Wer nur Marx' vorhergehende Darstellung eines allgemeinen und durch Widersprüche vorwärtsschreitenden Entwicklungsprozesses kennt, wird das Attribut »progressiv« im Sinne einer einlinigen Entwicklung auffassen. Aber Marx machte es sich und seinen Lesern nicht so leicht. Die großen Gesellschaftsformationen, die er im drittletzten Satze seiner Prinzipienerklärung aufführte, waren die »asiatische, antike, feudale und modernbürgerliche Produktionsweisen« [81]. Das heißt, Marx anerkannte auch in diesem Zusammenhang die Existenz der asiatischen Gesellschaft, die er seit 1853 als stationär und außerhalb einer progressiven Entwicklung liegend betrachtete.

Der uneingeweihte Leser wird von der einlinigen Tendenz des 1859 dargebotenen Entwicklungsschemas irregeführt werden; und meiner Ansicht nach war dies die Absicht des Politikers Marx, der hier dem Theoretiker Marx die Feder führte. Aber der mit Marx' sozialgeschichtlichen Gedanken völlig Vertraute weiß, daß zumindest seit 1857–58 das Wort »fortschrittlich« in seiner Anordnung der großen antagonistischen Gesellschaftsordnungen eine gedanklich-typologische, nicht aber eine historisch-evolutionäre Bedeutung hatte [82]. Und auch der nur oberflächlich mit Marx' Schriften Vertraute weiß, daß seine Anerkennung der asiatischen Gesellschaft mit der Ablehnung einer einlinigen Gesellschaftsentwicklung gleichbedeutend war. Aus diesem Grunde ist Marx' Serie der vier großen antagonistischen Produktionsweisen den kommunistischen Ideologen ein Stein des Anstoßes, obgleich sie einer Darstellung der gesellschaftlichen Entwicklung angefügt ist, die Marx' Wissen von der entwicklungsmäßigen Sonderstellung der asiatischen Gesellschaft keine Rechnung trägt.

80a. Vgl. *ders.*, 1939, S. 380–390.
81. *Ders.*, 1921, S. LVI.
82. S. unten, S. 517, Anm. 12.

a. Asiatische Gesellschaft – ja! (Engels' ursprüngliche Ansicht)

Marx' Rückschritte in seiner Behandlung der asiatischen Gesellschaft sind wenig bekannt geworden (außer dem Rückschritt von 1859) [83]; dagegen haben diejenigen von Engels eine große Wirkung ausgeübt. Freilich haben häufige Hinweise auf einige Stellen in seinem Buch *Der Ursprung der Familie, des Privateigentums und des Staats* die Tatsache überschattet, daß Engels vom Jahre 1853 an bis zu seinem Tode (1895) im großen und ganzen die Theorie der orientalischen Gesellschaft aufrechterhielt.

Der Beitrag, den Engels anfangs zu Marx' Verständnis der hydraulischen Seite des Orients und der »asiatischen« Interpretation Indiens und Rußlands geliefert hat [84], wurde bereits erwähnt. In seinem *Anti-Dühring* ging er weiter als Marx, indem er darlegte, daß die Verselbständigung wichtiger sozio-administrativer Funktionen in Stammesgesellschaften und im Orient zur Bildung einer »herrschenden Klasse« führen könne. Und er unterstrich diesen Gedanken, indem er bemerkte: »Wie viele Despotien auch über Persien und Indien auf- und untergegangen sind, jede wußte ganz genau, daß sie vor allem die Gesamtunternehmerin der Berieselung der Flußtäler war, ohne die dort kein Ackerbau möglich sei.« [85] Im selben Werke und noch schärfer in seinem Buch über die Familie stellte Engels die antike »Arbeitssklaverei« der »orientalischen Haussklaverei« gegenüber [86]. Und in einem von ihm eingefügten

---

83. Die eingeklammerten Worte sind in der deutschen Ausgabe hinzugefügt.

84. S. oben. Weder Marx noch Engels erklärten, wie unter dem Einfluß des ausländischen Kapitalismus eine orientalisch despotische Regierung moderne, kapitalistische Formen des Privateigentums habe fördern können. Man darf daher sagen, daß Engels eine neue Konzeption einführte, als er 1894 sagte, daß Rußlands junge Bourgeoisie »den Staat vollkommen in der Gewalt« habe. (Engels, 1894, S. 72.) Er entwickelte diese These nicht, und er versuchte nicht, sie in Einklang zu bringen mit einer vier Jahre vorher gemachten Bemerkung über die Unvereinbarkeit von orientalischer Despotie und Kapitalismus: »In der Tat ist die türkische wie alle orientalische Herrschaft unverträglich mit kapitalistischer Gesellschaft; der ergatterte Mehrwert ist nicht sicher vor den Händen raubgieriger Satrapen und Paschas; es fehlt die erste Grundbedingung bürgerlichen Erwerbs: Sicherheit der kaufmännischen Person und ihres Eigentums.« (NZ, VIII, 1890, S. 193.) Engels' These vom Jahre 1894 widerspricht auch seiner Einfügung im dritten Bande des *Kapital*, in der er Rußlands despotische Regierung als die große Ausbeuterin der Bauern bezeichnet (Marx, DK, III, 2, S. 259). Aber wenngleich Engels' verschiedene Äußerungen über die russische Entwicklung seit der Leibeigenenbefreiung verschiedene Aspekte der Sache betonten, sie alle setzten voraus, daß die zaristische Despotie noch ein lebensfähiges Ganze war.

85. Engels, 1935, S. 183.

86. Engels, 1921, S. 162; ders., 1935, S. 184 und 395.

Passus im dritten Band des *Kapital*, der 1894, elf Jahre nach Marx' Tode, veröffentlicht wurde, sprach er von den Steuern, die »der erbarmungslose Despotismus des Staates« den russischen und indischen Bauerngemeinden abzwang [87].

b. Asiatische Gesellschaft – ja und nein! (der »Anti-Dühring«)

Diese Gesamttendenz wurde unterbrochen von zwei Rückfällen, von denen der eine sich im *Anti-Dühring* findet, der andere im *Ursprung der Familie, des Privateigentums und des Staats*.

Im *Anti-Dühring* entwickelte Engels die These, daß der Staat und die herrschende Klasse auf zwei Arten entstanden seien. Im ersten Falle wurden sie durch übermäßige politische Macht geschaffen, im zweiten infolge des Anwachsens von Privateigentum und einer auf Privateigentum beruhenden Produktionsweise. Wie bereits gesagt, die erste Form der Entwicklung schließt in sich ein die Zunahme wichtiger sozio-administrativer Funktionen. »Wo die Gelegenheit günstig« war, konnte »der ursprüngliche Diener« der Gesellschaft sich »allmählich in den Herrn« der Gesellschaft verwandeln [88].

In diesem Zusammenhang erscheinen bei Engels als Beispiele für »Diener«, die zu »Herren« der Gesellschaft wurden, der »orientalische Despot oder Satrap«, der griechische »Stammesfürst« und der keltische »Clanchef usw.« Seine zwei westlichen Beispiele erinnern an Marx' Ideen von einer auf militärisch-politischen Funktionen beruhenden gesellschaftlichen Führung in verhältnismäßig einfachen Stammesgesellschaften [89]. Nach Marx weicht diese Form der Führung bald einer Herrschaft, die auf Privateigentum und privater Arbeit – der Arbeit von Sklaven und Leibeigenen – begründet ist [90]. Nur in der Gestalt der orientalischen Despotie konnte sich die auf öffentlicher Amtstätigkeit beruhende gesellschaftliche Herrschaft weit verbreiten und zäh behaupten.

Obgleich Engels im *Anti-Dühring* zweimal die enorme Beständigkeit der orientalischen Despotien erwähnte (»Jahrtausende«) [91], ging er an keiner der beiden Stellen näher auf dieses Phänomen ein. Aber er gab in seinen oben erwähnten Beispielen dem orientalischen Despoten den ersten Platz, und er deutete den Hauptinhalt der »gesellschaftlichen Amtstätigkeit« der despotischen Regimes Indiens und Persiens an: die »Berieselung der Flußtäler« [92]. Engels erkannte sogar, daß die auf sozio-administrativen Funktionen beruhende

---

87. Marx, DK, III, 2, S. 259 f.
88. Engels, 1935, S. 182 f.
89. Marx, 1939, S. 378.
90. A. a. O., S. 391.
91. Engels, 1935, S. 165, 185.
92. A. a. O., S. 183.

Herrschaft »die einzelnen herrschenden Personen... zu einer herrschenden Klasse« machte[93].

Bis zu diesem Punkte waren Engels' Darlegungen trotz ihres grobschlächtigen Charakters wissenschaftlich zulässig und in Übereinstimmung mit der Marxschen Abart der klassischen Konzeption der orientalischen Gesellschaft. Ebenso zulässig und wiederum in Übereinstimmung mit den einschlägigen Ideen von Smith, Mill und Marx war seine These über den zweiten Ursprung der Klassen- und Staatenbildung[94]: der Aufstieg einer auf privater Sklaverei beruhenden Produktion bedeutete den Aufstieg einer auf Privateigentum beruhenden herrschenden Klasse; dies bahnte den Weg für eine Entwicklung, die über das klassische Griechenland und das römische Reich zum »modernen Europa« führte[95]. Dies brachte fernerhin den Aufstieg eines Staatstypus mit sich, der angesichts der unversöhnlichen Gegensätze in der neuen, auf Privateigentum beruhenden Ökonomie von den besitzenden Klassen zur Verteidigung ihrer bevorrechteten Stellung verwandt wurde[96].

Wir brauchen hier nicht die primitiven Ansichten über das Verhältnis von Reichtum und Macht, die Marx mit John Locke, Adam Smith u. a. teilte, kritisch zu erörtern[97]. Im Rahmen unserer Fragestellung sind wir hier nur an der Tatsache interessiert, daß Engels im zweiten Abschnitt des *Anti-Dühring* zwei verschiedene Formen gesellschaftlicher Evolution anführte (»Neben dieser Klassenbildung [der gesellschaftlich-politischen] ging aber noch eine andre [die gesellschaftlich-ökonomische]«)[98], daß er jedoch im dritten Abschnitt desselben Werkes plötzlich die Vorstellung einer mehrlinigen Entwicklung fallen ließ. Im dritten Abschnitt sprach er über Staat und Klassenherrschaft, als ob sie ausschließlich aus Gegensätzen hervorgegangen seien, die das Privateigentum erzeugte. Und er setzte dieser einseitigen Ansicht die Krone auf, indem er nur drei Klassengesellschaften aufzählte, die auf »Sklaverei«, auf »Leibeigenschaft oder Hörigkeit« oder auf »Lohnarbeit« beruhten[99].

c. Asiatische Gesellschaft – nein! (»Der Ursprung der Familie, des Privateigentums und des Staats«)

In Engels' oft angeführtem Buch über die Familie, das die Grundgedanken von Morgans *Ancient Society* mit gewissen Marxschen Ansichten verbindet, ist die asiatische Gesellschaft als eine der großen Gesellschaftsordnungen

93. A. a. O.
94. A. a. O.
95. A. a. O., S. 184.
96. A. a. O., S. 291.
97. S. oben, S. 379, Anm. 4.
98. Engels, 1935, S. 183.
99. A. a. O., S. 291.

ganz verschwunden. Hier erörtert Engels den Ursprung des Staates, als hätte er nie von einer »gesellschaftlichen Amtstätigkeit« als Grundlage politischer Herrschaft im allgemeinen und der orientalischen Despotie im besonderen gehört.

Diese Lücke kann nicht dadurch erklärt werden, daß Engels kein Interesse an Gesellschaften des »barbarischen« Typus gehabt hätte, denn er sprach ausführlich über die Verhältnisse unter der »Barbarei« [100] in Altgriechenland, Rom, im keltischen und im germanischen Mittelalter [101]. Auch kann man sie nicht einer allgemeinen Ausschaltung orientalischer Zustände zuschreiben. Denn obgleich er über diese Zustände weniger sagte als Morgan [102] – »der Raum verbietet uns, ... auf die Spuren« der »Gentilinstitutionen ... in der älteren Geschichte asiatischer Kulturvölker« einzugehen [103] –, erwähnte er beiläufig orientalische Länder und Institutionen [104]. Aber er zeigte kein Interesse für das, was er früher die »neue Arbeitsteilung« [104a] genannt hatte – die der »ursprünglichen naturwüchsigen Arbeitsteilung« »im Innern der Gemeinde« folgte [105] und die den Aufstieg »funktioneller« Regierungen und auf Macht beruhender herrschender Klassen veranlaßte; und er zeigte eben-

100. Marx und Engels übernahmen die Ausdrücke »Barbarei« und »Zivilisation« nicht von Adam Smith (s. Smith, 1937, S. 666, 669 und insbesondere 735), sondern von Fourier, dessen vier Entwicklungsstufen (Wildheit, Patriarchat, Barbarei und Zivilisation) Engels 1846 pries (MEGA, I, 4, S. 413 und 430), und dessen Typologie er im *Anti-Dühring* mit unverminderter Begeisterung lobte (Engels, 1935, S. 269 f.). Selbst im Jahre 1884, als er Morgans Evolutionsschema übernahm, erwähnte er »die brillante Kritik der Zivilisation, die sich in den Werken Charles Fouriers zerstreut vorfindet« sowie die Tatsache, daß schon bei Fourier »[privates] Grundeigentum« als ein »Hauptkennzeichen der Zivilisation« galt (Engels, 1921, S. 187, Anm.).

Unter dem Einfluß Morgans haben Marx und Engels diese Begriffe anders aufgefaßt als vorher, ohne sie aber aufzugeben. Mit diesen Begriffen vor Augen sprach Engels 1848 von »halbbarbarischen« Ländern wie Indien und China (MEGA, I, 6, S. 507 f.), in den 50er Jahren von dem »Barbarentum« und der »Halbzivilisation« Chinas (Marx, 1955, S. 63 und 58), nannte Marx die indischen Dorfgemeinden »halbbarbarisch«, »halbzivilisiert« (NYDT, 25. Juni 1853; s. MEW, IX, S. 132), nannte er die Verhältnisse Chinas »barbarisch«, »halbbarbarisch« und »patriarchalisch« (Marx, 1955, S. 12, 69, 71) und den russischen Zar den »Barbar von den eisigen Ufern der Newa« (Marx und Engels, 1920, I, S. 251; MEW, IX, S. 382).

101. Engels, 1921, *passim*.

102. Morgan, 1877, S. 372 ff.

103. Engels, 1921, S. 132.

104. *A. a. O.*, S. 165 f., 44 ff.

104a. *Ders.*, 1935, S. 183.

105. *A. a. O.*, S. 165. Im selben Werke verwies Engels auf die »naturwüchsige Arbeitsteilung innerhalb der ackerbauenden Familie« (*a. a. O.*, S. 183). Nach Marx (DK, I, S. 44, 316) war die älteste Arbeitsteilung diejenige nach Geschlechts- und Altersunterschieden.

falls kein Interesse für das, was er und Marx über die ausbeuterische Natur der orientalischen Despotie geschrieben hatten, als er kategorisch erklärte: *»Aus der ersten großen gesellschaftlichen Arbeitsteilung entsprang die erste große Spaltung der Gesellschaft in zwei Klassen: Herren und Sklaven, Ausbeuter und Ausgebeutete.«* [106]

Der Staat der auf Sklaverei beruhenden antiken Gesellschaft war »vor allem Staat der Sklavenbesitzer zur Niederhaltung der Sklaven«, so wie »der Feudalstaat Organ des Adels zur Niederhaltung der leibeigenen und hörigen Bauern« und der moderne Staat »Werkzeug der Ausbeutung der Lohnarbeit durch das Kapital« war [107]. In all diesen Gesellschaften führte ökonomisches Übergewicht zu politischer Herrschaft [108]. Und ökonomische Herrschaft im Sinne Engels' war ohne Privateigentum an den entscheidenden Produktionsmitteln undenkbar [109].

Somit wurzelten gesellschaftliche Führung und Ausbeutung wesentlich im Privateigentum. Die despotischen Herren des funktionellen Staates, deren rücksichtslose Ausbeutungsmethoden Engels einst so beredt geschildert hatte, blieben unerwähnt. »Mit der *Sklaverei,* die unter der Zivilisation ihre vollste Entfaltung erhielt, trat *die erste große Spaltung der Gesellschaft* ein *in eine ausbeutende und eine ausgebeutete Klasse.* Diese Spaltung dauerte fort während der ganzen zivilisierten Periode. *Die Sklaverei ist die erste,* der antiken Welt eigentümliche *Form der Ausbeutung;* ihr folgt die Leibeigenschaft im Mittelalter, die Lohnarbeit in der neueren Zeit. Es sind dies die drei großen Formen der Knechtschaft, wie sie für die drei großen Epochen der Zivilisation charakteristisch sind.« [110]

Engels' Hinweise auf die »Zivilisation« berichtigen nicht den Eindruck einer einlinigen Evolution, der durch die soeben zitierten Ausführungen geschaffen wird. Aber sie legen die Vermutung nahe, daß Engels wußte, was er tat – oder genauer: was er verbarg. In Engels' Terminologie war »Zivilisation« identisch mit dem Vorherrschen des Privateigentums. Durch diese Einschränkung gab er indirekt zu, daß er in seiner Aufzählung die »barbarische« Welt der orientalischen Despotie nicht berücksichtigt hatte.

106. Engels, 1921, S. 167 (Hervorhebung vom Autor).
107. A. a. O., S. 180.
108. A. a. O.
109. S. a. a. O., S. 181.
110. A. a. O., S. 185 (Hervorhebungen vom Autor).

I. Marx verteidigt die Objektivität der Wissenschaft
gegen alle von außen kommenden Einflüsse

Dies ist kein erfreuliches Bild. Die Gründer des wissenschaftlichen Sozialismus, die den Anspruch erhoben, ihre politische Praxis auf die fortschrittlichste Theorie der Gesellschaftsentwicklung zu stützen, haben die Wahrheit nicht gefördert, sondern geschädigt, als sie der wichtigsten geschichtlichen Erscheinungsform totaler Macht gegenüberstanden. Warum? Hatte Marx so wenig Achtung vor der wissenschaftlichen Wahrheit, daß er sie leichten Herzens verletzte? Dies war nicht der Fall. Die Sorgfalt, mit der er seine eigenen ökonomischen Ansichten belegte, und seine ausführliche Wiedergabe abweichender Meinungen zeigen, daß er gewisse grundlegende Forderungen der Wissenschaft anerkannte.

Marx sprach sich auch eindeutig darüber aus. In seiner Erörterung des wissenschaftlichen Verhaltens von Malthus und Ricardo verurteilte er alle diejenigen, die die wissenschaftliche Wahrheit und die die allgemeinen Interessen der Menschheit für Sonderinteressen irgendeiner Art aufgaben. Ein Gelehrter, so Marx, solle die Wahrheit suchen in Übereinstimmung mit den immanenten Bedürfnissen der Wissenschaft ohne Rücksicht auf die Wirkung, die dies auf das Schicksal irgendeiner Gesellschaftsklasse – »Bourgeoisie«, »Proletariat« und »Aristokratie« – haben mag. Marx lobte Ricardo, weil dieser so vorging; er nannte dessen Rücksichtslosigkeit »nicht nur *wissenschaftlich ehrlich*, sondern wissenschaftlich geboten« [110a]. Und er sprach sich aufs schärfste gegen jeden Gelehrten aus, der dieses Prinzip vernachlässigte: »Einen Menschen ... der die Wissenschaft einem nicht aus ihr selbst, wie irrtümlich sie immer sein mag, sondern von außen, ihr *fremden, äußerlichen Interessen* entlehnten Standpunkt zu *akkomodieren* sucht, nenne ich ›gemein‹.« [111]

Marx dachte durchaus folgerichtig, indem er eine Haltung, die es ablehnte, die Wissenschaft den Interessen irgendeiner Klasse unterzuordnen, als »stoisch, objektiv, wissenschaftlich« bezeichnete [112]. Er war weiterhin durchaus folgerichtig, als er eine humanitäre Schlußfolgerung zog, die vom Standpunkt der leninistisch-stalinistischen Parteilichkeit höchst ketzerisch klingt: »Soweit es ohne Sünde gegen seine Wissenschaft geschehen kann, ist Ricardo immer Philanthrop, wie er es auch in der Praxis war.« Und er war ebenso folgerichtig, als er das von ihm verurteilte Verhalten in theoretischen Fragen eine »Sünde gegen die Wissenschaft« nannte [113].

110a. Marx, TMW, II, 1, S. 310.
111. *A. a. O.*, S. 312 f.
112. *A. a. O.*, S. 313.
113. *A. a. O.* Marx beschuldigt Malthus, diese Sünde begangen zu haben.

Angesichts dieser scharf formulierten Grundsätze gewinnen Marx' Rückschritte in der Analyse der asiatischen Gesellschaft eine besondere Bedeutung. Offenbar enthielt die Konzeption der orientalischen Despotie Elemente, die sein Wahrheitsstreben lähmten. Als Mitglied einer Gruppe, die darauf aus war, einen totalen managerialen und diktatorischen Staat zu schaffen, und die ihre sozialistischen Ziele »vermittels despotischer Eingriffe in das Eigentumsrecht und in die bürgerlichen Produktions-Verhältnisse«[114] zu verwirklichen suchte, war Marx sich wahrscheinlich gewisser peinlicher Ähnlichkeiten zwischen der orientalischen Despotie und der von ihm geplanten Staatsordnung bewußt.

Der klassische Nationalökonom John Stuart Mill, der in seinem *Principles* über den orientalischen Staat schrieb, warnte in dem gleichen Werk vor einem Staat, der in alles eingreift, vor den Gefahren einer Despotie der intellektuellen Elite (»die Regierung der Schafe durch ihren Hirten, ohne ein ähnlich starkes Interesse wie es der Hirt am Gedeihen seiner Herde hat«), vor »politischer Sklaverei«[115] und vor einer »herrschenden Bürokratie«[116]. Veranlaßten diese und ähnliche akademische Mahnungen Marx in den fünfziger Jahren dazu, die bürokratische Seite der orientalischen Despotie zu verbergen? Wir wissen es nicht. Aber wir wissen, daß in den sechziger und siebziger Jahren anarchistische Autoren viel weniger akademisch den Marxschen Staatssozialismus angriffen.

Als Marx die endgültige Fassung des ersten Bandes des *Kapital* schrieb, stand er in offenem Streit mit den Proudhonisten[117]. Und seit dem Ende der sechziger Jahre wurden er und Engels offensichtlich in Verlegenheit gebracht durch den Vorwurf der Bakunisten, daß der Staatssozialismus zwangsläufig die despotische Herrschaft einer bevorrechteten Minderheit über den Rest der Bevölkerung, die Arbeiter nicht ausgenommen, herbeiführen werde[118]. Im Jahre 1873 setzte Bakunin den Angriff fort in seinem Buch »Staatlichkeit

114. MEGA, I, 6, S. 545.

115. Mill, 1909, S. 949.

116. *A. a. O.*, S. 961.

117. MEGA, III, 3, S. 217, 224, 302, 341. Zusatz zur deutschen Ausgabe: Im Jahre 1864 charakterisierte Proudhon den zentralistischen Kommunismus als »eine kompakte Demokratie, die dem Scheine nach auf der Diktatur der Massen begründet ist, in der aber die Massen nur soviel Macht haben, als nötig ist, um eine allgemeine Knechtschaft im Einklang mit den vom alten Absolutismus übernommenen folgenden Regeln und Prinzipien zu sichern: Unteilbarkeit der öffentlichen Macht, allumfassende Zentralisation, systematische Zerstörung allen individuellen, korporativen und regionalen Denkens (das als schädlich betrachtet wird), eine inquisitorische Polizei« (Proudhon, 1873, S. 60).

118. Guillaume, IDS, I, S. 78 ff.; Bakunin, 1953, *passim*.

und Anarchie«, in dem er ausführte, daß der von Marx erwartete sozialistische Staat »einerseits Despotie und andererseits Sklaverei« erzeugen werde[119]. Die marxistische Theorie ist »eine Unwahrheit, hinter der die Despotie einer regierenden Minderheit lauert, eine Unwahrheit, die um so gefährlicher ist, da sie sich als der angebliche Ausdruck des Volkswillens gebärdet«[120].

Die von den Anarchisten vorgeschlagenen politischen Lösungen waren zweifellos utopisch. Aber die tiefe Wirkung ihrer Kritik erhellt aus Marx' Interpretation der Pariser Kommune, die die Anarchisten als eine groteske Umkehr seiner früheren Stellungnahme verspotteten[121], sie erhellt aus der geheimnistuerischen Art, in der Marx und Engels 1875 ihre Ideen über den Staatssozialismus und die Diktatur des Proletariats nur wenigen politischen Freunden mitteilten[122]. In seinem eigenen Exemplar von *Staatlichkeit und Anarchie* machte Marx ausführliche Notizen, aber in der Öffentlichkeit hat er niemals Bakunins scharfe Angriffe beantwortet.

Engels' Verdunkelungen des Problems der orientalischen Despotie waren am ärgsten in den Jahren unmittelbar nach dem Erscheinen des Bakuninschen Buches. Seine Bemerkung über die ausbeuterischen Despotien Rußlands und Indiens fügte er in den neunziger Jahren[123] in den dritten Band des *Kapital* ein, als nach Engels' eigenem Urteil die Kritik der Anarchisten ihm und seinen Genossen viel weniger zu schaffen machte[123a].

III. Vom fortschrittlichen zum reaktionären Utopismus

Die Verfasser des *Kommunistischen Manifest* beschuldigten die »utopistischen« Sozialisten, sie hätten eine »phantastische Schilderung der zukünftigen Gesellschaft« gegeben[124]. Aber Marx und Engels taten genau das, als sie ihre Version des sozialistischen Staats präsentierten. Die Gründer des »wissenschaftlichen Sozialismus«, die in realistischer, wenn auch freilich problematischer Weise die Probleme kapitalistischer Wirtschaft analysierten, machten keinen ähnlichen realistischen Versuch, die Probleme des diktatorischen Beamtenstaates zu analysieren, von dem sie eine sozialistische Spielart schaffen wollten. Sie erlagen demselben »fanatischen Aberglauben an die Wunderwirkungen ihrer sozialen Wissenschaft«[125], den sie an den frühen sozialistischen Utopisten so scharf kritisiert hatten.

119. Bakunin, 1953, S. 288.

120. A. a. O., S. 287.

121. Guillaume, IDS, II, S. 192.

122. Vgl. Wittfogel, 1953, S. 358, Anm. 34.

123. S. Engels und Kautsky, 1935, S. 306, 310, 313 f. u. a.

123a. S. Engels' Vorwort zur Kritik des Gothaer Programms aus dem Jahre 1891 (Marx, 1935, S. 41).

124. MEGA, I, 6, S. 554.

125. A. a. O., S. 555.

Und sie erlitten das gleiche Schicksal. Die Ansichten der »Utopisten«, denen in Marx' und Engels' Augen ursprünglich eine positive (»revolutionäre«) Tendenz innewohnte, verloren allmählich »allen praktischen Wert, alle theoretische Berechtigung«, und dies »in demselben Maße, worin der Klassenkampf sich entwickelt und gestaltet«. So stand also »die Bedeutung des kritisch-utopischen Sozialismus und Kommunismus … im umgekehrten Verhältnis zur geschichtlichen Entwicklung«. Und während die Urheber der utopischen Systeme »in vieler Beziehung revolutionär« waren, wurden ihre Schüler ausgesprochen reaktionär [126].

Unter andersartigen Verhältnissen und auf katastrophale Weise schlossen die utopischen Staatssozialisten ebenfalls den Kreis. Ihre Betonung der ökonomischen und funktionellen Seiten des Geschichtsprozesses befruchtete zweifellos die Sozialwissenschaften des 19. und der ersten Jahrzehnte des 20. Jahrhunderts. Ihre Gesellschaftskritik förderte den Kampf gegen die unmenschlichen Zustände, die die ersten Entwicklungsphasen des modernen industriellen Systems kennzeichneten [126a]. Aber die ursprüngliche Vision verlor ihre fortschrittliche Kraft in demselben Maße, in dem sie sich der Verwirklichung näherte. Auf der theoretischen Ebene offenbarte sich das reaktionäre Potential des Marxismus früh in der rückschrittlichen Haltung seiner Begründer gegenüber der orientalischen Despotie. In der Praxis offenbarte sich dieses reaktionäre Potential in riesigem Ausmaße, als neun Monate nach dem Sturz des semimanagerialen Apparatstaates des Zarismus die bolschewistische Revolution dem Aufstieg des totalen managerialen Apparatstaates der UdSSR den Weg bahnte.

3. LENIN

a. Lenin verstümmelt Marx' verstümmelte Fassung der asiatischen Konzeption noch mehr

I. Ständige Nichtberücksichtigung der managerialen Seite der orientalischen Despotie

Die Faktoren, die Marx' und Engels' Gedanken über die orientalische Despotie zunehmend entstellten, hatten zunehmend rückschrittliche Wirkungen im Falle Lenins.

Während der ersten zwanzig Jahre seiner politischen Laufbahn hatte Lenin im großen und ganzen Marx' Fassung der klassischen Konzeption der asiatischen Gesellschaft übernommen; aber vom Anfang an vertrat er diese Konzeption mit einer wichtigen Einschränkung: Er erwähnte niemals die managerialen Funktionen der orientalischen Despotie, obgleich er zweifellos

126. A. a. O.
126a. Vgl. Mill, 1909, S. 208.

Engels' einschlägige Bemerkungen im *Anti-Dühring* (den er häufig zitierte) kannte und obgleich diese Funktionen im Briefwechsel zwischen Marx und Engels (den er kannte) betont wurden. Seine Abneigung, die funktionelle Seite der asiatischen Despotie zu untersuchen, wurde auch nicht dadurch vermindert, daß sowohl Kautsky, dessen »orthodoxen« Marxismus er bis 1914 bewunderte, wie auch Plechanow, dessen Autorität in Fragen marxistischer Philosophie er bis ans Ende anerkannte, diese Seite der Sache betonten.

Lenin verschloß sich somit nicht nur gegenüber entscheidenden Realitäten im traditionellen Asien, sondern auch gegenüber wesentlichen Zügen des zaristischen Regimes, dessen manageriale Tätigkeit er aus nächster Nähe beobachten konnte. In seinem Buch *Die Entwicklung des Kapitalismus in Rußland* (1899) brachte er es fertig, den Aufstieg einer auf Privateigentum beruhenden Industrie in seinem Heimatland zu beschreiben, ohne den Umfang der staatlich geleiteten Unternehmen anzugeben, die fast zwei Jahrhunderte lang Rußlands Großindustrie beherrscht hatten und die trotz wichtiger Wandlungen immer noch von größter Bedeutung waren.

Durch die Vernachlässigung dieser Rolle der zaristischen Despotie verfälschte Lenin das Bild der Wirtschaftsordnung Rußlands grundlegend. Durch seine Beschönigung der vom Zarismus geübten Ausbeutung verfälschte er dieses Bild noch mehr. Im Jahre 1894 wies Engels auf die furchtbare Steuerlast hin, unter der der russische Bauer litt. Und ein paar Jahre später zeigten Nicolai-on und Miljukow, daß die Regierung den russischen Bauern durch direkte und indirekte Steuern etwa 50 Prozent ihres Einkommens abnahm [127]. Obgleich Lenin sich ausführlich mit Nicolai-ons Werk befaßte, sagte er nichts über die zahlreichen und drückenden indirekten Steuern. Dies führte ihn zu der fragwürdigen Schlußfolgerung, daß von den Dorfbewohnern, über die er Einzelangaben besaß, die kleinen Bauern nur etwa 15 Prozent ihrer Bruttoausgaben als Steuern abführten und die wohlhabenden Bauern noch weniger [128].

II. Eine verworrene Darstellung der herrschenden Klasse Rußlands

Lenins Behandlung der herrschenden Klasse unter der orientalischen Despotie war ähnlich unbefriedigend. Marx' Rückschritte in dieser Beziehung waren von enormer Bedeutung für das Gesamtverständnis der managerialen Despotie, sie berührten aber nicht ernsthaft seine Analyse der modernen westlichen Gesellschaft, die am Ende doch sein Hauptanliegen war. Lenins Erörterung der herrschenden Klasse der orientalischen Despotie aber war keineswegs akademisch. Sie betraf die gleiche Gesellschaft, deren revolutionäre Überwindung er anstrebte.

127. S. oben, S. 235.
128. Lenin, S, III, S. 126.

Wenn, wie Lenin annahm, das zaristische Regime eine Abart der orientalischen Despotie war, und wenn unter der orientalischen Despotie der Grundbesitz einer nichtfeudalen Form staatlicher Abhängigkeit entstammte, dann durfte man von ihm die Schlußfolgerung erwarten, daß die zaristische Gesellschaft nicht von feudalen oder nachfeudalen Landeigentümern, sondern von Bürokraten beherrscht wurde; und wenn dies seine Ansicht war, durfte man erwarten, daß er sie aussprechen werde. Im gegenteiligen Falle durfte man erwarten, daß er handfeste Gründe beibringen werde, um diese Ansicht zu widerlegen.

Lenin tat keines von beiden. Er charakterisierte die russische herrschende Klasse einmal so, einmal anders. Gelegentlich sprach er von einer »Diktatur der Bürokratie« [129], und er sah ihre Beamten als »einen dunklen Wald«, der »das stimmlose Volk« überragte [130]. Gelegentlich sagte er von der zaristischen Regierung, sie habe »bürgerliche« Tendenzen [131] und sei den »großen Kapitalisten und Adligen« untertan [132]. Häufig kennzeichnete er den Staat als Diener der adligen Landeigentümer [133].

b. Ein Machtstratege manipuliert die Wahrheit

Angesichts dieser Widersprüche mögen wir uns fragen, wie ein revolutionärer Führer, der über die herrschende Klasse so verworrene Ansichten hatte, es fertig bringen konnte, die Macht an sich zu reißen. Wir brauchen aber nur an Hitlers wahnwitzige Interpretation der deutschen Verhältnisse und an seine vernichtenden Siege über seine inneren Feinde zu denken, um zu erkennen, daß man enorme politische Erfolge auf der Grundlage von Ideen erzielen kann, die im besten Falle halb-rationell sind.

Lenin anerkannte objektive und absolute Wahrheiten [134]; dies hinderte ihn jedoch nicht, von sozialistischen Schriftstellern und Künstlern zu verlangen, daß sie den Grundsatz der »Parteilichkeit« befolgen müßten [135]. Er selbst handelte in der Tat in diesem Sinne während seines ganzen politischen Lebens, und verletzte dabei die elementarsten Regeln wissenschaftlicher Sauberkeit [136].

Die Widersprüche in Lenins Definition der russischen herrschenden Klasse sind wissenschaftlich nicht zu rechtfertigen; und seine sophistischen Spiegel-

129. *A. a. O.*, V, S. 271, 275 f.
130. *A. a. O.*, VI, S. 334.
131. *A. a. O.*, I, S. 272, Anm. 2.
132. *A. a. O.*, IV, S. 350.
133. *A. a. O.*, II, S. 103 f.; VI, S. 333, 343.
134. *A. a. O.*, XIV, *passim*.
135. *A. a. O.*, X, S. 27 ff.
136. S. unten, S. 493.

fechtereien während und nach der Stockholmer Diskussion über Rußlands asiatische Restauration geben einen Vorgeschmack seiner späteren Meisterschaft in der völligen Verdunkelung der Wahrheit [137].

c. Die Gefahr der asiatischen Restauration (1906–1907)

Unmittelbar vor dem Stockholmer Parteitag der Sozialdemokratischen Partei Rußlands 1906 griff Plechanow als Wortführer der Menschewiki Lenins Programm der Nationalisierung des Bodens an. Lenins Äußerungen auf und nach dem Parteitag zeigen, daß die Argumente Plechanows, der auf Grund der asiatischen Erbschaft Rußlands vor der Möglichkeit einer asiatischen Restauration warnte, ihn tief beunruhigten.

Die Plechanowschen Befürchtungen sind bald erklärt. Lenin, dem die Erfahrungen des Jahres 1905 neue Möglichkeiten eröffneten, glaubte, daß die sozialdemokratische Partei die Macht ergreifen könne, wenn es ihr gelinge, unter ihrer Fahne die kleine Arbeiterklasse Rußlands mit dem starken Bauerntum zu vereinigen. Er schlug vor, daß man, um die Unterstützung der Bauern zu gewinnen, die Nationalisierung des Bodens in das revolutionäre Programm aufnehme. Plechanow verurteilte eine sozialistische Machtergreifung als verfrüht und die vorgeschlagene Nationalisierung des Bodens als potentiell reaktionär. Eine solche Politik würde, anstatt die Fesseln, die das Land und seine Bebauer an den Staat banden, zu zerstören, »diesen Überrest einer alten halbasiatischen Ordnung unversehrt« lassen und folglich ihre Restauration erleichtern [138].

Dies war die gefürchtete historische Perspektive, die von Lenin verschieden bezeichnet wurde als »die Restauration der asiatischen Produktionsweise« [139], die »Restauration ›unserer alten halbasiatischen Ordnung‹« [140], die Restauration von Rußlands »halbasiatischer Nationalisierung« [141], »die Wiederherstellung halbasiatischer Zustände« [142], die »Wiederkehr des Asiatentums« (*Aziatščina*) [143] und Rußlands »›asiatische‹ Restauration« [144].

Plechanow berief sich in seiner Stellungnahme auf Marx' und Engels' Idee, daß Rußland unter der Mongolenherrschaft halbasiatisch wurde und trotz erheblicher Änderungen sogar noch nach der Bauernbefreiung halbasiatisch

---

137. Im Jahre 1906 verglich Plechanow Lenin mit einem glänzenden Rechtsanwalt, der der Logik ins Gesicht schlägt, um einer fragwürdigen Sache zum Siege zu verhelfen (*Protokoly*, S. 115).

138. *A. a. O.*, S. 116.

139. Lenin, S, X, S. 303.

140. *A. a. O.*, XIII, S. 300; deutsche Übersetzung in: *ders.*, 1952, S. 134.

141. *Ders.*, S, XIII, S. 300; deutsche Übersetzung in: *ders.*, 1952, S. 134.

142. *Ders.*, S, XIII, S. 301; deutsche Übersetzung in: *ders.*, 1952, S. 134.

143. *Ders.*, S, XIII, S. 302; deutsche Übersetzung in: *ders.*, 1952, S. 136.

144. *Ders.*, S, XIII, S. 303; deutsche Übersetzung in: *ders.*, 1952, S. 137.

blieb [145]. Er erinnerte daran, daß [1762] die *pomeščiki* zu Eigentümern ihres ehemaligen Dienstlandes geworden waren, ohne irgendwelche weitere Verpflichtung, der Regierung zu dienen, während den Bauern ihr Land noch immer [vom Staat und den *pomeščiki*] zugewiesen wurde. Die Bauern, die dieses Unrecht erbitterte, wünschten die Wiederherstellung des alten Systems der Staatskontrolle über das Land.

Plechanow erkannte das revolutionäre Element in diesen Ideen, fürchtete aber zugleich das reaktionäre Potential, das sie seiner Meinung nach enthielten. Durch eine Restauration der alten Wirtschafts- und Staatsordnung Rußlands »würde das Rad der russischen Geschichte entschieden, sehr entschieden zurückgedreht werden« [146]. Er beschwor das Beispiel des chinesischen Staatsmannes Wang An-schi herauf, der angeblich den [despotischen] Staat zum Eigentümer allen Bodens und die Staatsbeamten zu Leitern aller Produktion machen wollte [147]. Plechanow rief aus: »Wir erwarten nichts als Schaden von den Plänen russischer Wang An-schis, und wir richten all unsere Anstrengungen darauf, solche Pläne wirtschaftlich und politisch unmöglich zu machen.« [148] »Wir wollen keine *Kitaiščina*« – kein chinesisches System [149]!
Eingedenk dieser historischen Erfahrungen bekämpfte Plechanow Lenins Programm, eine diktatorische Regierung, gestützt auf eine kleine proletarische Minderheit, zu errichten, die wenig tun könne, um eine Restauration zu verhindern. Statt dessen schlug er vor, das Land zu munizipalisieren, eine Maßnahme, die die Organe öffentlicher Selbstverwaltung zu den Besitzern des Bodens machen und die so ein »Bollwerk gegen die Reaktion errichten« werde [150].

Wäre dieses »Bollwerk« stark genug gewesen, um der unendlich größeren Macht des neuen Staates, den Lenin schaffen wollte, entgegenzutreten? Wohl kaum! Wäre es stark genug gewesen, um eine Spielart der altmodischen despotischen Bürokratie, die Plechanow offenbar als die Nutznießerin einer möglichen zukünftigen Restauration ansah, in Schranken zu halten? Dies ist nicht ganz so unwahrscheinlich, wie Lenin es erscheinen lassen wollte.

Aber was immer die Wirkung einer Munizipalisierung gewesen wäre, Plechanow stand zweifellos auf festem Boden, als er auf Rußlands asiatische Erbschaft hinwies und es für notwendig hielt, »jene ökonomische Grundlage zu beseitigen, durch die unser Volk dem Asiatentum immer näher gerückt ist« [151]. Diese Formulierung drückte indirekt aus, was Plechanow in derselben De-

145. Plekhanov, 1906, S. 12 ff.; *Protokoly*, S. 44.

146. Plekhanov, 1906, S. 16.

147. Plechanow übernahm die Darlegung der Tatsachen, die Reclus gegeben hatte (Reclus, 1882, S. 577 ff.). Für eine historisch richtigere Beschreibung der Ziele Wang An-schis s. Williamson, WAS, II, S. 163 ff.

148. Plekhanov, 1906, S. 14.

149. A. a. O., S. 17 (Hervorhebung vom Autor).

150. *Protokoly*, S. 45.

151. A. a. O., S. 116.

batte in Übereinstimmung mit Marx' und Engels' Ansichten ausdrücklich sagte, nämlich daß in Rußland die orientalische Despotie nach der Bauernbefreiung zwar sehr geschwächt, aber nicht beseitigt war. Und er zog nur die logische Schlußfolgerung aus dieser Prämisse, als er davor warnte, die erhoffte Revolution zu einer asiatischen Restauration entarten zu lassen.

Die Bedeutung der Plechanowschen Argumente erklärt, warum Lenin immer wieder auf sie zurückkam, auf dem Stockholmer Parteitag, in einem sofort danach geschriebenen *Brief an die Petersburger Arbeiter*, in einer langen Broschüre über das Agrarprogramm der Partei (1907) und in einem Abriß dieser Broschüre, den er für eine polnische sozialistische Zeitschrift verfaßte. Offensichtlich stellte die asiatische Interpretation der russischen Gesellschaft, die für ihn bisher ein marxistisches Axiom gewesen war, seine ganze neue revolutionäre Perspektive in Frage.

Aber wenngleich dies Lenin sehr beunruhigte, konnte er doch im Rahmen des damaligen russischen Marxismus die asiatische Konzeption nicht fallenlassen. Er wandte sich aggressiv gegen Plechanows Ausführungen; zugleich aber gab er die Realität der asiatischen Erbschaft Rußlands zu, als er bemerkte, Plechanow habe »in ganz unzulässiger Weise die französische Restauration auf kapitalistischer Grundlage mit der Restauration ›unserer alten halbasiatischen Ordnung‹ verwechselt«[152]. Er gab sie zu, als er bemerkte, daß die »Hülle« der alten Ordnung in der Bauernreform noch »sehr stark« sei und daß die bürgerliche Entwicklung des ländlichen Rußlands nach den achtziger Jahren noch »ungeheuer langsam« vorangehe[153]. Er gab sie ferner zu, als er behauptete, die Nationalisierung des Bodens werde »*die ökonomischen* Grundlagen des Asiatentums *viel gründlicher*« beseitigen als die Munizipalisierung[154].

Dies sind bedeutsame Zugeständnisse. Sie werden noch bedeutsamer, wenn wir der Leninschen Überzeugung gedenken, daß infolge der Rückständigkeit Rußlands eine protosozialistische Revolution dort fehlgehen müsse, wenn sie nicht von einer sozialistischen Revolution in einem oder mehreren der industriell fortgeschrittenen Ländern des Westens unterstützt werde. »Die einzige Garantie gegen eine Restauration ist die sozialistische Revolution im Westen.«[155] Angesichts der soeben angeführten Äußerungen konnte die gefürchtete russische Restauration nur eine asiatische Restauration sein.

Im Einklang mit sozialistischen Lehren, die auch Lenin unterschrieb, verurteilte Plechanow dessen Plan, die Macht zu ergreifen, als »utopisch«, und er erinnerte an Napoleons Ausspruch, daß ein General, der in seinem Feldzugs-

152. Lenin, S, XIII, S. 300; deutsche Übersetzung in: *ders.*, 1952, S. 134.

153. *Ders.*, S, XIII, S. 302; deutsche Übersetzung in: *ders.*, 1952, S. 135 f.

154. *Ders.*, S, XIII, S. 301; deutsche Übersetzung in: *ders.*, 1952, S. 135.

155. *Protokoly*, S. 103 ff.; s. auch Lenin, S, XIII, S. 299; deutsche Übersetzung der im letzteren Werke gegebenen Formulierung in: *ders.*, 1952, S. 132.

plan damit rechne, daß alle günstigen Umstände eintreten, ein schlechter General sei [156]. Aber Lenin war entschlossen, das große Abenteuer zu wagen. Und aus diesem Grunde bemühte er sich, nach dem Stockholmer Parteitag die Bedeutung der asiatischen Erbschaft Rußlands zu verkleinern und zu verdunkeln.

In seinem Schlußwort in der Stockholmer Agrardebatte und in seinem Abriß der Broschüre über die Agrarfrage für das polnische Blatt erörterte er das Problem der Restauration, ohne die Möglichkeit einer asiatischen Restauration zu erwähnen. In seinem *Brief an die Petersburger Arbeiter* erwähnte er das Problem, aber er setzte seine Bedeutung herab, indem er die asiatische Produktionsweise in Rußland als eine Erscheinung der Vergangenheit bezeichnete. Die gefürchtete Restauration werde, falls sie stattfinde, nicht eine Restauration der asiatischen Produktionsweise sein, ja nicht einmal eine Restauration wie im 19. Jahrhundert im Westen. Denn »in Rußland wurde von der zweiten Hälfte des 19. Jahrhunderts an die kapitalistische Produktionsweise immer stärker, und im 20. Jahrhundert wurde sie absolut vorherrschend«[157].

Angesichts Lenins Bemerkung im Jahre 1905 – Rußland habe bisher nur einen beschränkten »asiatischen« Kapitalismus entwickelt – finden wir diese Behauptung phantastisch; und in seiner Broschüre über die Agrarfrage (1907) wiederholte er sie auch nicht. Vielmehr gab er, wie bereits gesagt wurde, in seinem *Agrarprogramm* zu, daß die russische Landwirtschaft auf dem bürgerlichen Weg nur »ungeheuer langsam« fortschreite. Und seine Versicherung, der »mittelalterliche Grundbesitz« erschwere das Wachstum der bürgerlichen Landwirtschaft in Rußland [157a], zeigt, was er meinte, als er sagte, daß man die Grundlagen der *Aziatščina* noch beseitigen müsse.

Ein Führer, der im Laufe eines Jahres die Tatbestände einer entscheidend wichtigen Frage auf vier verschiedene Arten behandelt (Verschweigung, Verwirrung, Verneinung und Anerkennung ihrer Bedeutung), ist sich offenbar seiner Sache nicht allzu sicher. Seit Stockholm vermied Lenin mehr und mehr die »asiatische« Terminologie; und er tat dies sogar, wenn er es mit ausgesprochen asiatischen Einrichtungen zu tun hatte [158]. Er wandte zur Bezeichnung der ·asiatischen« Erbschaft mehr und mehr Ausdrücke wie »mittelalterlich«, »patriarchalisch« und »vorkapitalistisch« an. Und obgleich er noch immer von der russischen »Knechtschaft« (*krepostničestvo*) sprach, erschien in seinen Schriften zunehmend der Ausdruck russischer »Feudalismus« [159].

156. *Protokoly*, S. 45.
157. Lenin, S, X, S. 303.
157a. *A. a. O.*, XIII, S. 302; deutsche Übersetzung in: *ders.*, 1952, S. 135 f.
158. *Der·.*, S, XIII, S. 301, 387; deutsche Übersetzung in: *ders.*, 1952, S. 134 f., 203 ff.
159. Lenin verwandte in seinem *Agrarprogramm* für das asiatische Landsystem den Ausdruck »Staatsfeudalismus«, von dem Plechanow und Martynow auf dem Stockholmer Parteitag gesprochen hätten (*ders.*, S. XIII, S. 301; deutsche Überset-

d. Weitere Schwankungen (1907–1914)

Trotz dieser Schwankungen behielt Lenin die asiatische Konzeption bei, für die er offenbar keinen Ersatz wußte. Im Herbst des Jahres 1910 näherte er sich Plechanow wieder [160], und im Januar 1911 bekundete er sein Festhalten an der asiatischen Konzeption, indem er Tolstojs Rußland als ein Land kennzeichnete, in dem »das orientalische System, das asiatische System« bis zum Jahre 1905 überwog; dieses Jahr war »der Anfang vom Ende der ›orientalischen‹ Stagnation« [161]. Im Jahre 1912 wandte er auf das traditionelle China »asiatische« Bezeichnungen an, und 1914 sprach er von der asiatischen Despotie Rußlands als einer lebendigen Wirklichkeit [162].

e. Voller Rückzug (1916–1919)

I. Lenins *Imperialismus* (1916)

Im Ersten Weltkrieg gab Lenin die asiatische Konzeption endgültig auf. Im Oktober 1914 sprach er die Hoffnung aus, der Krieg möge den radikalen Sozialisten die Gelegenheit bieten, eine große politische und soziale Revolution zu entfesseln [163]. Und 1915 war er überzeugt, daß sich ein gewaltiger Umsturz anbahne [164]. Um seine Anhänger auf eine wagemutige revolutionäre Haltung vorzubereiten, verfaßte er zwei kleine Schriften, die eine entschiedene Wendung seiner sozialgeschichtlichen Ansichten ausdrückten: *Der Imperia-*

---

zung in: *ders.*, 1952, S. 135). Martynow sagte in der Tat in Stockholm: »Unser Feudalismus ist ein Staatsfeudalismus« (*Protokoly*, S. 90), aber ich habe keine ähnliche Formulierung in Plechanows Reden gefunden. Übrigens, wenn Plechanow gelegentlich das Wort »Feudalismus« gebrauchte, betonte er während des ganzen Jahres 1906 immer wieder, daß Rußlands institutionelle Erbschaft nicht feudal, sondern halbasiatisch war (s. insbesondere *a. a. O.*, S. 116).

160. Lenin, 1937, S. 288.

161. *Ders.*, S, XVII, S. 31. Diese Periodisierung erschien nochmals in einem 1916 geschriebenen Artikel Zinowjews. Zinowjew, der damals Lenins enger Mitarbeiter war, erklärte, daß die vom alternden Engels gegebene Bewertung Rußlands als eines noch von der zaristischen Autokratie beherrschten Landes von den russischen Sozialisten allgemein akzeptiert werde (Zinowjew, 1919, S. 46). Die Revolution des Jahres 1905 schuf eine grundlegend neue Situation. Der Aufstieg eines politisch bewußten Proletariats und die Bereitwilligkeit der Bourgeoisie, den Zarismus anzuerkennen (*a. a. O.*, S. 46 ff., 49, 60, 70 ff.) änderte die soziale Struktur Rußlands und das Kräfteverhältnis der Klassen (*a. a. O.*, S. 69). Zinowjew betonte, daß der Zarismus einen neuen Gegner vor sich habe: aber er verneinte nicht, daß die Autokratie noch existierte.

162. S. oben, S. 468.

163. Lenin, S, XXI, S. 17.

164. *A. a. O.*, S. 17 ff., 78 ff., 257, 336.

lismus als höchstes Stadium des Kapitalismus (1916) und *Staat und Revolution* (1917).

Im *Imperialismus* schilderte Lenin den Kapitalismus als ein »monopolistisches« und imperialistisches System, das – wie seine Unfruchtbarkeit und Stagnation zeige – am Ende seiner geschichtlichen Laufbahn angekommen sei. Und im Anschluß an Hilferding betrachtete er das »Finanzkapital« als den Herrn des Kreditwesens und damit der ganzen Wirtschaft eines modernen Landes. Logisch hätte nun nach meiner Meinung Lenin darlegen müssen, daß diese These nicht nur für Westeuropa und Amerika richtig sei, sondern auch für Rußland, den Hauptgegenstand seiner theoretischen und politischen Tätigkeit. Gerade im Falle Rußlands wäre solch eine Beweisführung ebenso einfach wie aufschlußreich gewesen, denn, wie jedermann wußte, die zaristische Regierung beherrschte das russische Kreditwesen. Die »asiatische« Interpretation der russischen Gesellschaft legte die Schlußfolgerung nahe, daß demzufolge die zaristische Bürokratie die Ökonomie des Landes beherrschte.

Lenin erkannte die Voraussetzung an, aber er entzog sich der Schlußfolgerung. Er erwähnte die finanzielle Schlüsselstellung der zaristischen Regierung[165]; aber er tat es ohne Nachdruck und ohne daraus dieselbe Folgerung für die russische Wirtschaft zu ziehen, die er für den Westen gezogen hatte, in dem das Privateigentum herrschte. Wie er es vorher versäumt hatte, die managerialen Funktionen des historischen russischen Staates klarzustellen, so versäumte er dies nun auch für die Gegenwart. Er verbarg somit ein wesentliches institutionelles Merkmal, das die halbasiatische Vergangenheit des Landes mit einer staatssozialistischen oder einer »asiatischen« Zukunft verbinden konnte.

II. Staat und Revolution (1917)

In *Staat und Revolution* trieb er die Irreführung noch weiter. In dieser Schrift sprach Lenin von der Notwendigkeit, den bestehenden Staat, der in den Händen der alten herrschenden Klasse sei, durch einen neuen Staatstypus zu ersetzen, der – wie die Pariser Kommune – von unten kontrolliert werde. Er stützte diese bedeutsame Entscheidung nicht auf eine Prüfung der geschichtlichen Tatsachen, sondern auf gewisse Äußerungen von Marx.

Lenin machte sich angesichts »der unerhörten Verbreitung, die die Entstellungen des Marxismus gefunden haben«, die *»Wiederherstellung* der wahren Marxschen Lehre vom Staat« zur Aufgabe; und er versprach, »alle, oder zumindest alle entscheidenden Stellen aus den Werken von Marx und Engels über die Frage des Staates ... möglichst vollständig« anzuführen[166].

Ein Leser, den gewisse Ideen eines Autors interessieren, wird zunächst versuchen, sich mit dem Hauptwerk dieses Autors bekannt zu machen, falls darin die fraglichen Ideen erörtert werden; dann erst wird er sich seinen anderen

165. *A. a. O.*, XXII, S. 226.
166. *A. a. O.*, XXV, S. 357 ff.; deutsche Übersetzung in: *ders.*, AW, II, S. 160 f.

einschlägigen Werken zuwenden. Wie verfuhr Lenin nun in *Staat und Revolution*? Im Jahre 1907 hatte er behauptet, die kommende russische Revolution habe noch die ökonomischen Grundlagen der orientalischen Despotie zu beseitigen; im Jahre 1912 sagte er, 1905 sei erst »der Anfang vom Ende« der stationären »orientalischen« Verhältnisse Rußlands gewesen, und im Jahre 1914 erklärte er in Übereinstimmung mit Rosa Luxemburg, die »Staatsordnung Rußlands« werde durch Merkmale charakterisiert, »die in ihrer Summe den Begriff des ›asiatischen‹ Despotismus ergeben«[167]. Man sollte also erwarten, daß Lenin 1916–1917, als er »alle entscheidenden Stellen aus den Werken von Marx und Engels über die Fragen des Staates« beizubringen versprach, nicht nur Marx' Ideen über die eigentumsmäßigen Grundlagen des Staates, sondern auch seine Ideen über die funktionalen Grundlagen des Staates und über die in diesem Zusammenhang wichtige russische Staatsordnung wiedergegeben hätte. Man sollte erwarten, daß er *Das Kapital*, Marx' Hauptwerk, das viele bedeutsame Hinweise auf den asiatischen Staat enthält, sowie die anderen Schriften von Marx, die sich mit diesem Gegenstand befassen, angeführt hätte. Und natürlich sollte man erwarten, daß er auch Engels' Schriften, und nicht zuletzt dessen Stellungnahme vom Jahre 1875 zur orientalischen Despotie Rußlands [168], berücksichtigt hätte.

Von alledem aber tat Lenin nichts. In dem Buch, in dem angeblich alle entscheidenden Äußerungen Marx' über den Staat zitiert werden sollten, wird *Das Kapital* nicht einmal genannt. Und alle anderen Äußerungen von Marx und Engels über den Apparatstaat im allgemeinen und Rußlands orientalische Despotie im besonderen sind gleichfalls nicht erwähnt. Marx' und Engels' Gedanken über den funktionellen despotischen Staat sind in Lenins Darstellung tatsächlich ganz verschwunden. Der einzige Staatstypus, den Lenin behandelte, war Marx' und Engels' auf Privateigentum beruhender, nicht-orientalischer Staat.

Konsequent in seiner Einseitigkeit, bringt Lenin nur ein paar Stellen, die von den drei auf Privateigentum beruhenden Gesellschaftsformationen des marxistischen Schemas handelten: Altertum, Feudalismus und Kapitalismus. Und diese Stelle entnahm er nicht einem Werk von Marx, sondern dem dritten Abschnitt von Engels' *Anti-Dühring* und der schwächsten sozialhistorischen Schrift von Engels, *Der Ursprung der Familie, des Privateigentums und des Staats* [169].

III. Lenins Vortrag über den Staat (1919)

Als Lenin 1916 sein Material für *Staat und Revolution* ordnete, bestand der russische Absolutismus, obgleich sehr geschwächt, noch fort. Im Sommer des

167. *Ders.*, S, XX, S. 375; deutsche Übersetzung in: *ders.*, AW, I, S. 679.
168. S. oben, S. 464.
169. Lenin, S, XXV, S. 367 und 364.

Jahres 1917, als das Buch fertig wurde, war der Zar gestürzt, und die Bolschewiki waren auf dem Weg, das Programm Lenins von 1905–1906 zu verwirklichen, die Nationalisierung des Bodens mit einbegriffen, die, Plechanow zufolge, die Möglichkeit einer asiatischen Restauration erheblich vergrößern würde.

So führte Lenin seine Leser über die Kernfragen der von ihm angestrebten Revolution irre. Und er tat das gleiche unmittelbar nach der Oktoberrevolution, und späterhin, als die Bolschewiki ihre monopolistische manageriale Macht festigten. Den Gipfel seiner ideologischen Umkehr erreichte er in dem Vortrag *Über den Staat,* den er am 11. Juli 1919 in der Zentralschule für Sowjet-Funktionäre hielt.

In *Staat und Revolution* hatte Lenin *Das Kapital* nicht angeführt, aber er hatte wenigstens aus Marx' sekundären Schriften zitiert. In seinem Vortrag *Über den Staat* erwähnte er weder Marx' Namen noch das Wort Marxismus. Statt dessen führte er Engels als seine einzige Autorität in Sachen des »modernen Sozialismus« vor. Er empfahl seinen Zuhörern, Engels zu lesen, aber nicht den Urheber vieler Gedanken über den asiatischen Staat und Rußlands orientalische Despotie oder den Verfasser des *Anti-Dühring,* sondern lediglich den Engels, der 1884 Morgan popularisiert hatte. Lenin sagte: »Über die Frage des Staates hoffe ich, daß Sie sich mit der Schrift von Engels *Der Ursprung der Familie, des Privateigentums und des Staats* vertraut machen werden. Es ist eines der grundlegenden Werke des modernen Sozialismus [170], in dem man zu jedem Satz Vertrauen haben kann, Vertrauen, daß jeder Satz nicht aufs Geratewohl ausgesprochen, sondern auf Grund eines ungeheuren geschichtlichen und politischen Materials niedergeschrieben ist.« [171]

Aber obgleich Lenin jeden Satz dieses Buches als autoritativ empfahl, entstellte er einige der dort niedergelegten Hauptgedanken. Zwei Fälle sind für unsere Untersuchung von besonderem Interesse. Beide beziehen sich auf die Bedeutung der Sklaverei, und in beiden Fällen hat Lenins Entstellung die Tendenz, den Glauben zu festigen, daß die gesellschaftliche Entwicklung ein einliniger Prozeß sei.

Wie oben festgestellt wurde, deutete Engels in seinem Buch über die Familie an, daß die Sklaverei weder im »Orient« noch im europäischen Mittelalter einen wesentlichen Produktionsfaktor darstellte (der Orient kannte nur »Haussklaverei«; und die germanischen Stämme vermieden den »Schlamm« [171a] der antiken Sklaverei und schritten unmittelbar von der primitiven »Gentil-

---

170. Man beachte, daß Lenin hier nicht die Formel »wissenschaftlicher Sozialismus« gebrauchte, die als Bezeichnung für den marxistischen Sozialismus allgemein üblich war.

171. Lenin, S, XXIX, S. 436; deutsche Übersetzung in: *ders.,* 1929, S. 5.

171a. Engels, 1921, S. 161. Engels spricht auch von einer »Sackgasse« (*a. a. O.,* S. 154).

verfassung« zur feudalen Knechtschaft fort) [172]. Lenin jedoch schob diese wichtigen Unterscheidungen beiseite. Anstatt dessen behandelte er die »Sklavenhaltergesellschaft« als eine mehr oder weniger universale Entwicklungsphase. »Das *ganze* moderne zivilisierte Europa« habe die Sklaverei »durchgemacht – vor zweitausend Jahren war die Sklaverei durchaus herrschend«. Auch die große Mehrzahl der Völker in den übrigen Weltteilen sei durch sie hindurchgegangen [173]. Und eine angeblich allgemein vorkommende auf Privateigentum beruhende Gesellschaftsordnung führte zwangsläufig zur nächsten: die Sklavenhaltergesellschaft zu einer auf Leibeigenschaft basierenden Gesellschaft, diese zum Kapitalismus, und der Kapitalismus zum Sozialismus [174].

Dieses einlinige Entwicklungsschema hatte keinen Platz für eine asiatische Gesellschaft und eine asiatische Restauration. Statt dessen zeigte es »wissenschaftlich«, daß die bolschewistische Revolution, indem sie die üblen Mächte des Privateigentums zerschmetterte, die unentrinnbare nächste Phase menschlichen Fortschritts einleitete: den Sozialismus.

f. Lenins letzte Jahre: das Gespenst der Aziatščina erscheint aufs neue

Wenn Lenin seine früheren Ansichten völlig aufgegeben hätte, dann könnte unsere Geschichte des Großen Mythus hier enden. Aber Lenin war ein »subjektiver Sozialist«. Und obgleich das Regime, dem er vorstand, von Anfang an wenig Ähnlichkeit mit der protosozialistischen Regierung hatte, die Marx und er selbst (vor der Oktoberrevolution) anstrebten, fuhr er fort, seine früheren Gedanken wieder zu äußern. Während er dennoch aus Gründen der Macht seine sozialistischen Prinzipien verriet, tat er dies zweifellos mit schlechtem Gewissen. Und es besteht kein Zweifel, daß ihm nicht wohl war, als er die asiatische Frage verdunkelte.

In *Staat und Revolution* anerkannte Lenin indirekt die Existenz der orientalischen Despotie als des bedeutendsten »barbarischen« Unterdrückungs- und Ausbeutungssystems, indem er, wie Engels, seine Bemerkung über den auf Privateigentum begründeten Staat nur auf die »zivilisierte Gesellschaft« bezog [175].

Diese Qualifikation hob die irreführende Wirkung seiner Hauptthese nicht auf, sie verriet aber, daß Lenin sich seiner »Sünde gegen die Wissenschaft« bewußt war.

In seinem Vortrag *Über den Staat* verwandte Lenin den Ausdruck »Knechtschaft« *(krepostničestvo)*, wo Engels »Feudalismus« geschrieben hatte. Und er faßte seine Darlegung über den Knechtschaftstaat mit den Worten zusammen:

172. Engels, 1921, S. 162.
173. Lenin, S, XXIX, S. 438; deutsche Übersetzung in: *ders.,* 1929, S. 7 (Hervorhebung vom Autor).
174. *Ders.,* S, XXIX, S. 438 ff.; deutsche Übersetzung in: *ders.,* 1929, S. 7 ff.
175. *Ders.,* S, XXV, S. 362.

»Das war der Knechtschaftstaat [175a], der z. B. in Rußland oder in den ganz *(soveršenno)* [176] rückständigen asiatischen Ländern, wo die Knechtschaft heute noch herrscht – in der Form verschieden – entweder republikanisch oder monarchisch war.«[177] Offenbar erinnerte Lenin sich noch, daß »asiatische Länder« eine besondere Form der Knechtschaft hatten. Und er unterschied noch zwischen »ganz« rückständigen asiatischen Ländern und anderen (halbrückständigen, halbasiatischen?) Ländern, zu denen er Rußland zählte. Wiederum machte er bedeutsame Zugeständnisse; aber wiederum verbarg er seine Zugeständnisse so sorgfältig, daß sie kaum erkennbar waren.

Vom Standpunkt der leninschen Prämissen hatte die bolschewistische Machtergreifung im Herbst des Jahres 1917 wenig Aussicht, eine protosozialistische und sozialistische Entwicklung einzuleiten. Denn nach seiner eigenen Meinung konnte seine »relative« innere Garantie – ein Staat vom Typus der Kommune (ohne Bürokratie, ohne Polizei und ohne stehendes Heer) – nur dann die gefürchtete Restauration verhindern, wenn das neue Regime durch eine Revolution in einem oder mehreren industriell fortgeschrittenen Ländern des Westens unterstützt wurde. Daher war Lenin außer sich vor Freude, als im November 1918 in Deutschland eine Revolution ausbrach.

Aber die Ermordung der zwei deutschen kommunistischen Führer, Karl Liebknecht und Rosa Luxemburg, am 15. Januar 1919 enthüllte brutal die Schwäche der revolutionären Kräfte im Westen, deren Hilfe Lenin herbeisehnte. Er war zutiefst erschüttert. Fünf Tage später zog er in einer seltsamen Rede auf dem II. Gesamtrussischen Gewerkschaftskongreß die Bilanz der Errungenschaften der bolschewistischen Revolution. Die Französische Revolution, bemerkte er, habe in ihrer reinen Form nur ein Jahr gedauert – aber sie habe Großes geleistet. Die bolschewistische Revolution habe im gleichen Zeitraum für ihre Ziele viel mehr erreicht [178]. Lenins sprunghafte Sätze verhüllten nur dürftig seine Angst, daß die bolschewistische Revolution, wie vor ihr die Französische Revolution, auf eine Restauration zutrieb.

Wir wissen nicht genau, an was für eine Restauration Lenin damals dachte; aber am 21. April 1921 – unmittelbar nach dem Kronstadter Aufstand – wies er auf die anti-sozialistischen und anti-proletarischen Gefahren hin, die der neuen Sowjetbürokratie innewohnten. Diese Bürokratie sei keine bürgerliche Macht, sondern etwas Schlimmeres. Sein Vergleich der Gesellschaftsord-

175a. In der von uns herangezogenen, von Hermann Duncker herausgegebenen deutschen Übersetzung wird das Wort *krepostničestvo* fälschlich mit Feudalismus wiedergegeben.

176. Lenins Formulierung erinnert an den von Marx gemachten Unterschied zwischen den »ganz orientalischen Wirren« im China der 50er Jahre und den »halborientalischen Wirren«, die das zaristische Rußland hervorrief. S. oben, S. 464.

177. Lenin, S, XXIX, S. 445; deutsche Übersetzung in: *ders.*, 1929, S. 12.

178. *Ders.*, S. XXVIII, S. 401.

nung deutet an, was er im Auge hatte: »Sozialismus ist besser als Kapitalismus, aber Kapitalismus ist besser als die Mittelalterlichkeit, *als die Kleinproduktion und die mit der Zersplitterung der Kleinproduzenten verbundene Bürokratie.*« [179]

Lenins Äußerung mag diejenigen Leser verwirren, die mit der marxistischen Definition der orientalischen Despotie nicht vertraut sind. Wer aber diese Definition kennt, wird sich an Marx' und Engels' Auffassung erinnern, daß die sich selbst reproduzierenden, verstreuten und isolierten Dorfgemeinden die feste und natürliche Grundlage der orientalischen Despotie bildeten [180]. Und er wird sich an Lenins Äußerung vom Jahre 1914 erinnern, daß die »ganz geringfügige« Entwicklung der Warenwirtschaft die ökonomische Grundlage der großen Dauerhaftigkeit der asiatischen Despotie darstelle [181].

Ein paar Absätze weiter, als wolle er jeden Zweifel über seine Meinung beseitigen, kennzeichnete er die neue Sowjetbürokratie noch genauer. »Welches sind die ökonomischen Wurzeln des Bürokratismus?« Er antwortete: »Diese Wurzeln sind in der Hauptsache zweifacher Art: Einerseits benötigt die entwickelte Bourgeoisie gerade gegen die revolutionäre Bewegung der Arbeiter (zum Teil auch der Bauern) einen bürokratischen Apparat, in erster Linie einen militärischen, sodann einen richterlichen usw. Diesen gibt es bei uns nicht. Die Gerichte sind bei uns Klassengerichte gegen die Bourgeoisie. Unsere Armee ist eine Klassenarmee gegen die Bourgeoisie. Der Bürokratismus steckt nicht in der Armee, sondern in den sie bedienenden Institutionen. Bei uns ist die ökonomische Wurzel der Bürokratie eine andere: *die Zersplitterung, die Atomisierung des Kleinproduzenten, seine Armut und Kulturlosigkeit, die Wegelosigkeit, das Analphabetentum, der mangelnde Umsatz zwischen Landwirtschaft und Industrie, das Fehlen einer Verbindung und Wechselwirkung zwischen ihnen.*« [182]

Lenin gab freilich dem Phänomen, das er beschrieb, keinen Namen. Aber die Einzelheiten, die er anführte, bezogen sich alle auf die Verstreutheit und Isolierung der Dörfer, über die das neue Regime herrschte. Offenbar äußerte er in äsopischer Sprache [183] seine Befürchtung, daß eine asiatische Restauration

179. *A. a. O.*, XXXII, S. 329; vgl. die deutsche Übersetzung in: *ders.*, AW, II, S. 846 (Hervorhebung vom Autor).

180. S. MEGA, III, 1, S. 487; Marx, DK, I, S. 323; und Marx und Engels, 1952, S. 211 ff.

181. S. oben, S. 468.

182. Lenin, S, XXXII, S. 330; vgl. die deutsche Übersetzung in: *ders.*, AW, II, S. 847 (Hervorhebung vom Autor).

183. Ursprünglich bediente sich Lenin einer »äsopischen« (Sklaven-) Sprache, um zu den von der Regierung Unterdrückten so zu sprechen, daß die Herrscher nicht verstanden, was er sagte (vgl. *ders.*, S, XXII, S. 175). Jetzt wandte er als das Haupt der neuen herrschenden Schicht die gleiche Methode an, um seine Gedanken vor den Beherrschten zu verbergen.

bevorstehe und daß eine neue Form der orientalischen Despotie im Entstehen sei.

Es ist daher kein Wunder, daß Lenin am Ende seiner politischen Laufbahn Rußlands institutionelles Erbe mehrere Male »bürokratisch« und »asiatisch« nannte. Er bemerkte, daß die russische Gesellschaft sich noch nicht aus der »halbasiatischen Kulturlosigkeit« herausgearbeitet habe [184]. Er stellte der »asiatischen« Art, in der der russische Bauer Handel trieb, die »europäische« gegenüber [185]. Und er warnte davor, »sich allzuviel und allzuleicht ... in Reden über ›proletarische Kultur‹« zu ergehen: »Für den Anfang sollte uns eine wirkliche bürgerliche Kultur genügen, für den Anfang sollte es uns genügen, wenn wir ohne die besonders ausgeprägten Typen der Kulturen vorbürgerlicher Art, d. h. die Beamten- oder Knechtschaftskultur usw., auskommen würden.« [186] Knechtschaftskultur – nicht feudale Kultur! Und kurz vor dem Schlaganfall, der ihn endgültig von der politischen Bühne entfernte, ging er soweit zu sagen, daß der sowjetische Staatsapparat »in höchstem Grade ein Überbleibsel des Alten« sei; »er ist nur leicht von außen übertüncht« [187].

4. STALIN

Gleich dem ersten römischen Kaiser, Augustus, ehrte der Gründer der Sowjetunion, Lenin, in seinen Worten die Ideale, die er durch seine Taten zunichte machte. Aber auch Worte haben ihre Geschichte, und unter einem Regime, das seine Ideen in starre Formen preßt, lassen sich die Worte der Schöpfer der offiziellen Doktrin nicht einfach beiseite schieben. Es ist kein Zufall, daß in der UdSSR die Konzeption einer asiatischen Gesellschaft offene Verteidiger fand, solange »subjektive Sozialisten« (Mitglieder der »Alten Garde«) offen den Aufstieg der neuen totalitären Bürokratie bekämpften. Es ist ferner kein Zufall, daß Stalin, der Lenins Apparatstaat erbte und entwickelte, auch Lenins Bestreben erbte und entwickelte, unbequeme Wahrheiten zu vernichten, selbst wenn diese Wahrheiten von Marx und Engels – oder von Lenin selbst stammten.

184. A. a. O., XXXIII, S. 423; deutsche Übersetzung in: ders., AW, II, S. 984.
185. Ders., S, XXXIII, S. 430; deutsche Übersetzung in: ders., AW, II. S. 991.
186. Ders., S. XXXIII, S. 445; vgl. deutsche Übersetzung in: ders., AW, II, S. 1005.
187. Ders., S, XXXIII, S. 440; vgl. deutsche Übersetzung in: ders., AW, II, S. 1000. S. auch: ders., S, XXXIII, S. 404; deutsche Übersetzung in: ders., AW, II, S. 974 (»Wir haben den alten Staatsapparat übernommen, und das war unser Unglück«) und ders., S, XXXIII, S. 434; deutsche Übersetzung in: ders., AW, II, S. 994 (der »Apparat, der absolut nichts taugt, den wir gänzlich von der früheren Epoche übernommen haben«).

a. Die Alte Garde leistet Widerstand

Im Jahre 1925 veröffentlichte Rjasanow, der damalige Direktor des Marx-Engels-Instituts, mehrere Artikel von Marx unter dem Titel *Karl Marx über China und Indien*; in seiner Einleitung erörterte er Marx' Ideen über die asiatische Gesellschaft und die asiatische Produktionsweise [188]. Im gleichen Jahre erklärte der führende Nationalökonom Varga, daß die von der chinesischen Regierung beherrschten produktiven und schützenden Wasserbauten die Grundlage der chinesischen Gesellschaft darstellten und daß die gelehrten Verwaltungsbeamten, die *literati*, und nicht die Repräsentanten des Privateigentums, z. B. die Landeigentümer, Chinas herrschende Klasse darstellten: »eine herrschende Klasse von ganz eigenartigem Typus« [189]. Im Jahre 1928 hieß es in dem unter Bucharins Leitung ausgearbeiteten *Programm der Kommunistischen Internationale*, daß in der Ökonomie der kolonialen und halbkolonialen Länder »feudal-mittelalterliche Verhältnisse oder Verhältnisse der ›asiatischen Produktionsweise‹ vorherrschten«. Varga nannte in einem Artikel in *Bol'ševik*, dem theoretischen Organ der Kommunistischen Partei der UdSSR, das traditionelle China eine asiatische Gesellschaft, und er betonte, daß in dieser Gesellschaft die Bauern, Eigentümer und Pächter ganz anders gestellt seien als die Leibeigenen in der feudalen Gesellschaft [190]. 1930 wandte sich Varga unverhohlen kritisch gegen den Komintern-Funktionär Yolk und die ihm beistimmenden Herausgeber der *Problemy Kitaia*, die die asiatische Produktionsweise als eine asiatische Spielart der feudalen Produktionsweise bezeichneten: Wäre Marx dieser Meinung gewesen, »so würde er es gesagt haben« [191]. Die von Yolk vorgeschlagene Änderung bedeute nicht weniger als eine »Revision des Marxismus«. Varga verlangte daher, daß das zugrundeliegende Problem zum Gegenstand einer speziellen Diskussion gemacht werde.

Solch eine Diskussion fand in der Tat statt, und zwar in Leningrad im Februar 1931 – das heißt kurz nach der Zwangskollektivierung, die die Stellung der neuen, von Stalin geführten Apparatleute gewaltig festigte, aber vor den Säuberungen, die die Alte Garde rücksichtslos dezimierten. Dies erklärt, warum Rjasanow, Varga, Bucharin und Magyar (der führende jüngere Anhänger der asiatischen Konzeption) nicht zur Teilnahme aufgefordert wurden. Es erklärt zugleich, warum diejenigen, die die großen asiatischen Kulturen »feudal« nannten, sich in ihren Angriffen auf die Verteidiger der »Theorie der asiatischen Produktionsweise« noch eine gewisse Zurückhaltung auferlegten.

188. Rjasanoff, 1925, S. 374 ff.

189. *Inprekorr*, 1925, S. 2270. Varga hatte davor (*a. a. O.*, S. 1696) von der »feudal-natural-wirtschaftlichen Grundlage« der chinesischen Reichseinheit gesprochen, aber sich später eingehender mit der chinesischen Geschichte befaßt (*a. a. O.*, S. 2268).

190. Varga, 1928, S. 19 ff.

191. *Problemy Kitaia*, (Moskau), Nr. 4–5, 1930, S. 223.

b. Eine unschlüssige Kritik der Theorie der orientalischen Gesellschaft

I. Die Leningrader Diskussion (1931)

Politisch gesehen hatten die Befürworter der »feudalen« Deutung der orientalischen Gesellschaft eine starke Stellung, denn seit 1926 hatte Stalin Chinas agrarische Ordnung wiederholt als »feudal« bezeichnet [192]. Stalin aber war sehr apodiktisch gewesen und nicht sehr überzeugend, als er von den feudalen Zuständen Chinas sprach. Er hatte seine Ansicht nicht mit dem Hinweis auf bekannte Tatsachen der chinesischen Wirtschaft und Gesellschaft vertreten. Auch hatte er versäumt anzugeben, was man mit Marx', Engels' und Lenins Äußerungen über die asiatische Gesellschaftsordnung und Produktionsweise tun solle.

Diese Unentschiedenheit macht die damalige Stellungnahme der Komintern zu den Fragen Chinas, Indiens und anderer asiatischer Länder verständlich. Und sie erklärt die Vorsicht, mit der die Vertreter der stalinschen »feudalen« Position in der Leningrader Diskussion vorgingen. Es war nicht einfach, sich für eine Parteilinie einzusetzen, deren marxistisch-leninistische Grundlagen problematisch waren.

Im Laufe der Leningrader Konferenz traten dennoch einige Ansichten klar zutage.

1. Die Kritiker der asiatischen Konzeption lehnten den Gedanken, daß eine »funktionelle« Bürokratie die herrschende Klasse sein könne, als unmarxistisch ab [193].

2. Sie verwarfen die asiatisch-bürokratische Interpretation der chinesischen *Gentry* [194].

3. Sie behaupteten, daß die Theorie der asiatischen Produktionsweise die Arbeit der Kommunistischen Internationale in den kolonialen und halbkolonialen Ländern Asiens gefährde [195].

192. S. unten, S. 506.
193. DASP, S. 14 ff., 66 ff.
194. *A. a. O.*, S. 68; vgl. S. 181. In diesem Zusammenhang wurde ich angegriffen, weil ich den »asiatischen« Charakter der chinesischen *Gentry* betont habe. Die tat ich wirklich, als ich die *Gentry* den nicht amtierenden Flügel der herrschenden bürokratischen Klasse nannte (Wittfogel, 1931, S. 730; vgl. S. S. 733 f.). Für die Weiterentwicklung meiner damaligen Ansicht über die bürokratische *Gentry* s. oben, S. 392 ff.
195. Godes behauptete, daß die Idee des »exzeptionellen« (nichtwestlichen) Charakters des Orients, die in der Theorie der asiatischen Gesellschaft enthalten sei, einige Nationalisten veranlassen könne, die kommunistische Autorität in Fragen der Theorie abzulehnen und daß die Idee eines stationären Asiens dem europäischen Kapitalismus die Möglichkeit gebe, in der Rolle eines »Messias« zu erscheinen (DASP, S. 34). Marx' Bewertung der britischen Herrschaft in Indien legte in der Tat solch ein »messianisches« Argument nahe; sie brachte die Komintern in große Verlegen-

Die Wortführer der feudalen Interpretation des Orients zitierten zur Rechtfertigung ihrer Stellung diejenigen Äußerungen von Engels und Lenin, die die asiatische Gesellschaft nicht berücksichtigten. Die Verteidiger der Theorie der asiatischen Produktionsweise zitierten ihrerseits aus Marx', Engels' und Lenins Schriften Stellen, die ihre Ansicht stützten. Aber sie schwiegen über Marx' und Engels' »orientalische« Interpretation Rußlands; und sie vermieden es, Lenins Konzeption der *Aziatščina* und seine Äußerungen über die Möglichkeit einer asiatischen Restauration anzuführen.

In dieser Zitatenschlacht schnitten die Verteidiger der »asiatischen« Theorie nicht schlecht ab. Die Redner, die die Parteilinie vertraten, und die zweifellos vor der Konferenz beim Politbüro Rat eingeholt hatten, besaßen offenbar keine Anweisungen, wie sie sich zu Marx' Konzeption der asiatischen Produktionsweise verhalten sollten, die er im Vorwort zu *Zur Kritik der Politischen Ökonomie* darbot. Demgemäß wagten Godes und Yolk zwar von der »asiatischen« Stelle im Programm der Komintern abzurücken [196], aber auch sie zitierten noch getreulich Marx' berühmte Erklärung aus dem Jahre 1859 [197].

Ihre Unsicherheit in Sachen der Doktrin äußerte sich auch in ihrem politischen Verhalten. Yolk hatte in seiner ersten Rede gesagt: »Ich will vor dieser Theorie warnen. Worauf es wirklich ankommt, ist, sie politisch zu entlarven, und nicht die ›reine Wahrheit‹ zu ermitteln über die Frage, ob es eine ›asiatische Produktionsweise‹ gab oder nicht.« Aber die offene Verachtung selbst des äußeren Scheins wissenschaftlicher Objektivität war verfrüht und unklug. Godes formulierte Yolks Äußerung taktvoll um [198]. Das gedruckte Protokoll bringt die ursprüngliche Fassung nur in einer abgeschwächten Form [199]. Und obgleich Godes und Yolk einige Angehörige des »anti-feudalen« Lagers »trotzkistischer« Neigungen bezichtigten [200], warnte Godes, man solle nicht alle Angehörige der Gruppe als Trotzkisten brandmarken [201].

heit, wie die erhitzten Debatten über die Fragen der »Industrialisierung« und »Dekolonisierung« in kolonialen und halbkolonialen Ländern zeigen. (*Inprecor*, 1928, S. 1225 f., 1247 ff., 1276, 1312, 1320 ff., 1350, 1352 ff., 1365, 1395 ff., 1402, 1405 ff., 1409 ff., 1412 ff., 1421 ff., 1424, 1425, 1471 ff.).

196. DASP, S. 72, 181.

197. Die Bedeutung dieser Erklärung wurde von Yolk herabgesetzt (*a. a. O.*, S. 71); aber Godes kritisierte ihn dafür (*a. a. O.*, S. 164 ff.).

198. *A. a. O.*, S. 182.

199. *A. a. O.*, S. 59. Nach dem veröffentlichten Protokoll der Leningrader Konferenz betonte Yolk lediglich die politische Bedeutung der asiatischen Theorie. Glücklicherweise jedoch taten die Herausgeber des Protokolls ihre Arbeit nicht gründlich. Sie reproduzierten nicht nur Godes' Umformulierung der Yolkschen Äußerung, die zeigt, daß Yolk die Frage der Wahrheit der strittigen Theorie angeschnitten hatte, sondern sie reproduzierten auch, in der Rede eines anderen Konferenzteilnehmers, eine genaue Wiedergabe der Yolkschen Äußerung (*a. a. O.*, S. 89).

200. *A. a. O.*, S. 5, 62.

201. *A. a. O.*, S. 20, 24.

Diese Zurückhaltung war gewiß nicht dem Umstand zuzuschreiben, daß Trotzki in seinem Kampf gegen Stalin nie die asiatische Konzeption als Waffe benutzt hatte [202]. Solche Feinheiten hätten einen bolschewistischen Propagandisten nicht abgeschreckt. Aber wenn die Anhänger der »feudalen« These das ganze »asiatische« Lager als trotzkistisch verdammt hätten, dann hätten sie der Debatte einen endgültigen Charakter gegeben, den die ideologischen Meisterstrategen damals offenbar noch nicht wollten. Sogar der grobe Yolk sah sich veranlaßt zu sagen, daß die Verteidiger der asiatischen Konzeption nicht eine bürgerliche Theorie wiedergäben. Er fand nur, daß – objektiv – »ihre falschen Stellungnahmen fremde Einflüsse widerspiegeln«[203].

So war also die politische Orthodoxie der Verteidiger der Theorie der asiatischen Produktionsweise nicht in Frage gestellt. Ihre Abweichung war eine geringfügige Ketzerei, die sie nicht ihres Rufes beraubte, gute Kommunisten zu sein.

II. Die Bedeutung der Diskussion des Jahres 1931

Die Leningrader Konferenz führte zu keinen unmittelbar schlüssigen Ergebnissen. Aber vom Standpunkt des Wissenssoziologen war sie trotzdem höchst aufschlußreich. Meines Wissens war dies das einzige Mal, daß Sowjetideologen die politische Bedeutung der Theorie der asiatischen Gesellschaft mit einer gewissen Offenheit erörterten. Zwei Tatsachen werfen ein scharfes Licht auf die Einzigartigkeit dieser Konferenz: Im Gegensatz zu anderen Debatten über strittige Fragen – in den Bereichen der Nationalökonomie, der Literatur und der Biologie – wurde die Leningrader Konferenz in der internationalen kommunistischen Presse nicht besprochen; und die dort behandelten Fragen wurden nicht ausführlich in den kommunistischen Parteien außerhalb der UdSSR diskutiert.

Diese Fragen sind kurz zusammengefaßt die folgenden: Die Theorie der asiatischen Gesellschaft gefährdete die kommunistische Führung in Asien dadurch, daß sie dem »kapitalistischen« Westen nicht nur die Fähigkeit zur Un-

202. In den einleitenden Kapiteln seiner Bücher über die russischen Revolutionen 1905 und 1917 erörterte Trotzki scharf und bündig den managerialen und ausbeuterischen Charakter des zaristischen Regimes, das nach seiner Meinung einer asiatischen Despotie nahe kam (Trotzki, 1923, S. 18 ff.; ders., 1931, S. 18 ff.). Aber in den 20er und 30er Jahren sprach er über die chinesische Gesellschaft nicht als ein »asiatisches« Phänomen; und er kritisierte die stalinsche bürokratische Despotie nicht mit Bezugnahme auf die orientalische Despotie. Im Jahre 1938 gab Trotzki eine Darstellung der Marxschen Ideen, wie er sie sah. Darin diskutierte er nur drei Formen gesellschaftlicher Beziehungen – Sklaverei, Feudalismus und Kapitalismus (Trotsky, 1939, S. 8) – genau so wie es Stalin im selben Jahre tat und wie Lenin es im Jahre 1919 getan hatte.

203. DASP, S. 74.

terdrückung, sondern auch zu aufbauender Tätigkeit zuschrieb. Sie gefährdete die kommunistische Führung dadurch, daß sie es den nationalistischen Führern Asiens leichter machte, die Dogmen Moskaus als Leitfaden für ihre Politik abzulehnen. Und sie erschwerte es den Kommunisten, einseitig die sekundären, obzwar wichtigen, Fragen des Privateigentums zu betonen und auf diese Weise der primäre Frage der bürokratischen Klassenherrschaft und der allgemeinen Staatssklaverei zu verbergen.

Die heikle Natur dieser Fragen machte es notwendig, behutsam vorzugehen. Aber die oberste Führung des Weltkommunismus war sich dessen bewußt, daß aller Verzögerungen ungeachtet die Konzeption eines managerial-bürokratischen »asiatischen« Staates schließlich zum Absterben gebracht werden mußte.

c. Ideologisches Zwielicht

Die Eliminierung der Theorie der asiatischen Produktionsweise aus der kommunistischen Ideologie erfolgte in ungleichmäßiger Weise. Die chinesischen Kommunisten verwarfen die Konzeption einer asiatischen Produktionsweise für das traditionelle China bereits vor der Leningrader Konferenz. Sie taten dies im Jahre 1928 auf ihrem Sechsten Parteikongreß (der in Moskau stattfand) in einer Resolution über die agrarischen Verhältnisse und den Kampf um Land in China, deren Formulierung bewies, daß sie mehr bemüht waren, Stalins »feudalen« Ansichten zu folgen als Marx' »asiatischen« Äußerungen über China gerecht zu werden [204]. Im ersten Entwurf dieser Resolution war allerdings die Konzeption einer asiatischen Produktionsweise noch positiv angewendet worden [205]. Aber dieser Versuch – der vermutlich von Tsch'ü Tsch'iu-pai angeregt worden war [206] und der zu nichts führte – un

---

204. In seiner Schrift über Mao Tse-tung erwähnte B. Schwartz zwei theoretische Entscheidungen des Sechsten Parteitags der Kommunistischen Partei Chinas: die Zurückweisung der trotzkistischen Betonung der kapitalistischen Verhältnisse in den chinesischen Dörfern und die Ablehnung der Interpretation der chinesischen Gesellschaft als einer asiatischen Gesellschaft (Schwartz, 1951, S. 122 ff.). Es ist bedauerlich, daß die dokumentarische Geschichte des chinesischen Kommunismus (1952), die Schwartz zusammen mit John K. Fairbank und C. Brandt herausgab, es unterläßt, ihre Leser über diesen zweiten Punkt zu unterrichten. Dieser Geschichte zufolge war »der einzige neue Beitrag im Bereich der Theorie die neue Einschätzung der revolutionären Lage« (Brandt, Schwartz und Fairbank, 1952, S. 125). Diese Auslassung ist um so bedauerlicher, als Dr. Fairbank ein paar Jahre vorher in seinem Buche The United States and China der Erörterung von »China als einer orientalischen Gesellschaft« ein ganzes Kapitel gewidmet hatte (Fairbank, 1948, S. 53–58).
205. DASP, S. 6.
206. S. Inprecor, 1928, S. 1249, 1254. Tsch'ü Tsch'iu-pai sprach auf dem Sechsten Komintern-Kongreß unter dem Namen Strachow.

terstrich nur das Fehlen einer ernsthaften marxistischen Tradition in der kommunistischen Bewegung Chinas.

In anderen Abschnitten der marxistisch-leninistischen Welt erhielt sich die Idee der asiatischen Gesellschaft in einem ideologischen Zwielicht, das bis zur Veröffentlichung von Stalins *Über dialektischen und historischen Materialismus* (1938) dauerte – und in einigen angelsächsischen Ländern noch darüber hinaus.

Es wäre interessant zu zeigen, wie sich in den dreißiger Jahren sowjetische Autoren um eine »feudale« Erklärung für Erscheinungen bemühten, von denen sie wußten, daß Marx sie als Ausdruck einer asiatischen Produktionsweise betrachtet hatte. Wir denken etwa an die von Prigožin (1934)[207], Grinevič (1936)[208] und Struve (1938)[209] unternommenen Versuche. Es wäre interessant zu zeigen, wie selbst in der Komintern die asiatische Konzeption noch Fürsprecher fand, z. B. in einem Artikel Magyars über *Die Überschwemmungskatastrophe in China*, der am 1. September 1931 in der *Internationalen Presse-Korrespondenz*, einem Organ der Komintern, veröffentlicht wurde[210], und in Fox' Beitrag in derselben Zeitschrift (1935), in dem er Marx' »brillantes Verständnis« des indischen Problems lobend hervorhob[211]. Es wäre interessant zu zeigen, wie Burns' *A Handbook of Marxism* die hydraulische Interpretation des Orients im Bereich des englischen Marxismus verbreitete. Man beachte die Bedeutung, die Gordon Childe in seinem *Man*

207. Prigožin suchte die asiatische Produktionsweise als eine besondere Form des Feudalismus zu deuten, und er sprach von »der sogenannten asiatischen Produktionsweise« (Prigožin, 1934, S. 80, 86).

208. S. den Artikel *China* im 32. Band der Großen Sowjet-Enzyklopädie, 1936 (insbesondere S. 538, 530), wo Grinevič von dem »bürokratischen Feudalismus« und der »bürokratischen Despotie« des kaiserlichen Chinas sprach.

209. S. Struves zehn Punkte über die asiatische Produktionsweise in: Struve, 1940 (1. Aufl. 1938), S. 22.

210. Unter dem durchsichtigen Schleier einer »feudalen« Terminologie (Chinas »feudale Zerstückelung«) betonte Magyar die »ungeheure Rolle« der Wasserbauten. »Diese Bauten, ebenso wie die großangelegten künstlichen Berieselungssysteme für die Reisfelder, konnten . . . nur von einer zentralen Regierung durchgeführt werden.« Und in diesem Zusammenhang kennzeichnete er das alte Regime des Landes als »die östliche Despotie der chinesischen herrschenden Klassen«. *Inprekorr*, 1931, S. 1898.

211. *Inprecor*, 1935, S. 1336. Fox, der 1930 eine umfassende Sammlung der Marxschen Äußerungen über die asiatische Produktionsweise veröffentlicht hatte (*Letopisi Marksizma*, 1930, XIII, S. 3–29), wies ebenfalls auf Marx' Ideen über Indien in einer Besprechung von *A Handbook of Marxism* hin. Es ist ein seltsamer Zufall – wenn es ein Zufall ist –, daß dieses *Handbook*, das zweiundfünfzig Schriften von Marx, Engels und Stalin enthält und das in Großbritannien und den Vereinigten Staaten weit verbreitet wurde, die wichtigsten zwei Artikel von Marx über Indien bringt, aber nicht Lenins Vortrag *Über den Staat*.

Makes Himself den managerialen und despotischen Eigentümlichkeiten »orientalischer Gesellschaften« beimißt [212]. Und es wäre interessant zu zeigen, wie in den Vereinigten Staaten einige Autoren, die von Marx' asiatisch-hydraulischer Konzeption ausgingen, nicht-marxistische Orientforscher beeinflußten. Man beachte den Einfluß, den Chi Ch'ao-tings *Key Economic Areas in Chinese History, as Revealed in the Development of Public Works for Water Control* und meine Arbeiten über China auf Owen Lattimore hatten [213].

Aber eine ins einzelne gehende Darstellung dieser vielgestaltigen Entwicklung liegt außerhalb des Rahmens des vorliegenden Werkes. Für unsere Zwecke genügt die Feststellung, daß noch während der dreißiger Jahre, und insbesondere in der angelsächsischen Welt, der Marxismus in seiner aktivsten und anziehendsten Gestalt eine asiatisch-hydraulische Erklärung der orientalischen Kulturen wiedergab und verbreitete.

d. Stalin »redigiert« Marx

Während diese Entwicklung eine Anzahl von Sozialhistorikern anregte, war sie vom Standpunkt der neuen totalitären Bürokratie Rußlands gefährlicher als Dynamit. Stalin hatte dies wahrscheinlich schon Ende der zwanziger Jahre gewittert, aber er witterte wahrscheinlich auch, wie schwer es war, einen Marxschen Kerngedanken fallen zu lassen, der von angesehenen alten Bolschewisten aufrecht erhalten wurde. Bezeichnenderweise wagte Stalin erst nach der »Großen Säuberung« (1936–1938), die die Masse dieser Traditionsanhänger liquidierte, Marx' entscheidende Äußerung über die asiatische Produktionsweise anzutasten.

Aber war nicht Stalin selber ein alter Bolschewist? Stalin war in der Tat durch die Schule des orthodoxen Marxismus gegangen. 1913 kennzeichnete er

212. Childe erkennt in diesem Werke die Bedeutung von Marx' »realistischer Geschichtsauffassung« an. Und obgleich sein Begriff von der »städtischen Revolution« (*urban revolution*) einen Rückschritt bedeutet gegenüber dem, was Marx und Engels (und ursprünglich: Adam Smith) über die Trennung von Stadt und Land sagten, und obgleich sein Begriff der »Wachstumshemmung« orientalischer Gesellschaften (Childe, 1952, S. 181, 186) weniger scharf ist als Jones', Mills und Marx' Feststellungen über dieses Phänomen, folgt er doch in seinem Hinweis auf die zentrale Bedeutung hydraulischer Unternehmungen für den Aufstieg orientalischer Gesellschaften in Ägypten, Mesopotamien und Altindien entschieden der klassischen asiatischen Konzeption.

213. In seinem 1939 vollendeten, 1940 veröffentlichten Werk *Inner Asian Frontiers of China* berichtete Lattimore, daß ihm zuerst Chis Buch »die Bedeutung von Bewässerung und Kanalschiffahrt in der chinesischen Gesellschaft« klargemacht habe (Lattimore, 1940, S. XXI). Im gleichen Werke stellte er fest, daß vor mehr als 2000 Jahren Chinas Frühfeudalismus »einem bürokratisch verwalteten Kaiserreich« habe weichen müssen (*a. a. O.*, S. 369 ff.; vgl. 368, 373); und er fügte hinzu, daß »die wichtigsten Faktoren«, die diesen Übergang veranlaßten, »von Wittfogel maßgebend klassifiziert worden« seien (*a. a. O.*, S. 370).

die russischen Verhältnisse um 1830 als »rohe asiatische gesellschaftlich-politische Zustände«, und er nannte das zeitgenössische Rußland ein »halbasiatisches Land« [214]. Aber Stalin schrieb diese Zeilen unter Lenins direktem Einfluß [215]. Obgleich er den Ausdruck »asiatisch« gebrauchte, um besonders brutale Maßnahmen von Ölindustriellen in seiner kaukasischen Heimat zu charakterisieren [216], ist es zweifelhaft, ob er sich jemals ernsthaft mit Marx' Theorie der asiatischen Gesellschaft befaßt hat. Auf dem Stockholmer Parteitag 1906 ging Stalin über Lenin hinaus in seinem Eintreten für die Aufteilung des Landes [217]; aber die Möglichkeit einer asiatischen Restauration, die Lenin und Plechanow so leidenschaftlich erregte, wurde von Stalin überhaupt nicht erwähnt. In seiner ersten populären Darstellung der marxistischen Lehre (1906 bis 1907: *Anarchismus oder Sozialismus?*) bezeichnete er als Gesellschaftsformen, die dem Urkommunismus folgten, das Matriarchat, das Patriarchat, die Sklaverei, die Knechtschaft *(krepostničestvo)*, den Kapitalismus und den Sozialismus [218].

In der zweiten Hälfte der zwanziger Jahre begann Stalin den »feudalen« Charakter der agrarischen Ordnung Chinas hervorzuheben. Im Jahre 1926 sprach er über »die mittelalterlich-feudalen Überreste in China« [219], und 1927 variierte er die Standardformel »feudale Überreste« [220], indem er von Chinas »mittelalterlich-feudalen Methoden der Ausbeutung und Unterdrückung« [221] und von der »feudal-bürokratischen Maschine« sprach [222].

Es ist unwahrscheinlich, daß Stalin die asiatische Konzeption nicht fallen gelassen hätte, selbst wenn er sie in seinen jüngeren Jahren völlig akzeptiert hätte. Lenin gab Ideen preis, denen er vorher gehuldigt hatte, wenn die politische Strategie dies erforderte. Aber die Tatsache, daß die »asiatische« Konzeption ihm nie viel bedeutet hatte, machte es Stalin gewiß leichter, die »feudale« These zu vertreten, wie denn im allgemeinen seine theoretische Roheit ihm erleichterte, seine Ziele unbekümmert um innere Folgerichtigkeit zu erreichen.

Wie oben erörtert, hatte Engels auch in seinen fragwürdigsten »nichtasiatischen« Äußerungen die Bedeutung des ökologischen Faktors für die gesellschaftliche Entwicklung, die er und Marx in ihren früheren Aussagen über die asiatische Gesellschaft betont hatten, nicht in Abrede gestellt. Und weder Engels noch Lenin hatten sich an der programmatischen These über die vier an-

214. Stalin, W, II, S. 307.
215. S. Wolfe, 1948, S. 582 ff.
216. Stalin, W, II, S. 107 f., 113 ff.
217. A. a. O., I, S. 207.
218. A. a. O., I, S. 272, 295.
219. A. a. O., VIII, S. 321.
220. A. a. O., IX, S. 207 ff., 247–252, 289 ff.
221. A. a. O., S. 208.
222. A. a. O.

tagonistischen Produktionsweisen, die Marx in seinem berühmten »Vorwort« formuliert hatte, vergriffen.

Stalin tat beides. Er führte aus, »das geographische Milieu« könne »nicht die Hauptursache, nicht die *bestimmende* Ursache der gesellschaftlichen Entwicklung sein . . .; denn das, was im Laufe von Zehntausenden von Jahren fast unverändert bleibt, kann nicht Hauptursache der Entwicklung dessen sein, was im Laufe von Jahrhunderten tiefgehende Veränderungen durchmacht.«[223] Und anstatt schweigend an Marx' theoretischer Prinzipienerklärung vorüberzugehen, wie andere es getan hatten, unterfing sich Stalin, sie zu zitieren – und zu verstümmeln. Nachdem er apodiktisch sein einliniges Entwicklungsschema mit nur drei Formen von Klassengesellschaften (Sklaverei, Feudalismus, Kapitalismus) präsentiert hatte, pries er mit vollem Munde die »geniale Formulierung des Wesens des historischen Materialismus, die Marx im Jahre 1859 in dem historischen Vorwort zu seinem berühmten Buch *Zur Kritik der Politischen Ökonomie* gegeben hat«. Und er führt die »geniale Formulierung« Wort für Wort an – aber er brach das Zitat ab gerade vor dem Satz, der Marx' Hinweis auf die asiatische Produktionsweise enthält [224]. Stalin bewies damit allen daran Interessierten, daß man auch Marx »redigieren« kann, falls nötig *modo tatarico* – mit dem Schlachtermesser.

e. Verzögerte Reaktion in der angelsächsischen Welt

Die höchste Autorität auf dem Gebiet der marxistisch-leninistischen Doktrin hatte gesprochen – die asiatische Konzeption brauchte die Gläubigen nicht länger zu beunruhigen. Der *Kurze Lehrgang* erschien jedoch als Buch und in vielen Fremdsprachen im Frühling des Jahres 1939 [225] – zu einer Zeit, da die Welt von Angst vor einer herannahenden Katastrophe erfüllt war. Vom September 1939 an zögerten die politischen Strategen der Sowjetunion, angesichts des Krieges, Fragen der Lehre in den Vordergrund zu stellen. Während

223. GKPSU, S. 149. In diesem Punkte wie bezüglich der Behandlung des demographischen Faktors schloß sich Stalin eng an Bucharin an (Bukharin, 1934, S. 121 ff.), den kurz vor seiner Hinrichtung im Jahre 1938 Wyschinski einen »Theoretiker« in Anführungszeichen genannt hatte (s. oben, S. 213). Im ersten Kapitel des vorliegenden Werkes wies ich darauf hin, daß Marx' Ansicht von der Beziehung zwischen Mensch und Natur den kulturellen Faktor nicht genügend berücksichtigte; aber trotz dieser Beschränkung steht Marx' Auffassung vom geschichtlichen Wandel der Natur hoch über der statischen Ansicht, der Bucharin und nach ihm Stalin huldigten. Lenin und Plechanow standen in dieser Beziehung Marx näher als Bucharin (s. Wittfogel, 1929, S. 504–521 und 698–724).

224. GKPSU, S. 164 ff.

225. In der UdSSR erschien das Werk zuerst in Lieferungen vom Herbst 1938 an (s. *Inprecor*, 1938, S. 1067, 1108, 1132, 1157, 1197).

der folgenden Jahre machten sie sogar den Völkern der UdSSR und den westlichen Demokratien nicht unerhebliche Zugeständnisse.

Diese Umstände erklären weitgehend, warum 1940 der führende britische marxistisch-leninistische Theoretiker R. P. Dutt in seinem Buche *India To-day* und in der Einleitung zu *Karl Marx' Articles on India* mit Begeisterung Marx' Gedanken über die asiatische Gesellschaft im allgemeinen und über die indische Gesellschaft im besonderen wiedergab[226]. Sie erklären auch weitgehend, warum 1942 Childe in einer neuen allgemeinen sozialgeschichtlichen Schrift, *What Happened in History*, in seiner Behandlung der Eigentümlichkeiten orientalischer Gesellschaften noch weiter ging als er es 1936 getan hatte[227]. In seiner zweiten Schrift bezeichnete er die Bronze- und Eisenzeit als den Ausgangspunkt für vier verschiedene institutionelle Ordnungen: die auf Bewässerung beruhenden agrarischen Gesellschaften, deren Mehrprodukt »in den Händen eines verhältnismäßig kleinen Kreises von *Priestern und Beamten* konzentriert war«; die klassischen griechisch-römischen Kulturen, in denen die ursprünglichen Produzenten und die Handwerker schließlich verelendeten oder zu Sklaven wurden; den europäischen Feudalismus; und die moderne »bürgerlich-kapitalistische« Welt[228]. Diese vier Gesellschaftsformen sind dem Sinne nach identisch mit Marx' vier großen antagonistischen Gesellschaftsformationen.

f. Die »berüchtigte Theorie der asiatischen Produktionsweise« wird vernichtend geschlagen

Mit dem Ende des Krieges erreichte auch das ideologische Zwielicht sein Ende. Dutt, der wenige Jahre vorher die Anwendung der Theorie der asiatischen Produktionsweise auf die wissenschaftliche Analyse Indiens und Chinas energisch befürwortet hatte, schwieg sich nun über diese Theorie aus, die er vormals so einzigartig fruchtbar gefunden hatte[229].

226. Dutt zählte Marx' einschlägige Artikel vom Jahre 1853 zu »den fruchtbarsten seiner Schriften«; er nannte sie den »Ausgangspunkt des modernen Denkens für die [hier] behandelten Fragen« (Dutt, 1940, S. 93). Marx' Gedanken über Asien, die 50 Jahre lang fast unbekannt blieben, begännen »die gegenwärtige Meinungsbildung über indische Fragen zunehmend zu beeinflussen. Heute bestätigt die moderne historische Forschung zunehmend die Hauptlinien seiner Betrachtungsweise« (*a. a. O.*, S. 92; vgl. Dutt, 1951 [verfaßt im Jahre 1940], *passim*). Ein Auszug aus *India To-day*, der Marx' »asiatische« Darlegung umfaßte, wurde mit einem zustimmenden Kommentar T. A. Bissons in *Amerasia*, IV, Nr. 9, 1940, veröffentlicht.

227. Childe, 1946 [ursprüngliche Ausgabe 1942], S. 76, 161, 203, 223, 272 und *passim*.

228. *A. a. O.*, S. 18 ff. (Hervorhebung vom Autor).

229. Im Jahre 1942 hielt Dutt seine frühere Auffassung in einer verwässerten Form aufrecht (Dutt, 1943, S. 38 ff., 43, 71, 73 ff., 76 ff., 87; die englische Ausgabe ist

Chi Ch'ao-ting verlor ebenfalls Interesse an der hydraulisch-bürokratischen These, die seiner Studie über die wirtschaftlichen Kerngebiete Chinas zugrunde lag. Weder als Funktionär der chinesischen nationalistischen Regierung noch als hochgestellter Beamter des chinesischen kommunistischen Regimes verfolgte er seine frühere »asiatische« Untersuchung weiter [229a].

Und Lattimore, der in den dreißiger Jahren von Chis und meinen hydraulisch-bürokratischen Ansichten so beeindruckt war und der noch im Jahre 1944 die leichtfertige Anwendung der Ausdrücke »halbfeudal« und »feudale Überreste« wissenschaftlich irreführend genannt hatte, bezeichnete ein paar Jahre später die traditionellen Gesellschaften Asiens als »feudal« [230].

von 1942). Nach dem Kriege änderte er seine Haltung. Während er noch gelegentlich auf Marx' Arbeiten über Indien hinwies (*Labour Monthly*, XXXII, 1950, S. 43; XXXV, 1953, S. 105), konnte der Leser aus seinen vagen Formulierungen keine »asiatischen« Schlüsse ziehen. Einzeln genommen, mochten Dutts verstreute Äußerungen über die »feudalen« Verhältnisse Indiens (*a. a. O.*, XXVIII, 1946, S. 321; XXIX, 1947, S. 211) kein neues, nicht-»asiatisches« Bild schaffen. Aber Dutt verherrlichte Stalin als großen marxistischen Theoretiker und als Verfasser des *Kurzen Lehrganges* (*a. a. O.*, XXXI, 1949, S. 357); er lobte jetzt pflichtgemäß die primitiv einlinige historische Skizze S. A. Danges, *India, from Primitive Communism to Slavery* (*a. a. O.*, XXXII, 1950, S. 41 ff.); und in seiner Zeitschrift reproduzierte er ausführlich die sowjetische Erörterung über die östlichen Länder von 1952, in der die »feudalen Überreste« und der »feudale« oder »halbfeudale« Charakter des agrarischen Indiens scharf betont wurden (*a. a. O.*, XXXV, 1953, S. 40 f., 44, 84, 86). All dies zusammen genommen, förderte entschieden die feudale Interpretation des traditionellen Indiens.

229a. Zusatz zur deutschen Ausgabe: Nach einem Bericht über die akademischen Zustände im kommunistischen China, den ich im Sommer 1961 erhielt, war es in den letzten Jahren Dr. Chis Aufgabe, an der berühmten Peking National University (Peita) die Theorie der orientalischen Gesellschaft zu widerlegen. (S. Wittfogel Papers, Nr. 420 und 421.)

230. Im Jahre 1936 veröffentlichte Lattimore in seiner damaligen Eigenschaft als Schriftleiter der Zeitschrift *Pacific Affairs* eine Bibliographie der chinesischen Sowjetbewegung, die von Mitarbeitern der amerikanischen Sektion des *Institute of Pacific Relations* zusammengestellt war. Die Verfasser der Bibliographie nannten die Charakterisierung der chinesischen Wirtschaft als »halbfeudal« einen Standpunkt, den »die offiziellen Dokumente der Kommunistischen Internationale und der Kommunistischen Partei Chinas« einnähmen; sie wiesen aber zugleich darauf hin, daß Magyar, der die Konzeption einer »asiatischen Produktionsweise« aufrecht halte – wofür er offiziell kritisiert werde –, trotzdem in der UdSSR einen »beträchtlichen Einfluß« auf diesem Gebiete ausgeübt habe (*Pacific Affairs*, IX, 1936, S. 421 ff.).

Wie wir oben sagten, verteidigte Lattimore in seinem Werk *Inner Asian Frontiers of China* (1940) die »bürokratische« gegen die »feudale« Interpretation der kaiserlichen chinesischen Gesellschaft. Im März 1944 klassifizierte er noch Stalins Begriff der »feudalen Überreste« als eine »führende kommunistische These«, die ein kommunistischer Autor vertreten müsse, wenn er die chinesische Gesellschaft behandle (Lat-

Der Fall Childe liegt anders. Childe, der seit den dreißiger Jahren die Marxsche Geschichtsauffassung zu der seinigen machte, der in den vierziger Jahren sich auf Stalin als Autorität in soziologischen Fragen zu berufen begann [231] und der 1951 Stalin als »den führenden Repräsentanten des Marxismus der Gegenwart« feierte [232], schuf einen Rahmen, der seine neuerliche Sinneswandlung ideologisch durchaus verständlich macht. Nachdem er vorher von vier Hauptformen der Klassengesellschaft gesprochen hatte, erwähnte er 1951 nur drei: die klassische, die mittelalterliche und die moderne [233]. Und nachdem er vorher festgestellt hatte, daß »*Priester und Beamte*« das Mehrprodukt im Orient beherrschten, schrieb Childe 1953 dieses Vorrecht – das Vorrecht der herrschenden Klasse – dem »göttlichen König und *einer sehr kleinen Klasse adliger Landeigentümer*« zu [234]. In der neuen Formulierung ersetzte das Privateigentum die bürokratischen Funktionen, die Childe in der Vergangenheit deutlich als ausschlaggebend erkannt hatte.

Hinter dem Eisernen Vorhang bildete der erzwungene Verzicht auf die Theorie der asiatischen Gesellschaft einen Teil der intellektuellen Tragödie,

timore, 1944, S. 83). In der Besprechung einer Anzahl neuerer sowjetischer Studien über China beanstandete er den »Nachdruck auf ›feudales‹ Denken nach dem Anfang der christlichen Ära« (*a. a. O.*, S. 87) für China; und er bemerkte, daß »die sozialen Tatsachen einigermaßen verdunkelt werden durch leichtfertig gebrauchte Ausdrücke wie ›halbfeudal‹ und ›feudale Überreste‹« (*a. a. O.*, S. 85, 87). Aber im Jahre 1948 veröffentlichten Mitglieder einer von Lattimore geleiteten Forschungsgruppe eine Studie über Sinkiang, die auf die typisch-hydraulischen Verhältnisse dieses Gebietes eine Reihe von »feudalen« Ausdrücken anwandte: »halbfeudale agrarische Verhältnisse«, »das rein feudale System der Vergangenheit«, »die Fortdauer des feudalen Landbesitzes« (*Far Eastern Survey*, 10. März 1948, S. 62 ff.). Und 1949 sprach Lattimore von Asiens »feudalem Landbesitz« (Lattimore, 1949, S. 67). Natürlich kann Lattimore nach Belieben irgendwelche sozialgeschichtlichen Ansichten vertreten, und er kann sie ändern, wie immer es ihm gefällt. Aber angesichts seiner früheren Feststellungen über den politisch bedingten und wissenschaftlich schädlichen Charakter der feudalen Interpretation Chinas darf man billigerweise von ihm verlangen, daß er seine gegenwärtige Stellungnahme im Lichte seiner früheren Bewertung erkläre. Dieser Erwartung hat er nicht entsprochen.

231. Childe, 1944, S. 23.

232. Ders., 1951, S. 35.

233. Childe behauptete in seiner Schrift *Social Evolution* (1951), Marx habe seine sozialhistorischen Begriffe entwickelt »an Hand von geschichtlichem Tatsachenmaterial, das die zivilisierten Gesellschaften lieferten – die klassische, die mittelalterliche und die moderne Gesellschaft« (*a. a. O.*, S. 10). Indem Childe den Ausdruck »zivilisiert« in derselben Weise gebrauchte, wie es Engels und Lenin unter ähnlichen Umständen getan hatten, umging er die »barbarische« orientalische Gesellschaft, die gewiß Marx' sozialhistorisches Denken beeinflußte – und die ferner für Childes eigene Studien von großer Bedeutung war.

234. Ders., 1953, S. 72 (Hervorhebung vom Autor).

deren Umfang und Intensität der Außenseiter schwer ermessen kann. Eine 1942 ausgesprochene Beschwerde, daß die jungen sowjetischen Orientalisten eine »lange Zeit« und übermäßig am gesellschaftlichen und wirtschaftlichen Charakter des Orients – und an »der sogenannten asiatischen Produktionsweise« – interessiert gewesen seien [235], deutet eine Tendenz an, die offenbar noch nach jenem Jahr fortbestand. Im Jahre 1950 erklärte ein offizieller Bericht über die neuerlichen orientalischen Studien in der Sowjetunion, das wichtigste Ergebnis auf diesem Gebiet sei »die Vernichtung der berüchtigten Theorie der ›asiatischen Produktionsweise‹« [236].

D. DREI FORMEN DER VERDUNKELUNG DER THEORIE DER ASIATISCHEN PRODUKTIONSWEISE

Der Untergang der Theorie der asiatischen Produktionsweise war ebenso außerordentlich wie ihr Aufstieg. Montesquieu erschloß 1748 einen Forschungsbereich, der die orientalische Despotie als ein wichtiges Problem einbegriff. John Stuart Mill, der auf den früheren klassischen Nationalökonomen fußte, arbeitete 1848 eine neue Konzeption der orientalischen Gesellschaft aus. Und Marx, der die Zukunft der gesellschaftlichen Entwicklung durch die Bestimmung ihrer Vergangenheit vorauszusagen suchte, bereicherte in der Mitte des vorigen Jahrhunderts diese Konzeption durch den Begriff einer spezifisch asiatischen Produktionsweise.

Die managerial-bürokratische Seite der asiatischen Konzeption setzte jedoch ihren neuen Anhänger, Marx, bald in Verlegenheit. In zunehmendem Maße hatte sie diese Wirkung auch auf Engels. Und sie veranlaßte die kommunistische Bewegung, die unter dem Banner des Marxismus-Leninismus einen totalitären »sozialistischen« Staat schuf, zu einem totalen ideologischen Rückzug. Der Gedanke, der vor einem Jahrhundert als eine erleuchtende Kraft erschienen und der eine Zeitlang ein marxistischer Grundbegriff gewesen war, wurde zur »sogenannten« und schließlich zur »berüchtigten« Theorie der asiatischen Produktionsweise.

Die so bewirkte ideologische Verdunkelung nimmt drei Hauptformen an. Sie erfolgt offen und offiziell im kommunistischen Drittel der Welt. Sie erfolgt versteckt und begrenzt in den meisten vielzentrigen, auf Privateigentum beruhenden industriellen Gesellschaften. Und sie erfolgt kaum verhüllt und sehr erfolgreich in vielen nichtkommunistischen Ländern des Orients.

Mit dieser dritten Entwicklung werden wir uns weiter zu beschäftigen haben, wenn wir die institutionellen und ideologischen Aspekte der im Übergang begriffenen hydraulischen Gesellschaft erörtern. Die ideologische Verdunke-

235. Guber, 1942, S. 275, 279.
236. Tolstov, 1950, S. 3.

lung in den kommunistischen Ländern können wir kaum beeinflussen. Sie ist ein Bestandteil der allgemeinen intellektuellen Finsternis, die von der totalen Macht ausgeht und die in ihrem Wesen nicht durch Änderungen auf einzelnen Gebieten beseitigt wird. Die kommunistischen Machthaber mögen versuchen, den Engels von 1884, den Lenin von 1919 und den Stalin von 1939 zu verbessern. Da sie sich jedoch natürlich gleichzeitig bemühen, das totale Regime zu festigen, wird ihr Versuch, die ideologischen Ungereimtheiten zu beseitigen, die grundlegenden Widersprüche nicht aufheben. Aber selbst mit einem schmutzigen Lumpen kann man ein hilfloses Opfer ersticken. Die offizielle Verdunkelung genügt praktisch, um die hinter dem Eisernen Vorhang lebende Bevölkerung ideologisch gelähmt zu halten.

Was aus den Versuchen einer ideologischen Verdunkelung in der vielzentrigen modernen Welt werden wird, ist unser unmittelbarstes Anliegen. In den auf Privateigentum beruhenden industriellen Gesellschaften haben einige Bestandteile des sowjetischen Schemas einer einlinigen Entwicklung eine weite Verbreitung gefunden, aber dieses Schema ist in seiner Gesamtheit ein so willkürlich zusammengefügtes Gebilde, daß jeder, der es versteht, es ablehnt. Unter diesen Umständen ist es lebenswichtig, die Probleme der gesellschaftlichen Entwicklung kritisch zu erklären. Bei der rationalen Behandlung großer Ideen geht, genau wie bei der Beherrschung großer Wassermassen, die schützende und die produktive Tätigkeit Hand in Hand.

ZEHNTES KAPITEL

Die orientalische Gesellschaft im Übergang

Einsicht in die Eigenart der hydraulischen Gesellschaft ist das entscheidende Hindernis für jedes einlinige Entwicklungsschema. Sie ist grundlegend für die Formulierung einer mehrlinigen Ansicht der gesellschaftlichen Entwicklung. Und sie ist der Ausgangspunkt für jede institutionelle Analyse der neuerlichen Änderungen in der östlichen Welt.

Die vielen Forscher, die die orientalischen Kulturen untersuchten und sie wesentlich verschieden von den feudalen Gesellschaften fanden, haben oft nicht die Schlußfolgerungen gezogen, die ihre Studien nahelegten. Andere, die die vergleichende Methode anwandten, haben der hydraulischen Gesellschaft einen eigenen Platz in einem mehrlinigen Entwicklungsschema angewiesen. John Stuart Mill war einer der ersten, der dies in augenfälliger Weise tat[1]. Max Webers einschlägige Betrachtungen wurden nie völlig zusammengefaßt, aber sie waren weltumspannend in ihrer Anlage und richtunggebend im Detail. Childes Behandlung der Marxschen Ideen hat die zugrundeliegenden Begriffe nicht verfeinert, sondern verwirrt. Aber selbst in Childes Fassung erwiesen sich diese Begriffe als äußerst produktiv. Und der wohlwollende Empfang, mit dem Childes frühere (hydraulische) Ansichten begrüßt wurden, beweist aufs neue, wie notwendig es ist, unsere Vorstellungen über gesellschaftliche Struktur und Funktion (»Typus«) und Änderung (»Entwicklung«) zu vertiefen.

Dieser Stand der Dinge erhöht die Bedeutung der neuerlichen Suche nach Regelmäßigkeiten in der Entwicklung, die Archäologen wie J. O. Brew[2] und G. R. Willey[3] unternahmen. Gewicht kommt auch den Bemühungen zu, Grundsätze einer mehrlinigen Entwicklung aufzustellen, die wir Philosophen wie J. S. Huxley[4] und Ethnologen wie J. H. Steward[5] verdanken.

---

1. Mill, 1909, S. 10–20.
2. Brew, 1946, S. 44 ff.
3. Willey, 1953a, S. 378 ff.
4. Huxley, 1955, S. 9 ff., 15, 21.
5. Steward, 1949, S. 2 ff.; ders., 1953, S. 318 ff.; ders., 1955, S. 1 ff. Willey (1953, S. 378) nennt als Forscher, die in bestimmten Räumen den »entwicklungsmäßigen Parallelismus« untersuchten, W. C. Bennet, R. Larco Hoyle, W. D. Strong, J. Bird, P. Armillas und sich selbst; wir ergänzen diese Liste durch die Namen von D. Collier, R. Adams und A. Palerm. Willey weist besonders auf Steward hin, der »vergleichende Untersuchungen im Weltmaßstabe« anstellte.

Ich habe in der vorliegenden Untersuchung den Begriff der mehrlinigen Entwicklung benutzt und ausgebaut. Jetzt werde ich kurz auf einige Kernpunkte dieser Erscheinung eingehen, um den Zustand und die mögliche Perspektive der hydraulischen Gesellschaft im Übergang klarer zu bestimmen.

A. GRUNDBEGRIFFE: GESELLSCHAFTSFORM UND ENTWICKLUNG

I. GESELLSCHAFTSFORMEN

a. Wesentliche, spezifische und nichtspezifische Elemente der Gesellschaft

Gesellschaften ändern sich in einer regelmäßigen und erkennbaren Weise. Diese These unterstellt die Existenz sozialer Einheiten, deren Ordnung und Wandel unserer Erkenntnis zugänglich sind. Die vorliegende Untersuchung nimmt dies an. Sie akzeptiert im wesentlichen John Stuart Mills Prinzip der »Gleichförmigkeit des zusammen Bestehenden« (*Uniformity of Co-existence*)[6], die eine definierbare Beziehung zwischen den Hauptelementen eines gesellschaftlichen Ganzen postuliert. Aber sie lehnt die These ab, daß alle zusammen bestehenden Elemente notwendig miteinander verbunden sind.

Unter den ideologischen, technischen, organisatorischen und sozialen Zügen, die in einer gegebenen Gesellschaft auftreten, sind einige wesentlich für das Funktionieren dieser Gesellschaft, andere nicht. Unter den wesentlichen Merkmalen sind einige spezifisch, andere nicht. Eine dritte Gruppe ist weder wesentlich noch spezifisch.

Die agrarmanageriale Despotie ist wesentlich für die hydraulische Gesellschaft, und soviel wir wissen, ist sie ihr eigentümlich, d. h. sie ist spezifisch. Das feudale System beschränkter und bedingter Dienstverpflichtung (nicht bedingungsloser Unterwerfung), des Vasallentums (nicht der Bürokratie) und des Lehens (nicht des Dienstlandes) ist wesentlich für die mittelalterlichen Gesellschaften Europas und Japans. Es kommt so selten vor, daß es als spezifisch für diese Gesellschaft gelten kann.

Fronarbeit ist ein wesentlicher Bestandteil hydraulischer und feudaler Gesellschaften, und die Gebundenheit des Bauern an sein Land oder Dorf ist wesentlich für gewisse auf Helotentum[7] beruhende Gesellschaften Altgriechenlands, für die feudale Gesellschaft sowie für die meisten einfachen und semikomplexen orientalischen Gesellschaften. Das heißt, beide Einrichtungen sind wesentlich für mehr als eine Gesellschaftsform und spezifisch für keine.

Große, staatlich gelenkte Bewässerungs- und Flutabwehrwerke sind wahr-

6. Mill, 1947, S. 959.
7. Helotage. Für diesen Ausdruck s. Westermann, 1937, S. 76, 13.

scheinlich wesentlich für alle ursprünglichen hydraulischen Gesellschaften, und sie bleiben wesentlich für die Kerngebiete der hydraulischen Gesellschaften in ihrer sekundären Entwicklung. Sie sind aber nicht spezifisch für diese Gesellschaften. Man schuf hydraulische Einrichtungen auch im alten Griechenland und Rom; und hydraulische Unternehmen mancher Art erscheinen in nachfeudalen westlichen Gesellschaften. Die Sklaverei mag wesentlich für die Landwirtschaft Roms in der späten Republik und in der angehenden Kaiserzeit gewesen sein. Sie vertrug sich mit vielen anderen Gesellschaften, war aber nicht für sie wesentlich.

Zahllose Elemente der Technologie, des Volksbrauchs, der Kunst und der Religion sind weit verbreitet, ohne wesentlich oder spezifisch zu sein für die Machtverhältnisse, die soziale Gliederung und die Eigentumsordnung – d. h. für die eine Gesellschaft entscheidend bestimmenden Zustände. Jene Elemente können wesentliche kulturelle Funktionen erfüllen; denn im menschlichen Leben gibt es nicht nur soziale, sondern auch kulturelle operative Einheiten, *going concerns* [8]; und die eigentümlichen Wechselbeziehungen zwischen den beiden Bereichen können einer spezifischen gesellschaftlichen Ordnung ihre besondere Färbung verleihen. Da sie aber mit mehreren Gesellschaftsformen verträglich sind, bleiben diese Kulturelemente mehr oder weniger ungebunden. Die Leichtigkeit, mit der gewisse Bestandteile der chinesischen Kultur – wie die Schrift, der Konfuzianismus und die Architektur – nach Japan hinüberflossen, und die Hartnäckigkeit, mit der Japan die chinesische bürokratische Macht-, Eigentums- und Klassenordnung fernhielt, ist bezeichnend für den von uns betrachteten Tatbestand. Eine ähnliche Übernahme von Elementen, die für die bestehende gesellschaftliche Ordnung unerheblich waren, kennzeichnete die Beziehungen zwischen dem klassischen Griechenland und Westasien, zwischen Kiew und Byzanz, zwischen dem christlichen und islamischen Spanien und zwischen dem nichthydraulischen Europa und der hydraulischen Welt im allgemeinen. Ein Vergleich zwischen den deutschen Teilen der Schweiz und Hitler-Deutschland beweist überzeugend, daß zwei Kulturen viele technologische, künstlerische, literarische und religiöse Züge gemein haben und trotzdem vom Standpunkt der gesellschaftlichen Ordnung verschiedenen Welten angehören können. Einsicht in diese Unterschiede schützt uns weitgehend davor, eine »notwendige Beziehung zwischen *allen* möglichen Seiten desselben sozialen Organismus« [9] anzunehmen.

So enthüllen also einzelne Kulturelemente nicht immer klar und bestimmt die gesellschaftliche Struktur einer gegebenen Zivilisation. Und diese Struktur ist auch nicht notwendigerweise bestimmt durch die Ermittlung einmali-

8. Für diesen Ausdruck s. Veblen, 1947, S. 133.

9. Dieser Ausspruch Comtes wird zustimmend zitiert von Mill, 1947, S. 599 (Hervorhebung vom Autor); vgl. S. 600. Eine einseitig ökonomische Spielart derselben These vertritt Marx, 1939, S. 27.

ger und wesentlicher institutioneller Züge. Wesentliche Züge sind übrigens nur ausnahmsweise spezifisch. Gewöhnlich wird ein wesentliches Element spezifisch durch seinen Umfang oder durch das institutionelle Ganze, dem es zugehört. Fronarbeit ist nicht beschränkt auf hydraulische Gesellschaften, Nichtsklaven leisten Zwangsarbeit auch in anderen Gesellschaftsformen. In agrarhydraulischen Kulturen ist Fronarbeit insofern spezifisch, als sie dort im Gegensatz zum Feudalismus der Masse der Bevölkerung vom Staate auferlegt wird.

Aber ganz gleich ob die wesentlichen Merkmale spezifisch sind oder nicht, gewöhnlich sind sie nicht zahlreich. Und sie kommen nicht in vielen Kombinationen vor. Es ist eine grundlegende historische Tatsache, daß die Kerneinrichtungen der Macht, des Eigentums und der sozialen Beziehungen nur in einer beschränkten Anzahl operativer Großeinheiten – Gesellschaften – erscheinen.

Die hydraulische Gesellschaft ist eine solche operative Einheit. Ihre Verbreitung und Beständigkeit haben ihr einen hervorragenden Platz in der Geschichte der Menschheit gegeben. Dennoch ist sie nur einer von mehreren Typen geschichteter Gesellschaften, die vor dem Aufstieg der modernen industriellen Welt entstanden. Ein kurzer Blick auf die anderen institutionellen Formationen wird uns helfen, die Eigenart der hydraulischen Gesellschaft klarer zu umreißen.

b. Vorindustrielle geschichtete Gesellschaften

I. Die nomadische Gesellschaft

Staatlich organisierte hydraulische Gesellschaften mögen älter als alle anderen geschichteten Kulturen sein; aber höchstwahrscheinlich standen den frühesten hydraulischen Gesellschaften bald Einheiten gegenüber, die eine nichthydraulische Landwirtschaft mit umfassender Viehzucht vereinigten und die von einem Stammesadel beherrscht waren. Die arischen Eroberer Indiens waren, wie es scheint, derartige Halbnomaden [10].

Aber erst nach der ersten großen Kavallerierevolution, als der Mensch gelernt hatte, auf Pferden und Kamelen zu reiten, wurde er Herr der Steppe und schuf mächtige Gesellschaften, die im wesentlichen auf Viehzucht beruhten. In Wechselwirkung mit hydraulischen und nichthydraulischen seßhaften Nachbarn haben geschichtete Nomadengesellschaften [11] den Gang der Ge-

---

10. Piggott, 1950, S. 263 ff.

11. Wir können hier nicht die möglichen Unterabteilungen geschichteter Nomadengesellschaften erörtern. Max Webers Bemerkung über die soziale Eigenart der Kleinviehzucht, die die Juden in ihren geschichtlichen Anfängen betrieben (Weber, RS, III, S. 44 ff.), deutet zumindest auf eine Untergruppe hin, der andere Typen von Viehzüchtern gegenüberstanden.

schichte tief beeinflußt. Sie haben sich vor allem in Innerasien und im Nahen Osten bis zur Neuzeit behauptet [12].

II. Mehrere Typen antiker Gesellschaften

Die höheren agrarischen Kulturen Griechenlands und Roms, die fast ein Jahrtausend lang neben dem stationären Osten bestanden, waren weder hydraulisch noch feudal. Man kann sie auch nicht einer einzigen »antiken« Hauptgesellschaft zurechnen, die von Sklavenarbeit durchsetzt und am Ende zugrunde gerichtet wurde.

Eine korporierte Oberschicht behauptete ihre Vormachstellung in Kreta, Sparta, Thessalien und, unter anderen Verhältnissen, auch in Rom, während in den griechischen Stadtstaaten des athenischen Typus lose verbundene Aristokratien mit der Zeit ihre politische Macht verloren. In Sparta bebauten einheimische Hörige die Äcker für ihre fremden Herren, und die freien Bauern Roms wurden am Ende großenteils durch Sklaven ersetzt. Umgekehrt blieb in den Stadtstaaten des athenischen Typus die Landwirtschaft hauptsächlich in den Händen freier Bauern, und die Zunahme der Sklavenarbeit beeinflußte vorwiegend die städtische Industrie [13].

Alle Fäden dieses institutionellen Gewebes können hier nicht entwirrt

---

12. Warum schloß Marx die geschichteten Nomadengesellschaften, die Mill erwähnte, von seiner Liste der »progressiven Epochen der ökonomischen Gesellschaftsformation« aus? (S. Marx, 1921, S. LVI.) Wie aus unseren Darlegungen im 9. Kapitel hervorgeht, wußte der Verfasser des Rohentwurfs der *Kritik der Politischen Ökonomie,* daß nur die zwei letzten dieser vier Formationen historisch-evolutionär verbunden waren, während er die vier Ordnungen als fortschreitend nur im typologischen Sinne betrachtete. Marx' Formationen erinnern an Hegels »Welten«, die nach Maßgabe der in ihnen verwirklichten Freiheit, aber nicht evolutionsmäßig eine fortschreitende Reihe bildeten. Marx' Formationen unterschieden sich nach Maßgabe des in ihnen vorhandenen Privateigentums. Die asiatischen Gesellschaften ließen das Gemeindeeigentum der primitiven Gesellschaft fortbestehen (Marx, 1939, S. 376 ff., 380, 383); d. h. Privateigentum an Produktionsmitteln spielte in ihnen so gut wie keine Rolle. Die Gesellschaften des alten Griechenlands und Roms besaßen Privateigentum; aber sie behielten einen Teil des Landes als »Gemeindeeigentum – als Staatseigentum, *ager publicus«* (*a. a.* O., S. 378, s. auch S. 379 f., 382). Die mittelalterliche (feudale) Gesellschaft ging weiter in der Beschränkung des Gemeineigentums (vgl. *a. a.* O., S. 384). Und in der modernen bürgerlichen Gesellschaft überwiegt das Privateigentum an Produktionsmitteln gänzlich (*a. a.* O., S. 375, 402 ff.).

In diesem Schema ließ Marx die Tatsache unberücksichtigt, die ihm nicht unbekannt war, daß in gewissen asiatischen Ländern privates Landeigentum bestand. Außerdem war seine Behandlung des antiken und feudalen Grundeigentums höchst künstlich. Die Einbeziehung einer weiteren auf Privateigentum beruhenden gegliederten (nomadischen) Gesellschaft würde Marx' Konstruktion noch künstlicher gemacht haben.

13. Westermann, 1937, S. 75 ff.

werden; aber soviel läßt sich wohl mit Bestimmtheit sagen: vor der Verbreitung des Hellenismus stellten die Kulturen Griechenlands und Roms – und wahrscheinlich auch diejenigen des zeitgenössischen Spaniens und Galliens – mehr als eine einzige Gesellschaftsform dar. Unter ihnen ist der spartanische, auf Hörigkeit beruhende Typus durch die Dauerhaftigkeit seines sozialen Gefüges und die Bedeutungslosigkeit von Sklavenarbeit bemerkenswert [14].

III. Die feudale Gesellschaft

Die antiken Gesellschaften Griechenlands und Roms, ganz gleich was ihre ursprüngliche Form gewesen sein mag, wurden schließlich orientalisiert. Die Agrargesellschaften Europas und Japans erlitten dieses Schicksal nicht. Statt dessen entwickelten sich in beiden Gebieten spezifisch feudale Ordnungen, die auf der agrarischen Ebene in bezug auf Mehrzentrigkeit und Wachstumsfähigkeit ihresgleichen nicht hatten. Diese feudalen Ordnungen führten im Lauf der Zeit zu einer hinkenden und vielzentrigen Form des Absolutismus und schließlich zu einer vielzentrigen und auf Privateigentum beruhenden industriellen Gesellschaft.

Die Ähnlichkeiten zwischen den feudalen Kulturen Europas und Japans sind offensichtlich. In beiden Fällen gab es neben und unter dem Souverän zahlreiche Herren (Vasallen), die nur beschränkte und bedingte Dienste zu leisten hatten und die nicht Mitglieder eines bürokratischen Staatsapparats waren. Aber die zwei institutionellen Gebilde waren nicht identisch. An der westlichen Flanke des eurasischen Festlands bestand eine auf Regenfall beruhende extensive Landwirtschaft; auf dieser Grundlage erwuchs eine Gutswirtschaft, die das Aufkommen von Zentren agrarischer Großproduktion ermöglichte. Auf den Inseln der östlichen Flanke beruhte die Landwirtschaft auf Bewässerung; sie war intensiv und begünstigte ausgesprochenermaßen eine bäuerliche Kleinproduktion. Ferner gab es in Japan kein Gegenstück zu der unabhängigen Kirche und den Zunftstädten Europas.

So finden wir denn in Japan, und im Frühmittelalter in Europa, eine einfachere Form der feudalen Gesellschaft, in der der Herrscher nur mit seinen Vasallen die gesellschaftliche Führung teilte. In Europa gebar diese einfachere eine komplexere Form, in der der Herrscher außer mit den Feudalherren mit einer mächtigen korporierten Geistlichkeit und mit allen möglichen Bürgerverbänden rechnen mußte.

Diese zwei Varianten sind nicht die einzigen Untertypen der feudalen Gesellschaft. Im mittelalterlichen Schweden und in Kiew scheinen gewisse soziale Verhältnisse, die sich in der feudalen Investitur und Belehnung ausdrückten, nie zur Entfaltung gekommen zu sein. Wir fühlen uns daher versucht, hier einen dritten Untertypus anzunehmen: eine »marginale« feudale Gesellschaft.

14. A. a. O., S. 76.

Die hydraulische Gesellschaft übertrifft alle anderen geschichteten vorindustriellen Gesellschaften an Dauer, räumlicher Verbreitung und Einwohnerzahl. Dies erklärt vermutlich zum großen Teil, warum sie so viele Untertypen umfaßt. Vom Standpunkt der Klassifizierung ist die hydraulische Gesellschaft ein ungefüger Koloß. Wäre es da nicht besser, einige ihrer wichtigeren Untertypen als gesonderte Hauptformen zu behandeln?

Dies wäre nur dann gerechtfertigt, wenn wir grundlegende strukturelle Unterschiede im Bereich der sozialen Verhältnisse und der gesellschaftlichen Führung vorfänden. Solche Unterschiede lassen sich aber nicht nachweisen, da die agrarmanageriale Despotie und eine monopolitische Bürokratie in allen bekannten Untertypen der hydraulischen Welt die Herrschaft ausüben. Demzufolge würde eine willkürliche »Aufspaltung« die entscheidende sozialgeschichtliche Tatsache verdunkeln, daß die hydraulische Gesellschaft alle anderen Agrargesellschaften an Ausdehnung und institutioneller Mannigfaltigkeit in den Schatten stellt.

Biologen, die bei ihren Klassifizierungen auf ähnliche Probleme stoßen, haben sich geweigert, große Gattungen aufzuspalten, nur weil sie mehr Spezies enthalten als andere Gattungen und weil sie »unausgewogen« oder »ungefüge« aussehen. Da die biologische Welt durch Ungleichheit gekennzeichnet ist, scheint es ihnen, daß eine wissenschaftliche »Klassifizierung diese Ungleichheit getreulich widerspiegeln sollte« [15].

V. Nichtklassifizierte geschichtete vorindustrielle Gesellschaften

Das Problem, Restbestände einzuordnen – ein anderes Anliegen der Ordnung suchenden Biologen – ist auch für unsere Untersuchung von Bedeutung. »Es wird schätzungsweise angenommen, daß weniger als 2 Prozent der Gesamtzahl aller Vogelarten in der Welt noch unbekannt sind.«[16] Nur einige wenige Gattungen von Säugetieren, Schmetterlingen, Käfern und Mollusken sind ähnlich gut bekannt [17]. Die meisten Biologen betrachten ihre Forschungen als weit fortgeschritten, wenn es ihnen gelingt, in ihrem Studienbereich Struktur (System) und Wandlung (Evolution) in den Hauptzügen festzustellen.

Wieviel spezifische Gesellschaften lassen sich im Gesamtbereich der vorindustriellen Kulturen unterscheiden? Wenn wir annehmen, daß im griechischen und römischen Altertum zumindest zwei Typen vorkamen, gelangen wir zu einem Mindestmaß von fünf Formationen. Und wir haben gute Gründe, anzunehmen, daß es ihrer mehr gab. Die nichthydraulischen Teile der »klassischen« und vorklassischen Mittelmeerwelt sowie gewisse, vernach-

15. Arkell und Moy-Thomas, 1941, S. 408.
16. Mayr, 1942, S. 5.
17. A. a. O.

lässigte Gebiete Asiens, Afrikas, der ozeanischen Inselwelt und Amerikas dürften bei genauer Prüfung weitere Formen zutage fördern.

Wir halten neue Entdeckungen durchaus für möglich, müssen aber davor warnen, ihr historisches Gewicht zu überschätzen. Die Quellen der Geschichte und die Beobachtungen der Gegenwart deuten darauf hin, daß oberhalb des Niveaus primitiver Stammeskulturen und unterhalb des Niveaus der modernen industriellen Gesellschaft die große Mehrzahl der Menschen in bereits identifizierten Ordnungen lebte – in stratifizierten Nomadengesellschaften, in hydraulischen Gesellschaften, in nichtfeudalen Gesellschaften, die auf Helotentum, freiem Bauerntum oder Sklaverei beruhten und in feudalen Gesellschaften.

2. GESELLSCHAFTLICHE ÄNDERUNGEN

a. Formen

Das Schicksal dieser verschiedenen Gesellschaftstypen ist in mehrfacher Beziehung lehrreich. Wie oben festgestellt wurde, hatten die stratifizierten Nomadengesellschaften ein mannigfaltiges Los. In einigen von ihnen betrieb man etwas Pflanzenbau; in anderen verlegte man das Schwergewicht auf die Landwirtschaft. Solch eine Entwicklung mag zur Entstehung der frühhellenischen Stammesaristokratien geführt haben; und sie bildete offenbar die Grundlage der germanischen Stammesgesellschaft. Andere Gruppen von Viehzüchtern traten in Beziehung zu hydraulischen Kulturen. Einige verschmolzen völlig mit ihnen, andere zogen sich nach einer Periode der Eroberung oder Unterwerfung wieder in die Steppe zurück. Wieder andere beharrten ohne ein »orientalisches« Zwischenspiel bei ihrer Lebensweise in halbtrocknen Weidegebieten und blieben in einem Zustand der Stagnation, bis sie unter dem Einfluß moderner Nachbargesellschaften ihre institutionelle Eigenart zu verlieren begannen.

Die höheren Agrargesellschaften Griechenlands und Roms besiegten die orientalische Welt mit ihren Waffen. Aber während ihre Eroberungen vielen ihrer Bürger materielle Vorteile brachten und einigen wenigen von ihnen großen Machtzuwachs, war der Preis eine allgemeine Orientalisierung ihrer Gesellschaft. Diese Umwandlung ist ein schlagendes Beispiel für eine abgelenkte (diversive, von außen verursachte) Wandlung, im Gegensaz zu einer entwicklungsmäßigen (»developmental« [18], durch innere Kräfte verursachten) Wandlung.

Die feudale Gesellschaft war stark genug, um sich gegen die hydraulische zu behaupten. Sie war offen genug, um eine auf Handel und Industrie beruhende Lebensweise entstehen zu lassen. Unter den höheren Agrarkulturen ist sie der klassische Fall einer entwicklungsfähigen Gesellschaft.

18. S. Kroeber, 1948, S. 261.

Die hydraulische Gesellschaft ist dagegen der klassische Fall gesellschaftlicher Stagnation. Diese Gesellschaftsform entstand wahrscheinlich auf verschiedene Weise [19], und unter günstigen Umständen entwickelte sie semikomplexe und komplexe Formen des Eigentums und der Klassenschichtung; aber sie änderte ihre grundlegende Ordnung nur unter dem Einfluß von außen kommender Kräfte.

b. Werte

Diese Tatsachen zeigen, daß die Morphologie der gesellschaftlichen Wandlung alles andere als einfach ist. Sie zeigen auch, daß hinter den Formproblemen entscheidende Wertprobleme liegen, die ein naiver oder politisch motivierter Evolutionsoptimismus nicht sehen kann oder will.

Gesellschaftliche Änderung ist nicht identisch mit Entwicklung. Entwicklung – d. h. die wesentlich von inneren Kräften bewirkte Transformation – ist nur eine von mehreren Formen gesellschaftlicher Änderung. Von gleicher Bedeutung ist die »diversive« Änderung – eine Transformation, die im wesentlichen durch äußere Kräfte bewirkt wird.

Überdies ist weder die entwicklungsmäßige noch die diversive Änderung notwendigerweise fortschrittlich; denn keine verbessert notwendigerweise das Gesamtschicksal des Menschen. Die Herrschaft des Menschen über die Natur ist ein ungeheuer wichtiger Kulturfaktor; aber als Maßstab für den Fortschritt muß man diesen Faktor zusammen mit dem Verhältnis des Menschen zu seinen Mitmenschen und mit dem Verhältnis zu seinen tiefsten weltlichen und religiösen Überzeugungen betrachten. Diese drei Welten greifen ineinander, und es ist ebensowohl möglich, daß sie miteinander im Konflikt stehen als in Harmonie.

Wer Wunschträumen nachhängt, mag von solchen Konflikten in Furcht versetzt werden. Aber der Realist, der Tragik als einen wesentlichen Bestandteil des Lebens anerkennt, wird auch die Möglichkeit anerkennen, daß unter verschiedenen historischen Umständen verschiedenwertige Entwicklungen stattfinden. Er wird verstehen, daß ein gleichzeitiger Fortschritt in allen drei menschlichen Beziehungen weniger häufig ist, als evolutionäre Legendenmacher uns glauben machen möchten, und daß vom Standpunkt der menschlichen Werte die geschichtliche Entwicklung fortschrittlich, zwiespältig oder ausgesprochenermaßen rückschrittlich sein kann. Dem Technologen mag das Entstehen des westlichen Absolutismus und der frühkapitalistischen Industrialisierung höchst fortschrittlich erscheinen. Unserer Meinung nach hat diese Entwicklung vermutlich ebenso viele menschliche Werte vernichtet wie geschaffen. Dem Apologeten der Sowjetmacht mag die von den Mongolen unternommene diversive Änderung, die die moskowitische Despotie begründete, als vorwiegend

19. S. oben, Kap. 1.

fortschrittlich erscheinen [20]. Vom Standpunkte der menschlichen Werte war sie entschieden rückschrittlich.

Entwicklungen, die eine gegebene Gesellschaft in eine Gesellschaft anderen Typus verwandeln, können als *primäre* gesellschaftliche Änderungen gelten. Aus offensichtlichen Gründen ist ihre Anzahl beschränkt. *Sekundäre* gesellschaftliche Änderungen können einen neuen Untertypus der gleichen Hauptform schaffen, oder sie mögen im Kreise verlaufen und schließlich zur Wiederherstellung der ursprünglichen Ordnung führen. Sie können – aber müssen nicht – kathartisch (regenerativ) sein. Gewisse dynastische Wandlungen und viele institutionelle Reformen waren so beschaffen.

Restaurative Entwicklungen kommen in allen institutionellen Formationen vor. Sie sind besonders häufig in Gesellschaften, die über lange Zeiträume fortdauern. Oberhalb des Niveaus der primitiven Kulturen bietet daher die hydraulische Gesellschaft die größten Möglichkeiten, die gesellschaftliche Stagnation und die im Kreise verlaufenden Wandlungen zu studieren.

B. DIE HYDRAULISCHE GESELLSCHAFT IM ÜBERGANG

I. VIER ASPEKTE DER REPRODUKTION DER HYDRAULISCHEN GESELLSCHAFT

a. Möglichkeiten institutionellen und kulturellen Wachstums

Die Machtzentren der hydraulischen Gesellschaft übertrafen alle anderen agrarischen Gemeinwesen in ihrer Fähigkeit, entlegene Gebiete zu unterwerfen und zu beherrschen. Nach einer »formativen« Periode wuchsen diese Zentren, wo die Umstände es erlaubten, über die lokalen Anfänge hinaus und nahmen territoriale oder nationale Dimensionen an. Unter besonders günstigen Bedingungen folgte der territorialen »Blüte« eine »imperiale« Ausdehnung und »Vereinheitlichung« [21]. Die hydraulische Gesellschaft, die jahrtausendelang bestand, hatte einzigartige Möglichkeiten, das schöpferische Potential jeder dieser Zustände auszunutzen. Die Geschichte der hydraulischen Welt zeigt, wie gründlich diese Möglichkeiten ausgenutzt worden sind.

20. Wipper, 1947, S. 39, 81.
21. S. Wittfogel, 1955, S. 47 ff. Man hat neuerdings die Ausdrücke »formativ«, »Blüte« und »Imperium« verwandt, um verschiedene »Perioden« in der Entwicklung von Gesellschaften (»Kulturtypen«) zu unterscheiden. Einer »formativen« Periode mit lokal begrenzten Einheiten kann eine »klassische« Periode der »Blüte« folgen (Wachstum und Ausreifung auf regionaler oder territorialer Stufenleiter), und dieser endlich eine Periode vielräumiger Ausdehnung: »Imperium« oder »Vereinheitlichung« (s. Steward, 1949, S. 7 ff.; ders., 1953, S. 323).

Die räumliche Ausdehnung einer sozial-kulturellen Einheit bewirkt jedoch nicht zwangsläufig ein ähnliches institutionelles und kulturelles Wachstum. Ein loser Zusammenhang zahlreicher unabhängiger Einheiten ist im allgemeinen anregender als insel- oder oasenartige Isolierung. Sie ist auch anregender als eine imperiale Vereinheitlichung, die die Tendenz hat, die Initiative für Experiment und Änderung auf ein einziges Zentrum zu übertragen. Hieraus erklärt sich vermutlich die Tatsache, daß die hervorragendsten Vertreter der hydraulischen Kultur im allgemeinen den Gipfel ihrer schöpferischen Leistung erreichten, als sie zu lose verbundenen Gruppen von Territorialstaaten gehörten.

So gut wie alle großen chinesischen Ideen über den »Weg« *(tao)*, die Gesellschaft, die Regierung, menschliche Beziehungen, Kriegsführung und Geschichtsschreibung entstanden im klassischen Zeitalter der Territorialstaaten und in den Anfängen der Kaiserzeit. Das Prüfungssystem und der psychologisch orientierte Neo-Konfuzianismus entstanden nach der Wiedervereinigung des Reiches, nach der Verlagerung des wirtschaftlichen Zentrums in das Jangtse-Tal und dem Bau eines künstlichen Nils, des Kaiserkanals[22]. Andere bedeutsame Änderungen geschahen in späteren Perioden der Kaiserzeit im Bereich des Theaters und des volkstümlichen Romans; aber sie wurden teilweise durch einen neuen Einfluß angeregt, nämlich die völlige Unterwerfung Chinas durch zwei »barbarische« Eroberdynastien. Keine dieser Änderungen erschütterte die konfuzianischen Grundlagen des chinesischen Denkens.

Ähnlich steht es um die Höhepunkte kulturellen Schaffens in Indien. Religion, Staatskunst, Recht und Familienformen entstanden und kamen zu »klassischer« Ausreifung entweder zu einer Zeit, als Indien aus einem Netz unabhängiger Staaten bestand, oder in der ersten Phase eines vereinheitlichten Reiches.

Die von den Arabern beherrschten Eroberungsgesellschaften des Nahen Ostens nahmen sofort die Dimension eines Reiches an. In diesem Falle entstanden die meisten großen Gedanken über Recht, Staat und das Los des Menschen während der Entstehungszeit und der frühen Reifezeit der islamischen Gesellschaft.

b. Stagnation, Epigonentum und Rückschritt

Innerhalb eines gegebenen Rahmens dauert der schöpferische Wandel nicht endlos fort. Das Wachstumspotential einer Gesellschaft wechselt mit ihrer natürlichen und kulturellen Umwelt, aber wenn die Möglichkeiten ihrer Entwicklung und Differenzierung weitgehend verwirklicht sind, pflegt der schöpferische Prozeß sich zu verlangsamen. Reife wird zum Stillstand. Und mit der Zeit mündet der Stillstand in stereotype Wiederholung (Epigonentum) oder

22. S. Wittfogel, 1935, S. 52.

ausgesprochenen Rückschritt. Neue Eroberungen und Gebietserwerbungen fördern die *Akkulturation*. Aber die dadurch verursachten Änderungen führen nicht zwangsläufig zu einer Umwandlung der bestehenden Gesellschafts- und Kulturformen. Schließlich finden wir auch in diesem Falle Stillstand, Epigonentum und Rückschritt.

Die Tendenz zu Epigonentum und Rückschritt kann sich vermischen – und in den orientalischen Eroberungsgesellschaften der Alten Welt tat sie das – mit einer Tendenz zu verminderter hydraulischer Intensität und zunehmender persönlicher Beschränkung. In den Bereichen managerialer Betätigung, persönlicher Freiheit und kulturellen Schaffens operierten die meisten hydraulischen Gesellschaften der spät-»imperialen« Periode wahrscheinlich unterhalb des Niveaus, das sie zu Zeiten regionaler und früh-»imperialer« Blüte erreicht hatten.

c. Das Beharrungsvermögen der hydraulischen Gesellschaft

Aber ganz gleich ob das institutionelle und kulturelle Niveau sank oder ob periodische regenerative Änderungen die früheren »klassischen« Bedingungen wiederherstellten, die hydraulische Gesellschaft behauptete ihre institutionelle Eigenart. Unter der Herrschaft ihrer Monopolbürokratie erzeugte sie fortwährend die technischen und geistigen Fähigkeiten, die zu ihrem Fortbestand erforderlich waren. Ihre Beamten waren häufig gelehrte und kultivierte Menschen. Ihre Bauern bebauten ihre Felder sorgfältiger als die Leibeigenen Europas [23], und ihre Handwerker betrieben ihr Gewerbe oft mit vollendeter Kunstfertigkeit. Diese Gruppen wurden zu ihren Leistungen durch mancherlei Anreize veranlaßt; aber sie verlangten nicht politische Unabhängigkeit oder Anteil des Volkes an der Regierung.

Die irrationellen Züge der hydraulischen Despotie hindern die Monopolbürokratie nicht daran, sich institutionell fortzupflanzen. Vom Standpunkt der Rationalität des Volkes aus gesehen, mag ein Apparatstaat ökonomisch überorganisiert sein. Sein Militär- und Polizeiapparat mag zu stark sein. Aber solange das Regime das rationale Minimum der Herren gewährleistet, wird es als operatives Ganzes weiterbestehen. Und es wird sich gegen offene Gesellschaften mit einer viel höheren Zweckrationalität behaupten, solange es ihnen militärisch die Waage hält.

d. Gesellschaftliche Änderung abhängig von äußeren Einflüssen

Eine wichtige Konsequenz für die gesellschaftliche Entwicklung haben wir bereits erörtert. Da die agrarische Monopolbürokratie die hydraulische Gesell-

---

23. Die japanische Landwirtschaft, die auf Kleinwasserbau beruhte und durch das chinesische Beispiel angeregt war, arbeitete während der Feudalzeit ebenso intensiv wie die chinesische.

schaft daran hinderte, aus eigenen Kräften eine vielzentrige Gesellschaft zu entwickeln, kann offenbar eine solche Umwandlung nur durch den unmittelbaren und mittelbaren Einfluß äußerer Kräfte stattfinden.

Westrom wurde von aus dem Norden kommenden Erobererstämmen zerbrochen; und das maurische Spanien erlag den feudalen Kriegern der iberischen Halbinsel. In beiden Fällen erleichterte eine innere Krise den institutionellen Sieg der Angreifer. In Byzanz waren die westlichen Eroberer 1204 stark genug, dem zerfallenden absolutistischen Regime den Gnadenstoß zu versetzen, aber sie waren zu schwach, eine vielzentrige Ordnung mit einem korporierten Adel, mächtigen Zunftstädten und einer unabhängigen Kirche einzuführen, wie sie damals in ihren feudalen Heimatländern bestanden. Um eine völlige »diverse« Transformation zu erzielen, hätten die äußeren Kräfte die orientalische Gesellschaft ganz durchdringen müssen.

2. NEUERE FORMEN VON AUSSEN KOMMENDER EINFLÜSSE

Bewirkte der Einfluß des kommerziellen und industriellen Westens solch eine Wandlung? John Stuart Mill war überzeugt, daß dies geschehen werde. Die »zivilisierten [industriellen] Nationen« [24], so glaubte er, würden »alle anderen Länder« denselben Weg gehen lassen, den sie selbst [25] auf dem Gebiete der Technologie und materieller Wohlfahrt, der persönlichen Sicherheit und freiwilligen Zusammenarbeit gegangen waren [26]. Marx war ebenfalls überzeugt, daß England in solchen Kolonien wie Indien »eine doppelte Mission zu erfüllen [habe]: eine zerstörende und eine erneuernde – die Zerstörung der alten asiatischen Gesellschaftsordnung und die Schaffung der materiellen Grundlagen einer westlichen Gesellschaftsordnung in Asien« [27]. Und wenn er auch erwartete, daß die Inder »die Früchte der neuen Gesellschaftselemente, die die britische Bourgeoisie in ihrem Lande ausgestreut, nicht eher ernten [würden], bis in Großbritannien selbst die heute herrschenden Klassen durch das Industrieproletariat verdrängt oder die Inder selbst stark genug geworden sind, um das englische Joch ein für allemal abzuwerfen« [28], sprach er doch mit Anerkennung von den westlichen Neuerungen, von denen er die folgenden hervorhob: »die politische Einheit Indiens, fester gegründet und weiter ausgreifend als jemals unter der Herrschaft der Großmoguln«, moderne Verkehrsmittel (Telegraph, Eisenbahnen – mit ihren anregenden Wirkungen auf das gesamte Wirtschaftsleben – und Dampfschiffe), eine »von britischen Unteroffizieren aufgestellte und gedrillte Eingeborenenarmee« – not-

24. Mill, 1909, S. 696 ff., 701; vgl. Smith, 1937, S. 736.
25. Mill, 1909, S. 697, 701.
26. A. a. O., S. XLVII, 699–701.
27. Marx, NYDT, 8. August, 1853; deutsche Übersetzung in: MEW, IX, S. 221.
28. Ders., NYDT, 8. August 1853; deutsche Übersetzung in: MEW, IX, S. 224.

wendig für Indiens Selbstbefreiung und für den Schutz gegen Eindringlinge –, eine »freie Presse, die zum erstenmal in eine asiatische Gesellschaft Eingang gefunden hat«, Privateigentum an Land und ein einheimisches Berufsbeamtentum [29].

Hinsichtlich des zaristischen Rußlands war Marx noch optimistischer. Obgleich er sich des orientalischen Erbes Rußlands bewußt war, hielt er es trotzdem für möglich, daß in Rußland das kapitalistische System Eingang finden werde, dessen »unbarmherzigen Gesetzen« es sich, wie »andere Nationen« zu unterwerfen hätte [30].

Mill und Marx sprachen Gedanken aus, die viele ihrer Zeitgenossen teilten. Aber augenscheinlich wußten sie nicht, wie die von ihnen vorausgesagte Entwicklung vor sich gehen werde. Soviel ich weiß, hat Mill seine These vom Jahre 1848 später nicht weiter entwickelt; und Marx, der in den fünfziger Jahren die von den Engländern geförderte Auflösung der alten agrarischen Ordnung Indiens als eine vollendete Tatsache betrachtete, als »die einzige *soziale* Revolution ...«, die Asien je gesehen« habe [31], bemerkte in den sechziger Jahren im 3. Bande des *Kapital*, daß diese Auflösung sich »nur sehr allmählich« vollzog [32]. Freilich, seitdem ist im Westen wie im Osten vieles geschehen; und vieles ist gesagt worden über den »sich wandelnden« (und den »unwandelbaren«) Orient. Aber die willkürlichen Interpretationen der Ereignisse, die die Kommunisten und andere Legendenmacher gegeben haben, machen eine wirklich wissenschaftliche Analyse keineswegs überflüssig. Solch eine Analyse ist im Gegenteil höchst notwendig, denn die Probleme sind komplex und von sehr großer Bedeutung.

a. Formen der Beziehungen mit dem Westen

Eines muß vorweg bemerkt werden: die gegenwärtigen Entwicklungen in der hydraulischen Welt sind keineswegs einheitlich. Verschiedenartige Beziehungen mit dem Westen und verschiedene Verhältnisse in den beeinflussenden sowie in den beeinflußten Ländern führen unvermeidlich zu verschiedenen Ergebnissen. In diesem Sinne können wir auf Grund der verschiedenen Intensität des kulturellen Kontakts und der verschiedenen Stärke des militärischen Angriffs und der politischen Kontrolle zumindest vier Formen von Beziehungen zwischen dem kommerziellen und industriellen Westen einerseits und den Ländern der orientalischen Welt andererseits unterscheiden.

29. *Ders.*, NYDT, 8. August 1853; Marx nannte die *zamindār*- und *ryotwār*-Formen des Landbesitzes, die von den Engländern geschaffen wurden, »abscheuliche Erscheinungen«; er begrüßte sie dennoch als »zwei ausgesprochene Formen von Privateigentum an Grund und Boden, deren die asiatische Gesellschaft so sehr bedarf«.

30. Marx und Engels, 1952, S. 217.

31. Marx, NYDT, 25. Juni, 1853; deutsche Übersetzung in: MEW, IX, S. 132.

32. *Ders.*, DK, III, 1, S. 318.

Typus I: Abseitige Unabhängigkeit (Thailand) [33].

Die Westmächte brachten Thailand nur unbedeutende militärische Niederlagen bei; es gab so gut wie keine direkte und wenig indirekte westliche Einmischung in die inneren Angelegenheiten des Landes. Insgesamt war bis vor einigen Jahrzehnten der Kontakt mit dem Westen in jeder Beziehung geringfügig. So blieb denn Thailand eine mehr oder weniger abseitige unabhängige hydraulische Gesellschaft, der es freistand, westliche Institutionen und westliche Kultur zu übernehmen oder unbeachtet zu lassen.

Typus II: Nähe und Unabhängigkeit (Hauptfall: Rußland).

Rußland war geographisch und kulturell Westeuropa nahe. Aber im Gegensatz zur ottomanischen Türkei wurde seine Politik nicht entscheidend beeinflußt von ausländischen »Ratgebern«; und im Gegensatz zu China gab es keine ausländischen »Konzessionen« in wichtigen russischen Städten. Drei schwere militärische Niederlagen – im Krimkrieg, im Krieg gegen Japan und im ersten Weltkrieg – erschütterten Rußland, zwangen ihm aber keine koloniale oder »halbkoloniale« Stellung auf. Ein Mindestmaß unmittelbarer ausländischer Einmischung paarte sich mit einem Höchstmaß friedlicher Wechselbeziehungen.

Typus III: Völlige und einfache Abhängigkeit (Musterbeispiele: Mexiko, Peru, Indonesien und Indien). Alle diese Länder wurden vom Westen vernichtend militärisch geschlagen; das Ergebnis war ihre unverhüllte politische Unterwerfung (Kolonisierung).

Typus IV: Begrenzte und vielfältige Abhängigkeit (Hauptfälle: die ottomanische Türkei und China). Beide Länder erlitten schwere militärische Niederlagen von westlicher Hand, und beide mußten sich erhebliche politische und wirtschaftliche Einmischungen seitens einer Mehrzahl ausländischer Mächte gefallen lassen. Aber in beiden Fällen behielten die einheimischen Regierungen ihre Armeen, und obwohl sie starkem Druck von außen ausgesetzt waren, konnten sie doch eigene politische Entscheidungen treffen.

b. Die beeinflussenden Länder

In kultureller Hinsicht bewegte sich die Beziehung mit den westlichen Ländern keineswegs nur in einer Richtung. Im 19. und zu Anfang des 20. Jahrhunderts faszinierte die russische Literatur die westliche Welt. Und lange vor Turgenjew, Dostojewski und Tolstoj wurden islamische Architektur und Dichtkunst sowie indische und chinesische Philosophie in den fernen westlichen Ländern bewundert und studiert. Auf den Gebieten der Technologie, der Politik, der Eigentumsverhältnisse und der Klassenschichtung verlief freilich die Beeinflussung im wesentlichen in einer Richtung; hier war die hydraulische Gesellschaft entschieden der empfangende Teil.

33. Bis zum Jahre 1939 hieß das Land Siam.

Aber diese Einflüsse waren weder überall dieselben noch blieben sie im Laufe der Zeit unverändert. Im 16. Jahrhundert, als die Spanier ihre amerikanischen Eroberungen machten, war Europa gerade der feudalen Lebensordnung entwachsen. In den verschiedensten Gebieten des Erdteils bildeten sich damals absolutistische Regierungen. Im 17. Jahrhundert, als die Holländer und Engländer ihre Macht in Südasien ausdehnten, gelangten kapitalistische Eliten in einigen wirtschaftlich fortgeschrittenen Ländern Europas zu gesellschaftlichem Ansehen. Aber erst im 18. und 19. Jahrhundert wurde das neue Bürgertum in seiner Gesamtheit sozial und politisch führend; erst dann setzte sich das Repräsentativsystem in den meisten westlichen Staaten durch.

Die Gesamtschau berücksichtigt nur die großen Züge der Entwicklung, aber sie hilft uns, die koloniale Geschichte der drei Hauptzonen der hydraulischen Gesellschaft zu verstehen. Die spanische Eroberung Amerikas wurde nicht von privaten *merchant adventurers* organisiert, sondern von einer absolutistischen Regierung, deren Macht durch den Krieg gegen die Mauren und durch die fiskalische Kontrolle der iberischen Schafzucht ungeheuer gestärkt war. Die Kolonisierung Indonesiens und Indiens wurde von kleinen Gruppen privilegierter Geschäftsleute durchgeführt, deren von der Regierung unterstützte, quasi-staatliche Ostindische Kompanien einem echten Monopolkapitalismus näher kamen als die modernen Trusts und Kartelle, die man so bezeichnet hat.

Die niederländische Vereinigte Ostindische Kompanie wurde 1798 aufgelöst; und nachdem 1848 das Mutterland eine liberale Verfassung und eine liberale Regierung erhalten hatte, machte sich nach einigen Jahren auch in der Kolonialpolitik eine liberalere Tendenz geltend[34]. Die britische Ostindische Kompanie verlor ihre Monopolstellung in Indien im Jahre 1813 (nach den napoleonischen Kriegen) und ihr Monopol des Chinahandels im Jahre 1833 (ein Jahr nach der Parlamentsreform in England). Auf dem amerikanischen Festland endete die koloniale Herrschaft Spaniens, ehe der Kampf um eine Konstitution, der die europäische Entwicklung des 19. Jahrhunderts charakterisiert, auf der iberischen Halbinsel ausbrach. Es ist jedoch bemerkenswert, daß in der Spätzeit des spanischen Absolutismus, insbesondere während der Regierung Karls III. (1759–1788), das Privatunternehmen in der Form von Kompanien gefördert wurde, die bis dahin in Spanien keine Rolle gespielt hatten[35].

In all diesen Fällen führte der Druck des Westens auf traditionell hydraulische Kulturen zu direkter Kolonialherrschaft. In anderen Fällen standen mehrere Handels- und Industriemächte im Wettbewerb um die Beherrschung wirtschaftlich begehrenswerter östlicher Länder. Unter diesen Umständen waren die Beziehungen zwischen den im Wandel begriffenen industriellen Ländern

34. Furnivall, 1944, S. 148; Vandenbosch, 1949, S. 81.
35. Altamira, 1930, S. 168 ff.

und der Form und Intensität der Einmischung komplex. Gewisse Kausalzusammenhänge lassen sich nichtsdestoweniger ermitteln. Erst nach der industriellen Revolution konnte der Westen dem entlegenen chinesischen Reiche eine Politik der offenen Tür aufzwingen; und erst seit der zweiten Hälfte des 19. Jahrhunderts empfahlen westliche Ratgeber ernsthaft, in der Türkei und in China eine konstitutionelle und repräsentative Regierung einzuführen.

c. Institutionelle Unterschiede in den beeinflußten Ländern

Wie wir im Laufe unserer Untersuchung gezeigt haben, waren die Verhältnisse in den hydraulischen Ländern ebenfalls sehr verschieden.

Die hydraulischen Unternehmen Mexikos gehörten zur Kategorie »Locker 2« [36]. In der Türkei verlor die Metropole allmählich die Kontrolle über die hydraulischen Provinzen. Kiew besaß keine agrarhydraulischen Unternehmungen; und das Tatarenjoch änderte dies nicht. Im vorspanischen Peru und in Siam gab es keinen privaten einheimischen Großhandel; in Indonesien und der ottomanischen Türkei war er äußerst beschränkt. Im moskowitischen Rußland wurden die privaten Geschäftsleute zugunsten der bürokratischen Kapitalisten beschränkt. Der unabhängige Handel blühte im aztekischen Mexiko; und in China nahm er einen großen Umfang an.

In einigen dieser Länder gab es bedeutsame Gruppen, von denen man hätte erwarten können, daß sie unter günstigen Umständen ein modernes Bürgertum geworden wären. Und in einigen gab es Formen des privaten Landeigentums, von denen man ebenfalls hätte erwarten können, daß sie unter dem Einfluß einer auf Privateigentum beruhenden industriellen Gesellschaft das Wachstum einer modernen vielzentrigen Gesellschaft hätten fördern können. Auf welche Weise und in welchem Umfange wurden diese Möglichkeiten verwirklicht?

3. GESELLSCHAFTLICHE ERGEBNISSE

Unsere Schilderung der Ergebnisse des westlichen Einflusses braucht nicht ausführlich auf Thailand einzugehen [37]. Ich begnüge mich hier mit der Feststellung, daß trotz mancher technischer und politischer Neuerungen im unabhängigen und abseitigen Thailand bis jetzt weder eine einheimische Mittelklasse [38] noch ein wirklich repräsentatives Regierungssystem entstanden ist.

36. S. oben, S. 219 ff.

37. Wir müssen in diesem Zusammenhang darauf verzichten, die Entwicklung Japans zu erörtern. Dieses Land war nie hydraulisch, und es entwickelte sich schnell von einer »einfachen« feudalen zu einer modernen vielzentrigen industriellen Gesellschaft.

38. Die chinesischen Geschäftsleute, die viele Züge einer angehenden Mittelklasse aufweisen, werden zunehmend aus dem Wirtschaftsleben Thailands verdrängt. Wenn die gegenwärtige Tendenz nicht rückgängig gemacht wird, wird diese Gruppe nicht in der Lage sein, die Entwicklung so zu fördern, wie sie es an sich könnte.

Ebenso wie Thailand behauptete Rußland seine politische Unabhängigkeit; aber es wurde viel stärker durch militärische Angriffe in Mitleidenschaft gezogen. Ebenso wie die chinesischen Mandarine waren die Herren der russischen Gesellschaft durch die Niederlagen ihrer Armeen sehr beunruhigt; aber da sie dem Westen näher waren, verstanden sie schneller die institutionelle und kulturelle Grundlage seiner militärischen Stärke. Sie förderten daher westliche Formen starken Eigentums, privater Unternehmung, öffentlicher Diskussion und lokaler Selbstverwaltung. Sie führten all diese Einrichtungen ungern ein – weil sie sie für den Fortbestand ihrer eigenen Macht für notwendig hielten und weil sie hofften, daß sie mit dieser vereinbar sein würden.

Die Mängel der »Bauernbefreiung« haben wir bereits erörtert [39]. Die Semstwos, gewählte Körperschaften lokaler Selbstverwaltung, wurden nach einer kurzen Blüte (1864–1866) in ihren Befugnissen sehr beschränkt [40]; aber selbst in ihrer verkrüppelten Form übten sie mehr Macht aus als die Bettlerdemokratien der hydraulischen Despotie. Graf Witte sagte mit Recht, die Autokratie und die Semstwos könnten nicht lange nebeneinander bestehen [41].

Die absolutistische Bürokratie behauptete freilich ihre Vorherrschaft. Aber ihr Ansehen litt unter dem türkischen Krieg (1877–1878) [42]; und es wurde tief erschüttert durch die Katastrophe des russisch-japanischen Krieges (1904–1905).

Staatliche Kontrolle und drückende Steuern waren ein schweres Hindernis für die Entwicklung einer modernen Wirtschaft [43]. Aber das Privateigentum wurde nunmehr sicher, und das Privatunternehmen, das vor 1850 schon in gewissen Zweigen der Leichtindustrie eine Rolle gespielt hatte [44], stieß nunmehr an vielen Fronten vor.

Zwischen 1893 und 1908 wurden 2965 Millionen Rubel russischen Kapitals in der Industrie angelegt, verglichen mit 874 Millionen Rubel ausländischen Kapitals [45]. 1916–1917 überwog staatlich gelenktes ausländisches Kapital so gut wie vollständig im Bergbau; aber russisches Kapital betrug in den meisten anderen Industriezweigen 50 Prozent oder mehr. In der chemischen Industrie war sein Anteil 50 Prozent, in der Metallindustrie 58 Prozent, in der Holz-

39. S. oben, Kap. 6.
40. Florinsky, 1953, II, S. 900.
41. *A. a. O.*; vergl. Mavor, 1928, S. 30. Zar Nikolaus II. hatte daher recht, als er den Vertretern der Semstwos barsch den Vorwurf machte, sie hegten »*sinnlose Träume*, . . . sich an der Innenpolitik zu beteiligen« (s. Birkett, 1918, S. 488 ff.).
42. Florinsky, 1953, II, S. 1067, 1081 ff.
43. Prokopowitsch, 1913, S. 52 ff.
44. Tugan-Baranowsky, 1900, S. 70 ff., 76 ff., 85 ff.
45. Prokopowitsch, 1913, S. 58; vgl. Lyashchenko, 1949, S. 716.

industrie 63 Prozent und in der Textilwarenindustrie 72 Prozent[46]. Die Staatsbank beherrschte nach wie vor das Kreditwesen; aber neben ihr entstanden viele Privatbanken, und der Gesamtbetrag des einheimischen Kapitals zusammen mit den Einlagen stieg zwischen 1909 und 1913 von 1289 Millionen auf 3375 Millionen Rubel an[47].

Dieser Aufschwung der modernen Wirtschaft Rußlands erfolgte nicht mit Hilfe von Zwangsarbeit und augenfälligem Polizeiterror, sondern mit Hilfe einer zunehmend freien Arbeiterschaft und in einer Atmosphäre abnehmender Despotie. Man nehme die Schwerindustrie: Während der letzten zwei Jahrzehnte vor dem ersten Weltkrieg stieg die Kohlenförderung im russischen Reiche ums Vierfache, und wenn wir Polen ausschließen, ums Sechsfache[48]. Von 1893 bis 1913 nahm die Kupfergewinnung um fast 800 Prozent zu[49]. Zwischen 1890 und 1913 wuchs die Eisenerzeugung im Reiche ums Sechsfache, in den wichtigen Industriezentren Südrußlands ums Zwanzigfache[50]. Oder man nehme die Leichtindustrie. Die Spindeln in der Baumwollindustrie waren 1913 »zweiundeinhalbmal so zahlreich, die Menge der verarbeiteten Rohbaumwolle war dreimal so groß, und die Menge des erzeugten Baumwollgarns zweiundeinhalbmal so groß wie 1890«[51].

Die erste russische Revolution führte auch zu wichtigen politischen Änderungen. Das Zarenmanifest vom Oktober 1905 hielt zwar am Grundsatz der absolutistischen Herrschaft fest, aber es machte bedeutsame verfassungsmäßige Zugeständnisse. Max Weber, der das Fehlen entscheidender westlicher Entwicklungsphasen in Rußland anerkannte[52] und der den »asiatischen« oder »mongolischen« Geist des zaristischen Regimes betonte[53], sah doch klar den gewaltigen Fortschritt, den die Einführung selbst einer beschränkten Verfassung darstellte[54]. Und in der Tat, ein Parlament, das den Etat beeinflussen und die Regierung offen kritisieren konnte, politische Parteien, die sich an das Volk wenden konnten, eine Presse, die eine fast völlige Freiheit genoß[55], ein

46. Lyashchenko, 1949, S. 716.

47. A. a. O., S. 703.

48. Zagorsky, 1928, S. 7.

49. A. a. O., S. 8.

50. A. a. O.

51. A. a. O., S. 6.

52. Weber, 1906, S. 324; vgl. 398.

53. Weber sprach von der »verschmitzten Mongolentücke« der zaristischen Bürokratie (a. a. O., S. 249) und der »wahrhaft mongolischen Tücke« des Regimes (a. a. O., S. 394). Er kritisierte die Polizei, die »ihre Machtstellung mit allen raffiniertesten Mitteln verschmitztester Asiatentücke ausnutzte« (a. a. O., S. 396).

54. Weber gebrauchte die nicht ganz zutreffende Bezeichnung »Scheinkonstitutionalismus« (Weber, 1906, S. 165, 249).

55. Florinsky, 1953, II, S. 1238; Wolfe, 1948, S. 564.

Schulsystem, das mehr und mehr Kinder erfaßte [56], einfache Staatsbürger, die mehr als zehn Millionen Menschen in Genossenschaften zusammenfassen konnten [57], und Arbeiter und Angestellten, die, obzwar sie keine freien Gewerkschaften organisieren durften, an der Verwaltung der Krankenkassen [58] teilnehmen konnten – diese Entwicklungen zusammengenommen bedeuteten eine ernsthafte Bedrohung der alten einzentrigen Gesellschaft.

Auch nach 1905 waren Rußlands anti-absolutistische Kräfte noch nicht stark genug, aus sich heraus eine offene vielzentrige Gesellschaft zu schaffen. Aber sie waren stark genug, im Frühling 1917, als das zaristische Heer durch den Ersten Weltkrieg gelähmt war, eine zwar kurzlebige, aber echte anti-absolutistische und demokratische Regierung zu bilden.

b. Hydraulische Länder unter Kolonialherrschaft

Die russische Erfahrung lehrt, daß selbst in einem unabhängigen, von einer despotischen Bürokratie regierten Lande die Keime einer mehrzentrigen Gesellschaft unter günstigen internationalen Bedingungen sich schnell entfalten können. Das geschah nicht in den hydraulischen Gebieten, die als Kolonien völlig in die Gewalt der westlichen Mächte gerieten. Die Spanier, Holländer und Engländer – sowie die Portugiesen und Franzosen, deren koloniale Tätigkeit wir hier nicht erörtern – erstrebten keine grundlegende Modernisierung ihrer orientalischen Besitzungen. Im Einklang mit ihren Sonderinteressen führten sie westliche Institutionen nur in beschränktem Maße und auswahlweise ein.

56. Wie andere Länder, die ins Industriezeitalter eintraten, förderte Rußland energisch die allgemeine Schulbildung. Im Jahre 1874 sollen 21,4 Prozent der Rekruten des Lesens und Schreibens kundig gewesen sein, 1894 waren es 37,8 Prozent, 1904 schon 55,5 Prozent und 1914 67,8 Prozent. Im Jahre 1918 hatten von den Industriearbeitern, die 21 Jahre oder jünger waren, 77,1 Prozent eine Elementarschulbildung, von denen zwischen dreißig und fünfunddreißig Jahren 64,8 Prozent und von denen über fünfzig Jahren 43,4 Prozent (Timasheff, 1946, S. 35). Der niedrige Prozentsatz der Analphabeten unter den jüngsten Arbeitern war eine Folge des Gesetzes vom Jahre 1908, das die allmähliche Einführung der allgemeinen Schulpflicht vorsah. Nach diesem Gesetze sollten 1922 fast alle Kinder die Schule besuchen (Florinsky, 1953, II, S. 1237). Florinsky stellt fest, daß der Fortschritt hinter dieser Erwartung zurückblieb; aber auch er betrachtet die Modernisierung und Ausdehnung des Schulwesens als erheblich (a. a. O., S. 1237, 1232). Der letzten Schätzung vor der Revolution zufolge sollten am Ende der 30er Jahre 78 Prozent aller Russen lesen und schreiben können (Timasheff, 1946, S. 34, 313). Krieg und Revolution verlangsamten die Entwicklung, aber die kommunistische Politik beschleunigte sie etwas. Nach der sowjetischen Volkszählung vom Jahre 1939 konnten damals 81,1 Prozent der Bevölkerung lesen und schreiben (a. a. O., S. 314).

57. Kayden, 1929, S. 14.

58. Florinsky, 1953, II, S. 1228.

Die Gründe für dieses Verhalten sind nicht schwer zu bestimmen. Die wichtigsten Zonen hydraulischer Kultur sind dicht bevölkert; ihr Klima ist größtenteils tropisch oder subtropisch; und sie eigneten sich nicht für eine massenhafte Einwanderung von Europäern. Demgemäß beschränkten sich in den meisten Fällen die Eroberer darauf, in ihren hydraulischen Kolonien einen starken Verwaltungsapparat zu schaffen, und sie führten nur solche öffentlichen und privaten Neuerungen ein, die ihnen wirtschaftliche Vorteile brachten.

Nach diesem Grundsatz verfuhren die Spanier in den agrarmanagerialen Gebieten Amerikas [59], die Holländer in Indonesien und die Engländer in Indien. Das Ergebnis waren Systeme sozialer Beziehungen, die allerdings von der traditionellen Ordnung der hydraulischen Gesellschaft abwichen, aber keineswegs Abbilder Spaniens, Hollands oder Großbritanniens waren.

Aber ganz gleich, ob die Kolonialmächte die traditionelle gesellschaftliche Ordnung auf dem Lande in verkrüppelter Form fortbestehen ließen, wie es die Spanier in Peru und Mexiko taten, oder ob sie sie so gut wie unversehrt ließen, wie die Holländer in Indonesien, oder ob sie den kommunalen Landbesitz in Privateigentum umwandelten, wie die Engländer in Indien – die neuen Herrscher hielten überall die Dörfer in einem Zustand politischer Machtlosigkeit. Und ganz gleich, ob sie die einheimischen Kaufleute ausschalteten (Mexiko und Java), ob sie ihren Aufstieg verhinderten (Peru), oder ob sie sie duldeten (Indien) – überall bemühten die Kolonialmächte sich wenig, die überkommene einzentrige Gesellschaft zu ändern.

Wo die Kolonialregierungen auf nichthydraulischen absolutistischen oder aristokratischen Verhältnissen in der Metropole beruhten, stellten sie eine eigentümliche Mischung von orientalischem und westlichem Absolutismus dar. Diese Mischung entstand trotz – oder vielleicht in gewissem Maße dank – der Tatsache, daß sie sich ständig der Unterstützung einheimischer Würdenträger (Fürsten, *caciques, curacas*) versicherten, die mit gewissen Änderungen die einheimischen alten politischen, sozialen und religiösen Herrschaftsmethoden am Leben hielten.

Dies war im großen und ganzen die Lage der Dinge bis zur industriellen Revolution, die in Europa ein mächtiger Anreiz zur Verbreitung des repräsentativen Regierungssystems war und die auch die kolonialen Regierungen beeinflußte – soweit sie noch bestanden. Die Einschränkung ist wichtig. Während Indien bis 1947 eine Kolonie blieb, errangen die amerikanischen Besitzungen Spaniens kurz nach der napoleonischen Ära ihre Unabhängigkeit.

59. Auch in den nichthydraulischen. Die Tatsache, daß die politischen Entscheidungen zentral getroffen wurden und daß die Macht des Staates in den kolonialen Gesellschaften Lateinamerikas außerordentlich groß war, erklärt zu einem erheblichen Teil die hervorragende Stellung, die die Staatsbürokratie und ihr zwangausübender Sektor, die Armee, bis heute behauptet haben.

Im nachkolonialen Mexiko und Peru wurden ohne Verzug parlamentarische republikanische Regierungsformen eingeführt. Die Erneuerungen nützten aber vor allem der Bürokratie und insbesondere der Armee, die in diesen Ländern wie in anderen ehemaligen spanischen Kolonien eine außerordentlich große politische und wirtschaftliche Macht besaß.

In Indonesien und Indien lag die Verwaltung in den Händen eines Berufsbeamtentums, das die Änderungen in den gesellschaftlichen und politischen Verhältnissen Hollands und Englands widerspiegelte. In beiden europäischen Staaten wuchs die Anteilnahme der Bevölkerung an der Regierung, und trotz der Eigentümlichkeiten der Kolonialherrschaft beeinflußte diese Entwicklung auch die Haltung der Beamten gegenüber der einheimischen Bevölkerung in den Kolonien. Gewiß, die Niederländer ließen erst im 20. Jahrhundert Indonesier zum regulären Verwaltungsdienst zu [60], und auch dann gaben sie ihnen selten wirkliche Macht. Trotzdem bekleideten unmittelbar vor dem Zweiten Weltkrieg die Indonesier 60,6 Prozent aller niedrigen, 38 Prozent der mittleren und 6,4 Prozent der höheren Regierungsposten [61].

In Indien setzte diese Entwicklung viel früher ein, und sie ging erheblich weiter. Ein Jahr nach der Annahme des Reformgesetzes, das die Bedeutung des englischen Bürgertums so sehr hob, erlangte grundsätzlich jeder Inder, »ohne Unterschied der Kaste, des Glaubens oder der Rasse« [62], Zutritt zu allen Posten in der indischen Verwaltung. Das Gesetz von 1833, das diese Bestimmung enthielt, war anfangs nicht viel mehr als eine Prinzipienerklärung, aber allmählich wurde es in die Praxis umgesetzt. Die Engländer behielten die Zentralregierung in der Hand [63], aber auf dem lokalen und provinziellen Niveau nahm die einheimische Beteiligung an der Regierung derart zu, daß 1935 die Provinzen volle Selbstverwaltung erhielten [64].

In immer größerer Zahl gingen Inder und Indonesier nach Europa, um zu studieren. Demokratische Verfahrensweisen waren daher in Indien und Indonesien bekannt, ehe diese Länder unabhängig wurden. Die ersten Maßnahmen ihrer neuen Regierungen erstrebten die Einführung eines parlamentarischen Systems, politischer Parteien und freier Vereinigungen von Arbeitern, Geschäftsleuten, Bauern und Intellektuellen.

Was bedeutet dies alles für die gesellschaftliche Entwicklung? In welchem Ausmaß offenbaren die unvollkommenen Demokratien Mexikos und Perus und die technisch weitergehenden Demokratien Indiens und Indonesiens den Aufstieg neuer Kräfte, die die alten einzentrigen Ordnungen durch ein wirklich mehrzentriges System menschlicher Beziehungen ersetzen wollen?

60. Furnivall, 1944, S. 252.
61. Kahin, 1952, S. 35.
62. *Imperial Gazetteer of India*, II, S. 514.
63. Appleby, 1953, S. 51.
64. Schuster und Wint, 1941, S. 72.

In Mexiko und Peru ermutigte die spanische Kolonialregierung – von einem kurzen Zwischenspiel abgesehen – keineswegs das Entstehen von privaten Unternehmungen und einer modernen Mittelklasse. In den unabhängigen Republiken behielt die Staatsbeamtenschaft das Übergewicht. In Mexiko verlangsamten die bürokratischen und militärischen Chancen zur Gewinnung von Macht und Reichtum die Ausbreitung unabhängigen Privatunternehmertums; sie konnten seine Entwicklung freilich nicht abdrosseln. In Peru besaßen die Indianer viel weniger Möglichkeiten, an Handel und Industrie Anteil zu nehmen, als in Mexiko. Die hydraulische Vergangenheit des Landes verhinderte jedoch nicht das Entstehen großer Privatunternehmungen in Landwirtschaft und Industrie. Perus kapitalistische Oberklasse war (und ist noch immer) eng verbunden mit ausländischem Kapital. Aber obgleich einige Unternehmer aus engen Beziehungen zur Regierung Nutzen ziehen, darf doch diese Schicht in ihrer Gesamtheit nicht als eine südamerikanische Spielart des bürokratischen Kapitalismus gelten [65].

Als sich die Spanier des Inkareiches bemächtigten, gab es dort keine Kaufmannsklasse. In Mexiko scheinen die Eroberer die angesehenen *pochteca*-Händler ausgerottet zu haben. Die Portugiesen und ihre Nachfolger, die Holländer, »unterdrückten den javanischen Handel«; und die einheimischen »Kaufleute und Schiffsbauer verloren ihre berufliche Stellung« [66]. Seitdem beherrschten die Niederländer in Indonesien die meisten Großunternehmungen, und sie gaben einer Gruppe »fremder Orientalen«, den Chinesen, die Möglichkeit, sich als Zwischenhändler und Geldverleiher zu betätigen. Als das Land unabhängig wurde, wurden die holländischen Regierungsbeamten und großenteils auch die holländischen Geschäftsleute ausgeschaltet. Die Chinesen blieben Außenseiter, denen man mißtraute [67]. Aber die Indonesier schufen aus ihren eigenen Reihen nie eine bedeutsame industrielle, kommerzielle und finanzielle Mittelklasse, die die Lücke zwischen den zahlreichen Kleinbauern und der gebildeten, vorwiegend bürokratischen Elite ausfüllen konnte [68]. So verdeckt denn in Indonesien eine demokratische Hülle einen gesellschaftlichen Kern, der viel mehr den einzentrigen Verhältnissen der Vergangenheit als einer modernen vielzentrigen industriellen Gesellschaft ähnelt [69].

65. Für eine umfassende Untersuchung des ungleichen Wachstums einer modernen Mittelklasse in den verschiedenen Ländern Lateinamerikas s. Crevenna, MECM, *passim*.

66. Furnivall, 1944, S. 43.

67. In Indonesien gibt es, wie in Thailand und anderen Staaten Südostasiens, eine ansehnliche Kolonie chinesischer Geschäftsleute. Aber wie in Thailand wurden die chinesischen Kapitalisten Indonesiens als Fremde betrachtet, und aus diesem Grunde konnten sie nicht die politischen Aufgaben einer einheimischen Mittelklasse erfüllen (s. a. a. O., S. 414; Kahin, 1952, S. 28, 475).

68. Kahin, 1952, S. 471; vgl. 29 ff.

69. Zusatz zur deutschen Ausgabe: Inzwischen hat dieser Kern in Indonesien, wie

Die indische Entwicklung unterscheidet sich von der indonesischen in mehreren nicht unwesentlichen Zügen. Ehe die Engländer kamen, gab es eine Reihe kapitalistischer Unternehmen in Indien – vermutlich nicht so viele, wie die moderne einheimische Legende behauptet [70], aber auch nicht so wenige, wie Bernier annahm, der an das Indien der Moguln den Maßstab westlicher Verhältnisse anlegte. Die Engländer verkrüppelten die einheimische Geschäftstätigkeit, unterdrückten sie aber nicht. Während der kolonialen Epoche schufen die Inder eine Anzahl verarbeitender Betriebe (namentlich in der Baumwollindustrie) sowie Betriebe in gewissen Zweigen der Schwerindustrie (insbesondere Stahlwerke) [71], und als Indien seine Unabhängigkeit erlangte, war der privatwirtschaftliche Sektor beträchtlich angewachsen; jedoch ist er – und die mit ihm verbundene moderne Mittelklasse – allen Schätzungen zufolge noch klein.

Natürlich führten die Engländer auch Privateigentum an Land ein. Aber im Gegensatz zu Marx' Erwartungen förderte diese Reform das Entstehen einer indischen Gesellschaft westlicher Art wenig. Wie wir ausgeführt haben, war Privateigentum an Land nur in einigen hydraulischen Gesellschaften vorherrschend; in vielen anderen war seine Bedeutung gering. Es erschien im alten gesellschaftlichen Rahmen zumeist als bürokratisches Eigentum, das mit Absentismus verbunden war [72]. Die Engländer erkannten durchweg die ehemaligen Inhaber von Dienstland, die *jagidars,* als Eigentümer an. In einigen Gebieten machten sie die bisherigen Steuereinnehmer, die *zamīndārs,* zu Eigentümern des Landes, das bisher ihrer Steuerhoheit unterworfen gewesen war, und in vielen anderen Gebieten verliehen sie den *ryotwār*-Bauern, die Land besaßen, das volle Eigentum des von ihnen bebauten Bodens. Aber eine Agrarreform, die es versäumt, die Bauerneigentümer durch angemessene erzieherische, politische und wirtschaftliche Maßnahmen, insbesondere im Bereich des Kreditwesens, zu schützen, pflegt ihnen nur vorübergehend zu nützen. Die neuen kleinen Landeigentümer Indiens fielen bald den Geldverleihern in die Hände, und schließlich mußten viele von ihnen ihr Land an einen Beamten, einen *zamīndār,* oder sonst einen wohlhabenden Mann verkaufen, der dann als Absentist ihnen die Hälfte – oder mehr als die Hälfte – der Ernte als Pacht abnahm. Im Jahre 1950 waren »ungefähr 80 Prozent des Landes in den Besitz von absentistischen Landeigentümern« geraten, »d. h. vier Fünftel des Landes [wurden] von Leuten bebaut, die keine Eigentümer waren« [73]. An-

in anderen Ländern Asiens, die demokratische Hülle gesprengt; und nach wie vor wird die gesellschaftliche Entwicklung dieser Gebiete von den äußeren Kräften abhängen, die auf sie einwirken.

70. Nehru, 1946, S. 283 ff.
71. A. a. O., S. 332 ff., 415 ff.; vgl. 420 ff.
72. S. oben, Kap. 7.
73. *Agriculture in India,* S. 35.

statt dem indischen Dorfe eine westliche Form zu geben, belasteten die Engländer es mit einem der schlimmsten Züge orientalischen Grundbesitzes, nämlich mit bürokratischem Eigentum und Absentismus.

c. Halbabhängige (»halbkoloniale«) Länder

Die neuere Geschichte des Nahen Ostens (annähernd das Gebiet des ehemaligen türkischen Reiches) und des festländischen Fernen Ostens (China) beleuchtet die Entwicklung hydraulischer Länder, die zwar nicht Kolonien wurden, die aber einem starken Druck des industriellen Westens ausgesetzt waren. In beiden Fällen bekämpften sich mehrere Großmächte, von denen keine stark genug war, die Rivalen auszuschalten. In beiden Fällen wurden die negativen Folgen der westlichen Einmischung, die schwer genug waren, einigermaßen durch den Umstand gemildert, daß die betroffenen Länder unabhängig blieben und daß ihre Regierungen eine aktive Rolle bei der Modernisierung ihrer Länder spielten.

Im Nahen Osten schwächte eine Reihe militärischer Niederlagen die Autorität Konstantinopels über die türkischen Provinzen, in denen lokale Machthaber ihre Stellungen zu festigen suchten – erstens, indem sie die mit der Zentralregierung verbundenen Personen ihrer amtlichen Vorrechte als Steuereinnehmer und Inhaber von Dienstland beraubten, und zweitens durch Zuweisung der Masse des Landes an die Bauern, die es bestellten. Wie in Indien wurden viele ungenügend ausgerüstete, ungebildete und mangelhaft organisierte Bauern gezwungen, ihr neu erworbenes Eigentum an wohlhabende Personen zu verkaufen: an ehemalige Steuereinnehmer, Staatsbeamte, Offiziere, Dorfscheiche[74] und reiche Städter, die mit der Regierung nur lose oder gar nicht verbunden waren.

Infolge dieser Entwicklung haben sich bürokratisches Landeigentum und Absentismus in mehreren Ländern des Nahen Ostens bis zur Gegenwart erhalten[75]. Und die Einführung gewisser technischer Neuerungen ging parallel mit dem Fortbestand quasihydraulischer Gesellschaftsformen, die wenig dazu angetan waren, die Entwicklung einer modernen Mittel- und Arbeiterklasse und einer elementar gebildeten und politisch organisierten Bauernschaft zu unterstützen.

Im Kerngebiet des ottomanischen Machtbereiches, in Anatolien und der europäischen Türkei, verliefen die Dinge anders. Mehr als die Außenprovinzen, die sich allmählich vom Reiche losrissen, war dieses Gebiet einer massi-

---

74. Warriner, 1948, S. 15, 85 ff.; Bonné, 1948, S. 188.

75. S. Cooke, 1952, S. 40. Cooke erklärt die Beziehung zwischen bürokratischer Stellung und Grundeigentum in diesen Ländern nicht als das Ergebnis einer traditionellen bürokratischen Herrschaft; aber auch er gibt zu, daß im ottomanischen Reiche Zivil- und Militärbeamtentum, religiöse Prominenz und Landeigentum sich überdeckten (a. a. O., S. 281).

ven und direkten Einmischung seitens der Großmächte ausgesetzt. Die Kapitulationen, die gewissen Ausländergruppen rechtliche und wirtschaftliche Exterritorialität gaben, spielten eine besonders große Rolle in Konstantinopel, wo die meisten so Bevorrechteten lebten. Zusammen mit der ausländischen Verwaltung des Staatsschuldendienstes und dem Internationalen Rat waren es die Kapitulationen, die die Wirtschaft und das internationale Ansehen des Landes schwer beeinträchtigten [76].

Der Schauplatz der schlimmsten Demütigungen der Türkei wurde jedoch auch zum Schauplatz ihrer machtvollsten politischen und geistigen Wiedergeburt. Im Jahre 1876 wurde vorübergehend eine Verfassung eingeführt, die eine parlamentarische Regierungsform vorsah. Späterhin machte die jungtürkische Reformbewegung im Kerngebiet des alten Reiches von sich reden. Dort war es auch, daß Kemal Pascha (später Atatürk) und seine Anhänger die Grundlagen für den neuen türkischen nationalen Staat schufen [77].

Wenn das Vorhandensein großer Sektoren privaten Eigentums und privater Unternehmung für die Umwandlung einer hydraulischen in eine vielzentrige Gesellschaft allein bestimmend wäre, dann hätte kein Land so günstige Voraussetzungen für eine solche Entwicklung gehabt wie China. Hier hatte es viel länger Privateigentum an Land gegeben als in der Türkei oder im zaristischen Rußland; und die Geschichte des privaten Handwerks und Handels, einschließlich des Großhandels, ist ebenfalls sehr lang [78]. Aber das Beispiel Chinas beweist klar, daß das Entstehen einer modernen Mittelklasse des westlichen Typus noch an andere Vorbedingungen gebunden ist als an die Existenz großen Privateigentums und privater Unternehmung.

Vom Jahre 1840 an litt China unter der Einmischung ausländischer Mächte. Ungleiche Verträge, internationale Konzessionen, Exterritorialität und ausländische Kontrolle über die Zölle schwächten das absolutistische Regime so sehr, daß seine inneren Feinde imstande waren, es zu stürzen und eine Republik zu errichten. Aber die Ereignisse, die der Revolution vom Jahre 1911 folgten, enthüllten den politischen Zusammenhalt des Landes und das Beharrungsvermögen seiner Gesellschaft. Obgleich China zeitweilig in eine Anzahl territorialer Herrschaftsbereiche zerfiel, die bürokratischen Militärs (warlords) unterstanden, entstand keine starke moderne Mittelklasse, und dies obgleich eine nicht unbeträchtliche Anzahl einheimischer Geschäftsleute in den

76. Jäckh, 1944, S. 78 ff.

77. Zusatz zur deutschen Ausgabe: In der ursprünglichen Fassung erwartete ich, daß eine selbständige und eng mit dem Westen verbundene Türkei den fehlerhaften Kreis der alten, bürokratisch-despotischen Ordnung möglicherweise durchbrechen werde. Ich halte dies auch heute noch für möglich, ziehe es aber vor, meine ursprünglich gemachte Bemerkung zu unterstreichen, daß auch die moderne Türkei noch so gut wie keine moderne Mittelklasse hat. S. *a. a. O.,* S. 187, 191; Thornburg, Spry und Soule, 1949, S. 180, 199; und Bismarck-Osten, 1951, S. 9.

78. S. oben, Kap. 7.

Konzessionen und im Auslande Dr. Sun Yat-sens Modernisierungsversuche unterstützte.

Dies änderte sich nicht grundlegend, als in den Jahren 1927–1928 die Kuomintang unter Tschiang Kai-schek eine lose Wiedervereinigung des eigentlichen Chinas erreichte. Fortdauernde Einmischungen der ausländischen Mächte sowie kommunistische, von der Sowjetunion gelenkte Störaktionen machten es der nationalistischen Regierung unmöglich, ihre Autorität im ganzen Lande durchzusetzen. Und während moderne bürgerliche Kräfte zeitweilig einen gewissen Einfluß auf die Zentralregierung ausübten, blieben sie schwach in den Provinzverwaltungen, die weiterhin vorwiegend in den Händen einer agrarmanagerialer Bürokratie lagen [79].

Aber all dieser Hindernisse ungeachtet, stand China nicht still. Westliche Technik fand zunehmend Anerkennung und westliche Gedanken machten sich geltend im Bildungswesen, in der sich verbessernden Stellung der Frau und in einer verhältnismäßig freien Presse. Wäre das Land von fremden Fesseln frei gewesen, dann hätte es vermutlich seine kulturelle und gesellschaftliche Umwandlung erheblich beschleunigen können.

Der zweite Weltkrieg beseitigte viele westliche Vorrechte, die China verkrüppelt hatten. Aber diese Befreiung kam zu spät. Sie erfolgte im Verlauf eines Krieges, in dem die Japaner durch die Besetzung der Vertragshäfen und der Industriestädte die moderne Mittelklasse Chinas verhängnisvoll schwächten [80], eines Krieges, der den Kommunisten die Möglichkeit gab, die nur lose zusammengehaltene und übermäßig belastete chinesische Gesellschaft zu durchdringen.

In der Türkei war der Weg zu einer modernen nichtkommunistischen Gesellschaft klar und offen vorgezeichnet, als die Halbabhängigkeit des Landes endete. Als in China die Periode der Halbabhängigkeit endete, wurde die Chance für eine »diversive« (von außen her angeregte) Umwandlung, die die Westmächte förderten, von den Kommunisten zunichte gemacht.

d. Eine neue Macht greift in die Entwicklung ein: der Sowjetkommunismus

In den zwanziger Jahren war die Sowjetunion zu schwach, um selbst die Türkei entscheidend zu beeinflussen, obgleich sie diesem Lande beträchtliche materielle Hilfe gewährte. In den dreißiger Jahren begann sie im Bereich der internationalen Diplomatie eine wichtige Rolle zu spielen. Und nach dem zweiten Weltkrieg machte sie dem Westen offen die Führung der Welt streitig.

Somit bot der Aufstieg der UdSSR den Erben der hydraulischen Gesellschaft eine neuartige Wahl. Wo sie vorher in ihrem Streben nach institutio-

79. S. Taylor, 1936, S. 13.
80. Ders., 1942, S. 132.

neller Änderung nur ein mögliches Ziel gesehen hatten, da sahen sie nun zwei mögliche Ziele und dies infolge der bolschewistischen Revolution. Welche entwicklungsmäßige Bedeutung hat diese Revolution?

4. DIE HYDRAULISCHE GESELLSCHAFT AM SCHEIDEWEGE

a. Die entwicklungsmäßige Bedeutung der bolschewistischen Revolution

Von den großen Ländern der orientalischen Welt, die im Begriff standen, mit ihrer agrardespotischen Vergangenheit zu brechen, kehrte Rußland als erstes der westlichen Gesellschaft den Rücken. Diese Tatsache ist von entscheidender Bedeutung, weil Rußland vor 1917 in seiner westlichen Entwicklung weit fortgeschritten war und weil es nach 1917 die mächtigste Triebkraft antiwestlicher Tätigkeit in Asien und in anderen Teilen der Welt wurde.

Das Ausmaß der westlichen Entwicklung, das Rußland im Frühling des Jahres 1917 erreicht hatte, wird veranschaulicht durch das politische Gewicht der bürgerlichen »Kadettenpartei«, der bäuerlichen Partei der Sozialrevolutionäre und der Arbeiterpartei der Menschewiki, die alle eine parlamentarische und demokratische Regierung wollten. Diese Parteien, nicht die Bolschewiki, genossen nach der Februarrevolution die Unterstützung der Mehrzahl der Bauern, Arbeiter und Soldaten. Die Masse der Bauern sympathisierte mit den Sozialrevolutionären [81] und die Masse der Arbeiter entweder mit den Sozialrevolutionären oder mit den Menschewiki. (Lenin gab im April 1917 zu, daß die bolschewistische Partei »in der Mehrzahl der Sowjets der Arbeiterdeputierten in der Minderheit, vorläufig sogar in einer schwachen Minderheit« war. [82]) Und die Soldaten, die zumeist aus bäuerlichen Familien stammten, waren ähnlich orientiert. Sogar in den Wahlen für die Konstituierende Versammlung im Herbst 1917 stimmten mehr Soldaten für die Sozialrevolutionäre als für die Bolschewiki [83]. Die Sozialrevolutionäre erhielten 58 Prozent der Gesamtzahl aller Stimmen [84].

Die Intellektuellen waren noch weniger geneigt, dem Ruf der Bolschewiki zu folgen. Die zaristisch Gesinnten unter ihnen waren politisch diskreditiert; und die Liberalen und Sozialisten standen »dem Zarismus und dem Bolschewismus gleich fremd« gegenüber [85]. Es ist daher nicht erstaunlich, daß nach der Februarrevolution die demokratischen Parteien nicht nur in der Regierung und in der Armee die Führung hatten [86], sondern auch in den ersten

---

81. Chamberlin, 1935, I, S. 248 ff.
82. Lenin, S, XXIV, S. 4; deutsche Übersetzung in: ders., AW, II, S. 8.
83. Ders., S, XXX, S. 237.
84. A. a. O., S. 230 ff.
85. Chamberlin, 1935, I, S. 281.
86. S. a. a. O., S. 229.

Sowjets [87], in den neuen Bauernorganisationen [88] und in den Gewerkschaften [89].

Die Sozialrevolutionäre hatten in ihrem Agrarprogramm die Verteilung des »entfremdeten« Landes an diejenigen, die es bebauten, gefordert [90]. Dieses Programm zog die Bauern unendlich viel mehr an als Lenins Forderung, daß nach der »Nationalisierung des *gesamten* Bodens« die »großen Güter« als »Musterwirtschaften... unter Kontrolle der Landarbeiterdeputierten und auf Rechnung der Gesellschaft« bewirtschaftet werden sollten [91].

Alle demokratischen Gruppen verwarfen aus verschiedenen Gründen einen Sonderfrieden mit Deutschland. Und die Bolschewiki, die der Debatte eine scharfe antikapitalistische Note gaben, empfahlen ursprünglich auch nicht einen Sonderfrieden. In seinen »*Aprilthesen*« nannte Lenin die Bedingungen für einen »revolutionären Krieg«. Er wandte sich gegen die »revolutionäre Vaterlandsverteidigung« – die damals auch in »der Masse« von »breiten Schichten« unterstützt wurde, und empfahl diesen Schichten gegenüber eine geduldige Aufklärung, da sie »es zweifellos ehrlich meinen und den Krieg nur anerkennen in dem Glauben, daß er aus Notwendigkeit und nicht um Eroberungen geführt wird« [92]. Noch im Juni lehnte er einen Sonderfrieden ab, der seiner Meinung nach »ein Übereinkommen mit den deutschen Räubern, die ebensoviel wie die anderen rauben«, bedeute [93].

Lenins Losung der »*Kontrolle* über die gesellschaftliche Produktion und Verteilung der Erzeugnisse durch den Sowjet der Arbeiterdeputierten« [94] gewann zunehmend Boden bei den Betriebsräten [95]. Trotzdem gelang es den Bolschewiki vor der Oktoberrevolution nicht, die Gewerkschaften unter ihre Führung zu bringen.

Offenbar bestand also in Rußland 1917 eine wirklich offene geschichtliche Situation. Hätten die neuen demokratischen Führer die neuen Freiheiten auf wahrhaft revolutionäre Weise verteidigt und entwickelt, dann hätten sie eine ausgezeichnete Gelegenheit gehabt, Rußland in eine vielzentrige demokratische Gesellschaft umzuwandeln. Aber es fehlte ihnen sowohl an Erfahrung

87. A. a. O., S. 159.

88. A. a. O., S. 249 ff.

89. Es waren die Menschewiki, und nicht die Bolschewiki, die zunächst die schnell wachsenden Gewerkschaften beherrschten (Florinsky, 1953, II, S. 1421).

90. S. Lenin, S, XXVI, S. 227 ff.

91. A. a. O., XXIV, S. 5; deutsche Übersetzung in: *ders.*, AW, II, S. 9. Mit dieser Forderung bekannte sich Lenin erneut zu einem marxistischen Grundsatz, den insbesondere der führende orthodoxe Marxist Kautsky entwickelt hatte. Diese Politik bedeutet, daß den Bauern das Land der großen Güter vorenthalten wird.

92. *Ders.*, S, XXIV, S. 4; deutsche Übersetzung in: *ders.*, AW, II, S. 7 f.

93. *Ders.*, S, XXV, S. 20.

94. A. a. O., XXIV, S. 5; deutsche Übersetzung in: *ders.*, AW, II, S. 9.

95. Chamberlin, 1935, I, S. 266 ff.

wie an Entschlußkraft. Um ihre westlichen Verbündeten nicht vor den Kopf zu stoßen, setzten sie einen Krieg fort, den weiterzuführen sie nicht die Kraft hatten. Und in ihrem Bestreben, die Spielregeln normalen gesetzlichen Vorgehens nicht zu verletzen, vertagten die demokratischen Führer die dringliche Landreform bis nach der Eröffnung der Konstituierenden Versammlung, die nie Gelegenheit erhielt, in Tätigkeit zu treten.

Somit waren es großenteils die Unterlassungssünden ihrer Gegner, die den Bolschewiken ihre große Chance gaben. Nach dem Juliaufstand änderte Lenin seine frühere außenpolitische Stellung; er verlangte, daß man den Deutschen einen »*sofortigen Frieden zu genau umschriebenen Bedingungen anbieten*« müsse[96]. Und rasch vollzog er einen ebenso scharfen Kurswechsel in der Innenpolitik. Er warf sein orthodoxes Programm, die großen Güter in Musterwirtschaften umzuwandeln, über Bord und übernahm mit Haut und Haaren (seine Gegner sagten: er »stahl«) das sozialrevolutionäre Programm der Landverteilung an die Bauern, dem er vor kurzem ausgewichen war und das er, wie er offen andeutete, noch immer nicht billigte[97]. Er ließ ferner den Grundsatz der Unterstützung durch die Mehrheit fallen, den er bisher als eine wesentliche Voraussetzung für die Machtergreifung betrachtet hatte. Angesichts einer Mehrheit, die durch die Politik der provisorischen Regierung entmutigt und verwirrt war, die aber noch dieser Regierung ihre Stimme gab, sammelte Lenin eine Minderheit städtischer und bäuerlicher Aktivisten um sich, die sich als stark genug erwies, eine Sowjetdiktatur unter Führung der Bolschewiki zu errichten.

Eine günstige internationale Lage und eine verständnisvolle und hilfsbereite demokratische Außenwelt hätten vielleicht die Waage in die entgegengesetzte Richtung ausschlagen lassen. Aber unter den damaligen Umständen geschah es, daß die politische Schwäche der westlich orientierten Kräfte Rußlands die »diversive« Revolution lähmte und einer ganz anderen Entwicklung die Tür öffnete.

b. Die UdSSR – Rußlands asiatische Restauration?

Wohin führte diese Entwicklung? Gewiß nicht zu einer sozialistischen Ordnung, wie sie Marx und dem Lenin der Vor-Oktoberzeit vorgeschwebt hatte. Im neunten Kapitel haben wir gezeigt, daß Lenin selbst am Ende seines Lebens glaubte, Rußland befinde sich auf dem Weg zu einer asiatischen Restauration. Lenins Pessimismus ging logisch hervor aus seinen früheren Ansichten und späteren Erfahrungen. Er ging hervor aus seinem Wissen um Marx' Forderung nach einer unmittelbaren demokratischen Kontrolle von der Art der Pariser Kommune über den protosozialistischen Staat. Er ging hervor

96. Lenin, S, XXV, S. 267.
97. A. a. O., XXVI, S. 228.

aus seiner Übernahme der Auffassung von Marx und Engels, die zerstreuten Dorfgemeinden bildeten die wirtschaftliche Grundlage der orientalischen Despotie im allgemeinen und seiner zaristischen Abart im besonderen [98]. Er ging hervor aus seiner eigenen Ansicht, daß es nur eine einzige »absolute« Garantie gegen ein Abgleiten der erhofften russischen Revolution in eine asiatische Restauration gebe: den Sieg des Sozialismus im hochindustrialisierten Westen, und nur eine »relative« Garantie: die strikte Aufrechterhaltung demokratischer Kontrolle über die neue revolutionäre Regierung (keine Bürokratie, kein Heer, keine Polizei). Lenins Pessimismus ging schließlich hervor aus den Ereignissen, die der Oktoberrevolution folgten: in den großen Industriestaaten des Westens vollzog sich keine sozialistische Revolution, und das Sowjetregime ging unverzüglich daran, eine neue Bürokratie, ein neues stehendes Heer und eine neue Polizei zu schaffen.

Die »linken Kommunisten«, zu denen damals auch Bucharin gehörte, hatten bereits im Frühling des Jahres 1918 öffentlich vor der neuen »bürokratischen Zentralisierung« und der drohenden »Versklavung der Arbeiterklasse« gewarnt [99]. Die kommunistische Partei hatte in ihrem Programm vom Jahre 1919 »das teilweise Wiederaufleben der Bürokratie« angeprangert, und 1921 hatte Lenin die neue Sowjetbürokratie in einer Weise beschrieben, die nur eine Auslegung zuließ: Diese Bürokratie war das Ungeheuer, das Rußland einer asiatischen Restauration zutrieb. Im Jahre 1922 waren die »nicht-proletarischen« und »fremden« Vertreter des neuen »bürokratischen« Apparats so stark, daß Lenin nicht mehr sicher war, ob sie oder die kleine »Alte Garde der Partei« im Sattel waren. »Wer beherrscht wen?« [100] Nur das »ungeteilte Prestige« der Alten Garde habe bisher den völligen Sieg der neuen »fremden« sozialen Kräfte verhindert, und dieses Prestige könnte durch einen unbedeutenden Kampf innerhalb der Führung vernichtet werden [101]. Es wurde in der Tat kurz nach Lenins Tod vernichtet.

Dies bedeutet natürlich nicht, daß die Sowjetgesellschaft ursprünglich einen protosozialistischen Charakter hatte, der 1922 oder kurz danach verloren ging. Lenins verspätete Warnungen deuten das Problem an, aber sie zeigen auch, daß er nicht bereit war, sich der Wirklichkeit ganz zu stellen. Marx und der Lenin der Vor-Oktoberzeit betrachteten Sozialismus als Planwirtschaft mit wirksamer Kontrolle des Volkes über die Planer. Die Bolschewiki ließen eine derartige Kontrolle nicht zu, als sie nach ihrer revolutionären Machtergreifung Wirtschaftsplanung in immer größerem Umfang betrieben. Gemessen an marxistisch-leninistischen Maßstäben, gab es in Sowjetrußland subjektive Sozialisten, aber es gab nie Sozialismus.

98. S. a. a. O., XX, S. 375.
99. Lenin, SW, XXII, S. 636 f.
100. Ders., S, XXXIII, S. 258.
101. A. a. O., S. 229.

Es gab dort auch keine asiatische Restauration. Man kann verstehen, daß Lenin 1921 die neue sowjetische Bürokratie als eine Macht ansah, die über zersplitterte und zerstreute Kleinproduzenten herrschte. Als der Bürgerkrieg 1920 zu Ende ging, produzierte die Großindustrie nicht viel mehr als 10 Prozent ihrer Vorkriegsleistung[102], und die meisten Industriearbeiter waren in die Dörfer zurückgekehrt, aus denen sie ursprünglich gekommen waren. Das Land lebte im wesentlichen von einer zersplitterten Bauernwirtschaft und von der Kleinindustrie[103], die in den Dörfern und zusammengeschrumpften Städten[104] übriggeblieben war. Lenin machte 1921 die extreme Feststellung: »Das Proletariat ist verschwunden.«[105]

Diese Verhältnisse erklären, warum Lenin zwischen 1921 und 1923 von der neuen Bürokratie in Ausdrücken sprach, die die Marxisten zur Bezeichnung der orientalischen Despotie zu verwenden pflegten. Sie erklären seine Hinweise auf die »halbasiatische Kulturlosigkeit« des Landes und die »asiatische« Art, in der die russischen Bauern Handel trieben[106]. Trotzdem war seine Annahme, die Apparatschiks des neuen Staates seien dabei, eine Neuausgabe der alten russischen *Aziatščina* zu schaffen, grundfalsch.

Die Auffassung war falsch, weil sie die Wirtschaftsgesinnung der Männer des neuen Apparats unterschätzte. Diese Männer waren nicht damit zufrieden, über eine Welt von Bauern und Handwerkern zu herrschen. Sie kannten die Möglichkeiten einer modernen Industrie. Sie standen im Bann einer quasireligiösen sozialistischen Vision[107], die sie zu verwirklichen strebten, zunächst im Rahmen des früheren Produktionsmaximums Rußlands und seit dem ersten Fünfjahresplan weit darüber hinaus.

Während die Herren Sowjetrußlands ein Wesensmerkmal einer agrardespotischen Gesellschaft, die monopolistische Stellung ihrer herrschenden Bürokratie, bewahrten, taten sie doch viel mehr als nur jene Gesellschaft aufrechtzuerhalten. Bereits vor der Kollektivierung der Landwirtschaft verfügten die sowjetischen Apparatschiks über ein mechanisiertes Verkehrs- und Industriesystem, das ihre semimanageriale Stellung verschieden von der semimanagerialen Stellung einer agrarhydraulischen Bürokratie und ihr potentiell überlegen machte. Der nationalisierte industrielle Apparat der neuen semimanagerialen Ordnung gab ihnen neue Machtmittel der Organisation, der Propaganda und des physischen Zwanges, die es ihnen möglich machten, die kleinbäu-

---

102. Baykov, 1947, S. 8.

103. Im Jahre 1920 erzeugte Rußlands Kleinindustrie noch ungefähr 44 Prozent ihrer Leistung von 1913 (*a. a. O.*).

104. Die Städte verloren von einem Drittel bis über die Hälfte ihrer Bevölkerung (*a. a. O.*, S. 41).

105. Lenin, S, XXXIII, S. 43.

106. *A. a. O.*, S. 423, 430; deutsche Übersetzung in: *ders.*, AW, II, S. 984, 991.

107. Für die Erörterung des Marxismus-Leninismus als einer weltlichen Religion s. Gurian, 1931, S. 192 ff.

erlichen Produzenten als Wirtschaftskategorie zu vernichten. Die vollendete Kollektivierung verwandelte die Bauern in Landarbeiter, die für einen einzigen Herrn, den neuen Apparatstaat, fronen müssen [108].

Die Agrardespotie der alten Gesellschaft, die höchstenfalls semimanagerial war, vereinigte totale politische Macht mit beschränkter sozialer und geistiger Kontrolle. Die industrielle Despotie der vollentwickelten und total-managerialen Apparatgesellschaft vereinigt totale politische Macht mit totaler sozialer und geistiger Kontrolle.

In Anlehnung an Lenin, der erkannte, was für ein wichtiges Mittel der »Apparat« ist, um totale Macht zu schaffen und zu verteidigen, habe ich den echt-despotischen Staat einen »Apparatstaat« genannt. Dieser Ausdruck paßt für die agrarischen und die industriellen Formen totaler Verstaatlichung. Gibt es eine marxistische Formel, die sich speziell auf die neue industrielle Apparatgesellschaft anwenden läßt?

Man hat diese neue Apparatgesellschaft »Neofeudalismus« und »Staatskapitalismus« genannt. Beide Beziehungen sind unangemessen. »Feudalismus« kann man die am höchsten zentralisierte politische Ordnung, die wir kennen, nicht nennen. Ebenso wenig ist »Staatskapitalismus« die richtige Bezeichnung für eine Wirtschaftsordnung, die Privateigentum an Produktionsmitteln und einen offenen Markt für Waren und Arbeit ausschließt.

Marx überschätzte offenbar den Umfang der Unterdrückung in der orientalischen Gesellschaft, als er sie ein System »allgemeiner Sklaverei« nannte [109]. Die Ironie der Geschichte will es, daß sich diese Bezeichnung mit Fug und Recht auf die neue industrielle Apparatgesellschaft anwenden läßt. Wir können in der Tat sagen, daß die Oktoberrevolution, welches auch immer ihre ursprünglichen Ziele gewesen sein mögen, ein auf Industrie beruhendes System allgemeiner (Staats-)Sklaverei erzeugt hat.

c. Ist das kommunistische China das Geschöpf einer echten »asiatischen Restauration«?

Aber wie steht es mit dem kommunistischen China? Im Gegensatz zu Rußland, das sich im 20. Jahrhundert mit Riesenschritten industrialisierte, war China noch ein vorwiegend agrarisches Land, als die Kommunisten ein paar Jahre nach dem Ersten Weltkrieg die Arena betraten, und es gab nur Anfänge einer modernen chinesischen Mittelklasse, als sich die Kommunisten nach dem Zweiten Weltkrieg zu ihrem endgültigen Kampf um die Macht anschickten. Ist es daher nicht so, daß Mao Tse-tung und seine Anhänger eine agrarische Despotie errichteten, die, oberflächlicher Änderungen ungeachtet, den großen despotischen Machtordnungen des früheren Chinas sehr ähnlich ist?

108. Für eine bahnbrechende Analyse der Sowjetunion als einer neuen Klassengesellschaft s. Meyer, 1950, *passim*.

109. Marx, 1939, S. 395.

Nicht wenige Beobachter haben in der Tat Maos zeitweiligen Rückzug ins ländliche Binnenland als eine agrarische Abweichung von einem industriell orientierten Marxismus-Leninismus aufgefaßt. Aber solch eine Interpretation übersieht die strategischen Ziele der Kommunistischen Internationale sowie die Gründe, die die Kommunisten veranlaßten, auch während der agrarischen Phase ihres Kampfes an diesen Zielen festzuhalten [110].

Der Mensch ist ein ideologisches Wesen; er handelt nach Maßgabe seiner innersten Überzeugung, ganz gleich ob es sich um religiöse oder weltliche Probleme handelt. Ein alles umfassender philosophischer und politischer Glaube wie der Kommunismus gibt seinen Anhängern eine Landkarte der Welt, ein Arsenal operativer Richtlinien (einen »Leitfaden zum Handeln«), eine Fahne und einen mächtigen politischen Mythos. Er erfüllt seine Gläubigen mit Siegeszuversicht, und er lähmt diejenigen unter seinen Feinden, die sich von ihm beeindrucken lassen [111].

Vom Standpunkt der chinesischen Kommunisten hat sich die sowjetische Ideologie als außerordentlich wirksam erwiesen. Gewisse Bestandteile des Entwicklungsschemas wurden freilich abgeändert; und die neue proto-»sozialistische« oder »sozialistische« Ordnung entspricht nicht der Marxschen Auffassung vom Sozialismus. Aber diese Änderungen betreffen Züge der kommunistischen Lehre, die für die chinesischen Kommunisten – und für Kommunisten in »unterentwickelten« Ländern allgemein – wohl nie eine Wirklichkeit darstellten. Im Leben Lenins können wir von einer Tragödie sprechen: seine äsopischen Warnungen vor den neo-»asiatischen« Tendenzen in der Sowjetgesellschaft offenbaren, daß er sich schmerzlich bewußt geworden ist, die Grundsätze seines sozialistischen Glaubens verraten zu haben. In Maos Laufbahn gab es keine solche Tragödie, weil es in Maos Bewußtsein keine solche sozialistische Erwägungen gab. Mao verriet keine alten sozialistischen Grundsätze, denen er offiziell anhing, weil für ihn diese Grundsätze nie etwas bedeuteten.

Lenins Zweifel störten die chinesischen Kommunisten nicht, aber Moskaus totalitäre Strategie zog sie mächtig an. Hier war ein revolutionäres System, das die Masse mobilisierte und das, mittels angemessener Organisation und Aktion, zu einem totalen Siege führen konnte. Das war in Rußland geschehen. Und wenn das System richtig angewandt wurde – die kommunistischen Analysen der Verhältnisse in verschiedenen Teilen der Welt waren sehr detailliert –, dann konnte dies auch in anderen Ländern geschehen. Das System verlangte Industrialisierung in allen von den Kommunisten beherrschten Gebieten, nicht aus irgendwelchen akademischen Gründen, sondern weil der soziopolitische Erfolg der Kommunisten letzthin und direkt von ihrem industriellen Erfolg abhing.

110. S. Mao, 1954, S. 64, 122, 172, 188, 267, 269–271, 278; vgl. 105 ff., 189, 196; ders., 1945, S. 35; ders., 1945a, S. 58.

111. S. Wittfogel, 1950, S. 335.

Die Bedeutung dieser Ideen für die langfristige Politik der chinesischen Kommunisten ist leicht ersichtlich. Ein Mao Tse-tung, der seine Verschanzung in den Dörfern als permanent und prinzipiell betrachtet hätte und nicht als eine vorübergehende strategische Maßnahme, wäre nicht ein ketzerischer Kommunist, sondern ein Narr gewesen. Er glich dem Manne, der unter allen Umständen den Stock dem Gewehr vorzieht, weil er einst in den Wäldern als einzige Waffe einen Stock hatte.

Aber Mao ist kein Narr. Er und seine Anhänger betrachteten sich niemals als Führer einer Bauernpartei [112], deren Operationen von den Interessen der Dörfer bestimmt und begrenzt waren. Als die Bedingungen des Bürgerkrieges die chinesischen Kommunisten zwangen, ihr Operationsfeld von den Städten auf das Land zu verlegen, taten sie dies in der Erwartung, daß sie dereinst in die Städte zurückkehren würden. Und als sie dann die Städte eroberten, taten sie genau das, was die Bolschewiki nach der Oktoberrevolution getan hatten. Sie reparierten, konsolidierten und entwickelten alle vorhandenen Industriebetriebe; und sie gingen mit bemerkenswertem Eifer daran, die moderne Industrie und den mechanisierten Verkehr staatlich zu leiten. Sie waren daher ebensowenig an einer asiatischen Restauration interessiert wie es die bürokratischen Herren des sowjetischen Apparats gewesen waren.

Die chinesischen Kommunisten, die pflichtgemäß auf die Eigentümlichkeiten ihres »rückständigen« und »halbkolonialen« Landes hinwiesen, führten schnell eine semimanageriale Ordnung ein, die sich, wie in der jungen Sowjetunion, in ihrer Struktur und Zielsetzung von der semimanagerialen Ordnung der Agrardespotie unterschied. Mit der Kollektivierung der bäuerlichen Landwirtschaft verwandelten sie China von einer semimanagerialen in eine total-manageriale Ordnung.

C. ASIEN – WOHIN?

Aus offensichtlichen Gründen hatte der Aufstieg eines kommunistischen Regimes in China eine viel unmittelbarere Wirkung auf die kolonialen und exkolonialen Länder des Orients als der Aufstieg der UdSSR. Das Rußland, in dem Lenin die Macht ergriff, erschien den östlichen Beobachtern als ein europäisches Land – ein Land, das bis vor kurzem riesige asiatische Gebiete imperialistisch beherrscht hatte. Das China, in dem Maos Partei die Macht ergriff, war noch ein orientalisches Land – ein Land, das unter dem westlichen und japanischen Imperialismus schwer gelitten hatte.

112. Lattimore behauptete, daß der chinesische Kommunismus während des letzten Jahrzehnts vor dem chinesisch-japanischen Kriege, »abgeschnitten von den Städten und den städtischen Arbeitern, eine Bauernpartei wurde« (Lattimore, 1947, S. 108; die erste Aufl. erschien 1945).

Gewiß, der kommunistische Antiimperialismus zog die revolutionären Nationalisten Asiens an, ehe die Kommunisten Festlandchina eroberten. Die Sowjetunion unterhielt freundschaftliche Beziehungen mit der Türkei Kemal Paschas im Jahre 1920 und mit Sun Yat-sen und seiner kantonesischen Regierung im Jahre 1923; und Nehru war einer der wichtigsten Delegierten des von den Kommunisten 1927 in Brüssel organisierten ersten Internationalen Kongresses der »Liga gegen koloniale Unterdrückung« [113].

Aber während in den zwanziger Jahren die asiatischen Nationalrevolutionäre die Tatsache der sowjetischen Eroberung Georgiens und Turkestans geflissentlich übersahen, war eine solche Einstellung unmöglich gegenüber der sowjetischen Expansion in Osteuropa nach dem Zweiten Weltkrieg und gegenüber der Unterwerfung Tibets durch Peking. Tibet war schließlich ein ausgedehntes innerasiatisches Land, dem Mao Tse-tung in den dreißiger Jahren öffentlich das Recht auf Unabhängigkeit zugesprochen hatte [114]. Diese Entwicklungen riefen in Asien eine Art von Semi-Antiimperialismus hervor [115], der jederzeit bereit ist, die unsicheren Kräfte des alten, zusammenschrumpfenden kapitalistischen Imperialismus anzugreifen, der aber nur mit größter Zurückhaltung, wenn überhaupt, den totalen Kolonialismus der beiden kommunistischen Großmächte, Rußland und China, beanstandet.

Dieses Verhalten zeigt klar, daß Feindschaft gegen den westlichen Imperialismus nur eine von mehreren Ursachen für die Popularität ist, die die kommunistischen Regierungen im nichtkommunistischen Asien genießen. Eine andere äußerst gewichtige Ursache ist das Gefühl institutioneller Verwandtschaft und Bewunderung, das viele nicht-kommunistische Politiker dem kommunistischen managerialen Staat entgegenbringen.

Der Staatswissenschaftler, der nur die Form der Regierung berücksichtigt, mag einwenden, daß sich die meisten nichtkommunistischen Länder des Orients nach der Gewinnung ihrer Unabhängigkeit zu parlamentarischen Regierungsformen bekannten [116], und daß in einigen Ländern, wie in Indien, die führenden Staatsmänner ihre demokratische Überzeugung sehr ernst nehmen. Dies ist richtig. Aber der Staatswissenschaftler, der das in Frage stehende Phänomen in der Tiefe untersucht, erkennt, daß in verschiedenen institutionel-

113. S. *Inprekorr*, 1927, S. 368, 383, 384 f., 394, 401; Nehru, 1942, S. 123 ff. Vgl. *ders.*, 1942a, S. 123 ff.

114. S. Wittfogel, 1951, S. 33.

115. Ein gutes Beispiel dieser halb-antiimperialistischen Haltung ist Panikkars Buch *Asia and Western Dominance*. Der indische Verfasser übt scharfe Kritik am westlichen Imperialismus in Asien, aber er ist höchst nachsichtig gegenüber dem kommunistischen Imperialismus. Mit Berufung auf Lattimore betont Panikkar den polyethnischen Charakter des zaristischen Imperialismus, den er offenbar für den Vorgänger des modernen Sowjetimperialismus hält (Panikkar, AWD, S. 249 ff.).

116. Zusatz zur deutschen Ausgabe: Der von mir erwartete Rückfall in eine autoritäre Position erfolgte in vielen Fällen schnell.

len Zusammenhängen dieselben Regierungsformen eine völlig verschiedene Bedeutung haben können. Der römische Senat in der Blütezeit der Republik hatte wenig gemein mit der Körperschaft gleichen Namens, die in der Kaiserzeit bestand, und Augustus' sentimentales Interesse für Roms ruhmreiche Überlieferungen stellte die Republik nicht wieder her. Augustus sorgte dafür, daß das oberste Machtzentrum außerhalb und über jeder wirksamen Kontrolle stand.

Asien – wohin? Wenn wir diese Frage beantworten wollen, müssen wir bedenken, daß die kapitalistische Kolonisation während ihrer dreihundertjährigen Herrschaft im Orient keine vielzentrigen Gesellschaften entwickelte, die auf einer starken Mittelklasse, einer organisierten Arbeiterschaft und einem unabhängigen Bauerntum beruhten. Wir müssen bedenken, daß die meisten Verfassungen der neuen souveränen asiatischen Nationen direkt oder indirekt das Prinzip der Verstaatlichung zu einem grundlegenden Zug ihrer Regierungen erklärten[117]. Wir müssen bedenken, daß oft – nicht im Falle Kemal Paschas[118] – der Wille zur Verstaatlichung aus demokratisch-sozialistischen Prinzipien hervorging und daß zumeist – nicht im Falle Sun Yat-sens – die angeblichen demokratischen Sozialisten sich auch als Bewunderer von Marx bezeichnen.

Der an Asien interessierte Leser möchte natürlich wissen, wie ernst die asiatischen Sozialisten Marx' »asiatische« Ideen nehmen – seine Theorie der asiatischen Produktionsweise, der zufolge das Privateigentum ein entscheidendes Mittel zur Überwindung der vom Staat überwucherten asiatischen Gesellschaft ist; seinen mehrlinigen Evolutionsgedanken, der jedes einfache Schema einliniger Entwicklung ausschließt; seine Definition des Sozialismus, die der Kontrolle durch das Volk wesentliche Bedeutung beimißt und die es unmöglich macht, das kommunistische Rußland und China als sozialistische oder protosozialistische Staaten zu bezeichnen; und seine »orientalische« Interpretation des zaristischen Rußlands, die Plechanow und Lenin auf die Gefahr einer asiatischen Restauration aufmerksam machte.

Es mag seltsam scheinen, aber es ist eine Tatsache, daß die asiatischen Sozialisten diesen Ideen ebenso gleichgültig gegenüberstehen wie die asiatischen Kommunisten. Und dies gilt gleicherweise für die Wortführer der sozialistischen Parteien und für Sozialisten wie Nehru, deren Parteien dem Namen nach nicht sozialistisch sind. Nehru, der »Marx' allgemeine Analyse der sozialen Entwicklung« »bemerkenswert richtig« fand[119], machte sich offenbar nichts aus Marx' Analyse der sozialen Entwicklung Indiens, die er kaum über-

117. Das Prinzip der Verstaatlichung wurde im 2. Paragraphen der türkischen Verfassung feierlich proklamiert. Dem Sinne nach ist dieses Prinzip auch in den Verfassungen des nationalistischen Chinas, Indiens, Birmas und Indonesiens enthalten.

118. S. Jäckh, 1944, S. 191.

119. Nehru, 1946, S. 19.

sehen konnte, da Marx' Schriften über diesen Gegenstand in Indien in mehreren Ausgaben verbreitet wurden.

Die offiziellen Vertreter der verschiedenen asiatischen sozialistischen Parteien kritisieren freilich den russischen und chinesischen Kommunismus scharf wegen seines totalitären Charakters. Aber sie verschließen sich den Marxschen Gedanken über die asiatische Gesellschaft und den Sozialismus; damit verschließen sie sich dem, was vom Standpunkt eines »wissenschaftlichen Sozialismus« der entscheidende Prüfstein ist. Und sie verbergen die gewichtigen Folgen ihrer eigenen gesellschaftlichen Vergangenheit, indem sie diese Vergangenheit »feudal« nennen und indem sie sie in ein grobes einliniges Entwicklungsschema einordnen [120].

Ein solches Vorgehen kann nicht damit entschuldigt werden, daß auch die demokratischen Marxisten Europas Marx' Gedanken über Asien vernachlässigten. Denn während die europäischen Sozialisten nicht die politischen Folgerungen zogen, die Plechanow zog, leugneten sie nicht Marx' Konzeption der asiatischen Produktionsweise. Rosa Luxemburg, die Asoka Mehta, ein führender indischer Sozialist, sehr schätzt [121], spricht ausdrücklich vom hydraulischen und stationären Charakter orientalischer Gesellschaften [122].

Aber selbst wenn die europäischen Sozialisten diese Gesellschaften vernachlässigt hätten, die für sie ein entlegenes Problem darstellten, würde dies die asiatischen Sozialisten nicht entschuldigen. Da sie sich an erster Stelle mit Asien beschäftigen, sollten sie Marx' Gedanken über den Orient ihre besondere Aufmerksamkeit zuwenden. Anstatt dies zu tun, lassen sie jedoch hartnäckig Marx' und Engels' Theorie der asiatischen Gesellschaft unbeachtet.

Dies hindert die asiatischen Sozialisten nicht, das »übermäßige Anwachsen der Bürokratie« in ihrem Teil der Welt zu bekämpfen [123] und das russische und chinesische kommunistische Regime abzulehnen [124]. Aber ihre Haltung bedeutet die schweigende Unterstützung einer Politik, die bestrebt ist, möglichst bald das zu beseitigen, was Marx das wichtigste Desideratum der asiatischen Gesellschaft nannte, das Privateigentum an Grund und Boden [125].

Und anstatt eine wohlwollende Beurteilung der managerialen Ordnung der UdSSR und Chinas zu erschweren, unterstützten die asiatischen Sozialisten eine solche Beurteilung indirekt. In den dreißiger Jahren nannte Nehru die Sowjetunion ein Land, das »von Arbeiter- und Bauernvertretern regiert«

---

120. S. *Socialist Asia*, II, 10, S. 2; III, 2, S. 10; III, 3, S. 5; III, 8, S. 17; *Rangoon Tracts*, I, S. 5, 7 ff., 11, 13, 16, 20 ff.; s. auch Mehta, 1954, S. 40, 59, 149, 152 ff., 165. Für Nehrus Äußerungen über Indiens »feudales« Erbe s. Nehru, 1946, S. 284, 307, 319, 320 ff., 324 ff., 334, 352 ff.

121. S. Mehta, 1954 S. 43 ff.

122. Luxemburg. 1951, S. 604 ff.

123. *Rangoon Tracts*, I, S. 5.

124. A. a. O., S. 4.

125. S. a. a. O., I, S. 8, 9.

werde, »in einiger Hinsicht ... das fortgeschrittenste Land der Welt« [126]. In den vierziger Jahren schloß er sich Tagores Meinung an, die UdSSR sei »frei von jedem gehässigen Unterschied zwischen den Klassen«, da ihr Regime nicht auf Ausbeutung, sondern auf Zusammenarbeit beruhe [127]. In den fünfziger Jahren identifizierte er die Völker Rußlands und Chinas mit ihren despotischen Herren; und er pries Mao und seine Helfer als die Förderer der Freiheit ihrer Untertanen [128].

Wie der führende indische Staatsmann sah auch der birmanische Ministerpräsident U Nu die Gefahren einer kommunistischen Expansion nicht. Statt dessen pries er 1954 mit Stolz die innere und äußere Kraft des Maoschen Regimes. Und er fand, die chinesischen Kommunisten hätten die Korruption beseitigt und die Lebensbedingungen der »unterdrückten Millionenmassen« verbessert [129]. Er sagte dies über ein Regime, dessen Vertreter wiederholt und offen zugaben, es sei von Korruption geplagt. Er sagte es zu einer Zeit, als Maos Politik der Zwangskollektivierung dem chinesischen Bauerntum das Rückgrat brach [130].

Abgesehen von Japan, das nie hydraulisch war, und mit völliger Anerkennung der regionalen Unterschiede, finden wir die meisten nichtkommunistischen Nationen des Orients institutionell unsicher und unter dem Einfluß einer halb- oder kryptokommunistischen Ideologie, die durch die Stärkung der Autorität des Marxismus-Leninismus, wie es die Leningrader Diskussion 1931 feststellte, ihre politische Unabhängigkeit schwächt.

Bedeutet dies, daß die ideologisch so beeinflußten Länder eines nach dem anderen den Widerstand gegen die politische Erosion aufgeben werden, die eine geschickte kommunistische Strategie zu erzielen weiß? Solch eine Wendung ist durchaus möglich. Und obgleich ihre Folgen weit über eine bloße »asiatische Restauration« hinausgehen würden, wäre diese Bezeichnung doch in einer Hinsicht zutreffend: sie würde ein krasser Fall rückschrittlicher gesellschaftlicher Entwicklung sein.

D. WESTLICHE WELT – WOHIN? MENSCHHEIT – WOHIN?

Kann der Westen diese Entwicklung, die das System der bürokratischen Staatssklaverei auf zwei Drittel der Menschheit ausdehnen würde, aufhalten? Die Geschichte des vorbolschewistischen Rußlands zeigt, daß Länder des orien-

126. Nehru, 1924, S. 597.
127. Ders., 1946, S. 376.
128. *Hindu Weekly Review* (Madras), 1. November 1954. Zusatz zur deutschen Ausgabe: In dieser Beziehung hat Nehru seinen Standpunkt in den letzten Jahren geändert.
129. *Socialist Asia*, III, 4, S. 3, 4.
130. S. Wittfogel, 1955a, *passim*.

talischen Typus, die unabhängig sind und die enge Verbindungen mit dem Westen unterhalten, kraftvoll in Richtung auf eine vielzentrige und demokratische Gesellschaft fortschreiten können. Wie wir oben erörterten, hat solch eine »diversive« Umwandlung in vielen nichtkommunistischen Ländern begonnen; und wenn genügend Zeit und Gelegenheit vorhanden sind, kann sie einen schicksalhaften Umfang annehmen. Aber ist diese Zeit vorhanden? Gibt es diese Gelegenheit?

Die Zeit verrinnt. Und die erfolgreiche Ausnutzung der bestehenden Gelegenheit setzt einen Westen voraus, der gegenüber dem bürokratischen Totalitarismus zweierlei besitzt: Klarheit und Kühnheit. Dem heutigen Westen fehlt beides.

Die öffentliche Meinung in den führenden westlichen Ländern ist unsicher in ihrer Einschätzung der Gestalt und Funktion der managerialen Bürokratie; sie ist ferner unsicher in ihrer Einschätzung der Gestalt und Funktion des Privateigentums und Privatunternehmens. Die zweite industrielle Revolution, die wir gegenwärtig erleben, bewahrt die Grundlage einer vielzentrigen Gesellschaft in Form großer bürokratisierter Einheiten, die sich gegenseitig – und lateral [131] – kontrollieren: am wichtigsten die Großorganisationen der Regierung, des Geschäftslebens, der Landwirtschaft und der Arbeiterbewegung. Aber die Vernichtung einer der nichtstaatlichen Großorganisationen mag den Sturz der anderen nach sich ziehen. Unter dem Faschismus und Nationalsozialismus gab die Liquidierung der proletarischen Großorganisationen der Regierung so viel Macht, daß am Ende auch die Großorganisationen des Geschäftslebens und der Landwirtschaft gefährdet wurden [132]. Und in Sowjetrußland öffnete die Liquidierung der Großorganisationen des Geschäftslebens und der Landwirtschaft die Bahn für eine rasche Unterwerfung der Arbeiter durch den totalitären Staat.

Diese Erfahrungen sollten uns vor den Gefahren einer ungehemmten büro-

131. Die Abnahme der vertikalen Kontrolle von unten (durch Wähler, Aktieninhaber und einfache Gewerkschaftsmitglieder) geht Hand in Hand mit der Zunahme lateraler Kontrolle. Diese Art der Kontrolle ist nicht neu; man denke an die Geschichte der Fabrikgesetzgebung in England. Ihre Bedeutung ist gewachsen, aber die modernen kommunistischen und faschistischen Revolutionen zeigen, daß sie nicht immer eine totalitäre Anhäufung der Macht verhindern kann.

132. Vor dem Ende des Zweiten Weltkrieges wurden einige Versuche unternommen, die institutionellen Entwicklungstendenzen des italienischen und deutschen Faschismus zu analysieren, aber die Vergleiche mit dem kommunstischen Totalitarismus waren entweder oberflächlich, oder man vermied sie ganz und gar. In den letzten Jahren sind einige Werke erschienen, in denen der Faschismus mit anderen modernen totalitären Strömungen verglichen wird. Aber diese Versuche gingen selten auf die institutionellen Grundlagen der verglichenen Gesellschaftsordnungen ein. Und sie untersuchten selten solche lebenswichtigen operativen Aspekte wie die Rolle, die Moskau bei Hitlers Aufstieg zur Macht spielte.

kratischen Herrschaft warnen. Inwiefern können wir von den Angehörigen irgendeiner dieser Großorganisationen erwarten, daß sie die oberste totale Macht, wenn sie diese einmal erobert haben, im Interesse des Volkes und nicht in ihrem eigenen verwenden werden? Inwiefern können wir der Urteilsfähigkeit amtierender oder nichtamtierender Angehöriger unserer nichtmonopolistischen Sonderbürokratien vertrauen, die die kommunistische Monopolbürokratie als eine progressive Form des Totalitarismus betrachten [133]?

Westliche Autoren, Lehrer und Politiker, die den Sinn unseres institutionellen und kulturellen Erbes nicht verstehen, sind schlecht vorbereitet, ihre schöpferischen Möglichkeiten zu verwirklichen. Und sie sind schlecht vorbereitet für den Kampf gegen den kommunistischen Totalitarismus. Militärische Bereitschaft und eine wagemutige Wirtschaftspolitik sind gewiß notwendig, aber sie sind nur zwei Voraussetzungen unter vielen. Ähnlich wichtig sind überlegte institutionelle Änderungen. Und am wichtigsten, weil am grundlegendsten, ist eine tiefe Einsicht in den vielfältigen Verlauf der Geschichte und in die Möglichkeiten und Aufgaben, die diese Tatsache dem freien Menschen bietet.

Wir stehen zweifellos inmitten einer offenen geschichtlichen Situation, und zweifellos haben wir die Freiheit, eine richtunggebende Wahl zu treffen. Aber die Fehler der Vergangenheit und das Hin- und Herraten der Gegenwart zeigen, daß wir bisher von unseren Möglichkeiten keinen angemessenen Gebrauch gemacht haben. Wir gaben in der Vergangenheit den antitotalitären Kräften in der westlichen Welt nicht die vollen Entwicklungschancen. Und so geschah es, daß wir den antitotalitären Kräften in den im Übergang befindlichen hydraulischen Gesellschaften nur wenig halfen.

Aber während die Welt der Freiheit rasch zusammenschrumpft, wächst das Verlangen, sie zu verteidigen und auszudehnen. Schlagartig zu einer erneuten Prüfung unserer Lage gezwungen, können wir unsere anfänglichen Niederlagen in einen Sieg verwandeln. Eine neue Einsicht, die voll durchdacht, überzeugend verbreitet und mutig in die Tat umgesetzt wird, kann einem militärischen und politischen Kampf ein neues Gepräge geben. Sie kann einer geschichtlichen Krise eine neue Bedeutung geben. Letzten Endes hängen unsere Opferbereitschaft und unser Wille, das überlegte Risiko notwendiger Bündnisse gegen den totalen Feind auf uns zu nehmen, von der richtigen Bewertung zweier Tatbestände ab: der Sklaverei und der Freiheit.

Die aufrechten Bürger des klassischen Griechenlands schöpften Kraft aus dem Verhalten zweier Männer, Sperthias und Bulis, die den Verlockungen totaler Macht entschlossen widerstanden. Die beiden spartanischen Gesandten

---

133. John K. Fairbank unterschied zwischen »faschistisch-konservativen und *kommunistisch-progressiven Formen des Totalitarismus*« (Fairbank, 1947, S. 149; Hervorhebung vom Autor). Er äußerte hier sehr bündig und im Druck eine Ansicht, die heutzutage viele Intellektuelle und Beamte teilen.

trafen auf ihrer Reise nach Susa einen hohen persischen Beamten, Hydarnes, der versprach, ihnen große Macht in ihrem Heimatlande zu geben, wenn sie nur seinem despotischen Herrn, dem Großkönig, dienen würden. Zum Nutzen Griechenlands – und zum Nutzen aller freien Menschen – hat Herodot uns die Antwort der beiden Männer überliefert. »Hydarnes«, sagten sie, »einseitig ist der Rat, den du uns gibst. Eines hast du erprobt und rätst du uns an, das andere aber kennst du nicht. Von Grund auf verstehst du Sklave zu sein, aber die Freiheit hast du nicht gekostet, ob sie süß ist oder nicht. Oh, wenn du sie gekostet hättest, würdest du uns raten, für sie zu kämpfen, nicht nur mit dem Speer, sondern mit dem Schlachtbeile.« [134]

134. Herodot, 7, 135 (nach der von uns durchweg benutzten Übersetzung mit einigen geringfügigen stilistischen Änderungen des Verfassers).

Bibliographie

AA   *American Anthropologist.*

ANET   *Ancient Near Eastern Texts, Relating to the Old Testament,* hrsg.
            von James B. Pritchard. Princeton, 1950.

ASS   *Archiv für Sozialwissenschaft und Sozialpolitik.*

BCPP   *Biblioteca de Cultura Peruana-Premera,* Reihe 2, *Los Cronistas de la
            Conquista,* hrsg. von Horacio H. Urtega. Paris, 1938.

CAH   *The Cambridge Ancient History,* hrsg. von S. A. Cook, F. E. Adcock
            und M. P. Charlesworth. 12 Bde. Cambridge, 1923–1939.

CEHE   *The Cambridge Economic History of Europe from the Decline of the
            Roman Empire,* hrsg. von J. H. Clapham und Eileen Power. 2 Bde.
            Cambridge, 1942–1952.

CHI   *The Cambridge History of India,* hrsg. von E. J. Rapson. Bde 1, 3, 4.
            New York und Cambridge, 1922–1937.

CIW   Carnegie Institution of Washington Publications.

CMH   *The Cambridge Medieval History,* geplant von J. B. Bury, hrsg. von
            H. M. Gwatkin und J. P. Whitney. 8 Bde. Cambridge, 1913–1936.

ESAR   *An Economic Survey of Ancient Rome,* hrsg. von Tenney Frank unter
            Mitwirkung von T. R. S. Broughton, R. G. Collingwood, A. Grenier
            u. a. 5 Bde. Baltimore, 1933–1940.

ESS   *Encyclopaedia of the Social Sciences,* hrsg. von Edwin R. A. Seligman
            und Alvin Johnson. 15 Bde. New York, 1937.

HWI   *Handwörterbuch des Islam,* hrsg. von A. J. Wensinck und J. H. Kra-
            mers. Leiden, 1941.

HZ   *Historische Zeitschrift.*

IC   *Islamic Culture.*

JNES   *Journal of Near Eastern Studies.*

NZ   *Die Neue Zeit.*

OCRAA   *Orientalia. Commentarii de rebus Assyro-Babylonicis, Arabicis, Aegyp-
            tiacis etc.,* editi a Pontificio Instituto Biblico. Rom.

PMAAE   Peabody Museum of American Archaeology and Ethnology, Harvard
            University.

PM   *Dr. A. Petermanns Mitteilungen aus Justus Perthes' Geographischer
            Anstalt.*

RA   *Reallexikon der Assyriologie,* hrsg. von Erich Ebeling und Bruno Meiss-
            ner. 2 Bde. Berlin und Leipzig, 1932–1938.

SBE   Sacred Books of the East, hrsg. von F. Max Müller. 50 Bde. Oxford
            und New York, 1879–1910.

SIBAE   Smithsonian Institution, Bureau of American Ethnology Publications.

UBM   *Unter dem Banner des Marxismus.*

Acosta, Fray Joseph de. 1894. *Historia natural y moral de las Indias,* veröffentl. in
    Sevilla, 1590. 2 Bde. Madrid.
Acosta Saignes, Miguel. 1945. *Los Pochteca.* Acta Anthropologica, I, 1. Mexiko.
Acton, John Emerich Edward Dalberg. 1948. *Essays on Freedom and Power.* Boston.

Agrarian China. Selected Source Materials from Chinese Authors, zusammengestellt und übers. vom Institute of Pacific Relations, mit einer Einl. von R. H. Tawney. Chicago (Vorwort datiert vom Jahre 1938).

Agriculture in India. The Publications Division, Ministry of Information and Broadcasting, Government of India, Delhi. April 1950.

Aitken, Barbara. 1930. »Temperament in Native American Religions«, in: *Journal of the Royal Anthropological Institute of Great Britain and Ireland,* LX, S. 363 bis 400.

Alexander, W. D. 1899. *Brief History of the Hawaiian People.* New York, Cincinnati und Chicago.

Altamira, Rafael. 1930. *A History of Spanish Civilization,* übers. von P. Volkov. London.

Amari, Michele. 1935. *Storia dei Musulmani di Sicilia,* II. 2. Aufl. Catania.

Amerasia. A review of America and Asia. 1938–1947.

Ammianus Marcellinus. *Ammiani Marcellini rerum gestarum libri qui supersunt,* hrsg. von V. Gardthausen. 2 Bde. Leipzig, 1874–1875.

Anhegger, Robert. 1943. *Beiträge zur Geschichte des Bergbaus im osmanischen Reich,* I. Istanbul.

Âpastamba. 1898. In *Sacred Laws of the Âryas,* übers. von Georg Bühler. SBE, II. New York.

Appadorai, A. 1936. *Economic Conditions in Southern India (1000—1500 A. D.).* 2 Bde. Madras University Historical Series, 12 und 12–bis. Madras.

Appleby, Paul H. 1953. »Report of a Survey«, *Public Administration in India.* Cabinet Secretariat. New Delhi.

Aristoteles. *Politik,* neu übers. und mit einer Einl. und erklärenden Anm. versehen von Eug. Rolfes. 3. Aufl. (Philosophische Bibliothek, Bd. 7.) Leipzig, 1922.

Aristotle. »Rhetoric«, in: *Basic Works of Aristotle,* S. 1317—1451.

Arkell, W. J. und Moy-Thomas, J. A. 1941. »Palaeontology and the Taxonomic Problem«, in: *The New Systematics,* hrsg. von Julian Huxley, S. 395–410. London.

Armillas, Pedro. 1944. »Revista Mexicana de estudios anthropologicos«, in: *Sociedad Mexicana de Anthropologia,* VI, 3, September 1942 - Dezember 1944. Mexiko.

— 1948. »A Sequence of Cultural Development in Meso-America«, in: *A Reappraisal of Peruvian Archaeology,* gesammelt von Wendell C. Bennett. Society of American Archaeology, *Memoirs,* IV, S. 105—111. April 1948.

— 1951. »Tecnología, formaciones socio-económicas y religión en Mesoamérica«, in: *Selected Papers of the XXIXth International Congress of Americanists,* S. 19—30. Chicago.

Arnold, Thomas W. 1924. *The Caliphate.* Oxford.

— 1941. *»Khalīfa«,* in: HWI, S. 291—296. Leiden.

Arrian. *The Anabasis of Alexander,* in: *The Greek Historians,* übers. von Edward J. Chinnock, II, S. 402—620. New York, 1942.

Arthaçāstra. 1926. *Das altindische Buch vom Welt- und Staatsleben. Das Arthaçāstra des Kauṭilya,* aus dem Sanskrit übers. und mit Einl. und Anm. versehen von Johann Jakob Meyer. Leipzig.

Asakawa, Kanichi. 1903. *The Early Institutional Life of Japan. A Study in the Reform of 645 A. D.* Tokio.

— 1911. »Notes on Village Government in Japan after 1600, II«, in: *Journal of the American Oriental Society*, XXI, S. 151—216.

— 1929.*The Documents of Iriki*, Yale Historical Publications, X. New Haven.

— 1929a. »The Early *Sho* and the Early Manor: a Comparative Study«, in: *Journal of Economic Business History*, I, 2, S. 177—207.

ASBRT. *Prozeßbericht über die Strafsache des antisowjetischen »Blocks der Rechten und Trotzkisten«*, verhandelt vor dem Militärkollegium des Obersten Gerichtshofes der UdSSR vom 2.—13. März 1938 gegen N. I. Bucharin . . . Moskau, 1938.

Atiya, Aziz Suryal. 1934. *The Crusade of Nicopolis*. London.

Atkinson, Charles Francis. 1910. »Army«, in: *Encyclopaedia Britannica*, II, S. 592—625. 11. Aufl. New York.

Ayalon, David. 1951. *L'Esclavage du Mamelouk*. Israel Oriental Society Publications, 1. Jerusalem.

Bābur. 1921. *Memoirs of Zehir-ed-Din Muhammed Bābur*, II, übers. von John Leyden und William Erskine, mit Anm. versehen und bearbeitet von Sir Lucas King. London usw.

Baden-Powell, B. H. 1892. *The Land-Systems of British India*. 3 Bde. London und New York.

— 1896. *The Indian Village Community*. London, New York und Bombay.

Bakunin. 1953. *The Political Philosophy of Bakunin: Scientific Anarchism*, zusammengestellt und hrsg. von G. P. Maximoff, Glencoe, Ill.

Balázs, Stefan. BWT. »Beiträge zur Wirtschaftsgeschichte der T'ang-Zeit (618—906)«, in: *Mitteilungen des Seminars für orientalische Sprachen*, XXXIV, S. 1—92; XXXV, S. 1—73; XXXVI, S. 1—62. 1931—1933.

Bandelier, Adolph E. DH. »Documentary History of the Rio Grande Pueblos, New Mexico«, in: *New Mexico Historical Review*, IV, S. 303—334; V, S. 38—66, 154 bis 185. 1929, 1930.

— FR. *Final Report of Investigations among the Indians of the Southwestern United States, Carried on Mainly in the Years from 1880 to 1885*, Archaeological Institute of America, American Series, *Papers*, III, 1890; IV, 1892. Cambridge, Mass.

— 1877. »On the Art of War and Mode of Warfare of the Ancient Mexicans«, in PMAAE, *Reports*, II, S. 95—161. Cambridge, Mass.

— 1878. »On the Distribution and Tenure of Lands, and the Customs with Respect to Inheritance, among the Ancient Mexicans«, in PMAAE, *Reports*, II, 2, S. 385—448. Cambridge, Mass.

— 1880. »On the Social Organization and Mode of Government of the Ancient Mexicans«, in: PMAAE, *Reports*, II, S. 557—699. Cambridge, Mass.

Banerjee (Narayan Chandra Bandyopadhyaya). 1925. *Hindu Period*. Bd. I von: *Economic Life and Progress in Ancient India*. Calcutta.

Barton, George A. 1929. *The Royal Inscriptions of Sumer and Akkad*. New Haven und London.

Bashan. WI. *Bashan, The Wonder that was India*. New York, o. J. (Urspr. Veröffentl. 1954.)

Baudhāyana. 1898. In *Sacred Laws of the Āryas*, übers. von Georg Bühler. SBE, II, S. 143—336. New York.

Bauer, Adolf. 1893. »Die griechischen Kriegsaltertümer«, in: *Die griechischen Privat-*

und Kriegsaltertümer von Iwan von Müller und Adolf Bauer, S. 270—469. München.

Baykov, Alexander. 1947. *The Development of the Soviet Economic System*. Cambridge und New York.

Beaglehole, Ernest. 1937. *Notes on Hopi Economic Life*. Yale University Publications in Anthropology, XV.

Beal, Samuel. *Si-yu-ki. Buddhist Records of the Western World*. 2 Teile in 1 Bd. London, o. J.

Beard, Charles A. 1941. *An Economic Interpretation of the Constitution of the United States*. New York.

Beard, Charles A. und Mary R. 1927. *The Rise of American Civilization*. 2 Bde. New York.

Beck, F. und Godin, W. 1951. *Russian Purge and the Extraction of Confession*. New York.

Becker, Carl H. IS. *Islamstudien*. 2 Bde. Leipzig, 1924—1932.

— 1903. *Beiträge zur Geschichte Ägyptens unter dem Islam*, II, Straßburg.

Beech, Merwyn W. H. 1911. *The Suk, Their Language and Folklore*. Oxford.

Bell, Sir Charles. 1927. *Tibet Past and Present*. London.

Bell, H. Idris. 1948. *Egypt from Alexander the Great to the Arab Conquest*. Oxford.

Bengtson, Hermann. 1950. *Griechische Geschichte von den Anfängen bis in die römische Kaiserzeit*. München.

Berger, Adolph. 1950. »Emphyteusis«, in: *Oxford Classical Dictionary*, S. 314. Oxford.

Berle, Adolf A., Jr. und Means, Gardiner C. 1944. *The Modern Corporation and Private Property*. New York.

Bernier, François. 1891. *Travels in the Mogul Empire A. D. 1656—1668*. Nach Irving Brocks Übers., neu bearb. Ausg. besorgt von Archibald Constable: *Constable's Oriental Miscellany, I: Bernier's Travels*. Westminster.

Bhagavadgītā. 1900. Übers. von Kāshināth Trimbak Telang. SBE, VIII. New York.

Bikerman, E. 1938. *Institutions des Seleucides*. Paris.

Biot, Edouard. 1851. *Le Tcheou-Li ou Rites des Tcheou*. 2 Bde. Paris.

Birkett, G. A. 1918. »From 1801 to 1917«, in: *Russia from the Varangians to the Bolsheviks*, von Raymond Beazley, Nevill Forbes und (Einl. von) Ernest Barker, S. 347—557. Oxford.

Bismarck-Osten, Ferdinand von. 1951. *Strukturwandlungen und Nachkriegsprobleme der türkischen Volkswirtschaft*. Kieler Studien, XVI. Kiel.

Björkman, Walther. 1928. *Beiträge zur Geschichte der Staatskanzlei im islamischen Ägypten*. Abhandlungen aus dem Gebiet der Auslandskunde, 28. Universität Hamburg.

— 1941. »Turban«, in: *HWI*, S. 754—758. Leiden.

Blackman, William Fremont. 1899. *The Making of Hawaii*. New York und London.

Bloch, Marc. 1937. »Feudalism: European«, in: *ESS*, V, S. 203—210. New York.

— 1949. *La Société féodale*. Paris.

Blom, F. und LaFarge, O. TT. *Tribes and Temples*. 2 Bde. New Orleans, 1926—1927.

Boas, Franz. 1928. *Anthropology and Modern Life*. New York.

— 1937. »Anthropology«, in: *ESS*, II, S. 73—110. New York.

— 1938. »Mythology and Folklore«, in: *General Anthropology*, hrsg. von Boas, S. 609—626. Boston und New York.

Bodde, Derk. 1938. *China's First Unifier*. Leiden.

Bonné, Alfred. 1948. *State and Economics in the Middle East*. London.

Borosdin, J. 1908. »Eine neue Arbeit über den Feudalismus in Rußland«, Besprechung von N. Pawlow-Silwansky, *Der Feudalismus im alten Rußland*, in: *Vierteljahrschrift für Social- und Wirtschaftsgeschichte*, VI, S. 572—578.

Boulais, Guy. 1924. *Manuel du Code Chinois*. Schanghai.

Brandt (Conrad), Schwartz (Benjamin) und Fairbank (John K.). 1952. *A Documentary History of Chinese Communism*. Cambridge, Mass.

Breasted, James Henry. 1927. *Ancient Records of Egypt*. 5 Bde. Chicago.

Bréhier, Louis. 1949. *Les Institutions de l'Empire Byzantin. L'Evolution de l'humanité*. Paris..

— 1950. *La Civilisation Byzantine. L'Evolution de l'humanité*. Paris.

Bretschneider, E. 1910. *Mediaeval Researches*, II. London.

Brew, John Otis. 1946. *Archaeology of Alkali Ridge, Southeastern Utah*. PMAAE, *Reports*, XXI. Cambridge, Mass.

Broughton, T.R.S. 1938. »Roman Asia«, in: *ESAR*, IV, S. 499—916. Baltimore.

Brown, Delmer M. 1948. »The Impact of Firearms on Japanese Warfare, 1543 bis 1598«, in: *Far Eastern Quarterly*, VII, 3, S. 236—253.

Brückner, A. 1896. *Geschichte Rußlands bis zum Ende des 18. Jahrhunderts*. Gotha.

Brunner, H. 1905. »Antworten: Germanisch«, in: Mommsen, 1905, S. 53—62. Leipzig.

Bücher, Karl. 1922. *Die Entstehung der Volkswirtschaft*. 2 Bde. Tübingen.

Büchner, V. F. 1941. »*Madjūs*«, in: *HWI*, S. 378—382. Leiden.

Buck, John Lossing. 1937. *Land Utilization in China*. Chicago.

Buckley, Robert Burton. 1893. *Irrigation Works in India and Egypt*. London und New York.

Buddhist Suttas. Übers. von T. W. Rhys-Davids, SBE, VII, 2. New York, 1900.

Buhl, Frants. 1930. *Das Leben Muhammeds*, übers. von Hans Heinrich Schaeder. Leipzig.

Bühler, Johannes. 1948. *Die Kultur des Mittelalters*. Stuttgart.

Bukharin, Nikolai. 1934. *Historical Materialism*. New York.

Burnouf, E. 1876. *Introduction à l'histoire du Buddhisme indien*. 2. Aufl. Paris.

Bury, J. B. 1910. *The Constitution of the Later Roman Empire*. Cambridge.

— 1931. *History of the Later Roman Empire*. 2 Bde. London.

— 1937. *A History of Greece to the Death of Alexander the Great*. Modern Library. New York.

Busolt, George. GS. *Griechische Staatskunde: Handbuch der klassischen Altertums-Wissenschaft*, hrsg. von Iwan von Müller (Bd. I) und Walter Müller (Bd. II). München, 1920, 1926.

Cahen, Claude. 1940. *La Syrie du Nord à l'époque des croisades*, Institut Français de Damas Bibliothèque Orientale, I. Paris.

Casares, David. 1907. »A Notice of Yucatan with some Remarks on its Water Supply«, in: *Proceedings of the American Antiquarian Society*, Neue Folge, XVII, S. 207—230.

Castañeda. 1896. »Translation of Narrative of Castañeda«, in: George Parker Winship, »Coronado Expedition 1540—1542«, SIBAE, *Fourteenth Annual Report*, 1. Teil, S. 470—546. Washington.

Chamberlin, William Henry. 1935. *The Russian Revolution 1917—1921.* 2 Bde. New York.

Chan-kuo Ts'ê. Commercial Press, Schanghai, 1934.

Chang Chung-li. GI. »Gentry Income«. Ms.

— CG. *The Chinese Gentry. Studies on Their Role in Nineteenth Century Chinese Society.* Eingel. von Franz Michael. University of Washington Press, Seattle. 1955. (Dieses Werk wurde nach dem Manuskript angeführt.)

Charlesworth, M. P. 1934. »The Triumph of Octavian, Parts II and III« und »Gaius and Claudius«, in: CAH, X, S. 116—126 und 653—701. Cambridge.

Chavannes, Edouard. MH. *Les Mémoires historiques de Se-ma Ts'ien.* 5 Bde. Paris, 1895—1905.

Chi Ch'ao-ting. 1936. *Key Economic Areas in Chinese History.* London.

Childe, V. Gordon. 1944. »Archaeological Ages as Technological Stages«, in: *Journal of the Royal Anthropological Institute of Great Britain and Ireland,* LXXIV, S. 7—24.

— 1946. *What Happened in History.* Penguin Books, New York. (Urspr. Veröffentl. 1942.)

— 1951. *Social Evolution.* London.

— 1952. *Man Makes Himself.* Mentor Book, New York. (Urspr. Veröffentl. 1936.)

— 1953. *What is History?* Schuman's College Paperbacks, New York.

Chimalpahin Quauhtlehuanitzin. *Annales de Domingo Francisco de San Anton Muñon Chimalpahin Quauhtlehuanitzin,* übers. von Remi Simeon, Bibliothèque Linguistique Américaine, XII. Paris, 1889.

Chimalpópoca, Códice. Anales de Cuauhtitlan y leyenda de los soles, übers. von Primo Feliciano Velasquez. Publicaciones del Instituto de Historia, 1. Reihe, 1. Heft. Mexiko, 1945.

Chin Shih. Po-na Ausg. Commercial Press.

Chin Shih Ts'ui Pien, von Wang Ch'ang. *Ching-hsün T'ang* Ausg., 1805.

Ch'ing Shih Kao. Hrsg. vom Ch'ing Shih Kuan.

Chiu T'ang Shu. Po-na Ausg. Commercial Press.

Chou Li Chu Shu. Shü-pu Pei-yao. Schanghai, 1936.

Christensen, Arthur. 1933. »Die Iranier«, in: *Kulturgeschichte des Alten Orients,* von A. Alt, A. Christensen, A. Götze, A. Grohmann, H. Kees, B. Landsberger. [Handbuch der Altertumswissenschaft, 3. Abt., 1. Teil, 3. Bd., 3. Abschn., 1. Lieferung.] München.

— 1944. *L'Iran sous les Sassanides.* 2. Aufl. Kopenhagen.

Ch'ü T'ung-tsu. 1937. *Chung-kuo Fêng-chien Shih-hui.* Commercial Press, Schanghai.

— 1947. *Chung-kuo Fa-lü Yü Chung-kuo Shih-hui.* Commercial Press, Schanghai.

Ch'üan Han-shêng. 1934. *Chung-kuo Hang-hui Chih-tu Shih.* Hsin-shêng-ming, Schanghai.

Cieza de León, Pedro. 1943. *Del Señorio de los Incas,* mit einem Vorwort und Anm. von Alberto Mario Salas. Buenos Aires.

— 1945. *La Crónica del Perú.* Buenos Aires und Mexiko.

Clark, John Maurice. 1937. »Diminishing Returns«, in: *ESS,* V, S. 144—146. New York.

CM. *Climate and Man.* Yearbook of Agriculture, Washington, D. C. 1941.

Cobo, Bernabé. *HNM. Historia del Nuevo Mundo...*, hrsg. von Marcos Jiménez de la Espada. Sociedad de Bibliófilos Andaluces. 4 Bde. Sevilla, 1890—1895.

Cole, Charles Woolsey. 1939. *Colbert and a Century of French Mercantilism.* 2 Bde. New York.

Collingwood, R. G. 1937. »Roman Britain«, in: *ESAR,* III. S. 1—118. Baltimore.

Contenau, Georges. 1950. *La Vie quotidienne à Babylone et en Assyrie.* Paris.

Cook, James. 1944. *Captain Cook's Voyages of Discovery,* hrsg. von John Barrow. Everyman's Library, London und New York.

Cooke, C. Wythe. 1931. »Why the Mayan Cities of the Péten district, Guatemala, Were Abandoned«, in: *»Journal of Washington Academy of Science,* XXI, S. 283—287.

Cooke, Hedley V. 1952. *Challenge and Response in the Middle East.* New York.

Cortes, Don Pascual de Gayangos. 1866. *Cartas y relaciónes de Hernán Cortés al Emperador Carlos V.* Paris.

CPLNC. »La Conquista del Perú llanda la nueva Castilla«, in: *BCPP,* S. 307—328. Paris, 1938.

Creel, H. G. 1949. *Confucius, the Man and the Myth.* New York.

Crevenna, Theodore T. MECM. *Materiales para el estudio de la clase media en la America Latina.* 6 Bde. Washington, D. C., 1950—1951.

Cromer, Earl of. 1908. *Modern Egypt.* 2 Bde. London.

Crum, W. E. 1925. »Koptische Zünfte und das Pfeffermonopol«, in: *Zeitschrift für ägyptische Sprache und Altertumskunde,* LXX, S. 103—111.

Cuq, Edouard. 1929. *Etudes sur le droit Babylonien. Les lois Assyriennes et les lois Hittites.* Paris.

Daghestani, Kazem. FM. *La Famille Musulmane contemporaine en Syrie.* Paris, o. J.

Das, Sarat Chandra. 1904. *Journey to Lhasa and Central Tibet.* New York.

DASP. 1931. *Diskussija ob Aziatskom Sposobe Proizvodstva* (Diskussion der asiatischen Produktionsweise). Moskau und Leningrad.

DCF. *Die chinesische Frage. Auf dem 8. Plenum der Exekutive der Kommunistischen Internationale Mai 1927.* Hamburg und Berlin, 1928.

De Groot, J. J. M. 1918. *Universismus.* Berlin.

— 1940. *Sectarianism and Religious Persecution in China.* 2 Bde. Neudruck.

Deimel, Anton. 1920. »Die Reformtexte Urukaginas«, in: *OCRAA,* Num. 2, S. 3—31.

— 1922 »Die Bewirtschaftung des Tempellandes zur Zeit Urukaginas«, in: *OCRAA,* Num. 5, S. 1—25.

— 1924. *Wirtschaftstexte aus Fara.* Leipzig.

— 1924a. »Die Vermessung der Felder bei den Šumerern um 3000 v. Chr.«, in: *OCRAA,* Num. 4, S. 1—55.

— 1924b. »Die Verarbeitung des Getreides«, in: *OCRAA,* Num. 14, S. 1—26.

— 1927. »Listen über das Betriebspersonal des *éd Ba-ú* (Konscriptionslisten)«, in: *OCRAA,* Num. 26, S. 29—62.

— 1928. »Die Lohnlisten aus der Zeit Urukaginas und seines Vorgängers: I, še-ba-Texte d. h. Gerste-Lohn-Listen . . .«, in: *OCRAA,* Num. 34—35, S. 1—129.

— 1929. »Die Lohnlisten aus der Zeit Urukaginas und seines Vorgängers (Fortsetzung)«, *OCRAA,* Num. 43—44.

— 1931. »Šumerische Tempelwirtschaft zur Zeit Urukaginas und seiner Vorgänger«, *Analecta Orientalia,* Nr. 2.

— 1932. »Beamter«, in: *RA*, I, S. 441—444. Berlin und Leipzig.

Delbrück, Hans. GK. *Geschichte der Kriegskunst im Rahmen der politischen Geschichte.* 5 Bde. Berlin, 1900—1927.

Díaz del Castillo, Bernal. 1944. *Historia verdadera de la conquista de la Nueva España,* eingel. und mit Anm. versehen von Joaquin Ramirez Cahanas. 3 Bde. Mexiko.

Díaz de Gámez. 1949. »The Chivalric Ideal«, in: *The Portable Medieval Reader,* hrsg. von James Bruce Ross und Mary Martin McLaughlin. New York.

Diehl, Charles. 1936. »The Government and Administration of the Byzantine Empire«, in: *CMH,* IV, S. 726—744. Cambridge.

Diodor. *Diodors von Sizilien Geschichtsbibliothek,* übers. von Adolf Wahrmund, 2. Aufl. besorgt von Otto Güthling. (Langenscheidtsche Bibliothek sämtlicher griechischen und römischen Klassiker, Bd. 29.)

Dölger, Franz. 1927. »Beiträge zur Geschichte der byzantinischen Finanzverwaltung, besonders des 10. und 11. Jahrhunderts«, *Byzantinisches Archiv,* IX. Leipzig und Berlin.

Doolittle, Justus. 1876. *Social Life of the Chinese.* 2 Bde. New York.

Dozy, R. 1932. *Histoire des Musulmans d'Espagne,* Neuausg., bearb. von E. Lévi-Provençal. 3 Bde. Leiden.

Dubberstein, Waldo H. 1939. »Comparative Prices in Later Babylonia«, in: *American Journal of Semitic Languages and Literature,* LVI, S. 20—43.

Dubois, J. A. 1943. *Hindu Manners, Customs and Ceremonies,* übers. von Henry K. Beauchamp. Oxford.

Duff, J. Wight. 1936. »Social Life in Rome and Italy«, in: *CAH,* XI, S. 743—744. Cambridge.

Dundas, Charles. 1924. *Kilimanjaro and Its People.* London.

Dutt, R. Palme. 1940. *India To-day.* London.

— 1943. *The Problem of India.* New York.

— 1951. Einleitung zu *Karl Marx: Articles on India.* Bombay. S. auch unten, *Labour Monthly.*

Duyvendak, J. J. L. 1928. *The Book of Lord Shang.* London.

Ebeling, E. 1932. »Beamte der neubabylonischen Zeit«, in: *RA,* I, S. 451—457. Berlin und Leipzig.

Eberhard, Wolfram. 1952. *Conquerors and Rulers. Social Forces in Medieval China.* Leiden.

Eck, R. van und Liefrinck, F. A. 1876. »Kertâ-Simâ of Gemeente — en Waterschaps-Wetten op Bali«, in: *Tijdschrift voor Indische Taal-, Land- en Volkenkunde,* XXIII, S. 161—257.

Edgerton, William F. 1947. »The Government and the Governed in the Egyptian Empire«, in: *JNES,* VI, S. 152—160.

Ehrenberg, Victor. 1946. *Aspects of the Ancient World.* New York.

Eisenhower, Dwight D. 1948. *Crusade in Europe.* Garden City.

Elliot, Sir H. M. und Dowson, John. 1877. *The History of India,* VII. London.

Ellis, William. 1826. *Narrative of a Tour through Hawaii, or Owhyee.* London.

Emge, Carl August. 1950. »Bürokratisierung unter philosophischer und soziologischer Sicht«, in: *Akademie der Wissenschaften und der Literatur. Abhandlungen der Geistes- und Sozialwissenschaftlichen Klasse,* XVIII, S. 1205—1223. Mainz.

Engels, Friedrich. 1887. *The Condition of the Working Class in England in 1844*, Anhang verfaßt 1886, Vorwort 1887, übers. von Florence Kelley Wischnewetzky. New York.

— 1890. »Die auswärtige Politik des russischen Zarenthums«, in: *NZ*, VIII (1890).

— 1894. »Soziales aus Rußland (Volksstaat, 1875)«, in: *Internationales aus dem Volksstaat (1871—1875)*, S. 47—61. Berlin.

— 1921. *Der Ursprung der Familie, des Privateigenthums und des Staats*. 20. Aufl. Stuttgart.

— 1935. *Herrn Eugen Dührings Umwälzung der Wissenschaft. Dialektik der Natur. 1873—1882*. Moskau.

Engels, Friedrich und Kautsky, Karl. 1935. *Aus der Frühzeit des Marxismus. Engels' Briefwechsel mit Kautsky*. Prag.

Engnell, Ivan. 1943. *Studies in Divine Kingship in the Ancient Near East*. Uppsala.

Ensslin, W. 1939. »The Senate and the Army«, in: *CAH*, XII, S. 57—95. Cambridge.

Erman, Adolf. 1923. *Die Literatur der Aegypter*. Leipzig.

Erman, Adolf und Ranke, Hermann. 1923. *Aegypten und aegyptisches Leben im Altertum*, von Adolf Erman, neu bearbeitet von Hermann Ranke. Tübingen.

Espejo, Antonio. 1916. »Account of the Journey to the Provinces and Settlements of New Mexico. 1583«, in: *Spanish Explorations in the Southwest 1542—1706*, hrsg. von Herbert Eugene Bolton, S. 163—192. New York.

Espinosa, Antonio Vázquez de. 1942. *Compendium and Description of the West Indies*, übers. von Charles Upson Clark. The Smithsonian Institution, Washington, D. C., Miscellaneous Collections, CII.

Estete, Miguel de. 1938. »La Relación del viaje que hizo el Señor Capitán Hernando Pizarro por mandado del Señor Gobernador, su hermano, desde el Pueblo de Caxamalca a Pachacama y de allí a Jauja« und »Noticia del Perú«, in: *BCPP*, S. 77—98, 195—251. Paris.

Fairbank, John King. 1947. »China's Prospects and U. S. Policy«, in: *Far Eastern Survey*, XVI, 13, S. 145—149.

— 1948. *The United States and China*. Cambridge, Mass.

al-Fakhrî. 1910. Ibn aṭ-Tiqṭaqâ. al-Fakhrî. *Histoires des dynasties musulmanes*, übers. von Emile Amar. Archives Marocaines, XVI. Paris.

Falkenstein, Adam. 1936. *Archaische Texte aus Uruk*, bearb. und hrsg. von Falkenstein. *Ausgrabungen der deutschen Forschungsgemeinschaft in Uruk-Warka*, II. Berlin.

Fei, Hsiao-tung. 1946. »Peasantry and Gentry: an Interpretation of Chinese Social Structure and its Changes«, in: *American Journal of Sociology*, LII, S. 1—17.

— 1953. *China's Gentry*. Essays in Rural-Urban Relations, bearb. und hrsg. von Margaret Park Redfield, mit einer Einl. von Robert Redfield. Chicago.

Fei Hsiao-tung und Chang Chih-i. 1945. *Earthbound China*. Neue engl. Ausg., bearb. unter Mitwirkung von Paul Cooper und Margaret Park Redfield. Chicago.

Fick, Richard. 1920. *The Social Organisation in North-East India in Buddha's Time*, übers. von Shishirkumar Maitra. University of Calcutta.

Fischel, Walter J. 1937. »Über die Gruppe der Kârimî-Kaufleute«, in: *Studia Arabica*, I, S. 67—82.

Fischer, Ruth. 1948. *Stalin and German Communism*. Cambridge.

Fletcher, Giles. 1856. »Of the Russe Common Wealth: or Maner of Government by the Russe Emperour etc.«, in: *Russia at the Close of the Sixteenth Century*, Hakluyt Society, XX. London.

Florenz, Karl. 1903. *Japanische Annalen*, A. D. *592—697 Nihongi*, Ergänzungsband zu den *Mitteilungen der deutschen Gesellschaft für Natur- und Völkerkunde Ostasiens*. Tokio.

Florinsky, Michael T. 1953. *Russia. A History and an Interpretation*. 2 Bde. New York.

Fornander, Abraham. HAF. *Fornander Collection of Hawaiian Antiquities and Folk-lore*, Memoirs of Bernice P. Bishop Museum, IV—VI. Honolulu, 1916—1920.

— PR. *An Account of the Polynesian Race, Its Origin and Migrations and the Ancient History of the Hawaiian People to the times of Kamehameha I*. 3 Bde. London, 1878—1885.

Frank, Tenney. 1928. »Rome after the Conquest of Sicily«, in: *CAH*, VII, S. 793 bis 821. Cambridge.

— 1940. *Rome and Italy of the Empire*. ESAR, V. Baltimore.

Freudenthal, Berthold. 1905. »Antworten: Griechisch«, in: Mommsen, 1905, S. 9—19. Leipzig.

Fries, Nicolaus. 1921. *Das Heereswesen der Araber zur Zeit der Omaijaden nach Tabarî*. Tübingen.

Fromm, Erich. 1941. *Escape from Freedom*. New York.

Furnivall, J. S. 1944. *Netherlands India*, eingel. von A. C. D. De Graeff. Cambridge und New York.

Gabrieli, Francesco. 1935. *Il Califfato di Hishâm*. Mémoires de la Société Royale d'Archéologie d'Alexandrie, VII, 2. Alexandria.

Gale, Esson M. 1931. *Discourses on Salt and Iron*. Leiden.

Gallegos. 1927. »The Gallegos Relation of the *Rodriguez Expedition to New Mexico*«, übers. von George P. Hammond und Agapito Rey, in: Historical Society of New Mexico, Publications in History, II, S. 239—268, 334—362.

Garcilaso de la Vega, Inca. 1945. *Commentarios Reales de los Incas*, hrsg. von Ángel Rosenblat. 2. Aufl. 2 Bde. Buenos Aires.

Gardiner, Alan H. 1948. *The Wilbour Papyrus*. 3 Bde. Im Auftrag des Brooklyn Museum veröffentl. von der Oxford University Press.

Gaudefroy-Demombynes, Maurice. 1923. *La Syrie à l'époque des Mamelouks d'après les auteurs Arabes*. Paris.

— 1931. »Le Monde Musulman«, in: *Le Monde Musulman et Byzantin jusqu'aux Croisades*, von Gaudefroy-Demombynes und Platonov, S. 29—451. Paris.

— 1938. »Sur quelques ouvrages de *hisba*«, in: *Journal Asiatique*, CCXXX, S. 449 bis 457.

— 1950. *Muslim Institutions*, übers. von John P. MacGregor. London.

Gautama. 1898. In: *Sacred Laws of the Âryas*, übers. von Georg Bühler. SBE, II. New York.

GBP. 1882. *Gazetteer of the Bombay Presidency*, XIII, 2: »Thâna«. Bombay.

Gelzer, Matthias. 1943. *Vom römischen Staat*. 2 Bde. Leipzig.

GGM. Die geheime Geschichte der Mongolen, deutsch von Erich Haenisch. Leipzig, 1948.

Gibb, H. A. R. 1932. *The Damascus Chronicle of the Crusades*. London.

Gibb, H. A. R. und Bowen, Harold. 1950. *Islamic Society and the West*. Bd I: *Islamic Society in the Eighteenth Century*. London, New York und Toronto.

GKPSU. *Geschichte der Kommunistischen Partei der Sowjetunion (Bolschewiki)*, kurzer Lehrgang. 19. Aufl. Berlin, 1955.

Glotz, Gustave. 1925. *The Aegean Civilization*. London und New York.

— 1926. *Ancient Greece at Work*. New York.

— 1929. *The Greek City and Its Institutions*. London und New York.

Goetz, Leopold Karl. RR. *Das russische Recht*. 4 Bde. Stuttgart, 1910—1913.

Goldfrank, Esther S. 1945. »Socialization, Personality, and the Structure of Pueblo Society«, in: *AA*, XLVII, 4, 516—539.

— 1945a. »Irrigation Agriculture and Navaho Community Leadership: Case Material on Environment and Culture«, in: *AA*, XLVII, 2, S. 262—277.

Goldziher, Ignaz. 1889. *Muhammedanische Studien*, I. Halle.

— 1905. »Antworten: Islam«, in: Mommsen, 1905, S. 101—112. Leipzig.

Gordon, Robert Aaron. 1945. *Business Leadership in the Large Corporation*. Washington, D. C.

Götze, Albrecht. 1933. »Kleinasien«, in: *Kulturgeschichte des Alten Orients*, von A. Alt, A. Christensen, A. Götze, A. Grohmann, H. Kees, B. Landsberger. [Handbuch der Altertumswissenschaft, 3. Abt., 1. Teil, 3. Bd., 3. Abschn., 1. Lieferung.] München.

Grant, Christina Phelps. 1937. *The Syrian Desert*. London.

Grapow, Hermann. 1924. *Die bildlichen Ausdrücke des Aegyptischen; vom Denken und Dichten einer altorientalischen Sprache*. Leipzig.

Grassman, Hermann. RV. *Rig-Veda*. 2 Bde. Leipzig, 1876—1877.

Gray, G. B. und Cary, M. 1939. »The Reign of Darius«, in: *CAH*, IV, S. 173—228. Cambridge.

Grekov, B. D. 1939. »La Horde d'Or et la Russie«, Teil 2 von: B. Grekov und A. Iakoubovski: *La Horde d'Or*, übers. von François Thuret, S. 163—251. Paris.

— 1947. *The Culture of Kiev Rūs*, übers. von Pauline Rose. Moskau.

Grenier, Albert. 1937. »La Gaule Romaine«, in: *ESAR*, III, S. 379—644. Baltimore.

Grohmann, Adolf. PAP. »Probleme der arabischen Papyrusforschung, II«, in: *Archiv Orientální*, V, S. 273—283; VI, S. 377—398. Prag, 1933—1934.

— 1933. *Südarabien als Wirtschaftsgebiet*, 2. Teil. Schriften der Philosophischen Fakultät der Deutschen Universität in Prag, XIII. Brünn, Prag, Leipzig und Wien.

Grossmann, Henry. 1929. »Die Änderung des ursprünglichen Aufbauplans des Marxschen ›Kapital‹ und ihre Ursachen«, in: *Archiv für die Geschichte des Sozialismus und der Arbeiterbewegung*, XIV, S. 305—338.

Grunebaum, Gustave E. von, 1946. *Medieval Islam*. Chicago.

Gsell, Stephane. HA. *Histoire ancienne de l'Afrique du Nord*. 8 Bde. Paris, 1914 bis 1928.

Guber, A. A. 1942. »Izučenie Istorii Stran Vostoka v SSSR za 25 let«, in: *Dvatcat' pjat' let istoričeskoj nauki v SSSR*, S. 272—284. Academy of Sciences of the USSR. Moskau und Leningrad.

Guillaume, James. IDS. *L'Internationale. Documents et souvenirs (1864—1878)*, I und II. Paris, 1905—1907.

Guiraud, Jean. 1929. *The Mediaeval Inquisition*, übers. von E. C. Messenger. London.

Gumplowicz, Ludwig. 1905. *Grundriß der Soziologie.* Wien.

Gurian, Waldemar. 1931. *Der Bolschewismus.* Freiburg i. B.

Gutmann, Bruno. 1909. *Dichten und Denken der Dschagganeger.* Leipzig.

— 1914. *Volksbuch der Wadschagga.* Leipzig.

— 1926. *Das Recht der Dschagga.* München.

Hackett, Charles Wilson. 1923. *Historical Documents Relating to New Mexico, Nueva Vizcaya, and Approaches Thereto, to 1773,* gesammelt von A. F. A. und F. R. Bandelier. 2 Bde. CIW, CCCXXX. Washington, D. C.

Hackman, George Gottlob. 1937. *Temple Documents of the Third Dynasty of Ur from Umna. Babylonian Inscriptions in the Collection of James B. Nies, Yale University,* V. New Haven und London.

Haig, Wolseley. 1937. »Sher Shāh and the Sūr Dynasty. The Return of Humāyūn«, in: *CHI,* IV, S. 45—69. Cambridge.

Hall, W. H. 1886. *Irrigation Development Report,* 1. Teil. Sacramento.

Hammurabi. *Die Gesetze Hammurabis,* übers. von Hugo Winckler. [Der alte Orient. Gemeinverständliche Darstellungen, hrsg. von der Vorderasiatischen Gesellschaft, 4. Jhrg. Heft 4.] Leipzig, 1902.

»The Han Officials«. Eine statistische Untersuchung, durchgeführt vom Chinese History Project (Ms.).

Han Shu. Po-na Ausg. Commercial Press.

Handbook of Marxism. 1935, hrsg. von Emile Burns. New York.

Handy, E. S. Craighill. 1933. »Government and Society«, in: *Ancient Hawaiian Civilizations,* S. 31—42. Honolulu.

— 1940. *The Hawaiian Planter, I: His Plants, Methods and Areas of Cultivation.* Bernice P. Bishop Museum Bulletin, CLXI.

Hardy, Edward Rochie. 1931. *The Large Estates of Byzantine Egypt.* New York.

Harper, George McLean, Jr. 1928. »Village Administration in the Roman Provinces of Syria«, in: *Yale Classical Studies,* I, S. 105—168. New Haven und London.

Hasan Khan, M. 1944. »Medieval Muslim Political Theories of Rebellion against the State«, in: *IC,* 18, S. 36—44.

Haskins, Charles Homer. 1911. »England and Sicily in the Twelfth Century«, in: *English Historical Review,* XXVI, S. 433—447, 641—665.

— 1918. *Norman Institutions.* Harvard Historical Studies, XXIV. Cambridge, Mass.

Haxthausen, August Freiherr von. SR. *Studien über die innern Zustände, das Volksleben und insbesondere die ländlichen Einrichtungen Rußlands.* 3 Bde. Hannover und Berlin, 1847—1852.

HCIP. 1956. *The History and Culture of the Indian People, II: The Age of Imperial Unity,* hrsg. von K. M. Munshi und R. C. Majumdar. Bombay.

Hedin, Sven. 1917. *Southern Tibet, II: Lake Manasarovar and the Sources of the Great Indian Rivers.* Stockholm.

Heichelheim, Fritz M. 1938. *Wirtschaftsgeschichte des Altertums.* 2 Bde. Leiden.

Helbing, Franz. 1926. *Die Tortur. Geschichte der Folter im Kriminalverfahren aller Zeiten und Völker,* völlig neubearb. und ergänzt von Max Bauer. Berlin.

Helck, Hans-Wolfgang. 1939. *Der Einfluß der Militärführer in der 18. ägyptischen Dynastie,* Untersuchungen zur Geschichte und Altertumskunde Aegyptens, XIV. Leipzig.

Herberstein, Sigismund von. NR. *Notes upon Russia; Being a Translation of the*

Earliest Account of That Country Entitled Rerum Moscoviticarum Commentarii, übers. und hrsg. von R. H. Major. 2 Bde. Hakluyt Society, X, XII. London, 1851 bis 1852.

Herodot. *Historien,* übertr. und eingel. von Eberhard Richtsteig. 5 Bde. [Goldmanns Gelbe Taschenbücher.] München, 1961.

Hewitt, James Francis. 1887. »Village Communities in India, Especially Those in the Bengal Presidency, the Central Provinces, and Bombay«, in: *Journal of the Society of Arts,* XXXV, S. 613—625.

Hintze, Otto. 1901. »Der österreichische und der preußische Beamtenstaat im 17. und 18. Jahrhundert«, in: *HZ,* LXXXVI, Neue Folge, L, S. 401—444.

— 1930. »Typologie der ständischen Verfassungen des Abendlandes«, in: *HZ,* CXLI, S. 229—248.

— 1941. *Staat und Verfassung.* Leipzig.

Hirth, Paul. 1928. *Die künstliche Bewässerung.* Kolonial-Wirtschaftliches Komitee, XXI, 3. Berlin.

Hitler, Adolf. 1933. *Mein Kampf.* München.

Hitzig, H. F. 1905. »Antworten: Römisch«, in: Mommsen, 1905, S. 31—51. Leipzig.

Homo, Léon. 1927. *Primitive Italy and the Beginnings of Roman Imperialism.* New York.

Honigmann, Ernst. 1935. *Die Ostgrenze des byzantinischen Reiches von 363 bis 1071 ... * Brüssel.

Honjo, Eijiro. 1935. *The Social and Economic History of Japan.* Kioto.

Hopkins, Edward Washburn. 1888. *The Social and Military Position of the Ruling Caste in Ancient India as Represented by the Sanskrit Epic,* Abdruck aus dem *Journal of American Oriental Society,* XIII.

— 1902. *India Old and New.* New York und London.

— 1922. »Family Life and Social Customs as They Appear in the Sūtras«, »The Princes and Peoples of the Epic Poems« und »The Growth of Law and Legal Institutions«, in: *CHI,* I, S. 227—295. New York.

Horn, Paul. 1894. *Das Heer- und Kriegswesen der Grossmoghuls.* Leiden.

Horst, D. Johannes. 1932. *Proskynein.* Gütersloh.

Horster, Paul. 1935. *Zur Anwendung islamischen Rechts im 16. Jahrhundert.* Stuttgart.

Hötzsch, Otto. 1912. »Adel und Lehnswesen in Rußland und Polen und ihr Verhältnis zur deutschen Entwicklung«, in: *HZ,* CVIII, S. 541—592.

Hou Han Shu. Po-na Ausg. Commercial Press.

Howorth, H. H. HM. *History of the Mongols.* 4 Bde. London, 1876—1927.

Hsiao, K. C. »Rural China, Imperial Control in the Nineteenth Century« (Ms.).

Hsieh, Pao Chao. 1925. *The Government of China (1644—1911).* Baltimore.

Hsü Han Chih. Po-na Ausg. Commercial Press.

Huang-ch'ao Ching-shih Wên Hsü-p'ien. Ausg. von 1888.

Hudemann, E. E. 1878. *Geschichte des römischen Postwesens während der Kaiserzeit.* Berlin.

Hug. 1918. »Eunuchen«, in: *Pauly-Wissowa-Kroll,* Ergänzungsbd. 3, S. 450—455. Stuttgart.

Humboldt, Al. de. 1811. *Essai politique sur le royaume de la Nouvelle-Espagne.* 5 Bde. Paris.

Hummel, Arthur W. ECCP. *Eminent Chinese of the Ch'ing Period.* 2 Bde. Washington, D. C., 1943—1944.

Huuri, Kalervo. 1941. *Zur Geschichte des mittelalterlichen Geschützwesens aus orientalischen Quellen.* Helsinki.

Huxley, Julian S. 1955. »Evolution, Cultural and Biological«, in: *Yearbook of Anthropology,* Wenner-Gren Foundation for Anthropological Research, S. 3—25. New York.

Ibn Batoutah. 1914. *Voyages d'Ibn Batoutah,* III, übers. von C. Defrémery und B. R. Sanguinetti. Paris.

Ibn Khordādhbeh. 1889. *Kitāb a-Masālik wa'l-Mamālik (Liber viarum et regnorum)* von Ibn Khordādhbeh (Arabisch mit französischer Übers.), hrsg. und übers. von M. J. de Goeje in: *Bibliotheca geographorum arabicorum,* VI, S. VII—XXIII und 1—144, arabischer Text S. 1—183. Leiden und Batavia.

Ibn al-Ukhuwwa. 1938. *The Ma'ālim al-Qurba,* übers. und hrsg. von Reuben Levy. E. J. W. Gibb Memorial New Series, XII. London.

Imperial Gazetteer of India. The Indian Empire. Neuausg. 4 Bde. Oxford, 1907 bis 1909.

Inama-Sternegg, Karl Theodor von. 1901. *Deutsche Wirtschaftsgeschichte,* III, 2. Leipzig.

Inama-Sternegg und Häpke. 1924. »Die Bevölkerung des Mittelalters und der neueren Zeit bis Ende des 18. Jahrhunderts in Europa«, in: *Handwörterbuch der Staatswissenschaften,* II, S. 670—687. 4. Aufl. Jena.

Inostrannaja Kniga, Nr. 1, 1931. Moskau.

Inprecor. International Press Correspondence. Englische Ausg. Wien und London, 1921—1938.

Inprekorr. Internationale Presse-Korrespondenz. Deutsche Ausg. Berlin und Wien, 1921—1933.

Ixtlilxochitl, Don Fernando de Alba. OH. *Obras Historicas,* hrsg. von Alfredo Chavero. 2 Bde. Mexiko, 1891—1892.

Jäckh, Ernest. 1944. *The Rising Crescent, Turkey Yesterday, Today, and Tomorrow.* New York und Toronto.

Jacobsen, Thorkild. 1943. »Primitive Democracy in Ancient Mesopotamia«, in: *JNES,* II, 3, S. 159—172.

— 1946. »Mesopotamia: the Cosmos as a State«, in: *The Intellectual Adventure of Ancient Man* von Frankfort, Wilson, Jacobsen und Irwin, S. 125—129. Chicago.

Jacobsen, Thorkild und Lloyd, Seton. 1935. *Sennacherib's Aqueduct at Jerwan.* Chicago.

Jaeger Werner. 1939. *Paideia: the Ideals of Greek Culture,* übers. von Gilbert Highet. New York.

Jahāngīr. 1909. *The Tūzuk-i-Jahāngīrī, or Memoirs of Jahāngīr,* übers. von Alexander Rogers und hrsg. von Henry Beveridge. Oriental Translation Fund, Neue Folge XIX. London.

Jātakam. Aus dem Pāli übers. von Julius Dutoit. 7 Bde. Leipzig und München, 1908—1921.

Jefferson, Thomas. 1944. *Basic Writings of Thomas Jefferson,* hrsg. von Philip S. Foner. New York.

Jerez, Francisco de. 1938. ». . . la Conquista del Perú . . .«, in: *BCCP*, S. 15—115. Paris.

Johnson, Allan Chester. 1951. *Egypt and the Roman Empire*. Ann Arbor.

Johnson, Allan Chester und West, Louis C. 1949. *Byzantine Egypt: Economic Studies*. Princeton.

Jolly, Julius. 1896. »Recht und Sitte«, in: *Grundriß der Indo-Arischen Philologie und Altertumskunde*, II, 8. Heft, hrsg. von G. Bühler. Straßburg.

Jones, Sir Henry Stuart. 1934. »Senatus Populusque Romanus«, in: *CAH*, X, S. 159 bis 181. Cambridge.

Jones, Richard. 1831. *An Essay on the Distribution of Wealth, and on the Sources of Taxation*. London.

— 1859. *Literary Remains, Consisting of Lectures and Tracts on Political Economy*, mit einer Einführung von William Whewell. London.

Josephus, Flavius. JW. *The Works of Flavius Josephus, Containing Twenty Books of the Jewish Antiquities, Seven Books of the Jewish War*, I, übers. von William Whiston, bearb. von Samuel Burder. New York, o. J.

Jouguet, Pierre. 1911. *La Vie municipale dans l'Egypte Romaine*. Bibliothèque des Ecoles Françaises et de Rome, 104. Lieferung. Paris.

Juan, George und Ulloa, Antonio de. 1806. *A Voyage to South America*, übers. von John Adams. 2 Bde. London.

Juynboll, Th. W. 1925. *Handleiding tot de kennis van de Mohammedaansche wet volgens de leer der Sjáfi'itische School*. 3. Aufl. Leiden.

JWR. *Journey of William of Rubruck . . . Journey of John of Pian of Carpini*, übers. von William Woodville Rockhill. Hakluyt Society, Nr. 20. London, 1900.

Kahin, George McTurnan. 1952. *Nationalism and Revolution in Indonesia*. Ithaca, New York.

Kahrstedt, Ulrich. 1924. »Die Bevölkerung des Altertums«, in: *Handwörterbuch der Staatswissenschaften*, II, S. 655—670. 4. Aufl. Jena.

Kai Kā'üs ibn Iskandar. 1951. *A Mirror for Princes. The Qābus Nāma by Kai Kā'üs Ibn Iskandar*, übers. von Reuben Levy. New York.

Kantorowicz, Ernst. 1931. *Kaiser Friedrich der Zweite*. Berlin.

Karamsin, M. HER. *Histoire de l'empire de Russie*, übers. von St.-Thomas und Jauffret. 11 Bde. Paris, 1819—1826.

Kato, Shigeshi. 1936. »On the Hang or the Associations of Merchants in China«, in: *Memoirs of the Research Department of the Toyo Bunko*, VIII, S. 45—83.

Kautsky, Benedikt. TV. *Teufel und Verdammte*. Wien, o. J.

Kautsky, Karl. 1929. *Die materialistische Geschichtsauffassung*. 2 Bde. Berlin.

Kayden, Eugene M. 1929. »Consumers' Cooperation«, in: *The Cooperative Movement in Russia during the War*, Bd. VI von: *Economic and Social History of the World War*, Russian Series, S. 3—231. New Haven.

Kees, Hermann. 1933. »Ägypten«, in: *Kulturgeschichte des Alten Orients*, von A. Alt, A. Christensen, A. Götze, A. Grohmann, H. Kees, B. Landsberger. [Handbuch der Altertumswissenschaft, 3. Abt., 1. Teil, 3. Bde., 1. Abschn.] München.

— 1938. »Herihor und die Aufrichtung des thebanischen Gottesstaates«, *Nachrichten von der Gesellschaft der Wissenschaften in Göttingen*, Philologisch-Historische

Klasse, Neue Folge, I. Abt.: *Nachrichten aus der Altertumswissenschaft*, II, S. 1—20.

— 1953. *Das Priestertum im ägyptischen Staat.* I. Bd. der: *Probleme der Ägyptologie.* Leiden und Köln.

Keith, Arthur Berriedale. 1914. *The Veda of the Black Yajus School Entitled Taittiriya Sanhita.* Harvard Oriental Series, XVIII, XIX. 2 Bde. Cambridge.

— 1922. »The Age of the Rigveda«, in: *CHI*, I, S. 77—113. New York.

Kennan, George. 1891. *Siberia and the Exile System.* 2 Bde. New York.

Kepelino. 1932. *Kepelino's Traditions of Hawaii*, hrsg. von Martha Warren Beckwith. Bernice P. Bishop Museum Bulletin, XCV. Honolulu.

King, F. H. 1927. *Farmers of Forty Centuries.* London.

Klebs, Luise. 1915. *Die Reliefs des alten Reiches (2980—2475 v. Chr.), Material zur ägyptischen Kulturgeschichte*, Abhandlungen der Heidelberger Akademie der Wissenschaften, Philologisch-Historische Klasse, III.

Klein, Julius. 1920. *The Mesta. A Study in Spanish Economic History 1273—1836.* Cambridge.

Ključevsky, V. O. KRI. *Kurs russkoj istorii.* 5 Bde. Moskau, 1908—1937.

Kljutschewskij, W. O. 1945. *Russische Geschichte von Peter dem Großen bis Nikolaus I.*, übers. von Waldemar Jollos. 2 Bde. Zürich.

Kluchevsky, V. O. HR. *A History of Russia*, übers. von C. J. Hogarth. 5 Bde. London, 1911—1931.

KMCL. *Karl Marx — Chronik seines Lebens in Einzeldaten.* Moskau, 1934.

Koebner, Richard. 1942. »The Settlement and Colonisation of Europe«, in: *CEHE*, I, S. 1—88. Cambridge.

Koran. Der Koran. Das heilige Buch des Islam, nach der Übertragung von Ludwig Ullmann neu bearb. und erläutert von Leo Winter. München, 1960.

Kornemann, Ernest. 1933. »Die Römische Kaiserzeit«, in: *Römische Geschichte* von J. Vogt und E. Kornemann, S. 57—186. Leipzig und Berlin.

— 1949. *Von Augustus bis zum Sieg der Araber.* Bd. II der: *Weltgeschichte des Mittelmeer-Raumes.* München.

Kovalewsky, Maxime. 1903. *Institutions politiques de la Russie,* aus dem Englischen übers. von Mme. Derocquigny. Paris.

Kracke, E. A., Jr. 1947. »Family vs. Merit in Chinese Civil Service Examinations under the Empire«, in: *Harvard Journal of Asiatic Studies*, X, S. 103—123.

— 1953. *Civil Service in Early Sung China, 960—1067.* Cambridge.

Kramer, Samuel Noah. 1948. »New Light on the Early History of the Ancient Near East«, in: *American Journal of Archaeology*, LII, 1, S. 156—164.

— 1950. »Sumerian Myths and Epic Tales«, in: *ANET*, S. 37—59. Princeton.

Krause, Gregor und With, Karl. 1922. *Bali.* Hagen i. W.

Kreller, Hans. 1919. *Erbrechtliche Untersuchungen auf Grund der graeco-aegyptischen Papyrusurkunden.* Leipzig und Berlin.

Kremer, Alfred von. CGO. *Culturgeschichte des Orients unter den Chalifen.* 2 Bde. Wien, 1875—1877.

— 1863. *Aegypten.* 2 Teile, Leipzig.

Kroeber, A. L. 1948. *Anthropology.* 2. verbesserte Aufl. New York.

Krückmann, O. 1932. »Die Beamten zur Zeit der ersten Dynastie von Babylon«, in: *RA*, I, S. 444—451. Berlin und Leipzig.

Kuan T'ang Chi Lin von Wang Kuo-wei. 1927. In: *Wang Chung Ch'üeh Kung I Shu, Ch'u-chi.*

Kuan Tzu. Commercial Press, Schanghai, 1934.

Kulischer, Josef. AW. *Allgemeine Wirtschaftsgeschichte des Mittelalters und der Neuzeit.* 2 Bde. München und Berlin, 1928—1929.

— 1925. *Russische Wirtschaftsgeschichte,* I. Jena.

Kuo Mo-jo 1935. *Liang Chou Chin Wên Tz'u Ta Hsi K'ao Shih.* Tokio.

Kuo Yü. Commercial Press, Schanghai, 1935.

Labat, René. 1939. *Le Caractère religieux de la royauté Assyro-Babylonienne.* Paris.

Laborde, Alexandre de. 1808. *Itinéraire descriptif de l'Espagne* usw., IV. Paris.

Labour Monthly. Hrsg. von R. Palme Dutt. London.

Lafuente Alcantara, D. Miguel. 1845. *Historia de Granada* usw., III. Granada.

Lambton, Ann K. S. 1938. »The Regulation of the Waters of the Zāyande Rūd«, in: *Bulletin of the School of Oriental Studies* (University of London), IX, S. 663—673.

— 1948. »An Account of the Tārīkhi Qumm«, in: *Bulletin of the School of Oriental Studies,* XII, S. 586—596.

Lammens, Henri. 1907. »Etudes sur le règne du calife Omaiyada Mo'awia Ier«, in: *Mélanges de la Faculté Orientale* (Université Saint-Joseph, Beyrouth), II, S. 1—172.

— 1914. *Le Climat — les Bédouins.* I. Bd. von: *Le Berceau de l'Islam.* Rome.

— 1922. »La Cité Arabe de Tāif à la veille de l'Hégire«, in: *Mélanges de l'Université Saint-Joseph Beyrouth (Syrie),* VIII, S. 115—327.

Lamprecht, Karl. DG. *Deutsche Geschichte.* Bd. II, 1909; Bd. IV, 1911. Berlin.

Landa, Diego de. 1938. *Relación de las cosas de Yucatan,* mit Einl. und Anm. von Hector Perez Martinez. 7. Aufl. Mexiko.

Landsberger, Benno. 1925. »Assyrische Handelskolonien in Kleinasien aus dem dritten Jahrtausend«, *Der Alte Orient,* XXIV, Heft 4.

Lane, Edward William. 1898. *An Account of the Manners and Customs of the Modern Egyptians.* London.

Lang, Olga. 1946. *Chinese Family and Society.* New Haven.

Laoust, Henri. 1939. *Essai sur les doctrines sociales et politiques de Taki-d-Dīn Ahmad b. Taimīya.* Recherches d'Archéologie, de Philologie et d'Histoire, X. Kairo.

Last, Hugh. 1936. »The Principate and the Administration« in: *CAH,* XI, S. 393 bis 434. Cambridge.

Lattimore, Owen. 1940. *Inner Asian Frontiers of China.* New York.

— 1944. »A Soviet Analysis of Chinese Civilization«, in: *Pacific Affairs,* XVII, S. 81—89.

— 1947. *Solution in Asia.* Boston. (1. Aufl. Februar 1945).

— 1949. *The Situation in Asia.* Boston.

Lauts, 1848. *Het eiland Balie en de Balienezen.* Amsterdam.

Law, Bimala Charan. 1923. *Some Ksatriya Tribes of Ancient India,* mit einem Vorwort von A. Berriedale Keith. Calcutta und Simla.

— 1941. *India as Described in Early Texts of Buddhism and Jainism.* London.

Lea, Henry Charles. 1892. *Superstition and Force.* Philadelphia.

— 1908. *A History of the Inquisition of the Middle Ages,* I. New York und London.

Leemans, W. F. 1950. *The Old-Babylonian Merchant, His Business and His Social Position*. Leiden.

Legge, James. CC. *The Chinese Classics*. 7 Bde. Oxford, 1893—1895.

Lenin, Vladimir Il'ič. S. *Sočinenija*, 4. Aufl. 35 Bde. Moskau, 1941—1950.

— SW. *Sämtliche Werke*. Bd. XXII: *Der Sieg der Oktoberrevolution*. Moskau und Leningrad, 1934.

— AW. *Ausgewählte Werke*. 2 Bde. Berlin, 1955.

— 1929. *Über den Staat. Ein Vortrag, gehalten am 11. Juli 1919 in der Zentralschule für Sowjet-Funktionäre*, hrsg. und mit einer Vorbemerkung versehen von Hermann Duncker. Berlin.

— 1937. *The Letters of Lenin*, übers. von Elizabeth Hill und Doris Mudie. New York.

— 1952. *Das Agrarprogramm der Sozialdemokratie in der ersten russischen Revolution von 1905 bis 1907*. 2. Aufl. Berlin.

Letopis' Marksizma. Moskau.

Lévi-Provençal, E. 1932. *L'Espagne Musulmane au Xième siècle*. Paris.

— 1947. *Séville Musulmane au debut du XIIe siècle. Le Traite d'ibn 'Abdun sur la vie urbaine et les corps de métiers*. Paris.

Lind, Andrew W. 1938. *An Island Community. Ecological Succession in Hawaii*. Chicago.

Lips, Julius E. 1938. »Government«, in: *General Anthropology*, hrsg. von F. Boas, S. 487—534.

Locke, John. 1960. *Two Treatises of Government*. Kritische Ausg. mit einer Einl. und einem kritischen Apparat, besorgt von Peter Laslett. Cambridge und London.

Løkkegaard, Frede. 1950. *Islamic Taxation in the Classic Period*. Kopenhagen.

Longrigg, Stephen Hemsley. 1925. *Four Centuries of Modern Iraq*. Oxford.

Lopez, R. S. 1945. »Silk Industry in the Byzantine Empire«, in: *Speculum*, XX, 1, S. 1—42.

Lot, Ferdinand. 1946. *L'Art militaire et les armées au moyen âge en Europe et dans le Proche Orient*. 2 Bde. Paris.

— 1951. *La Fin du monde antique et le debut du moyen âge*. L'Evolution de l'humanité, XXXI. Paris.

Lowie, Robert H. 1927. *The Origin of the State*. New York.

— 1938. »Subsistence«, in: *General Anthropology*, hrsg. von F. Boas, S. 282—326.

Luckenbill, Daniel David. AR. *Ancient Records of Assyria and Babylonia*. 2 Bde. Chicago, 1926—1927.

Lun Yü Chu Shu, in: *Ssu Pu Pei Yao*. Schanghai, 1936.

Lundell, C. L. 1937. *The Vegetation of Petén*. CIW, 478. Washington, D. C.

Luxemburg, Rosa. 1951. *Ausgewählte Reden und Schriften*, mit einem Vorwort von Wilhelm Pieck. 2 Bde. Berlin.

Lyashchenko, Peter I. 1949. *History of the National Economy of Russia*, übers. von L. M. Herman. New York.

Lybyer, Albert Howe. 1913. *The Government of the Ottoman Empire in the Time of Suleiman the Magnificent*. Cambridge und London.

Lydgate, John M. 1913. »The Affairs of the Wainiha Hui«, in: *Hawaiian Almanac and Annual for 1913*, S. 125—137.

Ma Shêng-fêng. 1935. *Chung-kuo Ching-chi Shih I*. Nanking.

Macdonald, D. B. 1941. »*Dhimma*«, in: *HWI*, S. 96, Leiden.

Machiavelli, Niccolò. 1940. *The Prince and the Discourses*. Modern Library. New York.

MacLeod, William Christie. 1924. *The Origin of the State Reconsidered in the Light of the Data of Aboriginal North America*. Philadelphia.

Maine, Sir Henry. 1889. *Village Communities in the East and West*. New York.

Maitland, Frederic William. 1921. *Domesday Book and Beyond*. Cambridge.

— 1948. *The Constitutional History of England*. Cambridge.

al-Makkarí, Ahmed Ibn Mohammed. 1840. *The History of the Mohammedan Dynasties in Spain, nach dem Nafhu-t-tíb mit Ghosni-l-Andalusi-r-rattíb wa Táríkh Lisánu-d-dín Ibn-l-khattíb*, übers. von Pascual de Gayanges y Arce, I. Oriental Translation Fund. London.

Makrizi, Taki-eddin-Ahmed-. 1845. *Histoire des sultans Mamlouks, de l'Egypte*, II, 4, übers. von M. Quatremère. Oriental Translation Fund. Paris.

Mallon, Alexis. 1921. »Les Hebreux en Egypte«, *OCRAA*, Num. 3.

Malo, David. 1903. *Hawaiian Antiquities*. Honolulu.

Manu. 1886. *The Laws of Manu*, übers., mit Auszügen aus sieben Kommentaren, von G. Bühler. SBE, XXV. Oxford.

Mao Tse-tung. 1945. *China's New Democracy*. New York.

— 1945a. *The Fight for a New China*. New York.

— 1954. *Selected Works of Mao Tse-tung*, I. London.

Marco Polo. 1929. *The Book of Ser Marco Polo*, übers. von Colonel Sir Henry Yule, 3. Aufl. Bearb. von Henri Cordier. 2 Bde. New York.

Markham, Clements R. 1892. *A History of Peru*. Chicago.

Marquart, J. 1903. *Osteuropäische und ostasiatische Streifzüge*. Leipzig.

Marshall, Alfred. 1946. *Principles of Economics*. London.

Marshall, John. 1928. »The Monuments of Muslim India«, in: *CHI*, III, S. 568—640. New York und Cambridge.

— 1931. *Mohenjo-daro and the Indus Civilization*. 3 Bde. London.

Marx, Karl. DK. *Das Kapital. Kritik der politischen Ökonomie*. I. Bd., 4. Aufl.; III. Bd. 1. und 2. Teil, 1. Aufl. Hamburg, 1890—1894.

— NYDT. Artikel in der *New York Daily Tribune*.

— TMW. *Theorien über den Mehrwert*. Aus dem nachgelassenen Manuskript »Zur Kritik der politischen Ökonomie«, hrsg. von Karl Kautsky, 4. Aufl. 3 Bde. Stuttgart, 1921.

— 1857. »Revelations of the Diplomatic History of the Eighteenth Century«, in: *The Free Press*, IV, S. 203—204, 218, 226—228, 265—267. 4., 18., 25. Februar; 1. April.

— 1921. *Zur Kritik der Politischen Ökonomie*. 8. Aufl. Stuttgart.

— 1935. *Critique of the Gotha Programme*. New York.

— 1939. *Grundrisse der Kritik der Politischen Ökonomie* (Rohentwurf), 1857—1858. Moskau.

— 1951. *Articles on India*, mit einer Einl. von R. P. Dutt. Bombay.

— 1953. *Herr Vogt*. Berlin.

— 1955. *Über China. Das Eindringen des englischen Kapitalismus in China*, besorgt vom Marx-Engels-Lenin-Stalin-Institut beim ZK der SED. Berlin.

S. *auch* KMCL.

Marx, Karl und Engels, Friedrich. 1920. *Gesammelte Schriften von Karl Marx und Friedrich Engels, 1852 bis 1862*, hrsg. von N. Rjasanoff. 2. Aufl. 2 Bde. Stuttgart.

— 1952. *The Russian Menace to Europe*, eine Sammlung von Artikeln usw., ausgewählt und hrsg. von Paul W. Blackstock und Bert F. Hoselitz. Glencoe, Ill. *S. auch unten*, MEA, MEGA, und MEW.

Massignon, Louis. 1937. »Guilds«, in: *ESS*, VII, S. 214—216. New York.

Matthai, John. 1915. *Village Government in British India.* London.

Maurer, Georg Ludwig von. GSD. *Geschichte der Städteverfassung in Deutschland.* 4 Bde. Erlangen, 1869—1871.

Mavor, James. 1925. *An Economic History of Russia.* 2. Aufl. 2 Bde. London, Toronto und New York.

— 1928. *The Russian Revolution.* London.

Mayr, Ernst. 1942. *Systematics and the Origin of Species.* New York.

McEwan, Calvin W. 1934. *The Oriental Origin of Hellenistic Kingship*, The Oriental Institute of the University of Chicago, Studies in Ancient Oriental Civilization, XIII. Chicago.

McIlwain, C. H. 1932. »Medieval Estates«, in: *CMH*, VII, S. 665—715. New York und Cambridge.

MEA. *Marx-Engels Archiv.* Zeitschrift des Marx-Engels-Instituts in Moskau, hrsg. von D. Rjazanov, I. Frankfurt a. M., o. J.

Means, Philip Ainsworth. 1931. *Ancient Civilizations of the Andes.* New York und London.

Meek, Theophile J. 1950. »The Middle Assyrian Laws«, in: *ANET*, S. 180—188. Princeton.

MEGA. Karl Marx und Friedrich Engels. *Historisch-kritische Gesamtausgabe.* Marx-Engels-Institut, Moskau, 1927—.

Mehta, Asoka. 1954. *Democratic Socialism.* 2. Aufl. Hyderabad.

Meissner, Bruno. BA. *Babylonien und Assyrien.* 2 Bde. Heidelberg, 1920—1925.

Mendelsohn, Isaac. 1949. *Slavery in the Ancient Near East.* New York.

Mendoza, Juan González de. 1854. *The History of the Great and Mighty Kingdom of China*, II. Hakluyt Society, XV. London.

Mercer, Samuel A. B. 1952. *The Pyramid Texts.* 4 Bde. New York, London und Toronto.

Merker, M. 1903. »Rechtsverhältnisse und Sitten der Wadschagga«, *PM*, XXX, 138.

— 1904. *Die Masai.* Berlin.

MEW. Karl Marx und Friedrich Engels. *Werke.* Berlin, 1956—.

Meyer, Eduard. GA. *Geschichte des Altertums.* 4 Bde. Stuttgart und Berlin, 1926 bis 1939.

— 1924. *Kleine Schriften*, 1. Bd. 2. Aufl. Halle.

Meyer, Peter. 1950. »The Soviet Union: a New Class Society«, in: *Verdict of Three Decades*, hrsg. von Julien Steinberg, S. 475—509. New York.

Mez, Adam. 1922. *Die Renaissance des Islâms.* Heidelberg.

Miakotine, V. 1932. »Les Pays russes, des origines à la fin des invasions tatares«, in: *Histoire de Russie*, von Paul Milioukov, Ch. Signobos und L. Eisenmann, I, S. 81—124. Paris.

Mieli, Aldo. 1938. *La Science Arabe et son rôle dans l'évolution scientifique mondiale.* Leiden.

— 1946. *Panorama general de historia de la ciencia*. Madrid.

Miles, George C. 1948. »Early Islamic Inscriptions Near Ta'if in the Hijāz«, in: *JNES*, VII, S. 236—242.

Mill, James. 1820. *The History of British India*. 2. Aufl. 12 Bde. London.

Mill, John Stuart. 1909. *Principles of Political Economy*. London, New York, Bombay und Calcutta.

— 1947. *A System of Logic Ratiocinative and Inductive*. London, usw.

Miller, Barnette. 1941. *The Palace School of Muhammad the Conqueror*. Cambridge.

Miller, S. N. 1939. »The Army and the Imperial House«, in: *CAH*, XII, S. 1—56. Cambridge.

Milukow, Paul. 1898. *Skizzen Russischer Kulturgeschichte*, I. Leipzig.

Ming Shih. Po-na Ausg. Commercial Press.

Minorsky, V. 1943. *Tadhkirat al-Mulūk*. E. J. W. Gibb Memorial Series, Neue Folge, XVI. London.

Mitteis, Heinrich. 1933. *Lehnsrecht und Staatsgewalt. Untersuchungen zur mittelalterlichen Verfassungsgeschichte*. Weimar.

Mitteis, L. 1912. *Juristischer Teil, erste Hälfte: Grundzüge*. Bd. 2 von: *Grundzüge und Chrestomathie der Papyruskunde*, von L. Mitteis und U. Wilcken. Leipzig und Berlin.

Momigliano, A. 1934. »Nero«, in: *CAH*, X, S. 702—742. Cambridge.

Mommsen, Theodor. 1875. *Römisches Staatsrecht*, II, 2. Abt. Leipzig.

— 1905. *Zum ältesten Strafrecht der Kulturvölker. Fragen zur Rechtsvergleichung gestellt von . . .* Leipzig.

— 1921. *Römische Geschichte*, V. 9. Aufl. Berlin.

Monzon, Arturo. 1949. *El Calpulli en la organización social de los Tenochca*. Mexiko.

Moreland, W. H. 1929. *The Agrarian System of Moslem India*. Cambridge.

Morgan, Lewis H. 1877. *Ancient Society or Researches . . . through Barbarism to Civilization*. Chicago.

Morley, S. C. 1938. *The Inscriptions of Petén*. CIW, 437. Washington, D. C.

— 1947. *The Ancient Maya*. 2. Aufl. Stanford University.

Morris, Richard B. 1937. »Entail«, in: *ESS*, V, S. 553—556. New York.

Motolinia, Fr. Toribio de Benavente o. 1941. *Historia de los Indios de la Nueva España* (1541). Mexiko.

Mukerjee, Radhakamal. 1939. »Land Tenures and Legislation«, in: *Economic Problems of Modern India*, I, S. 218—245. London.

Munier, Henri. 1932. »L'Egypt Byzantine de Dioclétien à la conquête Arabe«, in: *Précis de l'Histoire d'Egypte*, II, S. 3—106. Kairo.

Munro, J. A. R. 1939. »Xerxes' Invasion of Greece«, in: *CAH*, IV, S. 268—316. Cambridge.

Murdock, George Peter. 1949. *Social Structure*. New York.

— 1959. *Africa. Its Peoples and their Culture History*. New York.

Myers, Gustavus. 1939. *The Ending of Hereditary American Fortunes*. New York.

Nârada. 1889. In the *Minor Law-Books*, übers. von Julius Jolly, 1. Teil, S. 1—267. SBE, XXXIII. Oxford.

Nehru, Jawaharlal. 1942. *Glimpses of World History*. New York.

— 1942a. *Toward Freedom*. New York.

— 1946. *The Discovery of India*. New York.

Nelson, N. C. 1938. »Geological Premises« und «Prehistoric Archaeology«, in: *General Anthropology*, hrsg. von F. Boas, S. 7—16, 146—237.

Nestor. 1931. *Die Allrussische Nestorchronik Povest' Vremennych Let,* übers. von Reinhold Trautmann, Slavisch-Baltische Quellen und Forschungen, VI. Leipzig.

Newberry, Percy Edward. BH. *Beni Hasan. Archaeological Survey of Egypt,* Teile 1—4. London, 1893—1894.

Nicolai-on. 1899. *Die Volkswirtschaft in Rußland,* übers. von Georg Polonsky. München.

Nihongi. 1896. *Nihongi, Chronicles of Japan from the Earliest Times to* A. D. 697. Transactions and Proceedings of the Japan Society, London, Ergänzung I. 2 Bde. London.

Nilsson, Martin P. 1950. *Geschichte der Griechischen Religion.* 2. Bd. von: *Die Hellenistische und Römische Zeit.* München.

Nöldeke, Theodor. 1892. *Orientalische Skizzen.* Berlin.

Obregon. 1928. *Obregon's History of the 16th Century Explorations in Western* America, übers. von G. P. Hammond und A. Rey. Los Angeles.

Oertel, F. 1939. »The Economic Life of the Empire«, in: *CAH,* XII, S. 232—281. Cambridge.

Oldenberg, Hermann. 1915. *Die Lehre der Upanishaden und die Anfänge des Buddhismus.* Göttingen.

Olmstead, A. T. 1923. *History of Assyria.* New York und London.

— 1948. *History of the Persian Empire.* Chicago.

Oman, Charles. 1924. *A History of the Art of War in the Middle Ages.* 2. Aufl. 2 Bde. London.

Ondegardo, Polo de. 1872. »Relación de los fundamentos acerca del notable Daño que resulta de no guardar á los Indios sus fueros«, in: *Coleccion de Documentos Inéditos . . . de América y Oceanía,* XVII, S. 5—177. Madrid.

Oppenheimer, Franz. 1919. *Der Staat.* Frankfurt am Main.

Ostrogorsky, Georg. 1940. *Geschichte des byzantinischen Staates.* Byzantinisches Handbuch, im Rahmen des Handbuchs der Altertumswissenschaft hrsg. von Walter Otto, I. Teil, 2. Bd. München.

— 1942. »Agrarian Conditions in the Byzantine Empire in the Middle Ages«, in: *CEHE,* I, S. 194—223. Cambridge.

Østrup, J. 1929. *Orientalische Höflichkeit,* übers. von K. Wulff. Leipzig.

Otto, Walter. PT. *Priester und Tempel im hellenistischen Ägypten.* 2 Bde. Leipzig und Berlin, 1905—1908.

Oviedo y Valdes, Gonzalo Fernandes de. HGNI. *Historia general y natural de las Indias,* hrsg. von Jose Amador de los Rios. 3 Teile in 4 Bdn. Madrid, 1851—1855. *Pacific Affairs.* Veröffentlicht vom Institute of Pacific Relations.

Palerm, Ángel. 1952. »La Civilización urbana«, in: *Historia Mexicana,* II, S. 184 bis 209.

— 1954. »La Distribución del regadío en el área central de Mesoamérica«, in: *Ciencias Sociales,* V, S. 2—15, 64—74.

— 1955. »La Base agricola le la civilización urbana en Mesoamérica«, in: *Las Civilizaciónes antiguas del Viejo Mundo y de América.* Estudios Monograficos, 1. Union Panamericana, Washington, D. C.

Panikkar, K. M. AWD. *Asia and Western Dominance. A survey of the Vasco Da Gama epoch of Asian history 1498—1945.* New York, o. J.

Pant, D. 1930. *The Commercial Policy of the Moguls.* Bombay.

Parsons, Elsie Clew. 1932. »Isleta, New Mexico«, in: SIBAE, *Forty-seventh Annual Report,* S. 201—1087.

— 1939. *Pueblo Indian Religion.* 2 Bde. Chicago.

Pedersen, J. 1941. *»Masdjid«,* in: *HWI,* S. 423—448. Leiden.

Peking Gazette. Englische Übers. Schanghai, 1872—1899.

Perry, Antonio. 1913. »Hawaiian Water Rights«, in: *The Hawaiian Almanac and Annual for 1913,* S. 90—99. Honolulu.

Petit-Dutaillis, Ch. 1949. *The Feudal Monarchy in France and England,* übers. von E. D. Hunt.

Pietschmann, Richard. 1889. *Geschichte der Phönizier.* Berlin.

Piggott, Stuart. 1950. *Preshistoric India.* Pelican Books. Harmondsworth.

Pizarro, Hernando. 1938. »A Los Magníficos señores, los señores oidores de la audiencia real de Su Majestad, que residen en la ciudad de Santo Domingo«, in: *BCPP,* S. 253—264. Paris.

Platon. *Sämtliche Werke in zwei Bänden,* I. Deutsch von Friedrich Schleiermacher. Wien, 1925.

Platonov, S. F. 1925. *History of Russia,* übers. von E. Aronsberg. New York.

Plechanoff, G. 1891. »Die Zivilisation und die großen historischen Flüsse«, in: *NZ,* IX, 1, S. 437—448.

Plekhanov, G. V. [= der vorige]. 1906. »On the Agrarian Question in Russia«, *Dnevnik Social-Demokrata,* Heft 5, März.

Plechanow, G. [= der vorige]. 1910. *Die Grundprobleme des Marxismus.* Stuttgart. *Pod Znamenem Marksizma.* Hefte 2—3, 6, 7—8, 1929.

Pöhlmann, Robert von. 1912. *Geschichte der sozialen Frage und des Sozialismus in der antiken Welt.* 2 Bde. München.

Poliak, A. N. 1934. »Les Révoltes populaires en Egypte à l'époque des Mamelouks et leurs causes économiques«, in: *Revue des Etudes Islamiques,* VIII, S. 251—273.

— 1939. *Feudalism in Egypt, Syria, Palestine, and the Lebanon, 1250—1900.* London.

Poller, Walter. 1960. *Arztschreiber in Buchenwald.* Offenbach.

Polybius. *The Histories,* mit einer englischen Übers. von W. R. Paton. 6 Bde. New York, 1925.

Poma de Ayala, Felipe Guaman. 1936. *Nueva corónica y buen gobierno.* Travaux et mémoires de l'Institut d'Ethnologie, XXIII. Paris.

Porphyrogénète, Constantin VII. 1939. *Le Livre des cérémonies,* II, 1. Buch, Kap. 47—92, übers. von Albert Vogt. Paris.

Prescott, William H. 1838. *History of the Reign of Ferdinand and Isabella, the Catholic.* 3 Bde. Boston.

— 1936. *History of the Conquest of Mexico and History of the Conquest of Peru.* Modern Library. New York.

Price, Ira Maurice. 1927. *The Great Cylinder Inscriptions A and B of Gudea,* 2. Teil. Leipzig und New Haven.

Prigožin, A. G. 1934. »Karl Marks i problemy istorii dokapitalističeskich formatsij«, in: *Sbornik k pjatidesjatiletiju so dnja smerti Karla Marksa,* hrsg. von N. Ja. Marr. Moskau und Leningrad.

Primera crónica general ó sea estoria de España que mandó componer Alfonso el Sabio y se continuaba bajo Sancho IV en 1289, I, hrsg. von Ramón Menéndez Pidal. Madrid, 1906.

Problemy Kitaja, Hefte 4, 5, 1930. Moskau.

Prokopowitsch, Sergej. 1913. »Über die Bedingungen der industriellen Entwicklung Rußlands«, *ASS,* Ergänzungsheft X.

Protokoly Ob "edinitel'nogo S"ezda Rossyskoj Socialdemokratičeskoj Rabočej Partii (Protokolle des Vereinigungs-Parteitags der RSDAP in Stockholm, 1906). Moskau, 1907.

Proudhon, Pierre-Joseph. 1873. *Œuvres Posthumes,* VI. Neuausg. Paris (1. Aufl. 1865).

Ramirez, Codice. 1944. *Codice Ramirez. Manuscrito del Siglo XVI intitulado: Relación del origen de los Indios que habitan esta Nueva España, segun sus historias,* hrsg. von Manuel Orozco y Berra. Mexiko.

Ramsay, W. M. 1890. *The Historical Geography of Asia Minor.* Supplementary Papers of the Royal Geographical Society, IV, London.

Rangaswami Aiyangar, K. V. 1935. *Considerations on Some Aspects of Ancient Indian Polity.* 2. Aufl. University of Madras.

Rangoon Tracts, 1. *Resolutions of the First Asian Socialist Conference, Rangoon, 1953.* Asian Socialist Conference, Rangoon.

Ranke, Leopold. 1924. *Deutsche Geschichte im Zeitalter der Reformation.* 3 Bde. München und Leipzig.

Rapson, E. J. 1922. »Peoples and Languages and Sources of History«, in: *CHI,* I, S. 37—64. New York und Cambridge.

Rathgen, Karl. 1891. »Japan's Volkswirtschaft und Staatshaushalt«, *Staats- und socialwissenschaftliche Forschungen,* hrsg. von Gustav Schmoller, X, 4. Leipzig.

RDS. 1896. »Translation of the *Relacion del Suceso,* account of what happened on the journey which Francisco Vazquez made to discover Cibola«, in: George Parker Winship, »Coronada Expedition 1540—1542«, SIBAE, *Fourteenth Annual Report,* 1892—1893, Teil 1, S. 572—579.

Reclus, Elisée. 1882. *L'Asie Orientale.* VII. Bd. der: *Nouvelle géographie universelle.* Paris.

Reed, Thomas H. 1937. »Water Supply«, in: *ESS,* XV, S. 372—377. New York.

Reid, J. S. 1936. »The Reorganisation of the Empire«, in: *CMH,* I, S. 24—54. Cambridge.

Reischauer, Robert Karl. 1937. *Early Japanese History.* 2 Bde. Princeton.

Reiske, J. J. 1830. *Constantinus Porphyrogenitus. Constantini Porphyrogeniti Imperatoris de Cerimoniis Aulae Byzantinae,* II. Bonn.

Renou, Louis. 1950. *La Civilisation de l'Inde ancienne.* Paris.

C. A. F. Rhys-Davids (Frau). 1922. »Economic Conditions according to Early Buddhist Literature«, in: *CHI,* I, S. 198—219. New York.

Rhys-Davids, T. W. 1922. »The Early History of the Buddhists«, in: *CHI,* I, S. 171—197. New York.

— 1950. *Buddhist India.* I. Indische Ausg. Susil Gupta.

Riasanovsky, V. A. 1937. *Fundamental Principles of Mongol Law.* Tientsin.

Ricketson, Oliver G. 1937. »The Excavations«, 1. Teil von: *Uaxactun, Guatemala Group E, 1926—1931,* in: CIW, 477, S. 1—175.

Riepl, Wolfgang. 1913. *Das Nachrichtenwesen des Altertums mit besonderer Rücksicht auf die Römer*. Leipzig und Berlin.

Ritter, Carl. 1858. *Klein-Asien*. IX. Bd., 1. Teil von: *Die Erdkunde von Asien*. Berlin.

Ritter, H. 1929 »La Parure des Cavaliers und die Literatur über die ritterlichen Künste«, in: *Der Islam*, XVIII, S. 116—154.

Rjasanoff, N. 1909. »Karl Marx über den Ursprung der Vorherrschaft Rußlands in Europa«, in: Ergänzungshefte zur *NZ*, Nr. 5, ausgegeben am 5. März 1909.

Rjasanoff, D. [= der vorige]. 1925. »Einleitung zu: *Karl Marx: Über China und Indien*», in: UBM, I, 2. Heft, S. 370—378.

Robins, F. W. 1946. *The Story of Water Supply*. London, New York und Toronto.

Robinson, Geroid Tanguary. 1949. *Rural Russia under the Old Régime*. New York.

Rockhill, William Woodville. 1891. *The Land of the Lamas*. New York.

Rogers, James E. Thorold. 1884. *Six Centuries of Work and Wages*. New York.

Rostovtzeff, M. (Rostowzew). 1910. *Studien zur Geschichte des römischen Kolonates*. Leipzig und Berlin.

— 1941. *The Social and Economic History of the Hellenistic World*. 3 Bde. Oxford.

Rowe, John Howland. 1946. »Inca Culture at the time of the Spanish Conquest«, in: *Handbook of South American Indians*, II, S. 183—330. SIBAE, CXLIII.

Roys, Ralph L. 1933. *The Book of Chilam Balam of Chumayel*. CIW, 438.

— 1943. *The Indian Background of Colonial Yucatan*. CIW, 548.

RRCAI. *Report of the Royal Commission on Agriculture in India, Presented to Parliament by Command of His Majesty*, Juni 1928. Gekürzte Ausg.

Runciman, Steven. 1933. *Byzantine Civilisation*. New York und London.

Ruppert, Karl und Denison, John H., Jr. 1943. *Archaeological Reconnaissance in Campeche, Quitana Roo, and Peten*. CIW, 543.

Rüstow, Alexander. OG. *Ortsbestimmung der Gegenwart*. 2 Bde. Erlenbach-Zürich, 1950—1952.

RY. »Relaciones de Yucatán«, in: *Colección de documentos inéditos relativos al descubrimiento conquista y organización de las antiguas posesiones Españolas de Ultramar*, 2. Reihe, Bde XI, XIII. Madrid, 1898 und 1900.

Sabahuddin, S. 1944. »The Postal System during the Muslim Rule in India«, in: *IC*, XVIII, 3, S. 269—282.

Sacy, Silvestre de. 1923. *Bibliothèque des Arabisants Français contenant les mémoires des Orientalistes Français relatifs aux études Arabes*, veröffentlicht unter der Leitung von George Foucart, 1. Reihe, II. Bd. Kairo.

SAE. *The Structure of the American Economy*, I. Teil, *Basic Characteristics*. National Recources Committee. Washington, D. C., 1939.

Saha, K. B. 1930. *Economics of Rural Bengal*, mit einem Vorwort von Sir Jehangir Coyajee. Calcutta.

Sahagun, Bernardino de. 1938. *Historia general de las cosas de Nueva España*. 5 Bde. Mexiko.

Saletore, Rajaram Narayan. 1943. *Life in the Gupta Age*. Bombay.

San Kuo Chih, Wei. Po-na Ausg. Commercial Press.

Sánchez-Albornoz, Claudio. EM. *La España Musulmana*, I. Buenos Aires, o. J.

Sancho de la Hos, Pedro. 1938. «Relación para S. M. de lo Sucedido en la conquista y pacificación de estas provincias de la Nueva Castille y de la Calidad de la Tierra«, in: *BCPP*, S. 117—193. Paris.

San Nicolò, Mariano. PR. *Ägyptisches Vereinswesen zur Zeit der Ptolemäer und Römer.* 2 Bde. München, 1913—1915.

Sansom, George B. 1938. *Japan, a Short Cultural History.* New York und London.

Santillana, David. 1938. *Teoria Generale della obbligazione.* Bd. II von: *Istituzioni di diritto Musulmano Malichita.* Rom.

Sarmiento de Gamboa, Pedor. 1906. *»Geschichte des Inkareiches«,* hrsg. von Richard Pietschmann, in: *Abhandlungen der Königlichen Gesellschaft der Wissenschaften zu Göttingen, Philologisch-Historische Klasse,* VI, Heft 4.

Sauvaget, J. 1941. *La Poste aux chevaux dans l'empire des Mamelouks.* Paris.
— 1946. *Historiens Arabes.* Paris.

Schacht, Joseph. 1935. *G. Bergsträsser's Grundzüge des islamischen Rechts.* Berlin und Leipzig.
— 1941. *»Mirāth«* und *»Sharī'a«* in: *HWI,* S. 511—517, 673—678. Leiden.

Schawe, J. 1932. *»Bauer«,* in: *RA,* I, S. 434. Berlin und Leipzig.

Scheel, Helmuth. 1943. *»Die staatsrechtliche Stellung der ökumenischen Kirchenfürsten in der alten Türkei«, Abhandlungen der Preußischen Akademie der Wissenschaften, Philologisch-Historische Klasse,* 9. Heft.

Scheil, V. 1900. *Textes Elamites-Sémitiques,* 1. Reihe. Délégation en Perse, *Mémoires,* II. Paris.

Schiller, Herman. 1893. »Staats- und Rechtsaltertümer«, in: *Die römischen Staats-, Kriegs- und Privataltertümer,* von Schiller und Moritz Voigt, S. 1—268. München.

Schirrmacher, Friedrich Wilhelm. 1881. *Geschichte von Spanien,* IV. Bd. von: *Geschichte der europäischen Staaten,* hrsg. von A. H. L. Heeren, F. A. Ufert und W. von Giesebrecht. Gotha.

Schnebel, Michael. 1925. *Der Betrieb der Landwirtschaft,* I. Bd. von: *Die Landwirtschaft im hellenistischen Ägypten.* München.

Schneider, Anna. 1920. *Die Anfänge der Kulturwirtschaft: die sumerische Tempelstadt.* Essen.

Scholtz, Rudolf. 1934. *Die Struktur der sumerischen engeren Verbalpräfixe (Konjugationspräfixe), speziell dargelegt an der I. und II. Form (E- und Mu-Konjugation),* 1. Hälfte. Mitteilungen der Vorderasiatisch-Aegyptischen Gesellschaft (e. V.), XXXIX, 2. Heft. Leipzig.

Schramm, Percy Ernst. 1924. »Das Herrscherbild in der Kunst des Frühen Mittelalters«, in: *Bibliothek Warburg, Vorträge 1922—1923,* I, S. 145—224. Leipzig.

Schubart, Wilhelm. 1922. *Ägypten von Alexander dem Großen bis auf Mohammed.* Berlin.
— 1943. *Justinian und Theodora.* München.

Schuster, Sir George und Wint, Guy. 1941. *India & Democracy.* London.

Schwartz, Benjamin I. 1951. *Chinese Communism and the Rise of Mao.* Cambridge, Mass.

Scott, George Ryley. 1943. *The History of Torture throughout the Ages.* London.

Sears, Paul B. 1951. »Pollen Profiles and Culture Horizons in the Basin of Mexico«, in: *Selected Papers of the XXIXth International Congress of Americanists,* S. 57—61. Chicago.

Seeck, Otto. 1901. »Cursus Publicus«, in: *Pauly-Wissowa*, IV, S. 1846—1863. Stuttgart.

Segrè, Angelo. 1943. *An Essay on the Nature of Real Property in the Classical World*. New York.

Seidl, Erwin. 1951. *Einführung in die ägyptische Rechtsgeschichte bis zum Ende des neuen Reiches*. Glückstadt, Hamburg und New York.

Seler, Eduard. GA. *Gesammelte Abhandlungen zur Amerikanischen Sprach- und Alterthumskunde*. 5 Bde. Berlin, 1902—1923.

— 1927. *Fray Bernardino de Sahagun*. Stuttgart.

Seligman, Edwin R. A. 1914. *Principles of Economics*. New York und London.

Sethe, Kurt. PT. *Übersetzung und Kommentar zu den altägyptischen Pyramidentexten*. 4 Bde. Glückstadt, Hamburg und New York, 1935—1939.

— 1908. »Zur ältesten Geschichte des ägyptischen Seeverkehrs mit Byblos und dem Libanongebiet«, in: *Zeitschrift für ägyptische Sprache und Altertumskunde*, XLV, S. 7—14.

— 1912. »R. Weill, Les Décrets royaux de l'ancien empire égyptien«, in: *Göttingische gelehrte Anzeigen*, CLXXIV, S. 705—726.

Seybald, C. F. 1927. »Granada«, in: *Encyclopaedia of Islam*, II, S. 175—177. Leiden und London.

Shamasastry, R. *Kauṭilya's Arthasāstra*, 5. Aufl. Mysore, 1956.

Shattuck (George Cheever), Redfield (Robert) und MacKay (Katheryn). 1933. »Part I: General and Miscellaneous Information about Yucatan«, Kap. 1—5 von: *The Peninsula of Yucatan*, CIW, 431.

Shih Chi. Po-na Ausg. Commercial Press.

SLRUN. *Slave Labor in Russia. The Case Presented by the American Federation of Labor to the United Nations*. A. F. of L., 1949.

SM. *Soils and Men. Yearbook of Agriculture, 1938*. Washington, D. C.

Smith, Adam. 1937. *An Inquiry into the Nature and Causes of The Wealth of Nations*. Modern Library, New York.

Smith, Arthur H. 1897. *Chinese Characteristics*. Edinburgh und London.

— 1899. *Village Life in China*. New York.

Smith, Vincent A. 1914. *The Early History of India*. 3. Aufl. Oxford.

— 1926. *Akbar, the Great Mogul, 1542—1605*. 2. Aufl. Oxford.

— 1928. *The Oxford History of India*. 2. Aufl. Oxford.

Smith, Wilfried Cantwell. 1946. »Lower-class Uprisings in the Mughal Empire«, in: *IC*, XX, 1, S. 21—40.

— 1946a. *Modern Islam in India*. London.

Socialist Asia. Monatlich veröffentlicht von der Asian Socialist Conference, Rangun.

Sombart, Werner. 1919. *Der moderne Kapitalismus*. 2 Bde. München und Leipzig.

Speiser, E. A. 1942. »Some Sources of Intellectual and Social Progress in the Ancient Near East«, in: *Studies in the History of Science*, S. 51—62. Philadelphia, 1941. Durchgesehener, verbesserter Neudruck.

Spiegelberg, Wilhelm. 1892. *Studien und Materialien zum Rechtswesen des Pharaonenreiches*. Hannover.

— 1896. *Rechnungen aus der Zeit Setis*, I. Text. Straßburg.

Spuler, Bertold. 1943. *Die Goldene Horde. Die Mongolen in Rußland 1223—1502*. Leipzig.

— 1952. *Iran in Früh-Islamischer Zeit.* Wiesbaden.

Staden, Heinrich von. 1930. *Aufzeichnungen über den Moskauer Staat,* hrsg. von Fritz Epstein. Universität Hamburg, Abhandlungen aus dem Gebiet der Auslandskunde, XXXIV. Hamburg.

Stalin. Josef Wissarionowitsch. W. *Werke.* 13. Bde. Berlin, 1951—1955. *S. auch* GKPSU.

Stamp, L. Dudley. 1938. *Asia, a Regional and Economic Geography.* 4. Aufl. New York.

Stein, Ernst. 1920. »Ein Kapitel vom persischen und vom byzantinischen Staate«, in: *Byzantinisch-Neugriechische Jahrbücher,* I, S. 50—89.

— 1928. *Vom römischen zum byzantinischen Staate. Geschichte des spätrömischen Reiches,* I. Wien.

— 1949. *De la Disparition de l'empire d'Occident à la mort de Justinien* (476—565). Bd. II von: *Histoire du Bas-Empire.* Paris, Brüssel und Amsterdam.

— 1951. »Introduction à l'histoire et aux institutions byzantines«, in: *Traditio,* VII, S. 95—168.

Steinwenter, Artur. 1920. *Studien zu den koptischen Rechtsurkunden aus Oberägypten.* Leipzig.

Stengel, Paul. 1920. *Die griechischen Kultusaltertümer.* München.

Stephens, John L. ITCA. *Incidents of Travel in Central America, Chiapas, and Yucatan.* 12. Aufl. 2 Bde. New York, 1863—1877.

— 1848. *Incidents of Travel in Yucatan.* 2 Bde. New York.

Stepniak. 1888. *The Russian Peasantry.* New York.

Stevenson, G. H. 1934. »The Imperial Administration«, in: *CAH,* X, S. 182—217. Cambridge.

Steward, Julian H. 1949. »Cultural Causality and Law: a Trial Formulation of the Development of Early Civilizations«, in: *AA,* LI, S. 1—27.

— 1953. »Evolution and Process«, in: *Anthropology Today,* hrsg. von Kroeber, S. 313—326. Chicago.

— 1955. »Introduction: the Irrigation Civilizations, a Symposium on Method and Result in Cross-Cultural Regularities«, in: *Irrigation Civilizations: a Comparative Study,* S. 1—5. Social Science Monographs, 1. Pan-American Union, Washington, D. C.

Stöckle, Albert. 1911. *Spätrömische und byzantinische Zünfte.* (*Klio. Beiträge zur alten Geschichte,* 9. Beiheft.) Leipzig.

Strabo. *Strabo's Erdbeschreibung,* übers. und durch Anm. erläutert von A. Forbiger. 8 Bändchen. Stuttgart, 1856—1862.

Strong (William Duncan), Kidder (A.) und Paul (A. J. D., Jr.). 1938. *Harvard University Archaeological Expedition to Northwestern Honduras, 1936.* Smithsonian Miscellaneous Collections, XCVII, 1. Washington, D. C.

Struve, Peter. 1942. »Russia«, in: *CEHE,* I, S. 418—437. Cambridge.

Struve, V. V. 1940. »Marksovo opredelenije ranneklassovogo obščestva«, in: *Sovetskaja Etnografija, Sbornik Statej,* Heft 3, S. 1—22.

Stubbs, William. CHE. *The Constitutional History of England.* 2 Bde. Oxford, 1875 bis 1878.

Suetonius, Augustus. *C. Suetoni Tranquilli quae supersunt omnia,* hrsg. von Karl Ludwig Roth. Leipzig, 1886.

Sui Shu. Po-na Ausg. Commercial Press.

Sumner, B. H. 1949. *A Short History of Russia.* Verbesserte Neuaufl. New York.

Sun Tzu. 1941. »On the Art of War«, in: *Roots of Strategy,* hrsg. von Thomas R. Phillips, S. 21–63, übers. von Lionel Giles. Harrisburg, Pa.

Ta Ch'ing Lü-li Hui Chi Pien Lan. Hupeh, 1872.

Ta T'ang Hsi-yü Chi, in: *Ssu-pu Ts'ung K'an.*

Tabari. 1879. *Geschichte der Perser und Araber zur Zeit der Sasaniden aus der arabischen Chronik des Tabari,* übers. von T. Nöldeke. Leiden.

Taeschner, Franz. 1926. »Die Verkehrslage und das Wegenetz Anatoliens im Wandel der Zeiten«, in: *PM,* LXXII, S. 202–206.

Takekoshi, Yosoburo. 1930. *The Economic Aspects of the History of the Civilization of Japan.* 3 Bde. London.

Tarn, W. W. 1927. *Hellenistic Civilisation.* London.

Taubenschlag, Raphael. 1944. *The Law of Greco-Roman Egypt in the Light of the Papyri.* New York.

Taylor, George E. 1936. *The Reconstruction Movement in China.* Royal Institute of International Affairs, London.

— 1942. *America in the New Pacific.* New York.

Taylor, Lily Ross. 1931. *The Divinity of the Roman Emperor.* Middletown, Conn.

TEA. 1915. *Tell-et-Amarna Tablets. Die El-Armarna-Tafeln . . .,* hrsg. von J. A. Knudtzon, bearb. von Otto Weber und Erich Ebeling. 2 Bde. Leipzig.

Têng Tzu-yü und Biggerstaff, Knight. 1936. *An Annotated Bibliography of Selected Chinese Reference Works.* Harvard-Yenching Institute, Peiping.

Tezozomoc, Hernando Alvarado. 1944. *Crónica Mexicana escrita hacia el ano de 1598,* mit Anm. von Manuel Orozco y Berra. Mexiko.

Thompson, R. Campbell und Hutchinson, R. W. 1929. *A Century of Exploration at Nineveh.* London.

Thompson, Virginia. 1941. *Thailand: the New Siam.* New York.

Thornburg (Max Weston), Spry (Graham) und Soule (George), 1949. *Turkey: an Economic Appraisal.* New York.

Thukydides, *Geschichte des Peloponnesischen Krieges.* 2 Bde. Stuttgart, o. J.

Thureau-Dangin, F. 1907. *Die sumerischen und akkadischen Königsinschriften,* Vorderasiatische Bibliothek, I, 1. Leipzig.

Timasheff, Nicholas S. 1946. *The Great Retreat. The Growth and Decline of Communism in Russia.* New York.

Titiev, Mischa. 1944. *Old Oraibi — a Study of the Hopi Indians of the Third Mesa.* PMAAE, *Reports,* XXII, 1. Cambridge, Mass.

TMWC. *Trial of the Major War Criminals before the International Military Tribunal.* Nürnberg, 1947.

Tolstov, S. 1950. »For Advanced Soviet Oriental Studies«, in: *Kultura i žizń,* 11. August, übers. in: *Current Digest of the Soviet Press,* XI, 33, S. 3–4.

Tomsin, A. 1952. »Etude sur les πρεσβύτεροι des villages de la χώρα égyptienne«, in: *Bulletin de la Classe des Lettres et des Sciences Morales et Politiques, Académie Royale de Belgique,* 5. Reihe, XXXVIII, S. 95–130.

Torquemada, Fray Juan de. 1943. *Monarquia Indiana.* 3. Aufl. 3 Bde. Mexiko.

Tout, T. F. 1937. *Chapters in the Administrative History of Mediaeval England,* II. Manchester University Press.

Tozzer, Alfred M. 1941. *Landa's relación de las cosas de Yucatan*, übers. und mit Anm. versehen, PMAAE, *Reports*, XVIII, Cambridge, Mass.

Tritton, A. S. 1930. *The Caliphs and Their Non-Muslim Subjects.* London und Madras.

Trotzki, Leo. 1923. *Die russische Revolution 1905.* Berlin.

— *Die wirkliche Lage in Rußland.* Hellerau bei Dresden, o. J.

— 1931. *Geschichte der russischen Revolution. Februarrevolution.* Berlin.

Trotsky, Leon [= der vorige]. 1939. *The Living Thoughts of Karl Marx Based on Capital: a Critique of Political Economy.* Philadelphia.

Tso Chuan Chu Shu. Ssu-pu Pei-yao.

Tugan-Baranowsky, M. 1900. *Geschichte der russischen Fabrik*, hrsg. von B. Minzes. Ergänzungsheft zu: *Zeitschrift für Sozial- und Wirtschaftsgeschichte*, V—VI.

Vaillant, George C. 1941. *Aztecs of Mexico.* Garden City. New York.

Vancouver, Captain George. 1798. *A Voyage of Discovery to the North Pacific Ocean and Round the World.* 3 Bde. London.

Vandenbosch, Amry. 1949. »Indonesia«, in: Mills u. a., *The New World of Southeast Asia, S. 79—125.* New York.

Van Nostrand, J. J. 1937. »Roman Spain«, in: *ESAR,* III, S. 119—224. Baltimore.

Varga, E. 1928. »Osnovnije problemy kitaiskoj revoljucii« (Grundprobleme der Chinesischen Revolution), in: *Bolševik,* VIII, S. 17—40. Moskau.

Vâsishṭha. 1898. In: *Sacred Laws of the Âryas,* übers. von Georg Bühler, in: SBE, II, S. 1—140. New York.

Veblen, Thorstein. 1945. *What Veblen Taught,* Ausgewählte Schriften, hrsg. von Wesley C. Mitchell. New York.

— 1947. *The Engineers and the Price System.* New York.

Vernadsky, George. 1943: *Ancient Russia.* 1948: *Kievan Russia.* 1953: *The Mongols and Russia.* Bde I—III von: *History of Russia,* von G. Vernadsky und M. Karpovich. New Haven.

Vinogradoff, Paul. 1908. *English Society in the Eleventh Century.* Oxford.

Vishnu. 1900. »The Institutes of Vishnu«, übers. von Julius Jolly, SBE, VIII. New York.

Vladimirtsov, B. 1948. *Le Régime social des Mongols. Le Féodalisme nomade,* übers. von Michel Carsow. Paris.

Voigt, Moritz. 1893. »Privataltertümer und Kulturgeschichte«, in: *Die römischen Staats-, Kriegs- und Privataltertümer,* von Herman Schiller und Voigt, S. 271 bis 465. München.

Vyshinsky, Andrei Y. 1948. *The Laws of the Soviet State,* übers. von Hugh W. Babb, mit einer Einl. von John N. Hazard. New York.

Waitz, Georg. 1880. *Deutsche Verfassungsgeschichte,* I. 3. Aufl. Berlin.

Walker, Richard L. 1955. *China under Communism. The First Five Years.* New Haven.

Wallace, Sherman Le Roy. 1938. *Taxation in Egypt.* Princeton.

Walther, Arnold. 1917. »Das altbabylonische Gerichtswesen«, *Leipziger Semitistische Studien,* VI, Hefte 4—6.

Wan Kuo-ting. 1933. *Chung-kuo T'ien Chih Shih.* Nanking.

Warriner, Doreen. 1948. *Land and Poverty in the Middle East.* Royal Institute of International Affairs. London und New York.

Wb. *Wörterbuch der ägyptischen Sprache*, IV—VI, hrsg. von Adolf Erman und Hermann Grapow. Berlin und Leipzig, 1930—1931, 1950.

Weber, Max. RS. *Gesammelte Aufsätze zur Religionssoziologie.* 3 Bde. Tübingen, 1922—1923.

— WG. *Wirtschaft und Gesellschaft. (Grundriß der Sozialökonomik,* III. Abt.) Tübingen, 1921—1923.

— 1906. »Rußlands Übergang zum Scheinkonstitutionalismus«, in: *ASS,* V, S. 165 bis 401.

Weissberg, Alexander. 1951. *The Accused.* New York.

Wellhausen, J. 1927. *The Arab Kingdom and its Fall,* übers. von Margaret Graham Weir. University of Calcutta.

Wên-hsien T'ung-k'ao. Commercial Press, Schanghai.

Werner, E. T. C. 1910. *Descriptive Sociology: or, Groups of Sociological Facts, Classified and Arranged by Herbert Spencer. Chinese.* Gesammelt von E. T. C. Werner, hrsg. von Henry R. Tedder. London.

Westermann, William Linn. 1921. »The ›Uninundated Lands‹ in Ptolemaic and Roman Egypt«, 2. Teil, in: *Classical Philology,* XVI, S. 169—188.

— 1922. »The ›Dry Land‹ in Ptolemaic and Roman Egypt«, in: *Classical Philology,* XVII, S. 21—36.

— 1937. »Greek Culture and Thought«, und »Slavery, Ancient«, in: *ESS,* I, S. 8—41; XIV, S. 74—77.

White, Leslie A. 1932. »The Acoma Indians«, in: SIBAE, *Forty-seventh Annual Report,* S. 17—192.

— 1942. *The Pueblo of Santa Ana, New Mexico.* Memoir Series, American Anthropological Association, LX.

Whitney, William Dwight. 1905. *Artharva-Veda Samhitā,* bearb. von Charles Rockwell Lanman. Harvard Oriental Series, VII. Cambridge.

Widenmann, A. 1899. Die Kilimandscharo-Bevölkerung. Anthropologisches und Ethnographisches aus dem Dschaggalande«, *PM,* Ergänzungsband XXVII, 129. Heft. Gotha.

Widtsoe, John A. 1926. *The Principles of Irrigation Practice.* New York und London.

— 1928. *Success on Irrigation Projects.* New York und London.

Wiedemann, A. 1920. *Das alte Ägypten.* Heidelberg.

Wiet, Gaston. 1932. »L'Égypte Musulmane de la conquête Arabe à la conquête Ottomane«, in: *Précis de l'Historie d'Égypte,* II, S. 107—294.

— 1937. *L'Egypte Arabe de la conquête Arabe à la conquête Ottomane,* IV. Bd. von: *Histoire de la Nation Egyptienne.* Paris.

Wilbur, C. Martin. 1943. *Slavery in China during the Former Han Dynasty.* Chicago.

Wilcken, Ulrich. 1899. *Griechische Ostraka aus Aegypten und Nubien.* 2 Bde. Leipzig und Berlin.

— 1912. *Historischer Teil, Grundzüge,* I. Bd., 1. Teil von: *Grundzüge und Chrestomathie der Papyruskunde,* von L. Mitteis und U. Wilcken. Leipzig und Berlin.

Willcocks, W. 1889. *Egyptian Irrigation.* London und New York.

— 1904. *The Nile in 1904.* London und New York.

Willey, Gordon E. 1953. *Prehistoric Settlement Patterns in the Virú Valley, Perú.* SIBAE, CLV.

— 1953a. »Archeological Theories and Interpretation: New World«, in: *Anthropology Today*, hrsg. von A. L. Kroeber, S. 361—385. Chicago.

Williams, Sir Edward Leader. 1910. »Canal«, in: *Encyclopaedia Britannica*, V, S. 168 bis 171. 11. Aufl.

Williams, James. 1911. »Torture«, in: *Encyclopaedia Britannica*, XXVII, S. 72—79. 11. Aufl.

Williams, S. Wells. 1848. *The Middle Kingdom*. 2 Bde. New York und London.

Williamson, H. B. WAS. *Wang-An-Shih, a Chinese Statesman and Educationalist of the Sung Dynasty*. 2 Bde. London, 1935—1937.

Wilson, John A. 1950. »Egyptian Myths, Tales, and Mortuary Texts«, »Documents from the Practice of Law: Egyptian Documents«, und »Proverbs and Precepts: Egyptian Instructions«, in: *ANET*, S. 3—36, 212—217, 412—425. Princeton.

— 1951. *The Burden of Egypt*. Chicago.

Wipper, R. 1947. *Ivan Grozny*, übers. von J. Fineberg, Moskau.

Wirz, Paul. 1929. *Der Reisbau und die Reisbaukulte auf Bali und Lombok*. Supplement zu Bd. XXX von: Internationales Archiv für Ethnographie. Leiden.

Wittfogel, Karl August. 1924. *Geschichte der bürgerlichen Gesellschaft*. Wien.

— 1926. *Das erwachende China*. Wien.

— 1927. »Probleme der chinesischen Wirtschaftsgeschichte«, in: *ASS*, LVIII, 2, S. 289—335.

— 1929. »Geopolitik, geographischer Materialismus und Marxismus«, in: *UBM*, III, S. 17—51, 485—522, 698—735.

— 1929a. »Voraussetzungen und Grundelemente der chinesischen Landwirtschaft«, in: *ASS*, LXI, S. 566—607.

— 1931. *Wirtschaft und Gesellschaft Chinas, Erster Teil, Produktivkräfte, Produktions- und Zirkulationsprozeß*. Leipzig.

— 1931a. »Hegel über China«, in: *UBM*, V, S. 346—362.

— 1932. »Die natürlichen Ursachen der Wirtschaftsgeschichte«, in: *ASS*, LXVII, S. 466—492, 579—609, 711—731.

— 1935. »The Foundations and Stages of Chinese Economic History«, in: *Zeitschrift für Sozialforschung*, IV, S. 26—60.

— 1936. »Wirtschaftsgeschichtliche Grundlagen der Entwicklung der Familienautorität«, *Studien über Autorität und Familie, Schriften des Instituts für Sozialforschung*, V. Paris.

— 1938. »Die Theorie der orientalischen Gesellschaft«, in: *Zeitschrift für Sozialforschung*, VII, S. 90—122.

— 1938a. *New Light on Chinese Society*. International Secretariat, Institute of Pacific Relations.

— 1940. »Meteorological Records from the Divination Inscriptions of Shang«, in: *Geographical Review*, XXX, S. 110—133.

— 1947. »Public Office in the Liao Dynasty and the Chinese Examination System«, in: *Harvard Journal of Asiatic Studies*, X, S. 13—40.

— 1949. »General Introduction«, in: *History of Chinese Society, Liao*: S. 1—35. Philadelphia.

— 1950. »Russia and Asia«, in: *World Politics*, II, 4, S. 445—462.

— 1951. »The Influence of Leninism-Stalinism on China«, in: *Annals of the American Academy of Political Science*, CCLXXVII, S. 22—34.

— 1953. »The Ruling Bureaucracy of Oriental Despotism: a Phenomenon That Paralyzed Marx«, in: *Review of Politics*, XV, 3, S. 350—359.

— 1955. »Developmental Aspects of Hydraulic Societies«, in: *Irrigation Civilizations: a Comparative Study*, S. 43—52. Social Science Monographs, 1. Pan-American Union, Washington, D. C.

— 1955a. *Mao Tse-tung. Liberator or Destroyer of the Chinese Peasants?* Veröffentlicht vom Free Trade Union Committee, A. F. of L., New York.

— 1956. »Hydraulic Civilizations«, *Man's Role in Changing the Face of the Earth*, hrsg. von William L. Thomas, Jr., Wenner-Gren Foundation. Chicago.

— 1958. »Die chinesische Gesellschaft. Eine historische Übersicht«, *Aus Politik und Zeitgeschichte, Beilage zur Wochenzeitung »Das Parlament«*, 14. Mai.

Wittfogel, Karl A. und Fêng Chia-shêng. 1949. *History of Chinese Society, Liao*, American Philosophical Society, *Transactions*, XXXVI. Philadelphia.

Wittfogel, Karl A. und Goldfrank, Esther S. 1943. »Some Aspects of Pueblo Mythology and Society«, in: *Journal of American Folklore*, Januar-März 1943, S. 17—30.

Wolfe, Bertram D. 1948. *Three Who Made a Revolution.* New York.

Wright, Walter Livingston, Jr. 1935. *Ottoman Statecraft.* Princeton.

Wüstenfeld, F. 1880. »Das Heerwesen der Muhammedaner nach dem Arabischen«, *Abhandlungen der Philologisch-Historischen Classe der Königlichen Gesellschaft der Wissenschaften zu Göttingen*, XXIV, 1.

Xenophon. *Xenophons Cyropädie*, aufs neue übers. und durch Anm. erläutert von Chr. H. Dörner, 3 Bändchen. 4.—5. Aufl. Langenscheidtsche Bibliothek sämtlicher griechischen und römischen Klassiker in neueren deutschen Musterübersetzungen, LX. Berlin-Schöneberg, o. J.

Yājnavalkya Smriti. With Mitâksarâ. *The Law of Inheritance*, übers. von Pandit Mohan Lal, in: Sacred Books of the Hindus, II, 2. Allahabad City, o. J.

Yang, Martin C. 1945. *A Chinese Village.* New York.

Yen T'ieh Lun von Huan K'uan. Schanghai, 1934.

Yüan Shih. Po-na Ausg. Commercial Press.

Yüeh Hai Kuan Chih. Ausg. Tao-Kuang.

Zagorsky, S. O. 1928. *State Control of Industry in Russia during the War*, II. Bd. von: *Economic and Social History of the World War*, Russian Series. New Haven.

Zinowjew, G. 1919. »Der russische Sozialismus und Liberalismus über die auswärtige Politik des Zarismus«, in: *Archiv für die Geschichte des Sozialismus und der Arbeiterbewegung*, VIII, S. 40—75.

Zurita. 1941. »Breve relación de los señores de la Nueva España«, in: *Nueva colección de documentos para la historia de Mexico*, XVI, S. 65—205.

Autorenregister

(Verfasser und Werke)

Acosta [F. J. de] (*1894*), 281
Acosta [Saignes, M.] (*1945*), 328
Acton (*1948*), 180
Agrarian China, 367
Agriculture in India, 536
Aitken (*1930*), 102
Alexander (*1899*), 157, 190, 204, 308, 309, 312, 313, 348, 355
Altamira (*1930*), 278, 528
Amari (*1935*), 443
Amerasia, 508
Ammianus Marcellinus, 444
Anhegger (*1943*), 76
Âpastamba (*1898*), 116, 176
Appadorai (*1936*), 65, 82, 168, 346, 350, 353, 356, 404
Appleby (*1953*), 534
Aristoteles (*Politik*), 119, 334, 432
Aristotle (*Rhetoric*), 194
Arkell und Moy-Thomas (*1941*), 459, 519
Armillas (*1944*), 63
– (*1948*), 44, 45
– (*1951*), 44
Arnold (*1924*), 135, 143
– (*1941*), 135, 137
Arrian, 255
Arthaçāstra 51, 64, 65, 82, 89, 95, 103, 107, 110-113, 116, 145, 149, 182, 192, 193, 207, 211, 376
Asakawa (*1903*), 258
– (*1911*), 258
– (*1929*), 256
– (*1929a*), 257
ASBRT, 213
Atiya (*1934*), 94, 97
Atkinson (*1910*), 258
Ayalon (*1951*), 447, 448

Bābur (*1921*), 89, 414
Baden-Powell (*1892*), 103, 168
– (*1896*), 103
Bakunin (*1953*), 482, 483
Balázs (BWT), 367
Bandelier (DH), 61, 62
– (FR), 61, 298
– (*1877*), 96
– (*1878*), 328, 329

– (*1880*), 328
Banerjee (*1925*), 336
Barton (*1929*), 69, 132, 133, 185, 186, 326
Bashan (WI), 107
Baudhāyana (*1898*), 116, 139, 176
Bauer (*1893*), 187
Baykov (*1947*), 544
Beaglehole (*1937*), 248, 297, 298
Beal (*Si-yu-ki*), 205
Beard [Ch. A.] (*1941*), 120
Beard [Ch. A. und Mary R.] (*1927*), 120
Beck und Godin (*1951*), 197
Becker (IS), 222, 359, 360, 413
– (*1903*), 359, 360
Beech (*1911*), 50, 297-302
Bell [Sir Charles] (*1927*), 248
Bell [H. I.] (*1948*), 358, 359, 363-365
Bengtson (*1950*), 72, 129, 254, 255
Berger (*1950*), 359
Berle und Means (*1944*), 426
Bernier (*1891*), 177, 471
Bhagavadgītā, 172
Bikermann (*1938*), 358
Biot (*1851*), 84
Birkett (*1918*), 530
Bismarck-Osten (*1951*), 538
Björkman (*1928*), 83, 88, 89
– (*1941*), 177
Blackman (*1899*), 190, 204, 309, 312, 313
Bloch (*1937*), 274
– (*1949*), 120
Blom und LaFarge (TT), 243
Boas (*1928*), 458
– (*1937*), 458
– (*1938*), 339
Bodde (*1938*), 348, 441
Bonné (*1948*), 537
Borosdin (*1908*), 260, 261
Boulais (*1924*), 77, 116, 147, 176, 192, 193, 351, 416, 419
Brandt, Schwartz und Fairbank (*1952*), 503
Breasted (*1927*), 59, 69, 82, 103, 131, 132, 161, 186, 192, 205, 318, 319, 324, 325, 350, 440
Bréhier (*1949*), 88, 134, 137, 205, 228

Personen- und Sachregister

Abkürzungen: HG – hydraulische Gesellschaft; OD – orientalische Despotie;
OG – orientalische Gesellschaft

Absentismus, *s.* Grundbesitzer
Absolutismus
  unzureichende Erforschung des A., 24
  echter A. in OD, 144
  beschränkter A. im Westen, 74 ff., 115
    mehrzentrige Gesellschaft, 73 und
    passim; starkes Eigentum, 119 ff.,
    245 f., 377 f.
  beschränkter A. im traditionellen Japan, 259 f., 453
  A. und Autokratie, 147
  s. auch Autokratie, Europa, Japan,
    Merkantilismus, OD, totale Macht
Absorption der Eroberer, Legende und
  Wirklichkeit, 407 f.
  s. auch Eroberergesellschaften
Acton, Lord, 180
Administrativer Mehrertrag
  Gesetz des wechselnden administrativen Mehrertrags, 151 ff.
    in der hydraulischen Wirtschaft,
    151 ff.; in den Bereichen der politischen Macht und der sozialen Kontrolle, 153 ff.
  Gesetz des abnehmenden administrativen Mehrertrags, 151 f., 155
Ägypten
  unter den Pharaonen
    hydraulische Ursprünge, 44; hydraulische Wirtschaft – natürliche Bedingungen, Entstehung, Entwicklung,
    Intensität, 49 f., 53, 57 f., 216 f.,
    220, 326 f.; Fronarbeit, 51, 69, 316;
    Volkszählung, 82, 318; nichthydraulische Bauten, 64, 67, 69, 72, 74; der
    Herrscher, 132, 207; die Beamten,
    221, 305, 423; bürokratischer Grundbesitz, 350; bürokratischer Kapitalismus, 324 f.; die bürokratische *Gentry*, 393; Grundsteuer, 103, 105, 107,
    222, 413 f.; Konfiskation, 111; Grundbesitzverhältnisse, 104, 116, 320, 345,
    347, 353, 353 f., 358; Theokratie,
    127 f., 131 f., 134; Tempel und Priester, 140, 347, 355 f., 398; die Territorialstaaten waren nicht feudal,
    390 f.; staatliche Verwaltung in Indu-

strie und Handel, 74 f., 318 ff.; Handel, 103, 314, 318, 320, 324, 332;
Kaufleute, 318, 324; Handwerk,
318 ff., 322; Terror, 186, 190 ff.; Gehorsam, 201 f.; Prostration, 205; Autorität des Familienvaters, 160; Kastration, 439 f.; Sklaven, 403 f.
  unter den Ptolemäern
    Bevölkerung, 227; Theokratie, 134;
    Volkszählung, 82; gemeine Soldaten
    (Kleruchen), 396; Grundbesitzverhältnisse, 347, 358; Steuern, 397;
    Dorfverwaltung, 161; Zünfte, 164;
    soziale Konflikte, 412
  unter den Römern
    Grundbesitzverhältnisse, 363 f.;
    Dorfverwaltung, 161, 167 f.
  unter Byzanz *s.* Byzanz
  im 19. und 20. Jahrhundert
    Bewässerung, 56; Regenfall-Landwirtschaft unbedeutend, 217; Fronarbeit, 51, 85, 191; Flußregulierung,
    56, 85; Steuern, 414; gerichtliche
    Tortur, 193; manageriale Tortur im
    19. Jahrhundert abgeschafft, 191;
    Hindernisse für gesellschaftliche
    Transformation, 537
  s. auch Mamelucken, Türkei (ottomanische)
Äsopische Sprache
  eigentlich = Sklavensprache, 497
  angewandt von den Herren der
    UdSSR, 497, 546
Afrika
  »afrikanische Despotie«, Abart der
    marginalen OD, 252
Agrarbürokratisches Regime (= OD),
  25, 31 und *passim*
Agrardespotisches Regime, *s.* OD
Agrarmanageriale Gesellschaft (= HG),
  25, 31
Agrikultur
  wesentliche Vorbedingungen für die
    Agrikultur, 37 ff.
  auf Regenfall basierte Agrikultur,
    43 ff.
  Hydroagrikultur, 25

Asiatischen Produktionsweise, Theorie
der
Marx, 28, 461
Lenin, 467, 491
während d. Leningrader Diskussion
noch milde beurteilt, 500 ff.
die Kommunisten suchen nach kom-
promißlerischen Ausdrücken
»bürokratischer Feudalismus«, 504;
»bürokratische Despotie«, 504
die »sogenannte« Th. der a. P., 511
die »berüchtigte« Th. der a. P., 511
drei Formen des kommunistischen
Kampfes gegen die Th. der a. P., 511 f.
asiatische Sozialisten verschließen sich
der Th. der a. P., 549 f.
s. auch Lenin, Leningrader Diskussion,
Marx, Plechanow, semiasiatische Ordnung
Assyrien
hydraulische Eigentümlichkeiten, 50,
218 ff.
Aquädukte, 57
Straßen, 64
Erbrecht, 116
Eunuchen, 439 f.
Handelskolonien, 340 f.
staatliche Aufsicht über die Religion,
133
Astronomie in der HG, 55 f., 59, 277,
474
Augustus, Kaiser, 87, 134, 269, 498,
549
Ausbildung s. Erziehung
Autokrat
die tatsächliche Macht kann vorübergehend in die Hände anderer Personen geraten, 149, 384 ff.
Einsamkeit, 207
einzigartige Bedeutung seiner Entscheidungen, 148, 429
s. auch Absolutismus, Autokratie
Autokratie
die Regel in einer hydraulischen Gesellschaft, 27, 149
Tendenz zur Akkumulation unkontrollierter Macht, 27, 148, 429 ff.
A. und Absolutismus, 147 ff.
westliche Autokratie, 115
Autonomie in der HG
beschränkt vorhanden für sekundäre
Gruppen, 158 ff., 167 ff.

die Familie, 159 f., 167; das Dorf,
160 ff., 167 ff.; sekundäre Religionen, 166 f., 169 f.; Zünfte, 164 ff.,
169 ff.
Bettlerdemokratie, 171
s. auch Zünfte
Autoritäre Herrschaft ist nicht identisch mit Totalitarismus, 452
Aziatščina
Lenin über die A., 467 f., 487 ff.
das Gespenst der A., 495 ff.

Babylonien
hydraulische Dichte, 220 f.
agrarmanageriale Wirtschaft, 341
nichthydraulische Bauten, 64, 67
Fronarbeit, 67
Straßen, 64
Theokratie, 133, 186
Priester, 127, 133, 356 f.
Betonung der Furchtbarkeit der
Macht, 185 f.
aber hoher Zweckrationalitätsgrad,
198
Steuern, 107 f., 222
staatlich kontrolliertes Land, 356 f.
Dienstland, 229
Tempelland, 347
Privateigentum, 341, 356
die Frage des Umfanges des privaten
Landeigentums, 356 f.
staatlich kontrollierter und privater
Handel, 327
Kaufleute, 339 ff.
lokale Versammlungen als »eine Art
Geschworenengericht für Zivilprozes-
se«, 341
Zünfte, 335
Sklaven, 403 f.
Bagdad, 73, 222, 444
Bakunin
gegen Marx, 483
Bali
hydraulische Ordnung, 84 f.
Bevölkerung, 308 f.
Fronarbeit, 50
»Recht auf Rebellion«, 145
Bautätigkeit
Typen, 70 f.
hydraulische B. s. Wasserbauten
nichthydraulische B., 61 ff.
Verteidigungsanlagen, 61 ff.

teinischen Kaisertums, 234; Nach-
lassen managerialer Tätigkeiten, 228,
230; Wachsen des privaten Großgrundbesitzes, 231, 233 f., 236, 291,
335, 354; der staatliche Kataster
blieb, 233; Dienstland, 229 f.; Steuern, 233

Cäsar, Julius, 270 f., 303
Calpulli, 362
Chandragupta, 99
Chasaren, 262
Chi Ch'ao-ting, 505, 509
Childe, Gordon, 504 f., 508, 510, 513
China
allgemein
  hydraulische Landschaft, 45 f., 49,
  60 f.; hydraulische Wirtschaft – natürliche Bedingungen, Entstehung,
  Entwicklung, Intensität, 45, 49, 53,
  56, 59 ff., 70, 85, 174, 217 f., 220 f.,
  238 ff., 326; Entwicklung von »einfachen« zu »semikomplexen« und
  »komplexen« Eigentumsformen,
  320 f., 330 f., 363
Territorialstaaten
  die Herrscher, 60, 135; die Beamten, 29, 59 f.; die bürokratische *Gentry*, 394; Fronarbeit, 64, 102 f.;
  Volkszählung, 81 f.; Kriegswesen,
  95 f.; »Kriegskunst«, 96; öffentliche
  Felder, 102 f.; Steuern, 107; Eunuchen, 440 f.; Prostration, 204; späte
  Entwicklung des privaten Handels,
  320 f., 324; wahrscheinlich späte
  Zünfte, 321; »klassischer« Gipfel
  schöpferischer Leistung, 523; Entstehung des privaten Landeigentums,
  103, 367; zweckrationales Optimum
  der Herrscher philosophisch verklärt,
  174
  s. auch Konfuzius
kaiserliches Ch.: chinesische Dynastien
  der autokratische Herrscher, 143; der
  Hof und die Verwandten, 392, 428;
  d. Beamten, 377, 386, 418 f., 421,
  424 f.; die bürokratische *Gentry*, 377,
  392, 394 ff., 399, 437; Prüfungssystem,
  433 ff.; Eunuchen, 440 ff.; die niedrigen Funktionäre, 385 f., 396, 418 ff.;
  Kriegswesen, 95 f., 99 f.; Siedlungen
  für die Versorgung des Heeres (Mili-

tärkolonien), 345; Fronarbeit, 64, 67,
78, 100, 345; Eindeichungen der Flüsse, 59 f., 68, 70, 223; Straßen, 65 ff.;
Postsystem, 89 ff.; Verteidigungsanlagen, 64, 68; andere nichthydraulische Bauten, 68; Volkszählung, 81 f.;
Steuern, 105, 107, 222; Konfiskation,
111, 177; Erbrecht, 116, 118, 246;
gerichtliche Tortur, 192 f.; Grundbesitzverhältnisse, 330 f., 345, 349 ff.,
367 f., 370, 373, 377, 381, 395, 420;
Bauern, 162 ff., 168 f., 402; Kaufleute, 177, 320 f., 335, 402, 415 f.,
434, 436; Zünfte, 165 f., 171, 321;
im Privateigentum wurzelnde soziale
Konflikte, 410, 412, 414 f., 424 ff.;
Staatskult, 135 f.; sekundäre Religionen 166 f., 169 f.; Sklaven, 345, 404
kaiserliches Ch.: Eroberdynastien
Liao, 238 ff.
  natürliche und hydraulische Voraussetzungen, 238 f.; Herrscher aus dem
  Kh'i-tan-Stamme, 249 f.; »locker 2«
  oder »marginal 1«, 239 f., 245; kein
  Verständnis für die hydraulische
  Wirtschaft, 238; nichthydraulische
  Bauten, 239; organisatorische Tätigkeiten, 239; Aneignungsmethoden,
  239; Dschingis Khan schuf seine Militärorganisation nach dem Muster
  des Liao-Heeres, 239; staatliche Post,
  90; komplexe Formen des Erbrechts
  und der Religion, 246 ff.; *yin*-Sy-
  stem, 434
Mongolen (Yüan)
  kein Verständnis für die Erfordernisse der hydraulischen Wirtschaft,
  173; Beamtenernennung, 434 f.; soziale Herkunft der Beamten, 436;
  staatliche Post, 90
Mandschu (Tsch'ing)
  großes Interesse an hydraulischen
  Unternehmen, 225; weitgehende kulturelle Assimilation, aber keine Absorption, 407 f.; Grundbesitzformen,
  367; staatliche Post, 90 f.; Erobereradel kontrolliert chinesische Beamte,
  436 f., 446; Eunuchen ohne Bedeutung, 446; Kauf von Prüfungsgraden, 437
traditionelle chinesische Gesellschaft
  Adam Smiths Auffassung, 460;

Marx, 462 ff.; Max Weber, 386; Plechanow, 488; Lenin, 467; Varga, 499; Stalin, 506; Magyar, 504; Lattimore, 505 f., 509 f.; chinesische Kommunisten, 503 f.
modernes Ch.
die Republik, 538 f.
Ansätze einer mehrzentrigen Gesellschaftsordnung zunichte gemacht, 539
Kommunisten, 545 ff.
führen Ch. von einer semimanagerialen zu einer total-managerialen Ordnung, 547
s. auch Eroberungsgesellschaften, *Gentry*, Klassen, Konfuzius, Prüfungssystem
Chinesen in Südostasien, 529, 535
Chün-tzü, 401
Coloni, 364 f.
Comte, Auguste, 457, 515
Cortez, Hernando, 240, 280
Curacas, 388 f., 407
s. auch Klassen

Damkar, 323 f., 329, 397
gal damkar, 324
Darius, 134
Dichte
hydraulische D., 215 ff. und *passim*
abnehmende Tendenz hydraulischer D. in der HG, 289 f., 524
bürokratische D., 221 ff.
hydraulische D. und Entwicklung der Eigentumsformen, 326 ff.
s. auch hydraulische Gesellschaft, politische Organisation und Kultur, Privateigentum
Dienstland s. Lehen und Dienstland
Diokletian, 87, 146, 272, 443
Domesday Book
institutionelle Wurzeln wahrscheinlich im Orient, 274 ff.
Dorfgemeinden, 160 ff., 167 ff.
Dschagga
Bevölkerung, 308 f.
hydraulische Wirtschaft – natürliche Bedingungen und hydraulische Tätigkeiten, 50, 58
hydraulische Dichte, 220
Viehreichtum und Macht, 301 ff.
Befestigungsanlagen, 63
Paläste, 67

Fronarbeit, 50, 53, 63, 67, 102, 300, 306 f.
Machtfülle des Häuptlings, 128, 300 f., 306
Häuptlingsland, 102, 105, 300 f.
Terror, 189 f.
Steuern, 309
Beamte, 306 f.
Gehorsam, 200
Ehrenbezeugung, 204
Landeigentum, 300 ff., 309
Handwerk, 301
Handel, 301, 309
Dschingis Khan, 146, 173, 239, 267
Dutt, R. P., 508
Dynatoi, 363

Eigentum s. Privateigentum
Einkünfte des hydraulischen Staates, 101, 105 und *passim*
s. auch orientalische Despotie (aneignende Institutionen), Steuern
Einsamkeit in der HG
der Herrscher, 206 f.
die Beamten, 206 ff.
die Gemeinen, 206, 208 f.
totale E., aber unter der OD nur partielle Entfremdung, 209 ff.
totale E. und totale Entfremdung (unter dem kommunistischen Totalitarismus), 213
Endo
hydraulische Stammesgesellschaft, aber keine Anwendung »hydraulischer« Methoden auf nichthydraulische Tätigkeiten, 298
Engels
Konzeption der OG
grundsätzliche Bejahung, 20, 31, 465, 476 ff., 506; verworrene Äußerungen, 476 ff.; vorübergehendes Aufgeben, 478 ff.; *Der Ursprung der Familie, des Privateigentums und des Staats*, E.s schwächste sozialhistorische Schrift, 478 ff., 493 ff.
über das zaristische Rußland, 28, 214, 469, 487 f.
»Sünde gegen die Wissenschaft«, 483
s. auch Marx, Lenin
England
Teil des orientalisch despotischen römischen Reiches, 273

tum basierten Handels- und Industriekapitalismus, 58, 114 f., 291, 323; Kanäle, 58

Evolution s. gesellschaftliche Änderung, gesellschaftliche Entwicklung

Examenssystem (chinesisches), s. Prüfungssystem

Familie, 159 f., 167
s. auch Autonomie

Faschismus, italienischer und deutscher
vergleichendes Studium der institutionellen Grundlagen des F. und anderer totalitärer Ordnungen vernachlässigt, 552
Vernichtung der Großorganisationen der Arbeiterschaft gefährdet die Großorganisationen des Geschäftslebens u. der Landwirtschaft, 552
große politische Erfolge sind möglich auf der Grundlage halbrationaler Ideen, 486
der Parteiapparat siegte in Deutschland über die Generäle, 422
Hitler-Deutschland, verglichen mit den deutschen Teilen der Schweiz, 515
Nürnberger Gesetze und Rechtsstaat, 371
Terror, 21 f., 197 f.

Fatimiden, 88, 444

»Fetischismus«
die klassischen Nationalökonomen erörterten bereits den »fetischistischen« Charakter der Waren und lösten die »Versachlichung der Produktionsverhältnisse« auf (Marx), 471
Marx mystifiziert den Charakter der herrschenden Klasse der OG, 471

Feudale Gesellschaft
einfache Form, 518
komplexe Form, 518
marginale Form, 261 f., 518
nichtspezifische Züge, 514
wesentliche und spezifische Züge, 514 ff.
Bezeichnung »Neofeudalismus« für die UdSSR nicht zutreffend, 545
»Feudale« Interpretation der HG von Marx und Engels verworfen, 465 ff.
Lenins wechselnde Anschauungen, 467 ff., 490 ff.

der Begriff »Staatsfeudalismus« irreführend, 490 f.
die bolschewistische Alte Garde widersetzt sich der »f.« I. der asiatischen Gesellschaft, 499
die Parteilinie während der Leningrader Diskussion, 500 ff.
Sieg der »f.« I. im internationalen Kommunismus, 507 ff.
s. auch Leningrader Diskussion

Fideikommiß, 119 ff.

Fourier, Charles, 457, 479

Frauen, Mädchen
Ansprüche der Herrscher
bei größeren hydraulischen Stämmen, 306; im Inkareiche, 317
Frauenhäuser als staatliche Werkstätten
im Inkareiche, 317; in Mexiko, 328

Fronarbeit
vereinbar mit mehreren Gesellschaftsformen, 514, 516
vom Staate auferlegt (in der HG) oder im Rahmen einer feudalen Ordnung, 516
Dimensionen, 50 ff.
Organisation, 50 ff., 416
mehrfacher Ursprung der Führung, 52 f.
und Buchführung, 80
auf öffentlichen Feldern, 106
oft ersetzt durch Grundsteuer, 103
s. auch öffentliche Felder, Arbeiter

»Frontier«-Theorie des Entstehens der OD unhaltbar, 278 ff., 283 ff.
Kljutschewski über das moskowitische Rußland, 283 ff.

Garcilaso de la Vega, 154, 191, 316

Gentry
die bürokratische G., 27, 392 ff.
Stellung beeinflußt durch Verbreitung privaten Landeigentums, 370
G. und chinesische »Schärpenträger« (shên-shih), 123 f., 394
shên-shih
Einkommen, 377, 395 f.; bürokratische Orientierung, 395 f.; Funktionen, 395 f.; Angehörigkeit auf Grund von Prüfungen und Kauf, 437
bürokratische Interpretation der G. von den Kommunisten abgelehnt, 500

253 f.; Lebensweise der Könige, Hof
und Wirtschaft ähneln denen des Nahen Ostens, 254; Straßen, 254; Schrift
von einem sehr kleinen Kreis benutzt,
254
das frühgeschichtliche G. – Mykene
die mykenische Kultur besaß quasihydraulische Züge, 254
klassische Zeit
G. in der submarginalen Zone der
hydraulischen Welt, 57, 255, 515; eine mehrzentrige Gesellschaft, 187,
194, 210 ff., 268, 354; Bürger zu
Priestern bestimmt durch die Wahl
oder das Los, 129; Bürger bekleideten in Athen das Richteramt, 178;
keine Fronarbeit, 194; Prostration
nicht vor Menschen, 255; unbedingter Gehorsam keine Tugend, 200;
Steuern, 106, 114, 222; Konfiskation, 109; Förderung von Eigentumsnivellierung und Kleinbesitz, 119 f.,
373; planmäßige Koordination des
Heeres, 92; Interesse an organisierter
Kriegführung, 95; öffentliche Arbeiten in Athen von Privatunternehmern ausgeführt, 255; Bedeutung der
freien Arbeit, 374; später orientalisiert, 268, 518, 520
s. auch Hellenismus
Großbritannien s. England
Grundbesitzer
bürokratische G., 350 f.
nichtbürokratische G., 351
Absentisten, 351 ff.
Zunahme des Absentismus in der HG
im Übergang, 537
Gute Herrscher und gerechte Beamte
unter der OD, 182 f., 226
s. auch Zweckrationalität

Händler s. Handel, Kaufleute in der
HG
Halbasiatische Ordnung s. semiasiati-
sche Ordnung
Halbbeamte, 366, 395 ff.
Halborientalische Ordnung s. semiasi-
atische Ordnung
Hammurabi, 186, 327
Handel
ohne berufsmäßige Händler, 298,
312 ff. und passim

Märkte in einfachen hydraulischen
Gesellschaften, 309, 312, 318
Produzenten-Händler, 298, 311 f., 316,
318
berufsmäßige Händler, 311, 320
mit dem Staate verbunden, 320,
323 ff., 327; unabhängig, 311, 320 f.,
324 und passim; Faktoren, die den
Handel fördern, 315
s. auch Kaufleute in der HG
Handwerk s. Handwerker, Industrie
Handwerker
nicht hauptberuflich, 298
berufsmäßige Handwerker, 313 f.
Handwerker im Staatsdienst, 313 f.,
316 ff.
private Handwerker, 313, 316, 318 ff.,
323 f., 328 und passim
s. auch Industrie
Harun-al-Raschid, 97, 186
Hawaii (vor der amerikanischen Herrschaft)
Bevölkerung, 308 f.
lockere hydraulische Gesellschaft, 220
agrarmanageriale Tätigkeiten, 308
der Herrscher, 128, 307 f.
berufsmäßiges Beamtentum, 307, 316
wichtigster regionaler Beamter: der
konohiki, 307 f.
Fronarbeit, 316
Terror, 190, 307
Prostration, 309
Steuern, 105, 309
Grundbesitzverhältnisse, 105, 348,
355
Handel, aber keine unabhängigen be-
rufsmäßigen Händler, 312 ff.
berufsmäßige Handwerker vorwie-
gend an den Staat gebunden, 313 f.,
316
Haxthausen, August Freiherr von,
352 f.
Heer s. Kriegswesen
Hegel, G. W. F., 457, 460, 517
Hellenismus und OG, 268 ff.
Herodot, 98, 554
Herrschaft, passim
Hesiod, 268
Hierokratie (Priesterregierung), 125 ff.
s. auch Religion
Hieron von Syrakus
lex Hieronica von den Römern über-

Indien
allgemein
hydraulische Wirtschaft – natürliche
Bedingungen, Entstehung, Entwicklung, 42, 45 f., 49, 56 f.
hinduistisches und buddhistisches I.
hydraulische Wirtschaft – natürliche
Bedingungen, Entstehung, Entwicklung, Intensität, 49, 56 f., 70, 83, 336;
Fronarbeit, 51; Volkszählung, 81;
Straßen, 65; staatliche Post, 89; vielleicht gab es zeitweise unabhängige
Handelsgemeinden als Enklaven in
der HG des buddhistischen I., 343;
der typisch autokratische Herrscher,
138, 144, 172, 183, 207, 223 f.; der
Hindu-Absolutismus war ein echter
Absolutismus, 144; Kasten, 393; in
der Frühzeit und in den Republiken
Nordostindiens Regierung in Händen der *kshatriyas* (Kriegerkaste),
140, 336 f., 339, 430; die *Gentry*,
393 f.; enge Verknüpfung der weltlichen und der geistlichen Autorität,
138 ff., 400; Priester, 138 ff., 157,
398, 400, 430 f.; Priester als Beamte,
138 ff., 430 f.; der *purohita*, 139 f.,
430; sekundäre Religionen, 125, 158;
politisches Eunuchentum schwach entwickelt, 431, 441; Dorfverwaltung,
162, 168, 346, 356; Grundbesitzverhältnisse, 104 f., 346 f., 350, 354,
356, 393 f., 398; Steuern, 105, 107,
192; Konfiskation, 110 ff., 354;
schwaches Privateigentum, 138, 326,
335 f., 346 f., 350, 354, 356; Erbrecht, 116, 192; Tortur im fiskalischen Verfahren, 192; gerichtliche
Tortur, 192 f.; Handel, 336 ff., 371,
398; der *setthi* (halbbeamtlicher Vorsteher der Kaufleutezunft), 164 f.,
337 f., 397; Zünfte, 164 f., 171,
336 ff.; die Kaufleute hatten keinen
politischen Einfluß, 336 ff., 375;
Kriegswesen, 95, 99, 423; absoluter
Gehorsam, 201; große Gewalt des
Familienvaters, 160, 167, 202 f.; das
»Recht auf Rebellion«, 145; Prostration, 204 f.
mohammedanisches I.
Züge einer Eroberungsgesellschaft,
139, 389, 430 f.; ein gewisses hy-

draulisches Interesse, 67 f., 223 f.;
nichthydraulische Bauten, 67 f., 73;
Fronarbeit, 77; Straßen, 65; staatliche Post, 89; Grundbesitzverhältnisse, 346; Steuern, 104 f., 224, 397,
411 f., 414, 466; Konfiskation, 177;
Prostration, 205; soziale Konflikte,
411 f., 414
britisches I.
Abhängigkeitstypus, 527; Kolonialregierung und hydraulische gesellschaftliche Struktur, 534; Reform der
Grundbesitzverhältnisse, 536 f.; ab-
sentistische Landeigentümer, 536 f.;
hydraulische Anlagen, 49, 56; Bewässerung, 49; Stellung der Brahmanen in der Verwaltung, 139; Marx'
Ansicht über die Rolle des westlichen
Einflusses in I., 32, 462 f., 465, 476,
525 f.; Engels' Äußerungen, 476 ff.,
485
modernes unabhängiges I.
institutionelle Unsicherheit, 551;
ideologische Verworrenheit, 549 ff.
Indonesien
westlicher Einfluß (Abhängigkeitstypus), 527
Kolonisierung, 528
postkoloniale Periode: zeitweise demokratische Regierung und einzentrige Gesellschaft, 533 ff.
demokratische Hülle gesprengt,
535 f.
Industrie
in Stammesgesellschaften, 296
I. auf großer Stufenleiter in der HG
meist vom Staate kontrolliert, 74 ff.,
311
insbesondere Großbauten, 67 f., 311
und *passim*; verglichen mit der I. unter nichthydraulischen Bedingungen,
75 ff.
Faktoren, die eine regionale Arbeitsteilung in der I. fördern, 314 f.
Industrielle Despotie, 180
s. *auch* Absolutismus
Industrielle, auf Privateigentum beruhende Gesellschaft
mehrzentrig, 552
institutionelle Kerngebiete, 26
institutionelle Peripherie, 26
kontrollierte Gewalt, 187 f.

»einfache« feudale Gesellschaft, 518; orientalische Elemente, 257 ff.

absolutistisches J.
  mehrzentrige Gesellschaft, 453; auf Privateigentum beruhende Industrie, 259; Volkszählung, 259; Steuern, (beschränkt), 259; Landeigentümer, 377
  modernes J., 529
  s. auch feudale Gesellschaft, hydraulische Gesellschaft, politische Organisation, Kultur (HG, submarginale Zone)

Jên tzǔ, 432

Jones, Richard, 26, 460 f., 471

Juden
  Kleinviehzüchter, 516
  Fronarbeit für König Salomo, 67

Justinian, Kaiser, 245, 366

Kairo, 73, 222

Kalender
  besonders wichtig in der HG, 55
  s. auch Astronomie

Kanäle, s. Schiffahrtskanäle, Wasserbauten

Karl der Große, 129

Karl der Kahle, 97, 100

Karthago
  hydraulisch submarginal, 334, 342 f.

Kaufleute in der HG
  soziale und politische Stellung grundsätzlich schwach, 333 ff.
  relativ günstige Stellung, 329 ff., 334 ff., 339 ff.; relativ ungünstige Stellung, 335
  verglichen mit den Kaufleuten in nichthydraulischen vorindustriellen Gesellschaften, 342 f.
  wertvoller für den Staat als Steuerzahler denn als Fronarbeiter, 156
  erheuchelte Armut, 177 f.
  s. auch Bürokratie (bürokratische Kapitalisten), Eigentum, Handel

Kautsky, Karl, 485, 541

Kern (institutioneller), s. Dichte, hydraulische Gesellschaft, politische Organisation und Kultur (HG – Kerngebiete)

Kh'i-tan
  Stamm, der das Liao-Reich beherrschte, 266
  »schwarze« Kh'i-tan nach Untergang der Liao-Dynastie, 267
  s. auch China (kaiserliches: Eroberer-dynastien)

Khālsa, 103

Kirche
  die westliche Kirche
    vereinigt quasihydraulische und feudale Methoden, 73; beschränkt die Macht des Staates, 79, 114, 129, 144, 453; ihr Einfluß beim Zustandekommen der Magna Charta, 130; Autonomie, 130, 137, 141; befürwortete ursprünglich nicht die gerichtliche Tortur, 193 ff.; vor der Inquisition wurde die gerichtliche Tortur von westlichen Behörden eingeführt, 193 ff.; Prostration Rest der byzantinischen Zeremonie, 206; bürokratische Struktur, 454
  die östliche Kirche
    Religion gehört zum Bereich des ius publicum, 137, 247; fast autonom in der letzten Periode byzantinischer Geschichte, 247; Russen übernehmen das östliche Christentum, 262; Hauptsitz nach Moskau verlegt, 247; auch im zaristischen Rußland vom Staate beherrscht, 247; in der UdSSR zeitweilig geduldet, 399

Kirchhoff, Paul, 363

Kitaiščina, 488
  s. auch Stockholmer Parteitag

Klassen
  Begriff
    orientiert an Eigentums- und Einkommensverhältnissen, 379 ff.; orientiert an der Beziehung zum Staatsapparat, 380 ff.
  in der HG
    primäre soziale Schichtung nach Maßgabe der Zugehörigkeit zum Staatsapparat, 381 ff.; sekundäre soziale Schichtung bestimmt durch Eigentum und Einkommen, 383; Polarisation durch bürokratische Herrschaft, 382 f., 401; grundlegende Struktur der herrschenden Klasse, 383 ff.
    der Herrscher, 383 f.; der Hof, 383 f.; die shih, 401; die Zivilbeamten, 384 f., 418 f., 423 ff.; die Militärbeamten, 385, 423 f.; die niedrigen Funktionäre, 385 f., 417 ff.

spezifische Elemente der Gesellschaft, 514 ff.

nichtspezifische Elemente der Gesellschaft, 514 ff.

Regenfall-Landwirtschaft verglichen mit Hydroagrikultur und hydraulischer Agrikultur, 43 ff.

Regierung

allen Gesellschaftsordnungen gemeinsame Aufgaben der R., 79, 305

primitive R. und Staat, 304 ff.

spezifische Funktionen der OD, 79 f., eine geschriebene Verfassung bedeutet nicht notwendigerweise eine konstitutionell beschränkte R., 142 f.

Beziehung zu nichtstaatlichen Kräften, 79 f., 144, 147

s. auch Staat, orientalische Despotie

Religion in der HG

ausschließliche R., 125

herrschende R., 125 ·

Hierokratien, 125 ff.; Theokratien, 128 ff.; die herrschende R. war immer in den politischen Herrschaftsbereich einbezogen, 136 ff.

sekundäre R., 125, 169

R. in der marginalen HG, 247 f.

s. auch Priester

Revolutionen

»kathartische« R., 226

»regenerative« R., 226

s. auch gesellschaftliche Änderung, gesellschaftliche Entwicklung

Rjasanow, N., 469, 499

Rom

die Republik

vielleicht orientalische Einflüsse über die Etrusker, 255; Aquädukte machen eine frühzeitige Beeinflussung durch die orientalische Bautechnik wahrscheinlich, 57; mehrzentrige aristokratische Gesellschaft, 79, 269, 518; Landeigentümer aus dem Senatorenstand, 269 f.; Steuern unbedeutend, 106; Steuerpächter, 222, 270; keine gerichtliche Tortur für Freie, 194; Amtsinhaber ohne Gehalt, 106; Sklaven, 269, 515; Staatsarbeiten ausgeführt von privaten Unternehmern, 270 f.; Konfiskationen kennzeichnen den Aufstieg einer orientalischen Staatsordnung, 109, 271;

während der Spätzeit der Republik nahm der asiatische Einfluß zu, 269 ff.; allmähliche Schwächung der auf Privateigentum·beruhenden Klassen und Festigung der militär-bürokratischen Macht, 269 ff.

die Kaiserzeit

Cäsar und Augustus Wegbereiter der institutionellen Hellenisierung (Orientalisierung), 270 f.; neue bürokratische Senatoren, 270; Konfiskation, 271 f.; Steuern, 222, 270 f.; Entwicklung von kapitalistischer zu bürokratischer Steuerpacht, 222; Volkszählung, 271; locker hydraulisch, 222; hydraulisches Interesse (weniger an eigentlichen hydraulischen Unternehmungen als an nichthydraulischen Bautätigkeiten), 224, 273; einige Schiffahrtskanäle, 57 f.; Grenzschutzwälle, 273; Straßen, 64, 271, 273; staatliche Post, 87 f., 271; Nachrichtendienst, 271; gerichtliche Tortur, 194; der autokratische und vergöttlichte Herrscher, 142, 272; Freigelassene und Eunuchen in politischen Machtstellungen, 272, 442 f., 446; der Staat als größter Landeigentümer und Unternehmer, 272; Vormachtstellung des Heeres, 233

Westrom

Absolutismus, 273; Eunuchen, 273 f.; Verfall, 273 f.; Einfluß äußerer Kräfte, 525

Ostrom

Schwerpunkt nach Osten verlagert, 224, 272; Straßen, 224, 228; Grenzschutzwälle, 224; Dienstland, 229; Eunuchen, 443

s. auch Byzanz, Diokletian

Rußland

vormongolisches R. (Kiew)

Regenfall-Landwirtschaft, 260; marginale feudale Gesellschaft, 261, 518; Adel konnte sich vom Lehnsherrn »lossagen«, 261; Macht der Städte, 284; keine körperlichen Strafen, 196, 263; Einfluß der byzantinischen Kultur, 262 f., 288, 515; Einfluß der Chasaren, 262; in der submarginalen Zone der hydraulischen Welt, 262 ff.

mongolisches R.

Regime, 269
  durch Rom erobert, 269
  arabische Herrschaft, 173
  normannische Eroberung, 275
  Prostration, 206
Sklaven
  im Privatbesitz befindliche S., 417
  in der HG vorwgd. Haussklaven, 403
  Staatssklaven, 416
    Überwachungskosten verhinderten
    massenhafte Sklavenarbeit in hy-
    draulischen Anlagen, 403; S. in staat-
    lichen Bergwerken, 403; wenig Skla-
    ven in der Landwirtschaft und im
    Handwerk, 402 ff.
  Voll- und Halbsklaverei, 402 f.
  viele S. besitzen nicht nur ihre Klei-
    der, 371
  soziale Mobilität in einer durch S. be-
    wirtschafteten Plantage, 451
  S. werden zu Angehörigen der herr-
    schenden Klasse der OD gemacht,
    446 ff.
  S.-Aufstände selten, 416 f.
  s. auch Klassen
Smith, Adam, 33, 48, 379 f., 460, 470
Sokrates, 210 f.
Sowjetunion s. Union der Sozialisti-
  schen Sowjetrepubliken
Soziale Konflikte
  auf gesellschaftlicher Stellung beru-
  hende Gegensätze in der HG
    in Eroberungsgesellschaften zwischen
    fremder und einheimischer Bürokra-
    tie, 408 f.; zwischen Angehörigen der
    verschiedenen Unterabteilungen der
    Gemeinen, 411 ff.; zwischen »dem
    Volk« und dem Apparat, 413 ff.; in-
    nerhalb der herrschenden Klasse,
    417 ff.; zwischen Beamten und nie-
    drigen Funktionären, 418 f.; zwi-
    schen Zivilbeamten und Militärbe-
    amten, 422 ff.; zwischen bürokrati-
    schen Aktivisten und der *Gentry*,
    424 ff.; zwischen dem Herrscher und
    anderen Angehörigen der herrschen-
    den Klasse, 427 ff.
  sozialer Konflikt ist nicht gleichbedeutend mit Klassenkampf, 409
  in der HG wurde politische Massenaktion (Klassenkampf) nicht geduldet,
  410

autokratische Methoden der Kontrolle
  des bürokratischen Personals, 430 ff.
Marx über antagonistische Gesellschaftsordnungen, 475
  s. auch Klassen, Klassenkampf
Soziale Mobilität
  in offenen Gesellschaften, 450
  in der HG, 450 f.
  in einer durch Sklaven bewirtschafteten Plantage, 451
  s. auch Gesellschaft
Spanien
  vormaurisches S.
    Teil des orientalischen römischen
    Reiches, 273; nach der Spaltung des
    Reiches, 273; Spanien geht für West-
    rom verloren, 274; frühfeudale Ge-
    sellschaft mit Hydroagrikultur, 276
  maurisches S.
    Eroberer schufen in S. eine typisch
    hydraulische Agrikultur, 276 ff.; Be-
    amte, 276 f.; Steuern, 277 f.; Staats-
    einkünfte verglichen mit denen von
    Byzanz, 98; Polizei, 277; Konfiska-
    tion, 278; zahlreiche Bevölkerung,
    277; Kriegswesen, 97 f., 277; Eunu-
    chen, 278
  seit der *reconquista*
    mehrzentrige Gesellschaft, 278 f.;
    Anerkennung der Privilegien Vorbe-
    dingung für Huldigung des Königs,
    279; starker Absolutismus westlichen
    Musters, 279; Schafzucht und Ent-
    völkerung, 280 ff.; auch in Amerika
    Überwiegen der Viehzucht von den
    Spaniern gefördert, 280 f.
Spengler, Oswald, 459
Ssu-kung (chinesischer Minister der öf-
  fentlichen Arbeiten), 321
  s. auch Handwerker
Ssū-ma Tsch'ien, 211, 441
Staat
  und primitive Regierung, 304 f.
  Erklärung der Staatsform aus Eigen-
  tumsverhältnissen unzulänglich oder
  unrichtig, 305
  s. auch Regierung
»Staatskapitalismus«
  unzulängliche Bezeichnung für die
  Ordnung der UdSSR, 545
Staatssklaverei
  Marx definierte die OD als ein System

Thomas Hobbes

Leviathan oder Stoff, Form und Gewalt eines bürgerlichen und kirchlichen Staates

Herausgegeben
und eingeleitet von
Iring Fetscher

Ullstein Buch 3240

Thomas Hobbes' »Leviathan« von 1651 hat seit seinem Erscheinen die gesamte Gelehrtenrepublik Europas in seinen Bann geschlagen. Auch heute noch wird der »Leviathan« beschworen, wenn es um das Verhältnis von Freiheit und Zwang im Staate, um Rechte und Pflichten der Bürger und der Obrigkeit, kurz um die vernünftige Ordnung eines Gemeinwesens geht.

ein Ullstein Buch

Wilhelm Heinrich Riehl

Die Bürgerliche Gesellschaft

Herausgegeben
und eingeleitet von
Peter Steinbach

Ullstein Buch 3270

Dieses lange verschollene, erstmals 1887 erschienene Buch über die »Bürgerliche Gesellschaft« stammt von einem der bedeutendsten Theoretiker des deutschen Konservatismus und zählt zu seinen Hauptwerken.
Inhalt: Peter Steinbach: Einleitung · Wilhelm Heinrich Riehl: Die bürgerliche Gesellschaft [Erstes Buch: Die Mächte des Beharrens (Die Bauern; Die Aristokratie). Zweites Buch: Die Mächte der Bewegung (Das Bürgertum; Der vierte Stand)] · Anhang: W. H. Riehl: Über den Begriff der bürgerlichen Gesellschaft · Auswahlbibliographie.

ein Ullstein Buch

pocket wissenschaft
die gelben Reihen von k&w

Ökonomie

Hrsg. Prof. Dr. Alfred Kieser,
Berlin,
Prof. Dr. Klaus-Dirk Henke,
Hannover

Ekkehard Bechler
**Internationale Arbeitsteilung
und Entwicklungsländer**
Handelsbeziehungen auf Kosten
oder im Dienste der Entwicklungsländer
144 Seiten, leinenkaschiert
DM 14,80

Peter Bendixen
**Kreativität und
Unternehmensorganisation**
144 Seiten, leinenkaschiert
DM 14,80

Dorothea Brinkmann-Herz
**Die Unternehmens-
mitbestimmung in der BRD**
Der lange Weg einer
Reformidee
136 Seiten, leinenkaschiert
DM 14,80

Günther Ortmann
**Unternehmungsziele
als Ideologie**
Zur Kritik betriebswirtschaft-
licher und organisations-
theoretischer Entwürfe einer
Theorie der Unternehmungsziele
148 Seiten, leinenkaschiert
DM 14,80

Jürgen Gotthold
**Macht und Wettbewerb
in der Wirtschaft**
144 Seiten, leinenkaschiert
DM 14,80

Günther Schanz
**Einführung in die Methodologie
der Betriebswirtschaftslehre**
140 Seiten, leinenkaschiert
DM 14,80

Soziologie/Politologie

Hrsg. Prof. Dr. Dieter Boris,
Marburg,
Prof. Dr. Reinhard Kühnl,
Marburg

Wilhelm M. Breuer
**Zur Politischen Ökonomie
des Monopols**
Einführung in die Probleme
der Monopoltheorie
144 Seiten, leinenkaschiert
DM 14,80

S. Ibrahim / V. Metze-Mangold
**Nichtkapitalistischer
Entwicklungsweg**
Ideengeschichte und Theorie-
Konzept
140 Seiten, leinenkaschiert
DM 14,80

Alfred A. Oppolzer
**Hauptprobleme der Industrie-
und Betriebssoziologie**
152 Seiten, leinenkaschiert
DM 14,80

Karl Theodor Schuon
**Bürgerliche Gesellschafts-
theorie der Gegenwart**
Einführung und Kritik
144 Seiten, leinenkaschiert
DM 14,80

Hans See
**Grundwissen einer kritischen
Kommunalpolitik**
Wirtschaft, Staat und
kommunale Selbstverwaltung
144 Seiten, leinenkaschiert
DM 14,80

Richard Sorg
Ideologietheorien
Zum Verhältnis von gesellschaft-
lichem Bewußtsein und sozialer
Realität
144 Seiten, leinenkaschiert
DM 14,80